행동신경과학

생물심리학 입문

제4판

Cengage

***Discovering Behavioral Neuroscience: An Introduction to Biological Psychology,* Fourth Edition**

Laura A. Freberg

© 2023 Cengage Learning Korea Ltd. ALL RIGHTS RESERVED.

Original edition © 2019 Wadsworth, a part of Cengage Learning. *Discovering Behavioral Neuroscience: An Introduction to Biological Psychology, Fourth Edition* by Laura A. Freberg ISBN: 9781337570930

ISBN: 979-11-6707-072-2

Cengage Learning Korea Ltd.
14F YTN Newsquare 76 Sangamsan-ro
Mapo-gu Seoul 03926 Korea

Cengage is a leading provider of customized learning solutions with employees residing in nearly 40 different countries and sales in more than 125 countries around the world. Find your local representative at: **www.cengage.com**.

To learn more about Cengage Solutions, visit **www.cengageasia.com**.

Every effort has been made to trace all sources and copyright holders of news articles, figures and information in this book before publication, but if any have been inadvertently overlooked, the publisher will ensure that full credit is given at the earliest opportunity.

Printed in Korea
Print Number: 01   Print Year: 2022

DISCOVERING BEHAVIORAL NEUROSCIENCE:
An Introduction to Biological Psychology 4e

행동신경과학

생물심리학 입문

제4판

Laura A. Freberg 지음

김문수·남종호·곽세열 옮김

사회평론아카데미

Cengage

Australia • Brazil • Canada • Mexico • Singapore • United Kingdom • United States

행동신경과학 생물심리학 입문 제4판

Discovering Behavioral Neuroscience:
An Introduction to Biological Psychology 4e

2022년 8월 29일 초판 1쇄 찍음
2022년 9월 5일 초판 1쇄 펴냄

지은이 Laura A. Freberg
옮긴이 김문수·남종호·곽세열
책임편집 정세민
편집 정용준·김효진
디자인 김진운
본문조판 홍영사
마케팅 최민규

펴낸이 고하영·권현준
펴낸곳 ㈜사회평론아카데미
등록번호 2013-000247(2013년 8월 23일)
전화 02-326-1545
팩스 02-326-1626
주소 03993 서울특별시 마포구 월드컵북로6길 56
이메일 academy@sapyoung.com
홈페이지 www.sapyoung.com

ISBN 979-11-6707-072-2 93180

나의 가족
Roger, Kristin, Karen, 그리고 Karla에게

Discovering Behavioral Neuroscience: An Introduction to Biological Psychology
제4판을 번역한 이 책은 흥미로운 최신 연구 결과로 가득하다. 생물심리학은 눈부실
정도로 빠르게 발전하는 분야이다. 본래 이 학문은 심리학의 한 분야로서 생리심리학
이라고 불렸고, 이후 생물학적 연구 결과들이 빠르게 축적되면서 생물심리학 또는 심
리생물학이라는 이름이 붙여졌다. 그리고 오늘날에는 신경과학의 하위 분야 중 하나
가 되어 행동신경과학이라 불리고 있다. 이러한 이름의 변화는 단순히 제목만 바꿔 단
것이 아니라, 실제 학문 내용의 변화를 반영한 것이다. 즉, 생물심리학은 신경과학의
다른 여러 분야와 긴밀하게 연관되면서 초학문적(transdisciplinary) 분야가 되었다. 심
리학과 학생 입장에서 이는 달갑잖은 변화일 수 있다. 유전학, 분자생물학, 컴퓨터과학
등과 관련된 설명이 교과서에 나오게 된다는 뜻이기 때문이다. 하지만 인간의 행동과
정신 과정을 생물학적 기제로 설명하려는 관점에서는 생물심리학이 그만큼 더 포괄적
이고 종합적인 설명에 다가가고 있다는 의미가 될 것이다. 생물심리학의 초학문적 성
격을 강조하는 이 책이 심리학과 학생에게는 약간 버겁게 느껴질 수도 있겠지만, 책을
다 읽고 나면 인간에 대한 조망이 훨씬 더 넓어졌음을 깨닫게 될 것이다.

생물심리학(또는 행동신경과학)을 처음 배우는 학생들이 제일 먼저 넘어야 할 산은
생소한 해부학 용어를 이해하고 외우는 일일 것이다. 한자 해부학 용어를 배우던 과거
와 달리, 지금은 다행히도 한글 해부학 용어가 쓰이기 시작했다. 하지만 임상 현장에서
는 여전히 한자 용어가 많이 쓰이고 있기 때문에 이 책에서는 한글 용어가 처음 나올
때 괄호를 붙여 영어와 한자 용어를 함께 적었다. 예컨대 '배쪽 줄무늬체'를 '배쪽 줄
무늬체(ventral striatum, 복측 선조체)'로 표기하였다. 한자 용어 사용에서 한글 용어 사
용으로 넘어가는 지금의 과도기가 얼마나 지속될지 알 수 없으나, 학생들이 한글 용어
만 외워도 되는 때가 가급적 빨리 오기를 바란다.

각 장의 번역은 곽세열이 1, 11, 12, 13, 14장을, 김문수가 2, 3, 4, 5, 10장을, 남종호
가 6, 7, 8, 9장을 담당했다. 번역에 일관성을 기하려 했으나 부족한 점이 분명히 있을
것으로 생각하며, 이에 대해서는 미리 양해를 구한다. 원서는 총 16개 장으로 구성되
어 있지만, 한 학기 동안 소화하기 어려운 분량이라 판단하여 시각 이외의 감각을 다
루는 7장과 운동을 다루는 8장은 번역에서 제외했다. 이 두 장 역시 흥미로운 주제를
담고 있기에, 학생들의 배울 기회를 일부 빼앗은 것 같아 아쉽고 미안할 따름이다.

좋은 책이 만들어지도록 힘써주신 사회평론아카데미의 모든 분께 감사를 전한다.

옮긴이 일동

"가르칠 때는 그야말로 학생들로 하여금 당신이 가르치고자 하는 것에만 관심이 쏠려서 그 외에 주의를 끌 만한 다른 모든 대상이 마음속에서 사라진 상태가 되게 만들어야 한다. 그러고는 당신이 가르치고자 하는 것을 정말로 인상 깊게 보여주어서 학생이 죽는 날까지 그 일을 기억하게 만들어라. 마지막으로 그 주제와 관련된 다음 단계들이 무엇인지 알고 싶어지게끔 학생에게 열렬한 호기심을 불어넣어라."

– William James(1899, p. 10)

수업을 하는 교수자를 위해 William James가 제시한 목표가 어떤 이들에게는 요원할 수도 있다. 그러나 신경과학을 가르치는 교수자 중에는 James가 말한 것과 똑같은 방식으로 가르침으로써 학생들이 자신이 배우는 내용에 '눈이 번쩍 뜨이는' 것을 보는 최고의 경험을 한 이가 많다.

신경과학자가 되기에 신나는 시기이다. 신경계와 인간 마음에 관한 지식에 돌파구를 마련해 주는 새롭고 극적인 과학적 발견들이 매일 뉴스피드에 올라온다. 과거에 제기된 중요한 문제들에 대해 이제는 명백한 답이 나와있다. 1890년에 William James는 "겉질의 각 영역 중 가장 활동적인 데로 혈액이 몰려들기 마련이겠지만, 이것에 대해서 우리는 아는 바가 전혀 없다"(vol. 1, p. 99)라고 적었다. 오늘날의 기술로는 그가 이야기한 이 현상에 대해서 '아는 바가 전혀 없'기는커녕 훨씬 더 많은 것을 알고 있다고 확실히 말할 수 있다.

2006년 이 책의 첫 판이 나온 이후 신경과학 분야에서는 많은 변화가 있었다. 미국 4년제 대학교의 절반 이상이 이제는 신경과학 학사학위를 수여하고 있고, 대부분의 대학교가 적어도 부전공 프로그램을 제공하고 있다. 신경과학은 21세기의 보편적인 학문 경향성을 반영하고 있다. 전문 분야들을 구분 짓던 벽이 없어지고, 대신에 학과를 뛰어넘는, 즉 초학문적인 새로운 연구팀, 강의, 교육 과정이 자리를 잡아가고 있다. 이러한 변화를 인식하여 이 책의 세 번째 판의 제목을 *Discovering Biological Psychology*에서 *Discovering Behavioral Neuroscience: An Introduction to Biological Psychology*로 변경하였다. 동료 교직원과 학생들이 이 변화를 반겨주었다. 전반적으로 신경과학을 강조하기 위해 일부 장의 제목도 다시 붙였다. 그래도 심리학은 여전히 행동신경과학 연구를 위한 토대를 제공한다. 행동 및 정신 과정에 대해 적절한 질문을 할 능력이 없다면 지구상의 어떤 기술도 우리에게는 별로 소용이 없을 것이기 때문이다. 그렇지만 현재 행동신경과학을 공부하는 학생이 심리학 분야가 아니라 보건전문가, 생물의공학, 아니면 심지어 과학 저널리즘 분야로 나아갈 준비를 하고 있는 사람일 가능성도 똑같이 높다.

행동신경과학이 보여주는 초학문적 접근이 주요하게 반영된 예가 2015년부터 미국 의과대학원 입학시험(MCAT) 개정판에 심리학과 행동신경과학 내용이 포함된 것이다. 100년 전 인간의 주된 사망 요인은 감염병이었다. 오늘날의 주요 사망 요인인 심장질환, 당뇨, 암은 그 원인 측면만이 아니라 치료 측면에서도 행동과 훨씬 더 밀접한 관계가 있다. 보건전문가와 5분 동안 금연의 필요성에 관해서 간단히 면담하는 것만으로도 환자 중 2%가 1년 동안 금연하게 되었다(Law & Tang, 1995). 이것이 별것 아닌 것처럼 보일 수 있지만, 미국 성인 중 약 20%가 흡연을 한다는 점, 그리고 그들을 위한 의료서비스에 드는 비용과 그로 인해 사라지는 생산성을 감안하면 이는 보통 일이 아니다. 학습, 동기, 그리고 행동에 미치는 사회의 영향에 관해 잘 알고 있는 보건전문가가 어떤 일을 달성할 수 있을지 상상해 보라. 이러한 추세를 고려하여 이번 판에서는 심리학 이외의 분야로 나아갈 학생들을 위해 적절한 지점에서 관련 활용 예를 살펴본다.

이번 제4판은 다음과 같은 이전 판들의 목표를 지속하고 더 확장할 것이다.

▶ 어려운 최신 내용을 학생들에게 친근하고 다가가기 쉬운 형태로 제공한다.
▶ 논란이 되는 최첨단의 내용을 제시함으로써 신경과학에 대한 비판적 사고를 자극한다.
▶ 신경과학에 대한 학생들의 활발한 참여와 관심을 증진한다.
▶ 각 장을 독립적인 것으로 취급하기보다는 여러 장을 통합하여 학생으로 하여금 주제들 사이의 연관성을 보도록 장려한다. 예를 들면 글루탐산이 화학적 전달자로서 하는 역할, 학습에서 하는 역할, 향정신성 약물에 받는 영향, 그리고 뇌졸중과 뇌전증의 원인 및 치료의 중요성 간에 연관을 짓는다.

교육학적 특징

행동신경과학 과목이 많은 학생에게, 특히 과학 과목에 준비가 덜 된 학생에게는 어려울 수 있다는 점을 알고 있다. 행동신경과학 개념들을 더 쉽게 숙지할 수 있도록 다음의 특징들을 포함시켰다.

▶ **이해하기 쉬운 문체** 많은 교과서가 '수준'에 따라 분류된다. 하지만 아무리 복잡한 주제라도 문체가 간결하다면 학생들이 자신의 준비 상태와 큰 상관없이 대부분의 복잡한 주제를 숙지할 수 있다는 것이 나의 생각이다. 전문대학에서부터 초일류 대학교에 걸쳐서 많은 학생과 교수자가 이 책의 이해하기 쉬운 문체에 대해 호평을 해주었다. 또한 이 책은 비영어권 국가에서도 널리 채택되고 있는데,

이를 보면 영어가 모국어가 아닌 사람들에게도 현재의 문체가 읽을 만한 것으로 보인다.

▶ **분명하고, 크고, 세심한 설명이 달린 삽화** 이 책에 실린 의학서적 수준의 해부학 삽화는 책의 각 부분에서 살펴보는 구조물과 과정을 학생이 머릿속에 그려보는 데 도움을 준다. 행동신경과학은 매우 시각적인 성질을 갖는다는 면에서 지리학과 비슷해서, 두 분야 모두 다른 과목보다 시각 보조 교재가 더 많이 필요하다. 활동 전위가 축삭을 타고 전파되는 것 같은, 시간에 걸쳐 일어나는 과정을 보여주는 동영상을 인터넷에서 쉽게 찾을 수 있다.

▶ **학습 목표와 개요** 각 장의 시작에는 Bloom의 교육 목표 분류법에 따라 더 높은 수준에 다가갈 수 있도록 고안된 몇 개의 간결한 학습 목표 및 해당 장의 내용 요약이 제시되어 있다. 이는 학생이 공부를 계획하고 그 장에서 다룰 주요 용어와 개념들에 친숙해지도록 돕는다.

▶ **여백의 용어 설명** 어려운 용어마다 페이지의 여백에 설명을 달아두었다. 다른 많은 교과서와 달리 여백에 넣는 정의를 핵심 용어에만 한정하지 않았다.

▶ **핵심 용어** 핵심 용어를 간결한 목록으로 제공하여 학생들이 무엇에 집중해서 학습해야 할지를 알 수 있게 하였다. 행동신경과학은 종종 외국어 과목처럼 느껴질 수 있어서, 어떤 용어를 우선하여 공부해야 할지를 알려주면 도움이 된다.

▶ **중간 요약** 각 장에는 2~3개의 중간 요약이 있어서 학생들이 계속 진도를 나가기 전에 잠깐 숨을 돌리면서 내용을 얼마나 숙지했는지 점검할 수 있다. 이 요약은 각 장 첫머리에 나열된 학습 목표와 연관된 요점들 및 복습 문제로 구성되어 있다. 또한 대부분의 중간 요약은 바로 이전 부분에서 나온 핵심 개념들을 편리하게 한 자리에 모아놓은 유용한 표를 포함하고 있다.

▶ **장들 간의 통합** 각 장의 내용이 서로 어떻게 들어맞는지를 강조하고 또 정교한 되뇌기(elaborative rehearsal)를 촉진하기 위해 현재 다루고 있는 주제와 연관된 다른 장들을 언급한다.

▶ **돌아보기** 각 장의 끝에는 생각할 문제가 몇 개 있는데, 이는 논설이나 논의를 촉발하는 역할도 할 수 있다. 돌아보기에는 핵심 용어 목록도 포함되어 있다.

추가적인 특징

학생들은 이 책은 내용이 너무 "꽉 차 있고" 한 문장 한 문장이 "중요해서" 단락을 띄엄띄엄 읽는 것은 망하는 지름길이라고 나에게 말하곤 했다. 이에 답하자면, 해야 할 이야기는 너무나 많고 주어진 공간은 너무나 적어서 '시답잖은' 이야기를 할 여유가 없다고 하겠다. 이와 동시에, 심리과학의 연구 결과는 '집중학습'보다 '분산학습'이 월등하다는 것을 보여주므로, 내용을 읽다가 규칙적으로 휴식처를 제공하여 학생들이 잠깐 숨을 돌리고 그때까지 읽은 것을 소화할 수 있게 하는 것이 좋겠다는 생각이다. 이 휴식처가 용암이 흐르는 사이사이에 놓여있는 시원한 징검다리라고 생각하고 싶다.

이전 판들에서 사용했으며 이번 제4판에도 계속 나오는 한 가지 휴식처는 중간 요약으로서, 여기에는 해당 절의 요점과 복습 문제가 포함되어 있다. 대부분의 중간 요약에는 상당히 많은 양의 내용을 쉽게 학습할 수 있도록 정리해 둔 표가 실려있다. 신경과학같이 복잡한 분야에서는 어느 정도의 단순 암기가 필요한데, 이것이 이후의 분석과 비판적 사고의 기초를 형성한다. 학생들이 기초 지식을 더 빨리 습득하게 할수록 더 높은 수준의 논의로 더 빨리 나아갈 수 있다. 돌아보기에는 생각할 문제를 제시하여 학생들이 읽은 내용에 대해 더 능동적으로 더 깊이 생각할 수 있도록 하였다.

중간 요약과 돌아보기 외에도 각 장에는 네 종류의 글상자가 있다. 내용을 '상자'로 처리하면 특별히 읽으라고 지시하지 않는 한, 학생들이 이를 건너뛰게 된다는 사실을 알고 있다. 하지만 교수자가 글상자를 자신의 개인적인 스타일에 맞게 이용하리라 믿는다. 물론 당연히 그 내용이 매우 흥미로워서 학생들이 '시험에 나올 것'과 상관없이 그것을 읽게 되기를 바란다.

▶ **신경과학의 윤리적 이슈** 이 글상자는 현재 논란의 여지가 있는 문제를 소개하여 학생들이 해당 장의 정보를 비판적인 방식으로 사용해 보도록 만든다. 학생들은 졸업하여 사회를 이끌어갈 것이다. 그런 사람들에게는 신경과학과 관련된 미래의 문화적 선택지들을 두고 윤리적으로 사고할 수 있는 능력이 필요하다. 예를 들어 1장에서 이 글상자는 뇌 영상화 기법을 살펴보고 나서 그 기법을 '거짓말 탐지' 기술로 사용할 경우 뒤따르는 문제들을 제기한다.

▶ **연구 비하인드** 이 글상자에서는 행동신경과학에서 고전적인 연구 또는 매우 최신의 연구 하나를 들여다본다. 이는 학생들이 자칫 겁낼 수도 있는 학술 문헌에 '슬며시' 빠져들게 해줄 것이다. 과학을 진보시키는 데 필요한 비판적 사고와 창의성이 여기서 강조된다. 예를 들면 2장에서 이 글상자는 뇌와 면역계의 연결에 관하여 패러다임 전환을 일으킨 최근의 발견을 이야기한다.

▶ **일상 속 행동신경과학** 이 글상자는 학생들에게 행동신경과학과 관련된 많은 실제적인 진로 중 일부를 소개한다. 내 경험상 많은 학생이 그런 선택지들을 알지 못한다. 그들은 학습 내용에 깊이 빠져들지만, 그 열정을 어떻게 취직과 연결시킬지 전혀 모른다. 5장에서 이 글상자는 유전상담가의 역할을 이야기하는데, 대중이 개인의 유전자형에 관해 더 많은 정보를 얻게 됨에 따라 유전상담가의 식견이 점점 더 중요해질 것이다. 이 직종은 생물학과 상담전문가 간의 가교로서 나의 학생들에게 점점 더 인기를 얻게 되었다. 유전 상담 석사 과정에 입학했거나 졸업한 학생 중 최소한 십여 명은 내가 수업 시간에 이 개념을 '영업'한 덕분에

그 직업을 선택했다고 한다.

▶ **슬기로운 건강 생활** 이 글상자는 학생들이 현실 세계의 건강 문제라는 맥락 속에서 행동신경과학에 관해 비판적으로 사고할 또 다른 기회를 제공한다. 음식에 관한 마음가짐(몸에 좋은가 아니면 맛이 끝내주는가)이 어떻게 배부름에 영향을 줄까? 미세아교세포가 왜 자폐스펙트럼장애 이해에 중요할까? 마리화나 합법화가 마리화나 사용에 관한 태도와 사용 정도에 영향을 줄까?

제4판의 새로운 내용

이전 판이 인쇄 단계에 들어간 후에 이 분야에서 일어난 발전을 반영하기 위해 이번 판에서는 수백 개의 새로운 논문을 인용했다. 교과서 저자가 동료들에게서 흔히 듣는 도전적인 질문은 "왜 새 판이 필요해요?"라는 것이다. 행동신경과학에서는 이에 대해 쉽게 대답할 수 있다. 알리고 싶은 새롭고 신나는 연구가 너무 많기 때문이다.

새로운 내용을 반영하기 위해 삽화도 업데이트하였다. 지면이 너무도 소중하기 때문에 삽화는 '예쁘지만' 없어도 되는 장식물이 아니라, 내용을 확장하거나 더 깊이 설명하는 '배우기 좋은 순간(teachable moments)'으로 간주한다. 우리는 의학서적 수준의 해부학 삽화에 특별히 자부심을 갖고 있는데, 이전 판들이 받은 긍정적 피드백의 많은 부분이 삽화 덕분이었다.

지면의 한계로 업데이트한 모든 것을 나열할 수는 없지만, 장별 중요한 업데이트 사항은 다음과 같다.

1장 행동신경과학이란 무엇인가

▶ 형광현미경을 비롯한 현미경 기법에 관한 논의 확대
▶ 광학이미징에 관한 이야기 추가
▶ 광유전학에 관한 논의 업데이트 및 확대
▶ 유전학적 검사법에 관한 내용 추가

2장 기능적 신경해부학과 신경계의 진화

▶ 뇌와 면역계의 연결을 보여주는 Louveau 등(2015)의 연구에 관한 논의 추가
▶ 띠겉질, 편도체, 수도관주위회색질에 관한 논의 확대
▶ 새로 고친 연구 비하인드에서 Louveau 등(2015)의 연구 및 뇌와 면역계의 연결을 자세히 설명
▶ 새로 고친 슬기로운 건강 생활에서 경막바깥 자극하기와 척수손상 환자의 서있기와 걷기에 관해 논의

3장 신경생리학: 신경계 세포의 구조와 기능

▶ 뇌실막세포에 관한 내용 추가

▶ 엑소좀에 대한 논의 추가

▶ 미세아교세포에 대한 논의 업데이트 및 확대

▶ 틈새이음에 관한 논의 확대

▶ 결선 전달과 부피 전달을 구분

▶ 새로 고친 슬기로운 건강 생활에서 미세아교세포와 자폐스펙트럼장애를 논의

4장 정신약리학

▶ 신경전달물질, 신경조절물질, 신경호르몬 용어에 관한 논의 업데이트

▶ 코카인과 암페타민의 작용 기제에 대한 논의 업데이트

▶ 아편유사제에 대한 논의 확대

▶ 환각제 지속성 지각장애에 대한 논의 추가

▶ 새로 고친 슬기로운 건강 생활에서 마리화나 합법화가 마리화나에 대한 태도 및 사용 정도에 미칠 영향을 논의

5장 유전과 인간 뇌의 발달

▶ 부분 우성과 공동 우성에 대한 논의 추가

▶ 후성유전학에 관한 내용에 유전자 침묵에 대한 논의 추가

▶ 지카 바이러스와 소두증에 대한 논의 추가

▶ 아동기, 청소년기 및 성인기 초반의 뇌 발달에 대한 논의 확대 및 업데이트

▶ 새로 고친 슬기로운 건강 생활에서 영양인지신경과학과 건강한 노화에 대해 논의

▶ 태내 신경계 발달의 주요 사건들에 대한 종합적 요약표 추가

▶ 출생에서 성인기 후반까지 일어나는 주요 신경발달 사건에 대한 종합적 요약표 추가

6장 시각

▶ 시각 수용장에 대한 논의 명확화 및 확대, 관련 삽화 추가

▶ 시각 회복에 대한 논의 업데이트

▶ 색채 항등성에 관한 내용에 '드레스'에 관한 논의 추가

7장 항상성, 동기, 보상

▶ 동기부여된 행동에서 보상의 역할을 더 잘 반영하도록 보상이라는 주제를 12장에서 이 장으로 이동

▶ 동기에 관한 추동 접근과 유인 접근에 대한 논의 추가

▶ 체온, 목마름, 배고픔에 대한 논의 간소화

▶ 비만에 대한 논의 업데이트

▶ 보상 경로에 대한 논의를 조직화하기 위해 좋아함과 원함의 구분을 도입

▶ 보상의 신경화학에 대한 논의를 확대 및 업데이트

8장 성행동

▶ 작은 사춘기에 대한 논의 추가

▶ 터너증후군에 대한 논의 업데이트

▶ 성염색체 이상에서 알게 된 사실에 관한 부분을 요약에 추가

▶ 성염색체 유전자의 조직화 역할에 대한 논의 추가

▶ 뇌 영상화와 젠더 불쾌감에 대한 논의 추가

▶ 호르몬과 성적 흥미에 대한 논의 업데이트

▶ 옥시토신과 유대 형성에 대한 논의 업데이트

▶ 성기능장애 치료에 대한 논의 업데이트

▶ 슬기로운 건강 생활을 업데이트하여 항우울제로 유도된 성기능장애를 다룸

9장 수면과 각성

▶ 교대근무형의 일주율장애에 대한 논의 업데이트

▶ 광치료의 기제에 대한 논의 확대

▶ 기본상태 네트워크, 그리고 이것과 의식의 수준 간의 관련성에 대한 논의 업데이트 및 확대

▶ REM 동안의 안구운동에 대한 논의 확대

▶ REM 동안의 시냅스의 제거와 유지를 비롯하여 수면 동안의 기억 응고화와 재응고화에 대한 논의 업데이트 및 확대

▶ 수면과 정서 조절에 관한 내용 추가

10장 학습과 기억

▶ 학습과 기억 사이의 연속성을 반영하기 위해 내용을 재조직화

▶ 장기증강에 대한 논의 확대 및 명확화

▶ 장기증강의 역할에 대한 추가 논의 및 작업기억에 대한 논의 확대

▶ 전사인자의 역할을 비롯한 기억 응고화와 재응고화에 대한 논의 확대

▶ 조건공포에 대한 논의 업데이트

▶ Henry Molaison(환자 H.M.)과 기억 형성에서 해마와 겉질 사이의 관계에 대한 논의 업데이트

▶ 스트레스가 기억에 미치는 효과에 대한 논의 업데이트

11장 인지신경과학

▶ 주제들이 정리된 것을 반영하기 위해 장 제목을 수정
▶ 신경경제학에 대한 논의를 비롯하여 의사결정에 관한 내용 추가
▶ 편재화의 발달에 관한 내용 업데이트
▶ 정서와 음악 능력의 편재화에 관한 내용 업데이트
▶ 지능에 대한 논의를 확대하여 전장유전체 연관분석을 포함
▶ 신경과학의 윤리적 이슈를 업데이트하여 마음의 기능을 증진하는 약물에 대해 논의

12장 정서, 공격성, 스트레스

▶ 주요 이론들이 장의 더 앞부분에서 나오도록 주제들의 순서를 변경
▶ 정서 조절과 사회인지에 관한 내용 추가
▶ 속임수 탐지에 관한 논의 업데이트 및 확대

13장 신경심리학

▶ 알츠하이머병에 관한 내용 업데이트
▶ 뇌종양에 관한 내용 업데이트
▶ 지카 바이러스에 관한 정보 추가
▶ 편두통에 관한 내용 업데이트

14장 정신병리

▶ 미국 국립정신건강연구소의 RDoC 프로젝트에 관한 논의 추가
▶ 자폐스펙트럼장애에 관한 내용을 업데이트하여 부계 연령, 기본상태 네트워크의 차이 및 미세아교세포에 대한 논의 포함
▶ 도약안구운동과 조현병에 관한 연구를 명확화하고 업데이트
▶ 조현병에서 도파민과 글루탐산의 역할에 관한 논의 업데이트
▶ 지연성 이상운동증에 관한 논의 업데이트
▶ 양극성장애의 원인에 관한 논의 업데이트
▶ 주요우울장애에서 감염이 한몫한다는 가설을 소개
▶ 강박장애에 관한 논의 확대
▶ 외상후 스트레스장애에 관한 내용 업데이트
▶ 반사회성 성격장애에 관한 내용 업데이트
▶ 새로 고친 슬기로운 건강 생활에서 장내 미생물무리와 정신장애에 관해 논의

감사의 말

나는 이 교과서를 작업 진행 중인 것으로 간주한다. 잠시 시간을 내어 당신의 생각과 제안을 나에게 알려주기 바란다. 나의 이메일 주소는 lfreberg@calpoly.edu이며, 블로그 주소는 http://www.laurafreberg.com/blog이다.

이 책이 세상에 나오도록 돕기 위해 센게이지(Cengage) 출판사가 꾸려준 팀에 무한한 감사를 표한다. 먼저, 이 책의 초고를 검토해 준 다음의 전문가 동료들에게 감사를 전하고 싶다.

John Agnew, 콜로라도 대학교 볼더캠퍼스

James E. Arruda, 머서 대학교

Giorgio Ascoli, 조지메이슨 대학교

Ronald Baenninger, 템플 대학교

Aileen Bailey, 메릴랜드세인트메리스 대학

Jeffrey S. Bedwell, 센트럴플로리다 대학교

Steve Bradshaw, 브라이언 대학

Virginia Bridwell, 벨뷰 대학

Gayle Brosnan-Watters, 슬리퍼리록 대학교

John P. Bruno, 오하이오 주립대학교

Allen E. Butt, 인디애나 주립대학교

Deborah Carroll, 서던코네티컷 주립대학교

David A. Cater, 존브라운 대학교

James Chrobak, 코네티컷 대학교 스토어스캠퍼스

Cynthia Cimino, 사우스플로리다 대학교

James R. Coleman, 사우스캐롤라이나 대학교

Sherry Dingman, 메리스트 대학

Aaron Ettenberg, 캘리포니아 대학교 샌타바버라캠퍼스

Bob Ferguson, 부에나비스타 대학교

Thomas M. Fischer, 웨인 주립대학교

John P. Galla, 와이드너 대학교

Cynthia Gibson, 크레이턴 대학교

Ben Givens, 오하이오 주립대학교

Karen Glendenning, 플로리다 주립대학교

C. Hardy, 컬럼비아 대학

James G. Holland, 피츠버그 대학교

Richard Howe, 캐니언스 대학

Joyce Jadwin, 오하이오 대학교

Robert A. Jensen, 서던일리노이 대학교

Katrina Kardiasmenos, 보이 주립대학교

Joshua Karelitz, 펜실베이니아 주립대학교 뉴켄싱턴캠퍼스

Camille Tessitore King, 스테트슨 대학교

Norman E. Kinney, 사우스이스트미주리 주립대학교

Paul J. Kulkosky, 콜로라도 주립대학교

Pueblo Gloria Lawrence, 웨인 주립대학

Simon LeVay

Charles F. Levinthal, 호프스트라 대학교

David R. Linden, 웨스트리버티 대학

Michael R. Markham, 플로리다 국제대학교

Richard Mascolo, 엘카미노 대학

Robert Matchock, 펜실베이니아 주립대학교 앨투나캠퍼스

Janice E. McPhee, 플로리다걸프코스트 대학교

Jody Meerdink, 네브래스카웨슬리언 대학교

Melinda Meszaros, 클라크 대학

Maura Mitrushina, 캘리포니아 주립대학교 노스리지캠퍼스

Robert R. Mowrer, 앤젤로 주립대학교

Mark Nawrot, 노스다코타 주립대학교

Irene Nielsen, 베서니 대학 린즈보그캠퍼스

Terry Pettijohn, 오하이오 주립대학교
　　매리언캠퍼스

David W. Pittman, 워포드 대학

Joseph H. Porter, 버지니아코먼웰스 대학교

Jerome L. Rekart, 리비어 대학

John C. Ruch, 밀스 대학

Ronald Ruiz, 리버사이드시티 대학

Lawrence J. Ryan, 오리건 주립대학교

Carl Samuels, 글렌데일커뮤니티 대학

Anthony C. Santucci, 맨해튼빌 대학

Virginia F. Saunders, 샌프란시스코
　　주립대학교

Royce Simpson, 스프링힐 대학

Don Smith, 에버렛커뮤니티 대학

Marcello Spinella, 뉴저지리처드스톡턴 대학

Sheralee Tershner, 웨스턴뉴잉글랜드 대학

C. Robin Timmons, 드루 대학교

Barbara Vail, 로키마운틴 대학

Rachael Volokhov, 켄트 주립대학교
　　세일럼캠퍼스

Dana Wallace, 제임스타운 대학

Linda L. Walsh, 노던아이오와 대학교

Frank M. Webbe, 플로리다 공과대학

Kimberly Wear, 하이포인트 대학교

Stephen P. Weinert, 쿠야마카 대학

Yeuping Zhang, 루이스 & 클라크 대학

Margaret H. White, 캘리포니아 주립대학교

Fullerton Xiojuan Xu, 그랜드밸리
　　주립대학교

Robert M. Zacharko, 칼턴 대학교

Phillip Zoladz, 오하이오노던 대학교

　　지난 여러 해에 걸쳐 시장조사와 면담에 응해준 많은 교수자들 또한 이 책에 대단한 기여를 하였다.

　　여러 동료에게 특별한 감사를 전하고자 한다. 캘리포니아 대학교 샌타바버라캠퍼스의 Skirmantis Janusonis는 나를 격려해 주었을 뿐 아니라 이 책의 정확도를 올려줄 제안도 넌지시 해주었다. Skirmantis는 고맙게도 그가 가진 인간 뇌들의 사진(1장에 그 하나가 나옴)을 찍을 기회를 주었고, 그의 놀라운 해마 해부 이미지를 우리가 2장에 사용할 수 있게 해주었다. Simon LeVay는 재능 있는 연구자이자 정말로 멋진 작가이다. 이 책 초판의 성행동에 관한 장을 그가 세심하게 검토해 준 데에 깊이 감사한다. Simon이 알려준 덕택에 성 지향성과 인지의 성차에 관한 내용에 많은 중요한 연구를 포함시킬 수 있었다. 콜로라도 대학교 볼더캠퍼스의 Marie Banich는 삽화에 대해 전문가적 의견을 제공했다. 애리조나크리스천 대학교의 Gayle Brosnan-Watters는 검토자로서 많은 유용한 제안을 해주었다. 시카고 대학교의 John Cacioppo는 신경과학의 사회적 측면에 대해 상당한 식견을 아낌없이 공유해 주었다. 파도바 대학교의 Konstantinos Priftis는 제2판에서 여러 가지를 교정해 주어 도움이 되었다. 펜실베이니아 대학교 앨투나캠퍼스의 Robert Matchock은 초판 때부터 나를 격려해 준 우군이다. 나의 은사 중 한 분인 UCLA의 고 Larry Butcher는 4장의 콜린성 경로 이미지를 미세조정하는 데 커다란 도움을 주었다. 캘리포니아에 있는 캐니언스 대학 심리학과의

Rick Howe 및 학생들과 교수진은 시간을 내어 나를 만나서 초판에 대한 의견을 주었을 뿐 아니라 쿠키까지도 먹게 해주었다.

센게이지 출판사에서는 프로덕트 매니저 Erin Schnair가 이 판 전체에 걸쳐 나의 글을 옹호해 주었다. 제4판의 콘텐츠 개발자 Linda Man은 모든 단계에서 나의 자문역이자 파트너였다. 수석 프로젝트 매니저 Ruth Sakata Corley는 본문의 제작을 이끌었고 삽화와 본문 내 수많은 사항을 조정했다. 사진 조사원 Geeta Kamath는 내용을 더 생동감 있게 만들 사진들을 끈질기게 탐색하여 찾아내었다. 미술 디렉터 Vernon Boes는 디자인의 호소력과 사용성을 높은 수준으로 끌어올렸다. 이 책을 채택한 한 교수는 우리의 디자인을 "스티브 잡스틱"하다고 말했는데, 우리는 이것이 최고의 찬사라고 생각한다. 이 책이 만들어지던 몇 년 동안 크고 작은 방법으로 기여해 준 센게이지 출판사의 다른 능력 있고 창의적인 전문가들에게도 역시 감사의 말을 전하고 싶다.

마지막으로 인내심을 갖고 나를 지지해 준 나의 가족에게 감사하고자 한다. 45년을 함께 살아온 남편 Roger는 이 책의 모든 단어를 읽었고, 내가 사진을 고르는 일을 도왔으며, 심지어 내가 무엇을 보여주고 싶은지 말로 잘 표현하지 못할 때 우리의 원작 스케치 몇 개를 그려주기까지 했다. 나의 세 딸 Kristin, Karen, Karla는 자주 나를 격려하고 의견을 말해주었다. 나의 오스트레일리안 셰퍼드 Ronnie는 내가 마음을 비우고 아름다운 샌루이스오비스포의 풍경 속으로 산책하러 나갈 때가 되기까지 내 책상 옆에서 차분하게 기다려주었다. 나는 모두에게 매우 많은 빚을 지고 있다.

Laura A. Freberg

Laura A. Freberg는 샌루이스오비스포에 있는 캘리포니아 폴리테크닉 주립대학교 (California Polytechnic State University)의 심리학 교수로서 심리학 개론, 생물심리학, 감각과 지각을 강의하고 있다. Laura는 시카고 대학교의 John Cacioppo와 함께 센게이지 러닝(Cengage Learning) 출판사에서 출간한 *Discovering Psychology: The Science of Mind*를 제3판까지 함께 집필하였다. 그녀는 새로운 온라인 연구방법론 교과서의 주 저자이기도 하다.

Laura는 UCLA에서 학사 및 석사 학위를 받았는데, 심리학에 관한 그녀의 견해에 영향을 준 사람들로는 Eric Holman, John Garcia, O. Ivar Lovaas, Larry Butcher, Jackson Beatty, John Libeskind, Donald Novin, Frank Krasne, F. Nowell Jones 등이 있다. Arnold Scheibel에게 신경해부학을 배우는 영광을 누렸고, UCLA 신경정신의학연구소(UCLA Neuropsychiatric Institute)에서 Murray Jarvik과 Ronald Siegel의 지도하에 향정신성 약물이 학습과 기억에 미치는 영향을 연구하였다. Laura는 예일 대학교에 재직하고 있던 Robert Rescorla에게 받은 박사 학위 논문 지도를 자신이 받은 교육 중 최고로 꼽는다.

Laura의 교육 경력은 아직 UCLA 대학원생이던 23세 때 패서디나 시립대학교 (Pasadena City College)에서 강의를 하면서 시작되었다. 그녀는 2011년부터 온라인 교육공동체에 필요한 것을 더 잘 알아보기 위하여 아르고시 사이버대학교(Argosy University Online)에서 사회심리학, 감각/지각, 인지심리학, 통계, 연구방법론, 심리학 글쓰기 등을 비롯한 여러 과목을 가르치기 시작했다. 또한 자신의 캘폴리(Cal Poly; 옮긴이 주: 캘리포니아 폴리테크닉 주립대학교의 줄임말) 개론 강의를 QOLT(Quality of Life Technology; 옮긴이 주: 장애인, 노약자 등의 삶의 질을 높여주는 기술을 중점적으로 개발하는 사업)에 맞도록 재설계하여 완전히 온라인으로 운영할 수 있게 만들었다. Laura는 장애가 있는 학생들과 한 작업을 인정받아 캘폴리장애자원센터(Cal Poly Disabilities Resources Centre)가 수여하는 올해의 교수진 상을 세 번(1991, 1994, 2009) 수상했다. 그녀는 강의 시간에 테크놀로지와 소셜 미디어를 즐겨 사용하고, 구글 스마트 안경(Google Glass)의 사용자이며, 두 딸 Kristin Saling(웨스트포인트 육군사관학교, 시스템 공학과)과 Karen Freberg(루이빌 대학교, 정보통신학과)와 심리학뿐 아니라 위기관리나 대중 홍보 같은 다양한 연구 프로젝트에서 즐겁게 협업하고 있다. 그녀는 사회신경과학협회(Society for Social Neuroscience)의 내규및문헌위원회(Bylaws and Archives Committee) 위원장으로 일하고 있으며, 최근 미국 서부심리학회(Western Psychological Association)의 차기 회장으로 선출되었다.

　여가 시간에는 남편 Roger, 자폐스펙트럼장애가 있는 막내딸 Karla, 그리고 오스트레일리안 셰퍼드 한 마리, 고양이 두 마리, 잉꼬 세 마리로 이루어진 활기찬 동물 가족과 시간을 보내는 것을 즐긴다. 집필할 때는 대개 엄청난 양의 제발리아 커피(Gevalia Coffee; 옮긴이 주: 스웨덴 커피 브랜드)를 마시면서 롤링스톤스의 음악을 듣는다(이 책의 글쓰기 스타일에서 그런 게 드러날지도 모르겠다). Laura는 대학 미식축구, 할리 데이비슨, 〈왕좌의 게임〉 중 결혼식이 나오지 않는 에피소드, 그리고 〈셜록〉 시리즈를 좋아하는 것으로 유명하다. 그녀의 휴대전화 벨소리는 닌텐도사의 '젤다의 전설' 음악이다.

요약 차례

차례

1장 행동신경과학이란 무엇인가 33

정신약리학　153

5 장 유전과 인간 뇌의 발달 197

6 장   **시각** 241

7 장 항상성, 동기, 보상 289

8 장　　성행동 333

11 장   인지신경과학 469

12 장   정서, 공격성, 스트레스 509

참고문헌

※ 참고문헌은 사회평론아카데미 홈페이지 자료실(bit.ly/행동신경과학_참고문헌)에서 내려받을 수 있습니다.

행동신경과학이란 무엇인가

학습 목표

LO1 신경과학의 하위 분야를 분류하고 각 분야 안에서 행동신경과학의 위치를 설명한다.

LO2 신경계 연구에 역사적인 획을 그은 주요 연구들의 중요성을 설명한다.

LO3 CT, PET, MRI, SPECT, fMRI, DTI와 같은 뇌 영상화 기술을 구별한다.

LO4 행동신경과학에서 사용되는 현미경 방법, 세포기록법, 뇌 자극법, 광유전학, 뇌손상법, 생화학적 방법들을 이해한다.

LO5 행동을 이해할 때 쌍둥이 연구, 입양인 연구, 유전학적 검사의 강점과 약점을 이해한다.

LO6 연구에 참여하는 인간과 동물을 보호하기 위한 윤리적 기준을 평가한다.

개요

학제적 분야로서의 신경과학
신경과학의 역사적 조명
신경계 이해에서 고대의 중요한 사건들
과학적 추론의 태동
현대 신경과학의 시작
중간 요약 1.1
행동신경과학 연구 방법
현미경 방법
영상화 기법
기록법
뇌 자극
손상
생화학적 방법
유전학적 방법
중간 요약 1.2
행동신경과학의 연구 윤리
인간 참가자 연구 지침
동물 대상 연구 지침
중간 요약 1.3
돌아보기

연구 비하인드 음식에 대한 생각이 음식 섭취에 따른 신체반응에 미치는 영향

일상 속 행동신경과학 신경과학 학위로 무엇을 할 수 있을까

신경과학의 윤리적 이슈 뇌 영상으로 마음을 읽을 수 있을까

슬기로운 건강 생활 언제 가짜약을 사용해야 하는가

학제적 분야로서의 신경과학

신경과학(neuroscience)은 뇌와 신경계(건강한 상태와 병에 걸린 상태의)에 대한 과학적 연구이다(UCLA, 2008). 신경과학자들은 분자, 세포, 시냅스, 네트워크, 계산 및 행동 접근법을 통해 여러 분석 수준에 걸쳐 뇌와 신경계의 기능을 이해하고자 노력한다(●그림 1.1). 이 분야는 구글 어스(Google Earth)에 비유해서 생각해 볼 수 있다. 가장 작은 세부 사항을 보기 위해서 지도를 확대할 수도 있고, 다시 축소해서 '큰 그림'을 볼 수도 있다.

가장 미시적인 수준에서는 분자신경과학자가 신경계의 구성 요소가 되는 분자 수준을 탐구한다. 이들의 작업은 신경세포생리학(3장), 정신약리학(4장), 유전학(5장)에 관한 장에서 다룰 것이다. 분자신경과학자는 DNA와 RNA, 유전자 발현으로 인한 단백질에서 시작하여, 신경계를 구성하고 신경 기능을 가능하게 만드는 화학물질을 이해하고자 한다.

분자 수준의 분석에서 조금만 줌아웃하면, 세포신경과학자가 신경계에서 관찰되는 세포들의 구조, 생리적 특성, 기능을 이해하기 위해 노력하고 있다. 개별 세포는 시냅스(synapse)라고 불리는 접합부에서 연결을 맺지 않으면 제 역할을 하지 못한다. 시냅스신경과학은 학습과 기억 같은 복잡한 과정의 토대를 이루는 신경 연결의 강도와 유연성을 연구한다.

단일 시냅스 수준을 넘어서면, 상호연결된 뉴런이 신경로 또는 네트워크를 형성하는 것을 볼 수 있다. 현대 신경과학에서는 단순히 "이 구조가 이 기능에 관여한다"라는 생각을 넘어서, 규명된 신경망을 더 정확히 나타내는 방향으로 생각이 변하고 있다. 우리는 이제 "이 구조는 다른 구조와 연결된 네트워크에 참여하면서 이러한 종류의 정보를 처리한다"라는 식으로 말한다.

가장 전체적인 관점으로 줌아웃하면, 이 책의 주요 초점이자 **생물심리학**(biological psychology)으로도 알려진 **행동신경과학**(behavioral neuroscience)을 만난다. 행동신경과학자는 행동의 생물학적 상관관계를 이해하기 위해 분자부터 네트워크에 이르기까지, 앞서 나온 모든 분석 수준을 활용한다. 생물 작용과 행동 간의 관계는 양방향적이다. 즉, 생물 작용은 우리의 행동에 영향을 미칠 수 있으며, 인지와 감정을 비롯한 행동은 생물 작용에 영향을 미친다. '연구 비하인드'에 소개된 실험은 이러한 상호 관계를 보여준다. 당신이 먹는 것에 대해 무슨 생각을 하는지가 음식에 대한 신체반응에 영향을 미칠 수 있다.

일반적인 신경과학과 마찬가지로 행동신경과학은 건강한 상태의 신경계 활동과

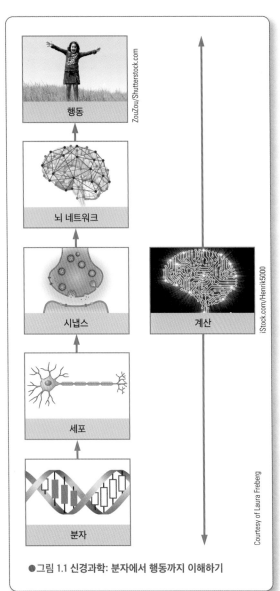

●그림 1.1 신경과학: 분자에서 행동까지 이해하기

행동
ZouZou/Shutterstock.com

뇌 네트워크

시냅스

계산
iStock.com/Henrik5000

세포

분자

Courtesy of Laura Freberg

신경과학 건강한 상태나 병에 걸린 상태의 뇌와 신경계에 대한 과학적 연구.

행동신경과학/생물심리학 행동, 정서, 정신적 과정의 생물학적 기반에 대한 연구.

| 연구 비하인드 |

음식에 대한 생각이 음식 섭취에 따른 신체반응에 미치는 영향

이 장에서 소개하는 행동신경과학의 핵심 중 하나는 생물 작용과 행동 간의 양방향적 특성이다. 생물 작용이 행동에 영향을 미칠 수 있다는 생각은 우리에게 친숙하지만, 행동이 생물 과정에 미치는 영향에 대해서는 아마 낯설 것이다. Alia Crum과 그녀의 동료들(2011)의 기발한 연구는 배고픔과 포만감을 느끼게 하는 요인을 탐색하여 생물 작용과 행동 간의 양방향적 영향을 잘 보여 주었다.

한동안 식사를 하지 않으면 그렐린(ghrelin)이라는 장호르몬이 분비되면서 뇌에 배고프다는 것을 알려준다(7장을 보라). 음식을 먹은 뒤에는 그렐린의 분비가 억제되어 더 이상 배가 고프지 않다. 그러니까 일단 당신의 생물 작용(그렐린이 방출되는 양)은 행동(배고프거나 배부른 느낌)을 야기한다. 여기까지는 익숙한 이야기이다.

그런데 동시에, 먹는 것에 대해 어떻게 생각하는지가 음식에 대한 신체반응에 영향을 미칠 수 있다. 연구참가자들에게 380kcal의 밀크셰이크가 "몸에 좋다" 또는 "맛이 끝내준다"라고 말하는 것만으로 그렐린 방출량에 큰 차이를 만들었다(Crum, Corbin, Brownell, & Salovey, 2011; ●그림 1.2). '몸에 좋은' 셰이크를 마신 후에는 그렐린 수치가 크게 변하지 않았는데, 이는 참가자들이 여전히 배고픔을 느끼고 만족하지 못했음을 의미한다. 반면 '맛이 끝내주는' 셰이크를 마신 후에는 그렐린 수치가 현저히 떨어지고 참가자들이 더 큰 만족감을 느꼈다. 즉, 셰이크의 맛이 쾌감을 충족시켜 준다고 생각하는 것(행동)이 생물 작용(그렐린 방출량의 많고 적음)에 현저한 영향을 미쳤던 것이다. 당신의 건강식 샐러드가 맛도 끝내준다고 칭찬하는 것이 다이어트 유지에 도움이 될지는 모르겠지만, 손해볼 것은 없다.

Courtesy of Alia Crum and Gibbs Graphics

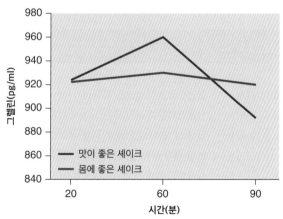

●그림 1.2 생물 작용과 행동은 양방향적 관계를 맺는다 참가자들은 똑같은 380kcal의 밀크셰이크를 먹었지만, 제품에 부착된 라벨이 '몸에 좋은' 셰이크인지 '맛이 끝내주는' 셰이크인지에 따라서 그렐린 수준의 변동 양상이 달랐다. 음료를 마실 때 '맛이 끝내주는'이라는 라벨을 본 참가자들은 '몸에 좋은'이라는 라벨을 본 참가자들보다 90분 후에 더 낮은 그렐린 수준을 보였다. 밀크셰이크를 특정한 방식으로 생각하는 것(행동)이 그렐린 분비(생물 작용)에 극적인 영향을 미친 것이다.

출처: Gibbs Graphics, Crum, A. J., Corbin, W. R., Brownell, K. D., & Salovey, P. (2011). Mind over milkshakes: Mindsets, not just nutrients, determine ghrelin response. *Health Psychology, 30*(4), 424-429.

질환 및 손상, 심리장애 상태의 신경계 활동을 살펴본다. 행동신경과학의 하위 전문 분야인 인지신경과학(cognitive neuroscience)에서는 정보처리, 학습 및 기억, 의사결정 및 추론의 생물학적 상관물을 연구한다. 감각과 지각(6장), 학습과 기억(10장), 인지(11장)에 관한 장에서 이러한 주제를 심도 있게 다룰 것이다. 12장에서 다룰 사회신경과학(social neuroscience)은 신경계와 인간의 사회적 환경 및 행동 간의 상호작용을 탐구한다.

계산신경과학(computational neuroscience)은 지금까지 설명한 신경과학 분야들과 유사하지만 컴퓨터과학, 전기공학, 수학 및 물리학에 기대어 분자 수준에서 행동 수준에 이르는 신경계의 모형을 만든다. 그 뒤 다른 신경과학 분야와 협업하여 이러한 계산 모형의 예측을 실제 유기체를 대상으로 검증한다. 계산신경과학의 실제 응용 중 하나는 신경 암호 해독(neural decoding)으로, 이는 정교한 보철 장치를 개발할 때 뇌가 하고 있는 일을 추정하기 위해 신경활동 신호를 활용하는 것이다. 이러한 장치는 신경 신호를 활용해서 특정 방식으로 움직이고자 하는 뇌의 의도를 파악하거나, 특정 유형의 입력을 피부 감각으로 인식하게 한다.

이처럼 다양한 분석 수준들은 경쟁적이라기보다는 보완적 관계에 있다. 각 접근 방식에서 요구하는 기술의 다양성으로 인해 신경과학은 본질적으로 학제적(interdisciplinary) 연구 분야이며, 생물학, 화학, 심리학, 의학, 수학, 물리학, 공학 및 컴퓨터과학의 전통적인 학문 분과를 아우른다.

신경계에 대한 이해의 필요성이 그 어느 때보다 높아졌다. 신경과학회(Society for Neuroscience, 2012)에서는 미국인 6명 중 1명이 신경학적 질환에 걸리며, 그 치료 비용은 장애 비용을 제외하고도 5,000억 달러가 넘는다고 보고했다. 알츠하이머병의 발병을 5년 늦추는 것은 미국 연간 의료비에서 500억 달러를 절약할 수 있다. 생물 작용

| 일상 속 행동신경과학 |

신경과학 학위로 무엇을 할 수 있을까

행동신경과학을 가르치는 즐거움 중 하나는 학생이 갑자기 이 분야에 깊게 빠지는 것을 보는 것이다. "바로 이거야"하는 학생의 생각은 보통 "그런데 이거 해서 어떻게 먹고 살 수 있을까?"라는 생각으로 이어진다. 이 질문에 대한 답은 이 분야만큼이나 다양하다. 신경과학은 너무나 넓은 분야이기 때문에 다양한 진로에서 기회를 찾을 수 있다.

다른 분야에서도 그렇듯, 신경과학은 교육을 많이 받을수록 기회도 더 많이 얻을 수 있다. 많은 신경과학자들이 의학 학위, 박사 학위, 또는 둘 모두를 가지고 일한다. 그러나 학사 학위만으로 직업을 가질 수 없는 것은 아니다. 학사 학위를 가진 학생들은 제약회사, 대학, 정부기관에 연구보조원으로 고용되기도 한다. 어떤 신경과학

졸업생들은 물질남용 상담이나 정신건강 시설에서 일하기도 한다. 신경과학은 예상치 못한 곳에서 활용되기도 한다. 광고 회사에서는 뇌 영상 및 다른 기술을 통해 광고에 대한 대중의 반응을 가늠하려는 추세가 점점 강해지고 있다. 웹과 앱 개발자는 시선추적 기술을 사용하여 사람이 웹페이지에서 어떤 중요한 특징을 보고 처리하는지, 그러면서 즐거운 시간을 보내는지와 같은 사용자 경험을 평가한다.

신경과학 기술의 폭발적인 성장은 이 분야를 계속 개척해 나갈 것이고 새로운 기회들이 만들어질 것이다. 신경과학에 관심이 있는 학생이라면 일반 과학, 연구 방법, 수학, 통계 등의 분야에서 기술을 최대한 습득해 두는 것이 도움이 될 것이다.

과 행동 간의 연결성은 신경학적 질환과 관련될 뿐 아니라 전반적인 건강의 이해에서도 우리에게 알려주는 바가 있다. 대부분의 사람이 전염병으로 사망하던 100년 전과 비교하면, 오늘날에 사람을 죽이는 것들(암, 당뇨, 심장병)은 행동과 깊은 연관이 있다. 질환에서 행동의 중요성에 대한 인식을 반영하여, 현재 미국의 의과대학원 입학시험(Medical College Admission Test, MCAT)에는 심리학 및 행동신경과학에 대한 문제가 상당수 포함되어 있다.

병은 인간이라는 큰 방정식의 일부일 뿐이다. 우리는 행복의 증진, 더 나은 관계, 더 나은 육아, 더 나은 아동 발달, 더 나은 사고와 학습을 위해서도 신경계가 일반적으로 어떻게 작동하는지 이해할 필요가 있다. 신경계 및 그것과 행동 간의 상호작용을 더 잘 이해함으로써 과학자와 실무자 들은 현 인류가 직면한 건강과 행복에 대한 중대한 문제를 해결하기 위해 더 철저히 준비할 수 있을 것이다.

신경과학의 역사적 조명

신경과학의 역사는 신경계를 연구하는 도구의 발전과 나란히 이어진다. 초기의 선구자들은 과학적 방법의 제약에도 불구하고 많은 진보를 이뤄왔다.

신경계 이해에서 고대의 중요한 사건들

초기 조상들은 삶을 유지하는 데 필수적인 뇌의 역할에 관한 기초적인 이해 정도는 가지고 있었던 것으로 보인다. 뇌 수술의 고고학적 증거에 따르면, 사람들은 7,000년 전부터 천두(trepanation)라는 시술로 두개골에 구멍을 뚫어 사람을 치료하려고 했다(● 그림 1.3). 시술 이후에 일부가 회복되었다는 증거를 보여주는 두개골이 발견되었기 때문에 환자가 시술 후에도 살았으며, 이 시술이 죽은 사람에게 행해진 것이 아닐 것으로 추정된다. 다만 분명하지 않은 것은 수술의 의도이다. 아마도 이 당시의 외과의들은 악마를 쫓아내거나 압박감을 덜어주기 위해 수술을 했던 것으로 보인다(Clower & Finger, 2001).

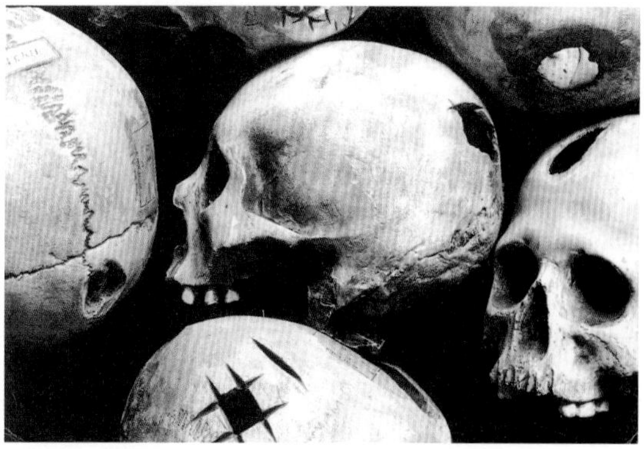
Mary Martin/Science Source/Photo Researchers, Inc

●그림 1.3 고대의 뇌 외과 수술 멀게는 7,000년 전에 사람들은 두개골에 구멍을 내는 천두 시술을 했다. 이는 '악마에 홀린 것' 같은 고통을 치료하기 위해 시행되었던 것으로 보인다. 두개골의 구멍 주변에 있는 재생된 흔적은 일부 환자들이 시술 이후에도 생존했음을 시사한다. 더 최근에는 자신에게 직접 천두 시술을 하는 일이 다시 나타났는데, 이는 아마도 일종의 자해행동이었을 것이다.

'에드윈 스미스 외과술 파피루스(Edwin Smith Surgical Papyrus)'는 역사상 가장 오래된 의학 저술임에도 여러 정교한 관찰을 다루고 있다(Breasted, 1930). 이 파피루스의 이집트인 필자는 신체의 마비와 감각 결핍이 신경계손상으로 인한 것임을 분명히 이해하고 있었다. 신경계손상 사례는 대개 '치료되지 않는 질병'으로 분류되었으며, 이는 비교적 영구적인 손상에 대해 필자가 가졌던 이해를 보여준다.

기원전 4세기 그리스 학자들은 고대 이집트에서 얻은 지식을 바탕으로 뇌가 감각 기관이라고 제안했다. Hippocrates(기원전 460~379)는 뇌전증의 가장 명백한 외적 징후가 근육 경련임에도 불구하고 이 질환이 뇌에서 발생하는 것임을 정확히 파악했다 (13장을 보라). 로마 제국에서 일했던 그리스 의사 Galen(130~200)은 동물을 정교하게 해부했다(그리고 아마 자신이 돌보던, 치명상을 입은 검투사들에게도 그랬으리라 추측한다). Galen은 뇌에서 메시지를 주고받는 데 뇌실이 중요한 역할을 한다고 잘못 생각했는데, 이 오류는 이후 1,500년 동안 신경계에 대한 생각에 영향을 미쳤다(Aronson, 2007).

과학적 추론의 태동

프랑스의 철학자 René Descartes(1596~1650)는 **마음-몸 이원론**(mind-body dualism, 심신이원론)을 지지하는 주장을 했다. Descartes와 같은 이원론자들에게는 마음이 신체적이거나 자연과학적 연구를 통해 접근할 수 있는 대상이 아니었다. 반면, 현대 신경과학은 이원론보다 **일원론**(monism)에 기반을 두고 있다. 일원론적 관점에서는 마음이 과학적으로 연구될 수 있는 뇌 활동의 결과라고 본다. Descartes의 생각은 매우 영향력이 있었고, 심지어 오늘날에도 일부 사람들은 성격, 기억, 논리와 같은 요소가 단순히 뇌에 있는 뉴런의 활동을 나타낸다고 생각하기 힘들어한다. 이 장의 후반부에서 다룰 연구 윤리에 대한 논의는 Descartes의 생각이 남긴 또 다른 유산을 보여준다. 많은 사람들이 Descartes처럼 동물이 감각과 고통을 느낄 수 있는 존재가 아니라 기계적인 존재라고 생각했기 때문에 현대의 많은 사상가들에게는 야만적으로 보이는 동물실험이 수행되었다. 1865년에 Claude Bernard(1813~1878)는 "생명에 관한 과학은 길고 무시무시한 부엌을 통과해야만 도달할 수 있는 호화롭고 눈부신 빛의 방"이라고 썼다(p. 15).

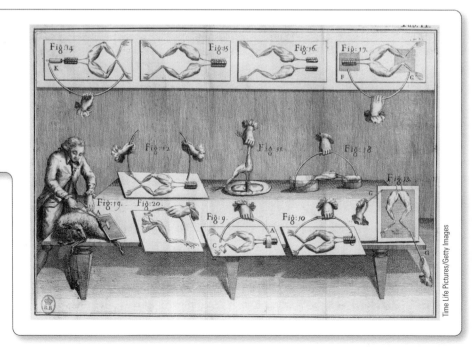

●그림 1.4 Luigi Galvani는 신경 교신에서 전기의 역할을 보여주었다 이 그림은 Luigi Galvani의 지하 실험실을 보여주는데, 여기서 개구리를 이용한 실험은 신경 교신의 전기적 속성에 대한 이해를 확립했을 뿐만 아니라 Mary Shelly의 작품 『프랑켄슈타인』에도 영향을 미쳤다.

Time Life Pictures/Getty Images

마음-몸 이원론 몸은 기계적으로 작동하는 반면, 마음은 독립된 비물질적 존재라고 보는 Descartes의 철학적 관점.
일원론 마음은 뇌 활동의 산물이라고 보는 신경과학의 특징적인 철학적 관점.

1500년에서 1800년 사이에 과학자들은 신경계의 구조와 기능을 설명하는 데 상당한 진전을 보였다(●그림 1.4). 1674년 Anton van Leeuwenhoek의 광학현미경 발명은 완전히 새로운 분석 수준을 열었다. Luigi Galvani와 Emil du Bois-Reymond의 연구는 신경계가 사용하는 교신 방식이 전기임을 확인했다. 영국의 생리학자 Charles Bell(1774~1842)과 프랑스의 생리학자 François Magendie(1783~1855)는 정보가 감각 및 운동신경 내에서 두 방향이 아닌 한 방향으로 이동한다는 것을 보여주었다.

현대 신경과학의 시작

20세기 초까지만 해도 이탈리아 연구자 Camillo Golgi를 포함한 많은 과학자들은 신경계가 끊임없이 이어진 섬유들의 광대하면서 상호연결된 네트워크라는 개념을 지지했다. 스페인의 해부학자 Santiago Ramón y Cajal을 비롯한 다른 사람들은 신경계가 분리된 독립적인 세포의 배열로 구성되어 있다고 주장했다. Cajal의 개념은 뉴런설(Neuron Doctrine)이라고 한다. Golgi와 Cajal은 1906년에 각자의 업적으로 노벨상을 공동 수상했다. 역설적이게도 Cajal은 Golgi가 틀렸다는 것을 증명하기 위해 Golgi가 발명한 염색법을 사용했다.

신경계를 이해하는 지금까지의 여정에서 잘못된 방향과 막다른 길이 없었던 것은 아니다. 특정 신체 기능은 특정 뇌 영역이 통제한다는 기능 국재화(localization of function)의 개념은 Franz Josef Gall(1758~1828)이 제안하고 Johann Gasper Spurzheim(1776~1832)이 정교화한 생각에서 시작되었다. 다른 면에서는 존경받는 과학자였던 이들은 **골상학**(phrenology)이라는 '과학'을 통해 인간 각자의 성격 특성과 능력이 두개골의 구조와 관련되어 있다고 주장했다. 골상학자들은 실제 두개골에서 만져지는 볼록한 부분을 여러 특질이 특정 부위들에 표시된 흉상과 비교하면서 사람의 성격 특성을 '해독'하려 했다(●그림 1.5). 비록 잘못된 방향이었으나 Gall과 Spurzheim의 연구는 Descartes 시대부터 지속된, 뇌에 대한 형이상학적, 비국재적 관점으로부터 사람들을 한걸음 멀어지게 했다. Gall과 Spurzheim은 뇌가 상호연결되고 협동적이면서도 비교적 독립적인 기능 단위로 구성된 마음의 기관이라는 더 현대적인 관점을 제안했던 것이다.

뇌 기능의 국재화를 뒷받침하는 증거가 축적되기 시작했다. 1800년대 중반 프랑스의 의사 Paul Broca는 환자에게서 관찰한 뇌손상을 환자의 행동과 연관 지으면서 언어 기능이 뇌에 국재화되어 있다고 결론 내렸다(11장을 보라). 우연히도, 앞서 소개된 두개골 천두 시술에 과학계의 이목을 집중시켰던 사람도 Broca였다(Clower & Finger, 2001). 1870년 Gustav Theodor Fritsch(1838~1927)와 Eduard Hitzig(1838~1907)는 토끼와 개의 겉질(피질)을 전기적으로 자극하여 신체 반대쪽에 운동을 발생시키는 방법을 보여주었다. 뇌 기능의 국재화는 일반적으로 받아들여지는 개념이 되었다.

마음의 물질적, 탈신비주의적 속성을 드러내는 더 많은 증거는 생리학자와 정신물

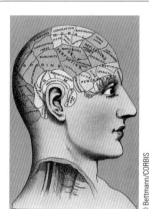

●그림 1.5 골상학 흉상 Franz Josef Gall과 그의 추종자들은 두개골의 특정 부위 아래에 자리 잡고 있는 특질을 알아내기 위해 이러한 흉상 지도를 이용했다. 두개골의 튀어나온 부위는 그 아래 있는 특질이 '활성화'되었음을 나타낸다고 믿었다. 비록 이러한 Gall의 체계는 과학의 예로서는 매우 부적절한 것이었지만, 기능이 뇌에 국재화될 수 있다는 원리는 이후에 타당한 것으로 밝혀졌다.

골상학 두개골이 튀어나온 모양과 개인의 특성을 관련짓는 잘못된 시도.

리학자로부터 제시되었다(6장을 보라). Hermann von Helmholtz(1821~1894)는 연구 참가자들이 피부 접촉을 느끼는 순간에 가능한 한 빠르게 버튼을 누르도록 지시했다. 참가자들은 발가락을 건드릴 때보다 허벅지를 건드릴 때 더 빠르게 반응했는데, 이는 더 멀리 있는 발가락에서 올라오는 신호가 뇌에 전달되기까지 시간이 더 걸리기 때문이다.

현대 신경과학의 기초는 흔히 영국의 신경과 의사 John Hughlings Jackson (1835~1911)이 확립했다고 여겨진다. Hughlings Jackson은 신경계가 위계를 이루고 있는 조직이어서 더 단순한 처리는 하위 수준에서, 복잡한 처리는 대뇌겉질과 같은 상위 수준에서 이루어진다고 제안했다. 예를 들어 우리는 상위 수준의 대뇌겉질 관리 기능을 사용하여 하위 수준의 뇌 활동과 관련된 공격적인 행동을 억제한다. 그러나 알코올을 섭취하면 그러한 겉질 억제가 실패하게 되고, 남겨진 뇌의 하위 기능이 사람들로 하여금 술집 싸움에 휘말리게 만든다. 우리는 13장에서 뇌전증(간질)에 대해 살펴보면서 Hughlings Jackson을 다시 만날 것이다.

신경계를 연구하기 위한 새로운 방법이 개발되면서 지난 100년 동안 신경과학은 빠르게 발전했다. Charles Sherrington은 '시냅스'(두 뉴런 간의 교신 지점이라고 정의됨)라는 용어를 만들었을 뿐만 아니라 반사와 뇌의 운동계에 대한 광범위한 연구를 했다. Otto Loewi는 자다가 영감을 얻었다는 한 기발한 연구 설계를 통해 시냅스(3장을 보라)에서 화학적 신호가 나온다는 것을 보여주었다. John Eccles 경, Bernard Katz, Andrew Huxley, Alan Hodgkin은 신경 교신에 대한 이해를 진척시켰다. 이 책에서는 여러 현대 신경과학자들을 만나게 될 것이다. 신경과학자의 수는 지속적으로 늘어서 1969년에 회원이 500명이었던 신경과학회(Society for Neuroscience, SfN)는 2016년 기준 90개국 3만 8,000명의 회원을 보유하고 있다.

중간 요약 1.1

‖ 신경과학 역사의 주요 사건

역사적 시점	중요한 사건과 기여
기원전 3000년경	• 미라를 만드는 과정에서 이집트인들은 뇌를 추출하여 폐기했으나 신경장애의 정확한 관찰을 보여주는 공식적인 사례 연구가 있음
기원전 400년경~ 서기 200년경	• Hippocrates가 뇌전증은 뇌질환임을 인식함 • Galen이 해부를 통한 정교한 관찰을 하였으나 체액이 메시지를 전달한다고 오해함
1600년~1800년	• René Descartes가 마음-몸 이원론을 주창함 • Anton van Leeuwenhoek가 광학현미경을 발명함 • Galvani와 du Bois-Reymond가 신경계에서 전기가 메시지를 전달한다는 것을 발견함
1800년~1900년	• Bell과 Magendie가 뉴런이 한 방향으로 교신하며, 감각과 운동이 구분된 경로로 통제된다는 것을 알아냄 • Gall과 Spurzheim이 골상학이라는 잘못된 주장을 했지만 신경계에서 기능이 국재화된다는 개념은 타당했음

역사적 시점	중요한 사건과 기여
	• Paul Broca가 언어 산출의 국재화를 발견함 • Fritsch와 Hitzig가 대뇌겉질에서 운동 기능의 국재화를 확인함
1900년~현재	• Ramón y Cajal이 신경계가 분리된 세포들로 구성되어 있다고 주장하였으며, 1906년 Camillo Golgi와 공동으로 노벨상을 수상함 • Hughlings Jackson이 뇌가 상위 수준으로 갈수록 더 복잡한 기능을 하는 위계적 체제를 가진 것으로 설명함 • Otto Loewi가 시냅스에서의 화학적 신호전달을 입증함 • Charles Sherrington이 '시냅스'라는 용어를 만들었으며, 1932년 노벨상을 수상함 • John Eccles 경, Andrew Huxley, Alan Hodgkin이 뉴런의 교신에 대한 연구 업적으로 1963년 노벨상을 수상함 • Bernard Katz가 시냅스의 화학적 전달에 대한 연구로 1970년 노벨상을 수상함 • 신경과학회는 2016년 기준 3만 8,000명의 회원을 보유하고 있음

요점

1 신경과학은 건강한 상태나 병에 걸린 상태인 신경계의 구조, 기능 및 발달을 탐구하는 분야이다. 행동신경과학은 신경계의 구조 및 기능과 행동 간의 상관관계를 연구하는 신경과학의 한 분야이다. (LO1)

2 이집트인과 그리스인 들이 신경계와 행동 사이의 관계에 대한 현대적 통찰을 보였던 시기도 있었으나, 행동신경과학의 주요 발전은 비교적 현대에 이르러 최근에야 이루어졌다. (LO2)

3 신경과학의 연대기에서 주요한 발견으로는 신경 교신에서의 전기화학적 속성, 감각과 운동 기능의 통제가 독립적인 신경에 의해 이루어진다는 것, 단일 뉴런들이 신경계의 구성 요소가 된다는 것, 그리고 뇌에서의 기능 국재화이다. (LO2)

복습 문제

1 신경과학이라는 학제적 분야의 목표와 방법이 무엇이라고 생각하는가?

2 뇌와 행동의 현대적인 이해에 기여했던 역사적인 발견에는 무엇이 있었는가? 잘못된 방향을 제시했던 개념에는 무엇이 있었는가?

행동신경과학 연구 방법

이 절에서는 신경과학자들이 신경계와 그 구성 요소의 구조, 연결 및 기능을 발견하는 데 사용하는 방법을 설명한다. 단일 분자 수준에서 큰 단위의 신경계 작동에 이르기까지, 우리는 이제 신경과학의 초기 개척자들이 깜짝 놀랄 상세한 관찰을 할 수 있게 되었다. 어떤 방법을 선택하는지는 대부분 신경과학자의 목적과 연구 질문에 따라 결정된다. 각 방법에는 장단점이 있지만 하나의 연구 질문에 여러 방법을 사용하여 답을 찾는다면 특정 방법의 빈틈을 보완할 수 있다.

현미경 방법

현미경 방법, 즉 **조직학**(histology)적 방법은 개별 세포의 구조, 조직 및 연결을 관찰하는 수단을 제공한다. 1674년 Anton van Leeuwenhoek가 현미경을 통해 신경조직을 최초로 조사했다. 그러나 신경계에 있는 작고 복잡한 구조물을 보는 데는 기술적인 한계가 있었기 때문에 현미경 방법의 진보는 대부분 더 강력하고 선명한 렌즈가 개발된 1800년대에 일어났다.

육안으로는 최소 0.2mm 크기는 되어야 물체를 인식할 수 있으며, 더 작은 것을 보려면 확대가 필요하다(●그림 1.6). 그러나 단순한 확대만으로는 선명한 이미지가 보장되지 않는다. 아마도 알겠지만, 컴퓨터에서 이미지를 확대해 보면, 픽셀이 커지면서 똑같이 흐릿한 영상을 얻을 뿐이다. 작은 구조를 볼 수 있는 성능은 해상도, 즉 두 지점의 빛을 구분하는 능력에 따라서도 달라진다.

오늘날의 광학현미경은 적절한 해상도를 유지하면서 이미지를 1,000배까지 확대할 수 있으므로 과학자들은 시냅스만큼 작은 특징도 관찰할 수 있다. 우리의 시각계가 가시광선을 처리하는 방식(6장에서 논의) 때문에 광학현미경을 사용하여 이미지를 약 1,000배 이상 확대하면 해상도가 허용할 수 없을 정도로 저하된다. 다행히도 높은 수

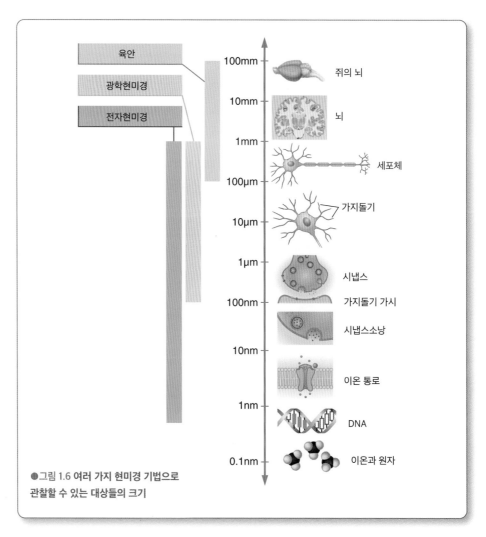

●그림 1.6 여러 가지 현미경 기법으로 관찰할 수 있는 대상들의 크기

조직학 현미경 수준의 세포와 조직에 대한 연구.

준의 배율과 해상도를 모두 유지하는 방법이 발견되었다. 전자 및 형광 현미경은 나노 단위 수준, 즉 1~100nm 사이의 이미지를 해상할 수 있다. 1nm는 10억분의 1m이므로 이 방법은 육안보다 약 100만 배 더 강력하다.

형광현미경은 빛을 받으면 들떠서 빛을 방출하는 화학물질인 특정 형광물질을 시료에 붙여 표지하는 방법으로 작동한다. 그 시료에 다른 파장의 빛을 쬐면 형광이 방출되는데, 그러면 그 형광을 분석한다. 이 절차의 단점은 빠르게 작업이 이루어져야 한다는 것이다. 시료가 무한정 형광을 방출하지는 않기 때문이다.

전자현미경은 가시광선(광자; 6장을 보라)이 아니라 전자빔을 사용해서 시료를 조명한다. 전자는 광자보다 훨씬 짧은 파장을 가지기 때문에 해상도가 크게 향상된다. 전자현미경으로 신경화학물질 분자 1개만큼 작은 것까지 볼 수 있다! 전자현미경의 주요 단점은 살아있는 세포에 사용할 수 없다는 것이다. 시료는 탈수와 화학 처리를 거치기 때문에 생명체가 살아있기 어렵다.

현미경으로 연구할 조직은 일련의 단계를 거쳐 볼 수 있도록 준비해야 한다. 우선은 빛(또는 전자)이 통과할 수 있도록 조직을 충분히 얇게 만들어야 한다. 뇌조직은 연약하고 물기가 있기 때문에 추가 처리를 하지 않으면 충분히 얇은 단면을 얻을 수 없다. 이 문제를 해결하기 위한 조직학적 과정의 첫 단계는 조직을 얼리거나, 탈수시키거나, 가스 포름알데히드를 함유하는 액체인 포르말린으로 처리하여 '고정'하는 것이다. 포르말린은 조직을 단단하게 하여 얇은 조각을 만들 수 있게 할 뿐만 아니라 효소나 박테리아에 의한 분해로부터 조직을 보존한다. 조직을 얼려도 같은 목표를 달성할 수 있다. 그렇게 만들어낸 표본은 젤라틴, 파라핀 왁스 또는 플라스틱에 담가서 절편 만들기의 안정성과 용이성을 높일 수 있다.

조직이 고정되면 **미세절편기**(microtome, 마이크로톰)라고 하는 특수 기계로 단면을 '절단'한다(●그림 1.7). 어떤 미세절편기는 정육점에 있는 육류 절단기의 소형 버전처

The Brain Observatory

●**그림 1.7 미세절편기로 절단한, 환자 H.M.의 뇌 단면** 캘리포니아 대학교 샌디에이고캠퍼스의 연구자들은 H.M.이라는 약자로 유명한 Henry Molaison의 뇌를 세밀하게 절단하는 장면을 인터넷에서 실시간으로 방송했다. Molaison의 관자엽 수술과 그로 인한 기억장애는 심리학과 학생들에게 친숙하다.

미세절편기 조직학 연구를 위해 매우 얇은 단면을 잘라내는 장치.

럼 보이며 작동 방법 역시 그와 유사하다. 조직이 조금씩 앞으로 밀려나오면 슬라이딩 블레이드가 앞뒤로 움직이며 조직을 자르면서 절편이 만들어진다. 다른 미세절편기는 전동 칫솔과 유사한 진동 칼을 사용한다. 이것은 동결되지 않은 조직을 자를 때 특히 유용하다. 광학현미경으로 조직을 보기 위해 10~80μm 두께의 조직 절편이 준비된다. 1μm는 100만분의 1m, 즉 1,000분의 1mm이다. 전자현미경에는 1μm 미만의 단면이 필요하다. 쥐 한 마리의 뇌를 자르면 수천 개의 슬라이드가 만들어진다. 그런 절편은 연약하기 때문에 식염수에 저장한 다음 슬라이드 위에 올려놓고 본다.

신경조직을 고정한 후 슬라이드에 올려놓더라도 특수염색을 하지 않은 신경조직은 현미경에서 거의 투명하게 보인다. 연구자들은 검사하고자 하는 특징에 따라 특정 염색법을 선택한다. 예를 들어 소수의 단일세포에 대한 자세한 구조 분석을 수행하려면, 발견자 Camillo Golgi의 이름을 딴 **골지염색**(Golgi stain)이 최선의 선택이다. 반면에 조직 표본 내에서 신경세포의 부피 대부분을 차지하는 세포체들의 무리를 식별하는 데 더 관심이 있는 경우라면 **니슬염색**(Nissl stain)을 사용한다. **말이집염색**(myelin stain, 수초염색)은 많은 신경섬유를 감싸는 절연 물질을 염색하여 뇌의 한 부분에서 다른 부분으로 정보를 전달하는 경로를 따라갈 수 있도록 한다. 경로가 끝나는 곳을 알고 있지만 그 시작점을 알고 싶다면, **겨자무 과산화효소**(horseradish peroxidase)를 사용해야 한다. 이 효소는 신경섬유의 끝에 주입되면 세포체 쪽으로 거슬러 이동해 간다. 일반적으로 침입 유기체를 식별하기 위하여 면역체계에 의해 생산되는 단백질인 항체는 면역조직화학(immunohistochemistry, IHC)이라는 과정에서 세포 내 특정 단백질을 강조하기 위해 다양한 염료와 결합될 수 있다. 앞서 언급했듯이 다양한 형광물질을 사용하여 구조, 유전자 및 단백질을 표시하여 형광현미경으로 볼 수도 있다.

세포 수준에서 신경계를 보는 것은 그 기능에 대해 많은 것을 알려주지만, 전체 뇌의 맥락에서 세포와 그 연결을 보는 것은 우리의 이해를 새로운 수준으로 끌어올린다. **광학이미징**(optical imaging)에서 새로 개발된 방법을 통해 연구자들은 말 그대로 '뇌를 꿰뚫어볼' 수 있게 됐다(Deisseroth, 2016). 시료에서 지방(지질)을 제거하면 빛의 산란이 줄어들고 나머지 시료는 완전히 투명해진다. 이 방법을 사용하여 연구자들은 긍정적이거나 부정적인 경험을 하는 동안 활성화된 동물의 이마엽에 있는 세포군집들이 서로 아주 다른 회로를 형성하고 있음을 보여줄 수 있었다(Ye et al., 2016).

영상화 기법

현대 영상화 기술은 사망 후 신체를 부검하는 것에 비해서 중요한 장점이 있다. 현재의 영상화 기술을 통해 우리는 살아있는 뇌가 읽기(11장) 또는 정서반응(12장)과 같은 과정에 관여하는 것을 볼 수 있다. 우리는 연쇄 살인범의 뇌가 일반인의 뇌와 기능하는 방식의 차이를 찾아낼 수 있다(14장).

골지염색 Camillo Golgi가 개발한 염색 방법으로, 단일 뉴런을 관찰할 수 있음.

니슬염색 여러 세포체들의 무리를 보기 위한 염색.

말이집염색 신경경로를 추적하는 염색.

겨자무 과산화수소 축삭의 종말 지점에서 최초 지점까지의 경로를 추적하는 염색.

광학이미징 뇌를 탐색하기 위해 실제로 투명하게 보이도록 만드는 방법.

전산화 단층촬영 1896년에 X선을 발견한 독일의 물리학자 Wilhelm Röntgen은 뇌 영상 촬영의 토대를 마련했다. Röntgen은 X선이 사람 몸을 통과할 수 있으며, 신체의 주요 구조물에 대한 명암이 반전된 사진 이미지를 만들어낸다는 것을 알고는 깜짝 놀랐다. 그가 처음으로 찍은 X선 이미지는 아내의 손이었다.

보통의 X선은 연한 조직을 영상화하는 데 적합하지 않다. 치과에서 머리를 X선으로 촬영해보면 뼈나 치아를 볼 수는 있지만, 뇌에 대해서는 달리 보여주는 바가 없다. 그러나 현대 컴퓨터를 이용한 변용을 통해 X선을 활용하여 이전까지 보기 어려웠던 해부 구조에 대한 영상을 얻을 수 있게 되었다. 최초로 상업화된 **전산화 단층촬영**(computerized tomography, CT) 기기는 William Oldendorf와 Allan Cormack의 작업을 기반으로 Godfrey Hounsfield가 1971년에 도입했다(●그림 1.8). 'tomography'는 '단면'을 의미하는 'tomos'와 '쓰다' 또는 '기술하다'라는 의미의 'graphia'에서 유래한 말이다. CT 기술은 살아있는 뇌에 대한 최초의 고해상도 영상을 제공했다. 더 현대적인 CT 기술을 통해 매우 상세한 3차원 이미지를 구성할 수 있다.

CT 영상의 유용성에도 불구하고 이 기술은 연구 목적으로는 단점이 있다. CT 영상은 뛰어난 구조적 정보를 제공하지만 살아있는 뇌와 죽은 뇌를 구분할 수 없다. 즉, CT 영상은 뇌의 활동 수준에 대한 정보를 제공하지 않는다. 이는 행동에 대한 질문에 답하는 데 제약이 된다.

양전자방출 단층촬영 영상화 기술의 다음 주요 획기적인 발전은 **양전자방출 단층촬영**(positron emission tomography, PET) 영상으로, 이를 통해 연구자들은 처음으로 뇌 활동을 관찰할 수 있게 되었다(●그림 1.9). 그러나 PET 영상은 뇌 구조에 대해서는 좋은 정보를 제공하지 못한다.

PET 영상은 감마 카메라의 발명으로 가능해졌다. 감마 카메라는 붕괴되는 방사성 원자에 의해 방출되는 방사선을 감지하는 데 사용된다. 1970년대 중반부터 워싱턴 대학의 Michael Phelps와 Edward Hoffman은 이 기초 기술을 뇌 기능에 대한 연구에 적용하기 시작했다(Hoffman, Phelps, Mullani, Higgins, & Ter-Pogossian, 1976; Phelps, Hoffman, Mullani, Higgins, & Ter-Pogossian, 1976).

PET 연구에서는 방사성 추적자를 산소, 물, 신경화학물질 및 약물을 비롯한 다양한 분자와 결합시킨다. 추적자가 붕괴하면서 방출되는 감마선이 탐지기에 기록되며, 컴퓨터에 전송된 정보가 이미지로 재구성된다. 흔히 프로그래머들은 높은 활동성을 보이는 영역을 빨간색과 노란색으로 표시하며, 낮은 활동성을 보이는 영역을 초록색, 파란색, 검은색으로 표시한다. 새로운 PET 기계들은 인접한 단면의 이미지들을 동시에 획득할 수 있어서 뇌 활성화를 3차원으로 재구성할 수 있다. 유사한 기법으로는 단일광자방출 단층촬영(single-photon emission computed tomography, SPECT)이 있는데, PET보다는 저렴하지만 시각적 세부 정보가 상대적으로 나쁘다.

대부분의 연구 목적을 위해 PET와 SPECT는 기능적 MRI(fMRI)로 대체되었다. 그

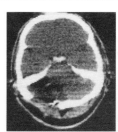

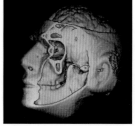

Courtesy of Siemens Healthcare

G.J.L.P. CNRI/Science Source

●그림 1.8 CT 영상 Hounsfield의 초창기 기계는 한 장의 단면을 얻는 데에도 몇 시간이 걸렸다(위). 현대의 촬영 도구로는 훨씬 빠르게 3차원 영상을 얻을 수 있다(아래).

전산화 단층촬영(CT) 컴퓨터로 X선 영상을 향상시키는 영상화 기법.
양전자방출 단층촬영(PET) 뇌 활동의 국소적 위치에 대한 정보를 알려주는 영상화 기법.

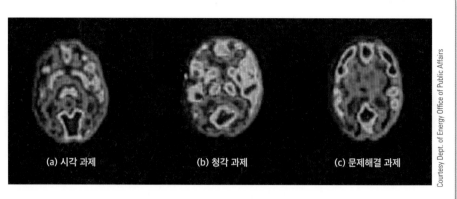

●그림 1.9 PET 영상은 뇌 활성화 패턴을 보여준다 PET 영상은 구조적인 세부 정보를 알려주지 않지만, 뇌 활성화에 대해 선명한 그림을 제공한다. 빨간색과 노란색은 가장 활성화된 부위이며, 파란색과 검은색은 거의 활성화되지 않은 영역이다. 세 가지 영상은 시각 과제(왼쪽), 청각 과제(가운데), 그리고 문제해결 과제(오른쪽)를 수행하는 동안의 뇌 활성화 패턴 차이를 보여준다.

(a) 시각 과제   (b) 청각 과제   (c) 문제해결 과제

Courtesy Dept. of Energy Office of Public Affairs

러나 fMRI와 비교했을 때 PET는 뇌에서 특정 신경화학물질의 활동에 대한 정보를 제공할 수 있다는 점에서 고유한 장점이 있다. 예를 들어 세로토닌 수용체와 결합하는 추적자를 주입하여, 살아있는 사람에게서 그 수용체의 위치와 활동 수준을 알 수 있다.

자기공명영상 자기공명영상(magnetic resonance imaging, MRI)은 표준적인 의료 진단 도구이자 귀중한 연구 자산이 되었다. Raymond Damadian, Larry Minkoff와 Michael Goldsmith는 1977년에 최초의 MRI 영상을 찍었다. 이 영상화 기술은 강력한 자석을 사용하여 자기장 내에서 수소 원자를 정렬한다. 그다음, 영상을 찍을 신체 부위에 무선 주파수(radio frequency) 진동을 가하여 수소 원자의 회전이 공명하게 만든다. 무선 주파수가 멈추면, 수소 원자는 자기장 내에서 원래의 정렬 상태로 되돌아간다. 원자가 원래의 정렬 상태로 회복되면서 일종의 라디오 송신기처럼 특유의 진동을 방출하는데, 이것이 스캐너에 감지된다.

MRI는 서로 다른 종류의 뇌조직이 다른 구성 요소로 만들어져 있다는 점을 활용한다. '회색질(gray matter)'이라는 조직은 대부분 신경세포의 세포체로 구성되며 다량의 단백질과 탄수화물이 포함되어 있다. 신경섬유, 즉 '백색질(white matter)'은 대부분 지방이 많은 절연 물질로 덮여있다. 뇌세포를 둘러싼 액체는 기본적으로 소금물이다. 이와 같은 단백질/탄수화물, 지방, 그리고 수분이라는 구성물들은 MRI 기법에 노출되었을 때 서로 달리 움직이며 유형별로 다른 강도의 신호를 내게 된다. 더 강한 신호를 보이는 부분은 영상에서 어두운 색으로 표시된다. 조직의 한 작은 영역마다 하나의 **복셀**(voxel)이 할당되는데, 이것은 픽셀의 3차원 개념에 해당한다. 각 복셀의 명도 또는 색조가 그 영역에서 박동하는 활성화 수준을 의미한다.

기능적 MRI(functional MRI, fMRI)를 사용하면 살아있는 인간의 뇌 활성화를 제시된 자극, 정서 상태, 특정 과제 수행과 관련지을 수 있다. 최초의 fMRI 영상 촬영은 Belliveau와 동료들(1991)에 의해 이루어졌다. 기능적 MRI는 활동이 많은 뉴런이 덜 활동하는 뉴런보다 더 많은 산소를 요구하며, 특정 영역의 혈류량 변화가 이러한 요구성을 반영할 것이라는 점을 활용한다.

자기공명영상(MRI) 높은 해상도로 뇌의 구조적 정보를 제공하는 영상화 기법.

복셀 'volume pixel'의 줄임말. 픽셀은 2차원 영상의 최소 사각형 단위. 복셀은 식별 가능한 3차원 박스 모양의 최소 단위.

기능적 MRI(fMRI) 뇌의 활동성을 측정하기 위해 약 1~4초 간격으로 일련의 MRI 영상을 찍는 기법.

뇌의 혈류를 추적하기 위해 fMRI를 사용하는 것은 19세기에 미국 최초의 공식 심리학자인 William James가 예기한 바 있다. 그는 이탈리아의 생리학자 Angelo Mosso가 두부손상 환자들을 관찰한 사례에서 깊은 인상을 받았다. 이 환자들은 두개골 일부가 떨어져 나갔거나 손상된 상태였다. 이로 인해 Mosso는 환자들을 관찰하면서 뇌 혈류를 측정하고 이를 환자들의 정신활동과 관련지을 수 있었다(Mosso, 1881). Mosso의 작업에 대한 다음과 같은 James의 성찰은 굉장히 현대적이다. "겉질의 각 영역 중 가장 활동적인 데로 혈액이 몰려들기 마련이겠지만, 이것에 대해서 우리는 아는 바가 전혀 없다"(James, 1890, vol. 1, p. 99). Mosso의 관찰은 Roy와 Sherrington(1890)에 의해 확인되었는데, 이들은 "어떠한 대뇌 조직이라도 그 부위의 기능적 작용의 토대가 되는 화학적 변화 활동에 맞도록 해당 영역의 혈액 공급을 변화시키는 자동적인 기제"가 있음을 보고했다(p.105).

그렇다면 fMRI는 대뇌 혈류를 어떻게 추적할까? 혈액 내에서 산소를 운반하는 단백질 분자인 헤모글로빈은 산소와 결합한 상태일 때와 아닐 때 자기적(magnetic) 속성이 다르다(Ogawa, Lee, Kay, & Tank, 1990). 따라서 복셀에서 나오는 신호는 해당 영역의 혈액 산소화에 따라 달라지는데, 이를 혈액 산소화 수준 의존(blood oxygenation level dependent, BOLD) 효과라 한다. 캘리포니아 대학교 샌타바버라 캠퍼스의 뇌 영상 연구소에서 필자가 직접 수행한 시연을 예시로 살펴보자(●그림 1.10). 필자는 오른쪽 엄지손가락으로 나머지 네 손가락을 하나에 20초 동안 20초 간격으로 짚어가며 촬영했다. 이 영상은 운동 및 촉각 자극과 관련된 활성화의 변화를 나타내는 복셀을 보여준다.

MRI 및 fMRI에 사용되는 동일한 기계로 **확산텐서영상**(diffusion tensor imaging, DTI) 기법을 활용한 영상을 만들 수도 있다. 이 기술로 연구자들은 신경섬유경로에서 물의 움직임을 추적하여 뇌의 연결성을 지도화할 수 있다(Le Bihan & Breton, 1985; Moseley et al., 1990; ●그림 1.11). 그러나 DTI는 정보 흐름의 방향에 대해서는 알려주지 않는다. 이 기술을 사용하여 연구자들은 자폐스펙트럼장애가 있는 유아의 이마엽에서 정상적인 수준보다 더 큰 연결성이 있다는 증거를 관찰했다(Solso et al., 2016).

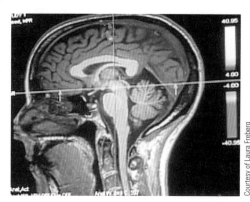

●그림 1.10 기능적 자기공명영상(fMRI)은 대뇌 혈액의 흐름을 반영한다 이 그림은 필자가 fMRI에서 손가락 짚기 운동(오른쪽 손가락들을 엄지손가락으로 차례대로 하나씩 짚기)을 할 때 어떤 뇌 부위가 선택적으로 활성화되는지 보여준다.

●그림 1.11 확산텐서영상(DTI) MRI 기술을 사용하여 신경섬유다발의 방향을 따라서 움직이는 수분의 흐름을 영상화할 수 있으며, 이를 통해 뇌의 신경섬유경로의 지도를 구성할 수 있다.

기록법

영상화 기술만큼 인상적이지는 않으나, 뇌의 전기 및 자기 출력을 기록하는 방법은 앞으로도 유용할 것이다. 3장에서 자세히 살펴보겠지만 신경세포는 소형 배터리처럼 세

확산텐서영상(DTI) MRI 기술을 통해 뇌의 물 분자 흐름을 따라가면서 신경섬유경로를 추적할 수 있는 기술.

포막에 걸쳐 작은 전하를 생성할 수 있다. 그리고 모든 전류는 자기장을 생성한다. 규모는 작지만 이 전기적·자기적 활동은 두개골이나 뇌 표면에 부착된 전극이나 뇌조직 자체에 삽입된 전극을 사용하여 기록될 수 있다.

뇌전도 두피에 붙인 전극을 통해 측정된 인간 뇌의 전기적 활동에 대한 최초의 기록은 1924년 독일의 정신과 의사 Hans Berger에 의해 작성되었다. Berger는 각성, 수면, 마취, 뇌전증 동안의 활동 기록이 다르다는 것을 알아냈다. 9장과 13장에서 **뇌전도**(electroencephalogram, EEG)와 이러한 의식 상태 간의 관계에 대하여 자세히 살펴볼 것이다.

오랜 세월 동안 EEG 기술은 크게 변하지 않았다. EEG는 수면 연구와 뇌전증 진단에 유용했지만, 뇌 기능에 대한 우리의 이해에 그 이상 기여하지는 못했다. 그러나 더 발전된 컴퓨터가 개발되면서 뇌파 기록을 분석하는 새로운 정량적 방법이 가능해졌다. 전산화 EEG 뇌 단층촬영(computerized EEG brain tomography)을 사용하여 활성화 지도를 생성하고 비정상적 활동의 출처를 정확히 찾아낼 수 있게 되었다. EEG 뇌 단층촬영은 향정신성 약물을 절제하는 동안이나 혼수 상태에 있을 때의 환자를 추적 관찰하는 데에도 활용할 수 있다. 이 기술은 조현병, 치매, 뇌전증, 주의력결핍 과잉행동장애를 포함한 많은 장애의 진단에 도움이 될 수 있다(13장, 14장을 보라). EEG 기록을 전산화 분석하여 시간 흐름에 따른 활동을 동영상으로 만들 수 있고 뇌 활성화의 3차원 지도를 구성할 수 있다. 이러한 분석 도구는 EEG 기술에 새로운 생명을 불어넣고 있다.

사건관련전위 사건관련전위(event-related potentials, ERP)의 기록은 기본 EEG 기술을

뇌전도(EEG) 두피에 부착된 전극을 통해 뇌의 전기적 활동을 기록하는 방법.
사건관련전위(ERP) 특정 자극이 제시되었을 때 발생한 EEG 기록의 변화.

| 신경과학의 *윤리적 이슈* |

뇌 영상으로 마음을 읽을 수 있을까

2002년 영화 〈마이너리티 리포트(Minority report)〉에서 Tom Cruise는 아직 저지르지 않은 범죄로 사람들을 체포하는 경찰관을 연기한다. 사람들이 실제로 어떤 행동을 하기 전에 무엇을 할 계획인지 우리는 얼마나 정확히 알 수 있을까? 어쩌면 당신이 생각하는 것보다 더 정확할 수 있다.

fMRI와 같은 현재의 뇌 영상화 기술은 우리가 인간의 마음을 정확하게 '읽을' 수 있도록 하지는 못하지만, 그런 수준에 점점 더 가까워지고 있다(Tong & Pratte, 2012). 예를 들어, 연구자들은 연구참가자들이 영화 〈핑크 팬더(The Pink Panther)〉에서 Steve Martin이 연기하는 탐정 Clouseau를 보는 동안 촬영한 fMRI 영상을 이용하여 참가자가 시청했던 이미지를 재구성할 수 있었다(Nishimoto et al., 2011).

사회에서 더 중요한 시사점을 가지는 것은 fMRI의 거짓말 탐지 능력이 우수해지고 있다는 점이다(Langleben et al., 2016). 12장의 정서에 대한 논의에서 다루겠지만, 신체 각성을 간접적으로 측정하는 일반적인 거짓말 탐지 기술이 너무 빈약하기 때문에 미국에서는 이를 법정에서 증거로 인정하지 않는다. 뇌 영상화를 통해 직접 속임수를 탐지할 수 있는 기술은 사법 제도와 국가 안보에 막대한 이익을 줄 수도 있으나, 한편으로는 똑같이 중대한 윤리적 우려를 제기한다. 우리는 사생활에 대한 헌법적 권리에 '정신적 사생활'에 대한 내용을 포함하도록 확장해 나가는 법 제정의 필요성을 생각해 볼 수 있으며, 입법자들은 이러한 신기술을 통해 뇌 영상으로부터 애초의 자료수집 목적과 무관한 정보가 유출될 수 있다는 사실을 고려해야 할 것이다.

변형한 것이다. 연구자들은 이 기술을 이용하여 두피 전극을 통해 기록된 겉질 뉴런의 활동 타이밍을 참가자에게 제시된 자극과 연관 지을 수 있다. 소리 같은 자극에 대한 뇌의 전기적 활동은 일반적으로 EEG에 기록되는 활동에 비해 매우 작기 때문에 자극을 여러 차례 제시하고 그 반응을 평균한다(●그림 1.12). 이러한 종류의 분석은 특정 자극이 지각되었는지 여부를 사람의 행동만으로 확인하기 어려울 때 유용하다. 예를 들어 자폐스펙트럼장애(14장을 보라)가 있는 어린아이들은 종종 청력이 손상된 것처럼 행동한다. 그래서 부모나 다른 사람이 말을 걸어도 이들은 아무 반응을 보이지 않을 때가 많다. 이 경우 소리에 대한 ERP를 관찰해서 소리 정보가 뇌에 도달했는지 여부를 확인할 수 있다.

최근에는 ERP 자료 분석력이 향상됨에 따라 fMRI보다 우수한 수준으로 뇌 활성화의 정확한 타이밍과 위치를 확인할 수 있게 되었다(Cacioppo et al., 2013; Cacioppo, Weiss, Runesha, & Cacioppo, 2014). 이 접근법으로 연구자들은 외로운 사람이 외롭지 않은 사람보다 부정적인 사회적 자극('나홀로', '따돌림당함'과 같은 단어)과 부정적인 비사회적 자극('분노', '슬픔'과 같은 단어)을 더 빠르게 구분한다는 것을 보여주었다(Cacioppo, Balogh, & Cacioppo, 2015).

뇌자도 뇌자도(magnetoencephalography, MEG)를 통해 연구자들은 뇌의 자기 활동을 기록할 수 있다(Cohen, 1972). 활성화된 뉴런은 미소한 자기장을 일으킨다. 여기서 '미소한'이란, 신경 활동에 의해 생성된 자기장이 지구 자기장보다 약 10억 배 더 작고, 일반적인 가정용 전선 주위의 자기장보다 약 1만 배 작은 정도라는 의미이다. 뇌의 전기적 활동 대신 자기장을 기록하여 얻게 되는 가장 큰 장점은 뇌와 전극 사이에 존재하는 두개골과 기타 조직 때문에 생기는 간섭이 없다는 점이다. 이 간섭으로 인하여 뇌

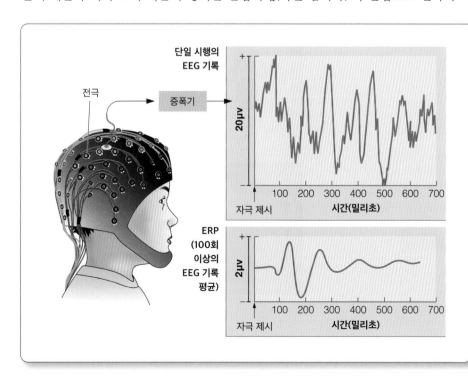

단일 시행의 EEG 기록

전극 → 증폭기 →

20μV

자극 제시   100 200 300 400 500 600 700   **시간(밀리초)**

ERP (100회 이상의 EEG 기록 평균)

2μV

자극 제시   100 200 300 400 500 600 700   **시간(밀리초)**

●그림 1.12 사건관련전위(ERP)
ERP 분석을 통해 환경 자극에 대한 뇌파의 반응을 지도화할 수 있다. 이 예시에 기록된 파형은 소리를 100회 이상 제시하고 그 반응을 평균한 것이다.

뇌자도(MEG) 뇌에서의 발생하는 자기장을 기록하는 기법.

의 전기적 활동 가운데 많은 양이 EEG에 기록되지 못한다. 이와 달리 자기장은 두개
골과 조직을 아무런 문제없이 통과할 수 있다. 이뿐만 아니라 뇌에서 생성된 자기장의
기록은 fMRI 또는 PET 영상보다 훨씬 빠르게 얻어지며, 이는 뇌 활동에 대한 순간적
인 그림을 제공한다. 게다가 MEG는 망치질하는 듯한 소리가 나는 MRI 기계와 다르게
조용하다는 이점도 있다. 따라서 MEG는 소리에 대한 뇌의 반응을 연구하는 주요 기법
이다.

MEG는 초전도양자간섭장치(superconducting quantum interference device,
SQUID)라는 센서를 사용하여 자기 에너지를 기록과 분석이 가능한 전기적 활동으
로 변환한다. MEG는 해부학적 자료를 제공하지 않기 때문에 연구자들은 MRI로 얻은
3차원 영상에 MEG 기록을 중첩시킨다(●그림 1.13). 이 조합은 뇌 활동과 해부 구조에
대한 정보를 동시에 제공한다. MEG를 통해 연구자들은 언어와 같은 인지 기능의 소재
를 찾아낼 수 있을 뿐만 아니라 발작으로 이어지는 비정상적 전기 활동의 출처를 정확

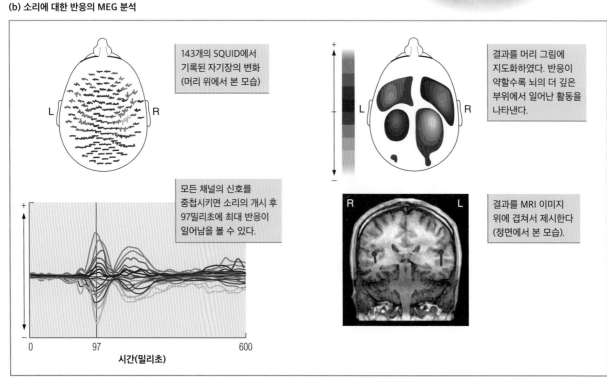

●그림 1.13 뇌자도(MEG)
(a) 뇌에서 생성되는 미세한 자기장을 기록하기
위해서 초전도양자간섭장치(SQUID)를
연구참가자의 머리 주변에 배치한다.
(b) 이 그림은 MEG를 통해 소리에 대한 참가자의
반응을 기록하는 절차를 보여준다.

**(a) MEG 절차를 받고
있는 참가자**

SQUID 배치

(b) 소리에 대한 반응의 MEG 분석

143개의 SQUID에서
기록된 자기장의 변화
(머리 위에서 본 모습)

L   R

결과를 머리 그림에
지도화하였다. 반응이
약할수록 뇌의 더 깊은
부위에서 일어난 활동을
나타낸다.

L   R

모든 채널의 신호를
중첩시키면 소리의 개시 후
97밀리초에 최대 반응이
일어남을 볼 수 있다.

결과를 MRI 이미지
위에 겹쳐서 제시한다
(정면에서 본 모습).

R   L

0   97   600
시간(밀리초)

하게 파악할 수 있다(13장을 보라).

단일세포기록법 단일세포기록법(single-cell recording)은 미세한 전극을 이용해 단일 뉴런의 활동을 측정하는 것이다.

살아있는 동물을 연구할 때는 대개 관심 세포의 외부에 미세전극을 위치시키는 세포외기록법을 사용한다. 이를 통해 세포가 일으키는 활동전위의 비율을 탐지하고 기록할 수 있다. 이런 전극은 영구적으로 심어놓을 수 있어서 동물이 자유롭게 움직이는 동안에도 기록이 가능하다. 이 기법은 거울뉴런(mirror neuron)을 찾아낼 때 사용되었다. 거울뉴런이란 누군가가(원숭이든 실험자든) 바나나를 향해 손을 뻗는 것 같은 어떤 행동을 보았을 때 그 행동에 대한 반응으로 활성화되는 뉴런이다(Caggiano et al., 2011; Di Pellegrino, Fadiga, Fogassi, Gallese, & Rizzolatti, 1992).

세포내기록은 단일세포에 실제로 미세전극을 꽂아서 측정한다. 3장에서는 노벨상 수상자인 Hodgkin과 Huxley가 이 기술을 사용하여 우리가 활동전위라고 부르는 전기 신호의 이온 기반을 입증했던 방법을 살펴볼 것이다. 현대 신경과학에서 세포내기록법은 더 정밀한 기법인 패치 클램프(patch clamp) 기술로 대체되어, 이온이 세포막을 가로질러 이동하게 하는 단일 이온 통로를 연구할 수 있게 되었다.

뇌 자극

행동신경과학에서 제기되는 중요한 질문 중 하나는 뇌와 신경계 기능의 국재화에 관한 것이다. 여러 기술을 통해 이 질문에 접근할 수 있지만, 우리는 관심 부위를 인위적으로 자극하여 야기된 행동을 관찰할 수도 있다. 뇌를 자극하는 연구 결과의 해석은 매우 신중하게 이루어져야 한다. 뇌의 구조들은 다른 영역과 풍부하게 연결되어 있어 한 부위를 자극하는 것은 연결된 다른 영역들에도 영향을 미칠 것이기 때문이다.

뇌의 전기적 자극은 신경외과 수술 중에 실시될 수 있다. 듣기에 불편할 수 있지만, 대부분의 신경외과 수술은 전신마취가 아닌 국소마취하에 시행된다. 뇌조직 자체에는 통각수용기가 없기 때문이다. 뇌를 감싸는 뼈와 조직이 마취된 이후에는 의사가 의식이 있는 환자의 뇌에 통증을 일으키지 않으면서 수술을 할 수 있다. 왜 굳이 환자에게 이런 불쾌한 경험을 겪게 하는 것일까? 뇌는 사람마다 여러모로 유사하지만 개인차가 상당하다. 노출된 뇌를 미세한 양의 전류로 자극한 뒤에 행동 변화를 평가함으로써 신경외과 의사는 해당 영역의 기능을 직접 확인할 수 있다.

더 일반적으로 신경과학자들은 외과적으로 심어놓은 미세전극을 통해 전류를 가하여 미세전극의 끝부분에 인접한 세포의 전기적 신호전달을 자극한다. 이 자극에 의한 행동은 자극을 받은 부위와 관련이 있을 것이다. 우리는 7장에서 Olds와 Milner(1954)의 연구를 살펴볼 것이다. 이 실험에서 쥐들은 뇌의 특정 부분에 전기자극을 받기 위해 레버를 눌렀다. 다시 말해 쥐들은 보상감이나 쾌감을 일으키는 것으로 보이는 자극을 받고자 기꺼이 일을 한 것이다. Robert Heath(1963)는 기면증이라

단일세포기록법 미세전극을 관심 영역에 외과적으로 삽입하여 단일 뉴런의 활동을 측정하는 방법.

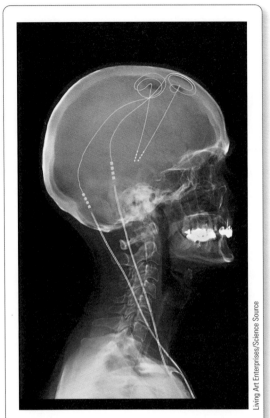

●그림 1.14 뇌 심부 자극술 연구 장면에서는 뇌를 직접 자극하여 해당 부위의 기능을 확인할 때가 많다. 최근에는 파킨슨병이나 드물게는 주요우울장애의 치료를 위해 뇌 자극이 활용된다.

Living Art Enterprises/Science Source

는 수면장애를 가진 환자(9장을 보라)에게 전극을 심은 후에 일시적인 전기자극을 주는 버튼을 누르도록 했다. 환자는 14개 뇌 부위에 삽입된 각각의 전극을 자극했을 때의 반응을 이야기할 수 있었다. 환자는 성적 흥분이 느껴진다고 보고한 전극을 가장 빈번하게 자극했다.

전기자극은 연구뿐 아니라 치료에도 사용된다(●그림 1.14). 전기적 뇌 심부 자극술(electrical deep brain stimulation)이 운동장애인 파킨슨병에 걸린 환자의 증상을 호전시킨 결과에 고무되어, 의사들은 전형적인 치료에 반응하지 않는 우울증 환자의 뇌에 외과적으로 전극을 삽입하기 시작했다(Mayberg et al., 2005).

반복 머리뼈 경유 자기자극(repeated transcranial magnetic stimulation, rTMS, 반복 경두개 자기자극)은 플라스틱 케이스에 들어있는 단일 와이어 코일을 두피에 댄 상태에서 전달되는 자기 펄스로 작동한다(●그림 1.15). 저주파 rTMS(초당 약 1회의 펄스)는 자극 부위 바로 아래의 뇌 활동을 일시적으로 변화시키는 흥미로운 기술이다(Merton & Morton, 1980). 뇌자도에 대한 설명에서 살펴보았듯이, 자기장은 두개골을 자유롭게 통과하여 뇌에 도달해서 표면에 약한 전류를 생성한다. 자극되는 뇌의 영역과 자기장 강도에 따라 자극된 뇌 영역이 일시적으로 흥분되거나 비활성화될 수 있다. 깊은 곳에 위치한 뇌 구조물은 이 기법으로 자극할 수 없다. rTMS는 운동질환(Paulus, 2016) 및 우울증(Blumberger et al., 2016)의 치료에 가능성을 보여주었다. rTMS는 일반적인 사람들의 기억력과 주의력도 향상시킬 수 있는 것으로 나타났다(Reteig, Talsma, van Schouwenburg, & Slagter, 2017).

광유전학(optogenetics)은 뇌의 특정 뉴런에 유전적으로 삽입된 분자를 사용하여 빛으로 신경 기능을 조작할 수 있도록 한다(Boyden, Zhang, Bamberg, Nagel, & Deisseroth, 2005). 다시 말해 빛을 사용해서 살아있는 뉴런을 켜고 끌 수 있다(●그림 1.16). 이 자극 방법은 앞에서 설명한 미세전극의 외과적 삽입을 통한 전기자극보다 훨씬 더 정밀하다.

광유전학에서는 빛에 민감한 단백질인 옵신(opsin)을 먼저 확보하는데, 이 물질은 조류(algae)와 같은 단일세포 유기체에서 발견된다. 그런 뒤에 유전물질을 변형시켜 단 한 종류의 세포에서만 옵신을 생성하도록 만든다. 이 변형된 유전물질을 바이러스에 삽입한 다음, 그 바이러스를 쥐의 뇌에 주입한다. 물론 이 바이러스는 많은 세포를 감염시키지만, 변형된 유전물질은 오직 한 종류의 세포만이 옵신 단백질을 만들 수 있게 한다. 광자극은 두개골에 부착되거나 외과적으로 삽입된 광섬유를 통해 주어진다.

반복 머리뼈 경유 자기자극(rTMS)
코일이 있는 장치를 두피 위에 올린 후, 특정 간격의 자기장으로 겉질을 자극하는 기법.
광유전학 특정 뉴런에 분자를 유전적으로 삽입하여 빛으로 해당 뉴런의 활동을 통제할 수 있도록 하는 방법.

광유전학의 한 연구(Kim et al., 2015)에서는 조현병 및 자폐스펙트럼장애와 관련된 것으로 알려진 특정 유형의 신경세포가 EEG를 통해 나타나는 매우 빠른 감마파의 근원이기도 함을 보여줄 수 있었다(9장을 보라). 인간의 감마파는 주의력과 작업기억을 포함한 상위 수준의 인지 기능과 관련이 있다(10장을 보라). 이렇게 깊어진 이해를 통해 심리장애에 대한 더 효과적인 치료법이 개발될 수 있을 것이다.

손상

손상(lesion)은 신경조직이 입는 부상을 의미하며, 자연적으로 발생하거나 의도적으로 일으킬 수 있다. 자극법의 경우처럼 손상 분석의 주요 목적은 뇌 영역의 기능을 추정하고 평가하는 것이다. 손상 이전에 관찰된 행동을 손상 이후에 발생하는 행동과 비교하여 변화가 있다면 그 원인을 손상된 영역에 돌릴 수 있다. 여기서도 해석은 매우 조심스럽게 이루어져야 한다. 손상은 뇌의 특정 영역을 파괴할 뿐만 아니라 해당 영역을 통과하는 신경섬유도 파괴한다.

신경심리학자(13장을 보라)는 부상이나 질병으로 인해 자연적으로 발생하는 손상을 평가하여 뇌의 기능에 대한 많은 정보를 얻는다. 이러한 분석의 많은 예시가 이후에 이 책에서 논의될 것이다. Paul Broca는 사망한 환자 'Tan'의 뇌에서 관찰한 손상과 그가 생전에 보인 언어장애에 대한 임상적 관찰 간의 연관성을 확인했다(11장을 보라).

연구 장면에서 동물에게 의도적인 손상을 주는 기법은 1800년대에 Pierre Flourens이 시작했다. 동물을 이용한 손상 연구의 대표적인 예시는 배부름 경험에 있어서 배쪽안쪽 시상하부의 역할을 확인한 연구이다(Hoebel & Teitelbaum, 1966; ●그림 1.17). 이 부위를 전기적으로 자극하면 동물은 음식 섭취를 중단한다. 이 부위가 손상되면 몸무게가 2~3배가 될 정도로 많이 먹게 된다(7장을 보라).

의도적인 손상은 여러 가지 방법으로 이루어진다. 어떤 연구에서는 뇌조직의 넓은 영역을 외과적으로 제거한다. 이러한 방법은 손상이라기보다 **절제**(ablation)라고 지칭할 수 있을 것이다. 미세전극을 관심 부위에 외과적으로 삽입하여 손상을 실험적으로 생성할 수도 있다. 전극이 삽입되면서 지나가는 전체 경로 주변의 세포가 손상되지 않도록 하기 위해서 전극의 가장 끝부분을 제외한 나머지 부분은 절연되어 있다. 전극 끝에서는 열이 발생하여 끝을 둘러싼 작은 세포 군집을 효과적으로 죽인다. 또한 마이크로피펫(micropipette)을 관심 영역에 외과적으로 삽입하여 신경세포만 죽이는 화학물질인 신경독소(neurotoxin)를 주입함으로써 작은 손상을 일으킬 수도 있다.

●그림 1.15 반복 머리뼈 경유 자기자극(rTMS) rTMS는 자극장치 아래의 겉질 활동을 변화시킨다. 이 기법은 연구 목적으로 또는 환각, 우울, 편두통을 치료하기 위해 사용될 수 있다.

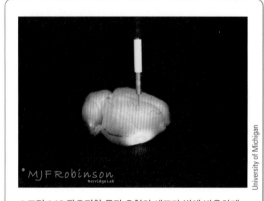

●그림 1.16 광유전학 특정 유형의 세포가 빛에 반응하게 만드는 명령이 삽입된 바이러스를 주입한 뒤 뇌를 레이저에 노출시키면, 처치를 받은 세포가 활성화된다.

손상 조직의 병리적 또는 외상적 손상.
절제 조직을 외과적으로 제거하는 것.

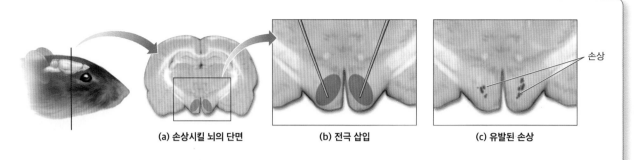

(a) 손상시킬 뇌의 단면   (b) 전극 삽입   (c) 유발된 손상

●그림 1.17 손상 뇌 특정 영역(a)의 기능을 알기 위해 수술로 삽입해 놓은 전극의 끝(b)에서 무선 주파수 전류가 흘러나간다. 이 결과로 나타나는 행동의 변화는 유발된 손상(c)과 상관관계를 보인다.

이렇게 화학적으로 생성된 손상은 뉴런의 세포체만 파괴하고 해당 부위를 통과하는 신경섬유는 온전한 상태로 유지할 수 있다는 장점이 있다. 반대로, 인접한 세포체를 온전한 상태로 유지하면서 신경섬유경로만을 선택적으로 손상시킬 수도 있다. 이처럼 열이나 화학적 영향을 가하면 뇌에 영구적 손상이 생긴다. 이와 달리 외과적으로 심어놓은 탐침(probe)을 이용하여 어떤 뇌 영역을 차갑게 함으로써 가역적(되돌릴 수 있는) 손상을 일으킬 수도 있다. 뇌 영역을 차갑게 하면 뉴런은 제 기능을 하지 못하다가 정상 온도로 돌아오면 원래의 기능을 회복한다. 이러한 속성을 이용하여 일시적인 기능 손상의 전과 후의 행동을 비교함으로써 한 동물이 자신의 통제조건 역할을 하도록 만들 수 있다.

생화학적 방법

3장과 4장에서 보겠지만, 뇌와 신경계는 신체의 다른 기관에 비해 혈중 독소로부터 특히 잘 보호받는다. 이로 인해 연구자가 화학적 자극이 뇌에 미치는 효과를 조사하고자 한다면, 이러한 정상적인 보호 메커니즘을 우회해야 하는 경우가 많다. 물론 어떤 화학물질은 자연스럽게 뇌 속으로 들어가서 향정신성 효과를 유발한다. 그러나 다른 대부분의 화학물질은 혈류로부터 신경조직으로 빠져나가지 못하게 차단당한다. 예를 들어 암 화학치료 요법에 사용되는 대부분의 약제는 혈류에서 벗어나지 못하고 순환하기 때문에 뇌종양 치료에 어려움을 더한다(13장을 보라).

피험자에게 약물을 투여하는 데 사용되는 다양한 방법으로는 먹기, 흡입하기, 씹기, 주사하기 등이 있다(4장을 보라). 이러한 방법들은 특정 기간 내에 매우 다른 농도의 약물을 혈류로 전달한다. 연구 목적인 경우에는 외과적으로 심어놓은 마이크로피펫을 통해 뇌의 특정 부위에 화학물질을 직접 투여할 수 있다. 화학물질은 대뇌반구의 액체로 채워진 영역인 가쪽뇌실(2장을 보라)에도 주입할 수 있으며, 이는 뇌 전체로 확산된다.

때때로 뇌의 특정 위치에 자연적으로 존재하는 화학물질을 규명할 필요가 있다. 삽입된 마이크로피펫을 사용하여 피펫 끝 주변 영역에서 소량의 세포외액을 수집한다. 이 기술을 **미세투석법**(microdialysis)이라고 한다. 미세투석법을 통해 정확히 어느 위치에서 어떤 신경화학물질이 활성화되어 있는지, 그리고 이러한 화학물질의 대략적인 양이 어느 정도인지를 파악할 수 있다.

유전학적 방법

많은 연구자들은 특정 행동에 대한 유전 변인과 환경 변인 간의 상호작용을 확인하기 위해 노력한다(5장을 보라). 일반적으로 우리는 이러한 분석에서 '모 아니면 도' 식의 이분법적 사고방식을 피하고자 한다. 유전과 환경은 항상 함께 작용하여 최종적인 결과를 낳기 때문이다. 5장에서는 선천성과 후천성(nature-nurture, 또는 유전과 양육) 사이를 잇는 다리인 후성유전학(epigenetics), 즉 유전자 발현의 수정 과정이 갖는 역할을 논의한다. 스트레스, 식단, 약물과 독소에 대한 노출 등 다양한 환경 요인에 의해 유전자는 한 개인의 평생에 걸쳐 스위치가 켜졌다 꺼졌다 할 수 있다.

쌍둥이 연구 일란성 쌍둥이와 이란성 쌍둥이 간의 자연적인 비교를 통해 유전과 환경의 상대적 기여를 어느 정도 이해할 수 있다. 일란성 쌍둥이는 동일한 유전자 세트를 공유하는 반면, 이란성 쌍둥이는 다른 형제의 경우와 마찬가지로 유전자의 약 50%를 공유한다.

양극성장애 및 조현병과 같은 일부 심리장애는 주요우울장애 같은 다른 장애보다 유전의 영향을 더 많이 받는 것으로 보인다(14장을 보라). 이러한 장애에 대한 유전적 기여는 흔히 통계적 확률의 한 종류인 **일치율**(concordance rate)로 나타낼 수 있다. 일란성 쌍둥이의 한쪽에게 어떤 형질이 있다고 했을 때, 다른 한쪽도 그 형질을 가지고 있을 확률을 추정한 것이 일치율이다. 예를 들면 양극성장애의 경우에는 일치율이 90%까지 높아진다(Wright et al., 2016). 즉, 일란성 쌍둥이 한쪽에게 어떤 장애가 있는 경우, 다른 쪽도 그 장애를 진단받을 가능성이 90%에 이른다. 여기에서 주목할 점은 100%가 아니라는 사실이다. 이와는 대조적으로 주요우울장애의 경우 일란성 쌍둥이의 일치율은 일반적으로 약 40%로 보고된다(Shih, Belmonte, & Zandi, 2004; Wright et al., 2016). 이것은 환경 변수가 양극성장애보다 우울증에서 더 중요한 역할을 한다는 것을 보여준다. 그러나 '환경 변수'에는 태내 환경이나 감염 노출과 같은 생물학적 요소가 여전히 포함될 수 있음을 기억하는 것이 중요하다.

입양인 연구 유전과 환경의 영향을 조사하는 또 다른 접근 방식은 입양된 사람이 친부모 또는 양부모와 유사한 정도를 비교하는 것이다. 친부모와의 유사성은 유전이 갖는 더 강력한 역할을 시사하는 반면, 양부모와의 유사성은 환경의 더 강력한 역할을 시사한다. 입양인 연구는 지능이나 범죄성 같은 특성에 대한 유전과 환경의 상대적 기여를 평가하는 데 사용되어 왔다. 그러나 이러한 연구의 해석에는 여전히 논란의 여지가 있

미세투석법 국소 뇌 부위의 화학적 구성물을 측정하는 기법.
일치율 두 사례가 일치할 통계적 확률. 흔히 일란성 쌍둥이 중에서 한쪽이 장애를 진단받았을 때 다른 쪽에서도 같은 장애가 있을 위험을 예측하기 위해 사용함.

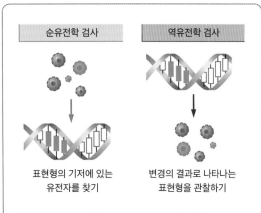

순유전학 검사	역유전학 검사
표현형의 기저에 있는 유전자를 찾기	변경의 결과로 나타나는 표현형을 관찰하기

●그림 1.18 유전학적 검사 순유전학 검사에서는 연구자가 먼저 표현형을 선정한 뒤에, 그 형질에 필수적인 유전자들을 찾고자 한다. 역유전학 검사에서는 어떤 특정 유전자를 조작한 뒤에, 그 조작의 결과로 발생하는 표현형의 변화를 관찰한다.

다. 입양 가정들은 입양 전에 거치는 선별 과정 때문에 상당히 비슷한 경우가 많기 때문이다. 유사한 환경은 유전적 영향력을 과장한다. **유전율**(heritability, 유전성, 유전력), 다시 말해 유전자로 인해 한 개체군에서 어떤 형질이 개체들 간에 서로 다른 정도는 여전히 환경의 영향을 받는다. 예를 들어 이상적인 조건(좋은 토양, 많은 햇빛, 규칙적인 물주기)에서 씨앗을 심었다면, 자라난 식물 사이에서 관찰되는 차이는 주로 유전에 따른 결과이다. 반대로 더 다양한 조건에서 씨앗을 심는 경우, 자라난 식물은 유전적 요인과 환경적 요인의 기여를 모두 반영할 것이다. 식물에게 주어지는 이상적인 조건이 있듯이, 양부모가 제공하는 환경의 유사성에 의해 유전적 영향이 커질 수도 있다.

유전학적 검사법 유전자형(genotype; 기저의 DNA)과 표현형(phenotype; 외적으로 관찰되는 특질이나 행동) 간의 상관관계에 관심이 있는 신경과학자들은 **유전학적 검사법**(genetic screen)으로 연구를 할 수 있다(●그림 1.18).

순유전학 검사(forward genetic screen)는 어떤 표현형의 발달에서 중요해 보이는 유전자를 확인할 때 사용된다. 순유전학 검사에서는 연구자들이 어떤 특정한 표현형적 특질을 가진 사람들을 찾아낸 뒤, 해당 형질이 나타나는 데 필요한 유전자가 무엇인지 규명하고자 한다. 이 과정은 한 번에 수천 가지 유전자를 고려하며, 때로는 전장유전체 연관분석(genome-wide association study, GWAS)이라는 절차에서처럼 유전체 전체를 탐색하기도 한다. 순유전학 검사 연구는 일반적으로 수백 명에서 수천 명의 참가자들을 다룬다. GWAS를 통해서 연구자들은 자폐스펙트럼장애(Griswold et al., 2015), 파킨슨병(Deng et al., 2016), 알츠하이머병(Ridge et al., 2016), 그리고 기타 여러 장애들과 관련된 희귀 유전적 변이를 파악할 수 있었다.

순유전학 검사와 달리 역유전학 검사(reverse genetic screen)에서는 보통 한 번에 하나의 유전자를 검사한다. 연구자는 먼저 유전자를 선택한 다음, 그 유전자가 없을 때 어떤 표현형 변화가 일어나는지 관찰한다. 특수하게 조작되어 결함을 갖도록 만들어진 유전자(녹아웃된 유전자)를 생쥐와 같은 동물의 염색체에 삽입한다. 이 유전자가 정상적인 상태일 때는 특정 단백질을 암호화한다. **녹아웃유전자**(knockout gene, 제거된 유전자)는 정상 유전자의 자리를 차지하지만, 그 특정 단백질을 생성하지 못한다. 이 방법을 사용하여 연구자들은 특정 유전자의 역할과 그것이 암호화하는 단백질의 역할을 평가할 수 있다. 예를 들어 연구자들은 모노아민 산화효소 A와 A/B에 대한 유전자를 제거(녹아웃)함으로써 자폐증과 유사한 행동을 보이는 쥐를 양성했다(Bortolato et al., 2013). 모노아민 산화효소는 행동과 연관된 신경화학물질들을 조절하는 주요 효소이다(4장을 보라).

유전율 어떤 개체군에서 유전자로 인해 형질이 서로 다른 정도.
유전학적 검사법 유전자형을 표현형과 연관 짓는 방법.
녹아웃유전자 정상 유전자를 대체하는 유전자로, 정상 유전자의 단백질 산물을 생산하지 않는 유전자.

‖ 행동신경과학의 연구 방법

방법	기능
현미경 방법	신경계의 미세 구조물을 연구
전산화 단층촬영(CT)	뇌의 구조를 연구하고 구조적 손상을 진단
양전자방출 단층촬영(PET)	신경계 구조물의 상대적인 활동성을 연구
자기공명영상(MRI)	뇌의 세부적인 구조물을 연구
기능적 자기공명영상(fMRI)	신경계 영역들의 활동성을 연구
확산텐서영상(DTI)	신경계의 신경섬유경로를 연구
뇌전도(EEG)	주로 수면, 각성 또는 발작 중 뇌의 활동을 연구
사건관련전위(ERP) 기록	응용된 EEG를 통해 특정 자극에 대한 뇌의 반응을 연구
뇌자도(MEG)	뇌의 활동을 연구
단일세포기록법	개별 뉴런의 활동을 일으키는 자극을 규명
전기자극과 손상	신경계의 특정 영역과 관련된 행동을 연구
반복 머리뼈 경유 자기자극(rTMS)	자기장으로 겉질을 자극하여 겉질 활동을 변화시킴
광유전학	빛을 사용하여 신경 활동을 통제
미세투석법	매우 작은 뇌 부위의 특정 화학물질을 확인
쌍둥이 연구와 입양인 연구	행동에 대한 유전 및 비유전 요인의 기여를 연구
순유전학 검사 및 역유전학 검사	표현형 특질과 특정 유전자의 연관성을 확인

‖ 요점

1 현미경 방법의 개선으로 신경계를 현미경 수준에서 검사하는 수단이 생겼다. (LO4)

2 CT, PET, MRI, fMRI, DTI 등의 영상화 기술은 뇌의 구조와 기능에 관한, 부검을 통해 얻은 지식을 기반으로 한다. (LO3)

3 기록법 기술에는 뇌의 종합적인 전기와 자기장의 출력물 측정이 포함된다. 또한 기록법은 단일세포나 세포 일부의 활동도 기록할 수 있다. (LO3)

4 자극이나 손상 기술을 사용하여 뇌의 특정 부위의 기능을 평가할 수 있다. 전기자극과 자기자극은 뇌의 활동을 강화하거나 감소시킬 수 있다. (LO3)

5 생화학적 방법은 화학물질을 써서 신경계를 인위적으로 자극할 수 있을 뿐 아니라 신경계 내 특정 관심 영역의 생화학적 환경을 측정할 수 있도록 한다. (LO3)

6 쌍둥이 연구, 입양인 연구, 유전학적 검사법과 같은 유전적 방법을 사용하여 신경계와 행동 사이의 관계에서 유전의 역할을 평가할 수 있다. (LO5)

||| 복습 문제

1   주요 뇌 영상화 기법의 강점과 약점은 무엇인가?

2   자극과 손상 연구의 해석과 관련하여 어떤 어려움이 있는가?

행동신경과학의 연구 윤리

그리스의 의사이자 학자인 Hippocrates는 과학에서의 윤리적 기준을 세웠으며, 이는 오늘날에도 통용되고 있다. 그는 저서 『전염병(Epidemics)』에서 다음과 같이 썼다. "질병에 관해서는 다음 두 가지 습관을 들여라. 도움을 주거나 아니면 최소한 해를 끼치지 말라." 이 장에서 보았듯이 신경과학 분야에서는 풍부한 기술 개발 덕분에 우리의 지식이 매우 빠르게 확장되었다. 지식을 성급하게 추구하려는 과정에서 연구참가자들의 생명과 안녕을 위임받은 사람들이 Hippocrates의 "해를 끼치지 말라"라는 원칙을 확실히 지키도록 만드는 통제 수단으로 어떤 것이 마련되어 있을까?

미국의 연구참가자에 대한 보호는 연방 정부와 17개 연방 기관이 공유하는 일련의 기준인 공통 규칙(Common Rule)에서 시작된다(U.S. Department of Health & Human Services, 2016). 이 기준은 연방 기금을 받는 모든 연구자에게 적용된다. 대부분의 대학은 자금 출처와 관계없이 연방윤리기준을 준수할 것을 요구한다. 또한 미국심리학회(American Psychological Association, APA)나 신경과학회(Society for Neuroscience, SfN) 같은 전문 학회에는 연구자가 따라야 할 지침이 있다. 윤리기준 준수 여부를 평가하기 위해 각 대학은 인간 연구를 위한 기관생명윤리심의위원회(Institutional Review Boards, IRB)와 동물 연구를 위한 동물실험윤리위원회(Institutional Animal Care and Use Committees, IACUC)를 운영하고 있다. 이 위원회들은 해당 분야에 전문지식을 갖춘 교수진과 최소 1명의 비과학 분야 교수진으로 구성된다. 또한 대학 내부에서만 폐쇄적으로 관리가 이루어지지 않도록 지역사회 구성원을 포함한다.

인간 참가자 연구 지침

인간 연구참가자에 대한 보호의 개념은 지난 40년간 크게 변했다(●그림 1.19). 오늘날 과학계에서는 연구참가자의 안전과 안녕을 보호하는 데 훨씬 더 많은 주의를 기울인다. 필자 본인은 학부생 때 심리학 입문 수업에서 학점을 받기 위해 일정 수의 연구에 참가해야 했다. 오늘날의 기준으로는 여기에 잠재적인 강압성이 있는 것으로 간주된다. 나는 Milgram식의 실험에서 점점 더 강해지는 전기충격을 받는 것처럼 연기하는 공모자의 역할을 맡게 되었다. 원래의 실험(Milgram, 1963)처럼 나는 전기충격을 받지 않았으나, 실제 참가자(기숙사 같은 층에서 살고 있던 여학생)는 내가 전기충격을 받고 있다고 믿었다. 그녀가 최대치의 전기충격을 나에게 '집행'한 이후로 나는 그녀를 다소 신뢰하기 어렵게 되었고, 남은 학부 시절 동안 그녀는 나를 피했다.

오늘날에는 학점이나 기타 보상을 위해 사람들이 연구에 참여하도록 강요할 수 없다. 우리는 자유롭게 연구에 자원하는 사람들이 자원하지 않는 사람들과는 상당히 다를 수 있다는 점을 심리학자로서 인식하고 있다. 그러나 연구 결과를 일반화하기 어려워지는 문제는 윤리적 실천을 위해 지불해야 하는 합리적인 대가이다. 금전을 포함한 참여 혜택이 "과도하거나 부적절"해서는 안된다(American Psychological Association [APA], 2016). 또한 참가자에게는 처음부터 그 어떤 불이익도 없이 언제든 실험을 그만둘 수 있음을 알려야 한다. 이 책에서는 자발적인 참여 의사를 밝힐 능력이 없는 인간 참가자들을 대상으로 한 연구에 대해서도 읽게 될 것이다. 예를 들

●그림 1.19 인간 연구 윤리 오늘날 인간 연구참가자의 안전에 대한 염려를 촉발시킨 연구 중 하나는 터스키기(Tuskegee) 매독 연구였다. 이 연구에는 여러 윤리적 과실이 있었는데, 일례로 매독에 감염된 남성들은 효과적인 치료가 있다는 사실을 고지받지 못했다.

어 참가자가 조현병이나 알츠하이머병과 같은 장애로 인해 실험 또는 참여의 내용을 완전히 이해하지 못할 수 있다. 이와 같은 상황에서는 제3자로부터 법적 허가를 받아야 한다. 대학 수준의 검토위원회는 개별 사례들의 이러한 애매한 부분을 결정하는 데 필수적인 역할을 한다.

자유롭게 자원하려면 참가자가 실험에 대해 충분한 정보를 전달받고 참여 여부를 결정할 수 있어야 한다. 이는 연구원이 면밀하게 작성하고 대학교 IRB가 검토한 사전 동의서를 통해 이루어진다. 이 양식은 실험의 일반적인 목적과 발생할 수 있는 모든 위험에 대한 정보를 제공한다. 참가자는 연구와 관련하여 추가 질문이 있는 경우를 대비해 연락처를 제공받는다. 참가자는 자신의 자료가 기밀이며, 원한다면 실험 결과와 결론에 대한 정보를 수신할 수 있음을 확인한다. 어린이, 임산부, 죄수, 기타 취약 계층에 대한 연구가 포함될 경우 추가적인 보호 조치가 있다.

동물 대상 연구 지침

미국심리학회(APA, 2005)에 따르면, 심리학 연구에 사용되는 동물의 90%가 설치류와 조류이며, 원숭이와 다른 영장류들은 모든 연구의 5% 이하에서 사용된다. 현대 행동신경과학에서 개와 고양이를 사용하는 일은 극히 드물다.

연구자들은 동물 연구의 '3R'을 충족시키기 위해 노력하고 있다. 3R이란 사용하는 동물의 수를 줄이고(reduce), 동물의 사용을 다른 방법으로 대체하며(replace), 가능한 한 가장 인도적인 대우를 보장하도록 방법을 순화하는(refine) 것을 의미한다(Russell, Burch, & Hume, 1959). 연구자들은 종종 가장 단순한 신경계를 가진 동물을 사용하고자 한다(● 그림 1.20). 신경과학자들은 운동, 학습, 기억, 그리고 사회적 행동을 포함한

●그림 1.20 우주 속의 초파리 초파리와 인간 간의 많은 유전적 유사성 때문에 초파리는 유용한 실험 대상이다. NASA의 Max Sanchez는 초파리들의 서식지를 준비하여 국제 우주정거장에 내보낼 예정이다.

많은 중요한 인간 행동에 대한 모형을 단순한 '초파리(*Drosophila*)'에게서 구현할 수 있었다.

동물 연구대상 보호를 위한 첫 번째 조항은 연구의 필요성에 대한 것이다. 미국심리학회(2008)는 동물 연구가 행동에 대한 우리의 지식을 증가시키거나, 인간이나 다른 동물의 건강 및 복지를 향상하는 것과 같은 명확한 과학적 목적을 가져야 한다고 규정한다. 다시 말해 이러한 연구는 정년 보장이나 승진을 위한 어떤 과학자의 이력서를 만드는 것 이상을 해야 한다. 동물 사용으로 얻게 된 지식이 그 필요성을 정당화할 수 있어야 한다. 동물을 사용하지 않고 같은 질문을 던질 수 있다면, 대체 가능한 방법이 사용되어야 한다.

두 번째 조항은 동물의 기본 관리 및 사육에 관한 것이다. 동물 연구에는 비용이 많이 들지만 그렇더라도 반드시 세심하게 관리해야 한다. 필자가 1970년대 대학원생이었을 때 UCLA 근처에 가구가 비치된 아파트의 월세가 약 165달러였다. 같은 시기에 연구 목적으로 한 마리의 붉은털원숭이를 사육하는 데 드는 비용은 한 달에 약 650달러였다. 수의사에 의해 정기 검진 및 검사가 이루어졌으며, 우리는 동물의 전형적인 행동에 대한 광범위한 훈련을 받았다(성체 원숭이는 인간에게 매우 위험할 수 있으므로 우리의 안전을 위해 필요했다).

마지막으로 실험 절차는 가능한 한 고통과 괴로움을 최소화해야 한다. 그러나 인간 참가자에게 허용되지 않는 절차가 필요할 때 일반적으로 동물이 사

| 슬기로운 *건강 생활* |

언제 가짜약을 사용해야 하는가

가짜약(placebo, 속임약, 위약)은 새로운 치료 약물에 대한 임상 시험에서 종종 통제 조건으로 사용되는 불활성 물질 또는 그 절차를 말한다(4장을 보라). 약물 효능 연구를 위한 '최고 기준(gold standard)'은 이중 눈가림 가짜약 통제 연구(double-blind placebo-controlled study)가 수행되었는지 여부이다. '이중 눈가림'이란 참가자도, 참가자의 반응을 평가하는 연구자도, 참가자가 받은 약물이 활성약물인지 가짜약인지 모른다는 것을 의미한다. 이 연구 설계는 약물의 사용이 흔히 동반하는 강력한 인지적 기대감을 통제한다. 필자 본인은 사실 카페인이 뇌에서 최고 효과를 발휘하는 데 약 45분이 걸린다는 것을 알고 있지만, 그렇다고 해도 모닝커피를 홀짝이기 시작할 때부터 더 각성되는 것은 어쩔 수가 없다.

Miller와 Wertheimer(2010)는 가짜약 사용과 관련된 두 가지 윤리적 문제를 지적한다. 첫째, 가짜약 연구는 본질적으로 어느 정도의 속임수를 필요로 한다. 참가자들은 일반적으로 연구의 목적에 대해 잘못된 정보를 받고, 마지막 설명을 받기 전까지 속임수를 알 수 없다. 소수의 경우에만 '승인된 속임수'가 사용되며, 이 경우에는 참가자에게 속임수가 사용될 것이며 연구가 끝날 때 그것이 무엇이었는지를 알려줄 것이라고 미리 말해준다. 둘째, 임상 현장에서 가짜약 사용은 흔하다. 1,200명의 미국 의사 무작위 표본 중에서 겨우 5%만이 진정한 의미의 가짜약(설탕 알약 또는 식염수 주사)을 처방했으며, 거의 과반수에 달하는 의사가 비타민과 같은 일부 '대안적' 접근을 사용하여 '환자의 기대'를 분명하게 높였다.

가짜약이 우리 몸의 천연 아편유사제인 엔도르핀의 방출과 같은 실제 신체적 변화를 초래할 수 있다는 사실은 상황을 더욱 복잡하게 만든다. 이는 정확한 연구가 필요한 주제들이지만 윤리적 제약을 감안하면 문제가 매우 복잡해진다.

용된다는 점을 생각해 보라. 미국심리학회 지침에는 동물 연구대상에 대해 통증, 수술, 스트레스, 박탈 등을 활용하는 것뿐 아니라 동물의 생명 종료와도 관련된 조항이 포함되어 있다. 일부 개인 및 단체들은 인간에게 실시하기에 비윤리적인 연구를 동물 대상에게는 실시할 수 있다는 생각에 반대한다. 그럼에도 이것은 동물 연구대상을 사용하는 주요 근거이며, 이 주제에 대한 활발한 토론이 지속될 것으로 예상한다.

중간 요약 1.3

‖ 윤리 원칙

참가자	윤리 원칙
인간 참가자	강압 없음 고지에 입각한 동의 비밀보장
동물 연구대상	필요성 양질의 주거, 음식, 수의사 관리 고통과 괴로움 피하기

‖ 요점

1 정부기관과 대학, 개인 연구자들이 합의한 연구윤리는 인간 참가자와 동물 연구대상 모두를 위해로부터 보호하도록 고안되었다. (LO6)

2 신체적·정신적 위해로부터 보호받는 것 외에도, 인간 참가자에게 참여를 강요해서는 안되며, 그들의 비밀은 엄격하게 유지되어야 한다. (LO6)

3 동물 연구대상은 불필요한 고통과 괴로움으로부터 보호되어야 한다. 연구자는 동물 실험의 필요성을 입증해야 하며, 양질의 주거, 음식, 수의사 관리를 제공할 의무가 있다. (LO6)

‖ 복습 문제

1 인간 참가자 및 동물 연구대상을 보호하기 위해 어떤 점을 추가로 고려할 수 있는가?

돌아보기

생각할 문제

1. 과거에 사회적 요인이 과학적 발견에 어떤 영향을 미쳤는가?
   지금은 환경의 어떤 측면이 행동신경과학에서 과학적 이해를 향상시키거나 저해하는가?

2. 이 장에 설명된 방법 중 뇌와 행동에 대한 이해를 더욱 발전시킬 수 있는 가장 큰 잠재력을 가진 방법은 무엇인가?

핵심 용어

2 장

기능적 신경해부학과 신경계의 진화

학습 목표

L01 해부학적 방향을 가리키는 용어와 절단면을 구분한다.

L02 뇌막, 뇌척수액, 대뇌동맥의 위치와 기능을 이야기한다.

L03 척수의 주요 구획과 기능을 파악한다.

L04 마름뇌, 중간뇌, 앞뇌에 있는 주요 구조물들의 기능을 설명한다.

L05 대뇌겉질의 구조와 기능을 이야기한다.

L06 말초신경계와 내분비계의 구조와 기능을 파악한다.

L07 인간 신경계의 진화를 논의한다.

개요

해부학적 방향과 절단면

3차원 물체인 인간의 뇌를 탐구하는 것은 마찬가지로 3차원 물체인 지구의 지리를 기술하는 것과 비슷하다. 한 부위에 대한 다른 부위의 상대적 위치를 기술하는 용어가 없다면 금방 헤매게 될 것이다. 해부학자들은 동서남북이라는 말 대신에 자기들만의 방향 용어를 갖고 있다. 그 용어들이 너무 많아서 외우기 힘들어 보일 수 있지만, 어떤 구조물의 위치를 이름만 가지고도 쉽게 파악할 수 있게 되면 보람을 느낄 것이다. 배쪽안쪽 시상하부란 말을 그냥 외울 수도 있지만 '배쪽'이 동물의 배 방향을 의미하며 '안쪽'이 중간선을 향하는 방향을 의미한다는 것을 안다면, 이 구조물이 시상하부의 어디에 있는지를 정확히 알 수 있을 것이다.

사람은 직립보행을 하기 때문에 해부학적 방향이 복잡하므로 우리는 더 단순한 경우인 네발 동물부터 살펴볼 것이다. 동물의 머리 방향에 자리 잡은 구조물은 **입쪽**(rostral, 주둥이쪽, 문측)에 있다고 말한다. 예를 들면 개의 머리는 어깨보다 입쪽에 있다. 동물의 꼬리 방향에 있는 구조물은 **꼬리쪽**(caudal, 미측)에 있다고 말한다. 예컨대 개의 귀는 코보다 꼬리쪽에 있고, 엉덩이는 어깨보다 꼬리쪽에 있다. 배 방향에 자리 잡은 구조물은 **배쪽**(ventral, 복측)에 있다고 말하고, 등 방향에 자리 잡은 구조물은 **등쪽**(dorsal, 배측)에 있다고 말한다. 여기서 'rostral, caudal, ventral, dorsal'은 각각 '부리, 꼬리, 배, 등'을 의미하는 라틴어에서 유래한 용어이다. 지리 용어처럼 이 해부학 용어들이 지시하는 방향은 상대적이다. 대전이 부산의 북쪽에 있지만 서울의 남쪽에 있는 것과 꼭 마찬가지로 개의 귀는 코보다 꼬리쪽에 있지만 어깨보다 입쪽에 있다.

왜 인간의 경우에는 해부학적 방향이 다를까? ●그림 2.1에 제시된 것처럼 직립 자세 때문에 인간의 **신경축**(neuraxis; 척수와 뇌를 관통하는 가상의 직선)은 구부러져 있다. 네발 동물의 신경축은 지면과 평행인 직선을 이룬다. 이런 동물의 경우, 뇌의 등쪽 부위는 척수의 등쪽 부위와 일치한다. 하지만 인간의 경우 뇌의 등쪽 부위는 척수의 등쪽 부위와 80도를 이룬다. 따라서 우리 뇌의 등쪽은 머리의 위쪽이지만 척수의 등쪽은 등 표면과 평행이다. 반면에 다른 일군의 해부학 용어, 즉 **앞쪽-뒤쪽**(anterior-posterior, 전측-후측)과 **위쪽-아래쪽**(superior-inferior, 상측-하측)은 신경축이 구부러져도 달라지지 않는다. 교실의 천장을 위쪽, 바닥을 아래쪽, 전면의 벽을 앞쪽, 후면의 벽을 뒤쪽으로 생각할 수 있다. 이렇게 보면 우리 뇌의 입쪽과 척수의 배쪽 둘 다를 '앞쪽'이라고 부를 수 있을 것이다.

또 다른 방향 용어로 **중간선**(midline, 정중선)은 좌우를 대략 같은 크기로 양분하는 가상의 직선을 가리킨다. 두 구조물이 중간선을 기준으로 동일한 쪽에 있으면 **같은쪽**(ipsilateral, 동측)에 있다고 말한다. 왼쪽 팔과 왼쪽 다리는 서로 같은쪽에 있다. 두 구조물이 서로 중간선의 반대편에 있으면 **반대쪽**(contralateral, 대측, 반측)에 있다고 말한다. 오른쪽 팔은 왼쪽 다리의 반대쪽에 있다. 중간선에 가까이 있는 구조물은 **안쪽**(medial, 내측)에, 중간선에서 먼 쪽에 있는 구조물은 **가쪽**(lateral, 외측)에 있다고 말한

입쪽 네발 동물의 머리 방향을 의미하는 용어.

꼬리쪽 네발 동물의 꼬리 방향을 의미하는 용어.

배쪽 네발 동물의 배 방향을 의미하는 용어.

등쪽 네발 동물의 등 방향을 의미하는 용어.

신경축 척수에서 뇌의 앞부분에까지 걸치는 가상의 직선.

앞쪽 앞 방향을 의미하는 용어.

뒤쪽 뒤 방향을 의미하는 용어.

위쪽 꼭대기 방향을 의미하는 용어.

아래쪽 바닥 방향을 의미하는 용어.

중간선 신체를 동등한 두 절반으로 양분하는 가상의 선.

같은쪽 중간선의 같은 편에 있는 구조물을 가리키는 용어.

반대쪽 중간선의 반대편에 있는 구조물을 가리키는 용어.

안쪽 중간선에 가까운 쪽을 의미하는 용어.

가쪽 중간선에서 먼 쪽을 의미하는 용어.

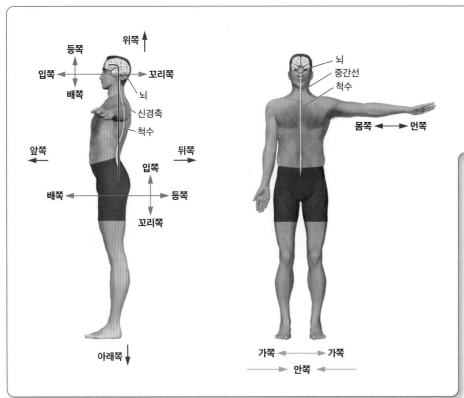

●그림 2.1 해부학적 방향
해부학자들은 뇌 구조물의 이름과
위치를 가리키기 위해 방향 용어를
사용한다. 직립 자세는 인간의
신경축을 80도 굽어지게 만들기
때문에 뇌의 등쪽 표면은 척수의
등쪽과 80도를 이루게 된다.

다. 심장은 팔보다 안쪽에 있는 반면에 귀는 코보다 가쪽에 있다. 비슷한 용어로는 중심에 가깝다는 뜻의 **몸쪽**(proximal, 근위), 중심에서 멀다는 뜻의 **먼쪽**(distal, 원위)이 있다. 대개 이 두 용어는 팔다리를 가리키는 데 사용한다. 발가락은 무릎보다 더 먼쪽에 있으며 어깨는 팔꿈치보다 더 몸쪽에 있다.

　방향 용어가 신경계에서 위치를 찾는 데 도움이 되기는 하지만 3차원 구조물을 종이 위의 평면 이미지로 보는 방법도 필요하다. 해부학자들은 신경계를 특정 수준에서 절단하여 구조물을 3차원보다는 2차원적으로 보는 것이 유용함을 알아냈다. 어떻게 절단할지는 마음대로 선택할 수 있다. 구조물에 따라 어떤 것은 특정 절단면으로 보는 것이 더 쉬울 때가 많다. 필자의 대학원 신경해부학 교수인 명망 높은 Arnold Scheibel 박사는 특히 사선으로 자른 절단면을 시험문제로 출제하곤 했다. 하지만 전통적으로 사용되는 절단면은 ●그림 2.2에서 볼 수 있듯이 관상면, 시상면, 수평면이다. **관상면**(coronal section)은 신경계를 앞뒤로 나눈 것으로서 **이마면**(frontal section, 전두면)이라고도 한다. **시상면**(sagittal section)은 중간선에 평행한 것으로서 뇌의 옆면을 보여준다. 뇌를 2개의 비교적 동등한 양쪽 절반으로 나누는 특별한 절단면을 **중간시상면**(midsagittal section, 정중시상면)이라 한다. 세 번째 유형의 절단면은 뇌를 위아래로 나누는 **수평면**(horizontal section)으로서, **축단면** 또는 **횡단면**(axial or transverse section)이라고도 한다. 이 책에서 각 절단면의 많은 예를 보게 될 것이다.

몸쪽 중심에 더 가까움을 의미하는
　용어로, 대개 팔다리를 가리킬 때
　사용됨. 먼쪽의 반대말.
먼쪽 다른 구조물로부터 더 멀리
　있음을 의미하는 용어로, 대개
　팔다리를 가리킬 때 사용됨.
관상면/이마면 뇌를 얼굴에 평행하게
　앞뒤로 절단할 때 보이는 단면.
시상면 중간선에 평행하게 절단한
　단면.
중간시상면 뇌를 2개의 대략 동등한
　절반으로 나누는 시상면.
수평면/축단면/횡단면 뇌를 위아래로
　절단하는 면.

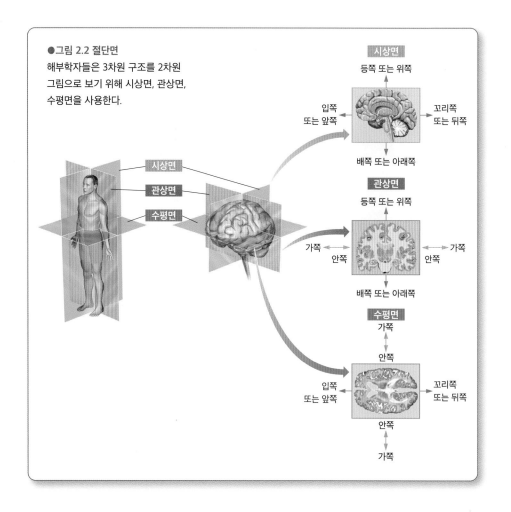

●그림 2.2 절단면
해부학자들은 3차원 구조를 2차원
그림으로 보기 위해 시상면, 관상면,
수평면을 사용한다.

신경계의 보호와 영양 공급

뇌는 너무나 중요하기 때문에 우리 몸에서 가장 잘 보호받는 기관 중의 하나이다. 두개골은 대단히 강력한 타격을 제외하고는 모든 것으로부터 뇌를 보호한다. 그러나 유아의 두개골은 완전히 성숙한 상태가 아니라는 점을 알아야 한다. 아기는 머리뼈들이 지구의 지각판처럼 서로 겹칠 수 있는 상태로 태어난다. 이런 구조는 아기의 머리가 출산길(birth canal, 산도)을 통과하여 빠져나오는 데 도움이 된다. 젖먹이는 머리털이 거의 또는 전혀 없기 때문에 정수리에 있는 머리뼈들 사이의 부드러운 막으로 덮여있는 숫구멍(fontanel, 숨구멍, 천문)에서 맥박이 뛰는 것을 흔히 볼 수 있다. 사람의 머리뼈들이 완전히 봉합되는 데는 약 18개월이 걸린다.

뇌막

뼈가 가장 좋은 보호 수단이기는 하지만, 아직 숫구멍이 있는 아기에게도 신경계를 둘러싼 세 겹의 막인 **뇌막**(meninges, 수막, 뇌척수막)이 있어서 뇌가 상당히 보호받을 수 있다(●그림 2.3).

뇌막 중추신경계와 말초신경들을 감싸는 여러 층의 막.

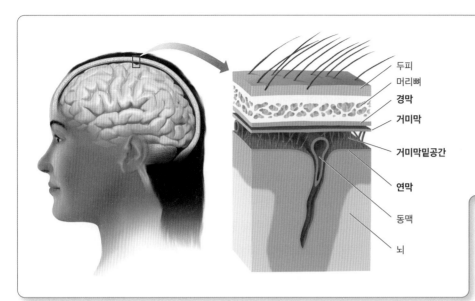

● 그림 2.3 **두개골과 세 겹의 막이
뇌를 보호한다** 뇌와 척수는 머리뼈에
의해 보호받을 뿐 아니라 뇌막이라는
세 겹의 막으로 덮여있다.
두개골에서 뇌 방향으로 경막,
거미막, 연막이 있다. 거미막과 연막
사이에 거미막밑공간이 있는데
여기에 뇌척수액(CSF)이 들어있다.
말초신경계에는 CSF가 없다.

뇌막의 가장 바깥쪽 층은 **경막**(dura mater, 경질막)으로서, 라틴어로는 말 그대로
'엄한 엄마'를 뜻한다. 영어의 'durable'이란 단어가 같은 어원에서 나왔다. '엄마'
라는 용어는 이 보호막을 신생아를 감싸는 포대기에 빗댄 데서 생겨났을지도 모른
다. 경막은 가죽 같은 조직으로서, 머리뼈의 윤곽대로 형성되어 있다. 경막 아래에는
거미막(arachnoid layer, 지주막)이 있다. 이는 좀 더 약한 층으로서, 그 단면이 거미줄
같은 구조를 보여주기 때문에 그런 이름이 붙여졌다. 가장 안쪽 층은 **연막**(pia mater,
연질막), 즉 '순한 엄마'이다. 거의 투명한 이 막은 뇌의 표면에 딱 달라붙어 있다. 거미
막과 연막 사이에 **거미막밑공간**(subarachnoid space, 지주막하강)이 있다. 이 세 겹의 막
이 뇌와 척수를 감싸고 있다. 신경(nerve)은 머리뼈와 척추뼈로 보호받는 부위를 빠
져나가고 나서부터는 말초신경이라고 불리며 여러 층의 결합조직에 의해 보호를 받
는다.●

최근에 밝혀진 사실들로 인해 면역반응에서 뇌막이 하는 역할을 달리 보게 되었
다. 예전부터 신경해부학자들은 뇌가 '면역 면제(immune privileged)'가 되어있다
고 생각했다. 이는 뇌 또는 척수에 이식된 조직은 다른 부위(예컨대, 피부)에 이식되
었을 때와 같은 면역거부반응을 일으키지 않을 것이라는 뜻이다. 혈관-뇌 장벽에 의
해 보호받는 것(3장을 보라) 외에 중추신경계의 면역 면제에 대한 지배적인 설명은,
림프 배액 시스템이 중추신경계에는 없다는 것이었다. 일반적으로 신체 기관들을 담
고 있는 림프계는 백혈구와 항원을 림프절로 그러모은다. 그러면 림프절 속의 물질
이 항체 생산 같은 면역반응을 시작시킨다. 그런데 최근에 과학자들(Louveau, Harris,
& Kipnis, 2015; Louveau, Smirnov, et al., 2015)은 뇌에도 뇌막 내에 림프계가 존재하며
이것이 깊은목림프절(deep cervical lymph nodes, 심경부림프절)로 이어짐을 발견했다
(●그림 2.4). 뇌의 면역반응은 아직까진 예외적인 것으로 생각되고 있지만, 이 연구는
뇌의 면역계가 신체의 면역계와 통해있음을 보여준다. 뇌막 림프계의 발견으로 인해

경막 세 겹의 뇌막 중 가장 바깥층.
　중추 및 말초신경계 모두에 존재함.
거미막 뇌막 중 중추신경계를 감싸는
　중간층.
연막 뇌막의 가장 안쪽 층으로,
　중추신경계와 말초신경계 모두에
　존재함.
거미막밑공간 중추신경계의 뇌막에서
　거미막과 연막 사이에 존재하는,
　뇌척수액으로 차있는 공간.

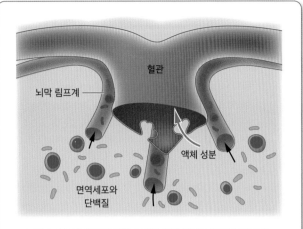

●그림 2.4 뇌막 림프계 뇌척수액의 액체 성분은 혈류로 배출되는 반면에, 면역세포와 단백질은 새로 발견된 뇌막 림프계를 통해 깊은목림프절로 배출된다. 이 체계는 뇌의 면역계를 신체 다른 부위를 담당하는 면역계와 연결한다(Louveau et al., 2015을 수정함).

출처: Revised from Louveau, A., Harris, T. H., & Kipnis, J. (2015). Revisiting the mechanisms of CNS immune privilege. *Trends in Immunology, 36*(10), 569-577. doi: 10.1016/j.it.2015.08.006

알츠하이머병이나 다발성 경화증 같은 질환을 보는 관점이 달라질지도 모른다(13장을 보라).

뇌척수액

뇌척수액(cerebrospinal fluid, CSF)은 **뇌실**(ventricle)이라는 뇌 속의 빈 공간에서 분비된다. 뇌실의 표면에 있는 **맥락얼기**(choroid plexus, 맥락총)가 주변의 혈류로부터 나온 혈장을 CSF로 변환한다.

CSF는 척수의 **중심관**(central canal)과 뇌의 뇌실 네 군데를 순환한다. 양반구에 가쪽뇌실(측뇌실)이 하나씩 있고 뇌줄기에 셋째뇌실(제3뇌실)과 넷째뇌실(제4뇌실)이 있다. 중간뇌수도관(cerebral aqueduct, 대뇌수도)이 셋째뇌실과 넷째뇌실을 연결한다. 넷째뇌실과 이어져 있는 척수의 중심관은 척추의 중간선을 따라 뻗어있다. ●그림 2.5는 CSF의 순환과 뇌실을 보여준다. 넷째뇌실 아래에는 작은 구멍이 있어서 CSF가 뇌와 척수를 둘러싸고 있는 거미막밑공간으로

| 연구 비하인드 |

뇌와 면역계의 연결

아주 최근까지도 해부학자들은 뇌가 신체의 림프계에 포함되지 않는다고 생각했는데, 이 때문에 뇌는 '면역 면제'가 되어 있다는 개념이 생겨났다. 자폐스펙트럼장애, 알츠하이머병, 다발성 경화증에 대한 지식이 쌓이면서 그것이 사실이 아닐지도 모른다는 단서들이 모이기 시작했다. 그러나 뇌와 면역계가 직접적으로 연결되어 있다는 증거가 없었는데, 버지니아 대학교의 연구자들이 새로운 해부 기법을 이용하여 그 필요한 연결 고리를 찾아냈다. 뇌막 내에서 전형적인 림프 배액 시스템(lymphatic drainage system)이 발견된 것이다(Louveau, Smirnov, et al., 2015).

의문 뇌가 면역계와 어떻게 연결되어 있을까?

방법
수십 년 동안 해부학자들이 뇌막의 림프 배액 시스템을 간과한 이유는 그것을 볼 방법이 없었기 때문이다. Anthoine Louveau가 생쥐 뇌의 뇌막을 보존하는 새로운 방법을 찾아내어 이러한 발견을 할 수 있었다. 일반적으로는 두개골에서 뇌를 끄집어낸 후에 해부를 하는데, Louveau는 뇌를 해부하기 전에 두개골에 붙어있는 뇌막을 보존 처리했다. 연구자들은 새로 발견한 림프관의 구조와 기

능을 전형적인 말초 림프관과 비교하는 여러 검사를 실시했다.

결과
뇌막의 림프관은 일반적인 말초 림프관과 똑같은 특징을 많이 갖고 있음이 밝혀졌다. 연구자들은 뇌막의 림프관들이 깊은목림프절로 이어진다는 것을 보여주었다.

결론
뇌에서 어느 정도 전형적인 림프계가 발견됨으로써 연구자들은 장내 미생물 군집(gut microbiome)과 면역계 기능이 여러 신경질환에서 하는 역할에 대해 다시 생각하게 될 것이다. 예를 들면 알츠하이머병의 경우 Louveau 등(2015)이 발견한 림프계가 오작동하여 반점 및 신경섬유매듭과 연관된 단백질들(13장을 보라)이 제거되지 않는지도 모른다. 다발성 경화증을 일으키는 자가면역반응이 뇌와 림프계의 상호작용에 기인하는 것일까? 생쥐가 고양이 오줌에 대한 공포를 상실하게 만드는 톡소포자충 같은 기생충이 면역세포에 편승하여 뇌로 숨어들 수 있을까? 장내 미생물이 면역계에 끼치는 영향이 자폐스펙트럼장애에서 나타나는 어떤 행동들을 야기할 수 있을까?

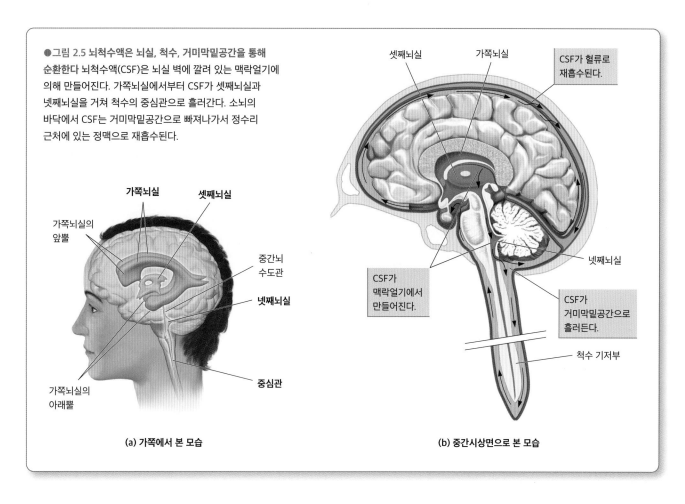

●그림 2.5 뇌척수액은 뇌실, 척수, 거미막밑공간을 통해 순환한다 뇌척수액(CSF)은 뇌실 벽에 깔려 있는 맥락얼기에 의해 만들어진다. 가쪽뇌실에서부터 CSF가 셋째뇌실과 넷째뇌실을 거쳐 척수의 중심관으로 흘러간다. 소뇌의 바닥에서 CSF는 거미막밑공간으로 빠져나가서 정수리 근처에 있는 정맥으로 재흡수된다.

가쪽뇌실   **셋째뇌실**

가쪽뇌실의 앞뿔

중간뇌 수도관

넷째뇌실

가쪽뇌실의 아래뿔

중심관

(a) 가쪽에서 본 모습

셋째뇌실   가쪽뇌실

CSF가 혈류로 재흡수된다.

CSF가 맥락얼기에서 만들어진다.

넷째뇌실

CSF가 거미막밑공간으로 흘러든다.

척수 기저부

(b) 중간시상면으로 본 모습

흘러들어 갈 수 있다. 거미막밑공간은 속귀(내이)와도 연결되어 있다. CSF의 양은 약 150mL인데, 하루에 대략 500mL가 지속해서 만들어지기 때문에 매일 세 번 정도 물갈이된다. 오래된 CSF는 머리 윗부분에 분포된 혈류로 재흡수된다.

CSF는 혈액의 투명한 혈장과 매우 비슷한 조성을 갖고 있다. CSF의 무게와 조성 덕분에 뇌는 두개골 내에 사실상 떠있는 셈이다. 여기에는 여러 가지 이점이 있다. CSF는 우리가 머리를 부딪칠 때 뇌에 가해지는 충격을 완화하는 한편, 신경세포(뉴런)가 적절한 입력이 아니라 뇌에 가해지는 압력 때문에 활동하는 일이 일어나지 않도록 돕는다. 종양이 뇌 일부를 눌러서 발작이 일어날 때처럼 압력은 종종 뉴런이 잘못된 방식으로 발화하게 만들 수 있는데, CSF는 뇌를 액체에 띄워놓음으로써 뉴런이 압력에 반응하여 잘못된 정보를 전달하는 일을 막는다. CSF는 이러한 '띄워놓기' 기능뿐 아니라 영양분을 순환시키고 노폐물을 제거하여 중추신경계를 지원하는 기능도 한다. 또한 CSF는 신경화학물질이 더 먼 곳으로 확산할 수 있는 통로가 된다(3장을 보라).

CSF 순환계에는 협소한 부위가 여러 군데 있다. 가끔 그런 곳이 막혀서 물뇌증(hydrocephalus, 수두증)이 발생하는데, 이는 글자 그대로 머리에 물이 찼다는 뜻이다(●그림 2.6). 물뇌증은 ●그림 2.7에서 보듯이 션트(shunt, 분로)를 삽입하여 과도한

뇌척수액(CSF) 뇌의 뇌실과 척수의 중심관, 그리고 거미막밑공간 속을 순환하는, 혈장과 비슷한 특별한 액.
뇌실 뇌척수액을 담고 있는, 뇌 속의 빈 공간.
맥락얼기 뇌척수액을 분비하는, 뇌실의 표면.
중심관 뇌척수액을 함유하는, 척수의 중간선에 있는 작은 수로.

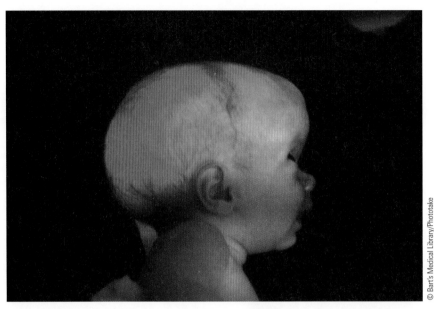

●그림 2.6 뇌척수액의 순환이 막히면 물뇌증이 생겨난다 이 사진은 뇌척수액(CSF)의 정상적인 순환이
막힐 때 발생하는 물뇌증을 갖고 태어난 아기를 보여준다. CSF를 모두 담느라 팽창된 커다란 머리를 보라.
물뇌증은 치료하지 않으면 지적장애를 초래하지만 오늘날에는 션트를 삽입하여 과도한 액체를 배출되게
함으로써 아기의 뇌가 더 손상되는 것을 방지할 수 있다. 위와 같은 사진 촬영은 신경학자 Ray Chun의
작업 덕분에 가능해졌는데, 그는 머리에 빛을 비추어 물뇌증을 진단하는 비침습적인(non-invasive)
방법인 '천 총(Chun Gun)'을 개발했다. CSF가 과도하게 많으면 빛의 산란이 달라진다. 과거에는
의사들이 뇌에서 모든 CSF를 배출시킨 후에 뇌를 공기, 산소 또는 헬륨으로 채우고 X선 사진을 찍었다.

CSF를 배출하거나, 한 뇌실의 바닥이나 두 뇌실 사이에 구멍을 뚫어 배액을 개선하
는 수술로 치료할 수 있다. 션트 시스템으로 치료를 받은 사람은 평생 동안 션트를 사
용해야 한다. 물뇌증을 갖고 태어난 아이의 경우, 치료받지 않으면 많은 양의 CSF가
뇌의 정상적인 성장을 방해하여 지적장애를 일으킬 수 있다. 종양의 성장이나 상처조
직으로 인해 CSF 순환계장애를 겪는 성인 역시 션트 시스템이나 다른 수술로 치료를

●그림 2.7 물뇌증을 위한 션트
신생아의 물뇌증은 지적장애의 주요
원인 중 하나였다. 뇌실에 삽입된
션트를 통해 과도한 뇌척수액을 배나
심장으로 배출시키는 현대의 치료법
덕분에 이 병을 가진 사람의 뇌에
가해지는 손상이 줄어들었다.

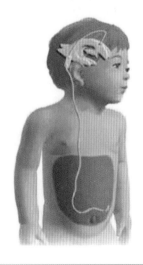
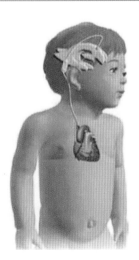

물뇌증의 치료

물뇌증은 신생아와 성인 모두 걸릴 수 있다. 폐색, 재흡수장애, 과잉 생성된 뇌척수액(CSF)이 머리의 확장, 두통, 메스꺼움과 구토, 방광 통제력 상실, 균형 잡기와 협응의 장애, 인지장애 등의 증상을 일으킬 수 있다. 이 증상들은 다른 많은 병에 의해서도 생길 수 있기 때문에 물뇌증 진단은 신경학적 검사와 뇌 영상법을 토대로 내려진다. 태아기 초음파에서 물뇌증이 진단된 사례들도 있다.

물뇌증의 일반적인 치료법은 수술이다. 뇌의 뇌실 중 하나에다가 션트를 넣는 것이 가장 흔한 치료이다. 피부 아래에 튜브를 삽입하여 여분의 CSF가 복부나 심실로 흘러 들어가서 몸으로 재흡수되게 함으로써 더 이상 해를 끼치지 못하게 만든다. 이 흐름의 속도와 방향을 밸브로 조절하는데, 따라서 너무 많은 CSF가 뇌실로부터 배출될 위험성이 약간 있다. 덜 일반적인 수술은 뇌실창냄술(ventriculostomy, 뇌실천공술, 뇌실막절개술)로, 셋째뇌실의 바닥이나 두 뇌실 간에 작은 구멍을 내어 CSF의 순환을 개선하는 방법이다.

물뇌증을 치료하는 팀은 신경과 의사와 신경외과 의사뿐 아니라 직업치료사, 아동을 위한 발달치료사, 특수교육 교사, 사회복지사, 정신건강 관련자로 이루어지는데, 이들은 환자와 가족이 영구적 장애를 일으킬 수 있는 심각한 병에 대처하도록 돕는다.

받아야 한다.

CSF는 혈류와 절대로 직접 접촉하지 않는 완전히 자립적이고 분리된 순환계를 통해 움직인다. CSF의 조성은 질병을 진단하는 데 중요할 때가 많기 때문에 척추 천자(spinal tap)라는 방법이 극도로 불쾌한 방법임에도 흔히 사용된다. 척추 천자란 의사가 척수를 감싸고 있는 거미막밑공간으로부터 주사기로 CSF를 뽑아내는 것으로, 대개 허리 수준의 척수 부위에서 실시된다.

뇌의 혈액 공급

뇌는 비록 몸무게의 약 2%만을 차지하지만 심장이 내뿜는 혈액의 약 15~20%가 뇌로 간다. 뇌에 있는 실핏줄의 그물은 약 640km로, 샌프란시스코와 로스앤젤레스를 잇기에 충분한 길이이다. 뇌에는 풍부한 혈액 공급이 필수적인데, 왜냐하면 뉴런은 대사율이 매우 높아서 신체의 다른 유형의 세포들보다 산소 결핍에 더 취약하기 때문이다. 뇌에 혈액 공급이 잠깐만 끊겨져도 영구적인 세포 죽음이나 손상이 생길 수 있다(13장을 보라).

뇌는 목의 양쪽으로 올라오는 **목동맥**(carotid artery, 경동맥)뿐 아니라 두개골 뒷부분으로 올라오는 **척추동맥**(vertebral artery, 추골동맥)을 통해서도 혈액을 공급받는다. 목동맥은 일단 두개골 안으로 들어오고 나서 앞대뇌동맥과 중간대뇌동맥으로 나뉜다. 척추동맥은 뇌바닥동맥(뇌기저동맥)이 되어 뇌의 바닥 부분에서 목동맥과 만나 윌리스 고리(circle of Willis)를 형성한다. 이 합류점에서 뒤대뇌동맥이 시작된다(●그림 2.8). 이러한 원형 구성은 주요 동맥 중 하나가 막혔을 때 초래될 뇌손상을 최소화하는 데 유리하다.

목동맥 목의 양 옆을 타고 올라가서 뇌에 혈액을 공급하는 두 주요 혈관 중 하나.
척추동맥 두개골의 뒷부분에서 뇌로 들어가는 중요한 혈관 중 하나.

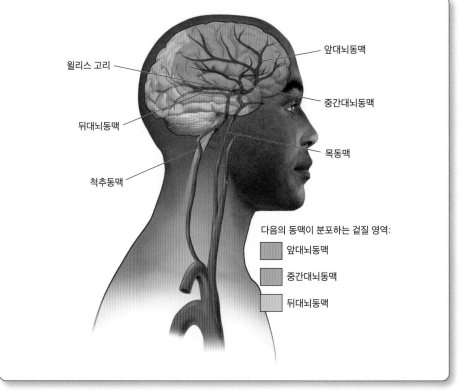

●그림 2.8 **뇌는 혈액을 충분히 공급받는다** 혈액은 목 양쪽에 있는 목동맥이나 두개골 바닥을 통과하여 올라오는 척추동맥을 통해 뇌에 도달한다. 목동맥은 두개골 속에 들어온 후 앞대뇌동맥과 중간대뇌동맥으로 나뉜다. 척추동맥은 뇌바닥동맥이 되는데, 이것이 뇌의 바닥 부분에서 목동맥과 만나 윌리스 고리를 형성한다. 이 합류점에서 뒤대뇌동맥이 시작된다.

앞대뇌동맥

윌리스 고리

중간대뇌동맥

뒤대뇌동맥

목동맥

척추동맥

다음의 동맥이 분포하는 겉질 영역:

앞대뇌동맥

중간대뇌동맥

뒤대뇌동맥

중간 요약 2.1

‖ 요점

1 해부학적 방향 용어 덕분에 신경계에서 구조물의 위치를 알 수 있다. 네발 동물에게서 입쪽 구조물은 머리 방향에, 꼬리쪽 구조물은 꼬리 방향에, 등쪽 구조물은 등 방향에, 배쪽 구조물은 배 방향에 자리 잡고 있다. 인간은 뇌의 등쪽 부분이 척수의 등쪽 부분과 80도를 이루고 있다. 공간 속 신체의 방향에 따라 달라지지 않는 용어로는 '앞쪽, 뒤쪽, 위쪽, 아래쪽'이 있다. **(LO1)**

2 같은쪽 구조물은 중간선의 같은 편에 있고 반대쪽 구조물은 중간선의 반대편에 있다. 중간선에 가까운 구조물은 안쪽에, 중간선에서 먼 구조물은 가쪽에 있다. 팔다리의 경우 몸쪽 구조물은 신체 중심에 더 가까이, 먼쪽 구조물은 더 멀리 있다. **(LO1)**

3 관상면 또는 이마면은 뇌를 앞뒤로 나눈다. 시상면은 중간선에 평행한 것으로서 뇌의 옆면을 보여준다. 수평면(축단면 또는 횡단면)은 뇌를 위아래로 나눈다. **(LO1)**

4 세 겹의 뇌막, 즉 경막, 거미막, 연막이 중추신경계를 보호한다. 말초신경계에 있는 신경은 결합조직으로 싸여있다. 뇌척수액(CSF)은 뇌를 띄워놓아 완충 효과를 낸다. CSF는 4개의 뇌실, 척수의 중심관, 거미막밑공간을 순환한다. **(LO2)**

5 뇌는 목동맥과 척추동맥을 통해 혈액을 공급받는다. **(LO2)**

‖ 복습 문제

1 인간의 신경계를 개나 고양이의 신경계와 비교해 볼 때 서로 같거나 서로 다른 해부학적 용어들은 무엇인가?

2 뇌척수액은 왜 존재하며 신경계의 어디에 있는가?

중추신경계

전체 신경계는 두 부분, 즉 **중추신경계**(central nervous system, CNS)와 **말초신경계**(peripheral nervous system, PNS)로 나뉜다.

CNS는 뇌와 **척수**(spinal cord)로 이루어져 있다. 뇌는 대략 폭 140mm, 길이 167mm, 높이 93mm, 무게 1.5kg 정도로 측정된다. 뇌에는 약 860억 개의 신경세포가 약 15조 개의 연결을 형성하고 있다. 척수에는 약 10억 개의 신경세포가 있고, 길이가 남자의 경우 약 45cm, 여자의 경우 약 43cm이며, 무게가 약 35g이다. 척수의 지름은 1~1.5cm로, 대략 엄지손가락 굵기이다.

PNS는 뇌와 척수에서 나오는 모든 신경으로서, 신체로부터 들어오는 감각 신호와 신체로 나가는 운동 신호를 전달한다. CNS의 조직은 뼈 속에 싸여있지만 PNS의 조직은 그렇지 않다. ●그림 2.9는 중추 및 말초신경계의 일반적인 구조를 요약한 것이다.

CNS와 PNS에 있는 뉴런들은 기본적으로 비슷하지만 두 체계 간에는 몇 가지 차이가 있다. 뇌척수액은 CNS 주위를 순환하지만 PNS 내에서는 그러지 않는다. 또한 CNS의 손상은 영구적인 것으로 간주되는 반면에 PNS에서는 어느 정도 회복이 일어날 수 있다.

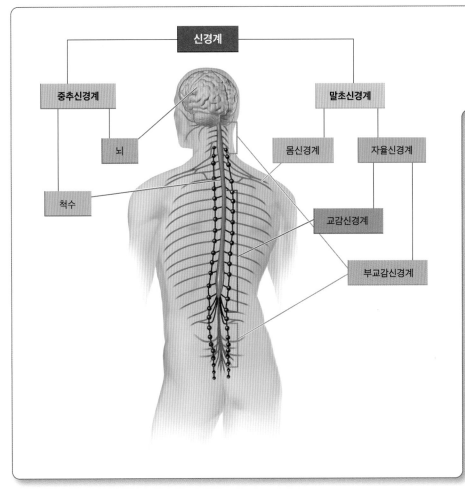

●그림 2.9 **신경계의 구조** 신경계는 뇌와 척수로 이루어진 중추신경계와, 뇌와 척수를 빠져나가는 모든 신경으로 이루어진 말초신경계로 나뉜다.

중추신경계(CNS) 뇌와 척수.
말초신경계(PNS) 뇌와 척수를 빠져나가서 신체의 감각 및 운동 기능을 담당하는 신경들.
척수 숨뇌에서 첫째허리뼈까지 뻗어있는 긴 원통형 신경조직.

척수

척수는 긴 원통형의 신경조직으로서, 뇌의 가장 뒤쪽 구조인 숨뇌로부터 첫째허리뼈 (요추)까지 꼬리처럼 내려간다. 척수를 구성하는 뉴런들은 **척주**(vertebral column)의 위쪽 3분의 2 부분까지 존재한다. 척수가 척주보다 더 짧은 이유는 아동 발달 단계에서 척주의 뼈들보다 척수가 먼저 성장을 멈추기 때문이다. 척수의 한가운데를 뇌척수액이 순환하는 중심관이 관통한다.

척수신경은 척주의 뼈들 사이로 빠져나간다. 척추뼈들 사이에는 완충작용을 하는 디스크가 있다. 이 디스크 중 하나라도 변성하면 인접한 척수신경에 압력이 가해져서 고통스러운 신경 압박을 초래한다. ●그림 2.10에서 보듯이 척수는 척수신경이 빠져 나가는 지점을 토대로 31개의 분절로 나뉜다. 뇌에 가장 가까운 곳에서 시작하면, 8개의 **목신경**(cervical nerve, 경신경)이 머리, 목, 팔 부위를 담당한다. 편타성 손상(whip-lash injury)을 입은 경우에 목에 두르는 보호대를 목 보조기(cervical collar, 경추보호대)라고 부른다. 목신경 아래에는 몸통 대부분을 담당하는 12개의 **가슴신경**(thoracic nerve, 흉신경)이 있다. 심장이나 허파 수술 같은 가슴 부위의 수술을 전문으로 하는 외과 의사를 가리키는 '흉부외과 의사'(thoracic surgeon)라는 용어를 들어본 적이 있을 것이다. 그다음에는 허리와 다리를 담당하는 5개의 **허리신경**(lumbar nerve, 요신경) 이 있다. 허리 통증을 호소하는 사람은 대개 허리신경에 문제가 있다. 5개의 **엉치신경** (sacral nerve, 천골신경)은 다리 뒷면과 생식기를 담당한다. 마지막으로, 1개의 **꼬리신경** (coccygeal nerve, 미골신경)이 있다.

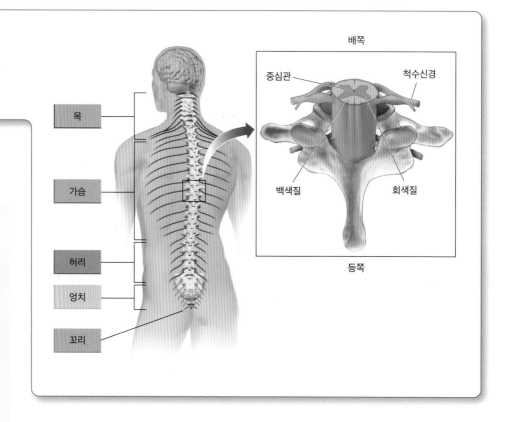

●그림 2.10 척수의 해부 구조
척수는 목, 가슴, 허리, 엉치, 꼬리 분절로 나뉜다. 척수신경은 척수를 둘러싼 척추뼈들 사이 양쪽으로 빠져나간다.

척주 척수를 둘러싸서 보호하고 있는 척추의 뼈들.
목신경 머리, 목, 팔 부위를 담당하는 8개의 척수신경.
가슴신경 몸통을 담당하는 12개의 척수신경.
허리신경 허리와 다리를 담당하는 5개의 척수신경.
엉치신경 다리 뒷면과 생식기를 담당하는 5개의 척수신경.
꼬리신경 척수신경의 가장 꼬리쪽 신경.

척수는 뇌 무게의 2%밖에 안 되지만 여러 가지 필수적인 기능을 담당한다. 척수는 정보의 고속도로이다. 수평면으로 보면 척수의 많은 부분이 흰색으로 보인다. 이 **백색질**(white matter, 백질)은 뉴런이 신호를 다른 뉴런으로 전달하는 부위인 축삭(axon)이라는 신경섬유들로 이루어져 있다. 이 조직은 대부분의 축삭을 감싸고 있는 말이집(myelin, 수초)이라는 지방질 때문에 희게 보인다. 연구를 위해 조직을 보존 처리할 때 말이집은 염료를 밀어내기 때문에 마치 스테이크에 있는 지방처럼 흰색을 유지한다. 이 커다란 축삭 다발은 뇌를 드나드는 정보를 운송한다. 촉감, 자세, 통증, 온도에 대한 정보를 전달하는 감각뉴런의 축삭은 척수의 등쪽 부분으로 올라간다. 운동을 담당하는 운동뉴런의 축삭은 척수의 배쪽 부분을 타고 내려온다(축삭은 3장에서 더 자세히 다룰 것이다).

척수의 가운데에는 회색 나비 또는 H 글자 모양이 있는 것처럼 보인다. 이 **회색질**(gray matter, 회백질)은 주로 세포체로 이루어진 영역이다(3장을 보라). 이 조직이 회색으로 보이는 이유는 세포체가 조직을 보존하기 위해 흡수하는 일부 화학물질이 조직을 분홍색을 띤 회색으로 염색하기 때문이다. H 글자의 **뒤뿔**(dorsal horn, 후각)에 있는 뉴런은 감각 입력을 받아들이고 **앞뿔**(ventral horn, 전각)에 있는 뉴런은 운동 정보를 근육으로 전달한다. 앞뿔세포들은 수의적 운동(voluntary movement)이나 척수반사(spinal reflex)에 관여한다.

뇌로부터 내려오는 입력 없이도 척수의 뉴런들은 몇몇 중요한 **반사**(reflex)를 일으킬 수 있다. 의사가 무릎을 쳐서 검사하는 **무릎반사**(knee-jerk reflex, patellar reflex, 슬개반사)는 척수반사의 한 유형이다. 이 반사는 두 종류의 뉴런에 의해 작동한다. 이 중 한 종류의 뉴런은 근육뻗침수용기(muscle stretch receptor, 근육신장수용기)로부터 척수로 들어가는 감각 정보를 처리한다. 이 뉴런은 입력이 들어오면 근육을 수축시키는 척수의 운동뉴런과 교신하여 다리를 뻗게 만든다. 척수반사는 우리를 부상으로부터 보호해 준다. 뜨거운 것을 만지거나 뾰족한 것을 밟게 되면 척수가 도피반사를 일으킨다. 즉 우리는 통증의 원인으로부터 즉시 몸을 빼내게 된다. 이 경우에는 세 종류의 뉴런, 즉 감각뉴런, 운동뉴런, 그리고 이들 사이에 있는 중간뉴런이 관여한다. 몇 안 되는 뉴런이 관여하기 때문에 이 **도피반사**(withdrawal reflex, 철수반사)는 매우 빠른 움직임을 일으킨다. 다른 척수반사들은 자율신경계의 작용을 조정하는 데 도움을 준다. 나중에 살펴볼 자율신경계는 추위를 느낄 때 소름이 돋게 하고 일어설 때 기절하지 않도록 혈압을 유지하는 등의 일을 한다. 이러한 단순 반사들 대부분은 척수의 한 분절 내에서 중간선의 한쪽이나 다른 쪽에 있는 신경회로에 의해 일어난다.

척수는 우리가 리드미컬하게 움직일 수 있게 하는 여러 가지 더 복잡한 반사도 관리하는데, 이를 중추패턴발생기(central pattern generator)라고 한다. 이 반사들 덕분에 우리는 걸을 때 몸무게를 한 다리에서 다른 다리로 자동적으로 옮기는 것 같은 교대 운동을 하거나, 깡충 뛰는 것 같은 동시적 운동을 할 수 있다. 중추패턴발생기는 척수

백색질 주로 말이집 축삭으로 이루어진 신경조직.

회색질 주로 세포체로 이루어진 신경조직.

뒤뿔 감각뉴런을 포함하는 척수의 회색질.

앞뿔 운동뉴런을 포함하는 척수의 회색질.

반사 불수의적인 행위 또는 반응.

무릎반사 무릎 아래를 치면 넓적다리의 네갈래근육(사두근)의 반사적 수축이 일어나 다리가 뻗는 척수반사.

도피반사 통증의 원인으로부터 신체를 빼내는 척수반사.

경막바깥을 자극하여 척수손상 환자의 서있기와 걷기를 향상하기

줄기세포와 기타 기법을 이용하여 척수손상을 치료하기 위한 돌파구가 멀지 않은 미래에 열릴 것이다. 그러나 현재의 척수손상 환자들을 위해서는 무엇을 할 수 있을까?

켄터키에 있는 루이빌 대학교의 Susan Harkema와 동료들은 서있기와 걷기를 향상하기 위해 경막바깥(epidural) 자극하기(경막외자극)를 사용하고 있다. 이 장에서 배웠듯이 'dura'는 뇌와 척수를 감싸고 있는 뇌막의 가장 바깥층인 경막을 가리키며, 'epi'란 'on' 또는 'upon'을 의미하는 그리스어이다. 마취나 자극하기에서 '경막바깥'이란 뇌막 바로 바깥의, 지방과 인대로 이루어진 층들 아래의 공간을 가리킨다. 경막바깥 자극하기는 척수 하반부에 외과 수술로 심어놓은 전극들을 통해 이루어진다.

또 이 장에서 배웠듯이 척수에는 서있기와 걷기를 도와주는 회로들을 비롯하여 여러 가지 복잡한 패턴발생기가 있다. 경막바깥 자극하기는 뇌가 그런 패턴발생기를 활성화시켜 운동을 개시하도록 척수로 내보내는 신호를 흉내 낸다. 초기 연구의 참가자들은 손상 부위 아래로는 완전히 마비된 상태였지만 자극을 받는 동안 수의적 운동을 다시 했을 뿐만 아니라 자극기가 꺼지고 난 후에조차도 심혈관계 건강, 체온 조절(7장을 보라), 장 기능의 향상이 지속되었다. 현재 더 많은 참가자를 대상으로 후속 연구가 실시되고 있다. 환자의 신경계와 이 기법 간의 인터페이스가 개선되면 가까운 미래에 더욱 극적인 결과가 나올 것이다.

의 중간선 양쪽에 걸쳐있는 회로에 의해 작동한다.

척수가 손상되면 그 손상 부위 아래쪽에 위치한 신경들이 담당하는 신체 부위의 감각(피부와 내장기관 모두)과 수의적 운동이 상실된다. 그래도 대개 몇몇 척수반사는 유지된다. 근육은 자극하면 움직이기는 하지만 수의적 통제가 되지 않는다. 작고한 Christopher Reeve('슈퍼맨'을 연기한 미국 배우)처럼 목 부상을 당한 사람은 사지마비(quadriplegia; quad는 4를 뜻하는 말로서 여기선 팔다리 모두를 의미함)가 된다. 즉 팔, 다리 및 몸통에 대한 모든 감각과 운동 통제가 상실된다. 허리 수준에서 척수손상을 입은 사람은 하반신마비(paraplegia)가 된다. 팔과 몸통은 움직일 수 있지만 몸통 하반부와 다리의 감각과 운동은 상실된다. 척수 부상의 모든 사례에서 방광과 장 기능은 더 이상 수의적 통제가 되지 않는데, 뇌에서 조임근육(괄약근)으로 입력이 들어가지 않기 때문이다. 현재 척수손상은 영구적인 것으로 간주되지만 척수를 치료하는 방법에 대한 연구가 상당한 진전을 보이고 있다(5장과 13장을 보라).

뇌의 발생학적 구획

임신 약 4주째 태아 발달 초기에 뇌에는 3개의 볼록한 부분, 즉 **마름뇌**(hindbrain, rhombencephalon, 후뇌, 능뇌), **중간뇌**(midbrain, mesencephalon, 중뇌), **앞뇌**(forebrain, prosencephalon, 전뇌)가 형성된다(5장을 보라). 마름뇌와 중간뇌가 합쳐서 **뇌줄기**(brainstem, 뇌간)를 이룬다. 태아 발달 후기에 중간뇌는 더 나누어지지 않지만, 마름뇌는 숨뇌와 뒤뇌로 나뉘며, 뒤뇌는 다시 **다리뇌**와 소뇌로 나뉜다. 앞뇌는 사이뇌(diencephalon, 간뇌)와 끝뇌(telencephalon, 종뇌)로 나뉜다. 여기서 'cephalon'이란 머리를 가리킨다. 표 2.1은 이 구획들과 각 구획의 주요 구조를 요약한 것이다.

마름뇌 숨뇌, 다리뇌, 소뇌를 포함하는, 뇌의 가장 꼬리쪽 구획.

중간뇌 마름뇌와 앞뇌 사이에 있는 뇌 구획으로서 위둔덕, 아래둔덕, 수도관주위회색질, 적색핵, 흑색질을 포함함.

앞뇌 사이뇌와 끝뇌를 포함하는 뇌 구획.

뇌줄기 마름뇌와 중간뇌.

다리뇌 숨뇌와 중간뇌 사이의 뒤뇌에 위치한 구조로서 의식상태의 조절에 관여함.

소뇌 뒤뇌의 구조로서 균형 잡기, 근 긴장, 근육 협응, 어떤 유형의 학습, 그리고 인간의 경우 아마도 고등 인지 기능에 관여함.

표 2.1 **뇌의 발생학적 구획**

구획	하위 구획	뇌실	구조
앞뇌(전뇌)	끝뇌(종뇌)	가쪽뇌실	대뇌겉질 해마 편도체 바닥핵
	사이뇌(간뇌)	셋째뇌실	시상 시상하부
중간뇌(중뇌)	중간뇌(중뇌)	중간뇌수도관	덮개 뒤판
마름뇌(후뇌)	뒤뇌(후뇌)	넷째뇌실	소뇌 다리뇌
	숨뇌(수뇌)		숨뇌

마름뇌

●그림 2.11은 뇌줄기의 구조들을 나타낸 것이다. 우리는 척수 바로 위에 위치한 뇌줄기 부위, 즉 숨뇌와 뒤뇌로 구성된 마름뇌부터 살펴볼 것이다. 손을 목 뒤에다 대고 머리를 뒤로 기울일 때 구부러지는 지점이 대략 척수와 뇌를 가르는 선이 된다.

숨뇌 목 부위의 척수 위에 조직이 점차로 볼록해지는 곳이 뇌의 가장 꼬리쪽인 **숨뇌**(medulla, myelencephalon, 수뇌, 연수)이다. 척수처럼 숨뇌에도 많은 양의 백색질이 있다. 뇌의 고등 구조들로 드나드는 정보 대부분은 숨뇌를 거쳐가야 한다.

척수에서는 회색질이 나비 모양을 이루고 있는 것과 달리 숨뇌에는 많은 핵이 있는데, **핵**(nucleus)이란 어떤 기능을 공유하는 세포체들의 집합이다. 이 핵들은 숨뇌의 백색질 속에 박혀있다. 몇몇 핵에 있는 세포체들은 여러 뇌신경(cranial nerve)을 이루는 축삭을 갖고 있다. 뇌신경이란 머리와 목 부위를 담당하는 말초신경계 일부를 가리킨다. 다른 핵들은 호흡, 심박수, 혈압 같은 기능을 담당한다. 숨뇌가 이렇게 생명 유지에 필수적인 기능을 통제하기 때문에 숨뇌손상은 일반적으로 치명적이다.

숨뇌의 윗부분에는 중간선을 따라 **그물체**(reticular formation, 망상체)라는 구조의 꼬리쪽 부위가 존재한다. 그물체란 그림 2.11에서 보듯이 숨뇌부터 중간뇌까지 뇌줄기의 중간선 주위에 퍼져있는 핵들의 복합체이다. '그물'을 뜻하는 라틴어 'reticulum'에서 그 이름이 유래했다. 그물체에 있는 핵과 회로들은 의식과 각성(9장을 보라), 운동, 통각 등의 조절에 중요한 역할을 한다.

다리뇌와 소뇌 뒤뇌(metencephalon, 후뇌)에는 다리뇌와 소뇌라는 두 구조가 있다. 그림 2.11에서 볼 수 있듯이 다리뇌(pons, 뇌교)는 숨뇌의 바로 입쪽에 위치한다. 'pons'란 라틴어로 다리(bridge)를 뜻하는데, 다리뇌의 역할 중 하나가 뇌의 고등 중

숨뇌 마름뇌의 가장 꼬리쪽 부분.
핵 어떤 기능을 공유하는 세포체의 집합.
그물체 입쪽 숨뇌부터 중간뇌에 걸쳐 중간선 주위에 자리 잡고 있는 뇌줄기 핵들의 집합으로서 의식, 각성, 운동, 통각에 관여함.
뒤뇌 다리뇌와 소뇌를 포함하는 마름뇌의 한 구획.

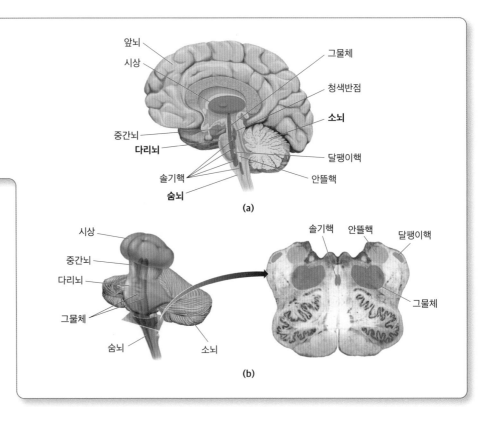

●그림 2.11 뇌줄기의 구조들
(a) 이 시상면은 뇌줄기에 있는 많은 중요한 구조들을 보여준다. (b) 대뇌반구를 제거하고 나면 뇌줄기의 주요 구조들 간의 공간적 관계를 볼 수 있다. 숨뇌의 수평면은 뇌의 그 절단면 수준에 있는 중요한 구조 여러 개를 보여준다.

추들을 숨뇌 및 소뇌와 연결하는 것이다.

숨뇌와 마찬가지로 다리뇌에도 핵이 곳곳에 박혀 있는 커다란 신경섬유경로들이 있다. 이 수준의 뇌줄기에 있는 중요한 핵으로는 **달팽이핵**(cochlear nucleus, 와우핵)과 **안뜰핵**(vestibular nucleus, 전정핵)이 있다. 이들은 뇌신경핵, 즉 뇌신경을 위한 정보처리 중추의 한 예이다. 이 핵들과 교신하는 신경섬유는 속귀(inner ear, 내이)로부터 온다. 달팽이핵은 소리에 대한 정보를 받으며, 안뜰핵은 머리의 위치와 운동에 대한 정보를 받는다. 이 안뜰 입력은 우리가 균형을 유지하는 것을 도와준다(또는 때때로 멀미를 느끼게도 한다).

그물체는 숨뇌에서 시작하여 다리뇌를 거쳐 중간뇌까지 뻗어있다. 다리뇌에 있는 다른 핵들은 급속안구운동(rapid-eye-movement, REM) 수면의 생성에 필요한데, 이에 대해서는 9장에서 더 자세히 살펴볼 것이다. **솔기핵**(raphe nuclei, 봉선핵)과 **청색반점**(locus coeruleus, 청반)은 뇌의 다른 부분으로 광범위하게 투사하여 기분, 각성 상태, 공격성, 식욕, 수면에 영향을 준다.

뒤뇌의 두 번째 주요 부분인 소뇌(cerebellum)도 그림 2.11에 나와있다. 소뇌는 뇌줄기의 등쪽 표면에 붙어있으며 마치 작은 둘째 뇌처럼 보인다. 실제로 'cerebellum'이란 이름은 라틴어로 '작은 뇌'를 뜻한다. '작은'이라는 단어가 오해를 불러일으키는 측면이 있는데, 사실상 소뇌에는 뇌의 다른 나머지 부분 모두를 합한 것보다 더 많은 뉴런이 있기 때문이다. 시상면으로 보면 소뇌의 내부 구조는 나무를 닮았다. 백색질, 즉 축삭들이 나무줄기와 가지이고 회색질, 즉 세포체들이 잎이 되는 셈이다.

달팽이핵 속귀로부터 소리 정보를 받는, 다리뇌에 있는 세포체 집단.
안뜰핵 속귀에 있는 감각 구조로부터 머리의 위치와 운동에 대한 정보를 받는, 다리뇌에 있는 세포체 집단.
솔기핵 수면, 각성, 기분, 식욕, 공격성의 조절에 관여하는, 다리뇌에 있는 핵들.
청색반점 각성, 수면, 기분에 관여하는, 다리뇌에 있는 구조.

소뇌에 대한 전통적인 견해는 수의적 운동을 조정하고 근 긴장도를 유지하며 균형 잡기를 조절하는 역할을 강조했다. 척수에서 오는 입력은 소뇌에게 3차원 공간 속 신체의 현재 위치를 알려준다. 대뇌겉질에서 다리뇌를 거쳐 들어오는 입력은 소뇌에게 우리가 하려고 하는 운동을 알려준다. 그러면 소뇌는 그 계획을 실행하는 데 필요한 근육 움직임의 순서와 타이밍을 처리한다. 꽤 많은 자료가 소뇌가 운동에서 하는 이러한 역할을 지지한다. 소뇌손상은 말하기를 비롯한 숙련된 운동에 영향을 준다. 알코올 섭취에 가장 먼저 영향을 받는 구조 중 하나가 소뇌이기 때문에 대부분의 음주 검사(예컨대 똑바로 걷기나 특정 방향을 가리키기)는 사실상 소뇌 기능에 대한 검사이다. 앞서 언급한 안뜰계(전정계)와 함께 소뇌는 멀미 경험에 한몫한다.

더 현대적인 견해에 의하면 소뇌는 균형 잡기와 운동 협응보다 훨씬 더 많은 일을 하는 것으로 보인다. 마름뇌라는 '하등한' 위치에 있음에도 소뇌는 관리 기능과 정서 처리를 비롯하여 우리의 가장 정교한 정보처리 중 일부에 관여한다(Schmahmann, 2010). 진화 과정에서 소뇌의 크기는 대뇌겉질의 크기 증가와 발맞추어 왔다. 소뇌 안에 박혀있는 핵 중 하나인 치아핵(dentate nucleus, 치상핵)은 원숭이와 인간에게서 특히 커졌다. 치아핵의 일부인 새치아핵(neodentate nucleus)은 오직 인간에게만 존재한다. 소뇌가 손상된 환자는 언어장애뿐 아니라 인지와 지각에도 미묘한 결함을 보인다. 10장에서 보겠지만 소뇌는 학습에도 관여한다(Albus, 1971; Marr, 1969). 언어, 인지, 사회적 자각이 심각하게 저하되어 있는 자폐스펙트럼장애의 경우 소뇌의 비정상적 발달이 흔히 관찰된다(Scott, Schumann, Goodlin-Jones, & Amaral, 2009). 소뇌의 정확한 기능에 관하여 신경과학자들 사이에 합치된 의견은 없지만, 대부분의 이론은 소뇌가 운동계에 대한 관여 여부와는 별개로 과거 경험에 기반하여 행동을 수정하고 자동화할 수 있다고 주장한다.

중간뇌

중간뇌는 ●그림 2.12에서처럼 **덮개**(tectum, 개)라는 등쪽 절반과 **뒤판**(tegmentum, 피개)이라는 배쪽 절반으로 구성되어 있다. 중간뇌에서는 뇌척수액이 중간선에 있는 작은 수로인 **중간뇌수도관**(cerebral aqueduct, 대뇌수도관)에 들어있다. 중간뇌수도관은 덮개를 뒤판과 나누고 셋째뇌실과 넷째뇌실을 연결한다.

성인의 중간뇌는 뇌줄기의 다른 부분들에 비해 작지만 그래도 여전히 핵들이 복잡하게 배열되어 있다(표 2.2). 중간뇌수도관을 둘러싸고 있는 세포체 집단을 **수도관주위회색질**(periaqueductal gray, PAG, 수도주변회백질; 'peri'란 '주변'이라

덮개 중간뇌의 등쪽 부분.
뒤판 중간뇌의 배쪽 부분.
중간뇌수도관 중간뇌의 중간선을 따라 셋째뇌실과 넷째뇌실을 연결하는 작은 수로.
수도관주위회색질 중간뇌수도관을 둘러싸고 있는 회색질로서 통증 지각, 수면 조절, 복잡한 운동에 관여하는 것으로 생각됨.

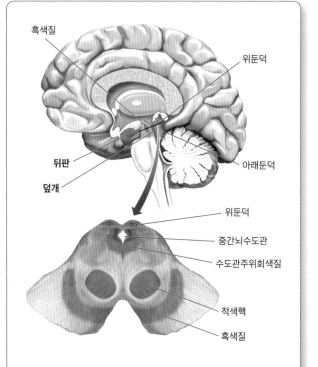

●그림 2.12 중간뇌의 구조들 중간뇌의 중요한 구조로는 위둔덕, 아래둔덕, 중간뇌수도관, 수도관주위회색질, 흑색질, 적색핵이 있다.

표 2.2 뇌줄기의 중요한 구조들

뇌줄기 위치	중요한 구조	기능
숨뇌	그물체	각성, 의식, 운동, 통증, 주의집중
	뇌신경핵	다양함
다리뇌	그물체(연속됨)	각성, 의식, 운동, 통증, 주의집중
	뇌신경핵	다양함
	달팽이핵	청각
	안뜰핵	균형 잡기, 자세
	솔기핵	수면, 기분, 식욕, 공격성
	청색반점	수면, 경계
소뇌		균형 잡기, 운동 협응, 인지
중간뇌	그물체(연속됨)	각성, 의식, 운동, 통증, 주의집중
	뇌신경핵	다양함
	수도관주위회색질	통증, 수면, 심혈관 기능, 성행동, 모성행동, 발성, 체온 통제, 배뇨
	적색핵	운동
	흑색질	운동, 보상 추구
	위둔덕	시각
	아래둔덕	청각

는 뜻임)이라고 한다. PAG는 다양한 기능에 관여하여 환경 자극에 대한 자율신경반응, 운동반응, 통각반응을 통합한다. PAG는 통증 지각에 특별히 중요한 역할을 하는 것으로 보인다. PAG에는 모르핀이나 헤로인 같은 아편제에 반응하는 수용체가 많다. 이 영역을 전기자극하면 통증이 상당히 경감된다. 또한 PAG는 수면 조절에 관여하며 발성, 체온 조절, 심혈관 및 호흡반응, 성행동, 배뇨를 비롯한 복잡한 운동패턴을 조정한다(Benarroch, 2012). PAG에는 많은 수의 옥시토신 수용체와 바소프레신 수용체가 존재하는데, 이는 PAG가 모성행동(4장과 8장을 보라)에도 중요함을 시사한다(Bartels & Zeki, 2004).

또한 중간뇌에는 뇌신경과 연관된 핵이 많이 있으며, 그물체의 가장 입쪽 부분도 여기에 존재한다. 그물체의 중간뇌 부분은 각성 상태의 조절에 특히 중요하다. **적색핵**(red nucleus, 적핵)과 **흑색질**(substantia nigra, 흑질)을 비롯한 여러 중요한 운동핵도 뇌줄기의 이 수준에 존재한다. 그물체 내에 위치한 적색핵은 척수와 소뇌 간에 운동 정보의 교류를 매개한다. 적색핵에서부터 적색척수로(rubrospinal tract)가 나오는데, 이는 수의적 운동 명령이 내려가는 또 다른 경로로서 인간보다는 다른 동물에게서 더 중요해 보인다. 흑색질은 그 색깔 때문에 붙은 이름으로서 앞뇌의 바닥핵(다음 절을 보라)과 긴밀하게 연결된다. 운동 개시의 어려움이 특징인 파킨슨병에서는 흑색질의 변성이 일어난다. 흑색질은 또한 보상 추구 행동에 관여하는 회로에 포함된다(7장을 보라).

중간뇌의 등쪽 표면에는 4개의 뚜렷한 혹이 있다. 위쪽의 한 쌍은 **위둔덕**(superior colliculus, 상소구)이라고 불리며, 눈에서 나오는 시각신경으로부터 입력을 받는다. 위

적색핵 그물체 내에 위치한 구조로서 척수와 소뇌 간에 운동 정보를 매개함.
흑색질 앞뇌의 바닥핵과 교신하는 중간뇌의 핵.
위둔덕 중간뇌의 등쪽 표면에 있는 한 쌍의 혹으로서 시각 유도 운동과 시각반사를 조정함.

둔덕은 시각계의 일부이긴 하지만 우리가 무엇을 보고 있는지 알려주지는 못한다. 그 대신에 시각 자극이 움직이는 방향으로 우리가 눈을 돌리는 것 같은 시각 유도 운동(visually guided movements)을 할 수 있게 한다. 또한 위둔덕은 조명에 따라 눈의 동공 크기를 변화시키는 것을 비롯하여 다양한 시각반사에 관여한다(6장을 보라).

다른 한 쌍은 **아래둔덕**(inferior colliculus, 하소구)이다. 이 구조는 청각에 관여하는 것으로서, 귀에서부터 청각겉질로 가는 경로상의 한 정류장이다. 아래둔덕은 큰 소리가 나는 방향으로 머리를 돌리는 것 같은 청각반사에 관여한다. 또한 소리가 두 귀에 도달하는 타이밍을 비교하여 환경 내의 소리 위치를 파악하는 데에도 참여한다.

앞뇌

앞뇌에는 뇌의 가장 최근에 진화한 가장 고등한 구조가 많이 포함되어 있다. 마름뇌처럼 앞뇌도 태아 발달 후기에 다시 나누어지는데, 그 결과로 생기는 두 구획이 **사이뇌**(diencephalon, 간뇌)와 **끝뇌**(telencephalon, 종뇌)이다. 사이뇌에는 시상과 시상하부가 있는데, 이들은 중간뇌 바로 위쪽 중간선에 위치한다. 또한 사이뇌는 발생학적으로 망막의 원천이다(6장을 보라). 끝뇌는 좌우의 **대뇌반구**(cerebral hemisphere)로 구성되어 있다.

시상과 시상하부 ●그림 2.13에 보이는 사이뇌는 뇌줄기의 입쪽 끝에 자리 잡고 있다. 사이뇌의 윗부분은 **시상**(thalamus)으로서 흔히 '겉질로 가는 관문'이라고 불린다. 시상핵은 중간선 양쪽에 하나씩, 모두 2개가 있다. 중간시상면으로 보면 이 구조들은 뇌의 한가운데쯤에 있는 것처럼 보인다. 시상은 다른 뇌 부위들로부터 두 유형의 정보, 즉 감각 입력과 조절성 입력을 받는다. 후각을 제외한 대부분의 감각계는 처음에 시상으로 수렴한다. 시상은 감각계로부터 전달 받은 정보를 대뇌겉질(cerebral cortex, 대뇌피질)로 보내어 더 깊이 처리되게 한다. 시상은 감각 정보의 속성을 변화시킨다기보다 유기체의 각성 상태에 따라 겉질로 보낼 정보를 여과하는 것으로 보인다(Alexander et al., 2006; Sherman & Guillery, 2002). 또한 시상은 시상하부와 기타 조절 회로들부터 받은 동기부여 입력(motivational input)을 겉질로 보내어 행동을 계획하는 데 사용되게 한다. 시상은 수면과 각성 단계에 따라 민감도가 달라지며(9장을 보라), 뇌줄기의 그물체와 겉질이 이러한 시상과 많은 연결을 형성하고 있다. 시상은 앞뇌 전반에 걸쳐 활동을 동기화(synchronization)시키는데, 이것이 주의와 의식에 영향을 주는지도 모른다. 시상의 손상은 일반적으로 혼수상태를 초래하며 시상과 대뇌겉질을 연결하는 회로에 장애가 생기면 발작이 일어나기도 한다(13장을 보라). 시상은 학습과 기억에도 관여한다(10장을 보라).

시상 바로 아래에 **시상하부**(hypothalamus)가 있다. 그 이름은 글자 그대로 '시상 아래'에 있다는 뜻이다. 시상하부는 먹기, 마시기, 성, 생체 리듬, 체온 조절 같은 행동을 조절하는 주요 중추이다. 시상하부는 단일한 동질적인 구조가 아니라 여러 핵의 모임

아래둔덕 중간뇌의 등쪽 표면에 있는 한 쌍의 혹으로서 청각 정보를 처리함.

사이뇌 시상과 시상하부로 이루어진, 앞뇌의 한 구획.

끝뇌 대뇌반구로 이루어진 뇌 구획.

대뇌반구 앞뇌의 끝뇌를 구성하는 2개의 커다랗고 둥근 구조.

시상 사이뇌의 한 구조로서 감각 정보를 처리하고 각성 상태에 기여하며 학습과 기억에 관여함.

시상하부 사이뇌의 한 구조로서 배고픔, 목마름, 성행동, 공격성의 조절에 관여함.

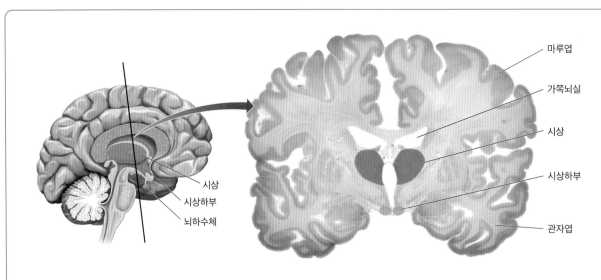

●그림 2.13 사이뇌의 시상과 시상하부 시상은 뇌의 중심부에 가까이 있으며 시상하부는 시상보다 더 입쪽이자 배쪽에 자리 잡고 있다. 시상하부 바로 아래에는 내분비계의 중요한 일부인 뇌하수체가 있다.

이다. 예를 들어 앞서 나온 시상하부의 배쪽안쪽핵(ventromedial nucleus of the hypothalamus, VMH, 복내측핵)은 섭식행동의 조절에 관여한다. 시각교차위핵(suprachiasmatic nucleus, SCN, 시교차상핵)은 시각신경으로부터 입력을 받아서 태양이 뜸에 따라 매일의 리듬을 설정하는 데 관여한다(9장을 보라). 시상하부는 내분비계의 조절에 중요한 역할을 하는데, 많은 중요한 호르몬을 분비하는 **뇌하수체**(pituitary gland)와 직접 연결되어 있다(8장을 보라). 마지막으로, 시상하부는 우리의 분비샘과 기관들을 통제하는 말초신경계의 일부인 자율신경계를 지배한다.

바닥핵 여러 핵으로 이루어진 **바닥핵**(basal ganglia, 기저핵)은 운동 통제에 관여한다. 'Ganglion(ganglia는 복수형)'이란 세포체의 집합을 가리키는 일반 용어이다. ●그림 2.14에 나오듯이 이 핵들에는 **꼬리핵**(caudate nucleus, 미상핵), **조가비핵**(putamen, 피각), **창백핵**(globus pallidus, 담창구), **시상밑핵**(subthalamic nucleus, 시상하핵), **기댐핵**(nucleus accumbens, 측핵, 측좌핵) 등이 있다. 바닥핵 관련 용어는 혼란스러울 수 있어서 표 2.3에 잘 정리해 놓았다. 꼬리핵, 조가비핵, 창백핵, 기댐핵은 전체적으로 줄무늬가 있는 것처럼 보이기 때문에 이들을 합쳐서 줄무늬체(corpus striatum, 선조체)라고 부른다. 꼬리핵, 조가비핵, 기댐핵을 총괄하여 새줄무늬체(striatum, 신선조체; 옮긴이 주: neostriatum이라고도 함)라는 단일 구조로 지칭한다. 이 구조 내에서 기댐핵은 다른 핵들에 대한 상대적 위치 때문에 배쪽 줄무늬체(ventral striatum, 복측 선조체)라고 한다. 조가비핵과 창백핵은 합쳐서 렌즈핵(lenticular nucleus)이라고 하는데, 그 모양이 사진기의 렌즈와 유사하기 때문이다. 시상밑핵은 사이뇌에 속하고 흑색질은 중간뇌에 속하지만 이들은 줄무늬체와 너무나 밀접히 연결되기 때문에 바닥핵의 일부로 간주한다.

바닥핵은 겉질로부터 입력을 받아서 시상의 운동 영역으로 출력을 내보낸다. 이어

뇌하수체 입천장 바로 위에 있는 분비샘으로서 시상하부와 연결되며 호르몬의 주요 원천으로 작용함.

바닥핵 대뇌반구 속에 있는 일군의 핵으로서 수의적 운동의 통제에 관여함.

꼬리핵 바닥핵을 구성하는 주요 핵 중의 하나.

조가비핵 바닥핵에 포함되는 핵 중의 하나.

창백핵 바닥핵을 구성하는 주요 핵 중의 하나.

시상밑핵 시상의 배쪽에 있는 작은 핵으로서 바닥핵의 일부.

기댐핵 바닥핵과 연관된 작은 핵으로서 보상과 중독에 중요함. 배쪽 줄무늬체라고도 함.

서 시상은 다시 겉질로 출력을 내보내는데, 이로써 운동에 필수적인 복잡한 회로가 형성된다. 수의적 운동은 겉질에 의해 시작되지만 바닥핵이 정상적으로 기능하지 않으면 겉질의 명령이 그것을 실제로 수행하는 운동계 부위들에 도달하지 못한다. 다시 말하면 바닥핵은 겉질에 저장된 운동 프로그램을 선택하고 실행될 수 있게 하는 것으로 볼 수 있다. 시상으로 나가는 바닥핵의 출력은 시상을 자극하고, 시상은 앞서 이야기한 회로를 통해 운동겉질을 자극하여 선택된 운동 프로그램이 실행되게 한다. 바닥핵에서 시상으로 나가는 또 다른 출력은 방해되는 운동 프로그램을 억제한다. 파킨슨병이나 헌팅턴병에서 발생하는 바닥핵의 변성은 특징적인 운동장애를 만들어낸다. 바닥핵은 또한 주의력결핍 과잉행동장애와 강박장애(14장을 보라)를 비롯한 많은 심리장애와 연관되어 있다.

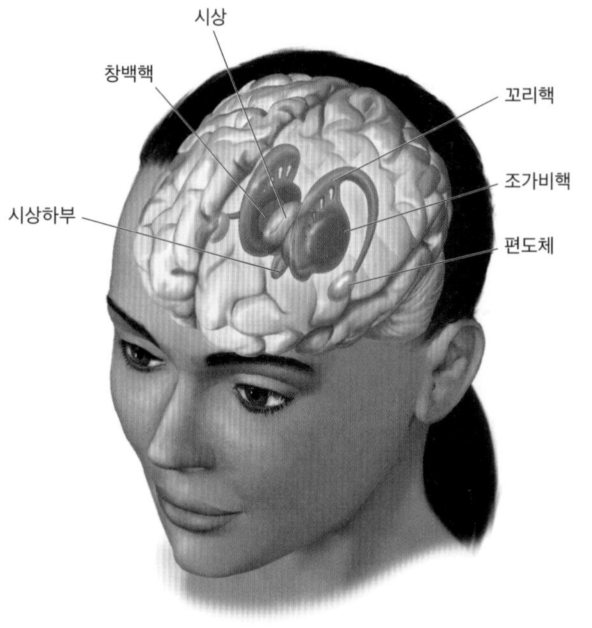

바닥핵은 인지 과제를 수행하는 동안에도 운동 과제에서와 비슷한 기능, 즉 겉질 같은 다른 위치에 저장된 프로그램을 선택하고 실행되게 하는 일을 할지도 모른다. 단순한 미로 달리기 과제를 아주 잘 학습한 동물은 그 과제의 시작 시(프로그램 개시)와 종료 시(보상 평가)에 바닥핵이 활성화된다(Jog et al., 1999). 인간의 경우 바닥핵은 암묵적, 즉 무의식적 기억을 형성하고 사용하는 데에도 관여한다(10장을 보라).

둘레계 ●그림 2.15에 있는 **둘레계**(limbic system, 가장자리계, 변연계)는 진짜 엽(lobe)이 아님에도 종종 겉질의 '둘레엽(변연엽) 또는 여섯째 엽'으로 불린다. 'limbic'은 '경계'를 의미하며, 이를 통해 이 구조들이 대뇌겉질의 가장자리에 있음을 알 수 있다. 표 2.4에 나열된 둘레계 구조들은 학습, 동기부여된 행동, 정서에 중요한 역할을 한다.

'해마(sea horse)'를 뜻하는 그리스어를 본뜬 이름이 붙은 **해마**(hippocampus)는

●그림 2.14 바닥핵 바닥핵은 꼬리핵, 조가비핵, 창백핵, 시상밑핵, 기댐핵을 포함한다(시상밑핵과 기댐핵은 이 그림의 시점에서는 보이지 않음). 중간뇌의 흑색질도 대개 바닥핵의 일부로 간주된다.

표 2.3 **바닥핵 용어**

줄무늬체 {		기댐핵	새줄무늬체
		꼬리핵	
	렌즈핵 {	조가비핵	
		창백핵	
		시상밑핵	
		흑색질	

둘레계 정서행동, 동기부여된 행동, 학습에 관여하는 일군의 앞뇌 구조들.
해마 대뇌반구 깊숙한 곳에 있는 구조로서 서술적 장기기억의 형성에 관여함; 둘레계의 일부.

●그림 2.15 둘레계는 학습과 정서에 관여한다 여러 개의 밀접하게 연결된 앞뇌 구조를 포함하는 둘레계는 정서, 학습 및 동기부여된 많은 행동에 관여한다.

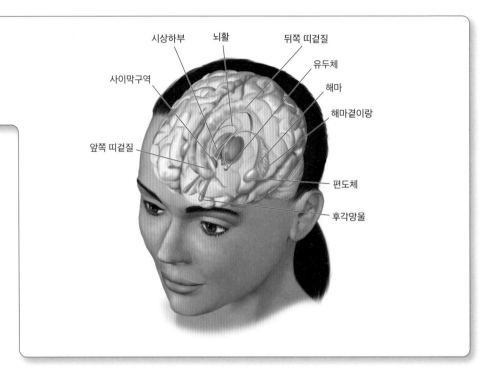

시상하부
뇌활
뒤쪽 띠겉질
사이막구역
유두체
해마
해마겉이랑
앞쪽 띠겉질
편도체
후각망울

해마겉이랑 둘레계에 흔히 포함되는, 해마 근처의 주름진 조직.

뇌활 해마와 유두체를 연결하는 신경섬유경로로서 흔히 둘레계에 포함됨.

유두체 뇌의 배쪽 표면에 있는 2개의 혹 모양 구조로서 기억에 관여하며 둘레계에 포함됨.

편도체 입쪽 관자엽에 있는 아몬드 모양의 구조로서 둘레계의 일부.

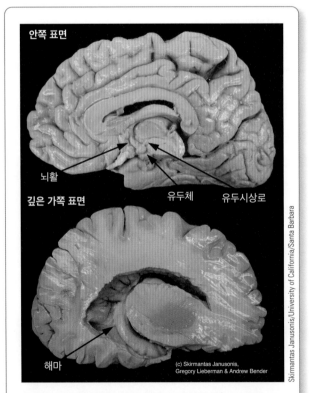

안쪽 표면

뇌활

깊은 가쪽 표면

유두체   유두시상로

해마

Skirmantas Janusonis/University of California/Santa Barbara

(c) Skirmantas Janusonis, Gregory Lieberman & Andrew Bender

●그림 2.16 해마 해마는 중간선에서 구부러져 나와서 관자엽 앞부분으로 이어진다. 이 구조는 학습, 기억, 스트레스에 중요한 역할을 한다.

●그림 2.16에서 보듯이 대뇌반구 속에서 중간선 가까이에서부터 관자엽 끝까지 곡선을 그리며 자리 잡고 있다. 해마는 학습과 기억에 관여하며 스트레스에 기인한 손상을 입기 쉽다(12장과 14장을 보라). 양반구의 해마가 모두 손상되면 순행 기억상실증(anterograde amnesia)이라는 증후군이 생긴다(10장을 보라). 이러한 유형의 기억상실을 겪는 사람은 새로운 서술적 장기기억을 형성하기 힘들다. 서술기억이란 언어, 사실, 개인적 경험에 대한 기억을 가리킨다. 해마가 손상된 환자들에 대한 연구에서 손상 전에 형성된 기억은 비교적 온전함이 밝혀졌다.

해마와 연결된 주변 구조들도 둘레계에 포함된다. **해마겉이랑**(parahippocampal gyrus, 해마방회)은 해마 근처의 주름진 겉질조직이다. **뇌활**(fornix, 뇌궁)은 해마를 사이뇌의 **유두체**(mammillary body)와 연결하는 신경섬유경로이다. 해마와 마찬가지로 이 구조들은 기억 처리 과정에 관여한다.

해마의 앞쪽 끝에 위치한 **편도체**(amygdala)는 자극을 긍정적이든 부정적이든 정서적 의미와 연결 짓는 데 중요한 역할을 한다(●그림 2.17). 편도체는 시상과의 연결을 통해 감각계로부터 외부 세계에 대한 입력을 받는다. 그러고는 다른 둘레계 구조와 대뇌겉질로 정보를 내보낸다.

편도체를 전기자극하면 대개 강렬한 공포와 공격성이 야기된다. 편도체가 손상되면 정서가 비정상적으로 차분해지는데,

특히 위험한 상황에 적절히 반응하는 능력이 떨어지게 된다. 실험실 연구에서 편도체가 손상된 쥐는 전기충격을 확실하게 예측하는 소리에 대한 공포를 학습하지 못했다(LeDoux, 2000). 편도체가 손상된 붉은털원숭이는 낯선 원숭이에게 과도하게 우호적이었는데, 이는 엄격한 사회적 위계가 유지되는 종의 경우에 위험할 수 있는 행동 방식이다(Emery et al., 2001). 편도체 손상을 입은 원숭이는 장난감 고무 뱀이나 낯선 인간처럼 일반적으로 원숭이에게 공포를 유발하는 자극에도 별다른 반응이 없었다(Mason et al., 2006). 공포의 처리가 편도체의 주된 역할로 보이기는 하지만 편도체는 보상에도 반응한다(Janak & Tye, 2015). 편도체의 구조와 그 연결의 비정상성이 자폐스펙트럼장애의 배후에 있는지도 모른다(14장을 보라).

띠겉질(cingulate cortex, 대상피질)은 대뇌반구의 안쪽 면에 있는 주름진 겉질조직이다. 'cingulum'이란 라틴어로 '띠(belt)'라는 뜻이다. 띠겉질은 앞쪽과 뒤쪽 부위로 나누어진

●그림 2.17 **편도체 이상은 무분별한 폭력을 일으킬 수 있다**
경찰관 Ramiro Martinez가 미국 최초의 대학 캠퍼스 총기 난사 사건의 50번째 기념일에서 공로를 인정받고 있다. 1966년 Charles Whitman이 텍사스 대학교 시계탑에서 총을 난사하여 17명을 죽였는데, 나중에 희귀한 종양이 그의 편도체를 압박하고 있었음이 밝혀졌다. Martinez가 총을 쏘아 Whitman을 죽임으로써 그 비극이 막을 내렸다.

다. 앞쪽 띠겉질(anterior cingulate cortex, ACC, 전측 대상피질)은 자율신경 기능에 영향을 미치는데, 정서에 인지적 영향을 미치는 능력 때문에 신경과학자들의 엄청난 관심을 받고 있다. 예를 들면 ACC의 활동 감소는 외상후 스트레스장애 진단을 받은 사람이 공포에 대처하기 어려워하는 것과 연관되어 있다(Stevens et al., 2016; 14장을 보라). 뒤쪽 띠겉질(posterior cingulate cortex, PCC, 후측 대상피질)은 안구운동, 공간적 방향 잡기, 기억을 비롯한 다양한 기능에 관여한다(Vogt, Finch, & Olson, 1992). PCC는 기본상태 네트워크(default mode network, DMN)에 핵심적인 역할을 하며(9장을 보라), 따라서 의식의 관리에 참여한다(Crone et al., 2015).

표 2.4 **둘레계의 구조들**

구조	기능
해마	서술기억의 형성; 스트레스
편도체	자극과 그 정서적 의미를 연결함; 공포, 공격성, 보상, 기억, 동기
시상하부	공격성; 배고픔, 목마름, 성, 체온, 일주율, 호르몬 조절
앞쪽 띠겉질(ACC)	의사결정, 오류 탐지, 정서의 인지적 통제, 보상의 예측, 통증, 자율신경 통제
뒤쪽 띠겉질(PCC)	안구운동, 공간적 방향 잡기, 기억, 의식
사이막구역	보상
해마곁이랑	기억
유두체	시상하부의 일부; 기억
뇌활	해마를 유두체 및 기타 뇌 부위와 연결함; 기억

띠겉질 뇌들보의 바로 등쪽에 있는 더 오래된 겉질 부위로서 둘레계의 일부.

사이막구역(septal area, 중격 영역)은 시상과 시상하부의 앞쪽에 있으며 보상에 관여한다(7장을 보라). 이 영역을 자극하면 대개 즐거운 느낌이 드는 반면, 이 영역의 손상은 억제할 수 없는 분노와 공격행동을 일으킨다. 이와 관련하여 잊을 수 없는 일화가 있는데, 사이막구역이 손상된 쥐를 필자가 집어 올리려 하자 그 쥐가 필자의 얼굴로 펄쩍 뛰어올랐다(설치류에 대한 공포가 있는 사람들에게 이런 이야기를 한 점에 대해서 사과한다).

겉질 대뇌반구의 바깥 표면을 겉질(cortex, 피질)이라고 하는데, 'cortex'는 '껍질'을 뜻하는 라틴어에서 온 말이다. 대뇌겉질은 나무의 껍질처럼 얇은 회색질 층으로서 뇌의 부위에 따라 두께가 1.5~4.0mm로 달라지며, 이는 대략 신용카드 4개를 합친 두께이다. 척수와 달리 대뇌반구는 회색질이 바깥쪽에, 백색질이 안쪽에 있는 구조이다. 겉질세포체들의 얇은 층 아래에는 겉질과 다른 신경계 부위를 연결하는 광대한 신경섬유경로가 있다. 평균적인 20세 인간의 뇌에는 약 16만 2,500km에 달하는 신경섬유경로가 존재한다(Marner, Nyengaard, Tang, & Pakkenberg, 2003).

대뇌겉질은 호두 껍데기처럼 주름진 모양을 하고 있다. 겉질의 볼록한 부분은 **이랑**(gyrus, 회; 복수는 gyri), 움푹한 부분은 **고랑**(sulcus, 구; 복수는 sulci)이라고 한다. 특별히 커다란 고랑은 대개 **틈새**(fissure, 열구)라고 부른다. 대뇌겉질에는 주름이 많다. 이런 특징 덕분에 겉질세포를 위한 표면적이 늘어난다. 뇌조직이 들어갈 두개골 속 공간은 제한되어 있는데 겉질의 표면이 주름져 있으므로 매끈할 때보다 더 많은 뉴런이 들어갈 수 있다. 인간의 겉질을 쭉 펴서 평평하게 만들면 그 면적이 2,300cm² 정도 될 것이다. 우리가 종이를 버릴 때 공처럼 구겨 넣음으로써 쓰레기통의 공간을 아끼는 것과 마찬가지로 뇌의 이랑과 고랑은 머리 속에 더 많은 조직이 들어갈 수 있게 한다. 대뇌 표면의 주름진 정도는 어느 종이 얼마나 고등한가와 관련된다. ●그림 2.18은 인간의 뇌가 양의 뇌보다, 그리고 양의 뇌가 쥐의 뇌보다 주름이 많음을 보여준다.

대뇌겉질의 세포들은 ●그림 2.19에서 보듯이 층으로 조직되어 있다. 층의 수, 구

사이막구역 시상과 시상하부 앞쪽 영역으로서 보상에 관여하며 흔히 둘레계의 일부로 포함됨.
이랑 대뇌겉질의 주름진 표면에 있는 볼록한 부분.
고랑 대뇌겉질의 주름진 표면에 있는 움푹한 부분.
틈새 커다란 고랑.

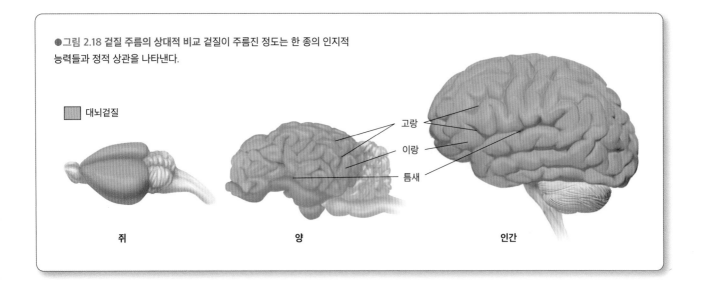

●그림 2.18 **겉질 주름의 상대적 비교** 겉질이 주름진 정도는 한 종의 인지적 능력들과 정적 상관을 나타낸다.

대뇌겉질

고랑
이랑
틈새

쥐   양   인간

성, 크기는 겉질 부위에 따라 조금씩 다르다. 겉질의 대부분은 6개의 층으로 이루어져 있는데, 가장 바깥층부터 안쪽 층 순서로 번호가 붙는다. 1층에는 세포체가 전혀 없다. 대신에 1층은 다른 층들과 연결을 형성하는 신경섬유로 이루어져 있다. 2층과 4층은 **과립세포**(granule cell)라는 작은 세포를 많이 함유한다. 3층과 5층은 세모꼴의 **피라미드세포**(pyramidal cell, 추체세포)가 많다는 특징을 보인다. 이 층들은 대개 겉질의 한 영역에서 신경계의 다른 부위로 나가는 출력의 대부분을 제공한다. 6층에는 많은 종류의 뉴런이 있는데, 이들은 겉질 층들 아래에 있는 백색질로 합쳐진다.

대뇌겉질을 분류하는 데는 여러 가지 체계가 있다. ●그림 2.20에서 보듯이 Korbinian Brodmann은 겉질의 6개 층 속에 있는 세포체들의 분포를 이용하여 52개의 영역을 구분했다(Brodmann, 1909/1994). 더 간단한 방법은 ●그림 2.21에서처럼 겉질을 **엽**(lobe)이라는 4개의 구역으로 나누는 것이다. 각 엽의 이름은 해당 엽을 덮고 있는 머리뼈의 이름을 따른다. 가장 입쪽에 있는 엽이 **이마엽**(frontal lobe, 전두엽)이다. 이마엽의 꼬리쪽 경계는 **중심고랑**(central sulcus, 중심구)으로 구분된다. 중심고랑의 뒤편에는 **마루엽**(parietal lobe, 두정엽)이 있다. 배쪽으로 내려가면 이마엽은 **가쪽 고랑**

과립세포 대뇌겉질의 2층과 4층에 있는 작은 세포.

피라미드세포 대뇌겉질의 3층과 5층에 있는 커다란 세모꼴 세포.

엽 대뇌겉질의 네 가지 주요 영역: 이마엽, 마루엽, 관자엽, 뒤통수엽.

이마엽 대뇌겉질의 가장 입쪽에 있는 엽으로서 중심고랑에 의해 마루엽과, 가쪽 고랑에 의해 관자엽과 나뉨.

중심고랑 대뇌겉질의 이마엽과 마루엽을 나누는 틈새.

마루엽 대뇌겉질의 네 엽 중의 하나. 이마엽과 뒤통수엽 사이에 위치함.

가쪽 고랑 겉질의 관자엽과 이마엽을 분리하는 틈새.

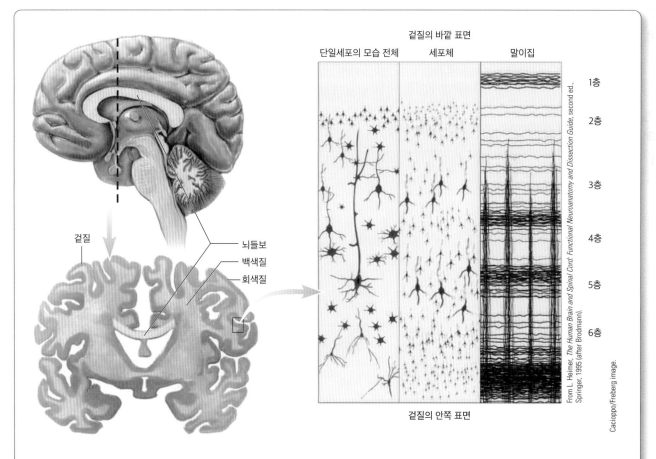

●**그림 2.19 대뇌겉질의 층** 대뇌겉질은 뇌의 바깥 표면을 덮고 있다. 대부분의 겉질 영역에서 6개의 다른 층이 뚜렷하게 보인다. 이 층들을 세 가지 다른 방식으로 오른쪽 그림에 나타내었다. 골지염색법은 각 뉴런의 전체를 보여주며(왼쪽), 니슬염색법은 세포체를 보여준다(가운데). 니슬염색법이 보여주는 5층의 커다란 피라미드세포를 보라. 바이게르트(Weigert)염색법은 겉질 전체에 걸쳐 말이집 축삭들이 형성하는 경로를 보여준다(오른쪽).

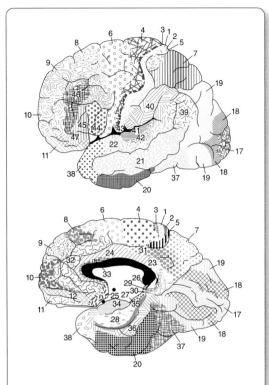

●그림 2.20 Brodmann의 뇌 지도 20세기 초 독일의 신경학자 Korbinian Brodmann은 대뇌겉질을 각 영역에 있는 세포체의 분포에 따라 52개의 영역으로 나누었다. Brodmann의 체계는 처음 발표된 지 100년이 지난 지금도 겉질의 구성을 기술하는 데 가장 널리 쓰이는 방식이다.

(lateral sulcus, 외측구)에 의해 **관자엽**(temporal lobe, 측두엽)과 구분된다. 겉질의 가장 뒤쪽에는 **뒤통수엽**(occipital lobe, 후두엽)이 있다. 이마엽과 관자엽을 나누는 가쪽 고랑 속에는 **대뇌섬**(insula, 도)이라는 영역이 있는데, 이를 뇌섬엽(insula lobe, 도엽) 또는 '다섯째엽'이라고 부를 때도 있다. **세로틈새**(longitudinal fissure, 종열)가 등쪽 중간선을 따라 두 대뇌반구를 분리한다.

이 겉질 영역들은 매우 커서 각 엽마다 많은 기능이 자리 잡고 있다. 일반적으로 겉질의 기능적 영역을 3개의 범주, 즉 **감각겉질**(sensory cortex), **운동겉질**(motor cortex), **연합겉질**(association cortex, 연합피질)로 나눌 수 있다. 감각겉질은 감각계로부터 들어오는 정보를 처리한다. 뒤통수엽, 관자엽, 그리고 마루엽에 각각 다른 감각겉질 영역이 존재한다. 뒤통수엽에는 **일차 시각겉질**(primary visual cortex)이, 관자엽에는 **일차 청각겉질**(primary auditory cortex)이 자리 잡고 있다. 마루엽의 **중심뒤이랑**(postcentral gyrus, 중심후회)에 있는 **일차 몸감각겉질**(primary somatosensory cortex, 일차 체감각피질)은 촉감, 통증, 자세, 피부 온도에 대한 정보를 처리하는 가장 고차 수준이다. 중심뒤이랑은 이마엽과 마루엽을 나누는 중심이랑의 바로 꼬리쪽('post'란 '뒤'를 뜻함)에 위치하기 때문에 그런 이름이 붙여졌다. 겉질의 운동 영역들은 수의적 운동에 대한 가장 고차 수준의 명령을 내리는데, **일차 운동겉질**(primary motor cortex)이 이마엽의 **중심앞이랑**

●그림 2.21 대뇌겉질의 엽 겉질은 전통적으로 이마엽, 마루엽, 관자엽, 뒤통수엽으로 나눈다.

관자엽 대뇌겉질의 엽으로서 이마엽과 마루엽의 배쪽이자 가쪽에, 뒤통수엽의 입쪽에 위치함.

뒤통수엽 겉질의 가장 꼬리쪽 엽. 일차 시각겉질이 있음.

대뇌섬 이마엽/마루엽과 관자엽 사이의 가쪽 고랑 속에 있는 겉질. '다섯째엽'이라고도 부름.

세로틈새 두 대뇌반구를 나누는 주요 틈새로서 뇌의 등쪽에 있음.

감각겉질 감각 정보의 처리를 전문으로 하는 겉질 영역.

운동겉질 운동 정보의 처리를 전문으로 하는 겉질 영역.

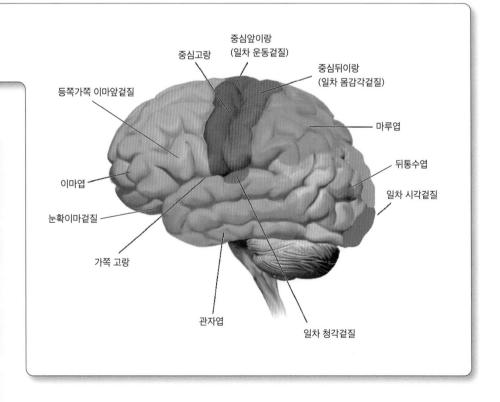

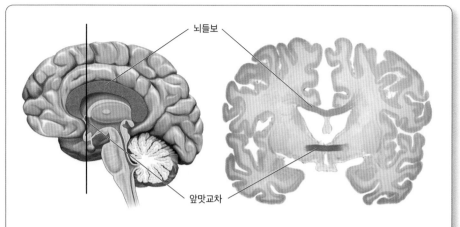

●그림 2.22 **뇌들보와 앞맞교차** 매우 커다란 뇌들보와 훨씬 더 작은 앞맞교차라는 두 신경섬유 묶음이 좌우 대뇌반구를 연결한다.

(precentral gyrus, 중심전회)에 자리 잡고 있다.

겉질의 어떤 영역은 특정한 운동이나 감각 기능을 갖고 있지 않다. 이 영역들은 연합겉질(association cortex)이라고 하며 주로 이마엽, 관자엽, 아래마루엽에 자리 잡고 있다. 연합이란 연결을 의미한다. 다시 말하면 이들은 우리가 감각 기능과 운동 기능을 연결하고 통합하는 데 사용할 수 있는 영역이다.

좌우 대뇌반구는 2개의 주요 경로, 즉 **뇌들보**(corpus callosum, 뇌량)와 훨씬 더 작은 **앞맞교차**(anterior commissure, 전교련)에 의해 연결된다. 이 맞교차들은 ●그림 2.22에서 볼 수 있다.

겉질에 있는 기능의 국재화 앞서 확인한 감각 및 운동 기능 외에도 대뇌겉질의 특정 영역에서 많은 특정 기능의 국재화(localization)를 발견할 수 있다. 많은 경우 이 기능은 우반구나 좌반구의 겉질 중 하나가 담당하는 것으로 보인다.

이마엽은 일차 운동겉질이 있는 곳일 뿐 아니라 행동 계획, 주의, 의사결정 같은 여러 가지 고등 인지 과정에 관여한다(Fuster, 1997). 이마엽에서 중요한 영역이 이마엽 윗부분과 가쪽에 위치한 **등쪽가쪽 이마앞겉질**(dorsolateral prefrontal cortex, DLPFC, 배외측 전전두피질)과 안구 뒤쪽 윗부분에 위치한 **눈확이마겉질**(orbitofrontal cortex, 안와전두피질)이다. 그림 2.21에서 보듯이 이마엽의 이 영역들은 둘레계, 바닥핵, 다른 겉질 부위 등과 광범위한 상호연결을 형성하고 있다. DLPFC는 주의집중이나 작업기억 같은 관리 기능(집행 기능)과 행동 계획에 관여(10장을 보라)하는 반면, 눈확이마겉질은 충동 통제와 만족의 지연에 관여한다.

뇌 기능을 규명하는 전통적인 방법 중 하나는 특정 영역이 손상된 사례를 살펴보는 것이다. 아마도 가장 극적인 이마엽 손상 사례는 1800년대 중반 철도노동자였던 Phineas Gage의 불운한 사례일 것이다. Gage가 바위를 폭파하려고 준비하는 도중에 불꽃이 화약에 튀면서 화약을 다지는 데 쓰던 철봉이 날아가 그의 왼쪽 눈 아래로부터

연합겉질 감각 또는 운동 정보를 직접 처리하지 않지만 그런 기능을 수행하는 영역 간의 다리 역할을 하는 겉질 영역.

일차 시각겉질 뒤통수엽에 위치한 감각겉질 영역으로서 시각 정보를 최초로 처리하는 겉질 영역임.

일차 청각겉질 관자엽에 위치한 감각겉질 영역으로서 소리 정보를 최초로 처리하는 겉질 영역임.

중심뒤이랑 중심고랑 바로 꼬리쪽에 있는 마루엽의 주름. 일차 몸감각겉질이 있음.

일차 몸감각겉질 마루엽에 있는 감각겉질 영역으로서 촉감, 자세, 피부 온도, 통증 같은 신체감각을 처리하는 가장 고차 수준임.

일차 운동겉질 이마엽에 위치한 겉질 영역으로서 운동계로 명령을 내보내는 제일 고차 수준임.

중심앞이랑 중심고랑 바로 입쪽에 있는 이마엽의 주름. 일차 운동겉질이 있음.

뇌들보 좌우의 대뇌반구를 연결하는 축삭들의 넓은 띠.

앞맞교차 좌우 대뇌반구의 구조들을 연결하는 축삭들의 작은 다발.

등쪽가쪽 이마앞겉질(DLPFC) 이마옆의 윗부분과 가쪽 부분에 자리 잡은 영역으로서 주의집중과 행동 계획 같은 관리 기능에 관여함.

눈확이마겉질 안구의 바로 뒤에 자리 잡은 이마엽 영역으로서 충동 통제에 관여함. 이 영역의 손상은 반사회적 행동을 초래할 수 있음.

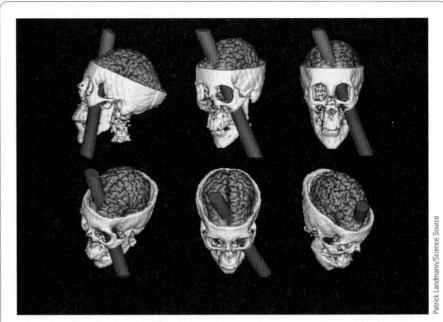

●그림 2.23 **Phineas Gage 사례** 19세기 중반 철도노동자 Phineas Gage는 철봉이 뇌의 이마엽을 뚫고 날아가는 사고를 당했다. Gage는 생존하기는 했지만 그의 친구들은 "사람이 변해버렸다"고 이야기했다. Gage 사례는 이마엽에 고등 인지 기능이 있음을 보여준다.

두개골 윗부분을 관통했다(● 그림 2.23). Gage는 사고를 당하고도 기적적으로 살아났다. 하지만 친구들에 따르면 그는 더 이상 예전과 같지 않았다. 사고 이전에 Gage는 책임감 있고 우호적이며 예의 바른 사람이었다. 사고 후 그는 직업을 유지하는 데 어려움을 겪었으며 경박하고 화를 잘 내는 사람이 되었다. 그의 기억과 이성은 온전했으나 성격은 나쁜 쪽으로 크게 변해버린 것이다.

Gage에게 나타난 결과는 이마엽 손상에 대한 현대적인 발견과 잘 들어맞는다. DLPFC가 손상된 사람은 무감동, 성격 변화, 계획 능력의 결핍을 겪는다. 눈확이마겉질이 손상된 사람은 정서적 장애와 충동성을 나타낸다. 정신장애(14장)를 배우며 보겠지만 이마엽은 여러 유형의 정신병리에 관여한다. 조현병이 있는 사람 중에는 이마엽의 활동이 정상 이하인 이들이 있다. 주의력결핍 과잉행동장애가 있는 아동은 대개 매우 충동적이고 주의폭(attention span)이 좁기 때문에 이들 역시 이마엽의 활동 저하를 겪을 것이라는 가설이 제기되었다. 마지막으로 연쇄살인범처럼 극단적인 반사회적 행동을 나타내는 사람은 눈확이마겉질에 손상이 있는 경우가 빈번하다.

이마엽의 중요성을 보여주는 추가적인 증거는 불행히도 20세기 중반에 실행된 **이마엽 절개술**(frontal lobotomy, 전두엽 절개술) 실험에서 나왔다. 1935년에 예일 대학교의 연구자인 Carlyle Jacobsen과 John Fulton은 이마엽이 손상된 침팬지의 부정적 정서가 감소했다는 증거를 보고했다. Fulton의 발표를 듣고 난 포르투갈 신경학자 Egaz Moniz가 이마엽 절개술을 환자에게 적용하여 부정적 정서의 분출을 감소시키자고 주장했다. 1940년대와 1950년대에 1만 건 이상의 이마엽 절개술이 정신장애 환자 및 주

이마엽 절개술 이마옆의 커다란 부분을 다른 뇌 부위와 분리하는 외과 수술.

요 질환이 없는 몇몇 사람들을 대상으로 공포와 불안을 감소시키기 위해 실시되었다. 12장에서 더 자세히 살펴볼 이 엽절개술(lobotomy, 엽절단술)은 이마엽의 가장 입쪽 부분을 다른 뇌 부위와 외과적으로 분리하는 수술이다. 다른 부위와의 연결이 사라졌으므로 이 겉질 영역의 기능은 상실될 것이다. Moniz는 이 방법을 주창한 공로로 1949년 노벨상을 받았다. 미국 의사 Walter Freeman은 자신의 사무실, 심지어 차(그는 거기다 '엽절개차[Lobotomobile]'라는 별명을 붙였다)에서도 이러한 수술을 많이 시행했다. 처음엔 이 수술이 정신질환자에게만 한정되었지만 1950년대 즈음에는 미국에서 우울에 빠진 주부와 큰 장애가 없는 다른 사람들도 그 피해자가 되었다. 의사들이 이 수술법의 엄청난 부작용을 인식했기 때문에 엽절개술의 시행을 중지시켰다고 말하고 싶지만(오늘날에는 거의 시행되지 않는다) 그게 전적으로 정확한 이야기는 아닐 것이다. 엽절개술은 주요 항정신병 약물이 발견되었을 때 대부분 중단되었다. 새로운 약물이 있으니 엽절개술이 더 이상 필요하지 않은 것으로 생각되었던 것이다.

이마엽은 또한 **브로카 영역**(Broca's area)이라는 운동겉질의 한 영역이 자리 잡은 곳이다. 브로카 영역은 언어 산출(speech production)에 필요하다. 이 영역이 손상되면 말하기에 장애가 생기지만 언어를 이해하는 데는 비교적 영향을 적게 받는다. 대부분 사람의 언어 기능은 우반구가 아니라 좌반구에 있는 겉질의 통제를 받는 것으로 보인다.

언어뿐 아니라 다른 인지 기능도 한 반구에 편재화(lateralization, 편측화)된 것으로 보인다. 대부분의 사람에게서 좌반구는 사고와 기본적인 수학 계산을 담당한다. 좌반구를 이성적인 학교 쪽 뇌로 생각할 수 있겠다. 이와는 대조적으로 우반구는 더 정서적이고 직관적인 듯하다. 3차원적 사고 능력뿐 아니라 미술과 음악을 감상하는 능력은 일반적으로 우반구의 지배를 받는다. 우반구를 훈련하면 더 훌륭한 예술가가 된다는 소리를 대중 심리학 서적에서 읽은 적이 있다면 제발 잊어버리기 바란다. 뇌들보가 끊임없이 한 반구에서 다른 반구로 메시지를 전달하고 있으므로 우리는 이미 우반구를 사용할 수 있는 최대한도로 사용하고 있다. 기능의 편재화에 관해서는 11장에서 더 자세히 살펴볼 것이다.

뇌 회로와 커넥톰 중추신경계에 대한 논의를 끝내고 말초신경계를 살펴보기 전에, 뇌 특정 부위의 기능에 대한 지금까지의 이야기가 신경 기능의 본질에 대한 오해를 불러일으키지 않도록 확실히 지적할 것이 있다. 뉴런은 고립되어 작동하는 게 아니고 회로에 참여한다. 배쪽안쪽 시상하부 같은 뇌 부위가 배부름이라는 '기능을 갖고 있는' 게 아니라 배부름에 관여하는 회로에 참여한다는 것이다.

커넥톰(connectome), 즉 뇌의 신경 연결을 지도화하는 것은 현대의 주요 연구 계획 중 하나이다. 미국국립보건원은 건강한 성인 뇌의 연결을 완전히 지도화하려는 목표를 가지고 인간커넥톰프로젝트(Human Connectome Project)에 착수했다. 커넥톰은 세포 수준과 더 거시적인 수준(이 장에서 하고 있는 분석 수준) 모두에서 연구된다. 확산텐서영상(1장) 같은 새로운 기술이 이러한 작업을 더 쉽게 해주고 있다.

브로카 영역 이마엽의 일차 운동겉질에 가까이 있는 영역으로서 언어 산출에 관여함.

지능이 뇌의 어느 부위에 있는지 알아낼 수 있을까

'지'능'이 뇌의 특정 부위에 자리 잡고 있다는 생각만큼 불쾌함과 논쟁을 많이 불러일으키는 주제는 없다. 하지만 이와 동시에, 뇌손상을 입은 환자를 대상으로 일하는 신경심리학자들은 손상의 위치와 정도가 지적 행동에 영향을 미치는 방식을 알아내기 위해 최선의 과학적 증거가 필요하다.

심리학자들은 지능의 정의에 대해서는 물론 지능이 하나의 실체인지 아니면 여러 능력의 집합인지에 대해서도 합치된 의견을 내놓지 못하고 있다. 일반 지능(general intelligence, g)이 존재한다는 생각은 여러 인지 과제와 현실적 성공 간에 상관관계가 있다는 데 근거한다(11장을 보라). 신경과학이 하는 분석 수준에서는 g가 '뇌 전체'의 활동을 반영하는지 아니면 어떤 하위 체계들이 인지 과제의 성공적 수행에 기여하는지를 알 필요가 있다.

이 문제에 접근하기 위해 뇌손상을 입은 많은 환자로부터 얻은 자료를 이용할 수 있다(Gläscher et al., 2010). 어느 손상 부위가 인지 결손과 가장 높은 상관을 보였을까? Karl Lashley가 '양 작용(mass action)' 이론과 '능력 동등성(equipotentiality, 등능성)' 이론에서 주장했듯이 뇌손상의 정도가 더 중요할까, 아니면 어느 특정 영역이 손상되었는가가 지적 기능을 더 잘 예측할까?

Gläscher 등(2010)은 241명의 환자의 뇌손상을 자세히 지도로 만든 뒤, 여러 영역과 g 측정치들 간의 상관을 구했다. g에 분명히 중요해 보이는 특징은 이마엽과 마루엽을 연결하는 백색질 연합신경로와 함께 왼쪽 이마엽의 회색질 자체였다(아마도 대부분의 인지 과제에서 언어 능력이 중요하며 언어 처리가 좌반구에 편재화되어 있을 통계적 가능성이 크기 때문일 것이다). 이 연구자들은 일반 지능이 관리 기능을 언어적 기억, 시각공간적 기억, 작업기억과 통합하는 부위들 간의 연결에 토대를 둔다고 결론지었다.

일반 지능과 연관된 뇌 영역을 국재화(localization, 국지화)할 수 있다면, 그런 회로들의 작동상의 개인차를 평가하는 것이 가능해질 수도 있다. 이는 분명히 현대의 IQ 검사가 문화적으로 편향되어 있다는 비판을 피해갈 수 있지만 완전히 새로운 윤리 문제를 제기할지도 모른다.

| 요약 표: 뇌의 주요 구조들

구획	주요 구조	기능
마름뇌	숨뇌	호흡, 심박수, 혈압; 여러 뇌신경의 핵이 있음
	그물체(중간뇌까지 이어짐)	의식, 각성, 운동, 통증, 주의집중
	다리뇌	수면/각성 주기, 기분, 각성, 공격성, 식욕; 여러 뇌신경의 핵이 있음
	소뇌	운동 통제, 균형 잡기, 인지, 학습
중간뇌	위둔덕	시각반사
	아래둔덕	청각반사
	흑색질	운동 통제
	적색핵	운동 통제
	수도관주위회색질	통증, 수면, 심혈관 기능, 성행동, 배뇨, 모성행동, 발성, 체온 조절
앞뇌	시상	감각 처리, 각성 수준, 주의집중, 의식, 학습, 기억
	시상하부	배고픔, 목마름, 공격성, 성행동 및 자율신경계의 조절

구획	주요 구조	기능
	바닥핵	겉질에 저장된 운동 프로그램의 선택과 실행
	편도체	자극을 정서적 의미와 연결시킴. 특히 공포에 관여하나 보상도 포함함
	해마	기억 형성, 스트레스
	띠겉질	자율신경 기능의 통제, 정서에 대한 인지적 통제의 집행, 안구운동, 공간적 방향 잡기, 기억, 의식
	사이막구역	보상
	대뇌겉질	감각 및 운동 정보처리의 최고 수준; 가장 고등한 인지적 활동
	뇌들보	두 대뇌반구를 연결함

‖ 요점

1 척수는 목, 가슴, 허리, 엉치, 꼬리 분절로 나뉜다. 척수는 뇌로 메시지를 보내고 받을 뿐 아니라 다양한 보호반사와 운동반사를 제공한다. (LO3)

2 마름뇌는 숨뇌, 다리뇌, 소뇌로 구성된다. 숨뇌와 다리뇌의 중간선을 따라 그물체가 이어진다. 중간뇌에는 그물체의 나머지 부분, 수도관주위회색질, 적색핵, 위둔덕, 아래둔덕, 흑색질이 있다. 앞뇌는 사이뇌와 끝뇌로 나뉜다. 사이뇌에는 시상과 시상하부가 있다. 끝뇌는 대뇌겉질, 바닥핵, 둘레계 구조들을 포함한다. (LO4)

3 대뇌겉질은 대뇌반구의 바깥 표면을 덮는 6개의 층으로 이루어진다. 겉질의 볼록한 부분을 이랑, 움푹한 부분을 고랑 또는 틈새라고 한다. (LO5)

4 대뇌겉질은 4개의 엽, 즉 이마엽, 마루엽, 관자엽, 뒤통수엽으로 나뉜다. (LO5)

5 두 대뇌반구는 뇌들보와 앞맞교차에 의해 연결되어 있다. 언어 같은 일부 기능은 한 반구에 편재화되어 있다. (LO5)

6 겉질은 감각겉질, 운동겉질, 연합겉질로 나눌 수 있다. (LO5)

‖ 복습 문제

1 마름뇌, 중간뇌, 앞뇌에 있는 주요 구조와 기능은 무엇인가?

2 어떤 기능이 특정 겉질 영역에 국재화될 수 있는가?

말초신경계

뇌는 그 막강한 힘에도 불구하고 여전히 말초신경계(PNS)에 의존하여 외부 세계를 지각하고 신체에 명령을 내린다. PNS는 신체로부터 들어오는 감각 정보를 척수로 전달하고 적절한 반응을 위한 명령을 신체로 다시 내보내는 역할을 한다. PNS에는 3개의 구조적 구획, 즉 뇌신경, 척수신경, 자율신경계가 있다.

뇌신경과 척수신경은 함께 **몸신경계**(somatic nervous system, 체성신경계)를 이룬다.

몸신경계 말초신경계의 일부로서 감각 입력을 뇌와 척수로 가져오고 운동 명령을 근육으로 내보냄.

몸신경계는 감각 입력을 뇌와 척수로 가져오고 운동 명령을 근육으로 내보낸다. **자율신경계**(autonomic nervous system)는 민무늬근(smooth muscle, 평활근)과 여러 분비샘 및 자율기관의 작용을 통제한다. **내분비계**(endocrine system)의 분비샘은 화학물질을 혈류로 직접 분비하여 각성, 대사, 성장, 성을 조정한다.

뇌신경

●그림 2.24에서 보듯이 12쌍의 **뇌신경**(cranial nerve)이 뇌로 직접 드나든다. 뇌신경 중 3개는 감각 정보만 전달하는데, 이들은 **후각신경**(I), **시각신경**(II), **청각신경**(VIII)이다. 5개는 운동 정보만 전달한다. **눈돌림신경**(III), **도르래신경**(IV), **갓돌림신경**(VI)은 안구의 근육을 통제하고, **더부신경**(XI)은 목 근육을 통제하며, **혀밑신경**(XII)은 혀의 운동을 통제한다. 나머지 신경에는 감각과 운동 기능이 혼합되어 있다. **삼차신경**(V)은 씹기 운동을 통제하며 얼굴 표정에 관한 일부 피드백도 제공한다. **얼굴신경**(VII)은 표정을 만들어내고 맛감각을 전달한다. **혀인두신경**(IX)은 목구멍의 감각 및 운동 기능을 모두 수행한다. 마지막으로 **미주신경**(X)의 장거리 섬유는 심장, 간, 소화관에서 오는 감각을 전달하고 거기로 가는 출력을 담당한다.

척수신경

앞서 이야기한 바와 같이 31쌍의 척수신경은 척수를 빠져나가서 몸통, 팔, 다리에 감각 및 운동 경로를 제공한다. 각각의 척수신경은 감각신경, 즉 **들신경**(afferent nerve, 구심신경, 상행신경; 'a'는 'access'에서처럼 중추신경계를 향한다는 뜻임)과 운동신경, 즉 **날신경**(efferent nerve, 원심신경, 하행신경; 'e'는 'exit'에서처럼 중추신경계에서 멀어진다는 뜻임)이 모두 들어있는 **혼합신경**(mixed nerve)이다. 이 혼합신경은 그것이 담당하는 신체 부위로 뻗어나간다. 이는 실용적인 면에서 매우 이치에 맞는 구성이다. 손으로부터 감각 정보를 가져오는 신경과 손을 움직이게 하는 신경이 인접해 있기 때문이다. 그러므로 혼합신경이 손상되면 특정 신체 부위의 감각과 운동 통제가 모두 저하되기 마련이다.

●그림 2.25는 척수의 한 분절을 빠져나가는 척수신경을 보여준다. 들신경뿌리(afferent root)는 척수의 등쪽 부분에서 나오는 반면, 날신경뿌리(efferent root)는 배쪽에서 나온다. 등쪽의 들신경뿌리는 척수를 나온 뒤 불룩해지면서 **뒤뿌리신경절**(dorsal root ganglion, 후근신경절)이 된다. 이 속에는 말초로부터 들어오는 촉감, 피부 온도 및 기타 몸감각에 대한 정보를 처리하는 들신경의 세포체들이 들어있다. 뒤뿌리신경절에서 더 나아가면 뒤뿌리(dorsal root, 후근)와 앞뿌리(ventral root, 전근)가 합쳐져서 혼합신경을 이룬다.

성인의 경우, 들신경(감각)은 말이집 섬유와 민말이집 섬유를 모두 포함하는 반면, 날신경(운동)은 모두 말이집 섬유이다. 3장에서 보겠지만 말이집(myelin, 수초)이란 신

자율신경계 말초신경계의 일부로서 신체의 분비샘, 자율기관, 민무늬근의 활동을 지배함.

내분비계 혈류로 호르몬을 직접 분비하는 분비샘들.

뇌신경 말초신경계의 일부로서 뇌에서 빠져나오는 12쌍의 신경.

후각신경(I) 냄새 정보를 뇌로 전달하는 뇌신경.

시각신경(II) 눈으로부터 정보를 뇌로 전달하는 뇌신경.

청각신경(VIII) 속귀로부터 뇌로 정보를 전달하는 뇌신경.

눈돌림신경(III) 안구 근육을 통제하는 뇌신경.

도르래신경(IV) 안구 근육을 통제하는 뇌신경.

갓돌림신경(VI) 안구 근육을 통제하는 뇌신경.

더부신경(XI) 목 근육을 통제하는 뇌신경.

혀밑신경(XII) 혀의 운동을 담당하는 뇌신경.

삼차신경(V) 씹기 운동을 통제하고 얼굴 표정에 관한 피드백을 제공하는 뇌신경.

얼굴신경(VII) 얼굴 표정의 근육 운동을 만들어내고 맛 정보를 뇌로 전달하는 뇌신경.

혀인두신경(IX) 목구멍의 감각 및 운동 기능을 담당하는 뇌신경.

미주신경(X) 심장, 간, 소화관을 담당하는 뇌신경.

들신경 감각 정보를 중추신경계로 전달하는 신경.

날신경 중추신경계로부터 운동 명령을 내보내는 신경.

혼합신경 감각 및 운동 정보를 모두 전달하는 척수신경.

뒤뿌리신경절 척수 바로 바깥에 위치한 들신경 세포체의 집합.

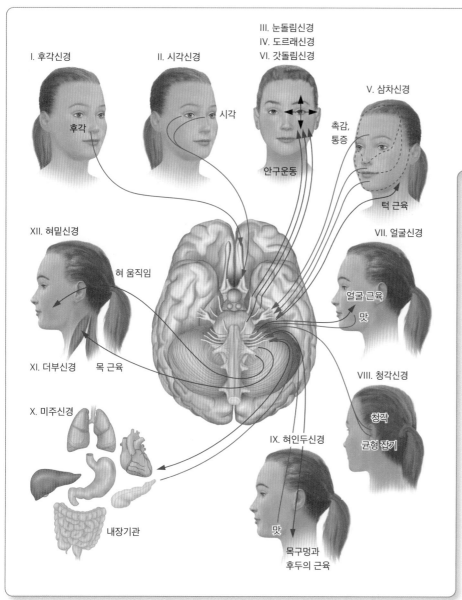

I. 후각신경
후각

II. 시각신경
시각

III. 눈돌림신경
IV. 도르래신경
VI. 갓돌림신경
안구운동

V. 삼차신경
촉감,
통증
턱 근육

XII. 혀밑신경
혀 움직임

XI. 더부신경　　목 근육

X. 미주신경
내장기관

IX. 혀인두신경
맛
목구멍과
후두의 근육

VII. 얼굴신경
얼굴 근육
맛

VIII. 청각신경
청각
균형 잡기

●그림 2.24 **12쌍의 뇌신경** 12쌍의 뇌신경이 직접 뇌에서 빠져나가 머리와 목 부위의 감각 및 운동 정보를 전달한다. 빨간 선은 감각 기능을, 파란 선은 운동 통제를 나타낸다. 어떤 뇌신경은 감각만, 다른 뇌신경은 운동만, 또 다른 뇌신경은 혼합 정보를 전달한다.

경섬유를 절연하는 물질로서 메시지가 전달되는 속도를 높여준다. 두 신경 모두에서 말이집 섬유는 매우 크고 빠른 편이다. 말이집 들섬유가 전달하는 감각 중에는(손을 뺐을 때처럼) 처음에 느껴지는 날카로운 통증이 있다. 작은 민말이집 들섬유는 부상에 뒤따르는 둔하게 쑤시는 느낌을 전달한다.

자율신경계

자율신경계는 처음에 뼈대근육(skeletal muscle, 골격근)이 아닌 조직으로 연결되는 세포와 신경섬유라고 기술되었다(Langley, 1921). 심장, 허파, 소화계 및 기타 기관은 자율신경계의 명령을 받는다. 혈액 순환, 호르몬 분비, 소화, 배뇨 및 배변을 비롯한 많은 필수적인 조절 기능에 관여하는 것이 자율신경계이다. 그뿐 아니라 호흡, 동공 확장, 재채기, 기침, 삼키기, 토하기, 생식기반응 등 많은 반사적 행동이 자율신경 뉴런의 도

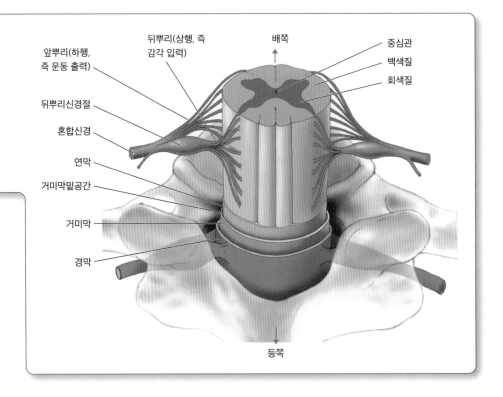

●그림 2.25 척수의 구조 척수의 이 횡단면은 여러 중요한 해부 구조를 보여준다. 세 겹의 뇌막이 척수를 둘러싸고 있다. 척수의 회색질은 뇌척수액이 담겨있는 중심관 주위에 나비 모양으로 자리 잡고 있다. 등쪽 들신경(감각)은 척수신경절을 지나 배쪽 날신경(운동)과 합쳐져서 혼합신경을 이룬다.

앞뿌리(하행, 즉 운동 출력)

뒤뿌리(상행, 즉 감각 입력)

배쪽

중심관
백색질
회색질

뒤뿌리신경절

혼합신경

연막

거미막밑공간

거미막

경막

등쪽

움을 받아 실행된다.

　자율신경계는 자동적인, 즉 '자율주행' 신경계로 생각할 수 있다. 의식적 노력이나 자각 없이 많은 필수 기능을 관리한다는 의미이다. 허파에게 숨을 들이쉬고 내쉬라고, 심장에게 뛰라고 의식적으로 명령해야 한다면 우리는 사회생활을 상당 부분 포기해야 할 것이다. 그렇다고 해서 자율신경 기능을 의식적으로 통제할 수 없다는 말은 아니다. 우리는 언제나 자율신경 기능을 통제할 수 있지만 그러려면 주의를 집중해야 한다. 예를 들면 호흡은 우리가 깨어있든 자고 있든 정상적으로 유지된다. 그러나 수영을 할 때는 물을 먹지 않기 위해 호흡 패턴을 의식적으로 통제해야 한다. 전문적인 **바이오피드백**(biofeedback) 훈련을 받으면 편두통 완화를 위해 혈압을 낮추거나 뇌로 가는 혈류를 감소시키는 것 같은 여러 자율신경 과정을 통제하는 법을 배울 수 있다. 하지만 일단 주의가 다른 데로 옮겨가면 그런 효과는 사라진다.

　자율신경계를 관리하는 데 가장 큰 역할을 하는 뇌 구조는 시상하부이다. 시상하부로 드나드는 신경로는 매우 복잡하다. 정서에 관여하는 많은 구조는 시상하부에, 따라서 간접적으로 자율신경계에, 영향을 줄 수 있다. 그 결과, 내장기관들의 반응이 정서 행동과 밀접하게 연결됨으로써 우리가 정서를 느낄 때 예컨대 배가 살살 아픈 느낌처럼 흔한 신체적 증상이 많이 생겨난다.

　또한 시상하부는 중간뇌 뒤판과, 그리고 특히 그물체와 연결된다. 적색핵 부근의 중간뇌가 손상되면 아주 다양한 자율신경장애가 생겨나는데, 이는 아마도 이 영역들에서부터 뇌줄기 아랫부분과 척수에 있는 자율신경 뉴런들로 가는 커다란 신경섬유경로가 손상되었기 때문일 것이다.

바이오피드백 혈압처럼 일반적으로 무의식적이거나 불수의적인 기능을 통제할 수 있도록 사람을 훈련시키는 기법.

자율신경계는 3개의 주요 부분, 즉 **교감신경계**(sympathetic nervous system), **부교감신경계**(parasympathetic nervous system), 그리고 **장신경계**(enteric nervous system, 내장신경계)로 나뉜다. 교감 및 부교감신경계는 중추신경계로부터 분비샘과 기관들로 명령을 전달한다. 장신경계는 위장관계의 벽면에 박혀있는 뉴런들로 이루어져 있으며, 식도부터 항문까지 이어진다. 위장관계의 기관들은 교감 및 부교감 입력도 받기는 하지만 장신경계는 독립적으로 작용하여 위장관의 기능을 통제할 수 있다.

●그림 2.26에는 목표 기관에 대한 교감 및 부교감신경계의 작용이 나와있다. 이 두 체계는 대개 동일한 기관들에 상반된 효과를 내기 때문에, 전통적으로 이 둘은 토글스위치처럼 작동한다고 여겨져 왔다. 한 체계를 작동시키면 다른 체계가 억제될 수 있다는 것이다. 흥분되는 동시에 이완되는 상태를 상상하기는 힘들다. 그러나 이 두 체계를 서로 배타적인 것으로 보는 것은 너무 단순한 관점이다. 두 체계가 협동하여 동시에 작동하는 경우가 많다. 성행동은 두 체계의 협동을 잘 보여주는 예이다. 부교감신경계가 음경의 발기를 자극하고, 교감신경계가 사정을 자극한다.

교감신경계 교감신경계는 각성을 관리하며, 신체가 활동을 하도록 준비시킴으로써 비상사태에 대처한다. 인간이 위기에 대처하는 기본 방식에는 두 가지가 있다. 즉, 우리는 싸울 수도 있고 도망갈 수도 있다. 따라서 교감신경계를 '싸움 또는 도망' 체계(fight-or-flight system, 투쟁-도피 체계)라고 한다. 당신이 차를 타고 가다가 사고가 날 뻔한 적이 한두 번이라도 있다면 이것이 어떤 느낌인지 매우 잘 알 것이다. 그런 비상사태 때 우리는 심장이 쿵쾅거리고 호흡이 가빠지며 손에 땀을 쥐게 되고 얼굴이 창백해지며 정신을 바짝 차리고 집중하게 된다. 이 모든 행동은 우리가 비상사태에 직면하여 생존할 수 있도록 수백만 년의 진화를 거치면서 정교화되었다.

교감신경계는 우선순위가 낮은 체계들을 정지시키고 가장 필수적인 신체 부위에 혈액과 산소를 공급함으로써 싸움 또는 도망에 알맞도록 신체를 준비시킨다. 이때 침 흘리기와 소화는 대기 상태에 들어간다. 만약 세렝게티 초원에서 배고픈 사자를 만난다면, 일단 살아남지 않는 한 점심 식사를 소화하는 데 관한 걱정은 할 필요가 없기 때문이다. 반면에 심장과 허파는 대근육에 더 많은 산소를 공급하도록 작동한다. 피부 표면의 혈관은 수축하여 혈액이 대근육으로 흘러가게 한다. 비록 얼굴은 창백해지지만, 그 덕분에 피부가 베이는 상처를 입어도 피를 심하게 흘리지 않게 되는 이점이 생긴다. 또한 뇌로 가는 혈류가 증가하여 정신적 경계 태세가 최고조에 달한다.

교감신경계는 비상사태에 동시적, 협응적 반응을 하도록 만들어져 있다. 척수의 가슴 분절과 허리 분절에 있는 뉴런들의 축삭은 척수 바로 바깥에 있는 **교감신경사슬**(sympathetic chain, 교감신경줄기)이라는 일련의 신경절과 교신한다. 그러면 교감신경사슬에 있는 세포들의 축삭이 목표 기관과 교신한다. 척수 뉴런들로부터 나오는 메시지는 같은 길이의 신경섬유들을 통해 전달되기 때문에 교감신경사슬에 거의 동시에 도달한다. 결과적으로 교감신경사슬에서 나오는 출력은 모든 목표 기관에 동시에 도

교감신경계 각성을 조정하는 자율신경계의 한 구획.

부교감신경계 휴식과 에너지 저장을 담당하는 자율신경계의 한 구획.

장신경계 위장관계의 벽에 박혀있는 뉴런들로 구성된 자율신경계의 한 구획.

교감신경사슬 척수 바깥에 있는 세포체들의 사슬로서 중추신경계 내의 교감 뉴런들로부터 입력을 받고 목표 기관과 교신함.

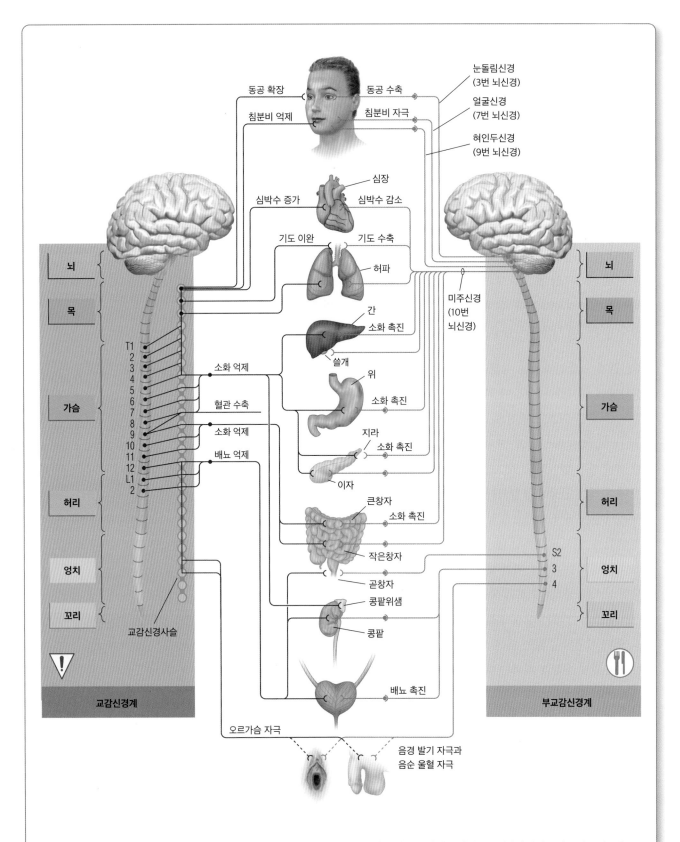

동공 확장
동공 수축
눈돌림신경
(3번 뇌신경)
얼굴신경
(7번 뇌신경)
혀인두신경
(9번 뇌신경)
침분비 억제
침분비 자극

심장
심박수 증가
심박수 감소
기도 이완
기도 수축
미주신경
(10번
뇌신경)
허파

뇌
목
가슴
허리
엉치
꼬리

간
소화 촉진
쓸개
위
소화 촉진
소화 억제
혈관 수축
소화 억제
배뇨 억제
지라
소화 촉진
이자

큰창자
소화 촉진
작은창자
곧창자
콩팥위샘
콩팥

T1
2
3
4
5
6
7
8
9
10
11
12
L1
2

S2
3
4

뇌
목
가슴
허리
엉치
꼬리

교감신경사슬

교감신경계

부교감신경계

배뇨 촉진

오르가슴 자극
음경 발기 자극과
음순 울혈 자극

●그림 2.26 자율신경계 자율신경계의 교감 및 부교감 구획은 목표 기관에 상반된 효과를 낸다. 각자 맡은 과제를 수행하기 위해 교감 뉴런은 처음에 교감신경사슬에서 시냅스하는 반면에 부교감 뉴런은 목표 기관 가까이에 있는 신경절에서 시냅스한다. 또한 두 체계는 목표 기관에 서로 다른 신경전달물질을 사용한다.

착한다. 이러한 협응된 반응은 생존에 필수적이다. 비상사태에 심장이 메시지를 늦게 받는다면 효율적이지 않을 것이다.

동일한 기관이 교감계와 부교감계 모두로부터 입력을 받기 때문에 그 입력의 원천을 구분할 방법이 있어야 한다. 이는 두 체계가 사용하는 화학전달물질의 종류를 통해 이루어진다. 교감계와 부교감계 모두 척수 바깥에 있는 신경절의 세포와 첫 번째 연결을 맺는데, 그러면 이 세포들이 목표 기관과 두 번째 연결을 형성한다. 두 체계 모두 화학적 전달자인 아세틸콜린(acetylcholine, ACh)을 사용하여 자기네 신경절과 교신한다(3장을 보라). 목표 기관에서 부교감신경계는 계속해서 ACh를 사용한다. 하지만 교감신경계는 목표 기관과 교신하는 데 사용하는 화학적 전달자를 노르에피네프린(norepinephrine)으로 전환한다. 유일한 예외는 교감신경과 땀샘 간의 연결인데, 여기서는 여전히 ACh가 사용된다. 이렇게 두 화학전달물질을 사용하는 체계는 목표 기관에 명백히 구분되는 작용을 한다. 예를 들어 심장은 ACh의 자극을 받으면 박동이 느려지고, 노르에피네프린의 자극을 받으면 박동이 빨라진다. 어떠한 모호함이나 혼란스러운 메시지, 오류의 가능성도 없어야 생존이 가능하다.

부교감신경계 교감신경계가 활동할 때 신체는 에너지를 저장하는 대신 소비한다. 그러니 만약 교감신경계가 끊임없이 작동한다면 신체의 에너지가 고갈되어 버릴 것이다. 부교감신경계가 하는 일은 휴식과 정비, 그리고 에너지 저장이다.

교감신경계 뉴런들은 척수의 가슴 및 허리 부위에 있지만 부교감신경계 뉴런들은 이 부위의 위와 아래에, 구체적으로 말하자면 척수의 뇌 분절과 엉치 분절에 있다. '부교감(parasympathetic)'이라는 이름이 붙은 이유가 이것이다. 'para'란 '주변의'라는 뜻인데, 부교감신경계 뉴런들은 교감신경계 뉴런들의 주변에 마치 괄호처럼 자리 잡고 있다.

교감신경계 축삭과 달리 부교감신경계 축삭은 척수의 뇌 분절과 엉치 분절을 빠져나온 뒤에 신경절사슬과 시냅스하지 않는다. 그 대신 어느 정도 이동하여 목표 기관 근처에 있는 부교감신경절(parasympathetic ganglion)과 시냅스한다. 부교감신경 활동은 교감신경 활동만큼 타이밍이 중요하지 않기 때문에 사슬이 제공하는 협응이 필요하지 않다.

장신경계 ● 그림 2.27이 보여주는 장신경계는 비교적 자율적일 뿐 아니라 많은 수의 뉴런을 갖고 있기 때문에 '두 번째 뇌'라고 불린다. 이 신경계의 뉴런 수는 척수에 있는 뉴런 수와 대략 같다. 장신경계의 일부 기능은 통증, 배고픔, 배부름 같은 의식적 감각에 한몫하지만, 대부분의 작업은 의식적 자각보다 아래 수준에서 이루어진다.

장신경계는 소화에 필수적인 다양한 호르몬을 분비하는 내분비세포와 교신한다. 장신경계와 연관된 많은 수의 장 내분비세포는 화학전달물질인 세로토닌을 분비한다 (4장). 신체에 있는 세로토닌의 95%가 장신경계에서 분비되는데, 일반적으로 음식이

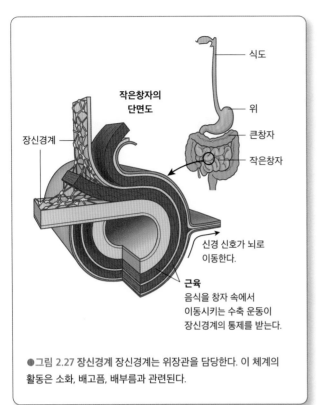

작은창자의
단면도

식도

위

큰창자

작은창자

장신경계

신경 신호가 뇌로
이동한다.

근육
음식을 창자 속에서
이동시키는 수축 운동이
장신경계의 통제를 받는다.

●그림 2.27 장신경계 장신경계는 위장관을 담당한다. 이 체계의
활동은 소화, 배고픔, 배부름과 관련된다.

소화계를 통과하도록 이동시키는 반사들을 통제한다. 너무 많은 세로토닌은 메스꺼움과 구토를 일으킨다. 흥미로운 점은 자폐스펙트럼장애(14장)가 있는 사람은 혈중 세로토닌 수준이 정상보다 높을 뿐 아니라(Janusonis, 2008) 위장관 문제를 겪는 경우도 많다(Kazek et al., 2013)는 사실이다.

내분비계

솔방울샘(pineal gland, 송과선), 뇌하수체(pituitary gland), 갑상샘(thyroid gland, 흉선), 콩팥위샘(adrenal gland, 부신선), 랑게르한스섬(the islets of Langerhans), 여성의 난소와 남성의 고환을 포함하여 내분비계를 구성하는 여러 분비샘의 호르몬 분비는 시상하부가 직접 통제한다.

솔방울샘은 9장에서 더 자세히 살펴보겠지만 수면-각성 주기의 유지에 중요한 역할을 한다. 뇌하수체는 흔히 신체의 '주 분비샘(master gland)'이라고 불리는데, 뇌하수체에서 분비되는 호르몬들이 다른 많은 분비샘을 활성화시키기 때문이다. 뇌하수체 활동은 난소와 고환의 성호르몬 분비(8장)나 스트레스 상황에서 콩팥위샘의 코르티솔 분비(12장)를 자극할 수 있다. 다른 뇌하수체 산물로는 유대관계 형성과 양육행동에 한몫하는 옥시토신과 바소프레신(8장), 그리고 성장호르몬이 있다. 갑상샘이 분비하는 호르몬들은 대사를 조절한다. 랑게르한스섬은 인슐린을 비롯하여 소화에 필수적인 여러 호르몬을 만들어낸다(7장).

인간 신경계의 진화

인간의 유전체(genome, 게놈), 즉 인간을 만들어내는 데 필요한 DNA 명령의 집합은 수백만 년에 걸친 진화의 결과이다. 뇌는 생물에게 비교적 최근에 생겨난 것으로서, 우리 호모 사피엔스의 현대적인 뇌는 아마도 겨우 10만~20만 년밖에 안 된 것이다(●그림 2.28).

자연선택과 진화

1859년도에 출간한 책『종의 기원(On the Origin of Species)』에서 Charles Darwin은 종(種)이 규칙적인 방식으로 진화한다는, 즉 한 버전에서 다른 버전으로 변화한다는 이론을 내놓았다. 현대의 생물학자들은 진화를 '공통 조상으로부터의 변화를 동반한 계승'이라고 정의한다.

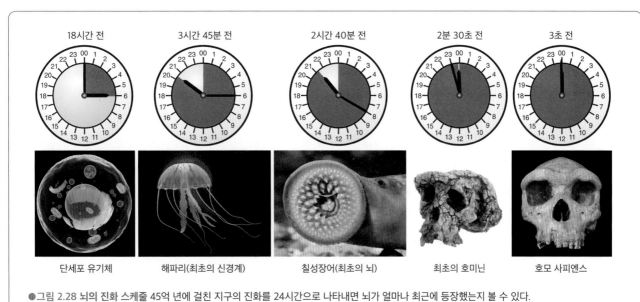

18시간 전	3시간 45분 전	2시간 40분 전	2분 30초 전	3초 전
단세포 유기체	해파리(최초의 신경계)	칠성장어(최초의 뇌)	최초의 호미닌	호모 사피엔스

●그림 2.28 뇌의 진화 스케줄 45억 년에 걸친 지구의 진화를 24시간으로 나타내면 뇌가 얼마나 최근에 등장했는지 볼 수 있다.

Darwin은 바람직한 어떤 특질을 가진 동물이나 식물을 개발하기 위하여 농부들이 인위선택(artificial selection) 절차를 사용한다는 사실을 잘 알고 있었다. 만약 농부의 목표가 가장 강한 황소를 길러내는 것이라면 자신이 가진 황소 중 가장 강한 놈들끼리 교미시키는 것이 현명한 일이다. 이 경우 어느 개체가 자손을 낳을 기회를 가질지를 결정하는 이는 농부이다. **자연선택**(natural selection)에서는 야생에서 생존하고 번식해야 한다는 압력이 농부의 자리를 대체한다고 Darwin은 주장했다. 자연선택은 **적합도**(fitness), 즉 동일 종의 다른 개체들에 비해 번식에 성공할 가능성이 제일 높은 유기체를 선호한다. 적합도란 강함이나 빠름과 같은 고정된 특성이 아니다. 그보다는 한 유기체의 특성과 그 유기체가 존재하는 환경 간의 성공적인 상호작용을 의미한다. 빙하시대에 번성하는 유기체가 더 온화한 시기에는 매우 불리한 지경에 처할지도 모른다.

현대 유전학 지식(5장을 보라)을 Darwin의 연구와 결합하면 종과 그 행동의 변화를 이해하기 위한 토대가 마련된다. Richard Dawkins(1982)가 우리에게 상기시키듯이, 유전자는 자신을 복제할 수 있지만 친구들의 도움 없이는 불가능하다. 한 개체에게 있는 모든 유전자는 똑같은 운명에 처해있다. 그 개체가 생존하여 번식하면 그의 유전자가 다음 세대에 더 많아질 것이다. 동시에, 한 개체가 생존하고 번식하는 능력은 그의 유전자들이 암호화하는 형질들에 좌우될 것이다.

신경계의 진화

신경계는 상당히 최근에 동물에게만 일어난 발전이다. 그림 2.28에 나와 있는 우리의 진화 스케줄이 시작되는 지구의 기원은 현재 약 45억 년 전인 것으로 추정된다. 단세포 유기체는 약 35억 년 전에 나타났고, 단순한 신경그물(nerve net, 신경망)을 가진 동

자연선택 유기체들이 번식에 성공하는 능력의 차이로 인해 유리한 특질이 후속 세대에서 더 흔해지고 불리한 특질은 더 드물어지는 과정.

적합도 한 유전자 구성을 가진 유기체가 다른 종류의 유전자 구성을 가진 유기체보다 더 성공적으로 번식하는 능력.

물은 약 7억 년 전에 처음 발달했다. 최초의 원시적인 뇌를 가진 더 복잡한 동물은 약 2억 5,000만 년 전에 나타났으며, 최초의 **호미닌**(hominin; 옮긴이 주: 분류학상 인간의 조상으로 여겨지는 종족)의 뇌는 약 700만 년 전에 나타났다(Calvin, 2004).

달팽이에게 있는 것 같은, 초기에 발달한 신경네트워크(neural network)는 신체 특정 부위에서 행동의 특정 측면을 통제하는 세포들의 집합, 즉 신경절로 구성된다. 그런 신경절 중에는 머리에 자리 잡은 것들도 있지만 그것이 우리가 보통 뇌의 역할이라고 생각하는 중추적 관리 기능을 수행하지는 않는다. 배신경절(abdominal ganglia, 복부신경절)이 머리에 있는 신경절이 관리하는 행동만큼이나 그 동물의 생존에 결정적인 행동을 수행할 수도 있다. 게다가 이 원시 신경계의 대부분은 동물의 더 취약한 부분인 배쪽 면에 자리 잡고 있어서 쉽사리 손상되거나 공격받는다. 이런 동물들은 척수가 없으므로 생물학자들이 무척추동물이라고 부른다.

척추와 진정한 뇌가 있는 동물을 척추동물, 즉 **척삭동물**(chordate)이라고 한다(●그림 2.29). 더 원시적인 종에게 있는 신경네트워크에 비해 뇌는 척삭동물에게 많은 이점을 제공한다. 무척추동물의 신경절과 달리 뇌와 척수는 동물의 모든 활동을 조정한다. 뇌는 눈, 귀, 코, 입으로부터 들어오는 정보를 제공하는 주요 감각계들과 가까운, 머리에 있는 유리한 고지에서 관리 기능을 수행한다. 감각 입력을 통합하는 능력과 중앙집중된 기능을 가진 최초의 척삭동물의 뇌는 수백만 년 전에 등장했는데, 그런 뇌를 가진 동물은 일관되고 신속하게 반응할 수 있었다. 척삭동물의 뇌와 척수는 무척추동물의 신경절보다 훨씬 더 잘 보호받았다. 이 중요한 구조들은 뼈 속에 들어있을 뿐만 아니라 동물의 몸의 등쪽 면에 자리 잡고 있어서 방어하기 또한 더 쉬웠다.

●그림 2.30에서 보듯이 척삭동물의 뇌는 계속 발달하여 포유류와 조류의 매우 커다란 뇌로 발전하였다. 초기의 뇌는 더 발달한 뇌와 비교할 때 겉질의 크기와 주름의 정도라는 두 측면 모두가 다르다. 더욱이 앞뇌와 소뇌의 크기는 더 발달한 척삭동물 종에게서 증가했다.

호미닌 호모 사피엔스가 생존해 있는 유일한 일원인 인류 과(科)의 영장류.
척삭동물 진정한 뇌와 척수를 소유한 동물 문(門). 척추동물이라고도 함.

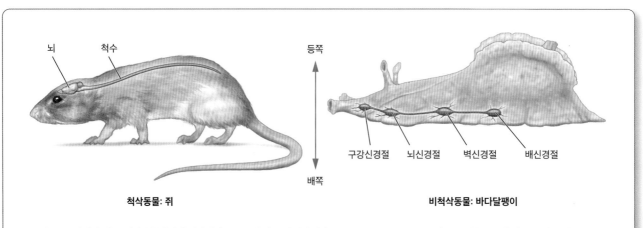

척삭동물: 쥐   비척삭동물: 바다달팽이

●그림 2.29 진정한 뇌는 척삭동물에게서 나타난다 오른쪽에 있는 바다달팽이(*Aplysia california*, 군소) 같은 무척추동물과 비교할 때 척삭동물은 신경절이 아닌 진정한 뇌를 갖고 있다. 척삭 신경계는 동물 몸의 배쪽이 아니라 등쪽 표면 가까이에 있다.

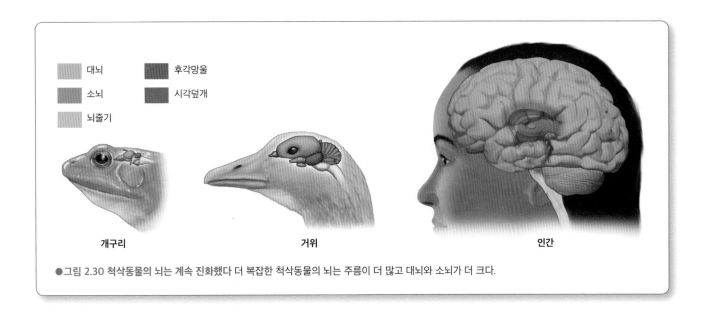

●그림 2.30 척삭동물의 뇌는 계속 진화했다 더 복잡한 척삭동물의 뇌는 주름이 더 많고 대뇌와 소뇌가 더 크다.

인간 뇌의 진화

인간은 영장류 목(目, order)의 일원인데, 목이란 생물학적 범주의 하나로서 영장류 목에는 275종가량의 유인원, 원숭이, 여우원숭이, 안경원숭이, 명주원숭이가 포함된다. 우리는 유인원의 아목(亞目, suborder)으로서 인류 과(科, family) 중에서 **호모 사피엔스**(*Homo sapiens*) 종(種, species)으로 분류된다. 최초의 현대적인 호모 사피엔스는 10만 ~20만 년 전에 나타났다. 이때쯤 초기 인간은 유럽과 아시아로 광범위하게 이주한 상태였다. 이들은 매우 정교한 도구를 사용했던 것으로 보이며, 효율적으로 사냥을 했고, 죽은 이를 매장하는 의식을 비롯하여 협동적이고 사회적인 문화를 구축했다.

　최초의 호미닌 종이 나타난 이후로 700만 년 동안 뇌 발달은 매우 빠르게 일어난 것으로 보인다(●그림 2.31). 약 500만 년 전에 살았던 도구를 사용하는 초기 오스트랄로피테쿠스의 뇌는 400cm³ 정도로, 현대의 침팬지와 비슷한 크기였다. 약 200만 년 전에 살았던 호모 에렉투스(*Homo erectus*)의 뇌는 약 700cm³였는데, 현대인의 뇌는 약 1,400cm³이다. 몸 크기, 아동의 긴 의존 기간, 긴 수명, 변하는 기후에 적응할 필요성, 사회생활의 복잡성을 비롯한 많은 요인 간의 상호작용이 아마도 호미닌의 뇌 크기의 급격한 증가에 기여했을 것이다(Charvet & Finlay, 2012). 하지만 호모 사피엔스가 처음 등장한 이후로는 뇌 크기가 많이 변하지 않았다. 농업, 도시화, 읽고 쓰는 능력 같은 주요 문화적 변화에도 불구하고 왜 뇌 크기가 더 변하지 않았는지는 불분명하다. 뇌 크기가 더 커지면 출산 시에 더 힘들고 자원이 더 많이 필요해진다는 점에서 단순히 손해가 너무 크기 때문인지도 모른다. 더 높은 지능을 위해 치러야 할 비용이나 부담이 감소하지 않는 한, 우리는 큰 뇌의 장점과 단점 간의 균형점에 도달해 있는지도 모른다.

호모 사피엔스 현생 인류 종(種).

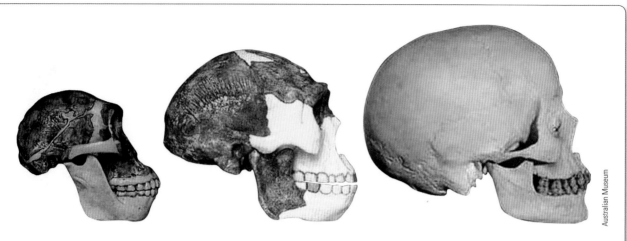

●그림 2.31 인간 뇌의 발달은 순식간에 진행되었다 호미닌의 뇌는 대략 현대 침팬지의 뇌 크기인 초기 오스트랄로피테쿠스의 뇌(왼쪽)로부터 호모 에렉투스의 뇌(중간, 700cm³)로, 그리고 호모 사피엔스의 뇌(오른쪽, 1,400cm³)로 급격하게 진보하였다. 그러고는 뇌 발달이 멈춘 것으로 보인다. 당신은 지난 20만 년 동안 호모 사피엔스를 위해 일했던 것과 기본적으로 똑같은 크기의 뇌를 가지고 이 교과서를 읽고 있다.

중간 요약 2.3

‖ 요약 표: 말초신경계의 주요 구조

구획	기능
뇌신경	머리 및 목 부위와 뇌 사이에 감각 및 운동 정보를 전달; 미주신경은 심장, 간, 소화관과 교신함
척수신경: 목, 가슴, 허리, 엉치, 꼬리	척수와 신체 다른 부위 간의 감각 및 운동 정보를 전달
자율신경계 교감신경계 부교감신경계 장신경계	분비샘과 내장에 입력을 제공 각성 휴식과 정비 음식을 소화관을 통해 이동시키고 창자에서 뇌로 피드백을 제공함
내분비계	시상하부의 감독하에 호르몬을 순환계로 분비함

‖ 요점

1   말초신경계는 뇌신경, 척수신경, 자율신경계를 포함한다. 12쌍의 뇌신경은 뇌를 빠져나가서 머리, 목, 내장기관에 감각 및 운동 기능을 제공한다. 31쌍의 척수신경은 신체 나머지 부분에 대해 동일한 기능을 수행한다. (LO6)

2   자율신경계는 분비샘, 내장, 민무늬근으로 드나드는 감각 및 운동 정보를 처리한다. 교감신경계는 각성 시에 작동하여 신체가 싸움 또는 도망 반응을 하도록 준비시킨다. 부교감신경계는 휴식과 회복 시에 작동한다. 장신경계는 창자를 통해 음식을 이동시키며 중추신경계에 피드백을 제공한다. (LO6)

3   내분비계는 각성, 성장, 대사 및 성을 조절하는 중요한 호르몬들을 혈류로 분비하는 분비샘들로 이루어진다. (LO6)

4   진정한 뇌는 비교적 최근에 진화했다. 호미닌의 뇌 진화는 뇌 크기의 급격한 증가를 보여주었다. (LO7)

‖ 복습 문제

1　척수를 빠져나간 척수신경은 어떤 식으로 구성되어 있는가?

2　교감 및 부교감신경계의 구조는 어떻게 그 기능에 알맞도록 구성되어 있는가?

돌아보기

생각할 문제

1. 바닥핵의 기능에 대해 알려진 바에 비추어볼 때 이 구조들이 주의력결핍 과잉행동장애 및 강박장애와 연관된다고 여겨지는 이유는 무엇인가?

2. 이마엽의 기능에 대해 알려진 바에 비추어볼 때 이마엽 절개술로 인해 생겨날 수 있는 부작용에는 무엇이 있는가?

3. 오늘날 인류가 직면한 도전들 중 어떤 유형의 도전이 자연선택을 초래할 수 있다고 생각하는가?

핵심 용어

3 장

신경생리학: 신경계 세포의 구조와 기능

학습 목표

L01 아교세포와 뉴런을 구분한다.

L02 아교세포의 주요 종류, 구조 및 기능을 파악한다.

L03 세포막, 세포뼈대, 세포체, 축삭, 가지돌기의 구조적 특징과 기능을 이야기한다.

L04 뉴런의 구조적 및 기능적 유형을 비교한다.

L05 전기적 및 화학적 신호가 만들어지는 과정을 설명한다.

L06 흥분성 시냅스후 전위(EPSP)와 억제성 시냅스후 전위(IPSP)를 구분하고 신경 통합 과정을 설명한다.

L07 뉴런이 축삭-축삭간 시냅스에서 하는 조절을 논한다.

개요

아교세포와 뉴런
아교세포
뉴런의 구조
뉴런의 구조적 다양성
뉴런의 기능적 다양성
중간 요약 3.1
활동전위의 생성
세포내액과 세포외액의 이온 성분
이온의 이동
안정전위
활동전위
활동전위의 전파
중간 요약 3.2
시냅스
틈새이음
화학적 시냅스
축삭-축삭간 시냅스
중간 요약 3.3
돌아보기

연구 비하인드 별아교세포, HIV, 그리고 혈관-뇌 장벽

슬기로운 건강 생활 미세아교세포와 자폐스펙트럼장애

신경과학의 윤리적 이슈 독살형

일상 속 행동신경과학 ECG나 EEG는 무엇을 기록하는 걸까

아교세포와 뉴런

위대한 건축가 Frank Lloyd Wright는 "형태는 기능을 따라간다"라는 말을 즐겨했다. 이 명언은 훌륭한 건축뿐 아니라 생물학에도 똑같이 적용된다. 우리 신경계의 구조는 진화 과정을 통해 생존과 번식에 필수적인 기능을 수행하도록 형성되었다.

신경계는 두 종류의 세포, 즉 **아교세포**(glia, 교세포)와 **뉴런**(neuron, 신경세포)으로 구성되어 있다. 뉴런과 아교세포는 협동하여 신경계 기능을 수행한다. '아교(glue)'를 뜻하는 그리스어에서 이름을 따온 아교세포는 뉴런을 위한 다양한 지원 기능을 한다. 뉴런은 정보처리와 교신 기능을 수행하도록 전문화되어 있다. 이 장에서는 먼저 아교세포의 지원 기능을 살펴본 뒤 뉴런의 구조와 기능을 자세히 살펴볼 것이다.

아교세포

아교세포는 약 3,600억 개에 이르며 중추신경계에 있는 모든 세포의 80~90%를 차지한다. 말초신경계에도 아교세포가 더 존재한다. 아교세포는 일반적으로 크기에 따라 분류되며, 여러 가지 커다란 아교세포는 **큰아교세포**(macroglia, 대교세포), 상대적으로 작은 아교세포는 **미세아교세포**(microglia, 소교세포)라 불린다. 큰아교세포는 태아 발달 시에 외배엽층(5장을 보라)에서 뉴런과 함께 생겨난다. 미세아교세포는 이와 달리 중배엽층에서 생겨난다.

큰아교세포 큰아교세포의 주된 종류에는 네 가지, 즉 별아교세포, 뇌실막세포, 성긴돌기아교세포, 슈반세포가 있다. **별아교세포**(astrocyte, 성상세포)는 뉴런에 대한 다양한 지원 기능을 제공한다. **뇌실막세포**(ependymal cell)는 뇌의 뇌실과 척수의 중심관의 벽을 이룬다. **성긴돌기아교세포**(oligodendrocyte, 핍돌기교세포, 희소돌기아교세포)와 **슈반세포**(Schwann cell)는 축삭이라는 신경섬유를 둘러싸서 절연하는 말이집(myelin, 수초)을 형성한다.

별아교세포 ●그림 3.1에서 분명히 볼 수 있듯이 별아교세포라는 이름은 세포가 별 모양을 한 데서 유래했다. 이 세포는 뇌에서 가장 흔한 종류의 아교세포이다. 별아교세포는 두 종류가 있는데, 그 모양으로 구분할 수 있다. 원형질 별아교세포(protoplasmic astrocyte)는 회색질(2장을 보라)에 존재하며 가느다란 가지가 많다. 섬유 별아교세포(fibrous astrocyte)는 백색질에 존재하며 기다란 섬유 같은 가지들이 있다.

별아교세포의 주된 기능 중 하나는 뉴런을 품는 구조적 바탕질(structural matrix)을 제공하는 것이다. 구조적 바탕질이 없다면 뉴런은 말 그대로 세포외액 속에 떠다닐 것이다. 실제로 뉴런은 주위의 별아교세포가 지배하는 비좁은 공간을 차지하고 있다.

별아교세포는 뇌의 모세혈관 세포와 긴밀히 연결되어 신경혈관 단위(neurovascular unit)라는 것을 형성한다. 모세혈관 세포와의 이 밀접한 연결 덕분에 별아교세포는 포도당 및 기타 영양분을 뉴런으로 전이시킬 수 있다. 혈관과 **시냅스**(sypapse, 연접) 둘

아교세포 뉴런의 활동을 지원하는 중추신경계 세포.

뉴런 정보처리와 교신에 전문화된 중추신경계 세포.

큰아교세포 별아교세포, 뇌실막세포, 성긴돌기아교세포, 슈반세포를 포함하는 커다란 아교세포.

미세아교세포 손상 구역으로 이동하여 잔해를 소화하는 작은 아교세포.

별아교세포 중추신경계에 있는, 별 모양의 커다란 아교세포로서 구조적 지지, 시냅스의 절연, 시냅스에서 세포외액의 화학적 환경의 통제, 그리고 아마도 교신에 관여함.

뇌실막세포 뇌실의 벽과 척수 중심관 벽에 깔려있는 아교세포.

성긴돌기아교세포 중추신경계에 있는 축삭의 말이집을 형성하는 아교세포.

슈반세포 말초신경계에 있는 축삭의 말이집을 형성하는 아교세포.

시냅스 두 뉴런 간의 접점으로, 서로 정보가 오고감.

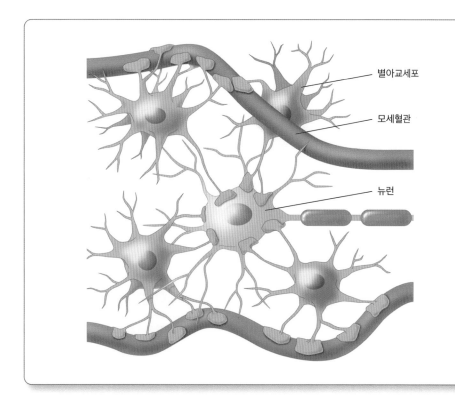

●그림 3.1 별아교세포 별아교세포는 여러 가지 지원 기능을 갖추고 있다. 혈액 공급과 긴밀히 연관되어 있어서 영양분을 뉴런에게 옮겨주고, 돌아다니는 독성물질이 신경조직으로 들어가는 것을 차단하는 데 도움을 준다. 또한 별아교세포는 뉴런이 제자리에 머무르게 하는 구조적 바탕질을 제공한다.

별아교세포 · 모세혈관 · 뉴런

모두와 접촉할 수 있기 때문에, 즉 두 세포 간의 교신 지점이기 때문에 별아교세포는 시냅스 활동을 토대로 국지적 혈류를 조절한다. fMRI(1장을 보라)를 이용하면 뇌 활동과 혈류 간의 이러한 관계를 더 큰 척도상에서 볼 수 있다. 또한 별아교세포는 **혈관-뇌 장벽**(blood-brain barrier, 혈액-뇌 장벽, 혈뇌장벽)의 보호 기능에 이바지한다. 혈관-뇌 장벽은 혈액 속에 들어있는 대부분의 독성물질이 뇌로 들어오지 못하도록 막는다. 별아교세포는 그 각각의 가지 끝에 있는 커다란 종말판(endfoot)으로 모세혈관의 바깥 표면을 말 그대로 덮음으로써 혈관-뇌 장벽의 형성을 돕는다.

　별아교세포는 시냅스 부위를 감싸서 절연시킨다. 해마나 겉질에 있는 별아교세포 하나가 10만 개 이상이나 되는 많은 시냅스를 감쌀 수 있다(Sofroniew & Vinters, 2010). 신경화학물질들은 매우 활성이 높아서 아무 데나 떠다니는 것이 우리에게 좋은 일이 아니다. 별아교세포는 시냅스에서 분비된 신경화학물질이 제한구역 밖으로 흘러나가는 것을 막는다. 게다가 시냅스틈에 남아있는 분자들을 제거할 수도 있다. 곧 살펴보겠지만 뉴런은 메시지를 전달할 때 칼륨을 분비하는데, 별아교세포는 세포외액으로부터 과도한 칼륨을 제거하는 중요한 능력을 갖고 있다.

　별아교세포는 시냅스에서 일어나는 기능에 훨씬 더 직접적인 역할을 하는 것으로 보인다. 배양접시에서 별아교세포와 함께 자란 뉴런은 그렇지 않은 뉴런보다 반응성이 10배 이상 높다(Pfrieger & Barres, 1997). 후속 연구는 별아교세포가 뉴런에게 시냅스를 만들라는 신호를 준다는 것을 밝혀냈다(Ullian, Sapperstein, Christopherson, & Barres, 2001). 아마도 별아교세포가 성장인자 및 유사 분자를 방출함으로써 이런 역할을 할 것이다. 이는 뇌의 발달이나 학습과 기억에서 별아교세포가 중요한 역할을 함을

혈관-뇌 장벽 순환계로부터 분자들이 뇌로 전이되는 것을 막는, 별아교세포가 형성하는 벽.

별아교세포, HIV, 그리고 혈관-뇌 장벽

방금 읽고 난 정보가 '현실 세계'에서 얼마나 유용할지 의심스럽다면, 신경학적 건강에서 아교세포의 중요성을 잠시 살펴보자. 연구자들은 아교세포가 HIV 바이러스 감염으로 인한 손상에 관여한다고 지적한다.

사람이 HIV 바이러스에 감염되면 이 바이러스는 곧 중추신경계(CNS)로 가서 HIV 관련 신경인지장애(HIV-associated neurocognitive disorder, HAND; 13장을 보라)를 일으킨다. 이는 환자가 항레트로바이러스 요법에 잘 반응하고 있는 경우에도 진행된다. CNS에서 HIV 바이러스의 주요 목표물은 미세아교세포와 별아교세포이다.

HIV에 감염된 별아교세포의 숫자는 대개 비교적 적지만 그 적은 수가 미치는 영향은 상당하다(Eugenin, Clements, Zink, & Berman, 2011). ●그림 3.1a와 같이 HIV에 감염된 별아교세포는 가지 끝에 있는 종말판의 구조가 파괴되는데, 이 종말판들은 뇌와 척수에 있는 모세혈관의 바깥 표면의 대부분을 덮고 있다. 그 결과 혈관-뇌 장벽이 손상된다. 이 장벽은 통상 혈액 속을 순환하는 독성물질이 CNS로 들어오는 것을 막는 역할을 하기 때문에, 혈관-뇌 장벽이 손상된 환자는 HIV 바이러스 자체가 아니라 다른 원인으로 인해 뇌손상을 입기가 더 쉬워진다. 게다가 Eugenin과 Berman(2012)은 별아교세포가 틈새이음(gap junction; 이 장의 뒷부분에서 더 자세히 살펴볼 것

이다)을 이용하여 교신한다는 것을 보여주었다. 틈새이음은 분리된 두 세포를 연결하는 통로로서, 전류가 한 세포에서 다른 세포로 직접 흘러갈 수 있게 한다. 감염된 별아교세포와 건강한 별아교세포 간의 틈새이음은 HIV 바이러스로 인한 독성이 확산하는 통로가 된다.

HAND의 진행을 이끄는 기제와 항레트로바이러스 약물 내성에 대한 연구가 진전되면 개선된 치료법이 개발될 것이다.

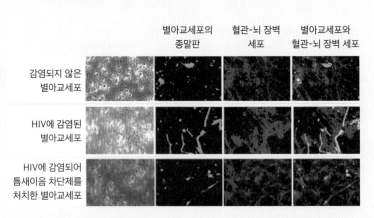

● 그림 3.1a HIV는 별아교세포를 손상시킨다 HIV는 신경계에 중요한 손상을 일으키는데, 특히 별아교세포가 이에 취약하다. 건강한 별아교세포와 그것이 혈관-뇌 장벽에서 하는 정상적인 역할을 보여주는 맨 윗줄에 비해 가운뎃줄은 HIV에 감염된 별아교세포의 비정상적인 종말판과 파괴된 혈관-뇌 장벽의 모습을 보여준다. 이 바이러스는 틈새이음(전기적 시냅스)을 통해 별아교세포들 사이를 이동하는 것으로 생각된다. 틈새이음 차단제는 감염의 전파를 감소시켜서 별아교세포와 혈관-뇌 장벽을 맨 아랫줄과 같이 더 정상적인 모습으로 되돌린다.

출처: Eliseo Eugenin, Ph.D., Albert Einstein College of Medicine.

시사하는데, 두 과정에서 모두 뉴런 간 시냅스 연결의 재조직화가 일어나기 때문이다(Min & Nevian, 2012; 10장을 보라).

별아교세포는 뉴런이 전형적으로 분비하는 여러 가지 흥분성 및 억제성 신경화학물질을 분비하여 주변의 뉴런과 다른 별아교세포에 영향을 준다(Fellin et al., 2006; Sofroniew & Vinters, 2010). 결과적으로 별아교세포는 주변의 뉴런과 별아교세포의 활동을 직접 일으키거나 억제하는 능력이 있다. 또한 별아교세포는 에스트라디올(estradiol)과 프로게스테론(progesterone)을 비롯한 신경스테로이드를 분비하는데, 이들은 뇌에 있는 수용체와 상호작용한다.

가끔 별아교세포는 전혀 도움이 되지 않는 방식으로 행동하기도 한다. 부상, 질병, 심리장애, 운동 부족, 열악한 식생활 등으로 인한 별아교세포의 과잉 활동은 통증을 더 잘 느끼게 하고 통증이 신체의 다른 부위로 퍼지게 할 수 있다(Kronschläger et al.,

2016). 손상된 별아교세포는 뇌의 주요 흥분성 신경화학물질인 글루탐산(glutamate; 4장을 보라)을 대량으로 분비할 수 있다. 글루탐산은 중요한 신경화학물질이지만 너무 많으면 뉴런을 죽이게 된다(Farber, Newcomer, & Olney, 1998). 별아교세포의 글루탐산 분비를 제한하는 치료법이 다수의 흔한 뇌질환과 연관된 뉴런의 손실을 감소시킬 것이다(Hines & Haydon, 2013).

중추신경계 뉴런이 손상되면 별아교세포가 아교세포반흔(glial scar, 신경교상흔; 죽은 뉴런이 차지하고 있었던 구역을 채우는 상처조직)을 형성하고 신경의 재성장을 억제하는 화학물질을 분비한다. 상처에 대한 별아교세포의 이런 반응은 해로운 화학물질로부터 세포들을 보호하고 혈관-뇌 장벽의 회복을 촉진하며 염증을 감소시켜서 일반적으로 전반적인 회복 과정에 도움이 된다. 그러나 상처조직은 손상된 연결을 복구하는 데 방해가 되기도 한다. 아교세포 연구의 한 주요 분야는 뇌나 척수 부상의 경우 별아교세포가 회복을 방해하지 못하도록 하는 데 초점을 맞추고 있다(Davies et al., 2006; Jurynec et al., 2003).

뇌실막세포 ● 그림 3.2에 보이는 정육면체 꼴의 뇌실막세포는 뇌의 뇌실과 척수의 중심관 벽에 깔려있다. 뇌실막세포에는 뇌실이나 중심관 안으로 튀어나와 있는 털 같은 섬모가 있는데, 이것이 채찍처럼 움직여서 뇌척수액(CSF)을 이동시킨다. 이 섬모는 또한 CSF를 일부 흡수해서 뇌실막세포가 CSF의 질을 확인하고 그 아래 있는 뇌세포에 CSF에서 나온 단백질을 공급할 수 있게 한다. 특수한 뇌실막세포가 맥락얼기(choroid plexus, 맥락총)라는 풍부한 모세혈관 그물과 뇌실을 분리한다. 맥락얼기 모세혈관으로부터 이 특수한 뇌실막세포를 통해 여과된 체액이 CSF가 된다.

●그림 3.2 뇌실막세포 뇌실막세포는 뇌의 뇌실과 척수의 중심관의 벽에 깔려있다. 이들의 미세한 섬모가 채찍처럼 움직여서 뇌척수액을 이동시킨다.

가쪽뇌실의 뇌실막세포 아래에 성인의 신경줄기세포의 저장고가 있다. 이 줄기세포는 일반적으로 후각망울(olfactory bulb, 후구)로 이동하여 새로운 뉴런으로 분화한다(5장을 보라). 이들은 뇌실막세포들 사이로 기다란 돌기를 뻗어 혈류와 CSF 모두와 연결되어 있는데, 이는 이 줄기세포들이 활성화되려면 혈액, CSF, 그리고 뇌실막세포 자체로부터 신호를 받아야 함을 시사한다.

마지막으로 뇌실막세포는 중추신경계를 공격하는 바이러스를 막는 방벽으로 작용한다. 뇌실막세포는 바이러스 감염을 물리치지만 그 과정에서 종종 자신도 파괴된다. 뇌실막세포의 오작동은 물뇌증을 일으킬 수도 있다(2장을 보라).

성긴돌기아교세포와 슈반세포 성긴돌기아교세포와 슈반세포는 신경섬유나 축삭을 둘러싸서 절연하는 말이집을 형성한다(Peters, Palay, & Webster, 1991). 성긴돌기아교세

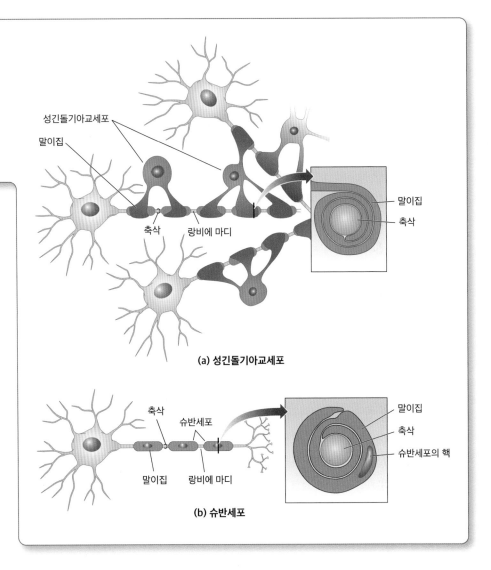

●그림 3.3 성긴돌기아교세포와 슈반세포 (a) 중추신경계에 있는 각각의 성긴돌기아교세포는 가지들을 뻗어서 평균 15개의 축삭에 말이집 분절을 형성한다. (b) 슈반세포는 말초신경계에서 유사한 기능을 수행하지만 단 하나의 말이집 분절만 형성한다는 점이 다르다.

(a) 성긴돌기아교세포

성긴돌기아교세포
말이집
축삭
랑비에 마디
말이집
축삭

(b) 슈반세포

축삭
슈반세포
말이집
랑비에 마디
말이집
축삭
슈반세포의 핵

포는 중추신경계(CNS)에서, 슈반세포는 말초신경계(PNS)에서 말이집을 만든다. ●그림 3.3과 같이 하나의 성긴돌기아교세포가 여러 개의 가지를 뻗어서 주변에 있는 뉴런의 축삭을 감싼다. 한 성긴돌기아교세포가 평균 15개 뉴런의 축삭에 말이집을 형성할 수 있는데, 따라서 이 큰아교세포는 뇌와 척수의 구조적 안정성에 기여한다. 이와 달리 하나의 슈반세포는 말초신경 축삭에 말이집 분절 하나를 만든다. 말초신경 하나에 말이집을 형성하려면 많은 수의 슈반세포가 필요하다.

말이집의 중요성은 말이집이 손상되는 병을 연구함으로써 알 수 있다. 다발성 경화증(multiple sclerosis, MS)이라는 병은 신경계의 말이집탈락(demyelination, 탈수초화)이 진행되는 질환이다(13장을 보라). 그로 인해 결국에는 신경 신호가 적절히 작동하지 못하게 되어 피로감 증가 등의 경미한 증상에서 시각 및 운동 문제 등의 더 심각한 증상까지 나타날 수 있으며, 심하면 죽음에 이를 수도 있다.

성긴돌기아교세포와 슈반세포는 **엑소좀**(exosome)이라는 작은 주머니들을 방출하여 근처의 축삭과 교신할 수 있다(Budnik, Ruiz-Canada, & Wendler, 2016). 지름

엑소좀 폐기물을 제거하고 물질을 수송하는 자그마한 소낭.

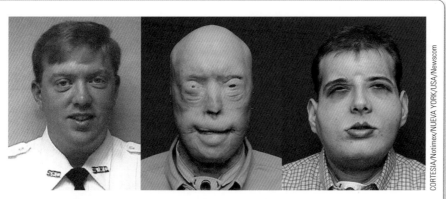

●그림 3.4 **말초신경 축삭의 재성장이 신체 부위 이식을 가능하게 한다** 소방관 Patrick Hardison은 2001년에 주택 화재에서 얼굴을 알아볼 수 없을 정도의 화상을 입었으나 2015년에 얼굴 이식 수술을 받았다. 그는 더 이상 외출하는 것을 두려워하지 않는다.

50~100mm의 이 미세한 소낭은 세포로부터 쓰레기를 제거할 수 있고, 이 외에도 유전물질을 비롯한 여러 물질을 다른 세포로 전달하는 것으로 보인다. 말초에서는 슈반세포가 방출한 엑소좀이 손상된 축삭의 재생을 돕는 것으로 보인다. CNS에서는 성긴돌기아교세포가 방출한 엑소좀이 뉴런 내의 물질 수송을 지원하고 뉴런이 손상되지 않게 보호한다. 엑소좀은 일반적으로는 이롭지만 암, 프라이온병, 치매 등의 원인이 되는 물질을 수송할 수도 있다(13장을 보라).

성긴돌기아교세포와 슈반세포는 부상에 대한 반응이 서로 다르다. 슈반세포는 실제로 손상된 축삭의 재성장을 안내하는 데 도움이 되는 반면, 성긴돌기아교세포는 그런 능력이 없다. PNS에서 축삭의 재성장이 불가능하다면 절단된 손가락이나 팔다리를 다시 붙이려고 고생할 필요가 없을 것이다. 외과 의사들은 심지어 시체의 손과 얼굴을 살아 있는 사람에게 이식하기까지 하는데(●그림 3.4), 이러한 수술을 할 수 있는 이유는 신경 성장이 결국 감각 및 운동 통제를 어느 정도 가능하게 하기 때문이다(Petit, Minns, Dubernard, Hettiaratchy, & Lee, 2003; Sosin et al., 2016).

미세아교세포 '뇌 폐기물'이 생긴다는 생각이 특별히 좋아 보이지는 않겠지만 다른 여느 세포들처럼 뉴런과 아교세포도 죽는다. 그 잔해를 그냥 두면 신경 기능을 방해할 수도 있기 때문에 미세아교세포가 뇌의 청소부 역할을 한다(●그림 3.5). 이들은 신체 다른 부위에 존재하는 백혈구나 식세포의 뇌 버전이다. 움직이지 않고 있을 때는 가지를 뻗어 주변 환경을 표집한다(Nimmerjahn, Kirchhoff, & Helmchen, 2005). 그러다가 머리손상이나 뇌졸중 등 어떤 원인으로든 세포손상과 관련된 다양한 종류의 분자 중 하나라도 탐지하면, 부상 부위로 이동하여 그 잔해를 소화한다.

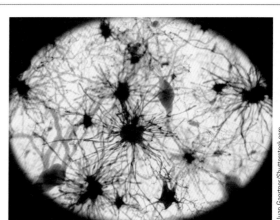

●그림 3.5 **미세아교세포** 미세아교세포는 움직이는 세포로서 시냅스 제거와 뇌의 폐기물 청소에 관여한다.

미세아교세포와 자폐스펙트럼장애

14장에서 보겠지만 자폐스펙트럼장애(autism spectrum disorder, ASD)는 사회적 의사소통의 장애와 한정된 행동 및 관심이 특징이다. ASD의 원인은 잘 알려지지 않았다. 하지만 ASD에서 관찰된 두 가지 사실, 즉 감염과 시냅스의 과잉 증식은 미세아교세포의 기능장애가 ASD의 원인 중 하나일 수 있음을 보여준다.

최초의 단서는 사고로 사망한 ASD가 있는 사람들의 뇌조직 검사와 자폐증이 있는 6명의 살아있는 사람의 뇌척수액으로부터 나왔다(Vargas, Nascimbene, Krishnan, Zimmerman, & Pardo, 2005). 건강한 사람에 비해 ASD가 있는 사람은 감염과 미세아교세포 활동이 증가한 징후가 발견되었다. 두 번째 단서는 발달 중 시냅스 잘라내기에서 미세아교세포가 하는 역할에 집중하는 연구 분야에서 나왔다. 발생 초기에 생쥐는 미세아교세포에 있는 수용체하고만 교신하는 어떤 단백질을 생산한다. 이 단백질에 대한 수용체가 없는 생쥐를 만들어낸 결과, 시냅스가 너무 많아졌는데 이 효과는 성체가 될 때까지 지속되었다(Zhan et al., 2014). 이런 생쥐는 시냅스가 너무 많을 뿐만 아니라 각 시냅스가 더 약하기도 했다. 이는 미성숙하고 덜 효과적인 시냅스를 잘라내지 못한 데서 기인한 것으로 생각된다. 또한 이 생쥐들은 뇌 부위 간 연결의 기능성이 떨어졌으며, 이것 역시 ASD가 있는 사람에게서 관찰된 바 있다(Takano, 2015). 행동적 측면에서 이 쥐들은 사회적 접촉을 회피하고 털 다듬기(grooming)를 하는 데 너무 많은 시간을 소비했다. 이는 생쥐의 자폐증 유사 행동을 보여주는 증상이다.

ASD는 많은 상이한 형태로 나타나기 때문에 그 원인을 찾기가 힘들지만, 미세아교세포가 이런 역할을 할 수 있다는 것은 새로운 치료법의 개발에 대한 희망을 보여준다.

그러나 미세아교세포의 활동이 통제를 벗어나면 뇌를 손상시킬 수 있다. 미세아교세포가 손상된 세포 옆에 있는 건강한 세포를 소화하는 장면이 관찰된 바 있다(Kim & Joh, 2006). 알츠하이머병, 파킨슨병, 다발성 경화증을 비롯한 신경퇴행성 질환의 한 원인으로 미세아교세포에 기인한 감염이 연구되고 있다. 생쥐에게서 미세아교세포를 격감시켰을 때 놀랍게도 생쥐의 건강이나 행동에 영향이 없어 보이는데, 이와 같은 방법이 앞에서 언급한 질병들에 대한 새로운 치료법으로 이어질지도 모른다(Spangenberg et al., 2016).

표 3.1 아교세포의 종류

종류	위치	기능
별아교세포	중추신경계	뉴런에 대한 구조적·영양적 지원 시냅스의 절연 폐기물 청소 혈관-뇌 장벽 화학적 신호전달에 참여
뇌실막세포	뇌실 벽과 척수 중심관	뇌척수액을 이동시킴 줄기세포를 조절함 바이러스를 막는 방벽
성긴돌기아교세포	중추신경계	축삭의 말이집형성
슈반세포	말초신경계	축삭의 말이집형성
미세아교세포	중추신경계	폐기물 청소 시냅스 제거

이 모든 것이 파괴적인 것처럼 보이겠지만, 신경물질을 제거할 수 있다는 것은 건강한 뇌에서 연결을 정교하게 만드는 데 중요하다(5장을 보라). 미세아교세포는 활동이 적은 시냅스를 제거하는 데 한몫하는데, 이는 발달 중인 뇌의 회로 형성에 중요한 부분이다(Hong, Dissing-Olesen, & Stevens, 2016). 그러나 시냅스 상실이 특징인 알츠하이머병의 경우 미세아교세포가 역기능적인 방식으로 시냅스를 제거함으로써 이 병에 한몫할 가능성도 있을 것이다(13장을 보라).

뉴런의 구조

뉴런을 비롯한 모든 동물세포는 세포막, 핵, 그리고 **소기관**(organelle, 세포소기관)이라는 작은 내부 구조물을 갖추고 있다. 이 구조물 중에는 **세포체**(cell body, soma)라는 뉴런의 주된 몸체 속에 존재하는 것이 많다. 뉴런이 다른 세포들과 구조적으로 다른 점은 **축삭**(axon, 축색)과 **가지돌기**(dendrite, 수상돌기)라는 특수한 가지들이 세포체로부터 튀어나와 있다는 것인데, 뉴런은 이것을 이용하여 다른 세포와 교신한다.

신경세포막　어느 세포막이든 일차적인 임무는 세포와 외부 환경 간의 경계를 짓는 것이다. 신경세포막은 뉴런의 내부에 있는 **세포내액**(intracellular fluid), 즉 세포질(cytoplasm)을 그 뉴런을 둘러싸고 있는 **세포외액**(extracellular fluid)과 분리해야 한다. 이 장에서 나중에 보겠지만 이 두 가지 체액의 화학적 구성은 매우 다르다. 이 차이를 유지하는 것이 신경 신호를 생성해서 내보내는 과정에 필수적이다.

신경세포막은 그 분자 구조를 통해서 이 임무를 완수한다. ●그림 3.6에서 확인할 수 있듯이 신경세포막은 인(燐, phosphate)을 함유한 지방 분자인 인지질(phospholipid)의 이중 층으로 이루어져 있다. 인지질은 지방이기 때문에 물에 녹지 않는다. 당신이 요리를 하거나 샐러드드레싱을 만들 때 기름과 물이 섞이지 않는 것을 보았을 것이다. 신경세포막은 지방 구조이기 때문에 안팎 어느 쪽으로든 친수성 체액을 가두어둘 수 있고, 따라서 뉴런의 구조적 안정성을 유지시킨다. 세포막은 겨우 인지질 분자 2개의 폭이므로 두께가 5nm(1nm= 10억분의 1m, 즉 10^{-9}m)밖에 안 됨에도 이런 일을 수행할 수 있다.

이러한 인지질 막에 여러 가지 중요한 단백질 구조물이 박혀있는데, 이들이 막의 **투과성**(permeability), 즉 세포막을 통과하는 물질의 이동을 통제한다. 신경 기능을 살펴볼 때 우리의 관심은 두 가지 중요한 단백질 구조, 즉 **이온 통로**(ion channel)와 **이온 펌프**(ion pump)에 있다. 이들은 특정 **이온**(ion; 전하를 가진 입자)이 뉴런을 드나들 수 있는 구멍, 즉 통로를 제공한다. 이온 통로는 에너지 소비 없이 이온이 수동적으로 이동할 수 있게 하는 반면, 이온 펌프는 에너지를 소비한다. 이온 통로와 펌프 모두 이온 선택성, 즉 특정 유형의 이온만 통과시키는 특성을 나타낸다. 단백질의 구성 물질인 아미노산 중 어느 것들이 이온 통로나 펌프를 만드는가에 따라 어느 이온이 막을 통과할 수 있는가가 결정된다.

소기관 세포 내의 작은 구조물로서 특정 기능을 수행함.

세포체 핵 및 많은 소기관을 포함하는, 뉴런의 주된 몸체.

축삭 대개 다른 뉴런으로 신호를 전달하는, 뉴런의 가지.

가지돌기 대개 다른 뉴런으로부터 정보를 받아들이는, 뉴런의 가지.

세포내액 세포의 내부에 있는 액체. 세포질이라고도 함.

세포외액 세포를 둘러싸고 있는 액체. 사이질액이라고도 함.

투과성 어떤 물질이 다른 물질로 하여금 자신을 어느 정도나 통과할 수 있게 할지를 결정하는 특성.

이온 통로 세포막에 박혀있는 단백질 구조로서 이온이 에너지를 소비하지 않고서도 통과할 수 있게 함.

이온 펌프 세포막에 박혀있는 단백질 구조로서 에너지를 소비하여 이온을 막 너머로 통과시킴.

이온 액체 속에 있는, 전하를 띤 입자.

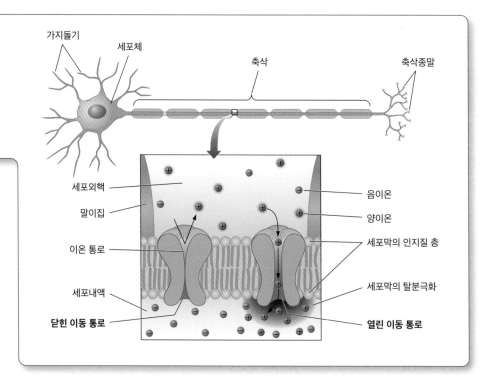

●그림 3.6 **신경세포막** 신경세포막은 인지질 분자의 이중 막으로 구성된다. 이 이중 막에 이온 통로나 이온 펌프로 작용하는 단백질들이 박혀있다. 이 구조들은 열리고 닫힘으로써 신경세포막을 통과하는 이온의 움직임을 통제한다.

가지돌기
세포체
축삭
축삭종말
세포외핵
말이집
이온 통로
세포내액
닫힌 이동 통로
음이온
양이온
세포막의 인지질 층
세포막의 탈분극화
열린 이동 통로

이온 통로는 바로 옆에 주어지는 자극에 반응하여 열리고 닫힌다. **전압 의존성 통로**(voltage-dependent channel)라 불리는 이온 통로들은 인접한 막 부위의 전기적 상태에 따라 열리고 닫힌다. 이 통로는 우리가 나중에 뉴런 내부의 전기적 신호전달을 살펴볼 때 중요하게 다룰 것이다. **리간드 개폐성 이온 통로**(ligand-gated channel, 결합물질 의존성 통로)는 특정 화학물질과 결합할 때 열린다. 그런 화학물질은 대개 자연적으로 존재하는 화학적 전달자이지만 인위적으로 만들어진 약물일 수도 있다(4장을 보라). 리간드 개폐성 이온 통로는 시냅스, 즉 두 뉴런 간의 연결 부위에서 일어나는 사건을 살펴볼 때 아주 중요하다.

뉴런에 있는 이온 펌프 중 가장 중요한 두 가지는 **나트륨-칼륨 펌프**(sodium-potassium pump)와 **칼슘 펌프**(calcium pump)이다. 나트륨-칼륨 펌프는 세포내액과 세포외액 간의 화학 성분 차이를 유지하는 일을 돕는다. 이 펌프는 신경세포막 안팎으로 '포로 교환'을 한다. 즉 3개의 나트륨 이온을 세포 밖으로 내보내면서 2개의 칼륨 이온을 세포외 환경으로부터 끌어들인다. 이 과정은 뉴런에게 많은 비용을 요구한다. 아마도 뇌가 사용하는 에너지의 20~40% 정도가 나트륨–칼륨 펌프를 작동시키는 데 사용될 것이다(Sheng, 2000). 칼슘 펌프도 비슷한 기능을 수행한다. 다만 칼슘을 세포 밖으로 내보내면서 다른 종류의 이온을 끌어들이지는 않는다. 우리가 나중에 뉴런의 신경화학물질 분비를 살펴볼 때 뉴런 내의 칼슘 수준을 낮게 유지하는 것이 필수적임을 알게 될 것이다.

세포뼈대 구조적 지지대 없는 신경세포막은 뼈 없는 피부와 마찬가지일 것이다. **세포뼈대**(cytoskeleton, 세포골격)는 뉴런의 모양을 유지하는 구조적 지지를 제공한다. 세

전압 의존성 통로 국지적인 전기적 환경에 반응하여 열리거나 닫히는 이온 통로.

리간드 개폐성 이온 통로 화학적 전달자에 반응하는, 신경세포막에 있는 이온 통로.

나트륨-칼륨 펌프 에너지를 사용하여 세포외액으로부터 2개의 칼륨 이온을 끌어들이는 동시에 3개의 나트륨 이온을 내보내는 이온 펌프.

칼슘 펌프 신경세포막에 박혀있는 단백질 구조로서 에너지를 사용하여 칼슘 이온을 세포 밖으로 이동시킴.

세포뼈대 뉴런의 내부 구조를 제공하는 필라멘트의 그물.

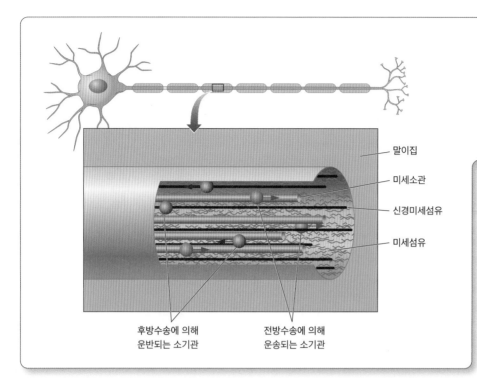

●그림 3.7 세 종류의 섬유가 뉴런의 **세포뼈대를 이룬다** 미세소관은 뉴런 내에서 물질의 수송을 위한 수단을 제공한다. 신경미세섬유는 구조적 지지를 제공하는 반면, 미세섬유는 발달 및 학습과 연관된 구조적 변화에 관여할 수 있다.

말이집

미세소관

신경미세섬유

미세섬유

후방수송에 의해 운반되는 소기관

전방수송에 의해 운송되는 소기관

유형의 필라멘트, 즉 섬유가 뉴런의 세포뼈대를 구성한다. 또한 이 구조적 섬유들은 세포 안에서 물질을 이동시키고 다양한 통로 및 수용체 단백질을 신경세포막의 적절한 장소에 고정시킨다.

　세 가지 세포뼈대 섬유 중 가장 큰 것이 **미세소관**(microtubule)인데, 이는 지름이 약 25nm인 텅 빈 튜브 모양으로 생겼다. ●그림 3.7에 보이는 미세소관은 신경화학물질을 함유한 소낭을 비롯하여 다양한 물질을 세포 내에서 이동시킨다. 미세소관을 타고 세포체로부터 멀어지는 방향으로 가는 움직임을 **전방수송**(anterograde transport), 말초로부터 세포체 방향으로 가는 움직임을 **후방수송**(retrograde transport)이라고 한다. 수송 속도는 이동시킬 물질의 유형에 따라 '느린' 것(하루에 8mm 이하)에서 '빠른' 것(하루에 약 400mm)까지 다양하다(McEwen & Grafstein, 1968). 혈관-뇌 장벽 때문에 정상적으로는 신경계로 들어오지 못하는 많은 병원체(광견병, 소아마비, 단순포진, 파상풍 독소 등)가 후방수송체계에 몰래 올라타서 축삭종말로부터 뇌와 척수까지 이동하여 상당한 손상을 가한다.

　미세소관은 알츠하이머병의 발생에 관여한다(13장을 보라). 이 병은 처음에는 기억 상실로 나타나서 점차 인지적·신체적 기능이 저하되다가 결국 죽음에 이르게 되는 질환이다. 알츠하이머병의 특징적인 증상 중 하나는 타우(tau)라는 단백질로 이루어진 신경섬유매듭(neurofibrillary tangle, 신경섬유의 엉킴, 신경섬유농축체)이 존재한다는 것이다. 타우는 여러 종류의 미세소관결합단백질(microtubule-associated protein, MAP)의 하나이다. 건강한 뇌에서는 타우가 마치 사다리의 가로대처럼 인접한 미세소관들을 연결하여 고정한다. 알츠하이머병에서는 타우의 수준이 높아진다(Baas & Qiang,

미세소관 세포뼈대에 있는 가장 큰 종류의 섬유로서, 신경화학물질 및 기타 산물이 세포체로 드나들게 운송하는 역할을 함.
전방수송 뉴런의 세포체로부터 축삭종말로 미세소관을 따라 물질이 이동하는 것.
후방수송 축삭종말로부터 세포체로 미세소관 체계를 통해 물질이 이동하는 것.

●그림 3.8 타우 인산화 타우 단백질에 붙은 인 분자들이 신경섬유매듭과 구조적 붕괴를 야기한다.

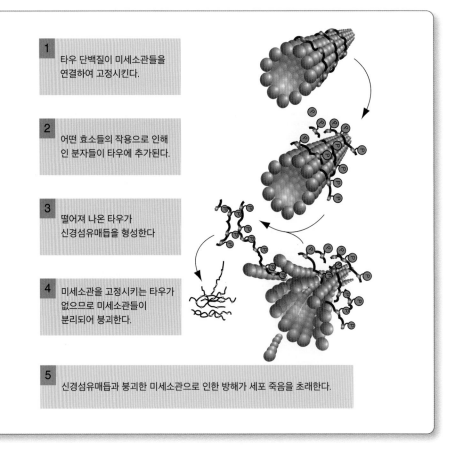

1 타우 단백질이 미세소관들을 연결하여 고정시킨다.

2 어떤 효소들의 작용으로 인해 인 분자들이 타우에 추가된다.

3 떨어져 나온 타우가 신경섬유매듭을 형성한다

4 미세소관을 고정시키는 타우가 없으므로 미세소관들이 분리되어 붕괴한다.

5 신경섬유매듭과 붕괴한 미세소관으로 인한 방해가 세포 죽음을 초래한다.

2005). 그에 대한 반응으로 뉴런은 타우 단백질에다가 인 분자들을 붙이는데, 그 결과 타우 단백질이 미세소관에서 분리된다. ●그림 3.8에서 볼 수 있듯이 분리된 타우는 엉키기 시작하면서 뉴런이 신호를 보내고 구조를 유지하는 능력을 방해하게 된다. 뉴런은 스스로 접혀 들면서 붕괴한다(Brandt, 2001).

　　신경미세섬유(neurofilament, 신경필라멘트)는 중간 크기의 미세섬유로서 뉴런에서 가장 흔한 섬유이다. 신경미세섬유는 대개 지름이 약 10nm로서 미세소관의 절반 이하이다. 신경미세섬유의 구조는 머리털과 비슷하며, 강도는 작은 크기치고는 매우 높다. 신경미세섬유는 축삭의 긴 축에 평행하게 깔려있으며 구조적 지지를 제공한다. 가장 작은 섬유는 **미세섬유**(microfilament)로서 지름이 3~5nm이다. 미세섬유는 대부분 뉴런의 가지돌기들에 자리하기 때문에 발달 동안 일어나는(Rajnicek, 2006), 그리고 학습에 기인한(10장을 보라) 뉴런 가지돌기의 모양 및 길이의 변화에 관여한다.

세포체　뉴런의 세포체는 ●그림 3.9에서 보듯이 다른 동물세포에서와 똑같은 작은 구조물을 많이 갖추고 있으며 똑같은 기능을 많이 수행한다. 또한 신경세포체는 뉴런의 정보처리와 교신 기능에 전문적으로 관여한다.

　　세포체에서 가장 눈에 띄는 구조는 세포의 기능을 지시하는 DNA를 포함한 **핵**(nucleus)이다. 핵에는 **인**(nucleolus)이라는 하위 구조가 들어있는데, 이것은 **리보솜**(ribosome)이라는 소기관을 생산한다. 리보솜은 혼자서 또는 세포체에 있는 또 다른

신경미세섬유 세포뼈대에 있는, 구조적 지지를 제공하는 신경섬유.

미세섬유 세포뼈대에 있는, 축삭과 가지돌기의 길이와 모양의 변화에 관여할 수 있는 가장 작은 섬유.

핵 세포체 속에 있는, 그 세포의 DNA를 포함하고 있는 하위 구조.

인 세포의 핵 속에 있는, 리보솜을 생산하는 하위 구조.

리보솜 단백질 합성에 관여하는 세포체 내의 소기관.

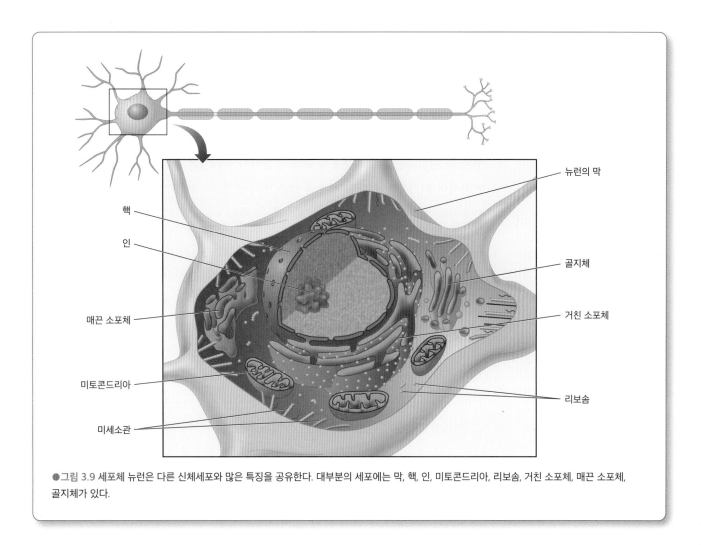

●그림 3.9 세포체 뉴런은 다른 신체세포와 많은 특징을 공유한다. 대부분의 세포에는 막, 핵, 인, 미토콘드리아, 리보솜, 거친 소포체, 매끈 소포체, 골지체가 있다.

소기관인 **소포체**(endoplasmic reticulum)와 연합하여 단백질을 생산한다. 소포체는 거친 부분과 매끈한 부분으로 나눌 수 있다. 거친 소포체(rough endoplasmic reticulum, 조면 소포체)는 표면에 리보솜이 많이 붙어있어서 그 이름처럼 울퉁불퉁한 모양이다. 매끈 소포체(smooth endoplasmic reticulum, 활면 소포체)에는 리보솜이 전혀 붙어있지 않다. 단백질은 거친 소포체에 있는 리보솜에서 만들어진 다음에 매끈 소포체에 의해 **골지체**(Golgi apparatus)로 이동한다. 이 소기관은 완성된 단백질을 소낭(vesicle) 속으로 삽입한다. 소낭이란 세포막을 구성하는 재료로 만들어진 작은 주머니이다.

미토콘드리아(mitochondrion)는 세포내액에 있는 당(sugar)으로부터 산소와 피루브산(pyruvic acid)을 추출하며, 뉴런의 주된 에너지원인 아데노신 3인산(adenosine triphosphate, ATP) 분자들을 만들어서 방출한다. 한 세포 내의 미토콘드리아 수는 그 세포의 에너지 필요량에 좌우되며, 1개부터 몇천 개에 이르기까지 다양하다. 휴지 상태의 겉질 뉴런은 초당 47억 개의 ATP 분자를 필요로 한다(Zhu et al., 2012). 미토콘드리아는 그 자신의 DNA를 지니고 있으며 자신을 포함하고 있는 세포로부터 독립적으로 증식한다는 점에서 다른 소기관과 차이가 있다. 대부분의 동물 종은 미토콘드리아를 어미에게서 물려받는다. 정자는 꼬리에 미토콘드리아를 지니고 있지만, 수정 시 난

소포체 단백질 합성에 관여하는 세포체 내의 소기관.

골지체 단백질을 소낭으로 포장하는 세포체 내 소기관.

미토콘드리아 피루브산과 산소를 아데노신 3인산으로 변환하여 세포에 에너지를 제공하는 소기관.

자에 부착될 때 그 꼬리가 떨어진다. 그 결과 수정란에 남게 되는 유일한 미토콘드리아는 어미로부터 온 것이다. 미토콘드리아 DNA는 세대마다 핵 DNA처럼 섞이지 않기 때문에 진화 과정을 추적하는 데 특히 유용하다(2장을 보라).

뉴런의 복잡한 구조와 길이는 미토콘드리아에 특수한 문제를 유발한다. 미토콘드리아는 세포체에서 합성되지만 몇십 cm 이상 떨어진 축삭종말에서 필요할 수도 있다. 뉴런 내 미토콘드리아의 분포와 수송의 장애가 양극성장애(14장을 보라), 파킨슨병, 알츠하이머병(13장을 보라)을 비롯한 많은 병의 원인 중 하나로 추측된다.

가지돌기   대부분의 뉴런은 '나무'를 뜻하는 그리스어에서 유래한 가지돌기(dentrite, 수상돌기)를 많이 갖고 있다. 가지돌기는 세포체와 마찬가지로 다른 뉴런으로부터 정보를 받아들이는 장소의 역할을 한다. 가지돌기 막의 표면적이 큰 뉴런일수록 다른 뉴런과 더 많은 연결, 즉 시냅스를 형성할 수 있다. 평균적인 척수의 운동뉴런은 약 1만 개의 시냅스에서 정보를 받아들이는데, 그중 약 2,000개가 세포체에, 나머지 8,000개가 가지돌기에 있다. 가지돌기에 있는 시냅스에는 수용체 역할을 하는 특수한 리간드 개폐성 이온 통로들이 신경세포막에 박혀있다. 이러한 수용체 부위는 주변에 있는 뉴런이 분비한 **신경화학물질**(neurochemical) 분자와 상호작용한다. 이 분자들은 정보를 전달하는 뉴런과 받아들이는 뉴런 사이의, 액체로 가득 찬 공간인 **시냅스틈**(synaptic gap, 시냅스간극)을 건너간다. 또는 수용체 부위는 신경계의 다른 부분에서 확산되는 신경화학물질 분자와 상호작용한다.

어떤 가지돌기는 **가지돌기가시**(dendritic spine, 수상돌기가시, 수지상극)라는 문손잡이 모양의 구조들을 갖추고 있다. ●그림 3.10처럼 가지돌기가시는 시냅스가 형성되는 또 다른 장소를 제공한다. 시냅스에서 일어나는 활동의 양에 따라 가시의 모양이 변화할 수 있는데, 이는 학습과 기억 과정에 한몫한다(10장을 보라). 가시의 비정상적인 밀집도와 모양이 자폐스펙트럼장애, 조현병, 알츠하이머병의 원인 중 하나일지도 모른다(Penzes, Cahill, Jones, VanLeeuwen, & Woolfrey, 2011).

축삭   그림 3.10에서 확인할 수 있듯이 하나의 뉴런에는 많은 가지돌기가 있지만 일반적으로 축삭은 단 하나만 있다. 축삭은 다른 뉴런으로 메시지를 보내는 역할을 한다. 세포체와 축삭의 합류점에 있는 원뿔 모양의 부분을 **축삭둔덕**(axon hillock, 축삭구)이라고 부른다. **활동전위**(action potential)라는 전기적 신호가 축삭둔덕과 첫째 말이집 사이의 부분인 **최초 분절**(initial segment)에서 시작되고 나서 축삭을 따라 재생되며 나아간다.

축삭의 지름은 아주 다양하다. 인간을 비롯한 척추동물에서는 축삭의 지름이 $1\mu m(\mu m; 10^{-6}m)$보다 작은 것에서부터 약 $25\mu m$에 이르는 것까지 있다. 오징어 같은 무척추동물의 축삭 지름은 1mm나 되기도 하는데, 이는 척추동물의 가장 작은 축삭보다 1,000배 이상 큰 것이다. 축삭 지름의 크기는 신호전달 속도에 결정적이다. 축삭 지

신경화학물질 뉴런 활동에 관여하는 작은 유기분자.

시냅스틈 시냅스에 있는, 뉴런 간의 액체로 가득 찬 작은 공간.

가지돌기가시 다른 뉴런과 시냅스를 형성하기 위한 세포막 부위를 추가해 주는, 가지돌기상의 문손잡이 모양 구조.

축삭둔덕 세포체와 축삭의 합류점에 있는 원뿔 모양의 축삭 부위로서 활동전위가 시작되는 곳.

활동전위 축삭에서 일어나는 신경충동.

최초 분절 축삭둔덕과 첫째 말이집 부위 사이의 축삭 부분.

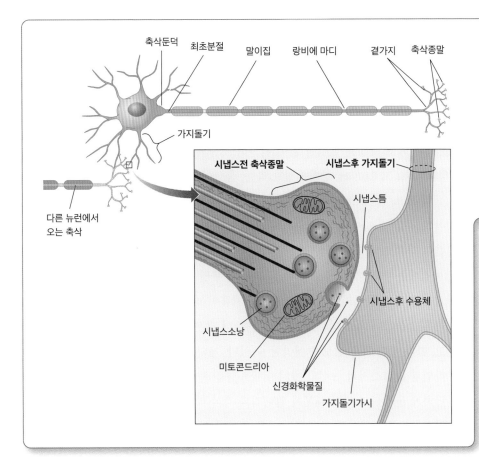

축삭둔덕 최초분절 말이집 랑비에 마디 곁가지 축삭종말

가지돌기

다른 뉴런에서
오는 축삭

시냅스전 축삭종말   **시냅스후 가지돌기**

시냅스틈

시냅스후 수용체

시냅스소낭

미토콘드리아

신경화학물질

가지돌기가시

●그림 3.10 축삭과 가지돌기
활동전위는 축삭둔덕과 첫째 말이집
사이에 있는 최초 분절에서 시작되어
축삭을 타고 축삭종말까지 간다.
축삭종말에 활동전위가 도달하면
시냅스소낭에서 신경화학물질이
분비된다. 신경화학물질 분자들은
확산되어 시냅스틈을 건너가서 이웃한
뉴런의 가지돌기에 박혀있는 수용체와
상호작용한다.

름이 클수록 지름이 작은 축삭보다 신호전달 속도가 더 빠르다. 이것은 오징어가 우리
보다 더 빠른 속도로 생각한다는 의미일까? 전혀 아니다. 큰아교세포에 관한 부분에서
언급했듯이 척추동물의 축삭 중에는 **말이집**(myelin, 수초)으로 절연된 것이 많은데, 말
이집은 축삭 지름이 작아도 빠른 신호전달을 가능하게 한다.

축삭은 지름뿐 아니라 길이 또한 다양하다. 어떤 뉴런의 축삭은 주변의 세포와 겨
우 교신할 만큼 짧다. 이러한 뉴런을 **국소회로뉴런**(local circuit neuron)이라 부른다. 반
면 **투사뉴런**(projection neuron)이라고 불리는 다른 종류의 뉴런은 아주 긴 축삭을 갖
고 있다. 우리의 척수 속에 있는 뉴런의 세포체에서 나온 축삭이 엄지발가락까지 뻗어
있다는 점을 생각해 보라. 키가 얼마인가에 따라 이 축삭의 길이는 90cm가 넘을 수도
있다.

뉴런은 축삭이 하나만 있어도 다른 많은 세포와 교신할 수 있다. 축삭의 끝부분은
곁가지(collateral, 측지)라는 가지들로 나누어지는 경우가 많다. 축삭 곁가지의 맨 끝에
는 **축삭종말**(axon terminal, 축색종말)이라는 부풀어 오른 부분이 있다. 축삭의 말이집
이 없는 부위에 일정한 간격을 두고 **축삭염주**(axonal varicosity)라는 또 다른 부풀어 오
른 부분들이 있다. 축삭종말과 축삭염주는 미토콘드리아와 시냅스소낭을 모두 갖추고
있다. **시냅스소낭**(synaptic vesicle, 시냅스소포, 시냅스 주머니)은 세포막과 동일한 이중
지방 분자들로 구성되어 있으며 대략 지름이 40nm인데, 신경화학물질을 담고 있다가

말이집 일부 축삭을 둘러싸서 절연하는
　지방 물질로서 전기 신호전달의
　속도와 효율을 높여줌.
국소회로뉴런 바로 근처에 있는
　뉴런들과만 교신하는 뉴런.
투사뉴런 매우 긴 축삭을 갖고서
　신경계의 멀리 있는 뉴런과 교신하는
　뉴런.
곁가지 축삭 끝부분 가까이에 있는,
　목표물과 가장 가까운 가지들 중
　하나.
축삭종말 축삭 곁가지의 끝에 있는
　부풀어 오른 부분으로서 신경화학
　물질의 분비에 전문화됨.
축삭염주 말이집이 없는 축삭 부위
　중 부풀어 오른 부분으로서
　대개 미토콘드리아를, 때로는
　시냅스소낭을 포함함.
시냅스소낭 신경화학물질을 담고 있는
　축삭종말 속 작은 구조.

분비한다.

　모든 축삭은 아니나 척추동물 신경계의 많은 축삭이 말이집으로 싸여있다. 성인의 경우 중추신경계 뉴런과 말초의 운동뉴런은 대부분 말이집으로 싸여있다. 말초 감각 신경은 말이집이 있을 수도 있고 없을 수도 있는데, 가장 지름이 작은 섬유가 말이집이 있을 가능성이 더 낮다. 말이집이 한 축삭을 처음부터 끝까지 둘러싸지는 않는다. 축삭둔덕과 최초 분절은 말이집 없이 완전히 노출되어 있으며 각 말이집 사이마다 **랑비에 마디**(node of Ranvier, 랑비에 결절)라는, 축삭이 그냥 노출된 간격이 있다. 랑비에 마디는 약 1μm 길이로서, 축삭을 따라가며 0.2~2.0mm 간격을 두고 생겨나는데, 이는 축삭의 지름 및 길이에 따라 다르다. 지름이 큰 축삭은 말이집이 더 두껍고 랑비에 마디 간의 간격도 더 크다.

　말이집에는 여러 가지 중요한 이점이 있다. 무엇보다, 앞서 언급한 것처럼 말이집은 전달 속도를 저하시키지 않고도 축삭의 지름이 더 작아질 수 있게 한다. 신경계에서 공간은 소중하다. 축삭의 지름이 작을수록 더 많은 신경조직이 두개골 속에 들어갈 수 있고, 따라서 더 많은 정보를 처리할 수 있다. 게다가 말이집은 나트륨-칼륨 펌프가 하는 작업량을 감소시켜 뉴런의 에너지 필요량을 줄인다. 말이집 분절이 축삭을 너무나 단단하게 둘러싸고 있기 때문에 말이집과 축삭 막 사이에는 세포외액이 거의 또는 전혀 없다. 그 결과 말이집 아래에는 이온 통로가 있을 필요가 없다. 말이집 축삭에서 이온 통로가 많은 곳은 축삭둔덕, 최초 분절, 그리고 랑비에 마디뿐이다. 이와 달리 민말이집 축삭(무수축삭)은 그 전체 길이에 걸쳐 이온 통로를 갖고 있다. 따라서 똑같은 길이의 축삭을 놓고 볼 때 신호전달 시 이온 통로를 통과하여 이동하는 이온의 수가 민말이집 축삭보다 말이집 축삭의 경우에 더 적다. 나트륨-칼륨 펌프는 이온들을 신호전달 이전의 위치로 되돌려 놓기 위해 작동하기 때문에 말이집 축삭에서는 그런 작업이 덜 필요하다.

뉴런의 구조적 다양성

뉴런을 범주화하는 방법에는 여러 가지가 있다. 앞에서 살펴본 방법은 축삭의 길이에 따라 뉴런을 국소회로뉴런과 투사뉴런으로 분류하는 것이었다. 이 외에도 뉴런을 또 다른 구조적 특징에 따라 분류할 수 있다. 구체적으로 말하자면 우리는 뉴런의 세포체로부터 뻗어나가는 가지의 수를 볼 것이다. 이 장의 처음에 이야기했듯이 형태는 대개 기능을 따라간다. 그러므로 뉴런의 형태를 이해하면 그 뉴런이 신경계에서 하는 역할을 알 수 있다. ●그림 3.11은 뉴런의 다양한 구조적 유형과 관련 기능의 예를 보여준다.

　단극성 뉴런(unipolar neuron)은 그 이름으로부터 알 수 있듯이 세포체로부터 단 하나의 가지가 뻗어나온다. 이런 뉴런은 무척추동물의 신경계에 일반적이다. 우리 같은 척추동물에게서는 단극성 뉴런이 감각계에 존재한다. 예를 들면 단극성 뉴런은 몸감

유형	모양	위치	몇몇 기능의 예
단극성 뉴런	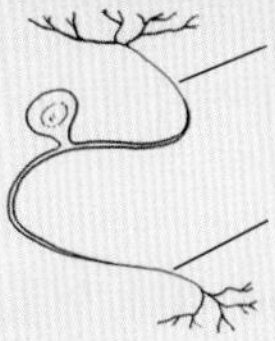 중추신경계로 들어감 / 말초 부위로 감	척수 근처에 있으며, 돌기가 피부, 근육, 기관, 분비샘들로 뻗어나감	촉감, 피부 온도, 통증에 대한 정보를 전달함
양극성 뉴런	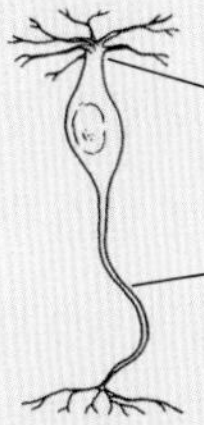 가지돌기 / 축삭	망막 달팽이관 후각망울 혀	여러 감각계에서 정보를 전달함
	 가지돌기 / 축삭 폰 에코노모 뉴런(VEN)	앞쪽 띠겉질(ACC) 대뇌섬	복잡한 상황에 대해 빠르고 직관적인 평가를 함
다극성 뉴런	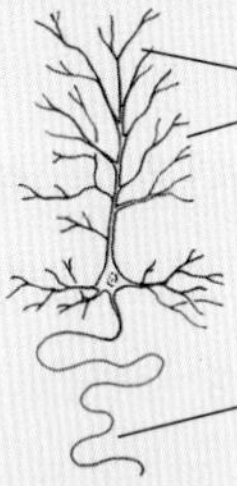 가지돌기 / 축삭 피라미드세포	대뇌겉질	운동과 인지에 관여함
	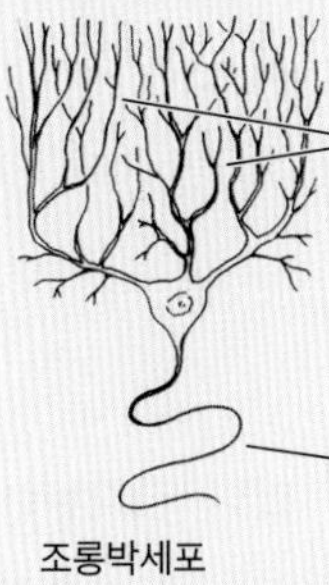 가지돌기 / 축삭 조롱박세포	소뇌	운동에 관여함
	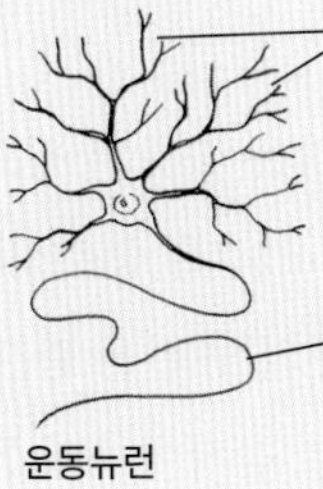 가지돌기 / 축삭 운동뉴런	척수에 있으며, 축삭이 근육과 분비샘까지 뻗어나감	근육과 분비샘으로 명령을 전달함

●그림 3.11 뉴런의 구조적 및 기능적 분류 단극성 및 양극성 뉴런은 대개 척추동물의 감각계에 존재하며, 외부 세계로부터 또는 신체 내부로부터 들어오는 정보를 부호화하여 전달한다. 다극성 뉴런은 일반적으로 분비샘과 근육으로 명령을 전달하는 운동뉴런이거나, 감각뉴런과 운동뉴런 간의 다리 역할을 하는 중간뉴런이다.

각(촉감, 온도, 통증)에 관여한다. 몸감각계(somatosensory system, 체감각계)에 있는 단극성 뉴런의 세포체에서 나온 하나의 가지는 곧 둘로 나누어져서 하나는 중추신경계를 향하여 뻗어나가고 다른 하나는 피부와 근육으로 뻗어나간다. 피부와 근육 근처에 있는 말초 끝부분에서 시작된 신호는 세포체를 스쳐 지나서 척수나 뇌를 향하여 나아간다.

두 번째 구조적 유형은 **양극성 뉴런**(bipolar neuron)이다. 이들은 세포체로부터 2개의 가지가 뻗어나오는데, 하나는 축삭이고 다른 하나는 가지돌기이다. 양극성 뉴런은 눈의 망막(6장을 보라)을 비롯하여 감각계에서 중요한 역할을 한다. 방추뉴런(spindle neuron)이라는 특수한 유형의 양극성 세포가 있는데 그 발견자의 이름을 따서 폰 에코노모 뉴런(von Economo neuron, VEN)이라고도 한다(von Economo & Koskinas, 1929). 이 세포는 인간, 유인원, 코끼리, 고래의 앞쪽 띠겉질, 관자엽의 대뇌섬 영역과 이마엽의 합류 부위, 등쪽가쪽 이마앞겉질에 존재한다. 정확한 기능은 밝혀지지 않았지만 VEN은 복잡한 상황에 대해 신속하고 직관적인 평가를 내리기에 알맞도록 만들어진 것으로 보인다(Allman, Watson, Tetreault, & Hakeem, 2005). 이 세포들은 그것을 소유한 매우 지능적인 종들이 행하는 복잡한 사회적 행동을 평가하고 수행하는 데 특히 중요할 수 있다. 이마관자엽치매(frontotemporal dementia, 전두측두엽치매; 13장을 보라)와 연관된 공감, 사회적 의식 및 자기통제력의 상대적인 결핍은 이 병에서 발견되는 VEN의 상실에 기인하는지도 모른다.

척추동물 신경계에서 가장 흔한 구조적 유형의 뉴런은 **다극성 뉴런**(multipolar neuron)이다. 이들은 세포체로부터 많은 가지가 뻗어나온다. 이는 대개 그 세포가 하나의 축삭과 많은 가지돌기를 갖고 있음을 의미한다. 다극성 뉴런은 모양에 따라 더 세세하게 나누어질 수 있다. 예컨대 대뇌겉질과 해마에 있는 피라미드세포(pyramidal cell, 추상세포)는 피라미드처럼 생긴 세포체를 갖고 있다. 소뇌의 조롱박세포(Purkinje cell, 푸르키녜세포, 퍼킨제세포)는 15만 개나 되는 시냅스를 형성할 수 있을 만큼 엄청나게 많은 가지돌기를 갖고 있다.

뉴런의 기능적 다양성

신경계에서 하는 역할에 따라 뉴런을 분류할 수도 있다. **감각뉴런**(sensory neuron)은 외부 세계로부터 그리고 신체 내부로부터 정보를 받는 데 전문화되어 있다. 시각, 청각, 미각, 후각, 통각이라는 우리의 감각은 모두 전문화된 수용기뉴런(receptor neuron)에 의존한다. 이 뉴런들은 빛이나 음파 같은 많은 종류의 정보를 신경계가 처리할 수 있는 신경 신호로 전환한다. **운동뉴런**(motor neuron)은 중추신경계로부터 내려오는 명령을 근육과 분비샘으로 직접 전달한다. 대부분의 뉴런은 **중간뉴런**(interneuron, 사이신경세포, 간재뉴런)으로 알려져 있다. 중간뉴런은 감각이나 운동 기능에 전문화되어 있지 않은 대신 감각계와 운동계 간의 다리 역할을 한다.

양극성 뉴런 세포체로부터 2개의 가지, 즉 하나의 축삭과 하나의 가지돌기가 뻗어나오는 뉴런.

다극성 뉴런 세포체로부터 여러 개의 가지가 뻗어나오는 뉴런. 대개 하나는 축삭이고 나머지는 가지돌기임.

감각뉴런 들어오는 감각 정보를 전기적 신호로 변환시키는 데 전문화된 뉴런.

운동뉴런 근육 및 분비샘과 교신하는 데 전문화된 뉴런.

중간뉴런 감각뉴런과 운동뉴런 간의 다리 역할을 하는 뉴런.

중간 요약 3.1

‖ 요점

1 신경계는 두 종류의 세포, 즉 아교세포와 뉴런으로 구성되어 있다. 아교세포는 다양한 지원 기능을 수행하며, 뉴런은 정보를 처리하고 교신하는 일을 담당한다. (LO1)

2 큰아교세포는 말이집형성을 비롯하여 뉴런을 지원하는 다양한 기능을 한다. 미세아교세포는 약한 시냅스를 제거하고 손상된 뉴런으로 인해 생겨난 폐기물을 청소한다. (LO2)

3 신경세포막은 인지질 분자 2개 두께인 층으로 구성되어 있다. 이 인지질 막에는 화학물질이 뉴런을 드나들도록 허용하는 특수한 단백질인 이온 통로들이 박혀있다. 뉴런의 세포뼈대는 구조적 지지를 제공하며 뉴런 내의 물질 운송을 가능하게 한다. (LO3)

4 세포체는 뉴런의 기초대사와 단백질 합성에 관여하는 중요한 소기관들을 포함한다. 또한 세포체는 다른 뉴런과의 시냅스 부위이기도 하다. (LO3)

5 뉴런은 축삭과 가지돌기라는 특수한 돌기를 통해 다른 세포와 교신한다. (LO3)

6 뉴런은 세포체로부터 뻗어나가는 가지의 수에 따라, 그리고 그 기능에 따라 분류될 수 있다. (LO4)

‖ 복습 문제

1 큰아교세포와 미세아교세포가 수행하는 서로 다른 기능은 무엇인가?

2 가지돌기와 가지돌기가시의 역할은 무엇이며, 어떤 구조적 특성 덕분에 이들은 그런 기능을 할 수 있는가?

활동전위의 생성

신경 교신(neural communication)의 첫 단계는 전기 신호, 즉 활동전위의 발생이다. 이 신호는 정보를 내보내는 뉴런, 즉 시냅스전 뉴런(presynaptic neuron)의 최초 분절에서 처음 생성된다. 그다음에 이 신호는 축삭을 따라 전파되어야, 즉 복제되어가야 하는데, 이는 스파크가 퓨즈를 타고 내려가는 것과 비슷하다. 활동전위가 축삭종말에 도달하면 신호전달 과정이 전기적인 것에서 화학적인 것으로 바뀐다. 시냅스전 뉴런은 축삭종말에서 신경화학물질 분자를 분비한다. 이 분자들은 시냅스틈을 건너서 기다리고 있던 시냅스후 뉴런(postsynaptic neuron), 즉 정보를 받아들이는 뉴런으로 가거나, 멀리 확산되어 더 먼 위치에 있는 다른 뉴런과 상호작용한다. 그 뒤 그 메시지를 계속해서 전달할지 말지는 시냅스후 뉴런이 결정한다.

세포내액과 세포외액의 이온 성분

신경세포막에 대한 논의에서 우리는 막의 중요한 임무 중 하나가 세포내액과 세포외액을 분리된 상태로 유지하는 것임을 배웠다. 게다가 앞서 살펴본 나트륨-칼륨 펌프 또한 이 두 종류의 체액 간의 차이를 유지하도록 작동한다. 이 두 체액 간의 차이가 뉴런에게 전기적 신호전달을 위한 에너지를 제공한다.

세포내액과 세포외액에는 물이라는 성분이 공통으로 있지만 함유된 이온들의 상대적 농도는 서로 다르다. 어떤 화학물질이 물에 녹으면 이온이라는 형태를 취하게 된다. 예를 들면 소금(NaCl)이 물에 녹으면 나트륨 이온(Na⁺)과 염소 이온(Cl⁻)으로 분리된다. 이 이온들은 다시 합쳐져서 염을 형성하는 게 아니라 서로 분리된 채로 유지되는데, 이는 서로에게 끌리는 힘보다 물에 끌리는 힘이 더 강하기 때문이다. 각 종류의 이온과 관련된 +, - 기호는 전하(electrical charge)를 나타낸다. 이는 곧 그 이온의 양성자와 전자의 상대적 수에 좌우된다. 음전하를 띤 이온은 양성자보다 전자를 더 많이 가진 반면, 양전하를 띤 이온은 양성자보다 전자를 더 적게 갖는다.

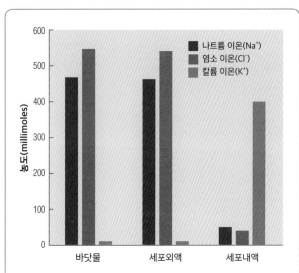

●그림 3.12 세포외액과 세포내액의 성분 세포외액은 바닷물과 비슷해서 나트륨과 염소의 농도가 높고 칼륨의 농도는 낮다. 세포내액은 칼륨 농도가 높지만 나트륨과 염소의 농도는 상대적으로 낮다.

출처: Data from Doumin (2004) and Smock (1999).

●그림 3.12에서 볼 수 있듯이 세포외액에는 높은 농도의 나트륨 및 염소 이온과 비교적 낮은 농도의 칼륨 이온(K⁺)이 있다. 어느 이온이 어디에 더 많은지 기억하기 힘들다면 세포외액이 바닷물과 아주 비슷하다는 점을 기억하라. 단세포 유기체는 바닷물과 직접 상호작용한다. 그런데 유기체가 더 복잡해짐에 따라, 말하자면 약간의 바닷물을 유기체의 몸 속에 담음으로써 개별 세포들이 이전과 똑같은 환경에서 유지될 수 있게 하였다.

세포내액은 세포외액과 많이 다르다. 휴지 상태의 뉴런의 세포내액에는 칼륨 이온이 많이 있고 나트륨 및 염소 이온은 상대적으로 적다. 게다가 세포내액에는 음전하를 띤 커다란 단백질이 존재한다.

이온과 전하를 띤 기타 입자들(특히 음전하를 띤 단백질)의 분포 때문에 뉴런 내부의 전기적 환경은 외부보다 더 음성이다. 이를 어떻게 확인할 수 있을까? ●그림 3.13과 같이 미세한 유리전극을 신경세포막을 통해 집어넣어서 뉴런 안팎의 차이를 실제로 기록할 수 있다. 전압계를 사용해서 뉴런 근처의 세포외액에 삽입한 전선과 뉴런 내부의 미세전극 간의 차이를 측정할 수 있다. 우리는 배터리에 남아있는 전하의 양을 측정할 때도 비슷한 방법을 쓴다. 자동차 배터리의 양극과 음극 간의 차이는 12V이다. 이와 달리 뉴런의 내부와 외부 간 차이는 약 70mV인데, 이는 세포 종류에 따라 40~80mV의 범위에 걸친다. 1mV는 1V의 1,000분의 1이므로 뉴런은 자동차와는 확실하게 다른 전기적 척도상에서 작동한다. 세포외 환경에는 관습적으로 0이라는 값을 할당한다. 따라서 세포 안팎의 70mV라는 차이를 음성이라고, 즉 -70mV라고 말한다. 이 차이는 뉴런이 메시지를 처리하고 있지 않을 때 측정된 값이므로 그 세포의 **안정전위**(resting potential, 휴지전위)라고 부른다.

안정전위 뉴런이 정보를 처리하고 있지 않을 때 신경세포막에 걸려있는 전하의 측정값.

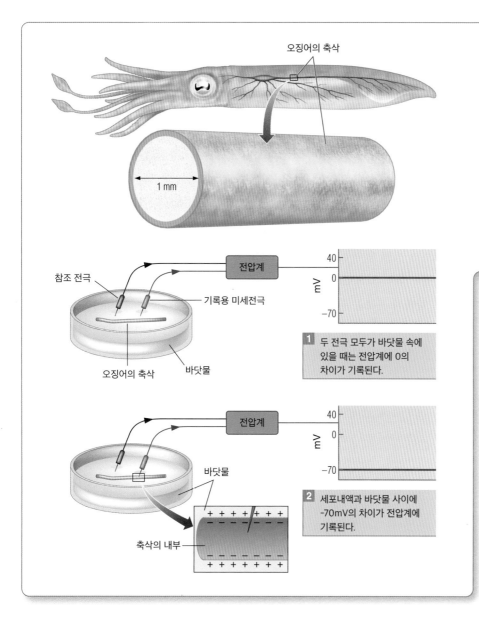

오징어의 축삭

1 mm

참조 전극
기록용 미세전극
전압계

40
0
mV
−70

오징어의 축삭
바닷물

1 두 전극 모두가 바닷물 속에 있을 때는 전압계에 0의 차이가 기록된다.

전압계

40
0
mV
−70

바닷물

축삭의 내부

2 세포내액과 바닷물 사이에 −70mV의 차이가 전압계에 기록된다.

●그림 3.13 **뉴런의 안정전위 측정**
오징어 같은 무척추동물의 축삭은 연구를 위해 해부해서 꺼내어 배양접시에 보존할 수 있다. 이 축삭들은 지름이 매우 크기 때문에 세포내액 속으로 전극을 삽입할 수 있다. 축삭의 세포내액에 넣은 전극과 세포외액에 둔 전극, 이 2개에서 나오는 기록을 비교하면 세포 내부가 외부보다 더 음전하를 띠고 있음을 알 수 있다. 세포외액에 비해 세포내액에 음전하를 띤 분자가 더 많은 것이 이러한 차이의 원인이다.

이온의 이동

축삭에서 일어나는 전기 신호, 즉 활동전위는 이온들이 세포막을 건너서 이동하기 때문에 생겨난다. 이 신호의 발생을 이해하려면 이온이 이동하게 만드는 힘들을 살펴보아야 한다.

확산(diffusion)은 분자들이 공기나 물 같은 매질(medium) 속에서 동등하게 분포하려는 경향성이다. 달리 말하면, 조용한 시골을 찾아가려는 도시 거주자들처럼 분자들은 밀집된 장소로부터 덜 밀집된 장소로 이동하려 한다. 더 공식적인 용어를 쓰자면, 확산력이 분자를 **농도 기울기**(concentration gradient, 농도 구배)에 따라 고농도 지역으로부터 저농도 지역으로 이동시킨다. 분자 이동의 또 다른 중요한 요인은 **정전압**(electrostatic pressure, 정전기 압력)이다. 자석을 갖고 놀아보았다면 이미 알겠지만 반대되는 극들은 서로 끌어당기고 같은 극들은 서로 밀어낸다. 이온도 같은 식으로 작동한다.

확산 분자를 고농도 지역에서 저농도 지역으로 이동시키는 힘.

농도 기울기 세포막 안팎에 걸친 분자 농도의 불균등한 분포.

정전압 같은 전하를 가진 분자를 멀리 떨어뜨리고 반대 전하를 가진 분자가 서로 이끌리게 하는 힘.

소금은 마르면 쉽게 결정체가 되는데, 이는 양전하를 띤 나트륨이 음전하를 띤 염소에 강하게 이끌리기 때문이다. 양전하를 띤 두 이온과 마찬가지로 음전하를 띤 두 이온도 서로 밀어낸다. 이온은 다른 이온에만 반응하는 게 아니라 주변의 전체적인 전하에도 반응한다.

확산력과 정전압을 염두에 두고서 ●그림 3.14에 나와 있는, 휴지 상태의 뉴런의 세포막 양쪽의 이온 분포를 다시 살펴보자. 이 논의를 하기 위해 이온이 신경세포막을 자유로이 넘나들 수 있다고 가정하자(실제로는 그렇지 않다). 칼륨은 뉴런의 바깥보다 안에 더 높은 농도로 존재한다. 그러므로 확산력이 농도 기울기에 따라 칼륨 이온을 내부(고농도 지역)에서 외부(저농도 지역)로 이동시킬 것이다. 그러나 여기서 확산력은 정전압에 의해 상쇄된다. 칼륨은 양전하를 띤 이온이다. 따라서 뉴런 내부의 음성 환경 속에 머물러 있으면서 상대적으로 더 양성인 외부 환경으로 나가려 하지 않는다. 그 결과, 칼륨의 분포는 확산력과 정전압 간의 균형, 즉 평형(equilibrium)을 반영한다.

염소는 칼륨의 거울상이다. 음전하를 띤 이온인 염소는 뉴런 안보다 바깥에 더 높은 농도로 존재한다. 따라서 확산력은 염소를 세포 안으로 밀어 넣는 방향으로 작용한

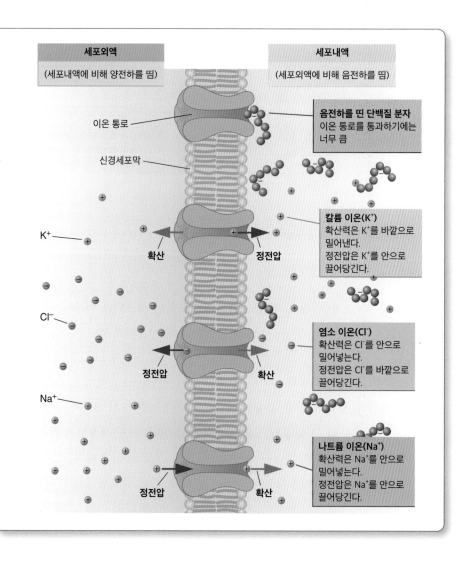

●그림 3.14 확산력과 정전압 휴지 상태의 뉴런에서는 확산력과 정전압이 서로 반대로 작용하여 칼륨과 염소의 평형을 결정한다. 이와 달리 확산력과 정전압은 나트륨을 뉴런 속으로 밀어 넣는 방향으로 작용한다. 세포내액에 있는 커다란 단백질 분자는 그 크기 때문에 세포막을 통과할 수 없다. 이 분자들은 음전하를 띠고 있어서 세포내액이 상대적으로 음성을 띠도록 만든다.

세포외액
(세포내액에 비해 양전하를 띰)

세포내액
(세포외액에 비해 음전하를 띰)

이온 통로

신경세포막

음전하를 띤 단백질 분자
이온 통로를 통과하기에는 너무 큼

K^+ 확산   정전압

칼륨 이온(K^+)
확산력은 K^+를 바깥으로 밀어낸다.
정전압은 K^+를 안으로 끌어당긴다.

Cl^- 정전압   확산

염소 이온(Cl^-)
확산력은 Cl^-를 안으로 밀어넣는다.
정전압은 Cl^-를 바깥으로 끌어당긴다.

Na^+ 정전압   확산

나트륨 이온(Na^+)
확산력은 Na^+를 안으로 밀어넣는다.
정전압은 Na^+를 안으로 끌어당긴다.

다. 여기서 또다시 확산력이 정전압에 의해 상쇄된다. 즉 세포 내부의 음전기는 음전하를 띤 염소 이온을 밀어내는 데다가 염소 이온은 상대적으로 양성인 외부에 이끌린다. 그 결과 평형이 이루어진다.

이제 흥미로운 나트륨의 경우를 살펴보자. 나트륨은 뉴런 외부에 더 높은 농도로 존재한다. 지금쯤 당신은 이 말이 곧 확산력이 나트륨을 세포 안으로 밀어 넣는 방향으로 작용할 것이라는 뜻임을 안다. 그런데 칼륨이나 염소의 경우와 달리 이번에는 정전압이 확산력과 반대 방향이 아니라 같은 방향으로 작용한다. 양전하를 띤 나트륨 이온은 세포 내부의 음전기에 강하게 이끌려야 한다. 확산력과 정전압 모두가 나트륨을 세포 안으로 밀어 넣는다면, 나트륨 대부분이 세포 외부에 존재한다는 사실을 어떻게 설명할까? 그 답은 신경세포막의 대단히 중요한 성질에 있다.

지금까지 우리는 신경세포막이 이온의 자유로운 이동을 허용한다고 가정했다. 그러나 실제로는 그렇지 않다. 세포막에 있는 나트륨 통로도 뉴런이 쉴 때는 대부분 닫혀 있다. 일부 나트륨이 세포 안으로 새어들기는 하지만 대부분 나트륨-칼륨 펌프에 의해 제거된다. 그 결과 뉴런 내의 나트륨 농도는 확산력과 정전압의 작용에도 불구하고 낮은 수준으로 유지된다.

안정전위

휴지 상태의 신경세포막은 칼륨이 자유로이 드나들게 허용한다. 다시 말하면 세포막은 칼륨에 투과성이 있다. 만약 세포막이 다른 이온이 아니라 칼륨 이온만 투과시킨다면 그 뉴런의 안정전위는 실제 측정치인 −70mV가 아니라 약 −93mV일 것이다. 이 두 값 사이의 차이는 약간의 나트륨이 세포 안으로 새어 들어온 결과이다. 나트륨은 양전하를 띠고 있으므로 뉴런 내부가 −93mV에서 양의 방향으로 변하여 −70mV가 된다.

뉴런의 안정전위가 칼륨의 이동에 상당히 좌우되기 때문에 세포외액의 칼륨 농도를 제어하는 일이 중요하다는 것이 아주 명백해진다. 우리는 앞에서 별아교세포가 뉴런 근처의 과도한 칼륨을 흡수하는 중요한 일을 한다는 것을 확인했다. 세포외액의 칼륨 농도가 증가하면 안정전위가 싹 없어져 버린다. 그러면 뉴런은 힘이 다 빠진 배터리처럼 작동할 것이고 아무런 신호전달도 일어나지 않을 것이다.

활동전위

다음으로 뉴런이 활동전위를 일으켜서 신호를 전달할 때 일어나는 변화를 알아보자. 활동전위를 일으키는 이온의 이동을 규명하기 위해 노벨상 수상자 Alan Hodgkin과 Andrew Huxley가 사용한 기법을 살펴볼 것이다(Hodgkin & Huxley, 1952).

활동전위의 토대를 이루는 일련의 사건을 이해하려면 먼저 활동전위를 어떻게 측정하는지 명확히 알아야 한다. Hodgkin과 Huxley는 오징어의 탈출행동을 통제하는

| 신경과학의 윤리적 이슈 |

독살형

사형 집행에 사용되는 독극물 주입 방법을 이해하는 것은 중요하다. 왜냐하면 우리는 민주주의의 구성원으로서 윤리적 결정을 신중하게 내리는 데 참여할 의무가 있기 때문이다.

독극물 주입은 현재 미국에서 가장 많이 사용되는 사형 방법이다. ●그림 3.14a에서 보듯이 일반적으로 세 가지 약물, 즉 혼수상태를 초래하는 바르비투르산염(barbiturate), 근육마비제, 염화칼륨을 조합하여 사용한다(Human Rights Watch, 2006).

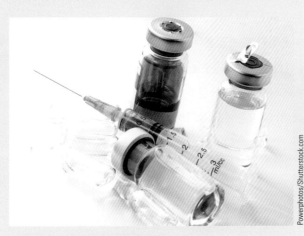

Powerphotos/Shutterstock.com

●그림 3.14a 독살형에서는 세 가지 약물이 조합된다 독살형을 시행하는 현재의 표준적인 방법은 바르비투르산염 마취제인 티오펜탈 나트륨(sodium thiopental), 근육마비와 호흡정지를 일으키는 쿠라레(curare)에서 파생한 약물인 취화팬쿠로늄(pancuronium bromide), 그리고 심장의 전기적 신호전달을 차단하여 심정지를 일으키는 염화칼륨을 주입하는 것이다. 2014년에 또 다른 약물 조합인 진정제 미다졸람(midazolam)과 진통제 히드로모르폰(hydromorphone)을 사용했을 때 오하이오주의 살인범 Dennis McGuire가 사망하는 데 25분 이상이나 걸렸다. 이로 인해 독살형이라는 개념뿐 아니라 독살형이 집행되는 방법에 대한 우려 역시 새로이 제기되었다.

주입 후 대개 1분 이내에 실제로 심장을 정지시켜서 죽음을 일으키는 것은 염화칼륨이다. 이 장에서 언급한 대로 신경세포막(심장세포의 막도 또한)에 걸친 칼륨의 분포는 전기적 신호전달에 필수적이다. 세포외액의 칼륨 농도를 증가시키면 뉴런의 안정전위가 올라간다. 이러한 탈분극화는 나트륨 통로를 불활성화한다. 따라서 뉴런은 정상적인 안정전위가 회복될 때까지는 다시 신호전달을 할 수 없게 된다.

염화칼륨 하나만의 효과는 극도로 고통스럽기 때문에 다른 마취제 없이 염화칼륨만 주입하는 일은 절대로 없다. 그래서 통증을 완화하는 바르비투르산염을 가장 먼저 주입한다. 일반적인 수술에서 사용하는 것보다 훨씬 많은 양을 투여하므로 이것만으로도 사망을 야기할 수 있지만, 죽음에 이르기까지는 대략 90분 정도가 소요된다. 근육마비제는 훨씬 더 논란거리인데, 사형수의 죽음에 필수적인 역할을 하지 않기 때문이다. 그 대신 염화칼륨의 효과에 반응하여 나타나는 몸의 움직임을 차단할 뿐이다. 따라서 근육마비제는 사형집행을 목격해야 하는 사람들과 사형수가 죽어가는 과정에서 일어나는 불수의적 움직임을 보고 괴로워할 사람들을 위해서 주입된다.

독살형은 사형 그 자체를 넘어서 매우 논란이 많은 문제이다. 왜냐하면 교도관의 훈련 문제는 물론, 마비로 인해 의식적 자각이 있어도 표현되지 못할 가능성, 그 외 다른 인도적 우려가 있기 때문이다. 현재의 약물들은 마취 분야의 진보에도 불구하고 30년이 넘도록 사용되어 왔다.

사형 그 자체에 대한 당신의 생각과 상관없이, 독극물 주입의 사용에 대한 당신의 입장은 무엇인가? 당신의 의견을 말하기 위해 더 필요한 정보는 무엇인가? 미래의 연구를 위해 어떤 충고를 하겠는가? 당신이 더 인도적이라고 생각하는 다른 방법이 있는가? 왜 그렇게 생각하는가?

거대축삭(giant axon)을 활동전위 연구에 사용했다. 오징어의 거대축삭 중에는 지름이 1mm나 되는 것도 있어서 맨눈으로 쉽게 볼 수 있으며, 활동이 자유로이 일어나게 둔 채로도 측정용 전극과 자극용 전극을 삽입할 수 있다. 오징어를 해부하여 꺼낸 거대축삭은 바닷물로 채운 수조에 넣었을 때 여러 시간 동안 활동을 유지한다. 바닷물과 세포외액의 이온 성분이 비슷하기 때문이다. 이 기간에 연구자는 축삭을 자극하여 그 활동을 기록할 수 있다. 활동전위를 측정하기 위해서는 오징어 축삭의 세포내액에 기록용 전극을 삽입하고 세포외액(또는 그 실험적 대체물)에 또 다른 전극을 둔다. 그러면 대략 −70mV의 안정전위를 볼 수 있을 것이다.

문턱값　우리가 실험에 쓰고 있는, 해부해서 꺼낸 오징어 축삭은 자연적인 입력을 받지 않기 때문에 기록용 전극 외에 자극용 전극도 필요하다. 일반적으로 뉴런은 감각 입력(빛, 압력 등)이나 다른 뉴런으로부터 오는 화학적 메시지에 반응한다. 오징어 축삭 실험에서 우리는 자연적 입력의 효과를 미약한 탈분극화 전기충격을 통해 재현한다. 정치에서든 전기에서든 분극화(polarization, 양극화)란 어떤 연속선 상의 반대쪽 끝에 있다는 뜻이다. 반대로 **탈분극화**(depolarization, 탈극화)란 서로 가까이 다가가고 있다는 뜻이다. 오징어 축삭에 탈분극화 충격을 주면 축삭의 내부가 외부와 더 비슷해지는 반응이 일어난다. 즉 이전보다 상대적으로 덜 음성이 된다.

　5~10mV 미만의 탈분극화를 일으키는 충격은 축삭에 더 이상 영향을 주지 못하므로 안정전위가 빠르게 회복된다. 그러나 5~10mV 이상의 탈분극화를 일으키는 충격을 주면 활동전위의 생성을 초래하는 일련의 사건이 일어난다. 다시 말해 막전위의 측정값이 약 −65~−60mV에 이르면 그 세포의 활동전위가 생성되기 위한 **문턱값**(threshold, 역치)에 도달한 것이다. 활동전위를 위한 문턱값에 도달한다는 것은 초에 불을 켜는 것과 비슷하다. 성냥이나 라이터 같은 열원(熱源, heat source)이 충분히 뜨겁지 않으면 아무 일도 일어나지 않는다. 열원이 문턱값에 다다르면 초에 불이 붙는다. 더 강한 열원(토치램프 같은)도 초에 불을 붙이겠지만 그 불꽃은 문턱값 수준의 열원으로 생긴 불꽃보다 더 뜨겁거나 밝지 않다. 활동전위를 보여주는 일련의 사건이 ●그림 3.15에 나타나 있다.

활동전위 동안의 이온 통로 개폐　뉴런의 막전위가 문턱값에 도달하면 가장 먼저 전압 의존성 나트륨 통로가 개방된다. 일단 나트륨 통로가 열리면 나트륨은 자유로이 세포 안으로 들어오는데, 확산력과 정전압 모두가 이 일이 매우 빨리 진행되게 만든다.

　나트륨 이온이 뉴런으로 쏟아져 들어오는 것은 전압이 약 −65mV의 문턱값에서 약 +40mV까지 올라가는 그래프 모양으로 기록된다. 다시 말하면, 활동전위의 정점에서 뉴런의 내부는 이제 세포외액보다 상대적으로 더 양성이다. 즉, 안정전위와는 완전히 반대인 상태이다. 활동전위의 정점은 나트륨의 평형 전압인 약 +60mV와 비슷하다. 이는 곧 세포막이 나트륨의 자유로운 이동을 허용한다면 뉴런의 내부는 세포외액에 비해 더 양성이 될 것이라는 말이다.

　전압 의존성 칼륨 통로도 문턱값 수준에서 열리긴 하지만 그 반응이 나트륨 통로보다 훨씬 더 느리다. 활동전위가 정점을 향해가면서 칼륨은 뉴런에서 빠져나가기 시작하고 전압은 안정전위 수준으로 떨어진다. 왜 칼륨은 활동전위의 정점 즈음에 세포로부터 빠져나갈까? 칼륨이 양전하를 띠고 있음을 상기하라. 휴지 상태의 뉴런에서 칼륨은 음성인 세포 내부에 끌리는 동시에 양성인 외부로부터 밀려난다. 그러나 활동전위의 정점에서는 양성인 칼륨 이온이 있는 뉴런 내부가 더 양성으로 변한다. 따라서 뉴런 내부가 밀어내는 힘이 상대적으로 더 강해진다. 그 결과 칼륨은 확산력과 정전압 모두에 의해 바깥으로 빠져나간다. 양전하를 띤 이 이온들이 빠져나감에 따라 뉴런의

탈분극화　막전위가 더 양성인 방향으로 변하는 것.
문턱값　활동전위가 촉발될 수 있는 탈분극화 수준.

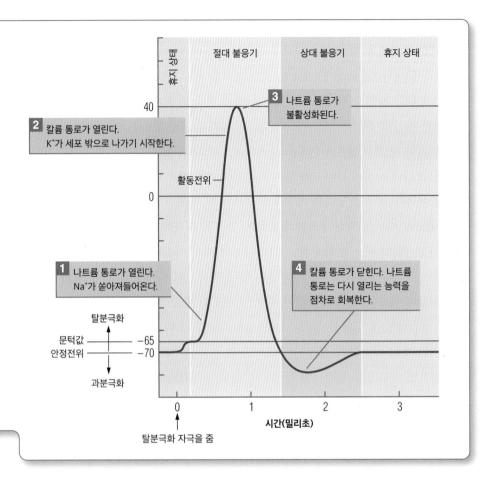

●그림 3.15 활동전위 뉴런의 막전위가 일단 문턱값에 도달하면 신경세포막에 있는 이온 통로들이 순서대로 열리고 닫힘으로써 활동전위가 생성된다. 전압 의존성 나트륨 및 칼륨 통로가 문턱값에서 열린다. 나트륨 통로는 매우 빠른 속도로 열리고 닫혀서 나트륨이 세포 속으로 쏟아져 들어오게 한다. 그 결과 뉴런이 탈분극화된다. 칼륨 통로는 활동전위의 정점이 가까워질 때 완전히 열려서 나트륨 통로보다 더 느리게 닫힌다. 칼륨은 이제는 양성이 된 세포내액 환경에서 밖으로 나가게 되고 이로 인해 세포는 원래의 음성 상태로 되돌아온다. 나트륨 통로는 뉴런이 음성인 휴지 상태에 가까이 갈 때까지 열리지 않기 때문에 뉴런이 다시 발화할 수 없는 절대 불응기가 존재한다. 상대 불응기 동안에는 과분극화가 남아있어서 활동전위가 일어나려면 평소보다 더 큰 자극이 필요하다.

내부는 다시 음성이 되는데 이는 그래프에서 하향 곡선으로 기록된다.

뉴런은 일단 안정전위 수준으로 돌아오고 나면 사실상 **과분극화**(hyperpolarization)된다. 즉 안정 상태를 지나서 더 음성이 된다. 그러고는 천천히 정상적인 안정전위 수준으로 돌아온다. 이 과정 동안 나트륨-칼륨 펌프가 열심히 일해서 나트륨 이온을 세포외액으로 돌려보낸다.

활동전위에 관여하는 전압 의존성 나트륨 및 칼륨 통로 사이에는 여러 가지 중요한 차이가 있다. 첫째, 나트륨 통로는 매우 빨리 열리는 반면에 칼륨 통로는 천천히 열린다. 활동전위 그래프에서 급격히 상승하는 부분은 이 차이 때문에 생긴다. 둘째, 나트륨 통로는 짧게 열렸다가 닫히고 나서는 뉴런이 안정전위 수준에 거의 도달할 때까지 불활성화된 상태를 유지한다. 칼륨 통로는 더 긴 시간 동안 열려 있어서 앞서 언급한, 활동전위의 막바지에 일어나는 과분극화를 일으킨다.

전기적 신호전달에서 나트륨 통로의 중요성을 알게 되면 복어를 먹는 일의 위험성을 설명할 수 있다. 엄격한 규제에도 불구하고 매년 200명이나 되는 일본인이 이 별미 요리를 먹다가 죽는다(●그림 3.16). 복어의 독인 테트로도톡신(tetrodotoxin, TTX)은 활동전위의 상승 단계를 담당하는 전압 의존성 나트륨 통로를 선택적으로 차단한다. 나트륨의 이동 없이는 신호전달도 없다. 신호전달이 없으면 물론 생명 유지 과정도 멈춘다.

과분극화 막 전위가 더 음성인 방향으로 변하는 것.

불응기　뉴런이 발화하는 빈도에는 한계가 있다. 전압 의존성 나트륨 통로는 일단 활성화되고 나면 세포막이 거의 안정전위 수준으로 재분극화(repolarization)되기 전까지 다시 열릴 수 없다. 이 기간에는 어떠한 자극도 활동전위를 일으킬 수 없기 때문에 **절대 불응기**(absolute refractory period)라고 한다.

　활동전위 후 상대적으로 과분극화 상태인 동안 뉴런은 정상보다 더 큰 입력에만 반응한다. 이 기간을 **상대 불응기**(relative refractory period)라고 한다. 막전위가 적어도 −50mV까지 재분극화되면 나트륨 통로가 점차로 다시 열릴 수 있게 된다. 하지만 활동전위 후 세포막이 과분극화되어 있고 활성화된 나트륨 통로의 수가 비교적 적기 때문에 문턱값에 도달하려면 평소보다 더 큰 탈분극화(5mV 정도가 아니라 10~15mV)가 필요하다.

실무율　우리는 넓거나 좁은, 또는 크거나 작은 활동전위를 일으킴으로써 정보를 전달하지 않는다. 활동전위는 일어나거나 일어나지 않을 뿐 그 중간은 없다. 따라서 활동전위를 실무율(all-or-none)적이라고 이야기한다.

　뉴런이 그렇게 한 종류의 신호만 보낼 수 있다면 상이한 수준의 자극들에 우리는 어떻게 반응할까? 신경 발화(neural firing)의 비율이 자극 강도를 반영하여 달라질 수 있다. 강한 자극은 높은 발화율을 일으키는 반면에 약한 자극은 낮은 발화율을 일으킨다. 하지만 발화율에도 물리적 한계가 있다. 각 활동전위는 약 1밀리초 동안 지속되기 때문에 이론적으로 신경 발화율의 최댓값은 초당 약 1,000개(실제로는 약 800개)이다. 발화율뿐 아니라 활동하는 뉴런의 수도 자극 강도에 따라 달라질 수 있다. 강한 자극은 많은 수의 뉴런에게서, 약한 자극은 적은 수의 뉴런에게서 활동전위를 일으킨다.

●그림 3.16 복어 독으로 인해 매년 수백 명이 사망한다 겁이 더럭 나게 만드는 외양에도 불구하고 복어는 일본에서 매년 몇십만 kg이 소비되고 있다. 유감스럽게도 어떤 복어 종은 테트로도톡신을 갖고 있다. 이 독은 아주 적은 양으로도 축삭 막에 있는 전압 의존성 나트륨 통로를 차단하여 사망을 초래할 수 있다. 나트륨이 뉴런 속으로 들어갈 수 없게 되면 신호전달이 전혀 일어날 수 없고, 곧 죽음이 뒤따른다.

활동전위의 전파

일단 최초 분절에서 하나의 활동전위가 생성되고 나면 그다음 단계는 **전파**(propagation), 즉 그 활동전위가 축삭을 타고 가면서 스스로를 재생하는 것이다. 원래의 신호를 재생하는 이 능력으로 인해 축삭의 끝에 도달하는 신호가 축삭둔덕에서 생성된 신호만큼 강하게 유지될 수 있다.

　앞서 우리는 오징어 축삭의 한쪽 끝에 기록 전극을 두고 세포외액에 다른 기록 전극을 두어 활동전위를 측정했다. 움직이는 신호를 따라가려면 ●그림 3.17처럼 활동

절대 불응기 축삭의 특정 부위에서 어떠한 입력이 들어와도 활동전위가 일어날 수 없는 기간.

상대 불응기 활동전위가 일어난 후에 정상적인 입력으로는 불충분하지만 그보다 더 큰 입력은 두 번째 활동전위를 일으킬 수 있는 기간.

전파 활동전위가 축삭을 타고 재생되면서 흘러가는 것.

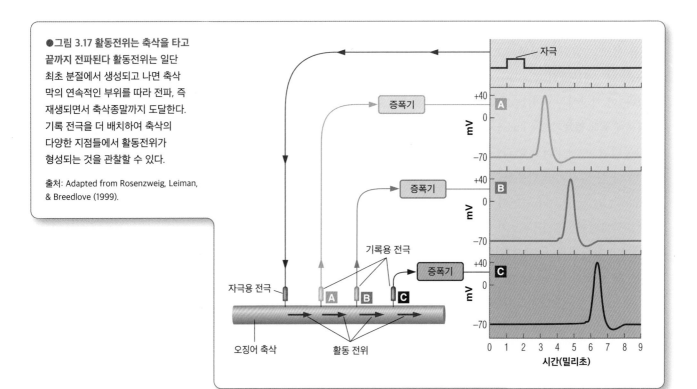

●그림 3.17 활동전위는 축삭을 타고 끝까지 전파된다 활동전위는 일단 최초 분절에서 생성되고 나면 축삭막의 연속적인 부위를 따라 전파, 즉 재생되면서 축삭종말까지 도달한다. 기록 전극을 더 배치하여 축삭의 다양한 지점들에서 활동전위가 형성되는 것을 관찰할 수 있다.

출처: Adapted from Rosenzweig, Leiman, & Breedlove (1999).

전위가 축삭을 타고 가는 길을 따라 더 많은 전극을 추가하여 기록해야 한다.

●그림 3.18에서 보듯이 축삭을 타고 가는 활동전위의 움직임은 그 축삭에 말이집이 있는지 여부에 영향을 받는다. 앞에서 살펴본 오징어의 민말이집 축삭에서는 최초 분절에서 생성된 활동전위가 나트륨 이온을 뉴런 속으로 들어오게 했다. 이제 뉴런 내부에 있게 된 나트륨 이온은 물이 새는 호스 속에 있는 물처럼 행동한다. 즉, 이 나트륨 이온 중 일부는 나트륨-칼륨 펌프와 기타 이온 통로를 통해서 밖으로 나가고 나머지는 세포막 안쪽(호스 속)에 남아있게 된다. 남아있는 나트륨 이온들은 어디로 가게 될까? 이들을 세포 속으로 밀어 넣은 것과 똑같은 확산력과 정전압으로 인해 이 나트륨 이온들은 인접한 축삭 분절로 흘러가는데, 거기에는 많은 나트륨 통로가 또 있다. 이때 유입되는 양성의 나트륨 이온은 똑같이 양성인 칼륨 이온을 인접한 축삭 분절로 밀어낸다. 양전하를 띤 이 나트륨 및 칼륨 이온들은 다음 분절에 도달하여 탈분극화를 일으킨다. 이 탈분극화가 문턱값에 도달할 만큼 충분하다면 활동전위가 일어나는 사건들이 반복된다. 이 분절에 있는 기록 전극은 최초 분절에서 기록된 것과 똑같은 활동전위를 보여줄 것이다.

활동전위가 거꾸로 세포체를 향해 움직일 수도 있을까? 기술적으로, 만약 실험에서 축삭의 중간에 전기충격을 주어 활동전위를 처음 일으킨다면 활동전위는 한 방향으로든 양방향으로든 움직이지 못할 이유가 없다. 하지만 실제로 앞선 분절은 아직 불응기에 있을 것이므로 발화할 수 없다. 불응기는 앞선 분절에서 활동전위가 곧바로 재발생하는 것을 막기 때문에 활동전위는 한 방향으로, 즉 세포체로부터 축삭종말로 움직인다. 맨 처음 활동전위가 일어나는 곳인 최초 분절에서는 불응기에 들어간 앞선 분

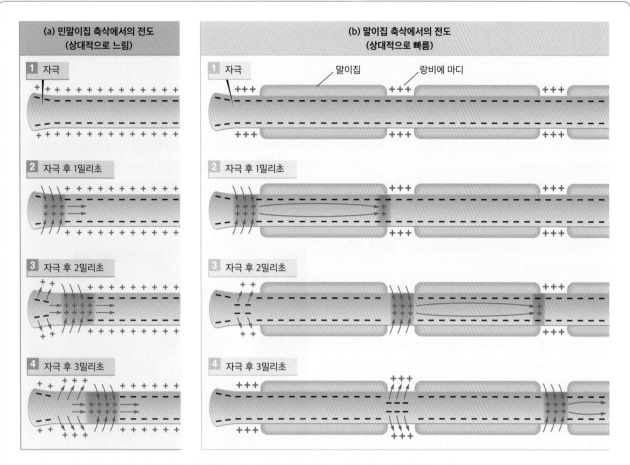

**(a) 민말이집 축삭에서의 전도
(상대적으로 느림)**

1 자극

2 자극 후 1밀리초

3 자극 후 2밀리초

4 자극 후 3밀리초

**(b) 말이집 축삭에서의 전도
(상대적으로 빠름)**

말이집　　랑비에 마디

1 자극

2 자극 후 1밀리초

3 자극 후 2밀리초

4 자극 후 3밀리초

● 그림 3.18 말이집 축삭과 민말이집 축삭에서 활동전위의 전파 민말이집 축삭(a)에서는 활동전위가 각각의 연속된 부위마다 재생되면서 전파되어야 한다. 말이집 축삭(b)에서 일어나는 도약전도는 활동전위가 랑비에 마디에서만 일어나기 때문에 훨씬 더 빠르다.

절이 없다. 그 결과 전류가 사실상 역행하여 세포체와 가지돌기로도 흘러가는 것으로 보인다. 이러한 역행 전류의 중요성에 대해서는 아직 아직 알려진 바 없다. 최초 분절이 일단 안정전위를 회복하고 나면 두 번째 활동전위가 일어나서 축삭을 타고 첫 번째 활동전위를 뒤따라갈 수 있다. 축삭이 이런 식으로 여러 개의 활동전위를 잇따라 일어나게 할 수 없다면 1초당 800회에 이르는 신경 발화율은 불가능할 것이다.

　이제 우리는 말이집 축삭에서 활동전위가 전파되는 것을 살펴볼 준비가 되었다. 활동전위를 일으키려면 이온 통로가 필요하다. 민말이집 축삭은 전체 길이에 걸쳐 많은 이온 통로가 있지만 말이집 축삭에서는 최초 분절과 랑비에 마디(이웃한 말이집들 사이의 축삭 막이 노출되어 있는 간격)에만 이온 통로가 있다. 말이집으로 싸여있는 부분의 세포막은 세포외액과 전혀 접촉하지 않는다.

　말이집은 어떻게 활동전위가 더 빠르고 효율적으로 전파되게 하는 걸까? 말이집 축삭은 물 새는 호스를 땜질해 놓은 것과 같다. 그 땜질, 즉 말이집이 나트륨 이온이 새어나가는 것을 막는다. 적어도 활동전위가 랑비에 마디에 도달할 때까지는 말이다. 물이 땜질된 호스 속에서 더 빨리 움직이는 것과 똑같이 나트륨 이온도 말이집 축삭 속

ECG나 EEG는 무엇을 기록하는 걸까

당신이 보건 관련 분야로 진로를 결정한다면 신체의 전기적 활동을 기록하는 데 사용되는 많은 기법 중 하나를 접하게 될 것이다. 당신은 심장, 뇌, 골격근, 또는 눈의 전기적 활동을 평가하기 위해 각각 심전도, 뇌전도(뇌파), 근전도, 또는 망막전도를 사용해야 할지도 모른다.

당신이 기록하고 있는 것이 정확히 무엇인지를 꼭 이해할 필요는 없지만(왜냐하면 기록된 패턴이 정상인지 아닌지에만 초점이 맞추어질 게 뻔하니까) 그런 기법의 기본 원리를 알아둔다면, 당신이 그 직업을 갖고 있는 동안 분명히 일어날 기법의 발전에 뒤처지지 않고 더 잘 따라갈 수 있을 것이다.

우리는 축삭을 타고 활동전위가 전파되는 이야기를 방금 끝냈는데, 이 과정은 생리학자들이 국소회로전류(local circuit current)라 부르는 것에 따라 달라진다. 전기공학에 대한 논문 한 편을 여기서 읽을 수는 없으므로 이것의 작동 방식만 간단히 설명하고자 한다. 전류는 전위가 다른 두 지역 간에 흐른다. 활동전위가 발생하고 있는 축삭의 한 분절을 보고 있다고 하자. 이 활동전위의 정점에서 그 축삭 분절의 내부는 인접한 그다음 축삭 분절(비활성 상태인)보다 더 양성일 것이다. 다시 말하면 이 두 지역은 전위가 서로 다르다. 즉, 한 지역은 상대적으로 양성이고 다른 지역은 상대적으로 음성이다. 그러므로 전류가 축삭 내에서 활성화된 지역으로부터 비활성화된 지역으로 흐를 것이고, 그러면 후자의 지역도 문턱값에 도달하여 활성화될 것이다. 또한 전류는 세포막을 넘어서 비활성화 지역에 있는 세포외액으로 흘러갔다가 세포 내의 활성화 지역으로 되돌아올 것인데, 그럼으로써 회로가 완성된다. 이렇듯 전류는 축삭 내

에서도 흐르고 세포외액이 있는 축삭 외부에서도 흐른다.

전류는 최소 저항 경로를 따라간다. 이로 인해 세포 외부의 전류는 그 위에 있는 피부의 전위 차이를 일으킨다. 이 전위차는 적절한 위치에 부착한 전극을 통해서 탐지할 수 있다. 보건의료와 연구에서 그토록 깊이 의존하는 전기적 기록법의 토대를 이루는 것이 이러한 전위차이다. ●그림 3.18a에서 보듯이 표면 전극을 사용하여 그 아래에 있는 조직에서 일어나는 전기적 활동의 단편을 얻을 수 있다.

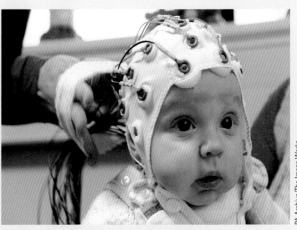

PA Archive/The Image Works

●그림 3.18a 전류는 최소 저항 경로를 따라 흐른다 전류는 저항이 최소인 경로를 따라가기 때문에 뉴런 외부의 전류는 그 위쪽의 피부에서 전위차를 일으키며, 이는 신체 표면의 적절한 부위에 부착해 놓은 전극을 통해 탐지할 수 있다. 이러한 전위차는 우리가 보건의료와 연구에서 그렇게나 깊이 의존하는 전기적 기록법의 토대를 이룬다.

에서 더 빨리 움직인다. 나트륨 이온이 랑비에 마디에 도달하면 랑비에 마디에 존재하는 전압 의존성 통로로 인해 활동전위가 일어난다. 랑비에 마디에는 이런 통로가 특히 많다. 이 마디의 통로 밀집도는 민말이집 축삭의 어느 대등한 부분에 있는 통로 밀집도보다 약 10배나 더 높다(Rasband & Shrager, 2000).

말이집 축삭에서는 활동전위가 축삭 전체 길이에 걸쳐 마디에서 마디로 점프하는 것처럼 보이기 때문에 이러한 신호의 전파를 **도약전도**(saltatory conduction)라 부른다. 'saltatory'란 말은 '도약하는' 또는 '춤추는'이라는 뜻의 라틴어에서 온 것이다. 급행열차가 가장 중요한 몇몇 정거장에만 서고 나머지 정거장은 모두 지나치는 것과 꼭 마찬가지로 활동전위는 기본적으로 말이집으로 싸인 축삭 분절을 통과해서 지나간다. 이와 달리 민말이집 축삭에서의 신호 전파는 완행열차가 노선상의 모든 정거장에 정차하는 것과 같다.

도약전도 활동전위가 한 랑비에 마디에서 다음 랑비에 마디로 점프하듯이 일어나면서 말이집 축삭 끝까지 이동하는 것.

전형적인 무척추동물의 민말이집 축삭에서는 활동전위가 초속 약 5m(시속 약 18km)의 속도로 전파된다. 반면에 전형적인 인간의 말이집 섬유는 초속 약 120m(시속 약 430km), 즉 24배나 되는 속도로 활동전위를 전파한다. 말이집 섬유는 지름이 더 작은데도 활동전위를 더 빠르게 전파한다. 하지만 우리가 아무리 빠르다 해도 한때 믿었던 것처럼 신경계가 빛의 속도에 가까울 만큼 빨리 교신하는 것은 아니다. 교신이 느려지는 일은 부분적으로 뉴런 사이에서, 즉 시냅스에서 일어난다.

중간 요약 3.2

‖ 요약 표: 전기적 신호전달의 주요 특징

사건	장소	작용 기제
안정전위	축삭의 비활성 분절	• K^+와 Cl^-의 경우 확산력과 정전압 간의 평형이 존재함 • Na^+가 뉴런으로 유입되는 것이 능동적으로 차단됨
활동전위	최초 분절에서 시작하여 축삭을 타고 끝까지 내려감	• 문턱값까지 탈분극화되는 것이 Na^+ 통로의 개방을 촉발함 • 들어오는 Na^+ 이온이 뉴런 내부의 전압을 더 양성으로 만듦 • 활동전위의 정점 근처에서 K^+ 통로가 완전히 열려서 K^+이 뉴런에서 빠져나가게 됨 • K^+의 상실이 뉴런을 안정전위로 되돌림
절대 불응기	활동전위 동안의 축삭 분절	• 뉴런이 거의 안정전위에 도달할 때까지는 Na^+ 통로가 다시 개방될 수 없음
상대 불응기	절대 불응기가 방금 일어났던 축삭 분절	• 안정전위로 되돌아오면 Na^+ 통로가 초기화됨. 과분극화는 활동전위가 일어나기 더 힘들게 만듦
활동전위의 전파	최초 분절에서 시작하여 축삭 끝까지 감	• Na^+와 K^+ 이온이 인접한 축삭 분절로 흘러가서 문턱값에 도달하게 만들면 활동전위의 재생이 일어남 • 앞선 분절이 불응기에 있기 때문에 역전파(backward propagation)가 방지됨

‖ 요점

1 세포내액에는 많은 양의 칼륨과 적은 양의 나트륨 및 염소가 있다. 세포외액에는 많은 양의 나트륨 및 염소와 적은 양의 칼륨이 있다. **(LO5)**

2 뉴런의 안정전위는 약 -70mV이다. 다시 말하면 뉴런의 내부는 외부에 비해 음전하를 띠고 있다. 활동전위는 이러한 극성이 역전되는 것이다. **(LO5)**

3 더 이상의 활동전위가 일어나기 불가능하거나 더 힘든 시기인 절대 또는 상대 불응기는 나트륨 통로와 칼륨 통로의 성질에 기인한다. **(LO5)**

4 활동전위는 도약전도라는 과정 덕분에 민말이집 축삭보다 말이집 축삭에서 훨씬 더 빨리 움직인다. **(LO5)**

‖ 복습 문제

1   휴지 상태의 뉴런의 세포내액 및 세포외액의 화학적 구성을 확산력과 정전압의 개념을 통해 설명할 수 있는가?

2   활동전위가 실무율적으로 작용한다고 할 때 뉴런이 자극 강도를 어떻게 신호하는가?

시냅스

시냅스전 뉴런에서 활동전위가 생성되고 전파되는 것은 신경 교신에 대한 이야기의 전반부이다. 후반부는 활동전위가 축삭종말에 도달하여 메시지가 시냅스틈을 건너서 이웃한 시냅스후 뉴런으로 전달될 때 시작된다(●그림 3.19).

인간의 뇌에는 약 860억 개의 뉴런이 있으며 각 뉴런은 몇백 내지 몇천 개의 시냅스를 형성하고 있다. 이는 우리의 뇌가 10조 개 이상의 시냅스를 갖고 있음을 시사한다. 이렇게 많은 숫자에도 불구하고 시냅스는 단지 두 가지 형태 중 하나만을 취한다. **틈새이음**(gap junction, 간극접합)에서는 뉴런이 실제로 맞닿아 있는 통로에 의해 연결된 세포질을 통해 이웃한 뉴런을 직접 자극한다. **화학적 시냅스**(chemical synapse)에서는 뉴런이 시냅스후 수용체와 상호작용하는 신경화학물질을 분비함으로써 다른 뉴런을 자극한다.

틈새이음

●그림 3.20에 묘사된 바와 같이 틈새이음은 동물뿐만이 아니라 식물에서도 단단한

●그림 3.19 뉴런은 시냅스를 통해 교신한다 색깔을 입힌 이 전자현미경 사진은 하나의 세포체에 많은 뉴런의 축삭종말이 시냅스를 형성한 모습을 보여준다.

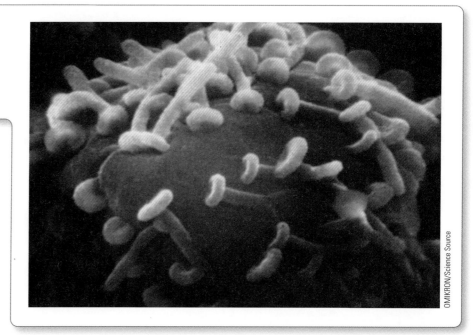

OMIKRON/Science Source

틈새이음 이온이 한 뉴런으로부터 다음 뉴런으로 이동함으로써 뉴런이 이웃한 뉴런에게 직접 영향을 주는 종류의 시냅스.

화학적 시냅스 메시지가 신경화학물질을 통해 한 뉴런에서 다음 뉴런으로 전해지는 종류의 시냅스.

조직에 있는 사실상 모든 세포를 연결해 주는 것으로 밝혀졌다(Goodenough & Paul, 2009). 이렇게 틈새이음이 어디에나 있다는 사실은 그것이 아주 오랜 진화적 역사를 가지고 있음을 시사한다. 포유류의 경우 아교세포와 뉴런 사이의 틈새이음이 뇌 발달에 있어 중요한 역할을 한다(5장을 보라). 틈새이음은 학습과 기억에 필요한, 해마와 겉질 간의 동기화(synchronization)에 관여한다(10장을 보라). 또한 시상하부의 활동에 반응하여 일어나는 호르몬들의 분비를 동기화하기도 한다. 틈새이음 기능의 장애는 뇌전증(간질)을 비롯하여 많은 병리적 상태에 한몫한다(Dere & Zlomuzica, 2012; 13장을 보라).

화학적 시냅스와 달리 틈새이음에서는 두 세포 간 거리가 매우 짧다. 시냅스 전후 뉴런들 간의 평균 거리가 화학적 시냅스에서는 약 20nm인 반면, 틈새이음에서는 겨우 3.5nm이다. 이렇게 짧은 거리 때문에 두 세포는 시냅스틈에 걸쳐 뻗어있는 특별한 단백질 통로에 의해 연결될 수 있다. 이러한 통로 덕분에 이온을 비롯하여 용해된 물질들이 한 세포로부터 다음 세포로 직접 움직일 수 있다. 하지만 미토콘드리아 같은 더 큰 소기관은 이 통로를 통과하기에는 너무 크다.

틈새이음은 속도를 비롯하여 여러 가지 이점을 제공한다. 틈새이음에서는 한 세포로부터 다음 세포로 메시지가 거의 즉각적으로 전달된다. 이와 달리 화학적 시냅스에서 두 세포 간에 메시지가 전달되는 데 관여하는 일련의 단계가 완결되려면 0.3밀리초부터 몇 밀리초까지 걸릴 수 있다. 따라서 틈새이음은 특히 무척추동물에서 탈출행동을 담당하는 회로에서 흔히 발견된다(Bennett & Zukin, 2004).

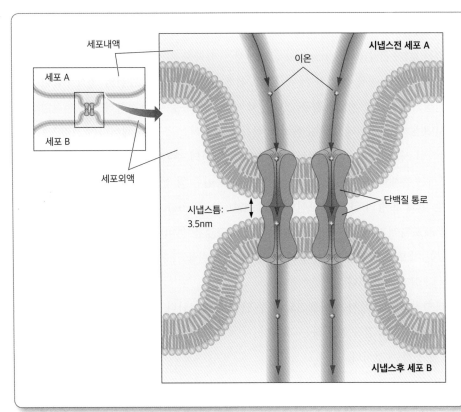

●그림 3.20 **틈새이음** 틈새이음, 즉 전기적 시냅스는 폭이 겨우 3.5nm인 시냅스틈에 걸쳐 두 뉴런을 연결하는 통로이며, 한 뉴런으로부터 다른 뉴런으로 이온이 직접 움직일 수 있게 한다. 틈새이음은 뉴런 간의 거의 즉각적인 교신을 가능하게 하는 이점이 있다.

표 3.2 틈새이음과 화학적 시냅스의 비교

시냅스 유형	시냅스틈의 폭	전달 속도	전달 방법	메시지 유형	관련 뉴런의 종류
틈새이음	3.5nm	거의 즉각적	한 세포로부터 다음 세포로 이온이 직접 움직임	흥분성	작은 시냅스후 뉴런에 영향을 주는 데 커다란 시냅스전 뉴런이 필요함
화학적	20nm	최대 몇 밀리초	신경화학물질의 분비	흥분성 또는 억제성	작은 시냅스전 뉴런이 커다란 시냅스후 뉴런에 영향을 줄 수 있음

틈새이음이 빠르기는 하지만 화학적 시냅스는 훨씬 더 다양한 메시지를 제공하는 이점이 있다. 두 뉴런 간 또는 근육세포 간의 틈새이음에서 보내질 수 있는 유일한 종류의 메시지는 흥분성 메시지이다. **흥분**(excitation)이란 한 세포가 다음 세포에게 활동전위를 일으키라고 말할 수 있다는 의미이다. 이와 대조적으로, 화학적 시냅스는 흥분성 메시지와 억제성 메시지 둘 다를 보낼 수 있다. **억제**(inhibition)에서는 다음 세포가 활동전위를 일으키지 말라는 메시지를 받는다. 틈새이음과 비교되는 화학적 시냅스의 또 다른 유리한 점은 화학적 전달자를 사용하는 매우 적은 수의 시냅스전 뉴런이 매우 많은 수의 시냅스후 뉴런에 영향을 미칠 수 있다는 것이다. 틈새이음의 경우에는 아주 작은 시냅스후 뉴런에 영향을 주는 데 매우 커다란 시냅스전 뉴런이 필요하다. 이는 신호의 강도가 한 세포로부터 다음 세포로 가면서 감소하기 때문이다.

화학적 시냅스

중추신경계에서 일어나는 세포 간 화학적 교신에는 두 가지 유형이 있다(Agnati & Fuxe, 2014).

결선(結線) 전달(wiring transmission)에서는 화학물질이 한 세포로부터 매우 국지적인 전용 통로를 통해 인접한 세포에게로 확산된다. 시냅스전 뉴런의 축삭종말이 분비한 신경화학물질이 시냅스틈을 건너가서 시냅스후 수용체에 결합하는 고전적인 화학적 시냅스가 뉴런이 정보를 교환하고 행동을 통제하는 주된 기제이다(●그림 3.21). 이 고전적인 시냅스가 이 논의에서 살펴볼 신경 교신의 주된 모형이 될 것이다. 기술적인 면에서는 틈새이음 역시 결선 전달을 이용하여 이온 및 신경화학물질을 공유한다.

두 번째 유형의 화학적 교신인 **부피 전달**(volume transmission)에서는 신경화학물질이 세포외액과 뇌척수액을 통해 확산되어 그것을 분비한 세포로부터 좀 더 먼 거리에 있는 세포에 영향을 준다. 우리는 신경화학물질을 다루는 4장에서 이 두 유형의 교신을 더 살펴볼 것이다.

화학적 시냅스에서는 신호전달이 두 단계로 일어난다. 첫 번째 단계는 시냅스전 세포가 신경화학물질을 분비하는 것이다. 두 번째 단계는 시냅스후 세포가 신경화학물질에 반응하는 것이다.

신경화학물질 분비 축삭종말에 활동전위가 도달하면 새로운 종류의 전압 의존성 통로

흥분 신경 메시지가 그것을 받는 뉴런이 활동전위를 일으킬 가능성을 높이는 것.
억제 신경 메시지가 그것을 받는 뉴런이 활동전위를 일으킬 가능성을 낮추는 것.
결선 전달 화학물질이 한 세포로부터 확산되어 매우 국지적인 전용 통로를 통해 인접한 세포에게 영향을 미치는 과정.
부피 전달 신경화학물질이 세포외액과 뇌척수액을 통해 확산되어 그것을 분비한 세포로부터 좀 더 먼 거리에 있는 세포에 영향을 미치는 과정.

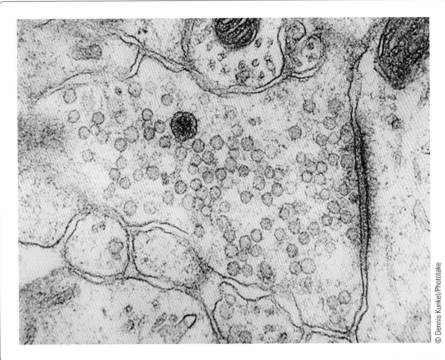

●그림 3.21 화학적 시냅스 화학적 시냅스에서는 시냅스전 뉴런이 분비한 신경화학물질이 시냅스틈(그림의 세로 선)을 건너가서 시냅스후 세포의 막에 있는 수용체 분자와 결합한다. 틈새이음에서의 전달보다 시간이 더 걸리긴 하지만 이는 뉴런이 훨씬 더 다양한 정보를 보낼 수 있게 한다. 이 이미지는 시냅스 하나를 찍은 전자현미경 사진이다.

© Dennis Kunkel/Phototake

가 열린다. 여기서는 전압 의존성 칼슘(Ca^{2+}) 통로가 뉴런 활동에서 주된 역할을 한다. 분비되는 신경화학물질의 양은 시냅스전 뉴런에 들어온 칼슘의 양에 비례한다(Heidelberger, Heinemann, Neher, & Matthews, 1994; Von Gersdorff & Mathews, 1994). 즉, 많은 양의 칼슘 유입은 많은 양의 화학물질 분비를 촉발한다. 칼슘은 양전하를 띤 이온으로서 세포내액보다 세포외액에 더 많이 존재한다. 따라서 그 상황이 나트륨과 비슷해서 나트륨을 움직이게 하는 것과 똑같은 환경에서 움직인다. 칼슘 통로는 축삭의 줄기 부분에는 드물지만 축삭종말의 막에는 대량으로 존재한다. 탈분극화를 일으키는 활동전위의 도달에 반응하여 칼슘 통로가 열린다. 하지만 칼슘이 즉각적으로 움직이지는 않는다. 왜냐하면 칼슘은 양이온인데 세포내액은 활동전위 동안 양전하를 띠고 있기 때문이다. 축삭종말에서 활동전위가 사그라짐에 따라 칼슘은 상대적으로 음성인 내부에 이끌린다. 일단 칼슘이 시냅스전 세포에 들어가면 약 0.2밀리초 이내에 신경화학물질의 분비를 촉발한다.

신경화학물질은 분비되기 전에 시냅스소낭에 저장되어 있다. 각 소낭은 약 1만 개의 신경화학물질 분자를 함유하며, 시냅스전 막의 분비 장소 가까이에 특수한 단백질에 의해 고정되어 있다. 이 소낭이 그 속의 내용물을 분비하는 과정을 **세포외유출**(exocytosis)이라 하며, 이는 ●그림 3.22에 나타나있다. 뉴런으로 유입된 칼슘은 시냅스소낭을 그 단백질 고정 장치로부터 떼어내 분비 장소로 이동할 수 있게 한다. 분비 장소에서 칼슘은 소낭의 막과 축삭종말의 막 사이의 융합을 자극하여 신경화학물질이 빠져나갈 통로가 형성되게 만든다.

세포외유출은 두 가지 방식으로 일어날 수 있다(Alabi & Tsien, 2013). 하나는 시냅

세포외유출 시냅스소낭이 축삭종말의 막과 융합하여 시냅스틈으로 신경화학물질을 분비하는 과정.

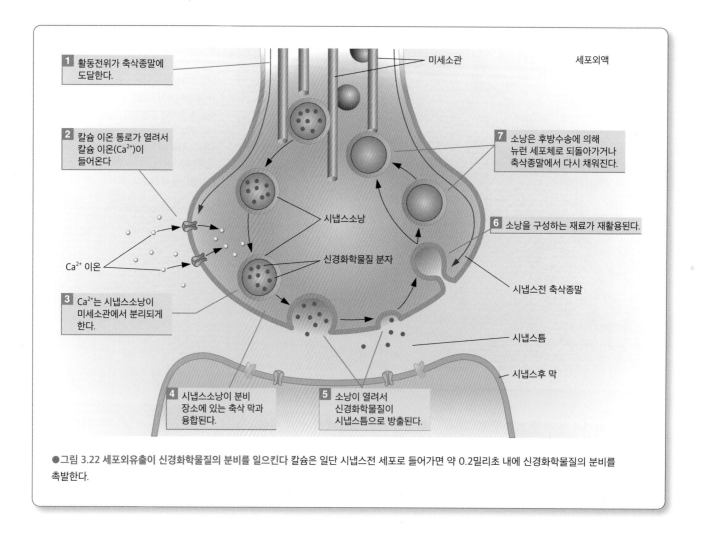

1 활동전위가 축삭종말에 도달한다.

미세소관

세포외액

2 칼슘 이온 통로가 열려서 칼슘 이온(Ca²⁺)이 들어온다

7 소낭은 후방수송에 의해 뉴런 세포체로 되돌아가거나 축삭종말에서 다시 채워진다.

시냅스소낭

Ca²⁺ 이온

6 소낭을 구성하는 재료가 재활용된다.

신경화학물질 분자

3 Ca²⁺는 시냅스소낭이 미세소관에서 분리되게 한다.

시냅스전 축삭종말

시냅스틈

시냅스후 막

4 시냅스소낭이 분비 장소에 있는 축삭 막과 융합된다.

5 소낭이 열려서 신경화학물질이 시냅스틈으로 방출된다.

●그림 3.22 세포외유출이 신경화학물질의 분비를 일으킨다 칼슘은 일단 시냅스전 세포로 들어가면 약 0.2밀리초 내에 신경화학물질의 분비를 촉발한다.

스소낭이 축삭종말 막과 완전히 융합하여 내용물 전체를 시냅스틈으로 분비하는 것이다. 다른 하나는 여전히 상당한 논란이 있는 이야기이지만, 시냅스소낭이 그 형태를 변형하지 않고 작은 구멍을 통해 내용물 일부를 분비하는 것으로, 이 과정은 '키스하고 도망가기(kiss and run)'라 불리기도 한다(Ceccarelli, Hurlbut, & Mauro, 1973). 여기서 소낭은 작은 구멍이 닫히기 전에 신경화학물질 분자의 일부를 분비한다. 시냅스소낭이 실제로 키스하고 도망가기 능력을 갖고 있다면, 신경전달 과정은 소낭을 매회 사용 후 바닥부터 채워야 할 때보다 훨씬 더 빠를 것이다. 게다가 키스하고 도망가기는 시냅스소낭 자체가 신경화학물질의 분비량을 어느 정도 통제할 가능성을 제기한다(Harata, Aravanis, & Tsien, 2006).

세포외유출 후 뉴런은 다음 활동전위의 도달에 대비하여 여러 가지 유지관리 업무를 수행해야 한다. 칼슘 펌프는 칼슘을 세포외액으로 되돌려 보낸다. 그러지 않으면 신경화학물질은 활동전위의 도달에 반응하여 분비되는 것이 아니라 끊임없이 분비될 것이다. 시냅스소낭의 막은 시냅스전 막과 융합되기 때문에 무언가 조치를 하지 않으면 시냅스전 막이 점차 두꺼워져서 신경화학물질의 분비를 방해하게 될 것이다. 이에 대한 해결책은 소낭을 구성하는 재료를 재활용하는 것이다. 시냅스전 막의 여유분은 우

묵해져서 구덩이가 되다가 마침내 떨어져 나와 새로운 소낭을 형성한다.

시냅스전 뉴런 이야기를 끝맺기 전에 그것이 자신의 활동을 감시하기 위해 사용하는 피드백 고리 중 하나를 살펴볼 필요가 있다. 시냅스전 막에는 **자가수용체**(autorecep-tor, 자기수용체)라는 특수한 단백질 구조물이 박혀있다. 자가수용체는 시냅스전 뉴런이 분비한 신경화학물질 일부와 결합하여 시냅스전 뉴런에게 그 자신의 활동 수준에 대한 피드백을 제공한다. 이 정보는 신경화학물질 합성과 분비의 속도에 영향을 줄 수도 있다(Parnas, Segel, Dudel, & Parnas, 2000).

신경화학물질은 시냅스후 수용체에 결합한다 새로 분비된 신경화학물질은 확산되어 시냅스틈을 건너간다. 시냅스의 시냅스후 측면을 보면, 또 다른 종류의 단백질들이 시냅스후 세포막에 박혀있는데, 이를 **수용체**(receptor)라 한다. 수용체의 특징은 오직 특정 유형의 신경화학물질에만 반응하는 **인식 분자**(recognition molecule)라는 것이다. 인식 분자는 시냅스틈의 세포외액으로 뻗어나가 신경화학물질 분자와 접촉하게 된다. 신경화학물질은 인식 분자로 된 자물쇠에 딱 들어맞는 열쇠처럼 기능한다.

●그림 3.23에서 보듯이 수용체에는 2개의 주된 유형이 있다. 신경화학물질이 인식 부위에 붙으면 리간드 개폐성 이온 통로가 직접적으로(빨리) 또는 간접적으로(느리게) 열린다. 직접적인, 즉 빠른 유형에서는 통로 단백질에 인식 부위가 있는 **이온성 수용체**(ionotropic receptor)가 작용한다. 이 수용체는 이온이 세포로 들어가거나 나올 수 있게 하기 때문에 그런 이름이 붙었다. 수용체가 신경화학물질 분자(리간드)와 결합하면, 그 즉시 이온 통로는 이온이 세포막을 통과할 수 있도록 모양을 바꾸면서 열린다. 이러한 한 단계짜리 수용체는 신경화학물질에 대해 매우 빠르게 반응할 수 있다.

하지만 다른 유형에서는 인식 부위가 이온 통로를 직접 통제하지 않는다(Birnbau-mer, Abramowitz, & Brown, 1990). **대사성 수용체**(metabotropic receptor)라고 불리는 이 수용체는 세포외액으로 뻗어나가 있는 인식 부위와 세포 안쪽에 위치한 G 단백질(G protein)이라는 특수한 단백질을 가지고 있다. 신경화학물질 분자가 인식 부위에 결합하면 G 단백질이 수용체로부터 분리되어 시냅스후 세포의 다른 지역으로 이동한다. G 단백질은 근처의 세포막에 있는 이온 통로를 개방하거나 시냅스후 세포 안에 있는 **이차 전령**(second messenger)이라는 또 다른 화학적 전달자를 활성화한다(대사성 수용체에 결합한 세포외 신경화학물질이 일차 전령이다). 이처럼 여러 단계가 관여하기 때문에 대사성 수용체가 반응하는 속도는 몇백 밀리초 내지 몇 초 단위로, 이는 밀리초 단위로 반응하는 이온성 수용체보다 느린 속도이다. 게다가 대사성 수용체의 활성화 효과는 이온성 수용체 활성화가 일으키는 효과에 비하여 훨씬 더 오랫동안 지속될 수 있다.

더 느리고 더 복잡한 수용체 시스템이 진화해 나오면 유기체에게 어떤 이점이 있을까? 그 답은 대사성 수용체가 신경화학물질의 결합에 대해 훨씬 더 다양한 반응을 내

자가수용체 시냅스전 뉴런에 있는 수용체로서 그 자신의 활동 수준에 대한 정보를 제공함.

수용체 화학적 전달자에게 반응하는, 신경세포막에 박혀있는 특수한 단백질 구조.

인식 분자 특정 신경화학물질에 결합하는, 수용체 내의 분자.

이온성 수용체 시냅스후 막에 있는 수용체로서, 이온 통로가 있는 그 구조물에 인식 부위가 위치함.

대사성 수용체 인식 부위와 G 단백질을 갖고 있는, 시냅스후 막에 박혀있는 단백질 구조. 이 수용체에 결합하는 신경화학물질은 이온 통로를 직접적으로 개방하지 않음.

G 단백질 대사성 수용체의 세포 안쪽에 있는 단백질로서, 신경화학물질의 결합에 대한 반응으로 분리되어 주변 지역으로 가서 이온 통로나 이차 전령에 영향을 줌.

이차 전령 시냅스후 세포 내의 화학물질로서, 시냅스 활동에 의해 간접적으로 활성화되어 세포 내 효소나 수용체와 상호작용함.

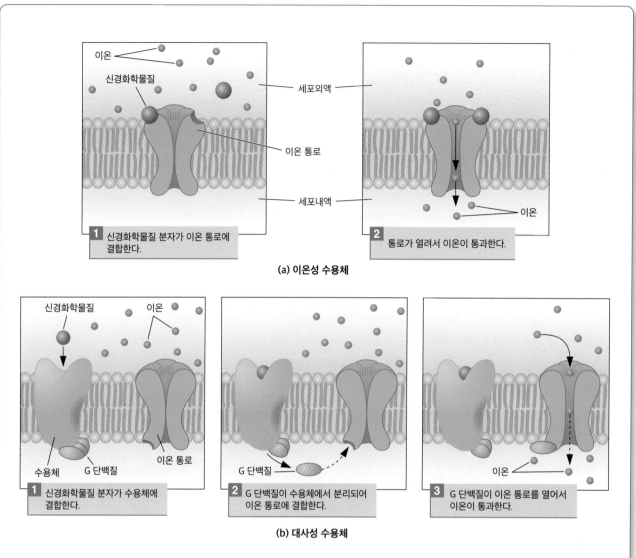

●그림 3.23 **이온성 및 대사성 수용체** (a)에 있는 이온성 수용체에서는 신경화학물질 분자에 대한 인식 부위가 이온 통로에 존재한다. 이 한 단계짜리 수용체는 신경화학물질의 존재에 매우 빠르게 반응한다. (b)에 있는 대사성 수용체는 몇 단계를 더 필요로 한다. 신경화학물질 분자가 수용체에 의해 인식되면 G 단백질이라는 내부 전달자가 방출된다. G 단백질은 주위의 이온 통로를 열거나 유전자 발현을 변화시키는 등 세포 내에서 매우 다양한 작용이 시작되게 한다.

놓을 수 있다는 것이다. 대사성 수용체의 활성화는 이온 통로의 개방뿐만 아니라 다른 많은 기능을 제공할 수 있다. 다양한 종류의 대사성 수용체가 신경화학물질의 분비량에 영향을 미치고, 안정전위의 유지에 도움을 주며, 유전자 발현의 변화를 촉발한다 (Pan et al., 2008). 한 세포의 작은 국소적 부분에 영향을 주는 이온성 수용체와 달리 대사성 수용체는 다양한 이차 전령을 활성화할 수 있기 때문에 한 세포 내에서 광범위하고 다중적인 영향을 미친다.

화학적 신호의 종료 두 번째 전화를 걸려면 첫 번째 전화를 먼저 끊어야 한다. 시냅스를 통해 두 번째 메시지를 보내려면 첫 번째 메시지를 종료시킬 어떤 방법이 필요하다.

신경화학물질은 수용체에 아주 잠깐 결합했다가 시냅스틈으로 다시 방출된다. 시

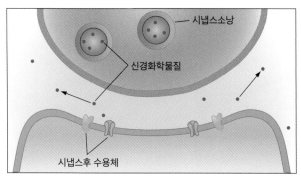

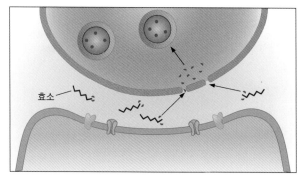

(a) 확산

(b) 불활성화 효소

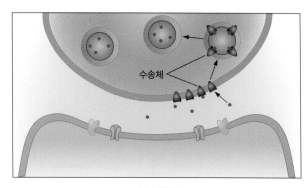

(c) 재흡수

● 그림 3.24 신경화학물질을 불활성화하는 방법 시냅스틈으로 분비된 신경화학물질은 시냅스전 뉴런이 또 다른 신호를 보내기 전에 불활성화되어야 한다. 불활성화는 (a) 시냅스로부터 확산되기, (b) 특수한 효소의 작용, 또는 (c) 재흡수를 통해 일어날 수 있다. 불활성화 효소는 신경화학물질 분자를 구성 요소들로 분해한다. 시냅스전 뉴런은 이 구성 요소들을 수집하여 신경화학물질 분자로 합성하고 시냅스소낭으로 포장한다. 재흡수에서는 시냅스전 수송체가 분비된 신경화학물질을 '재포획'하여 시냅스소낭으로 재포장한다

냅스틈에서 신경화학물질은 ● 그림 3.24에서처럼 세 가지 방식으로 불활성화된다. 어느 방법이 쓰이는지는 신경화학물질의 종류(4장을 보라)에 따라 다르다. 첫 번째 방법은 단순히 시냅스로부터 확산되는 것이다. 다른 모든 분자와 마찬가지로 신경화학물질은 고농도 지역으로부터 저농도 지역으로 확산한다. 하지만 시냅스를 감싸고 있는 별아교세포가 신경화학물질이 시냅스에서 확산되어 나가는 데 영향을 주기 때문에 이 과정에는 한계가 있다. 화학적 전달을 종료시키는 두 번째 방법에서는 신경화학물질 분자가 시냅스틈에 있는 효소에 의해 불활성화된다. 세 번째 방법인 **재흡수**(reuptake)에서는 시냅스전 막이 **수송체**(transporter)라는 자체 수용체를 사용하여 신경화학물질 분자를 포획해서 축삭종말 내부로 되돌려 놓는다. 그러면 신경화학물질은 축삭종말에서 차후에 분비될 수 있도록 소낭 속에 재포장될 수 있다. 효소가 신경화학물질을 불활성화시키는 경우와 달리, 재흡수는 뉴런이 신경화학물질 분자를 그 구성 요소들로부터 다시 만들어내는 추가적인 단계를 거치지 않아도 된다.

시냅스후 전위 ● 그림 3.25와 같이 신경화학물질과 시냅스후 수용체의 결합은 흥분

재흡수 시냅스틈에서 시냅스전 막이 신경화학물질 분자를 재포획함으로써 그 작용을 종료시키는 과정.
수송체 분비된 신경화학물질을 재흡수 과정에서 재포획하는, 시냅스전 막에 있는 수용체.

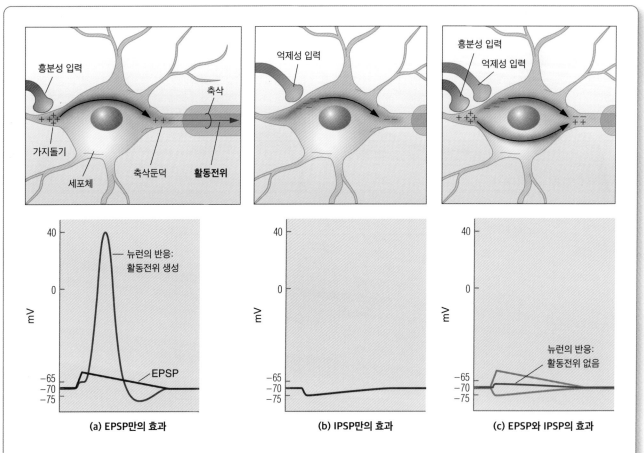

●그림 3.25 신경 통합은 흥분성 입력과 억제성 입력을 결합한다 이 그래프들은 흥분성 시냅스후 전위(EPSP)와 억제성 시냅스후 전위(IPSP)가 시냅스후 뉴런의 반응에 미치는 전반적인 효과를 보여준다. (a)에서는 EPSP가 혼자서 시냅스후 세포를 문턱값까지 탈분극화하여 활동전위를 촉발한다. (b)에서는 IPSP가 혼자서 시냅스후 뉴런을 과분극화한다. (c)에서는 EPSP와 IPSP가 기본적으로 서로를 상쇄하여 활동전위가 일어나지 않는다.

출처: Data from Kandel (1995).

또는 억제 반응을 야기할 수 있다. 흥분은 시냅스후 세포가 활동전위를 생성할 가능성을 높여준다. 억제는 시냅스후 세포가 발화할 가능성을 낮춘다.

흥분은 **흥분성 시냅스후 전위**(excitatory postsynaptic potential, EPSP)라는, 시냅스후 막의 탈분극화에서 생겨난다. EPSP는 시냅스후 막에 있는 전압 의존성 나트륨 통로가 아닌 리간드 개폐성 나트륨 통로의 개방에 기인한다. EPSP는 이렇게 다른 유형의 통로를 여는 것 외에 또 다른 측면에서도 활동전위와 차이가 있다. 우리는 활동전위가 실무율적이라고 말했다. 이와 달리 EPSP는 **등급전위**(graded potential, 점진적 전위)라 부르는데, 크기와 모양이 다양하기 때문이다. 활동전위는 약 1밀리초 동안 지속되지만 EPSP는 5~10밀리초까지 지속될 수 있다.

신경화학물질이 시냅스후 수용체에 결합하여 일어날 수 있는 두 번째 결과는 **억제성 시냅스후 전위**(inhibitory postsynaptic potential, IPSP)의 발생이다. IPSP는 시냅스후 세포가 활동전위를 일으킬 가능성을 낮춘다. EPSP처럼 IPSP도 5~10밀리초까지 지속될 수 있는 등급전위이다. IPSP는 염소 이온(Cl^-)의 유입이나 칼륨 이온(K^+)의 유출을

흥분성 시냅스후 전위(EPSP) 시냅스전 세포에서 들어온 입력의 결과 시냅스후 세포에서 생기는 작은 탈분극화.
등급전위 크기와 모양이 다양한 전기적 신호.
억제성 시냅스후 전위(IPSP) 시냅스전 세포에서 들어온 입력의 결과 시냅스후 세포에서 생기는 작은 과분극화.

허용하는 리간드 개폐성 이온 통로들의 개방에 의해 생겨난다. 음전하를 띤 염소 이온
이 시냅스후 세포로 들어오면 그 세포의 음전하가 증가할 것이다. 양전하를 띤 칼륨
이온이 나갈 때도 역시 세포의 음전하가 증가할 것이다. IPSP는 대개 과분극화를 일으
키는 전류를 만든다. 하지만 엄밀하게 말하자면, IPSP는 덜 전형적인 어떤 상황에서는
탈분극화 효과를 일으킬 수도 있다고 해야 한다. 이 탈분극성 IPSP의 효과는 여전히
억제성이다. 이러한 기묘한 상황을 완전히 설명하는 것은 이 교과서의 범위를 벗어나
는 것이지만, 신경화학물질의 효과와 특정 세포가 활동전위를 일으킬 수 있는 문턱값
간의 관계에 따라 그 결과가 달라진다고 말할 수 있다.

신경 통합 인간의 뇌에 있는 뉴런은 수천 개의 다른 뉴런으로부터 입력을 받을 수 있
다. 그런 입력 중 일부는 EPSP의 형태로, 다른 일부는 IPSP의 형태로 들어올 것이다.
이런 입력을 받는 뉴런이 해야 할 과제는 활동전위를 일으킬지 말지를 결정하는 것이
다. 당신은 윤리적 딜레마 상황에 부딪쳤을 때 친구나 가족에게 조언을 구해본 경험이
있을 것이다. 어떤 이는 "해봐"라는 흥분성 메시지를, 어떤 이는 "생각도 하지 마"라는
억제성 메시지를 준다. 그런 입력을 받은 후 그 모든 메시지를 숙고하고 어떻게 해야
할지를 결정하는 것은 당신의 과제이다. 뉴런이 직면한 과제처럼 말이다(그러나 당신
은 그 입력을 무시하는 사치를 누릴 수 있지만 뉴런은 그럴 수 없다는 차이가 있다). 그림 3.25
에서 볼 수 있듯이 뉴런이 하는 이러한 의사결정 과정을 **신경 통합**(neural integration)
이라 한다.

척추동물에서 뉴런은 흥분성 입력과 억제성 입력을 서로 다른 부위에 받는다. 흥분
성 입력을 받는 주된 부위는 가지돌기와 그 가시이다. 이와 달리 대부분의 억제성 입
력은 세포체에 있는 시냅스에 들어온다. 가지돌기와 세포체에는 전압 의존성 통로가
거의 없기 때문에, 이들은 일반적으로 활동전위를 일으키지 않는다. 그 대신 가지돌기
에서 생겨나는 EPSP와 세포체에서 생겨나는 IPSP가 축삭둔덕에 도달할 때까지 수동
적으로 그러나 매우 신속하게 퍼진다.

뉴런이 발화하는 유일한 경우는 축삭둔덕 지역이 문턱값까지 탈분극화될 때이

신경 통합 뉴런으로 들어오는 입력의
총합을 토대로 활동전위를 일으킬지
말지를 결정하는 것.

표 3.3 활동전위, EPSP, IPSP의 특징 비교

	활동전위	EPSP	IPSP
역할	뉴런 내의 신호전달	뉴런 간의 신호전달	뉴런 간의 신호전달
지속 시간	1~2밀리초	5~10밀리초부터 100밀리초까지	5~10밀리초부터 100밀리초까지
크기	약 100mV	20mV까지	15mV까지
특성	실무율	점진적 탈분극화	점진적 과분극화 또는 점진적 탈분극화
관련된 통로	전압 의존성 나트륨 및 칼륨 통로	리간드 개폐성 나트륨 통로	리간드 개폐성 칼륨 또는 염소 통로

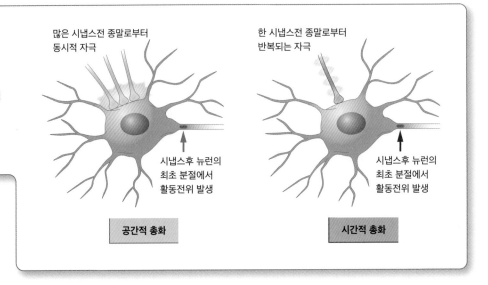

●그림 3.26 공간적 및 시간적 총화
공간적 총화에서는 뉴런 전체에
들어오는 입력이 축삭둔덕에 수렴하여
활동전위를 일으킬 수 있다. 시간적
총화에서는 한 시냅스의 반복적 자극이
활동전위를 일으킬 수 있다.

출처: http://image.slidesharecdn.com/
thesynapse-150331074107

많은 시냅스전 종말로부터
동시적 자극

시냅스후 뉴런의
최초 분절에서
활동전위 발생

공간적 총화

한 시냅스전 종말로부터
반복되는 자극

시냅스후 뉴런의
최초 분절에서
활동전위 발생

시간적 총화

다. 이는 **공간적 총화**(spatial summation, 공간적 가중)의 결과로 일어날 수 있는데, 공간적 총화란 한 뉴런 전체에 걸쳐 들어오는 입력이 축삭둔덕에 수렴하는 것을 가리킨다(●그림 3.26). 뉴런은 모든 흥분성 입력을 합산하고 모든 억제성 입력을 감산한다. 그 결과로 축삭둔덕에서 5~10mV의 탈분극화가 일어나면 뉴런이 발화한다. 공간적 총화는 당신 친구들이 제시한 모든 의견을 합산하여 다수의 뜻을 따르는 것과 비슷하다.

EPSP와 IPSP는 활동전위보다 더 오래 지속되기 때문에 매우 활동적인 시냅스에서는 서로 축적될 수 있는데, 이것이 **시간적 총화**(temporal summation, 시간적 가중)를 일으킨다. 일반적으로 시냅스후 세포에서 활동전위가 일어나려면 상당히 많은 흥분성 입력이 필요하지만 시간적 총화는 매우 활동적인 시냅스 하나가 시냅스후 세포를 흥분시킬 수 있는 수단을 제공한다. 고집이 특별히 센 (그리고 목소리 큰) 친구 하나가 우리의 판단에 분명히 영향을 줄 수 있는 것과 비슷하게 말이다.

축삭–축삭간 시냅스

우리가 지금까지 살펴본 시냅스는 축삭종말이나 축삭염주가 시냅스전 요소이고 가지돌기나 세포체가 시냅스후 요소인 경우이다. 이뿐만 아니라 ●그림 3.27에서 보듯이 한 축삭종말과 다른 축삭섬유 간에도 시냅스가 있을 수 있다. 이 **축삭-축삭간 시냅스** (axo-axonic synapse)는 목표 축삭의 신경화학물질 분비를 조절하는 효과를 낼 수 있다. 만약 시냅스전 뉴런이 목표 축삭의 신경화학물질 분비량을 증가시켰다면 **시냅스전 촉진**(presynaptic facilitation)이 일어난 것이다. 반면에 시냅스전 뉴런이 목표 축삭의 신경화학물질 분비량을 감소시켰다면 **시냅스전 억제**(presynaptic inhibition)가 일어났다고 말한다. 이러한 조절은 감각계에서, 그리고 특정 유형의 학습(10장을 보라)에서 상당히 흔하게 일어난다.

공간적 총화 많은 시냅스에서 들어오는 입력의 조합이 축삭둔덕에 수렴하는 신경 통합으로서, 축삭둔덕에서 문턱값에 도달하면 활동전위가 일어남.
시간적 총화 한 활동적인 시냅스에 누적되는 흥분이 활동전위를 시작시킬 만큼 충분히 크게 되는 신경 통합.
축삭-축삭간 시냅스 시냅스전 요소와 시냅스후 요소 모두가 축삭인 시냅스.
시냅스전 촉진 두 축삭 간의 시냅스에서, 시냅스전 축삭에서 들어오는 입력의 결과로 시냅스후 축삭의 신경화학물질 분비가 증가하는 것.
시냅스전 억제 두 축삭 간의 시냅스에서, 시냅스전 축삭에서 들어오는 입력의 결과로 시냅스후 축삭의 신경화학물질 분비가 감소하는 것.

4 장

정신약리학

학습 목표

L01 신경전달물질, 신경조절물질, 신경호르몬을 구분한다.

L02 아세틸콜린, 도파민, 노르에피네프린, 에피네프린, 세로토닌, 히스타민, 글루탐산, GABA, 글리신, 아데노신 3인산의 주요 위치, 기능, 합성 경로, 수용체 특성 및 불활성화 과정을 파악한다.

L03 저분자, 신경펩티드, 기체전달물질을 분별한다.

L04 효능제와 길항제를 구분한다.

L05 신경화학물질의 생산과 저장 및 분비, 수용체 활동, 재흡수, 효소분해에 영향을 줌으로써 효과를 내는 약물의 예를 든다.

L06 약물 효과의 주요 원리들, 즉 주입 방법, 약물반응의 개인차를 일으키는 원인, 가짜약 효과, 내성, 금단, 중독 등을 살펴본다.

L07 흥분제, 아편유사제, 마리화나, LSD, 알코올의 주요 특징과 작용 방식을 파악한다.

개요

신경전달물질, 신경조절물질, 신경호르몬
신경화학물질의 규명
신경화학물질의 종류
중간 요약 4.1
신경약리학의 기제
효능제와 길항제
신경화학물질의 생산
신경화학물질의 저장
신경화학물질의 분비
수용체에 미치는 효과
재흡수와 효소분해
중간 요약 4.2
약물 효과의 기본 원리

약물의 투여
약물반응의 개인차
가짜약 효과
내성과 금단
중독
몇 가지 향정신성 약물의 효과
흥분제
아편유사제
대마
LSD
알코올
중간 요약 4.3
돌아보기

연구 비하인드 Otto Loewi와 '미주 물질'

일상 속 행동신경과학 물질남용 상담가

슬기로운 건강 생활 마리화나 합법화가 마리화나에 대한 청소년들의 태도와 사용 정도를 바꿀까

신경과학의 윤리적 이슈 중독성 약물의 사용은 미래 세대에 영향을 미친다

신경전달물질, 신경조절물질, 신경호르몬

신경화학물질은 세 가지 일반적인 범주, 즉 신경전달물질, 신경조절물질, 신경호르몬으로 나뉜다. 동일한 화학물질이 그 분비 방식이나 상호작용하는 수용체의 종류에 따라 이 세 가지의 서로 다른 역할을 하는 경우가 많다. 이러한 용어들의 정의에 아직 완전히 합의하지 못했기 때문에 어떤 과학자들은 여전히 모든 경우에 대해 신경전달물질이라는 용어를 사용하기를 선호한다.

3장에서 살펴보았듯이 화학적 시냅스는 결선 전달이나 부피 전달을 사용할 수 있다. ●그림 4.1에서 볼 수 있듯이 **신경전달물질**(neurotransmitter)은 바로 앞에 있는 뉴런에, 일반적으로 그 시냅스에, 작용하여 결선 전달을 수행한다. 신경전달물질은 대개 축삭종말에서 분비되어 시냅스틈을 건너간다. 시냅스후 막에서 신경전달물질 분자가 매우 빨리 작용하는 이온성 통로나 좀 더 느린 대사성 통로와 상호작용하면 이온 통로가 열린다. 이온성 수용체에서 신경전달물질은 밀리초 단위로 빠른 교신을 수행한다. 대사성 수용체에서 신경전달물질의 효과는 몇 시간씩이나 길게 지속될 수도 있다.

신경조절물질(neuromodulator)은 부피 전달에 관여하며 전형적인 신경전달물질과 여러 면에서 다르다. 신경조절물질은 이온 통로를 열어서 시냅스후 뉴런을 탈분극화하거나 과분극화하기보다는 더 전반적인 기능, 즉 위협, 현출성(saliency), 새로움 및 보상에 대한 평가, 그리고 주의집중 등에 영향을 준다(Krichmar, 2008; Vizi & Lajtha, 2008). 신경조절물질은 축삭종말에서 전형적인 신경전달물질과 동시에 분비될 수도 있지만, 흔히 축삭종말보다는 아주 가느다란 민말이집 축삭의 줄기에 있는 축삭염주들에서 분비된다. 전형적인 신경전달물질과 달리 신경조절물질은 분비된 장소로부터 확산되어 조금 더 멀리 있는 다양한 뉴런 집단에 영향을 줄 때가 많다. 신경조절물질은 뇌척수액에 오랜 시간 머물면서 중추신경계의 활동에 계속 영향을 줄 수도 있다.

신경전달물질은 이온성 및 대사성 수용체 모두와 상호작용하는 반면, 신경조절물질은 대사성 수용체와만 상호작용한다. 후자는 뉴런의 대사 과정에 느리고 장기적인 변화를 일으키는데, 이는 몇 주 동안 지속될 수도 있다. 전형적인 신경전달물질은 시냅스전 세포에서 시냅스후 세포로 일방적으로 이동하는 반면에 신경조절물질은 시냅스전 및 시냅스후 세포 모두와 상호작용할 수 있다. 시냅스전 세포는 신경조절물질에 반응하여 신경화학물질의 합성, 분비, 재흡수, 또는 효소분해의 속도를 변화시킬 수도 있다. 시냅스후 세포에서는 효소 활동이나 단백질 합성에 변화가 일어나서 수용체가 더 많아짐으로써 신경화학물질에 대한 민감도가 조정될 수도 있다.

신경조절물질을 분비하는 체계들은 여러 가지 특징을 공통적으로 갖고 있다. 각 체계마다 겉질밑 뉴런들의 비교적 작은 집단이 광범위한 뇌 영역으로 투사하여 한 종류

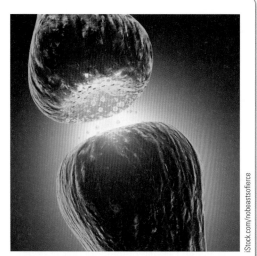

iStock.com/nobeastsofierce

●그림 4.1 신경전달물질, 신경조절물질, 신경호르몬
신경전달물질은 일반적으로 시냅스틈을 건너가서 세포에 영향을 주는 반면, 신경조절물질은 분비된 후에 확산되어 멀리 있는 세포에 영향을 준다. 신경호르몬은 흔히 혈류로 분비되어 흘러가서 최종 목표지에 도달한다.

신경전달물질 시냅스를 건너가서 교신하는 화학적 전달자.
신경조절물질 분비된 곳으로부터 확산되어 시냅스보다 더 멀리 있는 목표 세포와 교신하는 화학적 전달자.

의 신경화학물질을 분비한다. 신경조절물질 체계들은 이마앞겉질 및 둘레계 부위들과 복잡한 상호연결을 형성한다. 이 장에서 더 살펴볼 주요 신경조절물질 체계 중에는 도파민, 노르에피네프린, 세로토닌, 히스타민, 아세틸콜린을 분비하는 것들이 있다.

신경호르몬(neurohormone)은 특수한 뉴런에 의해 혈류로 분비된다. 이 화학적 전달자들은 얼마나 멀리 가는가와 상관없이 이를 받아들일 특수한 수용체 부위가 있는 세포와만 상호작용한다. 신경호르몬을 생산하는 세포 중에는 시상하부, 콩팥위샘(부신선), 장신경계에 자리 잡은 것이 많다(2장을 보라).

신경화학물질의 규명

신경계의 생화학을 이해하는 첫 단계는 신경화학물질의 특성을 규정하는 것이다. 한 화학물질이 세포 속에서 대단히 다양한 기능을 수행할 수 있기 때문에, 그것이 언제 어디서 화학적 전달자로 작용하는지를 규명하기가 쉬운 일은 아니다. 그러나 특정 신경화학물질에 대한 항체를 사용하는 면역조직화학 덕분에 그 과정을 좀 더 쉽게 규명할 수 있다(1장을 보라).

신경화학물질은 한 세포에서 분비되어 목표 세포에 반응을 일으키는 물질이다. 이 기본 정의를 바탕으로 신경과학자들은 일반적으로 다음의 세 가지 추가적인 기준에 동의한다.

> 1. 그 물질은 시냅스전 세포 내에 존재해야 한다.
> 2. 그 물질은 시냅스전 탈분극화에 대한 반응으로 분비된다.
> 3. 그 물질은 시냅스후 세포에 있는 수용체와 상호작용한다.

신경호르몬 혈류를 통해 흘러감으로써 아주 멀리 있는 목표 세포와 교신하는 화학적 전달자.

| 연구 비하인드 |

Otto Loewi와 '미주 물질'

초기의 생리학자들은 전기적 신호전달이 신경계에서 유일한 교신 방법이라면, 관찰 결과가 보여주는 것보다 메시지가 훨씬 더 빠른 속도로 보내지고 받아져야 한다는 사실을 깨달았다. 따라서 다른 단계가 개입되는 것임이 분명한데, 그렇다면 그 단계는 어떤 형태일까?

독일의 생리학자 Otto Loewi(1873~1961)는 다른 많은 이들처럼 모종의 화학적 교신이 일어날 것으로 추측했다. 1921년에 그는 그 생각이 옳다는 것을 입증하는 데 성공했다. 자신의 가설을 검증하기 위해 Loewi는 개구리 두 마리를 해부하고 심장을 꺼내어 서로 분리된 용기에 넣었다. 작은 도관을 삽입하여 식염수를 주입한 결과 정상적인 심장 활동이 여러 시간 동안 유지되었다. 그가 두 심장 중 하나의 미주신경을 전기적으로 자극하자 심장박동이 느려졌다. 이 심장에 삽입된 도관으로부터 소량의 액체를 뽑아내어 다른 심장에 발랐더니 그

심장의 박동 또한 느려졌다. Loewi는 미주신경에서 분비된 물질이 후자의 심장박동을 느리게 만든 원인이라고 올바른 결론을 내렸다. 그는 이 물질을 '미주 물질(독일어로 Vagusstoff, 영어로 vagus stuff)'이라고 불렀는데, 오늘날 그것은 아세틸콜린이라 불린다.

Loewi는 이 발견으로 1932년에 노벨상을 수상하였다. 하지만 그는 이 실험이 어떻게 마음속에 떠올랐는지를 회상한 이야기로 더 유명하다(Loewi, 1953). 그는 이 연구 문제를 가지고 씨름하다가 자는 동안 완벽한 실험 설계가 생각났다고 한다. 하지만 흔히 이야기되듯이 반드시 '꿈꾸는' 동안 그랬던 것은 아니다(9장을 보라). 그는 침대 옆 작은 탁자에 둔 종이에다 떠오른 생각을 적어두었는데, 다음날 아침 너무나 당황스럽게도 그 글씨를 알아볼 수 없었다. 그 다음날 밤 자는 동안 Loewi는 또다시 그 실험 설계가 떠올랐다. 이번에는 그 생각을 적어놓는 대신 새벽 3시에 실험실로 가서 즉시 그 실험을 실행에 옮겼다.

신경화학물질의 종류

●그림 4.2에서 보듯이 신경화학물질은 세 범주, 즉 **저분자**(small molecule), **신경펩티드**(neuropetide), **기체전달물질**(gasotransmitter)로 나뉜다. 저분자는 다시 **아미노산**(amino acid)과 아민(아미노산에서 유래함)으로 나뉜다. 신경펩티드는 아미노산들로 이루어진 사슬이다. 기체전달물질이라 부르는 기체(gas)는 더 전형적인 화학적 전달자와 비슷한 방식으로 인접한 뉴런들에 영향을 주는 것으로 밝혀졌다(Sen & Snyder, 2010).

저분자와 신경펩티드는 여러 가지 중요한 면에서 다르다. 저분자는 일반적으로 축삭종말에서 합성되는 반면, 신경펩티드는 세포체에서 합성되어 축삭 끝까지 운반되어야 한다. 신경펩티드를 담고 있는 시냅스소낭은 단 한 번만 사용되는데, 이와 대조적으로 저분자를 담고 있는 소낭은 재사용될 수 있다. 저분자의 분비와 비교할 때 신경펩티드가 분비되려면 칼슘이 많이 필요한데, 이는 곧 축삭종말에 도달하는 활동전위가 더 많아야 함을 의미한다(Fulop & Smith, 2006). 마지막으로 신경펩티드는 시냅스로부터 확산되어 없어지거나 효소에 의해 분해되지만, 저분자와 달리 재흡수에 의해 불활성화되지는 않는다(3장을 보라). 저분자와 신경펩티드의 주요 특징이 표 4.1에 요약되어 있다.

저분자 아미노산과 아민을 포함하는, 신경화학물질의 한 집단.
신경펩티드 신경전달물질, 신경조절물질, 또는 신경호르몬으로 작용하는 펩티드.
기체전달물질 신호전달 기능을 수행하는 일산화질소(NO) 같은 기체.
아미노산 단백질의 필수 구성 성분.

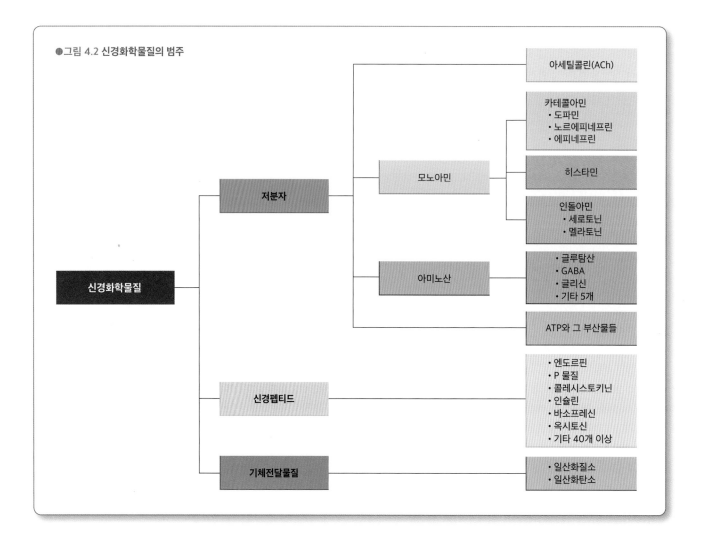

●그림 4.2 신경화학물질의 범주

표 4.1 저분자와 신경펩티드의 특징

	저분자	신경펩티드
합성	축삭종말에서	세포체에서; 운반되어야 함
소낭의 재활용	예	아니요
활성화	중간 정도의 활동전위 빈도	높은 활동전위 빈도
불활성화	재흡수 또는 효소분해	시냅스로부터의 확산 또는 효소분해

초기의 약리학 선구자 Henry Dale은 뉴런이 분비하는 신경화학물질에 따라 뉴런에 다른 이름을 붙였다. 예컨대 도파민을 분비하는 뉴런은 도파민성 뉴런(dopaminergic neuron)이다. 어떤 이들은 이 원리를 하나의 뉴런은 오직 한 종류의 화학적 전달자만 분비한다는 의미로 해석하였다. 현대적 기법을 사용하면 이러한 해석이 틀렸음을 알 수 있다. 저분자와 함께 신경펩티드(Salio, Lossi, Ferrini, & Merighi, 2006)나 기체전달물질을 분비하는 뉴런이 많다. 게다가 운동뉴런에 대한 연구는 한 뉴런이 서로 다른 부위에서 두 가지 다른 저분자를 분비할 수 있음을 보여준다. 운동뉴런의 경우 아세틸콜린은 근섬유와 척수 속의 다른 뉴런들에 분비하지만, 글루탐산은 척수 속에만 분비하고 근섬유에는 분비하지 않는다(Nishimaru, Restrepo, Ryge, Yanagawa, & Kiehn, 2005).

저분자 많은 저분자가 앞서 언급한 신경화학물질을 위한 기준을 모두 또는 대부분 만족하며 신경 신호전달에서 필수적인 역할을 하는 것으로 보인다. 아세틸콜린, 여섯 가지 모노아민, 여러 가지 아미노산, 에너지 분자인 아데노신 3인산(ATP)과 그 부산물이 그런 것들이다.

아세틸콜린(acetylcholine, ACh)은 최초로 발견된 화학적 전달자이다. ACh를 주된 신경화학물질로 사용하는 뉴런을 콜린성 뉴런(cholinergic neuron)이라 부른다. 콜린성 뉴런은 그 구성 성분인 콜린을 음식물의 지방이나 기존의 ACh의 분해물로부터 얻는다. 두 번째 구성 성분인 아세틸 조효소 A(acetyl CoA)는 미토콘드리아의 대사 활동에서 생겨나기 때문에 대부분의 세포에 풍부하게 존재한다. 콜린 아세틸기 전이효소(choline acetyltransferase, ChAT)라는 효소가 이 두 구성 성분, 즉 전구물질(precursor)에 작용하여 ACh를 만들어낸다. ChAT는 ACh를 만들어내는 뉴런에만 있기 때문에 이 효소의 존재는 콜린성 뉴런을 확인하는 데 유용한 지표가 된다.

또한 콜린성 뉴런은 **아세틸콜린 분해효소**(acetylcholinesterase, AChE, 아세틸콜린에스터레이스)도 만들어낸다. AChE는 시냅스틈으로 분비되어 거기에 있는 ACh를 모두 분해한다. ACh의 이러한 분해로부터 생기는 콜린은 시냅스전 뉴런에 다시 포획되어 ACh로 재합성된다.

ACh는 뉴런과 근섬유 간의 시냅스인 신경근 접합부(neuromuscular junction)의 주된 신경전달물질이다. ACh는 또한 자율신경계의 작동에 필수적이다. 자율신경계에서

아세틸콜린(ACh) 신경근 접합부, 자율신경계, 중추신경계에서 사용되는 주요 저분자 신경화학물질.
아세틸콜린 분해효소(AChE) 아세틸콜린을 분해하는 효소.

모든 신경절이전 시냅스(preganglionic synapse, 절전 시냅스)는 콜린성이다. 자율신경계의 부교감 구획에 있는 신경절이후 시냅스(postganglionic synapse, 절후 시냅스) 역시 콜린성이다(2장을 보라).

  말초신경계에서의 역할 외에도 콜린성 뉴런은 뇌에서 중요한 신경조절체계를 형성한다. ●그림 4.3에서 볼 수 있듯이 바닥앞뇌(basal forebrain, 기저전뇌), 사이막구역(septal area, 중격 영역), 뇌줄기에 있는 주요 콜린성 뉴런 집단들이 대뇌겉질, 해마, 편도체에 영향을 준다. 13장에서 보겠지만 이 뉴런 집단들은 알츠하이머병의 결과로 악화된다(Dineley, 2014). 알츠하이머병과 연관된 기억상실을 고려하면 이 콜린성 체계가 주의집중, 각성, 학습과 기억에 관여하는 것으로 보인다는 사실은 놀라운 일이 아니다.

  신경계에는 콜린성 수용체의 두 주요 유형인 **니코틴성 수용체**(nicotinic receptor)와 **무스카린성 수용체**(muscarinic receptor)가 있다(Dani, 2001). 이 수용체들의 이름은 ACh 외에 그것들이 반응하는 물질의 이름에서 따온 것이다. 다시 말하면 니코틴성 수용체는 ACh와 (담배에 들어있는) 니코틴 모두에 반응하며, 무스카린성 수용체는 ACh와 무스카린 모두에 반응한다. 무스카린은 ●그림 4.4의 '무스카리아버섯(*Amanita muscaria*)'이라는 환각 유발성(그리고 강독성) 버섯에서 유래한 물질이다.

  니코틴성 수용체와 무스카린성 수용체는 작용 기제와 신경계 내 위치가 다르다. 3장에서 보았듯이 수용체의 구조는 한 단계로 작동하는 이온성이거나 다단계로 작동하는 대사성이다. 니코틴성 수용체는 빠른 이온성 수용체이다. 이와 달리 무스카린성 수용

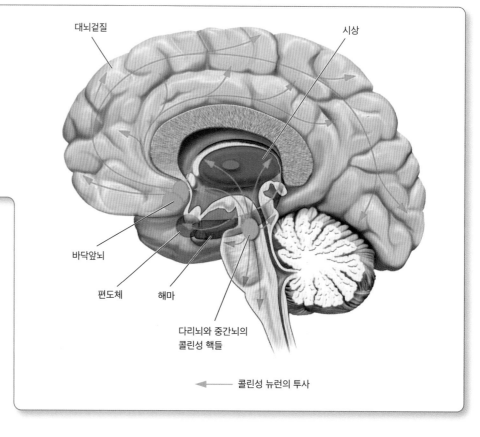

●그림 4.3 뇌에서 콜린성 체계의 분포 콜린성 체계는 신경근 접합부와 자율신경계에서 중요한 역할을 할 뿐만 아니라 뇌에 광범위하게 분포되어 있다. 바닥앞뇌와 뇌줄기에서 중요한 콜린성 체계들이 발원하여 둘레계와 대뇌겉질로 투사한다. 이 체계들은 학습과 기억에 관여하며 알츠하이머병으로 진단받은 환자에게서 쇠퇴해 있다.

대뇌겉질

시상

바닥앞뇌

편도체

해마

다리뇌와 중간뇌의 콜린성 핵들

◀── 콜린성 뉴런의 투사

니코틴성 수용체 니코틴과 아세틸콜린에 반응하는 시냅스후 수용체.
무스카린성 수용체 무스카린과 아세틸콜린 모두에 반응하는 시냅스후 수용체.

●그림 4.4 무스카리아버섯 무스카린성 아세틸콜린 수용체는 아세틸콜린과 무스카린(치명적인 무스카리아버섯에서 유래함) 모두에 반응한다는 데서 그 이름을 얻었다.

체는 상대적으로 느린 대사성 수용체이다. 니코틴성 수용체는 신경근 접합부에 존재 하는데, 이는 근육반응에서 속도의 필요성을 고려하면 합리적인 일이다. 무스카린성 수용체는 심장근육과 기타 민무늬근에 존재한다. 중추신경계(CNS)에는 두 수용체가 모두 있지만 무스카린성 수용체가 더 많다(Ehlert, Roeske, & Yamamura, 1995). 자율신 경계에도 이 두 종류의 수용체가 모두 있다.

　　여섯 가지 **모노아민**(monoamine)은 다시 **카테콜아민**(catecholamine; 도파민, 노르에피 네프린, 에피네프린), **인돌아민**(indoleamine; 세로토닌과 멜라토닌) 그리고 히스타민(his- tamine)으로 나뉜다. 모든 모노아민은 분비 후 시냅스틈에서 재흡수될 수 있다. 축삭종 말에서 시냅스소낭 속에 포장되지 않은 모노아민은 **모노아민 산화효소**(monoamine oxi- dase, MAO)라는 효소의 작용으로 분해된다. 뉴런 바깥에서는 카테콜아민이 **카테콜-O- 메틸전이효소**(catechol-O-methyl-transferase, COMT)라는 효소에 의해 분해된다.

　　카테콜아민의 합성은 ●그림 4.5에서 보듯이 티로신(tyrosine)이라는 아미노산 으로부터 시작된다. 카테콜아민을 함유하는 모든 뉴런은 티로신 수산화효소라는 효 소도 함유하고 있는데, 이 효소가 티로신에 작용하면 **L-도파**(L-dopa)라는 최종 산 물이 생긴다. **도파민**(dopamine)이 생성되려면 L-도파의 합성 후에 한 단계가 추가 되어야 한다. 도파 탈이산화탄소효소가 L-도파에 작용하여 도파민을 만들어낸다. 도파민은 도파민 베타-수산화효소의 작용으로 **노르에피네프린**(norepinephrine)으 로 변환되는데, 이 단계는 시냅스소낭 속에서 일어난다. 마지막으로, 카테콜아민인 **에피네프린**(epinephrine)은 노르에피네프린과 페닐에탄올아민 N-메틸전이효소

모노아민 생체아민(biogenic amine) 신경화학물질의 한 주요 집단으로서, 도파민, 노르에피네프린, 에피네프린, 세로토닌을 포함함.

카테콜아민 서로 관련된 생체아민들의 집단의 하나로서 도파민, 노르에피네프린, 에피네프린을 포함함.

인돌아민 모노아민의 하위 집단의 하나로서 세로토닌과 멜라토닌을 포함함.

모노아민 산화효소(MAO) 모노아민을 분해하는 효소.

카테콜-O-메틸전이효소(COMT) 시냅스틈에 있는 카테콜아민을 분해하는 효소.

L-도파 카테콜아민의 합성 도중에 생성되는 물질로서 파킨슨병의 치료제로도 사용됨.

도파민 운동 통제, 보상, 정신증에 관여하는 주요 모노아민이자 카테콜아민 신경화학물질.

노르에피네프린 주요 모노아민이자 카테콜아민 신경화학물질.

에피네프린 모노아민/카테콜아민 신경화학물질의 하나로서 아드레날린이라고도 함.

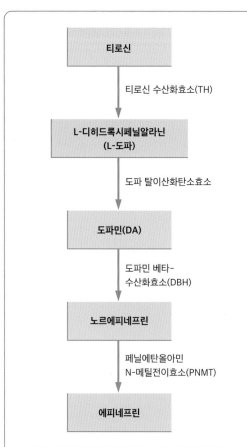

●그림 4.5 카테콜아민들은 공통의 합성 경로를 갖는다 도파민, 노르에피네프린, 에피네프린을 포함하는 카테콜아민은 티로신이라는 기질(substrate)로부터 합성된다. 티로신은 티로신 수산화효소의 작용에 의해 L-도파로 변환된다. L-도파는 도파 탈이산화탄소효소에 의해 도파민으로 변환된다. 도파민 베타-수산화효소가 도파민에 작용하면 노르에피네프린이 만들어진다. 노르에피네프린이 PNMT와 반응하면 에피네프린이 만들어진다.

중간뇌줄무늬체 경로/흑색질줄무늬체 경로 흑색질에서 발원하여 바닥핵으로 투사하는 도파민 신경로.
중간뇌둘레계 경로 중간뇌의 배쪽 뒤판에서 발원하여 기댐핵으로 투사하는 도파민 신경로.
중간뇌겉질 경로 중간뇌의 배쪽 뒤판에서 발원하여 이마앞겉질로 투사하는 도파민 신경로.

(phenylethanolamine N-methyl-transferase, PNMT) 간의 반응에 의해 생성된다. 에피네프린의 합성은 복잡하다. PNMT는 에피네프린을 사용하는 뉴런의 축삭종말 세포내액에 존재한다. 노르에피네프린이 일단 시냅스소낭에서 합성되고 나면 세포내액으로 다시 방출되어야 한다. 그래야 세포내액에 있는 PNMT에 의해 에피네프린으로 변환되기 때문이다. 그러고 나면 에피네프린이 시냅스소낭 속으로 다시 운송된다.

도파민 체계는 운동뿐 아니라 동기부여된 행동과 보상의 처리 과정에도 관여한다. 이 장의 뒷부분에서 보겠지만 약물(혹은 도박과 같은 행동)에 대한 중독은 도파민을 사용하는 회로의 활동에 특히 영향을 받는다. 게다가 도파민 기능의 장애는 조현병과 주의력결핍 과잉행동장애(14장을 보라)에 한몫하는 것으로 추측된다.

●그림 4.6에서 보듯이 도파민을 분비하는 세포는 주로 배쪽 중간뇌에 자리 잡고 있으면서 여러 가지 주요 경로를 통해 뇌의 다른 부분과 연결된다. 이 경로들은 함께 뇌의 가장 중요한 신경조절체계 중 하나를 형성한다. 신경로의 이름을 더 쉽게 배우려면, 한 경로의 이름에 있는 용어들의 순서가 발원지로부터 경유지(만약 있다면)를 거쳐 최종 목표지까지 가는 순서를 의미한다는 것을 명심하라.

첫 번째 도파민 신경로는 **중간뇌줄무늬체 경로**(mesostriatal pathway, 중뇌선조체 경로) 또는 **흑색질줄무늬체 경로**(nigrostriatal pathway)로서, 중간뇌의 흑색질에서 발원하여 등쪽 방향으로 나아가서 바닥핵의 꼬리핵 및 조가비핵과 교신한다. 이 회로는 뇌의 도파민의 약 80%를 함유하며 운동 계획과 수의적 운동에 관여한다. 운동을 개시하는 데 큰 어려움이 있는 파킨슨병의 경우 이 회로가 특히 손상된 것으로 보인다.

두 번째 주요 도파민 신경로는 **중간뇌둘레계 경로**(mesolimbic pathway, 중뇌변연계 경로)로서, 중간뇌의 배쪽 뒤판(ventral tegmentum, 복측피개)에서 발원하여 기댐핵으로 투사한다. 7장에서 보겠지만 이 경로는 많은 종류의 보상에 반응한다. **중간뇌겉질 경로**(mesocortical pathway, 중뇌피질 경로)는 중간뇌의 배쪽 뒤판을 이마앞겉질 부위들과 연결하며 관리 기능 및 계획에 관여한다. 14장에서 보겠지만 이 경로들의 장애가 조현병에 관여하는 것으로 보인다. 중간뇌에서 둘레계로 투사하는 도파민성 뉴런의 활동 증가가 중간뇌에서 겉질로 투사하는 도파민성 뉴런의 활동 감소와 합쳐질 때 조현병에서 관찰되는 일부 증상이 생겨나는 것일 수 있다.

다른 두 도파민 신경로는 시상하부에서 발원한다. 뇌실주변 도파민계(paraventricular dopamine system)는 시상하부를 시상 및 척수의 교감신경 뉴런과 연결하여 식욕,

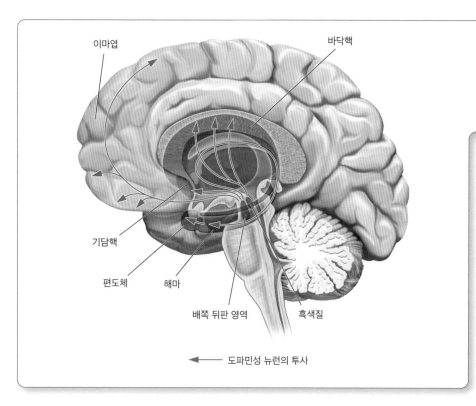

이마엽

바닥핵

기담핵

편도체　해마

배쪽 뒤판 영역　흑색질

◀── 도파민성 뉴런의 투사

●그림 4.6 뇌의 도파민 체계 중간뇌의 도파민성 뉴런이 바닥핵, 둘레계, 대뇌겉질의 이마엽으로 투사한다. 이 체계들은 운동 통제, 보상, 행동 계획에 관여하는 것으로 보인다.

성, 목마름 같은 동기부여된 행동을 조절하는 데 도움을 준다. 시상하부의 두 번째 도파민 경로는 뇌하수체와 연결되어 포유류의 젖 생산을 통제한다.

　　ACh 수용체의 경우에 보았듯이 도파민에 대해서도 다양한 수용체 하위 유형(subtype)이 존재해서 그 발견 순서를 따라 D_1부터 D_5까지 이름이 붙여졌다. 이 수용체들은 두 범주로 나뉜다. 한 범주는 D_1과 D_5 수용체를 포함하며, 다른 범주는 나머지 D_2, D_3, D_4 수용체를 포함한다. 이 모든 수용체는 느린 대사성 수용체이다. 위의 첫 번째 범주는 흥분을 일으키는 반면, 두 번째 범주는 억제를 일으킨다. 두 범주의 수용체 모두 바닥핵, 기댐핵, 후각겉질에 존재한다. 하지만 첫 번째 범주는 해마와 시상하부에도 존재하는 반면, 두 번째 범주는 이마엽, 시상, 뇌줄기에 존재한다.

　　에피네프린과 노르에피네프린은 이전에 각각 아드레날린과 노르아드레날린으로 불렸다. 우리는 에피네프린을 분비하는 뉴런을 아드레날린성으로, 노르에피네프린을 분비하는 뉴런을 노르아드레날린성으로 계속 부를 것이다.

　　에피네프린은 중요한 신경호르몬이지만 CNS 신경화학물질로서는 역할이 제한적이다. 숨뇌의 두 영역에 에피네프린을 분비하는 세포들이 있는데, 이들은 먹기행동의 협응이나 혈압 조절 같은 기본적인 기능에 관여한다. 우리가 스트레스와 연관짓는 '아드레날린 홍수(adernalin rush)'는 사실 허리 부분에 있는 콩팥 위에 위치한 콩팥위샘(adrenal gland, 부신선)에서 에피네프린이 혈류로 분비되면서 발생한다.

　　노르에피네프린을 분비하는 뉴런은 다리뇌, 숨뇌, 시상하부에 존재한다. 아마도 노르에피네프린의 가장 중요한 발원지는 ●그림 4.7에 보이는 다리뇌의 청색반점(locus coeruelus)일 것이다. 이 구조에는 겨우 4,000개의 세포밖에 없지만 이 세포들은 각각

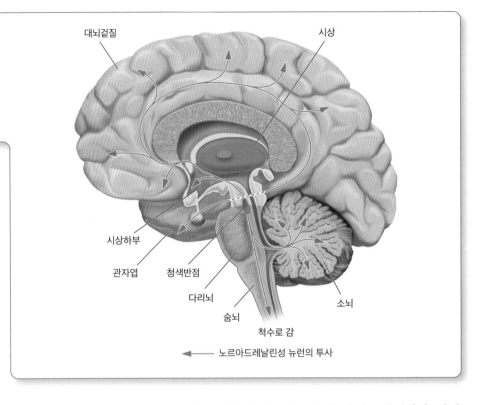

●그림 4.7 뇌의 노르아드레날린 체계
노르에피네프린을 분비하는 뉴런들이
다리뇌, 숨뇌, 시상하부에 존재한다.
분비된 노르에피네프린은 뇌와 척수의
거의 모든 주요 부위로 가서 각성과
경계를 초래한다.

대뇌겉질

시상

시상하부

관자엽

청색반점

다리뇌

숨뇌

소뇌

척수로 감

◀── 노르아드레날린성 뉴런의 투사

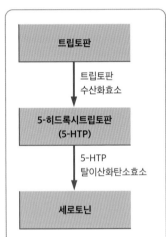

●그림 4.8 세로토닌의 합성
세로토닌의 합성은 음식에서 얻은
트립토판을 가지고 시작된다.
트립토판은 트립토판 수산화효소의
작용에 의해 5-HTP로
변환된다. 5-HTP는 5-HTP
탈이산화탄소효소의 작용에 의해
세로토닌으로 변환된다.

세로토닌 주요 모노아민이자 인돌아민
신경화학물질로서 기분, 수면, 공격성,
사회적 지위 및 식욕의 조절에
관여하는 것으로 추정됨.

곁가지가 10만 개나 될 수도 있을 만큼 많아서 적은 세포 수의 한계를 상쇄한다. 청색
반점은 척수로, 그리고 뇌의 거의 모든 주요 부위로 투사하는데, 이는 또 다른 중요한
신경조절체계를 형성한다. 이 회로들의 활동의 주된 결과는 각성과 경계심을 증가시
키는 것이다. 말초신경계(PNS)에서는 노르에피네프린이 교감신경계의 신경절이후 시
냅스에 존재하는데, 이 역시 각성에 관여한다.

노르에피네프린이나 에피네프린에 반응하는 수용체 종류는 알파 또는 베타 수용체
로 나뉜다. 이 수용체들은 CNS는 물론 교감신경활동과 신경호르몬에 반응하는 목표 기
관에서도 발견된다. 이 수용체들은 모두 대사성인데, 교감신경계의 싸움 또는 도망 기
능과 관련된 신속한 반응의 필요성을 고려하면 이는 예상치 못한 것일지도 모른다.

세로토닌(serotonin)과 멜라토닌(melatonin)을 포함하는 인돌아민은 모노아민이
라는 범주에 함께 속할 만큼 화학 구조가 카테콜아민과 비슷하지만 그 자체의 소제목
을 가질 만큼 다르기도 하다. 세로토닌의 합성은 트립토판이라는 아미노산을 가지고
시작된다. 트립토판은 곡물, 육류 및 유제품을 비롯한 음식물로부터 얻어진다. ●그
림 4.8에서 볼 수 있듯이 트립토판을 세로토닌으로 변환시키려면 두 가지 화학반응이
필요하다. 우선 트립토판은 트립토판 수산화효소의 작용에 의해 5-히드록시트립토판
(5-hydroxytryptophan, 5-HTP)으로 변환된다. 그다음 5-HTP는 5-HTP 탈이산화탄소
효소의 작용에 의해 세로토닌으로 변환된다.

다른 신경조절 체계에서 본 바와 마찬가지로 CNS에 있는 세로토닌성 뉴런도 포괄
적인 기능을 수행하지만 뉴런의 수는 놀라울 만큼 적다. 2장에서 우리는 신체의 세로
토닌성 뉴런의 95%가 장신경계에 자리 잡고 있음을 알았다. 그러나 어떤 추정치에 따

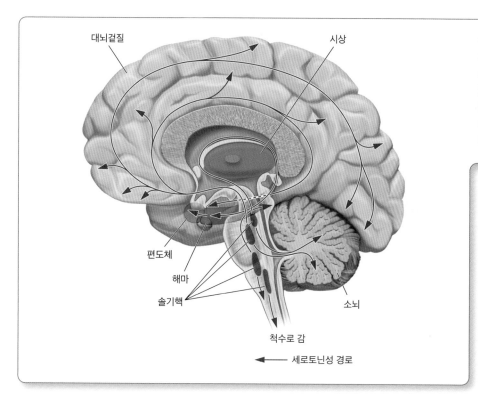

●그림 4.9 뇌의 세로토닌 경로
대부분의 세로토닌성 뉴런은 뇌줄기의 솔기핵에 존재한다. 이 뉴런들이 분비하는 세로토닌은 척수, 소뇌, 둘레계, 대뇌겉질에 영향을 미친다. 이 체계들은 기분, 수면, 사회적 지위, 공격성, 식욕 등의 통제에 관여한다.

르면, 인간의 뇌에는 세로토닌성 뉴런이 겨우 20만 개밖에 없을지도 모른다(Baker et al., 1991). ●그림 4.9에서 보듯이 일부 세로토닌성 뉴런은 숨뇌와 소뇌에 있지만 대부분은 뇌줄기의 솔기핵에 있다. 이들은 척수, 소뇌, 둘레계 및 대뇌겉질로 투사한다. 가장 입쪽에 있는 세로토닌성 뉴런은 결선 전달을 하는 반면, 숨뇌의 세로토닌성 뉴런은 부피 전달을 한다. 적어도 15개의 세로토닌 수용체 하위 유형이 확인되었는데, 그중 하나를 제외한 나머지 모두가 대사성 수용체로 기능한다(Leonard, 1992). 몇몇은 자가 수용체로 작용한다.

세로토닌의 활동은 식욕, 수면, 기분, 지배성 및 공격성을 비롯하여 다양한 행동과 관련된다. 세로토닌 경로는 탄수화물을 섭취하려는 동기에 영향을 주는데, 이 때문에 비만을 치료하기 위해 세로토닌 재흡수 차단제를 사용하는 실험들이 행해졌다. 9장에 보겠지만 세로토닌 활동은 수면과 각성의 단계에 따라 체계적으로 변한다. 주요우울 장애(14장을 보라) 같은 기분장애는 세로토닌의 활동을 증가시키는 약물로 치료할 때가 많다. 또한 세로토닌 활동의 저하는 단지 우울한 기분만이 아니라 더 낮은 사회적 지위, 위험감수행동의 증가, 공격성과도 연관된다(12장을 보라).

세로토닌은 여러 효소의 작용을 거치면 멜라토닌으로 변환된다. 멜라토닌은 대부분 뇌하수체에서 만들어지는데, 뇌하수체는 뇌의 한가운데쯤에 있음에도 불구하고 혈관-뇌 장벽의 바깥에 놓여있다. 9장에서 보겠지만 멜라토닌은 어두울 때 분비되며 빛이 있을 때, 특히 가시 스펙트럼(visible spectrum)의 단파장 끝, 즉 청색 빛이 있을 때 급속도로 분해된다(6장을 보라).

히스타민은 L-히스티딘이라는 아미노산에 히스티딘 탈이산화탄소효소가 작용한 결과로 생겨난다(Schwartz, Pollard, & Quach, 1980; Weinreich, 1977). 히스타민은 대부분 면역계 세포와 혈액세포에서 분비되는데, 뇌에서 신경조절물질로 작용하기도 한다. 성인의 뇌에서 분비되는 모든 히스타민은 시상하부의 융기유두핵(tuberomammillary nucleus, TMN)에서 만들어진다(Bolam & Ellender, 2016). 다른 신경조절체계처럼 이 TMN 뉴런들은 뇌의 거의 모든 부위로 투사한다. 적어도 세 가지, 아마도 네 가지 유형의 히스타민 수용체가 CNS와 PNS 모두에 존재하며, 그 모두가 대사성이다(●그림 4.10).

9장에서 보겠지만 히스타민 활동은 각성 상태와 정적 상관을 보인다(Kim et al., 2015). 따라서 불면증 치료제로 쓰이는 대부분의 일반의약품은 항히스타민제이다. 또한 항히스타민제는 불쾌한 알레르기 증상을 감소시키는 데에도 사용된다. 혈관-뇌 장벽을 통과하지 못하는 새로운 항히스타민제들은 졸음을 일으키지 않으면서도 콧물 같은 말초적 알레르기 증상을 감소시킬 수 있다. 히스타민은 대개 각성과 연관되기는 하지만 뇌에서 다른 기능도 한다. 바닥핵, 특히 줄무늬체에 히스타민 수용체가 풍부하다(Bolam & Ellender, 2016). 파킨슨병이나 투레트증후군을 비롯한 바닥핵이 개입되는 병에는 히스타민 체계의 기능장애가 관여할지도 모른다.

ACh와 모노아민에 뒤이어 나오는 저분자의 다음 범주는 아미노산이다. 화학적 전달자로 작용하는 아미노산이 8개나 되기는 하지만 그중 3개, 즉 **글루탐산**(glutamate), **감마-아미노부티르산**(gamma-aminobutyric acid, GABA), **글리신**(glycine)이 중요하다. 일부 연구자들은 아스파탐산(aspartate)이라는 아미노산도 신경화학물질이라는 생각을 지지해 왔으나, 현재의 증거는 그렇지 않다고 이야기한다(Herring, Silm, Edwards, & Nicoll, 2015). 글루탐산과 글리신은 다른 단백질을 형성하는 데 사용되는 20가지 필수 아미노산에 속한다. GABA는 그렇지 않다.

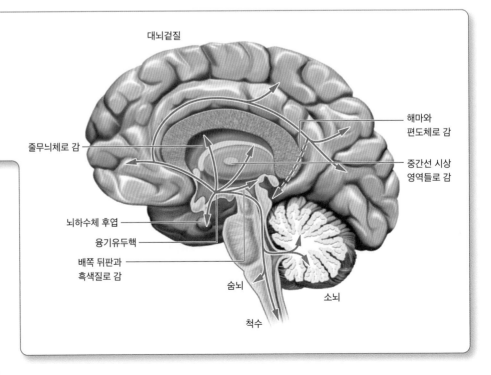

●그림 4.10 뇌의 히스타민 경로
히스타민은 시상하부의 융기유두핵에 위치한 세포에서 분비된다. 이 세포들은 뇌줄기, 둘레계, 대뇌겉질로 광범위하게 투사한다. 이 체계가 제공하는 신경조절의 주된 효과는 각성을 증가시키는 것이다.

대뇌겉질

줄무늬체로 감

해마와 편도체로 감

중간선 시상 영역들로 감

뇌하수체 후엽

융기유두핵

배쪽 뒤판과 흑색질로 감

숨뇌

소뇌

척수

글루탐산 주요 흥분성 아미노산 신경화학물질.

감마-아미노부티르산(GABA) 주요 억제성 아미노산 신경화학물질.

글리신 척수에서는 억제적 효과를 내고 NMDA 글루탐산 수용체와 조합되어서는 흥분성 효과를 내는 아미노산 신경화학물질.

글루탐산은 CNS에서 가장 많은 흥분성 신경화학물질로서, 인간 뇌에서 글루탐산을 사용하는 시냅스의 비율은 90%에 달한다(Schwartz, 2000). 글루탐산은 미토콘드리아에 있는 알파-키토글루타르산염(α-ketoglutarate)으로부터 합성된다. 글루탐산은 일단 분비되고 나면 뉴런과 별아교세포 모두에 의해 재빨리 흡수된다. 글루탐산이 뉴런에 오래 작용하면 유독할 수 있기 때문에 시냅스 구역에서 과도한 글루탐산은 제거되어야 한다. 뇌에 있는 글루탐산 중 매우 소량(아마도 0.01% 수준)만 세포외액에 존재하며 나머지는 세포 속에 잘 포장되어 있다. 어떤 사람은 글루탐산과 나트륨의 조합으로 이루어진 흔한 식품첨가물인 글루탐산 모노나트륨(monosodium glutamate, MSG)에 과민하게 반응한다. 그 유해 반응에는 가슴 통증, 두통, 메스꺼움, 빠른 심장박동이 포함된다. 그러나 혈관-뇌 장벽(3장을 보라)이 음식물 속 글루탐산이 뇌로 들어가는 것을 막으며(Hawkins, 2009), 미국 식품의약국(FDA)은 MSG를 대부분의 성인에게 안전한 식품첨가물로 본다(Beyreuther et al., 2006; U.S. Food and Drug Administration [FDA], 2011).

글루탐산 수용체는 이온성이거나 대사성일 수 있다. 대사성 글루탐산 수용체는 'mGluR'이라고 표기하며 여덟 가지가 확인되었다. 세 가지 이온성 글루탐산 수용체의 이름은 그것을 활성화하는 외부 물질의 이름을 따서 지어졌는데, 이는 ACh 수용체가 니코틴성 또는 무스카린성으로 이름지어진 것과 똑같은 방식이다. 이 세 가지 이온성 글루탐산 수용체는 NMDA(N-methyl-D-aspartate) 수용체, AMPA(alpha-amino-3-hydroxy-5-methylisoxazole-4-proprionic acid) 수용체, 카인산(kainate) 수용체이다. AMPA 수용체(가장 많이 존재)와 카인산 수용체 모두 나트륨 통로를 통제하는 작용을 한다. 이 수용체들이 글루탐산 분자와 결합하면 나트륨 통로가 열리고 흥분성 시냅스후 전위가 발생한다.

●그림 4.11의 NMDA 수용체는 독특한 작동 방식 때문에 엄청난 관심의 대상이 되었다. 이 수용체는 전압 의존성인 동시에 리간드 의존성이라는 점에서 분명히 독특하다. 다시 말하면 글루탐산이 존재하면서 '동시에' 주변의 시냅스후 막이 탈분극화되지 않으면 NMDA 수용체는 열리지 않는다. 시냅스후 뉴런의 일반적인 음성 안정전위에서는 NMDA 수용체의 이온 통로가 마그네슘 이온에 의해 막혀있다. 그러나 NMDA 수용체와 AMPA 수용체가 대개 같은 시냅스후 막에서 서로 가까이 있기 때문에 AMPA 수용체를 통해 들어온 나트륨이 시냅스후 세포를 탈분극화한다. 시냅스후 막이 충분히 탈분극화되면 마그네슘 이온이 NMDA 수용체로부터 쫓겨 나가는데, 그러면 NMDA 수용체가 글루탐산의 결합에 반응하여 열릴 수 있게 된다.

또한 NMDA 수용체는 양전하를 띤 나트륨 이온과 칼슘 이온 모두가 세포로 들어와서 세포를 더욱 탈분극화할 수 있도록 허용한다는 점에서도 독특하다. 정상적으로는 한 이온 통로가 한 종류의 이온만 받아들인다. 칼슘은 일단 세포 속으로 들어오면 구조적·생화학적 변화를 일으키는 일련의 효소반응을 활성화한다. 이렇게 칼슘이 뉴

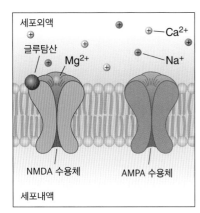
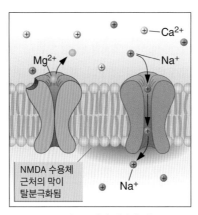
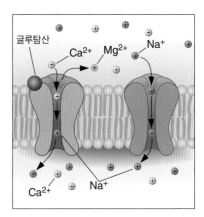

세포외액
글루탐산
Mg²⁺
Ca²⁺
Na⁺
NMDA 수용체   AMPA 수용체
세포내액
(a) 글루탐산만 결합할 때

Mg²⁺
Ca²⁺
Na⁺
NMDA 수용체
근처의 막이
탈분극화됨
Na⁺
(b) 탈분극화만 일어날 때

글루탐산
Ca²⁺ Mg²⁺ Na⁺
Ca²⁺   Na⁺
**(c) 글루탐산 결합과 탈분극화가
함께 일어날 때**

●그림 4.11 **NMDA 글루탐산 수용체** NMDA 수용체는 두 가지 독특한 특징을 갖고 있다. 첫째, 글루탐산의 결합과 충분한 탈분극화가 있어야 수용체가 반응한다. 안정전위에서는 이 수용체의 이온 통로가 마그네슘(Mg^{2+})에 의해 막혀 있다. 탈분극화가 이 Mg^{2+}을 쫓아낸다. 이제 글루탐산이 수용체와 결합하면 이온 통로가 열리고 이온이 지나갈 수 있게 된다. 둘째, 이 수용체는 나트륨과 칼슘 모두가 뉴런으로 들어오도록 허용한다. 이런 특징들 덕분에 NMDA 글루탐산 수용체는 세포 수준에서 학습에 중요한 역할을 하는 최고의 후보자가 된다.

런에서 장기적 변화를 촉발하는 능력 때문에 NMDA 수용체는 장기기억 같은 기능에 관여하는 것으로 생각된다. 이에 대해서는 10장에서 살펴볼 것이다. 세포로 유입된 칼슘의 작용은 또한 앞서 언급한 과도한 글루탐산 수준이 초래하는 독성의 원인이 되기도 한다. 글루탐산이 NMDA 수용체를 더 자극할수록 더 많은 칼슘이 뉴런으로 들어온다. 그로 인한 과도한 효소 활동은 말 그대로 뉴런을 소화해서 죽일 수 있다. 이 과정이 뇌졸중에 뒤따르는, 그리고 여러 뇌질환에서 생기는 많은 손상의 원인일지도 모른다(Olney, 1994; 13장을 보라).

GABA는 CNS에서 주된 억제성 신경화학물질로 작용하는데, 이를 사용하는 중추신경계 시냅스가 40%에 이를 정도이다. GABA는 글루탐산 탈이산화탄소효소의 작용으로 글루탐산으로부터 합성된다. GABA 수용체에는 세 종류, 즉 $GABA_A$, $GABA_B$, $GABA_C$가 있다. $GABA_A$ 및 $GABA_C$ 수용체는 이온성 시냅스후 염소 통로로서, 음전하를 띤 염소 이온이 세포로 유입되게 한다. ●그림 4.12에서 볼 수 있듯이 $GABA_A$ 수용체는 여러 향정신성 물질과 상호작용하는데, 이에 대해서는 이 장의 뒷부분에서 더 자세히 살펴볼 것이다. $GABA_B$ 수용체는 대사성 칼륨 통로로서, 양전하를 띤 칼륨이 세포로부터 유출되게 한다. 음이온이 세포로 들어오거나 양이온이 세포를 나가면 과분극화가 일어날 수 있다.

글리신은 이온성 염소 수용체를 개방하는 억제성 신경화학물질로 직접 작용한다. 이 수용체는 스트리크닌(strychnine)이라는 독물에 의해 차단된다. 스트리크닌은 횡경막 근육이 이완되지 못하게 함으로써 유기체를 죽인다.

벤조디아제핀 바르비투르산염
알코올
GABA
세포외액
Cl⁻ 이온
세포내액

●그림 4.12 **$GABA_A$ 수용체는 여러 약물과 상호작용한다** $GABA_A$ 수용체에는 GABA를 위한 결합 부위뿐 아니라 벤조디아제핀, 바르비투르산염, 에탄올(알코올)과 상호작용하는 결합 부위들도 있다. 이 약물들은 GABA가 일으키는 억제를 증강함으로써 신경계 활동을 저하시킨다. 이 약물 중 어느 것이라도 함께 사용하면 치명적인 수준의 신경 억제가 생길 수 있다.

글리신은 미토콘드리아에 있는 세린(serine)에 효소가 작용하여 합성되며, 시냅스틈으로부터 재흡수에 의해 제거된다.

글리신은 주로 척수의 중간뉴런이 형성하는 시냅스에서 발견되며 신경계의 다른 부위에도 소량 존재한다(●그림 4.13). 예를 들면 망막의 아마크린 세포(6장을 보라)의 대략 절반이 글리신을 분비한다(Wässle, Koulen, Brandstätter, Fletcher, & Becker, 1998). 글리신은 일반적으로 억제성이지만 앞서 언급한 NMDA 수용체에서는 글루탐산과 조합되어 흥분성 역할을 수행한다. 글리신은 시상하부의 시각교차위핵(9장을 보라)에 있는 NMDA 수용체와 상호작용하여 수면 시 일반적으로 나타나는 낮은 체온을 야기한다. 수면에서 하는 이러한 역할 때문에 글리신 투여는 아직 허가되지 않았음에도 불면증의 치료법으로 어느 정도 가능성을 보인다(Bannai, Kawai, Ono, Nakahara, & Murakami, 2012).

아데노신 3인산(ATP)과 그 부산물들, 특히 **아데노신**(adenosine)은 CNS에서 그리고 자율신경 뉴런과 정관, 방광, 심장, 창자 간의 연결 부위에서 신경조절물질로 작용한다. 아데노신은 ATP의 분해로부터 생겨난다. 세포외액에서 아데노신 수준이 높아지면 세 종류의 대사성 수용체가 활성화된다. 그 중 하나인 A1 수용체의 활성화는 글루탐산, 아세틸콜린, 노르에피네프린, 세로토닌, 도파민의 분비를 억제한다. 다른 종류인 A2 수용체의 활성화는 글루탐산과 아세틸콜린의 분비는 촉진하면서 GABA의 분비는 억제한다. 그 결과 아데노신은 뉴런의 흥분성, 신경망들의 협응을 비롯하여 매우 다양한 기능을 조절한다(Sperlágh & Vizi, 2011). 뇌에서 아데노신 수준이 높으면 그 전반적인 효과는 억제성으로 나타난다. 이 장의 뒷부분에서 카페인이 어떻게 아데노신 수용체에 작용하여 신경 활동에 대한 아데노신의 억제적 효과를 상쇄하는지 살펴볼 것이다(●그림 4.14).

신경펩티드 신경조절물질이나 신경호르몬으로 작용하는 펩티드(즉, 아미노산의 사슬)가 적어도 40가지 있다. 저분자와는 달리 신경펩티드는 뉴런 세포체에서 만들어져서 축삭종말로 운송되어야 하는데, 이 과정은 하루가 걸릴 수도 있다. 이 때문에 신호전달이 활발한 기간에는 신경펩티드가 '고갈'될 수도 있다. 신경펩티드는 흔히 같은 뉴런에 저분자 전달물질과 공존하며 함께 분비되어 저분자의 효과를 조절한다. 하나의 뉴런이 여러 다른 신경펩티드를 함유하고 분비한다. 신경펩티드와 결합하는 모든 수용체는 대사성이다(3장을 보라). 시냅스에서 신경펩티드의 불활성화는 확산이나 효소에

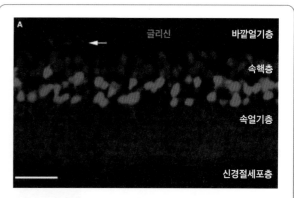

●그림 4.13 글리신 뉴런 빨간 형광색은 생쥐의 망막에 있는 아마크린 세포가 고농도의 글리신을 함유하고 있음을 보여준다.

출처: NIH.gov/Department of Neuroanatomy, Max-Planck-Institute for Brain Research Frankfurt, Germany

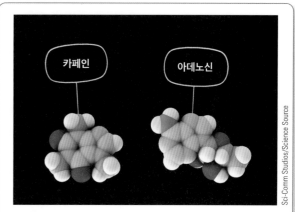

●그림 4.14 카페인과 아데노신은 유사한 구조를 갖추고 있다 카페인(왼쪽)과 아데노신(오른쪽)은 구조가 유사하기 때문에 아데노신을 위한 시냅스후 수용체의 결합 부위에서 서로 경쟁한다. 카페인은 아데노신의 억제적 효과를 차단함으로써 각성을 일으킨다.

아데노신 아데노신 3인산(ATP)의 부산물인 신경화학물질.

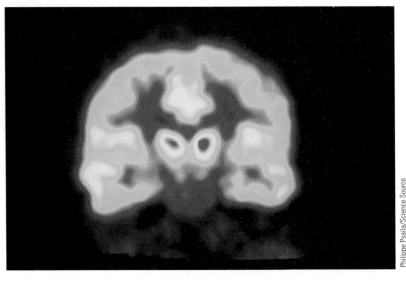

●그림 4.15 인간 뇌에서 아편유사제 수용체의 분포 이 PET 스캔은 아편유사제 수용체가 풍부하게 있는 뇌 영역을 빨간색과 노란색으로 보여준다. 이 수용체들은 헤로인과 모르핀을 비롯하여 천연 아편유사제와 외부에서 공급된 아편유사제 모두에 반응한다.

Philippe Psaila/Science Source

의한 파괴를 통해서 일어나는데, 이는 일반적으로 느린 과정이다.

신경펩티드 중에서 P 물질(substance P)은 통증의 지각에 관여하며, 내인성 모르핀(엔도르핀)은 헤로인 같은 아편유사제(opioid)와 똑같은 수용체에 작용한다. 엔도르핀(endorphin) 수용체의 분포는 ●그림 4.15에서 볼 수 있다. 인슐린이나 콜레시스토키닌(cholecystokinin, CCK)을 비롯하여 소화에 관여하는 펩티드는 잘 알려진 바와 같이 영양소 처리에 효과를 미칠(7장을 보라) 뿐 아니라 신경조절적 기능과 신경호르몬 기능도 갖고 있다. 옥시토신이나 바소프레신처럼 뇌하수체에서 분비되는 다른 펩티드는 신경조절물질과 호르몬의 작용을 모두 수행한다.

기체전달물질 신경전달에 대한 연구가 발전하면서 최근 들어 화학적 전달에 대한 기준의 경계가 확장되었다. **일산화질소**(nitric oxide, NO)와 일산화탄소(CO), 황화수소(H_2S) 등 일부 기체는 정보를 한 세포로부터 다른 세포로 전이시킨다(Wang, Li, Song, & Pang, 2014). NO는 수명이 짧은 유리기(free radical, 자유라디칼)로서, 아르기닌이라는 아미노산에 소수의 뉴런(대뇌겉질 뉴런의 1~2%)에서 발견되는 산화질소 합성효소가 작용하여 만들어진다.

1990년대 이전에는 NO가 산성비(acid rain)의 전구물질로 가장 많이 알려져 있었으나, 이제는 신경 교신, 혈압 유지, 음경의 발기에도 관여한다는 것이 밝혀졌다(Furchgott & Vanhoutte, 1989; Snyder, 2000). 발기부전 치료제 비아그라는 음경에서 NO의 활동을 향상시킴으로써 기능한다. NO는 뉴런 내의 이차 전령을 활성화하는데, 이로 인해 아마도 학습과 기억, 불안, 중독에서 어떤 역할을 하게 된다. 높은 수준의 NO는 뉴런에 독성 효과를 미칠 수 있다. NO의 이상이 조현병을 비롯하여 14장에서 살펴볼 여러 심리장애의 이면에 있을 수 있다(Bernstein, Becker, Keilhoff, Grecksch, & Bogerts, 2011). NO는 시상과 대뇌겉질 간의 교신을 조절하는 데 중요한 역할을 하는

일산화질소(NO) 뉴런 간 신호전달의 한 유형을 수행하는 기체.

것으로 보이는데, 이것이 뇌의 가장 높은 수준에서 처리되는 감각 입력의 양에 영향을 준다(Alexander, Kurukulasuriya, Mu, & Godwin, 2006).

기체전달의 기제는 지금까지 살펴본 과정과는 다르다. 기체 분자는 지방에 쉽게 녹으므로 소낭이나 분비 기제의 필요 없이 세포막을 통과해서 확산한다. 이들은 세포막에 박혀있는 수용체가 아니라 세포 내에 있는 수용체에 작용한다. 기체전달물질은 심지어 한 세포를 통과해서 그 이웃한 세포들에 영향을 줄 수도 있다. 또한 효소가 작용할 필요 없이 매우 빨리 분해된다. 게다가 기체전달물질은 시냅스후 뉴런으로부터 시냅스전 뉴런으로(그 반대 방향이 아니고) 정보를 전달하는 것으로 보인다.

중간 요약 4.1

|| 요약 표: 일부 신경화학물질의 특성

신경전달물질	위치	기능
아세틸콜린 (ACh)	• 신경근 접합부 • 자율신경계의 신경절이전 시냅스 • 부교감신경계의 신경절이후 시냅스 • 바닥앞뇌로부터 해마와 편도체로 투사; 사이막구역; 뇌줄기	• 운동 • 자율신경 기능 • 학습과 기억
도파민	• 흑색질과 바닥핵 • 배쪽 뒤판으로부터 해마, 편도체, 기댐핵으로 투사 • 배쪽 뒤판으로부터 이마겉질로 투사	• 운동 • 강화 • 계획하기
노르에피네프린	• 다리뇌(특히 척수와 뇌로 광범위하게 투사하는 청색반점) • 숨뇌 • 시상하부 • 교감신경계의 신경절이후 시냅스	• 각성과 경계심 • 기분
세로토닌	• 다리뇌, 특히 뇌와 척수로 광범위하게 투사하는 솔기핵	• 수면 • 식욕 • 기분 • 공격성 • 사회적 지위
히스타민	• 뇌로 광범위하게 투사하는, 시상하부의 융기유두핵(TMN)	• 깨어있음 • 운동
글루탐산	• 중추신경계에 광범위하게 분포함	• 흥분 • 장기기억
GABA	• 중추신경계에 광범위하게 분포함	• 억제 • 기분 • 발작 문턱값
글리신	• 척수의 중간뉴런, 망막; 중추신경계에서는 역할이 적음	• 억제 • NMDA 수용체에서 흥분 • 수면

신경전달물질	위치	기능
아데노신 3인산(ATP)과 부산물	• 중추신경계 • 자율신경계 • 카테콜아민을 포함하는 일부 축삭	• 통증 조절 • 억제
내인성 아편유사제	• 수도관주위회색질 • 시상하부 • 뇌하수체 • 둘레계 • 바닥핵 • 척수 • 배쪽 뒤판	• 통증 완화 • 안녕감
P 물질	• 척수	• 통증 지각
일산화질소(NO)	• 중추 및 말초신경계 • 민무늬근	• 혈관의 민무늬근 세포를 이완시킴 • 발기 • 역행 신호전달의 가능성

‖ 요점

1 신경전달물질은 시냅스를 건너서 인접한 세포에 영향을 준다. 신경조절물질은 시냅스로부터 어느 정도 멀리 떨어진 목표 세포로까지 확산한다. 혈중 신경호르몬은 더욱 멀리 있는 목표 세포에 도달한다. (LO1)

2 신경화학물질은 시냅스전 뉴런 속에 존재하고, 시냅스전 탈분극화에 반응하여 분비되며, 시냅스후 세포에 있는 특정 수용체와 상호작용한다. (LO1)

3 ACh는 신경근 접합부, 자율신경계, 그리고 CNS 내에 존재한다. 도파민은 운동 통제, 보상, 계획하기를 통제하는 체계들에 관여한다. 노르에피네프린 경로는 각성과 경계심을 증가시킨다. 세로토닌은 기분, 식욕, 사회적 지위, 공격성, 수면의 조절에 관여한다. 히스타민 활동은 깨어있음과 연관된다. 글루탐산은 CNS에서 가장 흔한 흥분성 신경전달물질이다. GABA와 글리신은 일반적으로 억제를 일으킨다. ATP와 그 부산물은 신경화학물질로 작용하는 것으로 보인다. (LO2)

4 저분자 신경화학물질로는 아세틸콜린, 도파민, 노르에피네프린, 에피네프린, 세로토닌, 멜라토닌, 히스타민, 글루탐산, GABA, 글리신, 그리고 아데노신이 있다. (LO3)

5 기체전달물질은 세포막을 통과하여 확산하며 내부 수용체와 상호작용하여 정보를 전달한다. 기체는 시냅스후 뉴런으로부터 시냅스전 뉴런으로 교신할 수 있다. (LO3)

6 신경펩티드는 적어도 40가지가 있는데, P 물질과 엔도르핀이 그 일부이다. (LO3)

‖ 복습 문제

1 신경전달물질, 신경조절물질, 신경호르몬은 서로 어떻게 비슷하며 어떻게 다른가?

2 ACh, 도파민, 글루탐산, GABA에 대한 수용체들의 몇몇 독특한 특징은 무엇인가?

신경약리학의 기제

치료용 및 향락용 약물은 시냅스전 또는 시냅스후 작용을 통해 향정신성 효과를 낸다. 약물은 신경화학물질의 합성, 축삭종말 속 저장, 분비, 분비 후의 재흡수 또는 효소 활동, 그리고 시냅스전 또는 시냅스후 수용체 부위와의 상호작용에 영향을 준다.

효능제와 길항제

약물은 신경화학물질의 활동을 증강하거나 감소시킬 수 있다. 신경화학물질의 활동을 향상시키는 약물을 **효능제**(agonist, 효현제, 작용물질)라고 한다. 신경화학물질의 활동을 감소시키는 약물을 **길항제**(antagonist)라고 한다. 약리학자들은 흔히 '효능제'와 '길항제'라는 용어를 수용체 부위에 작용하는 화학물질에 한정하여 쓴다. 하지만 행동신경과학에서는 이 용어들을 더 넓게 사용하여, 신경화학물질의 분비량에 영향을 주는 등의 방식으로 활동에 영향을 미치는 화학물질도 포함한다.

효능제를 시냅스후 흥분 또는 행동적 흥분과 같은 것으로 보거나 길항제를 행동적 억제와 같은 것으로 보아서는 안 된다. 효능제나 길항제 작용의 결과는 특정 수용체에 대한 신경화학물질의 정상적 작동에 좌우된다. 어떤 신경화학물질이 일반적으로 시냅스후 뉴런에 억제적 효과를 낸다면, 효능제의 작용은 그 억제적 효과의 양을 증가시키는 것이다. 동일한 수용체에 대한 길항제의 작용은 억제성 신경화학물질을 방해하여 억제의 감소를 초래한다. 카페인의 경우를 보자. 아마도 잘 알고 있겠지만, 카페인은 정신을 초롱초롱하게 만든다. 이 장에서 나중에 볼 터인데, 카페인은 아데노신의 길항제이다. 이는 카페인이 아데노신의 효과를 감소시킨다는 뜻이다. 아데노신은 일반적으로 억제적 효과를 내기 때문에 카페인으로 인한 억제의 감소는 뉴런 활동의 증가와 똑같다.

신경화학물질의 생산

신경화학물질의 합성을 변화시키면 신경화학물질이 분비되는 양도 달라질 것이다. 신경화학물질의 생산 증가를 촉진하는 물질은 효능제로 작용할 것인 반면, 생산을 방해하는 물질은 길항제로 작용할 것이다.

신경화학물질의 합성 속도를 높이는 가장 간단한 방법은 그 기본 구성 성분, 즉 전구물질의 양을 더 많이 제공하는 것이다. 세로토닌 수준은 탄수화물이 많은 식사를 함으로써 일시적으로 높일 수 있다. 탄수화물을 먹으면 더 많은 트립토판이 혈관-뇌 장벽을 건너가서 세로토닌으로 합성된다(Wurtman et al., 2003).

또한 약물은 신경화학물질의 합성 경로를 방해함으로써 길항적 효과를 낼 수 있다. 예를 들어 AMPT(*a*-methyl-*p*-tyrosine)는 티로신 수산화효소(TH)의 활동을 방해한다. 앞서 우리는 TH가 티로신을 L-도파로 변환시킨다는 것을 보았다. 결과적으로 AMPT는 도파민, 노르에피네프린, 에피네프린의 생산을 감소시킨다.

효능제 신경화학물질의 활동을 촉진하는 물질.
길항제 신경화학물질의 활동을 감소시키는 물질.

신경화학물질의 저장

어떤 약물은 뉴런 속에서 신경화학물질이 소낭에 저장되는 것을 방해함으로써 길항적 효과를 낸다. 예를 들어 혈압이나 정신증을 감소시키는 데 사용되는 약물인 **레세르핀**(reserpine; 14장을 보라)은 모노아민이 시냅스소낭으로 흡수되는 것을 막는다. 그 결과, 활동전위의 도달에 반응하여 분비될 수 있는 모노아민의 양이 비정상적으로 적어진다. 레세르핀이 모노아민인 세로토닌을 방해하면 흔히 심각한 우울증이 초래된다. 혈압을 낮추기 위해 레세르핀을 사용한 환자들 중 15%나 되는 사람들이 심각한 우울증을 겪었다(Sachar & Baron, 1979). 그 결과 레세르핀은 오늘날 거의 처방되지 않는다.

신경화학물질의 분비

약물은 활동전위가 도달하면 일어나는 신경화학물질의 분비를 수정할 때가 많다. 어떤 약물은 시냅스전 자가수용체와 상호작용함으로써 신경화학물질의 분비에 영향을 준다. 다른 약물은 신경화학물질 분자가 시냅스로 분비되는 과정인 세포외유출을 담당하는 단백질과 직접 상호작용한다(3장을 보라). 세포외유출은 효능제에 의해 촉진되지만 길항제에 의해 차단된다.

메스암페타민(methamphetamine)은 흥미로운 방식으로 도파민 효능제로 기능한다. 처음에는 메스암페타민 분자가 도파민 수송체에 의해 흡수된다. 축삭종말 속으로 들어간 메스암페타민은 시냅스소낭 속에 있는 도파민을 밀어낸다. 그렇게 소낭에서 새어나온 도파민 중 일부는 모노아민 산화효소(MAO)에 의해 불활성화되지만, 세포내액의 고농도 도파민은 수송체의 작용을 방해한다. 즉, 도파민을 시냅스틈에서 재흡수하여 세포로 다시 옮겨놓는 대신에, 수송체가 거꾸로 작용하여 도파민을 시냅스틈으로 쏟아내기 시작한다. 활동전위가 전혀 없을 때조차도 말이다. 수송체가 오작동하고 있기 때문에 분비된 도파민은 시냅스틈에 갇혀있게 되고, 따라서 시냅스후 수용체와 거듭해서 상호작용할 수 있다.

또 어떤 약물은 화학적 전달자의 분비를 차단함으로써 길항제로 작용한다. ●그림 4.16에서 보듯이 상한 음식에서 발견되는 '보툴리누스균'이 만드는 강력한 독은 신경근 접합부와 자율신경계 시냅스에서 ACh의 분비를 차단한다. 그 결과 생기는 병인 **보툴리누스 중독**(botulism)은 급속도로 마비를 일으켜서 사망을 초래한다. 보톡스(Botox)는 일곱 가지 보툴리누스 독 중 하나에 대한 상표명이다. 보톡스는 근육을 마비시켜 주름의 형성을 막는 데, 그리고 과도한 근 긴장이 유발하는 다양한 질병을 치료하는 데 사용된다. 또한 보톡스는 통증과 관련된 신경화학물질의 분비를 감소시키기 때문에 편두통의 치료에도 사용된다(13장을 보라). 그러나 보톡스가 주사 부위로부터 뉴런의 후방 수송계를 타고 뇌로 들어갈 수 있다는 우려가 제기된 바 있다(Antonucci, Rossi, Gianfranceschi, Rossetto, & Caleo, 2008; Galazka, Soszynski, & Dmitruk, 2015).

레세르핀 식물에서 유래한 물질로서 모노아민이 시냅스소낭으로 흡수되는 것을 방해하여 모노아민의 공급을 고갈시킴. 혈압이나 정신증을 치료하는 데 사용하지만 종종 우울증을 초래함.
메스암페타민 미국에서 싸게 생산되고 널리 남용되는 암페타민의 한 변종.
보툴리누스 중독 상한 음식에 있는 세균이 초래하는 치명적인 병으로서 그 세균이 만들어내는 독소가 ACh의 분비를 차단함.

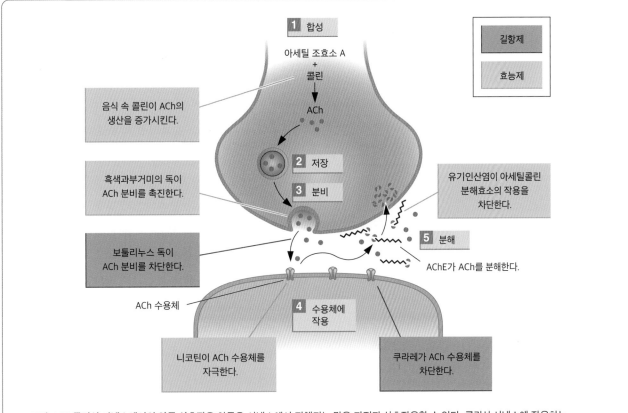

1 합성

아세틸 조효소 A
+
콜린

ACh

음식 속 콜린이 ACh의
생산을 증가시킨다.

2 저장

흑색과부거미의 독이
ACh 분비를 촉진한다.

3 분비

유기인산염이 아세틸콜린
분해효소의 작용을
차단한다.

5 분해

AChE가 ACh를 분해한다.

보툴리누스 독이
ACh 분비를 차단한다.

ACh 수용체

4 수용체에
작용

니코틴이 ACh 수용체를
자극한다.

쿠라레가 ACh 수용체를
차단한다.

길항제

효능제

●그림 4.16 콜린성 시냅스에서의 약물 상호작용 약물은 시냅스에서 진행되는 많은 과정과 상호작용할 수 있다. 콜린성 시냅스에 작용하는
효능제(초록색으로 표시)로는 흑색과부거미의 독, 니코틴, 음식에 든 콜린, 유기인산염 등이 있다. 흑색과부거미의 독은 아세틸콜린(ACh)의 분비를
향상시키고, 니코틴은 ACh 수용체를 활성화한다. 음식에서 섭취하는 콜린이 많아지면 ACh의 생산이 증가할 수 있다. 유기인산염은 아세틸콜린
분해효소(AChE)를 파괴한다. 따라서 이들은 사실상 ACh 효능제로 작용한다. AChE 활동의 감소가 처음에는 ACh 활동을 증가시키지만 결국에는
ACh 수용체에 독성 효과를 나타낸다. 따라서 유기인산염은 궁극적으로 ACh 활동을 저하시킨다. 길항제(빨간색으로 표시)로는 보툴리누스 독과
쿠라레가 포함된다. 보툴리누스 독은 ACh의 분비를 차단하며, 쿠라레는 니코틴성 ACh 수용체를 차단한다.

수용체에 미치는 효과

약물과 우리의 자연적 생화학 간의 상호작용은 단연코 수용체에서 가장 많이 일어난
다. 어떤 약물은 천연 신경화학물질과 화학적 구성이 유사해서 수용체 부위에서 해당
신경화학물질의 작용을 흉내 낸다. 다른 약물은 수용체에 있는 결합 부위를 차지한 채
로 수용체를 활성화하지는 않음으로써 시냅스 활동을 막을 수도 있다. 마지막으로, 수
용체 중에는 여러 종류의 결합 부위를 가진 것이 많다. 이 결합 부위를 차지하는 약물
은 해당 수용체의 활동에 간접적으로 영향을 줄 수 있다. 수용체 부위 활동을 자물쇠-
열쇠 관계에 비유한다면, 수용체에 결합한 화학적 전달자와 효능제는 자물쇠를 열 수
있는 열쇠처럼 작동한다. 길항제는 자물쇠에 들어가기는 하지만 열지는 못하는 잘못
만들어진 열쇠처럼 작동한다. 효과 없는 열쇠가 자물쇠에 들어가 있는 한, 진짜 열쇠가
자물쇠를 여는 데 사용될 수 없다.

ACh에 대한 앞의 논의에서 보았듯이 니코틴성 수용체나 무스카린성 수용체는 각

각 ACh와 니코틴 모두에, 또는 ACh와 무스카린 모두에 반응할 수 있기 때문에 그런 이름이 붙었다. 결과적으로 니코틴과 무스카린 모두 콜린성 효능제로 분류된다. **쿠라레**(curare) 같은 다른 약물은 니코틴성 수용체를 차단하는 작용을 한다. 쿠라레는 남아메리카의 아마존 지대에서 사는 식물종에서 유래한다. 이 지역 사람들은 화살촉에 쿠라레를 발라서 사냥과 전쟁에 사용해 온 역사가 있다. 쿠라레는 1940년대부터 수술 중 근육을 이완시키기 위해 사용되다가 이후에 더 효과적인 약물로 대체되었다. ●그림 4.17에서 볼 수 있듯이 뱀독은 쿠라레와 매우 비슷한 방식으로 작용한다. 쿠라레와 뱀독은 신경근 접합부에 있는 니코틴성 수용체를 차지하고는 분해되거나 방출되지 않기 때문에 ACh가 근섬유를 자극할 수 없다. 호흡에 필요한 횡격막 근육의 비활성화는 마비와 죽음을 초래한다.

●그림 4.17 많은 독액은 콜린성 체계에 작용하여 먹잇감을 마비시킨다 호주에 서식하는 내륙타이판(inland taipan)이라는 뱀은 세계에서 가장 위험한 독사로 간주된다. 이 뱀이 한 번 물 때 방출되는 독액은 100명의 사람을 죽이기에 충분하다고 추정된다. 이 독액의 일차적 작용은 아세틸콜린의 분비를 차단하는 것으로서, 겨우 35~40분 만에 근육마비에 의한 죽음을 가져온다.

GABA_A는 다양한 결합 부위를 가진 복잡한 수용체로, 여러 가지 중요한 약물이 GABA_A 수용체에 영향을 미친다. 이런 다중 결합 부위가 존재하는 목적은 아직까지 밝혀지지 않았다. 오직 하나의 결합 부위만 GABA에 의해 활성화되지만 GABA_A 수용체에는 적어도 5개의 다른 결합 부위가 있다. 이 다른 부위들은 **벤조디아제핀**(benzodiazepine; 디아제팜을 포함하는 진정제; 상품명 Valium), 알코올, 그리고 마취 및 발작 억제제에 사용되는 **바르비투르산염**(barbiturate)에 의해 활성화될 수 있다. 바르비투르산염은 GABA가 전혀 없어도 혼자서 GABA_A 수용체를 활성화할 수 있다(Bowery, Enna, & Olsen, 2004). 벤조디아제핀이나 알코올은 GABA에 대한 수용체의 반응을 증가시키지만, 이는 이들과 GABA가 수용체에 동시에 결합해 있을 때만 가능하다. GABA는 시냅스후 뉴런에 과분극화, 즉 억제적 효과를 내기 때문에 GABA 효능제는 억제를 향상시킨다. 동일한 GABA_A 수용체에 알코올이나 벤조디아제핀, 바르비투르산염 등이 함께 작용하면 치명적인 수준의 신경 억제가 초래될 수 있다.

재흡수와 효소분해

수와 중요성의 면에서 수용체에 작용하는 약물 다음으로 꼽아야 할 것은 신경화학물질의 불활성화에 영향을 미치는 약물이다. 이 약물 중 어떤 것은 신경화학물질의 재흡수에 영향을 미치는 반면, 다른 것은 분비된 신경화학물질을 분해하는 효소에 작용한다. 화학적 전달자의 재흡수나 효소분해를 방해하는 약물은 대개 강력한 효능제가 된다. 이들은 분비된 신경화학물질이 시냅스에서 더 많이 그리고 더 오랫동안 활동할 수 있게 함으로써 그 효과를 촉진한다. 그로 인해 신경화학물질이 수용체와 상호작용할 기회가 더 많아지게 된다.

쿠라레 아마존에 사는 식물에서 유래한 물질로서, 니코틴성 ACh 수용체를 차단하여 마비를 일으킴.

벤조디아제핀 GABA 효능제로 작용하는 주요 진정제.

바르비투르산염 GABA 효능제로 작용함으로써 강한 진정상태를 초래하는 약물.

●그림 4.18에서 보듯이 도파민의 재흡수를 억제하는 약물로는 코카인, 암페타민, 메틸페니데이트(상품명 Ritalin)가 있다. 따라서 이 약물들은 모두 강력한 도파민 효능제이다. **재흡수 억제제**(reuptake inhibitor)의 또 다른 중요한 범주는 세로토닌에 작용하는 것들이다. 여기에는 ●그림 4.19에 나오는 항우울 약물인 플루옥세틴(fluoxetine; 상품명 Prozac)이 포함된다. 주요우울장애(14장을 보라)는 세로토닌 활동이 정상보다 낮은 상태와 관련되어 있다. 재흡수가 느려지면 분비된 세로토닌이 시냅스에 더 오랫동안 머무르며 활동하게 되는데, 이것이 우울 증상을 어느 정도 완화한다.

그림 4.16에서 보았던 콜린성 시냅스에서는 아세틸콜린 분해효소(AChE)가 ACh를 불활성화한다. 사린(sarin) 같은 유기인산염은 원래 화학전에 쓰일 용도로 개발된 살충제인데(유감스럽게도 아직도 그러한 목적으로 사용된다), 이 화학물질은 AChE의 작용을 방해한다. AChE를 방해하는 약물은 ACh 활동을 증가시키며, 이는 중증근무력증(myasthenia gravis)이라는 근육질환 같은 병에 도움이 될 수 있다. 그러나 ACh 활동이 정상인 사람에게는 과도한 ACh가 자율신경 문제나 불수의적 운동, 심지어 마비와 죽음까지 초래할 수 있다(Pope, Karanth, & Liu, 2005).

재흡수 억제제 분비된 신경전달물질 분자가 시냅스전 종말로 다시 운송되는 것을 방해하는 물질.

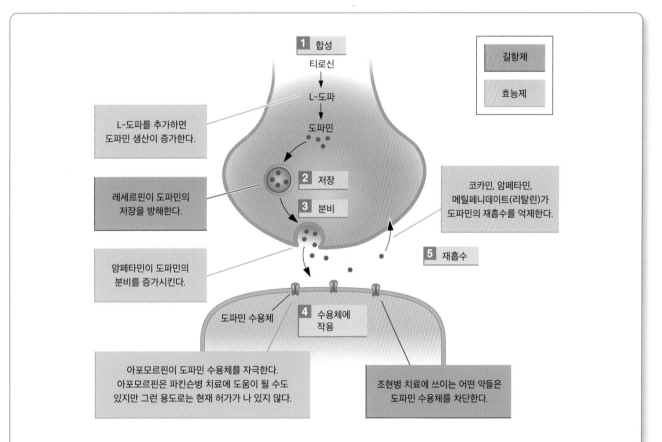

●그림 4.18 **도파민성 시냅스에서의 약물 상호작용** 파킨슨병에 처방되는 L-도파는 도파민 합성의 증가를 촉진하여 도파민 효능제로 작용하며, 암페타민은 도파민 분비를 증가시킨다. 코카인, 암페타민, 메스암페타민은 도파민 재흡수 억제제이다. 아포모르핀(apomorphine)은 도파민 수용체를 활성화한다. 반면 레세르핀은 모노아민이 시냅스소낭으로 흡수되는 것을 방해함으로써 길항적 효과를 낸다. 조현병을 치료하는 데 사용되는 페노티아진(phenothiazine) 같은 전통적인 약물은 도파민 수용체를 차단한다.

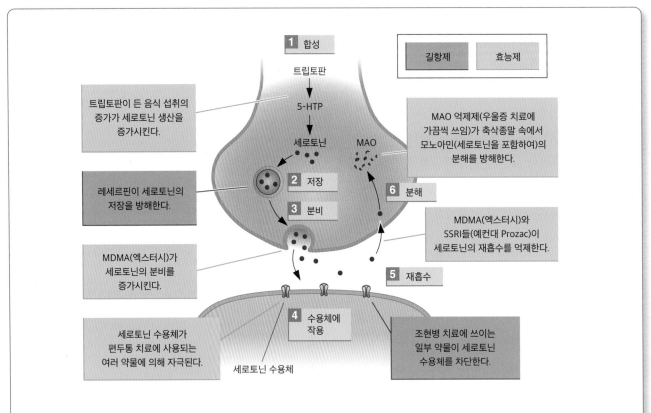

●그림 4.19 세로토닌성 시냅스에서의 약물 상호작용 세로토닌성 시냅스에 작용하는 효능제로는 트립토판, MDMA(엑스터시), 두통약, 모노아민 산화
효소 억제제(MAO), 그리고 프로작(Prozac)을 비롯한 선택적 세로토닌 재흡수 억제제(SSRI)가 포함된다. 세로토닌에 대한 길항제로는 레세르핀과
조현병 치료에 쓰이는 몇몇 약물이 포함된다.

중간 요약 4.2

‖ 요점

1 효능제는 화학적 전달자의 활동을 촉진하는 반면, 길항제는 그 활동을 감소시킨다. (LO4)
2 약물은 시냅스에서 일어나는 다양한 과정과 상호작용함으로써 행동에 영향을 미친다. (LO5)

‖ 복습 문제

1 시냅스에서 일어나는 활동 중 어떤 활동이 약물에 영향을 받는가?

약물 효과의 기본 원리

약물의 구체적인 종류, 그리고 신경계에서 일어나는 자연적인 화학적 신호전달과 약물
의 상호작용을 논의하기 전에 약물 효과와 관련된 기본 개념들을 살펴볼 필요가 있다.

약물의 투여

약물은 투여 방법에 따라 신경계에 다른 효과를 낸다. 혈류로 들어온 약물의 효과는 그 농도에 따라 달라진다. 약물이 혈류로 들어가는 농도는 그 약물을 먹는가 흡입하는가 씹는가 아니면 주사하는가에 따라 매우 달라진다. ●그림 4.20은 흡연이나 씹기를 통해서 니코틴을 투여했을 때 시간에 따라 혈중 니코틴 농도가 어떻게 달라지는지를 보여준다.

우리의 몸은 독소로부터 몸을 보호하도록 설계된 여러 기제를 갖추고 있다. 간은 혈액 속의 물질을 불활성화하는 효소들을 사용한다. 3장에서 살펴본 혈관-뇌 장벽은 많은 독소가 중추신경계 조직으로 들어가는 것을 막는다. 숨뇌에 있는 **맨아래구역**(area postrema, 최종야, 최후야)은 혈류 속의 독소에 반응하여 구토 반사를 일으킨다 (Miller & Leslie, 1994). 독소의 섭취는 우리 선조에게 중독 위험성이 가장 큰 일이었을 것이다. 이때 구토는 위장을 비워서 더 이상의 손상을 막아준다. 하지만 혈류로 직접 주사되는 등의 방식으로 독소가 투여된 경우에는 구토가 별로 소용이 없다.

약물반응의 개인차

개인이 경험하는 약물 효과는 체중, 성별, 유전을 비롯한 많은 요인에 영향을 받는다. 체구가 큰 사람은 체구가 작은 사람보다 혈액이 더 많기 때문에 동등한 혈중 약물 농도에 도달하는 데 더 많은 양의 약물이 필요하다. 성별은 알코올의 효과에 영향을 미치는데, 알코올이 근육조직 속에 있는 물에 의해 희석되기 때문이다. 일반적으로 남성

맨아래구역 혈관-뇌 장벽의 투과성이 높은 뇌줄기 영역으로서, 순환계에서 독소를 탐지하면 구토를 촉발함.

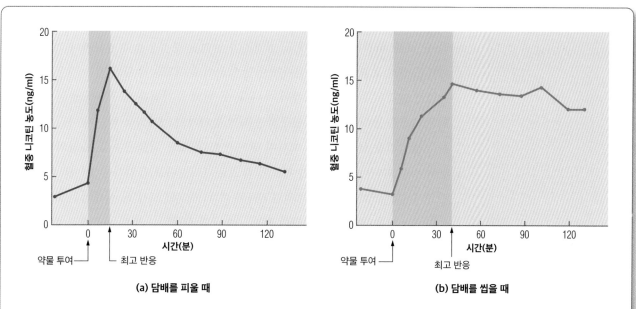

(a) 담배를 피울 때　　**(b) 담배를 씹을 때**

●그림 4.20 **약물의 혈중 농도는 투여 방법에 따라 달라진다** 약물의 효과는 혈류에 들어있는 약물의 농도에 따라 달라지는데, 어떤 투여 방법은 다른 방법보다 더 빨리 효과적인 농도를 달성한다. 니코틴의 경우, 담배를 피우는 것이 동등한 용량의 담배를 씹는 것보다 혈중 니코틴 농도를 훨씬 더 빨리 높인다. 하지만 담배를 피울 때보다 씹을 때 혈중 니코틴 농도가 더 높게 유지된다.

출처: Adapted from Bennett (1983).

이 동일한 체중의 여성보다 근육이 많다. 따라서 같은 양의 알코올을 섭취해도 남성의 혈중 알코올 농도가 여성보다 낮다. 유전적 차이는 알코올 대사에 관여하는 간 효소인 알데히드 탈수소효소(aldehyde dehydrogenase, ALDH)에 영향을 준다(Thomasson et al., 1991). ALDH 수준이 낮으면 알코올의 부산물이 축적되어 홍조, 빠른 심장박동, 근력 저하, 현기증을 일으킨다. 아시아인은 ALDH의 한 유형에 대한 유전자가 결핍된 경우가 많아서 음주와 관련하여 불쾌한 증상을 더 많이 경험한다(Li, Zhao, & Gelernter, 2011). 알코올 소비가 다른 인종보다 아시아인에게서 더 낮다는 것이 그다지 놀랄 일은 아니다. 물론 문화적 패턴이 음주율에 상당히 기여하지만 말이다.

가짜약 효과

약물 효과는 종종 사용자의 기대, 경험 및 동기에 영향을 받는다(Finniss, Kaptchuk, Miller, & Benedetti, 2010). 이러한 간접적 결과를 **가짜약 효과**(placebo effects, 위약 효과, 속임약 효과)라 부른다. 라틴어로 'I will please'를 뜻하는 placebo는 불활성 물질로서, 가짜약 효과란 가짜약을 투여받은 사람에게서 관찰 가능한 반응이다. 이 효과는 통증 감소, 파킨슨병, 우울증, 불안을 비롯한 다양한 행동에 걸쳐 입증되었다. 가짜약 효과는 상당히 클 수 있다. 항우울 약물의 임상 시험에서 실제 활성 약물에 대한 평균 반응률이 50%인데 비해 가짜약에 대한 평균 반응률은 31%이다(Rutherford & Roose, 2013).

활성 약물의 효과와 가짜약 효과를 구분하기 위한 표준 절차가 **이중 눈가림 실험**(double-blind experiment, 이중 맹검 실험)이다. 첫 번째 눈가림은 참가자에게 실시된다. 참가자는 자신이 활성 약물을 받고 있는지, 불활성 물질(가짜약)을 받고 있는지 알 수 없다. 하지만 안타깝게도, 참가자가 알려진 부작용을 경험하거나 기대했던 효과를 느끼지 못함으로써 자신에게 어떤 약물이 투여되는지 알게 되는 경우가 흔하다. 따라서 이것은 완벽한 시스템이 아니다. 두 번째 눈가림은 연구자에게 실시된다. 편향된 관찰을 방지하기 위해 연구자는 특정 참가자가 가짜약을 받는지 아니면 활성 약물을 받는지를 실험이 끝날 때까지 알지 못한다. 모든 약물에 이런 유형의 연구가 가능한 것은 아니다. 예를 들면 치료 목적으로 마리화나를 흡입하는 것(마리화나의 성분인 칸나비노이드를 함유한 전통적인 약물과 대비되는 것으로서)의 상대적인 효과를 알아보려는 노력은 속아 넘어갈 만한 가짜약을 찾기 힘들다는 명백한 문제점 때문에 한계가 있다(Koppel et al., 2014).

내성과 금단

어떤 약물을 반복적으로 투여한 결과 그 효과가 감소한다면 **내성**(tolerance)이 발달한 것이다. 이 경우 원하는 효과를 얻으려면 점점 더 많은 양의 약물을 투여해야 한다. 내성 효과는 효소의 변화나 수용체 밀도의 변화, 학습 등으로 인해 일어날 수 있다. 같은

가짜약 효과 불활성 물질이나 방법으로부터 생기는 지각된 이득.

이중 눈가림 실험 연구가 끝나기 전까지는 참가자가 약물과 가짜약 중 어느 것을 받는지를 연구자도 참가자도 알지 못하는 실험 설계.

내성 동일한 효과를 내기 위해 더 많은 약물이 필요해지는 과정.

약물의 모든 효과가 동등한 수준의 내성을 보이는 것은 아니다. 예컨대 바르비투르산염은 전반적으로 진정된 느낌과 호흡 저하라는 효과를 둘 다 가지고 있다. 바르비투르산염의 진정 효과에 대해서는 내성이 빠르게 나타나지만 호흡 저하 효과에 대해서는 그렇지 않다. 그러므로 바르비투르산염 남용자가 진정 효과를 달성하기 위해 점점 더 많은 양을 투여한다면 호흡 문제로 인해 사망할 가능성이 점점 더 커질 것이다.

　　약물 사용과 연관된 고전적 조건형성 또한 내성을 일으킬 수 있다. 약물 투여를 보상하려는 신체의 노력은 약물 투여와 관련된 자극들과 조건형성, 즉 연합된다(10장을 보라). 이러한 내성의 학습 요소가 일부 약물 과용 사례의 원인일지도 모른다. Siegel, Hinson, Krank와 McCully(1982)는 쥐들에게 매일 헤로인 주사를 놓았다. 그러고는 쥐들이 헤로인에 내성을 보이기 시작하자 과량(overdose)의 헤로인을 주사했다. 쥐들 중 절반은 자신의 사육상자에서, 다른 절반은 낯선 환경에서 그 과량의 주사를 맞았다. 낯선 환경에서 과량의 헤로인을 주사받은 쥐들은 거의 모두가 죽은 반면, 익숙한 자신의 사육상자에서 주사받은 쥐들은 절반만 죽었다. 낯선 환경의 쥐들은 헤로인의 효과에 대한 신체의 보상반응을 촉발할 학습된 단서들이 없었다. 보상반응이 없는 상태에서 그 쥐들에게는 약물과용의 효과가 급속히 나타난 것이다. 이와 같은 요인들이 인간의 약물과용 결과에도 십중팔구 영향을 미친다. 낯선 장소에서 약물을 스스로 투여하는 중독자는 익숙한 환경에서 투여하는 중독자보다 과잉 투여의 효과에 더 취약할 수 있다(Siegel, Hinson, Krank, & McCully, 1982).

　　금단(withdrawal)은 향정신성 물질의 사용이 감소하거나 중단될 때 일어날 수 있다. 금단은 흔히 남용되는 모든 약물에서 어느 정도 일어나지만(Oleson, Cachope, Fitoussi, & Cheer, 2014), 항우울제 같은 처방 약물의 복용을 중단할 때도 일어날 수 있다(Haddad, 1998). 일반적으로 금단 효과는 복용을 중단한 약물이 일으키는 효과와 반대로 나타난다. 진정제로 인한 금단을 겪는 사람은 흥분하게 되는 반면, 흥분제로 인한 금단을 겪는 사람은 무기력해진다. 금단증후군의 특성 대부분은 내성을 일으키는 것과 동일한 보상 기제를 반영할 가능성이 높다. 약물 효과와 보상 기제는 서로를 상쇄해서 상당히 안정적인 행동을 이끌어낸다. 그러다 약물이 더 이상 존재하지 않으면 보상 기제만이 명백하게 드러나게 된다. 금단증상은 중독자가 약물을 다시 투여하게 만들 수 있다. 하지만 금단증상에 대한 회피가 강박적인 약물 추구와 사용을 일으키는 유일한 원인은 아니다.

중독

약물에 대한 신체적 의존과 심리적 의존 간의 전통적인 구분은 아마도 그 효용이 다한 듯하다. **중독**(addiction)을 정의하는 특징은 사용자에게 일어나는 부정적인 결과에도 불구하고 약물을 반복해서 사용하려는 강박적인 욕구이다(American Psychiatric Association [APA], 2013; Kalant, 2010). 중독은 행동에 대한 정상적인 통제를 압도하고, 전형적인 보상체계를 왜곡하며, 문제의 인식을 방해한다.

금단 어떤 약물이 더 이상 투여되지 않거나 더 적은 양으로 투여될 때 일어나는 증상.
중독 부정적 결과에도 불구하고 약물 효과나 기타 경험을 강박적으로 갈망하는 것.

중독의 원인 약물에 중독된 사람은 장기적 결과(가족, 재정, 감옥에 가지 않기)에 근거한 논리적 선택을 멈추고 단기적 결과(절정감 느끼기)에 근거한 강박적 선택을 끈질기게 지속한다. 이러한 정상적인 합리적 판단의 역전은 보상, 충동 통제 및 갈망에 관여하는 회로의 상대적 강도 변화로부터 생겨난다(Noel, Brevers, & Bechara, 2013).

대부분의 중독성 약물은 우리가 쾌락이라는 느낌을 경험하게 만드는 자연적인 신경 보상체계(7장을 보라)를 자극하는 능력을 갖고 있다. 이 체계들은 우리가 개인적 생존이나 종의 생존에 중요한 행동에 몰두할 때 즐거움을 느끼게 한다. 우리가 배고파서 먹을 때, 목말라서 마실 때, 또는 성행동을 할 때 뇌의 이 동일한 보상 회로가 활성화된다. 심지어 돈을 딸 수 있다는 가능성조차도 뇌의 보상 회로를 활성화한다(Breiter, Aharon, Kahneman, Dale, & Shizgal, 2001). 이런 행동들은 뇌줄기의 도파민 회로의 활동과 더불어 특히 중간뇌둘레계 및 중간뇌겉질계, 그리고 기댐핵의 활동을 일으킨다. 중독성 약물은 다양한 행동적 효과를 야기하는데, 환경 사건에 대한 반응으로 일어나는 일반적인 수준보다 더 강하고 더 오래가는 도파민 분비를 자극하는 능력을 갖춘 것들이 많다(Volkow, Fowler, & Wang, 2004). 도파민이나 기댐핵에 영향을 주지 않는 약물도 습관적으로 사용될 때가 종종 있지만, 이들은 중독과 연관된 갈망 및 강박적 사용을 유발하지 않는 것으로 보인다. LSD는 향락적 용도로 쓰이는 용량에서는 도파민 회로에 거의 아무런 효과를 내지 않는 듯하다. 사람들이 비록 LSD를 습관적으로 사용할 수는 있어도 그것에 중독되지는 않는 것으로 보인다.

상당히 많은 연구가 동물에게서 기댐핵을 포함한 중간뇌둘레계 및 중간뇌겉질계의 작동을 방해하면 중독성 약물의 자가 투여(self-administration)가 감소한다는 증거를 보여준다. 동물은 약물의 규칙적인 주사를 통해 중독될 수 있다. 일단 중독이 된 동물은 스스로 레버를 눌러서 약물을 정맥으로 투여하는 자가 투여를 한다. 기댐핵의 손상은 자가 투여를 감소시킨다(Zito, Vickers, & Roberts, 1985). 게다가 도파민성 뉴런의 선택적 손상 역시 자가 투여를 감소시킨다(Bozarth & Wise, 1986). 도파민성 뉴런과 기댐핵의 손상이 약물 의존성을 감소시킴에도 그런 기법을 사용하여 중독자를 돕지 않는 이유에 의문이 들 수 있다. 그러나 이 일반적 보상 회로를 손상하면 중독자에게서 모든 즐거움이 영원히 박탈될 수 있다. 중독자가 그런 치료를 선택할 리는 없을 것이다.

도파민은 중독의 보상 측면과만 연관된 것이 아니라 자극에 대한 주의집중과 동기부여에도 한몫한다. 중독자에 대한 뇌 영상화 연구를 근거로 Nora Volkow와 동료들(2004)은 지속적인 약물남용이 환경 속에서 주어지는 정상적인 보상에 대한 중독자의 반응을 감소시킨다고 분석했다. 이와 동시에 중독자는 약물 소도구의 모습 같은 약물 사용과 연관된 자극에 과잉반응을 나타낸다. 이런 변화는 많은 종류의 남용 약물이 기댐핵의 가소성을 붕괴시켜서 생겨나는 것일 수 있다(Scofield et al., 2016).

약물 사용에 기인한 뇌 보상체계의 변화는 이마엽이 관장하는 충동 통제 체계를 압도한다(Noël, Brevers, & Bechara, 2013). 이 회로들은 정상적으로는 어떤 판단의 장점과 단점을 저울질한다(11장을 보라). 게다가 대뇌섬을 포함하는 갈망 체계(craving system)는 약물에 대한 욕망을 증가시킨다. 대뇌섬의 활동은 실험참가자 자신이 선택한 약물에 대해 갈망의 정도를 평가한 것과 상관관계를 보이며, 뇌졸중으로 대뇌섬이 손상되면 중독성 약물을 투여하려는 충동이 완전히 없어진다(Verdejo-Garcia, Clark, & Dunn, 2012). 뇌의 충동적 보상 회로의 활동 증가가 이마엽의 관리 회로의 영향력 감소 및 욕망의 증가와 합쳐지면 강박적인 중독행동이 장기적으로 유지될 무대가 마련된다.

중독성 약물의 사용은 뇌에서 유전자 발현의 장기적이고 안정적인 변화(후성유전적 변화; 5장을 보라)를 초래해서 중독행동이 유지되게 만든다(Robison & Nestler, 2011). 또한 중독에 대한 후성유전학적 설명은 청소년기의 스트레스와 태아기에 중독성 약물에 노출되는 것이 개인의 중독 위험성을 증가시키는 데 어떤 역할을 하는지 설명할 수 있다.

중독의 치료 일단 중독이 되고 나면 놀라울 만큼 헤어나오기가 힘들다. 중독은 오랜 기간의 절제 후에도 재발의 위험성이 매우 높다는 특징이 있다.

중독성 약물을 끊을 경우 기댐핵에서 또 다른 변화가 일어나는데, 이번에는 글루탐산 신호전달이 관련된다(Scofield et al., 2016). Scofield 등(2016)이 요약한 동물 연구에 따르면, 기댐핵의 글루탐산 활동을 목표로 삼는 치료약을 사용하여 중독자의 약물 추구를 억제할 수 있을지도 모른다. 인간을 대상으로 중독을 감소시키기 위해 글루탐산을 목표로 하는 치료약을 사용한 최근의 연구에서는 여러 상반된 결과가 나타났지만, 재발을 일으키는 정확한 기제를 알게 되면 더 효과적인 치료법을 개발할 수 있을 것이다.

다양한 치료약이 중독자를 돕는 데 사용되어 왔으며, 더 많은 약이 개발 중에 있다. 메타돈(methadone)은 헤로인 중독자를 중독에서 서서히 헤어나오게 하기 위해 사용된다. 메타돈은 금단 증상을 방지하지만 헤로인의 주요 심리적 효과를 초래하지는 않는다. 알코올 중독자는 알코올 대사에서 ALDH 효소의 활동을 방해하는 디설피람(disulfiram; 상품명 Antabuse)으로 치료를 받는다. 이 치료약은 알코올 섭취 시에 여러 가지 불쾌한 증상을 일으킨다. 다른 치료약들은 어떤 약물의 행동적 효과를 아예 차단하여 그 약물을 투여할 유인을 감소시킨다.

치료약이 성공적인 회복을 끌어내는 데 큰 효과가 없었기 때문에 니코틴, 메스암페타민, 코카인, 헤로인 등을 목표로 삼는 예방접종법들이 개발되었다. ●그림 4.21에서 볼 수 있듯이 이 방법은 면역계를 자극하여 문제시되는 약물의 분자와 결합하게 만듦으로써 그 약물이 혈관-뇌 장벽을 넘어서 뇌로 들어가는 것을 방지하거나 지연시킨다(Shen, Orson, & Kosten, 2011). 만약 이것이 그럴듯한 전략이라고 판명된다면 중독될 위험성이 있는 사람이 예방접종을 선택할 수도 있을 것이다. 그러나 이 방법은 골치

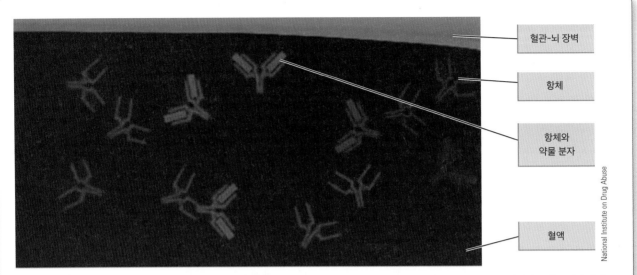

혈관-뇌 장벽

항체

항체와
약물 분자

혈액

National Institute on Drug Abuse

●그림 4.21 남용 약물에 대한 예방접종법 향정신성 약물은 혈관-뇌 장벽을 건너가서 중추신경계와 상호작용하지 못하면 향정신성 효과를 전혀 내지 못할 것이다. 특정 남용 약물 분자와 연결되는 항체를 개발함으로써 그 약물이 혈관-뇌 장벽을 건너가는 것을 막을 수 있다.

아픈 윤리적·실용적 문제를 제기한다. 예를 들면 니코틴의 효과에 대항하는 예방접종을 받은 청소년이 그 효과를 극복하기 위해 훨씬 더 많은 양의 약물을 사용하게 되어 많은 양의 발암물질을 섭취하는 결과가 생길지도 모른다(Shen et al., 2011).

우리의 관심이 약물의 생물학적 작용에 집중되어 있기는 하지만 중독을 초래하고 유지하는 환경 요인도 무시해서는 안 된다. 베트남 전쟁이 서서히 끝나갈 때쯤 미국의 공중보건체계는 귀국하는 병사들의 헤로인 중독이 문제가 될 것을 예상하고 대비했다. 전쟁이 주는 명백한 스트레스와 동남아시아에서 헤로인을 쉽게 구할 수 있다는 사실로 인해 많은 병사가 해외에 있는 동안 습관적으로 헤로인을 사용했다. 그러나 미국으로 돌아와서 그들의 행동은 보건관계자들을 완전히 놀라게 했다. 중독되었던 참전

| 일상 속 행동신경과학 |

물질남용 상담가

물질남용자의 법정 관리에서 일어난, 투옥보다는 치료를 선호하는 최근의 변화로 인해 잘 훈련된 물질남용 상담가의 필요성이 커졌다. 미국노동통계국은, 중독과 상담 서비스에 대해 보험 혜택이 새로이 적용되는 데 힘입어 앞으로 10년 동안 물질남용 상담가라는 직업이 31% 성장할 것으로 예측하고 있다.

일반적인 심리치료사 면허를 따기 위한 주(state) 차원의 자격 요건과 중독에서 회복하는 데 필연적으로 따르는 상당한 어려움을 고려하면, 물질남용 상담가가 되기 위한 자격 조건은 놀랍도록 낮다. 최종 학력이 고등학교 졸업이어도 물질남용 상담가로 고용될 수

있는데, 그 주된 이유는 중독자의 치료와 관련된 법적 변화가 너무나 급속도로 일어나서 처음에는 상담가의 수가 수요를 충족할 만큼 충분하지 않았기 때문이다. 시간이 지나면서 상담가들은 더 많은 교육을 의무적으로 받게 되었고, 이제는 석사 학위를 취득하는 경우가 흔해졌다. 후보자들은 상담 분야에서 인턴 및 다른 직무 경험을 하도록 권고를 받는다.

사람을 돕는 직업에 필요한 동정심을 가진 동시에, 치료에 종종 저항하는 내담자와 일하는 어려움을 즐기는 학생에게는 이 직업이 안성맞춤일지도 모른다.

용사 중 재발한 사람은 10% 미만이었는데, 이는 젊은 민간인 중독자의 재발율이 70%인 것과 큰 대조를 이루었다(Robins et al., 1975). 참전용사들의 환경 조건의 변화가 헤로인을 사용하려는 동기에 엄청나게 큰 영향을 미쳤던 것이다.

몇 가지 향정신성 약물의 효과

향정신성 약물(psychoactive drug)은 대개 특정 심리적 효과를 얻기 위해 투여된다. 정의에 따르면 이 약물들은 혈관-뇌 장벽의 보호체계를 우회하여 중추신경계로 침입한다.

흥분제

흥분제(stimulant, 자극제)는 각성과 운동성을 증가시킨다. 그 결과, 이 약물들은 생산성과 근면함이 높이 평가되는 미국 같은 문화에서 널리 받아들여졌다.

카페인 나는 대학원생일 때 카페인에 대한 연구에 참가한 적이 있었다. 연구자들은 나에게 하루에 커피 20잔(내가 보고한 섭취량)은 "좀 과하군요"라고 차분하게 이야기하고는 8잔 정도로 줄이기를 권고했다. 왜 많은 사람이 카페인에 그렇게나 이끌리는 것일까? 대부분의 사람에게 **카페인**(caffeine)은 혈압과 심박수를 높이고, 주의집중을 향상시키며, 졸음을 쫓는다. 이 물질은 차, 커피, 콜라와 에너지 음료, 초콜릿, 그리고 처방전 없이 살 수 있는 많은 진통제에 들어있다(● 그림 4.22).

　카페인은 아데노신 수용체를 차단하여 아데노신의 정상적인 억제적 활동을 감소시킴으로써 행동적 효과를 발휘한다. 카페인이 해마와 대뇌겉질에서 아데노신의 억제적 작용을 방해하는 것이 아마도 카페인 사용으로 생겨나는 각성 증가를 설명할 것이다. 바닥핵에서 아데노신의 정상적 활동이 방해받으면 반응시간이 향상된다. 또한 카페인은 기댐핵에서 도파민 분비를 증가시킨다(Solinas et al., 2002). 지금쯤 당신은 이런 작용이 카페인을 사용하는 대부분의 사람에게서 일정 수준의 카페인 의존을 일으킨다는 사실을 알게 되어도 놀라지 않을 것이다.

　많은 사람이 카페인을 섭취해도 부정적인 결과를 겪지 않지만 어떤 사람은 심장부정맥을 경험한다. 카페인은 태반을 쉽게 통과하는데, 태아와 모유를 먹는 신생아는 카페인 대사 능력이 부족하기 때문에 성장 속도의 저하와 기타 합병증을 겪게 된다(Bakker et al., 2010). 카페인은 두통과 피로가 특징인 금단증상을 초래한다. 카페인은 뇌로 가는 혈액 순환을 감소시키므로 카페인 금단은 갑작스러운 혈류 증가로 이어져 심한 두통을 일으킬 수 있다.

　카페인 사용은 특히 남성에게서 파킨슨병의 발병률 저하와 상관관계를 보인다(Qi & Li, 2014). Qi와 Li(2014)가 수행한 메타분석에서 파킨슨병의 위험도는 카페인 용량이 증가함에 따라 직선적으로 감소한다. 비록 하루에 커피 3잔 정도의 양부터는 이 상관관

향정신성 약물 정신 과정에 변화를 일으키는 약물.

카페인 커피, 차, 콜라, 초콜릿에 들어있는, 아데노신에 대한 길항제로 작용하는 흥분성 약물.

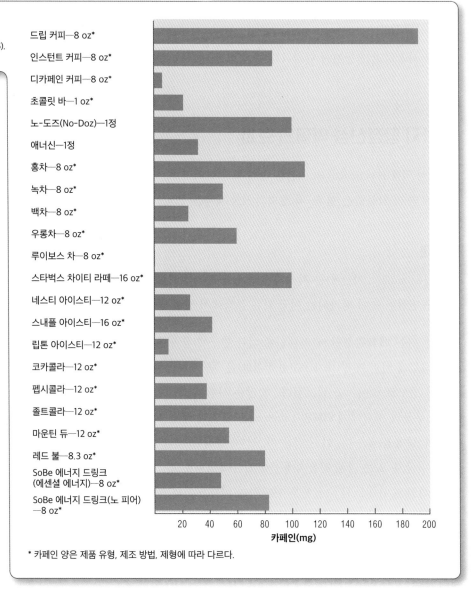

●그림 4.22 **일반 상품의 카페인 함유량**

출처: Adapted from Byer & Shainberg (1995).

드립 커피—8 oz*
인스턴트 커피—8 oz*
디카페인 커피—8 oz*
초콜릿 바—1 oz*
노-도즈(No-Doz)—1정
애너신—1정
홍차—8 oz*
녹차—8 oz*
백차—8 oz*
우롱차—8 oz*
루이보스 차—8 oz*
스타벅스 차이티 라떼—16 oz*
네스티 아이스티—12 oz*
스내플 아이스티—16 oz*
립톤 아이스티—12 oz*
코카콜라—12 oz*
펩시콜라—12 oz*
졸트콜라—12 oz*
마운틴 듀—12 oz*
레드 불—8.3 oz*
SoBe 에너지 드링크 (에센셜 에너지)—8 oz*
SoBe 에너지 드링크(노 피어) —8 oz*

카페인(mg)   20 40 60 80 100 120 140 160 180 200

* 카페인 양은 제품 유형, 제조 방법, 제형에 따라 다르다.

계가 평탄해지지만 말이다(그러니 필자처럼 20잔을 마실 필요가 없다). 카페인 사용과 연관된 성격이나 생활양식 요인들이 이러한 상관관계를 일으키는 것일 수도 있지만, 카페인이 파킨슨병과 유사한 손상으로부터 뉴런을 보호할 수 있다는 증거가 동물 연구에서 보고된 바 있다(Joghataie, Roghani, Negahdar, & Hashemi, 2004). 바닥핵에서 도파민 수준을 감소시키는 MPTP라는 독소를 생쥐에게 주사함으로써 파킨슨병 유사 증후군을 인위적으로 만들어낼 수 있다. MPTP를 주사하기 전에 카페인을 투여하면 도파민 수준이 거의 또는 전혀 떨어지지 않는다(Xu, Xu, Chen, & Schwarzschild, 2010).

니코틴 카페인 다음으로 미국에서 많이 사용되는 흥분제는 대개 담배를 피우거나 씹는 형태로 주입되는 **니코틴**(nicotine)이다. 니코틴은 심박수와 혈압을 올리고, 혈류로 들어가는 아드레날린의 분비를 촉진하며, 피로를 감소시키고, 인지적 수행을 높여준다. 말초신경계에서 니코틴은 근육이완을 일으킨다.

니코틴 담배의 주된 활성 성분인 흥분성 약물.

흡연의 부정적 결과가 잘 알려져 있음에도 불구하고 니코틴은 여전히 널리 사용되고 있다(Le Cook et al., 2014). 니코틴과 관련된 가장 놀라운 통계치 중 하나는 미국에서 판매되는 모든 니코틴 제품의 약 3분의 1이 인구의 7%에 해당하는 사람들에 의해 사용되며, 이들은 심리장애와 니코틴 의존성을 모두 가진 것으로 진단받은 사람들이라는 점이다(Dani & Harris, 2005). 심리장애가 없는 사람들의 약 19%만이 흡연을 하는 데 비해 조현병 환자의 64%와 양극성장애 환자의 44%가 흡연을 한다(Dickerson et al., 2013). 이런 결과를 설명하는 요인은 여러 가지가 있을 것이다. 심각한 정신장애가 있는 사람은 니코틴 사용을 통해 증상을 완화하려 할 수 있을 것이다(Sacco, Termine, & Seyal, 2005). 더 걱정스러운 것은 니코틴 사용이 사실은 정신장애, 특히 우울증의 발달에 한몫한다는 주장이다(Husky, Mazure, Paliwal, & McKee, 2008). 정신장애와 니코틴 의존성에 대한 취약성이 뇌의 콜린성 체계들이 공유하는 특징에 의해 촉진되는지도 모른다(Lewis & Picciotto, 2013).

니코틴은 일차적으로 니코틴성 아세틸콜린 수용체에 효능제로 작용한다. 이 수용체는 신경근 접합부만이 아니라 뇌의 여러 곳에도 존재한다. 앞서 살펴본 바닥앞뇌에서 발원하는 콜린성 체계에 대한 니코틴의 작용이 아마도 각성과 인지적 수행을 높이는 원인일 것이다. 니코틴은 배쪽 뒤판 영역의 콜린성 수용체를 자극하는데, 그 결과 기댐핵에서 도파민의 분비가 증가한다(Damsma, Day, & Fibiger, 1989; Levin & Rose, 1995). 기댐핵에 미치는 이러한 효과가 니코틴의 중독성 특징을 일으키는 원인일 가능성이 높다. 금단증상에는 주의집중 곤란과 안절부절못함이 포함된다.

코카인과 암페타민 코카인(cocaine)과 암페타민(amphetamine)의 행동적 효과는 매우 비슷한데, 둘 모두 강력한 도파민 효능제이기 때문이다. 이들은 가장 중독성이 강한 약물에 속한다. 코카인을 향락용 용량으로 단 한 번만 투여해도 생쥐에게 중독을 일으키기에 충분하다(Grueter, Rothwell, & Malenka, 2012; Ungless, Whistler, Malenka, & Bonci, 2001).

더 낮은 용량에서는 이 약물들이 각성, 기분 고양, 자신감, 안녕감을 일으킨다. 더 높은 용량에서는 조현병과 비슷한 증상(14장을 보라)을 초래할 수 있다. 사용자는 흔히 환각을 경험하는데, 이는 특히 피부에 벌레가 있는 것 같은 촉감으로 나타난다. 그들은 다른 사람들이 자신을 해하려 한다는 편집증적 망상을 겪을 때가 많다. 암페타민의 인기 높은 변종인 메스암페타민을 사용하는 사람은 비사용자보다 정신병 증상을 겪을 가능성이 적어도 11배나 된다(McKetin, McLaren, Lubman, & Hides, 2006). 어떤 경우에 이들은 반복적인 행동, 특히 씹는 움직임이나 이빨을 가는 행동을 보인다(●그림 4.23).

코카인은 원래 페루 원주민이 약한 흥분제이자 식욕 억제제로 사용했다. Sigmund Freud는 1885년도 저서 『코카에 대하여(Über Coca)』에서 코카인을 항우울제로 추천했다. 그러다가 코카인의 중독 가능성을 알게 된 후에 코카인에 대해 환멸을 느꼈다.

코카인 남아메리카의 코카 식물의 잎에서 유래한, 강력하고 중독성 있는 도파민 효능제.

암페타민 강력한 도파민 효능제로 작용하는, 매우 중독성이 높은 약물.

●그림 4.23 메스암페타민 남용은 여러 가지 건강 문제로 이어진다
메스암페타민 남용은 조현병이 초래하는 것과 비슷한 환각 및 망상을 흔히 일으킬 뿐 아니라 'meth mouth'(옮긴이 주: 메스암페타민은 속어로 히로뽕이라고 하는데, 따라서 이를 '뽕 입' 정도로 번역할 수 있겠다)라는 특징적인 패턴의 충치를 비롯하여 사용자에게 여러 가지 건강 문제를 일으킨다. 메스암페타민 사용자는 약물의 영향으로 구강이 건조해지고 이를 악물거나 갈게 되는데, 이로 인해 그림과 같은 구강 상태에 이르게 된다.

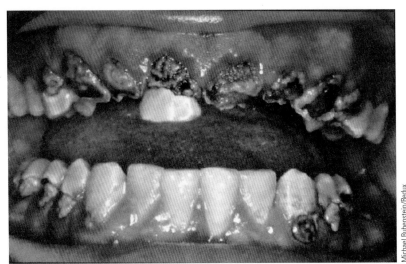

Michael Rubenstein/Redux

●그림 4.24에서 보듯이 역사적으로 인기가 높았던 제품 중에는 어떤 형태로든 코카인을 함유한 제품이 많았다. 코카콜라의 원래 제조법에는 코카잎의 추출물이 들어있었다. 코카인이 불법 물질로 지정되자 코카콜라 회사는 이 흥분제의 결핍을 보상하기 위해 단순히 카페인을 넣었을 뿐, 극히 비밀스러운 자기네 콜라 제조법에서 코카인을 제외한 코카잎의 다른 추출물은 유지하였다.

암페타민은 원래 천식 치료제로 개발되었다. 암페타민을 함유한 흡입기는 1940년대에 처방전 없이 판매되었다. 사람들이 흡입기를 열어서 그 내용물을 섭취하는 일이 발생했는데도 말이다. 지난 50년 동안 암페타민은 비행기 조종사와 군사 요원들이 피로를 이기기 위해 널리 사용해 왔다. 1960년대에는 많은 미국인이 다이어트 보조제로 암페타민을 처방받았다. 암페타민이 식욕을 억제하기 때문이다. 최근 들어서는 싸고 제조하기 쉬운 메스암페타민이 주요 남용 약물 중 하나로 떠올랐다.

코카인과 암페타민은 행동적 결과가 유사함에도 불구하고 그 작용 방식에는 다소 차이가 있다. 둘 다 도파민 수송체(3장을 보라)의 활동을 왜곡하지만, 그 방식은 서로 다르다. 암페타민은 도파민인 척한다. 그래서 도파민 수송체에 포획되어 시냅스전 막을 통과하여 들어간다. 일단 뉴런 안에 들어오면 암페타민은 시냅스소낭 속으로 들어가서 도파민 분자를 축삭종말의 세포내액으로 밀어낸다. 소낭 바깥에 도파민이 대량 존재하게 되면서 도파민 수송체가 거꾸로 작동하기 시작한다. 즉 아무런 활동 전위가 없음에도 수송체가 도파민을 세포 밖으로 밀어낸다. 수송체가 거꾸로 작동하면서 분비된 도파민을 회수하지 못하게 됨으로써 도파민 분자들은 시냅스틈에 갇혀서 수용체를 계속 자극한다. 도파민 수송체에 대한 코카인의 작용은 더 간단하다. 코카인은 단순히 수송체를 차단하여 이전에 분비된 모든 도파민이 시냅스틈에서 계속 활동하게 한다. 두 경우 모두 그 결과는 도파민성 시냅스의 활동이 훨씬 더 높아지는 것이다.

●**그림 4.24 코카인은 널리 사용되던 많은 제품에 들어있었다**
제1차 세계대전 이전, 많은 상업적 제품에는 코카인이 들어있었다. Freud는
처음에 코카인이 효과적인 항우울제라고 생각했다. 그러나 코카인은 급속도로
중독을 일으킬 수 있기 때문에 결국 사람들은 이 약물의 안전성에 대한 평가를
번복했다.

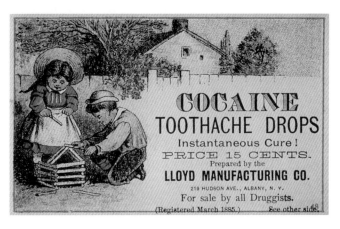

Bettmann/Corbis

엑스터시(ecstasy, MDMA) MDMA(3,4-methylenedioxymethamphetamine)는 현재 젊
은이들 사이에서 인기 있는, 암페타민의 합성 유도물질이다. MDMA는 구조적으로 메
스암페타민과 환각제인 메스칼린(mescaline) 둘 모두와 비슷하다. MDMA는 약 3시간
에서 6시간 동안 심박수, 혈압, 체온을 높인다. 어떤 경우에는 탈수, 소진, 저체온증, 발
작, 사망이 일어나기도 한다(Pilgrim, Gerostamoulos, & Drummer, 2011). MDMA는 세
로토닌과 신경호르몬인 옥시토신의 분비를 자극하여 사교성을 증가시키는 것으로 보
인다(Thompson, Callaghan, Hunt, Cornish, & McGregor, 2007).

　MDMA는 암페타민과 매우 비슷한 방식으로 세로토닌, 노르에피네프린, 도파민 수
송체에 영향을 미친다. MDMA는 수송체에 의해 흡수되어 들어가서 수송체가 거꾸로
작용하게 만든다. 그러면 이 모노아민들이 시냅스틈에서 제거되는 대신에 거기로 밀
려 나와서 갇히게 된다. 인간에게서는 MDMA가 세로토닌 체계에 가장 강력한 영향을
미친다. 하지만 MDMA는 도파민 활동 역시 증가시키므로 의존성을 일으킬 수 있다.

　시간이 가면서 MDMA는 세로토닌성 뉴런의 기능을 감소시킨다. 그런 변화가 뉴런
의 영구적인 죽음(●그림 4.25)을 나타내는 것인지 아니면 MDMA를 끊음으로써 이를
되돌릴 수 있는 것인지(Biezonski & Meyer, 2011)에 대해서는 여전히 논쟁이 지속되고
있다. 안전성에 대한 우려가 있음에도 불구하고 연구자들은 MDMA을 사용하여 외상
후 스트레스장애, 자폐스펙트럼장애의 사회불안, 생명을 위협하는 질병과 관련된 불
안을 치료하는 방법을 탐색하고 있다(Mithoefer, Grob, & Brewerton, 2016).

엑스터시(MDMA) 암페타민과
가까운 약물로, 세로토닌과 옥시토신
분비를 자극함으로써 행동적 효과를
일으킴.

●그림 4.25 MDMA(엑스터시)는 세로토닌성 뉴런을 손상한다 원숭이에게 나흘 동안 하루에 두 번씩 MDMA 또는 식염수(통제조건)를 주었다. 왼쪽 사진은 통제집단 원숭이의 겉질을, 중간 사진은 MDMA를 마지막으로 투여받은 지 2주 후에 찍은 한 원숭이의 겉질을, 오른쪽 사진은 마지막 투여 후 7년이 지났을 때 찍은 MDMA 집단 원숭이 중 한 마리의 겉질을 보여준다.

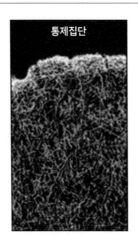

통제집단 | MDMA 투여 2주 후 | MDMA 투여 7년 후

courtesy of Dr. GA Ricaurte, Johns Hopkins University School of Medicine

아편유사제

아편유사제(opioid)라는 용어는 엔도르핀 수용체와 상호작용하는 모든 물질을 가리키는 데 사용된다. '아편제'는 '양귀비(*Papaver somniferum*)'의 수액에서 유래한 물질에 한정되는데, **모르핀**(morphine)과 **코데인**(codeine)이 여기에 포함된다. 헤로인은 모르핀으로부터 합성된 물질이다. **아편제**(opiate)는 통증 관리, 기침 억제, 설사 치료를 비롯한 합법적인 의료적 용도로 사용된다. 제1차 세계대전 무렵 미국에서 아편제가 불법화되기 전에는 모든 계층의 미국인이 아편과 알코올이 혼합된 아편 팅크(laudanum) 같은 치료약을 사용하였다. 유엔의 추정치에 따르면, 약 1,500만 명이 불법적으로 아편제를 사용하며, 모든 헤로인의 85%가 아프가니스탄에서 나온다(United Nations Office on Drugs and Crime, 2010; ●그림 4.26).

일반적으로 의료에 사용되는 정도의 낮은 용량에서는 아편유사제가 강렬한 행복감, 통증 완화, 불안의 부재, 근육이완, 수면에 기여한다. 남용될 때와 같은 더 높은 용량에서는 엄청난 행복감 또는 절정감을 일으킨다. 이러한 반응을 만들어내는 신체 기제는 확실치 않다. 그보다 더 높은 용량의 아편유사제는 호흡을 저하시켜 죽음을 초래할 수 있다.

Pert, Snowman과 Snyder(1974)는 아편유사제와 결합하는 세 종류의 대사성 수용체를 규명하여 각각 뮤(mu), 델타(delta), 카파(kappa) 수용체라 불렀다. 네 번째 수용체 ORL 1(opioid receptor like-1)은 조금 더 나중에 발견되었다. 비슷한 시기에 John Hughes와 Hans Kosterlitz(Hughes, Kosterlitz, & Smith, 1977; Hughes et al., 1975)가 생쥐의 정관에 있는 수용체를 활성화하는 신경펩티드들이 체내에서 생성됨을 알아냈다. 새로 발견된 이 신경펩티드들은 내인성 모르핀(endogenous morphine)이라고 명명되었고, 줄여서 **엔도르핀**(endorphin)이라고 불린다. 곧이어 아편유사제 수용체와 상호작용하는 신경펩티드 두 가지가 더 발견되었는데, 엔케팔린(enkephalin)과 디노르핀(dynorphin)이 그것이다. 엔도르핀은 주로 뮤 수용체와 상호작용하며, 엔케팔린은

아편유사제 엔도르핀 수용체와 상호작용하는 물질.
모르핀 아편에서 추출된 화합물로서 통증 치료에 사용됨.
코데인 기침 억제와 통증 완화를 위해 의료적으로 사용되는 아편유사제.
아편제 양귀비에서 유래한 활성 물질.
엔도르핀 아편제와 매우 가까운 자연발생적인 신경펩티드.

Frank and Helen Schreider/National Geographic Creative

●그림 4.26 **아편은 여러 향정신성 물질의 원천이다** 아편은 양귀비에서 얻어진다. 아프가니스탄은 세계에서 아편을 제일 많이 공급하는 곳으로서, 그 산출량이 이 나라의 국내총생산(GDP)의 적어도 15%를 차지한다.

델타 수용체와, 디노르핀은 카파 수용체와 주로 상호작용한다. 모르핀 같은 마취성 아편유사제는 대부분 뮤 수용체에 대해 가장 강한 친화력을 보인다. 아편제와 비슷한 물질들이 왜 우리에게 자연적으로 생성될까? 이 천연 아편유사제들은 아마도 비상 상황에서 극심한 통증을 극복하고 도피하는 데 도움이 될 것이다.

아편유사제는 시냅스전 부위에 작용하여 신경전달물질의 분비를 억제함으로써 대부분 효과를 낸다. 즉 칼슘이 시냅스전 종말로 유입되는 것(3장을 보라)을 억제하고, 칼륨의 유출을 촉진하며(이는 활동전위의 지속 기간을 짧게 만든다), 뉴런 내의 정상적인 효소 연쇄증폭(enzyme cascade) 과정과 상호작용함으로써 그 효과를 낸다.

아편유사제가 수용체와 결합하면 그 간접적인 결과로 도파민 활동이 증진된다. 그렇기 때문에 아편유사제는 일반적으로 중독성이 매우 높다. 아편유사제는 기댐핵에서 GABA를 분비하는 세포에 있는 뮤 수용체와 결합한다. 이 세포들은 일반적으로 도파민 분비를 억제하는 작용을 한다. 그런데 이 세포들이 아편유사제에 의해 시냅스전 억제를 받게 됨으로써 GABA를 더 적게 분비하게 되고, 이는 곧 도파민 분비의 탈억제(disinhibition)로 이어진다. 다른 많은 약물의 경우와 마찬가지로 기댐핵에서 도파민 분비가 증가하면 의존성이 급속도로 발생한다.

대마

칸나비스 사티바(*Cannabis sativa*), 즉 삼이라 불리는 식물에서 나온 대마(cannabis)는 인류 역사에서 오래 존재해 온 또 다른 약물이다. 거의 5,000년 전에 중국 황제 신농(神農)이 저술한 약제학 책에 대마가 포함되어 있었다. Marco Polo의 글에도 전쟁을 위한 준비로 대마를 사용한 중동의 젊은이들인 아사신(Hashashin)의 의례가 나온다. 이 집단의 이름이 암살자를 의미하는 영어 단어 'assassin'의 어원이다. 대마는 Napoleon의 병사들이 이집트에서 파리로 돌아왔을 때 유럽에 처음으로 등장했다. 태워서 연기를 흡입하는 형태의 대마인 마리화나(marijuana)는 1900년대 초에 미국에 들어왔다. 마리화나는 1960년대에 폭발적으로 사용이 증가했으며, 오늘날까지도 미국에서 가장 많이 사용되는 다소 불법적인 물질이다. 2019년도 기준 마리화나 사용은 29개 주와 워싱턴 D.C.에서만 합법이다.

대마의 행동적 효과는 매우 미묘할 때가 많아서 사용해도 아무런 변화가 느껴지지 않는다고 말하는 사람이 많다. 대부분의 사람은 어느 정도의 흥분과 약한 행복감을 경험하지만 어떤 사람은 우울감과 사회적 위축을 경험한다. 더 높은 용량의 대마는 환각을 일으키는데, 이로 인해 대마는 환각제로 분류된다.

대마에는 칸나비노이드(cannabinoid)라는 50개 이상의 향정신성 화합물이 들어 있다. 칸나비노이드들은 통증, 식욕, 학습, 운동을 비롯하여 다양한 과정과 관련된다. 대마에 들어있는 칸나비노이드 중 가장 중요한 것이 THC(tetrahydrocannabinol)이다. THC는 내인성 칸나비노이드(화학 성분이 THC와 매우 유사한, 체내에서 생산되는 물질)에 대한 수용체에 효능제로 작용함으로써 그 행동적 효과 중 일부를 나타낸다. 칸나비노이드 수용체로는 두 유형이 발견되었는데, CB_1은 주로 **아난다미드**(anandamide)와, CB_2는 주로 **2-AG**(sn-2 arachidonoylglycerol)와 상호작용한다(Devane et al., 1992; Stella, Schweitzer, & Piomelli, 1997). 아난다미드와 2-AG는 내인성 칸나비노이드이다. CB_1 수용체는 바닥핵, 소뇌, 대뇌겉질에 존재하는데, 특히 해마와 이마앞겉질에 많다.

해마와 이마앞겉질에 칸나비노이드 수용체가 있다는 사실은 THC가 기억 형성, 주의, 작업기억(Volkow et al., 2016; 10장을 보라)에 부정적 효과를 내는 것으로 보이는 이유를 설명한다. THC는 해마의 칸나비노이드 수용체를 직접 활성화할 뿐 아니라 글루탐산 분비를 억제함으로써 해마의 활동과 기억에 해로운 영향을 미칠 수도 있다(Colizzi, McGuire, Pertwee, & Bhattacharyya, 2016; Maier et al., 2012).

대마 사용과 정신증(psychosis) 발생의 관련성에 대해서는 상당한 논란이 있다. 대마는 조현병으로 인한 뇌의 구조적 변화를 악화시킬 가능성이 있기 때문에 대마 사용을 지속하는 조현병 환자는 비사용자보다 예후가 더 나쁘다. 대마를 많이, 상습적으로 사용하는 사람과 조현병 환자 모두 편도체와 해마의 부피 감소를 보인다(Volkow et al., 2016). 종단적 연구에서는 청소년기의 대마 사용과 이후의 정신증 발생 간에 강한 상관관계가 발견된다(Volkow et al., 2016; 14장을 보라). 다른 모든 상관관계와 마찬가지로 이 자료가 대마 사용과 정신증 간의 인과관계를 보여주는 것은 아니다. 그러나 어떤 연구자들은 청소년기의 대마 사용이 정신증으로 이어질 수 있다고 믿는다(Fergusson, Horwood, & Ridder, 2005). 다른 이들은 정신증이 나타날 유전적 소인이 이미 있는 사람에게만 청소년기의 대마 사용이 위험 요인으로 작용할 수 있다고 본다(Caspi et al., 2005; Henquet et al., 2008). 또 다른 이들은 심한 대마 사용과 정신증 둘 다를 초래하

THC 대마의 주된 향정신성 성분.
아난다미드 CB_1 칸나비노이드 수용체와 상호작용하는 자연발생적인 화학물질.
2-AG CB_2 칸나비노이드 수용체와 상호작용하는 자연발생적인 화학물질.

는 근본적인 유전적 위험(genetic risk)을 가진 사람들이 있다고 생각한다(Power et al., 2014).

LSD

1938년에 Albert Hoffman은 LSD(lysergic acid diethylamide)라는 화합물이 피부를 통해 흡수되고 나서 느낀 이상한 감각을 보고했다. LSD는 하버드 대학교의 Timothy Leary와 기타 연구자들이 그것의 다양한 효과를 실험해 보기 시작하면서 실험실에서 나와 대중 속으로 들어갔다. 할리우드가 이 새로운 약물을 받아들였으며, 배우 Cary Grant 등이 심리치료에 LSD를 사용했다(Regan, 2000). LSD를 둘러싼 황홀한 빛은 오래가지 않았다. LSD는 Charles Manson과 그 추종자들의 악명 높은 살인 난동과 연관되었다. Timothy Leary는 감옥에 갔고 LSD는 의료적 가치가 없는 통제 약물 I군으로 분류되었다.

LSD는 화학적으로 세로토닌과 비슷하며, 다른 환각제들처럼 이마앞겉질, 청색반점, 솔기핵에 있는 세로토닌성 자가수용체에 효능제로 작용하는 것으로 보인다(Litjens, Brunt, Alderliefste, & Westerink, 2014). 하지만 LSD가 왜 환각을 일으키는지는 아직 잘 모른다. LSD는 내성을 일으키지만 금단을 초래하지는 않는다(Buchborn, Schröder, Dieterich, Grecksch, & Hollt, 2015). LSD 사용자가 그 효과를 좋아해서 습관적으로 투여할 수는 있어도 LSD가 중독을 유발하는 것 같지는 않다.

흔히 나타나는 일은 아니지만, LSD 사용자는 틈입적(intrusive)이고 원치 않는 시각적 환각의 형태로 발생하는 플래시백을 경험하곤 한다. 이러한 주요한 부작용은 약물 사용을 중단한 후에도 오랫동안 지속될 수 있다(Halpern & Pope, 2003). 이러한 지속적인 플래시백 경험을 환각제 지속성 지각장애(hallucinogen persisting perception disorder, HPPD; Litjens et al., 2014)라고 부른다. HPPD는 세로토닌 수용체를 갖추고 있으면서 GABA를 분비하는 억제성 겉질 뉴런이 손상되어 생기는지도 모른다. 이 세포들이 상실되면 시각계의 신호 대 잡음 비율이 감소할 수 있는데, 이로 인해 정상적으로는 억제되었을 신호에 사람이 반응하게 된다는 것이다. 이와 동시에 다른 연구자들은 일차 시각겉질로 들어오는 흥분성 입력의 증가가 플래시백을 일으키기에 충분하다고 시사한다(6장을 보라). 시각계의 초기 수준에 들어오는 흥분성 및 억제성 입력 간의 불균형이 HPPD에 대한 최선의 설명일지도 모른다.

알코올

알코올(alcohol)은 인간이 사용한 최초의 약물 중 하나로서, 그 시기가 선사시대까지 거슬러 올라간다. 초기의 인류는 아마도 오염된 물로 인한 참화에 대비하는 안전 예방책으로서 발효 음료를 만들었을 것이다.

적은 양의 알코올은 혈관을 확장해서 따뜻하고 흥분된 느낌을 준다. 알코올은 불안

LSD 세로토닌을 닮은 환각성 약물.
알코올 GABA_A 수용체에 효능제로 작용함으로써 주된 효과를 낼 뿐 아니라 도파민성 경로를 자극하고 NMDA 글루탐산 수용체에 길항작용을 하는 물질.

| 슬기로운 건강 생활 |

마리화나 합법화가 마리화나에 대한 청소년들의 태도와 사용 정도를 바꿀까

1936년도 영화 〈리퍼 매드니스(Reefer Madness)〉부터 향락용 마리화나의 합법화를 향한 오늘날의 추세에 이르기까지 미국에서 마리화나에 대한 태도는 비교적 짧은 기간에 극적으로 변해왔다. 대마 효과에 대한 우리의 과학적 이해가 공중보건정책을 세우는 데 어떤 도움을 줄 수 있을까?

이 '멋진 신세계'에서 한 가지 '미지의 요소'는 마리화나 합법화가 마리화나의 유해성과 사용 가능성에 대한 태도에 얼마나 영향을 미칠 것인가이다. 통제 약물인 마리화나가 야기할 수 있는 법적 문제에도 불구하고 대중이 이를 개의치 않고 마리화나를 사용해 왔다면 마리화나 사용률은 크게 변하지 않을 것이다. 반면 마리화나의 법적 지위가 사람들의 결정에 영향을 미친다면 마리화나 합법화가 사용률을 증가시킬 것이다.

이 논의에서 특별히 관심이 쏠리는 지점은 성인의 마리화나 사용을 합법화하는 것이 청소년의 태도와 행동에 어떤 영향을 미칠 것인가이다. 어떤 종류든 물질사용의 문제는 일반적으로 더 이른 시기의 물질남용과 연관이 있다. 거의 25만 명의 10대 청소년을 대상으로 합법화 이전과 이후에 마리화나 사용과 그 유해성 지각을 조사한 연구는 복잡한 결과를 내놓았다(Cerdá et al., 2016). ●그림 4.27처럼 마리화나의 유해성에 대한 지각은 일반적으로 8학년부터 12

학년 사이에 감소하는 추세를 보인다. 워싱턴주에서는 성인의 향락용 마리화나 사용이 합법화된 후에 8학년과 10학년이 지각하는 유해성이 감소했고 10학년의 마리화나 사용이 약간 증가했다. 마리화나가 향락용으로는 여전히 규제되고 있던 주들과 비교해 볼 때 이러한 변화는 중요한 차이였고 그저 더 큰 전국적 추세의 일부인 것이 아니었다. 그러나 콜로라도주에서는 합법화에 따른 유사한 변화가 관찰되지 않았다. 콜로라도주 학생들은 합법화 이전부터 이미 워싱턴이나 다른 주의 학생들보다 마리화나 사용을 덜 유해한 것으로 지각하고 있었다. 따라서 워싱턴주에서 합법화 이후 유해성 지각은 단순히 콜로라도주의 합법화 이전 수준에 도달했을 뿐이며, 두 주에서 유해성 지각의 비율은 이제 비합법화 주들에서보다 더 낮은 상태이다. 12학년생의 경우에는, 두 주 모두에서 유해성에 대한 태도의 변화가 없었고(이미 아주 낮은 상태였다) 사용률도 달라지지 않았다. 워싱턴주와 콜로라도주의 12학년생은 유해성 지각이나 마리화나 사용률의 면에서 비합법화 주의 12학년생과 다르지 않았다.

캘리포니아를 비롯한 다른 주들도 향락용 대마의 합법화를 추진하고 있으므로 청소년들의 유해성 지각과 사용률에 대하여 합법적 지위가 갖는 함의를 완전히 이해하려면 더 많은 연구가 필요할 것이다.

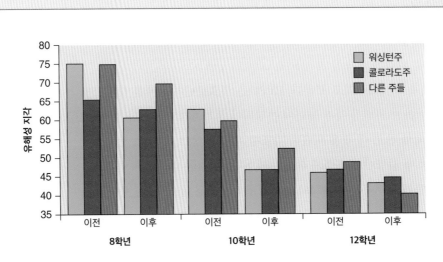

●그림 4.27 **마리화나 합법화가 마리화나의 유해성 지각에 미치는 영향** 성인의 향락용 마리화나 사용 합법화가 10대 청소년의 태도와 행동에 미치는 효과에 대한 연구는 아직 결론이 나지 않았다. 워싱턴주의 어린 10대들은 마리화나 합법화 후에 유해성 지각의 감소를 나타냈지만 콜로라도주에서는 그렇지 않았다. 전체적으로 마리화나에 대한 10대 청소년의 유해성 지각은 마리화나의 법적 지위와 상관없이 나이가 많아질수록 떨어진다. 마리화나의 법적 지위가 태도와 사용에 미치는 영향을 이해하려면 더 많은 연구가 필요할 것이다.

출처: Cerdá, M., Wall, M., Feng, T., Keyes, K. M., Sarvet, A., Schulenberg, J., et al. (2016). Association of state recreational marijuana laws with adolescent marijuana use. *JAMA Pediatr.*

을 감소시키고 자기주장을 촉진하며 행동적 억제를 낮추어서(즉 탈억제시켜서) 사람들이 어처구니없이 또는 재미있게 행동하도록 만든다. 그러나 용량이 높으면 자기주장이 공격성이 되고, 탈억제가 지나치게 위험한 행동으로 이어질 수 있다. 또한 알코올은 운동 협응을 저하시키므로 음주 운전은 거리와 고속도로에서의 대량 살상으로 이어질 수 있다. 매우 많은 양의 알코올을 섭취한 경우에는 호흡이 억압되거나 토사물이 호흡기를 막음으로써 혼수상태나 죽음에 이를 수 있다. 미국 성인의 약 8.5%가 알코올 의존의 기준을 충족한다. 이 기준에는 내성, 금단, 음주를 중단하지 못함, 심각한 문제에도 불구하고 지속적으로 마심 등이 포함된다(Roerecke & Rehm, 2013). 유전율(heritability)은 알코올 의존에 대한 취약성에 있어 개인차의 50%까지도 설명할 수 있다(Verhulst, Neale, & Kendler, 2015).

　　알코올은 뉴런에 많은 변화를 일으킨다. 세포막, 이온 통로, 수용체, 효소가 모두 영향을 받는다. 알코올은 아세틸콜린, 세로토닌, GABA, NMDA 글루탐산 수용체에 직접 결합한다. 알코올의 주된 효과는 대개 신경 억제를 일으키는 $GABA_A$ 수용체에 효능제로 작용함으로써 생겨난다. 알코올은 벤조디아제핀에 의한 효과와 유사한 항불안 및 진정 효과를 초래하는데, 이는 아마도 $GABA_A$ 수용체에 작용함으로써 생길 것이다. 알코올은 또한 도파민성 경로도 자극하는데, 이것이 알코올의 도취감 및 중독적 성질을 설명할 수 있을 것이다. NMDA 글루탐산 수용체에 대한 알코올의 길항작용이 알코올과 연관된 특징적인 기억 문제를 일으키는 것일 수 있다. 알코올은 아편유사제 수용체

| 신경과학의 *윤리적 이슈* |

중독성 약물의 사용은 미래 세대에 영향을 미친다

물질남용장애는 가계에 흐르는데, 유전 대 환경 문제에 대한 이분법적 접근방식으로는 이를 설명할 수 없다. 쌍둥이와 입양아를 분석하는 일반적인 기법은 물질남용에 대한 유전의 영향을 보여주지만, 환경의 영향을 강하게 지지하는 자료도 있다(Vassoler, Byrnes, & Pierce, 2014). 최근 환경 요인에 의해 유전자가 발현되는 방식이 변한다는 후성유전학에 대한 이해가 깊어지면서, 이러한 관계들에 대한 설명이 가능해졌다. 활발한 연구 분야이기는 하지만 좀 더 논란이 되는 것은 후성유전적 표지들의 세대 간 유전율(transgenerational heritability)이라는 개념이다(5장을 보라).

　　많은 물질이, 심지어는 아스피린처럼 성인에게는 아주 이로운 물질이, 태아에게는 재앙과 같은 효과를 낼 수 있음을 우리는 잘 알고 있다. 그러나 부모 중 어느 한쪽이라도 약물을 사용한 적이 있다면 그것이 임신 오래전이라 할지라도 그 자손이 영향을 받을 수 있음을 시사하는 증거가 드러나고 있다. 적어도 동물 연구에서는, 부모 중 어느 한쪽이 임신 전에 사용한 알코올, 담배, 칸나비노이드, 아편제, 또는 코카인이 그 자손의 번식력을 낮출 수 있다(Vassoler et al., 2014). 자손의 불안 및 우울 수준의 증가는 부모의 알코올, 아편제, 코카인 사용과 관련된다. 알코올, 코카인, 칸나비노이드, 아편제를 비롯하여 부모가 사용한 많은 약물은 그 자손이 남용 약물에 대해 보이는 반응을 변화시킨다(Vassoler et al., 2014).

　　당신 자신의 번식력, 불안, 우울, 인지, 약물반응이 당신이 아니라 다른 누군가의 선택의 결과일 수도 있다고 생각하면 좌절감이 들지도 모르겠다. 단순히 임신 중에만이 아니라 부모가 되기 훨씬 전에 했던 선택이 당신의 아이에게 매우 실제적인 영향을 미칠지도 모른다고 생각하는 것 역시 마음이 불편하다. 더 괴로운 것은 세대에 걸친 전달이 한 세대에 그치지 않을 수도 있다는 증거가 존재한다는 것이다. 당신이 태어나기도 훨씬 전에 죽은 선조들이 했던 선택의 영향을 당신이 느끼고 있을 수도 있는 것과 꼭 마찬가지로, 당신의 선택이 미래의 당신 가계의 많은 세대에 영향을 미칠지도 모른다. 이런 분야에서 더 많은 증거가 나오면 우리가 자신의 건강습관에 대해 생각하는 방식이 달라질까?

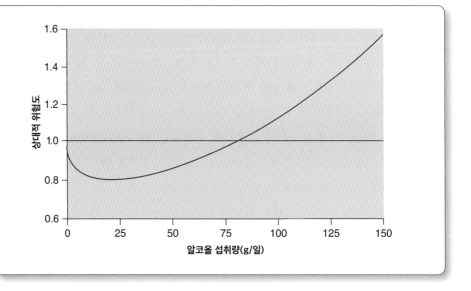

●그림 4.28 알코올과 사망률 대규모 메타분석은 중등도의 음주(매일 약 20g의 알코올, 즉 약 1.4잔의 술)를 하는 사람이 음주를 하지 않거나 매일 75g(약 5잔) 이상을 마시는 사람보다 사망의 위험성이 상대적으로 더 낮음을 보여준다. 이러한 상관관계의 정확한 이유는 명확하게 밝혀지지 않았으며, 이 자료가 가끔 폭음하는 사람과 매일 조금씩 마시는 사람을 구분하는 것도 아니다.

출처: Adapted from Corrao et al. (2000).

에도 역시 작용하는 것으로 보인다(Oswald & Wand, 2004).

알코올은 급속한 내성을 일으킨다. 그 내성의 원인 중 하나는 몸에서 알코올을 제거하는 간 효소들의 생산이 증가하는 것이다. 또 다른 원인은 수용체들, 특히 GABA_A와 NMDA 글루탐산 수용체의 수와 특징의 변화이다. 이런 변화는 극적이고 치명적일 수 있는 금단증후군을 초래할 가능성이 있다. 그런 사람은 발한, 메스꺼움과 구토, 불면, 불안을 겪는다. 어떤 경우에는 환각과 위험한 발작이 일어나기도 한다.

알코올은 건강에 많은 해를 끼친다. 만성 알코올 사용은 이마엽을 비롯하여 많은 고등 인지 기능을 담당하는 여러 뇌 영역을 손상시킨다(Harper & Matsumoto, 2005). 알코올은 새로운 기억을 형성하는 능력이 손상된 코르사코프증후군(Korsakoff syndrome)을 간접적으로 일으킬 수 있다. 알코올 중독자들이 흔히 음식을 먹지 않아서 나타나는 티아민(비타민 B_1) 결핍은 해마손상으로 이어진다(10장을 보라). 또한 알코올은 발달 중인 태아에 파괴적인 영향을 미치는데, 이에 대해서는 5장에서 더 자세히 설명할 것이다. 청소년의 뇌는 아직 약물 효과에 매우 취약하기 때문에 청소년기의 폭음은 대단히 해로운데, 특히 뇌의 백색질에 그러하다(McQueeny et al., 2009). ●그림 4.28에서 보듯이, 이러한 건강에 대한 염려를 상쇄해 주는 것은 가벼운 정도부터 중등도의 음주(유방암의 위험성을 증가시키는 것과 동일한 매일의 알코올 섭취량)가 심장병의 위험성 감소와 상관관계가 있다는 발견이다(Kloner & Rezkalla, 2007; Roerecke & Rehm, 2014).

중간 요약 4.3

‖ 요약 표: 흔히 사용되는 몇 가지 약물과 그 효과

약물	행동적 효과	작용 방식
카페인	각성; 수면 욕구 감소; 두통 감소	아데노신 수용체를 차단함
니코틴	각성; 근육이완	니코틴성 ACh 수용체를 자극함
코카인	행복감; 흥분	도파민의 재흡수를 억제함
암페타민	각성; 식욕 억제; '절정감'	도파민과 노르에피네프린의 분비를 자극함; 또한 이들의 재흡수를 억제함
엑스터시(MDMA)	흥분; 지구력; 친밀감 증가	세로토닌과 옥시토신의 분비를 자극함
아편유사제	통증 완화; 행복감; 이완	아편유사제 수용체를 자극함
마리화나 (칸나비노이드)	환각; 생생한 감각 경험; 시간과 공간의 왜곡; 약한 행복감	칸나비노이드 수용체를 자극함
LSD	환각	세로토닌성 및 노르아드레날린성 체계에 미지의 효과를 냄
알코올	불안 감소; 약한 행복감; 운동 협응의 상실	$GABA_A$ 수용체를 자극함; NMDA 글루탐산 수용체에 길항제로 작용함; 도파민성 체계를 자극함

‖ 요점

1   약물은 투여 방법에 따라 매우 다른 효과를 낸다. 성별, 체중, 유전이 약물에 대한 반응의 개인차에 영향을 준다. **(LO6)**

2   가짜약 효과는 불활성 물질이 행동적·인지적 효과를 내는 것으로 보일 때 일어난다. 어떤 약물은 지속적으로 사용하면 내성이나 금단, 중독을 일으킬 수 있다. **(LO6)**

3   흥분성 약물은 각성과 운동성을 증가시킨다. 이 범주에는 카페인, 니코틴, 코카인, 암페타민, 엑스터시(MDMA)가 포함된다. 아편유사제는 강한 통증 완화를 일으키며, 어떤 경우에는 놀라운 행복감을 유발한다. **(LO7)**

4   마리화나와 LSD는 환각제로 분류된다. **(LO7)**

5   알코올은 $GABA_A$ 수용체와 상호작용해서 GABA가 평소에 일으키는 억제를 촉진하며, NMDA 글루탐산 수용체에 길항작용을 한다. **(LO7)**

‖ 복습 문제

1   약물에 대한 개인 반응의 토대는 무엇인가?

2   어떤 약물이 수송체의 작용을 역전시키는가?

돌아보기

생각할 문제

1. 아미노산은 구조가 단순하고 쉽게 얻을 수 있기 때문에 아마도 최초의 화학적 전달자로 작용했을 것이다. 더 복잡한 종류의 화학적 전달자들이 진화한 이유는 그것들에 어떤 이점이 있었기 때문일까?

2. 인간 유전체에 대한 지식이 더욱 진보함에 따라 우리는 특정 약물에 중독될 취약성이 높은 사람을 가려낼 수 있을지도 모른다. 이런 능력을 갖추게 된 사회는 어떤 윤리적 문제에 직면할 것인가? 당신이 정책을 추천할 수 있다면 어떤 정책을 추천하겠는가?

3. 흔히 사용되는 약물 중 어느 것이 가장 안전하다고 생각하는가? 가장 위험한 것은? 그 이유를 말하라.

핵심 용어

5 장

유전과 인간 뇌의 발달

학습 목표

LO1 인간 '본성'의 구성 요소로서 유전자의 역할을 살펴보고, 유전자형, 유전자 발현, 표현형을 분별한다.

LO2 유전적 다양성의 주된 원천을 개관한다.

LO3 유전과 환경 간의 상호작용에 대한 우리의 이해에 유전율과 후성유전이 갖는 중요성을 평가한다.

LO4 신경발생, 이동, 분화, 세포자멸사, 시냅스생성, 말이집형성의 과정을 설명한다.

LO5 발생의 결정적 시기의 중요성을 분석한다.

LO6 뉴런의 성장에 영향을 주는 발달장애의 특징과 원인을 요약한다.

LO7 정상적 노화에 수반되는 신경계의 변화를 기술한다.

개요

행동의 유전적 기초
유전체에서 형질까지
유전적 다양성의 원천
유전율
후성유전학
중간 요약 5.1

뇌를 만들어내기
태내 발달
발달에 미치는 경험의 효과
신경계 발달의 장애
중간 요약 5.2

일생에 걸친 뇌의 변화
청소년기와 성인기의 뇌 변화
성체 신경발생
뇌의 건강한 노화
중간 요약 5.3

돌아보기

연구 비하인드 후성유전, 유전자 발현, 그리고 스트레스

일상 속 행동신경과학 유전 상담

신경과학의 윤리적 이슈 청소년은 언제 자신의 행위에 대한 책임을 질까

슬기로운 건강 생활 영양인지신경과학과 건강한 노화

행동의 유전적 기초

인간 유전체(genome, 게놈)에는 약 1만 9,000개의 단백질암호화 유전자가 있다(Feero, Guttmacher, & Collins, 2010). 효모세포(옮긴이 주: 단세포 생물임)가 약 6,000개의 유전자를 갖고 있음을 생각하면, 이는 우리를 좀 겸손하게 만든다. 파리는 약 1만 3,000개, 그리고 식물은 2만 6,000개의 유전자를 갖고 있다. 인간은 기타 동물과 뇌에서 유전자의 발현율이 상당히 다르다. 혈액과 간에서 인간의 유전자 발현율은 침팬지의 경우와 기본적으로 동일하지만, 뇌에서는 인간의 유전자 활동이 훨씬 더 높다(Khaitovich et al., 2004).

우리는 적혈구와 정자 및 난자를 제외하고 우리 몸에 있는 100조 개의 세포 각각에 똑같은 DNA를 갖고 있다. 그렇다면 어떤 한 세포가 자기 자신이 심장에 있는 근섬유가 될지, 뉴런이 될지, 피부세포가 될지, 어떻게 알까? 그 답은 유전자가 켜질 수도, 꺼질 수도 있다는 것이다. 꺼진 상태가 아닌 유전자는 특정 유형의 세포를 만드는 데 필요한 단백질을 자유로이 생산한다. 각 세포가 인간이라는 한 유기체 전체에 대한 유전명령(genetic instruction)을 갖고 있지만, 특정 유형의 세포 하나하나에서는 겨우 약 10~20%의 유전자만이 활동한다. 뉴런에서의 유전자 발현은 근육 세포에서의 유전자 발현과 매우 다를 것이다.

이뿐만 아니라 유전자가 활동하는 방식은 현재 일어나고 있는 환경과의 상호작용(무엇을 먹는지, 담배를 피우거나 술을 마시는지, 얼마나 많은 스트레스를 겪는지 등)에 의해서도 영향을 받는다. 이러한 이유로 신경과학자들은 더 이상 선천성 대 후천성(또는 자연 대 양육)에 관한 논쟁을 하지 않는다. 그 대신 유전과 환경이 서로 긴밀하게 얽혀서 인간의 몸과 마음에 영향을 준다고 본다(● 그림 5.1).

●그림 5.1 선천성과 후천성은 상호작용한다 임신한 쥐에게 플라스틱이나 통조림에서 흔히 발견되는 비스페놀-A(bisphenol-A, BPA)가 함유된 먹이를 주면 노란 털을 가진 비만한 새끼를 낳을 가능성이 높아진다. 이는 아마도 BPA가 아구티유전자(agouti gene)의 발현에 영향을 주어 생기는 결과로 보인다. 이 상황은 자연(유전)과 양육(우리가 경험하는 것, 이 경우에는 먹는 것) 간의 상호작용을 잘 보여준다.

© Randy L. Jirtle, Ph.D., Jirtle Laboratory at Duke University

유전체에서 형질까지

신체의 각 세포는 인간을 구성하기 위한 일군의 명령인 인간 유전체의 완전한 복사본을 2개 갖고 있다. 당신이 가진 일군의 유전명령이 당신의 **유전자형**(genotype, 유전형)이고, 이것이 환경의 영향과 상호작용하여 당신의 **표현형**(phenotype), 즉 관찰 가능한 형질을 만들어낸다. 당신의 표현형 머리 색깔은 밝은 갈색인데 당신의 유전자형은 금발유전자 하나와 갈색머리유전자 하나로 구성될 수 있다. 우리의 유전자형은 23쌍의 염색체(chromosome)로 이루어진다. 각 쌍마다 한 염색체는 난자를 통해서 어머니로부터, 다른 한 염색체는 정자를 통해서 아버지로부터 받은 것이다. 염색체는 데옥시리보핵산(deoxyribonucleic acid, DNA) 분자들로 구성된다.

유전자형 개별 유기체의 유전적 구성.
표현형 개별 유기체의 관찰 가능한 외양.

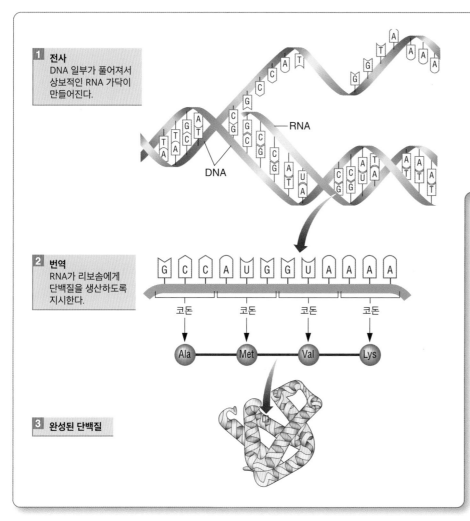

1 전사
DNA 일부가 풀어져서
상보적인 RNA 가닥이
만들어진다.

RNA

DNA

2 번역
RNA가 리보솜에게
단백질을 생산하도록
지시한다.

G C C A U G G U A A A A

코돈 코돈 코돈 코돈

Ala Met Val Lys

3 완성된 단백질

●그림 5.2 유전자 발현 과정 DNA
한 가닥은 RNA의 상보적 사슬로
전사된다. 3개의 염기로 이루어진
각 세트(코돈)가 리보솜에게 특정
단백질을 만들도록 지시한다. 이
예에서는 알라닌(Ala), 메티오닌(Met),
발린(Val), 리신(Lys)이 만들어진다. 이
아미노산들은 함께 연결되어 하나의
단백질을 형성한다.

DNA의 작은 분절들이 개별적인 **유전자**(gene)를 형성한다. 유전자는 염기, 즉 뉴클
레오티드(nucleotide)라는 4개의 생화학물질인 아데닌(adenine, A), 시토신(cytosine,
C), 구아닌(guanine, G), 티민(thymine, T)의 조합으로 구성된다. 각 유전자는 특정 유
형의 단백질을 만들기 위한 명령을 갖고 있다. 이 유전명령이 살아있는 세포의 특징으
로 변환될 때 **유전자 발현**(gene expression)이 일어난다. ●그림 5.2에 보이듯이 DNA
의 염기서열은 단백질로 번역된다. DNA 한 가닥이 리보핵산(ribonucleic acid, RNA)
한 가닥에다가 자신의 복사본을 만든다. DNA와 RNA 가닥상의 염기들은 3개가 한 집
단을 이루는데, 이를 코돈(codon)이라 한다. 각 코돈은 20개 아미노산 중 하나의 생산
에 대한 명령을 갖고 있으며, 아미노산들이 리보솜(ribosome)에 의해 결합되어 사슬을
형성한다. 완성된 사슬은 그 아미노산 서열을 토대로 접혀서 3차원 형태를 이루게 되
는데, 이것이 공식적으로 단백질이다.

한 특정 유전자의 다른 형태들, 즉 **대립유전자**(allele)들 간의 상호작용으로 서로 다
른 표현형질(phenotypic trait)이 생겨날 수 있다. 염색체가 두 세트 있으므로 한 사람은
한 유전자의 형태를 기껏해야 2개 가질 수 있다. 그러나 한 개체군 내에서는 한 유전자
의 형태가 2개보다 훨씬 더 많을 수 있다. 종양 억제 유전자 'BRCA1(breast cancer 1)'

유전자 DNA로 이루어진 기능적 유전
단위로서, 염색체에서 일정한 위치를
차지함.
유전자 발현 유기체의 유전자형이
표현형으로 번역되는 것.
대립유전자 특정 유전자의 다른 형태.

과 'BRCA2'에는 몇백 개의 대립유전자가 발생한다. 하지만 그중 극히 일부만이 여성의 유방암이나 난소암의 위험성을 증가시킨다(●그림 5.3).

어떤 사람이 특정 부위에 2개의 동일한 대립유전자를 갖고 있으면 그는 그 유전자에 대해 **동형접합적**(homozygous)이라고 간주된다. 만약 어떤 사람이 2개의 다른 대립유전자(혈액형 A 유전자와 혈액형 O 유전자처럼)를 갖고 있으면 그는 그 유전자에 대해 **이형접합적**(heterozygous)이라고 한다. **열성 대립유전자**(recessive allele)는 동형접합적 쌍으로 있을 때만 그 표현형을 만들어낸다. 주근깨가 없는 피부에 대한 대립유전자는 열성인데, 이는 어떤 사람이 주근깨 없는 표현형을 갖기 위해서는 부모 양쪽으로부터 무(無) 주근깨 대립유전자를 물려받아야 한다는 의미이다. **우성 대립유전자**(dominant allele)는 동형접합적 쌍일 때든 이형접합적 쌍일 때든 상관없이 표현형 특질을 만들어낸다.

어떤 유전자는 완전 우성이 아니라 부분 우성을 나타낸다. 완전 우성(complete dominance)에서는 이형접합체의 표현형이 동형접합체들 중 하나의 표현형과 구분되지 않는다. 부분 우성(partial dominance)에서는 이형접합체의 표현형이 두 동형접합적 부모의 표현형들 사이 어디엔가 떨어진다. 세로토닌수송체 유전자(serotonin transporter gene, SERT)에는 2개의 대립유전자, 즉 긴 형태(L)와 짧은 형태(S)가 있다. SERT 유전자는 부분 우성을 나타내는데, 따라서 빈번한 괴롭힘에 대한 반응 같은 행동 측정치상에서 SL 유전자형을 가진 사람은 동형접합적인 SS와 LL 유전자형을 가진 사람들의 중간쯤에 떨어진다(Sugden et al., 2010). 만약 SERT의 긴 형태나 짧은 형태가 완전 우성을 나타낸다면 SL 유전자형을 가진 사람은 동형접합적인 우성 대립유전자를 가진 사람과 비슷하게 행동할 것이다.

어떤 유전자는 공동 우성(codominance)을 나타낸다. 즉, 부모 두 사람의 표현형 모두가 자손에게서 나타난다. ●그림 5.4에서 보듯이 혈액형에는 세 가지 대립유전자(A, B, O)가 있어서 4개의 혈액형, 즉 A형(AA 또는 AO), B형(BB 또는 BO), AB형(AB), 그리고 O형(OO)이 생긴다. 대립유전자 A와 B는 적혈구 표면에 있는 단백질에 대한 암호를 담고 있는데, 대립유전자 O는 그런 단백질에 대한 암호를 갖고 있지 않다. 따라서 부모 한쪽으로부터 대립유전자 A를, 다른 한쪽으로부터 대립유전자 B를 받은 사람

Featureflash Photo Agency/Shutterstock.com

●그림 5.3 유전자는 많은 대립유전자를 가질 수 있다 어떤 유전자는 많은 수의 대립유전자를 갖고 있다. 500개가 넘는 BRCA1의 대립유전자 중 일부는 생식암의 고위험과 연관된다. 고위험 대립유전자를 가진 배우 Angelina Jolie는 암 발생의 가능성을 낮추기 위한 예방 차원에서 유방절제술을 받기로 결정했다.

유전자형	표현형
AA or AO	A형
BB or BO	B형
OO	O형
AB	AB형

●그림 5.4 3개의 대립유전자가 네 가지 혈액형을 만들어낸다 A형과 B형 대립유전자는 O형에 대해 우성이어서 AO형 대립유전자를 가진 사람은 혈액형 A를, BO형 대립유전자를 가진 사람은 혈액형 B를 갖게 된다. 하지만 A형도 B형도 서로에 대해 우성이 아니어서 혈액형 AB가 나올 가능성이 생긴다.

은 두 단백질 모두를 가진 AB 유전자형과 혈액세포를 갖게 된다.

　　포유류유전자의 약 1%는 각인유전자(imprinted gene)인데, 이는 대립유전자 한 쌍 중 오직 한 대립유전자만 발현된다는 뜻이다. 어느 것이 발현되는가는 부모 중 누가 그 대립유전자를 물려주었는가에 좌우된다. 다시 말하면 어떤 유전자의 경우에는 아버지 가 물려준 것만, 다른 유전자의 경우에는 어머니가 물려준 것만 발현된다. 각인유전자 의 발현은 특히 뇌에서 널리 일어나는 것으로 보이며(Kopsida, Mikaelsson, & Davies, 2011), 각인유전자는 자폐스펙트럼장애(autism spectrum disorder, ASD), 조현병, 주의 력결핍 과잉행동장애(attention-deficit/hyperactivity disorder, ADHD; 14장을 보라)의 발 달에 관여한다.

유전적 다양성의 원천

난자세포와 정자세포는 **감수분열**(meiosis) 과정을 통해 형성된다. ●그림 5.5에서 보듯 이 감수분열에서는 부모의 염색체가 절반으로 나뉘어서 난자세포나 정자세포에 각 쌍 의 한쪽 염색체만 남게 된다. 부모의 난자세포와 정자세포가 결합하면 생기는 접합체 (zygote)는 다시 완전한 23쌍의 염색체를 갖게 된다.

　　수학적으로 보면 감수분열 과정은 카드 한 벌을 섞는 것에 비유할 수 있다. 감수분 열 한 번에 2개의 난자세포 또는 2개의 정자세포가 생기는데, 그 각각은 23개의 염색체 한 세트를 갖는다. 그 결과 한 사람이 만들어내는 난자나 정자는 2^{23}(838만 8,608)개의 염색체 조합이 가능하다. 여기에다 부모의 다른 한쪽이 제공하는 다양성을 합쳐 보면, 왜 우리의 형제자매가 우리와 일부(절대로 전부는 아닌) 특징을 공유하는지 알 수 있다.

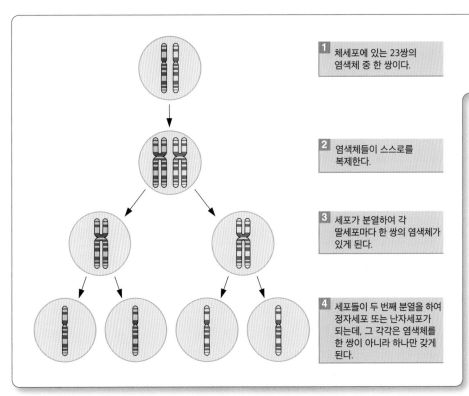

1 체세포에 있는 23쌍의 염색체 중 한 쌍이다.

2 염색체들이 스스로를 복제한다.

3 세포가 분열하여 각 딸세포마다 한 쌍의 염색체가 있게 된다.

4 세포들이 두 번째 분열을 하여 정자세포 또는 난자세포가 되는데, 그 각각은 염색체를 한 쌍이 아니라 하나만 갖게 된다.

●그림 5.5 **감수분열에 의한 세포분열**
정자세포와 난자세포는 감수분열을 통해 만들어진다.

동형접합적 특정 유전자에 대해 2개의 동일한 대립유전자를 가진.

이형접합적 특정 유전자에 대해 2개의 다른 대립유전자를 가진.

열성 대립유전자 동형접합적 쌍으로 있을 때만 특징적인 표현형을 만들어내는 유전자.

우성 대립유전자 이형접합적 쌍으로 있든 동형접합적 쌍으로 있든 상관없이 표현형을 만들어내는 유전자.

감수분열 생식세포의 염색체 수를 절반으로 줄이는 세포분열.

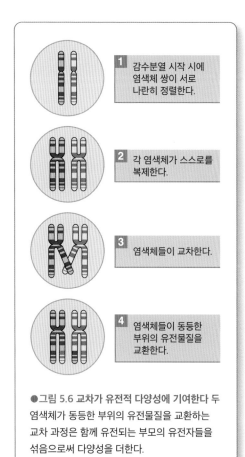

1 감수분열 시작 시에 염색체 쌍이 서로 나란히 정렬한다.

2 각 염색체가 스스로를 복제한다.

3 염색체들이 교차한다.

4 염색체들이 동등한 부위의 유전물질을 교환한다.

●그림 5.6 **교차가 유전적 다양성에 기여한다** 두 염색체가 동등한 부위의 유전물질을 교환하는 교차 과정은 함께 유전되는 부모의 유전자들을 섞음으로써 다양성을 더한다.

동일한 염색체상에서 서로 물리적으로 가까이 자리 잡고 있는 유전자들은 흔히 한 집단으로 자손에게 물려지는데, 이 과정을 **연관**(linkage)이라 한다. 하지만 연관된 유전자들이 자동적으로 함께 유전되는 것은 아니다. ●그림 5.6에서 보듯이 **교차**(crossing over) 과정에서, 감수분열 전에 정렬된 염색체들은 물리적으로 서로 교차하여 유전물질의 동등한 부분을 교환한다. 이로 인해 부모 어느 쪽에도 없는 독특한 대립유전자 조합이 나타난다.

돌연변이   염색체 복제 과정에서 오류, 즉 **돌연변이**(mutation)가 발생한다. 신생아는 평균적으로 약 130개의 새로운 돌연변이를 갖고 태어나는데(Zimmer, 2009), 부모의 나이가 많을수록 그 수도 증가한다(Goldmann et al., 2016). 대부분의 돌연변이는 거의 아무 효과도 내지 않는다. 아미노산의 유전적 암호화에는 어느 정도 중첩된 부분이 있다. 그러므로 특정 아미노산을 암호화하는 DNA 분절이 동일한 아미노산을 만들어내는 다른 분절과 어쩌다가 교환되어도 아무런 효과도 나지 않을 것이다. 돌연변이는 표현형질에 영향을 주지 않는 것으로 보이는 DNA 분절에서 일어날 수 있다. 또한 돌연변이로 인해 열성 대립유전자가 생성될 수도 있다. 우성 돌연변이 대립유전자 하나 또는 열성 돌연변이 대립유전자 한 쌍을 물려받으면 그 유기체의 표현형이 영향을 받을 것이다. 만약 어떤 돌연변이 대립유전자가 유기체에게 이득을 준다면 그 유전자는 해당 개체군 내에 퍼지기 마련이다. 반면에 어떤 돌연변이 대립유전자가 유기체에게 부정적인, 심지어 치명적인 결과를 초래한다면 그 유전자는 해당 개체군에서 사라질 수 있다.

성염색체라는 특별한 경우   인간 염색체 중 22쌍은 서로 완벽하게 대응되지만, 남은 한 쌍인 X 염색체와 Y 염색체는 서로 다른 유전자 세트를 갖고 있으며 중첩되는 부분이 적다. Y 염색체에 있는 100개 이하의 활성 유전자 중 일부가 남성의 생존력 전반을 지지하기는 하지만, 대부분은 남성의 수정 능력에 관여한다(Bellott et al., 2014). 훨씬 더 큰 X 염색체는 약 2,000개의 활성 유전자를 갖고 있다(●그림 5.7). 성염색체들 간에 중첩되는 유전자들은 X와 Y 중 어느 염색체에 있는지에 따라 다른 효과를 낼 때가 많다. 아멜로게닌(amelogenin)유전자는 X 염색체와 Y 염색체 모두에서 나타나며 치아의 에나멜질에 기여한다. 과학수사전문가들이 어떤 유전자 표본의 성별을 밝혀내기 위해 이 유전자를 이용할 때가 많은데, 아멜로게닌유전자는 X와 Y 중 어느 염색체에 자리 잡고 있는가에 따라 그 크기가 달라지기 때문이다(Akane, 1998).

반성(伴性) 형질(sex-linked characteristic)은 X 염색체상에 있으면서 Y 염색체상에 중복되지 않은 유전자들로부터 생겨난다. 예를 들면 혈액응고장애인 혈우병을 일으키는 열성 대립유전자와 적록 색각 결함의 어떤 형태를 일으키는 대립유전자는 X 염색체상에 있다. X나 Y가 아닌 염색체상에서는 유기체에 이런 형질을 만들어내려면 열성

연관 서로 인접해 있는 유전자들의 형질이 하나의 집단으로 유전되는 것.

교차 염색체들이 동등한 DNA 조각을 교환하는 과정으로, 감수분열 동안 일어남.

돌연변이 유전될 수 있는, 유전자의 변화.

반성 형질 Y 염색체상에 중복되지 않은, X 염색체상의 유전자의 발현으로 인한 표현형적 형질.

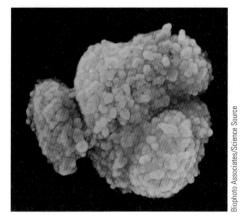
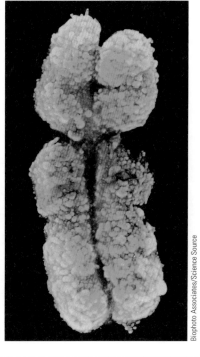

●그림 5.7 X 염색체와 Y 염색체는 대응되는 쌍이 아니다 X 염색체(오른쪽)는 다른 22개의 염색체 대부분과 모양이 비슷하지만 Y 염색체(왼쪽)는 매우 특이하다. X 염색체가 약 2,000개의 활성 유전자를 가진 데 비해 Y 염색체는 100개 이하를 갖고 있어서 훨씬 작을 뿐만 아니라, Y 염색체에는 어떠한 유용한 암호도 갖고 있지 않은 것 같은 '쓰레기' DNA가 유별나게 많다.

Biophoto Associates/Science Source

Biophoto Associates/Science Source

X 염색체 불활성화 남성과 여성이 만들어내는 단백질의 양을 동일하게 하기 위해 각 여성 세포에 있는 하나의 X 염색체가 침묵하게 되는 과정.

대립유전자가 2개 있거나 우성 대립유전자가 하나만 있으면 될 것이다. 그러나 한 열성 대립유전자가 X 염색체상에 있으면서 Y 염색체상에 그에 대응되는 유전자가 없다면 이는 표현형에 영향을 미친다. 여성은 두 번째 X 염색체에 이를 보정하는 우성 대립유전자를 갖고 있기 마련이다. 이러한 이유로 남성이 여성보다 더 많은 성따름질환(sex-linked disorder, 반성질환)을 겪는다(●그림 5.8).

성염색체상의 유전자 대부분이 짝이 맞는 쌍이 없기 때문에 **X 염색체 불활성화**(X chromosome inactivation)라는 현상이 생긴다. X 염색체상의 유전자 중에는 Y 염색체상에 중복되지 않는 것이 많아서 여성은 어떤 단백질을 남성의 2배로 생산할 것이다. 이러한 불균형을 보정하기 위해 각각의 여성 세포에 있는 한 X 염색체상의 유전자는 대부분 침묵상태가 된다. 침묵 X 염색체의 실제 정체(모계의 사본인지 아니면 부계의 사본인지)는 세포마다 다르며, 유전자 중 극히 일부는 아예 침묵상태에 들어가지 않는다.

이러한 무작위적 X 염색체 불활성화의 흥미로운 예가 삼색얼룩고양이(calico cat)의 털 색깔이다(●그림 5.9). 오직 암컷 고양이만 삼색털을 가지고 태어날 수 있는데, 이는 황토색이나 검은색 털 대립유전자들이 X 염색체상의 동일한 위치에 있기 때문이다. 수컷 고양이는 X 염색체가 하나밖에 없으므로 황토색 털이나 검은색 털을 가질 수는 있지만 둘 다를 가질 수는 없다. 한 X 염색체상에는 황토색 대립유전자를, 다른 X 염색체상에는

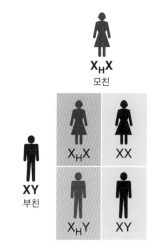

●그림 5.8 혈우병에 걸릴 확률 혈우병은 혈액이 응고되지 않는 성따름질환이다. 어머니가 X 염색체 중 하나에 혈우병 대립유전자(XH)를 갖고 있고 아버지가 일반적인 X 유전자를 갖고 있다면, 딸은 혈우병 대립유전자의 보인자가 될 확률이 50%이고 그렇지 않은 일반적인 유전자형일 확률이 50%이다. 이 부부의 아들은 혈우병에 걸릴 확률이 50%이다. 혈우병 대립유전자를 가진 X의 효과를 상쇄할 건강한 X가 없다면 아들은 어머니로부터 혈우병 대립유전자를 물려받을 경우 혈우병에 걸리게 된다.

●그림 5.9 X 염색체 불활성화 여성의 세포에서는 한 X 염색체상에 있는 대부분의 유전자가 무작위로 불활성화된다. 고양이의 검은색과 황토색 털 대립유전자가 X 염색체상의 같은 위치에 존재하기 때문에 수컷 고양이의 털은 검은색이나 황토색이 될 수 있지만 삼색얼룩이 되지는 않는다. 암컷 고양이의 삼색얼룩은 서로 다른 세포에 있는 황토색과 검은색 털 대립유전자의 불활성화에서 기인한다.

검은색 대립유전자를 가진 암컷 고양이는 삼색얼룩일 것이다. 각각의 세포에서 한 X 염색체상의 털 색깔 대립유전자는 침묵상태일 것이다. 침묵 황토색 대립유전자를 가진 세포들에서는 털이 검은색이 되고, 침묵 검은색 대립유전자를 가진 세포들에서는 털이 황토색이 될 것이다. 그 결과 이 고양이의 털은 황토색과 검은색 털이 무작위로 섞여있게 될 것이다(옮긴이 주: 흰색은 황토색이나 검은색의 발현이 늦어져서 생긴 색이라고 한다).

평균적으로 X 불활성화는 여성이 아버지로부터 받은 X 염색체 대립유전자의 50%와 어머니로부터 받은 X 염색체 대립유전자의 50%를 발현하는 결과를 낳아야 하지만, 그 정확한 비율은 여성마다 다르며 개체군에 대하여 대략 정규분포곡선을 나타낸다. 한 여성의 대립유전자의 90% 이상이 부모 한쪽에게서만 나온 극단적인 비대칭분포는 많은 질환과 연관된다. 이는 아마도 여성이 자가면역질환 등의 병으로 진단받는 경우가 많다는 사실을 설명해 줄 수 있을 것이다(Brooks, 2017).

단일염기다형성 유전학 연구자들은 유전암호가 오직 한 위치에서만 다른 대립유전자에 특히 관심이 있다. 이러한 변이를 **단일염기다형성**(single nucleotide polymorphisms, SNPs; 'snips'라고 발음함)이라고 한다. SNPs는 한 대립유전자를 구성하는 염기서열이 또 다른 대립유전자의 염기서열과 단 한 지점에서 다를 때(AAGGTTA 대 ATGGTTA처럼) 일어난다. 예컨대 19번 염색체상의 아포지질단백질 E(apolipoprotein, APOE) 유전자는 지방과 결합하여 지방단백질이 되는 단백질을 만들어낸다. 지방단백질은 콜레스테롤 및 기타 지방을 포장하여 혈류를 통해 운반한다. APOE 유전자에는 ε^2, ε^3, ε^4의 세 가지 대립유전자가 있다. 각 APOE 대립유전자는 299개의 코돈(3개의 염기로 이루어진 세트)을 갖고 있다. ●그림 5.10에서 볼 수 있듯이 이 가닥(string)상의 112번째 코돈은 ε^2와 ε^3 대립유전자에서는 시스틴(cystine, Cys)을, 그러나 ε^4 대립유전자에서는 아르기닌(argenine, Arg)을 암호화한다. 158번째 코돈은 ε^3와 ε^4에서는 아르기닌을, 그러나 ε^2에서는 시스틴을 암호화한다. 이것은 우리 몸에 있는 DNA의 양에 비할 때 아주 작은 차이이긴 하지만, 13장에서 살펴볼 알츠하이머병(기억상실로 시작하여 궁극적으로는 목숨을 앗아가는 퇴행성 질환) 같은 질환의 발달에 대단히 중요하다. 알츠하이머병은 ε^2 또는 ε^3 대립유전자를 하나 또는 둘 가진 사람보다 ε^4 대립유전자를 둘 가진 사람에게서 발생할 가능성이 더 크다(Huang et al., 2011).

복제수 변이 복제수 변이(copy-number variation, CNV; 유전자 사본 수 변이)는 참조 유전체와 비교할 때 사본 수가 다양한 커다란 DNA 단편(1,000개 이상의 염기쌍)이다(Joober & Boksa, 2009). CNV는 DNA 조각의 삽입, 결실, 또는 중복 때문에 생겨날 수 있다. CNV 구역은 인간 유전체의 약 12%를 차지한다(Redon et al., 2006). CNV는 저

단일염기다형성(SNPs) 단 하나의 염기만 관여하는, 대립유전자 간의 변이.

복제수 변이(CNV) DNA 조각의 삽입, 결실, 또는 중복으로 생기는 변이.

절로('de novo', 드노보; 새로이) 생겨나거나 부모 중 1명으로부터 물려받을 수 있다. 헌팅턴병은 헌팅턴유전자(huntington gene)에서 DNA 단편이 과도하게 반복됨으로 인한 유전병이다. 복제수 변이는 자폐스펙트럼장애(Bergbaum & Ogilvie, 2016)와 조현병(Han et al., 2016)을 비롯하여 많은 심리장애에 관여하는 것으로 생각된다. 건강한 아동 중 드노보 CNV가 관찰된 비율은 1%에 해당하였으나, 자폐스펙트럼장애로 진단받은 아동의 경우 약 10%가 드노보 CNV를 보였다(Sebat et al., 2007). 미래의 심리장애 진단기준 체계는 이러한 유형의 기저 위험 요인을 더욱 중요하게 다룰 것이다.

유전율

1장에서 보았듯이 유전율(heritability, 유전력)은 어떤 개체군에서 관찰된 한 형질의 변이 중 얼마나 많은 부분이 유전적 차이로 인한 것인가를 기술한다. 사람들은 종종 오해하지만, 유전율은 언제나 개인이 아닌 '개체군'에 관한 개념이다. 만약 유전자가 개인 간의 표현형 차이를 만들어내는 데 아무 역할도 하지 않는다면 유전율은 0이다. 예를 들어 유전자는 심장이 만들어지는 원인이지만, 심장의 존재라는 측면에서는 개체군 내에 아무런 변이가 없다. 즉, 우리는 모두 심장을 갖고 있다. 따라서 심장을 갖는 데 대한 유전율은 0이다. 이와 대조적으로 치명적인 신경질환인 헌팅턴병의 유전율은 100%이다. 만약 당신이 부모 한쪽으로부터 결함이 있는 대립유전자(유감스럽게도 이것은 우성이다) 하나를 물려받는다면, 당신은 헌팅턴병에 걸릴 것이다. 인간 형질 대부분의 유전율은 일반적으로 이 두 양극단 사이, 30~60% 범위에 있다.

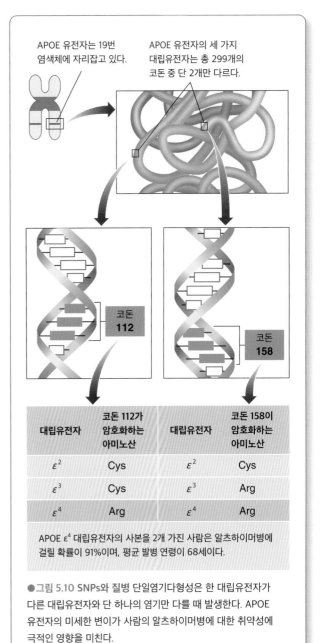

APOE 유전자는 19번 염색체에 자리잡고 있다.

APOE 유전자의 세 가지 대립유전자는 총 299개의 코돈 중 단 2개만 다르다.

코돈 **112**

코돈 **158**

대립유전자	코돈 112가 암호화하는 아미노산	대립유전자	코돈 158이 암호화하는 아미노산
ε^2	Cys	ε^2	Cys
ε^3	Cys	ε^3	Arg
ε^4	Arg	ε^4	Arg

APOE ε^4 대립유전자의 사본을 2개 가진 사람은 알츠하이머병에 걸릴 확률이 91%이며, 평균 발병 연령이 68세이다.

●그림 5.10 SNPs와 질병 단일염기다형성은 한 대립유전자가 다른 대립유전자와 단 하나의 염기만 다를 때 발생한다. APOE 유전자의 미세한 변이가 사람의 알츠하이머병에 대한 취약성에 극적인 영향을 미친다.

자폐스펙트럼장애(ASD; 14장을 보라) 형질의 유전율이 약 57%(Hoekstra, Bartels, Verweij, & Boomsma, 2007)라는 말은 한 개인의 ASD 형질의 57%가 유전 때문이고 43%가 환경 때문이라는 의미가 아니다. 그보다는, 우리가 어떤 개체군에서 관찰한 ASD 형질의 변이의 57%가 유전적 차이로 설명될 수 있다는 의미이다.

유전율은 환경을 고려하지 않고서 평가할 수 없는데, 이 또한 혼란의 원인이다. 만약 환경이 일정하다면(모두가 정확히 똑같은 대접을 받는다면), 어떤 형질의 유전율은 십중팔구 높다. 예를 들어 한 지역사회에서 가장 부유하고 교육 수준이 높은 가정의 아동으로 이루어진 집단에서 IQ 검사를 실시한다면, 해당 검사 결과는 그 지역사회에서 다양한 가정환경을 더 잘 대표하는 아동 집단에서 검사를 실시할 때보다 유전에 더 많은 영향을 받을 것이다. 부유한 가정 표본에서는 우리가 높은 IQ에 기여한다고 생각하는 환경적 영향이 많이 존재하기 마련이다. 좋은 영양 섭취와 보건, 교육과 성취를 중요시하는 태도, 지적 자극이 큰 활동에 대한 노출 같은 것들 말이다. 이러한 환경 변인들이 상당히 일정한 수준으로 유지되는 상태에서는 부유한 아동 간에 관찰되는 IQ 차이가 유전 때문일 가능성이 높다. 똑같은 이야기를 열악한 사회적 환경에서 자라는 아동들을 관찰하는 경우에도 적용할 수 있다. 이들은 높은 IQ와 관련된 환경적 영향이 항상 결핍된 상황에 처해있다. 이 경우에도 그러한 동질적인 환경에서 관찰되는 차이는 유전적 영향에 기인하기 마련이다. 그 지역사회 전체에 걸쳐 다양한 가정 출신의 아동을 표집한다면 더 광범위하게 다른 환경이 반영될 것이고, 따라서 이 표본에서는 IQ의 유전율이 더 낮을 것이다. 연구자들은 ASD 형질에 대해 앞서 인용한 연구처럼 '전형적인' 범위의 환경 내에서 인간의 형질에 대한 유전율을 평가하고자 노력한다 (Hoekstra et al., 2007).

함께 자라거나 입양되어 떨어져서 자란 일란성 쌍둥이와 이란성 쌍둥이를 비교하는 연구는 유전과 환경의 상대적 영향을 평가하는 데 유용할 수 있다. 일란성 쌍둥이들은 같은 유전자를 공유하는 반면, 이란성 쌍둥이들은 일반적인 형제들이 공유하는 것과 같은 수의 유전자(약 50%)를 공유한다. 그러나 모든 쌍둥이는 출생 전과 후에 비슷한 환경을 공유하는 반면, 다른 시기에 태어난 일반적인 형제들은 더 큰 환경의 차이를 경험한다.

'분리 양육된 쌍둥이에 대한 미네소타 연구'(Bouchard, Lykken, McGue, Segal, & Tellegen, 2001)는 현재 진행 중인 대규모의 쌍둥이 대상 연구이다. 이 연구에 참여한 일란성 쌍둥이들은 함께 자랐는지 여부와는 상관없이 매우 유사했다. 지문의 융선(ridge) 수 같은 어떤 형질은 일란성 쌍둥이 간에 높은 상관관계를 보였다. 비종교적인 사회적 태도(예컨대 정치적 신념) 같은 다른 형질은 비교적 낮은 상관관계를 보였다. 결정적인 발견은 특정 형질에 대한 상관관계가 높든지 낮든지 간에 일란성 쌍둥이들은 같이 자랐건 떨어져 자랐건 매우 유사했다는 것이다. 하지만 입양 가정은 입양아의 생부모 집단만큼 다양한 집단이 아닐 가능성이 높다는 사실을 명심해야 한다. 만약 모든 입양 가정이 동일한 환경을 제공한다면, 이는 입양아에게서 검사된 특성들의 외견상 유전율을 부풀릴 것이다.

후성유전학

동일한 유전자형을 갖는다는 것(일란성 쌍둥이들의 경우처럼)이 동일한 표현형을 보장하지는 않는다. 유전자형 그 자체 이외의 요인이 표현형의 변화를 일으킬 때 후성유전적 변화가 일어났다고 말한다. **후성유전학**(epigenetics)은 DNA 서열의 변화 없이 일어나는 유전자 발현의 변화로 인해 앞으로 유전될 수도 있는 형질이 발달하는 것을 가리

후성유전학 유전자가 어떻게 행동할지를 결정하는 요인들에 의한, 형질의 역전 가능한 발달.

킨다('epi'는 'over' 또는 'above'를 의미하는 그리스어이다). 다시 말하면 표현형은 그에 상응하는 유전자형의 변화가 없어도 변할 수 있다.

유전자 발현의 차이를 일으키는 수정을 **후성유전적 꼬리표**(epigenetic tag)라고 한다. 후성유전적 꼬리표는 우리의 신체 구조와 행동에 영향을 미친다. 하지만 흡연이나 스트레스 경험 같은 행동이 후성유전적 꼬리표를 변화시킬 수 있음을 인식하는 것 또한 중요하다. 유전자 발현에 지속적이지만 역전 가능한 변화를 만들어내는 중요한 세 과정은 **히스톤 수정**(histone modification), **DNA 메틸화**(DNA methylation), 그리고 **비암호화 RNA에 의한 유전자 침묵**(gene silencing by non-coding RNA)이다(●그림 5.11).

우리의 세포 각각에 있는 DNA는 히스톤이라는 단백질 구조 주위에 단단히 감겨 있다. DNA를 다 풀어놓으면 길이가 약 1.2m나 될 것이다(Grant, 2001). 히스톤은 코어(core)와 꼬리를 갖고 있는데, 둘 다 DNA 단편이 전사되는 방식에 영향을 주는 방향으로 수정될 수 있다. 어떤 수정은 DNA 서열이 전사될 가능성을 높이는 반면, 다른 수정은 DNA 일부를 기본적으로 침묵하게 만든다. DNA 메틸화는 메틸기가 DNA 분자에 추가될 때 일어난다. 메틸화된 유전자는 기본적으로 꺼진다. 이 과정은 이 장의 뒷부분에서 살펴볼 세포 분화와 태아 발생에 결정적인 역할을 한다. 비정상적인 DNA 메틸화는 여러 질병에 영향을 주는 것으로 생각된다. 예를 들어 종양 억제 유전자의 메틸화는 암이 퍼지는 것을 촉진한다.

히스톤 수정 DNA 한 조각이 전사될 가능성을 다소 높이는, 히스톤 구조의 변화.
DNA 메틸화 DNA 분자에 메틸기가 추가되면 그 유전자가 꺼짐.
비암호화 RNA에 의한 유전자 침묵 단백질로 번역되지 않는 RNA 조각에 의한 유전자 발현의 조절.

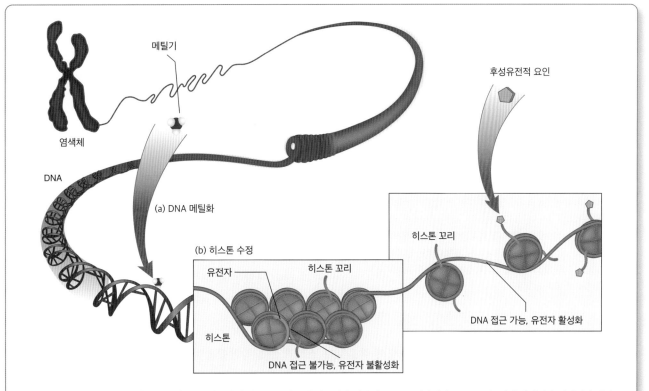

●**그림 5.11 DNA 메틸화와 히스톤 수정** DNA 메틸화와 히스톤 수정은 후성유전적 변화의 두 주요 원천이다. (a) DNA 분자에 메틸기가 더해지면 해당 DNA에 접근하는 것이 본질적으로 불가능하게 되어 유전자가 불활성화된다. (b) 두 상자 속에 그려진 것처럼 후성유전적 꼬리표가 히스톤 구조물과 상호작용하면 근처의 DNA가 전사될 가능성이 어느 정도 높아진다.

●그림 5.12 매우 짙은 자줏빛 피튜니아를 찾아서 매우 짙은 자줏빛 피튜니아를 개발하기 위해 식물학자들은 이 꽃잎의 색소를 제공하는 단백질을 암호화하는 한 유전자의 사본을 추가로 삽입했다. 그들의 생각과 달리, 이 과잉발현된 유전자는 진한 자줏빛 꽃을 만들어내지 않았고 대신에 순수한 흰색부터 부분적인 흰색까지 다양한 꽃을 만들어냈다. 추가된 유전자가 RNA 간섭을 활성화했던 것이다. 이 과정은 대개 원치 않는 유전자(바이러스에게서 나온 것 같은)를 침묵하게 만드는데, 이로 인해 색소 유전자가 침묵하는 결과가 나왔다.

출처: (왼쪽부터) Jan Kooter; Natalie Doetsch; Rich Jorgensen

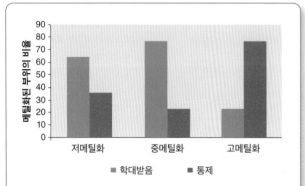

●그림 5.13 DNA 메틸화와 아동 학대 DNA 메틸화는 기본적으로 유전자를 침묵하게 만드는데, 따라서 평소에 '저메틸화(low-methylated)'된 부위는 발현된 유전자와 연관되는 반면에 평소에 '고메틸화(high-methylated)'된 부위는 그렇지 않다. 심한 학대 때문에 자신의 집에서 주거지를 옮겨야 했던 아동과 학대받은 전력이 없는 아동들을 비교한 결과, 유전체 전체에 걸쳐, 그리고 의학적 질환과 심리장애에 관여하는 것으로 알려진 많은 부위에서 메틸화의 일관한 차이가 발견되었다. 학대받은 아동은 정상적으로는 메틸화될 가능성이 적은 부위의 메틸화가 증가했고, 정상적으로는 메틸화될 가능성이 매우 큰 부위의 메틸화가 감소했다. 이러한 발견이 어릴 때 학대받은 전력이 있는 많은 사람이 나중에 의학적 및 심리적 질병에 걸릴 위험성이 왜 더 큰가를 설명해 줄지도 모른다.

RNA 간섭(RNAi) 전령 RNA를 무력화하는 비암호화 RNA 분자에 의한 유전자 발현의 억제.

또한 유전자 침묵(gene silencing)은 전사 이전이나 이후에 비암호화 RNA의 정상적 작용 때문에 일어날 수 있다. 전사(transcription)란 DNA 단편으로부터 전령 RNA 단편으로 정보가 복사되는 것을 가리킨다. 전령 RNA(messenger RNA)가 전사된 명령을 리보솜(3장을 보라)으로 운반하면, 거기서 그 명령이 특정 단백질을 생산하는 데 사용된다. 하지만 RNA 분자 모두가 이 '암호화' 작업을 수행하는 것은 아니다. 비암호화 RNA는 단백질로 번역되지 않는 RNA 분자이다.

전사유전자 침묵(transcriptional gene silencing, TGS) 과정에서 비암호화 RNA가 후성유전적 변화를 촉발할 수 있는데, 이 변화는 대개 전사 이전에 DNA 메틸화 형태로 일어난다(Weinberg & Morris, 2016). 다른 작은 비암호화 RNA 분자는 **RNA 간섭**(RNA interference, RNAi)이라는 전사 이후 과정에 참여한다(●그림 5.12). 이 분자들은 전령 RNA를 무력화시킴으로써 원치 않는 단백질(바이러스에 의해 도입된 것을 비롯하여)을 세포가 만들지 못하게 한다. 전령 RNA는 명령을 리보솜으로 전달하기 때문에 이 전령을 무력화시키면 리보솜이 단백질을 생산하지 못하게 된다. RNAi 때문에 일어나는 변화와 달리 TGS에 기인한 후성유전적 수정은 세포분열 동안 딸세포로 전달될 수 있다. 유전자 침묵을 더 잘 이해하게 되면 헌팅턴병을 비롯한 많은 질병의 효과적인 치료법을 찾을 수 있을 것이다.

후성유전적 변화의 몇몇 흥미로운 예가 입증된 바 있다. 그림 5.1에서 보았던 아구티유전자는 켜질 경우 생쥐에게서 노란 털과 비만을 만들어내지만, 꺼질 경우 갈색 털과 정상 체중을 만들어낸다(Dolinoy, Huang, & Jirtle, 2007). 비스페놀-A(BPA; 음식이나 음료 용기에 든 흔한 화학물질)를 함유한 먹이를 먹인 어미 생쥐는 노란 털을 가진 비만한 새끼들을 더 많이 낳았는데, 이는 BPA에 대한 노출이 아구티유전자를 켤 수 있음을 시사한다. 나중에 더 상세히 살펴보겠지만, 어미 쥐가 자주 핥아준(인간의 포옹에 해당함) 새끼 쥐들은 그렇지 않은 새끼 쥐들보다 스트레스에 직면했을 때 더 차분했다(Champagne, Francis, Mar, & Meaney, 2003). 어미 쥐는 새끼 쥐들을 핥아줌으로써 스트레스호르몬의 기능과 관련된 유전자의 발현을 변화시킨 것이다. 마찬가지로 ●그림 5.13에서 볼 수 있듯이 학대를 당한 아이들은 스트레스호르몬과 관련된 유전자의 발현(Neigh, Gillespie,

후성유전, 유전자 발현, 그리고 스트레스

후성유전이 이후의 행동에 미치는 영향을 극적으로 보여준 연구 중 하나가 어미 쥐의 양육과 스트레스에 대한 Francis, Diorio, Liu와 Meaney (1999)의 연구이다.

어미 쥐들마다 새끼를 핥고 깨끗하게 해주는 데 들이는 시간이 서로 다르다. 이러한 양육의 차이가 이후의 행동에 미치는 영향을 탐구하기 위해 Francis 등(1999)은 새끼들 일부를 서로 다른 유형의 어미 쥐들에게 배정하여 교차 양육되게 했다. 다시 말하면 자신의 생물학적 어미나 비슷한 유형의 어미에게서 길러진 새끼들의 행동을 생물학적 어미와는 다른 양육 스타일을 가진 어미에게서 길러진 새끼들의 행동과 비교하였다.

설치류의 경우 스트레스에 대한 인내력은 개방장 검사(open-field test)로 쉽게 평가할 수 있다. 스트레스를 받은 설치류는 탁 트인 지역(설치류가 있기에는 위험한 곳)에 스트레스를 덜 받은 설치류만큼 오래 머물려 하지 않는다. Francis 등(1999)은 생물학적 어미가 어떤 유형인지와는 상관없이, 세심한 어미(핥기와 털 다듬기를 많이 해줌)가 기른 새끼들은 모두 무심한 어미(핥기와 털 다듬기를 적게 해줌)가 기른 새끼들보다 탁 트인 지역을 더 오래 탐색한다는 것을 발견했다.

이러한 행동의 차이는 무엇 때문일까? Francis 등(1999)은 더 나아가 해마에 있는 당질코르티코이드(glucocorticoid) 수용체의 발현을 분석했다. 코르티솔(cortisol; 9장과 12장을 보라) 같은 당질코르티코이드는 스트레스에 대한 반응으로 분비되며, 신체가 비상사태에 대응하도록 준비하는 데 도움을 준다. 높은 수준의 당질코르티코이드 수용체 유전자 발현은 살면서 나중에 드러나는, 스트레스에 대한 탄력성과 관련이 있다. 당질코르티코이드 수용체 수가 정상보다 많은 생쥐는 시상하부-뇌하수체-콩팥위샘 축(hypothalamic-pituitary-adrenal axis, HPA 축)에서 중요한 역할을 하는 뇌하수체호르몬들의 생산을 억제했다(Reichardt, Umland, Bauer, Kretz, & Schütz, 2000; 12장을 보라). HPA 축이란 신체가 스트레스에 대처하도록 준비시키는 경로이다.

●그림 5.14에서 볼 수 있듯이 세심한 어미에게서 태어난 새끼는 무심한 어미에게서 태어난 새끼보다 해마에서 당질코르티코이드 수용체의 발현이 더 많다(스트레스에 대한 탄력성이 더 높다). 그러나 Francis 등(1999)은 새끼들을 손으로 만져줌(handling)으로써 평소 무심했던 어미로부터 더 세심한 보살핌을 끌어낼 수 있었다. 사람 손으로 만져준 새끼들을 어미에게 되돌려주면 어미는 핥기와 털 다듬기를 더 많이 한다. 손으로 만져주기는 세심한 어미의 새끼들에게서는 유전자 발현에 아무 효과를 내지 않았지만 무심한 어미의 새끼들에게는 유의미한 효과를 냈다. 평소 무심했던 어미에게서 난, 손으로 만져준 새끼들의 해마에서 당질코르티코이드 수용체 유전자 발현의 수준은 세심한 어미의 새끼의 것과 구분할 수 없었다.

후성유전은 유기체가 당면한 환경에 진화라는 느린 변화보다 훨씬 더 빨리 반응할 수 있는 방법을 제공한다. 자손이 스트레스에 더 민감하게 반응하도록 만드는 것에 도대체 어떤 유리한 점이 있을까? 안전한 지역사회에서 사는 사람은 스트레스에 대한 높은 반응성을 비정상적이고 바람직하지 않은 것으로 보기 쉽다. 하지만 위험한 환경에서 스트레스를 많이 받으며 사는 어머니를 생각해 보자. 그런 어머니는 개인적인 스트레스 때문에 자식을 세심하게 돌보기 힘들 것이다. 그런 어머니의 아이들은 위험에 재빨리 반응하는 경향을 미리 갖추고 위험한 세상으로 나갈 것인데, 이는 그들에게 생사를 가르는 차이가 될지도 모른다.

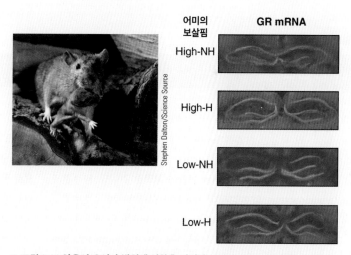

어미의 보살핌   **GR mRNA**

High-NH

High-H

Low-NH

Low-H

Stephen Dalton/Science Source

● 그림 5.14 **양육이 유전자 발현에 영향을 미친다** 세심한 어미의 새끼들(High)은 손으로 만져주기를 받았는지(H) 아닌지(NH)와 상관없이 해마에서 당질코르티코이드 수용체(GR; 빨간색으로 표시됨)의 수준이 높았다. 그러나 무심한 어미의 새끼들(Low)은 손으로 만져주기를 했을 때 거의 정상 수준의 유전자 발현을 보였지만 그러지 않았을 때는 유전자 발현이 감소했다.

출처: Adapted from Francis, Diorio, Liu, & Meaney (1999).

& Nemeroff, 2009)과 이후 건강 문제 및 심리장애에 연관된 많은 유전자 좌위(Yang et al., 2013)에 장기적인 변화를 나타낸다. 다행히도 이런 변화 중 일부는 양부모가 잘 반응해 주고 돌봐주면 역전될 수 있는 것으로 보인다(Fisher, Van Ryzin, & Gunnar, 2011).

과학자들은 어떤 후성유전적 변화는 자손에게 유전될지도 모른다는 가능성에 관심을 보인다. 그런 일이 가능하려면 생식세포(정자와 난자의 전구체)와 접합체에서 일반적으로 일어나는 재프로그래밍(후성유전적 꼬리표의 제거)이 생략되어야 한다(Daxinger & Whitelaw, 2010). 정상적인 재프로그래밍이 없으면 세포는 발생 초기에 자유로이 분화되는 능력을 상실하고 후성유전적 꼬리표에 의해 결정된 패턴을 따를 것이다.

식물과 동물에서 세대 간 후성유전적 전달(transgenerational epigenetic transmission)의 증거가 일부 보고되었다. 예를 들면 임신한 쥐가 곰팡이 제거제가 든 식단을 받은 뒤에 낳은 수컷 새끼들은 정자 수가 적고 번식력이 낮았다. 이 수컷 쥐들의 증손자들도 여전히 정자 수가 적었다. 그들 자신은 곰팡이 제거제에 노출된 적이 없는데도 말이다. 이 증손자들의 정자는 메틸 꼬리표가 유별나게 높은 수준이었다(Anway & Skinner, 2006). 인간의 세대 간 후성유전적 전달을 지지하는 증거에 대해서는 훨씬 더 논란이 많다. 스웨덴의 대규모 연구에서는 아버지가 일찍 흡연을 시작한 것과 아들의 몸무게가 많이 나가는 것 사이에 연관이 있었다. 또 친할아버지가 아동기 중기에 먹었던 식단은 손자의 사망률을 예측했으며, 친할머니의 식량 공급은 손녀의 사망률을

| 일상 속 행동신경과학 |

유전 상담

인간 유전체에 대한 우리의 이해가 엄청나게 깊어짐과 함께 확실한 상업적 노다지가 유전자 검사라는 모습으로 따라왔다. 부부를 위한 보인자(carrier) 선별 검사는 특정 유전적 장애를 가진 아이가 태어날 확률을 알려줄 것이다. 양수천자(aminocentesis, 양수 검사)와 기타 태아 검사의 분석 결과는 부모들이 임신 중지를 하거나 장애를 가진 아이를 기르는 과업에 대한 준비를 하는 데 이용된다. 보조생식기술(assissted reproductive technologies)에 사용될 배아는 유전적 이상이 있는지를 알아내기 위해 선별 검사를 받는데, 이는 어떤 경우에는 아이의 성별을 알아내기 위해 사용되기도 한다. 성인은 특정 암, 헌팅턴병, 알츠하이머병에 대한 유전적 취약성이 있는지를 알기 위해 선별 검사를 받을 수 있다. 배우 Angelina Jolie는 자신의 유전적 위험성에 대한 정보를 바탕으로 예방 차원에서 유방절제 수술을 받아서 신문의 1면을 장식했다. 이는 한편으로는 암에 대한 경각심을 일깨웠으나, 다른 한편으로는 그런 수술을 받을 필요가 없는 여성들이 수술을 받으려 할지도 모른다는 우려를 낳았다.

미국에서는 소비자가 정부의 규제 없이 회사로부터 직접 검사 키트를 구매할 수 있다. 심지어 동네 약국에서도 친자확인 검사기를 살 수 있다(Antonucci, 2008). 채취한 표본을 보내기만 하면 우편으로 결과를 받아볼 수 있다. 이런 검사 키트를 판매하는 회사들 중에 어떤 회사들은 의사의 동의를 요구하기도 하지만, 많은 회사들은 이를 요구하지 않는다(Williams, 2006). 의사가 관여할 때조차도 유전 상담을 제공할 만한 훈련을 충분히 받지 못한 이들이 많다.

유전에 관한 지식과 검사 능력이 향상됨에 따라 대중은 건강과 행복에 대단히 중요한 결정을 점점 더 세심하게 해야 하는 상황에 직면할 것이다. 우리 대부분이 충분히 많은 정보를 알고서 그런 결정을 사려 깊게 할 준비가 되어 있을 가능성은 별로 없다. 결과적으로 잘 훈련된 유전 상담가에 대한 수요가 크게 증가할 것으로 예상할 수 있다. 당신이 과학을 좋아하고 다른 사람을 돕는 직업을 갖고 싶다면 미국유전상담위원회(American Board of Genetics Counseling [ABGC], 2017)의 인가를 받은 대학원 유전 상담 프로그램을 알아보는 것도 좋을 것이다.

예측했다(Pembrey et al., 2005). 과학자들은 세대 간 후성유전을 가능하게 하는 기제에 대해 계속 논쟁하고 있다. 특정 후성유전적 꼬리표가 유전되기보다는 부모에게서 후성유전적 변화를 일으키는 요인들에 자손이 노출되는 것이 더 전반적인 후성유전적 불안정성을 만들어내는지도 모른다(Blake & Watson, 2016). 새로 개발되고 있는 기법들을 이용한 후속 연구가 이러한 과정을 더 완전히 이해하는 데 도움이 될 것이다.

중간 요약 5.1

‖ 요약 표: 중요한 유전학 개념

개념	정의	중요성
유전체(게놈)	한 종의 염색체 전체 세트	한 종을 정의하는 형질들을 보여줌 (예: 인간 유전체의 전체)
유전자형	한 개체의 염색체 세트	개체의 형질에 대한 유전적 바탕을 보여줌 (예: 혈액형 A와 O에 대한 대립유전자를 하나씩 가짐)
표현형	한 개체의 관찰 가능한 형질	유전자와 환경의 상호작용의 최종 결과를 보여줌 (예: 담갈색 눈 또는 180cm의 키)
염색체	세포핵 속에 있는, DNA로 이루어진 덩어리	23쌍의 염색체가 인간의 유전체 전체를 구성함 (예: 성염색체 X와 Y)
유전자	염색체에서 일정한 위치를 차지하는 기능적인 유전 단위	유전자는 특정 단백질의 생산을 담당함 (예: 혈액형 유전자 또는 도파민 수용체 생산을 위한 유전자)
대립유전자	한 특정 유전자의 다른 형태	한 종의 개체들 간의 형질 변이들 (예: 혈액형에 대한 대립유전자 A, B, O)
감수분열	생식세포에서 염색체의 수를 절반으로 감소시키는 세포분열	감수분열은 엄청난 수의 가능한 유전자 조합을 만들어냄 (예: 한 사람은 자신의 염색체의 2^{23}개, 즉 800만 개 이상의 조합이 가능한 난자나 정자를 만들어낼 수 있음)
돌연변이	자손에게 유전될 수 있는, 유전자나 염색체의 변화	돌연변이의 결과는 유리하거나 중립적이거나 불리할 수 있음 (예: 돌연변이가 조기 사망을 초래하는 낭포성 섬유증을 일으킴)
단일염기다형성 (SNPs)	대립유전자들이 단 하나의 염기만 다를 때 유전자에서 일어나는 변이	SNPs는 한 종의 개체들 간 변이의 주된 원천일 수 있음 (예: 어떤 사람이 알츠하이머병에 걸릴 확률에 영향을 주는 APOE 대립유전자 ε^2, ε^3, ε^4)
복제수 변이 (CNV)	참조 유전체와 비교한, 한 유전자에 있는 염기서열 수의 변이	CNV는 건강한 유전자형과 건강하지 않은 유전자형 간의 차이를 초래할 수 있음 (예: 아미노산인 글루타민을 생산하는 CAG 코돈이 36개보다 많은 비정상적인 헌팅턴유전자는 헌팅턴병을 초래함; 그 반복 수가 더 적은 사람은 건강하게 삶)

‖ 요점

1   인간 유전체는 DNA로 이루어진 23개의 염색체 한 쌍을 갖는다. DNA 서열, 즉 유전자는 단백질 생산에 대한 명령을 제공한다. 한 유전자의 다른 형태, 즉 대립유전자는 우성일 수도, 열성일 수도 있다. (L01)

2   유전적 다양성은 감수분열, 연관, 교차, 돌연변이에 의해 보장된다. (L02)

3   유전율은 한 개체군에 걸쳐 어떤 형질의 변이성(variability)이 유전에 의해 결정되는 정도에 대한 추정치이다. (L03)

‖ 복습 문제

1   성염색체는 인간 염색체의 다른 22쌍과 어떤 점에서 차이가 나는가?

2   유전과 환경 요인은 어떻게 상호작용하여 개인의 표현형을 만들어내는가?

뇌를 만들어내기

어머니의 난자와 아버지의 정자가 합쳐지면서 시작되는, 그 세포들이 가진 유전자들의 복잡한 상호작용을 통해 대략 100조 개의 세포를 가진 성인 신체가 만들어진다(Sears, 2005). 그 세포 중 약 860억 개가 뇌에 있으며, 또 10억 개는 척수에 있다. 발달 과정이 항상 매끄럽게 진행되는 것은 아니지만, 만들어지는 유기체의 엄청난 복잡성을 감안하면 그 정확도는 여전히 깜짝 놀랄 만하다.

태내 발달

난자와 정자가 합쳐져서 처음 형성되는 세포를 **접합체**(zygote)라고 한다. 임신 2주부터 8주까지는 발달 중인 그 개체를 **배아**(embryo)라고 하며, 8주가 지나서부터 출생할 때까지는 **태아**(fetus)라고 한다.

인간의 접합체가 자궁에 도달하는 즈음인 임신 1주 끝 무렵이면 배엽(germ layer)이라는 분화된 세포 집단 3개가 이미 형성되어 있다. 바깥층은 **외배엽**(ectoderm)으로서 신경계, 피부, 체모로 발달한다. 중간층은 **중배엽**(mesoderm)으로서 결합조직, 근육, 혈관, 뼈, 비뇨생식계를 형성한다. 마지막 층은 **내배엽**(endoderm)으로서 위장과 창자를 비롯한 많은 내장기관으로 발달한다.

임신 2주부터 9개월까지 인간의 신경계는 비교적 미분화된 얇은 세포층으로부터 감각 입력을 처리하고 운동을 조직화할 수 있는 복잡한 체계로 변화한다(Monk, Webb, & Nelson, 2001). 임신 3주와 4주째가 인간의 신경계 발달에 특히 중요하다. 임신 3주에는 배아의 등쪽 중간선을 따라 자리 잡은 외배엽 세포들이 분화하기 시작하여 **신경판**(neural plate)이라는 새로운 층이 된다. 외배엽의 나머지 세포들은 피부를 형성하게

접합체 생식세포 2개가 융합하여 형성된 세포.

배아 인간의 경우, 수정 이후 2~8주에 발달하는 개체.

태아 배아기와 출생 사이에 발달하고 있는 유기체.

외배엽 신경계, 피부, 체모로 발달하는 배엽.

중배엽 결합조직, 근육, 혈관, 뼈, 비뇨생식계로 발달하는 배엽.

내배엽 위장과 창자를 비롯한 내장기관으로 발달하는 배엽.

신경판 배아의 외배엽 속에 있는 분화 중인 뉴런에 의해 형성된 층.

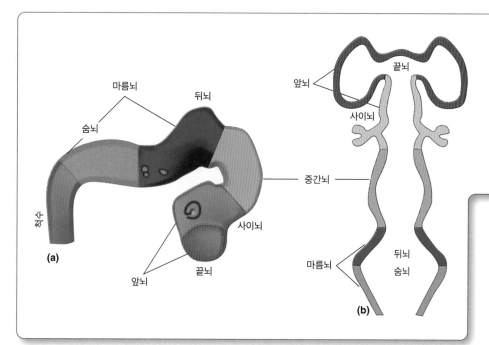

●그림 5.15 신경관의 분할
(a) 임신 4주 끝 무렵 신경관이
완전히 닫히기 전에 3개의 불룩한
부분, 즉 앞뇌, 중간뇌, 마름뇌가
뚜렷해진다. (b) 그다음 주에는
앞뇌가 한 번 더 나뉘어서 끝뇌와
사이뇌를 형성하며, 마름뇌가
나뉘어서 숨뇌와 뒤뇌를 형성한다.
중간뇌는 더 나뉘지 않는다.

된다. 외배엽 세포가 분화하기 시작하면서 신경관의 중간선을 따라 오목한 고랑이 생긴다. 세포분열이 더 진행되면서 그 고랑의 양쪽으로 솟아오른 주름이 2개 생기는데, 이들은 결국 결합하여 **신경관**(neural tube)을 형성한다. 이 과정은 임신 26일째에 완성된다. 신경관의 내부는 성인의 뇌에서 뇌실계와 척수의 중심관(2장을 보라)으로 보존된다. 그 주위의 신경조직은 뇌와 척수가 된다. 신경관과 인접해 있는 신경능선세포(neural crest cell)들이 말초신경계로 발달한다.

임신 4주 끝에 신경관이 완전히 닫히기도 전에 3개의 볼록한 소낭(vesicle)이 생기는데, 이들은 이후에 **앞뇌**(prosencephalon, forebrain, 전뇌), **중간뇌**(mesencephalon, midbrain, 중뇌), 그리고 **마름뇌**(rhombencephalon, hindbrain, 후뇌)가 된다. ● 그림 5.15에서 볼 수 있듯이 신경관은 두 번 구부러지는데, 한 번은 마름뇌와 나중에 척수가 될 부분에서(이 굴곡은 나중에 곧게 펴진다), 또 한 번은 중간뇌 지역에서이다. 그다음 주에는 앞뇌가 더욱 분화하여 **사이뇌**(diencephalon, 간뇌; 시상, 시상하부, 눈의 망막)와 **끝뇌**(telencephalon, 종뇌; 대뇌반구의 나머지 부분)로 나뉜다. 비슷한 시기에 마름뇌는 **숨뇌**(myelencephalon, 수뇌; 연수)와 **뒤뇌**(metencephalon, 후뇌; 다리뇌, 소뇌)로 나뉜다. 중간뇌는 더 이상의 구획들로 나뉘지 않는다.

신경계의 발생은 '(1) 신경발생, 즉 뉴런과 아교세포의 지속적인 생성, (2) 세포가 신경계에서 최종적으로 자리 잡을 곳으로 이동, (3) 뉴런이 뚜렷이 구별되는 유형들로 분화, (4) 뉴런 간의 연결 형성, (5) 특정 뉴런의 죽음, (6) 신경 연결의 재배열'이라는 6개의 뚜렷한 단계를 순서대로 거친다.

신경발생 신경발생(neurogenesis, 신경생성), 즉 새로운 뉴런과 아교세포의 생성은 신경관의 안쪽 표면에 깔려있는 세포층인 뇌실 구역(ventricular zone)에서 일어난다. 뇌

신경관 배아의 신경판에 의해 형성된 구조로서 뇌와 척수로 발달함.
앞뇌 신경관의 초기 세 구획 중 전뇌로 발달할 부분.
중간뇌 신경관의 초기 세 구획 중 중뇌로 발달할 부분.
마름뇌 신경관의 초기 세 구획 중 후뇌로 발달할 부분.
사이뇌 시상, 시상하부, 눈의 망막으로 발달할 앞뇌의 한 구획.
끝뇌 대뇌반구 덩어리로 발달할 앞뇌의 한 구획.
숨뇌 연수로 발달할 마름뇌의 한 구획.
뒤뇌 다리뇌와 소뇌로 발달할 마름뇌의 한 구획.
신경발생 새로운 뉴런과 아교세포의 생성.

실 구역에 있는 간(幹)세포(progenitor cell)는 유사분열을 하여 2개의 동일한 '딸'세포를 만든다. 처음엔 두 딸세포 모두가 살아서 뇌실 구역에서 분열을 계속하는데, 그 결과 뇌실 구역이 두꺼워진다. 뇌실 구역의 세포들은 원시적인 가지를 만들어내며, 이것이 미성숙한 신경계의 두 번째 층인 가장자리 구역(marginal zone, 변연대)을 이룬다.

　임신 7주 이후에는 뇌실 구역에 있는 많은 간세포가 두 가지 딸세포를 만들기 시작하는데, 하나는 뇌실 구역에 계속 머무르며 다른 하나는 바깥으로 이동하여 최초의 뉴런 중 하나가 된다(Chan, Lorke, Tiu, & Yew, 2002). 이 새로운 유형의 딸세포는 더 이상 분열하지 않는다는 점에서 원래의 세포와 다르다.

　●그림 5.16에서 보듯이 2개의 똑같은 간세포를 만들어내는 간세포들은 뇌실 구역의 표면에 직각으로 나있는 분할선을 따라 분열한다. 이와 대조적으로 간세포 하나와 이와 유사하지 않은 이동할 세포 하나를 만들어내는 간세포들은 뇌실 구역에 평행하게 나있는 분할선을 따라 분열한다. 평행한 분할선은 바깥쪽을 향하고 있는 딸세포가 일단 분열이 끝나면 뇌실 구역에 부착되어 있지 않을 것임을 의미한다. 이 세포는 자유로이 이동할 것이다. 동일한 간세포들은 대칭적인데, 이는 분열 후에 유사한 내용물을 함유하고 있음을 뜻한다. 이와 달리 간세포 하나와 이동할 딸세포 하나를 만들어내는 분열은 비대칭적인 세포들을 만들어낸다. 분열 후에는 유사하지 않은 세포들의 내용물이 똑같지 않기 때문이다.

　인간의 경우 이 증식 과정의 절정기에는 1분마다 25만 개에 달하는 새로운 신경세포가 태어날 수도 있다. 이 세포들은 아직 미성숙해서 세포체와 나중에 축삭으로 발달할 돌기로 이루어져 있다. 이 급속 증식 단계는 마지막 세포들이 이동하기 시작하는

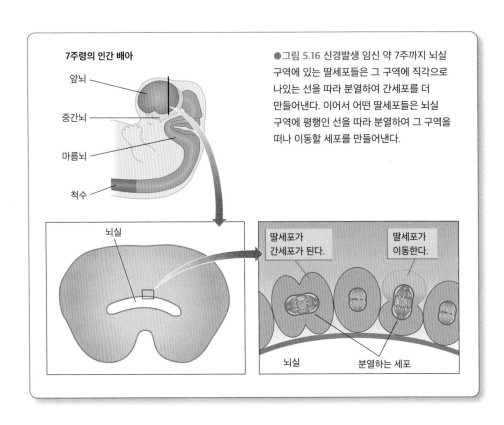

7주령의 인간 배아

앞뇌
중간뇌
마름뇌
척수

●그림 5.16 신경발생 임신 약 7주까지 뇌실 구역에 있는 딸세포들은 그 구역에 직각으로 나있는 선을 따라 분열하여 간세포를 더 만들어낸다. 이어서 어떤 딸세포들은 뇌실 구역에 평행인 선을 따라 분열하여 그 구역을 떠나 이동할 세포를 만들어낸다.

뇌실

딸세포가 간세포가 된다.

딸세포가 이동한다.

뇌실　분열하는 세포

임신 기간 절반쯤에, 즉 4.5개월 후에 끝난다.

산모의 알코올 중독이나 비타민 A의 과잉을 비롯한 많은 조건이 이 신경발생과 세포 증식 단계를 방해할 경우 소두증(microcephaly), 즉 비정상적으로 작은 뇌를 초래할 수 있다. 임신 1기(옮긴이 주: 임신 기간 9개월을 3개월씩 나누어서 1, 2, 3기로 부름) 중에 지카 바이러스(Zika virus) 감염과 연관된 소두증의 위험성이 있는 것으로 보이지만, 임신 2기에 이 바이러스에 감염되어 소두증이 발생하는 사례 또한 흔하다(Johansson, Mier-y-Teran-Romero, Reefhuis, Gilboa, & Hills, 2016).

세포 이동 이동(migration)은 무작위적으로 일어나지 않는다. 대부분의 세포는 **방사형 아교세포**(radial glia)라는 특수한 간세포의 길 안내를 받는다. 방사형 아교세포는 뇌실 층으로부터 신경계의 바깥 가장자리로 바큇살처럼 자라나간다(Rakic, 1988). 이 세포들은 세포 이동에서 결정적인 역할을 할 뿐만 아니라 딸세포를 더 생산할 수 있는 능력을 보유하고 있다(Malatesta & Gotz, 2013). 방사형 아교세포는 사실상 뇌실 구역에 있는 간세포 중 높은 비율을 차지한다. 이들은 세 가지 형태(뉴런을 생산하는 간세포, 아교세포를 생산하는 간세포, 뉴런 또는 아교세포로 발달할 수 있는 신경줄기세포를 생산하는 간세포) 중 하나를 취한다. 이동하는 세포는 ●그림 5.17에서 볼 수 있듯이 방사형 아교세포를 감싸고서 함께 따라서 이동한다. 이 세포들 대부분은 글루탐산을 분비하는 투사뉴런으로 성숙한다(Miyazaki, Song, & Takahashi, 2016).

이동하는 세포들은 안에서 밖으로 나가는 방식으로 대뇌겉질을 형성한다. 바깥쪽 겉질층이 될 세포는 어떻게든 안쪽 층들을 지나가야 한다. 다시 말하면 겉질의 IV층으

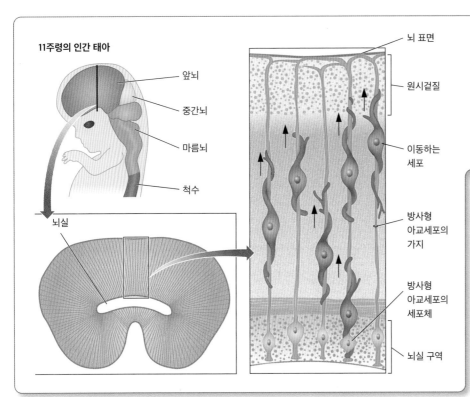

11주령의 인간 태아

앞뇌
중간뇌
마름뇌
척수
뇌실

뇌 표면
원시겉질
이동하는 세포
방사형 아교세포의 가지
방사형 아교세포의 세포체
뇌실 구역

●그림 5.17 방사형 아교세포가 새로운 세포들의 이동을 안내한다 뇌실 층에서 형성된 새로운 세포의 약 3분의 2가 바큇살처럼 분포되어 있는 방사형 아교세포를 따라 이동한다. 나머지 3분의 1은 외견상 방사형 아교세포의 도움 없이 수평 방향으로 이동한다.

이동 세포가 최종적인 위치로 움직여 가는 것.
방사형 아교세포 뇌실 층으로부터 대뇌겉질의 바깥 가장자리로 방사형으로 뻗어나가는 특별한 아교세포로서, 이동하는 뉴런을 위한 경로 역할을 함.

로 이동하는 세포는 VI층과 V층을 지나서 최종 목적지로 가야 할 것이다(2장을 보라). 빠르게 이동하는 세포의 여행은 겨우 몇 시간이면 끝난다. 이와 달리 대뇌겉질의 가장 바깥층으로 이동하는 세포의 여행은 2주까지도 걸린다. 여행을 끝낸 세포들은 다른 세포들과 모여서 **응집**(aggregation)이라는 과정을 통해 구조물을 형성한다.

모든 세포가 방사형 아교세포의 길 안내를 받아 이동하는 것은 아니다. 어떤 세포는 접선 방향으로, 즉 발생 중인 뇌의 표면에 평행하게 이동한다. 접선 방향으로 이동하는 뉴런은 감마-아미노부티르산(GABA)을 분비하는 중간뉴런으로 성숙한다(Miyazaki et al., 2016). 접선 방향 경로는 임신 6개월 끝 무렵에 사라진다.

임신 22주 이전에는 방사형 이동 경로의 부피가 우반구보다 좌반구에서, 그리고 뇌의 앞쪽 부분보다 뒤쪽 부분에서 훨씬 더 크다(Miyazaki et al., 2016). 접선 방향 경로는 이런 국지적 차이를 보이지 않는다.

분화 신경발생은 줄기세포, 즉 서로 다른 유형의 세포로 발달할 수 있는 능력을 갖춘 세포를 만들어낸다. **분화**(differentiation), 즉 줄기세포로부터 더 전문화된 세포가 발생하는 것은 **분화유도인자**(differentiation-inducing factor, DIF)라는 화학물질들이 유전자 발현에 작용하기 때문에 생긴다(Patel et al., 2013).

앞에서 우리는 어떻게 외배엽에 있는 어떤 세포들이 분화하여 신경관을 형성하는 반면에 다른 세포들은 분화하여 피부 세포가 되는지를 보았다. 신경관에서는 두 종류의 분화가 더 일어난다. 첫 번째 과정에서 신경관은 등쪽 절반과 배쪽 절반으로 분화된다. 두 번째 과정에서 신경관은 입쪽-꼬리쪽 축에 따라 분화된다.

신경관의 등쪽-배쪽 분화에서 배쪽 절반에 있는 뉴런은 운동뉴런으로, 등쪽 절반에 있는 뉴런은 감각뉴런으로 발달한다. 2장에서 배운 신경해부학을 상기해 보면, 척수의 앞뿌리는 근육과 분비샘으로 운동 정보를, 뒤뿌리는 중추신경계를 향하여 감각 정보를 전달한다. 이 배쪽-운동/등쪽-감각 조직화는 마름뇌와 중간뇌까지 연장된다. 예를 들면 시각에 관여하는 위둔덕과 청각에 관여하는 아래둔덕은 중간뇌의 등쪽 표면에 있는 반면, 운동에 중요한 역할을 하는 흑색질은 중간뇌의 배쪽 절반 부위에 자리 잡고 있다. 하지만 이 체제화가 앞뇌의 감각 및 운동 영역의 위치까지 기술하지는 않는다.

신경축의 입쪽-꼬리쪽 축에 따라 일어나는 두 번째 분화 과정에서 신경계는 척수, 마름뇌, 중간뇌, 그리고 앞뇌로 나뉜다. 척수와 마름뇌의 분화는 혹스유전자들(Hox genes)이 암호화하는 DIF들에 의해 제어되는 것으로 보이는데, 이 유전자들은 초파리에게서 다리와 날개의 올바른 위치를 결정하는 유전자와 동일한 종류이다(Bami, Episkopou, Gavalas, & Gouti, 2011). 중간뇌는 척수와 마름뇌에서와 똑같은 분절화된 체제를 나타내지 않는데, 혹스유전자가 입쪽 방향으로 이만큼 멀리까지 발현되지는 않는다. 앞뇌의 분화 과정에 대해서는 혹스유전자가 제어하는 것과 비슷한 과정이 존재할 가능성이 있긴 하지만, 알려진 바가 거의 없다.

응집 신경계에서 세포가 다른 세포와 함께 모여서 구조물을 형성하는 과정.
분화 줄기세포가 더 특정한 유형의 세포로 발달하는 것.
분화유도인자(DIF) 세포 분화를 일으키는, 세포의 화학적 특성의 변화를 자극하는 화학물질.

대뇌겉질의 체제화는 내재적(세포 내에 있는) 영향과 외재적(세포 밖에서 오는) 영향에 의해 성숙한다. 대뇌겉질의 한 부분에서 나온 세포를 다른 영역으로 이식한 연구는 어떤 이식된 세포들이 원래의 패턴으로 계속 발달함을 보여주는데, 이는 그 세포의 분화가 대부분 내재적인 유전 요인에 의해 제어된다는 의미이다. 다른 세포들은 인접한 세포들이 분비한 DIF라는 입력에 반응하여 그 새로운 위치의 특성을 나타내게 된다. 이 두 과정 중에서 내재적 유전 요인들이 아마도 인간의 뇌 발생에서 더 지배적인 역할을 할 것이다(Rubenstein et al., 1999).

축삭과 가지돌기의 성장　뉴런들은 일단 자리를 잡고 나면 서로 간에 작동하는 연결을 형성해야 한다. 이 단계는 **신경돌기**(neurite)라는 가지가 발생하면서 시작되는데, 이 신경돌기가 성숙하여 축삭과 가지돌기가 된다.

●그림 5.18에서 볼 수 있듯이 신경돌기의 끝에는 부풀어 오른 부분인 **성장원뿔**(growth cone, 성장원추)이 있다. 성장원뿔은 신경돌기가 올바른 경로를 찾아가도록 도와주는 감각 및 운동 능력을 모두 갖추고 있다. 성장원뿔은 (1) 미토콘드리아, 미세소관 및 기타 소기관들을 갖춘 주된 몸체, (2) 중심부로부터 뻗어나온 길고 뾰족한 **실발**(filopodia, 사상위족), (3) 실발들 사이에 있는, 중심부로부터 뻗어나온 부채 모양의 **판발**(lamellipodia, 박판족, 접착용 세포족, 세포질돌기)이라는 3개의 기본적인 구조적 부분으로 나뉜다. 실발과 판발은 주변의 화학적 환경을 표집하면서 확장했다가 수축했다가 함으로써 움직일 수 있다. 또한 이들은 세포외 환경의 구조적 요소들에 달라붙는 능력이 있어서 성장하는 신경돌기를 자기 뒤에 달고서 끌고 갈 수 있다. 성장원뿔이 뻗어나감에 따라 원뿔의 주된 몸체로부터 나온 미세소관이 앞으로 움직여서 신경돌기의 새로운 부분을 형성한다.

Christopher S. Cohan/Rockefeller University Press

●그림 5.18 **성장원뿔이 축삭을 목표물로 인도한다** 성장원뿔은 세포외 환경과 상호작용하여 신경섬유가 목표 세포로 성장해 가도록 인도한다. 실발은 성장원뿔에서 뻗어나온 손가락 모양 구조이며, 판발은 실발들 사이에 거미줄이나 베일처럼 나타난다.

●그림 5.19에서 볼 수 있듯이 실발은 성장원뿔에 신호를 주어 앞으로나 뒤로 움직이게, 또는 특정 방향으로 회전하게 할 수 있다. 실발은 움직여 가면서 길안내세포(guidepost cell)가 분비하는 유인화학물질과 억제화학물질 모두에 반응한다. 길안내세포는 접근 중인 성장원뿔을 유인하거나 밀어내는 화학물질을 분비하는 아교세포이다(Colon-Ramos & Shen, 2008). 이 과정의 극적인 예를 시각교차 근처에서 일어나는 시각 축삭의 성장에서 관찰할 수 있다. 인간의 경우, 시각 축삭 중 코에 가까운 쪽에 있는 절반은 시각교차에서 중간선을 넘어 반대쪽으로 가는 반면, 각 망막의 바깥쪽에서 나오는 절반은 중간선을 넘지 않고 같은 쪽에서 계속 진행한다. 망막에 염색약을 처리하여 염색된 축삭이 시각교차까지 가는 경로를 추적해 보면, 성장 중인 축삭은 시각교차의 중간선에 있는 길안내세포 집단에 반응하는 것으로 보였다

신경돌기 뉴런에서 뻗어나온 미성숙한 가지.

성장원뿔 성장하는 축삭이나 가지돌기의 부풀어 오른 끝부분으로서, 그 가지가 목표로 하는 시냅스에 도달하는 것을 도움.

실발 성장원뿔에서 긴 손가락같이 뻗어나온 부분.

판발 성장원뿔의 중심부에서 판판한 종이처럼 뻗어나온 부분.

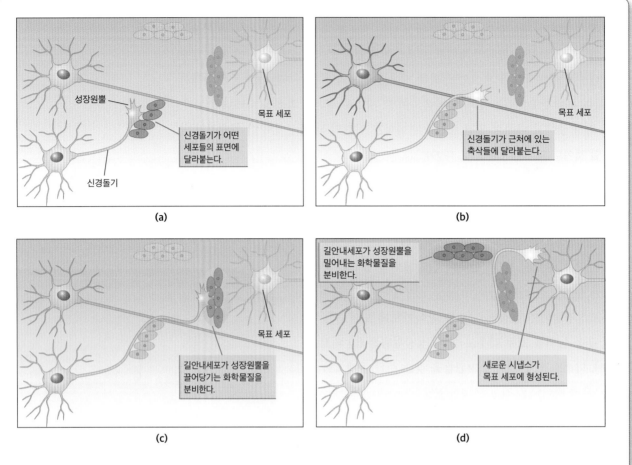

성장원뿔
신경돌기가 어떤
세포들의 표면에
달라붙는다.
목표 세포
신경돌기

(a)

신경돌기가 근처에 있는
축삭들에 달라붙는다.
목표 세포

(b)

목표 세포
길안내세포가 성장원뿔을
끌어당기는 화학물질을
분비한다.

(c)

길안내세포가 성장원뿔을
밀어내는 화학물질을
분비한다.
새로운 시냅스가
목표 세포에 형성된다.

(d)

●그림 5.19 성장원뿔은 다양한 자극에 반응한다 최종 목표지에 도달하기 위해 성장원뿔은 세포외 환경에 반응하여 (a) 다른 세포의 표면에 달라붙고, (b) 같은 방향으로 이동하는 다른 신경돌기에 달라붙으며, (c) 유인화학물질을 향하여 성장하고, (d) 억제화학물질에 의해 밀려난다.

(Godement, Wang, & Mason, 1994). 반대쪽으로 넘어가는 축삭은 이 길안내세포들과 접촉하며 지나가는 반면, 같은 쪽으로 계속 가는 축삭은 이 세포들에 의해 밀려나는 것으로 보였다.

　같은 방향으로 자라나고 있는 신경돌기들은 흔히 다발형성(fasciculation)이라는 과정에서 함께 묶인다. 신경돌기의 표면에 있는 세포부착분자(cell adhesion molecule, CAM)라는 분자가 신경돌기들이 같은 방향으로 진행함에 따라 글자 그대로 함께 붙도록 만든다. 성장원뿔은 목표물에 근접함에 따라 가지돌기나 축삭 곁가지를 형성하기 시작한다(3장을 보라). 이제 가지들이 전반적으로 정확한 영역에 있게 되었으므로 경험이 내재적 요인들과 상호작용하여 새로운 연결을 미세조정할 것이다.

시냅스의 형성　성인의 뇌에는 100조(10^{14}) 개가 넘는 시냅스가 있다(Colón-Ramos & Shen, 2008). 시냅스가 형성되는 도중에 어떠한 오류라도 일어나면 신경계가 기능하는 데 심각한 영향을 미칠 수 있다. 예를 들면 지적장애, 조현병, 자폐스펙트럼장애에 시냅스형성의 오류가 관여하는 것으로 보인다(Nieland et al., 2014; ●그림 5.20). 시냅

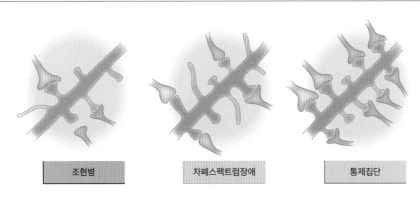

| 조현병 | 자폐스펙트럼장애 | 통제집단 |

●그림 5.20 시냅스생성의 이상이 신경인지장애의 배후에 있을 때가 많다 건강한 통제집단에 비해 조현병이 있는 사람의 경우 가지돌기 가시와 시냅스전 종말이 더 적다. 자폐스펙트럼장애가 있는 사람의 경우 가지돌기 가시의 밀도가 높으며 미성숙한 시냅스가 흔하다.

출처: Habela, C. W., Song, H., & Ming, G.-l. (2016). Modeling synaptogenesis in schizophrenia and autism using human iPSC derived neurons. *Molecular and Cellular Neuroscience, 73*, 52-62. doi: http://dx.doi.org/10.1016/j.mcn.2015.12.002

스생성(synaptogenesis), 즉 새로운 연결의 발생은 나이에 따라 균등하게 일어나지 않는다. 발달에서 시냅스생성은 대뇌겉질의 포도당 이용률과 상관관계를 보이기 때문에 그 진도를 관찰할 수 있다(Chugani, 1998). 출생 시부터 약 4세까지의 포도당 이용률(따라서 시냅스생성)은 성인의 경우의 2배이다. 이러한 비율은 약 10세까지 지속되다가 점차 감소하여 16~18세 사이에 성인의 수준에 도달한다.

신경계의 회로를 형성하는 과정을 완성하려면, 들어오는 신경돌기가 먼저 근처의 많은 세포 중에서 적절한 시냅스후 목표물을 찾아내야 하는데, 이 과정을 **시냅스 특정성**(synaptic specificity)이라고 한다. 그 뒤 시냅스전 구조와 시냅스후 구조들이 조립되어야 한다. 시냅스전 조립은 단백질이 든 소낭의 배달이 필요한 반면, 시냅스후 조립은 관련 분자들의 점진적 축적이 특징이다(Waites, Craig, & Garner, 2005). 시냅스는 성숙함에 따라 크기가 커지는데, 축삭종말 속에 있는 시냅스소낭의 수가 급속히 증가하면서 대응되는 가지돌기 가시의 부피도 따라서 커진다.

시냅스의 형성 과정은 신경근 접합부에서 쉽게 관찰할 수 있다(●그림 5.21). 근섬유는 운동축삭과 어떠한 접촉도 하기 전에 이미 아세틸콜린(ACh; 신경근 접합부에서 사용되는 신경전달물질)에 대한 수용체를 갖춘 상태이다. 처음에는 이 수용체들이 근섬유의 세포막 내에 균등하게 분포되어 있다. 하지만 일단 시냅스가 성숙하면 수용체가 시냅스 부위에 빽빽하게 밀집되고 근섬유 세포막의 비(非)시냅스 지역에는 거의 존재하지 않는다. 시냅스전 구조와 시냅스후 구조 모두에 의한 화학물질 분비의 정교한 연쇄가 수용체를 자극하여 시냅스 부위로 움직이게 만든다(Shi et al., 2010). 필수적인 시냅스전 물질이 결핍된 돌연변이 가계의 생쥐는 ACh 수용체의 정상적인 밀집을 만들어내지 못하는데, 이는 대개 죽음으로 이어진다(DeChiara et al., 1996). 또한 근섬유로부터 오는 신호 역시 접근 중인 운동축삭종말의 발달에 영향을 준다.

시냅스 특정성 신경돌기가 근처에 있는 많은 세포 중에서 적절한 시냅스후 목표 세포를 찾아내는 과정.

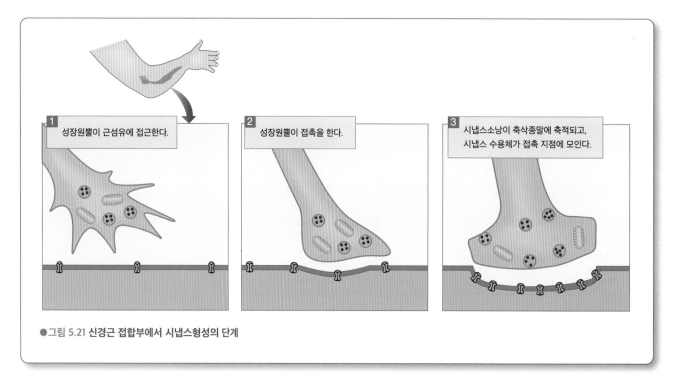

1 성장원뿔이 근섬유에 접근한다.

2 성장원뿔이 접촉을 한다.

3 시냅스소낭이 축삭종말에 축적되고,
시냅스 수용체가 접촉 지점에 모인다.

●그림 5.21 신경근 접합부에서 시냅스형성의 단계

중추신경계에서는 별아교세포가 시냅스형성에 중요한 역할을 한다(Chung, Allen, & Eroglu, 2015; Eroglu & Barres, 2010). 별아교세포는 뉴런이 형성하는 시냅스의 수를 증가시키는 화학물질을 분비한다. 별아교세포가 없는 배양액 속의 세포는 신경돌기를 만들어내지만 시냅스는 거의 형성하지 못한다.

세포 죽음 이동 후에 40~75%에 달하는 세포가 **세포자멸사**(apoptosis, 세포자연사, 세포 자살), 즉 세포의 예정된 죽음이라는 과정을 통해 사멸한다. 'apoptosis'라는 용어는 '떨어지는 나뭇잎'이라는 뜻의 그리스어에서 유래한다. 인간에게서 정상적인 발생 과정의 세포자멸사는 출생 전에 시작되어 2세가 될 때까지 지속된다(Chugani, 1998).

발생 중의 세포자멸사는 Hamburger(1975)가 최초로 기술했는데, 그는 닭의 배아가 만들어낸 척수의 운동뉴런 중 거의 절반이 병아리가 부화하기 전에 죽는다는 것을 관찰했다. Cohen, Levi-Montalcini와 Hamburger(1954)는 자신들이 신경성장인자(nerve growth factor, NGF)라고 이름 붙인 물질을 분리하는 데 성공했다. 전진하는 신경돌기는 목표 세포가 분비하는 NGF를 흡수한다. 목표 세포들은 제한된 양의 NGF를 생산하기 때문에 전진하는 신경돌기들은 이를 두고 경쟁한다. 적당량의 NGF를 흡수하지 못한 뉴런은 세포자멸사를 하게 되는 반면, NGF를 흡수한 뉴런은 살아남는다. NGF는 현재 **신경영양인자**(neurotrophin)라는 범주의 화학물질 중 하나로 알려져 있다.

신경영양인자는 세포자멸사로 끝나는 세포자살 프로그램을 중단시켜서 뉴런의 생존에 영향을 준다. 모든 세포는 세포 죽음 유전자를 보유하는 것으로 보인다(Johnson & Deckwerth, 1993). 카스페이스(caspase, 카스파제)라는 효소가 세포 죽음 유전자에 의해 활성화되면 DNA와 단백질을 분해하는데, 이는 신속하게 세포 죽음으로 이어진

세포자멸사 세포의 예정된 죽음.
신경영양인자 목표 세포가 분비하는
   물질로, 시냅스전 뉴런의 생존에
   기여함.

다. 신경영양인자들이 뉴런에 있는 수용체에 결합하면 카스페이스 활동이 억제되고, 따라서 세포는 생존한다. 신경영양인자로부터 충분한 자극을 받지 못하면 세포 죽음 유전자의 발현과 카스페이스의 활성화가 일어나고, 따라서 세포는 죽게 된다.

세포 죽음은 발생 중인 신경계에서 중요한 기능을 담당한다. 발생 중인 신경계는 아름다운 대리석상과 비슷한 것으로 생각할 수 있다. 조각가는 커다란 대리석 덩어리(신경발생에서 만들어진 세포들의 집합)를 가지고 시작해서 조금씩 끈기 있게 깎아내어 속에 있는 아름다운 모양(성인의 뇌)을 드러낸다. 생존하는 세포가 너무 많으면(대리석이 너무 많으면) 문제가 생길 수도 있다. 신경영양인자의 농도가 평균보다 높은 것(따라서 세포자멸사의 비율이 낮음)이 자폐스펙트럼장애의 특징이다(14장을 보라). 거의 3,000명에 달하는 참가자에 대한 메타분석에 의하면 건강한 통제집단보다 자폐스펙트럼장애 아동에게서 신경영양인자의 말초혈액 수준이 더 높은 것으로 나타났다(Qin et al., 2016).

시냅스 잘라내기 발생 과정에서 우리는 많은 뉴런을 잃을 뿐만 아니라 많은 시냅스 또한 잃는 것으로 보인다. 뇌가 처음에는 뉴런을 과잉생산하고서 그 수를 미세조정하는 것과 꼭 마찬가지로 우리는 시냅스의 폭발적 증가에 뒤이어 **시냅스 잘라내기**(synaptic pruning), 즉 기능하는 시냅스의 수가 감소하는 일을 겪는다. ●그림 5.22에서 볼 수 있듯이 Huttenlocher(1994)는 시냅스 잘라내기가 시각겉질과 이마앞겉질에서 상당수의 시냅스를 제거할 수 있음을 시사했다. 하지만 이 두 영역에서 잘라내기가 진행되는 시기는 서로 다르다.

앞서 우리는 신경영양인자에 대한 경쟁을 통해 어느 뉴런이 살고 어느 뉴런이 죽을지가 결정된다는 것을 보았다. 비슷한 경쟁이 어느 시냅스가 유지될지를 결정할 가능성이 크다. 신경계는 분명히 '쓰지 않으면 없애기(use it or lose it)' 철학에 따라 작동

시냅스 잘라내기 기능하는 시냅스는 유지되고 기능하지 않는 시냅스는 쇠퇴하는 과정.

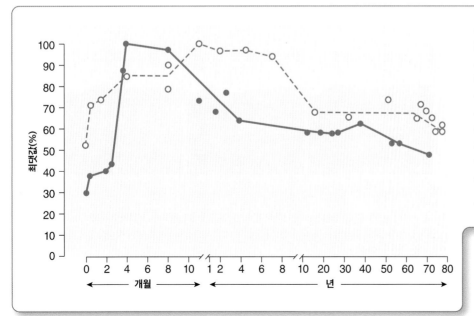

●그림 5.22 전 생애에 걸친 시냅스 재배열 인간의 시각겉질(실선)에서는 시냅스의 수가 출생 후 4~8개월에 정점에 달하며 4세가 될 때까지 줄어든다. 시각겉질의 시냅스 수는 성인기에 비교적 안정적으로 유지된다. 이마앞겉질(점선)의 시냅스 수는 1세경에 정점에 이르러서 약 20세까지 떨어지다가 그 이후로는 평생 안정적으로 유지된다.

출처: Adapted from Huttenlocher (1994).

한다. Changeux와 Danchin(1976)은 기능하는 신경망에 참여하는 시냅스만이 유지된다고 말했다. 기능하는 신경망이란 시냅스전 뉴런의 활동이 시냅스후 뉴런의 활동에 확실하게 영향을 주는 신경망이다. 또한 별아교세포가 중추신경계에서 시냅스 잘라내기의 조절에 중요한 역할을 하는 것으로 보인다. 별아교세포의 분비물이, 제거될 시냅스에 '꼬리표'를 붙이는 데 사용되는 신경화학물질의 생산을 증가시킨다(Eroglu & Barres, 2010). 그런 꼬리표가 붙은 시냅스는 미세아교세포에 의해 소화된다(3장을 보라). 이 과정의 왜곡이 알츠하이머병 같은 신경퇴행성 질환의 초기 단계에도 일어날 수 있다(13장을 보라).

말이집형성   발생 중인 신경계의 말이집형성(myelination, 수초화)은 발생의 구조적 패턴과 기능적 패턴을 모두 따른다. 구조적 패턴을 살펴보면, 말이집형성은 척수에서 시작되어 입쪽 방향으로 일어나서, 마름뇌, 중간뇌, 앞뇌의 순서대로 진행된다. 앞뇌 속에서는 말이집형성이 아래에서 위로, 그리고 뒤쪽에서 앞쪽으로 동시에 진행된다. 기능적 패턴을 살펴보면 겉질의 운동 영역보다 감각 영역에서 말이집형성이 더 일찍 일어나는 것으로 보인다.

인간에게서 최초의 말이집은 임신 23주 즈음에 뇌신경과 척수신경에서 관찰할 수 있다(Semple, Blomgren, Gimlin, Ferriero, & Noble-Haeusslein, 2013). 다른 많은 동물과 마찬가지로 인간도 출생 무렵에 폭발적인 말이집형성을 겪지만 이 과정이 그렇게 이른 단계에 완성되는 것은 결코 아니다(●그림 5.23). 말이집형성이 가장 늦게 일어나는 영역은 우리의 가장 정교한 인지 기능 일부를 담당하는 이마앞겉질이다. 이마앞겉질의 말이집형성은 성인기 초기까지 완성되지 않는다(Sowell, Thompson, Holmes, Jernigan, & Toga, 1999). 말이집형성의 차이가 20대 초기의 젊은 성인이 10대 청소년보다 얼굴 표정을 더 정확하게 판단했다는 사실을 설명할지도 모른다(Baird et al., 1999). 10대들은 편도체에서 더 큰 활성화를 보였는데, 이것이 아마도 그들이 본 표정에 대한 '직감'을 제공했을 것이다. 반면에 젊은 성인들은 말이집형성이 더 완성된 이

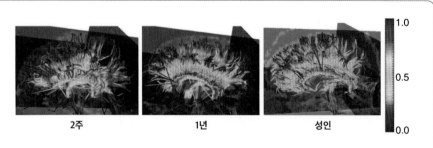

2주	1년	성인

●그림 5.23 **인간의 말이집형성은 성인기까지 계속된다** 말이집형성은 어린 시기에 대규모로 일어나지만 성인기 초기까지 완료되지 않는다. 이 확산텐서영상(DTI)은 말이집형성으로 인한 백색질 경로의 조직이 더 커지는 것을 보여준다.

출처: Tau, G. Z., & Peterson, B. S. (2010). Normal development of brain circuits. *Neuropsychopharmacology Reviews, 35*, 147-168.

마엽에서 더 큰 활성화를 보였는데, 이것이 숙고한 반응을 끌어냈을 것이다.

발달에 미치는 경험의 효과

인간이나 다른 동물이 출생할 즈음에는 이미 많은 신경계 회로가 형성되어 있다. 하지만 우리는 시냅스 연결을 재배열하는 능력을 평생토록 유지한다. 이러한 융통성, 즉 가소성(plasticity)이 없다면 우리는 새로운 기억을 학습하고 저장할 수 없을 것이다. 어떤 경우에는 가소성의 시간 범위가 제한적인데, 이때 변화가 일어날 수 있는 시간의 폭을 **결정적 시기**(critical period)라고 부른다. 다른 경우에는 변화가 끝없이 일어날 수 있는 것으로 보인다. 적어도 시각계에서는 결정적 시기가 GABA 회로의 성숙에 의해 시작되는데, 이 회로는 흥분과 억제의 균형에 영향을 준다(Takesian & Hensch, 2013). 약물이나 유전자를 통해 이 회로들을 인위적으로 조작하면 결정적 시기의 개시를 앞당기거나 지연시킬 수 있다.

우리의 신경회로에 대한 이러한 최종 조정은 기존의 시냅스가 경험으로 인해 증강되거나 약화된 결과로 일어날 수 있다. 일반적으로 시냅스는 시냅스전 뉴런과 시냅스후 뉴런이 동시에 활동하면 증강되고, 그 활동이 동기화되지 않으면 약화된다. 시냅스를 증강하는 데 있어서 상관된 활동의 중요성은 1940년대에 Donald Hebb가 처음 제안했다(10장을 보라). 그래서 동시 활동에 의해 증강된 시냅스를 흔히 Hebb 시냅스라고 부른다.

경험과 시각계 ● 그림 5.24는 개구리 배아에 이식된 세 번째 눈이 개구리 뇌의 시각중추의 최종적인 조직화에 미치는 효과를 보여준다. 정상적인 경우 개구리의 오른쪽 눈은 왼쪽 시개(optic tectum, 인간의 위둔덕에 해당함)와, 그리고 왼쪽 눈은 오른쪽 시개와 연결된다. 개구리의 정상적인 뇌 발달은 세 번째 눈으로부터 들어오는 입력을 감당하도록 준비되어 있지 않다. 그러나 원래의 눈과 이식된 눈에서 나오는 축삭들이 시개의 같은 영역을 두고 경쟁하게 된 결과, 한 눈과 다른 눈에서 나오는 연결이 교대하는 패턴이 생긴다. 세 번째 눈에서 들어오는 정보를 처리하는 경험이 시개의 재배치를 초래하는 것이다.

인간 시각계의 발달에서도 같은 종류의 과정이 진행되는 것을 볼 수 있다. 6장에서 보겠지만 두 눈의 망막에서 들어오는 입력은 시상의 가쪽 무릎핵(lateral geniculate nucleus, LGN, 외측슬상핵)과 뒤통수엽의 일차 시각겉질에서 서로 분리된 채로 유지된다. 발달 초기에 LGN과 일차 시각겉질의 세포들은 양쪽 눈으로부터 입력을 받는다. LGN에 제일 먼저 도달하는 축삭들은 머리의 반대쪽(대측)에 있는 눈에서 나온다. 그러고는 곧 머리의 같은쪽(동측)에 있는 눈에서 나오는 축

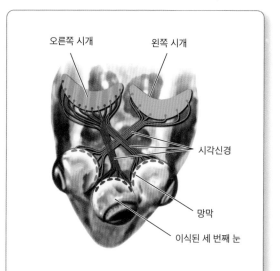

오른쪽 시개   왼쪽 시개

시각신경

망막

이식된 세 번째 눈

●그림 5.24 입력이 시개의 발달에 영향을 준다 세 번째 눈이 개구리 배아에 이식되면 세 번째 눈에서 나오는 축삭이 개구리의 시개에 있는 시냅스를 두고 원래의 눈들과 경쟁한다. 이 경쟁의 결과, 각 눈에서 나오는 축삭들이 시개와 연결되면서 교대되는 띠들을 이룬다.

출처: Constantine-Paton, M., & Law, M. I., Eye specific termination bands in tecta of three-eyed frogs. *Science, 202,* pp. 639-641. © 1978 by The American Association for the Advancement of Science. Used by permission.

결정적 시기 발달 도중의 어떤 기간으로서, 경험이 큰 영향을 미치고 그 후로는 경험이 거의 또는 전혀 효과가 없음.

삭들이 LGN에 도달한다. 이 최초의 발달 기간에는 두 눈에서 들어오는 입력이 다 자
란 동물의 경우에서처럼 LGN의 층들로 분리되어 있지 않다.

　　LGN 세포들은 한쪽 눈이나 다른 쪽 눈에서 들어오는 입력에 선택적으로 활성화된
다. 이러한 분리는 Hebb가 제안했던 과정에 따라서 진행되는 것으로 보인다. ●그림
5.25에서 볼 수 있듯이 두 눈에서 들어오는 입력은 특정 LGN 세포를 통제하려고 경쟁
한다. 해당 LGN 세포의 활동과 더 많이 상관되는 입력은 유지되는 반면에 그만큼 많
이 상관되지 못하는, 다른 눈에서 들어오는 입력은 약화된다. 한쪽 눈에서 들어오는 입
력이 그 LGN 세포의 출력과 '상관된다'는 말은 그 시냅스가 그 똑같은 LGN 세포에 영
향을 주는 다른 많은 시냅스와 동시에 활동한다는 의미이다. 결국 특정 LGN 세포는
한쪽 눈에서 시작되는 입력에 의해서만 활성화하게 된다.

　　LGN 축삭들이 뒤통수엽에 있는 일차 시각겉질에 도달할 때도 비슷한 과정이 일어

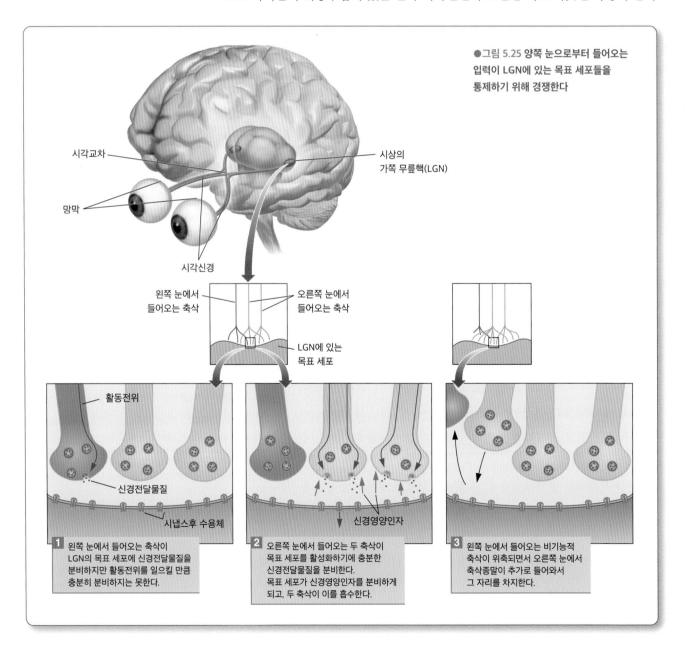

●그림 5.25 양쪽 눈으로부터 들어오는
입력이 LGN에 있는 목표 세포들을
통제하기 위해 경쟁한다

난다. 처음에는 두 눈에서 들어오는 정보를 처리하는 LGN 축삭들이 시각겉질에서도 분리되어 있지 않다. 하지만 나중에는 시각겉질이 대단히 뚜렷하게 구분되는 눈 우세 기둥(ocular dominance column, 안구우위칼럼)들로 조직화되는데, 이 기둥은 오른쪽 눈에만 또는 왼쪽 눈에만 반응하는 세포들이 모여있는 영역이다. 여기서도 역시 동시적 활동이 분리를 일으키는 결정적 요인으로 보인다. 고양이와 붉은털원숭이를 대상으로 한 일련의 훌륭한 실험에서 David Hubel과 Torsten Wiesel(1965, 1977)은 시각 입력이 눈 우세 기둥들로 분리되는 데 감각 환경에 대한 경험이 어떻게 영향을 줄 수 있는지를 보여주었다. David Hubel과 Torsten Wiesel(1965, 1977)은 새로 태어난 고양이와 원숭이의 한쪽 눈을 수술로 봉합하고 시각겉질에 있는 세포들의 반응을 기록함으로써, 시각겉질에 있는 눈 우세 기둥들이 조직화되는 데 미치는 경험의 효과를 시간에 따라 기록할 수 있었다(6장을 보라).

●그림 5.26에 보듯이 정상적인 고양이의 경우 어느 쪽 눈에 빛이 비치든지 시각겉질에 있는 세포 대부분이 다 반응했다. 하지만 Hubel과 Wiesel(1977)은 어느 한쪽 눈에만 반응하는 다른 세포들을 발견했다. 이들은 새끼 고양이에게 한눈 박탈(monocular deprivation, 단안 박탈)을 하여 생후 3개월 동안 오른쪽 눈을 봉합해 감겨놓았다. 그런 후에 오른쪽 눈을 뜰 수 있게 해주고 왼쪽 눈을 봉합해 그다음 3개월 동안 감겨놓았다.

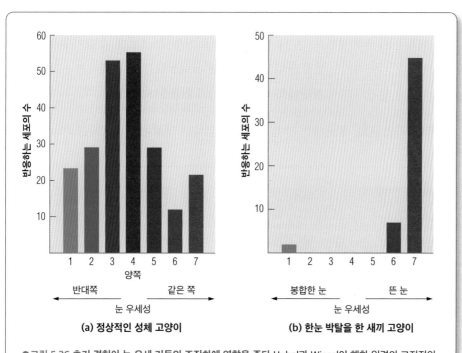

●그림 5.26 **초기 경험이 눈 우세 기둥의 조직화에 영향을 준다** Hubel과 Wiesel이 행한 일련의 고전적인 실험에서 시각 발달의 결정적 시기 동안 입력을 조작한 결과 고양이의 일차 시각겉질의 조직화가 달라졌다. 1번이나 2번 세포는 반대쪽 눈에서 들어오는 입력에 주로 반응하는 반면, 6번이나 7번 세포는 같은 쪽 눈에서 들어오는 입력에 주로 반응한다. 3, 4, 5번 세포는 어느 쪽 눈에든 동등하게 반응한다. 정상적인 경험(a)은 각 눈에 반응하는 세포들의 분포를 상당히 동등하게 만든다. 생후 3개월 동안 한쪽 눈을 봉합(b)하면 그 봉합된 눈이나 양쪽 눈 모두에 반응하는 겉질세포의 수가 감소한다.

출처: Adapted from Hubel & Wiesel (1965).

그 후에 반응을 기록해 보니 눈 봉합의 역전이 시각겉질의 조직화에 거의 영향을 미치지 않았다. 대부분의 세포가 생후 첫 3개월 동안 사용되었던 왼쪽 눈에 비치는 빛에만 계속 반응했다. 양쪽 눈에 비치는 빛에 반응하는 세포는 기록한 것 중에서 하나도 없었다. Hubel과 Wiesel은 이 자료가 시각겉질이 경험에 의해 수정될 수 있는 결정적 시기의 존재를 지지한다고 주장했다. 어린 동물의 눈을 봉합한다는 생각이 당신에게는 충격적일 수도 있겠지만, 많은 아동이 그런 실험을 통해 얻은 지식(시각 교정을 위한 수술은 가능한 한 일찍 해야 한다는 것) 덕분에 혜택을 입었다.

경험과 사회적 행동 감각계뿐만 아니라 복잡한 사회적 행동과 관련된 뇌 영역의 발달을 정교화하는 데에도 특정 경험이 필수적일지 모른다. Konrad Lorenz(1952)는 여러 종의 조류에게서 관찰한 각인 현상을 기술했다. 예컨대 새끼 새가 부화하자마자 어미 새가 아닌 Lorenz라는 사람을 보았다면, 이 새끼 새는 Lorenz를 계속 자기 어미로 대했다. 시각계의 경우와 마찬가지로, 각인은 경험이 행동을 수정할 수 있는 시간 범위, 즉 결정적 시기를 나타낸다.

1970년대 루마니아 보육원들의 불행한 환경은 사회적 자극이 인간 발달에 미치는 효과를 깨닫게 해주었다. ●그림 5.27의 아이들처럼 그런 보육원에서 자란 아이들은 다른 사람이나 환경과 상호작용할 기회가 별로 없었다. Elenor Ames(1997)는 캐나다 가정에 입양된 루마니아 고아들의 발달을 추적하여 연구했다. 생후 6개월 이전에 입양된 아이들은 이전의 결핍으로부터 회복된 것으로 보였다. 그보다 더 나이 들어서 입양된 아이들은 나아지기는 했지만 더 일찍 입양된 아이들만큼 잘 회복하지는 못했다. 이러한 발견은 인간의 지적 발달에도 결정적 시기가 있음을 시사한다.

결정적 시기의 종료 발달에는 결정적 시기가 끝나는 시점이 있다. Lorenz(1952)는 새

●그림 5.27 사회적 결핍은 인간의 지적 발달에 영향을 준다 생후 6개월 이전에 입양된 루마니아 고아들은 초기의 사회적 결핍으로부터 회복됐으나 그보다 나중에 입양된 아이들은 그렇게 잘 회복하지 못했다.

끼 거위의 경우 생후 이틀 동안만 **각인**(imprinting)이 일어나고 그 이후에는 각인이 일어나지 않음을 알아냈다. 사춘기가 지나고 나서 배운 외국어를 모국어처럼 할 수 있는 사람은 거의 없다.

발달의 결정적 시기가 종료되는 이유를 설명하는 가설에는 여러 가지가 있다. 가소성의 종료는 수동적인 상실이 아니며, 시냅스의 수정을 둔화시키는 브레이크처럼 작용하는 능동적 감쇠 요인 때문에 생긴다(Takesian & Hensch, 2013). 6~13세에 언어와 공간적 관계에 관여하는 뇌 부위들에서 말이집의 폭발적 성장이 관찰되었다(Thompson et al., 2000). 이 성장기가 종료되는 시기는 두 번째 언어를 외국 억양 없이 말할 수 있는 능력이 감소하는 시기와 일치한다. 신경영양인자의 존재 또는 부재 또한 결정적 시기의 타이밍에 영향을 줄지도 모른다(Berardi, Pizzorusso, & Maffei, 2000).

마지막으로 후성유전적 기제가 결정적 시기의 종료에 관여할 수도 있다(Sweatt, 2009). 앞서 언급한 눈 우세성의 발달에는 결정적 시기가 있다. 결정적 시기가 끝난 후에 하는 경험은 시각겉질이 각 눈에서 들어오는 입력에 반응하는 방식을 변화시키지 않는다. 히스톤 수정이 결정적 시기의 종료 이전과 이후에 서로 달리 조절되는 것으로 보이며, 히스톤을 적극적으로 수정하는 효소를 주입하면 눈 우세 세포가 다시 변할 수 있게 된다.(Tognini, Putignano, & Pizzorusso, 2016).

풍요로운 환경의 혜택 뇌 발달은 아름다운 대리석 조각을 만드는 것과 비슷하다고 앞서 이야기했다. 경험은 성인의 뇌를 조형하는 데 여러 측면에서 조각가의 역할을 한다. 1970년대 루마니아 보육원의 상황은 풍요로운 환경이 인지발달에 갖는 중요성을 보여주는 비극적인 예를 제공한다. 명백한 윤리적 우려 때문에 어릴 때의 풍요로운 환경의 효과에 관한 연구는 대부분 동물을 대상으로 이루어졌다(● 그림 5.28). 초기의 연구는 다른 쥐들, 새로운 장난감들, 그리고 기타 새로운 일들에 노출된 쥐들이 뇌 발달

Carolyn A. McKeone/Science Source

●그림 5.28 풍요로운 환경은 인지발달에 장기적인 효과를 낸다 새로운 장난감들을 탐색하고 다른 쥐들과 상호작용할 기회가 주어진 쥐들은 표준적인 사육상자에서 고립되어 길러진 쥐들보다 더 무거운 뇌를 갖게 되고 더 나은 학습 능력을 보여준다.

각인 새끼 동물이 어미를 따라가는 것을 학습하는 과정으로서, 대개 새끼가 움직일 수 있게 되는 시기와 일치함.

이 다르며, 전형적인 실험실 사육상자에서 길러진 쥐들보다 학습 능력이 더 좋다는 것을 보여주었다(Krech, Rosenzweig, & Bennett, 1960). 더 최근의 연구는 풍요로운 환경에서 관찰된 이점이 두 가지 요인, 즉 더 많은 시냅스로 인한 신경망 내의 연결성 증가와 반응성이 더 높은 가지돌기 가시로 인한 유연성의 향상 때문에 생겨난다고 시사한다(Jung & Herms, 2014). 풍요로운 환경은 학습과 기억에만 좋은 것이 아니라, 불안으로부터 그리고 스트레스에 대한 과도한 반응으로부터 개체를 장기적으로 보호해 주는 것으로 보인다(Baldini et al., 2013).

주요우울장애나 조현병 같은 여러 심리장애는 풍요로운 것과는 정반대의 열악한 환경에 처한, 사회경제적 상황이 좋지 못한 사람들에게서 더 빈발하는 것으로 보인다(14장을 보라). 게다가 이러한 장애는 스트레스 수준에도 영향을 받는 것 같다. 발달 시 풍요로운 환경에 노출된 사람들은 스트레스의 영향을 덜 받는데, 이는 왜 그들이 이런 심리장애를 겪을 가능성이 낮은지를 설명하는 데 도움이 될 것이다.

신경계 발달의 장애

세포 증식, 이동, 분화 및 연결의 복잡성을 생각하면 우리 대부분이 결국에는 꽤 잘 기능하는 뇌를 갖게 되었다는 사실이 대단한 기적처럼 보인다. 여러 발달상의 오류는 대개 자연유산을 일으킨다. 일부 아이들은 발달상의 오류로 인한 다양한 비정상적 상태를 갖고 태어난다.

신경관 결함 앞서 살펴본 바와 같이 발달에서 중요한 부분 중 하나는 신경관의 닫힘이다. 신경관 결함의 두 가지 주된 유형은 무뇌증과 척추뼈갈림증이다.

뇌와 머리뼈의 상당 부분이 발달하지 못한 **무뇌증**(anencephaly)은 입쪽 신경관이 적절히 발달하지 못할 때 일어난다. 무뇌증인 태아의 대부분은 자궁에서 죽거나 출생 후 몇 시간 이상 생존하지 못한다.

척추뼈갈림증(spina bifida, 이분척추)에서는 꼬리쪽 신경관이 정상적으로 닫히지 못한다. 이 병은 가벼운 정도에서부터 치명적인 수준까지 다양하며, 효과적인 치료를 제공하기 위한 연구가 활발히 전개되고 있다. 척수와 사지 기형을 수술로 교정하는 것은 기능이나 삶의 질을 향상시키지 못하는 것으로 보인다(Morakis & Wright, 2017). 출생 전에 그러한 척수손상을 고치려는 노력이 어떤 경우에는 유용할지도 모른다(Adzick, 2013).

신경관 결함의 정확한 원인은 아직 밝혀지지 않았지만, 엽산의 결핍이 많은 사례의 원인일 수 있다. 엽산은 짙은 녹색 채소, 달걀노른자, 과일, 주스에 들어있는 천연성분이다. 또한 엽산은 아침 식사용 시리얼이나 다른 포장 식품에 첨가된다. 하지만 평균적인 미국 식단에는 신경관 결함을 효과적으로 방지할 만큼 충분한 수준의 엽산이 들어 있지 않다(Spina Bifida Association, 2015). 신경관 닫힘은 산모가 임신을 확신하기도 전인 발달상 너무 이른 시기(임신 3주경)에 일어나기 때문에 임신할 가능성이 약간

무뇌증 신경관의 입쪽 닫힘에 결함이 있어서 뇌와 두개골이 불완전하게 발달하는 증상.
척추뼈갈림증 신경관의 꼬리쪽 닫힘에 결함이 있어서 운동 문제가 생기는 증상.

이라도 있는 여성은 건강한 식단에다가 추가로 비타민 보충제를 섭취하여 임신에 필요한 수준의 엽산, 즉 하루 400μg을 유지하라는 권고를 받는다.

유전질환 대단히 다양한 유전적 오류가 발달 시에 일어날 수 있는데, 예를 드는 것 이상의 이야기는 현재 우리가 살펴볼 범위를 넘어선다.

21번 삼염색체증(trisomy 21)이라고도 하는 **다운증후군**(Down syndrome)은 21번 염색체의 전체 또는 장완(long arm)의 한 부분에 대한 사본이 하나 더 존재한다는 특징을 보인다. 다운증후군은 전 세계적으로 1,000명에 1명꼴로 발생한다(Delabar et al., 2016). 21번 삼염색체증의 주된 원인은 성숙한 난자가 만들어지는 마지막 감수분열 시에 어머니의 21번째 염색체가 비정상적으로 나뉘는 것이다. 이를 분리(disjunction)라 하며, 결함이 있는 유전자의 유전 때문이라기보다는 어머니의 나이와 관련된다. 따라서 다운증후군을 가진 사람이 있는 가정이라고 해서 이 장애가 있는 아이를 출산할 가능성이 더 높은 것은 아니다.

여분의 21번 염색체와 다운증후군의 신체적·정신적 특성 간의 관계는 현재 알려지지 않은 상태이다. 다운증후군이 있는 사람의 IQ는 대개 40~55 정도로서, 이는 지적장애의 중간 정도 범위에 해당한다. 이 수준의 지적 능력을 가진 사람은 초등학교 2학년 수준의 학업 기술을 습득할 수 있으며, 생활과 일을 하는데 돌봐주는 이가 필요하다. 다운증후군의 신체적 특징에는 작은 머리, 큰 혀, 아몬드 모양 눈(옮긴이 주: 눈꼬리가 치켜 올라가 있음), 넓고 낮은 코, 손과 손가락의 이상 등이 있다. 다운증후군이 있는 사람은 심장기형이 있기 쉬운데, 이는 기대 수명 단축에 기여한다. 다운증후군이 있는 사람의 약 50%에게서 알츠하이머병이 발생하는데(Delabar et al., 2016), 이에 대해서는 13장에서 자세히 살펴볼 것이다.

취약X증후군(fragile X syndrome, 취약성X염색체증후군)은 흔한 유전성 질환 중 하나로서, 대략 남성 4,000명 중 1명과 여성 8,000명 중 1명꼴로 발생한다. 남성이 더 많이 영향을 받는 이유는 관련 유전자가 X 염색체에 있기 때문이다. 따라서 이 증후군은 성따름질환이다. 또한 취약X증후군은 앞서 살펴본 복제수 변이(CNV) 질환의 한 예이다. ●그림 5.29에서 볼 수 있듯이 X 염색체에 있는 FMR-1 유전자는 대개 6~50회의 코돈 반복(DNA 한 가닥상에 같은 코돈이 연속되는 부분)을 갖는다. 200회 이하의 반복을 가진 사람은 건강하지만, 200회를 초과하는 반복은 취약X증후군으로 이어진다. 많은 횟수의 반복은 신경발생에서 중요한 역할을 하는 취약X정신지체단백질(fragile X mental retardation protein, FMRP)의 발현을 방해한다. 이 병이 지능에 미치는 영향은 평균적 지능에서부터 중간 정도의 지적장애까지 다양하게 나타난다. 신체적 특징으로는 처진 귀, 큰 이마와 턱이 포함된다. 이 증후군이 있는 남성은 특이한 사회적 위축을 나타내며, 약 30%는 자폐스펙트럼장애 진단기준을 충족한다(Buxbaum & Baron-Cohen, 2010).

다른 유형의 유전자 이상에서, 신체는 중요한 화학물질을 생산하지 못하거나 과잉

다운증후군 21번 염색체 전체나 일부가 3개 있음으로 인해 생기는 중등도의 지적장애와 연관된 병. 21번 삼염색체증이라고도 함.

취약X증후군 신체적·사회적 결함을 야기하는 성따름 유전성 질환.

●그림 5.29 취약X증후군 X 염색체의 장완에 있는 FMR-1 유전자 부위에서 코돈 반복이 비정상적으로 많기 때문에 그 유전자가 발달 동안 적절히 발현되지 못한다. 화살표가 그 영향을 받은 X 염색체 영역을 가리키고 있다. 왼쪽에 있는 X 염색체는 정상이다.

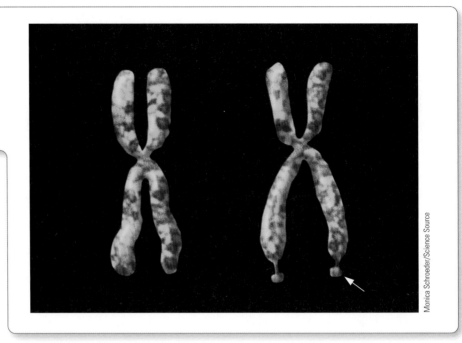

Monica Schroeder/Science Source

생산할 수 있다. 이러한 대사질환 중 가장 잘 알려진 것이 **페닐케톤뇨증**(phenylketon-uria, PKU)이다. 미국에서 이 병은 대략 1만 5,000명 중 1명꼴로 발생한다. 이 병의 보인자는 50명 중 1명이긴 하지만 말이다(Kahn et al., 2016). PKU는 아미노산인 페닐알라닌을 티로신으로 변환하는 간 효소의 결핍을 일으키는 열성 대립유전자 때문에 생긴다. 그 결과 PKU가 있는 사람은 비정상적 부산물인 페닐피루브산을 만들어내는데, 이것이 발달 초기에 뇌를 손상한다. 지적장애는 페닐알라닌을 함유하는 음식을 먹지 않음으로써 방지할 수 있다. 그런 음식으로는 인공감미료 아스파탐과 고단백 식품(우유, 유제품, 고기, 생선, 달걀, 콩, 견과류 등)이 있다(University of Washington PKU Clinic, 2000). PKU가 있는 사람은 특정 음식을 피하고 이 병을 위해 특수하게 조리된 환자용 저단백 식품을 섭취하는 것이 좋다. 과거에는 의료전문가들이 PKU 환자가 청년기 후기에 특수 식단을 중지하는 것을 허용했지만 이제는 그 식단을 평생 유지하기를 권고한다.

환경 독소 지적장애의 환경적 원인 중 가장 잘 알려진 것은 산모의 알코올 사용으로서, 이는 **태아알코올증후군**(fetal alcohol syndrome)을 일으킨다. 현재로는 임신 중 어느 정도의 알코올 사용이 안전한지 밝혀진 바가 없으며, 임신한 여성은 알코올을 완전히 절제하도록 강력하게 권고받는다. 임신한 여성의 알코올 사용은 지적장애의 비유전적 원인으로 가장 잘 알려진 것이다(O'Leary et al., 2013). 태아알코올증후군이 있는 아동은 발육 지연, 눈구석주름, 코와 입의 비정상성, 작은 머리둘레, 낮은 IQ를 보인다(Streissguth et al., 1991). 이들은 주의집중장애, 충동통제의 저하, 심각한 행동 문제를 가진 것으로 진단될 가능성이 높다. 태아알코올증후군이 뇌에 미치는 영향은 ●그림 5.30에 나타나있다.

페닐케톤뇨증(PKU) 페닐알라닌을 대사하지 못하는 유전성 질환.

태아알코올증후군 임신 중 산모의 알코올 사용으로 인한 일군의 신체적·인지적 특성.

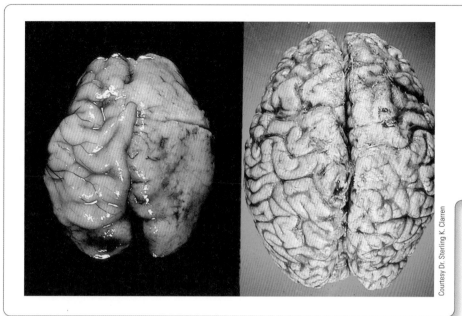

●그림 5.30 태아알코올증후군은
신체적·지적 이상을 일으킨다
임신 중 알코올이나 기타 약물 사용은
아동의 지적장애와 행동 문제의 가장
흔하면서도 예방 가능한 원인 중
하나이다. 이 뇌들은 동일한 연령의
두 태아에게서 얻은 것이다. 왼쪽에
보이는 뇌는 태아알코올증후군을
가진 반면, 오른쪽에 보이는 뇌는
정상적으로 발달하였다.

Courtesy Dr. Sterling K. Clarren

알코올은 발달 중인 태아에 직접적인 효과를 낼 수 있으며, 음주하는 임신 여성
의 영양 부족과 허약한 건강 상태 역시 간접적인 효과를 낼지도 모른다(Steinhausen,
1993). 게다가 음주하는 임신 여성은 다른 약물 또한 사용할 가능성이 높다. 알코올, 담
배, 마리화나, 코카인 등은 임신 중에 단독으로 사용하면 아기의 회색질이 상당히 감소
할 수 있으며, 이 약물들을 둘 이상 함께 사용하면 더욱 심각한 결과가 생긴다(Viteri et
al., 2015).

이런 효과는 단기적이지 않다. 아이의 구조적 발달과 행동이 최소한 청년기까지,
아마도 그 이상까지도 영향을 받기 때문이다. 출생 전에 여러 약물에 노출되었던 아이
는 10~13세가 되었을 때에도 회색질의 두께와 머리둘레가 여전히 감소한 상태였다
(Rivkin et al., 2008). 출생 전에 코카인에 노출되었던 청소년은 알코올과 마리화나를
일찍 시작할 가능성이 거의 2배나 된다. 이는 빈곤, 어머니의 계속된 물질사용, 가정폭
력 등의 변인을 통제하고 나서도 여전히 그러하다(Richardson, Larkby, Goldschmidt, &
Day, 2013).

향락용 약물(recreational drug)이 발달 중인 태아를 위협하는 유일한 원인은 아니
다. 일반의약품인 아스피린도 심장 결함, 느린 발육, 지적장애를 초래할 수 있다. 임
신한 여성 중 무려 50%에 달하는 이들이 사용하는 아세트아미노펜(타이레놀)은 주의
력결핍 과잉행동장애(14장을 보라)의 위험성을 높인다(Liew, Ritz, Rebordosa, Lee, &
Olsen, 2014). 물고기에게 축적되었거나 산업 활동에서 나온 수은에 노출되면 신경독
효과가 난다고 알려져 있다. 지난 20년간 수천 개의 새로운 화학물질이 발명되었는데,
우리는 그것들이 뇌의 발달과 건강에 미치는 영향에 대해서 아는 것이 거의 없다.

임신한 여성의 건강에 위험이 없는 경우 약을 처방(대부분 진통제가 임신 중의 허리
통증에 처방된다)하는 추세가 현재 증가하고 있는 것은 몇십 년 전의 의료 관행과는 완

전히 다른 것이다. 과거에는 산모의 안전에 필수적이지 않은 약의 사용은 처방약이든 일반의약품이든 대단히 바람직하지 않다고 보았다. 한 대규모 연구에 의하면 임신 여성의 14% 이상이 바이코딘이나 옥시코딘 같은 마약성 진통제를 먹고 있었다(Bateman et al., 2014). 임신 4~10주 동안에 마약성 진통제를 사용하면 뇌, 심장, 위장관계의 선천성 결손이 생길 수 있다. 이 기간 후에는 의사들이 일반적으로 태아에게 미칠 심각한 금단 효과를 피하기 위해 그 약물을 중단하지 말도록 권고한다. 연구자들 간에 여전히 많은 논란이 되고 있지만, 여러 연구에 따르면 임신 중에 SSRI 항우울제를 계속 복용하는 여성은 자폐증이 있는 아이를 낳을 가능성이 증가한다. 이는 산모의 우울증이 미칠 수 있는 효과를 통제하고 나서도 그러하다(Boukhris, Sheehy, Mottron, & Bérard, 2016). 알코올의 경우와 마찬가지로 우리는 임신 중 이러한 약물을 복용해도 안전한 정도가 어디까지인지 알지 못한다.

중간 요약 5.2

‖ 요약 표: 태내 신경계 발달의 주요 사건

임신 주	주요 신경발달 사건
3주	• 신경고랑 • 앞뇌, 중간뇌, 마름뇌가 보임 • 운동뉴런이 출현함
4주	• 신경관이 닫힘 • 신경능선세포가 이동을 시작함 • 운동신경이 출현함
5주	• 앞뇌가 끝뇌와 사이뇌로 나뉨 • 마름뇌가 숨뇌와 뒤뇌로 나뉨 • 감각신경이 중추신경계로 자라 들어감 • 바닥핵, 시상하부, 시상, 수정체, 달팽이관, 자율신경절이 시작됨
6~7주	• 소뇌와 시각신경이 시작됨 • 대뇌섬
8~12주	• 신경발생과 이동이 계속됨 • 대뇌겉질과 소뇌겉질이 시작됨 • 반사반응이 나타남
12~16주	• 신경발생과 이동이 계속됨 • 아교세포가 분화함 • 뇌들보
16~40주	• 이동 • 겉질의 주름 • 말이집이 일부 생김 • 시냅스형성 • 혈관-뇌 장벽의 확립

▮ 요점

1 수정 후 일주일 내에 인간의 배아는 3개의 배엽층으로 나뉜다. 분화유도인자(differentiation-inducing factor, DIF)들이 외배엽을 피부와 신경조직으로 발달하도록 이끈다. **(LO4)**

2 새로운 신경세포가 신경관의 벽에 있는 뇌실 구역에서 만들어진다. 이 세포들은 최종 목적지로 이동한 후에 뉴런이나 아교세포로 분화한다. **(LO4)**

3 성장원뿔이 세포외 환경의 화학적 및 물리적 속성에 반응하여 목적지에 도달한다. 일단 신경돌기가 목적지에 도달하고 나면 시냅스전 및 시냅스후 구조와 아교세포가 시냅스의 발달에 영향을 준다. **(LO4)**

4 상당히 많은 수의 새로운 뉴런이 발달 과정에서 죽는다. 시냅스도 과잉생산에 뒤이어 잘라내기가 일어나는 유사한 패턴을 따른다. **(LO4)**

5 뇌의 많은 부분이 평생에 걸쳐 변화할 수 있는 능력을 보유하지만, 시각과 언어학습을 비롯한 몇몇 과정에는 변화와 학습이 더 쉽게 일어나는 결정적 시기가 있다. **(LO5)**

6 비정상적 발달은 신경관 결함, 유전적 질환, 환경 독소에의 노출 때문에 일어날 수 있다. **(LO6)**

▮ 복습 문제

1 신경계에서 세포의 초기 분화를 일으키는 요인들은 무엇인가?

2 활동과 경험이 발달 중인 뇌의 연결을 어떻게 미세조정하는가?

일생에 걸친 뇌의 변화

태아기와 초기 아동기에 신경계의 성장과 발달이 엄청나게 일어난다는 사실에는 의심의 여지가 없다. 임신 마지막 달에는 뇌의 성장 속도와 아교세포의 발달이 정점에 달한다. 이 시기에는 백색질의 밀도도 급속도로 증가한다. 3세 끝 무렵에는 뇌의 무게가 성인 뇌의 90~95%에 도달한다. 시냅스의 밀도는 성인의 수준보다 50% 더 높은데, 시냅스 잘라내기의 상당량이 아직 시작되지 않았기 때문이다. 3세에 말이집형성이 최고 속도로 진행된다. 4세에서 11세 사이에 이마앞겉질의 신경망이 전문화된다. 사춘기가 시작될 무렵 뇌는 회색질의 부피와 겉질의 두께가 최고 수준에 도달한 상태이다 (Semple et al., 2013).

이러한 변화가 극적일 수는 있지만 우리는 20세가 넘기 전까지는 뇌가 성숙한 것으로 간주하지 않는다.

청소년기와 성인기의 뇌 변화

청소년기(adolescence)에 뇌가 발달하는 속도는 유아기를 제외하면 제일 빠르다(Arain et al., 2013).

회색질의 급격한 발달이 사춘기에 시작되는데, 겉질의 두께가 소녀의 경우 약 11세에, 소년의 경우 약 12세에 정점에 달하고 나서 점차 얇아진다(Giedd et al., 1999; Sowell et al., 1999). 이 폭발적인 성장은 특히 이마엽에서 일어나기 때문에 10대들이 계획을 세우고 충동을 통제하고 논리적으로 생각하는 능력에 영향을 미친다. 14장에서 다룰 심각한 심리장애인 조현병의 경우, 이 시기에 회색질이 얇아지는 정도가 평균보다 4배나 더 심하다(Rapoport et al., 1999).

시냅스와 말이집의 변화가 일어나는 신경회로의 재배선(rewiring) 시기는 초기 성인기, 즉 약 25세까지 이어진다. 이런 변화는 특히 이마앞겉질에서 두드러진다. 12~18세의 시냅스 잘라내기는 시냅스 밀도를 성인 수준으로 감소시킨다. 시냅스의 이러한 안정화는 환경이 얼마나 풍요로운가에 영향을 받는다. 앞서 보았듯이 뇌의 말이집형성도 계속 진행되어 10대와 젊은 성인의 행동에 영향을 준다. 백색질은 청소년기를 지나는 동안 계속 발달하기 때문에 특히 차질이 생기기 쉽다. 백색질 붕괴는 성인 알코올 중독자에게서 흔하다. 하지만 ●그림 5.31은 알코올 중독자가 아니더라도 폭음 이력이 있는 10대 역시 상당한 백색질 붕괴를 겪는다는 것을 보여준다(McQueeny et al., 2009).

10대의 뇌에서 둘레계, 이마앞겉질, 편도체 간의 연결이 미성숙하다는 사실이 많은 10대가 위험한 행동들(음주운전, 약물 사용 시도, 안전하지 않은 성관계 등)을 감행하는 이유를 설명할지도 모른다. 가설적 상황을 제시했을 때 10대들은 여러 행동의 손익 가능

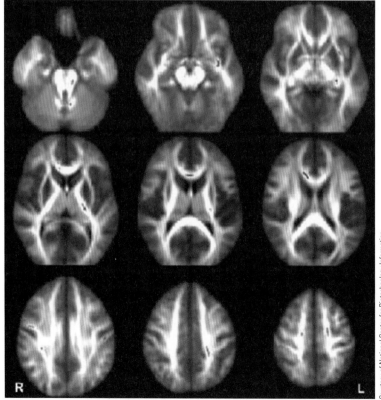

●그림 5.31 백색질 붕괴와 폭음
빨간색 영역은 십대의 폭음에 영향을 받은 백색질을 나타낸다. 적어도 한 번의 폭음 경력이 있는 10대가 그렇지 않은 10대보다 더 온전한 백색질을 보이는 경우는 어느 표본에서도 없었다.

출처: McQueeny et al. (2010) from http://www.ncbi.nlm.nih.gov/pmc/articles/pMC2825379/figure/F1/

성에 대해 성인 수준의 이해를 보여주지만, 높은 수준의 각성과 강렬한 정서가 일어나는 조건에서는 더 나쁜 결정을 한다(Arain et al., 2013). 10대의 판단은 정서에 더 영향을 받는 것이다.

또한 10대 뇌의 생화학적 특성은 이후 성인기에 나타나는 것과 다소 다르다. 성호르몬인 에스트로겐과 테스토스테론(8장을 보라)이 증가하여 둘레계에 있는 수용체와 결합하는데, 이는 더 높은 성 충동뿐 아니라 정서적 예측 불가능성도 일으킨다. 특히 세 가지 신경화학물질이 청소년기에 서로 다른 활동 수준을 나타낸다. 높은 수준의 멜라토닌은 대부분의 10대가 필요로 하는 수면량을 증가시킨다(9장을 보라). 도파민과 세로토닌 수준의 감소는 감정의 기복, 감각 추구, 그리고 정서 조절상의 문제를 일으킨다.

인간의 뇌는 25세쯤이면 완전히 성숙했다고 여겨진다. 신경화학물질과 시냅스 밀도가 성인 수준에 도달한 상태이기 때문이다. 말이집형성도 완료된다. 약 45세까지는 변화가 거의 일어나지 않는다. 이때가 되면 뇌의 무게와 회색질의 부피가 줄어들기 시작한다. 이러한 변화는 건강한 사람에게서는 일반적으로 급격한 인지적 및 행동적 변화를 초래하지 않는다. 노화에 대한 볼티모어 종단연구(the Baltimore Longitudinal Study of Aging, 2000)는 노화가 학습과 문제해결 속도에 아주 약한 변화를 일으키며, 그런 변화는 대부분의 사람에게서 비교적 삶의 늦은 시기에 나타난다는 것을 보여준다.

성체 신경발생

포유동물의 경우 모든 신경발생은 출생 시에 완료된다는 가정이 오랫동안 있었다. 유일한 예외는 후각과 관련된 뉴런인 것으로 보였다.

Barnea와 Nettebohm(1994)은 새가 새로운 지저귐을 배울 때 새로운 뉴런들을 만들어낸다는 것을 발견하고, 성숙한 동물에게서도 신경발생이 더 일어날지도 모른다고 최초로 시사하였다. Elizabeth Gould와 그녀의 동료들(1999)은 새로운 뉴런이 다 자란 붉은털원숭이에게서도 만들어진다는 것을 보여주었다. Gage(2000)는 인간의 뇌와 생쥐에게서도 비슷한 발견을 보고하였다. 현대의 신경과학자들은 성인 신경발생의 결과로 후각망울(olfactory bulb, 후구)과 해마의 치아이랑(dentate gyrus, 치상회)에서 적은 수의 새로운 뉴런이 생성된다고 믿고 있다(10장을 보라).

성체 신경발생(adult neurogenesis)을 통해 만들어지는 일부 세포는 이 장에서 앞서 살펴본 태아 신경발생(prenatal neurogenesis)에 관여하는 세포들과 마찬가지로 뇌실 구역에서 발원한다. 이 세포들은 입쪽 방향으로 이동하여 후각망울로 간다(Braun & Jessberger, 2014). 다른 세포들은 해마의 치아이랑 내에서 발생한다. 성숙한 뇌에 추가되는 뉴런의 수는 발달 초기의 신경발생과 비교하면 아주 적기는 하지만, 이 새 뉴런들이 성체의 학습과 기억(Gould et al., 1999; Gu et al., 2010; Snyder, Soumier, Brewer,

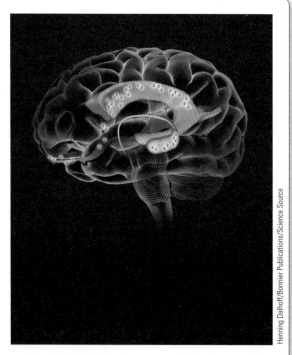

●그림 5.32 성체 신경발생 성인의 경우 신경발생이 뇌실 구역과 해마에서 계속 일어난다.

Henning Dalhoff/Bonnier Publications/Science Source

Pickel, & Cameron, 2011; ●그림 5.32), 불안(Leuner & Gould, 2010), 그리고 스트레스(Snyder et al., 2011)에 매우 중요한 역할을 할지도 모른다. 노화는 광범위한 포유류 종에 걸쳐 해마에서 일어나는 성체 신경발생의 감소와 연관된다(Glasper & Gould, 2013). 해마의 성체 신경발생 속도는 중년기에, 대개 나이와 관련된 어떠한 일반적인 인지적 변화도 관찰되기 전에 느려진다. 이는 해마에서의 신경발생 둔화가 나이와 관련된 인지적 쇠퇴의 원인일지도 모른다는 것을 시사한다.

성체 신경발생은 성숙한 뇌를 스트레스의 효과로부터 보호할지도 모른다(12장을 보라). 항우울제의 사용은 쥐의 해마에서 신경발생을 증가시키는 것으로 보이는데, 이것이 아마도 스트레스와 관련된 우울증의 치료에 약물이 효력을 갖는 이유 중 하나일 수 있다(Malberg, Eisch, Nestler, & Duman, 2000). 동물에게서 방사선을 사용하여 신경발생을 인위적으로 억제하자, 항우울제가 기분을 호전시키는 능력이 상실되었다(Braun & Jessberger, 2014).

| 신경과학의 윤리적 이슈 |

청소년은 언제 자신의 행위에 대한 책임을 질까

1843년에 Daniel M'Naghten은 영국 수상 Robert Peel을 암살하려고 했으나 그의 비서 Drummond를 쏘고 말았다. 뒤이어 세상을 떠들썩하게 했던 재판에서 M'Naghten은 상상 속에서 Peel이 속한 정당의 손에 당했던 박해에 대하여 진술함으로써 '정신 이상을 이유로 무죄 판결'을 받게 되었다. M'Naghten이 영미법에 남긴 유산이 '정신착란성 방위(insanity defense)'인데, 이는 어떤 사람이 범죄에 대한 책임을 지려면 자신의 행위와 그 행위의 부당함을 이해해야 한다는 의미이다(Mobbs, Lau, Jones, & Frith, 2007).

2005년에 미국연방대법원은 Roper 대 Simmons 재판에서 18세가 되기 전에 행한 범죄로 사형 선고를 받은 범죄자에게 주(state)가 사형을 집행하는 것은 불법이라고 판결했다. 이는 사람의 이마앞겉질이 20대 초까지 계속 성숙한다는 것을 보여준 신경과학의 증거에 일부 근거한 것이었다. 2010년에 연방대법원은 Graham 대 Florida 재판에서 살인 이외의 범죄로 유죄 판결을 받은 미성년자에 대한 가석방 없는 무기징역 선고를 폐지했다. 그리고 2012년에는 청소년에게 가석방 가능성이 없는 종신형을 선고하는 것이 헌법에 어긋난다고 판결했다. 미국의 주들은 현재 이러한 판결들이 가석방 없는 무기징역형을 받은 약 2,500명의 청소년에게 적용되는지를 검토하고 있다.

문제를 복잡하게 만드는 것은 10대 살인자들의 뇌 기능이 비정상적일지도 모른다는 발견이 자주 나온다는 사실이다. 한 13세 살인범은 87세 노인을 스케이트보드로 때려서 죽이고는 범행의 발견이 늦어지도록 노인의 이동식 주택을 잠가놓고 그의 차를 타고 드라이브를 나갔다. 캘리포니아 대학교 어바인캠퍼스의 뇌영상센터 소장인 Joseph Wu는 이 어린 살인범이 "사람의 판단을 관장하는 뇌 부위에서 비정상적으로 감소한" 활동을 보였다고 진술했다(Sneed, 2006, p. B1). 우리는 Wu가 그런 진술에서 이 13세 청소년을 그의 또래들과 비교하고 있다고 가정한다.

만약 어떤 사람이, 특히 어린 사람이 미성숙하거나 비정상적으로 기능하는 뇌를 갖고 있다면, 우리가 취할 수 있는 최선의 행동 방침은 무엇일까? 위의 13세 살인범에 대한 법원의 조치가 궁금한가? 그는 주 소년교도소에 수감되는 판결을 받았고, 25세에 그곳에서 자동적으로 풀려났다(Parrilla, 2006; Fountain, 2016).

뇌의 건강한 노화

양호한 인지 능력이 성인기 후기까지 유지되는 데는 많은 변인이 기여하는 것으로 보인다. 교육 수준과 성인기의 정신 활동은 알츠하이머병(13장을 보라)에 걸릴 위험성과 부적 상관을 보인다. 하지만 건강한 뇌 활동은 심장, 콩팥, 허파 및 기타 기관계의 건강, 결혼 여부, 강한 사회적 지지, 중년기 우울증 여부, 종교적 기도, 체력 같은 요인과도 연관된다(Friedland, 2014). 이렇게 서로 다른 요인들이 노화에서 건강한 뇌 기능에 기여하는 바를 설명하기 위해 **다중 비축자원 가설**(multiple reserve hypothesis)이 제안되었다. 이 접근에 따르면, 성인기 후기의 삶의 질은 그 사람의 '비축자원'(즉, 나이와 관련된 기능 상실에 저항하도록 도와주는 자원)에 정비례한다(Friedland, 2014). 이 비축자원은 많은 형태를 띨 수 있으며 두뇌적, 신체적, 사회적, 심리적, 영적 영역을 포함한다.

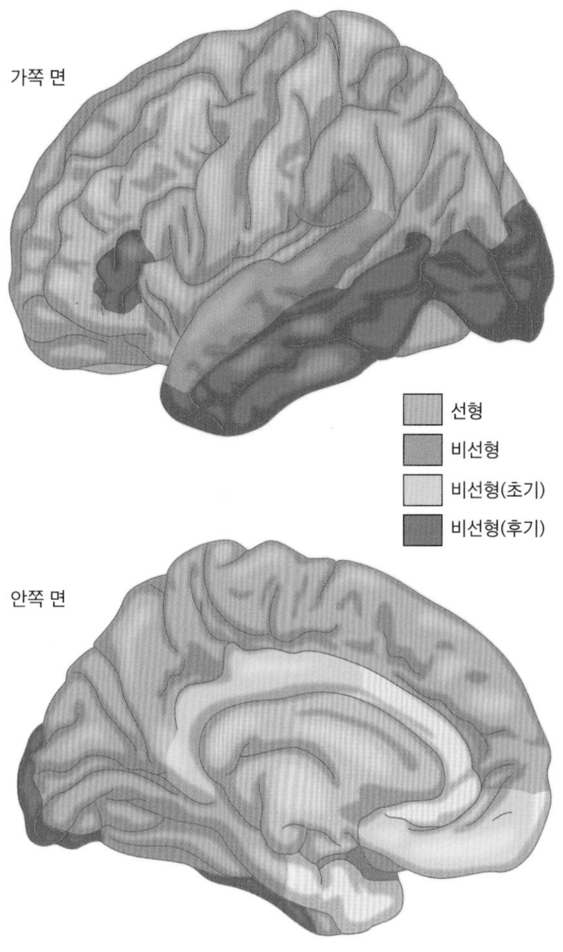

건강한 뇌 노화에 대한 대부분의 논의는 건강한 사람의 노화와 알츠하이머병(13장을 보라)이나 파킨슨병 같은 신경퇴행성 질환으로 진단받은 사람의 노화를 세심하게 구분한다. 이러한 구분은 이전에 생각했던 것처럼 명백하지 않을지도 모른다(●그림 5.33). 건강한 노화는 안쪽 관자엽 영역의 변화뿐 아니라 바닥핵과 이마엽을 연결하는 관리 기능 경로들의 변화도 동반한다(Jagust, 2013). 이 경로는 주요 신경퇴행성 질환에 관여하는 바로 그 경로이다. 이 경로들이 다른 뇌 부위보다 단순히 질병 상태나 다른 손상 촉발 기제에 더 취약할 가능성이 있다. 뇌 노화란 시간이 감에 따라 축적되는 여러 해로운 과정들에 대한 취약성이 그저 겉으로 드러나는 것일지도 모른다(Jagust, 2013).

●그림 5.33 노인의 겉질 두께 변화 연보라색 영역은 일정한 속도로 위축되어 간다. 초록색 영역은 노화 초기에 쇠퇴하다가 정체 상태에 도달한 후에 노화 후기에 더 쇠퇴한다. 진한 파란색 영역은 노화 후기에 급속도로 쇠퇴한다. 마지막으로, 하늘색 영역은 노화 초기에 쇠퇴하지만 그러고는 안정적으로 유지된다. 이 연구참가자의 평균 연령은 63.38±12.23세였다.

출처: Zamroziewicz, M. K., & Barbey, A. K. (2016). Nutritional cognitive neuroscience: Innovations for healthy brain aging. *Frontiers in Neuroscience, 10*, 240. doi: 10.3389/fnins.2016.00240

나이와 관련된 인지적 변화는 '뒤쪽-앞쪽' 이동을 수반한다. 즉 뒤쪽 겉질 영역들의 활동이 약화되면서 이마앞겉질의 활동이 증가한다(Davis, Dennis, Daselaar, Fleck, & Cabeza, 2008). 또한 나이와 관련된 뇌 기능의 변화는 뇌의 특정 부위보다는 신경망의 측면에서 이해할 수 있다(Lockhart & DeCarli, 2014). 예를 들면 기본상태 네트워크(default mode network, DMN; 2장을 보라) 내에 있는 기능적 연결은 노인의 뇌에서 더 약하다(Andrews-Hanna et al., 2007). 알츠하이머병은 특히 DMN의 약화와 연관이 깊다(13장을 보라).

뇌 노화에 대한 연구의 결론이 흔히 시사하는 바는 건강한 기능을 질병의 부재와

다중 비축자원 가설 한 사람이 가진 자원들이 나이와 관련된 기능 감소를 상쇄한다는 가설.

영양인지신경과학과 건강한 노화

21세기 과학의 특징은 이전에 분리되어 있던 학문 분야들 간에 새로운 다리가 놓여서 매우 생산적인 다학문적 토론, 연구 및 활용이 생겨났다는 것이다. 영양인지신경과학(nutritional cognitive neuroscience)이라는 새로 떠오르는 분야는 말 그대로 우리가 먹는 것이 곧 우리이고 또한 우리의 신경계라는 것을 인정한다. 노화, 뇌 건강, 영양 간의 관계를 더 정확히 이해하게 되면 더 나은 예방적 보건으로 가는 문이 열릴 것이다.

이 새로운 분야 덕분에 향상되고 있는 것 중 하나로, 식생활 진단을 위한 더 좋은 생체지표가 있다. 실제로 매일의 음식 섭취량을 잘 파악하고 있는 사람은 거의 없으며, 자기보고는 사회적 기대 부응(social desirability)에도 영향받을 수 있다. 생체지표는 전반적인 과일과 채소, 붉은 고기와 생선, 커피와 차, 포도주, 그리고 식품오염물질에 대한 객관적인 섭취 측정치를 제공할 수 있다. 과거의 연구는 대부분 개별 영양소와 건강한 노화에 초점을 맞췄던 반면, 현재의 접근은 지중해식 식단이나 고혈압 식사요법(dietary approaches to stop hypertension, DASH) 같은 섭식 패턴을 살펴본다.

영양에 대한 향상된 지식을 뇌 영상법으로 얻은 구조적 및 기능적 자료와 상관 지을 수 있다(Zamroziewicz & Barbey, 2016). 예를 들면 앞쪽 띠겉질의 회색질 부피는 오메가-3 지방산과 노인들의 관리 기능(집행 기능)의 질 사이의 알려진 관계를 연결해 주는 것으로 보인다(Zamroziewicz, paul, Rubin, & Barbey, 2015). 노화하는 뇌의 구조와 기능에 미치는 영양의 효과를 지지하는 자료가 더 많아지면 뇌의 건강한 노화를 촉진하기 위한 개입 방법을 개발할 수 있다.

구분하면 나이와 관련된 뇌질환에 대한 지식과 치료법이 더 빨리 진보하리라는 것이다. Friedland(2014)가 썼듯이 많은 노인은 중대한 병을 앓고 있지 않지만 그럼에도 행동 능력이 제한됨을 경험한다. 우리는 특히 노인의 경우 어떻게 뇌 건강을 양호하게 만들고 유지할지에 대하여, 질병을 일으키는 기제보다 아직 더 모르는 상태이다.

중간 요약 5.3

‖ 요약 표: 일생에 걸친 뇌의 변화

나이	주요 신경발달적 사건
출생~3세	• 뇌가 성인 뇌 무게의 90~95%에 달함 • 시냅스 밀도가 성인보다 50% 더 높음 • 말이집형성 속도가 정점에 달함 • 신경화학물질과 수용체의 변화가 일어남
4~11세	• 이마앞겉질의 신경망이 전문화됨 • 회색질 부피가 최고 수준에 도달함 • 겉질의 두께가 최고 수준에 도달함
12~18세	• 시냅스 밀도가 성인 수준으로 감소함 • 말이집형성이 계속 진행됨 • 인지 회로가 정교화됨 • 세로토닌과 도파민 수준이 감소함 • 멜라토닌 수준이 증가함

나이	주요 신경발달적 사건
20~25세	• 신경화학물질이 성인 수준에 도달함 • 말이집형성이 완료됨 • 성인 수준의 시냅스 밀도에 도달함
45세	• 뇌 크기가 점차 감소하기 시작함
65세 이상	• 뒤쪽-앞쪽 이동이 일어남 • 기본상태 네트워크의 연결성이 약화됨

‖ 요점

1 청소년기에는 겉질이 폭발적으로 두꺼워진 후에 시냅스 잘라내기가 일어난다. **(LO7)**

2 건강한 노화는 뇌 무게의 약간의 감소와 연관되지만 학습 속도와 문제해결 능력의 변화는 경미하며
   삶에서 비교적 늦게 나타난다. **(LO7)**

‖ 복습 문제

1 조현병의 경우 청소년 뇌 발달의 어느 측면이 특별히 비정상적으로 보이는가?

2 건강한 뇌 노화와 질병의 부재 간에는 어떤 차이가 있는가?

돌아보기

생각할 문제

1. 신경과학자 Simon LeVay의 다음과 같은 말에 당신은 어떤 반응을 하겠는가?

    "우리가 우리 자신과 우리 자손의 신체적 및 정신적 특질을 조작하는 힘을 얻게 되면,
    무엇이 정상적인 인간을 이루는지, 어떤 종류의 인간 다양성이 바람직한지 또는 허용 가능한지,
    그리고 이러한 판단을 누가 누구를 대신하여 내리게 되는지 같은 심오한 질문을 가지고
    사회가 씨름해야 할 것이다." (옮긴이 주: Simon LeVay에 대해서는 8장의 '성 지향성' 부분을 보라.)

2. 배아와 태아의 뇌 발달 시간표에 대해 당신이 아는 바를 토대로,
    성 활동이 왕성한 가임기 여성에게 어떤 조언을 하겠는가?

핵심 용어

DNA 메틸화(DNA methylation) **p. 207**

RNA 간섭(RNA interference, RNAi) **p. 208**

감수분열(meiosis) **p. 201**

결정적 시기(critical period) **p. 223**

내배엽(endoderm) **p. 212**

다중 비축자원 가설(multiple reserve hypothesis) **p. 237**

대립유전자(allele) **p. 199**

돌연변이(mutation) **p. 202**

동형접합적(homozygous) **p. 200**

마름뇌(rhombencephalon, hindbrain, 후뇌) **p. 213**

반성 형질(sex-linked characteristic) **p. 202**

방사형 아교세포(radial glia) **p. 215**

배아(embryo) **p. 212**

6장

시각

학습 목표

L01 자극으로서 가시광선의 주요 특징을 논의한다.

L02 눈, 망막, 그리고 광수용기의 주요 특징과 기능을 설명한다.

L03 광수용기로부터 이차 시각겉질로 이어지는 정보 경로를 파악한다.

L04 시각적 물체 지각, 깊이 지각, 그리고 색채 지각을 담당하는 과정을 요약한다.

L05 정상적인 노화에 수반되는 시각계의 변화를 설명한다.

L06 사람의 시력에 영향을 주는 주요 장애들을 구별한다.

개요

연구 비하인드 Hubel과 Wiesel, 시각겉질의 지도를 만들다

일상 속 행동신경과학 3차원 애니메이션

신경과학의 윤리적 이슈 색상 선호에 남녀 차이가 있을까

슬기로운 건강 생활 당근을 먹으면 시력 향상에 도움이 될까

감각에서 지각으로

실재(reality)란 무엇일까? 신경과학 수업보다는 철학 수업에 더 적합할 것처럼 들리는 이 질문은 감각과 지각 연구의 핵심이다. 우리는 객관적인 물리적 실재가 바깥 어딘가에 존재할 것으로 믿는다. 그러나 우리는 감각계를 사용하여 그 실재의 세부 특징들에 관해서 근거 있는 추측을 할 수 있을 뿐이다. 이번 장에서는 인간의 감각계를 살펴본다.

물리적 세계는 빛 파장에서부터 공기 중에 퍼져있는 분자에 가해지는 압력에 이르기까지 정보의 다양한 출처를 제공한다. 진화의 과정에 걸쳐 유기체는 다양한 유형의 정보를 신경계가 처리할 수 있는 활동전위로 **변환**(transduction)하는 감각계를 발전시켜 왔다. 각 유기체는 특정한 상황에서 생존 가능성을 높이는 감각 능력들을 갖추고 있다. 우리에게는 우리에게 고유한 형태의 실재가 있고, 이는 우리가 생존하는 데 필요한 일련의 정확한 정보를 우리에게 제공하고 있다. 우리는 개만큼 냄새를 맡지는 못하지만, 개가 보지 못하는 색을 볼 수 있다(●그림 6.1). 하나의 물리적 실재가 서로 다른 유기체에게서 매우 다른 반응을 끌어낸다.

감각(sensation)은 정보를 중추신경계(CNS)로 가져옴으로써 실재에 관한 모형을 세우는 과정을 시작한다. 중추신경계가 정보를 해석하기 시작했다면 **지각**(perception) 과정이 진행 중인 것이다. 지각의 중요한 관문이 **주의**(attention)인데, 이는 의식의 좁은 초점이라고 정의된다. 우리가 지루하지만 필요한 강의에 "주의를 기울여야 한다"라고 의식적으로 우리 자신에게 지시할 수 있음에도 불구하고, 주의는 많은 측면에서 훨씬 더 자동적이다. 우리는 낯설고, 변화하며, 강도가 센 자극들에 자연스럽게 주의를 두는데, 이것들이 우리의 안전과 생존에 중요할 가능성이 크기 때문이다. 컴퓨터가 윙윙거리는 소리같이 변화가 없는 정보에는 시간이 지날수록 주의를 덜 주게 되고 결국 적응한다.

지각의 과정은 종종 양방향으로 진행한다. 들어오는 메시지는 뇌에 무언가를 알리며, 동시에 뇌는 이 메시지를 구조화한다. 다음 문장을 살펴보자.

변환 감각 정보를 신경 신호로 형태를 바꿈.

감각 환경에 관한 정보를 얻고, 처리를 위해 이를 뇌로 전송하는 과정.

지각 뇌로 전송된 감각 신호를 해석하는 과정.

주의 의식의 좁은 초점.

Courtesy of Laura Freberg

●그림 6.1 감각계는 종마다 다르다 감각계는 종마다 적합한 환경에서 개체의 생존 가능성을 높이도록 진화되었다. 왼쪽 사진처럼 보는 인간의 시각은 오른쪽 사진처럼 보는 개의 시각과는 다르다. 개는 파란색과 노란색을 잘 구분할 수 있지만, 인간이 보는 방식으로 빨간색과 초록색을 보지는 못한다.

여분러은 단들어을 네자글씩 순바서꿔 써돼도요. 첫자글와 끝자글만 놔고두요. 중글간자 뒤꿔바도 한어국에 익하숙면 읽수을가 있든거요. 연하습면 더르빠고 쉬져워요.

분명히 뇌는 이 페이지에 있는 글자들로부터 반사된 빛으로 인하여 생기는 감각을 받아들여 단어와 의미를 구성하는 데 사용한다. 이 경로를 **상향 처리**(bottom-up pro-cessing)라고 한다. 이와 동시에 우리는 단어의 철자가 틀렸더라도 우리의 지식과 예상을 사용하여 단어를 재인한다. 이 경로를 **하향 처리**(top-down processing)라고 한다. 많은 경우 우리가 지각하는 세계는 우리가 지각할 것으로 예상하는 세계이다(Kinchla & Wolfe, 1979).

시각 자극: 빛

우리의 대뇌겉질의 약 50%가 시각 정보에 반응하지만 청각 정보에는 겨우 3%, 촉각 및 통각 정보에는 11% 정도만 반응할 정도로 시각은 인간에게 가장 중요한 감각계이다(Kandel & Wurtz, 2000; Sereno & Tootell, 2005). 먹거리를 찾아다니든지 컴퓨터 화면에 펼쳐진 수백만 가지의 색을 훑어보든지 간에 시각 과정은 물체에서 반사된 빛 에너지로부터 시작한다.

우리가 볼 수 있는 에너지인 가시광선은 태양이 만든 **전자기복사**(electromagnetic radiation)의 한 형태이다. 전자기복사는 움직이는 에너지의 파동으로 기술할 수 있다(●그림 6.2). **파장**(wavelength)은 파동의 연속된 마루와 마루(또는 골과 골) 사이의 거리를 말하는데, 시각계는 이를 색채 또는 회색의 농담(濃淡; 짙고 엷음)으로 부호화한다. 광파의 **진폭**(amplitude)은 각 파동의 높이를 말하는데, 시각계는 이를 명도로 해석한다. 큰 진폭의 파동은 밝게, 작은 진폭의 파동은 어둡게 지각된다.

전자기복사는 광자라고 하는 아주 작은, 나눌 수 없는 입자의 움직임으로 기술할 수도 있다. **광자**(photon)는 항상 같은 속도(광속이라고 하는)로 이동하지만 가지고 있는 에너지의 양은 다를 수 있다. 바로 이런 광자들 사이에 존재하는 에너지 수준의 차이가 우리에게 다양한 파장과 진폭을 지닌 파동을 제공하는 것이다. 대양의 파도가 엄청난 수의 물 분자 움직임으로 설명되는 것처럼, 빛은 엄청난 수의 광자가 움직이는 것으로 이해될 수 있다.

자극으로서 빛의 장점

전자기복사가 환경의 다른 어떤 특징보다도 감각계에 효과적인 자극인 까닭은 무엇일까? 전자기 에너지, 특히 가시광선은 중요한 정보원이 될 만한 특징을 지니고 있다. 첫째로 전자기 에너지는 우리가 사는 우주에 풍부하다. 둘째로 전자기 에너지는 매우 빠르게 이동하기 때문에 사건과 그 사건을 보는 유기체의 능력 사이에 실질적으로 지연

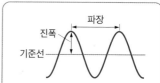

●그림 6.2 전자기복사의 차원
광파의 높이, 즉 진폭은 밝기로 부호화된다. 연속된 마루와 마루 사이의 거리, 즉 파장은 색 또는 회색의 농담으로 부호화된다.

상향 처리 더 복잡한 의미를 구축하기 위해 간단한 의미들을 결합함.

하향 처리 의미를 해석하는 데 지식과 예상을 사용함.

전자기복사 에너지파 형태로 발산되는 방사.

파장 파동에서 연속한 마루와 마루 사이의 거리. 가시광선의 색상을 결정함.

진폭 파동의 높이. 시각에서는 밝기의 주관적인 경험의 근원이 됨.

광자 전자기 에너지의 파동을 형성하는 개별의, 나눌 수 없는, 아주 작은 입자.

이란 것이 없다. 마지막으로 전자기 에너지는 거의 직선으로 이동하여 물체의 왜곡을 최소화한다. 말 그대로 우리는 보는 대로 얻는다.

전자기 스펙트럼

태양으로부터 나온 빛은 파장들의 혼합이며 인간의 눈에는 백색으로 보인다. 햇빛이 프리즘을 통과하면 개별 파장으로 분리되고, 이는 우리에게 서로 다른 색채로 보인다. 물방울을 통과한 빛도 같은 방식으로 작용함으로써, 폭풍우가 그친 후 우리가 보고 즐기는 무지개가 만들어진다.

●그림 6.3에서 볼 수 있듯이 인간에게 보이는 빛은 전자기 스펙트럼에서 아주 작은 부분을 차지한다. 인간에게 보이는 전자기 에너지의 범위는 400~700**나노미터**(nanometer, nm)이다. 1nm는 10^{-9}m인데, 이는 10억분의 1m이다. 어떤 빛의 파장이 400nm라고 하면 파동의 두 마루가 400nm 떨어져 있음을 뜻한다. 400nm에 근접하는 단파장은 보라색이나 파란색으로 지각되고, 700nm에 근접하는 장파장은 빨간색으로 지각된다.

감마선, X선, 자외선, 적외선, 마이크로파, 그리고 전파는 사람 눈이 탐지할 수 있는 파장의 범위 바깥에 있다. 이러한 형태의 에너지는 감각계에 적절한 자극이 되기 힘든 특징들이 있다. 자외선 같은 단파장은 보통 지구 대기의 오존층에서 흡수되어 대부분이 유기체가 느낄 수 있을 만큼의 에너지를 거의 남기지 못한다. 그럼에도 곤충이나 새를 포함한 일부 생명체들은 자외선 스펙트럼 일부를 볼 수 있다. 마이크로파(microwave) 같은 더 긴 파장은 물체에서 반사되기보다는 물체를 관통해 버리는데, 이는 시각이 아니라 요리에 필요한 특징이다. 그러나 살무사, 보아뱀, 비단뱀 같은 일부 종류의 뱀은 적외선복사를 감지하여 먹이나 천적의 체열을 '보는' 능력을 발달시켰다.

나노미터 빛 파동의 주파수를 측정하는 데 사용되는 측정 단위로, 10^{-9}m와 같다.

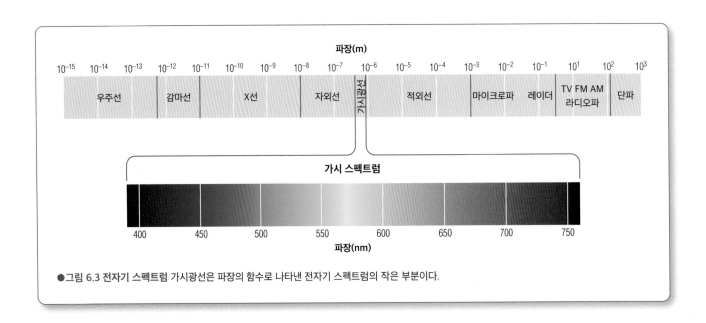

●그림 6.3 전자기 스펙트럼 가시광선은 파장의 함수로 나타낸 전자기 스펙트럼의 작은 부분이다.

물체와 빛의 상호작용

●그림 6.4에서 볼 수 있듯이 물체는 전자기복사를 흡수하거나, 반사하거나, 굴절시킬 수 있다. 어떤 경우에는 물체의 물리적 특성으로 인해 일부 파장이 흡수, 즉 보유된다. 다른 경우에 빛은 물체의 표면에서 반사, 즉 광원 방향으로 거꾸로 꺾인다. 눈에 들어오는 빛 에너지 대부분은 환경에 있는 물체에서 반사된 것이다.

물체로 인한 빛의 **흡수**(absorption)와 **반사**(reflection)는 우리가 보는 색을 결정한다. 물체의 색은 물체 고유의 특성이 아니라 물체가 선택적으로 흡수하고 반사한 빛 파장의 결과물이다. 내 스웨터는 빨간색이라고 말하는 대신에 내 스웨터는 가시광선의 장파장을 반사하고 단파장을 흡수하는 물리적 특성이 있다고 말하는 것이 더 정확하다. 흰색 또는 밝은 색상으로 지각되는 재질이 전자기 에너지를 더 많이 반사하기 때문에, 우리는 '밝은 색상'의 옷을 입으면 더 시원하다고 느낀다. 반면에 짙은 색상으로 지각되는 재질은 전자기 에너지를 더 많이 흡수하기 때문에 우리는 '짙은 색상'의 옷을 입으면 더 따뜻하다고 느낀다. 햇볕에서 흰 천과 검은 천으로 덮어놓은 얼음이 녹는 시간을 재보면 이 개념을 쉽게 증명할 수 있을 것이다.

공기와 물은 빛 파동이 이동하는 방향을 변경, 즉 **굴절**(refraction)시킨다. 인간의 눈은 공기 중에서 사용되도록 발달했기 때문에 수중에서는 잘 기능하지 못한다. 수중에서도 또렷하게 보기 위해서는 물안경이나 잠수 헬멧을 사용하여 눈에 접촉하고 있는 공기층을 유지해야 한다. 우리의 신체가 수중에 있다고 하더라도 우리의 눈은 공기가 굴절시킨 빛에 노출된다. 따라서 우리의 눈은 정상적으로 기능한다. 물고기의 눈은 완벽하게 수중 생활에 적응되어 있다. 물고기 눈의 바깥 표면에 있는 굴곡은 물에 의해 빛이 굴절될 때 적절하게 초점을 맺게 해서 왜곡이나 흐려짐을 줄인다. 게다가 확대경처럼 작용하는 눈의 수정체는 공기 또는 물을 통과하는 빛을 보기 위해 인간의 수정체와 다르게 구성되어 있다. 인간의 수정체는 바둑알 모양으로 되어있으며, 물고기의 수정체는 수정구슬 모양으로 되어있다. 잠수하는 새 같은 일부 생물들은 물속을 드나드는데, 이로 인해 인간 눈이 가진 문제나 물고기 눈이 가진 문제 중 하나를 가지게 된다. 가마우지는 물고기를 쫓아서 잠수할 때 자신이 가진 특별한 눈꺼풀을 감음으로써 물속에서의 흐릿한 시각 문제를 해결한다. 거의 투명한 이 눈꺼풀은 붙박이 물안경처럼 작용해서 물속에 있을 때 새의 시각을 선명하게 유지한다. ●그림 6.5의 중남미에 사는 네눈박이 송사리(*Anableps anableps*)는 눈의 반은 물속에, 반은 물 밖에 내놓고 헤엄치는데, 물 밖에 있는 먹이를 찾으면서 물속에 있는 천적을 살핀다. 각 눈은 2개의 동공을 가지고 있어서 하나는 물 위로 다른 하나는 물 아래로 향할 수 있다. 네눈박이 송사리 눈의 상반부는 공기를 통과해 오는 빛을 보도록 설계됐지만, 하반부는 물을 통과해 들어오는 빛에 적응되어 있다. 지역 주민들은 이 물고기를 'cuatro ojos', 즉 '4개의 눈'이라고 부른다.

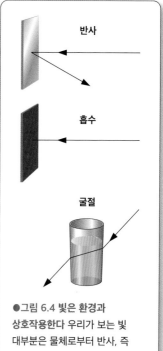

●그림 6.4 **빛은 환경과 상호작용한다** 우리가 보는 빛 대부분은 물체로부터 반사, 즉 거꾸로 굴절된다. 우리는 물체가 흡수한 빛을 열로 느낄 수는 있어도 보지는 못한다. 빛은 공기나 물을 통과하면서 굴절된다.

흡수 어떤 것을 반사하거나 다른 장소로 보내지 않고 보유하는 능력.
반사 빛이 광원 쪽을 향해 반대로 꺾이는 것.
굴절 공기와 물 사이의 경계 같은 곳에서 나타나는 빛의 편향, 즉 방향 변화.

●그림 6.5 네눈박이 송사리와 굴절의 문제 물에 떠다니는 곤충을 잡아먹고 수면 아래에 도사린 포식자를 피하기 위해 네눈박이 송사리는 물 위와 아래를 동시에 봐야 한다. 보통 공기 중에서 보도록 고안된 눈은 물속에서는 흐린 상을 만든다. 네눈박이 송사리는 독특한 두 눈으로 이러한 딜레마를 해결하는데, 각 눈에 하나는 위를, 다른 하나는 아래를 향하는 2개의 동공이 있다. 지역 주민들은 이 물고기를 스페인어로 'cuatro ojos', 즉 '4개의 눈'이라고 부른다.

Zigmund Leszczynski/AGE Fotostock

중간 요약 6.1

‖ 요약 표: 자극으로서 빛의 특징

특징	중요성
파장	파동에서 마루와 마루 사이의 거리; 물체의 지각된 색상을 결정함
진폭	파동의 높이; 밝기 지각을 결정함
흡수	가시광선 에너지를 더 많이 흡수하는 물체는 어두운 색채를 띠게 됨
반사	가시광선 에너지를 더 많이 반사하는 물체는 밝은 색채를 띠게 됨; 우리는 반사되는 파장을 물체의 색상으로 지각함
굴절	공기와 물 분자들에 의해 굴절되면 빛의 방향이 바뀜

‖ 요점

1 인간 시각은 전자기복사 스펙트럼 중 눈에 보이는 부분에 반응한다. 전자기복사는 파동의 측면에서 기술되거나 광자라고 알려진 수많은 미립자의 움직임으로 설명될 수 있다. (LO1)

2 가시광선은 빛을 유용한 정보 출처로 만드는 방식으로 환경 속 물체와 상호작용한다. 빛은 우리가 사는 우주에 풍부하고, 거의 직선으로 이동하며, 많은 물체에서 반사된다. (LO1)

‖ 복습 문제

1 전자기 스펙트럼의 다른 부분과 비교할 때 가시광선 스펙트럼에서 찾을 수 있는 장점들은 무엇인가?

2 빛 파동의 흡수, 반사, 굴절이란 무슨 뜻인가?

시각계의 구조와 기능

우리는 시각 처리에 관한 논의를 눈에서 시작한다. 눈을 머리의 어느 부위에 둘지에 대한 해결책은 동물마다 다르다. 사람과 고양이의 눈은 앞에 있지만, 토끼나 말 같은 동물들의 눈은 옆에 있다. 이 장의 뒷부분에서 볼 테지만, 머리의 앞쪽에 배치된 눈은 사냥에 유리한 뛰어난 깊이 지각 능력을 제공한다. 따라서 이러한 눈의 배치는 포식자의 특성이다. 측면으로 배치된 눈은 피식(被食, 먹히는) 동물에게서 종종 발견되는데, 풀을 뜯는 동안 포식자가 있는지 주변의 넓은 영역을 훑어볼 수 있게 해준다.

눈을 보호하기

눈을 지원하고 보호하기 위해서 몇 가지 기제가 설계되어 있다. 눈은 두개골의 **눈확**(orbit, 눈구멍, 안와골) 안에 있어서 다양한 충격을 피할 수 있다. 더욱이 눈의 지방은 완충재 역할을 한다. 사람이 굶으면 이 중요한 지방 쿠션을 잃게 되어 쑥 들어간 눈매를 갖게 된다.

두 번째 방어선은 눈꺼풀이 제공한다. 눈꺼풀은 자발적으로 혹은 비자발적으로 열거나 닫을 수 있다. 눈꺼풀의 비자발적 여닫음, 즉 **눈깜박임**(blink)은 들어오는 물체로부터 눈을 보호하는 한편, 눈의 전면을 촉촉하고 깨끗하게 만든다. 우리는 대개 4~6초에 한 번 정도 눈을 깜빡인다(Burr, 2005). 자발적 눈깜박임의 비율은 도파민 기능과 상관이 있기 때문에 도파민 체계의 이상과 관련된 질환이 있을 때 변화가 생긴다. 예컨대 파킨슨병과 주의력결핍 과잉행동장애(14장을 보라)에서는 모두 눈깜박임의 비율이 낮다(Müller et al., 2007).

눈 보호 체계의 또 다른 특징인 눈물은 각 눈의 바깥쪽 구석에 있는 눈물샘(누선)에서 분비된다. 눈물 액체는 일차적으로 물과 소금의 혼합물일 뿐만 아니라 단백질, 당, 그리고 박테리아를 죽이는 물질도 함유하고 있다. 기본적 눈물(basal tear)은 먼지 찌꺼기를 씻어버리고 촉촉하게 만들어 깜박임 동안 각막을 보호한다. 반사적 눈물(reflex-ive tear)은 기본적 눈물과 비슷한 성분을 함유하고 있지만 화학물질, 강한 빛, 또는 눈에 들어온 먼지 등에 반응하여 대량으로 분비된다. 정서적 눈물(emotional tear)은 기본적 눈물이나 반사적 눈물보다 자연 진통제처럼 작용하는 류-엔케팔린(leu-enkeph-alin; 뇌에서 생성되는 진통 작용 화학물질)을 비롯하여 더 많은 호르몬을 함유하고 있다.

눈의 기능적 해부 구조

인간의 눈은 대략 24mm 지름의 구형이다. 개인차는 매우 작고, 있다고 해도 1~2mm가 채 안 된다. 신생아의 눈은 지름이 약 16~17mm이고, 3세가 되면 거의 성인의 눈 크기에 도달한다. 눈의 '흰자', 즉 **공막**(sclera)은 액으로 가득 찬 눈알이 형태를 유지하도록 하는 단단한 외부 덮개이다. 주요 해부학적 특징은 ●그림 6.6에 설명해 놓았다.

눈확 안구를 수용하는 머리뼈의 움푹 들어간 부분.
눈깜박임 눈꺼풀을 빠르게 여닫음.
공막 눈을 덮고 있는 하얀 겉 부분.

●그림 6.6 눈의 구조

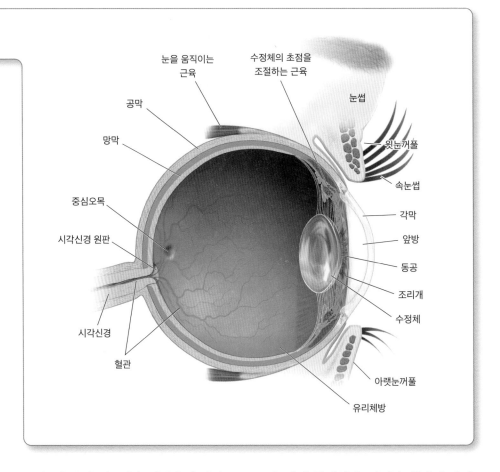

눈에 들어오는 빛은 바깥층인 **각막**(cornea)을 먼저 통과한다. 각막은 휘어져 있기 때문에, 여기에서부터 빛을 굴절시켜 눈의 뒷면에 상을 형성하는 과정이 시작된다. 각막은 투명하고, 혈관 없이 공막이 연장된 부분이다. 각막의 표면에 있는 특수한 단백질이 혈관의 성장을 억제한다(Cursiefen et al., 2006). 혈액 공급의 부재와 각막 섬유의 질서정연한 배열로 인하여 각막은 투명한 상태가 된다. 살아있는 조직으로서 각막은 여전히 영양분이 필요한데, 이를 혈액이 아닌 인접한 **앞방**(anterior chamber, 전방)에 있는 액체로부터 얻는다. 이 액체는 **방수**(aqueous humor, 수양액)라고 한다. 각막은 신체의 거의 모든 부분보다 통각수용기의 밀도가 높다는 믿기 어려운 특징이 있다.

빛은 각막과 앞방의 방수를 통과한 다음에 **동공**(pupil)으로 들어간다. 동공은 **조리개**(iris, 홍채; iris는 무지개를 뜻하는 그리스어에서 유래함)의 원형 근육으로 형성된 열린 구멍이며, 조리개는 환경 속 빛의 양에 반응하여 동공이 열리는 정도를 조절한다. 동공의 지름은 자율신경계의 활동을 통한 정서 상태에 의해서도 영향을 받는다(2장을 보라). 자율신경계의 교감신경이 영향을 미치면 동공이 확장된다. 부교감신경계가 활성화된 상태에서는 각성 수준이 낮은데, 이때 동공은 더 수축된다.

조리개의 색은 일차적으로 멜라닌 색소의 양(갈색에서 흑색까지 다양함)에 영향을 받으며, 이 외에 혈액 공급과 결합조직 등 조리개의 다른 요인들에 의한 빛의 흡수와 반사에도 영향을 받는다(●그림 6.7). 파란색이나 회색 눈을 가진 사람들의 조리개는

각막 눈의 투명한 바깥층.
앞방 방수를 담고 있는, 각막 바로 뒤에 자리한 영역.
방수 각막과 수정체에 영양분을 공급하는, 앞방에 자리한 액체.
동공 조리개가 제어하는 안구 앞부분의 구멍.
조리개 동공을 제어하는 안구 앞부분의 원형 근육.

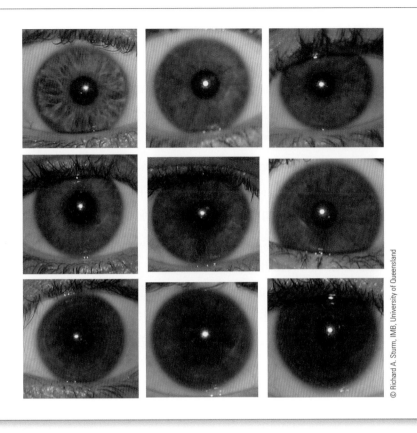

●그림 6.7 조리개 색상 조리개의 색상은 멜라닌 색소의 양, 혈액 공급, 결합조직에 영향을 받는다. 사람마다 조리개는 지문만큼이나 개인차가 있다.

갈색 눈을 가진 사람들의 조리개보다 멜라닌 색소가 상대적으로 적다. 따라서 일부 파장이 파란색 또는 회색 조리개에서 반사되고 흩어지는데, 이는 대기에서 일부 파장이 반사되고 흩어져서 하늘이 파란색으로 지각되는 것과 비슷하다. 초록색 눈은 중간 정도로, 검은색 또는 갈색 눈은 최대로 멜라닌 색소를 포함하고 있다. '황갈색' 눈, 즉 황금색이 섞인 갈색 눈은 노란 색소를 추가로 포함하고 있다.

조리개 바로 뒤에 **수정체**(lens)가 있다. 수정체는 빛이 망막에 초점을 맺도록 하고, 카메라의 렌즈와 아주 유사하게 기능한다. 수정체는 각막처럼 혈액 공급 부재와 섬유조직으로 인하여 투명하다. 또 영양분을 방수에 의존한다. 수정체에 부착된 근육은 가깝거나 먼 대상을 볼 때 초점을 맞출 수 있게 해준다. 이 과정을 **조절**(accommodation)이라고 한다.

유리체방(vitreous chamber)이라고 하는 눈의 커다란 내실은 **유리체액**(vitreous humor)이라는 젤리 같은 물질로 채워져 있다. 순환하고 끊임없이 갱신되는 방수와 달리, 유리체액은 태어날 때 있던 그대로이다. 어떤 특정한 상황에서는 유리체액 속에 부유물이 보이기도 하는데, 특히 나이가 들면 더 그렇다.

마지막으로 빛은 눈의 뒤편에 있는 **망막**(retina)에 도달한다. 망막에 투영된 상을 대상이 보이는 실제 방향과 비교하면 상하좌우가 역전되어 있다. 이 과정은 반짝반짝하게 닦은 숟가락 양쪽 면으로 자신의 모습을 보면서 따라해 볼 수 있다. 볼록 튀어나온 면으로 보면 자신의 모습이 정상으로 보일 것이다. 안으로 움푹 들어간 면으로 보면

수정체 망막에 빛의 초점을 맞추는, 동공과 조리개 뒤에 있는 투명한 구조물.

조절 수정체가 시각 자극의 거리에 맞게 형태를 변화시키는 능력.

유리체방 안구의 큰 안쪽 공간.

유리체액 유리체방 안의 젤리 같은 물질.

망막 빛을 감지하는 임무를 맡은, 눈 뒤편의 광수용기와 중간뉴런의 정교한 그물조직.

망막에 맺힌 것 같은 자신의 모습을 볼 수 있다. 시각계는 우리가 이런 상을 물체의 실제 방향으로 지각하도록 부호화하는 데 전혀 어려움이 없다.

망막은 본래 배아 발생기에 뇌 바깥쪽으로 이동한 사이뇌(간뇌)의 일부이다(5장을 보라). 망막은 어부의 그물을 의미하는 라틴어에서 왔다. 이 말이 의미하는 바와 같이 망막은 **광수용기**(photoreceptor)로 알려진 빛감응세포가 포함된 얇고도 복잡한 그물조직이다. 광수용기는 망막의 가장 깊은 층에 있다. 수정체를 통과한 빛이 광수용기에 도달하려면 유리체액과 수많은 혈관, 여러 개의 신경층을 통과해야만 한다. 시각계의 흥미로운 특징으로 인하여 우리는 보통 눈에 있는 혈관과 신경층을 보지 못한다. 우리의 신경계는 변화에 반응하고 변화가 없는 자극은 무시한다. 혈관과 신경층은 항상 있으므로 우리는 그것을 볼 수 없다.

눈에 있는 혈관, 그리고 망막에서 나와서 시각신경을 형성하는 축삭은 **시각신경 원판**(optic disk)이라는 부위에서 눈의 뒤쪽으로 빠져나간다. 이 영역은 아무런 광수용기가 없으므로 각 눈의 맹점이 된다. 정상적인 조건에서는 맹점을 알아차릴 수 없지만, ●그림 6.8에 제시된 지시를 따르면 자신의 맹점을 확인할 수 있다.

망막의 중앙에는 굵은 혈관이 없는 지름 6mm 정도의 노르스름한 영역이 있다 (●그림 6.9). 이 영역은 **황반**(macula)인데, '지점(spot)'을 뜻하는 라틴어에서 왔다. 어떤 물체를 똑바로 바라보면 물체의 상은 각막과 수정체에 의해 황반의 중심에 투영된다. 결과적으로 황반은 **주변시**(peripheral vision)에 대비되는 **중심시**(central vision)를 담당하고 있다고 하겠다. 주변시는 정면을 바라보는 상황에서 옆에 비껴있는 물체를 보는 능력이다.

황반의 중앙에서는 망막이 얇아지며 구덩이가 형성된다. 이 구덩이가 **중심오목**(fovea, 중심와)인데 지름은 약 1.8mm이다. 인간의 경우에는 중심오목이 특히 세밀한 시력을 전담하고 있으며 여기에는 오직 한 유형의 광수용기, 즉 원뿔세포(cone)만 있어서 우리가 밝은 조명에서 볼 수 있게 한다. 포유류 중 인간을 비롯한 영장류의 중심오목에는 오직 원뿔세포만 분포한다. 고양이 같은 다른 포유류에게는 중심오목과 유사한 망막 영역이 있지만, 원뿔세포와 막대세포라는 광수용기가 같이 분포하고 있어서 희미한 불빛으로도 볼 수 있다.

망막은 **상피**(epithelium)라는 세포의 색소 층에 묻혀있다. 이 세포들은 광수용기를

광수용기 빛에 반응하는 망막의 전문화된 감각세포.

시각신경 원판 혈관과 시각신경이 눈을 빠져나가는 망막의 영역.

황반 혈관으로 덮여있지 않은, 망막의 6mm 원형 영역으로서 상세한 시각에 전문화됨.

주변시 정면을 바라보는 동안 곁에 있는 시각 자극을 지각하는 능력.

중심시 망막의 황반에 초점을 맺은 시각 자극을 지각하는 능력.

중심오목 상세한 시각에 전문화된 황반의 작은 구덩이.

상피 망막의 광수용기를 지원하는 세포의 색소 층.

●그림 6.8 **맹점 보여주기** 시각신경 원판에는 광수용기가 없어서 우리 시각에 허점을 남긴다. 우리의 뇌는 '이 허점을 메운다.' 따라서 우리는 일반적으로는 이를 알아차리지 못한다. 위의 그림을 팔길이 정도 거리에서 왼쪽 눈을 감고서, 오른쪽 눈으로 동그란 점에 초점을 맞추고 보라. 그리고 돈뭉치가 '사라질' 때까지 눈을 그림 쪽으로 점차 가까이 움직여 보라.

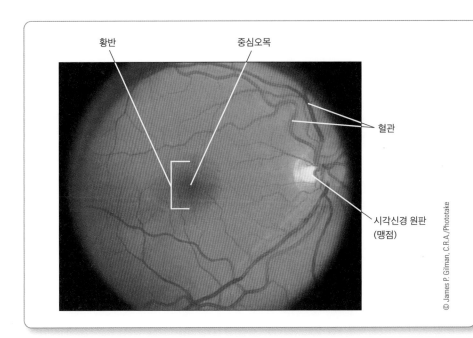

황반　　　중심오목

혈관

시각신경 원판
(맹점)

© James P. Gilman, C.R.A./Phototake

●그림 6.9 망막의 주요 지점들 눈에 혈액을 제공하는 혈관과 시각신경의 축삭은 시각신경 원판에서 눈을 빠져나간다. 황반은 망막에서 혈관으로 덮여 있지 않은 장소이다. 황반에는 중심오목이라고 하는 작은 구덩이가 있다. 세밀한 시각을 위해서는 황반과 중심오목 위에 상을 투영하는 것이 가장 좋다.

지원하고 이리저리 떠도는 빛을 흡수한다. 그렇기 때문에 동공을 통해서 눈의 내부를 보면 검게 보인다. 카메라 플래시 같은 아주 밝은 광원이 눈으로 직접 들어가면 우리는 망막이 풍부한 혈액 공급을 받아서 선홍색으로 반사되는 것을 보게 된다. 밤에 어떤 동물의 눈에서 반사되는 광채는 다른 이유로 발생한다. 눈의 빛 반사를 줄이는 것이 일반적으로 유리하기는 하지만, 고양이 같은 일부 야행성 동물의 상피는 거울처럼 기능하도록 백색 성분을 함유하고 있어서 눈을 통과한 빛을 재차 반사시킨다. 이는 야간에 아주 희미한 빛을 감지할 가능성을 높인다.

망막의 적층 구성

겨우 0.3mm 두께에 불과하지만, 망막에는 서로 연결되어 여러 층을 이루는 신경들이 있다(●그림 6.10). 축삭과 가지돌기로 이루어진 2개의 층이 세포체 층을 3개로 구분한다.

안구의 중심과 가까운 쪽에서 시작하면, 망막의 첫 번째 층은 **신경절세포**(ganglion cell)가 있는 **신경절세포층**(ganglion cell layers)이다. 각 신경절세포는 축삭이 하나씩 있고 이 축삭은 망막을 나가면서 시각신경(optic nerve, 시신경)을 이룬다. 신경절세포의 가지돌기가 **속얼기층**(inner plexiform layer, 내망상층)에서 **아마크린세포**(amacrine cell) 및 **양극세포**(bipolar cell)와 연결을 형성한다. 양극세포, 아마크린세포, 수평세포의 세포체는 **속핵층**(inner nuclear layer, 내과립층)에 있다. **바깥얼기층**(outer plexiform layer, 외망상층)에서 양극세포는 **수평세포**(horizontal cell) 및 광수용기와 연결을 형성한다. **바깥핵층**(outer nuclear layer, 외과립층)에는 광수용기의 세포체가 있다. 만일 여러분이 여기서 '속'이 눈의 중심을 향한 것으로, '바깥'이 눈의 중심에서 멀어지는 것으로 기억한다면, 이러한 용어들이 좀 더 이치에 맞게 생각될 것이다.

신경절세포 신경절세포층에 있는 망막세포이며, 그 축삭은 시각신경 일부로서 눈을 떠난다.

신경절세포층 광수용기로부터 가장 멀리 떨어진 망막 중간뉴런들의 층으로서, 신경절세포가 있으며 시각신경이 시작된다.

속얼기층 신경절세포, 양극세포, 아마크린세포를 연결하는, 축삭과 가지돌기가 있는 망막의 장소.

아마크린세포 망막의 인접한 부분들에 걸쳐 신호를 통합하는, 속핵층의 망막 중간뉴런.

양극세포 광수용기와 신경절세포 사이의 직접 경로를 형성하는, 망막 속핵층의 세포.

속핵층 아마크린세포, 양극세포, 수평세포가 있는 망막 중간뉴런의 층.

바깥얼기층 양극세포, 수평세포, 광수용기 사이의 연결을 형성하는, 축삭과 가지돌기가 있는 망막층.

수평세포 망막의 표면을 가로질러 전달되는 신호를 통합하는, 속핵층에 자리한 망막 중간뉴런.

바깥핵층 광수용기의 세포체가 있는 망막의 장소.

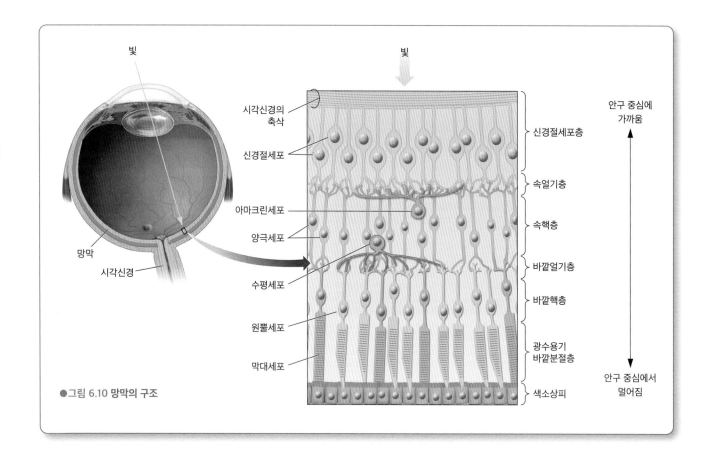

●그림 6.10 망막의 구조

광수용기

두 유형의 광수용기, 즉 **막대세포**(rod, 간상체)와 **원뿔세포**(cone, 추상체)는 **바깥분절**(outer segment)의 형태를 따라 이름이 붙여졌다(●그림 6.11). 바깥분절은 빛을 흡수하는 광수용기의 부분이다. 이 바깥분절에는 들어오는 빛과 작용하는 화학물질인 **광색소**(photopigment)가 있다.

인간의 눈에는 각각 약 1억 개의 막대세포가 있다. 막대세포에는 빈대떡을 높게 쌓아놓은 모습처럼 수많은 원반이 들어있는 긴 원통형의 바깥분절이 있다. 이 원반들은 **로돕신**(rhodopsin, 시홍소)이라고 하는 광색소를 함유한다. 막대세포는 희미한 불빛에서도 볼 수 있는 능력인 **야간시**(scotopic vision)를 담당한다. 이상적인 조건에서 인간의 눈은 단 하나의 광자도 볼 수 있는데, 이는 달이 없는 밤에 48km 떨어진 촛불 하나를 볼 수 있음을 의미한다(Hecht, Shlaer, & Pirenne, 1942). 빛에 대한 이 비범한 능력의 대가는 막대세포가 제공하는 상의 선명성과 색이다. 막대세포는 색에 관한 어떤 정보도 제공하지 않는다. 별빛이 머무는 밤에 우리의 시력은 0.1 미만이다. 정오에 60m 떨어진 곳에서 물체가 보이는 만큼 또렷이 보려면, 밤에는 6m 앞에서 봐야 한다. 야간 운전 시에는 이를 명심해 두는 것이 좋다.

인간의 눈에는 각각 약 300만 개의 원뿔세포만이 존재한다. 원뿔세포는 밝은 불빛에서 볼 수 있는 능력인 **주간시**(photopic vision)를 담당한다. 주간시는 색에 민감하고

막대세포 낮은 강도의 빛에 반응하지만, 색상에는 반응하지 않는 광수용기.
원뿔세포 밝은 조건에서 작용하고, 색상에 차별적으로 반응하는 광수용기.
바깥분절 광색소가 담겨있는 광수용기의 부분.
광색소 빛을 흡수하는, 눈의 광수용기에 담긴 색소.
로돕신 막대세포에서 발견되는 광색소.
야간시 막대세포의 활동으로 인하여 암흑에 가까운 조건에서도 시각 자극을 지각하는 능력.
주간시 원뿔세포의 활동으로 인하여 빛이 밝은 조건에서 시각 자극을 지각하는 능력.

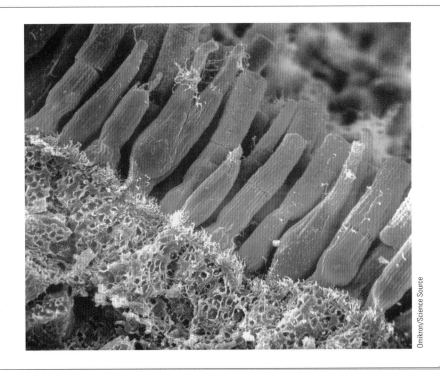

Omikron/Science Source

●그림 6.11 **막대세포와 원뿔세포**
인간의 눈에는 바깥분절의 모양을 따서
이름을 붙인, 약 1억 개의 막대세포와
300만 개의 원뿔세포가 있다.

뛰어난 선명도를 지닌 상을 제공한다. 원뿔세포의 바깥분절은 막대세포의 바깥분절보다는 짧고 끝이 뾰족하다. 막대세포가 원판에 광색소를 저장하는 데 비해 원뿔세포는 세 가지 다른 광색소 중의 하나를 접혀있는 막에 저장한다. 원뿔세포는 밝은 빛이 있을 때 가장 잘 작동하기 때문에 우리는 밤에 색을 제대로 볼 수 없다. 우리는 우리가 녹색 스웨터를 입고 있다고 알 수도 있고, 어떤 의미에서는 그러한 기억 때문에 스웨터가 녹색으로 보인다고 생각할 수도 있다. 그러나 우리가 진정으로 그 녹색을 보기 위해서는 밝은 빛과 원뿔세포들의 활동이 필요하다.

　막대세포와 원뿔세포는 넓은 범위의 파장에 반응하지만, 광색소 각각은 최대민감도가 서로 다르다(●그림 6.12). 원뿔세포는 세 종류가 있다. 소위 청색 원뿔세포 또는 단파장 원뿔세포는 안청소(cyanolabe, 眼靑素)라는 광색소를 함유하며 419nm 파장(보라색)에 최대로 반응한다. 녹색 원뿔세포 또는 중파장 원뿔세포는 안록소(chlorolabe, 眼綠素)라는 광색소를 함유하며 531nm 파장(녹색)에 최대로 반응한다. 적색 원뿔세포 또는 장파장 원뿔세포는 안적소(erythrolabe, 眼赤素)라는 광색소를 함유하며 558nm 파장(황색)에 최대로 반응한다(Dartnall, Bowmaker, & Mollon, 1983; Wald & Brown, 1958). 막대세포의 로돕신은 502nm 파장(청록색)에서 가장 효과적으로 광자를 흡수한다.

　막대세포와 원뿔세포는 반응하는 데 필요한 빛의 양이 다르다. 로돕신은 상대적으로 아주 적은 빛이 흡수될 때도 분해된다. 이는 낮은 수준의 빛에 대한 막대세포의 놀라운 민감도를 부분적으로 설명해 준다. 원뿔세포의 광색소는 분해에 대한 저항이 훨씬 강해서 밝은 빛이 있어야만 분해된다. 이것이 원뿔세포가 야간보다는 주간에 활동적인 이유 중 하나이다.

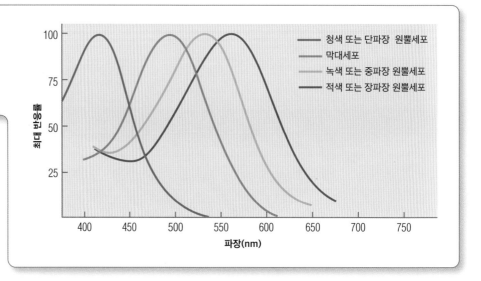

●그림 6.12 다양한 파장에 대한 막대세포와 원뿔세포의 반응 막대세포와 원뿔세포에 들어있는 광색소는 서로 다른 파장의 빛에 최대민감도를 보인다.

영장류의 망막을 중심오목에서부터 바깥쪽 주변부로 이동하면서 살펴보면 막대세포의 집중도는 증가하고 원뿔세포의 수는 감소한다. 그 결과 망막 중심은 밝은 빛이 있을 때 아주 세밀한 부분과 색을 보는 데 뛰어난 반면, 망막 주변은 아주 희미한 빛을 탐지하는 데 뛰어나다. 막대세포와 원뿔세포는 망막에 걸쳐 고르지 않게 분포되어 있으므로 희미한 빛에서는 물체를 똑바로 바라보지 않을 때 더 잘 볼 수 있다. 야간투시경이 발명되기 전 군인들은 야간 작전 중에 적의 움직임이 있다고 추측되는 장소를 똑바로 바라보지 않고 약간 옆쪽을 보도록 훈련받았다. 천문학자들은 흐릿한 별을 똑바로 바라보면 사라지기 쉽고, 시선을 약간 옆으로 옮겨서 보면 그 별이 다시 보인다는 것을 안다. 표 6.1은 주간시와 야간시의 차이를 요약한 것이다.

광수용기에 의한 변환 광수용기는 빛 에너지를 전기 신호로 변환하여 후속 처리가 될 수 있도록 뇌로 보낸다. 막대세포와 원뿔세포는 둘 다 유사한 방식으로 빛 에너지를 변환하기 때문에 우리는 막대세포가 수행하는 과정에 집중하고자 한다.

표 6.1 **야간시와 주간시**

	야간시(희미한 빛)	주간시(밝은 빛)
사용되는 광수용기	**막대세포**	**원뿔세포**
민감도가 최고인 파장	502nm	420nm (청색 또는 단파장 원뿔세포) 530nm (녹색 또는 중파장 원뿔세포) 560nm (적색 또는 장파장 원뿔세포)
색을 구분하는 능력	없음	색상을 감지
희미한 빛에 대한 민감도	뛰어남	빈약함
시력	빈약함	뛰어남
망막에서 광수용기의 위치	주로 주변	주로 중심오목

막대세포에서 발견되는 광색소인 로돕신은 **옵신**(opsin)과 **레티날**(retinal)로 구성되어 있다. 옵신은 단백질 사슬이고 레티날은 비타민 A로부터 만들어진 화학물질이다. 비타민 A 결핍은 로돕신 공급에 부정적인 영향을 주므로, 비타민 A가 풍부한 당근을 먹으면 실제로 야간시가 향상될 수 있다. 레티날이 옵신과 결합하면 로돕신 분자가 생성되는데, 탄소 원자 번호 11에서 꼬리가 굽는다. 그래서 이 형태는 광색소의 **11-시스**(11-cis) 형태라고 알려져 있다. 빛이 눈으로 들어오면 광자는 로돕신 분자에 의해 흡수된다. ●그림 6.13에 제시된 대로 빛 에너지를 흡수한 레티날은 11-시스 형태에서 **전-트랜스**(all-trans) 형태로 바뀐다. 이러한 구조적 변화로 인해 로돕신 분자는 빠르게 분해된다. 그다음에 어떤 일이 생기는지를 이해하려면 광수용기의 정상적인 휴지 상태를 이해할 필요가 있다.

암전류 광수용기는 대부분의 신경세포와는 다르게 작동한다. 3장에서 논의한 일반적인 신경세포는 휴지 상태의 막전위가 대략 −70mV이다. 대조적으로 완전한 암흑에서 막대세포의 바깥분절의 안정전위는 −30mV이다. 바꿔 말하면 광수용기는 휴지 상태

옵신 광색소에서 발견되는 단백질.
레티날 흡수된 빛과 상호작용하는 로돕신에 있는 화학물질.
11-시스 빛이 없을 때 옵신과 결합하는 동안 레티날이 취하는 형태.
전-트랜스 막대세포의 바깥분절이 빛을 흡수한 후 레티날이 취하는 형태.

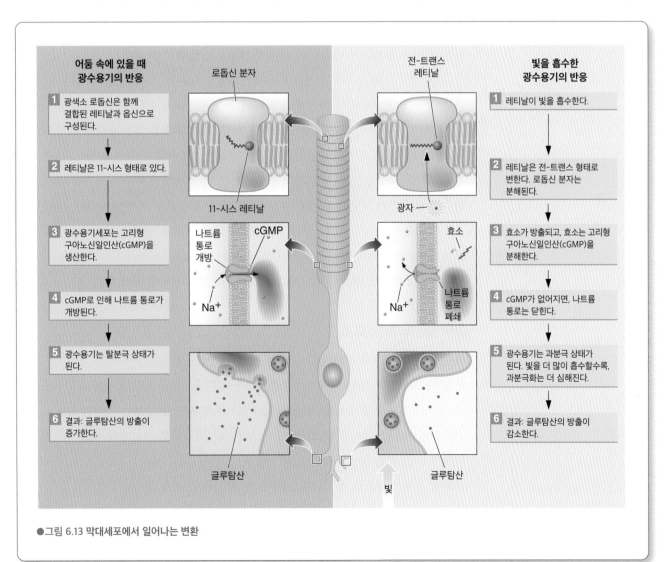

●그림 6.13 **막대세포에서 일어나는 변환**

일 때조차 전형적인 신경세포보다 상대적으로 덜 탈분극화된(상대적으로 더 양의 전압인) 상태이다. Fesenko, Kolesnikov, 그리고 Lyubarsky(1985)는 바깥분절을 통해서 나트륨 이온이 안으로 들어와서 막대세포가 끊임없이 탈분극되는 것을 발견하였다. 휴지 상태의 광수용기에 양이온이 들어오는 이동은 암흑 속에서 발생한다. 따라서 이러한 이동을 **암전류**(dark current)라고 부른다.

전형적인 신경세포에 있는 나트륨 통로는 세포가 휴지 상태인 경우 닫혀있다. 그러나 Fesenko와 동료들(1985)은 막대세포의 나트륨 통로가 이차 전령인 **고리형 구아노신 일인산**(cyclic guanosine monophosphate, cGMP)에 의해 열린 상태로 유지되며, 광수용기가 cGMP를 끊임없이 생산하고 있다는 것을 보여주었다. 로돕신 분자가 빛 에너지를 흡수한 후 분해될 때 cGMP를 분해하는 효소가 방출된다. 쓸 수 있는 cGMP가 적으면, 열려있는 나트륨 통로가 적고, 양전하를 띤 나트륨 이온이 세포 안으로 더 적게 들어간다. 따라서 광수용기는 더 음의 전압으로, 즉 과분극화 상태가 된다(Baylor, 1987).

막대세포가 다시 어둠 속에 있게 되면 효소들이 레티날과 옵신 분자들을 자극하여 로돕신으로 재결합하게 한다. 로돕신은 재생되는 데 30분이 걸린다(Rushton, 1961). 우리가 눈 부신 야외에 있다가 캄캄한 실내 공연장으로 들어가면 시각이 천천히 향상되는데, 이를 로돕신의 비교적 느린 재생 과정으로 설명할 수 있다.

최종 결과는 광수용기가 어둠 속에서는 탈분극화하고, 빛이 있을 때는 과분극화한다는 것이다. 광수용기는 활동전위가 아닌 등급전위(크기 변화가 있는 신호)를 생성한다. 밝은 빛은 과분극화를 크게 일으키는 반면, 희미한 빛은 과분극화를 작게 일으킨다. 일반 신경세포처럼 광수용기는 탈분극화하면 신경화학물질(이 경우에는 흥분성 신경전달물질인 글루탐산)을 방출한다. 광수용기는 어두울 때 글루탐산을 가장 많이 방출한다. 광수용기가 빛에 노출되면 과분극화하고, 글루탐산을 적게 방출한다. 빛에 의한 자극은 수용기 활동을 감소시키기 때문에 이 같은 과정은 직관과는 반대되는 것처럼 보일 수 있다. 그러나 광수용기의 후속 세포들(양극세포와 수평세포)이 이러한 이상한 입력을 해결하는 능력을 완벽하게 보유하고 있으므로 걱정할 필요가 없다.

망막 중간뉴런의 처리

광수용기(막대세포와 원뿔세포)는 전체 시각계에서 유일하게 진짜 수용기세포라고 할 수 있다. 그림 6.10에서 우리는 광수용기로부터 나온 정보의 처리를 돕는 네 가지 유형의 세포들이 망막에 있음을 알았다. 광수용기에서 출발한 정보는 수평세포와 아마크린세포로부터 나오는 입력으로 인해 수정되는데, 양극세포와 신경절세포가 이 정보를 뇌로 보내는 직접적인 직진 경로를 제공한다. 수평세포와 아마크린세포는 망막 표면 전체에 걸쳐서 정보를 통합한다. 광수용기-양극세포-신경절세포의 연결이 눈의 뒷면과 수직 방향이라면, 수평세포와 아마크린세포 연결은 눈의 뒷면과 평행이라고 생각할 수 있다.

암전류 빛이 없을 때 광수용기가 유지하는 지속적인 탈분극화.
고리형 구아노신일인산(cGMP) 나트륨 채널을 엶으로써 암전류 유지의 임무를 담당하는 광수용기 내의 이차 전령.

수평세포 수평세포는 속핵층에 위치한다. 수평세포는 광수용기로부터 입력을 받아 속핵층의 다른 유형의 세포들로 출력을 전달한다. 수평세포의 주요 과제는 서로 인접해 있는 광수용기들로부터 정보를 받아 통합하는 것이다. 옆으로 펼쳐진 수평세포의 구조는 이런 과제에 적합하다. 광수용기처럼 수평세포는 활동전위가 아닌 등급전위의 형태로 교신한다.

양극세포 수평세포와 마찬가지로 속핵층에 위치한 양극세포는 광수용기와 수평세포로부터 입력을 받는다. 이어서 양극세포는 속핵층의 아마크린세포와, 그리고 신경절세포와 연락한다. 광수용기와 수평세포처럼 양극세포는 활동전위가 아닌 등급전위를 생성한다.

양극세포는 두 가지 주요 종류, 즉 분산형과 소형으로 나뉜다. 분산형 양극세포(diffuse bipolar cell)는 망막 주변부에 흔한데, 그 하나하나가 50개에 달하는 막대세포로부터 입력을 받는다. 그에 반해 중심오목에 자리한 소형 양극세포(midget bipolar cell)는 입력을 단 하나의 원뿔세포에서 받는다. 이러한 구성은 주간시와 야간시의 균형에 기여한다. 야간시는 세밀함 또는 정확함을 포기한 대가로 희미한 빛에서도 놀라운 민감성을 보여준다. 이와 반대로 주간시는 희미한 빛에서의 민감성을 포기한 대신 고도로 상세한 정보를 제공한다. 분산형 양극세포에 연결된 50개의 광수용기 중 어느 하나에라도 빛이 도달하면 그 양극세포에 영향을 미치는데, 이런 방식은 이 시스템을 희미한 빛에도 매우 민감하게 만든다. 그러나 이러한 분산형 양극세포는 정보를 제공하는 막대세포에 충돌하는 빛이 하나인지 여럿인지를 구분할 수 없고, 따라서 세밀하게 처리할 수 있는 능력이 떨어진다. 하나 이상의 광수용기 어딘가에 떨어진 빛이 모두 같게 취급되기 때문에 빛의 패턴에 관해 거의 아무런 정보도 제공하지 못한다.

반면에 단일 원뿔세포의 영향을 받는 소형 양극세포는 망막의 아주 작은 부분에 떨어지는 빛에 관한 정보를 제공할 수 있다. 이는 결과적으로 주간시가 제공하는 세밀함에 이바지한다. 소형 양극세포로부터 정보를 전달받는 신경절세포는 망막에서 빛이 떨어진 위치를 정확하게 잡아낼 수 있다. 그러나 다수의 광수용기로부터 정보를 모으는 능력이 없어서 소형 양극세포는 빛의 존재를 놓치기 쉽다.

양극세포는 현재 있는 빛의 총량에 반응하기보다는, 대비(contrast)를 식별하는 과정을 시작한다. 즉, 망막의 다른 영역과 비교해서 특정 영역에 떨어진 빛의 상대적인 양을 파악한다. 양극세포는 자신의 **수용장**(receptive field)에 자리한 광수용기들에 떨어지는 빛에 반응함으로써 이를 달성한다. 양극세포 같은 각각의 시각 중간뉴런은 모두 망막의 특정한 영역에 자리한 하나 또는 여러 광수용기로부터 입력을 받는다. 이 영역을 그 중간뉴런의 수용장이라고 부른다(Hartline, 1938). 우리는 망막을 여러 수용장이 겹쳐진 모자이크라고 생각할 수 있다(●그림 6.14). 만일 광점(光點)이 망막에 비친다면 어느 중간뉴런이 그 빛에 반응하는지를 중간뉴런의 활동을 기록함으로써 확인할 수 있다. 세포는 망막에서 수용장 밖에 떨어지는 빛을 보지 못하므로, 빛 자극이 세

수용장 특정한 시각 중간뉴런의 활동에 영향을 미치는 망막의 장소.

●그림 6.14 **시각 수용장** 양극세포와 신경절세포를 포함하는 시각 중간뉴런(둥근 공으로 나타냄)은 그 중간뉴런의 수용장(사진 위에 서로 겹쳐진 원들로 나타냄)에 자리한 광수용기에 떨어지는 빛에만 반응한다. 중간뉴런의 수용장 바깥쪽에 떨어진 빛은 그 세포 활동에 아무런 영향을 주지 않는다. 이 세포는 그 빛을 근본적으로 보지 못한다.

포 활동에 영향을 주기 위해서는 세포의 수용장 안쪽에 떨어져야 한다.

우리가 어떤 양극세포의 수용장 지도를 그리기 위해 단일세포를 측정한다고 하자. 측정 참가자의 눈에 광점을 비추고, 그에 따라서 탈분극화되는 양극세포가 발견된다. 빛을 끄면 그 세포는 정상적인 휴지 상태로 되돌아간다. 빛을 약간 옆으로 옮기면 그 세포는 과분극화된다. 우리는 이 양극세포에 세 가지 상태, 즉 자극이 없을 때의 중립적인 안정전위, 탈분극화될 때의 켜지는 반응, 과분극화될 때의 꺼지는 반응이 있음을 발견하게 되었다. ●그림 6.15에서 볼 수 있듯이 수용장의 켜지고 꺼지는 반응 영역은 망막에서 도넛 형태를 이룬다. 만일 도넛 중심에 빛을 비추면 그 양극세포는 탈분극화된다. 도넛 중심을 둘러싼 부위를 비추면 양극세포는 과분극화된다. 빛이 중심과 주변을 모두 덮어버리면 중심은 흥분성('켬, on') 반응을, 주변은 억제성('끔, off') 반응을 일으킨다. 결국 각 효과는 상쇄되고 세포는 중립 상태로 머문다.

사람의 망막에 있는 양극세포의 절반 정도가 중심-켬(on-center) 세포이고, 나머지 절반은 중심-끔(off-center) 세포이다. 중심-켬 세포는 수용장의 중심에 빛이 닿으면 탈분극화된다. 수용장의 중심에 빛이 닿을 때 과분극화되는 세포는 중심-끔 세포라고 한다. 중심오목의 각 원뿔세포는 2개의 양극세포, 즉 중심-켬 양극세포 그리고 중심-끔 양극세포 하나씩과 연결되어 있다. 원뿔세포에 빛이 닿으면 중심-켬 세포는 반응이 증가하고 중심-끔 세포는 반응이 감소한다.

개별 광수용기의 활동은 양극세포들의 수용장 중심과 주변 양쪽에 동시에 기여한다. 어떤 양극세포와 시냅스를 형성한 광수용기는 그 양극세포의 수용장 중심에 떨어지는 빛에 반응한다. 그러나 동일한 광수용기가 수평세포와의 연결을 통해 근처의 다

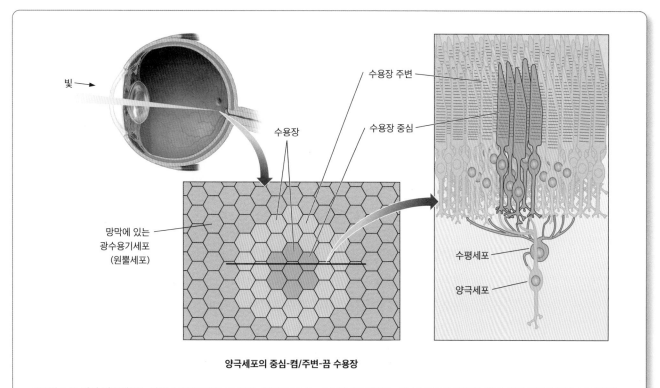

양극세포의 중심-켬/주변-끔 수용장

●그림 6.15 망막 양극세포는 시각 수용장을 갖는다 중심-켬 양극세포는 수용장 중간에 있는 광수용기들(보라색)로부터 직접 입력을 받고, 그 주변에 있는 광수용기들(노란색)로부터 간접 입력을 받는다. 주변의 광수용기는 먼저 수평세포와 교신하고, 그러면 이 수평세포가 앞서의 양극세포와 교신한다. 수용장의 중심과 주변에 떨어진 빛은 항상 세포의 활동에 상반된 효과를 낸다. 이 예에서 수용장의 중심에 떨어진 빛은 세포를 탈분극화하는 반면, 수용장의 주변에 떨어진 빛은 세포를 과분극화한다. 중심과 주변 양쪽에 떨어진 빛은 세포 활동을 변화시키지 못한다.

른 양극세포에도 영향을 줄 수 있다. 이 경우 광수용기는 이 다른 양극세포의 수용장 주변에 떨어지는 빛에 반응한다.

이러한 수용장의 배치는 **길항적 중심-주변 구성**(antagonistic center-surround organization)이라고 불린다. 한 양극세포의 반응은 주변에 떨어진 빛의 양과 비교해서 중심에 떨어진 빛의 양이 상대적으로 얼마인지에 달려있다. 수용장의 중심에 닿은 빛은 주변에 닿은 빛으로 발생한 세포의 활동에 항상 반대되는 효과를 가지기 때문에 길항적이라고 한다.

중심(도넛 구멍)과 주변(도넛)에 관여하는 광수용기와 수평세포는 **가쪽 억제**(lateral inhibition, 외측 억제, 측면 억제)라는 과정을 통해서 양극세포를 활성화하려고 서로 경쟁한다. 가쪽이란 이 과정이 망막의 표면에 걸쳐서 옆으로, 즉 평행하게 일어남을 의미한다. 가쪽 억제에서 활동적인 광수용기와 수평세포는 인접한, 덜 활동적인 세포들의 활동을 제한한다. 이는 인접한 영역에 떨어진 빛의 차이에 대한 양극세포의 반응을 선명하게 한다. 즉 과장한다. 가쪽 억제를 통하여 양극세포는 망막의 인접한 영역에 떨어지는 빛 수준의 차이들을 비교하면서 시각 자극의 경계를 파악하기 시작한다. 양극세포는 "나는 모서리나 경계선이 보여"라는 메시지를 보낸다.

길항적 중심-주변 구성 중심을 비추는 빛과 주변을 비추는 빛이 세포의 활동에서 상반된 효과를 가지는 시각 중간뉴런 수용장의 특징.
가쪽 억제 활동적인 신경세포가 인접한 신경세포의 활동을 억제하는 기능.

아마크린세포   아마크린세포는 속핵층에 자리하고 있으며, 양극세포, 신경절세포, 그리고 다른 아마크린세포와 연결되어 있다. 아마크린세포의 형태는 무려 40개에 이를 만큼 많다. 아마크린세포는 다양한 신경화학물질을 방출하는데, 대부분은 억제적 신경전달물질인 감마-아미노부티르산(GABA)과 글리신이다(4장을 보라). 아마크린세포는 수평세포처럼 망막 전체에 걸쳐 시각 메시지를 통합하고, 시간의 흐름에 따른 빛의 변화를 처리한다. 후자의 능력은 시각 움직임을 이해하는 데 기여할 것이다. 아마크린세포는 관찰된 물체의 움직임이 생성한 망막 상과 눈 그 자체의 움직임에 의한 망막 상의 차이를 구분하는 능력을 지니고 있다(Ölveczky, Baccus, & Meister, 2003). 아마크린세포는 아직 완전히 이해되지 않은 그 외 기능에도 관여하고 있을 가능성이 크다.

신경절세포   신경절세포는 양극세포와 아마크린세포로부터 입력을 받는다. 신경절세포의 축삭은 눈을 떠나는 시각신경을 형성하여 뇌의 더 고차 수준으로 간다. 지금까지 논의된 망막의 중간뉴런이나 광수용기와는 달리 신경절세포는 등급전위가 아니라 활동전위를 생성한다. 그러나 신경절세포는 결코 완전히 가만히 있지 않는다. 신경절세포는 자극받지 않아도 대략 초당 한 번씩 흥분한다. 빛이 있으면 단순히 신경절세포의 자발적 흥분율이 바뀔 뿐이다. 특별한 유형의 신경절세포는 멜라놉신 광색소를 갖고 있으며 스스로 광수용기처럼 행동한다. 이러한 신경절세포는 시상하부로 정보를 보내 우리가 수면-각성 주기를 유지하도록 돕는데, 이는 9장에서 논의할 것이다.

인간의 눈에는 약 125만 개의 신경절세포가 있다. 이들이 약 1억 300만 개의 광수용기로부터 오는 입력을 통합하고 연락을 주고받아야만 한다. 신경절세포는 자신만의 수용장 구성을 통하여 이런 편집 작업을 해낸다.

신경절세포 수용장   신경절세포 수용장은 양극세포 수용장에서 관찰했던 바로 그 길항적 중심-주변 구성을 가지고 있다. ●그림 6.16에서 보는 바와 같이 신경절세포는 양극세포가 자신에게 전달한 정보를 복제한다. 중심-켬 양극세포는 중심-켬 신경절세포와 연결되어 있고, 중심-끔 양극세포는 중심-끔 신경절세포와 연결되어 있다. 신경절세포는 양극세포처럼 탈분극화되거나 과분극화되기보다는 활동전위가 발생하는 비율을 변화시킨다.

신경절세포 수용장은 시각 처리에 대하여 두 가지 중요한 함의를 가진다. 첫째, 각 신경절세포는 대부분 특정한 크기의 광점에 가장 강하게 반응하고 '이상적인 크기'보다 크거나 작으면 덜 반응한다. 신경절세포의 이러한 특징은 신경절세포가 수동적인 전달 체계라기보다, 뇌로 보내지는 시각 정보의 여과기로 작용함을 시사한다. 둘째, 신경절세포는 망막에 도달한 빛의 평균량보다는 중심과 주변에 닿은 빛의 차이를 전한다. 이는 시야에서 인접한 부위의 밝기 간에 존재하는 대비에 민감함을 의미한다. 책을 실내에서 볼 때와 야외에서 볼 때 망막에 도달하는 빛의 평균량은 다르다. 그러나 우리는 신경절세포가 대비를 전하는 능력 덕분에 두 상황에서도 여전히 같은 방식으로

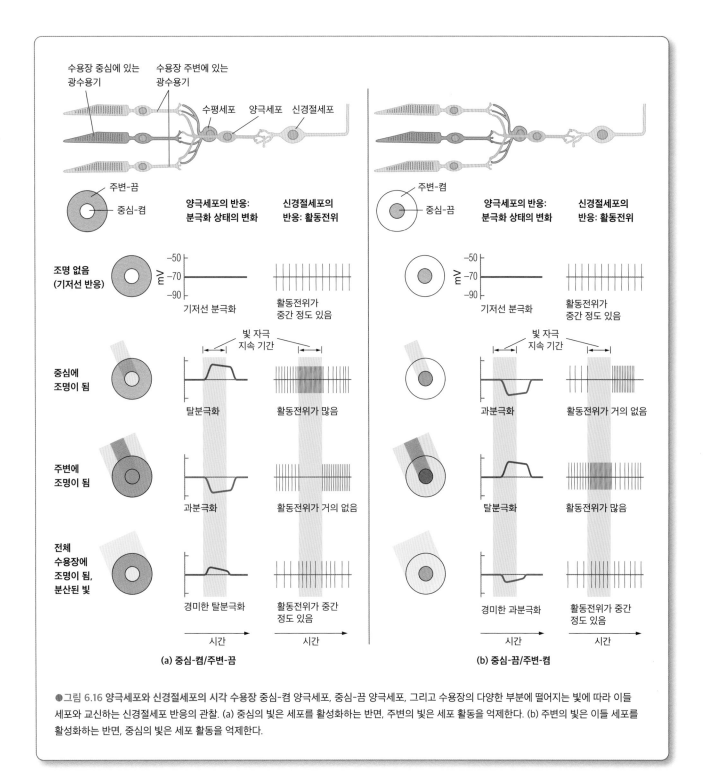

● 그림 6.16 **양극세포와 신경절세포의 시각 수용장** 중심-켬 양극세포, 중심-끔 양극세포, 그리고 수용장의 다양한 부분에 떨어지는 빛에 따라 이들 세포와 교신하는 신경절세포 반응의 관찰. (a) 중심의 빛은 세포를 활성화하는 반면, 주변의 빛은 세포 활동을 억제한다. (b) 주변의 빛은 이들 세포를 활성화하는 반면, 중심의 빛은 세포 활동을 억제한다.

흰 종이에 검은 글자를 본다.

신경절세포 수용장은 크기가 다양해서 황반에서는 지름이 0.01mm이고 망막의 주변에서는 지름이 0.5mm이다(50배 크다). 수용장이 작은 세포는 세밀한 것에 가장 잘 반응한다.

신경절세포의 세 유형 사람의 신경절세포 약 70%는 P세포이고(P는 작은세포라는 의미의 parvocellular를 뜻함), 8~10%가 M세포(M은 큰세포라는 의미의 magnocellular를 뜻함), 나머지 약 20%가 K세포이다(K는 먼지세포라는 의미의 koniocellular를 뜻함).

M, P, K세포 간의 차이는 표 6.2에 요약해 놓았다. M세포는 P세포보다 크고, 축삭이 더 두껍고 더 빠르다. M세포는 분산형 양극세포로부터 입력을 받지만, P세포는 소형 양극세포로부터 입력을 받는다. M세포는 중심과 주변 빛의 차이가 아주 작아도 반응을 하지만 P세포는 차이가 좀 더 커야 한다. 이는 M세포가 검은 바탕에 회색 글자처럼 대비가 미미해도 반응한다는 것을 시사한다. P세포는 흰 바탕에 검은 글자처럼 대비가 커야 반응한다. M세포는 오래된 TV가 깜박이는 것같이 빠르게 켜졌다 꺼졌다 하는 자극에 반응하지만, P세포는 그러지 못한다. 마지막 차이로, P세포는 특정한 색의 빛에만 반응하지만, M세포는 색과 상관없이 반응한다. K세포는 P세포가 가진 특징을 대부분 공유한다. K세포들은 청색 원뿔세포로부터 입력을 받는 경우가 많으며, 따라서 청-황 경로에 참여한다.

이러한 차이의 결과로 M세포는 크고, 대비가 낮고, 움직이는 물체에 관한 정보를 담당한다. 반면에 P세포는 작고, 대비가 높고, 색이 화려한 물체에 관한 정보를 담당한다. 큰세포 체계(magnocellular system)와 작은세포 체계(parvocellular system)의 이러한 차이는 대뇌겉질 시각 처리의 고차 수준에까지 유지된다.

P세포 큰 대비와 색상에 반응하는, 크기가 작은 신경절세포.

M세포 색상과 관계없이 모든 파장, 대비상의 미묘한 차이, 그리고 빠르게 오가는 자극에 반응하는, 크기가 큰 신경절세포.

K세포 P세포나 M세포의 기준에 정확하게 들어맞지는 않고, 청색광과 황색광에 반응하는 신경절세포.

시각신경 연결

신경절세포 축삭은 시각신경 원판을 통해 눈에서 빠져나오면서 각 눈의 시각신경을 형성한다. 시각신경은 망막의 구성을 그대로 유지한다. 바꿔 말하면, 인접한 신경절세포에서 나온 축삭은 시각신경에서도 서로 이웃하고 있다.

표 6.2 세 가지 유형의 신경절세포

	M세포	P세포	K세포
신경절세포(%)	8~10%	70%	~20%
목적	크고 대비가 낮은 대상과 움직임을 탐지	색상을 포함하여, 움직임이 없는 대상에 관한 상세한 정보를 제공	색상에 관한 정보를 제공
색에 대한 반응	없음	적-녹	청-황
시상의 가쪽 무릎핵상의 종착지	큰세포층	작은세포층	먼지세포층
크기	큼	작음	작음
속도	빠름	느림	느림
수용장 크기	큼	작음	작음
대비 민감도	낮은 대비에 민감함	높은 대비에 민감함	높은 대비에 민감함
움직임에 대한 반응	뛰어남	빈약함	빈약함

●그림 6.17에 제시된 바와 같이 인간의 시각신경은 각각 절반으로 나뉘어 (코에서 먼) 바깥쪽 절반은 뇌의 같은 쪽으로 이동하고, (코에 가까운) 안쪽 절반은 뇌의 반대쪽으로 넘어간다. 이런 부분적 교차는 두 눈으로부터 온 시야의 같은 부분에 관한 정보가 뇌의 동일 장소에서 처리될 것임을 보장한다. 만일 당신이 정면에 있는 초점

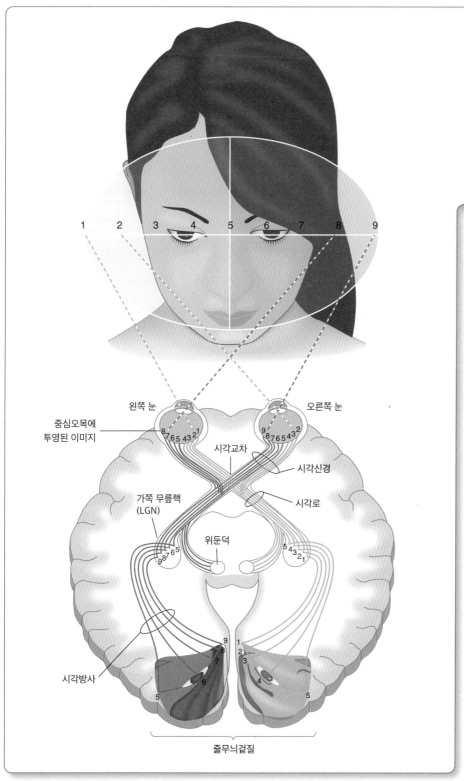

●그림 6.17 눈에서 겉질로 가는 경로
인간의 눈을 떠난 시각신경은 시각교차에서 부분적으로 엇갈린다. 그 결과, 두 눈에 보인 왼쪽 시야에 있는 상은 오른쪽 반구로 가고, 오른쪽 시야에 있는 상은 왼쪽 반구로 간다. 시각교차에서부터 시각로에 있는 축삭 대부분은 시상의 가쪽 무릎핵(LGN)에 시냅스한다. LGN은 뒤통수엽의 일차 시각겉질로 시각 정보를 전달한다.

왼쪽 눈 · 오른쪽 눈
중심오목에 투영된 이미지
시각교차
시각신경
가쪽 무릎핵 (LGN)
시각로
위둔덕
시각방사
줄무늬겉질

을 쳐다보면서 눈을 고정하면, 초점의 왼쪽 시야에서 온 정보는 우반구에 전달된다. 그리고 초점의 오른쪽 시야에서 온 정보는 좌반구에 전달된다. 인간의 경우, 각 눈으로부터 나온 약 50%의 신경섬유는 반대편 반구로 넘어간다. 눈이 머리의 옆에 붙어 있는 토끼와 같은 동물의 경우, 신경섬유의 100%가 중간선의 반대편으로 넘어간다. 토끼의 각 눈은 서로 완전히 다른 부분을 보기 때문에 토끼 뇌는 입력을 재구성할 필요가 없다.

시각신경은 **시각교차**(optic chiasm, 시교차; X 형태를 따른 이름으로서, 그리스어에서 X는 'chi'로 발음됨)에서 교차한다. 시각교차를 지난 시각신경은 **시각로**(optic tract)로 명칭이 바뀌면서 계속 이어진다. 시각로에 있는 거의 90%의 축삭이 시상을 거쳐서 뇌의 뒤통수엽에 있는 일차 시각영역으로 투사된다. 그러나 멜라놉신을 방출하는, 빛에 민감한 특별한 신경절세포로부터 나온 축삭은 시각로를 떠나 시상하부의 시각교차위핵 (suprachiasmatic nucleus, SCN, 시교차상핵)에 시냅스하여, 일상 주기를 조절하도록 빛 정보를 제공한다(9장을 보라). 시각로에 있는 나머지 10%의 축삭은 중간뇌의 **위둔덕** (superior colliculus, 상소구)에 투사된다.

위둔덕 개구리와 물고기를 포함한 많은 종에서 위둔덕은 시각 정보를 처리하는 기본적인 뇌 구조물이다. 인간의 경우 대뇌겉질이 이러한 기능을 하므로 우리는 시야에 새로 탐지된 물체를 향해 눈과 머리를 움직이는 데 위둔덕을 사용한다. 또한 위둔덕은 자신의 활동을 조절하는 입력을 시각겉질로부터 받는다.

시상의 가쪽 무릎핵 사람의 시각로 축삭 중 거의 90%가 시상에 자리한 **가쪽 무릎핵** (lateral geniculate nucleus, LGN, 외측 슬상핵)에서 시냅스를 형성한다. LGN은 가운데가 굽은 적층 구조물이다. 이 굽은 형태 때문에 이름에 '무릎'이 붙었다('geniculate'는 굽은 무릎이라는 라틴어이다).

인간을 포함한 영장류에서 LGN은 뚜렷이 다른 6개 층으로 구성된 것이 특징이고, 배쪽에서 등쪽 순서로 번호를 매긴다. LGN의 각 층은 시야의 절반씩을 일대일 대응 지도화(mapping)한다. 이런 일대일 대응 지도화 과정을 통하여 우리는 우리 눈 앞에 펼쳐진 실세계와 신경 활동 사이를 연결할 수 있다. 1번 층과 2번 층(가장 배쪽에 있는)에는 다른 4개 층과 비교해 더 큰 신경세포가 있다. 이 **큰세포층**(magnocellular layers)은 망막의 M세포가 보낸 입력을 받는다. 다른 4개 층은 **작은세포층**(parvocellular layers)이라 하며, P세포가 보낸 입력을 받는다. 6개 층 사이사이에는 아주 작은 세포들이 **먼지세포층**(parvocellular layers)을 이루는데, K세포가 보낸 입력을 받는다. LGN은 두 눈이 보내는 정보를 완전히 구분해서 유지한다. ●그림 6.18은 LGN의 각 층이 같은 쪽 눈(ipsilateral eye)과 반대쪽 눈(contralateral eye)에서 보내는 정보를 어떻게 받는지를 보여준다.

LGN의 뉴런은 망막의 양극세포와 신경절세포에서 관찰된 수용장의 길항적 중심–주

시각교차 시각신경이 교차해서 시각로를 형성하는, 뇌의 기저에 있는 영역. 인간의 시각신경이 부분적으로 X자형으로 교차하는 장소.

시각로 앞뇌와 뇌줄기에 있는 종착지와 시각교차 사이의 신경섬유경로.

위둔덕 시각장에서 새롭게 탐지된 대상을 향해 눈과 머리가 향하도록 인도하는 중간뇌의 덮개에 있는 구조물.

가쪽 무릎핵(LGN) 시각로로부터 입력을 받는 시상 안의 핵.

큰세포층 망막의 신경절세포층의 M세포로부터 입력을 받는 2개의 LGN 배쪽 층.

작은세포층 망막의 신경절세포층의 P세포로부터 입력을 받는 4개의 LGN 등쪽 층.

먼지세포층 망막의 신경절세포층의 K세포로부터 입력을 받는, 6개의 LGN 층 사이의 아주 작은 신경세포층.

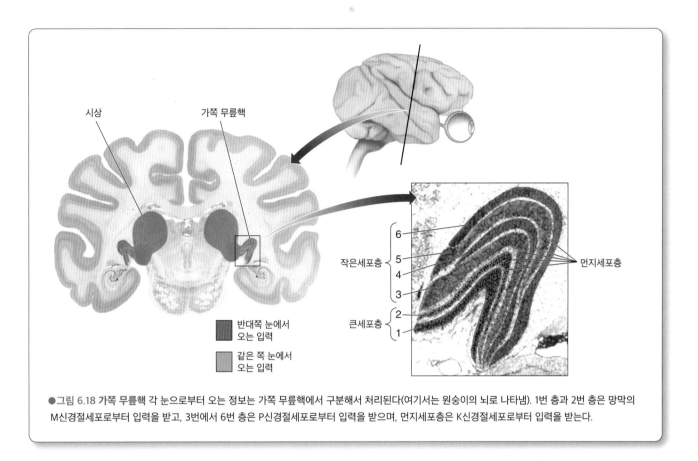

●그림 6.18 가쪽 무릎핵 각 눈으로부터 오는 정보는 가쪽 무릎핵에서 구분해서 처리된다(여기서는 원숭이의 뇌로 나타냄). 1번 층과 2번 층은 망막의 M신경절세포로부터 입력을 받고, 3번에서 6번 층은 P신경절세포로부터 입력을 받으며, 먼지세포층은 K신경절세포로부터 입력을 받는다.

변 구성을 그대로 갖고 있다. 그러나 LGN 뉴런은 중심과 주변 사이의 가쪽 억제가 망막 세포에서 관찰된 것보다 훨씬 강력하다. 강력한 억제로 인해 LGN에 있는 세포는 밝은 영역과 어두운 영역 사이의 대비를 확대, 즉 증폭하게 된다.

시각 처리에서 LGN의 정확한 역할이 명확히 밝혀지지 않았지만, 이 영역은 정보의 흐름에서 겉질로 가는 단순한 수동적 중계소와는 거리가 멀다. LGN은 자신이 겉질로 보내는 정보보다 뇌의 다른 부분에서 받는 정보가 훨씬 많다. LGN 활동은 의식과 선택적 주의의 다양한 수준에 대응하여 변하는데, 이는 LGN이 정보를 겉질에 보내기 전에 걸러낸다는 것을 시사한다(Saalmann & Kastner, 2011). 또한 LGN은 뇌줄기 그물체(brainstem reticular formation, 뇌간 망상체)가 보낸 입력을 받는다. 겉질과 그물체가 보낸 입력은 흥분과 각성 수준에 기초하여 LGN에서 겉질로 가는 정보의 흐름을 수정한다(Saalmann & Kastner, 2011). 예를 들면 잠들어 있을 때 누군가 당신의 눈꺼풀을 뒤집어도 (자고 있는) 당신은 '볼' 수가 없다.

줄무늬겉질

일차 시각겉질은 겉에 줄무늬가 있어서 종종 **줄무늬겉질**(striate cortex, 선조피질) 혹은 단순하게 V1(시각영역 1번)이라고 부른다. 200만 개의 뉴런이 있는 LGN과는 대조적으로 뒤통수엽에 자리한 줄무늬겉질에는 2억 개의 뉴런이 있다.

이 영역의 겉질 두께는 1.5~2mm 정도이다. 겉질의 다른 영역처럼 줄무늬겉질

일차 시각겉질/줄무늬겉질 시각 입력의 초기 겉질 분석을 위한 뒤통수엽의 장소. V1(시각영역 1)이라고도 함.

도 6개의 뚜렷이 다른 층으로 되어있다(2장을 보라). 겉질의 다른 영역과 비교해서 줄무늬겉질은 대부분의 입력을 뇌의 다른 영역으로부터 받는 2번 층과 4번 층이 상대적으로 두껍다. 4번 층은 LGN으로부터 입력을 받는다. 줄무늬겉질은 뇌의 다른 부분과 소통하는 출력 뉴런들이 들어있는 3번, 5번, 6번 층이 겉질의 다른 영역에 비해 두께가 얇다.

시각 세계의 겉질 지도화 앞에서 우리는 어떻게 LGN이 시야를 정교하게 일대일 대응 지도화하는지를 기술했다. 줄무늬겉질에서도 똑같은 일이 일어난다. 그림 6.17로 돌아가 살펴보면 여성의 오른쪽 눈썹 부위(3번과 4번)에서 반사된 빛에 반응하는 경로, 즉 눈에서 출발하여 줄무늬겉질로 가는 경로를 따라갈 수 있다. 이와 같은 지도화는 우리가 신경 활동의 장소를 이용하여 시야에서 물체의 위치를 이해할 수 있게 해준다.

그림 6.17은 겉질 지도화의 다른 특징도 보여준다. 망막의 중심오목으로부터 오는 입력에 반응하는 겉질 영역(4번, 5번, 6번)은 주변부에서 보이는 상에 반응하는 영역(1번, 2번, 3번, 7번, 8번, 9번)보다 훨씬 크다. 비록 중심오목은 망막 전체 영역의 0.01%를 차지하지만, 중심오목이 보내는 신호는 줄무늬겉질의 8~10%가 처리한다(Van Essen & Anderson, 1995). 이러한 겉질 확대율은 중심오목에 상의 초점을 맞추면 최대로 상세하게 볼 수 있는 또 다른 이유이다.

겉질 수용장 겉질 뉴런에도 수용장이 있지만, 이 수용장은 망막에 있는 양극세포와 신경절세포, 그리고 LGN에 있는 세포들을 활성화하는 단순한 점 모양의 빛에 반응하지 않는다.

일련의 꼼꼼한 단일세포기록 실험에 근거하여 Hubel과 Wiesel(1959)은 망막의 특정한 위치에서 특정한 기울기, 즉 방위(orientation)를 가진 막대 또는 경계선 같은 자극 형태에 반응하는 세포들을 **단순겉질세포**(simple cortical cell)라고 정의하였다(●그림 6.19). 이 세포들은 물체의 모양에 반응하는 데 도움을 주는 것으로 보인다. 단순겉질세포의 수용장은 길항적 중심-주변 구성을 유지하기는 하지만, 수용장의 형태는 도넛 모양이라기보다는 좀 더 길쭉한 육상 운동장과 같다. Hubel과 Wiesel은 자극 크기와 방위에 대한 단순겉질세포의 선호 특성을 공유하지만, 자극이 수용장 내에 있기만 하면 자극의 위치와 관계없이 반응하는 겉질세포를 **복합겉질세포**(complex cortical cell)라고 정의하였다(●그림 6.20).

일부 복합겉질세포는 특정한 방향으로 움직이는 선분에 반응한다. 한 세포가 수용장을 오른쪽에서 왼쪽으로 가로지르는 수직 선분에는 반응하면서도, 왼쪽에서 오른쪽으로 움직이는 선분에는 반응하지 않을 수 있다. 결과적으로 복합겉질세포는 아마도 움직임 지각에 관여하고 있을 것이다(Regan, Beverley, Cynader, & Lennie, 1979). 이렇게 방향에 반응하는 세포들의 피로가 폭포 착시(waterfall illusion)의 원인일 수도 있다

단순겉질세포 망막의 특정한 위치에서 특정한 기울기, 즉 방위를 가진 막대 또는 경계선 형태의 자극에 반응하는 겉질의 중간뉴런.

복합겉질세포 선호하는 자극 크기와 방향이 있으며, 일부 사례에서는 선호하는 움직임의 방향도 있지만, 수용장 내 위치에 구애받지 않는 겉질의 중간뉴런.

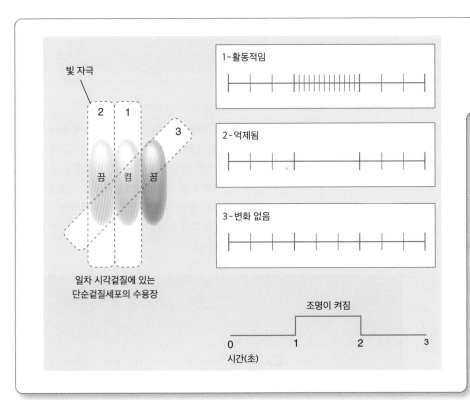

●그림 6.19 단순겉질세포
단순겉질세포는 특정한 위치와 방위를 가진 막대 형태의 빛에 반응한다 (여기서는 세로 막대).

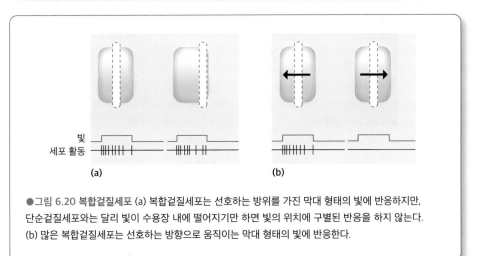

●그림 6.20 복합겉질세포 (a) 복합겉질세포는 선호하는 방위를 가진 막대 형태의 빛에 반응하지만, 단순겉질세포와는 달리 빛이 수용장 내에 떨어지기만 하면 빛의 위치에 구별된 반응을 하지 않는다. (b) 많은 복합겉질세포는 선호하는 방향으로 움직이는 막대 형태의 빛에 반응한다.

(Adams, 1834). 폭포를 1~2분 정도 응시한 후 다른 곳으로 시선을 옮기면 눈앞의 장면이 위로 움직이는 것처럼 보인다. 이 현상은 아래 방향 움직임 탐지기들이 일시적으로 지쳐서 발생한다.

일부 단순겉질세포와 복합겉질세포는 **끝멈춤세포**(end-stopped cell)이기도 하다 (Hubel & Wiesel, 1962). 이 세포들은 수용장을 벗어나지 않고 그 안에 떨어진 자극에 가장 활발하게 반응한다. 바꿔 말하면 수용장보다 더 기다란 막대 형태의 빛은 수용장에 꼭 맞는 막대 형태의 빛보다 더 작은 반응을 유발한다. 이 세포들은 이 책의 모서리 같은 경계선을 탐지하는 데 관여한다. 친숙한 물체를 재인하기 위해서는 반드시 모서리 및 유사한 경계선들을 보는 것이 필수적이다(Biederman, 1987).

끝멈춤세포 자신의 수용장 테두리를 벗어나지 않는 자극에 가장 활발하게 반응하는 겉질의 중간뉴런.

Hubel과 Wiesel, 시각겉질의 지도를 만들다

시각겉질의 구성에 관해 우리가 알고 있는 많은 것은 David Hubel(1926~2013)과 Torsten Wiesel(1924~)에 의해 발견되었다. 이 연구자들은 수십 년에 걸친 동반자 관계 속에서 시각 자극에 반응하는 단일세포의 활동을 공들여 탐구했다. 이러한 업적 덕분에 이들은 1981년 노벨 생리의학상을 수상하였다.

초기의 한 연구에서 Hubel과 Wiesel은 EEG로 볼 때 '가벼운 수면' 상태로 마취된 고양이 40마리로부터 단일세포 활동을 관찰하였다(Hubel & Wiesel, 1962). 고양이가 약 120cm 떨어져 있는 화면을 보게 하고, Hubel과 Wiesel은 그 화면에 다양한 패턴의 백색광을 투영하였다(●그림 6.21). 이들은 외과 수술을 통해 고양이의 줄무늬겉질에 3~4mm 깊이까지 미세전극을 삽입하였다. 전극이 천천히 삽입됨에 따라, 기록하고 있는 전극 끝 근처의 세포가 어떤 종류의 자극에 최대 반응을 보이는지 알아보기 위해서 이들은 움직이는 자극과 멈춰있는 자극 두 가지를 빠르게 제시하였다.

Hubel과 Wiesel은 선행 연구를 통해 망막 세포와 LGN에 있는 세포에 중심-켬 수용장과 중심-끔 수용장이 있음을 알고 있었지만, 당시에는 그러한 구성이 대뇌겉질에서 입증되지 않았다. 이런 탐구 중에 이들은 대다수의 수용장이 지금은 우리가 '단순'과 '복합'이라고 칭하는 2개의 집단으로 자연스럽게 나눠짐을 발견하게 되었다(Hubel & Wiesel, 1962, p. 109). 이들은 겉질 신경세포 303개 중 233개는 단순겉질세포

로, 나머지 70개는 복합겉질세포로 분류하였다.

같은 연구보고서에서 Hubel과 Wiesel은 방위 기둥과 눈 우세 기둥을 거론하였다. 이들의 논문은 전극이 지나간 경로와 그에 따른 신경세포의 활동을 손으로 정교하게 그려낸 그림들을 싣고 있었다. 이들은 망막 주변부의 빛과 비교해서 중심오목의 빛에 반응하는 겉질의 영역이 훨씬 더 큼을 알게 되었다. 이 광범위한 연구 결과들은 출간된 지 50년이 지난 지금도 여전히 시각계에 관한 우리의 이해에 영향을 미치고 있다.

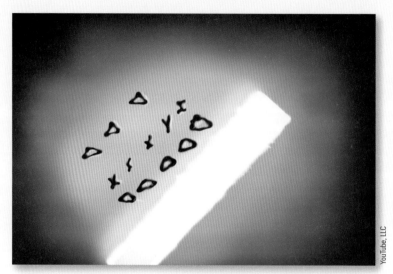

● 그림 6.21 Hubel과 Wiesel이 사용한 자극 마취된 고양이의 시각겉질에 있는 단일세포를 기록하는 동안 Hubel과 Wiesel은 고양이 앞에 있는 화면에 빛 막대를 움직이면서 세포의 반응을 스피커를 통한 소리로 들었다. 그리고 펜으로 세포가 가장 큰 반응을 낸 장소는 X로, 세포가 조용해진 인접 영역은 O로 표시했다. 이런 체계적인 절차를 통해 이들은 V1의 단순겉질세포와 복합겉질세포의 수용장을 발견할 수 있었다.

겉질 기둥 만일 우리가 기록용 전극을 겉질 표면에 수직으로 꽂아서 아래로 움직이면 뉴런들이 겉질 기둥 방식으로 조직화되어 있음을 알게 될 것이다. 겉질 기둥 속의 뉴런들은 서로 교신하지만 0.5mm 이상 떨어져 있는 기둥과는 많은 연결을 형성하지 않는다(Mountcastle, 1978).

줄무늬겉질에서 발견된 기둥의 유형 중 하나는 **눈 우세 기둥**(ocular dominance column)으로 알려져 있다. 이것은 두 눈이 아닌 왼쪽 눈과 오른쪽 눈 중 어느 하나가 보내는 입력에만 반응하는, 겉질 표면에 수직인 겉질의 기둥들이다. 이 기둥들은 각 눈에서 오는 입력이 철저하게 분리된 이점(우리는 이를 LGN에서 관찰한 바 있다)을 이용한다. 이 기둥들은 폭이 1mm이고 시각겉질의 표면 전체에 걸쳐서 오른쪽 눈-왼쪽 눈-오른쪽 눈 식으로 번갈아 있다.

눈 우세 기둥 왼쪽 또는 오른쪽의 어느 한쪽 눈에서 오는 입력에 반응하는, 겉질 표면과 직각인 겉질의 기둥.

방위 기둥(orientation column)은 눈 우세 기둥보다 훨씬 얇다. 각 방위 기둥은 같은 각도의 선분에 반응한다. 인접한 기둥은 약 10도 더 틀어진 각도에 반응한다. 180도의 온전한 회전에 반응하는 이러한 기둥들의 집합을 **초기둥**(hypercolumn)이라고 한다.

시토크롬 산화효소 얼룩 시토크롬 산화효소 얼룩(cytochrome oxidase blob)이라는 명칭은 시토크롬 산화효소라는 효소의 이름을 딴 것이다(Hubel & Livingstone, 1987; Livingstone & Hubel, 1984; Wong-Riley, 1989). 시토크롬 산화효소의 농도가 높은 영역에 있는 뉴런은 색상과 관련된 처리를 하는 것으로 보인다.

겉질 모듈 우리는 겉질 신경세포가 어떻게 선분 방위, 움직임, 그리고 색에 반응하는지를 살펴보았다. 우리의 시각계가 일관된 상을 형성하기 위해서는 이렇게 구분된 특성들을 어느 지점에선가 다시 통합해야 한다. Hubel과 Wiesel(1962)은 이런 통합을 책임지는 단위가 **겉질 모듈**(cortical moule)이라고 제안하였다. ●그림 6.22에서 볼 수 있듯이 겉질 모듈은 두 세트의 눈 우세 기둥, 16개의 얼룩, 그리고 선분 방위 180도 전체에 반응하는 2개의 초기둥을 포함한다. ●그림 6.23에 제시된 더 최신의 지도화 기법에 따르면, 모듈들 사이의 경계는 실상 Hubel과 Wiesel이 제안한 경계보다 엄밀성이 훨씬 떨어지기 때문에 모듈들을 개략적으로 보는 것이 더 정확할 것이다(Blasdel, 1992).

방위 기둥 단일 각도의 선분에 반응하는 일차 시각겉질의 기둥.
초기둥 180도에 이르는 방위 기둥들의 온전한 집합.
시토크롬 산화효소 얼룩 색상에 반응하는 시토크롬 산화효소가 풍부한 일차 시각겉질의 영역.
겉질 모듈 두 세트의 눈 우세 기둥, 16개의 얼룩, 그리고 2개의 초기둥을 포함하는 일차 시각겉질의 단위.

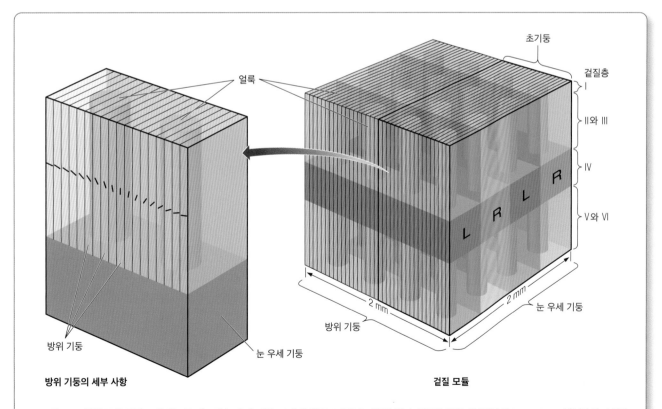

●**그림 6.22 겉질 모듈** 겉질 모듈에는 두 세트의 눈 우세 기둥, 16개의 얼룩, 2개의 초기둥이 있다. 이러한 일차 시각겉질의 2mm×2mm 덩어리에 자신이 담당하는 망막의 수용장에 떨어지는 온전한 상을 분석하는 데 필요한 모든 유형의 신경세포가 있다.

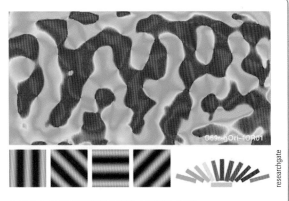

●그림 6.23 방위 기둥의 경계를 보여주는 지도
Hubel과 Wiesel이 제안한 시각겉질의 모듈 모형은 종종 겉질
조직화의 '각얼음' 모형으로 알려져 있다. 실제로는 기둥의 경계가
그다지 정교하지 않다.

우리는 약 1,000개의 모듈을 갖고 있으며 모듈 하나는 일차 시각겉질에서 2mm×2mm 영역을 차지하고 있다. 각 모듈에는 망막의 특정한 부위에 떨어지는 상의 형태, 색, 움직임을 처리하는 데 필요한 세포들이 있다. 우리는 시야를 서로 다른 겉질 모듈이 담당하는 1,000개의 타일로 이뤄진 모자이크로 간주할 수 있다.

줄무늬겉질 이후의 시각 분석

줄무늬겉질은 시각 입력 처리를 시작하는 곳이지만, 끝내는 곳은 절대 아니다. 적어도 인간의 대뇌겉질 중 12개 정도의 영역이 추가로 시각 입력 처리에 참여하고 있다. 이들 영역은 줄무늬겉질에 포함되어 있지 않기 때문에 줄무늬바깥 영역(extrastriate area, 선조외 영역) 혹은 이차 시각영역이라고 한다.

줄무늬겉질 바로 옆에 V2(시각영역 2번)라고 알려진 영역이 있다. V2를 시토크롬 산화효소로 염색하면 줄무늬 패턴이 드러난다. 두꺼운 줄과 가는 줄이 번갈아 있고, 줄사이 영역(interstripe region)에 의해 분리되어 있다. 두꺼운 줄은 큰세포 경로를 형성하고 **등쪽 흐름**(dorsal stream, 배측 흐름)이라고 알려진 시각 경로에 투사한다. ●그림 6.24에 있는 등쪽 흐름은 일차 시각겉질에서 마루엽을 향해 가다가 이후에 안쪽 관자엽으로 진행한다. 이 경로는 보통 '어디(where)' 경로로 알려져 있으며 움직임과 물체 위치의 분석, 잡기 또는 뻗치기 행위에서 눈과 팔의 협응 등에 특화되어 있다 (Ungerleider & Mishkin, 1982).

V2의 가는 줄무늬와 줄사이 부위는 V4라고 알려진 또 다른 시각 부위에 투사하면서 작은세포 경로를 이어간다. V4 영역은 두 번째 주요 경로인 **배쪽 흐름**(ventral stream,

●그림 6.24 등쪽 '어디' 경로와 배쪽 '무엇' 경로 등쪽 흐름의 정보는 움직임 지각에 이바지한다. 배쪽 흐름의 정보는 대상 재인을 돕는다.

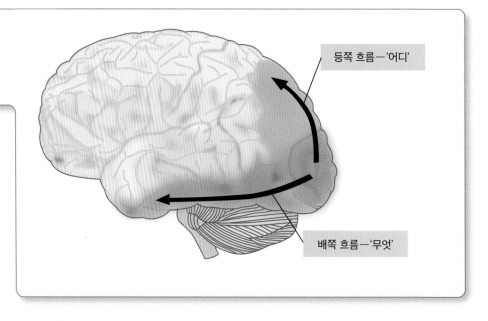

등쪽 흐름—'어디'

배쪽 흐름—'무엇'

등쪽 흐름 움직임 지각에 참여할 것으로 생각되는, 일차 시각겉질로부터 등쪽 방향으로 이어지는 경로.
배쪽 흐름 대상 재인을 처리할 것으로 추정되는, 일차 시각겉질로부터 아래 관자엽으로 보내지는 정보의 경로.

복측 흐름)에 관여하는데 일차 시각겉질에서 아래 관자엽으로 진행한다. 보통 '무엇 (what)' 경로로 알려진 이 두 번째 경로는 대상 재인에 특화되어 있다(Ungerleider & Mishkin, 1982).

등쪽 흐름 안쪽 관자엽(medial temporal lobe, 내측두엽)을 뜻하는 **MT 영역**(Area MT)은 등쪽 흐름을 따라온 신경세포로부터 입력을 받으며 움직임 처리에서 중요한 역할을 하는 것으로 보인다. MT 영역이 받는 입력은 일차적으로 큰세포 경로에서 온다. 이 경로에 있는 세포는 커다란 수용장을 가지고 있으며 보통 빠른 빛 변화 조건과 움직임의 방향에 반응을 보인다는 것을 상기해야 한다. MT 영역에 있는 세포 대부분은 특정한 방향의 움직임에 반응한다. 그러나 이전의 움직임 탐지기와는 달리 MT 영역에 있는 세포는 시야의 커다란 부위를 가로지르는 움직임에 반응한다. MT 영역이 손상된 환자에게는 운동실인증(akinetopsia)이라는 병이 나타나는데, 이 경우 시각적 장면을 정보의 지속적인 흐름으로 보지 못하고 일련의 정지 사진으로 보게 된다. 운동실인증 환자는 자신을 향해서 차량이 다가오는 것을 인식하는 것 같은 중요한 일에 어려움을 보인다(Rizzo, Nawrot, & Zihl, 1995).

움직임에 대한 후속 처리는 MT 영역에 인접한 **MST 영역**, 즉 안쪽위쪽 관자엽(medial superior temporal lobe) 부위에서 일어난다. Tanaka와 Saito(1989)는 MST 영역 뉴런이 자극 회전, 자극 확장, 자극 축소에 반응함을 발견하였다. 이런 움직임은 다른 영역에서는 일관된 반응을 낳지 않는 광범위한 포괄적 유형이다. MST 영역은 우리가 자신의 움직임을 유도하는 데 시각을 사용하도록 돕는다.

Melvyn Goodale과 동료들(Goodale & Milner, 1992; Milner & Goodale, 1993)은 등쪽 흐름을 '어디' 흐름보다는 '어떻게(how)' 흐름이라고 부르는 것이 더 정확하다고 제안하였다. 이 견해에 따르면 등쪽 흐름은 물체의 위치를 알려줄 뿐만 아니라 물체와 어떻게 상호작용할 것인가에 관한 정보를 제공한다. 등쪽 경로가 손상된 환자는 자판기의 카드 삽입구와 신용카드가 열이 제대로 맞는지와 같은 물체의 방위를 판단할 수는 있지만, 행동과 방위를 결합하여 카드 삽입구에 카드를 제대로 밀어 넣는 행동은 하지 못한다.

배쪽 흐름 일차 시각겉질과 V2 영역에서 나온 정보는 관자엽을 향해 배쪽으로 이동해서 V4 영역에 이른다. 이 영역의 세포는 형태와 색 둘 모두에 반응한다. V4 영역의 세포는 **IT 영역**, 즉 아래관자엽(inferior temporal lobe, 하측두엽)에 투사한다. IT 영역의 세포는 많은 형태와 색상에 반응한다. 인간과 원숭이의 경우, **방추 얼굴 영역**(fusiform face area, FFA)이라고 알려진 IT 영역의 작은 구획은 얼굴을 비롯하여 새의 종이나 자동차 모델(Gauthier, Skudlarski, Gore, & Anderson, 2000), 체스판의 말들이 자리한 패턴(Bilalić, Langner, Ulrich, & Grodd, 2011)과 같은 학습된 범주의 일원에 가장 활발하게 반응하는 것으로 보인다. 흐릿한 사진을 보는 원숭이의 FFA를 자극하면, 원숭이는 얼굴이 '보인다'고 반응할 가능성이 더 높아진다(Afraz, Kiani, & Esteky, 2006).

MT 영역 운동 분석에 참여하는 것으로 생각되는, 안쪽 관자엽에 있는 영역.

MST 영역 큰 규모의 운동 분석에 참여하는 것으로 생각되는, 안쪽위쪽 관자엽에 있는 영역.

IT 영역 대상 재인에 참여하는 것으로 생각되는, 아래 관자엽에 있는 영역.

방추 얼굴 영역(FFA) 익숙한 얼굴의 재인에 참여하는 것으로 생각되는, 특히 오른쪽 반구의 아래관자엽에 있는 영역.

중간 요약 6.2

요약 표: 시각계의 해부학적 특징

특징	중요성
각막	빛을 망막 쪽으로 굽힘
앞방	각막과 수정체에 영양을 공급하는 액체를 담고 있음
조리개	눈으로 들어오는 빛의 양을 조절하는 근육
동공	조리개에 있는 구멍
수정체	빛이 망막에 초점을 맺게 함
유리체방	수정체 뒤편의 액체가 가득한 공간
망막	광수용기와 초기 처리 뉴런이 있음
황반	주변시와 대비되는 중심시를 담당하고 있음
중심오목	상세한 시각에 전문화된, 황반에 있는 구덩이
시각신경	망막 신경절세포로부터 눈을 빠져나오는 축삭
가쪽 무릎핵	시각신경에서 입력을 받는 시상의 영역
일차 시각겉질	가쪽 무릎핵으로부터 입력을 받음; 상의 초기 처리를 책임짐
등쪽 흐름	움직임 분석
배쪽 흐름	대상 재인

요점

1 빛은 망막에 도달하기 전에 각막, 앞방, 조리개가 조절하는 동공의 구멍, 수정체, 유리체방을 거친다. (LO2)

2 망막은 시각 중간뉴런과 광수용기로 된 얇은 층이다. (LO2)

3 인간의 눈에 있는 1억 개의 막대세포는 (빛이 약한) 야간시를 담당하고, 300만 개의 원뿔세포는 (빛이 밝은) 주간시를 담당한다. (LO2)

4 인간 눈에 있는 125만 개의 신경절세포는 1억 300만 개의 광수용기가 보내는 입력을 통합하고, 시각신경의 활동전위를 통해 그 정보를 뇌로 보낸다. 시각로는 시상의 가쪽 무릎핵(LGN)으로 진행하는데, 작은 곁가지를 뻗어 시상하부 및 위둔덕과도 연결된다. (LO3)

5 일차 시각겉질(줄무늬겉질)은 뒤통수엽에 자리한다. 여기에는 형태와 움직임 부호화에 참여하는 단순겉질세포와 복합겉질세포가 있다. 움직임에 관한 정보는 등쪽 흐름에서 더 처리되고, 형태 재인에 관한 정보는 배쪽 흐름에서 더 처리된다. (LO3)

복습 문제

1 신경절세포 수용장의 크기에 따라 미세한 세부 사항에 반응하는 능력이 어떻게 달라지는가?

2 LGN과 겉질에서 오른쪽 눈과 왼쪽 눈에서 나오는 입력이 따로 분리되어 처리되는 이유는 무엇인가?

시지각

뇌는 어떻게 받아들인 입력에서 시각적 실재의 모형을 만들어낼까? 물체가 재인되려면 그전에 감각 수용기가 정보를 처리하고 더 분석해야 한다. 이를 앞에서 상향 처리라고 했다. 동시에, 들어오는 자료의 해석에는 관찰자가 물체에 관해 가지고 있는 기억, 경험, 기대가 포함되는데, 이것이 하향 처리로 이어진다.

위계

Hubel과 Wiesel이 제안한 겉질 시각 처리 모형은 단순한 세포가 점점 더 복잡한 세포에 입력을 제공하는 상향적, 위계적 구성을 시사한다. 처리의 수준마다 더 단순한 반응으로부터 더 복합적인 반응이 만들어진다. 그러한 체계의 결과로 '할머니세포', 즉 이전의 모든 입력을 조합해서 당신의 할머니가 당신을 찾아와 문 앞에 계신다고 알려주는 단일세포가 생겨날 것이다.

이 위계 모형은 뇌전증 수술이 진행 중인 환자 8명의 관자엽에 대한 단일세포기록으로부터 상당한 지지를 얻었다(Quian Quiroga, Reddy, Kreiman, Koch, & Fried, 2005; ●그림 6.25). 한 환자는 배우 Jennifer Aniston의 모든 이미지에 반응하여 발화하지만 다른 사람의 얼굴, 주요 지형지물, 또는 물체에는 반응하지 않는 세포를 갖고 있었다. 다른 환자는 배우 Halle Berry의 사진, '캣우먼' 복장을 한 영화 속 이미지, 풍자화, 심지어는 그녀의 이름을 나타내는 철자 연쇄에도 반응하는 세포를 갖고 있었다.

엄격한 위계 구조라는 발상은 많은 면에서 매력적이지만, 우리가 뇌 조직화에 관해 알고 있는 것과 완벽하게 들어맞지는 않는다. 첫째, 우리가 엄청난 수의 대상과 사건을 재인하려면 이에 반응하는 어마어마한 수의 '할머니세포'가 필요할 것이다. 세포 이용에서의 낭비는 고도로 효율적인 신경계의 특징과 어울리지 않는다. 둘째, 겉

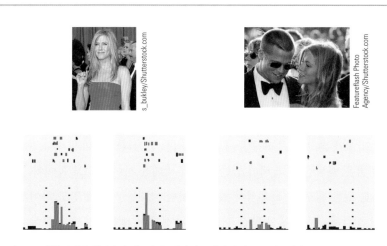

●**그림 6.25 상향 처리만 일어날까** 뇌 수술을 기다리는 환자의 세포를 기록하여 Jennifer Aniston의 모든 이미지에 반응하는 단일세포를 확인하였다. 그렇지만 이 세포는 그녀가 전 남편인 Brad Pitt와 같이 찍은 사진에는 덜 반응했다.

●그림 6.26 시각의 위계적 모형의 문제 그림에 무엇이 있는지 알아낼 수 있는가? 만일 내가 당신에게 달마티안 개 그림이라고 말한다면, 그것을 명확하게 볼 수 있는가? 이 시각 경험은 상향 처리라는 측면만으로는 설명하기 어렵다. 자극은 대상의 정체를 알고 난 뒤에도 변하지 않지만, 해석은 변한다.

From Richard L. Gregory, "The Medawar Lecture 2001 Knowledge for vision: vision for knowledge," Phil. Trans. R. Soc. B 2005 360, 1231–1251, © The Royal Society

질시각세포가 둘 이상의 자극 차원(예를 들면 방위와 움직임)에서의 변화에 같은 정도로 반응한다는 사실은 위계 모형과 일치하지 않는다. 진정한 '할머니세포'라면 아주 이상적인 자극이 있을 때만 반응하고 없을 때는 절대로 반응하지 않아야 한다. 마지막으로 위계 모형은 ●그림 6.26에 있는 무작위적인 점 패턴에 대한 우리의 반응을 설명하는 데 애를 먹는다. 우리는 일단 이 이미지가 달마티안 개를 표현한 것임을 알기만 하면, 즉각적으로 그 개의 형상을 가려낼 수 있다. 이는 달마티안 개의 외양에 대한 지식과 기억을 포함하는 하향 처리를 요구한다. 달마티안 개를 탐지하는 역할을 하는 단일겉질세포가 기억으로부터 나오는 그토록 복잡한 입력을 통합할 수 있을 것 같지는 않다.

공간 주파수

줄무늬겉질은 따로 고립된 선분과 막대보다는, 선들의 패턴에 반응할 수도 있다. 가장 단순한 선 패턴은 ●그림 6.27에 있는 **줄무늬**(grating, 격자)이다. 고주파 줄무늬는 일정한 거리당 막대가 많고, 저주파 줄무늬는 상대적으로 거리당 막대가 적다. 고대비 줄무늬는 아주 밝은 백색 옆에 흑색이 있는 것처럼 막대들 사이에 강도 차이가 크다. 저대비 줄무늬는 짙은 회색 옆에 흑색이 있는 것처럼 막대들 사이에 강도 차이가 더 미묘하다. 인간 시각계는 시야에서 발견되는 줄무늬에 대한 개략적인 수학 분석, 즉 **공간 주파수 분석**(spatial frequency analysis)을 할 수 있다(De Valois & De Valois, 1980). 이 분석법은 실재(實在)가 막대와 모서리로 이루어져 있다고 시사하는 위계적 접근법과 다르다.

줄무늬 공간 주파수에 대한 반응을 연구하기 위해서 사용되는 줄무늬 자극.
공간 주파수 분석 시야에 대한 기초적인 수학 분석으로, 시각 과정을 기술하는 방식.

줄무늬에 대한 반응을 관찰하면 우리는 다른 종(種)의 시각 세계를 들여다보는 창을 얻을 수 있다. 대비에 대한 문턱값은 폭넓은 주파수에 걸쳐서 규명될 수 있다. 즉, 균일한 회색 자극과 구분되려면 줄무늬 자극의 이웃한 막대 간의 대비가 얼마나 커야 할까? 이 질문에 대한 답으로 산출되는 그래프가 **대비 민감도 함수**(contrast sensitivity function, CSF)이다. CSF는 사람이 아닌 종으로부터도 얻을 수 있다. 동물이 균일한 자극보다 줄무늬 자극을 선택할 때 음식을 주어 줄무늬 자극에 반응하도록 훈련을 시킨다. 동물의 반응 정확성이 떨어져 우연 수준 정도가 되면 그 동물은 줄무늬 자극과 균일한 회색 자극을 더는 구별할 수 없다고 가정할 수 있을 것이다. 이런 방식으로 동물의 CSF를 밝혀낸다.

　●그림 6.28에는 사람과 고양이의 CSF를 비교해 놓았다. 높은 공간 주파수(줄무늬 선이 더 촘촘한)에서 사람은 고양이보다 시력이 좋다. 이는 인간이 고양이보다 좀 더 세세하게 볼 수 있음을 뜻한다. 다른 한편으로 고양이는 낮은 공간 주파수에서 유리한 점이 있다. 이는 담벼락에 드리워진 저주파(커다란), 저대비(짙은 회색 대 흑색)의 그림자가 사람의 주의는 못 끌지만, 고양이의 주의는 끌 수 있음을 뜻한다. 당신은 고양이가 또 유령을 쫓아가고 있다고 생각하게 될 것이다.

깊이 지각

망막에 투영된 상은 2차원이므로 시각계는 깊이감을 제공하는 여러 단서를 사용한다. 이런 단서 중 몇몇은 오직 한 눈만 필요한 **한 눈 단서**(단안 단서)이다. 도로의 가장자리같이 평행할 것으로 예상되는 선들이 수평선에서 서로 가까워지는 원근법은 화폭처럼 평평한 면에 깊이 착시를 제공하는 수백 년 된 예술적 장치이다. 표면 결, 음영, 그리고 친숙한 대상의 크기 비교 또한 2차원에서 실재감을 제공할 수 있다.

　지금까지 언급한 깊이 단서는 두 눈의 사용을 요구하지 않는다. 우리는 좀 더 효과적인 두 눈 깊이 단서도 사용할 수 있다. 인간과 기타 포식동물들처럼 눈이 전면에 있으면 두 눈은 겹치면서도 약간은 다른 시야의 상을 만든다. 두 눈의 망막에 투영된 상 사이에 생긴 차이는 **망막 불일치**(retinal disparity)를 초래한다. 우리는 불일치 정도를 깊이에 대한 강력한 단서로

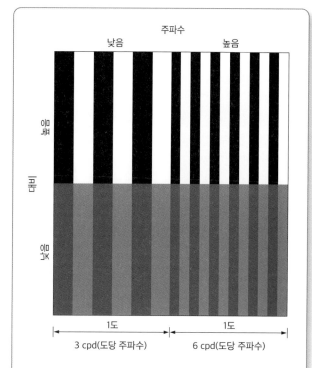

●그림 6.27 공간 주파수 시각계는 시야 내 공간 주파수를 수학적으로 분석함으로써 작동한다. 줄무늬는 주파수(제시된 폭에 있는 줄무늬의 수)나 대비(인접한 줄무늬 사이의 강도 차이)의 측면에서 설명할 수 있다.

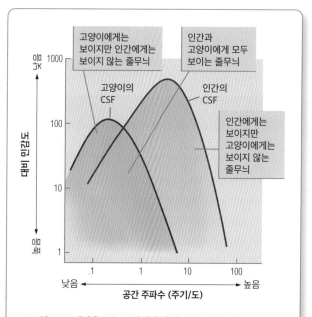

●그림 6.28 세상을 보는 고양이의 관점 대비 민감도 함수(CSF)는 균일한 회색 원판과 다르게 보이기 위해서 어느 정도의 대비가 필요한지를 공간 주파수의 함수로서 측정한다. 이렇게 얻은 고양이와 사람의 함수는 서로 유의하게 겹치었다. 그러나 여러분은 고양이보다 더 자세하게 (높은 공간 주파수를) 볼 수 있고, 고양이는 당신보다 낮은 공간 주파수를 더 잘 볼 수 있다.

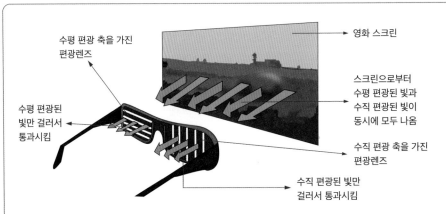

수평 편광 축을 가진
편광렌즈

영화 스크린

수평 편광된
빛만 걸러서
통과시킴

스크린으로부터
수평 편광된 빛과
수직 편광된 빛이
동시에 모두 나옴

수직 편광 축을 가진
편광렌즈

수직 편광된 빛만
걸러서 통과시킴

●그림 6.29 3D 영화는 망막 불일치를 이용한다 3D 영화는 2개의 렌즈가 있는 촬영기로 녹화하는데, 두 렌즈는 우리의 눈처럼 약 5cm 정도 떨어져 있다. 이 녹화물은 역시 2개의 렌즈가 있는 영사기로 상영하는데, 렌즈 하나는 수평 편광 필터가, 다른 렌즈는 수직 편광 필터가 부착되어 있다. 맨눈으로는 영상이 흐릿하게 보인다. 그러나 3D 안경을 사용하면, 실제 두 눈으로부터 오는 상을 결합하는 것과 유사한 경험이 만들어짐으로써 우리는 강력한 깊이감을 느끼게 된다.

대비 민감도 함수(CSF) 일정 범위의 주파수와 개인의 대비 문턱값을 일대일 대응한 함수.

망막 불일치 두 눈이 제공하는 시야에 약간의 차이가 있는 상태.

양안세포 두 눈 모두에서 들어오는 입력에 반응하는 대뇌겉질의 세포.

불일치선택적세포 세포가 선호하는 특징이 두 눈의 서로 다른 부분에서 보일 때 반응하는, 겉질에 있는 양안세포.

사용할 수 있다. ●그림 6.29에서 보는 바와 같이 3D 기술로 촬영한 영화는 망막 불일치를 이용하는데, 우리는 여기서 깊이 착시를 경험한다.

겉질에 있는 **양안세포**(binocular cell)는 두 눈이 시각 자극의 동일한 특징을 보고 있을 때 가장 활발하게 반응한다. 또한 양안세포는 망막 불일치의 정도에도 반응한다. 일부 세포는 선호하는 특징이 같은 거리에 있는 것처럼 보일 때 더 발화하며, 다른 세포는 선호하는 특징이 두 눈의 다른 부위에서 보일 때 더 발화한다. 이런 세포를 **불일치선택적세포**(disparity-selective cell)라고 한다. 우리는 이들 세포의 활동을 통합하여 망

| 일상 속 행동신경과학 |

3차원 애니메이션

당신은 3D 영화를 보고자 기꺼이 돈을 더 낼 용의가 있는 수백만 영화 애호가 중 한 사람일 수 있다. 망막 불일치에 대한 우리의 이해를 바탕으로 이 기술의 발전이 가능하게 되었다.

3D 영화 감상은 2개의 렌즈가 5cm 정도 간격으로 떨어져 있는 특수 카메라에서 시작된다. 두 눈으로 보는 장면 조망을 모방해 한 장면이 양쪽 렌즈로 동시에 촬영된다. 카메라처럼 영사기도 비슷한 간격으로 떨어져 있는 2개의 렌즈를 가지고 있다. 한 렌즈로부터 나오는 빛은 수직 편광되는데, 이는 빛 입자들이 한 방향으로만 진동하게 된다는 뜻이다. 정상적인 빛은 모든 방향으로 진동한다. 다른 렌즈는 수평 편광된 빛을 낸다. 최신 3D 영사기는 각 카메라가 기록한 영상을 초당 수백 번 바꿔주는 단일 렌즈를 사용한다.

투영된 화면 영상을 보면 상이 흐릿하다. 이런 상을 걸러내기 위해서는 특수한 안경이 필요하다. 안경의 각 렌즈에는 영사기에 있는 필터처럼 빛을 수직 또는 수평으로 편광되도록 회전시키는 탄소 필터로 막을 입힌다. 최신식 안경에는 상의 재구성을 돕는 원형 필터가 있다. 뇌는 이러한 안경의 각 렌즈에서 오는 개개의 상을 마치 두 눈에서 오는 상처럼 취급하게 되고, 그 결과 강력한 깊이 지각을 낳는다.

만일 당신이 좀 지루한 3D 영화를 보는 중이고, 이 기술의 한계를 더 탐색해 보고 싶다면, 고개를 옆으로 기울여서 영상에 무슨 일이 생기는지를 경험해 보라. 만일 당신이 원형 편광 안경이 아닌 선형 편광 안경을 쓰고 있다면, 장면이 왜곡되어 보이게 될 것이다. 뇌는 이런 장면을 해석할 수 없다. 우리는 보통 우리가 영화 스크린을 정면으로 응시하고 있음을 의식하지 못하지만, 우리 대부분이 이렇게 한다.

막 불일치를 판단한다. 앞쪽 마루엽(전측 두정엽)에서, 망막 불
일치에 관한 정보는 물체의 모양이 움직임으로 인하여 어떻
게 변하는지에 관한 판단과 결합하여, 최종적으로 그 물체의
3차원 인상을 구축한다(Durand et al., 2007; Georgieva, Todd,
Peeters, & Orban, 2008).

색상 부호화

적색, 녹색, 청색 빛은 혼합해서 모든 색을 만들 수 있으며 한
꺼번에 혼합하면 백색이 된다(백색은 프리즘이나 무지개를 만드
는 물방울에 의해 분리될 수 있다). 결과적으로 적색, 녹색, 청색
을 빛의 원색으로 간주한다(●그림 6.30). 인간 시각계는 대략
1,000만 개의 색을 구분할 수 있다.

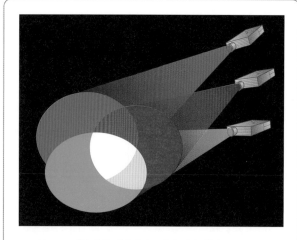

●그림 6.30 색상 혼합 원색이라고 하면 적색, 황색, 청색을
떠올릴지도 모르지만, 이는 오직 물감의 경우에만 그렇다. 빛의
세계에서는 적색, 녹색, 청색을 혼합해서 그 외의 색을 모두 형성할
수 있다. 이 세 가지 색을 모두 섞으면 백색으로 보인다.

삼원색 이론　삼원색 이론(trichromatic theory)은 인간의 색채
시가 인간이 가진 세 가지 다른 광색소에 기반한다고 본다. 우리가 전에 논의했듯이
이 세 광색소는 서로 다른 파장의 빛에 최대로 반응한다.

인간 광수용기의 유형에 관한 어떤 지식이 있기도 훨씬 전인 1807년 Thomas
Young은 인간 참가자를 대상으로 한 일련의 색상 맞추기 과제에 근거하여 색채시의
삼원색 이론을 제안하였다. Hermann von Helmholtz(1856~1866)는 세 가지 다른 색
상 수용기를 제안함으로써 Young의 이론을 확장하였다. 두 사람 모두 삼원색 이론의
공로를 인정받고 있기에 삼원색 이론은 보통 Young-Helmholtz 색채시 이론으로 알
려져 있다.

삼원색 이론이 색채시와 관련된 많은 현상을 설명한다고 하더라도, 다른 특징들은
여전히 설명되지 않은 채 남아있다. 예를 들면 ●그림 6.31에 있는 황색, 녹색, 백색, 흑
색이 있는 깃발을 응시하다가 아래 흰 면에 있는 점으로 초점을 옮기면 적색, 청색, 흑
색, 백색으로 된 더 전형적인 깃발의 잔상이 보일 것이다. 분명 색채시에는 삼원색 이
론이 설명할 수 있는 것 이상의 무언가가 있다.

대립 과정　Ewald Hering은 청색 빛과 황색 빛을 혼합하면 회색이 보이며, 색각 결함
이 있는 사람은 단순히 한 가지 색상을 보는 데 어려움이 있다기보다는 녹색과 적색
을 구분하는 능력을 잃은 것처럼 보인다는 것을 관찰하였다. 이러한 관찰 결과는 삼
원색 이론으로는 설명될 수 없었다. Hering은 1878년 저작『빛에 대한 감수성 이론에
관하여(On the Theory of Sensibility to Light)』에서 적–녹 수용기, 청–황 수용기, 흑–백
수용기라는 세 가지 유형의 수용기에 기반하여 대립 과정이라는 다른 이론을 제안하
였다.

대립 과정 이론(opponent process theory)은 시각계의 색 수용장 구성으로 뒷받침된

●그림 6.31 색채 잔상효과는
대립성을 보여준다 녹색, 황색의
태극 문양과, 백색 괘가 있는 흑색
깃발의 가운뎃점을 1분 정도
응시하고 나서, 아래 가운뎃점으로
시선을 옮기면 백색 바탕에 적색,
청색 태극 문양과 흑색 괘가 있는
전통적인 태극기를 보게 된다.

삼원색 이론 인간의 색채 시각은 세
　가지 다른 색상의 광색소 처리를
　기반으로 한다고 주장하는 이론.
대립 과정 이론 세 가지 길항적인 색상
　채널(적–녹, 청–황, 흑–백)을 기반으로
　하는 인간의 색채 시각 이론.

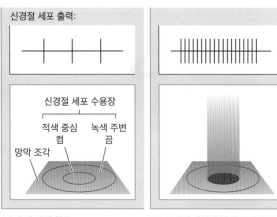
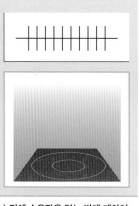
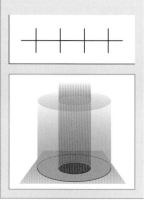

신경절 세포 출력:

신경절 세포 수용장

적색 중심 켬   녹색 주변 끔

망막 조각

(a) 휴지 상태 활동

(b) 중심에 비춰진 적색 빛에 대한 반응으로 최대 활동

(c) 전체 수용장을 덮는 빛에 대하여 활동이 감소

(d) 주변에 대한 녹색 자극으로 인하여 활동이 감소

●그림 6.32 대립 과정 이론 대립 과정 이론은 신경절세포와 LGN세포의 수용장이 색깔에 대해 길항적인 중심-주변 구성을 가지고 있다는 발견과 일치한다. 적색과 녹색에 최대로 민감한 원뿔세포는 적-녹 수용장에 이바지하고, 이는 중심-적색 주변-녹색 또는 중심-녹색 주변-적색 형태를 취한다. 적색과 녹색(이 두 빛이 합쳐지면 황색이 된다)에 민감한 원뿔세포는 청-황 수용장의 주변에 이바지하고, 반면에 청색에 민감한 원뿔세포는 수용장의 중심에 이바지한다. 황색-중심 청색-주변 수용장의 증거는 발견되지 않았다.

다(●그림 6.32). P신경절세포와 K신경절세포는 색에 차등적으로 반응하는 중심-주변 수용장을 가지고 있다. P세포는 적-녹 중심-주변 구성을 보인다. 바꿔 말하면 중심은 적색에 최대로 반응하고 주변은 녹색에 최대로 반응하는 P세포의 수용장 위치를 찾아 낼 수 있다. 다른 P세포 수용장은 녹색에 중심이 최대로 반응하고 적색에 주변이 최대로 반응한다. K세포는 청색과 황색에 반응하는 길항적 중심-주변 구성을 보인다. 그러 나 P세포와 달리 이들 청-황 신경절세포는 오직 한 가지 종류만 있다. 이 세포는 항상 청색이 중심이고 황색은 주변이며, 반대의 경우는 없다.

당신은 세 가지 유형의 원뿔세포로부터 나온 입력이 적-녹, 청-황의 네 가지 색상 의 대립을 어떻게 만드는지 의아해할 수도 있다. 적색과 녹색의 경우는 아주 단순하다. 이 신경절세포들은 적색 또는 녹색에 최대로 반응하는 원뿔세포로부터 입력을 받고 있다. 청색과 황색의 경우는 조금 다르다. 이 신경절세포들은 당연히 청색 원뿔세포로 부터 입력을 받아서, 이를 적색 원뿔세포와 녹색 원뿔세포로부터 나온 입력의 혼합과 비교하는데, 빛의 세계에서는 적색과 녹색을 합치면 황색이 된다.

색채시에 관한 두 이론 중 어느 것이 맞을까? 둘 다 맞지만 둘은 색 분석 과정의 다 른 단계에서 작동하는 것으로 보인다. Young-Helmholtz의 삼원색 이론은 망막의 세 가지 원뿔세포의 기능에 대한 정확한 체제를 제공한다. 망막 이후의 색 분석 수준에서 는 Hering의 대립 과정 이론이 관찰되는 현상에 딱 들어맞는 것처럼 보인다.

색각 결함   원뿔세포의 광색소를 부호화하는 유전자에 때때로 오류가 발생한다. 그 결 과 이런 유전자를 가진 사람들은 여러 종류의 색상에 대해 비전형적인 반응을 보이는 데, 이를 색각 결함(color deficiency)이라고 한다. 색맹(colorblindness)이라는 역사적

| 신경과학의 윤리적 이슈 |

색상 선호에 남녀 차이가 있을까

'**여**아는 분홍, 남아는 파랑'이라는 발상은 현대의 사고방식으로는 구제 불능의 성차별주의인 것으로 보인다. 왜 남아와 여아는 무슨 색이든 자신이 좋아하는 색을 선택하면 안 되는 걸까? 색상 선호에 생물학적인 근거가 있는 것일까?

색상 선호에 생물학적 근거가 있는지 조사하는 한 가지 방법은 문화적 차이를 찾는 것이다. 만일 배후에 있는 생물학적 특징이 색상 선호에 실질적인 역할을 한다면, 문화에 따른 많은 차이를 기대하지 못할 것이다. 그러나 바로 이것이 우리가 본 것이다. 폴란드 시골에 거주하는 사람들은 파란색 계열을 선호했고, 외부 사람들과 거의 접촉이 없이 살았던 파푸아 섬의 연구참가자들은 빨간색과 노란색을 선호했다(Sorokowski, Sorokowska, & Witzel, 2014). 그러나 두 집단 모두 노란빛이 도는 오렌지색을 가장 선호하지 않는 색상으로 선택하였다.

그러나 흥미로운 반전으로, Sorokowski와 그의 동료들(2014)은 두 문화에서 전체적인 선호가 달랐음에도 불구하고 남녀 간의 차이 정도가 매우 유사함을 보고했다. ●그림 6.33에서 보듯이 색상이 파란색에 가까울수록 남성들이 더 좋아했고, 여성은 싫어했다. 색상이 빨간색에 가까울수록 여성들이 더 좋아했고, 남성은 싫어했

다. 이는 선호가 서로 다른 데에 생물학적인 근거가 있음을 반드시 의미하는 것은 아니지만, 이러한 선호의 근원을 확인하기 위해서는 더 많은 연구가 필요하다.

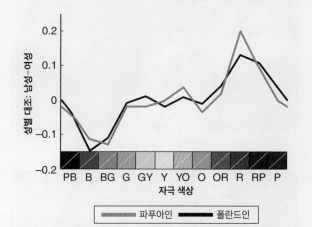

● 그림 6.33 색상 선호도의 성차 폴란드에서 파란색, 그리고 파푸아에서 빨간색과 노란색에 대한 전반적인 선호에도 불구하고, 색상 선호도의 성차 정도는 두 문화권에서 매우 유사했다. 색상이 파란색에 가까울수록 남성들이, 색상이 빨간색에 가까울수록 여성들이 더 좋아했다.

인 용어는 오해의 소지가 있다. 이런 사람은 대부분 색을 보되 대다수 사람과 약간 다르게 보기 때문이다.

원뿔세포의 광색소가 2개 있는 **이색시**(dichromacy)는 색각 결함의 가장 흔한 유형으로서 원뿔세포의 광색소 하나의 결핍이나 결함에 의해 생긴다. 적색과 녹색 광색소를 담당하는 유전자는 X 염색체에 있으므로 이런 이색시 유형의 결함은 성따름 유전이다(5장을 보라). 남성은 여성보다 이런 유형의 색각 결함을 겪을 가능성이 10배 더 크다(Hurvich, 1982). ●그림 6.34에 이 책의 필자, 그녀의 남편, 그리고 반려견인 오스트레일리안 셰퍼드가 세 가지 다른 유형의 이색시 결함을 지닌 사람들에게 어떻게 보이는지를 제시하였다.

청색 광색소가 없는 아주 드문 사례들이 있다. 청색 광색소를 담당하는 유전자는 7번 염색체에 자리하므로(Nathans, Thomas, & Hogness, 1986), 이 사례는 성따름 유전되지 않고 남녀 모두에게 비슷하게 발생한다. 더 드문 사례가 **단색시**(monochromacy)이다. 이 사례는 원뿔세포가 오직 한 유형만 있거나 전혀 없을 때 생긴다. 어느 경우든 이 사람은 색을 전혀 볼 수가 없다. 영화 〈호스 위스퍼러(The Horse Whisperer)〉에 영감을 주었던 말 조련사 Monty Roberts는 동물의 움직임과 표현을 연구하는 자신의 독특한 능력을 자신의 단색시 덕분이라고 말했다(Roberts & Scanlan, 1999). 일부 사

이색시 2개의 다른 원뿔 광색소가 있는 눈을 가지고 있음.
단색시 오로지 흑백으로만 보는 능력.

원사진

제2 색각 이상자의 경험 모사

제1 색각 이상자의 경험 모사

제3 색각 이상자의 경험 모사

●그림 6.34 **이색시를 가진 사람의 눈을 통해서 보기** 이 사진은 이 책의 필자, 그녀의 남편, 그리고 애완견 로니를 전형적인 삼색시를 가진 사람(왼쪽 위)과, 각각 중파장 광수용기(오른쪽 위), 장파장 광수용기(왼쪽 아래), 단파장 광수용기(오른쪽 아래)가 없는 이색시를 가진 사람에게 어떻게 보이는지를 보여준다.

람들은 3개의 원뿔세포를 갖고 있지만, 전형적인 파장과는 약간 다른 파장에서 최대 반응을 보인다. 이런 상태는 **이상 삼색시**(anomalous trichromacy)라고 한다. 이러한 사람들은 대부분의 사람과 약간 다른 방식으로 색 맞추기(color matching)를 하지만, 본인들은 자신이 색 맞추기를 특이하게 수행한다는 사실조차 알지 못한다. X 염색체 불활성화 과정(5장을 보라)으로 인해, 이상 삼색시인 사람의 친모는 실상은 사색시(tetracromacy)일 수도 있다(Jordan, Deeb, Bosten, & Mollon, 2010). 이런 사람들은 세 가지가 아닌 네 가지 색 광색소를 가진 경우에 예상되는 방식으로 색 맞추기를 한다.

색상 대비와 색채 항등성 지각은 진공 상태에서 일어나지 않는다. ●그림 6.35에 그려 놓은 **색상 대비**(color contrast)의 사례에서 색은 맥락에 따라 다르게 보일 수 있다. 색상

이상 삼색시 보통의 파장과는 약간 다른 파장에 반응하는 3개의 다른 원뿔 광색소를 가진 상태.
색상 대비 주변의 색상에 따라 색이 다르게 보일 수 있다는 사실.

대비 덕분에, 폴라로이드 카메라 발명가인 Edwin Land(1959)는 적색과 녹색 필터를 사용하여 사진이 대단히 다양한 색깔을 가진 것처럼 보이게 할 수 있었다. 색상 대비는 일차적으로 시각계에서 색 처리의 대립성으로 인한 효과이다.

색채 항등성(color constancy)은 어떤 물체에 떨어지는 빛이 변하더라도 해당 물체의 색이 많이 변하는 것처럼 보이지 않는 사실을 말한다. 빨간색 스웨터는 한낮에 밖에서 보든, 교실에서 실내조명으로 보든, 땅거미가 질 때 주차장으로 가는 도중에 보든 빨갛게 보인다. 여기서 또다시 Edwin Land는 이 현상에 대한 설득력 있는 설명을 제시했다. Land는 한 장면에 노출된 모든 원뿔세포의 반응이, 색 지각으로 이끄는 최종적인 국소 비교 이전에 '표준화'된다면 항등성이 발생할 것이라고 제안했다. 바꿔 말하면 뇌가 장면의 전반적인 조명을 보정하고 그에 따라 색 지각을 조정한다. 빨간색 스웨터는 서로 다른 유형의 빛 아래에서도 빨갛게 보이는데, 이는 스웨터가 장면 속의 다른 부분과 비교해서 더 빨갛기 때문이다. 국소 영역과 이웃한 영역 사이의 이러한 비교는 이중대립세포(double opponent cell)가 관리하는 것 같다 (Michael, 1985). 말하자면 이중대립세포는 시각 장면의 국소 부분에 있는 적색-녹색의 양을 그 장면의 이웃한 부분에 있는 적색-녹색의 양과 비교한다(●그림 6.36).

시각계의 생애주기 발달

우리는 영아가 무엇을 보고 있는지 알 수는 없지만, 앞서 성인과 고양이를 대상으로 발견한 것과 같은 방식으로 대비 민감도 함수(CSF)를 설정할 수 있다. 영아는 밋밋한 화면보다는 패턴을 보기 좋아한다. 만일 영아가 균일한 원보다 줄무늬를 더 오래 본다면, 영아는 둘의 차이를 볼 수 있음이 틀림없다고 가정한다. 1~3개월 사이의 영아와 성인을 대상으로 CSF를 비교해 보면 영아는 조금만 멀어도 세밀하게 볼 수 없다는 것이 명백해진다(●그림 6.37). 게다가 CSF 곡선에 따르면 영아가 성인이 보는 것만큼 보려면 대비가 더 강해야 한다. 이는 아마도 대부분 아기가 크기가 크고, 대비가 강하고, 색이 화려한 물체를 선호하는 것과 관련이 있다.

나이가 듦에 따라 우리의 시력에는 예측 가능한 변화가 일어난다. 중년이 되면 수정체는 초점 거리의 변화에 대해 더 천천히 적응한다. 이런 상태를 '**노안**(presbyopia)'

●그림 6.35 색상 대비 색을 서로 다른 배경에서 볼 때 겉으로 보이는 차이를 색상 대비라고 하는데, 이는 중추신경계(CNS)의 색상 대립성으로 인하여 나타나는 결과이다. 이 그림에 있는 모든 알파벳 철자는 실제로 같은 색상이다.

Laura A. Freberg

●그림 6.36 '드레스'와 색채 항등성 이 드레스는 사람들이 진짜 색상이 무엇인지 논쟁하면서 인터넷 현상이 되었다. 여러분은 이 드레스의 색이 검은색과 파란색으로 보이는가? 흰색과 황금색으로 보이는가? 아니면 또 어떤 다른 색으로 보이는가? 시각 과학자들은 여전히 이 현상에 대해 논쟁 중이지만, 한 가지 설명은 장면의 조명과 관련된 가정이 색채 항등성으로 인하여 드레스의 색상 판단에 영향을 준다는 것이다.

색채 항등성 대상의 색은 그 대상에 닿는 빛의 유형과는 상관없이 똑같아 보인다는 개념.

●그림 6.37 대비 민감도의 발달 성인에 비해 영아는 조금만 멀어도 세밀하게 볼 수 없다. 영아의 대비 민감도 함수를 사용하여 우리는 영아가 볼 수 없는 공간 주파수를 사진에서 제거할 수 있다. 이렇게 만든 사진이 아동의 시각 세계를 이해할 수 있게 한다.

이라고 한다. 더 나이가 든 성인은 어두운 극장에서 햇살이 비치는 야외로 나갈 때와 같은 조명의 변화에 빠르게 반응하기 힘들다. 빛의 초점을 망막에 맺게 하는 역할의 대부분을 담당하는 수정체는 평생토록 성장한다. 수정체 구조에 섬유가 계속 추가되면서 노란 색조를 띠게 된다. 이러한 색상의 변화는 노화된 망막에 해를 끼칠 수 있는 자외선으로부터 망막을 더 잘 보호하지만, 노란 수정체는 청색과 녹색의 지각을 왜곡시킨다. 노화는 동공이 더 작아지는 것과도 연관되는데, 아마도 조리개 근육이 탄성을 잃기 때문일 것이다. 동공이 더 작아지면 빛이 덜 들어오고, 결국 시각의 질에 부정적인 효과가 생긴다.

노화는 겉질의 시각 정보처리에 부정적 영향을 미친다. 젊은이와 비교해 보면, 노인의 시각겉질은 자극 제시 속도를 증가시켜도 활동이 증가하지 않는다(Cliff et al., 2013). 처리의 초기 단계에서 일어나는 이러한 변화는 고차 인지 처리에 사용할 수 있는 정보의 질에 영향을 줄지도 모른다. Schmolesky, Wang, Pu, 그리고 Leventhal (2000)은 일차 시각겉질에서 선분 방향 또는 움직임에 반응하는 뉴런에 대한 노화의 영향을 조사하였다. 이 연구자들은 젊은 원숭이에게서 측정된 뉴런의 90%가 방위 선호를, 70%가 움직임 방향에 대한 선호를 보임을 발견했다. 늙은 원숭이에게서는 뉴런의 42%만이 방위 선호를, 25%만이 움직임 방향에 대한 선호를 보였다. 노화된 뉴런은 덜 선별적이어서 시야에서 무슨 일이든 생기면 발화하는 것으로 보인다.

시각계의 장애

아주 가볍고 교정 가능한 질환부터 완전한 시력 상실까지, 다양한 질환이 시력에 지장을 준다. 안구와 망막의 문제뿐만 아니라 뇌의 중추적인 문제 역시 시각적 결손을 유발한다.

약시

약시(amblyopia)는 때때로 '게으른 눈(lazy eye)'이라고도 하며, 한쪽 눈이 물체에 초점

노안 노화의 결과로 수정체에 의한 조절의 비율과 정도가 감소한 상태.
약시 한쪽 눈이 시각 자극을 따라가면서 보지 못하는, 게으른 눈이라고도 알려진 상태.

을 맞출 수 없을 때 발생한다. 이를 치료하지 않고 놔두면, 뇌는 기능이 떨어지는 눈이 보내는 입력을 무시하는 법을 학습하게 될 것이다. 이 경우 양안 깊이 지각은 영원히 사라지게 된다.

백내장

백내장(cataracts)은 눈의 수정체가 혼탁해진 결과로 생긴다. 백내장은 나이가 들면 더 흔해진다. 그러나 아랍인이나 세파르디 유대인을 포함한 일부 인종의 경우 태어나 면서부터 백내장 비율이 높다. 백내장이 심하면 대개 혼탁한 수정체를 제거하는 외 과 수술을 한다. 수술 후에는 도수가 아주 높은 안경을 쓰거나 인공 수정체를 삽입해 야 한다. 수정체를 제거하면 색채시에도 부정적인 영향을 미칠 수 있다. 프랑스의 인 상파 화가 Claude Monet는 백내장으로 수정체를 제거한 후 거의 모든 것을 청색으로 보았다.

시력 문제

일부 흔한 시력 문제가 ●그림 6.38에 묘사되어 있다. 안구 축이 약간 길쭉하게 늘어 나면 수정체가 망막에 못 미쳐서 상을 맺는다. 이런 상태를 **근시**(myopia)라고 한다. 근시가 있는 사람은 가까운 물체는 잘 볼 수 있으나, 멀리 있는 물체는 잘 보지 못한 다. 만일 안구 축이 너무 짧으면 최상의 이미지는 망막 뒤쪽 어딘가에 맺히게 된다. 이 상태를 **원시**(hyperopia)라고 한다. 원시가 있는 사람들은 멀리 있는 물체는 상당히 잘 볼 수 있지만, 책이나 신문에 있는 글자처럼 가까운 물체는 흐릿하게 보인다. 근시 나 원시와 달리 **난시**(astigmatism)는 안구 축 길이로 인해 생기는 문제가 아니다. 난시 는 각막의 형태가 고르지 않기 때문에 생긴다. 이러한 시력 문제는 일반적으로 (안경 또는 콘택트렌즈 같은) 교정 렌즈를 쓰거나 각막 모양을 바로잡는 레이저 수술을 하면 해결된다.

백내장 수정체가 혼탁해짐.
근시 길어진 안구로 인해 발생한 시력 문제.
원시 짧아진 안구로 인해 발생한 시력 문제.
난시 각막 형태가 원인이 되어 발생하는 시각의 왜곡.

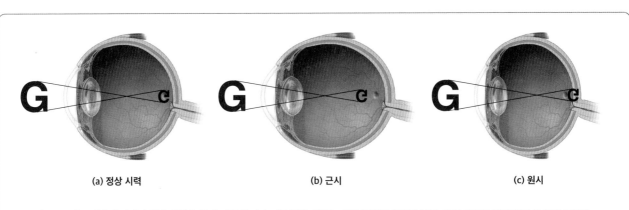

(a) 정상 시력　　　　(b) 근시　　　　(c) 원시

●그림 6.38 안구 형태가 시각의 질에 영향을 준다 너무 길거나 너무 짧은 안구는 시각 문제의 원인이 된다. 상의 초점이 망막에 못 미치거나 망막 너머에 맺히기 때문이다.

시력 상실

완전한 시력 상실은 다양한 수준에서 발생한 손상 때문에 생길 수 있다. 눈 또는 시각 신경에서 발생한 손상은 시각겉질 영역이 정상적으로 기능하는 데 필요한 입력을 막는다. 황반변성(macular degeneration)은 황반의 세포들이 죽기 시작하는 질환으로, 노인이 시력을 상실하게 되는 주요 원인 중 하나이다. 황반변성은 중심시 시력 상실과 대비 민감성 감퇴를 초래한다. 황반변성의 정확한 원인은 알려지지 않았지만 흡연, 고혈압, 비만, (인공조명에서 발생하는) 단파장 빛에 대한 노출 등이 유전적 취약성과 상호작용하는 것으로 여겨진다.

　겉질손상으로 인하여 시력을 상실한 사람들도 있다. 줄무늬겉질이 손상되면 그 환자에게는 **암점**(scotoma), 즉 보이지 않는 영역이 생기는데, 이는 겉질손상의 정확한 위치와 정도에 달려있다. 이 환자들은 종종 **맹시**(blindsight)라고 하는 특이한 현상을 보인다(Cowey & Stoerig, 1991). 이 환자들은 암점 영역에 번쩍인 불빛을 보지 못했다고 주장하지만, 대답하라고 지시하면 불빛이 나타났던 지점을 가리킬 수 있다. 이 특이한 효과의 원인은 줄무늬바깥겉질일 가능성이 높은데, 줄무늬바깥겉질에 제공된 입력은 빛에 대한 의식적 자각을 낳지 못하기 때문이다(Silvanto, 2008). 이와 같은 발견은 줄무늬겉질에 의한 처리가 시각 자극의 의식적 자각에 핵심적임을 시사한다.

　시각 회복 연구 분야는 시각장애인의 시력을 회복시킬 방법을 찾고 있다. 광수용기와 그 밑에 있는 색소상피에 영향을 주는 유전적 변이로 인해 발생하는 시각 퇴행성 질환인 색소성 망막염(retinitis pigmentosa)의 경우, 식이 보조제와 유전자 대체 치료로 증상이 일부 호전될 수 있음을 보여주었다(Geruschat & Dagnelie, 2016). 망막용 인공 기구는 망막 내 또는 후면에 삽입될 수 있다(●그림 6.39). 이 기구에서 발생시키는 전기적 자극은 양극세포 및 신경절세포와 상호작용하여 시각 지각을 어느 정도 회복시킨다(Geruschat et al., 2016). 비록 이런 회복 방식이 완전히 성공하려면 아직 멀었지만, 환자들은 방향 잡기, 움직임, 일상생활 그리고 타인과의 상호작용에서 능력이 향상되었다고 보고했다. 인공 기구 기술이 향상됨에 따라 시력이 더 정상적인 상태로 회복될 가능성이 커질 것이다.

시각 실인증

시각 실인증(visual agnosia)은 자극을 볼 수는 있으나 본 것이 무엇인지 인식하는 데 어려움이 있는 장애이다. 'agnosia'라는 단어는 '앎이 없는'이라는 뜻의 그리스어에서 유래했다. 시각 실인증이 있는 어떤 환자는 당근의 이미지를 보고서 "나는 어렴풋한 생각조차 떠오르지 않는다. 아래 뾰쪽한 부분은 단단해 보이고 다른 쪽은 깃털 같다. 빗 같은 종류가 아니라면 사리에 맞아 보이지 않는다"라고 말했다(Humphreys & Riddoch, 1987, p. 59). 이 환자는 자극의 주요 특징(뾰쪽한 끝, 잎사귀 파란 부분)에 주의를 두면서도 대상을 인식하지 못했다.

암점 보통 중풍이나 그 외 뇌 부상에 의한 중추적 손상으로 인하여 보이지 않게 된 시야의 영역.

맹시 시야의 일부가 의식적으로는 지각되지 않지만, 무의식적으로는 줄무늬바깥겉질에 의해 지각되는 이상 상태.

시각 실인증 자극은 볼 수 있지만, 무엇을 보고 있는지를 파악하지 못하는 장애.

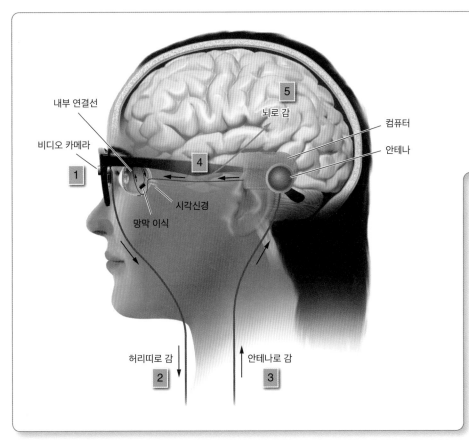

●그림 6.39 '생체 공학 눈'은 사람이 '볼 수 있게' 돕는다. Second Sight사의 Argus 망막 이식을 하게 되면, 환자의 안경 내에 부착된 카메라가 망막에 수술로 삽입한 전극 배열로 이미지를 전송한다. 양극세포와 신경절세포가 이미지 신호를 잡아내고, 뇌로 전송한다.

얼굴인식불능증(prosopagnosia, 안면실인증) 환자는 시력은 정상이지만 자신이 알고 있는 사람들의 얼굴을 알아볼 수 없다. 이 환자들은 한 얼굴을 다른 얼굴과 구분하거나 얼굴 사진을 보고 그 사람의 성별을 구분할 수 있다. 그러나 자신이 알고 있는 사람들의 얼굴, 심지어 거울에 비친 자신의 얼굴도 알아볼 수 없다. 앞에서 언급했듯 방추 얼굴 영역(FFA)이 얼굴 재인을 담당한다. 비록 일부 사례들에서는 유전적 원인이 있음을 시사하는 가족력이 있을 수 있지만, 보통 얼굴인식불능증은 뇌졸중 또는 다른 사고

얼굴인식불능증 아는 사람의 얼굴을 알아보지 못함.

| 슬기로운 *건강 생활* |

당근을 먹으면 시력 향상에 도움이 될까

여러분의 어머니는 '눈을 위해서' 당근을 먹으라고 격려했을지도 모르는데, 이 식단이 눈 건강에 중요할 거라고 말씀하시는 어머니는 역시나 옳다. 미국검안협회(American Optometric Association, 2017)는 백내장과 황반변성을 포함하여 특정 눈 질병의 위험을 줄이는 다수의 영양소를 열거했다.

루테인(lutein)과 제아크산틴(zeaxanthin)은 녹색 잎채소와 달걀에서 발견된다. 이러한 물질의 섭취와 백내장 및 황반변성의 위험은 부적 상관관계가 있다. 과일과 채소로부터 얻는 비타민 C는 백내장 위험을 낮추고, 다른 유형의 시력 상실의 진행을 늦출 수 있다.

견과류, 영양 강화 시리얼, 고구마에서 발견되는 비타민 E는 유리기(free radicals)가 일으키는 손상으로부터 눈을 보호한다. 일부 어류에서 발견되는 오메가-3 지방산은 눈의 정상적인 발달과 망막 기능 유지를 돕는다. 마지막으로 아연은 간에서 망막으로 비타민 A를 이동시키는 데 관여한다. 보통 아연은 눈에 매우 높은 농도로 있으며, 아연이 부족하면 시각 문제가 생길 수 있다.

식생활이 장년기의 시력 유지에 이바지하는 유일한 요인은 아니지만, 분명히 좋은 출발점일 수 있다.

로 인한 FFA의 손상과 관련이 있다(Kennerknecht et al., 2006). 유명한 비교행동학자 Jane Goodall은 자서전에서 자신이 일종의 얼굴인식불능증을 지니고 있음을 고백하였다(Goodall & Berman, 1999). 이런 어려움이 침팬지를 관찰하는 그녀의 놀라운 능력에 아무런 방해가 되지 않았음은 분명하다.

중간 요약 6.3

‖ 요약 표: 주요 시각장애

장애	증상	원인	치료
백내장	가벼운 빛 막힘부터 완전 시각 상실까지; 색채 시각의 왜곡	수정체가 혼탁해짐	수정체를 수술로 제거
근시	멀리 있는 대상을 보기 어려움	안구 축이 길어짐	교정 안경, 레이저 수술
원시	가까운 대상을 보거나 책을 읽기 어려움	안구 축이 짧아짐	교정 안경, 레이저 수술
난시	멀리 있는 대상을 보기 어려움	고르지 않은 각막 형태	교정 안경, 레이저 수술
암점	시야에 안 보이는 영역이 있음	중풍, 시각겉질에 물리적 상해	없음
얼굴인식불능증	친숙한 얼굴을 알아보지 못함	방추이랑의 손상	없음

‖ 요점

1 겉질은 위계적 처리 또는 대비와 주파수에 대한 기초적인 수학 분석을 통해 시각적 현실을 구축한다. (LO4)

2 깊이 지각은 한 눈 단서와 두 눈 단서에서 비롯된다. (LO4)

3 색채 지각의 삼원색 이론은 우리가 서로 다른 파장의 빛에 차별적으로 반응하는 세 유형의 원뿔세포 광색소를 가지고 있다는 사실에 근거하고 있다. 우리의 시각계는 또한 적-녹, 청-황 대립 패턴을 보여준다. (LO4)

4 영아는 같은 거리에서 성인만큼 자세하게 보지 못한다. 노안, 빛의 변화에 대한 느린 반응, 수정체의 노란 색조, 작아진 동공, 시각 입력에 대한 겉질반응의 낮아진 민감성 때문에 노인은 낮은 시각의 질을 경험한다. (LO5)

5 다양한 질환이 시각에 손상을 입히는데, 그 수준이 눈일 수도 있고, 뇌일 수도 있다. (LO6)

‖ 복습 문제

1 대비 민감도 함수(CSF)로 유기체가 무엇을 볼 수 있는지를 어떻게 알 수 있는가?

2 색각 결함의 사례들이 색채시의 본질에 관해 알려주는 바는 무엇인가?

돌아보기

생각할 문제

1. 만일 당신이 주간시 또는 야간시 중 하나를 잃어야만 한다면, 어느 것을 포기할 것이며 그 이유는 무엇인가? 당신 선택의 결과는 어떻게 될 것인가?

2. 만일 지구에 도달하는 자외선의 수가 증가하여 수정체가 더 노랗게 되는 진화가 선호된다면, 이는 우리가 지각하는 색에 어떤 영향을 미칠 것인가?

3. 현재 미국의 몇몇 주들은 노인 운전자의 시력 검사를 정기적으로 실시한다. 노화의 전형적인 시력 변화에 관한 지식을 바탕으로 어떤 유형의 검사를 추천하는가?

핵심 용어

7 장

항상성, 동기, 보상

학습 목표

LO1 항상성, 설정값, 동기부여라는 용어들을 구별한다.

LO2 유기체가 체온을 조절하는 데 사용하는 행동적, 신체적 적응을 설명한다.

LO3 마시기를 개시하고 멈추는 데 사용되는 기제를 설명한다.

LO4 먹기 개시와 배부름을 일으키는 기제를 설명한다.

LO5 건강한 섭식과 병적인 섭식을 구별한다.

LO6 보상과 쾌락의 느낌에 대한 생물학적 상관물을 평가한다.

개요

슬기로운 건강 생활 (의학적 이상 징후로서의) 열의 혜택을 이해하기

연구 비하인드 삼킨 풍선과 쪼르륵하는 위

일상 속 행동신경과학 영양사와 영양학자

신경과학의 윤리적 이슈 과체중이거나 비만이 되면 얼마나 위험할까

항상성과 동기부여

우리가 특별히 신경 쓰거나 의식적으로 노력하지 않아도 우리 몸은 **항상성**(homeostasis)을 유지한다. 심리학자 Walter Cannon(1932)이 만든 용어인 항상성은 일정한 내적 균형을 유지하도록 생리적 과정을 조절하는 유기체의 능력을 말한다. 조절 체계는 항상성을 유지하기 위해 체온, 체액 수준, 체중 같은 변인들에 대한 일정한 **설정값**(set point)을 적극적으로 지킨다. 이런 설정값을 지키는 것은 가정 난방기의 온도 조절 장치와 유사하다(●그림 7.1). 만일 방 안 기온이 설정값 아래로 떨어지면 보일러가 켜진다. 희망 온도에 도달하면 보일러는 다시 꺼진다.

신경계는 신체가 이상적인 상태에서 벗어나는 것을 빠르게 감지한다. 일단 결손이 인지되면 신경계는 적합한 내적 조정을 수행하고, 이상적인 상태로 되돌리도록 설계된 행동에 동기를 부여한다. **동기부여**(motivation) 과정은 목표를 향한 행동을 활성화하고, 그 방향을 잡아준다. 항상성이 깨지면 신경계는 먼저 목마름 또는 배고픔 같은 추동 상태(drive state)의 형태로 긴장과 불편함을 생성하여 행동을 활성화한다. 추동 상태는 생리적 욕구에 반응하여 발생하고, 이러한 욕구가 만족되면 안도감이 생기면서 다시 사라진다. 일단 유기체가 추동 상태로 활성화되면 특정한 문제를 해결하기 위한 행동을 가동한다. 항상성을 복구하기 위해 선택된 행동은 마구잡이가 아니다. 우리는 배고픔 단서에 물을 마시는 반응을 하지는 않는다. 대신에 신경계의 활동은 반드시 우리가 구체적으로 음식을 찾도록 동기를 부여한다.

동기의 추동 이론은 '떠밀기' 이론으로 알려져 있다. 유기체는 긴장과 불편함이 감소하는 목표를 향해 떠밀린다. 그러나 모든 동기부여된 행동이 이런 방식으로 작동하지는 않는다. 다른 경우에는 유기체가 보상과 유인을 기대하고 목표를 향해 '이끌린다'(Deci & Ryan, 2000). 우리가 배고픔을 느낄 때 음식을 찾게 되는 것이 사실이지만,

●그림 7.1 설정값 우리의 많은 생리적 체계에 대한 설정값은 가정의 온도 조절 장치에 대한 설정과 상당히 비슷하게 작동한다. 설정값에서 벗어나면 그 체계가 항상성, 즉 평형 상태로 되돌리는 행동(히터나 에어컨 켜기)을 개시한다.

항상성 생리적 평형 또는 균형 상태.
설정값 조절 체계가 지키는 중심 체온 또는 특정한 체중 같은 값.
동기부여 행동을 활성화하고 그 방향을 잡아주는 과정.

정말 맛있는 무언가를 먹는 동안 즐거움을 느낄 것으로 예상되면 더는 음식이 필요하지 않을 때조차 먹고 싶은 동기가 생긴다.

심리학자들은 배고픔과 목마름 같은 기초적인 욕구부터 성취와 소속 같은 더 인지적인 동기까지 폭넓은 범위의 동기부여된 행동을 연구한다. 이 장에서 우리는 체온, 목마름, 배고픔의 조절에 관여된 모형 체계들에 초점을 맞출 것이다. 또한 우리는 보상과 쾌락의 일반적 기제를 살펴본 뒤, 이어지는 장들에서 성 동기(8장) 및 학습과 의사결정에 미치는 보상의 영향(10장)을 탐색할 것이다.

체온 조절

체온 조절은 우리가 지금까지 논의해 온 항상성 체계의 중요한 특징을 모두 포함하고 있다. 여기에는 정확하게 정의된 설정값, 설정값에서 벗어나는 편차를 탐지하는 기제, 마지막으로 설정값을 회복하도록 설계된 내적 요소와 행동적 요소가 있다.

동물은 꽁꽁 얼어붙은 극지방에서 찌는 듯한 적도의 정글까지 외부 기온이 극적으로 변하는 환경에서 거주한다. 일부 박테리아는 해양저의 뜨거운 화산 통기구에 존재한다. 극단적인 기온은 살아있는 세포의 화학적 특성에 영향을 미치고 생명에 제약을 가한다. 만일 기온이 너무 낮으면 세포 내에 얼음 결정이 형성되고 세포막이 훼손된다. 기온이 높으면 세포 기능을 수행하는 데 필요한 단백질이 불안정해진다. 사는 곳이 어디든 동물들은 반드시 체세포의 정상적인 활동에 이상적인 내부 체온을 유지해야만 한다.

체온을 유지하는 적응

다양한 환경에서 최적의 체온을 유지할 수 있도록 돕는 두 가지 해결책이 진화했다. 포유류와 조류는 내적 신진대사 활동을 통해 체온을 유지하는 능력을 갖추고 있기 때문에 **항온동물**(endotherm; 'endon'은 그리스어로 '내부'를 의미함)이라고 한다. 양서류, 파충류, 그리고 어류는 이상적 체온을 유지하고자 햇볕을 쬐거나 바위 뒤 그늘로 숨는 방식의 외부 요인에 의존하기 때문에 **변온동물**(ectotherm; 'ektos'는 그리스어로 '외부'를 의미함)이라고 한다. 모든 동물이 유지하는 내부 체온은 서로 몇 도 차이 안 나는 범위에 있기 때문에, '온혈(warm-blooded)'과 '냉혈(cold-blooded)'이라는 일반적인 용어는 오해의 소지가 있다. 항온동물과 변온동물은 단순히 표준 체온을 유지하는 데 다른 방법을 사용할 뿐이다.

체온 유지는 동물의 표면적 대 체적 비율(surface-to-volume ratio)에 영향을 받는다. 전반적인 몸의 체적이 클수록 신진대사 활동으로 더 많은 열이 발생한다. 또한 주변 환경에 열을 빼앗기는 양은 표면적에 비례한다. ●그림 7.2에 제시한 바와 같이 작은 동물일수록 큰 동물보다 전체 체적 대비 표면적이 더 크다. 따라서 작은 동물은 일

항온동물 체온을 유지하기 위해 땀을 내거나 몸을 떠는 등 내적 방법을 사용할 수 있는 동물.

변온동물 체온을 유지하기 위해 햇볕이나 그늘로 이동하는 등 외적 방법에 의존하는 동물.

●그림 7.2 **표면적 대 체적 비율이 체온 조절에 영향을 미친다** (a) 동물의 표면적 대 체적 비율이 높을수록 중심 체온을 유지하기 위하여 더 부지런히 일해야 한다. 열 손실의 양은 신체 표면적에 비례하며, 신체 체적은 신진대사 활동으로 발생하는 열의 양을 결정한다. 작은 동물일수록 표면적 대 체적 비율이 크기 때문에 인간과 같은 더 큰 동물에 비해 중심 체온을 유지하기 힘들다. (b) 쥐는 표면적 대 체적 비율이 인간이나 코끼리보다 크다. 결과적으로 쥐는 중심 체온을 유지하기 위하여 인간이나 코끼리보다 더 열심히 일해야 한다.

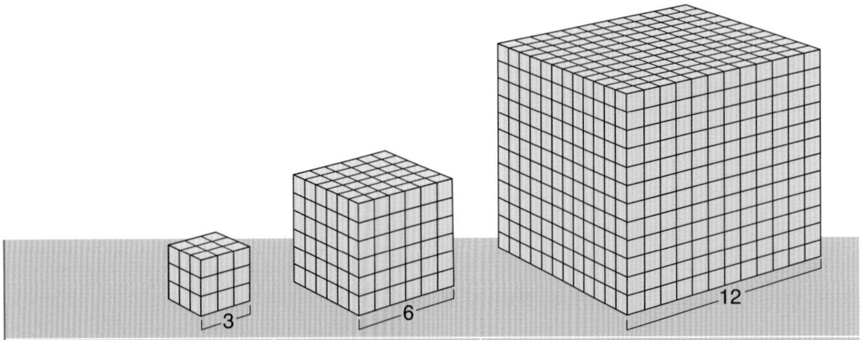

쥐―1:6.67

사람―1:35.3

코끼리―1:150

	3	6	12
표면적	54	216	864
체적	27	216	1728
표면적 대 체적 비율	2:1	1:1	1:2

(a)　　　　　(b)

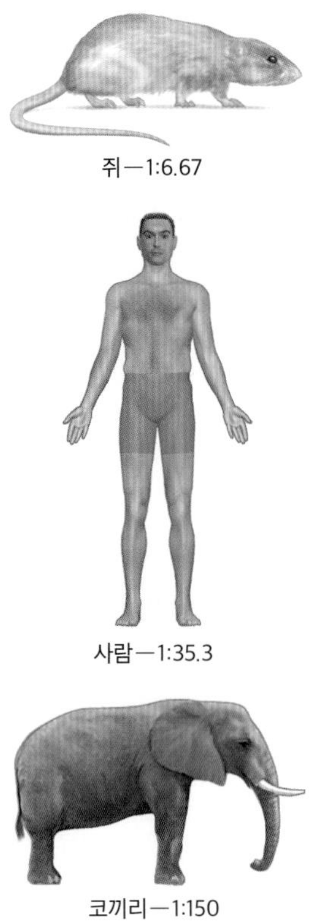

정한 체온을 유지하기 위하여 더 많은 에너지를 사용해야 한다.

종 내에서 동물들은 특정한 환경적 상태에 적합한 특징들을 진화시켰다. 한대 기후에 사는 동물들은 작고 다부진 몸에 짧은 다리, 꼬리, 귀를 갖고 있다. 이는 표면적을 줄여 열을 적게 손실하기 위함이다. 반면 온난 기후에 사는 동물들은 표면적을 키워 열 손실을 촉진하기 위해 호리호리한 몸통, 기다란 사지와 꼬리 등을 갖고 있다. (●그림 7.3). 분명히 예외가 많기는 하지만, 이런 경향은 사람에게도 보인다.

더위와 추위에 대한 항온동물의 반응

항온동물은 체온 설정값에서 벗어난 편차에 대하여 다양한 자동적 내부 반응을 보인다. 사람은 37도의 설정값을 지킨다. 내부 체온이 이 설정값 이하로 떨어지면 우리는 오한으로 몸을 부들부들 떤다. 몸의 떨림은 근육경련으로부터 생겨나는데, 이는 이가 딱딱거릴 정도로 심해질 수 있다. 오한에 관여하는 근육 활동은 고비용의 에너지를 쓰면서 열을 생성한다. 혈관은 수축함으로써 혈액 대부분을 열 손실이 가장 큰 피부 표면에서 더 멀어지도록 한다. 어떤 경우에는 혈관수축이 지나쳐서 ●그림 7.4에 제시된 레이노병(Raynaud's disease)이라는 질환을 일으키기도 한다.

몸을 떨어도 몸이 차가운 상태가 계속되면, 갑상샘은 갑상샘호르몬을 더 많이 방출

●그림 7.3 종 내에서 일어나는 기후 적응 온난 기후에 사는 동물은 호리호리한 몸통과 기다란 사지와 꼬리를 가짐으로써 열을 확산시킨다. 한대 기후에 사는 동물은 작고 다부진 몸과 짧은 다리, 꼬리, 귀를 가짐으로써 열을 아낀다. 위의 여우들은 각각 온난(왼쪽), 온대(가운데), 북극(오른쪽) 기후에서 발견된다.

한다. 높은 갑상샘호르몬 수준은 몸을 따뜻하게 만드는 전반적인 신진대사 활동 증가와 연관되어 있다. 갑상샘 활동의 결손은 흔히 정상보다 낮은 환자의 체온에 근거해서 진단한다(Barnes & Galton, 1976). 크기가 작은 동물과 인간 유아는 교감신경계가 갈색지방세포(brown fat cell)의 신진대사 활동을 더 크게 자극함으로써 추위에 반응한다. 갈색지방세포는 주로 몸통의 중요 기관과 가까운 곳에 자리한다. 이 지방세포는 에너지 생성을 담당하는 세포기관인 미토콘드리아가 많아서 갈색으로 보인다.

체온이 아주 따뜻해지면 특정한 일군의 반응이 실행된다. 땀은 기화 작용을 통해서 피부를 식힌다. 더운 환경에서 피부 표면에 가까운 혈관은 확장되어 외부로 열 손실이

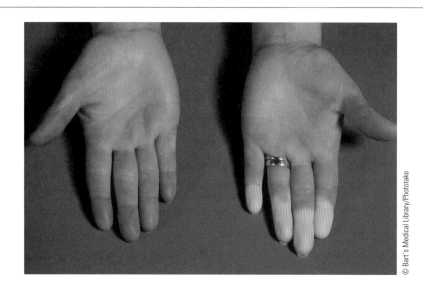

●그림 7.4 레이노병은 추위에 극단적인 반응을 보인다 혈관은 보통 추위에 대한 반응으로 수축한다. 레이노병의 경우 이러한 수축이 극단적으로 일어나서, 이 병이 발생한 손(발)가락에 혈액 순환 부족을 야기한다. 레이노병이 있는 사람은 급격한 추위를 피하고, 냉동고에서 음식을 꺼낼 때는 장갑을 끼는 등 조심해야 한다.

더 많이 생기도록 한다. 그 결과 사람들은 체온이 올라가면 얼굴이 홍당무가 되는 경우가 종종 있다.

인간의 중심 체온 편차

몸의 중심 체온(core temperature)이란 머리와 몸 내부의 중요 기관을 위해 유지되는 체온을 의미한다. 피부 겉면의 온도가 급격하게 변화해도 우리는 생존할 수 있지만, 우리 중심 체온에는 아주 작은 편차만 생겨도 심각한 결과가 초래될 수 있다.

정상적인 중심 체온 설정값을 유지하는 능력이 교란되면 일과성 열감(hot flash)이 생길 수 있다. 일과성 열감은 약 80%의 여성이 폐경기 즈음에 몇 달 혹은 몇 년씩 경험하는 것으로 식은땀, 홍조, 두근거림, 몸이 덥다는 주관적인 느낌 등이 수 초에서 수 분 동안 지속되는 특징이 있다. 일과성 열감은 줄어든 에스트로겐 수준으로 인한 교감신경계 활성화의 변화로부터 발생한다(Freedman, 2013). 이 교감계 활동은 중심 체온을 약간 올리면서 오한과 발한 간의 체온 범위를 좁히는 효과가 있다. 일과성 열감은 잠을 깊이 자지 못하는 것과 연관되어 있기 때문에 자주 발생하면 여성의 삶의 질에 영향을 줄 수 있다(Savolainen-Peltonen, Hautamaki, Tuomikoski, Ylikorkala, & Mikkola, 2014).

우리는 모두 겨우 몇 도 오른 **열**(fever)이 얼마나 괴롭게 느껴지는지 알고 있다. 41도가 넘는 심한 고열은 뇌손상을 일으킬 수 있다. 아파서 열이 나는 것은 박테리아 또는 바이러스의 화학적 부산물, 즉 발열원이 뇌로 침입했을 때인데, 이로 인해 뇌는 중심 체온 설정값을 37도에서 39도로 올리게 된다. 이 과정이 정확히 어떻게 발생하는지는 뇌 기제와 체온에 관한 다음 절에서 살펴볼 것이다. 체온은 새로운 설정값에 이를 때까지 서서히 오른다. 불편감이 있기는 하지만 열은 질병과 싸우는 데 이로운 효과가 있다(Kluger, 1991; Roth, 2006).

열이란 체온의 설정값을 세심하게 제어하면서 증가시킨 것이다. 이와 대조적으로 열사병(heat stroke), 즉 **고열**(hyperthermia)은 신체의 정상적인 보정 작용(땀 흘리기, 피부 근처 혈관의 확장 등)으로 신체 중심 체온을 정상 범위 내에 유지할 수 없을 때 발생한다. 만일 사람의 중심 체온이 40도를 넘게 되면 공격성과 현기증, 혼란 상태가 나타날 수 있다. 이 경우 발한이 멈추고, 따라서 고열 문제가 악화한다. 열사병은 생명을 위협하는 상태이기 때문에 열사병 환자에게는 즉각적인 의료 지원이 필요하다(Weinmann, 2003).

열사병은 고온다습한 환경에서 격렬한 신체 활동에 몰두하거나 무거운 복장을 하고 있는 경우에, 즉 몸이 과도한 열을 제거할 수 있는 능력이 제한된 상태에서 종종 발생한다(●그림 7.5). 일반적으로 오직 질병 때문에 생기는 것은 아니지만, 열사병은 면역계 기능과 상호작용한다(Carter, Cheuvront, & Sawka, 2007; Lim & Mackinnon, 2006). 감염증이 있는 사람들은 훈련 중에 열사병을 일으킬 가능성이 더 크다.

열 질병을 일으키는 유기체를 제거하는 데 종종 도움이 되는, 체온 설정값의 세심하게 제어된 증가.

고열 중심 체온이 제어할 수 없는 방식으로 정상 한계를 넘어서서 상승한, 생명을 위협하는 상태.

●그림 7.5 열사병 따뜻한 날씨에서 두꺼운 옷을 입고 신체 활동을 할 때는 언제나 열사병에 걸릴 위험이 있다. 군인들은 종종 열이 빠져나가지 않는 방호복을 입는다. 사진 속의 군인은 아프가니스탄 임무 수행 중에 열을 식히려고 노력 중이다.

많은 향락용 약물과 치료제가 고열을 일으킬 수 있다. 약은 열 발생을 증가시키거나, 열 발산을 방해하거나, 또는 두 기능을 모두 수행한다(Hayes, Martinez, & Barrueto, 2013). 암페타민, 코카인, 엑스터시(MDMA)를 비롯한 흥분제는 특히 정상적인 체온 조절을 방해할 가능성이 크다. 선택적 세로토닌 재흡수 억제제(selective serotonin reuptake inhibitor, SSRI), 모노아민 산화효소 억제제(monoamine oxidase inhibitor, MAOI), 삼환계 항우울제를 포함한 항우울제는 체온에 지장을 줄 수 있다. **세로토닌증후군**(serotonin syndrome)은 근육 경직과 고열을 일으키는데, 이는 여러 유형의 항우울제 동시 사용, 항우울제 과다 복용, 치료적 효과를 얻기 위한 항우울제의 점진적 용량 증가 등으로 인해 생길 수 있다(Buckley, Dawson, & Isbister, 2014). 세로토닌증후군이 가장 위험한 경우는 약물이 5-HT2 세로토닌 수용체에 효능제로 작용할 때이다. 세로토닌 수용체의 다른 하위 유형에 작용하거나 세로토닌 길항제로 작용하는 약물은 일반적으로 세로토닌증후군의 위험이 없다(Buckley et al., 2014).

낮은 중심 체온 역시 생명을 위협한다. 길을 잃은 도보 여행자와 바다에서 수영하던 사람들이 **저체온증**(hypothermia, 낮은 중심 체온)으로 죽는 경우가 많다. 저체온증은 중심 체온이 35도 이하로 떨어지면 발생한다. 통제할 수 없는 강한 오한, 불분명한 발음, 통증, 그리고 불편감이 생긴다. 31도 이하가 되면 동공이 확장되고, 행동이 술 취한 사람과 유사해지며, 천천히 의식을 잃는다(Danzl & Pozos, 1994).

심장발작, 뇌경색, 또는 개심 수술 뒤에 따르는 뇌손상을 줄이기 위해서 의도적으로 가벼운 저체온증을 유도하는 방법이 흔히 사용된다(Groysman, Emanuel, Kim-Tenser, Sung, & Mack, 2011; Nolan et al., 2003). 특수한 침상, 정맥 주입 용액, 얼음 등을 활용하여 체온을 낮출 수 있다. 비록 체온을 낮추는 것이 어떤 기제를 통해서 손상을 방지하는지 완전히 밝혀지지 않았지만, 뇌로 가는 혈액 공급이 방해받을 때 발생하는 전

세로토닌증후군 근육 경직과 고열이 특징인, 생명을 위협하는 상태. 치료 목적이나 향락용 약물의 사용으로 인하여 생김.

저체온증 31도 이하의 치명적일 수 있는 중심 체온.

[의학적 이상 징후로서의] 열의 혜택을 이해하기

열은 불편할 뿐만 아니라 진화적 관점으로 보면 비용이 많이 든다. 중심 체온이 올라가기 위해서는 신진대사가 엄청나게 활발해져야 한다. 많은 다양한 유형의 종에 걸쳐서 나타나는 이러한 비용이 뒷받침되려면, 열은 종에게 실질적인 혜택이 있어야만 한다.

질병을 유발하는 많은 유기체는 감염되는 동물이나 사람이 견딜 수 있는 온도 범위보다 훨씬 좁은 범위에서만 살 수 있다. 바이러스는 40도보다 37도에서 생존율이 250배 더 높다. 숙주가 설정값을 올리면 침입한 많은 유기체가 죽는데, 이는 면역계가 신체로부터 병원체를 제거하는 과업을 도와준다. 아스피린과 비슷한 화학물질

인 살리실산 나트륨을 사용해 열이 오르지 못하게 만들면 박테리아에 감염된 동물의 치사율이 올라간다(Bernheim & Kluger, 1976).

열이 감소시키는 많은 병원균 중에는 상기도(上氣道) 질병의 원인인 바이러스, 그리고 임질과 매독의 원인인 박테리아가 있다. 항생제가 발견되기 전에는 매독에 걸린 환자를 열이 나도록 일부러 말라리아에 감염시켰다(Bruetsch, 1949). 이러한 열의 잠재적인 혜택 때문에, 현재 의료계에서는 다른 건강 위험 요소가 당장 존재하거나 불편함이 지나친 경우에만 열을 내리는 목적으로 약을 사용하는 것을 권하고 있다(Kramer & Campbell, 1993).

형적인 부정적 반응, 예를 들면 유리기(free radicals), 흥분성 신경화학물질, 그리고 칼슘의 활동 증가 등을 냉각 상태가 무력화할 가능성이 크다(Greer, 2006). 조심스럽게 저체온증을 유도하면 뇌손상을 막을 수 있을 뿐 아니라 부상 후의 재생 과정도 촉진되는 것으로 보인다(Yenari & Han, 2013).

체온 조절의 뇌 기제

체온 조절은 생존에 너무나 중요해서 단일 체계가 전담하지 않는다. 체온 조절은 척수에서 시작하여 뇌줄기를 거쳐 시상하부에 이르는 위계적 구조물들의 활동에서 나오는 결과이다. 체온 변화에 대한 민감도는 이 위계가 높아질수록 더 낮은 수준에서 더 높은 수준으로 증가한다. 척수처럼 낮은 수준에서는 동물의 중심 체온이 설정값에서 2~3도 정도 차이가 날 때까지 반응이 일어나지 않는다. 척수 부상이 있는 환자의 경우 뇌줄기와 시상하부에 의한 체온 조절에 지장이 있다. 이들은 자신의 팔과 다리의 체온을 조절할 수 없는 상태를 빈번하게 호소한다. 더 높은 위계에서는 아주 정교한 온도 조절 장치가 작용한다. 시상하부는 중심 체온이 이상적인 설정값에서 0.01도라도 벗어나면 보정 절차를 가동한다(Satinoff, 1978).

● 그림 7.6에서 시상하부의 **시각앞구역**(preoptic area, POA)은 앞쪽 시상하부(anterior hypothalamus)와 사이막(septum)에 인접한 영역들과 함께 온도수용기로부터 들어오는 정보를 통합하여, 구조물이 높은 중심 체온 상태에 적절한 반응(헐떡거림, 발한, 혈관 확장 등)을 촉발하게 한다. 뒤쪽 시상하부(posterior hypothalamus)는 낮은 중심 체온에 대한 반응(오한과 혈관수축 등)을 시작시키는 일을 담당한다. 시상하부는 피부 수용기와 척수로부터 입력을 받을 뿐 아니라 시상하부 자체 내에 있는 온도수용기가 반영하는 중심 체온에도 민감하다.

POA에는 체온 설정값에 기여하는 세 가지 유형(온감, 냉감, 온도 무감)의 뉴런이 들

시각앞구역(POA) 체온 제어를 포함한 다수의 조절 기능에 관여하는 시상하부의 부분.

어있다. 온감 뉴런은 POA의 30% 정도를 차지한다. 온감 뉴런은 피부와 척수에 있는 온도수용기로부터 입력을 받을 뿐 아니라 자신의 세포막에 내장된 수용기를 가지고 있는데, 이는 고추의 매운 감각을 주는 성분인 캡사이신에 민감한 입안의 수용기와 유사하다. 이 수용기들은 자기 구역에 있는 뇌와 혈관의 온도 변화에 직접적으로 반응한다. 온감 뉴런은 기저 수준의 활동을 유지하고 있다가 중심 체온이 37도를 넘어설 때 활동이 급격히 상승한다. 온감 뉴런은 출력을 시상하부의 뇌실곁핵(paraventricular nucleus, PVN, 실방핵)과 가쪽 핵(lateral nucleus)으로 보내고, 이어서 이 구조들은 땀 흘리기 등 열을 발산하도록 설계된 부교감신경계 활동을 작동시킨다.

냉감 뉴런은 POA의 5% 정도를 차지하지만, 더 많은 수가 뒤쪽 시상하부에서 대량으로 발견된다. 이 뉴런들은 피부와 척수에 있는 온도수용기로부터 입력을 받는다. 그러나 온감 뉴런과는 달리 냉감 뉴런에는 근처의 뇌와 혈액의 차가움을 감지하는 특별한 세포막 수용기가 없다. 대신에 냉감 뉴런은 온감 뉴런으로부터 억제성 입력을 받는다. 중심 체온이 37도

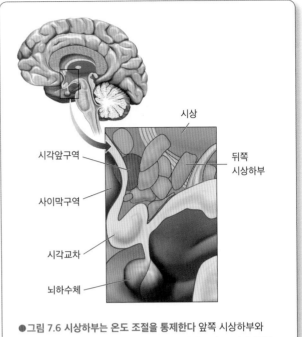

●그림 7.6 시상하부는 온도 조절을 통제한다 앞쪽 시상하부와 사이막의 인접 영역과 함께 시상하부의 시각앞구역(POA)은 중심 체온이 평균보다 높으면 숨을 헐떡이거나, 땀을 흘리거나, 혈관을 확장하는 등의 적절한 반응을 관리한다.

이하로 떨어지면 온감 뉴런은 활동이 줄어들고 결국 냉감 뉴런에 대한 억제가 약해지면서 냉감 뉴런의 활동이 증가한다. 냉감 뉴런으로부터 PVN과 뒤쪽 시상하부로 가는 출력은 교감신경계를 활성화한다. 교감신경계 활동은 신진대사를 높이고 피부 표면에 가까운 혈관을 수축시킴으로써 열을 발생시키고 보존한다.

온도 무감 뉴런은 POA의 60% 정도를 차지하며, 뒤쪽 시상하부에서도 발견된다. 이 뉴런들은 온갖 온도 조건에서도 반응률이 꽤 일정하지만, 그럼에도 온도 조절에 일정한 역할이 있다. 온도 무감 뉴런에서 나온 출력은 냉감 뉴런의 활동 기저선을 규정하는데, 이 기저선이 온감 뉴런이 제공하는 억제의 양에 의해 수정된다.

앞서 소개한 바와 같이 뇌로 들어간 발열원은 체온 설정값을 서서히 올려서 열이 나게 한다. 발열원의 목표는 당연히 뇌의 시상하부이다. 혈관-뇌 장벽은 POA 근처에서 상대적으로 약한데, 이로 인해 발열원이 혈액 공급로를 빠져나가 뇌조직에 들어갈 수 있다. 발열원이 일단 POA에 도착하면 프로스타글란딘 E2(prostaglandin E2, PGE2)의 방출을 자극하고, 이것이 온감 뉴런의 발화율을 억제한다(Mackowiak & Boulant, 1996). ●그림 7.7에 보이는 바와 같이 온감 뉴런의 활동이 줄어들면 냉감 뉴런이 탈억제되면서 냉감 뉴런의 활동이 증가하고 몸이 너무 차갑다고 생각하도록 시스템을 속인다. 그러면 시상하부가 온도 설정값을 올리는 반응을 한다. 냉감 뉴런의 활동은 더 많은 열의 발생과 유지, 심박률의 증가, 오한, 그리고 기타 여러 가지 불편한 열 증상을 유발한다.

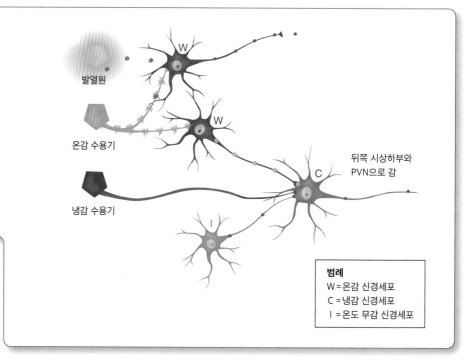

●그림 7.7 발열원은 열이 나면 온도 설정값을 바꾼다 발열원은 프로스타글란딘 E2(PGE2) 방출을 자극하고, 이는 시각앞구역(POA)의 온감 뉴런(W)에 있는 표면 수용체에 결합하여 그 활동을 낮춘다. 온감 뉴런으로부터 억제가 줄어들면, 그 반응으로 냉감 세포(C)의 출력이 증가하고, 온도 설정값이 더 높아진다. 온도 무감 뉴런(I)은 C세포의 기저선 활동을 결정하는데, 이는 W세포가 제공하는 억제 수준이 변동함에 따라 변경된다.

발열원

온감 수용기

냉감 수용기

W

W

C

I

뒤쪽 시상하부와 PVN으로 감

범례
W = 온감 신경세포
C = 냉감 신경세포
I = 온도 무감 신경세포

목마름: 체액 수준의 조절

동물이 더 복잡한 유기체가 되고 해양 환경에서 나와 건조한 땅으로 나오면서 자신들의 물 환경의 일부를 몸에 포함하는 방식을 고안했다. 적절한 체액 수준을 유지하는 것은 생존에 필수적이다.

체액에는 많은 용해된 화학 분자들이 함유되어 있다. 액체에 용해된 분자는 **용질**(solute)이라고 하며, 용질이 포함된 액체는 **용액**(solution)이라고 한다. 용질이 용해되면 이온으로 분리되는데, 이를 **전해질**(electrolyte)이라고 한다. 이 용어들은 혈액 검사실 또는 스포츠음료 광고에서 보았을 것이다. 건강한 신체 기능에 관여하는 중요한 전해질을 일부 거론하자면, 나트륨, 칼슘, 칼륨, 염소, 마그네슘, 그리고 중탄산염이 있다. 간략하게 살펴보겠지만, 나트륨은 체액 수준을 관리하는 가장 중요한 전해질이다.

세포내액 구획과 세포외액 구획

●그림 7.8에서 볼 수 있듯이 신체에는 수분을 담는 세 가지 주요 구획이 있다. 신체 수분의 3분의 2는 세포내액(intracellular fluid), 즉 세포질(cytoplasm)로서 세포 안에 담겨있다. 나머지 3분의 1은 세포외액(extracellular fluid)으로 있는데, 이는 다시 (신체 총 수분량의 7%인) 혈액과 신체의 세포를 둘러싸고 있는 (신체 총 수분량의 26%인) **사이질액**(interstitial fluid, 간질액)으로 나뉜다. 뇌척수액은 세포외액의 일부로서 아주 작은 비율을 차지한다.

3장에서 살펴봤듯이 세포내액과 세포외액의 구성 요소는 상당히 다르다. 세포외액

용질 액체에 용해된 화학물질.
용액 용질이 포함된 액체.
전해질 용액에서 이온으로 분해된 물질.
사이질액 신체의 세포를 둘러싼 세포외액의 한 종류.

에서는 나트륨과 염소의 농도가 더 높고 세포내액에서는 칼륨의 농도가 더 높다. 비록 두 구획에 있는 용질의 종류는 다르지만, 전체 용질의 상대적 농도는 같다. 용질의 농도가 같은 두 용액을 **등장액**(isotonic solution)이라고 한다. 의학적 치료에 쓰이는 정맥주사 용액은 일반적으로 포도당과 나트륨이 포함된 등장액이다. 달리 말하면, 용질이 정확히 같지는 않을 수 있지만, 정맥주사 용액에는 정상적인 체액과 같은 농도의 용질이 있다. 몸은 세포내액과 세포외액 수준을 더 조정할 필요 없이 그 액체와 용질을 흡수할 수 있다.

물을 움직이게 하는 삼투

등장 상태에서 이루어져 있는 균형은 **삼투**(osmosis)로 인한, 체세포의 안쪽 또는 바깥쪽으로 이동하는 액체의 모든 움직임을 줄인다. ●그림 7.9에서 볼 수 있듯이 삼투는 물을 용질 농도가 더 낮은 영역에서 용질 농도가 더 높은 영역으로 움직이게 하는 힘이다. 분자의 운동을 생성한다는 점에서 삼투와 확산은 유사하다. 3장에서 살펴본 바와 같이 확산에서는 용질이 공간적으로 밀도가 높은 영역에서 낮은 영역으로 이동하여 고르게 퍼지는 경향이 있다. 삼투에서는 세포막 같은 장벽을 넘어 양쪽 용질의 농도를 같게 만들기 위해 물이 움직인다. 기준이 되는 용액보다 용질의 농도가 낮은 용액은 **저장액**(hypotonic solution)이라고 하고, 용질의 농도가 상대적으로 높은 용액은 **고장액**(hypertonic solution)이라고 한다.

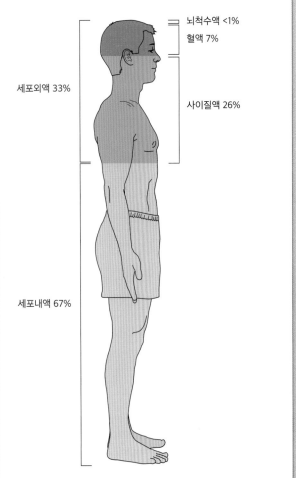

뇌척수액 <1%
혈액 7%
세포외액 33%
사이질액 26%
세포내액 67%

●그림 7.8 체액은 세 구획에 담겨있다 체액의 약 3분의 2는 세포내액(세포질)으로 저장된다. 나머지 3분의 1은 세포외액으로 저장되는데, 이는 세포를 둘러싼 사이질액(26%)과 혈액(7%)으로 구분된다. 뇌척수액은 세포외액의 한 유형인데, 체액의 1% 미만을 차지한다.

콩팥

음식과 물에 정상적으로 접근할 수 있다면 사람들은 보통 체액 균형을 유지하는 데 필요한 양보다 더 많은 양의 물과 나트륨을 소비한다. 들에 풀어 키우는 가축은 흔히 핥아먹는 소금 덩어리를 받고, 고온다습한 조건에서 높은 수준의 신체적 활동에 몰두하는 운동선수와 군인은 소금 보충제의 도움을 받는다.

허리 부근에 있는 2개의 **콩팥**(kidney, 신장)은 잉여 나트륨과 수분을 배출한다. 피가 콩팥에 들어가면, 수백만 개 이상의 콩팥단위(nephron, 네프론)라는 구조로 이뤄진 복잡한 시스템을 통해 걸러지게 된다. 콩팥단위에서 제거된 과도한 수분과 나트륨, 그리고 불순물은 소변 배출을 위해 방광으로 운송된다. 걸러진 피는 순환계로 되돌아간다. 신부전(kidney failure)이 심한 경우 환자는 신장 투석을 정기적으로 해야 한다. 콩팥이 정상적으로 수행하는 여과 기능을 대신하기 위해 기계를 사용한다.

등장액 기준 용액과 동일 농도의 용질을 갖는 용액.

삼투 막 양쪽의 농도를 같게 만드는 물의 움직임.

저장액 기준 용액보다 상대적으로 낮은 농도의 용질을 갖는 용액.

고장액 기준 용액보다 상대적으로 높은 농도의 용질을 갖는 용액.

콩팥 체액 균형을 유지하고 소변을 생산하는 임무를 담당하는, 허리에 자리한 한 쌍의 구조물.

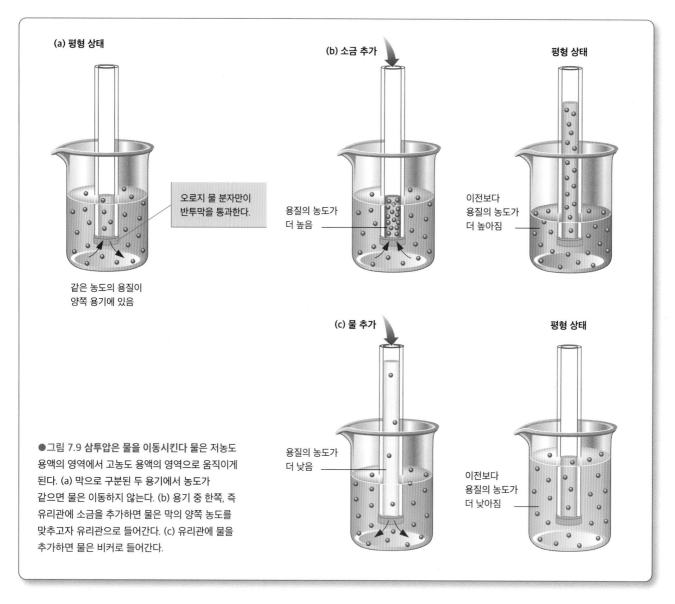

(a) 평형 상태

오로지 물 분자만이 반투막을 통과한다.

같은 농도의 용질이 양쪽 용기에 있음

(b) 소금 추가

용질의 농도가 더 높음

평형 상태

이전보다 용질의 농도가 더 높아짐

●그림 7.9 삼투압은 물을 이동시킨다 물은 저농도 용액의 영역에서 고농도 용액의 영역으로 움직이게 된다. (a) 막으로 구분된 두 용기에서 농도가 같으면 물은 이동하지 않는다. (b) 용기 중 한쪽, 즉 유리관에 소금을 추가하면 물은 막의 양쪽 농도를 맞추고자 유리관으로 들어간다. (c) 유리관에 물을 추가하면 물은 비커로 들어간다.

(c) 물 추가

용질의 농도가 더 낮음

평형 상태

이전보다 용질의 농도가 더 낮아짐

우리는 소변 배출뿐만 아니라 다른 정상적인 신체 과정을 통해서도 수분을 잃는다. 추운 날 나오는 입김은 단순한 호흡으로도 수분 일부가 빠져나가는 모습을 보여준다. 하루에 약 1L의 체액이 땀을 통해 없어진다. 피부를 통한 기화, 그리고 배변으로도 몸의 수분이 줄어든다. 표 7.1은 정상적인 일상 활동 중 수분의 상대적인 섭취와 손실이 얼마나 되는지를 보여준다.

목마름 감각

동물마다 하루 동안 필요한 수분 섭취량이 다르다. 일부 사막에 거주하는 종들은 물을 전혀 마시지 않는 것처럼 보인다. 많은 시간을 물에서 보내는 동물은 거의 항상 약간의 물을 삼킨다. 표 7.1에 제시한 바와 같이 사람은 하루에 평균 2.5L의 물이 필요하다. 이는 흔히 우리에게 권장되는 8컵 정도의 물과 대충 비슷하다. 엄마의 잔소리나 생수 업체 광고에 딴지를 걸 생각은 없지만, 수돗물을 마신다고 해서 특별히 나쁜 것은 없

표 7.1 일반적인 일일 수분 손실 경로 및 섭취 원천

일반적인 일일 손실		일반적인 일일 섭취	
손실 경로	개략적인 일일 양	섭취 원천	개략적인 일일 양
소변	1.4L	음료 속 액체	1.2L
땀, 증발, 호흡	0.9L	음식 속 액체	1.0L
배설	0.2L	보통 물	0.3L
총 손실	**2.5L**	**총 섭취**	**2.5L**

다. 아무 물이나 마찬가지다. 사실상 우리는 아무런 음료수를 마시지 않아도 우리가 먹는 음식을 통해서 필요한 수분의 절반 정도를 얻는다. 따라서 하루에 8컵의 물은 과도한 수분 섭취일 가능성이 크다.

신체에 물 공급의 저하가 지각될 때 2개의 과정이 시작된다. 우리는 목마름 감각을 경험하게 되고, 우리의 몸은 우리가 보유하고 있는 모든 형태의 수분을 보존하기 시작한다. Walter Cannon(1932)은 목마름을 느끼게 만드는 결정적인 자극은 입이 건조하다는 감각이며, 이로 인해 물을 마시게 된다고 제안하였다. Cannon의 가설은 완전히 틀렸다. 비록 마르고 텁텁한 입과 목의 감각이 물을 마시게 자극하는 것은 분명하지만, 이런 느낌은 체액 조절의 수단이라고 확신하기에는 너무 빠르게 완화된다. 야외 활동 경험이 있는 사람은 누구나 이야기할 수 있듯이, 물통에서 물 한 모금으로 입을 가시면 마른 입 감각이 사라지는 데 충분하다. Claude Bernard(1865)는 마른 입 이론을 반증하는 더 직접적인 증거를 제공하였다. Bernard는 외과적으로 동물의 식도에 구멍을 내었다. 물 빠지는 구멍, 즉 누공(漏孔)이 닫혀있고 섭취한 모든 물이 위장에 도달하는 한, 그 동물은 정상적으로 물을 마실 수 있었다. 그러나 누공이 열려있어 섭취한 모든 물이 위장에 가지 못하고 빠져나가자, Bernard의 실험동물은 계속해서 물을 마셨다. 동물의 입은 분명해 축축해졌지만 어떠한 면에서도 마시는 행동이 억제되지는 않았다.

목마름은 실제로 두 가지 더 정교한 과정의 결과로 발생한다. 첫 번째 경우는 **삼투성 목마름**(osmotic thirst)으로서, 세포내액량의 저하로 초래된 세포 탈수에 대한 반응으로 발생한다. 두 번째 경우는 **저혈량성 목마름**(hypovolemic thirst)으로서, 혈액량의 저하에 대한 반응으로 발생한다. 이중 체액감소 가설(double-depletion hypothesis)은 이런 과정들의 조합이 목마름의 원인이라고 제안한다. 그러나 삼투성 목마름이 더 일반적인 기제로 보이고, 이와 비교해서 저혈량성 목마름은 위급 예비 체계로서 작용하나 발생 빈도는 낮다.

삼투성 목마름 여러분에게는 아마도 삼투성 목마름의 가장 일반적인 원인과 관련된 경험이 있을 것이다. 바로 짠 음식을 먹는 것이다. 짠 음식을 먹고 소화를 한 뒤에는,

삼투성 목마름 세포의 탈수가 만드는 목마름.
저혈량성 목마름 세포외액의 총량 감소로 생기는 목마름.

피의 나트륨 농도가 더 높아진다. 높은 염분 함량은 피를 세포내액과 비교해 고장성, 즉 고농도로 만든다. 균형잡힌, 즉 등장 상태를 이루기 위한 노력의 하나로 삼투압은 물을 세포 밖으로 내보낸다. 수용기는 세포 안의 물의 양이 낮아진 것을 감지하게 되고, 우리는 목마름을 느끼기 시작한다.

유사한 과정이 물을 과하게 마시는 조갈증(polydipsia)을 낳는데, 이는 치료받지 않은 **당뇨병**(diabetes mellitus)의 전형적 증상이다. 당뇨병에 관해서는 이 장에서 나중에 자세히 다룰 것이다. 당뇨병을 치료받지 않는 사람들은 포도당을 혈액 밖으로 빼내지 못하며, 이로 인해 그들의 피는 고장성이 된다. 세포는 물을 배출해서 이를 바로잡으려고 시도하고, 결국 목마름을 심하게 느끼면서 과다하게 물을 마시게 된다. 세포로부터 혈액으로 빠져나간 체액과 조갈증이 합해져서 체액이 과다해지면, 배뇨 작용이 자극된다. 배뇨는 혈액 농도를 올리고, 이러한 순환은 계속된다. 빈번한 배뇨를 동반하는 강한 목마름 감각은 당뇨병의 초기 적신호이다.

세포 탈수는 뇌에 자리한 특수한 **삼투수용기**(osmoreceptor)가 탐지한다. 삼투수용기라는 용어를 만든 Verney(1947)는 이 전문화된 뉴런이 세포내액 수준이 변할 때 발화율을 바꾼다고 예측하였다. 대뇌의 셋째뇌실 주위에 자리한 영역인 **종말판혈관기관**(organum vasculosum of the lamina terminalis, OVLT)은 그 주위의 시상하부 영역들과 함께 세포 탈수 탐지에 관여하는 것으로 보인다(Verbalis, 2007). ●그림 7.10에 제시된 OLVT는 특히 혈액 용질 수준을 탐지하는 역할에 최적화되어 있는데, 이는 이 영역의 혈관–뇌 장벽이 약하기 때문이다(3장을 보라). 일련의 명쾌한 실험을 통해서 Charles Bourque와 그의 동료들은 OLVT가 삼투수용기가 있을 법한 장소임을 규명했을 뿐만 아니라 주변의 체액 농도 변화를 부호화하는 방식을 이해할 수 있게 해주었다(Bourque & Oliet, 1997; Nissen, Bourque, & Renaud, 1993). 쥐로부터 획득한 OLVT 세포는 사이질액과 유사한 인공 배양액에서 살려둘 수 있다. 만일 주변의 체액이 고장성이 되면 세포가 체액을 잃게 되는데, 그러면 OLVT 세포가 발화율을 높인다. 만일 주변의 체액이 저장성이 되면 물이 세포 안으로 들어오게 되고, 발화율은 낮아진다.

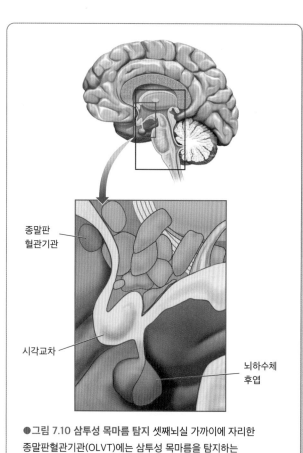

종말판
혈관기관

시각교차

뇌하수체
후엽

●**그림 7.10 삼투성 목마름 탐지** 셋째뇌실 가까이에 자리한 종말판혈관기관(OLVT)에는 삼투성 목마름을 탐지하는 삼투탐지기가 있다.

저혈량성 목마름　저혈량성 목마름은 사이질액의 양이나 혈액량 중 어느 하나 또는 둘 모두가 저하되면 생긴다. 가장 명백한 저혈량성 목마름은 내출혈이나 심각한 부상으로 피를 잃는 것이다.

심장과 콩팥에 있는 수용기가 낮아진 혈액량을 감지한다. 심장 근육 벽에는 혈압을

당뇨병 배고픔, 혈액과 소변 속의 과다한 당, 심한 목마름을 낳게 되는, 인슐린 결핍이 특징인 질병.

삼투수용기 세포 탈수를 탐지하는 수용기.

종말판혈관기관 세포 탈수를 탐지하는, 뇌의 셋째뇌실 주변에 자리한 영역.

측정하는 **압각수용기**(baroreceptor)가 있다. 혈액량이 감소하면 혈압도 따라서 감소한다. 콩팥에는 혈액량의 변화에도 반응하는 혈류수용기가 있다. 낮은 혈액량이 지각되면 목마름이 시작되고, 콩팥은 남아있는 체액을 보존하도록 작용한다.

목마름에 대한 반응 세포 탈수 또는 저혈량이 감지되면 일련의 연속적인 호르몬 작용이 체액 수준을 설정값으로 되돌리는 데 기여한다. ●그림 7.11에 제시된 바와 같이, 삼투수용기와 압각수용기는 시상하부 바로 아래 자리한 뇌하수체 후엽(posterior pituitary gland)을 자극하여 **바소프레신**(vasopressin)으로도 알려진 **항이뇨호르몬**(antidiuretic hormone, ADH)을 분비시킨다. 이뇨제는 배뇨를 통해 물 손실을 촉진하고, 항이뇨제는 물 보유를 촉진한다.

ADH는 콩팥에 두 가지 주요 효과가 있다. 첫째, ADH는 콩팥이 소변 생산을 줄여 체액을 보존하도록 신호를 보낸다. 둘째, ADH는 콩팥을 자극하여 **레닌**(renin)이라는 호르몬을 혈류에 분비하도록 한다. 레닌은 콩팥의 혈류수용기의 활동에 반응하여 분비되기도 한다. 일단 혈류 속에 들어오면 레닌은 혈액 단백질인 **앤지오텐시노겐**(angiotensino-

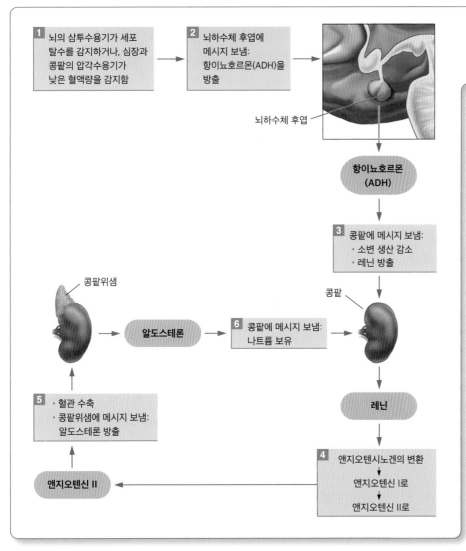

●그림 7.11 항이뇨호르몬은 체액 보존으로 이끄는 일련의 호르몬 작용을 시작한다.

1 뇌의 삼투수용기가 세포 탈수를 감지하거나, 심장과 콩팥의 압각수용기가 낮은 혈액량을 감지함

2 뇌하수체 후엽에 메시지 보냄: 항이뇨호르몬(ADH)을 방출

뇌하수체 후엽

항이뇨호르몬 (ADH)

3 콩팥에 메시지 보냄:
• 소변 생산 감소
• 레닌 방출

콩팥

콩팥위샘

알도스테론

6 콩팥에 메시지 보냄: 나트륨 보유

레닌

5 • 혈관 수축
• 콩팥위샘에 메시지 보냄: 알도스테론 방출

4 앤지오텐시노겐의 변환
앤지오텐신 I로
앤지오텐신 II로

앤지오텐신 II

압각수용기 심장과 콩팥에 있는, 혈압을 측정하는 수용기.
바소프레신 항이뇨호르몬의 별칭.
항이뇨호르몬 콩팥에 소변 생산 감소 신호를 보내며, 레닌의 방출을 자극함으로써 체액의 유지를 촉진하는 호르몬.
레닌 앤지오텐시노겐을 안지오텐신 II로 변환시키는, 콩팥이 분비하는 물질.
앤지오텐시노겐 레닌에 의해 앤지오텐신 II로 바뀌는 혈액 단백질.

gen)을 **앤지오텐신 II**(angiotensin II)로 변환시킨다. 혈액 단백질과 앤지오텐신 II 사이의 간략한 중간 단계로 생성되는 앤지오텐신 I이 있지만, 앤지오텐신 II가 중요하면서도 생물학적으로 활동적인 성분이다. 앤지오텐신 II는 혈관을 수축시켜 혈압 유지를 돕는다. 또한 앤지오텐신 II는 콩팥 바로 위에 자리한 콩팥위샘(adrenal gland, 부신선)이 **알도스테론**(aldosterone)을 방출하도록 촉발한다. 알도스테론은 나트륨을 소변으로 배출하지 않고 가지고 있도록 콩팥에 신호를 보낸다.

물과 나트륨의 수준은 복잡하게 같이 묶여있지만 서로 다른 과정을 통해 관리된다. ADH는 물의 보유를 통제하고 알도스테론은 나트륨의 보유를 통제한다. 나트륨은 세포외액의 유지에 필수적이다. 나트륨 용질이 없다면 세포외액은 저장성이 되어 너무 많은 물이 세포 내로 들어오게 된다. 심각한 부상 등으로 혈액량이 줄어들 때, 세포 외 나트륨 수준을 증가시키도록 설계된 치료법은 세포외액의 물이 세포 내로 더 들어가는 것을 방지하고 세포가 물을 혈류로 일부 방출하도록 자극한다.

낮은 혈액량은 나트륨에 대한 특정 배고픔(specific hunger)을 자극한다. 목마름과 나트륨 갈구가 동시에 생길 수 있다는 것(짠 음식을 먹으면 우리는 더 목마르게 된다)이 이상하게 생각될 수도 있지만, 정확히 이것이 저혈량증에서 일어나는 일이다. 피를 제거하지 않고도 저혈량증을 실험적으로 유도하는 방법이 여러 개 있다. 포르말린(Rescorla & Freberg, 1978) 또는 프로필렌글리콜(Fitzsimons, 1961) 주사는 실험동물이 과도한 목마름과 소금 갈망을 동시에 보이도록 만든다. 일단 저혈량증을 인위적으로 유도하면 동물은 평소에는 거부하던 고장성 소금물을 보통 물보다 더 선호하게 된다(Fitzsimons, 1961).

정상적인 나트륨 수준은 음식 섭취와 콩팥에 의한 배설 사이에 균형이 유지됨을 나타낸다. 만일 식사에서 나트륨 섭취가 높거나 콩팥에 의한 나트륨 배출이 충분하지 않다면, 고혈압 및 그와 관련된 합병증, 예를 들면 뇌졸중 같은 병이 생길 수도 있다. 만성적으로 혈액의 나트륨 수준이 높으면 삼투로 인해 세포로부터 나온 물이 혈액 순환계로 배출되는 과정이 촉진된다. 이렇게 혈액량이 증가하면 혈압이 상승한다. 고혈압 치료제 대부분은 이뇨제인데, 이는 배뇨 촉진이 혈액량을 줄이는 효과적인 방법이기 때문이다. 정상보다 낮은 나트륨 수준도 건강에 위협이 된다. 질병으로 인한 구토와 설사는 나트륨을 줄임에 따라 혈액량과 혈압도 낮추는데, 혈액량과 혈압이 위험할 정도로 낮아지면 생명을 위협하는 수준에 이를 수 있다.

마시기의 개시 목마름은 어떻게 마시는 행동을 일으킬까? ● 그림 7.12에 제시된 바와 같이 앤지오텐신 II는 **뇌활밑기관**(subfornical organ, SFO, 뇌궁하기관)에 작용하여 마시기를 자극하는 것으로 보인다. SFO는 두 가쪽뇌실의 합류점 근처의 뇌활(fornix, 뇌궁) 아래에 위치한다. OLVT처럼 SFO는 혈관-뇌 장벽이 약한 영역에 자리하고 있다. 많은 연구가 뇌에서 앤지오텐신 II의 작용대상으로서 SFO의 역할을 지지하고 있다. Kadekaro와 그의 동료들(1989)은 외과 수술로 SFO와 뇌의 다른 부위들 사이의 연

앤지오텐신 II 혈관을 수축시켜 혈압을 유지하고 알도스테론의 방출을 촉발하는 호르몬.

알도스테론 나트륨을 가지고 있도록 콩팥에 신호를 보내는 호르몬.

뇌활밑기관(SFO) 마시기를 조절하는, 2개의 가쪽뇌실이 만나는 근처에 자리한 뇌의 영역.

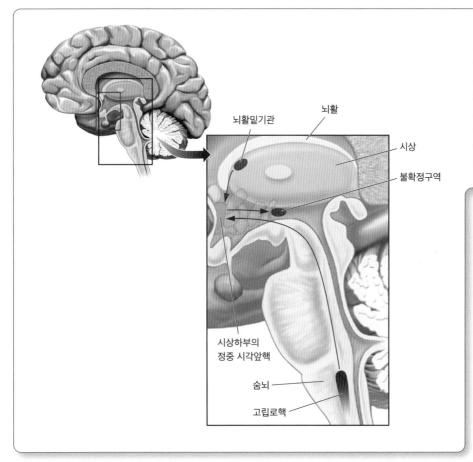

●그림 7.12 마시기의 시작
뇌활밑기관(SFO)은 앤지오텐신 II의 탐지에 대한 반응으로 마시기를 개시한다. 고립로핵(NST)과 함께 SFO는 시상하부의 정중 시각앞핵과 교신한다. 정중 시각앞핵은 시상하부를 경유해서 불확정구역과 교신한다. 불확정구역은 마시기 행동을 담당하는 다수의 운동 영역과 연결되어 있다.

뇌활밑기관

뇌활

시상

불확정구역

시상하부의
정중 시각앞핵

숨뇌

고립로핵

결을 끊었다. 정상적인 신경 입력 없이도 SFO에 있는 뉴런들은 앤지오텐신 II가 혈류에 주입되면 발화율이 증가했다. 이 결과는 SFO가 뇌의 다른 영역에서 들어오는 신경 입력 없이도 혈중 앤지오텐신 II 단독에 반응할 수 있다는 발상을 강력하게 지지한다. SFO의 손상은 앤지오텐신이 유발한 마시기를 방해한다(Simpson, Epstein, & Camardo, 1978). SFO를 전기적으로 자극하면 즉각적으로 마시기 행동이 나타난다(Smith, Beninger, & Ferguson, 1995).

SFO는 그림 7.12에 묘사된 것처럼 **정중 시각앞핵**(median preoptic nucleus)과 연결을 형성한다. OLVT나 SFO와는 달리 정중 시각앞핵은 혈관-뇌 장벽이 약해진 영역에 자리하고 있지 않다. 비록 이 구조물은 앤지오텐신 II에 대한 수용기를 함유하고 있지만, 혈액 속에서 순환하는 앤지오텐신에 반응하지 않는다. 그 대신 앤지오텐신 II가 중추신경계 내의 고전적 신경전달물질로 작용하여 SFO와 정중 시각앞핵 같은 구조물들 사이에 정보를 전달할 수 있는 것으로 보인다. 또한 정중 시각앞핵은 숨뇌(연수)에 자리한 **고립로핵**(nucleus of the solitary tract, NST)으로부터 입력을 받는다. NST는 순환계에 있는 압각수용기와 소화관에 자리한 삼투수용기로부터 입력을 받는다. 정중 시각앞핵은 **가쪽 시상하부**(lateral hypothalamus, LH)와 교신하는데, LH는 중간뇌의 **불확정구역**(zona incerta)에 투사한다. 불확정구역은 바닥핵, 적색핵, 척수 앞뿔(ventral horn of spinal cord)을 포함하는 여러 운동 영역에 정보를 보낸다(Ricardo, 1981). 불확

정중 시각앞핵 마시기 행동에 관여된 시상하부의 영역.

고립로핵(NST) 압각수용기, 삼투수용기, 혈당수용기, 미각수용기로부터 오는 정보를 처리하는 숨뇌의 구조물.

가쪽 시상하부(LH) 목마름에 대한 행동적 반응과 음식 섭취 행동의 개시에 관여하는 시상하부의 부분.

불확정구역 마시기 행동의 개시에 참여하는 중간뇌의 영역.

정구역을 자극하면 마시기 행동이 일어나는데, 이는 이 구조물이 마시기 행동의 운동 구성 요소를 작동하게 만드는 역할을 함을 시사한다.

마시기를 멈추는 이유 우리는 일반적으로 세포내 구획 또는 세포외 구획의 물 수준이 정상으로 되돌아가기 훨씬 전에 마시기를 멈춘다(Grossman, 2012). 과다섭취된 물은 대개 쉽게 배출되기 때문에 물을 많이 마시는 일은 문제가 되지 않는다. 그러나 ●그림 7.13에서 설명하는 바와 같이 물 중독(water intoxication)이 생길 정도로 물을 과다하게 마시는 것은 생명을 위협할 수 있다.

사람은 24시간의 수분 부족을 경험한 후 수분 섭취가 가능할 때 첫 5~10분 동안 필요한 수분의 75% 정도를 마신다. 마시기는 나트륨 농도와 세포 탈수에서 어떤 실제적인 변화가 생기기 적어도 10분 전에 느려진다. 이는 동물에게 수분 섭취를 '구강 계량(oral metering)'하는 체계가 있다는 것을 시사한다(Grossman, 2012). 수분수용기는 입, 목, 그리고 소화기 계통의 다양한 수준에서 확인됐다. 우리가 앞서 살펴보았듯이 입이 '마르는' 것은 마시기를 개시하는 데 중대한 역할을 하지 않지만, 이러한 수용기는 언제 마시기를 멈출지를 결정하는 데 중요할지도 모른다. 이러한 피드백 과정의 효과성을 검증하기 위해 식도에 누공을 설치한 동물은 자신이 정확히 필요한 만큼의 충분한 물을 마시고 멈추는 것을 보여주었다. 위장수용기도 마시기를 멈추게 하는 데 역할을 한다. 마시기를 멈췄던 실험동물의 위장 속 물을 빼내면, 그 동물은 즉각적으로 다시 마시기 시작한다.

여러분은 구강 계량 체계를 완전히 우회하는, 정맥 주사된 수분에 대한 사람들의 반응을 궁금해할지도 모른다. 펌프를 가동하는 막대를 눌러서 정맥주사 되는 물을 관리하도록 쥐를 훈련할 수 있다. 이런 방식으로 물을 얻도록 훈련받은 쥐는 정상적인 상태에서 마시게 되는 물의 양에서 3분의 2 정도를 '섭취'할 뿐이지만, 이런 양으로도 쥐의 건강 상태는 완벽해 보인다(Grossman, 2012). 이는 우리의 마시기 행동 일부가 항상성 유지를 위한 진정한 요구 외에 '구강 요구' 역시 반영한다는 사실을 시사한다.

●그림 7.13 과도하게 마시면 치명적일 수 있다 28세인 세 아이의 엄마 Jennifer Strange는 '오줌을 참으면 게임기가 생겨요'라는 라디오방송 경연에 참여한 후에 사망했다. 그녀는 소변을 안 보고 3시간에 걸쳐 거의 7.6L의 물을 마셨으며, 얼마 지나지 않아 물 중독으로 사망하였다. 저염혈성 세포외액은 농도가 더 높은 세포 안으로 체액이 들어가게 한다. 그 결과로 생기는 뇌부종은 많은 기능을 방해하여 사망에 이르게 할 가능성이 있다.

출처: www3d/Shutterstock.com

과도한 마시기는 특정 상태에서 세포외 나트륨 수준이 정상보다 10% 이상 떨어지는 상태인 **저염혈증**(hyponatremia)을 초래하기 때문에 위험할 수 있다(Adrogué & Madias, 2000). 저염혈증을 치료하지 않으면 메스꺼움, 구토, 경련, 방향감각 상실 등이 생긴다. 만일 이 상태가 지속되면, 이는 마비, 혼수상태(뇌가 부어올라서) 그리고 죽음으로 이어질 수도 있다. 울혈성 심부전, 신부전, 일부 종양 등을 포함한 수많은 의학적 문제로 인하여 저염혈증이 생긴다. 최근에는 극한의 지구력을 요구하는 대회에 대한 인기가 증가하면서 이런 일이 흔해지고 있다(Rosner & Kirven, 2007; ●그림 7.14).

정상적인 환경에서 세포외액 수준은 나트륨 농도와 역상관이 있다. 세포외액 수준이 높아지면 나트륨 농도는 낮아지며, 그 반대 경우도 마찬가지이다. 그러나 극한의 지구력이 요구되는 활동을 하는 동안에는 세포외액 수준과 나트륨 농도가 동시에 낮아질 수 있다. 장시간의 경주에서 운동선수는 호흡, 구토, 배뇨를 통해 평소와 달리 많은 양의 나트륨과 물을 잃을 수도 있다. 그 결과 상반된 메시지가 체액 조절 체계로 보내진다. ADH의 방출은 동시에 (낮은 세포외액 수준에 대한 반응으로) 증가하거나 (낮은 나트륨 농도에 대한 반응으로) 감소할 수가 없다. 혈액량을 보호하는 것은 생존에 최우선적이기 때문에 이런 상황에서 뇌하수체 후엽은 계속해서 ADH를 쏟아낸다. ADH의 배뇨 억제로 인하여 나트륨 농도가 더 낮아지는데도 물은 보유된다(Hiller, 1989). 세포외액이 점차로 저장성이 되고 물은 세포 내로 들어오면서 강한 저혈량성 목마름 감각이 생겨난다. 이러한 감각에 대한 반응으로 운동선수는 경기 동안 엄청난 양의 맹물을 마실 수 있으며, 이는 저염혈증을 더 심각하게 만든다(Noakes, 1993). 저염혈증을 막

PIERRE VERDY/AFP/Getty Images

●**그림 7.14 극한 스포츠와 저염혈증의 위험** 극한 스포츠가 대중화되면서 저염혈증의 사례가 전보다 빈번하게 발생하고 있다. 사하라 경주에 참여한 운동선수는 9kg에 달하는 운동 장비, 음식, 옷가지를 메고 7일 넘게 250km를 달린다. 경주하는 동안 기온은 49도에 달할 수 있다. 열기와 격렬한 활동이 조합되므로 체액 조절을 하는 신체의 기제는 엄청난 스트레스를 받게 된다.

저염혈증 세포외액 수준과 세포외액의 나트륨 농도 모두가 너무 낮아서 생명을 위협하는 상태.

고자하는 현재의 노력은 운동선수에게 목마름을 느낄 때만 마시고 많은 양을 마시지 않도록 교육하는 데 초점을 두고 있다. 염분을 추가로 먹는다든가 스포츠음료를 마시는 것은 운동선수의 저염혈증의 위험을 줄이는 것 같지 않아 보인다(Hew-Butler, Loi, Pani, & Rosner, 2017).

중간 요약 7.1

‖ 요약 표: 마시기 개시 기제

자극	수용기	1단계	2단계	3단계	4단계	5단계
삼투성 목마름	삼투수용기	종말판혈관기관(OLVT)	OVLT, NST, SFO가 정중 시각앞영역과 교신함	정중 시각앞영역이 가쪽 시상하부 (LH)와 교신함	LH가 불확정구역과 교신함	불확정구역이 운동 체계와 연결을 통해 마시기를 개시함
저혈량성 목마름	심장 압각수용기	미주신경을 통해 고립로핵(NST)과 교신함				
	콩팥 압각수용기	앤지오텐신 II의 분비 증가를 자극함으로써 뇌활밑기관(SFO)과 교신함				

‖ 요점

1 설정값에서 벗어나는 일이 생기면, 동기부여 과정이 상태를 바로잡도록 설계된 행동을 활성화하고 방향을 잡아준다. (LO1)

2 시상하부, 뇌줄기, 척수는 온도 변화에 대한 반응 위계를 생성하는데, 그중에서 시상하부가 가장 정확한 수준의 통제를 제공한다. (LO2)

3 세포내액의 양이 감소하면 삼투성 목마름이 야기되고, 이는 종말판혈관기관(OLVT)에 자리한 삼투수용기가 탐지한다. (LO3)

4 혈액 같은 세포외액의 양이 감소하면 저혈량성 목마름이 야기된다. 심장과 콩팥에 자리한 압각수용기는 혈압의 감소를 탐지한다. (LO3)

5 삼투수용기와 압각수용기 모두 뇌하수체를 자극하여 항이뇨호르몬(ADH)을 방출시킨다. ADH는 소변 생성을 줄이도록 콩팥에 신호를 보내고, 앤지오텐신 II의 생성이 증가하도록 이끄는 일련의 순차적인 행동을 개시한다. 앤지오텐신 II는 혈압이 유지되도록 혈관을 축소하고 알도스테론의 분비를 촉발한다. 알도스테론은 콩팥이 나트륨을 가지고 있도록 신호를 보낸다. (LO3)

6 앤지오텐신II는 뇌활밑기관(SFO)에 작용하여 마시기를 자극하는 것으로 보인다. 입, 목, 소화계에 자리한 수용기에 반응하여 마시기가 멈춘다. (LO3)

‖ 복습 문제

1 열과 열사병의 차이는 무엇인가?

2. 삼투성 목마름과 저혈량성 목마름의 차이는 무엇인가?

3. 일단 목마름이 지각되면, 어떤 과정들을 거쳐 마시기 행동에 이르는가?

배고픔: 신체 영양 공급의 조절

인간은 놀라울 만큼 다양한 영양분을 섭취한다. 극지방에 거주하는 이누이트 사람들의 전통적인 식단에는 채소류가 전혀 들어있지 않다. 반면에 극단적인 채식주의 식단을 따르는 사람들은 오직 식물만을 먹는다. 이러한 차이에도 불구하고 우리는 필요한 영양분 섭취를 어떻게든 해내고 있다.

정서와 학습은 체온 통제와 목마름의 조절 행동보다 우리의 식사 행동에 더 많은 영향을 미친다. 우리는 우리 몸이 필요한 에너지와 특정한 영양소를 얻기 위해서 뿐만 아니라 즐거움을 위해서도 먹는다. 우리는 (기분이 무덤덤할 때와 대조적으로) 기분이 좋거나 나쁠 때, 그리고 사교적인 상황에서 더 많이 먹는다(Patel & Schlundt, 2001). 복잡한 문화적·심리적 요인들이 신체의 자연적 조절 기제를 무력화할 수 있는데, 이는 각기 다른 패턴의 섭식장애로 이어진다.

소화 과정

소화 과정에서 지방, 단백질, 탄수화물은 혈류에 흡수되어 이를 기다리고 있는 조직으로 퍼진다. 지방은 즉시 에너지로 사용되거나 지방조직(지방세포)에 저장된다. **콜레시스토키닌**(cholecystokinin, CCK) 호르몬은 많은 양의 지방이 섭취될 때 분비된다. 단백질은 아미노산으로 분해되어 다른 조직과 근육이 성장과 단백질 합성을 위해 사용한다. 탄수화물은 **포도당**(glucose)을 포함한 단순한 당으로 분해된다. 정상적인 환경에서 뇌는 포도당만을 유일한 에너지원으로 사용하는 반면, 나머지 신체는 포도당과 지방산을 모두 사용할 수 있다. 과다한 포도당은 지방조직이 지방으로 저장하거나 간이 **글리코겐**(glycogen)이라 불리는 복합 탄수화물로 바꾼다. 만일 단식 기간처럼 신체가 혈액 속에서 순환하고 있는 포도당이 제공할 수 있는 것보다 더 많은 에너지를 요하면, 간이 저장된 글리코겐을 당장 가용한 포도당으로 바꾼다. 결과적으로 우리는 시간적으로 꽤 안정된 혈당 수준을 유지한다.

계속된 단식으로 인해 저장된 글리코겐이 소진되면, 뇌를 제외한 모든 신체 구조가 지방조직으로부터 지방산을 에너지원으로 사용하기 시작한다. 저장된 지방으로부터 간이 생산하는 화학물질인 케톤(ketone)이 에너지를 공급할 수도 있다. 황제 다이어트(Atkins diet) 같은 극도의 저탄수화물 다이어트를 행하는 사람들은 종종 에너지를 케톤에 의존한다. 게다가 단식은 근육조직 분해를 야기하고 간은 여기서 생긴 아미노산을 포도당으로 변환한다. 이것이 다이어트를 적당히 해야 하는 타당한 이유이다. 합리적이고 균형 잡힌 다이어트로 일주일에 0.9~1.4kg 체중이 빠진다고 해도, 빠지는 체중의 약 25%는 뼈와 근육에서 나온다(Nunez et al., 1999).

콜레시스토키닌(CCK) 지방 섭취에 반응하여 방출되는 호르몬. 배부름을 신호하는 중추신경계의 신경화학물질로도 작용함.

포도당 음식물에서 발견되는, 살아있는 유기체의 주요 에너지 원천인 당의 유형.

글리코겐 간에 에너지를 저장하는 데 사용되는 복합 탄수화물.

췌장호르몬

신체가 포도당으로부터 에너지를 공급받는 것은 대부분 췌장(이자)에서 만들어지는 **글루카곤**(glucagon)과 **인슐린**(insulin)이라는 두 가지 호르몬에 의해 조절된다(●그림 7.15). 글루카곤은 저장된 글리코겐을 포도당으로 역변환한다. 단식 기간에는 신체가 혈당 수준을 유지하는 데 글리코겐 재고를 이용하기 때문에 글루카곤 수준이 증가한다. 인슐린은 포도당을 글리코겐으로 저장하도록 돕고, 포도당이 혈류에서 몸의 세포로 이동하도록 조력한다. ●그림 7.16에서 볼 수 있듯이 인슐린 수준은 식사 후에 정상적으로 증가해서 혈류를 따라 돌고 있는 일부 포도당을 세포로 이동시키고 나머지는 글리코겐으로 저장되도록 돕는다. 인슐린 수준은 단식이 길어지면 가장 낮아진다.

    췌장호르몬의 활동에 이상이 발생하면 결과적으로 심각한 건강 문제가 생긴다. **1형 당뇨병**(type 1 diabetes mellitus)은 아동기 또는 초기 성인기에 진단되는데, 신체의 면역계가 인슐린을 생산하는 췌장세포를 공격하고 파괴해서 생긴다. 인슐린을 생산하기는 하지만, 몸이 충분한 양의 인슐린을 못 만들어내거나 인슐린 저항이라는 상태로 인해 인슐린을 효과적으로 사용하지 못할 때 **2형 당뇨병**(type 2 diabetes mellitus)으

●그림 7.15 소화관의 주요 구조

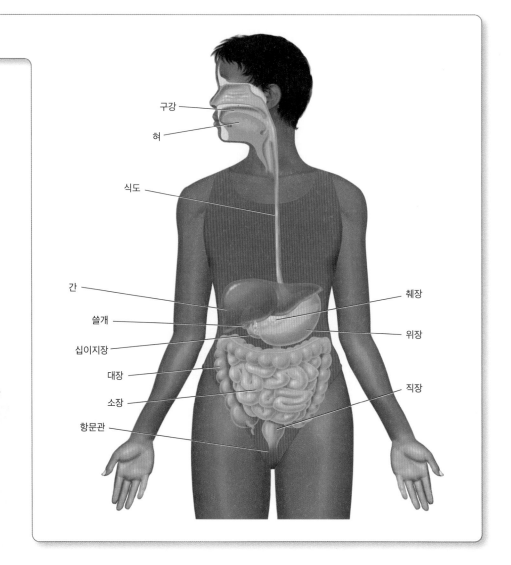

글루카곤 글리코겐을 포도당으로 바꾸는 췌장호르몬.

인슐린 혈액에서 신체조직으로 당의 이동을 촉진하는 췌장호르몬.

1형 당뇨병 생의 초기에 발생하며, 인슐린의 불충분한 생산이 특징인 당뇨병의 형태.

2형 당뇨병 일반적으로 중년 성인에게 진단 내려지며, 인슐린에 대한 저항이 특징인 당뇨병의 형태.

구강
혀
식도
간
쓸개
십이지장
대장
소장
항문관
췌장
위장
직장

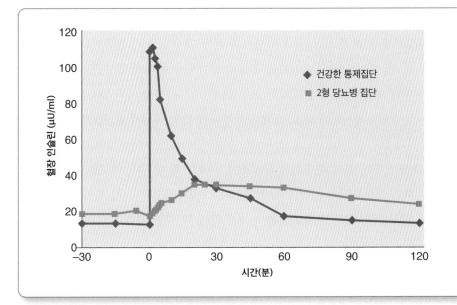

●그림 7.16 2형 당뇨병에서 인슐린 분비는 낮은 수준이다 식사 직후(시간 0), 건강한 사람이라면 혈액 속 인슐린 수준이 급격하게 치솟는다. 반면, 2형 당뇨병 환자의 경우 인슐린 분비가 더 느리고 덜 극적이다. 결과적으로, 2형 당뇨병 환자는 혈액 속 포도당을 영양소가 필요한 세포로 옮길 수 없을 것이다. 또한 인슐린의 식욕 억제 작용은 당뇨병 환자에게는 효과가 덜하다.

로 진단된다. 정상적인 인슐린 기능 없이는 음식으로 얻은 포도당이 몸조직에 흡수되거나 저장되지 못한 채 혈류를 돌아다니게 된다. 배뇨를 통해 포도당이 높은 수준으로 빠져나갈 동안 몸 안의 세포들은 말 그대로 굶주림에 시달린다.

| 연구 비하인드 |

삼킨 풍선과 쪼르륵하는 위

배고픔에 위 수축이 하는 역할에 관한 초기 연구에서 Walter Cannon은 자신의 동료 A. L. Washburn을 설득하여 공기 펌프가 부착된 풍선을 삼키도록 했다(Cannon & Washburn, 1912). 이 풍선으로 Washburn의 위 수축 여부를 감시할 수 있었다. Washburn은 풍선에 부착되어 목구멍을 따라 내려간 대롱 때문에 말을 할 수 없었으므로 전신기 건반을 두들겨서 배고픔을 표현했다. ●그림 7.17에서 보듯이 Washburn의 배고픈 느낌은 자신의 위 수축과 상관이 있었다.

오늘날 우리는 장신경계로부터 오는 피드백에 대한 반응으로 (2장을 보라) 위가 마지막 식사 후 약 2시간이 되면 예기적 수축(anticipatory contraction)을 시작하며, 이는 곧 있을 음식 섭취에 대비하여 위에 남아있는 내용물을 깔끔하게 비우는 것임을 알고 있다. Washburn이 지각했을 법한 이러한 수축의 물결은 약 10~20분 정도 지속되고, 다시 음식을 먹기 전까지 1~2시간 간격으로 반복된다. Cannon과 Washburn이 당시에 몰랐던 것은 위 수축이 배가 고프거나 부를 때 모두 빈번하게 발생한다는 것이다. 음식이 들어온 후의 수축은 위장관을 따라 음식을 이동시키는 데 매우 중요하다. 위가 찼을 때보다 비었을 때 소리가 요란하므로 우리는 단순히 배가 고플 때 위 수축을 더 의식한다.

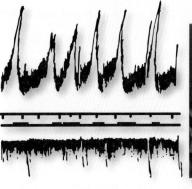

Bettmann/Corbis

● 그림 7.17 위가 꼬르륵하는 것은 배고픔을 의미하는가? Walter Cannon(사진)과 A. L. Washburn이 자신들의 위 수축 가설을 검증하기 위해 수행한 실험에서, Washburn은 위 수축을 측정하는 기록 도구에 연결된 풍선을 삼켰다. 그 상태로 Washburn은 배고플 때마다 전신기 건반을 두들겼다. 기록의 위쪽은 위의 수축을, 기록의 아래쪽은 Washburn이 전신기 건반을 누른 것을 보여주는데, 이는 시간에 걸친 위 수축과 상관이 있었다.

음식 먹기 개시

우리는 배고픔을 느끼게 만드는 내적 단서와 외적 단서 모두에 반응한다. 외적 단서에는 하루 중 언제라는 시간, 좋아하는 음식의 반가운 모습과 냄새, 또는 음식이 있을 때 우리가 처해 있는 사회적 상황 같은 요인들이 있다. 이러한 외적 단서들은 종종 우리가 영양소가 필요하지 않은데도 먹게 만들거나 우리의 에너지 요구보다 더 많이 먹도록 부추긴다.

내적 단서는 우리 몸에 순수하게 영양소가 부족할 때 생긴다. 배고픔의 내적 신호 중 하나는 위가 꾸르륵하기 시작할 때 발생한다. 그러나 우리는 보통 위가 꾸르륵하기 전에 먹기 시작한다. 따라서 배고픔을 느끼게 하는 데 다른 체계가 관여되어 있음이 분명하다.

배고픔은 혈당(혈액 속 포도당) 수준에 반비례하여 생길 수 있다. 포도당 수준은 식사 직후에 높다. 포도당 수준이 저하되면, 사람은 다시 배고픔을 느끼기 시작한다. 포도당 수준은 인슐린 수준과 밀접하게 묶여있다. 인슐린은 일반적으로 식사 또는 식사에 대한 기대에 반응하여 분비된다. 그러므로 우리는 인슐린과 포도당의 높은 수준이 배부른 느낌과 상응하고, 반면에 인슐린의 낮은 수준은 단식과 배고픔에 상응한다고 예상하게 된다. 유감스럽게도 이런 단순한 접근은 우리의 두 가지 관찰 결과에 부합하지 않는다. 우선, 인슐린을 주사하면 대개 배부름보다는 배고픔을 느끼게 된다(Vijande et al., 1990). 둘째, 당뇨병 조절을 잘 못하는 사람은 포도당이 높은 수준으로 순환하고 있는데도 실질적으로는 배고픔을 경험한다. 더 개선된 포도당 가설은 사람이 배고픔을 느끼는지를 결정하는 것은 혈중 포도당의 총량이 아니라 우리의 세포가 갖는 포도당의 가용성이라고 제안한다(Mayer, 1955). 건강한 사람에게서 혈중 포도당은 곧 가용한 포도당이며, 혈당 수준이 낮아지면 배고픔을 느낀다. 그러나 당뇨병이 있는 사람은 인슐린 기능 저하로 인하여 세포가 혈중 포도당을 쓰지 못한다. 그 결과, 포도당 공급이 풍부해도 배고픔을 느낀다. 인슐린 주사는 순환하고 있는 혈당을 세포로 밀어 넣어서, 가용한 포도당량을 줄이고 배고픔 감각을 만든다.

우리가 배고픔을 느끼는 이유에 대한 다른 설명은 배고픔이 지방의 공급량이 적어서 생긴다는 피하지방함량(lipostatic) 이론이다(Kennedy, 1961). 우리는 혈중 아미노산 수준을 평가하는 기제도 가지고 있을 개연성이 크다. 그러나 이러한 기제들을 실험적으로 평가하기는 어렵다. 연구참여자에게 단백질을 구성하는 이런 필수적인 요소들을 결핍시키면, 단순히 배고픔을 유발하는 것을 넘어서 훨씬 더 많은 영향을 미칠 수 있기 때문이다.

수용기와 배고픔 만일 가용한 포도당과 지방 수준이 낮아서 배고픔이 유발된다면, 영양소 수준을 평가할 수 있고 음식 섭취 행동을 개시하는 뇌의 영역과 교신할 수 있는 수용기가 있어야만 한다. **혈당수용기**(glucoreceptor)는 마름뇌(후뇌), 특히 숨뇌(연수)에서 확인되었다(Ritter, Li, Wang, & Dinh, 2011). 간에 있는 다른 수용기는 포도당과 지

혈당수용기 포도당의 존재에 민감한 수용기.

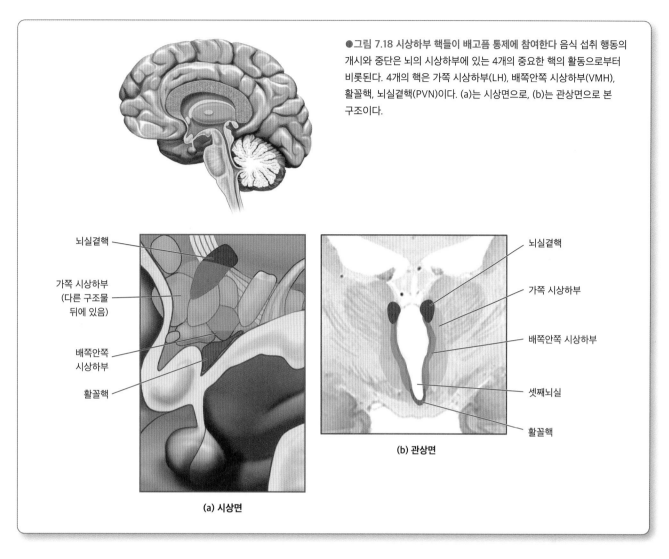

●그림 7.18 시상하부 핵들이 배고픔 통제에 참여한다 음식 섭취 행동의 개시와 중단은 뇌의 시상하부에 있는 4개의 중요한 핵의 활동으로부터 비롯된다. 4개의 핵은 가쪽 시상하부(LH), 배쪽안쪽 시상하부(VMH), 활꼴핵, 뇌실곁핵(PVN)이다. (a)는 시상면으로, (b)는 관상면으로 본 구조이다.

(a) 시상면

(b) 관상면

방산의 수준을 감시한다. 간에 있는 혈당수용기는 췌장이 인슐린을 방출하도록 영향을 미친다.

배고픔의 뇌 기제　초기 연구는 가쪽 시상하부(LH)가 배고픔 중추로 기능함을 시사했다(Anand & Brobeck, 1951; ●그림 7.18). LH가 손상된 쥐는 먹기를 개시하지 않기 때문에 음식이 앞에 있어도 굶어 죽게 된다. LH를 전기적으로 자극하면 즉각적으로 먹기 시작한다.

후속 연구는 LH가 음식 섭취 중추로서 하는 단순한 역할을 의심하였다. LH가 손상된 쥐에게 강제로 음식을 먹이면, 쥐는 결국 다시 스스로 먹기를 시작한다. LH뿐만 아니라 이 다음에 기술된 다른 구조물들 또한 먹기를 개시하는 데 관여하고 있다.

신경화학물질과 배고픔　음식 섭취 행동은 여러 신경화학물질들 사이의 복잡한 상호작용에 영향을 받는다. 이 상호작용은 ●그림 7.19에 요약되어 있다.

지방세포는 **렙틴**(leptin; 그리스어로 '얇다'라는 단어인 'leptos'에서 유래한 이름)이라고 알려진 물질을 생성하고 분비한다(Friedman & Leibel, 1992). 지방 공급량이 낮으면

렙틴 신체의 지방 저장 조절을 돕도록 지방세포가 분비하는 물질.

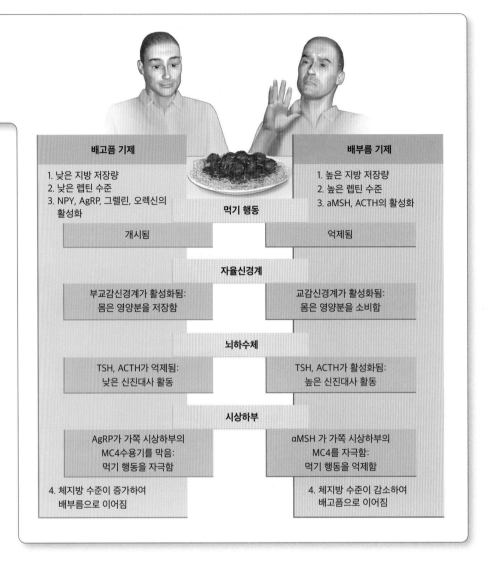

●그림 7.19 배고픔과 배부름의 신경화학적 상관물 지방 저장량이 렙틴 수준을 결정하고, 이는 다시 배고픔이나 배부름을 일으키는 일련의 사건을 촉발한다.

배고픔 기제	배부름 기제
1. 낮은 지방 저장량 2. 낮은 렙틴 수준 3. NPY, AgRP, 그렐린, 오렉신의 활성화	1. 높은 지방 저장량 2. 높은 렙틴 수준 3. aMSH, ACTH의 활성화

먹기 행동

개시됨	억제됨

자율신경계

부교감신경계가 활성화됨: 몸은 영양분을 저장함	교감신경계가 활성화됨: 몸은 영양분을 소비함

뇌하수체

TSH, ACTH가 억제됨: 낮은 신진대사 활동	TSH, ACTH가 활성화됨: 높은 신진대사 활동

시상하부

AgRP가 가쪽 시상하부의 MC4수용기를 막음: 먹기 행동을 자극함	αMSH 가 가쪽 시상하부의 MC4를 자극함: 먹기 행동을 억제함
4. 체지방 수준이 증가하여 배부름으로 이어짐	4. 체지방 수준이 감소하여 배고픔으로 이어짐

혈중 렙틴의 수준 또한 낮아진다. 비만한 설치류에게 렙틴을 추가로 주면 체중이 줄어든다는 초기 보고로 인하여 많은 연구자가 인간의 비만 치료에 렙틴을 사용할 수 있다고 믿었다(●그림 7.20). 유감스럽게도 비만한 사람들은 이미 많은 양의 렙틴을 생성하고 있지만, 렙틴의 효과에 저항력이 있는 것처럼 보인다(Friedman & Halaas, 1998). 렙틴을 추가로 제공한다고 해서 비만한 사람이 체중이 줄어들 가능성은 없는 것 같다.

그림 7.18에서 볼 수 있듯이, 렙틴과 인슐린은 시상하부의 **활꼴핵**(arcuate nucleus, 궁상핵)에 있는 뉴런과 교신한다. 렙틴과 인슐린 수준이 낮으면 이 세포들은 **신경펩티드 Y**(neuropeptide Y, NPY)와 **아구티 관련 단백질**(agouti-related protein, AgRP)을 분비하여 LH와 시상하부의 **뇌실곁핵**(paraventricular nucleus, PVN, 실방핵)과 교신한다. 이러한 신호에 대한 반응으로 자율신경계의 부교감신경이 활성화되고, 음식 섭취 행동이 자극된다.

음식 섭취를 개시하는 데 있어 NPY와 AgRP의 역할은 실험적 증거로 지지받고 있다. 음식 박탈이 시간에 걸쳐 계속되면 활꼴핵 내에 NPY가 축적된다. NPY를 시상하

활꼴핵 시상하부 내부에 자리하여 음식 먹기에 관여하는 뉴런 무리.
신경펩티드 Y(NPY) 먹기를 개시하도록 시상하부의 활꼴핵이 분비하는 펩티드 신경화학물질.
아구티 관련 단백질(AgRP) 먹기를 개시하도록 시상하부의 활꼴핵이 분비하는 작은 단백질.
뇌실곁핵(PVN) 배고픔 조절에 관여하는 시상하부의 부위.

●그림 7.20 **렙틴이 제거된 쥐는 비만이 된다** '비만 유전자(obese gene)'가 없도록 유전적으로 조작한 쥐는 렙틴을 생성할 수가 없고 왼쪽에 있는 쥐처럼 어마어마하게 비만이 된다. 이 비만한 쥐에게 렙틴을 주사하면, 체중을 잃고 오른쪽에 있는 쥐처럼 된다. 연구자들은 동일 과정이 비만한 사람들에게 도움이 되지 않을 것이라는 사실에 실망하였다. 사람은 이미 많은 양의 렙틴을 생성하고 있음에도 그 효과에 저항력을 가진 것처럼 보인다.

Yoav Levy/Phototake

부에 직접 주입하면 동물은 즉각적으로 음식을 먹기 시작한다(Stanley, Magdalin, Seira-fi, Thomas, & Leibowitz, 1993). 만일 시상하부에 있는 NPY수용기가 차단되면, 동물은 음식 박탈이나 NPY 주입 후에도 먹지 못한다(Myers, Wooten, Ames, & Nyce, 1995). AgRP는 MC4수용기라 알려진 가쪽 시상하부에 있는 특별한 수용기 부위에서 길항제로 작용한다. MC4수용기가 차단되면 음식 섭취가 개시된다. 우리는 어떻게 이 동일한 MC4수용기에 작용하는 효능제가 음식 섭취를 방해하는지를 나중에 살펴볼 것이다.

부교감신경계를 활성화하고 섭식 행동을 자극하는 것에 덧붙여 가쪽 시상하부와 PVN에서 분비되는 NPY와 AgRP는 2개의 뇌하수체호르몬인 **갑상샘자극호르몬**(thyroid-stimulating hormone, TSH)과 **콩팥위샘겉질 자극호르몬**(adrenocorticotropic hormone, ACTH, 부신피질자극호르몬)의 분비를 억제한다. TSH와 ACTH는 모두 신진대사율을 증가시킨다. 따라서 이들을 억제하면 신체가 에너지를 천천히 사용하게 되어, 섭식 동안 취한 영양분의 일부가 지방 공급량을 보충하는 목적으로 사용될 수 있다. 부교감신경의 활동, 음식 섭취 행동, 그리고 TSH/ACTH 억제는 함께 작용하여 동물이 영양분을 찾고, 먹고, 몸에 저장하게 만든다. 지방 공급량이 정상으로 돌아오면 렙틴 분비가 증가하고, NPY와 AgRP는 덜 활성화되며, 음식 섭취 빈도는 점점 줄어든다.

가쪽 시상하부 내에 있는 다른 뉴런은 또 다른 중요한 펩티드 신경전달물질인 **멜라닌응집호르몬**(melanin-concentrating hormone, MCH)을 통해서 교신한다. 이 뉴런들은 대뇌겉질 전반에 걸쳐 광범위하게 투사하고 있으며, 시상하부의 배고픔 인식과 고차 동기부여된 행동 사이의 필요한 연결을 제공하여 섭식과 영양분 저장을 가능하게

갑상샘자극호르몬(TSH) 신진대사율을 상승시키는 갑상샘의 성장과 기능을 자극하는 뇌하수체호르몬.
콩팥위샘겉질 자극호르몬(ACTH) 콩팥위샘을 자극하는 뇌하수체호르몬.
멜라닌응집호르몬(MCH) 렙틴과 상호작용하고, 먹기 조절에 관여하는 호르몬.

하는지도 모른다. MCH를 생성하지 못하도록 유전적으로 변형시킨 생쥐는 에너지를 더 빠르게 태웠고, 덜 먹었으며, 신체 지방도 적었다(Shimada, Tritos, Lowell, Flier, & Maratos-Flier, 1998). 불행히도 이러한 생쥐들은 정상적인 생쥐보다 기아로 죽을 확률도 훨씬 높다.

그렐린(ghrelin) 호르몬은 주로 췌장과 위벽이 만들고, 그렐린수용기는 활꼴핵과 배쪽안쪽 시상하부에서 발견된다(Inui et al., 2004). 그렐린 수준은 단식 기간 동안 최고조에 달하며, 식사를 하면 낮아진다. 그렐린은 배고픔을 자극하는 단기혈중호르몬으로 작용할 뿐만 아니라, 기억과 보상에 관여하는 뇌 회로에 작용함으로써 음식 섭취에 영향을 주는 것으로도 보인다(Olszewski, Schiöth, & Levine, 2008). 그렐린 활동은 특히 음식 박탈이 더 심해졌을 때 음식 섭취와 연합된 보상받는 느낌에 기여하고 있을지도 모른다.

오렉신(orexin), 즉 히포크레틴(hypocretin)은 가쪽 시상하부에서 생성된다(de Lecea et al., 1998; Sakurai et al., 1998). 시상하부에 오렉신을 주사하면 쥐가 섭식을 늘린다(Sakurai et al., 1998). NPY와 오렉신의 수준은 음식 박탈 후에 높아진다(Sahu, Kalra, & Kalra, 1988). 오렉신을 분비하는 세포는 렙틴 수준에 영향을 받는다. 높은 렙틴 수준은 충분한 지방이 쌓였음을 나타내는데, 이 경우 오렉신세포는 억제되고 음식 섭취는 줄어든다. 낮은 렙틴 수준은 부족한 지방 공급량을 나타내는데, 이때는 오렉신세포가 활성화되어 오렉신이 분비되고 음식 섭취가 자극된다. 또한 오렉신세포는 그렐린에 의해서도 자극되며, 이 역시 음식 섭취를 유발한다. 오렉신을 분비하는 뉴런은 MCH를 분비하는 세포들처럼 대뇌겉질에 광범위하게 투사할 뿐만 아니라, 중간뇌와 다리뇌에 있는 조절 중추에도 투사하고 있다. 이 뉴런들은 내적 항상성 상태와 복잡한 음식 섭취 행동을 연결하는 데 더 일반적인 역할을 한다(Sakurai, 2002). 덧붙여 오렉신이 기면증 수면장애에서 중요한 역할을 한다는 발견(Siegel, 1999)은 음식 섭취, 활동 수준, 그리고 수면 사이의 연결에 대한 관심을 불러일으켰다(9장을 보라).

배부름

우리는 언제 섭취를 시작할지뿐만 아니라 언제 멈출지를 결정하는 데에도 내적 단서와 외적 단서 모두를 사용한다. 유감스럽게도 현재 비만의 급격한 확산을 보면 우리에게 이런 내적 단서들을 무시하는 능력이 꽤 있다는 것을 알 수 있다.

배부름을 평가하기 배부름(satiety), 즉 포만은 충분한 영양분이 세포에 도달하기 훨씬 전에 생긴다. 위가 가득 차는 것은 우리가 충분히 먹었다고 알려주는 초기 경계 신호이다. 극단적인 비만의 사례에서 일부 사람들은 배부른 느낌을 더 빠르게 느껴서 음식 섭취를 줄이겠다는 희망으로 위장 일부를 꿰맨다. 창자도 배부름 신호를 준다. 앞서 그림 7.15에서 소개한 바 있는 샘이지장은 위장과 소장을 연결한다. 샘이지장의 혈당수용기가 당을 감지하면 섭식은 일반적으로 빠르게 멈춘다. 지방과 단백질이 들어 있는

그렐린 췌장과 위장에서 생성되어 음식 섭취 행동을 자극하는 호르몬.
오렉신/히포크레틴 가쪽 시상하부에서 생성되어 음식 먹기를 자극하는 펩티드 신경화학물질.
배부름 위가 가득 찼다는 감각, 섭식을 멈추게 함.

음식이 십이지장에 도달하면 펩티드인 콜레시스토키닌(CCK)을 분비하라고 신호한다
(Dockray, 2012). CCK는 췌장의 인슐린 분비를 촉진하고, 지방 분해를 돕는 담즙 분비
를 위해 쓸개를 수축시킨다. CCK는 분명히 배부름을 느끼게 하는 데 기여하며(Stach-
er, 1986), CCK 길항제를 주사하면 음식 섭취가 증가한다(Cooper, Dourish, & Barber,
1990). CCK는 위장관과 마름뇌를 연결하는 경로를 활성화함으로써 음식량을 제한한
다(Blevins et al., 2009).

배부름의 뇌 기제 초기 연구는 그림 7.18에 제시한 **배쪽안쪽 시상하부**(ven-
tromedial hypothalamus, VMH)가 배부름 중추로서 기능하고 있음을 시사
했다. VMH가 손상된 쥐는 VMH증후군이 생기는데, 큰 폭의 체중 증가와
까다로운 식습관이 특징이다(Hoebel & Teitelbaum, 1966; ●그림 7.21). 만
일 먹이가 상당히 쓴맛이 나는 퀴닌(quinine, 키니네)과 섞이면, VMH가 손
상된 쥐들은 정상 통제집단의 쥐들보다 훨씬 덜 먹는다(Sclafani, Springer,
& Kluge, 1976).

우리가 가쪽 시상하부(LH)와 음식 섭취의 사례에서 발견했듯이 VMH
를 배부름의 단일 중추로 보는 것은 지나치게 단순한 생각이다. VMH가
손상된 쥐가 무한정 먹기를 계속하지는 않는다. 그 대신 훨씬 높은 설정값
을 정하고, 어느 정도 정상적으로 이를 방어한다. VMH 손상은 VMH 핵
자체를 파괴할 뿐 아니라 인근의 중요한 신경섬유경로를 훼손한다. 이러
한 경로들 중에는 뇌실곁핵(PVN)을 뇌줄기에 있는 고립로핵(NST)과 연결
하는 신경섬유도 있다. NST는 혈당수용기와 맛수용기로부터 정보를 받고
에너지 저장에 관여한다. 이 경로가 붕괴하면 쉽게 비정상적인 음식 먹기 패턴이 생길
것이다. 또한 VMH의 손상은 과도한 인슐린 생산을 유발한다. 과도한 인슐린으로 인
하여 혈당 수준이 만성적으로 낮은 경우에는 끊임없이 배고픔을 느끼고 음식을 섭취
하게 된다.

신경화학물질과 배부름 체지방 수준이 높을 때 혈액 속의 렙틴 농도가 더 높아지
는 것이 발견되었다. 혈중 렙틴의 높은 수준은, 렙틴의 낮은 수준에 반응하는 뉴런들
과는 구분되는, 활꼴핵에 있는 두 번째 세트의 뉴런과 상호작용한다. 이 두 번째 세
트의 뉴런은 2개의 추가 신경펩티드, 즉 **알파멜라닌세포자극호르몬**(alpha melanocyte
stimulating hormone, αMSH, alpha-MSH), **코카인 및 암페타민 조절 전사체**(cocaine- and
amphetamine-regulated transcript, CART)의 출처이다. 이 활꼴핵 뉴런들은 또다시
PVN, LH, 그리고 뇌줄기와 척수에 있는 자율신경계 통제 중추로 투사한다. αMSH
와 CART는 뇌하수체의 TSH와 ACTH 분비를 초래하여 신체 신진대사율을 높인다.
또한 αMSH와 CART는 자율신경계의 교감신경을 활성화하여 신진대사와 체온을 올
리고 음식 섭취 행동을 억제한다.

●그림 7.21 VMH증후군에서 체중 증가 배쪽안쪽
시상하부(VMH)의 손상은 상당한 체중 증가를
낳는다. 이 쥐는 정상적인 쥐보다 체중이 거의 3배
더 나간다.

배쪽안쪽 시상하부(VMH) 배부름에
관여하는 시상하부 내의 영역.
**알파멜라닌세포자극호르몬(α-
MSH, alpha-MSH)** 음식 섭취
행동을 억제하는 것으로 생각되는,
활꼴핵에서 나오는 신경화학물질.
코카인 및 암페타민 조절 전사체(CART)
음식 섭취 행동을 억제하는 것으로
생각되는, 활꼴핵에서 나오는
신경화학물질.

LH에서 αMSH는 MC4수용기의 활성화를 위해 AgRP와 직접적으로 경쟁한다. AgRP가 이 수용기들을 차단하여 음식 섭취 행동을 개시한다는 사실을 기억하고 있을 것이다. αMSH는 MC4수용기에서 효능제로 기능한다. MC4수용기가 αMSH에 의해 활성화되면 음식 섭취는 억제된다. MC4수용기가 AgRP에 의해 차단되면 음식 섭취 행동은 자극된다. 덧붙여, 혈중 렙틴 수준이 높으면 NPY와 AgRP의 합성과 분비가 직접적으로 억제됨으로써 음식 섭취가 감소한다(Howlett, 1996).

건강한 식습관과 병적인 식습관

많은 사람이 건강한 체중을 유지하는 데 어려움이 있는 것처럼 보인다. 우리의 몸은 제한적이고 얻기 어려운 음식 공급에 맞게 진화되었기 때문에, 우리는 종종 음식이 넘쳐흐르는 현대 문명 속에서 균형을 잡기 위해 애를 쓴다(Chakravarthy & Booth, 2004).

건강한 체중의 정의

건강한 체중이란 무엇을 의미할까? 이상적인 체중을 결정하는 의학적 기준은 **체질량지수**(body mass index, BMI)의 계산식이다. BMI는 kg으로 측정한 체중을 m로 측정한

키(cm)																		
203	9	10	11	12	13	14	15	17	18	19	20	21	22	23	24	25	26	28
198	9	10	12	13	14	15	16	17	19	20	21	22	23	24	25	27	28	29
193	10	11	12	13	15	16	17	18	20	21	22	23	24	26	27	28	29	30
188	10	12	12	14	15	17	18	19	21	22	23	24	26	27	28	30	31	32
183	11	12	14	15	16	18	19	20	22	23	24	26	27	28	30	31	33	34
178	12	13	14	16	17	19	20	22	23	24	26	27	29	30	32	33	35	36
173	12	14	15	17	18	20	21	23	24	26	27	29	30	32	34	35	7	38
168	13	15	16	18	19	21	23	24	26	27	29	31	32	34	36	37	39	40
163	14	15	17	19	21	22	24	26	28	29	31	33	34	36	38	40	41	43
157	15	17	18	20	22	24	26	27	29	31	33	35	37	38	40	42	44	46
152	16	17	20	22	23	25	27	25	31	33	35	37	39	41	43	45	47	49
147	17	19	21	23	25	27	29	31	34	36	38	40	42	44	46	48	50	52
142	18	21	22	25	27	29	31	34	36	38	40	43	45	47	49	52	54	56
137	19	22	24	27	29	31	34	36	39	41	43	46	48	51	53	56	58	60
132	21	23	26	29	31	34	36	39	40	44	47	49	52	55	57	60	62	65
127	23	25	28	31	34	37	39	42	45	48	51	53	56	59	62	65	68	70
122	24	28	31	34	37	40	42	46	49	52	55	58	61	64	67	70	73	76
	36	41	45	50	54	59	64	68	73	77	82	86	91	95	100	104	109	113

체중(kg)

- 18.5미만: 저체중
- 18.5~24: 건강한 체중
- 25~29: 과체중
- 30~39: 저체중
- 40 이상: 고도 비만

●그림 7.22 체질량 지수는 이상적 체중의 기준을 제공한다 체질량 지수(BMI)는 kg으로 측정한 체중을 m로 측정한 키의 제곱으로 나눠 계산한다. BMI가 18.5~24.9 사이에 있으면 건강하다고 간주한다. BMI가 25~29.9 사이에 있는 사람은 과체중, 30~39.9 사이에 있는 사람은 비만, 40 이상인 사람은 심각한 고도 비만으로 간주한다.

체질량 지수(BMI) 저체중, 건강 체중, 과체중, 비만을 결정하는 데 사용하는, 키와 체중을 비교하는 측정.

영양사와 영양학자

건강한 식사와 관련된 복잡한 신체적, 사회적, 심리적 변인 때문에 전문적인 영양사(dietician)와 영양학자(nutritionist)는 많은 학문 분야로부터 두루두루 정보를 끄집어내어 환자나 고객이 옳은 음식을 선택하도록 도와야 한다.

많은 영양사와 영양학자가 건강관리시설 또는 개인 사무실에서 일하는데, 이들은 환자와 고객의 식습관을 평가하고, 2형 당뇨병 같은 질병을 완화하거나 예방하기 위해 설계된 변화를 실천하도록 제안한다. 그 외 영양사와 영양학자는 지역사회에 대한 교육과 식단 구성을 계획하는 일에 종사하는데, 종종 전체 학군 같은 대규모 단위를 대상으로 한다. 또 다른 이들은 음식 제조회사에서도 일한다.

영양사와 영양학자는 인턴 경력을 포함하여 일반적으로 학사 학위가 있다. 미국의 경우에는 대부분 주에서 면허도 요구한다(Academy of Nutrition and Dietetics, 2014).

키의 제곱으로 나눠 계산한다. BMI가 18.5에서 24.9 사이에 있으면 건강, 25에서 29.9 사이에 있으면 과체중, 30에서 39.9 사이에 있으면 **비만**(obesity), 40 이상이면 고도 비만으로 여긴다. ●그림 7.22를 참고하여 당신 스스로 BMI를 확인할 수 있다.

비만

1988년에 미국에서 비만율이 15% 이상이라고 보고된 주는 없었다. 2015년 즈음에는 ●그림 7.23에 제시된 것처럼 비만율이 20% 미만인 주가 없었다. 이런 급격한 변화를 어떻게 설명할 수 있을 것인가?

인간은 에너지를 매우 효율적으로 사용한다. 휴식 상태에서 평균적인 사람의 몸은 kg당 하루에 26kcal 정도만을 사용한다. 다른 말로 하면 체중 68kg인 사람이 하루 시간의 대부분을 TV나 컴퓨터 앞에 앉은 채 보내면 단지 약 1,800kcal만 필요하다는 뜻이다. 햄버거, 감자튀김, 청량음료로 이루어진 전형적인 간편식 한 끼가 약 1,500kcal

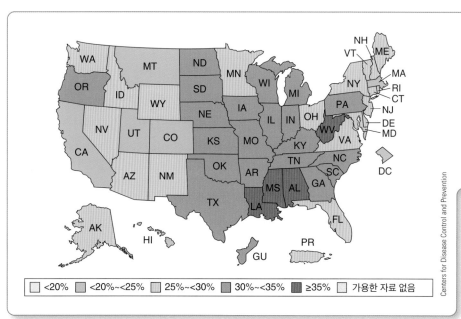

●그림 7.23 비만율이 계속 오른다
미국질병통제예방센터에 따르면 미국 성인의 35%는 BMI가 비만을 정의하는 한계점인 30보다 높다. 2015년에 비만율 20% 미만인 주가 없었던 반면에 1988년에는 비만율 15%를 넘는 주가 없었다. 생물학적 요인과 생활습관 요인 사이에 있는 복잡한 상호작용이 이런 변화에 이바지한다.

Centers for Disease Control and Prevention

□ <20%   ▨ <20%~<25%   ▨ 25%~<30%   ▨ 30%~<35%   ▨ ≥35%   □ 가용한 자료 없음

비만 체질량 지수가 30~39.9인, 즉 보통보다 체중이 20% 더 나가는 극도로 과체중인 상태.

를 함유하고 있음을 고려해 보면, 사람들의 체중이 점점 늘어가는 이유를 쉽게 알 수 있다.

현대 생활양식에는 복잡하고 상호작용하는, 수많은 요인들이 비만의 원인이 되고 있다. 비만한 친구를 두면 자신이 비만이 될 위험이 57% 증가하고, 비만한 배우자를 두면 자신이 비만이 될 위험이 37% 증가한다는 사실에는 거대한 체구에 대한 수용과 같은 사회적 요인이 반영되어 있다(Christakis & Fowler, 2007). 스트레스나 고지방 식단만으로 반드시 비만이 되지는 않는다. 그러나 2개가 조합되면 NYP의 분비를 증가시키는 것으로 보이며, 이는 곧 식욕을 증가시킨다(Kuo et al., 2007). 미국 성인에게 흔한 수면 박탈 또한 비만으로 이어지는 에너지 신진대사의 장애와 연결되어 있다(McHill & Wright, 2017).

유전 역시 비만에 대한 개인의 취약성에 중요한 역할을 하는 것처럼 보인다. 유전적 변이는 현대의 생활양식대로 사는 사람들 중 일부는 건강한 체중을 유지하는 반면에 다른 일부는 비만이 되는 이유를 설명할 수 있을 것이다(Albuquerque, Stice, Rodrí-guez-López, Manco, & Nóbrega, 2015). 많은 유전자 변이가 비만과 연관되어 있는데, 각각의 효과는 작다.

사람의 내장에 있는 박테리아 유형은 지방 저장과 비만에 영향을 준다. 비만한 생쥐에게서 추출한 박테리아를 보통 생쥐에게 이식하자, 보통 생쥐의 체지방이 2주 만에 47% 증가했다(Turnbaugh et al., 2006). 활생제(probiotics)와 항생제 사용을 통하여 박테리아를 조작함으로써 사육 동물들의 체중 증가를 촉진하는 방법은 수십 년간 가축관리에서 이용되어 온 방식이다. 생의 초기에 항생제에 대한 빈번한 노출은 아동의 과체중 및 비만 위험과 상당한 관계가 있다(Mikkelsen, Allin, & Knop, 2016). 호리호리한 사람과 고지방 식단을 하는 비만한 사람에게서 발견되는 박테리아는 종류가 다르다(Million et al., 2013; Million & Raoult, 2013). 미래의 비만 치료에는 다양한 유형의 내장 박테리아의 상대적 빈도에 영향을 주는 방법이 포함될지도 모른다.

비만에 대한 개입 모든 체중 감소 식단은 섭취하는 열량의 수치를 줄임으로써 효과를 낸다. 장기적 체중 감소가 성공하기 위해서는 무기한 지속할 수 있는 생활양식의 변화가 필요하다. 대중적인 다이어트 식단은 너무 적은 열량 섭취만을 요구하는데, 이는 기아 회피를 목표로 하는 생리적 반응을 촉발한다. 신체는 신진대사율을 낮추게 되어 체중 감소를 원했던 사람이 오히려 이전보다 덜 먹어도 실제로는 체중이 늘 수도 있다.

비만 치료를 위해 점점 더 많은 수의 치료제가 인가받고 있다. 승인된 약물은 식욕을 억제하거나, 신진대사를 증가시켜서, 또는 영양소 흡수를 방해함으로써 작용한다. 이런 약물을 사용하는 사람의 체중 감소는 1년 동안 2.2~4.5kg 정도로 그다지 대단하지는 않다. 많은 환자의 경우 이런 체중 감소로 얻는 이득보다 약물의 부작용이 클 수도 있다.

| 신경과학의 윤리적 이슈 |

과체중이나 비만이 되면 얼마나 위험할까

과 체중이거나 비만이 되면 정말로 얼마나 위험할까? 아마도 여러분은 대중 매체에서 마르고 건강하지 않은 사람이 과체중에 건강한 사람보다 죽을 위험이 더 크다든가, 나이가 들면 약간 과체중인 사람이 체중이 덜한 사람보다 더 건강하다는 설명을 본 적이 있을 것이다.

BMI를 건강한 체중을 평가하는 출발점으로 봐야 함은 사실이지만, BMI만이 고려해야 할 유일한 변인은 결코 아니다. 예를 들면 앉아서 보낸 시간(Matthews, Chen, Freedson, et al., 2008)과 굵은 허리둘레(남성은 102cm, 여성은 88cm; Koster et al., 2008)는 사망률에 대한 또 다른 강력한 예측 변인이다. 굵은 허리둘레와 건강한 BMI를 가진 사람이 건강한 허리둘레와 건강한 BMI를 모두 가진 사람보다 더 위험하다. 또한 적어도 여섯 대륙에 걸쳐 3,000만 명 이상의 성인으로부터 얻은 자료 분석에 따르면 BMI가 20~22인 사람에게서 모든 원인을 포괄한 사망 위험이 가장 낮았다(Aune et al., 2016; ● 그림 7.24). 이러한 결론은 담배를 피우는 사람이 피우지 않는 사람보다 날씬한 경향이 있어서 흡연자를 제외한 분석 결과에서도 유지되었다. 350만 명의 성인에 관한 다른 연구는 고혈압이나 당뇨병 환자가 아니면서 또는 콜레스테롤 수치가 낮으면서도 비만한('건강하지만 뚱뚱한') 사람이 건강한 체중을 유지하는 사람보다 심장질환과 중풍을 겪을 가능성이 더 크다는 것을 발견하였다(Caleyachetty, 2017). 다른 연구자들은 미국민을 건강한 체중 범위로 돌려놓으면 전국민의 금연으로 얻어지는 전반적인 기대 수명의 증가와 대략 같은 효과를 낳을 것이라고 제안한다(Stewart,

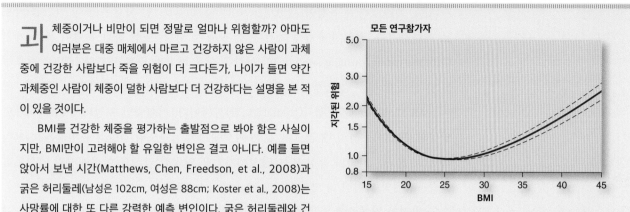

● 그림 7.24 체질량 지수와 사망 위험 3,000만 명 이상의 성인을 평가한 결과에 따르면, BMI가 20~22 사이에 있으면 사회경제적 지위, 교육, 음주, 흡연 경험 같은 변인들을 모두 통제하더라도 모든 원인을 포괄한 사망 위험이 가장 낮았다.

출처: Aune, D., Sen, A., prasad, M., Norat, T., Janszky, I., Tonstad, S., et al. (2016). BMI and all cause mortality: Systematic review and nonlinear dose-response meta-analysis of 230 cohort studies with 3.74 million deaths among 30.3 million participants. *BMJ, 353.* doi: 10.1136/bmj.i2156

Cutler, & Rosen, 2009).

이런 연구들에서 얻는 일반적인 교훈은 무제한급 씨름선수가 되어야 하는 상황같이 정상참작이 되는 형편이 아니라면 건강을 예측하는 BMI의 능력을 무시해서는 안 된다는 것이다. 만일 여러분의 BMI가 건강한 범위 안에 있지 않으면, 여러분의 개인사를 잘 알고 있는 건강관리자와 의논하는 것이 좋을 수 있다.

많은 비만 환자는 식단과 약물복용에 좌절하여 위장 축소술이나 위장관 우회 방식 같은 외과적 개입으로 눈을 돌린다. 위장관 우회 방식으로 3개월 내에 평균 40kg의 체중을 줄이는 등 이런 방법으로 얻는 체중 감소는 눈에 띌 정도이지만(Maggard et al., 2005), 이는 종종 합병증으로 이어질 수 있는 외과 수술에 해당하므로 신중하게 고려해야 한다.

병적인 식습관

음식 섭취는 생명을 유지하는 데 필수적이다. 그러나 우리가 지금까지 기술한 아주 정교한 조절 체계에도 왜곡이 발생할 수 있다. 『정신질환의 진단 및 통계 편람(Diagnostic and Statistical Manual of Mental Disorders)』 제5판(이하 DSM-5; APA, 2013)은 음식 섭취와 식습관장애의 다양한 유형을 제시하였다. 이런 장애 가운데 신경성 식욕부진증 (제한형, 폭식/제거형), 신경성 폭식증, 폭식장애가 있다. DSM-5는 비만을 '정신장애'로 포함하는 것을 적극적으로 거부하였다.

신경성 식욕부진증/거식증 거식(拒食, anorexia)은 '식욕 상실'을 의미한다. **신경성 식욕부진증**(anorexia nervosa)인 사람은 아주 낮은 체중을 유지하고, 살이 찌는 것에 극도의 공포를 보이며, 자신이 비만이라는 왜곡된 자기 신체상(body image)을 가지고 있다(APA, 2013). 하위 유형이 제한형(restricting subtype)인 사람은 음식 먹기를 극도로 제한하거나, 과도하게 운동하거나, 둘 모두를 한다. 또한 하위 유형이 폭식/제거형(binge-eating/purging subtype)인 사람은 살을 빼고자 구토 유도와 (배변을 쉽게 만드는) 완하제 사용 같은 행동을 한다. 개인의 BMI를 근거로 본 심각도는 범위가 '경미'(BMI 17~18.4)에서 '심각'(BMI 15 미만)까지이다. 거식증인 여성의 수가 거식증인 남성의 수보다 무려 10배 많으며, 젊은 여성에게서 전년도의 전반적 유병률은 0.4%이다(APA, 2013). 그러나 동성 또는 양성애자임을 인정한 남성은 이성애자인 남성보다 식습관장애의 위험이 더 크다(Wooldridge & Lytle, 2012).

극단적인 저체중에 덧붙여 거식증인 여성은 보통 무월경, 건조하거나 황달기가 있는 피부, 가느다란 솜털로 뒤덮인 얼굴과 몸통 및 사지, 추위 민감성 증가, 심혈관 및 위장관의 문제를 보인다. 이것은 사람을 죽일 수 있는 몇 안 되는 심리적 질환이다. 환자 중 사망자가 10년당 대략 5%인데, 이는 자살 위험의 증가도 포함한 것이다(APA, 2013).

신경성 폭식증 **신경성 폭식증**(bulimia nervosa)은 폭식한 후에 토하기 또는 완하제 사용과 같은 보상행동을 통해 먹은 것을 몸에서 제거하는 주기적인 패턴을 보인다. 이런 장애가 있는 환자는 정상적이라고 간주되는 것보다 더 많은 음식을 앉은 자리에서 한 번에 먹는데, 얼마나 많은 음식을 먹고 있는지 통제가 안 된다는 느낌을 동반한다(APA, 2013). 폭식과 제거 삽화가 규칙적으로 발생하며, 보통은 3개월 남짓 되는 동안 주당 적어도 한 번 발생한다. 신경성 식욕부진증의 사례처럼 신경성 폭식증은 남성보다 여성에게서 10배 많이 발생한다(APA, 2013). 지난 12개월 동안 젊은 여성의 유병률은 약 1~1.5%이다. 이 장애는 보통 초기 성인기에 최고조가 된다.

폭식하는 정도는 환자들 사이에 편차가 크지만, 폭식하는 기간에 섭취한 열량의 추정치는 현대의 비만율에도 반영된 식습관 패턴의 변화에 관심을 집중하게 만든다. 현재의 비만증이 급속한 확산을 시작하기 전에 Rosen과 Leitenberg, Fisher, Khazam이 1986년에 발표한 논문은 신경성 폭식증의 경우 전형적인 폭식 삽화에서의 음식 섭취량은 1,500kcal라고 보고하였다. 이는 오늘날 보통의 간편식 점심과 거의 같은 열량이고 현대의 일부 가맹음식점에서 제공되는 식사의 3분의 1 내지 절반에 해당한다. 실험실 조건에서 신경성 폭식증이 있는 현대인은 보통 앉은 자리에서 2,500kcal, 즉 하루에 필요한 전체 열량 또는 그 이상을 먹는다(Forbush & Hunt, 2014).

폭식장애 **폭식장애**(binge-eating disorder)는 앉은 자리에서 한 번에 정상보다 훨씬 많은 음식을 먹으면서 이를 통제할 수 없다고 느낀다는 측면에서 신경성 폭식증과 유

신경성 식욕부진증 자발적인 굶기와 심하게 왜곡된 신체상이 특징인 섭식장애.

신경성 폭식증 폭식과 제거가 반복되는 주기가 특징인 섭식장애.

폭식장애 먹은 음식을 제거하지 않는 폭식이 특징인 섭식장애.

사하다. 그러나 토하기와 완하제 사용 같은 보정(補正)행동이 포함되지 않는다(APA, 2013). 이러한 주요 기준에 덧붙여 폭식장애가 있는 사람들은 급하게 먹으며, 불편할 정도로 배부르게 먹고, 신체적으로 배고프지 않을 때 엄청난 양의 음식을 먹으며, 먹는 양에 대해 쑥스러워하기에 혼자 먹고, 폭식 삽화 후에는 혐오감 또는 우울함이 뒤따른다. 이러한 삽화는 일주일에 적어도 한 번 3개월 이상 발생한다. 폭식장애는 DSM-5에 새롭게 포함된 장애로서 유병률 자료는 여전히 잠정적이다. 폭식장애는 지난 12개월 동안 성인 여성의 1.6%, 성인 남성의 0.8%가 경험한 것으로 추정된다. 다른 섭식장애와 비교해서 폭식장애의 경우 남녀 발생 빈도 차이가 적은 편이다.

섭식장애의 원인 섭식장애와 연관된 명백한 환경적 요인들이 있는데, 여기에는 지나치게 마르고 육감적인 모델과 여배우를 보게 되는 것이 포함된다. 1965년에 모델들은 평균적인 미국 여성보다 8% 정도 더 말랐을 뿐이었다. 오늘날 모델들은 평균적인 미국 여성보다 23%나 더 마른 몸을 갖고 있다. 유럽 국가들은 기아로 인한 여러 모델의 사망과 젊은 여성들이 받는 메시지에 관한 우려에 반응하여 BMI가 18.5 미만인 패션모델을 금지했다. ●그림 7.25에 소개된 여성과 같은 패션모델은 BMI가 평균 16.5이다.

Anne Becker와 그녀의 동료들은 미국 TV 방송이 남태평양 피지 제도에서 발생하는 섭식장애에 미치는 영향을 연대기 순으로 기록했다(Becker, 2004; Becker, Burwell, Herzog, Hamburg, & Gilman, 2002). Becker는 탄탄한 근육질 몸매가 성별 구분 없이 대접받던 문화에서 과거에는 살을 뺀다는 행위가 존재하지 않았다고 보고하였다(●그림 7.26). 1995년 극도로 날씬한 여배우의 모습이 자주 등장하는 대중 미국 TV 방송이 도래한 이후 17%의 청소년기 소녀들이 체중을 유지하려고 의도적으로 구토를 유도한다고 보고되었는데, Becker에 따르면 1955년 이전까지는 겨우 3%만이 그랬다고 한다. Becker의 자료는 상관 자료이기 때문에 TV 시청이 젊은 피지인들 사이에 식습관 변화를 일으켰다고 결론을 내릴 수는 없다(Becker et al., 2011). 그러나 이러한 결과는 문화(이 사례에서는 TV를 통해 전송된 가치관)가 신체에 대한 불만족과 문제 있는 식습관의 발달에 중요한 역할을 한다는 것을 강력하게 시사한다.

그러나 섭식장애로 이끄는 생물학적 요인에 대한 증거는 더 해석하기 어렵다. 전장유전체 연관분석(genome-wide association study, GWAS)은 신경성 식욕부진증과 연계된 유전자 후보에 대한 아무런 증거도 찾지 못했다(Boraska et al., 2014). 섭식장애 그 자체가 아니라, 섭식장애가 발달하기 쉬운 특성을 낳는 일반적인 성격 특징이 유전적 영향을 받을 가능성이 있다.

건강한 통제집단에 비해 신경성 식욕부진증이 있는 사람은 보상

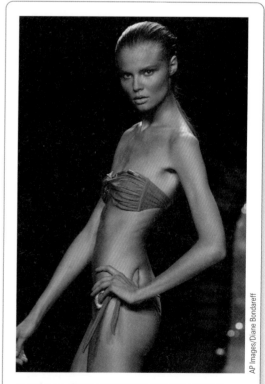

AP Images/Diane Bondareff

●그림 7.25 신경성 식욕부진증과 패션모델 평균적인 패션모델은 BMI가 16.5이다. 미국 패션디자이너는 일부 유럽 국가가 지정한 18.5 BMI 기준에 따르려면 신장이 183cm인 모델이 62kg까지 체중을 증량해야 한다고 불평한다. 이와는 대조적으로, BMI가 16.5이면서 신장이 183cm인 모델의 체중은 55kg이다.

●그림 7.26 **외부 영향이 미의 문화적 이상을 바꿀 수 있다** Anne Becker의 연구는 미국 TV 프로그램으로 인하여 젊은 피지 여성들이 다이어트를 하거나 섭식장애를 보이는 비율이 높아졌다고 말한다. 이 피지 여성은 TV 방송 이전의 이상적인 피지인의 미(美), 즉 탄탄하고 근육이 잘 발달한 신체에 부합한다.

Heidi Prenzel/Alamy Stock Photo

과 관련된 줄무늬체(선조체)와 이마엽(전두엽) 사이 경로의 연결성이 더 크지만, 시상 하부와 이마엽 사이의 연결성은 줄어있다. 이런 회로의 강도 차이가 섭식장애가 있는 사람이 항상성 신호를 무시하는 능력을 지원하는지도 모른다(Frank, Shott, Riederer, & Pryor, 2016).

일단 발생한 섭식장애는 적어도 부분적으로는 생물학적 요인에 의해 유지되는 것처럼 보인다. 신경성 식욕부진증 환자가 치료 기간 중 정상 체중에 도달한 후에도 CART 수준은 여전히 고양된 것으로 관찰된다(Stanley et al., 2003). 여러분은 CART가 신진대사율을 높이고 음식 먹기를 억제한다는 것을 기억할 것이다. 기댐핵(측핵)은 중독에 관여하는 보상 회로에서 중요한 역할을 하는데, CART는 이 기댐핵에도 작용하여 섭식의 보상적 측면을 감소시킬 수 있다(Jean et al., 2007). 세로토닌 활동은 CART가 기댐핵에 작용하는 것을 조절한다. 세로토닌 이상은 섭식장애와 주요우울장애 모두와 연관되어 있으며, 이는 동일 가계(家系) 내에서 이 장애들이 발생할 위험이 더 크다는 것을 설명할 수 있다(Wade, Bulik, Neale, & Kendler, 2000).

섭식장애의 치료 신경성 식욕부진증의 완화에 효과적이라고 입증된 약물은 아직까지 없다(Touyz et al., 2013). 신경성 식욕부진증을 치료할 때는 환자를 살아있게 하는 것이 최우선인데, 이를 위해서는 일정 기간의 입원과 음식 섭취량에 대한 세심한 감시가 요구된다. 항우울제, 특히 선택적 세로토닌 재흡수 억제제(SSRI, 4장과 14장을 보라)는 신경성 폭식증 관리에 유용하다.

섭식장애를 특징짓는 왜곡된 신체상에 초점을 맞추는 것도 치료의 중요한 측면이다. 섭식장애에 대한 표준 치료는 전형적으로 심리치료의 형태, 특히 인지행동적 대인관계치료의 형태를 취한다(Kass, Kolko, & Wilfley, 2013).

요점

1 소화 과정 동안 탄수화물, 단백질, 지방은 구성 성분으로 분해되어 즉각적으로 사용되거나 나중을 위해 저장된다. **(LO4)**

2 가쪽 시상하부에 있는 혈당수용기는 배고픔의 확인과 음식 섭취 행동 개시에 참여한다. 음식 섭취 행동은 신경펩티드 Y(NPY), 아구티 관련 단백질(AgRP), 오렉신, 그렐린, 멜라닌응집호르몬(MCH)을 포함하는 다수의 화학물질에 의해 자극된다. **(LO4)**

3 배쪽안쪽 시상하부(VMH), 뇌실곁핵(PVN), 고립로핵(NST)이 배부름에 관여하는 것으로 보인다. 높은 수준의 렙틴은 음식 섭취 행동을 억제하는 알파멜라닌세포자극호르몬(αMSH), 코카인 및 암페타민 조절 전사체(CART)의 방출을 자극한다. **(LO4)**

4 합리적인 식단 조절과 적당한 운동이 체중 감소라는 결과를 가져온다. 화학적·외과적 개입은 대중적이지만, 비만을 치료하는 데 사용할 수 있는 쉬운 교정법은 없다. **(LO5)**

5 복잡한 문화적·신체적 과정이 신경성 식욕부진증, 신경성 폭식증, 폭식장애의 발생과 진행 과정에 이바지한다. **(LO5)**

복습 문제

1 환경은 어떤 방식으로 우리의 섭식 습관을 형성하는가?

2. 렙틴 수준은 어떻게 식욕과 체중 조절에 영향을 미치는가?

쾌락과 보상

James Olds와 Peter Milner(1954)는 뇌의 특정한 장소가 쾌락과 보상이라는 긍정적 정서와 관련된다는 최초의 증거 일부를 발견하였다. 이들은 쥐의 뇌에 외과적으로 전극을 삽입하고 쥐가 실험 상자를 돌아다닐 수 있도록 했다. 그리고 쥐가 상자의 특정한 구석에 들어갔을 때 전극을 통해 전류가 흐르게 하였다. 얼마 지나지 않아 쥐는 상자의 바로 그 구석을 떠나기를 거부하였다. Olds와 Milner는 쥐가 **두개 내(頭蓋內) 자기자극**(intracranial self-stimulation, ICCS)을 할 수 있는, 즉 전극을 통해 자신의 뇌를 자극하도록 누를 수 있는 레버를 상자에 추가하였다(●그림 7.27). ICCS가 보상으로 사용되면 쥐는 레버 누르는 행동을 빠르게 습득할 뿐만 아니라 반응 비율도 매우 높아진다. Routtenberg와 Lindy(1965)는 쥐가 하루에 1시간 동안 2개의 레버에 접근할 수 있게 해 주었다. 한 레버를 누르면 먹이가, 다른 레버를 누르면 ICCS 보상이 나왔다. 하루에 바로 이 1시간 이외에는 음식을 접할 수가 없었음에도 쥐는 음식보다는 ICCS를 택했다. 그 결과 많은 쥐가 결국 굶어 죽었다.

　　ICCS가 만드는 감각이 그렇게 강렬한 이유를 쥐가 설명해 줄 수 없음은 명백하다. 그러나 전극 이식은 인간 참가자에게도 사용된 바 있다. Robert Heath(Bishop, Elder,

두개 내 자기자극(ICCS) 수술로 삽입된 전극을 통해 뇌의 특정 부위에 전기자극을 받으려는 동물이나 사람의 자발적인 행동.

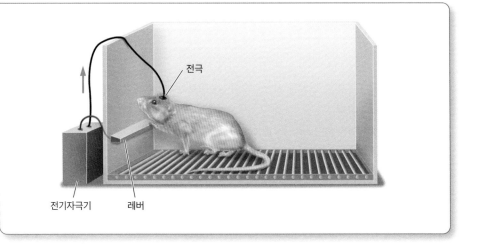

●그림 7.27 두개 내 자기자극(ICCS) 쥐는 뇌의 특정 부분에 전기자극을 제공하는 회로와 연결된 레버를 누르려 한다. 연구자는 ICCS를 활용하여 보상과 쾌락에 반응하는 뇌 네트워크의 지도를 그릴 수 있다.

전극

전기자극기   레버

& Heath, 1963; Heath, 1963)는 전극이 이식된 환자에 대한 관찰을 보고하였다. 한 환자는 사이막구역(septal area, 중격영역)에 심어진 전극을 자주 활성화했다. 그는 이 장소를 자극하면 절정감에 이르게 되는 것과 유사한 즐거운 성적 느낌을 받는다고 보고하였다. 그는 오르가슴을 느끼고 싶다는 희망으로 이 부위와 연결된 단추를 자주 눌렀지만 그런 노력은 성공적이지 못했다. 다른 환자 역시 사이막구역을 자극하면 즐거운 성적 느낌이 있음을 보고하였다. 덧붙여 이 환자는 안쪽 시상을 자극하면 짜증을 느낀다고 보고했음에도 이 부위를 자주 자극하였다. 이 부위를 자극하면 뭔가 중요한 것을 곧 기억할 것 같은 느낌을 받았기 때문이다. Heath의 연구는 쾌락 이외의 정서를 일으키는 부위들이 자기자극을 지속시킬 수 있음을 다시 보여주고 있다.

보상의 다중 측면

Heath의 연구 결과는 중요한 원리를 암시한다. 보상은 단일 과정이 아니다. 대신에, 보상은 좋아함(liking)과 원함(wanting)이라는 별도의 심리적 구성 요소로 나눌 수 있다(Berridge & Robinson, 2016; Hu, 2016). 좋아함은 아주 맛있는 아이스크림을 즐기는 것 같은, 보상에 대한 향락적 반응과 쾌락을 형성한다. 원함은 갈망과 열망 같은 더 동기적 요인이 특징이다. 아이스크림을 좋아함과 아이스크림을 원함은 서로 상당히 유사하게 들릴 수도 있지만, 이 두 구성 요소에는 각기 다른 뇌 회로와 신경화학물질 패턴이 기저에 놓여있다(●그림 7.28).

보상 경로

좋아함은 다리뇌의 핵, 배쪽 창백핵(ventral pallidum, 바닥핵 중 창백핵의 일부분), 기댐핵, 대뇌섬, 눈확이마겉질을 포함한 다수의 작은 쾌락 집중 지점의 활동과 연합되어 있다(Hu, 2016).

원함은 중간뇌의 배쪽 뒤판 영역을 줄무늬체와 이마앞겉질에 연결하는 경로가 만들어낸다(Berridge & Robinson, 2016). **안쪽 앞뇌다발**(medial forebrain bundle, MFB, 내

안쪽 앞뇌다발(MFB) ICSS를 강력하게 지원하는 경로로, 가쪽 시상하부를 통과하여 앞뇌와 배쪽 뒤판 영역을 연결하는 상향 섬유와 하향 섬유를 포함함.

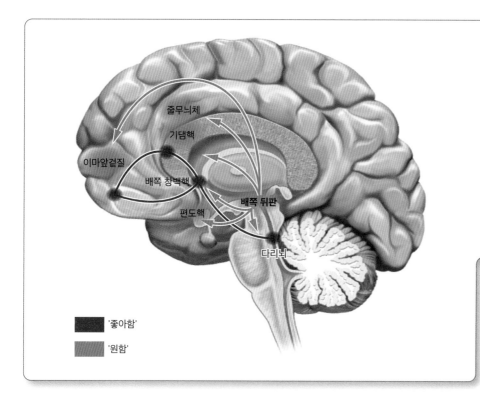

●그림 7.28 좋아함 대 원함 좋아함은 다리뇌의 핵들, 배쪽 창백핵, 기댐핵, 대뇌섬, 눈확이마겉질을 포함한 다수의 작은 쾌락 집중 지점의 활동과 연관되어 있다. 원함은 중간뇌의 배쪽 뒤판을 줄무늬체와 기댐핵, 이마앞겉질에 연결하는 경로가 만들어낸다.

출처: Berridge, K. C., & Robinson, T. E. (2016). Liking, wanting, and the incentive-sensitization theory of addiction. *American Psychologist, 71*(8), 670.

측전뇌속)은 가쪽 시상하부를 통과하는 상행 신경섬유와 하행 신경섬유를 포함하는데, 한 방향은 배쪽 뒤판 영역(ventral tegmental area, VTA, 복측 피개 영역)을, 다른 방향은 앞뇌 영역을 연결한다. 이 경로로부터 나온 곁가지는 편도체를 포함한 많은 인근 구조물과 교신한다. MFB에 대한 전기적 자극은 극도로 강력한 강화 효과를 낳는다(Olds & Milner, 1954).

　　MFB 내에 VTA를 기댐핵에 연결하는 중간뇌둘레계 섬유(mesolimbic fiber, 중뇌변연계 섬유)가 있다. 이 경로는 많은 유형의 보상에 반응한다. Comings와 Blum(2000)에 따르면 섭식과 성행동은 뇌의 보상 회로 활성화를 위한 '자연스러운' 상황으로 여겨진다. 그러나 똑같은 회로가 강박적 식사, 강박적 성관계, 도박, 그리고 중독성 약물의 사용을 포함하는 '부자연스러운' 상황에 의해서도 활성화될 수 있다. 이 회로를 자극하기 위해 탈진 또는 기아 상태에 이르도록 레버를 누르는 쥐를 관찰해 보면 강박적이고 중독적인 행동의 핵심을 파악하는 데 도움이 된다.

보상의 신경화학

중간뇌둘레계에 있는 뉴런을 포함한 MFB에 있는 뉴런 대부분은 도파민을 주된 신경화학물질로 사용한다. 4장에서 살펴봤듯이 많은 중독성 물질이 도파민 효능제로 기능하며, 특히 기댐핵에서 그러하다. 쥐가 배쪽 뒤판 영역에 ICCS를 받으면, 기댐핵에 더 많은 양의 도파민이 분비된다(Phillips et al., 1992). 기댐핵에서 도파민 활동을 막는 약물은 ICCS의 보상 효과를 줄인다. Stellar와 Kelley, Corbett(1983)는 쥐를 훈련시켜 ICCS를 받기 위해 미로의 가지길을 달리도록 했다. 도파민 길항제 주사 후에 쥐를 달리게 하려면 더 높은 수준의 자극이 필요했다. 이 고전적인 연구들은 도파민이 보상에 필수적임을 시사하지만, 이는 아마도 지나치게 단순한 연구들이다.

더 최근의 연구자들은 도파민이 원함에는 필수적이지만 좋아함에는 필수적이지 않다고 주장한다(Berridge & Robinson, 2016). 예를 들면 파킨슨병이 있는 환자의 경우 도파민 고갈이 심하다. 그런 고갈에도 불구하고 환자들은 단맛 평가를 제대로 함으로써 여전히 전형적인 '좋아함' 수준을 보인다(Sienkiewicz-Jarosz et al., 2013).

유인물 현출성(incentive salience) 가설에 따르면 도파민의 역할은 조건자극(음식과 성 같은 무조건자극을 예측하는 신호; 10장을 보라)의 정신적 표상을 원하는 유인물로 변환하는 것이다(Hu, 2016). 이는 어떻게 도파민이 동기부여된 보상 추구 행동에 기여하는지를 설명하는 데 도움이 된다. 보상학습에서 도파민의 역할을 설명하는 데는 또 다른 접근이 필요하다. 보상 예측 오류(reward prediction error, RPE) 가설은 도파민 활동량이 예측된 보상과 발생한 실제 보상 간의 차이와 함수관계에 있다고 제안한다(Hu, 2016). 중간뇌둘레계 경로에 있는 도파민성 뉴런은 보상이 예상하지 않았거나 예상보다 크면 최대로 발화하지만, 예상된 보상이 일어나지 않으면 발화가 억제된다(● 그림 7.29). 이것이 Robert Rescorla와 Allan Wagner가 영향력 있는 모형에서 제안한, 고전적 조건화된 반응의 학습 기저에 있는 바로 그 조건들이다(10장을 보라). 즉, '놀라움'을 일으키는 시행에서 학습이 더 많이 일어난다(Rescorla & Wagner, 1972).

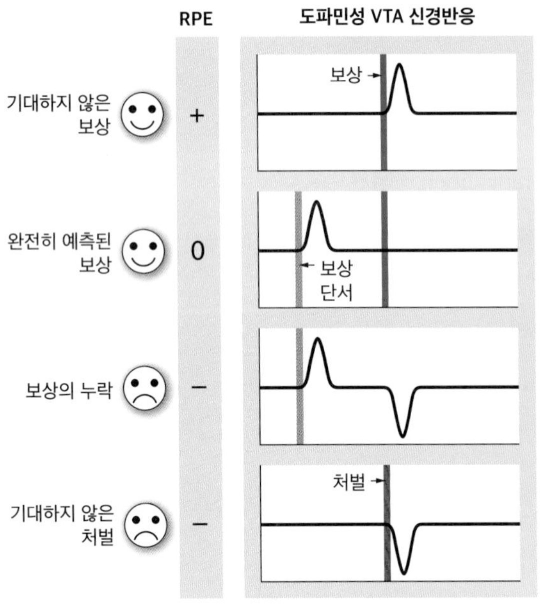

도파민이 보상에서 선도적 역할을 하기는 하지만, 보상을 배타적으로 관리하지는 않는다. 배쪽 뒤판 영역(VTA)에 있는 감마-아미노부티르산(GABA) 뉴런들 역시 예상된 보상을 신호함으로써 보상 과정에서 중요한 역할을 한다(Cohen, Haesler, Vong, Lowell, & Uchida, 2012). 여기가 도파민성 뉴런과의 비교가 필요한 지점인데, 도파민성 뉴런은 이후 실제 보상이 기대된 보상과 차이가 있을 때 차별적으로 반응한다.

다른 연구에 따르면 세로토닌과 글루탐산도 보상 처리 과정에 참여한다. 솔기핵 자극은 ICCS를 지원한다. 4장에서 봤듯이 솔기핵은 뇌에서 세로토닌의 주요 공급원이지만 이 세포들은 글루탐산을 포함한 다수의 신경화학물질을 분비하고 또 공동분비할 수 있다. 세로토닌과 글루탐산의 역할에 대한 연구는 아직 초기 단계에 있지만, 솔기핵에 의한 글루탐산 분비는 좀 더 즉각적인 보상의 느낌을 설명하는 반면에 세로토닌 분비는 좀 더 전반적이고 장기간의 보상 상태 및 분위기와 연계되어 있을 가능성이 크다(Hu, 2016). 후자의 설명은

RPE	도파민성 VTA 신경반응
기대하지 않은 보상 😊 +	보상
완전히 예측된 보상 😊 0	보상 단서
보상의 누락 😞 −	
기대하지 않은 처벌 😞 −	처벌

●그림 7.29 보상 예측 오류(RPE) 배쪽 뒤판 영역(VTA)에 있는 도파민에 반응하는 뉴런의 활동량은 예측된 보상과 실제로 일어난(또는 일어나지 않은) 보상 간의 차이와 대응한다. 이들 세포는 보상을 기대하지 않았거나 기대한 것보다 클 때(+)는 최대로 발화하지만, 기대한 보상이 일어나지 않거나(−) 거꾸로 처벌이 발생할 때(−)는 발화가 억제된다.

출처: Hu, H. (2016). Reward and aversion. *Annual Review of Neuroscience. 39*, 297-324.

우리가 주요우울장애에 대한 세로토닌의 역할을 이해하는 방식과 일치한다(14장을 보라).

보상의 겉질 처리

동물은 생존을 위해 반드시 정확한 접근 또는 회피 결정을 내려야 한다. 중간뇌둘레계는 보상적 자극에 반응하는 과정을 시작한다. 눈확이마겉질(OFC), 안쪽 이마앞겉질, 앞쪽 띠겉질(ACC), 그리고 대뇌섬겉질(insular cortex, 도피질)을 포함하는 이마엽 영역은 중간뇌에서 시작되는 보상 네트워크와 상호연결을 형성한다(Hu, 2016). 이 영역들은 상향 방식으로 기대 보상과 획득 보상에 관한 입력을 받을 뿐만 아니라, 보상의 가능성에 근거하여 정서적 행동과 의사결정에 대한 하향 통제 또한 발휘한다.

중간뇌둘레계와 편도체로부터 나온 입력에 반응하여 눈확이마겉질(OFC)과 배쪽 안쪽 이마앞겉질(복내측 전전두피질)은 상황에 대한 긍정적 또는 부정적 값을 매긴다(Goschke, 2014). 대뇌섬, 앞쪽 띠겉질(ACC), 편도체를 포함하는 또 다른 회로는 중요한 자극에 주의를 집중하게 한다. 원치 않는 반응이 나오는 것을 피하려고 가쪽 이마앞겉질과 마루겉질(parietal cortex, 두정피질)을 포함한 최종회로가 충동 통제를 행사한다. 4장에서 살펴봤듯이 무언가에 중독되는 경우 이런 회로들의 균형이 왜곡되어 충동 통제의 약화 그리고 쾌락 추구 행동의 우세로 이어진다.

대학생은 학위를 위해 엄청난 돈과 시간을 들이고, 장기적 성공을 보장받기 위해 파티에 가는 것 같은 즉각적인 즐거움을 포기해야 한다. 학업을 계속하겠다는 결정을 하는 데는 졸업이라는 최종적인 보상을 평가하고 만족을 늦추는 능력이 있어야 한다. 보상의 가치가 그것을 얻는 데 필요한 노력의 양을 상쇄할까? ACC는 이런 유형의 손익 결정에 중요한 역할을 한다(Kennerley, 2012; Rushworth, 2008; Rushworth, Behrens, Rudebeck, & Walton, 2007). T자형 미로에 있는 쥐는 장벽을 기어 넘어가야 하는 한이 있더라도 작은 보상보다는 큰 보상을 선택하지만(Salamone, Cousins, & Bucher, 1994), ACC가 손상된 후에는 그렇게 하지 못한다. 보상은 즉각적으로 주어질까 아니면 지연될까? OFC의 손상은 더 작고 즉각적인 보상보다 크고 지연된 보상을 선호하는 쥐의 일반적인 경향을 역전시킨다(Rudebeck, Walton, Smyth, Bannerman, & Rushworth, 2006).

보상을 평가하는 데 관여하는 이런 겉질 체계가 손상된 사람은 눈에 띄게 형편없는 결정을 내리기 쉽고, 그들의 행동이 야기할 수 있는 결과에 대해 거의 상관하지 않는다(Gläscher et al., 2012). 환자 EVR은 종양 수술 중에 OFC가 손상되었다. 비록 환자 EVR은 지역사회에서 본받을 만한 역할을 하고 있었지만, 수술 후에 그의 의사결정 능력은 급격하게 변하였다. 그는 직장을 잃고 파산했으며, 부인과 이혼하고 매춘부와 결혼하였다(Eslinger & Damasio, 1985). 행동 문제를 초래하는 것은 관련 영역의 기능 상실이라기보다는 다른 더 원시적인 보상 체계를 통제하는 관리 체계의 실패이다.

중간 요약 7.3

‖ 요점

1 쾌락과 보상은 두개 내 자기자극(ICCS)을 이용하여 평가할 수 있다.

2. 보상은 좋아함과 원함의 두 과정으로 나눌 수 있는데, 이 둘은 서로 다른 뇌 구조와 경로가 담당한다.

3. 도파민은 보상 처리 과정에서 두드러진 역할을 하지만 GABA, 세로토닌, 글루탐산 역시 보상 처리 과정에 참여한다.

4. 대뇌섬겉질, 이마앞겉질, 앞쪽 띠겉질은 비용과 이득의 비교와 충동 통제의 필요를 포함하는 보상적 상황을 평가한다.

‖ 복습 문제

1 보상 예측 오류는 고전적 조건형성의 Rescorla-Wagner 모형과 어떤 점에서 비교되는가?

2 이마엽의 손상은 의사결정의 어떤 측면에 영향을 줄 가능성이 큰가?

돌아보기

생각할 문제

1. 지구 온난화가 장기화하면 동물의 체형에서 어떤 적응이 나타날 것이라고 예상하는가?

2. 만일 당신이 물이 없는 뜨거운 장소에 고립되어 있다면, 체액을 보존하기 위해 어떤 자동 기제가 활성화되겠는가? 체액을 보존하기 위해 택해야 하는 행동적 해결책은 무엇인가?

3. 지난 수십 년 동안 미국의 비만 증가에 이바지한 요인은 무엇인가?

4. 보상의 두 가지 구성 요소인 좋아함과 원함이라는 개념은 중독행동에 대한 우리의 이해와 어떻게 부합하는가?

핵심 용어

8 장

성행동

학습 목표

L01 전형적 성염색체와 비전형적 성염색체를 비교·대조한다. 또한 생식샘, 내부기관, 바깥생식기관, 이차성징의 전형적 발달과 비전형적 발달을 비교·대조한다.

L02 성호르몬의 조직화 기능과 활성화 기능을 구별한다.

L03 행동에 대한 성적 이형 뇌 구조의 중요성을 설명한다.

L04 성 지향성에 대한 생물학적 기여 정도를 평가한다.

L05 매력, 낭만적 사랑, 성적 욕구, 육아의 생물학적 상관물을 서술한다.

L06 성기능장애의 생물학적 상관물을 설명한다.

개요

일상 속 행동신경과학 젠더 불쾌감을 어떻게 치료하는가

연구 비하인드 Simon LeVay와 INAH-3

신경과학의 윤리적 이슈 젠더와 성 지향성을 설명하는 생물 과정의 역할

슬기로운 건강 생활 항우울제로 유도된 성기능장애 환자 치료하기

성 발달

성의 생물 작용은 복잡한 환경적 영향과 상호작용하여 최종적인 표현형을 낳는다. 이 장에서 우리는 성(sex)이라는 용어를 생물학적 성을 지칭할 때 사용할 것이다. 젠더(gender)라는 용어는 사회적 상황과 학습된 상황, 그리고 개인적 측면이 개입된 상황에서 적용된다. 성과 젠더의 생물학적 그리고 경험적 측면은 이것 아니면 저것이라는 이분법적 논의로 이해되어서는 안 된다. 선천성과 후천성의 사례에서 보았듯이 우리의 생물 작용과 경험은 일반적으로는 서로 얽혀있으며, 유용한 방식으로 구분될 수 있는 경우는 아주 드물다(●그림 8.1을 보라).

성의 유전학

BC 355년에 Aristoteles는 수정될 당시의 정액 온도에 따라 아동의 성이 결정된다고 주장했다. 더운 정액은 남자가 되고, 찬 정액은 여자가 된다는 이야기였다. 오늘날 우리는 사람의 유전적 성은 부모 양쪽으로부터 물려받은 성염색체에서 비롯된다는 것을 알고 있다. 어머니는 모든 자식에게 X 염색체를 제공한다. 아버지는 또 다른 X 염색체(X chromosome)를 제공(여아를 만듦)하거나, Y 염색체(Y chromosome)를 제공(남아를 만듦)함으로써 자녀의 성을 결정한다. XX 또는 XY라는 유전자형을 처음 받고 나면 호르몬 관련 사건, 구조적 사건, 행동적 사건들이 연쇄적으로 일어나기 시작한다. 성염색체와 다른 22개의 인간 염색체가 ●그림 8.2에 나타나있다. 이렇게 광학현미경을 통

●그림 8.1 David Reimer, 그리고 성과 젠더의 선천성과 후천성 젠더의 발달에 생물학보다 사회화가 더 중요하다고 믿었던 1970년대 전문가의 조언에 따라, David Reimer는 포경 수술 도중 발생한 사고 후 여아로 길러졌다. 전문가의 주장과는 반대로 David는 여성의 역할을 절대 받아들이지 않았다. 14세가 되던 해, 그는 남성으로 살기로 선택했다(위 사진). 그는 결혼하고 부인의 아이들도 입양하였지만, 슬프게도 2004년에 자살하였다.

X 염색체 두 가지 성염색체 유형 중 하나. 2개의 X 염색체가 있는 사람은 보통 여성으로 발달함.

Y 염색체 두 가지 성염색체 유형 중 하나. 1개의 Y 염색체가 있는 사람은 보통 남성으로 발달함.

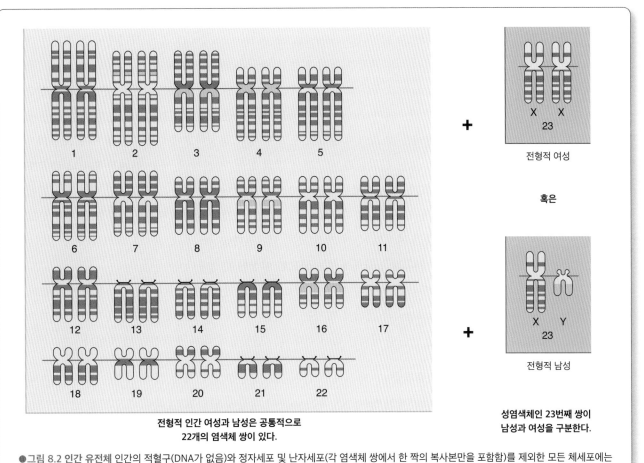

전형적 여성

혹은

전형적 남성

성염색체인 23번째 쌍이
남성과 여성을 구분한다.

전형적 인간 여성과 남성은 공통적으로
22개의 염색체 쌍이 있다.

●그림 8.2 인간 유전체 인간의 적혈구(DNA가 없음)와 정자세포 및 난자세포(각 염색체 쌍에서 한 짝의 복사본만을 포함함)를 제외한 모든 체세포에는 23쌍의 염색체가 있다.

해 보이는 세포핵 내 염색체 수와 외관의 개요를 나타낸 것을 **핵형**(karyotype)이라고 한다.

대부분의 경우, 성염색체가 자녀에게 전달되는 과정에는 특별한 것이 없다. 그러나 성염색체에 변이가 생기면 성인 표현형(phenotype)에 유전적 성이 어떻게 기여하는지를 밝힐 수 있다. 성염색체 이상은 대략 아동 426명당 1명꼴로 생긴다(Nielsen & Wohlert, 1991). 성염색체 변이가 만드는 차이는 대부분 상대적으로 미미하지만, 일부 더 극적인 것도 있다. 정확하게 같은 핵형을 소유한 한 쌍의 쌍둥이가 아주 다른 표현형을 나타낸 경우가 있었다. 쌍둥이 1명은 표현형이 남자이고, 다른 1명은 표현형이 여자였다(Maeda, Ohno, Matsunobu, Yoshihara, & Yabe, 1991). 이 쌍둥이는 45,X/46,XY/47,XYY라는 섞임증형을 공유했다. 여기서 번호는 세포에 있는 염색체의 번호(이 경우 46번이 정상이다)를 가리키고, X와 Y는 그 번호에 존재하는 성염색체를 나타낸다. 섞임증형(mosaic karyotype, 모자이크 핵형)을 가지고 있다는 것은 한 사람의 세포 중 어떤 세포들은 수와 형태가 정상인 염색체를 갖고 있으나 다른 세포들은 비정상적인 염색체를 갖고 있음을 의미한다.

21번 염색체의 전체적 또는 부분적 사본이 3개 있는 다운증후군 같은 유전자 이

핵형 광학현미경에서 볼 수 있는, 세포의 핵에 있는 염색체 번호와 외양의 개요.

상과 비교할 때, 성염색체가 3개 있어서 발생하는 이상은 비교적 미약한 영향을 미치는 것으로 보인다(Bender, Linden, & Harmon, 2001). 많은 사례에서 그 효과는 너무 사소해서 성염색체 이상이 있는 사람들은 진단조차 되지 않는다(Boyd, Loane, Garne, Khoshnood, & Dolk, 2011). 지난 13년 동안 1만 3,000명이 넘는 신생아를 대상으로 수행한 연구에서 Nielsen과 Wohlert(1991)는 성염색체가 3개 있는 어린이 중 누구도 지적장애를 갖고 있지 않았으며, 모두 정규 공공학교에 다녔음을 밝혔다. 보통의 성염색체가 있는 사람들과 비교해서 범죄 활동, 정신장애, 또는 신체장애가 더 많지도 않았다. IQ는 형제자매보다 10~20점 정도 떨어지는 경우도 있었지만 대부분 사례에서 정상 범위 내에 있었다(Boyd et al., 2011). 3개의 성염색체의 가능한 조합에서 XXX 유전자형인 여성의 IQ가 가장 크게 떨어진다(Boyd et al., 2011). 그러나 보통 성염색체가 3개보다 많은 사례에서는 중요한 이상이 발생한다.

이러한 유전적 변이를 검토해 보면 발달 과정의 각 단계가 성숙한 사람의 성별 (sexuality)과 젠더에 미치는 영향을 이해할 수 있게 된다. 또한 우리는 남성과 여성에 대한 단순한 정의를 넘어 확대되는 변동성에 대해 생각하게 될 것이다.

터너증후군 Y 염색체만 가지고도 생존한 유기체에 대한 기록은 없다. 그러나 아동이 일반적인 쌍(46,XX 혹은 46,XY) 대신에 단일 X 염색체(45,X)만을 받으면 **터너증후군**(Tuner syndrome)이 생긴다. 터너증후군은 1938년 미국 내분비학자 Henry Turner가 처음으로 기술한 질환으로(●그림 8.3을 보라), 신생아 2,000명 중 1명꼴로 발생한다 (Levitsky, Luria, Hayes, & Lin, 2015). 터너증후군 사례를 통해 부모 중 누가 X 염색체를 공여하는지 파악할 수 있다. 여러 연구에 의하면 모계 X 염색체가 딸에게 전해지는 사례는 부계 X 염색체가 전해지는 사례의 3배에 달한다(Hook & Warburton, 2014).

터너증후군이 있는 사람은 염색체 섞임증(chromosomal mosaicism, 염색체 모자이크 현상)을 보이는 경우가 많다(Hook & Warburton, 2014). 특히 터너증후군은 수수께끼 섞임증(cryptic mosaicism)을 흔히 보이는데, 이는 염색체가 복잡하게 뒤섞여 있는 상태로 염색체 분석을 해도 명확하게 구조가 드러나지 않는다(Iourov, Vorsanova, & Yurov, 2008). 이런 섞임증 때문에 터너증후군이 있는 사람들 간에도 최종 상태는 상당히 다를 수 있다. 이 논의를 위해서 우리는 섞임증이 포함된 사례보다 터너증후군의 고전적 사례에서 드러난 특징을 살펴보려고 한다.

터너증후군이 있는 사람은 보통의 여성의 바깥생식기관을 갖고 있으나, 결합조직의 증가로 인해 난소가 비정상적으로 발달하여 '줄모양생식샘(streak gonad)'이라는 것이 될 수 있다. 대부분 사례에서 난소는 난자도, 정상 수준의 여성호르몬도 생성하지 못하며, 결국 불임이 된다. 외모에는 비교적 영향이 적지만, 두 가지 주요한 예외가 있다. 터너증후군이 있는 여성은 비교적 키가 작은데, 긴 뼈 발달을 조절하는 SHOX유전자가 하나 부족하여, 평균 142cm 정도로 자란다(Levitsky et al., 2015). 일부 사람들은 익상경(옮긴이 주: 목이 날개가 달린 듯이 두꺼워진 모습) 변형을 보이는데, 이는 외과 수

터너증후군 XO 유전자형으로 생기는, 난소의 빈번한 이상과 불임이 특징인 상태.

●그림 8.3 터너증후군 터너증후군이 있는 사람은 정상적인 여성 외모와 생식기를 가지고 있지만, 비정상적으로 발달한 난소로 인하여 보통은 불임이다. 이 질환은 또한 작은 키, 목의 주름, 공간 관계 과제의 어려움과 연관되어 있다.

술로 교정 가능하다(Lou, Konofaos, & Wallace, 2016). 지능은 정상이지만 공간 관계와 시각 단서 처리에서 특정한 결손이 발생할 수 있다. 그러나 한 대규모 표본에서는 터너증후군이 있는 여성이 정상 발달 중인 여성보다 교육과 직업 성취 수준이 더 높았다 (Gould, Bakalov, Tankersley, & Bondy, 2013). 인간성장호르몬, 성형수술, 여성호르몬 치환 요법, 보조생식기술이 각각 키, 목 외형, 호르몬 생산, 생식 능력이라는 문제를 다루는 데 사용될 수 있다.

클라인펠터증후군 Harry Klinefelter가 1942년 처음 확인한 **클라인펠터증후군**(Kline-felter syndrome)은 성염색체와 관련된 가장 흔한 유전적 기형으로, 남자 신생아 1,000명 중 1.79명꼴로 생긴다 (Morris, Alberman, Scott, & Jacobs, 2007). 클라인펠터증후군은 47/XXY 유전자형이다. 이 유전자형을 가진 사람들은 표현형으로는 남성이지만 대개 생식 능력이 낮은 상태이며, 사춘기에 남성의 이차성징 발달(수염, 굵고 낮은 목소리, 바깥생식기관)을 촉진하고 가슴 발달 등의 여성 특징을 억제하기 위해 호르몬치료가 필요하다(Nielsen, Pelsen, & Sørensen, 1988). 여분의 X 염색체를 가진 것과 관련된 다른 증상은 X 염색체 불활성화 과정, 즉 여성 세포 각각의 X 염색체 하나를 무작위적으로

클라인펠터증후군 생식 능력, 이차성징, 언어 능력에 관한 빈번한 문제가 특징인, XXY 유전자형으로 생기는 남성의 상태.

침묵하게 하는 과정에 문제가 생겨서 나타나는 것이다(5장을 보라).

터너증후군처럼 클라인펠터증후군에서도 정상적인 지능이면서 가벼운 인지장애와 사회적 서투름이 나타날 수도 있다. 클라인펠터증후군의 사례에서 인지장애는 보통 언어 기술이 지연되고 저하된 형태로 나타난다. 일반적인 남성 집단보다 클라인펠터증후군이 있는 남성 집단에서 왼손잡이가 더 흔하다. 이러한 발견은 클라인펠터증후군이 반구 편재화, 즉 언어 같은 특정 기능이 어느 한 반구에 국재화되는 것에 영향을 줄 수도 있음을 시사한다(Ross et al., 2008).

47,XYY증후군 제이컵증후군(Jacob syndrome)이라고도 하는, 유전자형이 47,XYY인 사람의 존재는 Sandberg, Koepf, Ishiara와 Hauschka(1961)가 처음 보고하였다. 이 변이는 대략 남자 신생아 1,000명 중 1명꼴로 태어난다. 이 상태의 신체적, 행동적 상관물은 보통 포착하기 힘들어서 일반적으로 부모들은 출생 후 유전분석을 해보지도 않게 된다(Abramsky & Chapple, 1997). 비록 이런 소년은 키가 약간 더 크고 호리호리한 경향이 있고, 여드름으로 고생하며, 눈, 눈썹, 가슴에 사소한 신체적 이상이 있을 위험이 더 크지만, 신체적으로 전형적인 범위 내에 있는 것으로 보인다. 평균 IQ 점수는 보통 유전자형이 46,XY인 남성 평균보다 약간 낮다(Linden, Bender, & Robinson, 1996). 언어장애와 자폐스펙트럼장애(14장을 보라)는 47,XYY의 사례에서 흔하다(Lepage et al., 2014). 유전자형이 47,XYY인 남자는 생식 능력이 있지만, 성염색체 이상이 있는 정자를 생산할 확률이 일반적인 남성보다 약간 더 높다(Rives, Siméon, Milazzo, Barthélémy, & Macé, 2003).

47,XYY 유전자형과 반사회적 행동 가능성의 증가 사이의 관계는 논란이 많은 주제였다(● 그림 8.4를 보라). 최초의 보고는 교도소에 XYY 유전자형인 사람들이 지나치게 많다는 것이었다(Casey, Segall, Street, & Blank, 1966). 대중 매체는 여분의 Y 염색체가 폭력적인 '센 남성'을 만든다는 가설을 즉각적으로 수용하였다. 통제집단 남성에 비해 유전자형이 47,XYY인 남성에게서는 반사회적 범죄행동이 실제로 유의미하게 더 높은 비율로 나타난다(Stochholm, Bojesen, Jensen, Juul, & Gravholt, 2012). 그러나 유전자형이 47,XYY인 남성의 범죄행동 중 다수는 폭력 범죄라기보다는 생계형 범죄이다(Milunsky, 2004). 후속 분석은 범죄와 반사회적 행동이 비전형적인 유전자형보다는 낮은 지능과 더 밀접하게 관련된다고 시사했다(Re & Birkhoff, 2015). 게다가 통제집단과 비교하면, 47,XYY 유전자형인 남성은 연인이나 배우자가 없는 경우가 많고, 부모가 될 가능성이 낮으며, 수입이 적고, 교육을 잘 받지도 못했다(Stochholm, Juul, & Gravholt, 2012). 이러한 사회경제적 변인이 반사회적 행동 비율이 큰 이유를 설명할

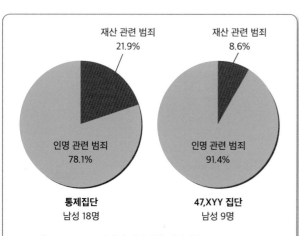

● 그림 8.4 **47,XYY 남성이 과장되게 다뤄졌다** Kenneth Royce의 연작 소설은 나중에 1970년대에 TV쇼로 만들어졌는데, 주인공이 '거미'가 별명인 William Scott으로서 47,XYY증후군이 있었다. 소설과 쇼에서 Scott은 자신의 유전적 조건에 내재한 '자연스러운' 범죄성향과 싸워야만 한다고 묘사됐는데, 오늘날 우리는 이것이 복잡한 상황을 상당히 과잉 단순화한 것임을 알고 있다.

지도 모른다.

성염색체 이상이 있는 사람들로부터 얻는 교훈 성염색체의 이상에 대한 조사는 뇌 발달에 대한 성염색체의 효과를 관찰할 흥미로운 기회를 제공한다. 이 장의 나머지 부분에서 뇌와 인지를 형성하는 성염색체의 능력을 강조할 것이지만, 성염색체는 성호르몬에 미치는 영향과 무관하게 그 자체가 뇌와 인지에 영향을 미칠 수 있다.

각 유전자는 단백질을 만든다는 사실을 생각해 보자. 이는 그렇게 만들어지는 신경계에 유전자형이 용량 의존적 효과를 낼 수 있음을 의미한다. X 염색체상에 있는 다수의 유전자가 X 불활성화(5장을 보라)를 벗어나는데, 이는 터너증후군이 있는 사람의 관련 유전자는 최소량의 단백질을 생산하고, 전형적으로 발달 중인 사람은 중간량을 생산하며, 셋 이상의 성염색체를 가진 사람은 최대량을 생산할 것임을 의미한다(Hong et al., 2014). X 염색체가 과소 발현되는 구역은 시각 공간적 결손과 상관이 있고, 과대 발현되는 구역은 언어 결손과 상관이 있다. 이런 관찰은 각각 터너증후군과 클라인펠터증후군인 사람들이 직면하고 있는 인지적 어려움과 일치한다. 터너증후군인 사람과 전형적으로 발달 중인 여성, 그리고 클라인펠터증후군인 사람과 전형적으로 발달 중인 남성을 비교한 결과, 성염색체의 수가 더 많은 쪽에서 마루뒤통수겉질(parieto-occipital cortex)의 회색질 부피 증가와 관자뇌섬 영역(temporo-insular area)의 회색질 부피 감소를 보였다(Hong et al., 2014). 다시 말하지만, 이런 패턴의 겉질 두께는 터너증후군과 클라인펠터증후군에서 보이는 특징적인 인지적 어려움과 상당히 일치한다. 47,XYY 유전자형인 사람은 전형적으로 발달 중인 남성보다 클라인펠터증후군인 남성과 더 유사한 패턴의 뇌 구조를 보이는데, 이 역시 여분의 성염색체의 용량 의존적 효과를 지지하고 있다(Lepage et al., 2014).

태내 발달의 세 단계

남성과 여성의 생식기관 발달은 **생식샘**(gonad), 내부기관, **바깥생식기관**(external genitalia)의 발달이라는 세 가지 구분되는 과정을 포함한다. 대부분의 경우에는 분명한 남성 또는 여성을 만들도록 세 가지 과정 모두 조화롭게 일어난다. **간성**(intersex)이라는 드문 상태에서는 동일 태아에서 남성 발달과 여성 발달의 요소들이 함께 생긴다.

생식샘의 발달 임신 6주 차에 이르기까지 남성 배아나 여성 배아는 모두 여성 생식샘인 **난소**(ovary) 또는 남성 생식샘인 **고환**(testis) 어느 쪽으로도 발달할 가능성이 있는 똑같은 원시 생식샘을 갖고 있다.

임신 6주 차에 Y 염색체의 성 결정 구역(sex-determining region of the Y chromosome, SRY), 즉 Y 염색체의 짧은 가지에 있는 유전자가 남성 배아에서 발현된다(Jager, Anvret, Hall, & Scherer, 1990). SRY유전자가 부호화한 단백질인 **고환 결정 요인**(testis-determining factor)이 원시 생식샘을 고환으로 발달시키는 또 다른 유전자들의 스위치를 켠

생식샘 여성에게는 난소, 남성에게는 고환을 의미함. 생식세포(난자와 정자)를 만들고 성호르몬을 분비하는 내부기관.

바깥생식기관 외부 성 기관. 남성은 음경과 음낭, 여성은 음순, 음핵, 질의 하부 3분의 1이 포함됨.

간성 동일 태아에서 남성과 여성 모두의 요소가 발달하는 상태.

난소 여성 생식샘. 난자와 성호르몬의 출처.

고환 남성 생식샘. 정자와 성호르몬의 출처.

Y 염색체의 성 결정 구역(SRY) 고환 결정 요인을 부호화하는 Y 염색체의 짧은 가지에 자리한 유전자.

고환 결정 요인 Y 염색체상의 SRY 유전자가 부호화한 단백질로, 원시 생식샘을 고환으로 바꿈.

다. SRY 유전자가 없어서 고환 결정 요인을 생산하지 못하는 여성 배아에서는 Wnt4(1번 염색체에 자리함)와 DAX1(X 염색체에 자리함)을 비롯한 다른 유전자들이 원시 생식샘을 난소의 발달로 이끈다(Jeays-Ward, Dandonneau, & Swain, 2004). 염색체가 수컷인 생쥐의 유전자를 변형하여 SRY 유전자를 없애면 난소가 발달하고, 암컷인 생쥐에게 SRY 유전자를 삽입하면 고환이 발달한다(Goodfellow & Lovell-Badge, 1993).

내부기관의 분화   생식샘의 발달을 뒤따라 내부기관의 분화가 일어난다(●그림 8.5). 임신 약 3개월에 이를 때까지 인간의 남녀 배아는 남성 **볼프계**(Wolffian system)와 여성 **뮐러계**(Müllerian system)를 모두 가지고 있다. 이런 분명한 중복의 이점은 현재로선 밝혀지지 않았다. 남성의 경우 볼프계가 정낭, 수정관, 전립선으로 발달한다. 여성의 경우 뮐러계가 자궁, 질의 상단부, 나팔관으로 발달한다.

임신 3개월째가 되면 남성 배아에서 고환이 새로 발달하여 2개의 호르몬, 즉 **테스토스테론**(testosterone)과 **항뮐러관호르몬**(anti-Müllerian hormone)을 분비하기 시작한다. 남성호르몬, 즉 **안드로겐**(androgen)의 여러 유형 중 하나인 테스토스테론은 볼프계의 발달을 촉진한다. 항뮐러관호르몬은 뮐러계의 퇴화를 촉발한다. 여성 배아는 이 발달 단계에서 호르몬이 추가로 필요하지 않다. 고환과는 다르게 난소는 배아가 발달하는 동안 활동적이지 않다. 안드로겐이나 항뮐러관호르몬이 없으면 뮐러계는 보통의 여성이 되는 방향으로 발달한다. 비록 기능하지 않는 잔존물이 성인 여성 안에 남아있을 수 있지만, 안드로겐의 부재로 인하여 볼프계가 퇴화하기 시작한다. 여성은 볼프계의 퇴화를 촉진하기 위하여 남성의 항뮐러관호르몬에 해당하는 호르몬이 필요하지 않다.

안드로겐무감성증후군(Androgen insensitivity syndrome, AIS)은 남성 볼프계의 정상적인 발달을 방해한다(Gottlieb, Pinsky, Beitel, & Trifiro, 1999). AIS에서는 결함이 있는 유전자가 비정상 안드로겐 수용체를 만든다. 그 결과 태아의 조직은 안드로겐의 존재에 반응하지 못한다. AIS가 있는 태아는 내려오지 않고 복부 내에 머물러있는 정상적인 고환과 XY 유전자형을 가지고 있다. 고환은 전형적인 방식으로 안드로겐과 항뮐러관호르몬을 분비하지만, 기능을 제대로 하는 안드로겐 수용체가 없어서 볼프계의 발달이 일어나지 않는다. 그러나 항뮐러관호르몬은 여전히 정상적으로 작용하고, 따라서 여성 뮐러계도 발달하지 못한다. 뮐러계가 질의 상부 3분의 2와 여성 내부기관으로 발달하기 때문에, 이 경우 결과적으로 얕은 질 구조를 갖게 되고 난소, 나팔관, 자궁은 없어지게 된다. 비록 AIS를 가진 성인은 생식 능력은 없지만, 전형적인 여성의 외형을 갖는다.

AIS는 염색체상의 성과 자신이 남자 또는 여자라는 감각인 **젠더 정체성**(gender identity) 사이의 차이를 선명하게 보여준다. AIS가 있는 사람은 유전자상 남성이지만 전형적인 여성의 외형을 하고 있고 젠더 정체성도 여성이다. 그래서 결혼해서 전형적인 여자의 성행동을 하는 이가 많다(Morris, 1953).

완전한 AIS가 여자 운동선수에게 어떤 장점을 부여할 가능성은 없지만, 성염색체

볼프계 남성에게서 정낭, 수정관, 전립선으로 발달하는 내부 체계.

뮐러계 항뮐러관호르몬이 부재할 때 자궁, 나팔관, 질의 상부 3분의 2로 발달하는 내부 체계.

테스토스테론 고환에서 주로 생산되는 안드로겐.

항뮐러관호르몬 태아 고환이 분비하는 호르몬. 뮐러계의 퇴화를 촉발함.

안드로겐 전형적으로 남성적 특징을 발달시키고 유지하는 스테로이드 호르몬.

안드로겐무감성증후군(AIS) 유전적 남성 태아에 정상 기능하는 안드로겐 수용체가 없는 질환으로서, 여성 바깥생식기관의 발달과 전형적인 여성 젠더 정체성 및 성행동을 일으킴.

젠더 정체성 유전적인 성 또는 신체 외모와는 무관하게 남자 또는 여자라는 의식.

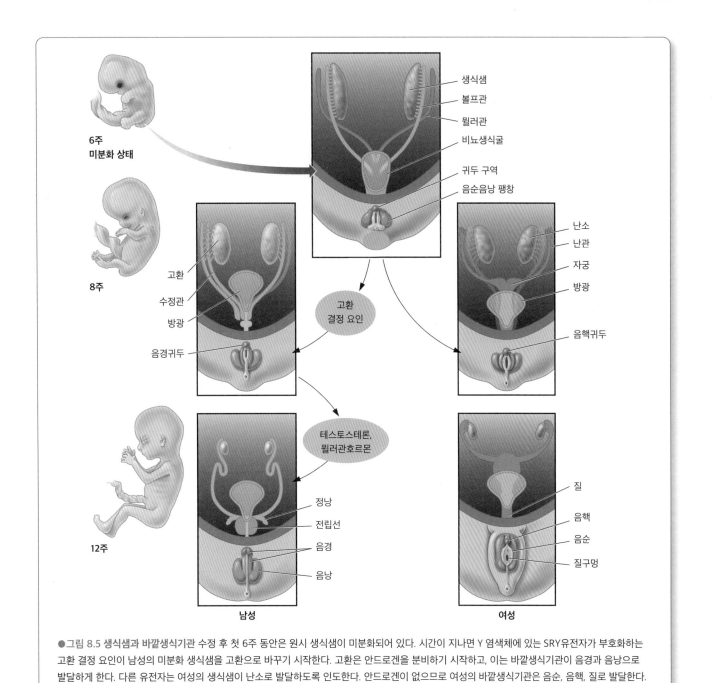

●그림 8.5 생식샘과 바깥생식기관 수정 후 첫 6주 동안은 원시 생식샘이 미분화되어 있다. 시간이 지나면 Y 염색체에 있는 SRY유전자가 부호화하는 고환 결정 요인이 남성의 미분화 생식샘을 고환으로 바꾸기 시작한다. 고환은 안드로겐을 분비하기 시작하고, 이는 바깥생식기관이 음경과 음낭으로 발달하게 한다. 다른 유전자는 여성의 생식샘이 난소로 발달하도록 인도한다. 안드로겐이 없으므로 여성의 바깥생식기관은 음순, 음핵, 질로 발달한다.

이상의 사례에서 보았듯이 결과는 아주 다양할 수 있다. 불완전한 형태의 AIS는 안드로겐이 근육 발달과 혈중 산소 운반 능력에 미치는 효과로 인해 스포츠에서 여성에게 유리할 수도 있다(Wood & Stanton, 2012). 비록 AIS는 남자 신생아 2만 명 중 1명꼴로 생기지만, 국제 수준의 스포츠에서 경쟁하는 여성 중 421명당 1명은 성 발달 이상(46,XY DSD)이 있으며, 이들 중 과반수가 AIS를 가지고 있는 것으로 추정된다(Ferguson-Smith & Bavington, 2014). 역사적으로 AIS가 있는 다수의 여자 운동선수가 유전자 검사를 근거로 대회에서 실격됐는데, 이 경우에는 검사 결과가 XY로 나오곤 했다. 오늘날 대부분의 국제스포츠 단체들은 유전자 검사를 하지 않는다. 스포츠의 현대 철학

●그림 8.6 안드로겐무감성증후군 남아프리카 공화국의 Castor Semenya는 강제로 성 검사를 받아야 했다. 관중들이 그녀의 외모가 남자 같다고 항의했기 때문이다. Semenya의 상태를 비공개로 한 것은 적절했지만, 그녀가 안드로겐무감성증후군(AIS)일 가능성은 매우 크다. 모델인 Hanne Gaby Odiele는 최근 AIS가 있다는 사실을 공개했다. 이 질환은 일반 대중보다 여자 운동선수와 패션모델에게서 더 흔하다고 여겨진다.

은 여성의 정체성을 가지고 살아가는 사람은 여자로서 경쟁해야 한다는 것이다(●그림 8.6을 보라). 국제올림픽위원회(IOC)는 여성에서 남성으로 성전환을 한 선수들이 제약 없이 남자 경쟁 부문에 참가할 수 있도록 허용하고 있다. 남성에서 여성으로 성전환을 한 선수들은 올림픽 경쟁 1년 전에 테스토스테론 수준이 허용 수치 아래임을 입증해야 한다(International Olympic Committee [IOC], 2015). 그러나 AIS가 있는 사람은 성전환자(transgender)로 간주하지 않음을 기억할 필요가 있다.

바깥생식기관의 발달   그림 8.5에 도해된 바깥생식기관(외부생식기)의 발달은 생식샘 분화 뒤 임신 6주 차 동안 진행된다. 남성 바깥생식기관은 음경과 음낭이다. 여성 바깥생식기관은 음순, 음핵, 질의 바깥쪽 부분이다. 바깥생식기관의 모양은 성의 심리적 '표지'이며, 출생 시 생식기가 불분명하면 부모는 엄청난 스트레스를 받게 된다(Wolfe-Christensen et al., 2012). 의료서비스 제공자들은 일반적으로 바깥생식기관의 상대적 남성화를 평가하는 프레이더 척도(Prader scale)를 사용한다(●그림 8.7을 보라).

여성 바깥생식기관 발달에는 호르몬 활동이 필요하지 않다. 그러나 남성 바깥생식기관 발달에는 호르몬 자극이 필수적이다. 남성 바깥생식기관이 정상적으로 발달하기 위해서는 수용체가 **5-α-디하이드로테스토스테론**(5-α-dihydrotestosterone)이라는 특정한 안드로겐을 인식해야 한다. 고환에서 생성된 테스토스테론이 5-α-환원효소와 반응하여 5-α-디하이드로테스토스테론이 생성된다. 5-α-디하이드로테스토스테론이 없으면 바깥생식기관이 모호하거나 여성 패턴의 방향으로 미성숙하게 발달한다.

만일 유전자상 여성이 출생 전에 과도한 안드로겐에 노출되면 바깥생식기관이 남

5-α-디하이드로테스토스테론 고환이 분비하는 안드로겐. 바깥생식기관을 남성화함.

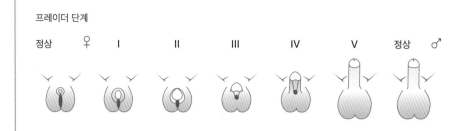

●그림 8.7 **프레이더 척도** 프레이더 척도는 신생아의 바깥생식기관의 상대적인 남성성을 평가하는 데 사용한다. IV번 보기는 요도하열 (hypospadia)인데, 남성의 요도가 음경에서 제대로 자리를 잡지 못한 상태이다.

성화된다. **선천성 부신 과형성**(congenital adrenal hyperplasia, CAH)은 성 분화가 한창 진행되는 시기인 임신 4~6개월 차 동안 태아의 콩팥위샘이 안드로겐을 고수준으로 분비하는 열성 유전질환이다. 남성 태아는 이미 혈중 안드로겐의 높은 수준에 노출되어 있기 때문에, CAH가 있는 남성은 성 발달과 관련된 관찰할 만한 효과가 작다. CAH가 있는 여성은 일반 남성이 노출되는 안드로겐 양의 절반 정도에 노출되고 그림 8.7에 있는 중간 그림처럼 모호한 바깥생식기관을 가지고 태어난다. 음핵은 확대되어 있으며, 음순은 음낭과 비슷하게 보이고, 일부 사례에서는 질구멍이 없다.

CAH가 있는 여성은 자신을 선머슴이라고 이야기할 때가 많고, 남자가 더 흥미로워하는 놀이를 즐기며, 다른 여자들보다 양성애나 동성애 관계를 맺을 가능성이 더 크다(Hines, Brook, & Conway, 2004; Meyer-Bahlburg, Dolezal, Baker, & New, 2008; Money, Schwartz, & Lewis, 1984). 그러나 CAH가 있는 여성의 대다수가 이성애자이며, 대다수 양성애자와 여자 동성애자는 CAH 또는 다른 유사한 질환을 갖고 있지 않음을 명심해야 한다.

작은 사춘기 발달

남성은 안드로겐의 태내 분비에 이어 출생 후 1개월에서 3개월 사이에 두 번째로 안드로겐 분비가 급증하는 시기를 경험한다. 안드로겐 분비는 생후 6개월쯤에 줄어든다. 이 시기를 보통 '작은 사춘기(mini-puberty)'라고 한다. 더 길어진 아기의 음경이 이러한 안드로겐 노출로 인한 가장 명백한 외적 결과물이다.

이 장의 다른 곳에서도 보게 될 테지만 태내기의 안드로겐 노출은 장난감 선택과 공격성을 포함한 다수의 행동과 관련이 있다. 알려진 중요한 신경 가소성 기간(5장을 보라)과 작은 사춘기의 시기가 겹치기 때문에 연구자들은 이 안드로겐 급증이 어떤 행동적 결과와 관련이 있는지를 연구했다. 1개월에서 6개월 사이 남자아이의 소변에 있는 테스토스테론의 농도는 14개월이 되었을 때 젠더 전형적인 놀이를 예측한다(Lamminmäki et al., 2012). 만일 작은 사춘기가 나중의 행동에 영향을 미치는지를 알고 싶다면, 출생 전과 출생 후의 안드로겐 노출의 결과를 분리하는 것이 중요하다. 그 둘이 정적 상관관계를 보일 것이기 때문이다. 이 구분은 출생 전 안드로겐 노출에 민감한 표지인 출생 시 항문-생식기 간 거리(anogenital distance, AGD)와 작은 사춘기 동

선천성 부신 과형성(CAH) 태아가 정상보다 높은 수준의 안드로겐에 노출된 질환으로, 영향받은 여성은 바깥생식기관과 일부 인지적 행동의 남성화가 일어남.

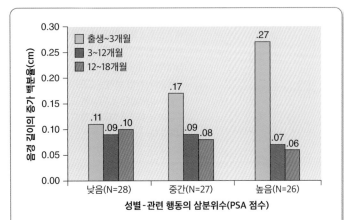

●그림 8.8 작은 사춘기와 성 전형적인 놀이 표준화된 취학 전 활동 검사(pre-school activities inventory, PSAI)에서 젠더 전형적 놀이행동 항목은 안드로겐에 대한 태내 노출의 측정치뿐만 아니라 작은 사춘기 단계 동안 안드로겐 활동의 척도인 유아의 음경 성장과도 상관이 있다. 유아기 첫 3개월 동안 최대의 음경 성장을 보인 남아는 3~4세 경에 젠더 전형적 놀이행동을 보일 가능성이 가장 크다.

안 음경 성장을 비교함으로써 가능하다. AGD와 음경 성장률 모두 서로 독립적으로 3~4세경 젠더 전형적인 놀이를 예측하였다(Pasterski et al., 2015; ●그림 8.8을 보라). 그러므로 작은 사춘기는 실제로 나중의 행동 결과에 영향을 미치는 것으로 보인다.

사춘기 발달

작은 사춘기와 더불어 생식샘, 내부기관, 바깥생식기관의 발달은 성적 발달 이야기의 일부에 불과하다. 사춘기에 추가되는 호르몬 사건이 생식기의 성숙과 **이차성징**(secondary sex characteristics)의 발달로 이끈다. 이차성징에는 남성의 경우 수염과 깊고 낮은 목소리, 여성의 경우 넓은 골반과 가슴 발달이 포함된다.

사춘기의 전형적인 나이   ●그림 8.9에 제시했듯이 사

춘기의 평균 연령은 지난 150년에 걸쳐 약 16세에서 12세로 극적으로 낮아졌다(Frisch, 1983; Herman-Giddings et al., 1997). 이와 같은 변화를 아동기 비만율의 증가로 설명할 수 있다(7장을 보라). 번식하기에 충분한 체지방의 축적이 사춘기 신호로서 기능할지도 모른다. 신경성 식욕부진증처럼 체지방이 비정상적으로 낮으면 사춘기가 지연된다.

육류와 유제품, 샴푸, 플라스틱, 살충제에 있는 여성호르몬과 유사한 화합물에 노출되는 것이 더 이른 사춘기를 촉발하는지도 모른다. 동물로부터 나온 모든 먹을 수 있는 조직은 **에스트로겐**(estrogen)의 한 종류인 **에스트라디올**(estradiol)이라는 여성호르몬을 함유하고 있으며, 따라서 육식하는 사람은 성호르몬의 외부 공급원에 어느 정도 노출되어 있다고 가정할 수 있다. 게다가 미국을 포함한 많은 국가에서는 가축의 성장을 촉진하는 부가적인 성호르몬의 사용을 허용하고 있다. 호르몬이 사용된 육류의 소비는 에스트로겐 노출을 거의 40% 증가시킨다(Aksglaede, Olsen, Sørensen, & Juul, 2008). 아동은 특히 적은 양의 호르몬에도 민감하므로 외부 공급원에 대한 노출 증가는 충분히 우려할 만한 사항이다(Aksglaede et al., 2006).

자궁 속에 있을 때 프탈레이트(phthalate), 디에틸스틸베스트롤(diethylstilbestrol, DES), 비스페놀 A(BPA) 등 다수의 내분비계 교란 물질에 노출되면, 직접적으로 또는 비만을 증가시킴으로써 더 이른 사춘기를 촉발할지도 모른다(Biro, Greenspan, & Galvez, 2012). 프탈레이트는 쥐의 사춘기를 앞당긴다고 밝혀졌다(Ge et al., 2007). 또 프탈레이트에 대한 노출은 소년이 '남성적인' 장난감을 가지고 놀 가능성을 줄이는 것으로 보인다(Percy et al., 2016). 프탈레이트는 플라스틱과 화장품으로부터 공기나 물에 퍼지고, 세계 인구 대부분에서 측정 가능한 수준으로 발견된다(Sathyanarayana et

이차성징 사춘기에 나타나는 성과 관련된 특징으로, 남성은 굵은 목소리와 얼굴의 털 성장, 여성은 넓어지는 골반과 가슴 발달이 포함된다.
에스트로겐 전형적인 여성 특징을 발달시키고 유지하는 스테로이드 호르몬.
에스트라디올 난소에서 주로 합성되는 에스트로겐호르몬.

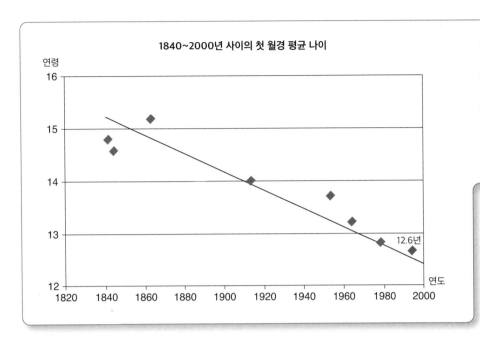

1840~2000년 사이의 첫 월경 평균 나이

연령

(그래프 세로축: 12, 13, 14, 15, 16)

12.6년

연도

(그래프 가로축: 1820, 1840, 1860, 1880, 1900, 1920, 1940, 1960, 1980, 2000)

●그림 8.9 여성의 사춘기 나이
1840년 이래, 사춘기의 평균 나이는 대략 16세에서 12세쯤으로 하락했다(Ducros, 1978). 이러한 하락에 대한 그럴듯한 설명으로는 비만율 증가, 음식이나 플라스틱, 살충제로부터 나오는 에스트로겐 유사 화학물질에 대한 노출 등이 있다.

al., 2008). 콩은 에스트로겐 유사 물질인 식물성 에스트로겐(phytoestrogen)을 포함하고 있어서 콩 섭취가 아동에 미치는 영향에 관한 우려를 낳고 있다. 태어날 때부터 콩으로 만든 유아식을 섭취하는 것은 에스트로겐 반응적 유전자의 발현을 감소시키는 후성유전적 변화와 연관성이 있다(Harlid, Adgent, Jefferson, Panduri, Umbach, Xu, Stallings, et al., 2017). 콩으로 만든 유아식 섭취는 초경 나이의 변화뿐 아니라, 자궁섬유양과 자궁내막증의 위험성 증가와도 관련된다(Harlid et al., 2017).

사춘기의 호르몬 변화 사춘기가 시작되는 시기에 시상하부는 **생식샘자극호르몬 방출호르몬**(gonadotropin releasing hormone, GnRH)을 분비한다. 이 호르몬은 뇌하수체 전엽이 2개의 호르몬, 즉 **모낭자극호르몬**(follicle-stimulating hormone, FSH)과 **황체형성호르몬**(luteinizing hormone, LH)을 분비하게 만든다. 남성과 여성 모두 같은 호르몬을 분비하지만 그 효과는 서로 다르다. FSH와 LH에 의한 자극에 반응하여 고환은 테스토스테론을 추가로 생산하고, 난소는 에스트라디올을 생산한다. 또한 고환은 에스트라디올을 포함하는 에스트로겐을 소량 생산하고, 난소는 테스토스테론을 포함하는 안드로겐을 소량 생산한다.

　남성의 경우 안드로겐의 급격한 추가 분비가 근육 발달, 바깥생식기관의 성숙, 수염, 후두 증대를 자극하는데, 후두가 커지면서 목소리가 낮고 깊어진다. FSH 및 LH와 함께 테스토스테론은 정자의 생산을 조절하기 시작한다. 또한 테스토스테론은 모발 윤곽선에 영향을 주고, 성인 후기에 대머리를 초래할 수 있다. 여성의 경우 에스트라디올이 가슴 성장, 바깥생식기관의 성숙, 자궁의 성숙, 지방 분포와 지방량의 변화를 일으킨다. FSH 및 LH는 월경 주기를 조절한다. 양성 모두에서 에스트라디올은 골격 발달을 늦춘다. 성적 성숙을 조기에 경험하는 사람은 늦게 발달하는 또래들보다 이른 나이에 성인 신장에 도달한다.

생식샘자극호르몬 방출호르몬
시상하부가 분비하는 호르몬. 뇌하수체 전엽에 의한 모낭자극호르몬과 황체형성호르몬의 분비를 자극함.
모낭자극호르몬(FSH) 뇌하수체 전엽이 분비하는 호르몬. 난소의 난자와 고환의 정자 발달을 자극함.
황체형성호르몬(LH) 뇌하수체 전엽이 분비하는 호르몬. 남성 고환에게 테스토스테론을 생산하라는 신호를 보내고 여성의 월경 주기를 조절함.

| 일상 속 행동신경과학 |

젠더 불쾌감을 어떻게 치료하는가

젠더 불쾌감(gender dysphoria)은 "개인의 경험되고 표현되는 성별(gender)과 할당된 성별 사이의 불일치로 인한 고통"으로 정의된다(APA, 2013, p. 451). 이 용어는 정신의학자와 심리학자가 전에 사용했던 용어인 젠더정체성장애(gender identity disorder)를 대치했다(APA, 2000). 이러한 용어의 변화는 치료가 필요한 문제는 정체감이 아니라 자신의 처지에 대한 개인의 지각이 일으킨 고충이라는 인식의 결과이다.

DSM-5(APA, 2013)는 진단에 대한 기준을 구체적으로 적시하지만, 치료에 대해 권고를 하지는 않는다. 이렇게 빠진 부분에 대응하여, 편람을 펴낸 조직인 미국정신의학협회는 치료 지침에 대한 작업을 시작하였다(Byne et al., 2012). 이 치료 지침은 젠더 불쾌감이 어린 아동, 청소년, 성인에게서 매우 차이가 클 수 있다는 인식하에 다양한 연령 집단을 상세하게 다루고 있다. 그러는 동안 미국심리학회는 성전환자와 생물학적 성에 불응하는 사람들에 대한 심리적 개입을 위한 별도의 지침을 출간하였다(American Psychological Association [APA], 2015).

일반적으로 치료를 위한 지침은 젠더 문제에 대한 적합한 진단, 공존하는 심리적 문제에 대한 평가, 차별과 고정관념을 다루는 심리치료, 의학적·심리학적 선택권과 관련한 완전한 교육의 제공, 가능한 호르몬치료나 수술치료에 대한 검토, 가족 구성원과 지역 주민에 대한 교육을 요구한다. 성별 재할당(sex reassignment)은 젠더 불쾌감을 완화할 수도 있지만, 자살과 심리장애의 위험성도 증가시킨다(Dhejne et al., 2011). 성별 재할당에 뒤이어 모니터링과 치료를 계속하면 종종 도움이 된다.

일반적인 훈련을 받은 많은 심리학자와 정신과 의사도 젠더 불쾌감을 가진 사람에 대한 지지와 심리치료를 제공하는 데 잘 준비되어 있겠지만, 이 분야에 중요한 경험과 전문성을 가진 치료자가 개인의 요구에 가장 잘 대응하기 마련이다. 증거기반치료, 즉 최고의 과학적 연구를 근거로 임상가의 전문가적 능력을 내담자나 환자의 목표와 결합하는 것이 최고의 결과를 가져올 수 있을 것이다.

우리는 생식샘과 속생식기관(내부생식기)의 발달을 포함하는 초기의 두 조직화 단계가 영향을 받는 이례적인 사례들을 검토한 바 있다. **5-α-환원효소 결핍**(5-α-reductase deficiency)이라는 드문 질환이 마지막 단계, 즉 남성 바깥생식기관의 성숙에 영향을 준다. 도미니카 공화국에 거주하는 대가족 집단에서 처음 관찰된 이 질환은 5-α-환원효소를 만드는 남성의 기능에 영향을 준다. 이 효소는 테스토스테론을 더 강력한 5-α-디하이드로테스토스테론으로 전환한다. 앞에서 살펴보았듯이 5-α-디하이드로테스토스테론은 태아의 바깥생식기관을 남성화하는 일을 담당한다. 5-α-환원효소가 충분하지 않은 남아는 애매한 바깥생식기관을 가지고 태어나며, 이로 인해 여자로 길러질 수도 있다. 남성의 내부 성 구조의 발달은 이 질환에 영향받지 않는다. 이 사례들에서는 정상인 미전환 테스토스테론이 이 과정을 관장하기 때문이다. 사춘기에 이르면 테스토스테론이 증가하여 전형적인 방식으로 이차성징의 발달이 활성화된다. 이때 놀라운 사태 전환이 일어나는데, 이 질환으로 인해 여아로 길러졌던 아동의 60%가 정상적인 남성 바깥생식기관의 발달을 보이면서 남성 젠더 역할을 취한다(Cohen-Kettenis, 2005; Imperato-McGinley, Guerrero, Gautier, & Peterson, 1974; Imperato-McGinley, Peterson, Gautier, & Sturla, 1979; ●그림 8.10을 보라). 도미니카 공화국에서는 이런 아이들을 지방 속어로 'guevedoces,' 즉 '12세의 불알'이라고 칭한다. 오늘날에는 유전자 검사가 활발해진 덕분에 유아기에 이런 아동을 확인할 수 있으며 보통은 남자 성으로 배정된다(Bertelloni et al., 2016).

5-α-환원효소 결핍 애매한 생식기를 가지고 태어나서 사춘기에 남성 이차성징이 발달하는 희귀한 질환.

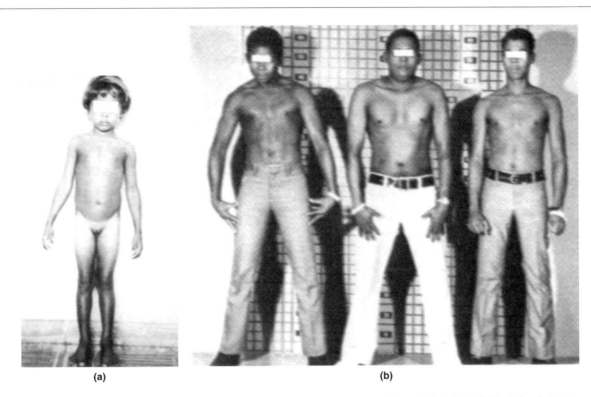

●그림 8.10 5-α-환원효소 결핍은 사춘기에 외모를 변화시킨다 (a) 5-α-환원효소 결핍이 있는 사람은 애매한 바깥생식기관을 가지고 태어나며, 일반적으로 여아로 길러진다. 이 아이는 8세이다. (b) 테스토스테론은 이 증후군에 영향받지 않는데, 사춘기가 되면 변환되지 않은 테스토스테론이 이차성징을 만들어낸다. 오른쪽에 있는 남성은 전형적으로 발달 중인, 맨 왼쪽 남성의 형제이다. 그리고 왼쪽과 가운데 있는 두 남성은 5-α-환원효소 결핍이 있다.

출처: Peterson, R. E., J. Imperato-McGinley, T. Gautier & E. Sturla, Male pseudohermaphroditism due to steriod 5-alpha-reductase deficiency, *American Journal of Medicine, 62*, 174, Figs. 3 and 7.

중간 요약 8.1

‖ 요약 표: 성 발달의 단계

염색체(수정 때 결정됨)	생식샘 (임신 6~8주)	내부 구조 (임신 9~12주)	외부 구조 (임신 6~12주)	사춘기 (8~16세)
XX	• 6주 즈음에는 원시 생식샘이 발달한 상태지만, 성에 따른 분화가 되어있지 않다. • (SRY가 아닌) 유전자가 원시 생식샘을 난소로 발달하도록 안내한다.	• 뮐러계가 안드로겐과 항뮐러관호르몬이 없는 상태에서 발달한다. • 기능하지 않는 원시 볼프계가 유지된다.	• 테스토스테론 같은 안드로겐이 없는 상태에서 여성의 외부 구조가 발달한다. • 여성의 구조에는 음순, 음핵, 질의 바깥쪽 부분이 포함된다.	• 생식샘자극호르몬 방출호르몬이 뇌하수체가 LH와 FSH를 분비하도록 자극한다. • LH와 FSH는 난소가 에스트라디올 분비를 시작하도록 신호를 보낸다.
XY	• 6주에 이르러 원시 생식샘이 발달하지만, 분화되어 있지 않다. • 임신 8주에 Y 염색체에 있는 SRY유전자가 부호화하는 고환 결정 요인이 원시 생식샘을 고환으로 발달하도록 자극한다.	• 테스토스테론이 볼프계의 발달을 자극한다. • 항뮐러관호르몬이 뮐러계의 퇴화를 자극한다.	• 5-α-환원효소가 테스토스테론을 5-α-디하이드로테스토스테론으로 변환한다. • 5-α-디하이드로테스토스테론은 외부 구조를 음경과 음낭으로 남성화한다.	• 생식샘자극호르몬 방출호르몬이 뇌하수체가 LH와 FSH를 분비하도록 자극한다. • LH와 FSH는 고환이 테스토스테론을 추가로 분비하도록 자극한다.

‖ 요점

1 성 발달은 염색체와 함께 시작한다. 2개의 X 염색체를 가진 사람은 일반적으로 여성이 될 것이고, X와 Y 하나씩 가진 사람은 일반적으로 남성이 될 것이다. 성염색체 수에 변화가 있으면 터너증후군(45,X), 클라인펠터증후군(47,XXY), 47,XYY 남성 등의 질환이 생길 수도 있다. **(LO1)**

2 고환 결정 요인은 원시 생식샘을 고환으로 변화시킨다. 고환 결정 요인이 없는 상태에서 Wnt4와 DAX1 같은 다른 유전자의 활동에 대한 반응으로 난소가 발달하게 된다. **(LO1)**

3 사춘기 때 모낭자극호르몬(FSH)과 황체형성호르몬(LH)이 고환은 테스토스테론을, 난소는 에스트라디올을 분비하도록 촉진함으로써 이차성징의 발달로 이끈다. **(LO1)**

4 안드로겐무감성증후군, 선천성 부신 과형성, 5-α-환원효소 결핍에서는 내부기관, 바깥생식기관, 이차성징의 발달상 변이가 생긴다. **(LO1)**

‖ 복습 문제

1 남성과 여성의 생식샘, 내부기관, 바깥생식기관이 발달하기 위해 어떤 과정이 반드시 일어나야 하는가?

2 성 발달에서 어떤 다른 경로들이 생길 수 있는가?

호르몬, 뇌 구조, 그리고 행동에서의 성차

X와 Y 염색체에 있는 유전자의 작용으로 시작된 일련의 사건들은 성과 젠더 이야기의 시작에 불과하다. X와 Y 염색체 양쪽 모두에 있는 유전자의 계속되는 발현(특히 뇌에서), 호르몬 효과, 그리고 후성유전은 많은 가능한 방향 중 한 방향으로만 가도록 개인을 계속 밀어붙인다.

성호르몬의 조직화 역할

성호르몬은 스테로이드로 분류된다. 이 화합물은 생식샘에 있는 콜레스테롤과 콩팥위샘, 뇌, 뼈, 지방세포에 있는 적은 양의 콜레스테롤로부터 합성된다. ●그림 8.11에 콜레스테롤의 화학적 구조와 주요 성호르몬의 합성이 제시되어 있다. 남자와 여자 모두 안드로겐과 에스트로겐을 만들지만, 양이 다르다. 성인 여성이 만드는 안드로겐의 양은 성인 남성이 만드는 양의 10% 정도이다.

성호르몬은 발달에 있어서 조직화 역할과 활성화 역할을 모두 수행한다. 출생 전 발달과 초기 출생 후 발달에서 성호르몬은 성에 따라 다른 뇌 회로를 조직한다. 전통적인 견해에서는 **조직화**(organization) 과정이 생물학적 구조에 영구적인 변화를 만든다고 가정된다. 이것이 대개는 옳을 수 있지만, 호르몬의 조직화 효과는 후성유전에 토대를 두고 있는 경우가 많다. 이 사실은 애초에 생각했던 것보다 이러한 변화가 덜 영구적일지도 모른다는 가능성을 제기한다. 조직화된 회로는 이후 사춘기 시작과 성인기를 통틀어 성호르몬에 의해 활성화한다. 비록 **활성화**(activation) 효과가 초기에 발생

조직화 성호르몬이 신체 구조에 미치는 영구적인 효과.
활성화 성호르몬이 신체 구조와 기능에 미치는 가역성이 있는 효과.

한 조직화 효과에 의해 제한되기는 하지만, 호르몬에 의한 활성화는 가역성이 있다(McCarthy & Arnold, 2011).

발달하는 동안의 조직화 성호르몬은 초기 인간 발달의 세 시점에서 특히 중요한 역할을 한다. 이 세 시점은 임신 6주에서 24주 사이의 태내 발달, 작은 사춘기, 그리고 사춘기이다.

남성에게 이 시기들은 테스토스테론 수준이 특히 높아지는 시기이다. 태내 조직화 시기의 첫 번째 부분에서 테스토스테론은 이 장의 앞부분에 기술한 대로 남성의 생식계 발달에 이바지한다. 이 시기의 나중 부분에서 테스토스테론은 생식계와 뇌 모두에 영향을 준다. 뇌에도 안드로겐 수용체가 있기 때문이다(Hines, 2010). 에스트로겐 수용체 역시 태내의 뇌에서 발현된다. 에스트라디올은 성적 발달에 결정적 역할을 하고, 양성 모두에서 세포자멸사에 영향을 준다(Wilson, Westberry, & Trout, 2011). 우리가 이 장의 나중에 볼 것이지만, 인간 뇌의 어떤 부분은 **성적 이형**(性的 二形, sexual dimorphism, 성적 이형태성)을 나타낸다. 즉, 구조와 부피에 있어 남성과 여성 간에 차이가 있다. 이러한 차이는 서로 다른 태내 호르몬 환경의 결과일 가능성이 크다. 성적 이형이라고 알려진 겉질 영역의 회색질 부피는 태아 테스토스테론 수준의 개인적 차이와 일치한다(Lombardo et al., 2012).

여성의 뇌는 상당한 양의 태내 테스토스테론에 의한 영향이 없기 때문에 기본적으로 여성이 되는 방향으로 발달을 계속 진행한다. 앞서 보았듯이 혈중 테스토스테론에 무감한 병인 AIS가 있는 유전자상 남성 중 압도적인 다수가 외모, 젠더 정체성, 또는 행동의 측면에서 전형적인 소녀나 성인 여성과 구분되지 않는다. 이와 대조적으로 CAH가 있는 여성, 그리고 임신 기간에 의학적인 이유로 안드로겐을 처방받은 여성의 아이는 남성 전형적 행동을 더 보이지만, 임신 기간에 항안드로겐 약을 복용한 여성의 아이는 남성 전형적 행동을 덜 보인다(Hines, 2010).

태내 호르몬 환경의 지표 윤리적 제약 때문에 태내 호르몬 환경은 절대 인위적으로 조작할 수 없다. 연구자들은 보통 사람에게 태내 호르몬 환경이 미칠 수 있는 영향을 조사하기 위해서 호르몬에 대한 태내 노출과 상관이 있는 생물지표(biomarker)를 파악하려고 시도하였다. 예를 들면 모계 혈액과 양수 모두에서 테스토스테론 수준은 자식의 성 전형적 행동과 관련이 있다(Auyeung et al., 2009).

손가락들의 상대적 길이를 태내 호르몬 환경의 생물지표로 사용할 수 있는데, 특히 검지(2D)와 약지(4D) 길이 사이의 관계가 유용하다. 2D의 길이를 4D의 길이로 나눈 2D:4D의 비율은 테스토스테론:에스트로겐의 태내 비율로 결정된다(Manning,

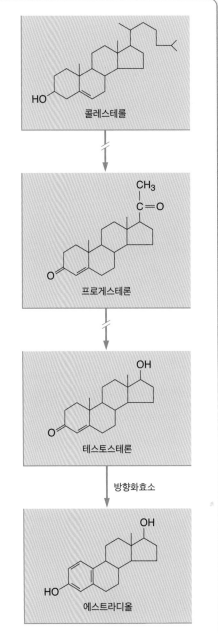

● 그림 8.11 인간 성호르몬의 합성 성호르몬은 콜레스테롤에서 유래한 스테로이드이다. 콜레스테롤에서 프로게스테론, 그리고 프로게스테론에서 테스토스테론의 발달에서는 여러 단계의 화학반응이 일어나는데, 이는 끊어진 화살표로 나타냈다. 그러나 테스토스테론이 에스트라디올로 바뀌는 데는 단 하나의 단계, 즉 방향족화(aromatization)만 필요하다.

성적 이형 남녀 간에 구조적으로 차이가 있음.

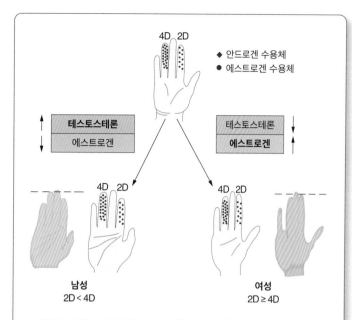

● 안드로겐 수용체
● 에스트로겐 수용체

테스토스테론
에스트로겐

테스토스테론
에스트로겐

남성
2D < 4D

여성
2D ≥ 4D

●그림 8.12 태내 호르몬과 2D:4D 비율 사이의 관계 안드로겐과
에스트로겐 수용체는 두 번째와 네 번째 손가락 모두에 있지만, 네 번째
손가락에 더 많다. 태내 테스토스테론과 에스트로겐 수준 사이의 관계가
손가락들의 상대적 길이를 결정한다. 테스토스테론 수준이 높고 에스트로겐
수준이 낮으면, 손은 남성 패턴으로 발달한다. 에스트로겐 수준이 높고
테스토스테론 수준이 낮으면, 손은 여성 패턴으로 발달한다.

출처: This is Manning, 2011.

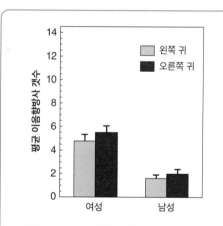

●그림 8.13 이음향방사는 남성과 여성 간에 다르다 양쪽
귀의 이음향방사(OAE) 기록을 보면 여성이 남성보다 더
많은 수의 자발적 이음향방사를 생성한다. 이음향방사는
태내 테스토스테론 수준의 영향을 나타내는 것으로
보인다.

이음향방사 속귀의 달팽이관이 발산하는
소리로, 성차를 보인다.

2011; Zheng & Cohn, 2011; ●그림 8.12를 보라). 남성의
2D:4D 비율은 특히 오른손의 경우 여성의 2D:4D 비
율보다 보통 더 작다. 비록 그 비율의 분포가 많이 겹치
기는 하지만 말이다(Wong & Hines, 2016). 이는 여성
의 검지와 약지는 길이가 유사한데(비율이 1.0에 가까
움), 남성의 검지는 약지보다 짧은 경향이 있음(비율이
0.955 정도)을 의미한다. 2D:4D 비율의 성차는 인간뿐
만 아니라 다른 포유류에게서도 나타난다. 2D:4D 비
율은 운동 능력을 비롯한 전반적인 경쟁적 능력(주식
거래 같은)과 역상관이 있다(Hsu et al., 2015; Manning,
2011). 다른 말로 하면 태내 테스토스테론이 높다는 표
지는 더 나은 운동 수행력과 더 경쟁적인 능력을 예측
한다. 2D:4D 비율이 낮은 소녀에게는 '선머슴'이라는
꼬리표가 붙을 가능성이 크다(Atkinson, Smulders, &
Wallenberg, 2017). 또한 낮은 2D:4D 비율은 왼손잡이
및 자폐스펙트럼장애와 연결이 있으며, 일부 성 의존
성 질환을 예측한다(Manning, 2011).

　태내 안드로겐 노출은 항문-생식기 간 거리에도 영
향을 준다. 이 거리는 출생 시 남자가 여자에 비해 2배
정도 길며, 인간과 설치류 모두에서 태내 테스토스테론과 상관이 있
다(Wong & Hines, 2016). 항문-생식기 간 거리는 남성의 경우 나중에
보이는 젠더 관련 행동의 정도를 예측하지만, 여성의 경우에는 그렇지
않다(Pasterski et al., 2015).

　태내 호르몬 노출에 대한 다른 잠재적 지표는 성차가 있을 것 같
지 않은 곳인 속귀(내이)에서 생긴다. 속귀의 달팽이관은 **이음향방사**
(otoacoustic emission)라고 알려진 자신만의 소리를 생성해 낼 수 있
다. ●그림 8.13처럼 여성은 이음향방사를 더 크게 그리고 더 빈번하
게 생성한다(McFadden, 1993). 이러한 차이는 생의 초기에 나타나며,
이는 개인이 경험하는 태내 테스토스테론 노출의 양 때문일 가능성
이 있다(McFadden, 2011). 손가락 길이 비율처럼 이음향방사의 성차
는 다른 포유류에게서도 나타난다. 양의 태내 테스토스테론을 실험
적으로 조작했더니 이음향방사의 차이가 생겨났는데, 이는 이음향방
사라는 신호가 태내 테스토스테론 노출의 생물지표로서 기능한다는 생각과 일치한다
(McFadden, Pasanen, Valero, Roberts, & Lee, 2009).

　손가락 길이, 항문-생식기 간 거리, 그리고 속귀로부터 나오는 소리에 관한 연구에

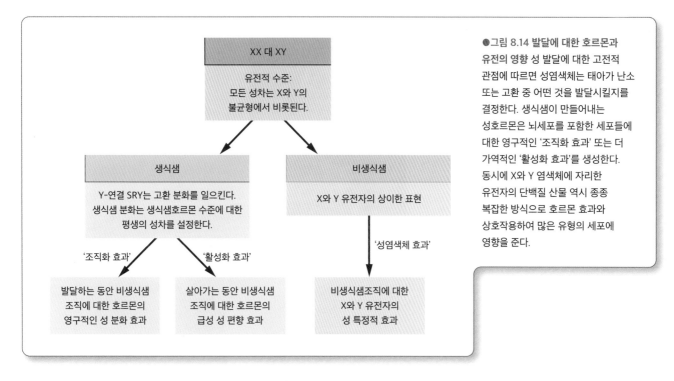

●그림 8.14 발달에 대한 호르몬과 유전의 영향 성 발달에 대한 고전적 관점에 따르면 성염색체는 태아가 난소 또는 고환 중 어떤 것을 발달시킬지를 결정한다. 생식샘이 만들어내는 성호르몬은 뇌세포를 포함한 세포들에 대한 영구적인 '조직화 효과' 또는 더 가역적인 '활성화 효과'를 생성한다. 동시에 X와 Y 염색체에 자리한 유전자의 단백질 산물 역시 종종 복잡한 방식으로 호르몬 효과와 상호작용하여 많은 유형의 세포에 영향을 준다.

서 우리가 성과 젠더에 관해 무엇을 배울 수 있을까? 이 장의 나머지 부분에서 보게 될 것처럼, 이러한 패턴상의 변이는 남성과 여성을 구별할 뿐만 아니라 성 지향성을 이해하는 데도 이바지한다.

성염색체 유전자의 조직화 역할

발달 신경과학자는 종종 앞서 논의된 호르몬의 영향에 초점을 두지만, 이것이 전부는 아니다(●그림 8.14를 보라). 배아가 성호르몬을 생산하기 훨씬 전부터 성염색체에 있는 유전자는 신경 구조와 기능에 영향을 미치는 단백질을 생산한다(Arnold & McCarthy, 2016). 그러므로 뇌와 행동에 이바지하는 성염색체를 알아보는 것은 자폐(남자에게 더 흔함)와 다발성 경화증(여자에게 더 흔함) 같은 특정 성에 더 영향을 주는 질환과 장애에서 성차를 이해하는 데 매우 중요하다.

　생식샘 바깥에서 성염색체 효과는 성호르몬과 복잡하게 상호작용하여 표현형을 만들어낸다(●그림 8.15를 보라). 설치류에게서 남성호르몬은 체중을 늘리는 작용을 하지만 남성 성염색체는 체중을 줄인다(Arnold & McCarthy, 2016). 다시 말해, 염색체와 호르몬이 상호 보정 효과를 만들 수 있다. 다른 경우에는 호르몬과 염색체가 XX와 XY를 가지고 있는 세포들 사이의 차이를 더 크게 만드는 상승 효과를 낼 수 있다.

뇌의 성적 이형

연구자들은 젠더 차이에 있어서 사회적 요인의 중요성을 인정하면서도 남성과 여성의 뇌와 신경계에 있는 차이 또한 관찰했다. 우리가 살펴본 바와 같이 태내 안드로겐 노

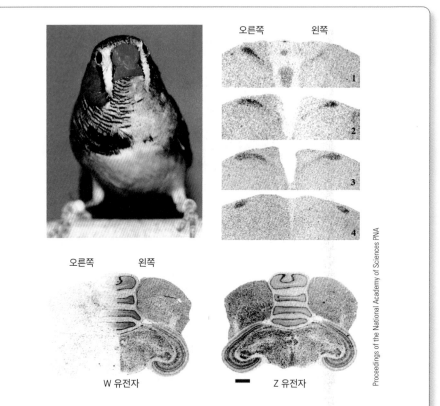

●그림 8.15 희귀한 좌우 암수한몸 금화조 좌우 암수한몸 금화조는 말 그대로 수컷 깃털 및 고환을 갖춘 수컷 쪽과 암컷 깃털 및 난소를 갖춘 암컷 쪽이 한 몸에 있다. 오른쪽 위에 검게 염색된 새의 지저귐 제어 핵은 오른쪽(수컷 쪽)이 왼쪽(암컷 쪽)보다 크다. 왼쪽 아래 사진에서 (암컷 새에게만 있는) W유전자는 왼편 뇌에서만 발현된다. 아래 오른쪽 사진에서 Z유전자는 수컷 쪽에서 더 발현된다. 수컷 새는 전형적으로 ZZ유전자형이고, 암컷 새는 전형적으로 ZW유전자형이다. 이 관찰된 차이는 호르몬 효과와는 독립적으로 유전적 성의 중요성을 반영한다.

출은 내외부 생식계뿐만 아니라 뇌도 남성화한다. 뇌 또는 신경계를 '남성화한다'는 것이 정확히 무슨 뜻일까? 첫째, 성적 이형(암수 간 구조적 차이가 있다는 의미)인 특징들이 무엇인지 파악해야 한다. 둘째, 우리가 바깥생식기관의 남성화에서 보았던 바와 똑같이, 뇌를 남성화하면 모든 성적 이형 특징에서 남성 패턴이 나올 것이다.

지금까지 다수의 성적 이형인 뇌 구조가 확인되었다. ●그림 8.16에서 보듯이 시상하부에 있는 **시각앞구역의 성적 이형핵**(sexually dimorphic nucleus of the preoptic area, SDN-POA)은 암컷 쥐보다 수컷 쥐에게서 훨씬 크다(Gorski, Gordon, Shryne, & Southam, 1978). SDN-POA의 발달은 호르몬 노출의 초기 조직화 효과를 반영한다. 인간의 경우 조직화 효과는 대부분 태내기에 발생한다. 그러나 쥐의 경우 안드로겐 노출이 뇌를 남성화하는 결정적 시기가 출생 후 며칠간 존재한다. 출생 시 쥐의 SDN-POA는 암컷과 수컷 모두에게서 비슷한 크기이다. 보통 수컷 SDN-POA는 갓 태어난 시기에 급격하게 자라기 시작한다. 갓 태어난 수컷 쥐를 거세하면 SDN-POA가 정상보다 훨씬 작아진다. 갓 태어난 암컷 쥐에게 테스토스테론을 주입하면 SDN-POA가 정상보다 훨씬 커진다. 더 자란 동물은 거세하거나 테스토스테론을 주입해도 SDN-POA 크기

시각앞구역의 성적 이형핵(SDN-POA)
시상하부의 시각앞구역에 있는 핵. 암컷 쥐보다 수컷 쥐에게서 더 큼.

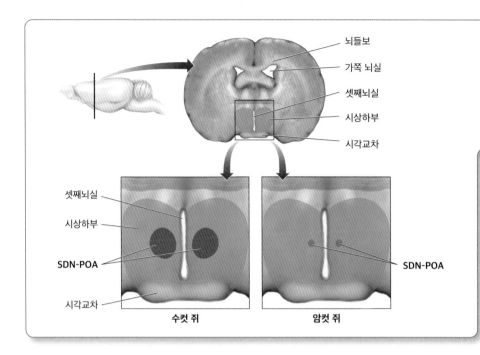

뇌들보

가쪽 뇌실

셋째뇌실

시상하부

시각교차

셋째뇌실

시상하부

SDN-POA

시각교차

SDN-POA

수컷 쥐　　　　　암컷 쥐

●그림 8.16 시상하부의 SDN-POA는 성적 이형이다 성행동에 관여할 것으로 생각되는 SDN-POA는 암컷 쥐보다 수컷 쥐에게서 훨씬 크다. 이러한 차이는 수컷 쥐가 출산 직후 안드로겐에 노출되어 생긴 것이다.

는 변하지 않는데, 이는 이 구조가 초기 호르몬의 조직화에 반응함을 나타낸다(Gorski, 1980). 시상하부의 이 영역이 손상되면 일반적으로 남성 성행동이 줄어들기는 하지만, 정확한 SDN-POA 기능은 현재 명확하게 밝혀지지 않았다(De Jonge et al., 1989).

　인간에게서 쥐의 SDN-POA에 해당하는 구조는 **앞쪽 시상하부 사이질핵**(interstitial nucleus of the anterior hypothalamus, INAH-1)이라는, 시상하부의 시각앞구역에 있는 뉴런 무리이다(Bao & Swaab, 2011). 인간 뇌에서 INAH-2, INAH-3, INAH-4라는 3개의 뉴런 무리가 추가로 확인되었다. INAH-2와 INAH-3는 여성보다 남성에게서 2배 더 크다(Allen, Hines, Shryne, & Gorski, 1989). 나중에 보겠지만 이 핵들의 크기는 남성의 성 지향성과 관련이 있다.

　남성 뇌와 여성 뇌의 구조적 차이가 시상하부와 시상, 그리고 대뇌반구의 백색질에서 추가로 발견되었다(Breedlove, 1992; Hsu et al., 2008). 시상하부에 있는 구조적 차이와 마찬가지로 이러한 차이의 일부가 성행동과 관련이 있을 가능성이 크기는 하지만, 이러한 차이의 중요성은 불분명한 경우가 많다. 인지 과제와 정서 과제에서 보이는 남녀의 수행 패턴은 관찰된 일부 구조적 차이와 관련이 있을 수도 있다.

　성적 이형은 포유류의 척수에서도 관찰되었다. 암컷 쥐에 비해 수컷 쥐는 **망울해면체근 척수핵**(spinal nucleus of the bulbocavernosus, SNB, 구해면체근 척수핵)이라는 구조에 더 많은 운동뉴런을 갖고 있다. 수컷 쥐의 SNB 운동뉴런은 쥐 음경의 망울해면체근에 신경을 분포시킨다. 성체인 암컷 쥐에게는 이 근육이나 그런 등가물이 없다. 쥐는 출생 시 남성화의 결정적 시기 전에는 수컷과 암컷 모두에게 이 근육이 있으며 SNB의 수도 대략 같다(Rand & Breedlove, 1987). 그러나 결정적 시기 동안 암컷 쥐의 낮은 안드로겐 수준이 근육과 SNB 뉴런 대부분을 죽게 한다.

　신경발생과 세포자멸사(5장을 보라) 비율의 성차가 아마도 뇌의 특정한 부분들의 부

앞쪽 시상하부 사이질핵(INAH-1) 앞쪽 시상하부에 있는 4개의 작은 핵들의 모임으로, 이 중 둘(INAH-2와 INAH-3)은 성적 이형인 것으로 보임. INAH-3의 크기는 남성의 성 지향성과 연관성이 있을 수도 있음.

망울해면체근 척수핵(SNB) 수컷 쥐의 음경 망울해면체근의 신경에 분포하는 척수의 운동신경세포.

피 차이를 설명할 것이다. 번식에 관여하는 SDN-POA 같은 구조의 차이는 세포 죽음의 비율 차이로 인해 일어날 가능성이 더 큰 것으로 보이는 반면, 해마와 편도체 같은 구조의 차이는 신경발생률의 차이에서 비롯될 가능성이 더 크다(Arnold & McCarthy, 2016).

뇌는 단지 많은 구조의 부피 측면에서 성적 이형일 뿐만 아니라, 시냅스 밀도의 측면에서도 그렇다. 예를 들면 수컷 설치류의 시각앞구역 뉴런은 암컷의 시각앞구역보다 2배나 많은 시냅스 입력을 갖고 있다(Arnold & McCarthy, 2016). 이는 짝이 될 가능성이 있는 개체의 냄새 같은 자극에 대한 동물의 반응에 영향을 미칠지도 모른다.

행동과 인지의 성차

사회화가 남성과 여성의 행동을 형성하는 데 중요한 역할을 한다는 사실에는 이견의 여지가 없다. 그러나 생물 과정의 기여, 그리고 생물 과정과 사회화 사이의 복잡한 상호작용을 인지한다면 성과 젠더에 대한 이해가 더 깊어질 것이다.

놀이행동 장난감 가게는 남성과 여성에 관한 이분법적 사고를 전형적으로 보여준다. 남성형 장난감에는 자동차, 트럭, 총과 파란색이 포함되고, 반면에 여성형 장난감에는 인형, 다기 세트, 화장품과 분홍색이 포함된다. 책, 퍼즐, 크레용 같은 중립적인 장난감도 분명히 존재한다. 사회화가 아이들의 장난감 선택에 영향을 미치는 것은 분명하지만, 생물 과정이 놀이행동에 기여하는 바에 대해서 우리는 무엇을 알고 있는가?

태내 안드로겐을 특이하게 높은 수준으로 경험하는 CAH 여성의 예로 돌아가면, 장난감 선택에 미치는 생물 과정의 영향에 관한 흥미로운 사실을 깨달을 수 있다. 부모는 초기 아동기에 핵심적인 사회화 동인(動因)으로 역할을 한다. 그러나 전형적으로 발달 중인 딸의 부모보다 CAH 딸의 부모는 자신의 딸을 여성적 패턴으로 사회화하는 데 더 단호한 태도를 보이는 듯하다. 자신의 딸이 일부 성 비전형적인 행동을 보일 가능성이 크다는 말을 듣고 나면, 오로지 전형적인 결과만

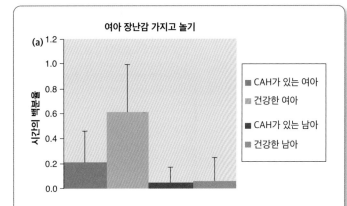

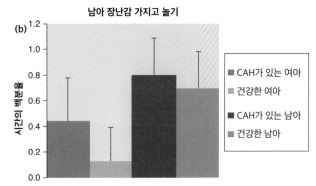

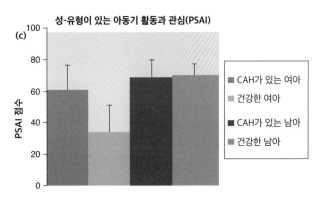

● 그림 8.17 태내 안드로겐 노출과 놀이행동 전형적으로 발달 중인 남아는 전형적으로 발달 중인 여아보다 태내에서 약 2.5배 더 많은 안드로겐에 노출된다. CAH가 있는 여아가 노출되는 태내 안드로겐의 양은 전형적으로 발달 중인 남아의 약 절반 또는 전형적으로 발달 중인 여아의 약 1.25배이다. CAH가 있는 남아는 전형적으로 발달 중인 남아보다 더 높은 수준의 안드로겐에 노출되지만, 두 경우 모두 태내 안드로겐 수준이 매우 높아서 그 차이가 행동에 미치는 영향은 미미한 것 같다. CAH가 있는 여아가 여아의 장난감으로 논 시간(a)은 전형적으로 발달 중인 여아보다 짧지만, 남아보다는 훨씬 길다. CAH가 있는 여아가 남아의 장난감으로 논 시간(b)은 전형적으로 발달 중인 여아보다 길지만, 남아보다는 여전히 짧다. PSAI 점수(c)는 24개 항목의 표준화 척도의 남아 전형적 항목 점수에서 여아 전형적 항목 점수를 빼서 얻는다. 점수가 높을수록 더 남성 전형적 행동을 나타낸다.

출처: Hines (2010).

을 바라는 부모는 이를 보상하려고 노력할 것이다. 그런 노력에도 불구하고 CAH가 있는 여아는 여성적인 방향보다는 남성적인 방향으로 장난감 선택을 할 가능성이 유의하게 크다(Hines, 2010; ●그림 8.17을 보라). 이와 유사한 방식으로, 모친의 혈액 또는 양수에서 측정된 안드로겐 노출 정도는 전형적으로 발달 중인 여아가 남성적인 장난감에 보이는 관심 정도를 예측한다(Hines, 2010). 이런 여아들의 부모는 자신의 딸이 노출된 태내 호르몬 상태에 관해 아무것도 몰랐으므로 사회화의 차이가 이러한 결과를 설명할 가능성은 희박하다.

아동은 12~18개월 사이에 성 전형적 장난감을 선호하기 시작한다. 이 나이에 아동은 성 전형적 장난감(자동차와 인형)을 남성 또는 여성의 얼굴이나 목소리와 연결하지 못하는데, 이는 아동이 아직 장난감을 '남성' 또는 '여성'으로 생각하도록 사회화되지 않았음을 시사한다(Serbin, Poulin-Dubois, Colburne, Sen, & Eichstedt, 2001). 사회화가 원숭이의 장난감 선택에 기여할 가능성은 훨씬 더 낮아 보인다(●그림 8.18을 보라). 어린 수컷 원숭이는 바퀴 달린 장난감과 공을 더 오래 갖고 노는 반면에 어린 암컷 원숭이는 인형, 털이 긴 동물, 그리고 그릇을 선호한다(Alexander & Hines, 2002; Hassett, Siebert, & Wallen, 2008; Swan et al., 2010).

젠더 정체성 젠더 정체성은 남성 또는 여성으로서의 자기 개념으로 정의되며, 대개 사회화 기간의 최종 산물로 여겨진다. **성전환성**(transsexuality)에서 개인의 젠더 정체성은 자신의 생물학적 성과 불일치하며, 이는 성별 재할당 수술과 호르몬치료로 해결될 수 있

성전환성 생물학적 성과 일치하지 않는 젠더 정체성을 가진 것.

●**그림 8.18 원숭이가 보이는 성 전형적 장난감 선호** 어린 버빗원숭이는 인간 같은 젠더 사회화가 전혀 없는 환경에서 성 전형적 장난감에 대한 선호를 보인다.

다. 성전환성의 발생에서 사회적 요인의 역할에 관한 정보는 희귀하다. 성전환성의 생물학적 상관물에 관한 연구는 젠더 정체성 전체에 대한 일반 원리를 밝혀줄지도 모른다.

생물학적 여성에게서 성전환성은 약 0.005%만 발생할 정도로 드물다(Dessens, Slijper, & Drop, 2005). 이와는 대조적으로 여아로 양육된 CAH가 있는 여성의 3%가 남자로 살고 싶은 소망을 드러내는데, 이는 일반 대중의 경우보다 600배나 큰 비율이다. 추가로 5%의 CAH 여성이 여성 역할에 대하여 전반적인 불만족을 드러낸다(Bao & Swaab, 2011). 그러나 이는 CAH 여성의 대부분(92%)이 자신의 여성으로서의 젠더 정체성에 여전히 만족하고 있음을 의미한다는 것을 명심해야 한다.

성전환성은 출생 전 호르몬이 생식계와 뇌에 영향을 주는 타이밍 때문에 발생하는 것일 수도 있는데, 정상적으로는 생식계가 먼저 호르몬의 영향을 받는다. 만일 이들 두 과정이 서로 다른 타이밍으로 인하여 분리된다면, 두 체계가 적절하게 발달하지 못할지도 모른다(Bao & Swaab, 2011). 남성에서 여성으로 성전환한 사람들의 표본에서 성적 이형이라고 알려진 2개의 뇌 구조, 즉 분계섬유줄침대핵의 중심핵(the central nucleus of the bed nucleus of the stria terminalis, BSTc)과 INAH-3가 전형적인 '여성' 패턴의 부피를 지닌 것으로 밝혀졌다. 여성에서 남성으로 성전환한 한 사례에서는 BSTc와 INAH-3 모두가 '남성' 패턴과 일치하였다. 그러나 이런 분석을 복잡하게 만드는 것은 BSTc가 전형적으로 사춘기 이전에는 성적 이형을 보이지 않지만, 많은 성전환자가 더 어린 나이에 강한 성별 불만족을 표현한다는 사실이다.

젠더 불쾌감(gender dysphoria)이 있는, 즉 자신의 성과 젠더 때문에 괴로움을 경험하는 청소년들의 뇌 구조 부피를 조사한 결과, 이들은 자신이 선호하는 젠더를 가진 사람들보다 자신과 같은 생물학적 성별(sex)을 가진 사람들과 훨씬 더 비슷했다(Hoekzema et al., 2015). 그러나 적어도 일정 수준의 비전형적인 분화를 나타낼 수 있는 미묘한 차이가 젠더 불쾌감을 가진 청소년의 성적 이형 구조들에서 발견되었다.

성격 신경계의 초기 조직화가 다수의 정교한 행동 영역에 걸쳐서 나중의 발달에 영향을 줄 수도 있을 것이다. 물론 그 과정의 각 단계에서 사회화와 상호작용하면서 말이다.

전반적으로 수많은 연구가 여성의 높은 공감 능력과 남성의 높은 수준의 신체적 공격행동을 보여주었다(● 그림 8.19를 보라). 우리가 이미 관찰한 패턴과 일치하게 CAH가 있는 여성은 전형적으로 발달 중인 여아에 비해 저하된 공감 능력과 증가한 신체적 공격행동을 보인다(Hines, 2010). 테스토스테론 수준이 높은 양수에 있었거나 산모가 안드로겐을 복용했던 남아와 여아 모두 줄어든 공감 능력과 높은 수준의 신체적 공격행동을 보인다. 그러나 자기주장성같이 남녀 간 유의미한 차이를 보이는 성격 차원 모두가 태내 테스토스테론 노출과 관련이 있지는 않음을 기억할 필요가 있다.

인지 많은 양의 연구 자료에서 (인간과 인간이 아닌 경우 모두) 남성은 시각공간 과제에서 약간의 우위를 보여주었고(Kimura, 1992), 여성은 언어 과제와 일화기억(개인의 시

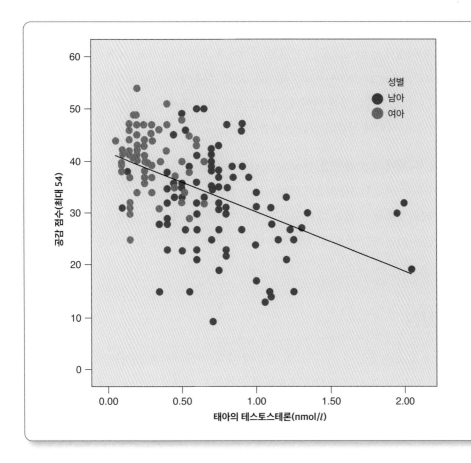

●그림 8.19 태아의 테스토스테론과 공감 태아의 테스토스테론 수준은 공감의 표준화 검사에서 나온 점수와 역상관이 있다.

간별 사건에 대한 기억)에서 약간의 우위를 보여주었다(11장을 보라, Herlitz, Dekhtyar, Asperholm, & Weber, 2016). CAH 여성 내에서 이러한 경향을 조사한 연구 결과는 엇갈렸는데, 이는 이전에 살펴본 행동 영역과 비교할 때 태내 호르몬의 조직화 역할이 여기서는 더 약하다는 것을 시사한다.

시각공간 기술에서 남성의 이점은 생의 초기에 보이기 시작한다. 그러나 시각공간 기술이 꼭 태내 테스토스테론 수준하고만 관련된 것은 아니다. 시각공간 기술은 남녀 모두에게서 현재의 테스토스테론 수준과 관련이 있다. 테스토스테론 보충제를 받은 나이 든 남성은 공간 과제에서 향상된 수행 능력을 보였다(Janowsky, Oviatt, & Orwoll, 1994). ●그림 8.20의 예처럼 심적 회전(mental rotation) 과제에서 여성은 테스토스테론 수준이 높을 때 최고점을 얻었고, 에스트로겐 수준이 높을 때 최저점을 얻었다(Kimura & Hampson, 1994). 공간 과제의 수행과는 대조적으로, 여성의 언어적 유창성과 손재주는 에스트로겐의 높은 수준과 상관이 있는 것으로 보인다. 놀랍게도 테스토스테론 보충제를 받은 남성의 경우 언어 유창성 점수가 20%나 향상되었다(O'Connor, Archer, Hair, & Wu, 2001). 이는 현재의 성호르몬 수준의 활성화 효과가 복잡한 방식으로 기존 체계들과 상호작용함을 시사한다. 테스토스테론은 남녀 모두에게서 공간 수행을 증진하지만, 남성에게서는 테스토스테론이, 여성에게서는 에스트로겐이 언어 수행을 높인다.

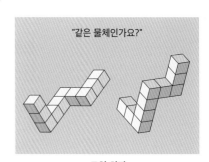

"같은 물체인가요?"

도형 회전

●그림 8.20 젠더가 인지에 영향을 준다 여성은 일반적으로 색깔이 같은 물체의 이름 대기나 특정한 철자로 시작하는 단어 나열하기 같은 언어 과제에 약간의 장점이 있다. 남성은 이 그림의 도형 회전 과제 같은 시각공간 과제에 약간의 장점을 보인다. 두 형태가 같은지 물어보면 남자가 여자보다 약간 빨리 답한다.

인지적 수행과 성인 호르몬 수준의 관련성에 관한 흥미로운 탐사는 남성에서 여성으로 또는 여성에서 남성으로 성전환한 사람들을 교차 성호르몬 처치 전과 후에 평가하였다(Sommer et al., 2008). fMRI 영상은 처치 후에 양쪽 집단 모두에서 언어 중추의 활성화와 에스트라디올 수준 사이에, 그리고 심적 회전 과제 수행 중의 뇌 활성화와 테스토스테론 수준 사이에 상관이 있음을 보여주었다.

심리장애 14장에서 보겠지만, 다수의 심리장애는 남녀 유병률이 매우 다르다. 주요우울장애가 있는 성인의 3분의 2가 여성이지만 자폐스펙트럼장애, 주의력결핍 과잉행동장애, 투레트증후군이 있는 대다수가 남성이다. 지금까지 논의된 생물학적 차이가 이러한 패턴에 기여하는 정도에 대해서는 현재 연구가 활발히 진행 중이다.

성 지향성

남녀 태내 호르몬 환경과 뇌 구조 및 행동에 대한 지금까지의 논의는 그 자체로도 흥미롭지만, 이는 또한 성 지향성의 생물학적 상관물을 이해하는 토대를 이룬다.

성 지향성(sexual orientation)은 특정한 성의 사람들에게 매력을 느끼는 안정된 패턴을 지칭한다. 약 1.8%의 성인 남성과 1.5%의 성인 여성이 자신을 게이 또는 레즈비언으로 규정하고, 0.4%의 성인 남성과 0.9%의 성인 여성이 자신을 양성애자라고 말한다(Ward, Dahlhamer, Galinsky, & Joestl, 2014). 성 지향성이 성행동과 동의어는 아니다. 많은 사람이 강한 이성애 지향을 유지하면서도 동성애적 행동과 환상에 참여한다. Stoller와 Herdt(1985)는 모든 청소년 남자에게 여성과 결혼하기 전에는 동성애적 행동을 하기를 기대하는 어떤 부족 문화를 기술하였다. 동성애적 경험에도 불구하고 이 남성들의 성 지향성은 압도적으로 이성애였다.

호르몬과 성 지향성

인간과 동물에 있어서 초기 호르몬 노출은 성인 또는 성체의 성행동에 영향을 준다. 앞서 지적했듯이 수컷 쥐는 암컷 쥐보다 SDN-POA가 더 크다. 결정적 시기 동안 테스토스테론에 노출된 것이 이런 성적 이형을 설명한다. 만일 어떤 수컷 쥐가 결정적 시기 동안 테스토스테론에 노출되지 않는다면, 이 쥐의 SDN-POA는 작은 채로 남아있다. 다 자란 후에도 성행동은 테스토스테론에 전형적으로 노출된 쥐와는 다른 성행동을 보이는데, 테스토스테론에 약하게 노출된 쥐는 정상적인 테스토스테론 수준에 노출된 쥐에 비해 암컷과 성행동을 할 가능성이 작고 수컷과 성행동을 할 가능성이 크다(Matuszewich et al., 1999). 덧붙여, 암컷 쥐가 결정적 시기 동안 테스토스테론에 노출되면 SDN-POA 크기가 증가하고, 다 자라고 나서 암컷과 성적 활동을 할 가능성이 커진다. 우리는 이미 안드로겐에 대한 태내 노출이 수반되는 CAH 같은 비전형적인 상

성 지향성 특정한 성의 구성원에게 매력을 느끼는 안정된 패턴.

태로 인하여 여성이 양성애 또는 동성애 행동을 할 가능성이 증가할 수 있다는 것을 보았다. 그러나 CAH 여성의 다수는 이성애자이다. 또한 동성애 여성과 양성애 여성의 대다수는 CAH 또는 유사한 질환을 겪은 이력이 없다.

앞서 우리는 이음향방사의 남녀 차이를 기술하고, 이런 차이가 태내 안드로겐 노출의 생물지표로서 기능할 가능성을 살펴보았다. McFadden과 Pasanen(1999)은 동성애 여성, 양성애 여성, 그리고 이성애 여성의 이음향방사를 측정하였다. ●그림 8.21에 보이듯이 동성애 여성과 양성애 여성의 이음향방사율은 이성애 여성의 전형적인 수준과 남성의 전형적인 수준 사이에 있었다. McFadden과 Pasanen은 태내 안드로겐 노출이 동성애 여성과 양성애 여성의 귀 구조와 성 지향성 모두에 영향을 줄 수도 있다고 제안하였다.

우리는 안드로겐에 대한 태내 노출의 또 다른 지표인 2D:4D 비율에 대해서도 논의하였다. 동성애 여성은 더 남성적인 손가락 길이 패턴을 보이는 경향이 있는데, 이는 이들이 안드로겐에 대한 태내 노출을 겪었을 수도 있음을 시사한다. 그렇지만 ●그림 8.22에 보이듯이 연구자들은 동성애 남성에게서 이성애 남성과 대비되는 손가락 길이의 체계적인 패턴을 발견하지는 못했다.

무엇이 동성애와 관련된 태내 호르몬 환경의 차이를 촉발할까? 여전히 논쟁 중이기는 하지만, 출생 순서가 동성애 남성과 관계가 있다는 관찰로부터 하나의 흥미로운 단서를 발견할 수 있다(Kishida & Rahman, 2015; Blanchard & Vander-Laan, 2015). 형들이 있는 남성은 형제가 전혀 없거나 동생만 있거나 누나만 있는 남성보다 비록 그 효과 크기는 작지만 동성애자가 될 가능성이 약간 더 크다(Blanchard, 1997; Cantor, Blanchard, Paterson, & Bogaert, 2002). Y 염색체에 자리한 유전자들의 단백질 산물이 어머니의 면역반응을 촉발할 수도 있는데, 이는 남자 태아를 임신할 때마다 더 커진다. 어머니의 강한 면역반응이 생식샘이나 생식기에 영향을 주지 않으면서 태아의 뇌에는 영향을 미칠 수도 있을 것이다.

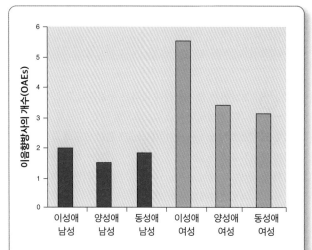

●그림 8.21 **성 지향성과 이음향방사** 남자는 전형적으로 여자보다 적은 수의 이음향방사(OAE)를 내는데, 이는 태내 테스토스테론에 대한 노출 차이의 결과라고 여겨진다. 양성애와 동성애 남성은 이성애 남성과 OAE 비율이 다르지 않다. 그러나 양성애와 동성애 여성은 이성애 여성과 남성에게서 발견되는 OAE 비율의 중간 정도의 비율을 보인다.

출처: Adapted from McFadden & Pasanen (1999).

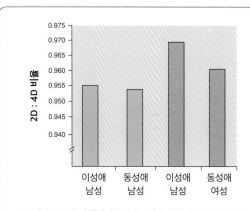

●그림 8.22 **성 지향성과 2D:4D 비율** 낮은 2D:4D 비율은 태내 테스토스테론 노출과 관련된다. 이성애와 동성애 남성은 2D:4D 비율이 다르지 않다. 그러나 동성애 여성의 2D:4D 비율은 이성애 여성의 비율과 남성의 비율 사이에 있는데, 이는 동성애 여성이 태내 테스토스테론에 더 많이 노출되었음을 가리킬 수 있다.

출처: Data from Williams et al. (2000).

뇌 구조와 성 지향성

앞서 살펴본 바와 같이 여러 뇌 구조, 특히 시상하부의 INAH-3는 성적 이형이다. Simon

Simon LeVay와 INAH-3

♂ 늘날에는 성 지향성에 강력한 생물학적 요소가 있다는 생각이 혁명적이거나 경천동지할 만한 것으로 보이지 않을 수 있지만, Simon LeVay가 INAH-3에 관한 연구를 출간한 1991년의 문화적 환경은 달랐다. 1990년대 이전에는 성 지향성이라는 현재의 용어보다 성적 선호(sexual preference)라는 용어가 과학자들 사이에 더 빈번하게 통용되었다.

LeVay는 자신의 결과를 해석하는 데 신중했다. 무엇보다 그 당시 가용한 영상 기술을 가지고 살아있는 연구참가자에게서 관찰하기에는 INAH-3가 너무 작았다. 그래서 LeVay는 부검한 뇌를 연구했다. 이 방법으로는 당연히 연구대상자의 성행동에 관한 자세한 개인사를 얻을 수 없었다. 동성애 남성들의 의료기록은 그들의 AIDS 진단과 관련된 정보이기 때문에 대상자들의 성행동을 담고 있었다. 그러나 통제집단인 이성애자(로 추정되는) 남성들의 의료기록은 그렇지 않았다. 여성의 의료기록에도 이런 정보가 빠져있었기에 이 연구는 여성의 성 지향성으로 확장될 수도 없었다. 또한, LeVay는 동성애자인 참가자가 걸렸던 AIDS로 인해 INAH-3 수축이 일어났을 가능성을 언급하였다. 그러나 그는 이런 주장에 별로

신빙성을 두지 않았는데, AIDS에 걸렸던 이성애 피험자의 INAH-3가 이성애 남성 패턴을 보였기 때문이다. 마지막으로, 서로 다른 유형의 성행동에 참여한 것이 INAH-3의 크기에 영향을 주었을지도 모른다는 비판이 있었다. LeVay는 또 다시 이런 해석을 중요하지 않다고 보고, 자신이 관찰한 차이는 태내 요인들의 조직화 효과의 결과라고 보는 것이 더 합리적이라고 제안하였다.

이런 유형의 연구는 인간 참가자를 대상으로 실행하기가 매우 어렵기 때문에, 다른 연구자들은 동물의 뇌 구조와 성행동의 상관관계를 조사하였다. 사육되는 양 중 숫양의 6~8%는 오직 다른 숫양과만 짝짓기를 했다. Kay Larkin과 그 동료들(Larkin, Resko, Stormshak, Stellflug, & Roselli, 2002)은 동성과 짝짓기를 하는 숫양, 이성과 짝짓기를 하는 숫양, 그리고 암양의 SDN-POA(비포유류에서 INAH에 해당하는 뇌 구조)를 연구하였다. 동성과 짝짓기를 하는 숫양의 SDN-POA는 암양의 것과 크기가 거의 같았고, 이성과 짝짓기를 하는 숫양의 SDN-POA와는 달랐다. 이러한 결과는 LeVay가 INAH-3에서 발견한 것과 매우 유사하다.

LeVay(1991)는 INAH-3가 동성애 남성과 이성애 남성 간에 차이가 있을지를 물었다. 원숭이의 INAH-3 손상은 이성애 행동에 손상을 주지만, 자위 비율로 알 수 있는 전반적인 성적 욕구에는 영향을 주지 않는다. LeVay는 INAH-3가 동성애 남성보다 이성애 남성에게서 2~3배 더 크다는 사실을 발견하였다. LeVay가 관찰한 동성애 남성의 INAH-3 크기는 여성 참가자들에게서 관찰된 크기와 유의미하게 다르지 않았다. ●그림 8.23은 LeVay의 연구에서 나온 동성애 및 이성애 사례와 더불어 INAH-3의 위치를 보여주고 있다.

두 대뇌반구를 연결하는 작은 신경섬유띠인 앞맞교차(전교련)는 인간의 성적 이형 구조라고 알려진 것 중 하나이다. Laura Allen과 Roger Gorski(1992)는 동성애 남성과 이성애 남성 간 앞맞교차의 크기가 확실하게 다르다고 보고하였다. 사상하부와 달리 앞맞교차는 성행동에서 직접적 역할이 없다. 이 구조에서 관찰된 차이는 단순히 태아 호르몬 환경에 대한 이음향방사 같은 또 다른 지표일 수도 있을 것이다.

유전자와 성 지향성

비록 그 정확한 기제는 잘 모르는데다가 상당히 복잡할 가능성이 크지만, 유전은 성 지향성에 영향을 미치는 것으로 보인다. 유전자가 성 지향성에 직접적 효과를 미치는지 아니면 태내 안드로겐 환경에 간접적 영향을 미치는지는 현재 알려진 바 없다.

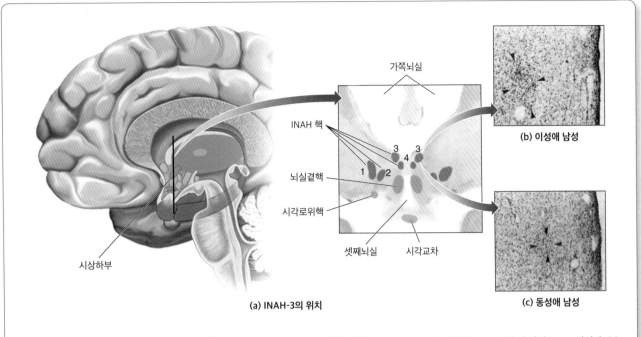

●그림 8.23 **INAH-3의 크기는 성 지향성과 상관이 있다** Simon LeVay는 이성애 남성보다 여성과 동성애 남성의 INAH-3가 더 작다고 보고하였다. (a) 이 그림은 INAH-3의 위치를 보여준다. 현미경 사진 (b)는 이성애 남성에게서, (c)는 동성애 남성에게서 찍은 것이다.

남성 쌍둥이 한쪽이 동성애자이면서 다른 한쪽도 동성애자일 확률은 이란성의 경우 20~25%이고, 일란성의 경우 약 50%이다(Kirk, Bailey, & Martin, 2000). 동성애 형제 409쌍에 대한 유전자 다형 분석을 통해서 성 지향성을 예측하는 것으로 보이는 구역이 8번 염색체와 X 염색체의 두 구역임이 확인되었다(Sanders et al., 2015).

성 지향성과 인지

앞서 우리는 시각공간 과제와 언어 과제에 있어 남녀 간에 차이가 있음을 관찰하였다. 생물지표와 성적 이형 구조처럼, 이런 과제의 수행에 있어 성 지향성에 기반한 차이가 나타날까?

시각공간 기술을 평가하는 심적 회전 과제를 사용한 대규모 연구에서 남성은 성 지향성과 관계없이 여성보다 일관되게 뛰어난 수행을 보였다(Peters, Manning, & Reimers, 2007; ●그림 8.24를 보라). 성 지향성을 고려하면, 이성애 남성이 동성애 남성보다 수행이 뛰어났고, 양성애 남성이 그 두 집단 사이에 있었다. 동성애 여성과 양성애 여성은 엇비슷한 수준의 점수를 얻었으며, 두 집단 모두 이성애 여성을 능가했다. 유사한 발견이 언어 유창성에 관한 세 가지 검사의 결과로서 보고되었다. 동성애 남성은 이성애 여성보다 우월한 수행을 보였으나, 이 두 집단 모두가 유사한 수준의 수행을 보이는 이성애 남성 및 동성애 여성보다 수행이 뛰어났다(Rahman, Abrahams, & Wilson, 2003).

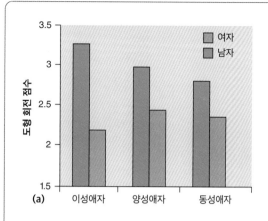

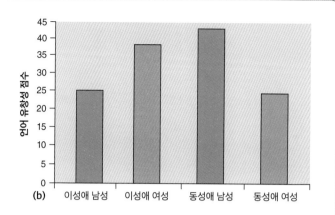

●그림 8.24 성 지향성과 인지 (a) 심적 회전 과제에서 남자는 일반적으로 여자보다 점수가 높았다. 이성애 남성은 동성애 남성보다 심적 회전 과제에서 수행 능력이 좋았고, 양성애 남성은 이 두 집단 사이의 수행을 보였다. 양성애 여성과 동성애 여성은 서로 다르지 않았고, 둘 다 이성애 여성보다 수행이 좋았지만, 모든 남자 집단보다는 낮았다(Peters et al., 2007의 자료). (b) 여자는 언어 과제에서 남자보다 점수가 높았다. 이성애 여성과 동성애 남성은 이성애 남성과 동성애 여성보다 일군의 언어 유창성 과제에서 수행이 더 좋았다(Rahman et al., 2003의 자료).

출처: Data from Rahman et al. (2003).

| 신경과학의 *윤리적 이슈* |

젠더와 성 지향성을 설명하는 생물 과정의 역할

이 장에서 젠더의 생물학적 측면에 초점을 둔 연구를 살펴보았지만, 생물학적 요인들이 경험의 영향으로부터 고립된 방식으로 작용한다고 가정해서는 안 된다. 동시에, 경험이 생물 과정의 영향 없이 별개로 작동할 수 있다고 가정해서도 안 된다. 부모가 아들과 딸을 태어난 첫날부터 다르게 대한다는 것, 그리고 딸이 아들보다 인형 놀이에 강화 받을 가능성이 훨씬 크다는 것을 아는 것은 앞서 살펴본 장난감 선택에 대한 생물학적 영향을 부인하는 게 아니라 그것과 상호작용한다.

젠더의 사회화 관점을 촉진한 가장 영향력 있는 책 중 하나가 2010년에 출간된 Cordelia Fine의 『젠더, 만들어진 성(Delusions of gender)』이다(Fine, 2010). 숙달된 신경과학자인 Fine은 생물 과정이 남녀 행동 차이와 관련이 거의 없으며, 젠더에 대한 생물학적인 영향을 보여준다고 주장하는 연구들은 본질적으로 결함이 있다고 주장하면서 '신경 성차별(neurosexism)'이라는 용어를 사용했다. 그녀는 남성과 여성 뇌 사이에 발견된 구조적 차이는 작고 행동적으로 무의미하다고 주장함으로써 INAH-3의 성적 이형에 관한 Laura Allen과 Roger Gorski의 연구를 일축하고, "우리는 이 핵을 15년 동안이나 연구해 왔는데, 여전히 그게 무얼 하는지 모른다"(Fine, 2010, p. 104)라는 Gorski의 말을 인용하고 있다.

주의 깊은 독자는 INAH-3에 관해 성적 이형 이외의 다른 무

언가를 떠올릴 수도 있을 것이다. INAH-3는 Simon LeVay의 연구에서 이성애 남성과 동성애 남성 표본 사이에 크기가 다른 것으로 보였던 바로 그 구조이다. 사실 LeVay는 이 구조의 성적 이형에 대한 Gorski와 Allen의 연구 때문에 INAH-3를 연구하기로 하였다. Gorski와 Allen이 INAH-3에서 발견한 남녀 차이와 비교하면 LeVay가 관찰한 차이는 더 작고 겹치는 부분도 더 많다. 만일 Gorski와 Allen이 관찰한 차이가 '작고 행동적으로 무의미하다'라고 하면, 논리적으로 LeVay가 관찰한 차이는 더욱 그렇다. 비록 LeVay가 원숭이의 INAH-3 기능에 관한 연구를 개관하기는 했으나, 인간의 INAH-3의 구체적인 기능에 관해서 LeVay가 Gorski보다 더 많이 아는 것도 전혀 아니다. 놀랍게도 Fine은 자신의 책에서 성 지향성을 다룬 문헌에 대하여 어떤 논의도 하지 않았다.

젠더 차이의 생물학은 성 지향성의 생물학적 기반의 존재를 지지하는 모든 주장에 토대를 제공하므로, 이 두 연구 계열은 분리할 수 없다. 관찰된 젠더 차이가 생물 과정과 거의 관계가 없고 사회화와 깊은 관련이 있다고 주장하려면 성 지향성에 대해서도 반드시 똑같은 주장을 할 수밖에 없다. 하지만 그러한 관점에 동의할 현대의 신경과학자는 거의 없다. 우리는 인간 행동이란 생물학과 환경 사이의 복잡한 상호작용을 나타내며, 그 둘에 대한 균형 있는 접근이 최상의 답변을 줄 것이라는 결론으로 되돌아간다.

중간 요약 8.2

‖ 요점

1 호르몬의 영향과 유전적 영향은 남성과 여성의 뇌에 다른 결과를 낳는다. (LO2)

2 다수의 뇌 구조가 성적 이형인데, 이는 남성과 여성 사이에 그 조직과 부피가 다름을 의미한다. (LO3)

3 행동에서 일부 성차는 출산 전후 호르몬의 영구적인 조직화 효과에 영향을 받는 것으로 보이지만, 그 외의 것들은 생의 나중에 호르몬의 활성화 효과에 반응한다. (LO2)

4 성 지향성은 유전적 영향과 태내 호르몬의 영향을 받을 수 있으며, 그 결과 뇌의 구조적 차이가 생겨난다. (LO4)

‖ 복습 문제

1 호르몬과 유전적 활동이 남성의 뇌와 여성의 뇌를 어떻게 형성하는가?

2 성 지향성에 생물학적 기반이 있다는 어떤 증거가 존재하는가?

성인의 성행동에 미치는 생물학적 영향

호르몬에 의한 행동의 활성화는 사춘기에 시작해서 생애 전체로 이어지는 성행동에 특히 중요하다.

성호르몬의 조절

시상하부는 비록 뇌의 다른 구조로부터 지시를 받긴 하지만, 내분비계에 가장 즉각적인 제어를 행사한다.

시상하부는 생식샘자극호르몬 방출호르몬(GnRH)을 분비함으로써 성호르몬의 분비를 관리한다. 망막이 감지한 빛은 멜라토닌에 대한 작용을 통하여 GnRH의 분비를 증가시킨다. 멜라토닌은 솔방울샘(송과선)에서 만들어지며 수면의 조절에 관여하는 신경호르몬이다(9장을 보라). 멜라토닌은 보통 GnRH의 분비를 억제하고 빛은 멜라토닌을 억제하므로, 멜라토닌은 주로 밤에 분비된다. 그러므로 빛은 멜라토닌이 정상적으로 가하는 억제를 줄임으로써 GnRH의 분비를 증가시킨다.

사람이 아닌 종의 경우, 빛에 대한 시상하부의 이러한 반응은 1년 중 알맞은 시기에 새끼를 낳기 위한 수단을 제공한다. 생식 능력은 낮이 길어지거나 짧아짐에 따라 달라질 수 있다. 인간에게서는 GnRH 분비와 멜라토닌 분비 사이에 이와 똑같은 경쟁이 나타나지만, 그것이 성행동에 정확히 어떤 영향을 미치는지는 알려진 바 없다. 다른 포유류처럼 인간도 출생률에서 계절적 변동이 있다는 일부 증거가 있다(Cummings, 2010). 계절 간 낮의 길이가 매우 대조적인 스웨덴 같은 나라에서는 생식 능력이 여름

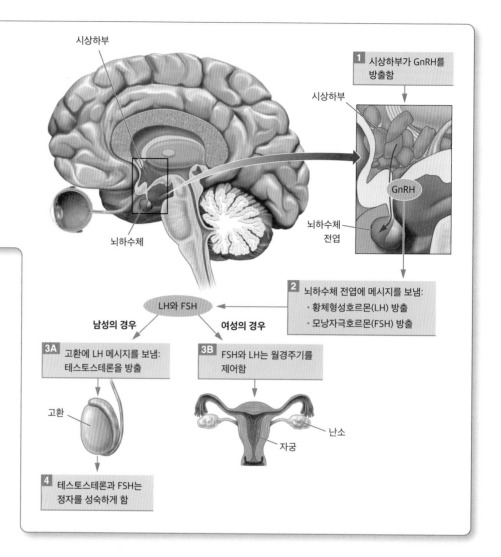

●그림 8.25 뇌하수체에 대한 시상하부의 통제 생식샘자극호르몬 방출호르몬(GnRH)을 분비함으로써 시상하부는 뇌하수체 전엽이 황체형성호르몬(LH)과 모낭자극호르몬(FSH)을 분비하도록 자극한다. 남성에게서는 LH가 테스토스테론을 만들도록 고환에 신호를 보낸다. 테스토스테론과 FSH 모두 성숙한 정자를 만드는 데 필요하다. 여성은 LH와 FSH가 월경 주기를 통제한다.

에 가장 높아서 봄에 출산율이 올라간다(Rojansky, Brzezinski, & Schenker, 1992).

시상하부가 분비한 GnRH는 뇌하수체 전엽으로 흘러간다(●그림 8.25). GnRH에 대한 반응으로 뇌하수체 전엽은 생식샘자극호르몬(gonadotropin), 황체형성호르몬(LH), 모낭자극호르몬(FSH)을 분비한다. 앞에서 보았듯이 이 호르몬들의 최초 분비는 사춘기의 시작과 관련이 있다. 사춘기부터 시작해서 생식샘자극호르몬은 생식 능력에서 주된 역할을 계속한다. 남성에게서는 LH가 테스토스테론을 만들도록 고환에 신호를 보낸다. 테스토스테론과 FSH 모두 정자가 성숙해지는 데 필요하다. 여성에게서는 LH와 FSH가 월경 주기를 통제한다.

기분, 월경, 그리고 출산

약 5~8%의 여성이 월경 주기를 조절하는 호르몬의 변화에 대한 반응으로 **월경전증후군**(premenstrual syndrome)을 경험한다(Yonkers, O'Brien, & Eriksson, 2008). 월경전증후군은 붓기, 유방 확대, 유방 압통의 신체적 증상뿐만 아니라 우울과 과민성의 심리적 증상이 특징이다. 월경 전 기분 변화의 극심한 사례는 **월경전불쾌감장애**(premenstrual

월경전증후군 일부 여성이 월경이 시작되기 바로 직전에 신체적, 심리적 증상을 경험하는 상태.
월경전불쾌감장애 월경 전 기분이 평소와 다르게 심하게 변하는 상태.

dysphoric disorder, PMDD)로 진단된다(APA, 2013). PMDD가 있는 여성은 그렇지 않은 여성보다 우울, 식욕 변화(더 많은 열량과 지방 열량을 섭취), 그리고 인지 수행의 손상을 더 심하게 겪는다(Reed, Levin, & Evans, 2008). 이런 증상은 세로토닌 기능 이상을 PMDD와 연결하는 가설과 일치하는데, 이는 선택적 세로토닌 재흡수 억제제(SSRI)를 사용하는 현재의 약물치료로 이어진다(Reed, Levin, & Evans, 2008).

신생아 출산 후 1년 내에, 호르몬이 임신 상태에서 정상적인 월간 주기로 되돌아가면서 약 10~15%의 여성이 **산후우울증**(postpartum depression)을 경험한다(Centers for Disease Control [CDC], 2008). 산후우울증은 대다수 사례에서 상당히 가벼운 것으로 보인다. 산후우울증의 위험성이 가장 높은 산모는 20세 미만, 미혼, 저학력, 낮은 사회경제적 지위의 사람들이다. 신체적으로 학대받거나 임신 마지막 3개월 동안 흡연을 한 경력도 그 위험을 증가시킨다(CDC, 2008). 산후우울증 사례는 에스트로겐 신호에 대한 민감성을 평가함으로써, 이르면 임신 3기에 환자의 거의 90%에서 예측할 수 있다(Mehta et al., 2014). 이 예측 능력은 산후우울증의 위험이 있다고 판단되는 여성을 위한 추가 지원을 끌어낼 수도 있을 것이다.

호르몬과 성인의 성행동

발정기(estrus)는 암컷이 수컷을 받아들일 수 있는 몇 시간 또는 며칠의 기간을 지칭한다. 발정기가 있는 종의 암컷에게는 호르몬이 성행동의 타이밍과 빈도를 결정하는 데 중요한 역할을 한다. 발정기는 많은 종에서 배란기와 일치하며, 이는 수정 가능성을 매우 크게 만든다. 발정기가 아닐 때는 암컷이 수컷의 성적 접근을 거부할 뿐만 아니라 수컷의 성적 접근에 공격적으로 반응할 가능성도 크다. 오직 인간과 구세계(유럽, 아시아, 아프리카) 영장류만이 월경 주기가 있으며, 이들의 성적 활동은 계절적 짝짓기 패턴이나 발정기가 있는 종과는 매우 다르다(Rushton et al., 2001).

인간 여성의 성적 흥미 인간 여성은 배란기쯤에 성교에 더 흥미를 느낀다고 알려져 있기는 하지만 전체 월경 주기에 걸쳐 수용성을 보인다(Cappelletti & Wallen, 2016; Slob, Bax, Hop, & Rowland, 1996). ●그림 8.26에서 볼 수 있듯이, 배란이 가까운 여성은 남성의 성 지향성을 더 정확하게 평가했지만, 다른 여성의 성 지향성을 평가하는 능력은 그만큼 향상되지 못했다(Rule, Rosen, Slepian, & Ambady, 2011).

이전에 이루어진 영향력 있는 연구에서는 여성의 성적 활동이 콩팥위샘(부신선)을 수술로 제거한 후에 줄어든 것을 발견하였다(Waxenberg, Drellich, & Sutherland, 1959). 이는 콩팥위샘호르몬(부신호르몬), 특히 테스토스테론이 여성의 성적 욕구의 주된 원인이라는 가

산후우울증 최근에 아이를 낳은 엄마가 급격하게 변하는 자신의 호르몬 환경으로 인하여 우울감을 경험하는 상태.

발정기 일부 포유류에서 성적 욕구와 가임 상태가 정기적으로 발생하는 기간.

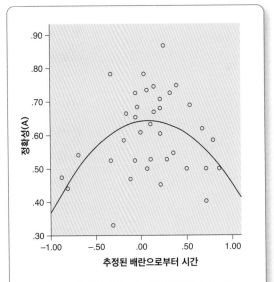

●그림 8.26 생식 능력 상태에 따라 달라지는 남성 성 지향성 판단의 정확성 여성은 배란이 가까웠을 때 남성의 성 지향성을 탐지하는 데 가장 높은 정확성을 보인다. 여성의 생식 능력 상태는 다른 여성의 성 지향성을 판단하는 능력에는 아무런 효과가 없었다.

출처: Adapted from Rule et al. (2011).

정을 끌어냈다. 여성은 남성의 약 10%에 해당하는 테스토스테론을 콩팥위샘과 난소가 각각 절반씩 생산한다(Abraham, 1974). 지난 수십 년간의 연구는 여성의 성적 욕구에서 여성호르몬의 역할을 무시했다. 종의 번식을 위한 성적 활동을 생식 능력과 연관 짓는 것이 명백한 이점이 있는데도 불구하고 말이다. 다른 어떠한 동물에서도 암컷이 짝짓기하려는 성향에 테스토스테론이 영향을 주는 예는 없다. 따라서 만약 이것이 인간에게는 사실이라면, 왜 인간은 다른 동물과 그토록 다른지에 대한 설명이 우리의 이해에 중요하게 기여할 것이다. 더 최근의 연구는 난소호르몬, 특히 에스트로겐을 여성의 성적 욕구에 영향을 주는 주요 요인으로 주목하고 있다(Cappelletti & Wallen, 2016).

인간 남성의 성적 흥미   남성의 성관계 빈도는 문화에 따라 상당히 차이가 크다. 이는 우리에게 호르몬은 성적 발달 이야기의 일부에 불과하다는 언급을 상기시킨다. 남녀 모두의 주관적인 성적 행복은 관계 만족, 성별 간 상대적인 평등 정도, 정신건강과 신체건강, 개인이 갖는 성관계의 중요도 등을 포함한 다수의 요인에 달려있다(Laumann et al., 2006).

젊은 남성의 테스토스테론 수준이 정상 범위 내에 있는 한, 테스토스테론은 그의 성관계 빈도를 강력하게 예측하지 못한다(Gray et al., 2005). 그러나 더 나이 든 남성의 성관계 빈도는 테스토스테론 수준과 더 높은 상관관계가 있다(Gray et al., 2005). 나이와 상관없이 테스토스테론이 정상 수준 이하로 극심하게 떨어지면, 남성 성행동에 유의미한 변화가 생긴다. 메드록시프로게스테론 아세트산(medroxyprogesterone acetate, MPA)은 여성에게는 피임용으로 사용될 뿐만 아니라, 용량과 복용 빈도를 늘릴 경우 남성 성범죄자의 성 충동 약물치료용으로도 사용된다(Berlin, 1997). MPA는 남성의 혈중 테스토스테론 수준을 사춘기 전의 수준으로 낮추어서 일반적으로 모든 종류의 성활동을 제거한다(Kravitz, Haywood, Kelly, & Wahlstrom, 1995).

결혼 생활이 안정적이고 오래된 남성은 독신 남성이나 이혼한 지 몇 년 안 되는 남성보다 테스토스테론 수준이 낮다(Mazur & Michalek, 1998). 한 후속 연구는 한 번에 한 사람에게 헌신하는 관계를 맺는 남성은 독신 남성보다 테스토스테론 수준이 낮고, 한 번에 여러 사람과 관계를 맺는 남성은 테스토스테론 수준이 모든 남성 집단 중 가장 높다는 사실을 발견하였다(van Anders, Hamilton, & Watson, 2007). 이러한 결과는 안정적인 파트너 관계가 테스토스테론 수준을 감소시킨다는 사실을 시사한다. 이는 아마도 자신의 짝을 두고 다른 남성과 경쟁할 필요가 거의 없어서 그런 것으로 보인다(이후에 나오는 테스토스테론과 경쟁 부분을 보라). 아이가 태어난 후 남성의 테스토스테론 수준이 유의미하게 감소한다는 사실은 한 개인의 생식 상황이 호르몬 수준에 영향을 준다는 생각을 뒷받침한다(Gettler et al., 2011). 이러한 변동은 생식 성공이 테스토스테론 감소로 이어지는 피드백 고리를 반영하는 것일 수도 있다(Puts et al., 2015; ●그림 8.27을 보라). 테스토스테론의 높은 수준은 배우자와의 유대나 부모로서의 돌봄과는 양립할 수 없으며, 면역계 기능에도 부담을 준다. 생식 목적의 달성은 테스토스테

론의 높은 수준과 관련된 신체적 비용 및 경쟁적 행동의 감소로 이어
진다.

테스토스테론과 경쟁 성인의 성호르몬이 행동에 미치는 효과에 관심
있는 연구자가 직면하는 도전 중 하나는 이것의 본질이 일시적이고
변동한다는 것이다. 많은 환경적 요인이 호르몬 수준의 급격한 변화
에 영향을 준다.

　남자와 여자 대학 운동선수에게서 테스토스테론 수준은 경쟁을
앞두고 증가하는 것으로 보인다(Booth, Shelley, Mazur, Tharp, & Kit-
tok, 1989; Edwards & Casto, 2013). 경쟁 후 승자의 테스토스테론 수
준은 더 증가하고, 패자의 테스토스테론 수준은 감소함이 밝혀졌다
(Booth, Shelley, Mazur, Tharp, & Kittok, 1989). 단순히 경쟁을 관람하
는 것만으로도 테스토스테론 수준은 영향을 받는다. 1994년 월드컵
대회에서 브라질 축구팀에 열광했던 남성들은 테스토스테론 수준의
증가를 경험했으며, 패배한 이탈리아 축구팀을 응원했던 남성들은
테스토스테론 수준의 감소를 경험했다(Bernhardt, Dabbs, Fielden, &
Lutter, 1998).

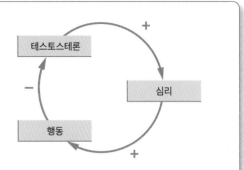

●그림 8.27 테스토스테론과 남성의 성행동 결혼과 출산
후에 테스토스테론의 하락은 피드백 고리로 설명이 될 수
있을 것이다. 남성 테스토스테론은 경쟁심 및 성적 욕구와
연관되어 있으며, 이는 성행동으로 이어진다. (짝짓기와
양육으로) 생식 목적을 달성한 후에는 테스토스테론
수준이 떨어진다. 낮은 테스토스테론 수준은 배우자와의
유대 및 양육과 양립할 수 있게 되고, 높은 테스토스테론
수준이 면역계에 미치는 해로운 효과로부터 남성을
보호한다.

출처: Adapted from Puts et al. (2015).

매력, 낭만적 사랑, 성적 욕구, 그리고 육아

매력은 보통 시인과 화가의 영역이지, 신경과학자의 영역은 아니다. 이 절이 비록
매력에 대한 가장 낭만적인 접근은 아닐지 몰라도 당신이 Scarlett Johansson이나
Christian Bale을 보며 황홀해 하는 이유를 깨닫게 해줄 것이다. 아름다운 사람들
을 보는 것은 꽤나 즐거운 일인 것 같다. 젊은 이성애 남성들이 보통 남성, 보통 여성,
아름다운 남성, 아름다운 여성의 얼굴을 보는 동안 그들의 뇌를 fMRI로 관찰하였다
(Aharon et al., 2001). 아름다운 여성의 얼굴을 보면 쾌락과 보상에 관여하는 뇌 영역이
활성화되었는데, 여기에는 중독행동에도 관여하는 기댐핵(측좌핵)이 포함됐다(4장을
보라). 또한 이 남성들은 아름다운 여성의 사진을 보기 위해 레버를 누를 수 있었다. 참
가자들은 40분 사이에 6,000번이나 레버를 열심히 눌러댔는데, 이는 쥐가 코카인을 얻
기 위해 기꺼이 하는 정도의 작업량과 유사하다.

　문화는 종종 신체적 아름다움에 대한 나름의 정의를 갖고 있지만, 그것이 우리 의
견을 완전히 결정하는 원인은 아닐 수 있다. 대중 매체와 기타 문화적 요인들이 지각
에 영향을 미칠 기회가 생기기도 전인 아주 어린 나이에도 미에 대한 선호는 분명히
있다. Judith Langlois와 동료들은 3~6개월 된 유아가 성인이 매력적이라고 판정한 얼
굴을 매력적이지 않다고 판정한 얼굴보다 더 오래 응시한다는 것을 발견하였다(Lan-
glois, Roggman, & Rieser-Danner, 1990).

신체적 매력의 요소

이 유아들에게 무엇이 그렇게 매력적일까? 한 가지 가능한 요인은 신체 대칭성, 즉 얼굴이나 몸의 한쪽 편이 다른 편과 유사한 정도이다(●그림 8.28을 보라). 비록 가슴 왼편으로 치우친 심장의 위치처럼 일부는 뚜렷이 비대칭이지만, 우리 신체의 특징은 대부분 비교적 대칭적이다. 고도로 대칭적인 신체는 일반적으로 더 건강한데, 일부 연구자들은 우리가 건강한 짝을 선택하도록 프로그램되어 있다고 생각한다. 결과적으로 우리는 대칭성을 매력적이고 아름답다고 여긴다. 대칭성이 높은 사람들은 성적 활동을 위한 기회가 더 많다(Thornhill & Gangestad, 1994). 대칭 선호에 있어서 짝짓기 패턴의 영향은 대칭이 동성 구성원보다 이성 구성원의 매력 정도를 판단하는 데 더 큰 역할을 하는 것 같다는 발견에 의해 뒷받침된다(Little, Jones, DeBruine, & Feinberg, 2008).

대칭성 다음으로 남녀가 선호하는 특징들을 구분해 보자. 남성은 생식 능력이 있을 가능성이 가장 큰 어린 여성에게서 나타나는 자연스러운 매력이 반영된 얼굴 특징을 선호한다. 남성 특징에 대한 여성의 반응은 일관성이 없다. 장기 관계(낭만적 사랑)에서 선호되지 않는 일부 특징이 단기 관계(성적 욕구)에서는 선호된다(Diamond, 2004; Gonzaga, Turner, Keltner, Campos, & Altemus, 2006). 여성은 사각 턱과 기타 테스토스테론 관련 얼굴 특징들을 가진 사내다운 남자를 덜 사내다운 남자보다 '하룻밤의 섹스 상대'로서 더 매력적이라고 여기는 것 같다. 진화심리학자들은 이러한 끌림이 좋은 유전자를 알아차리는 여성의 능력에서 기인한다고 주장한다. 테스토스테론은 면역계에 부담을 주는데(Gaillard & Spinedi, 1998), 따라서 높은 테스토스테론 수준을 나타내는 특징을 지닌 남성은 뛰어난 면역계 없이는 생존할 수 없을 것이다. 결국 이는 여성의 자녀가 그런 아버지의 뛰어난 면역계를 이어받게 될 것임을 의미한다.

여성은 이 사내다운 특징을 부정적인 특징과 연합함으로써 이런 매력의 힘을 상쇄한다. 여성은 더 여성스러운 모습의 남자보다 아주 사내다운 얼굴을 한 남자가 더 지배적이고, 덜 충실하고, 좋지 않은 아버지이고, 냉정한 성격을 지녔을 것이라고 믿는다(Boothroyd, Jones, Burt, & Perrett, 2007). 여성은 단순히 남자의 얼굴 사진을 보는 것만으로도 한 남자가 아빠로서 육아에 얼마나 관여할지를 측정하는 유아 흥미 질문지(infant interest questionnaire)에서 그 사람이 얻을 점수를 예측할 수 있었다(Penton-voak et al., 2007; Roney, Hanson, Durante, & Maestripieri, 2006). 결과적으로 여성은 장기 배우자 관계에서 덜 사내다운 모습의 남성을 선호할 수도 있는데, 이런 남성은 자신에게 충실할 가능성이 높고, 기꺼이 육아에 더 힘쓰리라고 생각되기 때문이다(●그림 8.29를 보라).

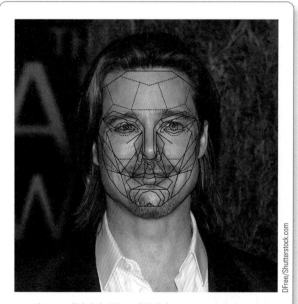

DFree/Shutterstock.com

●그림 8.28 매력적인 얼굴은 대칭이다 Brad Pitt처럼 다른 사람이 매력적이라고 간주하는 사람은 평범하게 보이는 사람에 비해서 일반적으로 더 대칭적인 얼굴을 가지고 있다. 위 그림에서는 Pitt의 사진에 피보나치 비율(Fibonacci ratio; 사람들이 아름답다고 하는 많은 생물체에서 입증될 수 있는 수학적 원리)로 만든 마스크를 겹쳐놓았다. 비록 마스크가 꼭 들어맞지는 않지만, Pitt가 잘생긴 남자로 보이는 이유를 설명하는 데 충분히 도움이 된다

일부 매력 요인은 신체적 아름다움보다 덜 명확하다. 우리는 특정한 방식으로 냄새가 나는 배우자를 선호하도록 프로그램되어 있을 수도 있다. 그러나 대규모로 성장한 냄새 제거제 산업은 말할 것도 없고, 향수 공장에서 만든 기분 좋은 향이 사용되면서 우리는 잘못된 길로 들어섰는지도 모른다. 진짜 성적 매력은 아마도 땀을 기반으로 한다. McCoy와 Pitino(2002)는 생식 능력이 있고, 성적으로 활발하고, 이성애자인 여성의 겨드랑이 분비물의 효과를 조사하였다. 가짜 향수를 뿌린 여성과 비교해서 겨드랑이 분비물 향수를 뿌린 여성은 유의미하게 증가한 성적 활동을 보고했다. 그러나 이 연구 및 유사한 다른 연구는 일부 방법론적인 우려(참가자의 매력 정도에 대한 통제가 없음)가 있다. 따라서 인간 '페로몬'에 관한 의문은 여전히 논쟁거리이다(Grammer, Fink, & Neave, 2005).

Wederkind와 Füri(1997)는 연구참가자에게 다른 사람이 이틀 연속으로 입었던 티셔츠의 냄새를 성적 매력 정도, 유쾌함, 냄새의 강도 차원에서 평정하게 하였다. 참가자들은 특정 냄새, 특히 과거 또는 현재의 연인을 떠올리게 하는 냄새 그리고 자신의 가까운 친척과 뚜렷하게 다른 냄새에 대해 확실한 선호를 보였다.

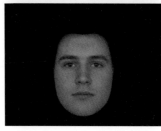

Detail from F. Moore et al. Figure 1. Composite male faces constructed to differ in levels of T and C, from the article "Evidence for the stress-linked immunocompetence handicap hypothesis in human male faces," Proc. R. Soc. B, March 7, 2011.
© The Royal Society 2011

●그림 8.29 남성적 특징에 대한 여성의 선호 어떤 남자가 최선의 장기적 파트너가 될 것 같으냐고 물어보면 여성은 위 사진 같은 더 남성적인 얼굴에 비해 아래 사진 같은 덜 남성적인 얼굴을 선호한다.

이러한 냄새 선호 성향을 무엇으로 설명할 것인가? 우리는 신체 냄새에 반영된 면역계의 한 가지 측면에 반응을 보이는 듯하다(Saphire-Bernstein et al., 2016). **주요 조직적합성 복합체**(major histocompatibility complex, MHC) **유전자**는 면역계가 침입자를 인식하는 능력을 부호화한다. 자기 자신의 면역계와 최대한 다른 MHC 프로파일을 가진 배우자를 찾는다면 가능한 최적의 면역계가 자식에게 전달될 것이기 때문에 자신에게 유리하다. 임신 촉진 치료를 받는 부부는 MHC를 중복해서 가졌을 가능성이 매우 크다(Ho et al., 1994). 이 발견은 부모의 MHC 프로파일이 비슷하면 수정이 힘들거나 배아나 태아의 생존율이 저하될 수도 있음을 시사한다. 젊은 연인 사이에 MHC 프로파일이 유사할수록 여성은 자신의 연인에게 덜 반응하게 되었고, 연인이 아닌 성행위 상대자의 수가 많아졌으며, 자신의 주된 연인이 아닌 남성에게 끌리는 정도가 증가했다(Garver-Apgar, Gangestad, Thornhill, Miller, & Olp, 2006). 경구 피임약을 사용하는 여성은 냄새에 대한 민감성이 줄어들기 때문에 MHC 프로파일을 기반으로 파트너를 선택하는 능력이 약할 수도 있다(Roberts, Gosling, Carter, & Petrie, 2008).

낭만적 사랑과 성적 욕구

특히 청소년과 젊은 성인에게, 인생의 여러 측면 중에서 낭만적 사랑과 성적 활동만큼 대단히 중요하면서도 혼란스러운 것은 거의 없다. 낭만적 사랑은 장기적 관계의 형성과 유지를 수반하는 데 반해, 성적 욕구는 짝짓기와 번식을 촉진한다.

성적 욕구와 낭만적인 사랑에 관계된 fMRI 연구 문헌을 검토해 보면 이 둘은 하나

주요 조직적합성 복합체(MHC) 유전자
면역계가 침입자를 인식하는 능력을 부호화하는 유전자.

의 연속선상에 있어서, 성적 욕구와 연관된 쾌락적인 감각운동적 경험이 낭만적 사랑의 좀 더 인지적인 느낌의 발달로 이어진다는 것을 알 수 있다(Cacioppo, Bianchi-Demicheli, Frum, Pfaus, & Lewis, 2012). 낭만적 사랑과 성적 욕구 모두 대뇌섬이 관여하는데, 대뇌섬은 이마엽과 마루엽으로부터 관자엽을 나누는 가쪽 고랑(측두구) 내부에 묻혀있는 뇌 영역이다(2장을 보라). 성적 욕구는 꼬리쪽 대뇌섬(caudal insula, 후측도)의 활동과 상관이 있으며, 이는 뇌의 뒷부분이 현재의 짧은 감각경험에 더 관여한다는 다른 관찰과 일치한다. 반면에 낭만적 사랑은 입쪽 대뇌섬(rostral insula, 전측도)의 활동과 상관이 있으며, 이 부위는 일반적으로 더 추상적인 개념에 관한 미래 지향적 사고에 관여한다(Cacioppo & Cacioppo, 2013).

낭만적 사랑은 인간 뇌에서 다른 특징적인 패턴의 활동을 낳는다. fMRI로 측정하는 동안 실험참가자에게 그의 친구 또는 연인의 사진을 보여주었다. ●그림 8.30에 있듯이 참가자들이 연인 사진을 보았을 때, 흔히 보상과 연관된 뇌 영역에서 활동 증가가 관찰되었다. 다른 영역들은 활동이 더 낮아졌다. 이 영역들은 부정적 정서 및 사회적 판단과 연관된 곳들이었다. 결과적으로 '사랑'은 보상적일 뿐만 아니라 우리를 연인에 대해 덜 비판적으로 만든다.

낭만적 사랑에서 생기는 긴밀한 유대에는 두 가지 과정, 즉 사회 인지와 사회적 관계를 맺으려는 동기가 필요하다(Donaldson & Young, 2016). 친밀한 사람과 낯선 사람을 구분하는 능력인 사회 인지(social recognition)는 2개의 밀접하게 연관되지만 성별에 따라 다른 뇌하수체 호르몬인 **옥시토신**(oxytocin)과 바소프레신(vasopressin, 항이뇨호르몬, ADH; 7장을 보라)에 영향을 받는다. 인간의 뇌에서 바소프레신 수용체는 남성

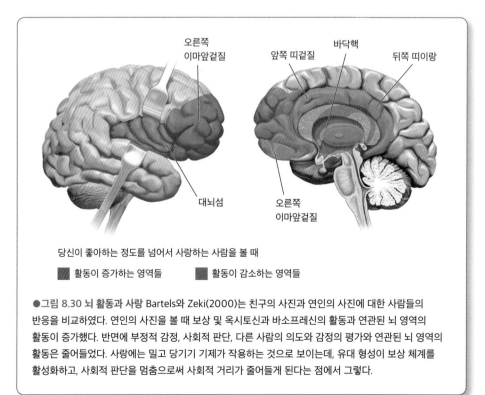

당신이 좋아하는 정도를 넘어서 사랑하는 사람을 볼 때

▨ 활동이 증가하는 영역들　　■ 활동이 감소하는 영역들

●그림 8.30 뇌 활동과 사랑 Bartels와 Zeki(2000)는 친구의 사진과 연인의 사진에 대한 사람들의 반응을 비교하였다. 연인의 사진을 볼 때 보상 및 옥시토신과 바소프레신의 활동과 연관된 뇌 영역의 활동이 증가했다. 반면에 부정적 감정, 사회적 판단, 다른 사람의 의도와 감정의 평가와 연관된 뇌 영역의 활동은 줄어들었다. 사랑에는 밀고 당기기 기제가 작용하는 것으로 보이는데, 유대 형성이 보상 체계를 활성화하고, 사회적 판단을 멈춤으로써 사회적 거리가 줄어들게 된다는 점에서 그렇다.

옥시토신 뇌하수체 전엽이 분비하는 호르몬. 자궁 수축과 모유 분비를 자극하고, 낭만적인 사랑과 양육행동을 포함하는 사회적 유대 형성에 관여함.

에게서, 옥시토신 수용체는 여성에게서 더 많이 발현된다(Ishunina & Swaab, 1999; van Londen et al., 1997). 사회적 동기(social motivation)는 사회적 상호작용의 보상적 효과를 생성하는 과정과, 사회적 고립 또는 사회적 유대의 붕괴라는 부정적 효과를 생성하는 과정에 의해 조절된다. 이러한 기능들은 내인성 아편유사제와 도파민성 보상 체계와 연관된다(Donaldson & Young, 2016; 7장을 보라).

옥시토신은 양성 모두에게서 오르가슴 동안, 여성에게서 출산과 수유 동안 뇌하수체 후엽에 의해 순환계로 분비된다. 신체에 대한 이런 효과에 더하여 옥시토신과 바소프레신은 뇌에서도 활동한다. 이들은 서로의 수용체를 활성화하는 능력이 있어서, 이 호르몬들의 효과를 해석하기가 어렵다. 바소프레신은 신체 자원 동원 및 경계(vigilance) 상태와 연관되는 반면, 옥시토신은 두려움이 유발되지 않은 부동 상태와 관련된다(Carter & Porges, 2013). 옥시토신과 바소프레신 사이의 상호작용은 부모가 자식 보호 목적의 공격성과 아이 돌봄 사이에서 균형을 잡는 데 도움이 된다.(Carter & Porges, 2013).

양성 모두에게 옥시토신은 유대 형성을 증진하는 것으로 보인다. 여성의 옥시토신 수준은 파트너가 단순히 포옹하기만 해도 이에 반응하여 증가한다(Light, Grewen, & Amico, 2005). 옥시토신 수준이 평균보다 높은 연인들은 신체적 친밀감이 더 높고, 서로의 파트너로부터 더 큰 지지를 받는다고 말한다(Gouin et al., 2010). 연인 사이에 논쟁이 있을 때, 코에 분무기로 옥시토신을 투여하면 긍정적인 의사소통이 늘어났다(Ditzen et al., 2009). 일부일처 관계에 있는 남성의 코에 옥시토신을 투여한 결과, 그는 매력적인 낯선 이를 상대할 때 그 사람과 거리가 더 멀어져야 편안함을 느꼈고, 자신의 짝의 매력도를 높게 평정했지만 다른 여성에게는 그렇지 않았다(Scheele et al., 2013).

성적 활동은 도파민을 분비해서 유대 형성과 유지를 더욱 촉진한다. 파트너가 즐거움을 신호하는 조건자극이 되면, 그에 대한 조건반응은 관계를 공고히 만든다(10장을 보라). 연인들은 성적 만남 후 48시간까지도 높은 성적 만족을 보고하는데, 이는 아마도 도파민성 보상 체계의 활성화로 인함일 것이다(Meltzer et al., 2017).

생식과 양육

비록 낭만적이지 않아 보일지 몰라도 진화심리학자들은 번식하기 위해 생존할 수 있는 새끼를 낳는 것이 성행동에서 최우선시 되는 목표라고 주장한다. 이 견해에 따르면 특히 포유류 사이에서 암컷과 수컷은 서로 다른 유형의 번식 압력의 지배를 받는다. 이러한 압력은 암컷과 수컷에게 서로 다른 성행동을 조성한다. 수컷은 전 생애에 걸쳐 많은 새끼를 만들 수 있는데, 이는 덜 선택적이고 더 닥치는 대로 시도하는 방식의 행동이 보상받는, 전반적 번식 전략으로 이어진다. 번식 성공의 측면에서 Genghis Khan(1162~1227)에 필적할 만한 사람은 거의 없다. 대략 오늘날 세계 인구의 0.5% 정도인 1,600만 명이 이 몽골 황제와 가까운 친척이다(Zerjal et al., 2003). 번식 압력은 수컷이 난잡하게 행동하게 만들지만, 이 부분은 아비가 새끼 키우기에 동참함으로써 생기는 이득에 의해 상쇄된다. 아비가 배타적으로 존재하는 것이 생존율을 높일수록 우리는 수컷이 일부일처 방식의 행동을 더 유지하기를 기대할 것이다.

암컷에게 있어 번식의 비용은 매우 크다. 암컷은 오랫동안 임신 상태를 유지해야 할 뿐만 아니라 일반적으로 새끼가 성숙할 때까지 양육의 대부분을 책임진다. 결과적으로 성숙할 때까지 기를 수 있는 새끼의 수는 양육에 드는 시간과 자원의 양에 의해 뚜렷하게 제한되므로, 우리는 암컷이 짝을 선택할 때 매우 신중해진다고 예상할 수 있다. 암컷은 새끼의 생존 기회를 증대시키기 위해 건강한 짝을 선택할 필요가 있다. 한 번에 하나의 짝만을 갖는 관행인 **일부일처**(monogamy)는 어미가 아비에 의해 제공되는 보호와 다른 혜택을 유지하는 데 도움이 된다.

짝짓기 패턴과 번식 전략은 어느 정도까지 생물학적인 기원을 가질까? 이 분야에서 인간을 대상으로 하는 연구가 불가능하지는 않지만, 윤리적으로 분명한 이유로 인해 이를 수행하기는 어렵다. 그러나 북미 지역에서 발견되는 대형 설치류인 들쥐(vole) 연구에서 한 가지 단서가 나온다(●그림 8.31을 보라). 들쥐는 유사한 종들이 서로 다른 짝짓기 패턴을 보이므로 이런 맥락에서 유용하다. 초원들쥐(prairie vole, *microtus ochrogaster*)는 첫 짝짓기 경험 후에 배타적으로 일부일처로 살고, 수컷이 실제로 새끼 양육에 많이 참여한다. 비슷한 종인 산악들쥐(montane vole, *microtus montanus*)는 상당히 난잡하게 교미하며, 수컷은 새끼와 전혀 상호작용하지 않는다. 어미 산악들쥐도 좋은 양육자는 아니어서, 새끼를 아주 어린 시기에 버리고 떠난다. 들쥐 행동에서 보이는 이런 차이의 핵심은 우리가 이전에 살펴본 두 가지 호르몬, 즉 옥시토신과 바소프레신인 것으로 보인다. 초원들쥐는 산악들쥐보다 뇌, 특히 기댐핵에서 이 호르몬들에 대한 수용체 밀도가 더 높다.

후성유전적 과정은 초원들쥐의 일부일처 행동에 짝짓기가 미치는 영향을 설명하는 것으로 보인다(Wang, Duclot, Liu, Wang, & Kabbaj, 2013). 같은 사육상자에서 짝짓기할 기회 없이 6시간 동안 함께 있었던 초원들쥐에게 기댐핵에서 옥시토신 및 바소프레신 수용체 유전자의 발현을 촉진하는 약물을 주사했다. 그 결과 초원들쥐들이 야생에서 교미한 후에 보이는 것과 똑같은 유형의 일부일처 쌍 유대가 이 초원들쥐들에게서 나타났다.

옥시토신은 짝짓기에 관여할 뿐만 아니라, 부모와 자식 간의 유대와도 연관되어 있다. 임신 기간과 출산 후에 보이는 여성의 옥시토신 수준은 응시하기, 다정하게 만져주기, 말해주기, 긍정적인 분위기를 비롯한 엄마의 유대행동을 예

일부일처 한때 또는 평생 하나의 짝을 갖는 것.

John M. Coffman/Science Source

●그림 8.31 초원들쥐가 일부일처제와 양육의 이해에 도움을 준다
초원들쥐는 첫 짝짓기 경험 후에 배타적으로 일부일처로 살고, 수컷이 실제로 새끼 양육에 참여한다. 비슷한 종인 산악들쥐는 상당히 난잡하게 교미하며, 수컷은 새끼와 전혀 상호작용하지 않는다. 어미 산악들쥐도 좋은 양육자는 아니어서, 새끼를 어린 시기에 버리고 떠난다. 초원들쥐는 산악들쥐보다 뇌, 특히 기댐핵의 옥시토신과 바소프레신 수용체 밀도가 더 높다.

측했다(Feldman, Weller, Zagoory-Sharon, & Levine, 2007; ●그림 8.32를 보라). 또한 옥시토신이 결여된 설치류 새끼의 경우 어미한테서 떨어졌을 때 고통을 호소하는 울음소리가 줄어들었다(Winslow et al., 2000). 이와 마찬가지로 현재 낭만적인 관계에 있지 않은 젊은 성인의 옥시토신 수준은 부모와의 유대 관계에 관한 그들의 보고와 상관이 있었다(Gordon et al., 2008).

엄마가 아이와 상호작용하는 모습을 보는 것은 중독이 된 사람을 보는 것과 다르지 않다. 아이와의 상호작용은 매우 강화적인 일이고, 아이와의 분리는 매우 고통스러울 수 있다. 쥐는 코카인보다도 자신의 새끼들에게 접근하기를 선호한다(Don- aldson & Young, 2016). 새끼들에게 노출됨으로써 생기는 도파민 보상 경로의 활성화가 이런 행동의 원인일 가능성이 크다.

●그림 8.32 엄마의 옥시토신 수준이 엄마와 아이 간 유대 형성을 예측한다 임신 두 달째에 측정한 여성의 옥시토신 수준은 응시하기, 말해주기, 만져주기 같은 아이를 향한 이후의 유대 형성 행동을 확실하게 예측한다(Feldman et al., 2007).

성기능장애와 치료

성 전문치료사 Masters와 Johnson(1970)은 미국 부부의 거의 절반 정도가 어떤 유형으로든 성적 문제를 겪었다고 추정하였다. 이런 어려움 중 다수는 심리적인 기원을 가진다. 그러나 일부 다른 사례의 경우 그 원인(그리고 치료)이 생물학적이다.

남녀 모두에게서 성기능장애의 많은 사례는 2형 당뇨병과 연관된 혈액 순환 및 신경학적 문제로 인한 것이다(Corona, Giorda, Cucinotta, Guida, & Nada, 2013; Cortelazzi et al., 2013). 비만의 증가와 관련된 2형 당뇨병 사례의 증가로 인해, 성기능장애는 더 흔한 문제가 되고 있다. 또한 항우울제의 사용이 더욱 빈번해짐에 따라 성기능장애의 비율도 증가하고 있다(Taylor et al., 2013). 항우울제 사용의 가장 흔한 부작용 중 하나가 남녀 모두에게서 발생하는 성기능장애이다.

여성 성기능장애의 흔한 형태는 성적 욕구의 감소와 오르가슴 문제를 포함한다. 앞부분에서 소개했듯이 여성의 성적 욕구에 있어서 테스토스테론 역할에 관한 가설이 여전히 의학 문헌을 지배하고 있다(Davis, Worsley, Miller, Parish, & Santoro, 2016). 비록 아직까지 미국 식품의약국(FDA)은 여성 성기능장애에 대한 어떠한 테스토스테론 기반 치료도 승인하지 않았지만, 테스토스테론 패치의 효능 외적(off-label) 처방은 흔하다. 여성의 테스토스테론 수준을 자연 수준보다 훨씬 높이면 저용량 에스트로겐 치료와 상호작용하여 성적 욕구가 증진되는 것으로 보인다(Cappelletti & Wallen, 2016). 폐경기가 지난 여성에게 에스트로겐을 배란 수준까지 올려주는 에스트로겐 단독 치료도 효과적이지만, 에스트로겐 치료가 암과 심장에 미치는 다중적 영향을 생각하면 이 접근은 실용적이지 않을지도 모른다.

항우울제로 유도된 성기능장애 환자 치료하기

항우울제 사용, 특히 선택적 세로토닌 재흡수 억제제(SSRI)는 성욕으로부터 흥분을 지나 오르가슴에 이르기까지 성반응 주기 전체에 부정적 영향을 미친다(Strohmaier et al., 2011). 특히 여성은 항우울제로 유도된 성기능장애의 위험에 처해있다. 주요우울장애가 있는 환자의 거의 3분의 2가 여성이며, 항우울제로 치료받아야 할 가능성이 큰 불안장애 같은 다른 질환도 여성 비율이 더 높다(14장을 보라). 대략 미국 성인 여성 6명당 1명꼴로 항우울제(아마도 대부분 SSRI) 처방을 받는데, 보수적으로 추정해도 이들의 50~70%가 그 약물로 인해 성기능장애가 생길 것이다(Lorenz, Rullo, & Faubion, 2016). 특히 여성은 성적 흥분과 관련된 문제를 많이 보고한다. 이는 아마도 세로토닌이 교감신경계에 미치는 효과 때문일 것이다. 주요우울증 그 자체(14장을 보라)가 성기능장애를 일으킬 수 있기 때문에, SSRI로 치료받는 우울증 환자의 성기능장애가 심리장애, 치료, 또는 이 둘의 상호작용 중 어디에서 기인하는지를 알기는 어렵다.

연구자들은 SSRI를 사용하는 사람들이 좋은 결과를 유지하면서도 성기능장애를 겪지 않게 하는 방법을 찾고자 노력해 왔다. 이런 상황을 관리하는 약리학적 방략을 비교하기 위하여 거의 2,000명의 참가자를 대상으로 한 23개의 연구를 분석하였다(Taylor et al., 2013). 이 연구들은 남성의 경우 발기부전 치료약 같은 다른 약물의 추가를 제안하는 경우가 많았다. 항우울제 종류를 바꾸는 것은 일부 소수의 사례에서 유용해 보였다. 저자들은 이런 분야의 문헌에 심리적 또는 기계적 개입법이나 약물 휴지기 같은 방법의 사용에 관한 무작위적 검사가 빠져있음을 지적했다. 행복한 삶에 있어 성적 만족의 중요성을 고려하면, 이 분야에서 더 많은 연구가 필요할 것이다.

남성 성기능장애의 흔한 유형은 **발기부전**(erectile dysfunction)인데, 이는 남성이 만족스러운 성적 활동에 충분할 정도로 발기하지 못할 때 생긴다. 미국에서 약 3,000만 명의 남성이 어느 정도의 발기부전을 경험하고 있으며, 이 중 약 절반이 40~70세 사이의 남성이다. 발기는 직접적 자극 또는 인지적 요인의 결과로 생긴다. 엉치척수(sacral spinal cord)에 있는 부교감신경의 뉴런들은 생식기에 있는 기계적 수용기(직접적인 자극)와 뇌로부터 나온 하향 입력(인지적 요인) 모두에 반응한다. 이 부교감신경 뉴런들이 아세틸콜린과 일산화질소를 음경의 해면발기조직에 분비하면, 이어서 음경이 혈액으로 채워진다. 발기부전을 치료하는 약은 발기조직에 미치는 일산화질소의 효과를 강화해서 발기가 잘되게 한다.

중간 요약 8.3

‖ 요점

1 우리는 짝 선택에 있어 상대의 특정한 신체적 특징을 선호하도록 사전에 프로그램되어 있을 수 있다. **(LO5)**

2 짝짓기와 양육 패턴은 옥시토신, 바소프레신, 도파민, 내인성 아편유사제의 활동이 포함된 생물학적 요인의 영향을 받는다. **(LO5)**

3 성기능장애는 관계 만족, 2형 당뇨병 같은 의학적 문제, 항우울제 복용을 포함한 다양한 상황에 기인한다. **(LO6)**.

발기부전 만족스러운 성적 활동을 위해 충분한 만큼 발기하지 못하거나 발기를 유지하지 못함.

‖ 복습 문제

1 어떤 신체적 특징이 남성과 여성에게 가장 매력적으로 보이는가? 이 특징들은 생식 능력 및 건강과
  어떻게 관련되는가?

2 호르몬이 양육행동에 어떻게 기여하는가?

돌아보기

생각할 문제

1. 만일 당신이 애매한 바깥생식기관을 가진 아이를 방금 분만시킨 의사라면,
   아이의 부모에게 어떤 조언을 하겠는가?

2. 인간을 포함한 동물이 경쟁 상황에서 승리와 패배에 따라 테스토스테론 수준이 등락하는 체계를 진화시킨 이유가
   무엇이라고 생각하는가?

핵심 용어

9 장

수면과 각성

학습 목표

L01 생물학적 리듬의 유형을 구분한다.

L02 각성과 수면의 제어에 관여하는 뇌 구조와 신경화학물질을 기술한다.

L03 수면의 있을 법한 기능을 설명하는 이론을 분석한다.

L04 수면-각성 장애의 주요 유형에 대한 특징, 원인, 치료를 기술한다.

개요

생체 리듬
수면 패턴의 개인차
교대근무, 시차증,
  일광절약시간제
일주율을 관리하는 신체
  내부 시계
계절성 동반 주요우울장애
중간 요약 9.1

각성과 수면의 신경 상관물
각성과 수면의 뇌전도 기록
각성과 수면을 통제하는
  뇌 네트워크
각성과 수면의 생화학적
  상관물
중간 요약 9.2

수면의 기능
일생에 걸친 수면의 변화
수면의 가능한 이득
REM 수면의 특별한 혜택
꿈이 할 법한 기능

수면-각성 장애
불면증
기면증
호흡 관련 수면장애
영아돌연사증후군
잠꼬대와 몽유병
REM 수면 행동장애
하지불안증후군
중간 요약 9.3

돌아보기

연구 비하인드 아침형 복합 척도

신경과학의 윤리적 이슈 인공조명과 일주율

슬기로운 건강 생활 수면 앱이 효과가 있을까

일상 속 행동신경과학 수면 의학

생체 리듬

계절적 이동, 교미기, 그리고 인간의 월경 주기는 내부 생체시계에 반응하여 일정 간격으로 발생하는 행동의 몇 가지 예에 불과하다. 이 장에서는 수면과 각성에 관련된 리듬에 초점을 맞출 것이다(●그림 9.1을 보라). 함께 움직이는 수면과 각성 주기의 상호작용은 **일주율**(circadian rhythm)을 따른다. 'circadian(일주)'이라는 용어는 라틴어로 '대략 하루'를 의미한다. 덧붙여, 하루 24시간 안에서 상대적인 활성화와 진정 상태로 이뤄진 규칙적인 주기가 매 90~120분 간격으로 발생한다. 이런 **초일주기**(ultradian cycle)가 ●그림 9.2에 나타나있다.

이러한 리듬을 형성하고 유지하기 위하여 내부 생체시계가 **시간부여자**(zeitgeber)라는 자극들과 상호작용한다('zeit'는 독일어로 '시간'을 의미하며, 'geber'는 '주는 것'이라는 뜻이므로, 직역하면 '시간을 주는 것'이다). 빛은 인간에게 가장 중요한 시간부여자이다. 자연적인 빛이 없는 상황에서 인간의 **무동조 일주율**(free-running circadian rhythm)은 대략 24.2~24.9시간 지속된다(Czeisler & Gooley, 2007; Sack, Brandes, Kendall, & Lewy, 2000). 내부 생체시계는 햇빛에 매일 노출되면서 지구 자전의 24시간 주기에 맞추어 재조정, 즉 **연행**(entrainment)된다. 완전히 눈이 먼 사람과 잠수함 승무원은 24시간보다 긴 무동조 일주율을 경험하는데, 이는 종종 극심한 수면 혼란을 낳는다(Kelly et al., 1999; Skene, Lockley, Thapan, & Arendt, 1999).

빛 외에 다른 시간부여자로는 신체 활동, 음식 섭취, 체온 그리고 이 장의 후반에 논의할 수면 관련 호르몬 등이 있다(Van Someren & Riemersma-Van Der Lek, 2007; Whalley, 2013). 음식이 풍부할 때는 빛이 일주율에 가장 큰 영향을 미치지만, 음식이 부족할 경우, 동물은 조명 조건에 상관없이 음식을 구할 수 있을 때 깨어있다(Fuller, Lu, & Saper, 2008).

일주율 약 24시간으로 반복되는 주기.
초일주기 하루에 여러 번 발생하는 주기.
시간부여자 생물 주기를 정하는 외부 단서.
무동조 일주율 환경 시간 단서에 동조하지 않는 리듬
연행 내부 생체시계를 지구 자전의 24시간 주기로 재조정함.

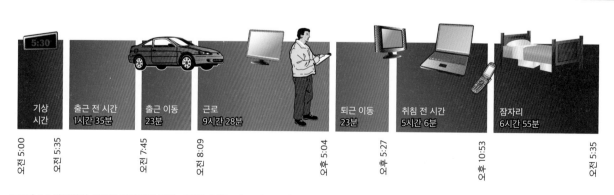

●그림 9.1 **전형적인 미국인 근로자의 하루** 미국인에게는 어느 정도 수면 결핍이 있다고 여겨지는데, 미국 성인의 경우 수면 개시에 필요한 시간을 포함한 평균 수면시간이 겨우 6시간 55분이기 때문이다. 사람들은 주말에 늦잠을 자서 부족한 잠을 보충하고자 하지만, 이는 그리 효과적인 해결책이 아니다.

출처: Data from 2008 Omnibus Sleep in America poll, National Sleep Foundation.

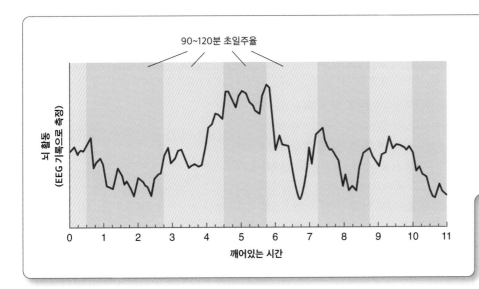

90~120분 초일주율

●그림 9.2 초일주기는 인간 각성의 특징이다 급속안구운동(rapid eye movement, REM) 주기는 수면 동안 대략 90~120분 간격으로 나타난다. 이뿐만 아니라 뇌 활동 수준 역시 깨어있는 동안 90~120분 간격으로 오르락내리락한다.

출처: Adapted from Kaiser & Sterman (1994).

(세로축: 뇌 활동 (EEG 기록으로 측정))

(가로축: 깨어있는 시간 — 0 1 2 3 4 5 6 7 8 9 10 11)

수면 패턴의 개인차

새벽녘에 깨는 가족이나 동거인이 있는가? 여러분이 알고 지내는 어떤 사람은 자정 전에 잠을 자는 데 어려움을 겪어서 업무 시간이나 수업 시간에 깨어있기 힘들어할 수도 있다.

이러한 수면 패턴은 우리의 내부 시계를 담당하는 유전자의 버전(version)이 서로 달라서 생긴다(Dijk & Lockley, 2002; Gottlieb et al., 2005). 아침에 가장 정신이 맑고 생산적인 사람들을 '종달새'라고 하고, 반대로 밤에 그런 사람들을 '올빼미'라고 한다(Åkerstedt & Fröberg, 1976). 많은 사람이 이 두 극단 사이 어딘가에 있다. 종달새 패턴인 사람은 더 긍정적인 정서와 주관적인 참살이(well-being)를 보인다(Biss & Hasher, 2012).

거의 모든 사람이 청소년기에는 올빼미처럼 행동한다(Carskadon, Acebo, & Jenni, 2004; Taylor, Jenni, Acebo, & Carskadon, 2005). 수면 패턴을 조절하는 데 관여하는 신경화학물질 중 하나인 멜라토닌은 사춘기가 시작됨에 따라 급격히 저하하는데, 이것이 10대의 수면 패턴에 반영된 것일 수도 있다(Molina-Carballo et al., 2007; Yun, Bazar, & Lee, 2004). 사춘기 이후에는 아마도 수면을 조절하는 신경계의 성숙으로 인해서 많은 일시적 올빼미들이 이전 상태로 복귀한다. 사실 일부 연구자들은 성인 초기에 이전의 수면 패턴으로 돌아가는 것을 이제 뇌가 완전하게 성숙했다는 믿을 만한 조짐으로 본다(Roenneberg & Merrow, 2005). 청소년기 올빼미행동의 기원이 어떻든 여기에 맞춰주는 것이 유용할 수 있다(Boergers, Gable, & Owens, 2014). 미네소타의 한 고등학교에서는 등교 시간을 오전 7시 15분에서 8시 40분으로 변경하였더니 학생들의 출석률과 성적이 향상되었다(Wahlstrom et al., 2014).

아침형 복합 척도

종 달새와 올빼미에 관해 읽은 후 당신은 자신의 일주율 상태 또는 '아침형'에 대해 호기심이 생길 수 있다. 여러 아침형 척도가 개발되었지만, 그중 다음에 소개하는 도구가 간단하고 널리 인용된다(Smith, Reilly, & Midkiff, 1989). 이 척도를 사용하려면, 자신을 가장 잘 묘사하는 반응에 표시하면 된다. 모두 마치고 나서 반응 문항 옆의 숫자들을 더한 것이 자신의 아침형 점수이다. 이 점수의 해석 방법은 당신이 답을 다 하고 나면 알려주도록 하겠다.

1. '컨디션이 최고'인 리듬만을 고려하여 자신의 일정을 완전히 자유롭게 짤 수 있다면 몇 시에 일어나겠는가?
   오전 5:00~6:30 _____ (5)
   오전 6:30~7:45 _____ (4)
   오전 7:45~9:45 _____ (3)
   오전 9:45~11:00 _____ (2)
   오전 11:00~12:00(정오) _____ (1)

2. '컨디션이 최고'인 리듬만을 고려하여 자신의 일정을 완전히 자유롭게 짤 수 있다면 몇 시에 자겠는가?
   오후 8:00~9:00 _____ (5)
   오후 9:00~10:15 _____ (4)
   오후 10:15~오전 12:30 _____ (3)
   오전 12:30~1:45 _____ (2)
   오전 1:45~3:00 _____ (1)

3. 평소 당신은 아침에 얼마나 쉽게 일어나는가? (하나만 표시)
   전혀 쉽지 않다. _____ (1)
   약간 쉽다. _____ (2)
   꽤 쉽다. _____ (3)
   아주 쉽다. _____ (4)

4. 아침에 깬 후 첫 30분 동안 얼마나 정신이 또렷하다고 느끼는가? (하나만 표시)
   전혀 또렷하지 않다. _____ (1)
   약간 또렷하다 _____ (2)
   꽤 또렷하다. _____ (3)
   매우 또렷하다. _____ (4)

5. 아침에 깬 후 첫 30분 동안 얼마나 피곤함을 느끼는가? (하나만 표시)

매우 피곤하다. _____ (1)
꽤 피곤하다. _____ (2)
꽤 상쾌하다. _____ (3)
매우 상쾌하다. _____ (4)

6. 어떤 운동을 하기로 했다. 친구는 일주일에 두 번, 1시간씩 해야 하고, 자기에게 가장 좋은 시간은 오전 7:00~8:00라고 말한다. '컨디션이 최고'인 리듬만을 생각할 때 당신은 얼마나 잘 할 것으로 생각하는가?
   매우 잘할 것이다. _____ (4)
   꽤 잘할 것이다. _____ (3)
   힘들 것이다. _____ (2)
   매우 힘들 것이다. _____ (1)

7. 저녁 몇 시에 피곤하다고 느끼며 그로 인해 잠을 자고 싶은가?
   오후 8:00~9:00 _____ (5)
   오후 9:00~10:15 _____ (4)
   오후 10:15~오전 12:30 _____ (3)
   오전 12:30~1:45 _____ (2)
   오전 1:45~3:00 _____ (1)

8. 당신은 2시간 동안 진행되는, 정신적으로 탈진할 것임을 알고 있는 시험에서 최고의 성적을 내고자 한다. '컨디션이 최고'인 리듬만을 고려해서 자신의 일정을 완전히 자유롭게 짤 수 있다면 몇 시에 시험을 치르겠는가?
   오전 8:00~10:00 _____ (4)
   오전 11:00~오후 1:00 _____ (3)
   오후 3:00~5:00 _____ (2)
   오후 7:00~9:00 _____ (1)

9. '아침형'과 '저녁형' 인간에 대한 이야기들이 있다. 당신은 자신이 어떤 형이라고 생각하는가?
   전적으로 아침형이다. _____ (4)
   저녁형이라기보다는 아침형에 가깝다. _____ (3)
   아침형이라기보다는 저녁형에 가깝다. _____ (2)
   전적으로 저녁형이다. _____ (1)

10. (8시간 전일제 근무를 한다고 할 때) 만일 시간 조정이 전적으로 자유롭다면, 언제 기상하기를 원하는가?

오전 6:30 이전 _____ (4)

오전 6:30~7:30 _____ (3)

오전 7:30~8:30 _____ (2)

오전 8:30 이후 _____ (1)

11. 항상 오전 6시에 일어나야 한다면, 당신은 어떨 것 같은가?

매우 어렵고 불쾌하다. _____ (1)

어렵고 불쾌한 편이다. _____ (2)

조금 불쾌하기는 하지만 큰 문제는 아니다. _____ (3)

쉽고 불쾌하지 않다. _____ (4)

12. 아침에 잠에서 깬 후 '정신을 차리기'까지 얼마나 걸리는가?

0~10분 _____ (4)

11~20분 _____ (3)

21~40분 _____ (2)

41분 이상 _____ (1)

13. 당신이 아침에 또는 저녁에 어느 정도로 활동적인 사람인지를 표시하라.

아침에 뚜렷이 활동적이다(아침에 정신이 또렷하고, 저녁에 피곤하다). _____ (4)

어느 정도는 아침에 활동적이다. _____ (3)

어느 정도는 저녁에 활동적이다. _____ (2)

저녁에 뚜렷이 활동적이다(아침에 피곤하고, 저녁에 정신이 또렷하다). _____ (1)

총점: _____

22점 이하면 당신은 저녁형이고, 44점 이상이면 아침형이다. 23~43점 사이면 중간이라고 간주한다. 결과에 동의하는가? 그렇지 않다면 이 도구에 어떤 변화를 제안하겠는가?

교대근무, 시차증, 일광절약시간제

노동자의 자연스러운 일주율과 근무상 요구가 충돌할 때 노동자 자신의 건강이 나빠지고, 이런 노동자로부터 서비스를 받는 대중이 감수해야 할 위험 또한 더 커질 수 있다.

병원, 공공 안전 분야, 편의점 등에서 일하는 많은 노동자가 저녁 또는 야간에 교대로 일한다. 오후 11시~오전 7시 30분까지 야간교대로 일하는 노동자는 불안정한 수면과 여러 가지 증상을 경험하는데, 이를 **교대근무부적응증후군**(shift maladaptation syndrome)이라고 한다(Lavie et al., 1989). DSM-5(APA, 2013)는 정상적인 주간 업무 시간(오전 8시~오후 6시) 이외의 시간에 일하는 노동자가 근무 시 지나치게 졸고 집에서는 제대로 못 자는 특징을 "일주기리듬(일주율) 수면-각성 장애—교대근무형"으로 공인한다. 이 장애는 미국 총 노동인구의 16~20%에 이르는 야간 노동자 중 5~10%가 겪는 것으로 추정된다(APA, 2013). 중년과 장년 노동자의 경우 야간 교대근무의 부작용 위험이 가장 큰 것으로 보인다(APA, 2013). 야간 교대근무자는 다른 시간대 교대근무자보다 총 수면시간이 1.5시간 더 적은데, 이는 건강, 성격, 기분, 대인관계 문제를 빈번하게 일으킨다(Ferri et al., 2016). 야간 교대근무자는 다른 노동자보다 유방암에 걸릴 가능성이 더 크다(Davis & Mirick, 2006; Kolstad, 2008).

교대근무자는 스스로 위험을 감수하고 있을 뿐만 아니라 그들의 실수는 공공을 위태롭게 한다. 간호사 등 병원 근무자의 경우 주간 교대근무보다 저녁이나 야간 교대근무 동안 처방전이나 투여량을 잘못 적용하는 것과 같은 중요한 오류를 범할 가능성이 훨씬 크다(Narumi et al., 1999). 사고가 발생하는 비율은 오전 7시~오후 3시 30분보다

교대근무부적응증후군 야간 교대 근무로 인한 수면 붕괴 결과로 생긴 질환. 건강, 성격, 기분, 인간관계 문제를 유발함.

오후 3시~오후 11시 30분에 더 높고, 오후 11시~오전 7시 30분 동안에는 더욱더 높다(Hänecke, Tiedemann, Nachreiner, & Grzech-Šukalo, 1998). 교대근무에 대한 반응은 앞에서 논의한 개인차와 상호작용한다. 종달새형은 올빼미형보다 교대근무에 더 혼란을 겪는 것으로 보이는데(Arendt, 2010), 이는 고용인과 피고용인 모두 고려해야 할 사실이다.

내부 시계와 외부 시간부여자 사이의 갈등은 **시차증**(jet lag)이라는 매우 불편한 경험을 초래한다. 시간대가 바뀐 후 사람들은 종종 피로, 성마름, 졸림을 경험한다. 여행 자체가 문제는 아닌데, 동일한 거리라 하더라도 남북으로 여행하면 시차증이 생기지 않기 때문이다(Herxheimer & Waterhouse, 2003). 만성적인 시차증은 더 심각한 결과를 낳을 수 있다. 4년 이상 적어도 매주 한 번씩 시간대를 넘나들었던 항공기 승무원은 시간대를 넘나들지 않았던 지상 근무원보다 기억 과제에서 9% 더 많은 오류를 범했으며, 반응시간도 느렸다(Cho, Ennaceur, Cole, & Suh, 2000). 회복시간이 충분하지 않았던 승무원들에게서는 관자엽이 위축된 증거를 확인할 수 있었다(Cho, 2001).

시간대의 변화가 모두 같은 효과를 내는 것은 아니다. 더 늦게 자고 더 늦게 깨야 할 때 사람들은 더 잘 적응한다. 다른 말로 하면 우리는 주기의 위상 당기기(시계를 앞당기기)보다 위상 늦추기(시계를 늦추기)에 더 쉽게 적응한다. ●그림 9.3에서 보듯이

시차증 시간대를 넘어서 여행한 결과로 생긴 피로, 성마름, 졸림.

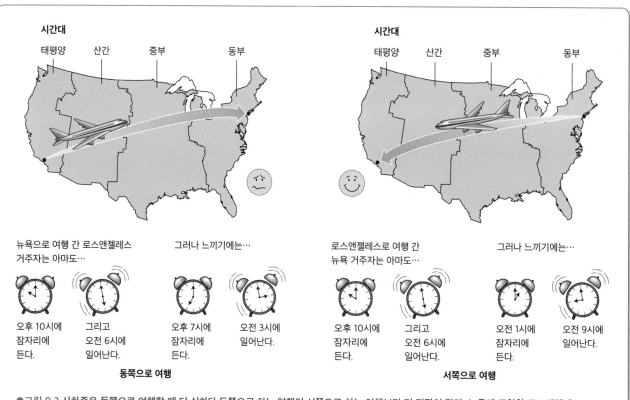

●그림 9.3 시차증은 동쪽으로 여행할 때 더 심하다 동쪽으로 하는 여행이 서쪽으로 하는 여행보다 더 지장이 많다. 뉴욕에 도착한 로스앤젤레스 거주자는 평소보다 3시간 일찍(로스앤젤레스 시각으로 오후 7시) 잠자리에 들고, 한밤중(로스앤젤레스 시각으로 오전 3시)에 깨는 것처럼 느낀다. 로스앤젤레스로 여행하는 뉴욕 사람은 약간 늦게(뉴욕 시각 오전 1시)까지 깨어있어야 하지만 늦게 일어나서(뉴욕 시각 오전 9시) 이를 보충할 수 있다. 대부분의 사람들은 두 번째 시나리오가 훨씬 쉽다고 느낀다.

미국 동부의 뉴욕에 사는 사람이 미국 서부의 로스앤젤레스로 여행을 하면 3시간 늦게 잠자리에 들지만 3시간 늦게 일어난다. 우리 대부분은 이것이 그렇게 어렵다고 느끼지 않는다. 대조적으로 로스앤젤레스에 사는 사람이 뉴욕으로 여행하면 3시간 일찍 잠자리에 들고 한밤중에 깨는 것 같은 느낌을 받는다.

　일광절약시간제(daylight saving time)는 위상 변경에 대한 우리의 반응을 관찰할 다른 기회가 된다. 제1차 세계대전 동안 에너지 절약을 돕기 위해 만든 일광절약시간제는 봄에는 시계를 1시간 앞당기고(위상 당기기), 가을에는 시계를 1시간 늦춘다(위상 늦추기). 가을 시기 변경은 서쪽으로 여행하는 것과 같아서 상대적으로 혼란이 거의 없다. 그러나 봄 시기 변경은 하루나 이틀 동안 시차증과 비슷한 증상을 낳는다. ● 그림 9.4에서 볼 수 있듯이 심장마비 비율은 봄에 위상 당기기를 한 날에는 증가하며, 가을에 위상 늦추기를 한 날에는 감소한다(Janszky & Ljung, 2008).

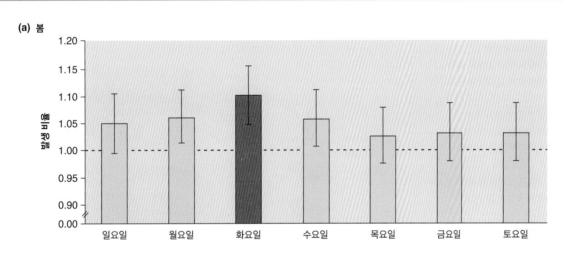

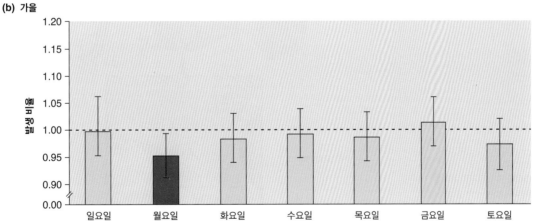

●그림 9.4 봄의 일광절약시간제 변경은 심장마비 발생 증가와 상관이 있다 15년간의 자료를 보면 심장마비 비율은 (a) 일광절약시간제의 봄 시기 변경 뒤에 유의하게 증가하고, (b) 가을 시기 변경 뒤에 감소한다. '발생 비율'은 변경 직후 특정한 요일에 발생한 심장마비 건수를 변경 2주 전과 2주 후 같은 요일에 발생한 심장마비 건수의 평균으로 나눈 값을 나타낸다. 발생 비율 1.0은 차이가 없음을 의미한다. 이런 증가의 배후에 있을 법한 원인으로 수면 박탈을 들 수 있다. 이는 염증과 교감신경계 활성화를 증가시키며, 기저질환이 있는 사람들에게는 위험할 수 있다.

출처: Adapted from Janszky & Ljung (2008).

일주율을 관리하는 신체 내부 시계

● 그림 9.5에 제시된 **시각교차위핵**(suprachiasmatic nucleus, SCN, 시교차상핵)은 신체 내부의 총괄 시계(master clock)로, 시상하부에 위치한다(Moore & Eichler, 1972; Stephan & Zucker, 1972). 'suprachiasmatic'이라는 용어는 이 구조가 시각교차의 위쪽(supra)에 위치한 것에서 유래했다. SCN에 대한 입력은 **내재 감광성 망막 신경절세포**(intrinsically photosensitive retinal ganglion cells, ipRGC)라는 특수한 세포의 축삭으로부터 오는데, 이 축삭이 시각신경을 출발하여 SCN에 투사하면서 **망막시상하부 경로**(retinohypothalamic pathway)를 형성한다(Güler et al., 2008). 다른 신경절세포와 달리(6장을 보라) ipRGC는 시각 이미지에 대한 정보를 처리하지 않는다. ipRGC는 **멜라놉신**(melanopsin)이라는 광색소를 포함하고 있는데, 이는 시각에 관여하는 다른 광색소와 연관은 있으나 다르다(Brown & Robinson, 2004; Güler et al., 2008).

SCN은 오직 주간에만 활동한다(Schwartz & Gainer, 1977; Schwartz, Reppert, Eagan,

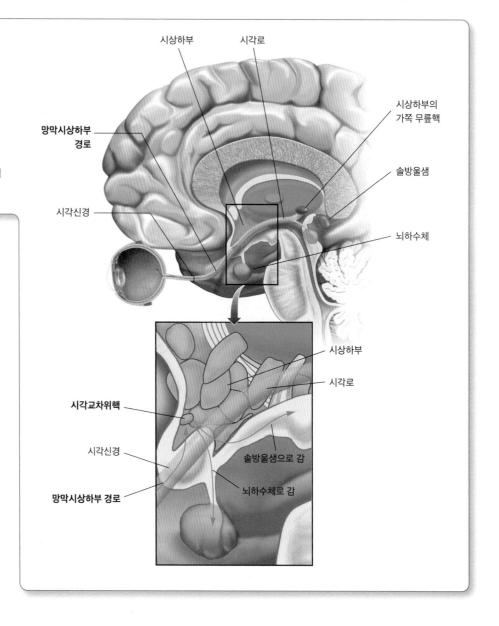

● **그림 9.5 시각교차위핵**
시각교차위핵(SCN)은 신체의 총괄 시계로서 역할을 하기 적합한 곳에 자리 잡고 있다. 시각신경과 가까이 있는 덕분에 바깥 환경의 빛에 관한 필요한 정보를 받는다. SCN은 시상하부의 다른 부분들, 그리고 뇌하수체와 솔방울샘과 연결되어 있으므로 호르몬 분비를 통제함으로써 주기적 행동에 영향을 줄 수 있다.

시상하부

시각로

망막시상하부 경로

시상하부의 가쪽 무릎핵

솔방울샘

시각신경

뇌하수체

시상하부

시각로

시각교차위핵

시각신경

솔방울샘으로 감

망막시상하부 경로

뇌하수체로 감

시각교차위핵(SCN) 시각교차의 위쪽에 자리한 시상하부의 영역. 일주율 유지에 기여함.

내재 감광성 망막 신경절세포(ipRGC) 시각 이미지에 대한 정보를 처리하지 않지만, 시각교차위핵에 빛 정보를 제공하는 망막세포.

망막시상하부 경로 눈의 망막에서 시상하부로 이어지는 경로. 일주율 유지에 필요한 정보를 제공함.

멜라놉신 ipRGC가 사용하는 광색소.

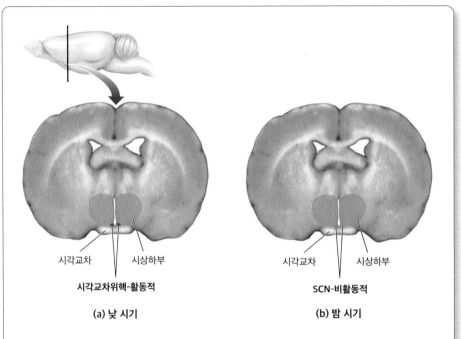

시각교차   시상하부   시각교차   시상하부

시각교차위핵-활동적   **SCN-비활동적**

(a) 낮 시기   **(b) 밤 시기**

●그림 9.6 시각교차위핵(SCN)은 낮 동안 활동한다 왼쪽 그림(a)에서 SCN(빨간 부분)이 쥐의 명주기(light phase) 동안 활동적이다. 이 영역은 쥐의 암주기(dark phase)를 나타내는 오른쪽 그림(b)에서는 활동하지 않는다. SCN은 낮과 밤의 차이를 지각하지만, 동물이 행동적으로 주행성인지 또는 야행성인지를 좌우하지는 않는다.

출처: Schwartz & Gainer (1977). From Suprachiasmatic nucleus: Use of 14C-labeled deoxyglucose uptake as a functional marker, by W.J. Schwartz and H. Gainer, *Science* 1977 (197):1089-1091. Reprinted with permission from AAAS/American Association for the Advancement of Science.

& Moore-Ede, 1983; ●그림 9.6을 보라). 이는 생물 종(種)이 원숭이처럼 (낮에 깨어있는) 주행성인지 쥐처럼 (밤에 깨어있는) 야행성인지와는 무관하다. SCN은 동물이 낮과 밤을 구별하는 데 도움을 주지만, 어떤 동물이 야행성인지 주행성인지를 좌우하는 것은 SCN이 아닌 다른 구조들이다. 인간은 SCN의 활동이 교감신경계에서 반응을 낳는데(2장을 보라), 이는 이어서 솔방울샘에 전달된다(그림 9.5를 보라). 저녁에 빛이 줄어듦에 따라 SCN의 활동이 감소하고, 교감 뉴런으로부터 입력이 적어지면서 솔방울샘이 각성과 수면에 관련된 뇌줄기 구조들을 조절하는 신경화학물질인 **멜라토닌**(melatonin)을 합성하고 분비한다. 또한 SCN은 체온, 호르몬 분비, 소변 생성, 혈압 변화를 포함한 수면 관련 변화를 관리한다.

SCN이 리듬을 유지하는 데는 다른 구조로부터 들어오는 입력이 필요하지 않다. 어떤 동물로부터 분리 배양한 SCN조직은 그 동물이 가지고 있던 주야간 주기와 일치하는 활동상의 리듬 변동을 계속해서 보였다(Ding, Chen, Weber, & Faiman, 1994). SCN조직은 이식되더라도 여전히 내부 총괄 시계로서의 원래 역할을 유지한다(Ralph, Foster, Davis, & Menaker, 1990). 그래서 일반적인 24시간 주기보다 짧은 약 20시간의 무동조 주기를 가진 햄스터를 만들어내는 것이 가능하다. 짧은 주기를 가진 햄스터의 SCN조직을 정상 주기를 가진 햄스터에게 이식하면, 정상 주기를 가졌던 햄스터가 짧

멜라토닌 솔방울샘이 분비하는 인돌아민. 일주율 조절에 참여함.

은 무동조 주기를 보인다. 정상 주기를 가진 햄스터의 SCN조직을 짧은 주기를 가진 햄스터에게 이식하면, 이 햄스터는 정상적인 24시간 주기를 보인다. 두 사례 모두에서 이식을 받은 동물의 행동이 공여자의 행동과 일치한다.

SCN은 신체 세포 대부분에 존재하는, 말초 부위의 다른 내부 시계 활동을 조정하는 총괄 시계로서 기능한다. 쥐의 빛-어둠 일정을 6시간 위상 이동시킨 후에 쥐의 SCN, 간, 허파, 근육의 세포를 관찰하였다(Yamazaki et al., 2000). SCN은 빛과 어둠이 바뀌는 한두 주기 만에 새로운 시간에 적응하였지만, 다른 조직에 있는 말초부 시계는 반응이 훨씬 느렸다. 허파와 근육 조직은 새로운 시간에 적응하는 데 6주기가 필요했고, 간은 무려 16주기 이상이 필요했다. 근육, 허파, 그리고 다른 조직에 미치는 위상 이동의 효과는 최초의 불편감이 사라진 후에도 오랫동안 지속하는 것으로 보인다.

SCN의 리듬은 망막시상하부 경로가 제공하는 빛에 관한 정보에 강한 영향을 받는다. 이것과는 대조적으로 말초부 시계는 매일매일의 음식 섭취 주기에 더 쉽게 영향을 받는다(Mendoza, 2007). 야행성 생쥐에게 주간에만 먹이를 주는 것 같은 방법으로 섭식 패턴을 급격하게 변화시킨다면, 말초부 시계가 영향을 받아서 동물이 가진 일주율이 초기화될 수 있다(Hirota & Fukada, 2004). 많은 여행자가 현재 머물고 있는 장소의 시간대에 맞추어 즉각적으로 식사 시간을 조절함으로써 시차증을 바로잡으려고 노력한다.

일주율의 세포 수준의 기반 SCN 같은 구조가 어떻게 시간을 알려줄까? ●그림 9.7에 보이는 바와 같이 답은 세포 내에서 일어나는 단백질 생성과 분해의 진동(oscillation)에 있다. 특수한 일주율성 단백질의 증감은 약 24시간이 필요하다. 초파리(*Drosophila melanogaster*)를 대상으로 한 연구에서 연구자들은 세포의 일주율에 관여하는 3개의 서로 다른 유전자와 이들이 만드는 단백질 산물을 확인할 수 있었다. 이 유전자들과 단백질은 'per'('period'의 준말; Konopka & Benzer, 1971), 'tim'('timeless'의 준말; Sehgal, Price, Man, & Young, 1994), 'Clock'('circadian locomotor output cycles kaput'의 준말; Vitaterna et al., 1994)이다. per와 tim 단백질은 함께 Clock 단백질을 억제하는 반면, Clock 단백질은 per와 tim 단백질이 더 생산되도록 촉진한다. per와 tim 단백질 수준이 증가할수록 Clock 단백질이 억제되면서 per와 tim 단백질이 더는 생산되지 않게 된다. 시간이 지남에 따라 per와 tim 단백질 수준이 떨어지면 Clock 단백질 억제가 줄어들고, 결과적으로 per와 tim 단백질 생산이 증가한다. 신경 활동은 이러한 내부 단백질 수준의 진동을 반영하는데, 이것이 다른 세포에 리듬을 전달하는 기제가 된다.

더 많은 일주율 유전자와 단백질이 참여하는 유사한 과정이 생쥐와 인간을 포함한 다른 포유류에서 발생한다(Huang, Ramsey, Marcheva, & Bass, 2011; Paquet, Rey, & Naef, 2008). 인간의 일주율 유전자는 주요우울장애, 양극성장애, 알코올 중독, 조현병, 그리고 불안장애를 포함하는 다수의 심리장애와 연관되어 있는 것으로 보인다(14장을 보라; Wulff, Gatti, Wettstein, & Foster, 2010).

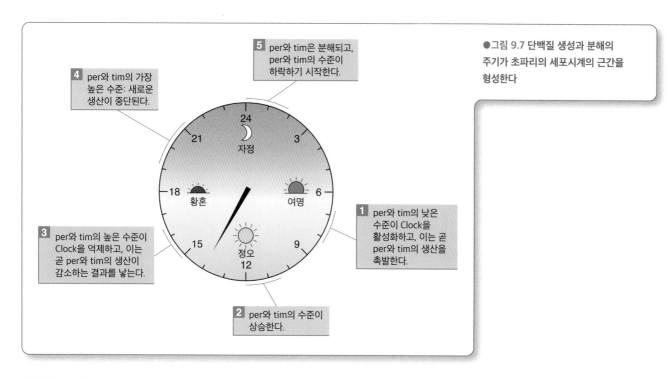

●그림 9.7 단백질 생성과 분해의 주기가 초파리의 세포시계의 근간을 형성한다

일주율의 생화학 SCN은 멜라토닌호르몬이 솔방울샘으로부터 셋째뇌실의 뇌척수액 속으로 분비되는 것을 조절한다. 멜라토닌은 셋째뇌실을 통해 많은 영역의 뇌조직에 퍼져서 영향을 미친다. SCN이 손상되면 멜라토닌의 일주율성 분비가 끊기는데, 이는 SCN으로부터 나오는 입력에 대한 솔방울샘의 의존성을 보여준다.

멜라토닌 수준은 낮 동안 매우 낮고, 수면에 들기 전 수 시간 동안 상승하기 시작하다가 보통 누구도 깨어있기 매우 어려운 시간인 오전 4시 무렵에 최고조에 이른다(Aeschbach et al., 2003). 완전한 시각장애인의 경우 매일 다른 시간에 멜라토닌이 최고조에 이르기 때문에 수면 곤란을 경험한다(Haimov & Lavie, 1996). 솔방울샘 종양 또는 멜라토닌에 영향을 주는 다른 의학적인 병이 있는 사람은 수면 문제를 보고한다. 빛은 멜라토닌의 분비를 억제한다(Lewy, Wehr, Goodwin, Newsome, & Markey, 1980). 밝은 빛이 멜라토닌 생산과 분비를 억제할 가능성이 더 크긴 하지만, 실내조명이나 태블릿과 휴대전화기를 포함한 전자 제품이 방출하는 어둑한 빛 역시 멜라토닌 생산과 분비를 억제할 수 있다(Duffy & Wright, 2005).

멜라토닌 보충제가 다수의 수면장애 사례들을 개선했다는 보고가 있다(Auld, Maschauer, Morrison, Skene, & Riha, 2017). 멜라토닌의 부작용은 드물지만, 멜라토닌 보충제는 아직 철저히 검증되지 못한 대체 의료법임을 인식해야 한다. 멜라토닌 처치는 시각장애로 인하여 정상적인 수면 패턴이 간섭받는 사례에 도움이 될 수 있다(Sack et al., 2000; Skene et al., 1999). 자폐스펙트럼장애(14장을 보라)가 있는 사람은 멜라토닌 수준이 낮은데(Melke et al., 2007), 그중 많은 사람이 멜라토닌 보충제로 수면 패턴을 조절하는 데 도움을 받는 것으로 보인다(Andersen, Kaczmarska, McGrew, & Malow, 2008). 면역계에 관여하는 세포에 멜라토닌 수용체가 존재한다는 사실이 밝혀지면서 멜라토닌 관리를 통해 면역 기능을 개선할 가능성에 관해 상당한 연구가 이뤄졌다 (Calvo, González-Yanes, & Maldonado, 2013). 강력한 산화 방지 특성 때문에 멜라토 닌 보충은 알츠하이머병 같은 다수의 신경퇴행성장애에도 효과가 있을 것으로 나타났 다(13장을 보라; Polimeni, Guarneri, & Cuzzocrea, 2016).

코르티솔(cortisol)호르몬의 수준 역시 각성과 수면의 패턴에 따라 변동한다. ●그림 9.8에서 볼 수 있듯이 코르티솔 수준은 정상적으로는 이른 아침에 높고 밤에 낮다. 높 은 수준의 코르티솔은 높은 혈압, 높은 심박수, 신체 에너지 재고의 동원과 연결되어 있다. 정상적인 일일 변동 외에도 코르티솔은 스트레스를 받을 때 추가로 분비된다(12 장을 보라). 결과적으로 스트레스로 인해 밤에 높게 유지된 코르티솔 수준은 좋지 않은 수면의 질과 상관이 있다(Van Cauter et al., 2007). 또한 코르티솔은 시차증의 해로운 효과를 증가시킬지도 모른다(Cho et al., 2000). 시간대를 8개 넘게 가로질러 운항하는 항공기 승무원의 타액에는 지상 근무원의 타액에 비해 3분의 1 이상 많은 코르티솔이 있다. 시간대를 넘어가는 스트레스가 코르티솔 분비를 자극했을 것이다.

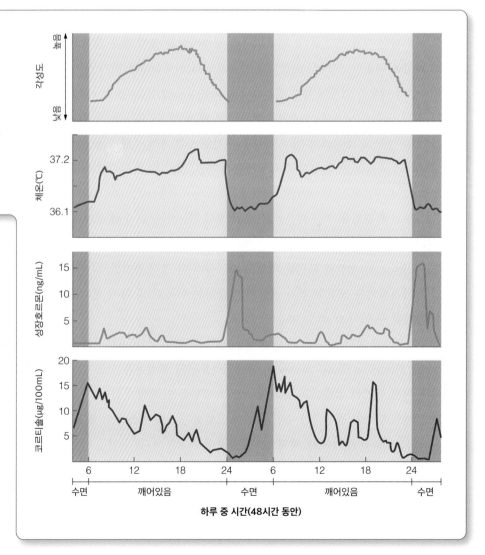

●그림 9.8 체온과 호르몬 분비는 일주율을 따른다 이틀 동안 체온과 각성도 간에 정적 상관이 있음을 알 수 있다. 성장호르몬은 비급속안구운동(non-rapid eye movement, NREM) 수면 3~4단계에서 분비되는 반면, 코르티솔 수준은 아침에 가장 높아졌다가 낮 동안 감소한다.

출처: Adapted from Coleman (1986).

코르티솔 콩팥위샘이 분비하는 호르몬으로, 각성을 촉진함.

계절성 동반 주요우울장애

위도가 높은(지구의 극지점과 가까운) 지역에서는 겨울 동안 낮이 짧기 때문에 일주율이 영향을 받아 **계절성 동반 주요우울장애**(major depressive disorder with seasonal pattern, MDD with seasonal pattern)가 발생할 수 있다(APA, 2013). DSM-5(APA, 2013)가 출간되기 전에는 이러한 상태에 있는 환자가 계절성 정동장애(seasonal affective disorder, SAD)로 진단됐다. 계절성 동반 MDD의 유병률은 그 지역에 내리쬐는 햇빛의 양과 관련이 있다. 계절성 우울의 비율은 햇빛이 쨍쨍한 미국 동남부 플로리다에서는 1.4%이지만 구름 낀 동북부 뉴햄프셔에서는 9.7%로 나타나는 등 다양하다(Modell et

계절성 동반 주요우울장애　겨울 몇 달 동안 불충분한 일조량의 결과로 생기는 우울의 유형. 이전에는 계절성 정동장애로 불림.

| 신경과학의 윤리적 이슈 |

인공조명과 일주율

약 100년 전 값싸고 인공적인 광원이 개발됨으로써 지구에 서식하는 많은 동식물의 빛 환경이 변화했다. 2001년 즘에는 미국과 유럽 인구의 99%를 포함한, 세계 인구의 62%가 보름달이 뜨는 밤보다 더 센 야간 빛에 정기적으로 노출되게 되었다(Cinzano, Falchi, & elvidge, 2001; ● 그림 9.9를 보라). 인공조명, 특히 단파장의 청색광이 특징인 새로운 형태의 빛(형광등, 스마트폰과 태블릿 화면을 포함한)에 1시간 미만으로 노출되기만 해도 혈중 멜라토닌 수준이 50%나 감소할 수 있다(pauley, 2004). 이 장에서 배웠듯이, 멜라토닌은 일주율의 유지에 중요한 신호를 제공한다.

우리가 이를 걱정해야 할까? 멜라토닌 분비의 변화가 인간과 동물의 관상동맥 심장질환, 산화 스트레스, 면역 기능 저하, 암과 연관되어 있는 것으로 나타났다(Navara & Nelson, 2007). 특히 유방암은 인공조명 노출과 연관이 있는 것으로 보인

●그림 9.9 청색광은 수면을 방해한다 잠자리에 들기 전, 스마트폰과 태블릿 같은 휴대 장비를 사용하는 효과라고 해서 특별한 것은 없다. 청색광은 광원이 무엇이든 멜라토닌을 분해하기 때문에 수면을 방해할 가능성이 특히 크다. 청색광을 차단한다고 주장하는 기술들의 효과는 그리 크지 않아 보인다.

다. 야간 교대근무자의 경우 다른 시간대의 교대근무자보다 유방암 발병률이 높았다. 아마도 이 효과는 멜라토닌이 면역계에 기여하고 에스트로겐 합성을 억제하기 때문일 것이다(Dopfel, Schulmeister, & Schernhammer, 2007).

끊임없는 야간조명에서 벗어날 수 없는 현실을 감안할 때, 야간조명이 건강에 미칠 부정적인 영향을 최소화하기 위하여 어떤 조치를 취할 수 있을까? 청색(단파장)광을 내는 대중적인 에너지 절약 소형 형광등에서 멜라토닌에 영향을 덜 주는 불그스름한 색(장파장) 표준 전구로 되돌아가려는 노력은 기후변화와 에너지 비용에 관한 우려 때문에 어려울 것이다. 휴대용 전자기기에서 나오는 청색광을

줄여주는 기능은 잠자리에 들기 전에 졸음을 유도하고 멜라토닌 분비를 촉진하지만, 밤사이 나오는 멜라토닌에는 영향을 주지 않는다(Ayaki, hattori, Maruyama, tsubota, & Negishi, 2017).

다행히도, 현재 진행 중인 연구는 우리가 사실상 통제할 수 있는 생활습관 요인과 낮은 멜라토닌 수준 사이의 다른 상관을 보여준다. 높은 체질량 지수(BMI; 7장을 보라)와 흡연은 낮은 멜라토닌 수준과 연결되어 있는데(Schernhammer, Kroenke, Dowsett, Folkerd, & hankinson, 2006), 이는 건강한 체중을 유지하고, 흡연을 피하면 인공조명의 일부 부정적인 효과를 상쇄하는 데 도움이 될 수 있음을 시사한다.

al., 2005).

계절성 우울증은 여러 기제로 인하여 발생하는 것으로 보인다. 일반적으로 세로토닌 수준은 가을과 겨울에 떨어지는데, 계절성 우울증에 취약한 사람은 평균을 넘어서는 감소를 경험하는지도 모른다(Jepson, Ernst, & Kelly, 1998; 14장을 보라). 또한 햇빛 패턴이 날마다 다를 경우 멜라토닌 분비에 혼란이 생기는데, 이것이 계절성 우울증에 영향을 미칠 수도 있다(Levitan, 2007). 세로토닌은 솔방울샘에서 멜라토닌 합성의 전구물질로 기능할 뿐 아니라 세로토닌 자신의 합성 역시 빛에 의해 활성화된다(Danilenko & Levitan, 2012). ipRGC에서 발견되는 광색소인 멜라놉신을 발현하는 유전자의 변이가 사람을 계절성 우울증에 취약하게 만드는 것으로 보인다(Roecklein et al., 2013). 어떤 사람들은 이러한 멜라놉신 유전자 때문에 전반적으로 빛에 대한 민감성이 낮다. 겨울의 더 흐릿한 햇빛은 정상적인 일주율 패턴을 유지하기에 부족해서, 일주율 혼란과 우울증을 일으킨다.

계절성 우울증은 밝은 빛에 노출함으로써 치료하는데, 이때 멜라토닌 보충제와 항우울제를 병행하기도 한다(●그림 9.10을 보라). 치료에 사용되는 빛(2,500lux)은 실내에서 보통 경험하는 빛(100lux)보다 훨씬 강력하지만, 이는 8월 오후 공원 의자에 내리쬐는 빛이라기보다는 구름이 낀 날 쬐는 빛에 더 가깝다. 새벽에 이루어지는 광치료(light therapy)는 너무 늦게까지 깨어있는 사람에게, 저녁에 이루어지는 광치료는 너무 일찍 졸린 사람에게 도움이 된다(Lewy, 2007). 계절성 동반 MDD 환자의 세로토닌 수송체는 광치료 후에 앞쪽 띠겉질과 이마앞겉질을 포함한 다수의 뇌 구조에서 감소하였다(Tyrer et al., 2016). 다른 말로 하면, 광치료 후에 세로토닌은 시냅스에서 치료 전만큼 빨리 제거되지 않기 때문에 시냅스후 수용체와 상호작용할 기회가 더 많아진다(3장을 보라).

고위도 지역에 사는 사람이라고 모두가 계절성 우울증을 자주 경험하지는 않는다.

●그림 9.10 광치료는 일주율의 초기화를 도울 수 있다 프랑스 파리의 드골 공항에서는 여행자에게 무료로 광치료를 제공한다. 이를 통해 시차증을 줄일 수 있을지 확실히 알지는 못하지만, 광치료는 계절성 동반 주요우울장애를 위한 표준 치료법이다.

Magnusson, Axelsson, Karlsson과 Oskarsson(2000)은 아이슬란드에 사는 사람들의 우울 증상이 여름보다 겨울에 심해지거나 빈번해지지는 않는다고 보고하였다. 고작 400여 년 전에 캐나다로 이주했던, 같은 위도에 사는 캐나다 백인에 비해 아이슬란드인은 계절성 우울을 경험하는 비율이 낮다(Axelsson, Stefánsson, Magnússon, Sigvaldason, & Karlsson, 2002). 계절성 우울증의 유병률은 수 세대에 걸쳐 일관되게 낮은 수준의 빛을 경험한 사람들보다 햇빛이 많은 지역에서 적은 지역으로 이주한 사람들 사이에서 더 높을지도 모른다.

중간 요약 9.1

‖ 요점

1 일주율은 내부 신호와 외부 시간부여자 모두에 반응한다. 초일주기는 하루에 여러 번 발생한다. (LO1)

2 신체 내부의 총괄 시계는 시각교차위핵(SCN)인데, 망막시상하부 경로를 통해 빛에 관한 정보를 받는다. (LO2)

3 멜라토닌, 코르티솔, 인간 성장호르몬 같은 일부 생화학물질은 일주율 패턴을 따라 활동한다. (LO2)

‖ 복습 문제

1 교대근무, 시차증, 일광절약시간제는 우리의 정상적인 일주율에 어떻게 영향을 주는가?

2   SCN에서 관찰된 주기성(rhythmicity)의 기반은 무엇인가?

각성과 수면의 신경 상관물

수많은 세월 동안 수면은 활동의 부재로 여겨졌으나 이는 전혀 사실이 아니다. 각성과 수면 모두 뇌가 정성 들여 연출하는 능동적 과정이다. 이러한 상태는 단순히 '각성' 또는 '수면' 중추의 활동 결과라기보다는 흥분과 억제의 상호작용적 회로가 관여한 결과이다. 예를 들면 각성은 뇌 일부분이 흥분한 결과인 동시에 수면에 대한 능동적인 억제의 결과이다.

각성과 수면의 뇌전도 기록

뇌전도(EEG) 기록을 사용하여 각성과 수면을 평가할 수 있다. 1장에서 살펴봤듯이, EEG는 전반적인 뇌 활동에 대한 보편적 측정을 제공한다. **비동기화된**(desynchronous) 뇌 활동은 많은 뉴런의 비교적 독립적인 행위로부터 발생하며, 이는 각성도와 상관이 있다. **동기화된**(synchronous) 활동은 뉴런들이 일제히 흥분할 때 발생하며, 이는 깊은 단계 수면의 특징이다. 동네 수영장에서 제각각 물놀이하는 전형적인 오후 활동(비동

비동기화된 많은 뉴런의 독립적인 행위 및 각성도와 관련된 뇌 활동.
동기화된 동시에 발화하는 뉴런 및 깊은 수면과 관련된 뇌 활동.

| 슬기로운 건강 생활 |

수면 앱이 효과가 있을까

여러분은 아마도 '수면의 질'을 추적하는 스마트폰 앱에 대한 뉴스나 광고를 본 적이 있을 것이다. 이것이 효과가 있을까? 정확하게 무엇을 알려주는 것일까?

수면 앱은 스마트폰에 내장된 가속도계 장치를 이용한다(●그림 9.11을 보라). 이 감지기는 스마트폰의 움직임과 기울기를 알려주어서 스마트폰을 가로로 쥐는지, 세로로 쥐는지에 따라 화면이 바뀔 수 있게 한다. 작은 규모로는 닌텐도사의 Wii 조작기를 작동시키는 것과 동일한 기술이다. 기울기와 운동의 방향에 관한 정보가 게임기 본체에 반영되어 화면상의 움직임으로 바뀐다. 개발자들은 수면 동안 신체 움직임을 추적하는 데 스마트폰의 가속도계를 이용할 수 있음을 깨달았다.

처음 출시되었을 때, 이러한 앱들은 사람을 친절하게 깨우는 도구로 홍보되었다. 움직임 기록에 근거하여, 사람이 더 얕은 수면에 있는 것처럼 여겨지는 시간 동안 30분 범위 내에서 알람을 울린다. 결과적으로 이 앱들은 수면시간과 수면의 질을 측정하는 앱으로 발전하였다.

측정되는 '수면의 질'이란 무엇일까? 이 장에서 보겠지만, 움직임은 (몸은 마비되어 있지만 몸의 말단부는 가볍게 씰룩대는) REM 수면과 (깊은 단계로 감에 따라 근육이 점진적으로 더 이완되지만 움직일 수는 있는) NREM 수면 사이의 차이와 상관이 있다(Krejcar, Jirka, & Janckulik, 2011). 개발자들이 공유하는 표본에서, 그들의 추적 결과는 90~120분 초일주기에 근접한 것으로 보인다.

그러나 스마트폰 앱이 정식 수면실험실에서 수행되는 세심한 분석을 대체할 가능성은 거의 없다. 앱 개발자들은 자기네 제품이 병리적 수면의 사례에 사용되어서는 안 된다고 조심스럽게 말한다. 스마트폰 앱이 무엇을 할 수 있고 무엇을 할 수 없는지를 더 정확하

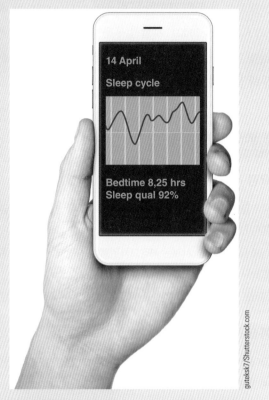

●그림 9.11 수면 앱이 효과가 있을까 스마트폰 수면 앱은 여러분이 손에 든 핸드폰의 움직임과 연동해서 가로세로 화면 방향을 조정할 때 사용되는 내장형 움직임 탐지기를 이용한다. 여러분의 수면 단계와 수면 질에 관해 움직임이 알려줄 수 있는 것이 무엇일까?

게 알아보기 위하여 정식 실험실에서 수행한 수면 분석과 앱의 결과를 비교하면 흥미로울 것이다.

기화)과 싱크로나이즈드 수영팀의 움직임(동기화) 간의 대비를 생각해 보라.

●그림 9.12에서 볼 수 있듯이, 자는 사람의 활동을 기록하기는 쉽지 않다. 실험자원자는 EEG 기록을 위해 두피 전극을 부착하고 자야 한다. 또한 수면은 근육과 자율신경계 활동의 변화와 상관이 있다. 이러한 사건들을 포착하기 위해 자원자는 눈 주변에 안구운동을 측정하는 전극을 부착하고, 심박수와 근육 긴장도를 측정하는 전극들을 추가로 부착한다. 이들은 양방향 거울을 통해 관찰되면서 영상으로 기록된다. 대부분 수면 연구는 학생 자원자가 있는 대학교를 배경으로 수행되어 왔는데, 학생들은 가장 힘든 조건에서도 수면을 할 수 있어 보이기 때문이다.

각성 중의 EEG 각성해 있는 동안 EEG 기록을 보면 전형적으로 뇌 활동의 **알파파**(alpha

알파파 초당 주기가 8~13인 뇌파. 깨어있을 동안 베타 활동보다는 각성도가 낮으며 이완이 많이 되어있음.

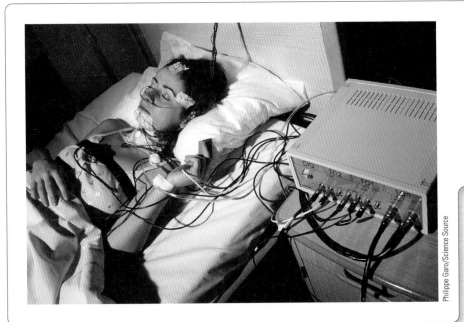

●그림 9.12 수면 연구에는 여러 측정 방식이 사용된다 수면 실험에 참여하는 사람의 머리에는 EEG용 두피 전극이, 눈 주변에는 안구운동 측정을 위한 전극이 연결된다. 이뿐만 아니라 주요 자세 유지 근육에도 전극이 연결된다. 마치 그마저도 부족한 것처럼 연구자는 참가자를 양방향 거울로 관찰하고 영상으로도 기록한다.

Philippe Garo/Science Source

wave)와 **베타파**(beta wave)가 번갈아 나타난다(●그림 9.13을 보라). 베타 활동은 고도로 비동기화된, 빠르고 불규칙적이고 낮은 진폭의 파형이 특징이다. 알파파는 주파수가 초당 8~13으로 베타파보다 약간 더 느리고 크고 규칙적이다. EEG 기술의 향상에 힘입어 **감마 대역 활동**(gamma band activity)이라고 알려진, 초당 30주기보다 더 빠른 각성 파형을 기록하는 방법을 사용할 수 있게 되었다(Miller, 2007).

　베타 활동은 정신이 또렷한 상태의 능동적 정보처리와 상관이 있다. 알파 활동은 사람이 긴장을 풀고 있을 때 발생한다. 깨어있는 상태로 눈을 감으면 자동으로 알파 활동이 개시된다. 하지만 눈을 감은 상태에서도 수학 계산을 하면 베타 리듬이 다시 시작된다. 알파 활동과 베타 활동은 깨어있는 내내 번갈아 나타난다. 이전에 소개한 바 있듯이, 높고 낮은 각성도의 기간은 사람의 경우 90~120분 초일주기를 따른다

베타파 초당 주기가 14~30인 뇌파. 깨어있을 동안 높은 각성도와 관련되어 있음.

감마 대역 활동 초당 주기가 30 이상인 뇌파. 감각 입력의 처리와 관련되어 있음.

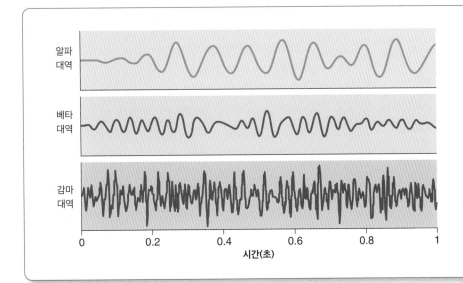

알파 대역

베타 대역

감마 대역

0　　0.2　　0.4　　0.6　　0.8　　1
시간(초)

●그림 9.13 각성 중의 EEG 기록 각성은 알파 활동과 베타 활동이 교대로 나타나다가 때때로 감마 대역 활동이 불쑥 나오는 특징을 보여준다. 알파 활동은 산만하고 멍한 상념과 관련되어 있고, 베타 활동은 골똘한 사고와 관련되어 있다. 감마 대역 활동은 대개 자극에 대한 반응에서 보인다.

(Lavie & Kripke, 1981). 우리는 이런 초일주기 패턴이 수면 기간에도 계속됨을 보게 될 것이다. 감마 대역 활동은 감각 입력, 그중에서도 시각 입력이 처리되는 동안 특히 분명하다.

또한 아동과 젊은 성인의 경우, 깨어있는 동안의 EEG 기록에 초당 주기가 4~7인 **세타파**(theta wave)가 짧은 순간 관찰될 수도 있다. 그러나 깨어있는 동안 조직적이고 지속적인 세타파가 발생하는 것은 보통 뇌손상 또는 신경학적 장애가 있는 사례에 한정되어 있다(Niedermeyer, 1999). 비록 수면 박탈된 사람의 깨어있는 EEG에도 세타 활동이 나타나기는 하지만, 세타파는 더 얕은 수면 단계의 특징이다(Vyazovskiy & Tobler, 2005).

수면 중의 EEG   수면은 REM 수면(rapid eye movement sleep, 급속안구운동 수면)과 **NREM 수면**(non-REM sleep, 비급속안구운동 수면)이 번갈아 나타나는 시기로 구성된다. 전형적으로 수면은 사람이 NREM의 1단계에 들어가면서 시작된다(●그림 9.14를 보라). 1단계의 EEG는 졸린 상태로 깨어있는 사람의 EEG와 구분하기 힘들다. 일부 세타파 활동이 발생하고, 심박수와 근육 긴장이 감소하기 시작한다. 이러한 수면 초기 단계에 보통 팔과 다리 근육에서 일어나는 경련인 **간대성 근경련증**(myoclonia)이 나타나 수면을 방해하곤 한다. 이 경험은 종종 계단이나 보도 턱에 걸려 넘어지는 것 같은 짧은 시각 이미지를 동반한다. 간대성 근경련증은 수면을 방해하지만 잠자는 사람에게 해를 미치지는 않는다.

10~15분 후 NREM 1단계는 NREM 2단계로 대체되며, 이는 그날 밤 전체 수면의

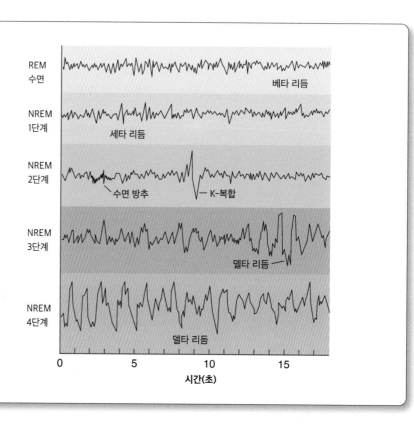

●그림 9.14 **수면 중의 EEG 기록** 이 그림은 NREM의 네 단계와 REM의 특징적인 EEG 패턴을 보여준다.

출처: Adapted from Horne (1998).

세타파 초당 주기가 4~7인 뇌파. NREM 수면의 더 가벼운 단계에서 일차적으로 발견됨.

REM 수면 비동기화된 뇌 활동, 근육마비, 안구운동, 이야기 같은 꿈을 꾸는 행동이 특징인 수면 기간.

NREM 수면 느리고 동기화된 뇌 활동, 심박수의 저하, 근육이완이 특징인 수면 기간.

간대성 근경련증 수면의 초기 단계에 발생하는 근육 경련.

50%를 차지한다. EEG는 시상과 겉질 사이의 상호작용 때문에 발생하는, 약 0.5초간 지속되는 초당 주기가 12~14인 짧은 격발인 **수면 방추**(sleep spindle)를 보이기 시작한다. 수면 방추는 NREM 2단계에서 두드러지지만, 다른 단계에서도 일어난다. **K-복합**(K-complex)도 2단계 EEG 기록에서 보이기 시작한다. K-복합은 단일 델타파들로 이루어지는데(Colrain et al., 2011), 이는 뒷부분에서 논의한다. K-복합은 자발적으로 발생하지만 커다란 소음같이 예기치 않은 자극에 대한 반응으로도 나타난다. 수면 방추와 K-복합은 외부 환경을 계속 감시하면서도 우리를 잠든 상태로 유지하려는 뇌의 노력을 반영하는 것일 수 있다(Colrain et al., 2011). 우리는 보통 에어컨의 윙윙대는 소리 같은 익숙한 자극 속에서는 계속 잠을 자지만, 문이 열리는 소리처럼 예기치 않은 자극에는 반응하여 깬다.

2단계에서 약 15분 후 3단계와 4단계의 NREM 수면에 돌입한다. 이들 단계 동안 체온, 호흡, 혈압, 심박수는 부교감신경계로 인하여 아주 낮은 수준에 머무른다. 뇌가 사용하는 에너지는 깨어있는 뇌가 요구하는 에너지 수준의 11~40%로 떨어진다(Hobson, Pace-Schott, & Stickgold, 2003). 3단계와 4단계 모두 가장 크고, 가장 느리고(초당 1~4주기), 가장 동기화된 파형인 **델타파**(delta wave)가 나타난다. 다만 4단계는 약 절반 이상이 델타파로 구성된다는 점에서 3단계와 구분된다. 4단계 NREM 수면에 들어간 사람을 깨우기는 힘들며, 깨워도 갈피를 잡지 못한다. 잠든 지 약 1시간 뒤에는 4단계에 있을 가능성이 큰데, 이때 만일 전화가 온다면 벨 소리를 듣지 못하거나, 듣더라도 전화기를 찾고 제대로 대화할 수 있을 만큼 잠에서 깨기까지 몇 초는 걸릴 수 있다.

약 90분간의 NREM 후에 첫 REM 수면 시기가 발생한다. 이 단계는 겉으로 보면 깊은 수면 상태이지만 뇌 활동은 각성을 닮아있어 역설적(paradoxical) 수면이라고도 부른다. 나중에 더 상세히 논의할 예정인 생생한 꿈은 일반적으로 이 단계에서 일어난다. 4단계와 REM 사이의 이행은 상당히 급격하지만, 보통은 3단계와 2단계 수면을 거치는 짧은 흐름이 수반된다. REM 수면 다음에는 대략 90~120분 간격으로 일어나는, 깨어있는 동안에 관찰되는 초일주기가 계속된다. 8시간의 수면에서 일반적인 사람은 전형적으로 다섯 시기의 REM을 경험한다.

REM 동안 EEG는 각성 시에 관찰되는 베타 활동과 매우 유사한 활동을 보이고, 가끔 세타 활동의 시기도 보인다(Gelisse & Crespel, 2008). 뇌에 의한 에너지 사용은 가속화되어서, 깨어있는 동안의 비율에 근접하거나 어쩌면 이를 넘어서는 정도가 된다(Hobson et al., 2003). 눈은 주기적인 좌우 움직임을 만드는데, 이 단계의 이름도 여기에서 유래한다. 일부 연구자들은 이런 빠른 움직임이 꿈꾸는 동안 시각 이미지를 둘러보고 있음을 의미한다고 믿는다(Leclair-Visonneau, Oudiette, Gaymard, Leu-Semenescu, & Arnulf, 2010). 교감신경계는 활성화된다. 심박수, 혈압, 호흡은 빨라지거나 불규칙해진다. 남성은 발기를, 여성은 질 부근의 혈액 흐름 증가를 경험한다(Hirshkowitz & Moore, 1996). 동시에 주요 자세 유지 근육은 활동하지 않아서, 자고 있는 사람을 효과

수면 방추 NREM 수면 동안 관찰되는 초당 주기가 12~14인 파형의 짧은 격발.

K-복합 NREM 수면 2단계 동안 발생하는, 단일 델타파들로 이루어진 뇌 활동의 짧은 격발.

델타파 초당 주기가 1~4인 뇌파. NREM 수면 3~4단계 동안 발생함.

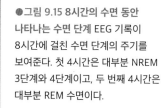

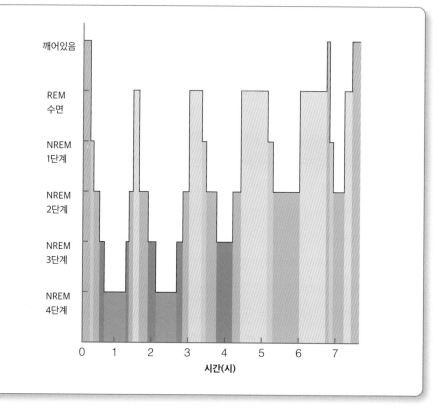

●그림 9.15 8시간의 수면 동안 나타나는 수면 단계 EEG 기록이 8시간에 걸친 수면 단계의 주기를 보여준다. 첫 4시간은 대부분 NREM 3단계와 4단계이고, 두 번째 4시간은 대부분 REM 수면이다.

출처: Adapted from Cartwright (1978).

적으로 마비시킨다. 손가락 근육 같은 일부 작은 근육은 REM 수면 동안 경련하거나 씰룩거릴 능력을 유지한다. 고양이의 앞발은 REM 시기 동안 빈번히 씰룩거리는데, 이는 고양이가 꿈속에서 쥐를 쫓고 있다고 짐작하게 한다.

인간의 NREM 수면과 REM 수면 사이의 순환은 ●그림 9.15에서 설명하듯이 8시간의 수면 동안 특징적인 패턴을 따른다. 처음 4시간은 더 오래 지속되는 NREM과 짧게 지속되는 REM으로 특징지어진다. 3단계와 4단계는 첫 절반의 수면 주기에서 특히 우세하다. REM은 5~8시간째에 보이는 주된 단계이고 이 시간에는 모든 NREM이 얕은 잠인 1단계와 2단계에 머무른다. 3단계와 4단계는 수면의 마지막 4시간 동안에는 드물거나 아예 없다. 우리는 하룻밤 수면의 마지막 반 시간 정도를 REM으로 보내고, 종종 방금 꿈꿨다고 생각하며 깨게 된다.

각성과 수면을 통제하는 뇌 네트워크

뇌줄기, 시상하부, 그리고 바닥앞뇌를 연결하는 회로가 각성과 수면의 단계 개시와 유지에 핵심적인 역할을 한다. 이 구조들은 ● 그림 9.16에 제시되어 있고, 각성 및 수면과의 관계는 표 9.1에 요약되어 있다.

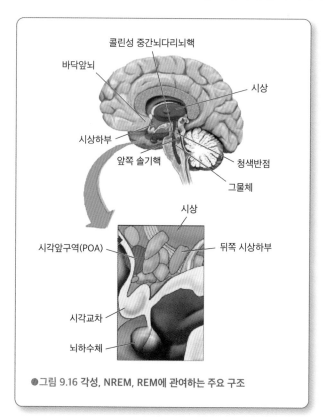

●그림 9.16 각성, NREM, REM에 관여하는 주요 구조

표 9.1 각성, NREM, REM 중 뇌 구조들의 활동

	각성	NREM	REM
중간뇌에 있는 그물체	활동적	비활동적	비활동적
다리뇌에 있는 그물체	비활동적	비활동적	활동적
숨뇌에 있는 그물체	활동적	비활동적	비활동적
바닥앞뇌	활동적	비활동적	비활동적
청색반점	활동적	덜 활동적	비활동적
솔기핵	활동적	덜 활동적	비활동적
시상하부의 시각앞구역	덜 활동적	활동적	비활동적

각성을 관장하는 네트워크 깨어있기 위해서는 뇌줄기와 바닥앞뇌에 자리한 구조들의 복잡한 네트워크의 협력이 필요하다. 각성은 어느 한 구조가 단독으로 담당하지 않으며, 각성에 참여하는 구조들 중 일부는 REM 수면에도 참여한다.

숨뇌의 그물체에서 시작하는 두 가지 경로가 각성의 핵심이다. 배쪽 경로는 숨뇌로부터 뒤쪽 시상하부로 진행해서 바닥앞뇌에 이른다. 등쪽 경로는 다리뇌와 중간뇌의 교차점에 자리한 **콜린성 중간뇌다리뇌핵**(cholinergic mesopontine nucleus), 즉 중간뇌 그물체(중뇌 망상체)에 있는 세포 집단에 투사한다. 이 뉴런들은 시상에 투사하는데, 시상은 이어서 대뇌겉질의 활동에 영향을 주어서 겉질이 받는 감각 입력의 양을 조절한다.

이 두 경로 외에도 다리뇌의 청색반점(locus coeruelus, 청반) 역시 시상, 해마, 겉질에 대한 풍부한 연결(2장을 보라)을 통해서 각성에 관여한다. 노르에피네프린 대부분의 원천인 뇌의 청색반점은 어떻게 단일 구조가 다양한 각성 상태에 관여하는지에 대한 좋은 예를 제공한다. 청색반점은 사람이 경계 상태에 있을 때 가장 활발하고, 긴장을 풀고 있을 때는 비교적 덜 활발하다. 또한 NREM 동안에는 그보다 조용하고, REM 동안에는 완전히 침묵한다.

앞쪽 솔기핵(anterior raphe nucleus, 전측 봉선핵)도 수면–각성 주기를 관리하는 데 중요한 역할을 한다. 이 세로토닌성 핵은 앞쪽 시상하부의 시각앞구역과 시각교차위핵뿐만 아니라 대뇌겉질과도 신호를 주고받는다. 청색반점처럼 솔기핵은 깨어있을 때 활동적이며 NREM 동안 활동이 덜하고, REM 동안 조용하다.

인간은 자신이 깨어있는 시간을 집중적 사고(focused thought)와 상념(mind wandering)이라는 비집중적 상태로 꽤 균등하게 나눈다. 신경과학자들은 각성과 주의집중이 필요한 활동을 할 때와 비교해서 상념을 하는 동안에는 뇌가 매우 조용할 것이라고 기대했지만, 이는 사실이 아닌 것 같다. 집중할 때 뇌는 그렇지 않을 때보다 약 5%의 에너지를 더 사용할 뿐이다. 이러한 관찰로부터 안쪽 이마앞겉질, 안쪽 마루겉

콜린성 중간뇌다리뇌핵 주요 신경전달물질로 아세틸콜린을 사용하는 다리뇌와 중간뇌의 경계에 자리한 세포 집단으로, 각성 유지에 참여함. meso는 중간뇌를, pontine은 다리뇌를 의미함.

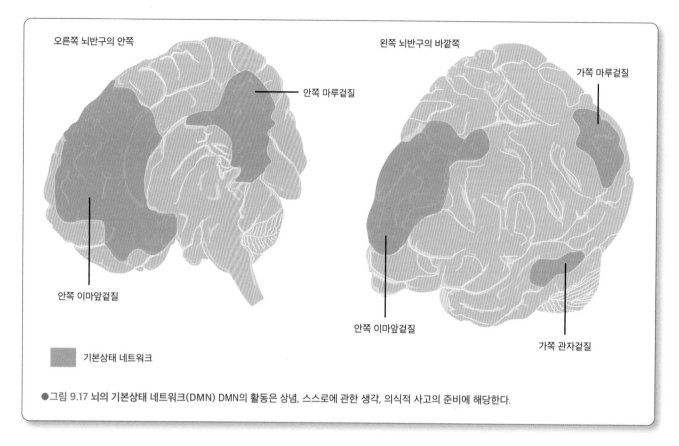

오른쪽 뇌반구의 안쪽

안쪽 마루겉질

안쪽 이마앞겉질

왼쪽 뇌반구의 바깥쪽

가쪽 마루겉질

안쪽 이마앞겉질

가쪽 관자겉질

기본상태 네트워크

●**그림 9.17 뇌의 기본상태 네트워크(DMN)** DMN의 활동은 상념, 스스로에 관한 생각, 의식적 사고의 준비에 해당한다.

질, 가쪽 마루겉질, 가쪽 관자겉질로 이뤄진 **기본상태 네트워크**(default mode network, DMN; ●그림 9.17)가 규명되기에 이르렀다(Raichle & Snyder, 2011).

DMN의 활동은 종종 백일몽과 관련되어 있으며, 문제해결 같은 의식적 과제에 몰두하기 시작할 때 실제로 감소한다. 연구자들은 DMN 관찰을 근거로 컴퓨터 검사 동안 참가자의 실수를 예측할 수 있었다(Eichele et al., 2008). 옳은 답을 할 때는 아니지만 실수로 틀린 답을 할 때는 약 30초 전에 DMN의 활동이 증가하면서, 이마앞겉질의 다른 부분과 앞쪽 띠겉질 같은 초점주의에 관여하는 영역의 활동을 대체했다. 이러한 유형의 관찰은 경쟁하는 네트워크들이 존재한다는 발상, 즉 집중 활동은 DMN 활동을 억제하고 DMN 활동은 집중 활동을 억제한다는 생각을 불러일으켰다(Buckner, Andrews-Hanna, & Schacter, 2008). 특히 DMN의 활동은 자극을 자신과 관련지어 자기성찰적으로 처리하는 것을 반영한다(Mak et al., 2016; Qin et al., 2016).

건강한 사람에게서는 DMN 연결성이 인지 기능을 예측한다. DMN 연결성은 성인기에 최고조에 달하는데, 아동기와 노년기에는 연결성이 더 낮다(Mak et al., 2016; ●그림 9.18을 보라). 특이한 DMN 활동은 다수의 신경퇴행성장애(알츠하이머병, 관자엽 뇌전증, 파킨슨병), 심리장애(주의력결핍 과잉행동장애, 주요우울장애, 양극성장애; 13장과 14장을 보라)와 관련이 있는 것으로 추측되고 있다(Mohan et al., 2016).

NREM 수면 네트워크 일단 각성하기 시작하면, 각성을 관리하는 네트워크에서 진행 중인 활동뿐만 아니라 외부 세계로부터 들어오는 자극으로 인해 각성이 유지된다. 그

기본상태 네트워크 비집중적 사고의
시기 동안 활동하는 회로.

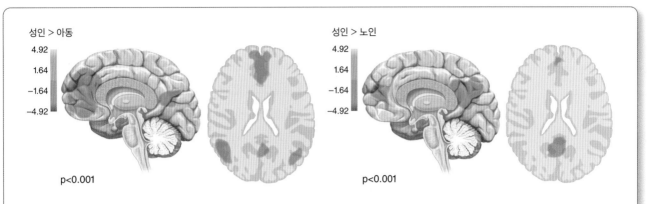

성인 > 아동
4.92
1.64
−1.64
−4.92
p<0.001

성인 > 노인
4.92
1.64
−1.64
−4.92
p<0.001

●그림 9.18 나이와 관련된 DMN의 연결성 DMN의 기능적 연결성은 인지적 수행과 상관이 있다. 성인은 아동(왼쪽)이나 노인(오른쪽)과 비교해서 DMN의 기능적 연결성이 더 높다.

러면 우리는 어떻게 각성에서 NREM 수면으로 이행하는 것일까?

앞쪽 솔기핵으로부터 입력을 받는 시상하부의 시각앞구역(POA)은 각성 경로의 억제적 피드백 고리를 형성한다. 이러한 시상하부 회로는 때때로 **수면 빚**(sleep debt)이라고 불리는, 각성에 대한 항상성 통제를 관리하는 것으로 보인다. 다른 말로 하면 이러한 회로는 각성의 지속 기간과 강도를 기록하고 실제로 일정한 기간이 지나면 수면을 촉진한다. 솔기핵에서 나오는 입력으로 POA의 활성화가 계속되면 각성을 촉진하는 회로가 억제되고, 이는 수면을 가능하게 한다(Gallopin et al., 2000). POA세포를 전기자극하면 즉각적으로 NREM 수면으로 들어가고 손상되면 불면증이 생기는데, 이러한 이유로 POA세포를 NREM-켬 세포라고 부르기도 한다. NREM-켬 세포는 NREM 동안 가장 활동적이며, 각성과 REM 동안에는 비교적 덜 활동적이다.

이 장의 뒷부분에서 설명할 기면증(narcolepsy) 같은 다른 병리가 없다면, 수면의 첫 부분은 항상 NREM이다. 각성을 관리하는 회로로부터 입력이 없을 경우, 시상의 뉴런은 겉질 뉴런의 활동을 동기화시키기 시작하는데, 결국 이는 NREM 수면의 깊은 단계에서 관찰되는 느리고 큰 파형을 일으킨다. 이런 동기화가 진행됨에 따라 겉질과 외부 세계와의 '동조'는 점점 더 어긋나고, 각성 상태에 도달하기 더 어렵게 된다. 깨어 있는 동물의 시상을 전기자극하면 NREM 수면이 발생한다.

또한 앞에서 기술한 DMN은 각성 시와 비교해서 NREM의 깊은 단계 동안 약간 다르게 행동한다(Horovitz et al., 2009). 각성 중 안쪽 이마앞겉질의 활동은 DMN의 더 뒤쪽 부분과 긴밀한 상관관계가 있다. 그러나 NREM 동안 이 네트워크의 앞부분이 뒷부분에서 분리되면서 이 두 영역의 활동 사이의 상관은 사라지게 된다. DMN의 이러한 변화는 깊은 수면 동안 의식 경험이 상대적으로 감소하는 것과 연관된다.

NREM이 시작됨에 따라 청색반점과 솔기핵의 활동은 점차 저하되는데, 이는 뇌가 REM 수면의 첫 회기에 들어가도록 준비시키는 것이다. REM 동안 이 영역들은 사실상 침묵한다.

수면 빚 수면의 항상성 통제. 이 상황에서 수면 촉진 정도는 이전의 졸리지 않은 상태의 지속 기간 및 강도와 관련됨.

REM 네트워크 앞에서 소개한 바 있는 콜린성 중간뇌다리뇌핵같이 각성과 REM 수면 두 경우에 모두 활동하는 뇌 영역들이 일부 있다. 이 뉴런들은 각성과 REM 동안 높은 수준의 활동을 유지하지만, NREM 동안은 비교적 조용하다. 이 영역을 자극하면 시상과 겉질을 연결한 회로에 대한 접속으로 인해 비동기화된 EEG 활동이 생성된다.

REM-켬 영역은 REM 동안 활동적이지만 깨어있는 동안에는 그렇지 않고, REM-끔 영역은 깨어있는 동안 활동적이지만 REM 동안에는 그렇지 않다. 핵심 REM-켬 영역 대부분은 다리뇌에 자리한다(McCarley, 2007). 입쪽 다리뇌그물체(rostral pontine reticular formation)의 부분들이 특히 중요해 보이는데, 이 영역의 손상은 REM 수면을 선택적으로 없애버리기 때문이다(Steriade & McCarley, 2005). 이 뉴런들은 각성과 NREM 수면 동안은 활동하지 않지만 REM 동안 매우 활동적이다. 핵심적인 REM-끔 구성 요소는 청색반점과 솔기핵이다. 이 구조들이 NREM 동안 활동을 줄임에 따라 입쪽 다리뇌그물체의 활동이 탈억제되는데, 이는 REM이 생기도록 한다(McCarley, 2007). 인간의 경우 REM은 30분 정도 발생한다. 그 후 청색반점과 솔기핵이 재활성화되어 입쪽 다리뇌그물체를 억제하면 REM이 끝난다. 그다음 각성이나 NREM의 다른 주기가 뒤따른다.

다리뇌의 영역들은 근육마비와 안구운동을 비롯하여 REM 수면의 몇 가지 독특한 특징을 만든다. 이러한 안구운동은 깨어있는 동안 만드는 안구운동과 비교해서 '급속하다(rapid).' 이 운동은 외부 시각 입력이 없는 상태에서 다리뇌그물체가 활동한 결과

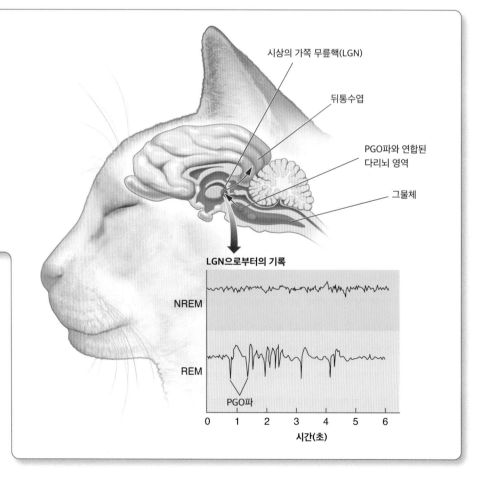

●그림 9.19 PGO(다리뇌-무릎핵-뒤통수엽)파는 REM 수면을 동반한다
PGO파는 수면 중인 고양이 시상하부의 가쪽 무릎핵에서 기록될 수 있다. 위의 기록은 NREM 동안 가쪽 무릎핵의 활동이 상대적으로 없음을 보여주는데, 이는 아래 기록에서 보이는 REM 동안 발생하는 극적인 급등락과 대비된다. 뒤통수엽(O)과 가쪽 무릎핵(G)은 시각에 관여한다. REM 수면 동안 일어나는 이러한 파형과 그 관련된 안구운동의 중요성은 여전히 수수께끼이다.

시상의 가쪽 무릎핵(LGN)

뒤통수엽

PGO파와 연합된 다리뇌 영역

그물체

LGN으로부터의 기록

NREM

REM

PGO파

0   1   2   3   4   5   6
시간(초)

PGO파 REM 수면 동안 관찰되는 전기적 파형. 다리뇌에서 나와 시상과 뒤통수엽으로 전달되며, 각 PGO파는 안구운동과 관련되어 있음.

로 발생한다. 이 영역은 중간뇌의 위둔덕을 자극하는데, 여기는 안구운동의 타이밍과 방향을 조정한다. 이어서 위둔덕은 다리뇌그물체의 다른 부분과 신호를 주고받으며 그 결과로 특징적인 안구운동이 일어난다.

각 안구운동은 ●그림 9.19에 제시한 것처럼 **PGO파**(PGO wave)로 알려진 파형을 동반한다. 이런 파형은 다리뇌그물체(pontine reticular formation, P)에서 기원한 것인데, 시상의 가쪽 무릎핵(lateral geniculate nucleus, G; 시상의 시각 중추)과 뒤통수엽(occipital lobe, O; 일차 시각겉질이 있는 곳)으로 전송된다. REM 수면에 동반되는 근육마비는 다리뇌그물체로부터 숨뇌로, 그리고 거기서 척수의 운동계로 전송되는 억제적 메시지가 원인이다. 뇌의 일차 운동겉질이 REM 동안 상당히 활동적임에도 불구하고, REM 동안 완전하게 반응할 수 있는 유일한 근육은 눈 근육, 가운데귀(중이)의 근육, 그리고 호흡과 관련된 것들이다.

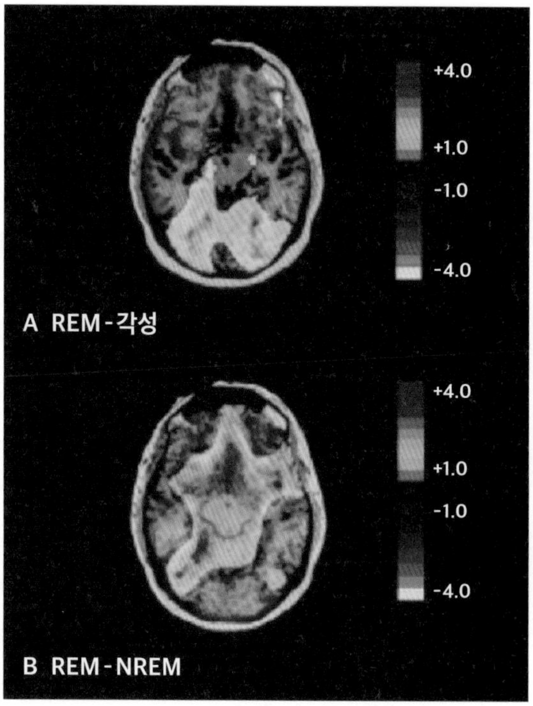

Courtesy A. R. Braun, National Institute of Deafness, NIH, Bethesda

●그림 9.20 뇌 활동 패턴의 비교 PET 검사는 REM 중 활동과 각성 중 활동, 또는 REM 수면과 NREM 수면 같은 두 가지 상태 동안의 뇌 활동을 비교하는 데 사용될 수 있다. REM 중인 뇌와 깨어있는 뇌를 PET 스캔으로 각각 촬영한 후 연구자가 뇌 활동을 픽셀 단위로 비교한 결과를 표준 뇌 영상 위에 겹쳐서 나타내었다. 그림의 오른쪽에 있는 척도는 두 상태 동안 관찰된 차이를 색상으로 나타낸 것이다. 각성이나 NREM 수면보다 REM 수면 동안 더 활동적인 영역은 적색이나 황색으로 나타내고(+1~+4), 각성이나 NREM 수면과 REM 수면 동안 비슷한 정도로 활동적인 영역은 색을 입히지 않으며(0), 각성이나 NREM 수면보다 REM 수면 동안 덜 활동적인 영역은 청색이나 보라색으로 나타낸다(-1~-4). 이미지의 아래쪽을 향해서 자리한 이차 시각겉질은 깨어있을 때보다 REM 동안 더 활동적이고(황색), 위쪽을 향해서 자리한 이마엽은 깨어있을 때보다 REM 동안 덜 활동적이다(보라색). 둘레계(변연계)는 NREM보다 REM 도중에 훨씬 더 활동적인데, 이는 REM이 정서적 처리와 상관이 있다고 하는 가설과 일치한다.

급속안구운동의 목적은 아직 명확하게 밝혀지지 않았지만, 이야기같이 생생한 꿈(이 장의 후반에 자세히 논의됨)과 상관관계가 있다는 사실은 안구운동과 꿈 이미지 사이의 연관성을 시사한다. 대뇌겉질의 개별 세포들에 대한 기록을 보면, 안구운동 중에는 우리가 깨어있는 동안 새로운 이미지를 볼 때와 유사한 방식으로 세포들이 반응한다는 것을 알 수 있다(Andrillon, Nir, Cirelli, Tononi, & Fried, 2015). 이처럼 순간적으로 발생하는 활동은 꿈꾸는 동안 시각 이미지의 새로운 '스냅사진'을 나타내는 것인지도 모른다(Hobson et al., 2003). 그런데 이와 동시에 한 번도 시각 이미지를 경험해보지 못한 선천적인 시각장애인들도 REM 수면 동안 정상적인 급속안구운동을 나타낸다. 선천적인 시각장애인들은 꿈꾸는 동안 시각 이미지를 경험하지 않으므로, 이런 사람들에게서는 안구운동과 꿈 내용 사이의 상관이 다른 형태를 취할 필요가 있을 것이다(Meaidi, Jennum, Ptito, & Kupers, 2014).

REM 수면의 뇌 영상 연구들은 REM 수면 동안 뒤통수엽의 일차 시각겉질이나 이마엽 어디에서도 활동이 거의 없다는 것(어쨌든, 눈은 감겨 있는 상태이므로)을 보여준다(Maquet, 1999). 그러나 이차 시각겉질에는 유의한 활동이 있다. 각성 중 판단에 관여하는 이마엽의 활동이 없다는 것은 꿈이 종종 기이하고 비논리적이며 사회적으로 부적합한 내용을 담고 있음을 설명하는 것일 수도 있다(●그림 9.20을 보라). 이와 대조적으로 해마는 상당히 활동적인데, 아마도 REM 수면 동안 기억 응고화에 한몫하기 때문일 것이다. 편도체와 앞쪽 띠겉질 또한 상당히 활동적이다. 이는 아마도 빠르게 바뀌고 정서적인 꿈의 특성과 관련될 것이다.

각성과 수면의 생화학적 상관물

다수의 신경화학물질이 우리의 수면-각성 주기를 유지하는 데 참여한다.

다리뇌와 바닥앞뇌에서 분비되는 아세틸콜린(ACh)은 각성과 REM 수면 모두에 가담한다(Vazquez & Baghdoyan, 2001). 니코틴 같은 콜린성 효능제는 정신적 각성도를 높은 수준으로 끌어올린다. 이와 비슷하게, 이마엽의 글루탐산 활동은 각성과 REM 수면 모두에서 높다. 따라서 글루탐산은 REM-켬 과정을 촉진하는 것으로 보인다(Datta, Spoley, & Patterson, 2001).

시상과 시상하부의 일부 뉴런은 주요 신경화학물질로 히스타민을 사용한다. 이 뉴런들은 앞뇌 전체에 광범위하게 투사하는데, 그 활동은 각성도(alertness)와 관련되어 있다. 히스타민 활동은 깨어있는 동안에는 높지만, NREM과 REM 수면 동안에는 비교적 낮다. 감기와 알레르기 증상을 억제하는 데 사용되는 전통적인 항히스타민제(히스타민 길항제)는 졸음을 유발한다. 현대의 항히스타민제는 혈관-뇌 장벽을 넘지 않으므로(3장을 보라) 잠이 오는 부작용을 피할 수 있다.

(솔기핵에서 나오는) 세로토닌과 (청색반점에서 나오는) 노르에피네프린의 활동은 깨어있는 동안 가장 높고, NREM 수면 동안 줄어들다가, REM 수면 동안 가장 낮아진다. 주요우울장애를 제대로 치료받지 못한 사람들(14장을 보라)의 경우 REM 수면이 너무 일찍 시작될 뿐만 아니라 수면 주기 동안 너무 자주 나타나는데, 이는 아마도 감소된 세로토닌 활동 때문인 것 같다. 항우울제는 세로토닌 활동을 증폭시키고, 종종 REM 수면을 억제한다. 암페타민 같은 노르에피네프린의 분비를 자극하는 약물은 졸음을 늦춘다(Siegel & Rogawski, 1988).

카페인은 많은 뇌 체계에 억제적 효과를 가지는 ATP 부산물인 아데노신에 결합하는 수용체를 차단해서 우리가 깨어있게 한다(4장을 보라). 아데노신이 억제되면 각성도가 유지된다. 아데노신을 인위적으로 투여하면 수면이 유도된다(Radulovacki, 1985). 아데노신은 온종일 축적되고, 수면이 지연되면 수면이 시작될 때까지 그 농도가 계속해서 상승한다(Porkka-Heiskanen & Strecker, 1997). 아데노신은 특히 각성과 연관이 있는, 아세틸콜린, 세로토닌, 노르에피네프린을 포함하는 신경화학물질을 분비하는 뉴런을 억제한다. 야간 수면 중에 아데노신 수준은 다시 감소해서, 아침에 다시 깨어날 수 있게 한다.

인간의 경우 멜라토닌은 밤 주기의 시작을 알릴 뿐만 아니라 졸음에도 이바지한다. 대부분 사람은 잠잘 가능성이 더욱 커지는 시기인 '꿈나라로 들어가는 문이 열리는 것'을 경험한다(Lavie, 1986). 꿈나라로 들어가는 문의 개방은 각성을 유지하는 신호와 멜라토닌 활동 모두의 감소를 반영한다. 멜라토닌 분비는 꿈나라로 들어가기 2시간 전에 확실하게 급증한다(Gorfine & Zisapel, 2009).

중간 요약 9.2

신경화학물질	수면-각성 주기와 관련하여 신경화학물질이 활성화되는 장소	수면과 각성에 대한 활동의 관련성	신경화학물질의 효능제 효과	신경화학물질의 길항제 효과
아세틸콜린(ACh)	• 다리뇌 • 바닥앞뇌	• 각성과 REM 동안 높음 • NREM 동안 낮음	• 각성의 증가 • REM 수면 증가	• 각성의 감소 • REM 수면 감소
글루탐산	• 이마엽	• 각성과 REM 동안 높음 • NREM 동안 낮음	• 각성의 증가 • NREM 수면의 억제	• REM 수면 감소
히스타민	• 시상 • 시상하부	• 각성 동안 높음 • NREM과 REM 동안 낮음		• 졸음과 수면 증가
세로토닌	• 솔기핵	• 각성 동안 높음 • NREM 동안 낮음 • REM 동안 활동 없음	• 수면시간 증가 • REM 감소	• REM 수면 증가 • 각성의 증가
노르에피네프린	• 청색반점	• 각성 동안 높음 • NREM 동안 낮음 • REM 동안 활동 없음	• 각성의 증가 • REM 감소	• REM 수면 증가
아데노신	• 뇌에 전반적으로 분포	• 각성 동안 뇌에 축적; 아마도 수면 유도를 도움	• 아마도 수면을 촉진함	• 수면 억제
멜라토닌	• 뇌에 전반적으로 분포	• 아마도 수면 유도를 도움	• 수면의 감소	• 각성

‖ 요점

1 바닥앞뇌, 그물체의 일부, 솔기핵, 청색반점의 활동은 각성 및 경계와 연계되어 있다. (LO2)

2 기본상태 네트워크(DMN)는 비집중적 사고 동안에 활발하고, 집중적 사고 동안에는 뇌의 활동으로 인해 억제된다. (LO2)

3 각성을 관리하는 회로가 억제되고 솔기핵과 청색반점의 활동이 저하될 때 NREM이 시작된다. (LO2))

4 다리뇌에 자리한 그물체의 부위들이 REM 수면의 서로 다른 측면을 통제한다. (LO2)

5 수면과 각성의 조절에 관여하는 신경화학물질에는 아세틸콜린, 글루탐산, 히스타민, 세로토닌, 노르에피네프린, 아데노신, 멜라토닌이 있다. (LO2)

‖ 복습 문제

1 각성과 수면의 다양한 단계에서 얻은 EEG 기록으로부터 알 수 있는 것은 무엇인가?

2 수면은 어떤 면에서 능동적인 과정이라고 간주할 수 있는가?

●그림 9.21 새로운 수면 박탈 기록이 세워졌다 수면 박탈에 대한 가장 최근의 기록 경신은 2007년에 Tony Wright가 세운 11일 2시간 4분 8초였다. Tony의 노력은 BBC가 시간별로 기록하였으며, 수천 명의 사람이 인터넷 중계로 보았다.

© Apex News & Pictures

수면의 기능

2007년, Tony Wright(●그림 9.21)는 기존의 수면 박탈 기록을 깨기 위해 266시간 동안 잠 안 자기에 돌입했다. Wright의 경험은 우리가 극한 수준의 수면 박탈에도 생존할 수 있음을 보여주기는 했지만, 졸음의 결과는 정말로 심각할 수 있다. 졸음은 1979년 스리마일섬 핵발전소 노심용융, 1986년 챌린저(Challenger) 우주왕복선 폭발, 1989년 유조선 엑손 밸디즈(Exxon Valdez)호 좌초 원인의 일부였다(Coren, 2012). 또한 수면 박탈은 1984년 인도 보팔의 한 공장에서 발생해서 약 3,800명의 사망자를 낸 화학물질 누출 사고와도 관련되어 있었다(Kurzman, 1987). 여러분은 지금 얼마나 졸린지 Epworth 졸음 척도(Epworth Sleepiness Scale)를 통해서 확인해 볼 수 있다(Johns, 1991).

수면 박탈의 부정적인 효과는 수면에 이득이 있음을 시사한다. 동물의 활동 수준을 보면, 대부분 동물은 상대적으로 조용하고 외부 자극에 반응을 덜 하는 시기가 적어도 한 번은 있는 일주율을 따른다. 심지어 초파리도 매일 7시간의 휴식을 취한다(Shaw, Cirelli, Greenspan, & Tononi, 2000). 유기체가 이런 휴식 기간으로부터 얻을 수 있는 혜택은 무엇일까?

Epworth의 졸음 척도

다음과 같은 상황에서 단순히 피곤한 느낌을 넘어 꾸벅꾸벅 졸거나 곯아떨어질 가능성이 얼마나 큰가? 다음 척도를 사용하여 각 상황에서 가장 적합한 숫자를 선택하라(비록 당신이 최근에 다음의 것들을 해본 적 없더라도, 그것이 당신에게 얼마나 영향을 미칠지 추측해 보라).

0 = 절대 꾸벅거리지 않음
1 = 꾸벅거릴 가능성이 약간 있음
2 = 꾸벅거릴 가능성이 중간 정도 있음
3 = 꾸벅거릴 가능성이 큼

상황	꾸벅거릴 가능성
앉아서 독서하기	_____
TV 시청하기	_____
공공장소(예: 극장)에 가만히 앉아있기	_____
중간 휴식 없이 1시간 동안 동승자로서 차에 타고 있기	_____
오후에 쉬려고 누워있기	_____
앉아서 누군가와 이야기하기	_____
반주(飯酒) 없는 점심 식사 후에 가만히 앉아있기	_____
차 안에서 교통체증으로 몇 분 동안 멈춰있기	_____

10점을 넘는 점수는 주간에 졸음이 유의하게 과도함을 의미하므로, 우려할 만한 확실한 이유가 된다.

일생에 걸친 수면의 변화

●그림 9.22에서 보듯이 나이와 함수관계에 있는 야간 수면 패턴을 관찰함으로써 수면의 가능한 기능에 관한 실마리를 모을 수 있다. 일생에 걸쳐 수면량이 달라질 뿐만 아니라 수면의 구성 또한 바뀐다.

갓난아이는 하루에 14~16시간을 수면으로 보낸다. 갓난아이의 수면시간 중 절반이 REM 수면인데, 청소년과 성인의 경우는 약 20%이다(McCarley, 2007). 조산아는 보통 REM 수면의 비율이 갓난아이보다 더 크다. 아이가 미숙하게 태어날수록 수면시간에서 REM이 차지하는 비율이 커진다. 임신 7개월경에 태어난 아이는 수면시간에서 80% 정도까지를 REM 수면으로 보낸다. 초음파 영상을 사용하면 이와 같은 발달 시점에 태아에게서 급속안구운동을 최초로 관찰할 수 있다(Inoue et al., 1986). 이 장의 뒷부분에서 더 자세히 보겠지만, REM 수면 동안 일어나는 처리는 새롭게 형성된 시냅스를 잘라내고 유지하는 데 중요하다(Li, Ma, Yang, & Gan, 2017). 전 생애에 걸쳐 시냅스 형성이 최고조에 이른 동안에 더 많은 REM 수면을 보게 될 것으로 예상된다.

첫돌 무렵 아이의 수면시간은 13시간으로 줄어드는데, 여기에는 만 3세까지 계속

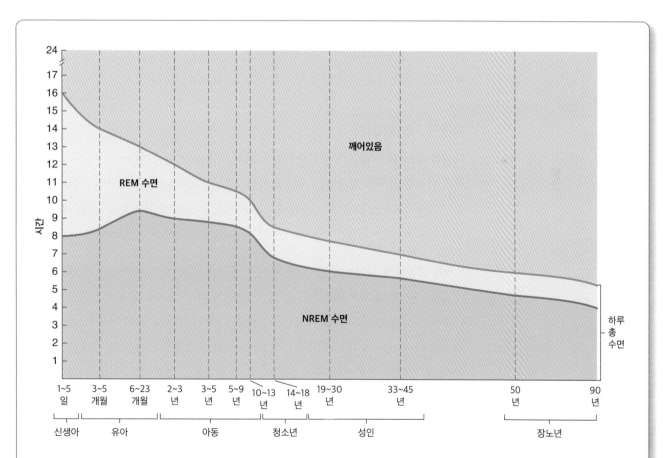

●그림 9.22 생애에 걸친 수면 패턴 어린아이는 자는 데 더 많은 시간을 보낸다. 이들의 수면시간에는 REM 양이 불균형적으로 많다. 나이가 들면서 총 수면량과 NREM 3~4단계의 양이 줄어들게 된다.

출처: Adapted from Roffwarg, Muzio, & Dement (1962).

되는 1~2시간의 낮잠이 포함되어 있다. 1~5세 사이의 아이들 중 대부분은 대략 8.7시간을 잔다. 델타파 활동(NREM 수면의 3~4단계에서 나타남)의 양은 3~6세 사이에 가장 많다. 사춘기에는 REM 수면이 약간 더 감소하고, 3~4단계 수면은 상당히 많이 감소한다(Dahl, 1996). 10대 청소년은 종종 9~10시간으로 야간수면량을 늘릴 필요성을 느끼기는 하지만 그만큼 많이 잘 기회를 자주 얻지는 못한다(Carskadon et al., 2002).

NREM 수면은 중년이 되면서 더 감소한다. NREM의 3~4단계에서 보내는 시간은 25세 미만의 남성에게서는 밤의 20%인데, 35세가 넘은 남성에게서는 밤의 5%보다 적어지는 정도로 감소한다(Van Cauter, Leproult, & Plat, 2000). 50세 무렵부터 80대까지 총 수면시간은 10년마다 27분씩 줄어들기 시작한다. 노인의 솔방울샘은 석회화하고 멜라토닌 양도 줄어들기 시작해서 결국 잠을 덜 자게 된다(Vinod & Jagota, 2017). 나이와 더불어 각성은 증가하는데, 이는 수면 방추의 감소를 동반한다(Crowley, Trinder, Kim, Carrington, & Colrain, 2002). 나이와 관련된 수면 패턴의 변화 중 적어도 일부는 노화와 관련된 성호르몬의 감소 때문이다. 갱년기에 접어드는 여성은 자주 수면 혼란을 경험한다(Hollander et al., 2001). 인간의 시각교차위핵은 에스트로겐과 프로게스테론 수용체를 포함하고 있는데, 이는 성호르몬이 생체 리듬 통제에 직접적인 역할을 함을 시사한다(Kruijver & Swaab, 2002). 비록 나이와 관련하여 수면의 양과 질이 변화하는 것은 불가피해 보이지만, 신체적으로 건강하고 정신적으로 활동적인 노인은 일반적으로 더 높은 질의 수면을 향유한다(Driscoll et al., 2008).

수면의 가능한 이득

다양한 종에 걸쳐 많은 형태의 '수면'이 있는 것으로 보인다. 따라서 수면이 모든 동물에게 단일한 목적을 달성하는 수단일 가능성은 적다(Siegel, 2008). 어떤 종에게서 수면을 필요로 하는 기능이 다른 종에게서는 깨어있는 동안에 관리될 수 있다. 다수의 이론이 인간의 수면이 어떤 기능을 수행할 수 있는지 파악하려고 시도해 왔다.

우리를 안전하게 지키는 수면 수면은 일부 동물이 하루 중 포식자로부터 가장 안전하지 않은 시간에 활동적으로 되는 것을 막는다. 그러나 안전한 장소에 있지 않는 한, 비활동적인 것은 안전한 것이 아니다. Allison과 Cicchetti(1976)는 동물의 피식 위험성과 그들의 피난처에 대한 접근을 기반으로 종의 수면습관을 상당히 정확하게 예측할 수 있었다. 예를 들면 야생에서 말은 주로 사냥당하는 동물이고, 일반적으로 탁 트인 곳에서 잠을 잔다. 결과적으로 야생마는 하루에 1~2시간 정도로 짧게 잔다. 토끼 역시 빈번하게 사냥당하는 동물이지만, 토끼에게는 숨을 수 있는 굴이 있으므로 말보다는 훨씬 많이 잔다. 사자와 같은 포식동물은 언제든지 원하는 장소에서 긴 시간 동안 자는 경향이 있다(●그림 9.23을 보라). ●그림 9.24에는 다양한 종의 평균 수면시간이 나타나있다.

우리의 신체를 회복시키는 수면 수면, 특히 NREM은 우리가 신체를 회복하고 에너지를 아끼는 데 도움을 준다. 수면 박탈은 면역 기능의 감소(Zager, Andersen, Ruiz, Antunes, & Tufik, 2007), 치유 불능(Murphy et al., 2007), 성인의 해마 신경발생의 억제(Mueller et al., 2008)를 포함한 다수의 부정적인 신체적 결과를 낳는다. NREM 수면을 박탈당한 사람은 잠을 잘 수 있는 다음 기회에 이 박탈을 보충하려고 시도한다. EEG가 특징적인 델타파를 보이기 시작할 때 실험자원자를 깨움으로써 선택적으로 NREM 수면의 3단계와 4단계를 박탈할 수 있다. 하룻밤 수면을 박탈당한 후 자원자는 전형적으로 근육과 관절의 통증을 호소한다(Moldofsky & Scarisbrick, 1976). 고령자가 경험하는 근육통, 관절통 및 기타 통증의 일부는 3~4단계 수면이 나이에 따라 줄어들기 때문일 가능성이 있다.

●그림 9.23 안전은 종의 수면습관을 예측한다 대부분의 거대 포식자처럼 사자는 언제 어디서 자야 할지를 그다지 걱정할 필요가 없다.

낮 동안 신체적 부담의 증가는 그날 밤 수면량 증가의 필요성과 상관이 있다. 이는 신체의 회복에서 NREM의 역할을 더욱 지지한다. 울트라마라톤(마라톤의 2배 길이의 경주) 선수는 뛰고 난 날 밤 놀랍게도 20~30분 정도를 더 잘 뿐이다. 그러나 이렇게 증가된 수면의 대부분은 NREM 형태로 나타난다. 높은 강도로 훈련하는 운동선수가 연습을 하루 빠지면 15~20분의 NREM 수면이 REM 수면으로 대체되는 경험을 한다 (Hague, Gilbert, Burgess, Ferguson, & Dawson, 2003).

작은 동물은 신진대사율이 높은 경향이 있는데, 이들은 일반적으로 신진대사율이 더 낮은 큰 동물보다 잠을 더 많이 잔다. 신진대사율은 많은 조직에 해가 될 수 있는 유리기 생성과 정적 상관이 있다. NREM 동안의 낮은 체온과 신진대사율이 깨어있는

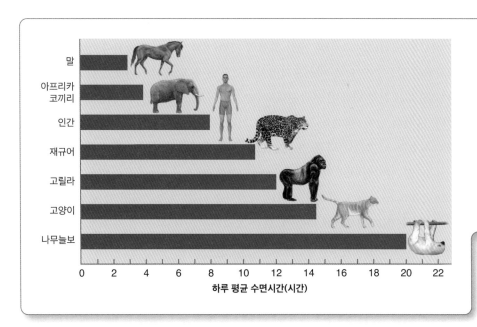

●그림 9.24 피식 위험성, 피난처, 수면 패턴 동물이 수면할 수 있는 은신처나 굴 등의 안전한 장소를 가졌는지, 그리고 피식의 위험이 어느 정도인지에 근거하여 동물의 수면량을 예측할 수 있다. 말처럼 주로 사냥당하며 탁 트인 장소에서 자는 동물은 아주 조금만 잔다. 굴에서 사는 피식 동물은 아주 많이 자는데, 이는 위험으로부터 자신을 지켜준다. 포식자는 이런 것에 구애받지 않고 잘 자는 경향이 있다.

동안 유리기가 만든 손상을 회복시킬 수 있는 이상적인 환경을 제공하는지도 모른다 (Siegel, 2005). 인간의 앞뇌의 신진대사 활동은 깨어있을 때에 비해 NREM 동안 매우 감소하는데, 이는 에너지의 효율적인 사용에 기여한다(Siegel, 2008).

인간의 **성장호르몬**(growth hormone, GH) 대부분은 NREM 수면 3~4단계 동안 분비된다(이 장의 앞부분에 있는 그림 9.8을 보라). 아동기에는 성장호르몬이 신체적 성장을 주로 책임지지만, 전 생애 동안 성장호르몬은 근육과 뼈 물질을 만들고 면역계 기능을 유지하는 데 이바지한다. NREM 동안 분비되는 성장호르몬은 사춘기 시작 즈음에 최고점에 이르고, 21세가 되면 감소하기 시작한다(Savine & Sönksen, 2000). 수면박탈은 성장호르몬 수준과 부상의 회복을 모두 저하시킨다(Murphy et al., 2007). 고령의 참가자에게 제공한 성장호르몬 보충제는 순 근육량과 뼈 질량을 증가시켰다(Brill et al., 2002).

수면 동안의 기억 응고화   과학자들은 수면이 일반적으로 기억 과정에 중요하다고 확신한다. 기억에 있어서 수면과 관련된 변화는 깨어있는 동안 무엇인가를 학습했을 때 일어나는 변화와는 다를 수 있다(Stickgold & Walker, 2007). 깨어있는 동안의 학습은 연결을 더 튼튼하게 만드는 단순한 문제겠지만, 수면과 관련되는 기억 과정은 새로운 정보를 수용하기 위한 기존 기억 체계의 재조직화를 포함할 것이다. 낮 동안의 기억은 NREM 동안 재활성화되고 해마 회로로부터 대뇌겉질로 이동할 수 있다(Diekelmann & Born, 2010). 이제 대뇌겉질에 저장된 기억은 REM 동안 더 강화될 수 있으며, 이는 깨어있는 동안 그 기억의 회상을 더 쉽게 만들 것이다(Ribeiro & Nicolelis, 2004).

REM 단계와 NREM 단계가 기억 과정에 따로따로 기여한다는 것은 여전히 논란거리이다(Nielsen et al., 2015). '이중 과정' 모형은 다른 유형의 기억이 REM 단계와 NREM 단계에 의해 촉진된다고 제안한다. 10장에서 논의하겠지만, 기억은 의식적으로 인출되는 명시적인 것일 수도, 덜 의식적으로 인출되는 암묵적인 것일 수도 있다. 명시적 기억은 쉽게 언어화할 수 있는 기억으로, 서술기억이라고도 한다. 명시적 기억에는 사실의 기억(의미기억)과 개인 경험의 기억(일화기억)이 포함된다. 암묵적 기억은 언어화하기 힘든 기억으로, 비서술기억이라고도 한다. 암묵적 기억에는 절차에 대한 기억과 고전적 조건화 반응이 포함된다. 서술기억은 NREM 수면 후에 향상하는 것으로 보인다. 예컨대 단어 쌍 기억은 깨어있는 기간 이후보다는 NREM 기간 이후에 더 강했다(Gais & Born, 2004). 다른 연구는 REM 수면이 대단히 정서적인 소재에 대한 파지(retention)를 향상한다고 지적했다(Smith, 2010; Wagner, Fischer, & Born, 2002; Wagner, Gais, & Born, 2001). 퍼즐을 풀거나 자전거를 타는 것 같은 절차에 관한 기억은 일부 보고에서는 NREM 2단계 다음에, 다른 보고에서는 REM 수면 다음에 향상되는데, 아마도 이는 과제의 복잡성에 좌우되는 것 같다(Smith, 2010).

수면과 기억에 대한 이중 과정 모형이 현재 진행하는 연구를 계속 이끌고 있지만, 이중 과정 모형은 수면 동안 기억이 어떻게 영향을 받는지에 대하여 지나친 단순화

성장호르몬(GH) 서파(slow-wave) 수면의 3~4단계 동안 분비되는 호르몬. 성장을 촉진하고 뼈와 근육의 양, 면역계 기능을 증진함.

를 하고 있을 가능성이 있다(Ackermann & Rasch, 2014). 전반적으로 기억 과정에서 NREM 수면의 역할을 지지하는 자료는 비교적 명확하지만, 기억에 REM이 별도의 역할을 하는지는 아직 잘 밝혀지지 않은 상태이다.

수면은 또한 기억을 재응고화(reconsolidation)하는 데 한몫한다. 우리가 행동신경과학 중간고사를 위해 뇌 구조물 명칭을 기억해 낼 때처럼, 기억을 사용하기 위해 재활성화, 즉 인출할 때 그 기억은 수정될 수 있을 정도로 '불안정'해진다. 이 기억이 다시 한번 안정적으로 되려면 재응고화가 되어야 한다. 비교적 짧은 수면 기간(40분)도 재활성화된 기억을 재응고화하는 데 유익함이 밝혀졌다(Klinzing, Rasch, Born, & Diekelmann, 2016).

수면과 기억의 관련성에 대한 더 명확한 그림을 그리기 위해서는 후속 연구가 필요하다. 그렇지만 확실한 것은 공부한 내용을 기억하기를 원하는 학생들에게 밤잠을 잘 자면 이롭다고 말해도 된다는 것이다.

수면과 정서 조절 붕괴한 수면 패턴과 다양한 심리장애, 특히 우울과 불안(14장을 보라) 같은 장애 사이의 상관관계를 관찰해 보면 수면이 정서 조절에 기여하고 있다는 생각에 도달한다(Palmer & Alfano, 2016). 수면 박탈에 초점을 둔 연구에서 수면이 부적절한 정서를 파악하는 능력과 적절한 반응을 선택하여 실행하는 능력에 중요한 역할을 한다는 사실이 밝혀졌다(Palmer & Alfano, 2016). 수면장애가 정서 조절에 영향을 미침으로써 심리장애로 이어질 수도 있는지를 알아내기 위해서는 후속 연구가 필요하다.

REM 수면의 특별한 혜택

오직 조류와 포유류만이 진정한 REM 수면을 보인다(Low, Shank, Sejnowski, & Margoliash, 2008). 연구자들은 한때 ●그림 9.25에 있는 바늘두더지와 그 동족인 오리너구리가 진정한 REM을 보이지 않는다고 믿었지만, 최근 보고에 따르면 이런 난생(알을 낳는) 원시 포유류도 REM을 경험한다고 한다(McCarley, 2007).

인간과 동물 모두에 대한 일관성 있는 관찰은 학습이 일어난 후 REM 수면이 증가한다는 것이다(Smith & Lapp, 1991). 다른 한편으로, 우리는 이미 기억에서 REM 수면의 역할이 불명확한 상태라고 하였다. 뇌 부상(Lavie, 1998)이나 약물복용으로 인하여 평소에 REM 수면이 억제되는 사람도 학습 능력을 유지한다. 예를 들어 뇌 부상으로 인해 REM 수면 또는 꿈꾸기에 어려움을 겪던 이스라엘 병사는 여전히 새로운 정보를 학습할 수 있었다(Dement & Vaughn, 1999). SSRI(4장과 14장을 보라)를 복용하는 사람도 REM 수면의 감소를 경험하지만, 여전히 학습을 할 수 있다(Pace-Schott et al., 2001).

●그림 9.25 바늘두더지와 REM 수면 연구자들은 한때 호주와 뉴기니의 토착동물이자 오리너구리의 난생 친족인 바늘두더지(*Tachyglossus aculeatus*)가 진정한 REM을 보이지 않는다고 믿었다. 최근 보고에 따르면 다른 포유류와 조류처럼 바늘두더지와 오리너구리도 REM 수면을 경험한다.

REM 수면이 기억에서 새로운 정보를 응고화하는 유일한 기제가 아님은 분명하다.

일생에 걸친 REM 수면의 변화는 REM 수면이 뇌 발달에 역할을 한다는 것을 시사한다. 태아와 어린아이에게서 관찰된 높은 비율의 REM 수면은 뇌가 큰 변화를 겪고있는 시기와 상관이 있다(5장을 보라). 우리가 성숙해지면서 뇌도 계속 변화하지만, 그변화의 폭은 훨씬 더 작다. 그 결과 성인에게 있어 REM 수면에 대한 필요성은 줄어든다.

Francis Crick과 Graeme Mitchison(1983)은 꿈이란 무의미하고 불필요한 정보를 뇌가 망각하는 방식 중 하나라고 보는 관점인 전산화된 **신경망 모형**(neural network model)을 제안하였다. 발달과 학습 둘 모두에 관한 후속 연구가 이 모형을 지지하였는데, REM 수면이 새롭게 형성된 시냅스의 제거와 유지에 영향을 주기 때문이다(Li et al., 2017; Poe, 2017). 새롭게 발달한 가지돌기 가시(3장을 보라)의 대부분이 REM 수면 동안 제거되는 반면에 더 적은 수의 가지돌기 가시는 강화되고 유지된다. 시냅스를 제거하는 REM 수면의 능력은 추가적인 학습 뒤에 일어나는 수행 향상을 촉진하였다. 덜 효과적인 시냅스를 제거함으로써 새롭고 더 성공적인 시냅스형성을 위한 자리가 만들어진 것이다. 시냅스 가소성(synaptic plasticity)을 제어함으로써 REM 수면은 중요한 기억에 접근하기 쉽게 만들면서도 우선순위가 낮은 기억의 처리를 줄이는지도 모른다.

성인은 어린이보다 REM 수면을 덜 필요로 하고 일부 사람은 REM 수면이 전혀 없어도 꽤 잘 지내기는 하지만, REM 박탈은 행동의 변화를 낳는다. Dement(1960)는 실험참가자들이 수면 중 REM 수면에 들어갈 때마다 이들을 깨웠다. REM 수면 박탈이 진행됨에 따라 참가자들은 점점 더 자주 REM 수면에 들어가려고 하였다. 며칠간의 박탈 후 참가자들은 **REM 반동**(REM rebound)이라는 현상을 보였다. 즉, 정상적으로 수면에 들게 했을 때, 수면의 많은 부분을 REM 수면으로 보냈다. 우리가 잃어버린 REM 수면을 보충하려고 한다는 사실은 REM 수면이 성인 뇌에서 필요한 기능을 하고 있음을 시사한다.

REM 박탈은 집중의 어려움이나 조바심과 같이 전반적인 수면 부족이 일으키는 것과 동일한 효과를 많이 내는 것으로 보인다. 다른 한편으로, 좋은 것이 너무 많아도 문제가 생길 수 있는 것 같다. 우리가 14장에서 보게 되겠지만, 주요우울장애가 있는 사람은 수면 주기에서 너무 이른 시점에 REM 수면에 들어가고, 수면시간의 더 많은 부분을 REM에 소비한다. 많은 항우울제는 REM 수면을 억제하고 늦춘다. 이러한 자료를 조화롭게 통합하고 REM 수면의 다양한 역할과 목적에 대한 더 나은 이해를 발전시키기 위해서 후속 연구가 필요하다.

꿈이 할 법한 기능

1950년대까지는 연구참가자가 깨어나자마자 꿈을 기억할 수 없다는 사실이 꿈에 관한 연구에 지장을 주었다. 꿈은 보통 REM 수면과 관련이 있다는 발견 덕분에 연구자

신경망 모형 무의미한 정보를 망각하는 수단으로서 꿈의 기능을 이해하려는 접근.
REM 반동 REM 박탈 시기 후에 증가한 REM 수면량.

들은 참가자를 깨워서 꿈 경험에 접근할 수 있었다(Dement & Kleitman, 1957). REM 수면 동안 꾸는 꿈은 DMN과 중첩되는 회로의 활동과 상관이 있다(Fox, Nijeboer, Solomonova, Domhoff, & Christoff, 2013). 이는 DMN 활동 시기에 일어나는 백일몽과 REM 수면이 하나의 연장선상에 존재함을 시사한다.

꿈꾸는 행동은 REM 수면과 NREM 동안 모두 일어난다. 그러나 꿈은 NREM 동안 보다는 REM 수면 동안 깨웠을 때 보고될 가능성이 크다. REM 꿈은 길고, 복잡하고, 생생하며, 이야기 같아서, 우리가 꿈속에서 벌어지는 사건을 직접 체험하고 있다고 느끼게 한다. 이것과는 대조적으로 NREM 꿈은 논리적인 단일 이미지들이며 정서가 비교적 부족하다는 특징을 가지는 짧은 일화이다. Otto Loewi(1873~1961)는 완벽한 실험에 관한 꿈을 꾼 후에 심장 리듬의 조절에 대한 아세틸콜린의 역할을 발견하였다. 그는 자신의 '꿈'을 적어놓았지만, 불행히도 다음날 자신이 쓴 글씨를 알아볼 수 없었다. 그다음 날 밤 Loewi는 다시 그 꿈을 꿨고, 이번에는 요행을 바라지 않았다. 그는 실험실로 곧바로 달려가서 그의 유명한 실험을 실행하였다. 노벨상 급의 실험을 설계하는 데 필요한 논리적 과정은 REM 수면 동안이 아니라 NREM 동안 발생할 가능성이 훨씬 크다.

심리학자들은 대부분의 꿈이 상당히 평범해 보인다는 것을 알아냈다. Calvin Hall(1951)은 자원자들로부터 얻은 수천 개의 꿈 내용을 검토하였고 대부분이 친숙한 장소를 배경으로 발생하며 일상적인 활동이 포함됨을 알게 되었다. 우리는 15% 정도의 꿈에서만 스스로 등장인물이 되며, 친숙한 사람보다 가상의 낯선 사람이 꿈에 나올 가능성이 더 크다.

Allen Hobson과 Robert McCarley(1997)는 꿈의 **활성화-합성 이론**(activation-synthesis theory)을 제안했는데, 이 이론은 꿈의 내용이 진행 중인 신경 활동을 반영한다고 주장한다. 이들의 견해에 따르면, PGO파가 무작위로 겉질을 자극함에 따라 기억과 연합이 활성화된다. 앞뇌는 그 결과 초래된 혼돈 상태에 꿈의 형태로 질서를 부여하려고 노력한다. 수면 중인 실험참가자에게 물방울을 살짝 뿌렸더니, 차후에 이들은 비나 그 외 물과 관련된 꿈을 보고하였다. 위험한 상황에서 움직이지 못하는 꿈은 REM 상태 동안 나타나는 근육마비를 정확하게 반영한다. 날거나 추락하는 일반적인 꿈은 REM 수면 동안 안뜰계(전정계)의 특이한 활성화가 원인일 수 있다. 성적 내용이 있는 꿈은 REM 수면 동안 일어난 신체적인 성적 흥분과 일치한다. 시야가 거꾸로 뒤집히는 안경을 썼던 참가자들은 움직임과 시각적 어려움에 관한 꿈을 보고했다(De Koninck, Prevost, & Lortie-Lussier, 1996).

Jonathan Winson(1990)은 동물이 깨어있는 동안보다는 REM 수면 동안, 감각 경험과 저장된 기억을 통합하는 능력을 진화시켰다고 규정하는 **꿈의 진화 모형**(evolutionary model of dreaming)을 제안하였다. 이 견해에 따르면 꿈은 그날의 사건들을 처리하는 뇌를 들여다보는 창문일 뿐이다. 다른 진화적 접근은 **위협 모사 가설**(threat simulation

활성화-합성 이론 꿈의 내용이 진행 중인 신경 활동을 반영한다고 주장하는 이론.

꿈의 진화 모형 깨어있는 동안보다 수면 동안 꿈을 꾸는 것이 기억을 응고화하는 데 이점을 제공한다고 제안하는 이론.

위협 모사 가설 꿈은 위협에 대처하는 연습을 제공한다고 제안하는 이론.

●그림 9.26 꿈의 위협 모사 가설 우리의 꿈 내용 중 일부는 위기에 대처하는 방법에 관한 생각에서 나오는 것일 수 있다. 시각장애가 있는 사람은 볼 수 있는 사람과 비교해서 악몽을 더 많이 꾼다는 발견이 이 견해와 일치한다. 시각장애인은 주간에 더 많은 위험을 만나게 되며, 종종 차에 치이거나 넘어지거나 누군가가 따라오는 꿈을 꾼다.

hypothesis)인데, 이 가설에 따르면 꿈은 위협적인 상황으로부터의 도피를 모의 실행하는 방법이다(Revonsuo, 2000). 다른 말로 하면 동물이 자신의 꿈에서 위협적인 상황에 대처하는 '연습'을 할 수 있다면 이는 생존에 유리하다. 선천적으로 시각장애가 있는 사람은 정상적으로 볼 수 있는 사람에 비해 악몽을 꾸는 빈도가 훨씬 높다(25% 대 6%; Meaidi et al., 2014)는 사실이 이 접근과 일치한다. 많은 경우 이런 악몽에는 자동차에 치이거나 땅바닥에 넘어지거나 누군가가 따라오는 것 등 시각장애인이 가지는 공포와 연결된 내용이 있다. 악몽을 꾸는 빈도가 훨씬 더 잦다는 것은 시각장애인이 평소 주간에 직면하는 더 많은 수의 위협과 그러한 위협을 처리하려는 그들의 노력을 반영하는 것일지도 모른다(●그림 9.26).

비록 우리는 아이들을 잠자리에 들게 하면서 "좋은 꿈 꿔"라고 말하지만, 우리 꿈의 약 70%가 부정적인 정서 내용을 담고 있는 것 같다(Hall & Van de Castle, 1966). 대학생이 가장 자주 보고하는 꿈 중에는 쫓기는 꿈, 추락하는 꿈, 나는 꿈, 발가벗고 나타나는 꿈, 화장실을 찾지 못하는 꿈, 두려워서 얼어붙는 꿈, 전혀 준비 없이 시험을 보는 꿈 등이 있다(Schredl, Ciric, Götz, & Wittmann, 2004). 남성은 여성보다 꿈에서 더 공격성을 보고한다(Schredl et al., 2004). 불쾌한 예능 프로그램이나 자연재해에 대한 보도를 보는 것은 부정적인 꿈을 꿀 가능성을 높인다. 1989년 샌프란시스코 지진이 일어난 다음 주에 샌프란시스코 소재 대학교의 학생 중 40%가 지진에 관한 꿈을 보고하였는데, 이는 애리조나주의 학생 중 5%만이 지진에 관한 꿈을 꿨던 것과 대조된다(Wood, Bootzin, Kihlstrom, & Schacter, 1992).

REM 꿈의 내용이 특히 불쾌할 때 이를 **악몽**(nightmare, 惡夢)이라고 칭한다. 아동의 경우 3~6세 사이에 악몽을 처음 경험하고, 사춘기에 접어들면서 악몽을 꾸는 빈도가 줄어드는 경향이 있다. 성인은 악몽을 경험하더라도 아동만큼 혼란스러워하지는 않는다. 그러나 반복되는 충격적인 악몽은 외상후 스트레스장애 같은 다수의 심리장애에서 발생한다(14장을 보라; Schagen, Lancee, Swart, Spoormaker, & van den Bout, 2017). 악몽으로 어려움을 겪는 사람에게는 **자각몽**(lucid dream) 훈련이 도움이 될 수 있다. 자각몽이란 꿈꾸는 사람이 자신이 꿈꾸고 있음을 의식적으로 아는 것인데, 이렇게 자각몽을 꾸도록 훈련하여 꿈의 내용을 통제하거나 연출할 수 있다(Spoormaker & van den Bout, 2006).

악몽은 종종 **밤공포증**(night terror, 야경증)으로 오인되는데(●그림 9.27을 보라), 둘은 아주 다른 현상이다. 이 두 현상 사이의 차이점이 표 9.2에 요약되어 있다. 악몽은 REM 동안 일어나는 꿈인 반면, 밤공포증은 NREM 동안, 특히 수면의 첫 3시간 동안

악몽 충격적인 내용이 있는 REM 꿈.
자각몽 생각하면서 꿈꾸기; 꿈꾸는 사람은 자신이 꿈꾸고 있다는 것을 자각하고, 그 경험을 조작할 수 있음.
밤공포증 사람이 NREM 중에 반쯤 깨서 방향감각도 없고, 겁에 질려서 진정되기가 어려운 상태.

일어난다. 1~4% 정도의 아동이 보통 4~12세 사이에 밤공포증을 경험한다(Pagel, 2000). 대부분의 삽화는 갑작스러운 비명으로 시작하고, 식은땀과 심박 증가가 뒤따른다. 수면자는 침대에서 똑바로 앉아 앞을 바라보고 있지만 반응은 없다. 만일 수면자를 깨우면, 깊은 NREM 도중에 깨웠을 때 전형적으로 나타나는 방향감각 상실과 혼란을 보인다. 밤공포증 동안 심상은 드물고, 있다고 하더라도 NREM 꿈의 특징처럼 갖가지 단일 이미지로 나타나는 경향이 있다. 사람들은 종종 가슴의 압박을 느낀다고 보고하는데, 아이들은 이것을 괴물이나 곰이 자기 가슴 위에 앉아있다고 해석할 수도 있다. 일반적으로 다음날에는 밤공포증에 관한 기억이 없다. 유전적 소인이 밤공포증의 원인 중 하나로 보인다(APA, 2013). 덧붙여 남아가 여아보다 밤공포증을 더 빈번하게 경험하는 경향이 있다. 걱정하는 가족

●그림 9.27 **악몽일까 밤공포증일까** Henry Fuseli(1741~1825)는 자신의 그림을 〈악몽(The Nightmare)〉이라고 명명했지만, 괴물이 가슴 위에 앉아있는 느낌을 경험하는 것은 악몽보다 밤공포증에서 더 전형적으로 나타난다.

들에게는 빠른 것이 아니겠지만, 다행히도 대부분의 아이들은 나이를 먹음에 따라 밤공포증을 겪지 않게 된다. 밤공포증을 겪는 성인은 일부 유형의 정신병, 보통은 불안장애 또는 성격장애로 진단될 가능성이 더 크다(APA, 2013).

수면 – 각성 장애

DSM-5(APA, 2013)는 수면의 개시, 유지, 시기 선택, 질과 관련된 다수의 질환을 명기한다. 이러한 장애의 주요 유형을 살펴보자.

표 9.2 **밤공포증과 악몽의 비교**

	밤공포증	악몽
밤 시간	잠들고 나서 4시간 이내	수면 주기에서 늦게
깰 때의 상태	방향감각이 없고, 혼란스러워함	불쾌하고, 두려워함
돌보는 사람에 대한 반응	그 사람이 곁에 있음을 알지 못함, 진정되지 않음	위로받음
사건의 기억	완전하게 깨지 않는 한 없음	꿈에 대한 생생한 회상
수면으로 되돌아감	완전하게 깨지 않는 한 보통 급속히 다시 잠	두려움에 종종 지연됨
사건이 발생하는 동안 수면 단계	깊은 NREM 수면으로부터 부분적인 각성	REM 수면

불면증

가장 일반적인 수면-각성 장애는 **불면증**(insomnia)이다. 불면증이 있는 사람은 잠자리에 들지 못하거나 푹 쉬었다는 느낌이 들 만큼 충분한 수면을 하지 못하는 어려움을 겪는다. 수면에 대한 개인적 요구는 사람마다 매우 다르다. '건강한 불면증'이라는 한 사례에서는 노년의 여성 연구참가자가 외견상 어떤 해로운 영향도 없이 하루에 1시간만 밤잠을 잤다(Meddis, Pearson, & Langford, 1973).

개시 불면증(onset insomnia)은 잠에 들지 못하는 것을 가리킨다. 수면은 스트레스, 불안, 흥분성 약물 사용을 포함한 다중 요인으로 인해 지연될 수 있다. **유지 불면증**(maintenance insomnia)은 자다가 자주 깨거나 일찍 깨는 것을 의미한다. 자주 깨는 것은 스트레스나 약물 사용, 정신병에서 기인한다. 14장에서 보게 될 주요우울장애 환자는 자다가 빈번하게 깼다.

불면증의 진단은 반드시 수면 전문가에게 맡겨야 한다. 사람들은 가끔 자신이 잠을 못 자는 정도를 과대평가한다. 어떤 사람은 자신이 깨어있다는 꿈을 꾸기도 하는데, 이는 흔히 유사불면증(pseudoinsomnia)이라고 하는 상태이다(Borkovec, Grayson, O'Brien, & Weerts, 1979). 개시 불면증의 가벼운 사례에는 보통 행동 조절이 도움이 된다. 여기에 필요한 것은 규칙적으로 수면에 드는 습관을 유지하고, 흥분제를 멀리하고, 자기 전에 할 일 목록을 적어두는 것 정도이다. 만일 불면증이 정신병리와 관련이 있다면, 치료받는 동안 그 병과 함께 해결해야 한다.

불면증 처방전에는 벤조디아제핀과 그 외 다른 진정제가 포함된다. 진정제는 약 15분 정도 수면 개시를 앞당기고 30분 정도 밤잠을 늘려준다(Buscemi et al., 2007). 이 정도의 작은 변화로는 약물 의존 및 기타 부작용이 일어나지 않을 것이다. 불면증에 가장 일반적으로 처방하는 것 중 하나가 졸피뎀(상품명: Ambien)인데, 이는 벤조디아제핀과 매우 유사하게 감마-아미노부티르산(GABA) 효능제로 작용한다. 졸피뎀의 사용

불면증 쉬었다는 느낌이 들 정도로 충분한 수면을 개시하거나 유지하는 데 어려움이 있는 것.
개시 불면증 잘 시간에 잠드는 것이 어려운 사람의 불면증.
유지 불면증 밤 동안 잠든 상태로 머무를 수 없는 사람의 불면증.

| 일상 속 행동신경과학 |

수면 의학

여러 해 전에는 특정한 소규모 대학실험실이 아닌 곳에서 수면-각성 장애가 있는 사람을 평가하기가 거의 불가능했다. 오늘날 미국에는 지도에 나오는 장소 대부분에 수면 센터가 있다. 수면 평가를 원하는 사람이 센터에서 적어도 하룻밤을 자야 했던 때도 있었지만, 이제는 가정용 수면 평가에 적합한 기술을 이용할 수 있다. 집에서 하는 평가는 많은 면에서 환자가 해결하고자 노력하는 유형의 문제를 더 정확하게 잡아낸다.

치료의 질을 유지하기 위하여 미국수면의학회(American Academy of Sleep Medicine [AASM], 2014)는 미국 내과학위원회(American Board of Internal Medicine)와 미국정신의학 및 신경학위원회(American Board of Psychiatry and Neurology)와 함께 자격증 프로그램을 운영하는데, 이는 수면의 다학문적 성격을 반영한다. 프로그램의 훈련은 실제 수면 기록을 검토하는 것, 그리고 일반의사가 한 평가가 고도로 훈련받은 심사자가 검토한 것과 어디가 다르고 같은지를 보는 것을 포함한다. 또한 AASM은 수면 센터 요원이 수면 기술자 자격증을 얻을 수 있도록 훈련과 자격증을 제공한다.

수면이 단순한 증상이 아닌 일부 질환의 원인으로서 의학 현장에서 더 관심을 끌수록 수면 평가는 의학 평가의 더 정례적인 부분이 될 가능성이 크다.

은 몽유병과 폭식 또는 수면 중 운전하기 등 다수의 골치 아픈 행동과 연관되어 있다 (Dolder & Nelson, 2008). 그러나 장기간의 수면 상실은 그 자체로 위험하다. 만일 행동 치료가 효과적이지 않다면, 약물 처방이 남아있는 유일한 선택일 수도 있다.

기면증

기면증(narcolepsy)은 아마도 가장 극적인 수면-각성 장애일 것이다. 기면증은 극한 수준의 낮 졸림증과 수면발작으로 이루어져 있는데, 이는 REM 수면의 특징들이 깨어있는 상태에 침입한 것이다(Dahl, Holttum, & Trubnick, 1994). 이러한 수면발작은 보통 10~20분 정도 지속되며, 심하면 1시간가량 지속될 수도 있다. 기면증이 있는 사람은 수면 발작이 시작되면 REM 수면으로 즉각 돌입했다가 상쾌한 느낌으로 깨어난다. 그러나 곧 다시 졸음을 느끼게 되고, 발작은 2~3시간 간격으로 발생한다. 기면증은 미국 남북전쟁 즈음에 지하 철도 조직의 지도자 중 1명이었던 Harriet Tubman(●그림 9.28)에게 영향을 줬을 수도 있다. Tubman은 노예들의 탈출을 돕는 동안 많은 위기일발의 순간을 겪었다. 탈주 시의 감정이 수면발작을 촉발했을 수도 있는데, 하필이면 가장 안 좋은 시기에 수면발작이 일어났다.

　수면발작과 더불어, REM 수면의 다른 측면이 기면증 환자가 깨어있는 동안에 침입할 수 있다. **탈력발작**(cataplexy)이란 사람이 완전히 깨어있는데도 REM 수면과 관련된 근육마비가 일어나는 상태를 말한다. 탈력발작으로 의식을 잃지는 않는다. 예를 들

Bettmann/Corbis

●그림 9.28 **기면증이 Harriet Tubman을 멈추게 하지는 못했다** 기면증으로 추측되는 질환에도 불구하고 Harriet Tubman(1820~1913)은 미국 남북 전쟁 당시 지하 철도 조직을 통해 노예 수백 명의 탈출을 도왔다. Tubman은 그녀가 도왔던 사람들과 함께 이 사진의 왼쪽에 등장한다. 불행히도 종종 스트레스로 인해 기면증 발작이 일어났다. Tubman은 남부군과 성난 노예 소유주에게 쫓기는 중에 수면발작을 경험하는, 아슬아슬한 도피를 여러 번 했다.

기면증 REM 수면, 그리고 때때로 REM 마비가 각성 상태에 침입하는 것이 특징인 수면장애.
탈력발작 REM 근육마비가 각성 상태에 침입하는 기면증의 특징.

어 근육마비는 얼굴 일부에 영향을 주는 정도로 그다지 대수롭지 않을 수도 있고, 사람이 바닥에 털썩 주저앉게 될 정도로 클 수도 있다. 탈력발작은 거의 항상 강한 정서적 반응이나 스트레스가 발생한 다음에 일어난다. 불행히도 성관계가 이 장애를 촉발하는 가장 일반적인 정서적 원인이다.

또한 기면증이 있는 환자는 근육마비가 실제 수면에 앞서 발생하거나 잠에서 깼는데도 지속되는 것, 즉 **수면마비**(sleep paralysis)를 경험하는 경우가 많다. 일부 환자의 경우 REM 꿈 현상이 (수면에 앞서) **선잠 환각**(hypnogogic hallucination) 또는 (깨어날 때) **각성 시 환각**(hypnopompic hallucination)의 형태로 깨어있는 상태에 침입한다. 이러한 환각에서 보이는 이미지는 REM 꿈과 유사하지만, 그 사람은 깨어있는 상태이다.

기면증은 (히포크레틴으로도 알려진) 오렉신의 합성 장애 혹은 오렉신 수용체의 붕괴로 인해 발생한다. 7장에서 봤듯이 오렉신은 식욕에 중요한 역할을 한다(Siegel, 1999, 2004). 일반적으로 오렉신은 동물의 내외적 상태를 감시하고, 생존에 요구되는 각성 수준을 조정한다(Ohno & Sakurai, 2008). 오렉신은 일반적으로 기면증이 없는 사람의 뇌척수액에서 발견되지만, 기면증 환자에게서는 오렉신이 없거나 매우 감소해 있다. 또한 보통은 오렉신을 분비하는 시상하부의 세포가 기면증 환자의 뇌에는 없거나 손상되어 있다(Thannickal et al., 2000).

기면증의 유전적 원인은 이 장애가 있는 개를 육종할 수 있다는 것으로 입증된다 (●그림 9.29를 보라). 그러나 인간의 기면증 원인은 더 복잡한 것 같다. 인간 사례에서는 뇌의 오렉신 생산 세포를 공격하는 자동면역 과정과 유전적 취약성 사이의 상호작용이 단순한 유전보다 더 나은 설명을 제공한다(Taheri & Mignot, 2002). 2010년에 H1N1 바이러스 백신 접종을 한 후 기면증 사례가 급격하게 증가했던 것이 주목을 받았다(Dauvilliers et al., 2010). 보강제(더 강한 면역반응을 일으키기 위해서 백신에 넣는 물

●그림 9.29 기면증이 있도록 개를 육종할 수 있다 수면 연구자 William Dement 박사가 탈력발작 전(왼쪽)과 후(오른쪽)의 개 Tucker를 안고 있다. 개의 기면증에는 유전이 커다란 역할을 하지만, 인간의 기면증은 더 복잡해 보인다.

© Louie Psihoyos

수면마비 REM 근육마비가 실제 수면에 앞서서 또는 직후에 발생하는 기면증의 특징.
선잠 환각 수면이 개시되기 직전의 깨어있는 상태에 침입하는 REM 유형의 꿈.
각성 시 환각 깨어난 직후의 깨어있는 상태에 침입하는 REM 유형의 꿈.

질; 미국보다 유럽에서 H1N1 백신에 더 보편적으로 사용됨)를 사용하지 않은 H1N1 백신보다 이를 포함한 백신에 노출된 후 더 많은 사람에게 기면증이 생겼다. 기면증은 영구적인 상태이지만, 모다피닐(modafinil) 같은 각성제 복용으로 치료될 수 있다(Wise, Arand, Auger, Brooks, & Watson, 2007).

호흡 관련 수면장애

호흡과 관련된 수면장애에는 폐색성 수면 무호흡성 호흡 저하(obstructive sleep apnea hypopnea)와 중추 수면 무호흡(central sleep apnea)이 포함된다. **호흡 저하**(hypopnea)는 얕은 숨쉬기 또는 아주 낮은 비율의 숨쉬기를 의미한다. 반면 **무호흡**(apnea)은 숨쉬기를 완전히 멈추는 것이다. 폐색성 수면 무호흡성 호흡 저하는 전형적으로 기도의 막힘이 원인이다. 반면 중추 수면 무호흡은 수면 동안 숨쉬기를 유지하는 뇌 기능의 결함이 원인이다.

수면 동안 아주 짧은 기간에 숨쉬기를 멈추는 것은 사람에게 드문 일이 아니며, REM 수면 동안 숨쉬기는 상당히 불규칙하다. 무호흡은 숨쉬기가 1~2분 정도 길게 멈춰서 피의 산소 수준이 감소하는 결과를 낳는다. 무호흡에 들어간 사람은 마치 물속에 있었던 것처럼 컥컥거리며 깬다. 비교적 빨리 수면으로 돌아가기는 하지만, 무호흡은 다음날 수면 손실 증상을 초래할 정도로 수면의 질에 영향을 준다. 아마도 만성적 수면 결핍 때문에 무호흡은 심장질환의 위험을 증가시킨다(Kendzerska, Gershon, Hawker, Leung, & Tomlinson, 2014).

폐색성 수면 무호흡성 호흡 저하는 자주 코를 고는 비만한 사람에게 발생하는데, 이는 기도 막힘이 문제의 근원일 수도 있음을 가리킨다. 체중을 줄이거나, 기도를 막는 것을 수술로 교정하면 도움이 될 수 있다. 중추 수면 무호흡에서는 수면 동안 숨쉬기의 유지를 담당하는 뇌줄기 뉴런에 이상이 발생한다. 수면 동안 공기 흐름을 조절하는 기계를 사용하면, 불편하기는 하지만 비교적 효과적인 해결책이 된다.

영아돌연사증후군

영아돌연사증후군(sudden infant death syndrome, SIDS)이란 대개 2~4개월 사이의 기본적으로 건강한 영아가 잠자다가 죽는 것을 말한다. 미국에서는 매년 대략 3,700명의 영아가 SIDS로 죽는다. 많은 SIDS 사례에서 수면 자세가 중요한 역할을 했을 가능성이 있다. 2~4개월 아기들은 뒤집기를 잘하지 못한다. ●그림 9.30에서 볼 수 있듯이 1992~2003년에 미국소아과학회(American Academy of Pediatrics, AAP)가 영아를 엎어 재우지 말고 뉘어 재우라고 권고한 후에 미국에서 SIDS 비율은 50% 급락했다(National Institutes of Health [NIH], n.d.). 모유 수유를 한 아이들의 경우 SIDS 비율이 낮았고, 오직 모유 수유만 한 아이들의 경우 특히 그랬다(Hauck, Thompson, Tanabe, Moon, & Vennemann, 2011). 이러한 개선에도 불구하고, SIDS는 산업화된 국가에서

호흡 저하 수면 중 공기 흐름의 감소.
무호흡 일정 기간 공기 흐름의 완전한 멈춤.
영아돌연사증후군 별다른 이상 없이 건강한 영아가 수면 중 호흡을 멈추고 죽는 증후군.

(a) 1988~2010 미국 SIDS 비율과 수면 자세

●그림 9.30 수면 자세가 SIDS를 방지한다 (a) 아이를 바로 뉘어서 재우라(청색)는 미국소아과학회(AAP)의 새로운 권고를 따르는 부모가 많아지자 미국의 SIDS 비율(적색)은 하락하였다. (b) 영아를 엎어서 재우라는 이전의 권고와 다르게, 새로운 AAP 권고에는 아기를 바로 뉘어서 재우라는 것이 포함되었다. 잠자는 곳에는 털 많은 장난감, 베개, 영아용 침대 범퍼 같은 느슨한 침구나 말랑말랑한 물건이 없어야 한다.

생후 6개월에 가장 흔한 영아 사망 원인으로 남아있으며, 아직도 원인이 불명확하다(Krous, 2014).

단일 요인으로 모든 SIDS 사례를 설명할 수는 없는 것 같다. 수면 자세를 제외하면 유전이 가장 큰 역할을 할 것으로 보인다. SIDS로 사망하는 아이들은 뇌줄기의 이상, 특히 숨뇌의 세로토닌성 체계의 이상을 공유한다(Paine, Jacques, & Sebire, 2014; Paterson et al., 2006). Filiano와 Kinney(1994)는 SIDS의 삼중 위험 모형에서 SIDS가 발달의 결정적 시기에 외부 스트레스 원인에 노출된 취약한 영아에게 일어난다고 주장한다. 영아의 취약성 중에는 인종과 성별이 있다(Paterson et al., 2006). SIDS로 사망할 가능성은 백인 영아와 비교할 때 아프리카계 미국인 영아에게서 50% 더 높고, 미국 원주민 영아에게서 2배 더 높다(CDC/NCHS, 2017). 남아는 여아보다 더 높은 위험에 처해있다(National Institutes of Health [NIH], n.d.). 수면 자세와 더불어, 담배에 노출되는 것(Klonoff-Cohen et al., 1995), 그리고 부모와 같은 침대를 쓰는 것(Paterson et al., 2006)이 외부 스트레스 원인으로 작용할 수도 있다. 영아의 피부를 접촉하면서 돌보기, 공갈 젖꼭지 사용하기, 흡연 노출 회피하기, 침대 공유 없이 같은 방 쓰기는 SIDS 감소를 위한 현재의 권장 사항이다(Task Force on Sudden Infant Death Syndrome, 2016).

잠꼬대와 몽유병

잠꼬대는 전형적으로 REM과 NREM 두 수면의 더 얕은 단계에서 발생한다. 잠꼬대는 어린 사람에게 가장 흔하고, 나이가 들면 줄어든다. 잠꼬대하는 사람은 종종 외부 자극에 반응한다. 대학 시절 같은 방을 쓰던 친구와 나는 둘 다 잠꼬대가 심했고, 우리는 잠꼬대로 얌전하게 대화를 하곤 했다. 결국 친구의 대화 내용이 나와 전혀 상관이 없어지면 잠에서 깼다. 잠자는 동안에는 오직 진실만을 말한다는 미신을 뒷받침하는 증거는 없다. 대부분 경우, 잠꼬대로 하는 말은 별로 조리 있어 보이지 않는다.

몽유병(sleepwalking, 수면보행증)은 성인보다 아동에게 훨씬 더 일반적이다. 몽유병이 있는 사람의 대부분은 4세에서 12세 사이이다(Kryger, Roth, Eloni, & Dement, 2005). 적어도 15%의 아동이 수면보행을 하는 일이 한 번은 있으며, 5%는 적어도 일주일에 한 번 수면보행을 한다. 수면보행 삽화 동안 아동은 수 초에서 30분까지 걸어다닌다. 신체의 움직임은 보통 자연스럽지 않고, 목적성이 없다. 그 결과 몽유병은 계단에서 굴러떨어지는 등의 사고로 인한 신체적 상해로 이어질 수 있다. 몽유병은 깊은

몽유병 잠든 상태에서(대개 NREM 수면 동안) 걷는 것.

NREM 현상일 가능성이 크다. 수면보행 삽화가 수면의 첫 3시간 동안 발생하고, 깨어난 사람은 상당한 방향감각 상실을 보이며, 마비가 동반되는 REM 수면 동안에는 걷기가 가능할 것 같지 않기 때문이다. 몽유병은 유전되는 것으로 보이는데, 몽유병이 있는 사람의 80%가 몽유병이나 밤공포증의 가족력이 있다(APA, 2013). 수면보행 삽화는 수면 결핍, 술이나 다른 약물, 스트레스, 또는 열병으로 촉발될 수 있다(Pressman, 2007).

REM 수면 행동장애

탈력발작에서 우리는 REM 마비가 깨어있는 상태에 침입하는 것을 보았다. **REM 수면 행동장애**(REM sleep behavior disorder)는 발생해야만 하는 정상적인 REM 마비가 나타나지 않는 경우이다. REM 수면 행동장애가 있는 사람은 꿈꾸는 동안 마비가 되는 대신 자신의 꿈을 행동으로 실행하는데, 이로 인해 종종 가구를 부수거나 같이 자는 사람과 자신에게 상처를 입힌다. REM 행동장애는 전형적으로 중년 남성에게 발생하고, 그중 많은 사람이 문제가 있음을 자각하지 못한다(Schenck, 2016). 일반적으로 환자의 배우자가 남편의 병을 의료제공자에게 알려줄 책임이 있다(한 사례에서 환자는 배우자의 목을 조르려고 했다). Schenck, Bundlie, Ettinger와 Mahowald(2002)는 꿈속에서 미식축구를 한 사람의 사례 연구를 기술했다. 그 사람은 화장대 위의 물건을 모두 쳐서 떨어뜨리고, 자신의 머리를 벽에 박고, 화장대에 무릎을 부딪쳤다.

　　REM 수면 행동장애는 보통 신경퇴행성 질병, 특히 파킨슨병(Fernández-Arcos, Iranzo, Serradell, Gaig, & Santamaria, 2016; Fulda, 2011; Gugger & Wagner, 2007; Schenck, 2016) 또는 루이 소체 치매(Fernández-Arcos et al., 2016; Schenck, 2016)를 동반하거나 이에 선행한다. REM 수면 행동장애는 보통 벤조디아제핀 같은 진정제 또는 멜라토닌으로 치료한다(Esaki & Kitajima, 2016; Escriba & Hoyo, 2016).

하지불안증후군

윌리스-에크봄(Willis-Ekbom)병이라고도 알려진 **하지불안증후군**(restless legs syndrome, RLS)은 어떤 사람의 사지 중 하나, 보통은 다리에 따끔함을 느끼고 15초나 30초, 또는 45초의 규칙적인 간격으로 움직일 때 발생한다. 미국 국립수면재단 옴니버스 수면 설문조사에 따르면 응답자의 약 10%가 RLS 증상을 보고하였다(National Sleep Foundation, 2017). RLS는 주의력결핍 과잉행동장애가 있는 아동과 성인에게서 자주 발생한다(14장을 보라; Wagner, Walters, & Fisher, 2004). 두 질병 모두 도파민 기능의 비정형성이 특징이다(Taheri & Mignot, 2002). 콩팥 질병, 임신, 빈혈 같은 다른 병이 문제일 수도 있다(Hening, Allen, Tenzer, & Winkelman, 2007). 효과적인 치료는 불가능하지만, 생활습관 변화가 유익할 수 있다(National Sleep Foundation, 2017).

REM 수면 행동장애 정상적인 REM 마비가 나타나지 않는 수면장애.
하지불안증후군 사지(보통은 다리)가 수면 중 일정한 간격으로 움직이는 수면장애.

중간 요약 9.3

장애 명칭	주요 특징	치료(있다면)
불면증	수면을 개시하거나 유지하기 어려움	• 흥분제 기피 • 규칙적인 수면 일정 유지 • (만일 있다면) 근본적인 정신병리의 치료 • 치료제 복용
기면증	정상적인 각성 중에 수면 현상이 부적절하게 침입함	• 치료제 복용
호흡 관련 수면장애	수면 동안 정상적인 호흡 패턴을 유지하지 못함	• 체중 감소 • 기도에 대한 교정 수술 • 수면 동안 공기 흐름의 기계적 조절
영아돌연사증후군 (SIDS)	모든 방면에서 건강한 영아가 수면 중 원인 모르게 사망함	• 영아가 있는 가정에서 흡연 피하기 • 영아를 엎어 재우거나, 방석 베개나 털 많은 동물과 함께 재우는 것 피하기 • 공갈 젖꼭지 사용하기 • 영아의 피부를 접촉하며 돌보기 • 방을 함께 쓰되, 침대를 공유하지 않기
잠꼬대	NREM과 REM의 초기 단계 동안 말하기	• 없음; 나이가 들면서 줄어드는 것으로 보임
몽유병	NREM의 깊은 단계 동안 걸어 다니기	• 없음; 나이가 들면서 줄어드는 것으로 보임
REM 수면 행동장애	REM 수면 동안 있어야 하는 정상적인 근육마비가 없음	• 치료제 복용
하지불안증후군 (RLS)	수면 동안 사지가 규칙적으로 움직임	• 기저에 있는 의학적 상태를 바로잡음 • 마사지 • 온찜질이나 냉찜질 • 치료제 복용

‖ 요점

1 수면의 기능에 관한 대표적인 이론 중에는 수면이 우리를 안전하게 하고, 신체를 회복시키고, 수면 동안 기억을 응고화한다는 생각들이 있다. **(LO3)**

2 REM 수면의 기능을 파악하려는 여러 이론이 있는데, 여기에는 활성화-합성 이론, Crick-Mitchison 신경망 모형(망각 이론), Winson의 진화 이론, 위협 모사 이론이 있다. **(LO3)**

3 수면-각성 장애에는 불면증, 기면증, 호흡 관련 수면장애, 악몽, 밤공포증, 잠꼬대, 몽유병, REM 수면 행동장애, 하지불안증후군(RLS)이 있다. **(LO4)**

‖ 복습 문제

1 이 절에서 논의한 수면의 이득을 고려할 때, 밤샘과 수면 박탈로 생길 수 있는 위험은 무엇인가?

2 수면-각성 장애에 사용 가능한 치료는 무엇인가?

돌아보기

생각할 문제

1. 최근의 조사에서 참가자에게 '절정감', 즉 특히 기분이 좋다고 느꼈던 경험을 평가하라고 하였다.
   중년 응답자의 경우 상위 5개 중 하나가 8시간 동안 깨지 않고 자는 것이었다.
   이 연령대의 집단이 이 항목을 절정감의 하나라고 보고한 이유가 무엇이라고 생각하는가?
2. 아무것도 안 보이는 상태가 하루의 수면–각성 주기에 미칠 수 있을 법한 효과에 관하여 기술하라.
   시각장애인에게 수면의 질 향상을 위해서 어떤 조언을 하겠는가?
3. 이 장에서 배운 정보를 사용하여, 우울의 특징적인 수면장애와 낮은 세로토닌 수준의 관계를 설명하라.

핵심 용어

K-복합(K-complex) **p. 395**

NREM 수면(non-REM sleep) **p. 394**

PGO파(PGO wave) **p. 400**

REM 수면(rapid eye movement sleep) **p. 394**

REM 수면 행동장애(REM sleep behavior disorder) **p. 419**

감마 대역 활동(gamma band activity) **p. 393**

개시 불면증(onset insomnia) **p. 414**

계절성 동반 주요우울장애(major depressive disorder with seasonal pattern, MDD with seasonal pattern) **p. 389**

기면증(narcolepsy) **p. 415**

기본상태 네트워크(default mode network, DMN) **p. 398**

델타파(delta wave) **p. 395**

망막시상하부 경로(retinohypothalamic pathway) **p. 384**

멜라토닌(melatonin) **p. 385**

무호흡(apnea) **p. 417**

밤공포증(sleep terror, 야경증) **p. 412**

베타파(beta wave) **p. 393**

불면증(insomnia) **p. 414**

성장호르몬(growth hormone, GH) **p. 408**

수면방추(sleep spindle) **p. 395**

세타파(theta wave) **p. 394**

시각교차위핵(suprachiasmatic nucleus, SCN, 시교차상핵) **p. 384**

시간부여자(zeitgeber) **p. 378**

시차증(jet lag) **p. 382**

악몽(nightmare) **p. 412**

알파파(alpha wave) **p. 392**

영아돌연사증후군(sudden infant death syndrome, SIDS) **p. 417**

유지 불면증(maintenance insomnia) **p. 414**

일주율(circadian rhythm) **p. 378**

자각몽(lucid dream) **p. 412**

초일주기(ultradian cycle) **p. 378**

코르티솔(cortisol) **p. 388**

탈력발작(cataplexy) **p. 415**

하지불안증후군(restless leg syndrome, RLS) **p. 419**

호흡 저하(hypopnea) **p. 417**

학습과 기억

학습 목표

개요

423

학습과 기억의 범주

우리는 대개 학습과 기억을 분리된 실체로 이야기하지만 이 두 과정을 나누는 마법의 경계선 같은 것은 없다. 학습은 '새로운 정보를 습득하는 과정'으로, 그리고 기억은 '학습을 나중에 드러낼 수 있는 상태로 지속하는 것'으로 생각할 수 있다(Squire, 1987, p. 3). 하지만 경험을 기억하는 능력이 없다면 경험에 기인한 행동의 변화를 만들어내기는 불가능하다. 학습과 기억은 상호 연결되고 중첩되는 과정으로 보는 것이 가장 좋다. 이 절에서는 학습과 기억의 생물학적 상관물을 찾아내려는 노력의 토대를 이루는 표준적인 개념들을 개괄할 것이다.

학습의 유형

유기체의 행동은 반사, 고정행위 패턴(본능), 학습된 행동이라는 3개의 주요 범주로 나눌 수 있다. **반사**(reflex)는 자극에 대해 어쩔 수 없이 나오는 불수의적 반응이다. 이 행동은 선천적인 신경 연결이나 반사활(반사궁)에 의해 만들어진다. 반사는 빠르고 확실한 반응을 만들어내지만, 융통성이 없어서 환경이 변하면 불리할 수 있다(●그림 10.1을 보라).

　　고정행위 패턴(fixed action pattern)은 본능이라고도 하는데, '해발인(releaser)'이라는 특정 환경 자극에 의해 유발되는 종 특유적인 선천적 반응 패턴이다. 고정행위 패턴은 반사처럼 환경에 대한 자동적이고 무의식적인 반응이지만 반사보다 더 복잡하다. 해발인에 반응하여 일단 시작된 상동적인(stereotypical) 고정행위 패턴은 완료될 때까지 진행되며 대개 중지시킬 수 없다. 대부분의 고정행위 패턴은 교미나 양육행동과 관련된다(Tinbergen, 1951). 구애행동을 하는 수컷 공작새는 적절한 암컷 짝을 찾으

반사 어떤 자극에 대한 불수의적 반응.
고정행위 패턴 특정 환경 자극에 의해 유발되는 상동적인 행동 패턴. 본능이라고도 함.

●그림 10.1 반사는 빠르고 확실한 반응을 만들어낸다 개구리가 만약 먹잇감의 거리와 움직임을 계산해야 한다면 쫄쫄 굶기 마련일 것이다. 그러는 대신에 개구리의 망막에서 나오는, 곤충의 존재를 알려주는 시각 신호가 정확한 방향으로 반사적인 혀의 타격을 유발한다. 그러나 반사는 융통성이 없다. 안구가 상하좌우 역전된 상태(Sperry, 1945)일 때는 개구리가 혀 타격 방향 교정을 학습하지 못한다.

Buddy Mays/Alamy Stock Photo

면 일련의 예측 가능한 상동적 행동들을 시작한다. 인간 및 다른 동물의 하품 또한 고정행위 패턴의 종류에 들어맞는다(● 그림 10.2를 보라). 하품은 일단 시작되면 완료될 때까지 진행된다.

학습(learning), 즉 경험에 기인한 행동(또는 행동 잠재력)의 비교적 영속적인 변화는 유기체에게 환경에 반응하는 데 가장 적응성 높은 수단을 제공한다. 인간은 뜨거운 적도 환경에서 얼어붙은 극지방까지 지구상의 거의 모든 곳을 점유하고 있다. 이 적응성의 많은 부분이 인간의 놀라운 학습 능력에서 나온다. 학습에 대한 우리의 정의는 경험으로부터 생겨난 행동 변화만을 학습된 것으로 특정한다. 이러한 정의는 성숙이나 성장으로 인해 일어나는 행동 변화를 배제한다. 학습이 '비교적 영속적'이어야 한다는 요건은 순간적이거나 불안정한 행동 변화를 배제한다. 피로, 지루함, 병, 기분 모두가 행동에 영향을 미치지만, 그 영향은 잠정적이고 일시적이다. 이 장에서 나중에 보겠지만 기억이 정확히 얼마나 영속적인지는 논란거리이다.

학습이 일어나는 방식은 둘 중 하나이다. 습관화와 민감화를 포함하는 **비연합학습**(nonassociative learning)은 특정 요소나 사건 간의 연결을 형성하기보다는 자극에 대한 반응의 크기를 변화시킨다. **연합학습**(associative learning)은 유기체가 환경의 두 특징 간의 연결을 형성할 때 일어난다. 유기체가 중요한 사건을 예측하는 신호에 대한 학습을 할 수 있게 하는 고전적 조건형성과, 어떤 행동의 결과가 차후에 그 행동의 빈도를 변화시키는 조작적 조건형성이 이 범주에 속한다.

●그림 10.2 하품은 고정행위 패턴일 수도 있다 하품은 고정행위 패턴처럼 일어난다. 하품은 일단 시작되면 그 순환 주기 중간에서 멈추기가 거의 불가능하다.

Millard H. Sharp/Science Source

비연합학습: 습관화와 민감화 습관화(habituation, 둔감화)는 변치 않는 무해한 자극에 대해 유기체의 반응이 감소할 때 생긴다. 아마도 우리는 호텔에서 첫째 날보다 둘째 날에 잠을 더 편안히 잘 수 있는데, 그 이유는 호텔에서 들리는 새로운 소음에 습관화되기 때문이다. 민감화(sensitization)는 강한 자극에 거듭해서 노출됨으로써 다른 환경 자극에 대한 반응이 증가할 때 생긴다. 예컨대 지진 같은 중대한 재난을 겪은 후에는 움직임, 빛, 소음에 대해 과잉 반응할 때가 많다. 한 종류의 유해한 자극을 탐지한 결과로 전반적인 반응성 수준이 올라가면, 우리는 우리에게 해를 끼칠 수 있는 다른 자극에 더 빨리 반응할 수 있게 된다. 위험을 알리는 특정 자극이 달라질 때조차도 말이다. 왜 우리는 어떤 자극에는 습관화를, 다른 자극에는 민감화를 보일까? 일반적으로 습관화는 호텔에서 나는 소음같이 약한 자극에 대해 일어나는 반면, 민감화는 지진으로 인한 흔들림같이 강한 자극에 대해 일어난다.

학습 경험에 기인한, 행동 또는 행동 잠재력의 비교적 영속적인 변화.

비연합학습 사건 간의 연결을 형성하기보다는 자극에 대한 반응의 크기를 변화시키는 학습 유형.

연합학습 사건들 간의 연결을 형성하는 학습 유형.

습관화 반복적인 무해한 자극에 대한 반응이 점차로 약해지는 학습 유형.

민감화 한 자극에 대한 경험이 후속 자극에 대한 반응을 증가시키는 학습 유형.

연합학습: 고전적 및 조작적 조건형성   고전적 조건형성(classical conditioning, 파블로프식 조건형성)에서는 유기체가 어떤 자극이 다른 중요한 사건의 발생을 예측하는 신호로 작용한다는 것을 학습한다. 고전적 조건형성의 기본 현상들을 발견하고 깊이 연구한 공로는 저 유명한 러시아 생리학자 Ivan Pavlov(1927)에게 돌아간다. Pavlov는 조건과 무조건, 자극과 반응을 구분했다. '조건'(conditioned)이라는 용어는 학습의 존재를 가리키는 반면, '무조건'(unconditioned)이라는 용어는 선천적이거나 학습되지 않은 요인을 가리킨다. 따라서 **조건자극**(conditioned stimulus, CS)은 학습을 통해 중요성을 갖게 된 환경 사건을 가리키는 반면, **무조건자극**(unconditioned stimulus, UCS)은 유기체에게 선천적으로 의미가 있다. ●그림 10.3에서 보듯이 Pavlov의 고전적인 실험에서는 똑딱거리는 메트로놈 소리가 조건자극으로, 먹이가 무조건자극으로 사용된 경우가 많았다. 개는 메트로놈의 똑딱 소리에는 선천적 반응을 보이지 않지만, 먹이에 어떤 반응을 해야 할지는 태어날 때부터 알고 있다.

　조건반응(conditioned response, CR)은 학습되어야 하는 행동인 반면, **무조건반응**(unconditioned response, UCR)은 자극에 대한 과거 경험 없이 나타난다. 입속에 있는 먹이에 반응하여 침을 흘리는 것은 무조건반응이다. 개가 과거 경험 없이 그런 반응을 하기 때문이다. 메트로놈의 똑딱 소리에 반응하여 침을 흘리는 것은 조건반응이다. 개가 경험의 결과로만 그런 반응을 하기 때문이다. 조건반응의 발달은 학습이 일어났음

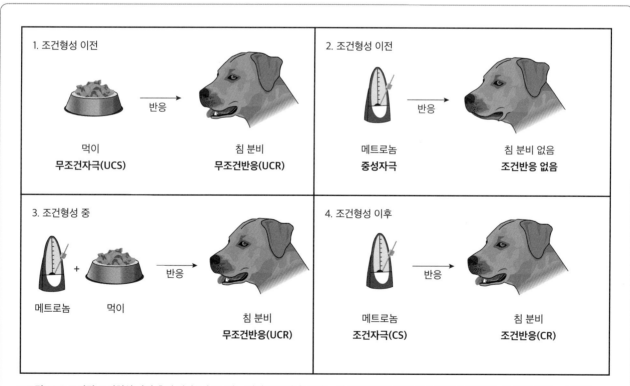

●그림 10.3 **고전적 조건형성 과정** 훈련 이전(1과 2), 개는 먹이(무조건자극)에는 침 분비(무조건반응)를 보이지만 메트로놈의 똑딱거리는 소리에는 특정한 반응을 보이지 않는다. 훈련 중(3)에 메트로놈 소리가 먹이의 제시와 짝지어진다. 훈련 뒤(4), 메트로놈 소리(조건자극)는 단독으로 침 분비(조건반응)를 유발하는 힘을 얻게 된다. 그 소리가 먹이의 제시에 대한 확실한 신호임을 개가 학습한 것이다.

을 알려주는 행동 변화를 나타낸다. 일단 학습이 일어나고 나면, 유기체는 무조건자극에 반응할 뿐만 아니라 그것이 올 것임을 확실하게 예측하는 자극에도 반응하게 된다. 미래 사건을 예기하고 반응을 준비하는 이러한 능력은 생존 투쟁에서 유기체에게 중요한 이점을 부여한다.

　　B. F. Skinner가 깊이 연구했던 **조작적 조건형성**(operant conditioning)에서는 유기체가 한 행동과 그 결과(차후에 그 행동의 빈도에 영향을 주는) 간에 연결을 형성한다. 강화적 결과는 그 행동이 반복될 가능성을 높이는 반면, 처벌적 결과는 그 행동이 반복될 가능성을 낮춘다. 두 자극(예컨대 메트로놈과 먹이) 간의 연합을 형성하는 고전적 조건형성과는 달리, 조작적 조건형성은 행동과 자극(레버 누르기가 먹이로 이어진다)을 연결한다. 고전적 조건형성은 대개 공포나 침 분비처럼 비교적 불수의적인 행동에 관여하는 반면, 조작적 조건형성은 시험공부하기처럼 대개 수의적인 행동에 영향을 준다.

기억의 유형

학습과 기억은 시간의 연속선상에서 일어나는 것으로 보는 것이 가장 좋으며, 여기에는 주의, 감각, 지각도 포함된다. 기억 처리의 경로에 있는 결정적 단계로는 부호화, 응고화, 그리고 인출이 있다. 부호화(encoding)는 입력을 뇌가 처리할 수 있는 형태로 변환하는 것을 가리킨다. 응고화(consolidation)는 기억 정보를 더 장기적으로 보관하도록 조직화하는 것을 가리킨다. 인출(retrieval)은 저장된 정보를 꺼내는 것이다. 우리가 기억을 인출하면 그 기억은 수정되기 쉬워지므로 재응고화(reconsolidation) 과정을 통해 안정화되어야 한다.

　　기억에 대한 **정보처리 모형**(information processing model)들은 ●그림 10.4에서 보듯이 정보가 일련의 단계를 거쳐 영구적인 저장소로 흘러간다고 가정한다(Atkinson & Shiffrin, 1968, 1971). 이러한 모형들은 기억에 관해 생각하는 데 도움이 되는 틀을 제공하며 각 처리 단계에서 서로 다른 뇌 구조가 관여할 것으로 예측한다.

조작적 조건형성 행동과 그 결과를 연결짓는 학습으로서, 차후에 그 행동이 발생할 가능성을 변화시킨다.
정보처리 모형 정보의 탐지부터 저장과 인출에 이르기까지 뇌가 정보를 어떻게 처리하는가를 설명하는 기억 이론.

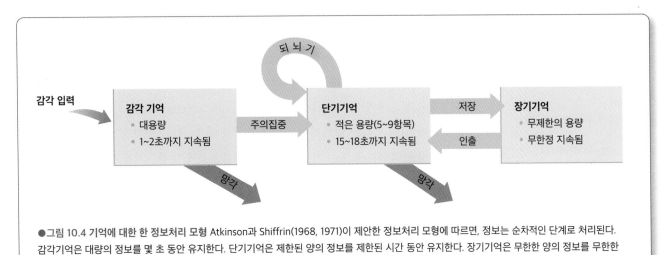

●그림 10.4 기억에 대한 한 정보처리 모형 Atkinson과 Shiffrin(1968, 1971)이 제안한 정보처리 모형에 따르면, 정보는 순차적인 단계로 처리된다. 감각기억은 대량의 정보를 몇 초 동안 유지한다. 단기기억은 제한된 양의 정보를 제한된 시간 동안 유지한다. 장기기억은 무한한 양의 정보를 무한한 시간 동안 유지할 수 있다. 다음 단계로 이동하지 못한 정보는 영원히 상실된다.

정보처리 모형들에 따르면, 유기체가 감지한 모든 정보가 처음에는 **감각기억**(sensory memory)에 들어간다. 이 최초의 기억 단계는 대량의 자료를 짧은 순간(대략 몇 초) 동안 유지한다. 이 최초의 자료군으로부터 우리는 더 처리할 정보를 선택하여 다음 기억 단계인 **단기기억**(short-term memory)으로 보낸다. 이 단계는 우리가 현재 생각하고 있는 모든 자료를 담고 있다. 단기기억이라는 개념을 더 자세히 설명하자면, 정보는 작업기억(working memory) 속에서 정리되어 청각적, 시각적, 또는 조합된 유형의 정보를 위한 일시적 저장 영역, 즉 버퍼(buffer)로 들어가고 그곳에서 '중앙관리자(central executive, 중앙집행기)'에 의해 처리된다(Baddeley, 2000; Baddeley & Hitch, 1974).

단기기억 용량은 5~9개의 서로 무관한 항목들로 제한되어 있다(Miller, 1956). 더 많은 항목을 추가하려 하면 이전에 있던 정보가 상실되곤 한다. 당신이 같은 반의 매력적인 친구가 알려준 전화번호를 외우고 있는데 누군가가 당신에게 시간을 물어보면 모두 망쳐질 수 있다. 단기기억은 제한적인 용량을 가진 데다가 잠정적이기도 하다. Peterson과 Peterson(1959)의 고전적인 연구는 단기기억 속의 내용이 15~18초 만에 사라진다는 것을 보여주었다. 하지만 다른 이들은 겨우 2초 만에 정보가 사라진다고 생각한다(Sebrechts, Marsh, & Seamon, 1989).

정보처리 모형에서 정보의 최종 목적지는 **장기기억**(long-term memory)이다. 단기기억과 달리 장기기억은 용량이나 지속 기간에 거의 아무런 제한이 없어 보인다. 노인은 평생의 경험으로부터 얻은 대량의 정보를 이미 저장하고 있는데도 여전히 오래전에 일어났던 아동기 사건에 대한 기억을 회상하며, 조간신문에서 읽은 사실을 학습하고 기억하는 능력을 유지한다.

●그림 10.5에서 보듯이 장기기억은 서술적(명시적 또는 의식적)이거나 비서술적(암묵적 또는 무의식적)일 수 있다. **서술기억**(declarative memory, 명시적 기억)은 '서술'하기가, 즉 말로 이야기하기가 쉬운 반면 **비서술기억**(nondeclarative memory, 암묵적 기억)은 그렇지 않다. 서술기억은 의미기억과 일화기억으로 더 나누어지는데, 이 둘이 합쳐져서 우리의 자서전적 기억의 토대가 된다(Tulving, 1985a, 1985b; Tulving & Donaldson, 1972). **의미기억**(semantic memory)은 사실과 언어에 대한 기본 지식을 담고 있다. 우리는 의미기억을 사용하여 "한국의 초대 대통령이 누구인가?" 또는 "피자가 무엇인가?" 같은 질문에 답할 수 있다. **일화기억**(episodic memory)은 우리 자신의 개인적 경험과 관련된다. 우리는 일화기억을 사용하여 우리 인생의 '일화들', 예컨대 오늘 아침으로 무엇을 먹었는지 또는 어떤 강아지를 처음으로 입양했는지를 떠올린다.

비서술기억은 고전적 조건형성, 절차기억, 점화를 포함한다. **절차기억**(procedural memory)은 자전거를 타거나 소프트웨어 프로그램을 사용하거나 좋아하는 요리를 하는 것 같은 운동 기술과 절차에 대한 정보를 저장한다. 점화(priming)에서는 한 자극에 대한 노출이 나중에 받는 다른 자극에 대한 반응을 변화시킨다. 예를 들면 어휘판단과

감각기억 대량의 정보가 아주 짧은 기간 유지될 수 있는, 기억 형성의 첫 단계.

단기기억 제한적인 양의 정보가 제한된 시간 동안 유지될 수 있는 즉각적인 기억. 더 처리되지 않을 경우 이런 정보는 영원히 상실됨.

장기기억 외견상 무한한 양의 자료가 무한한 시간 동안 유지될 수 있는 기억 저장고.

서술기억 쉽게 말로 설명할 수 있는, 즉 서술할 수 있는 의미 정보나 일화 정보에 대한 명시적 기억.

비서술기억 무의식적이고 자동적으로 인출되는 암묵적 기억.

의미기억 사실과 언어 정보에 대한 서술적·명시적 기억.

일화기억 개인적 경험에 대한 서술적·명시적 기억.

절차기억 학습된 기술과 과제를 수행하기 위한 유형의 암묵적 기억.

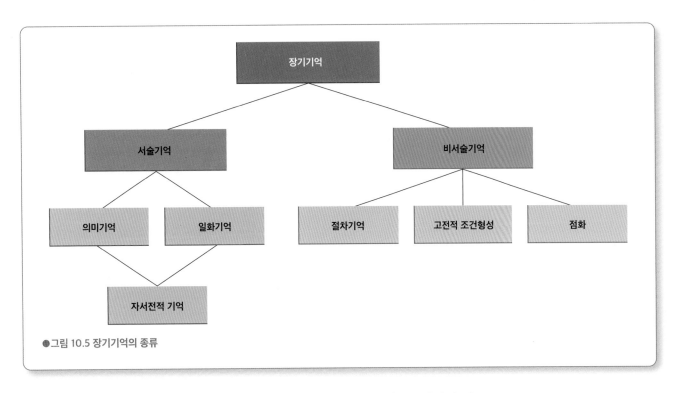

●그림 10.5 장기기억의 종류

제에서 'nurse'라는 단어보다 'bread'라는 단어를 보는 것이 'butter'라는 단어에 대한 반응을 더 빨라지게 만든다(Schvaneveldt & Meyer, 1973).

서술기억과 대조적으로, 비서술기억은 말로 표현하기 힘들지만 보여주기는 상대적으로 쉽다(Squire, 1987). 자전거라는 물체를 본 적이 없는 사람에게 자전거 타는 법을 글로 설명하는 것이 자전거 타기를 실제로 보여주는 것보다 훨씬 힘들다. 서술기억과 비서술기억은 또 다른 중요한 측면에서도 다르다. 서술기억은 의식적으로 또는 명시적으로 회상되는 반면, 비서술기억은 무의식적으로 또는 암묵적으로 회상된다. 자동차 운전하기 같은 기술을 학습하는 데는 많은 주의집중과 의식적 노력이 필요하다. 그러나 일단 숙련되고 나면 운전 같은 기술은 자동적인 것이 된다.

서술기억과 비서술기억의 구분은 **순행 기억상실증**(anterograde amnesia)이라는 유형의 기억상실에서 명백히 드러난다. 순행 기억상실증을 겪고 있는 환자의 경우 뇌손상 시점 이전에 일어난 사건은 잘 기억하지만, 뇌손상 이후의 사건을 상기하는 일은 어렵거나 심지어 불가능하다. 그러나 이런 환자가 현직 대통령의 이름 같은 현재의 일을 기억하지 못하는 것은 기억 능력 전체가 없어졌기 때문이 아니다. 왜냐하면 그런 뇌손상 때문에 새로운 서술기억을 형성하지는 못해도 새로운 비서술기억, 절차기억을 형성하는 데는 지장이 없기 때문이다. 예를 들면 기억상실증 연구에서 유명한 H.M.이라는 환자는 자기 손을 직접 보지 않고 거울에 비친 그림의 윤곽을 따라 그리는 것 같은 특정 기술이나 습관을 학습할 수 있었다. 물론 그런 학습을 했다는 의식적인 기억은 전혀 없으면서도 말이다(옮긴이 주: 저자는 순행 기억상실증 환자들이 하노이 타워 퍼즐을 해결할 수 있음을 언급하고 있으나, 이는 나중에 반복 검증에 실패한 발견이어서 번역하지 않고 다른 예를 들었다. Xu & Corkin, 2001을 참고하라).

순행 기억상실증 뇌손상 이후에 처리된 정보에 대한 기억상실.

신경 교육이란 무엇인가

인지신경과학자들은 뇌가 학습과 기억을 어떻게 처리하는지를 이해하는 데 중대한 진보를 이루었다. 그러한 지식은 교육 현장에서 학습을 향상시키려는 노력에 결정적인 도움을 줄 것이다. 하지만 전통적으로 교육과 신경과학 분야 간에는 서로 많은 교류가 없었다.

20세기 학계의 특징인 학문 간 서로 격리된 전문화는 초학문적(transdisciplinary)이고 문제 중심적인 팀워크에 밀려나기 시작했다. 존스홉킨스 교육대학에서는 의과대학, 케네디-크리거 연구소(Kennedy-Krieger Institute), 그리고 뇌과학 연구소(Brain Science Institute)와 손을 잡고 신경교육계획(Neuro Education Initiative)을 추진하고 있다. 이 프로그램의 목표 중 하나는 교육자와 신경과학자 간의 의사소통을 촉진하기 위해 노력하고 합동연구 프로젝트를 추진하는 것이다(Johns hopkins School of Education, 2017).

이 장을 읽으면서 뇌에서 일어나는 학습과 기억 과정에 대한 우리의 지식을 이용하여 학생들의 교육적 경험을 어떻게 향상시킬 수 있을지 생각해 보라. 초등학교 교사와 중학교 교사 그리고 당신의 교수가 이런 정보를 교실에 어떻게 적용할까?

시냅스 가소성의 기제

시냅스 수준에서 일어나는 변화를 자세히 살펴보는 것으로 학습과 기억의 신경과학에 대한 탐구를 시작하자. 가소성(plasticity)이란 시냅스의 수정 가능성(modifiability)을 가리킨다. 다시 말해 뉴런 간의 연결 강도는 경험에 따라 증가하거나 감소한다.

단순 유기체의 학습

학습과 기억의 시냅스 기제를 밝히려는 연구 중에는 무척추동물을 대상으로 한 것이 많다. 무척추동물은 여러 종류의 학습을 할 수 있을 뿐만 아니라 신경계가 커다란 세포로 구성되어 있고 단순해서 관찰하기 쉽기 때문에 이상적인 연구대상이다. 어떤 무척추동물의 학습 연구는 기괴하다. 예를 들어 G. A. Horridge(1962)는 머리를 제거한 바퀴벌레가 고전적 조건형성을 통한 학습을 할 수 있음을 보여주었다. 더 일반적으로는 초파리나 **바다달팽이**(*Aplysia californica*, 군소; ●그림 10.6)가 연구에 사용되고 있다.

바다달팽이의 학습 과정을 이해하려면 ●그림 10.7에 보이는 바다달팽이의 해부 구조를 알아두는 것이 좋다. 바다달팽이의 등쪽 표면에는 호흡에 사용되는 아가미가 있다. 그리고 외투막(mantle shelf)이라는 구조물이 아가미를 덮을 수 있다. 외투막의 한쪽 끝에는 폐기물과 바닷물을 방출하는 튜브인 수관(siphon)이 있다. 바다달팽이의 수관을 건드리면 아가미가 움츠러드는 방어반응인 **아가미 움츠리기 반사**(gill-withdraw-al reflex, 아가미 철수 반사)가 일어난다. 학자들은 이 자연적인 방어반응과 바다달팽이가 자발적으로 깨물기행동을 하는 경향을 이용하여 연구를 해왔다.

바다달팽이 같은 단순한 무척추동물은 뇌와는 다른 신경망(2장을 보라)을 갖고 있다.

바다달팽이 학습과 기억에 관한 실험 대상으로 자주 사용되는 해양 무척추동물.

아가미 움츠리기 반사 바다달팽이를 건드리면 아가미가 움츠러드는 방어적인 반사.

Visual&Written SL/Alamy Stock Photo

●그림 10.6 바다달팽이 바다달팽이는 습관화, 민감화, 고전적 조건형성, 그리고 더 최근에는 조작적 조건형성의 토대를 탐색하는 데 유용한 연구대상이다.

이 신경망 속에서는 세포체들의 군집인 신경절(ganglion)들이 주된 처리 중추 역할을 한다. 수관에는 24개의 촉각 수용체가 자리 잡고 있는데, 이들의 세포체는 바다달팽이의 배신경절(abdominal ganglion, 복부신경절)에 있다. 촉각 수용체는 배신경절 속에서 여러 중간뉴런뿐 아니라 아가미를 움직이는 6개의 운동뉴런과도 시냅스를 형성한다.

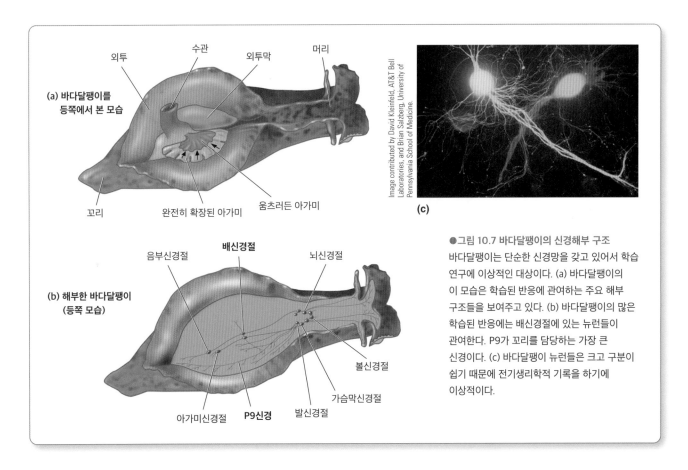

(a) 바다달팽이를 등쪽에서 본 모습

외투　　수관　　외투막　　머리

꼬리　　완전히 확장된 아가미　　움츠러든 아가미

Image contributed by David Kleinfeld, AT&T Bell Laboratories, and Brian Salzberg, University of Pennsylvania School of Medicine.

(c)

(b) 해부한 바다달팽이 (등쪽 모습)

음부신경절　　**배신경절**　　뇌신경절

볼신경절

가슴막신경절

아가미신경절　　**P9신경**　　발신경절

●그림 10.7 바다달팽이의 신경해부 구조 바다달팽이는 단순한 신경망을 갖고 있어서 학습 연구에 이상적인 대상이다. (a) 바다달팽이의 이 모습은 학습된 반응에 관여하는 주요 해부 구조들을 보여주고 있다. (b) 바다달팽이의 많은 학습된 반응에는 배신경절에 있는 뉴런들이 관여한다. P9가 꼬리를 담당하는 가장 큰 신경이다. (c) 바다달팽이 뉴런들은 크고 구분이 쉽기 때문에 전기생리학적 기록을 하기에 이상적이다.

바다달팽이의 습관화와 민감화 바다달팽이의 수관을 거듭해서 건드리면 아가미 움츠리기 반사가 습관화된다. 즉 약해진다. 1960년대부터 Eric Kandel과 그의 동료들은 이 반사의 습관화를 담당하는 신경 경로를 추적하기 시작했다. Kandel은 수관을 반복적으로 건드리는 것이 관련된 중간뉴런과 운동뉴런에서 흥분성 시냅스후 전위(EPSP; 3장을 보라)의 크기를 감소시킨다는 것을 입증하는 데 성공했다. ●그림 10.8에서 보듯이 감각뉴런에서 운동뉴런으로 들어가는 입력 양의 감소는 운동뉴런과 아가미 근육 사이의 활동 감소를 일으켰고, 이는 결국 약해진 움츠리기 반사로 이어졌다. 나아가 Kandel은 습관화가 일어날 때 감각뉴런과 운동뉴런 간의 시냅스 활동 감소는 신경전달물질의 분비량 감소로 인한 직접적인 결과임을 보여주었다(Castellucci, Carew, & Kandel, 1978). 수관을 반복해서 자극하면 시냅스전 감각뉴런의 신경전달물질이 고갈되어 단기 습관화(이제는 '회기 내' 습관화라고 불림)가 일어난다(Thompson, 2009).

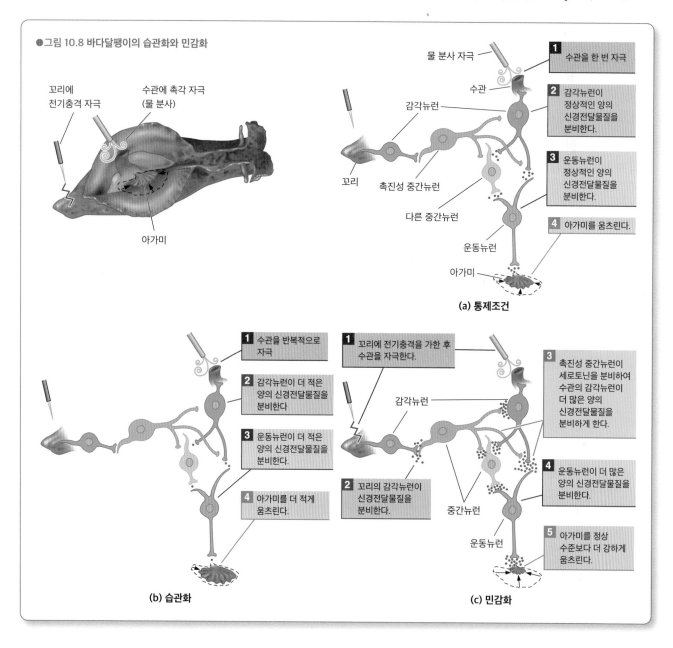

●그림 10.8 바다달팽이의 습관화와 민감화

바다달팽이의 습관화는 수관에서 들어오는 감각 입력을 아가미 운동을 통제하는 뉴런으로 연결하는 단일 경로에서 일어난다. 그러나 민감화의 경우에는 한 자극이 둘 이상의 신경로에 영향을 미치는 능력을 갖게 된다. 바다달팽이의 머리나 꼬리에 전기 충격을 가하여 민감화가 일어난 후에는 수관을 건드리면 아가미 움츠리기 반응이 커진다. 그림 10.8에서 보는 바와 같이 바다달팽이의 꼬리에 가해진 전기충격은 감각뉴런을 자극하는데, 이들은 중간뉴런과 흥분성 시냅스를 형성하고 있다. 이 중간뉴런들은 수관과 연결된 감각뉴런과 축삭-축삭간 시냅스를 형성하고 있다. 다시 말하면 중간뉴런의 축삭이 감각뉴런의 축삭종말에 촉진성 시냅스를 형성한다(3장을 보라). 이 중간뉴런들은 그 축삭-축삭간 시냅스에서 세로토닌을 분비한다(Brunelli, Castellucci, & Kandel, 1976). 감각뉴런의 축삭종말에 있는 수용체가 세로토닌 분자와 결합하면 대사성 과정(4장을 보라)을 통해 칼륨 통로가 닫힌다. 칼륨 통로가 닫히면 감각뉴런의 축삭종말에 도달하는 활동전위가 일반적으로 수관을 건드렸을 때보다 오랫동안 지속된다(3장에서 칼륨 통로의 개방이 활동전위에서 세포의 재분극화를 일으킨다는 것을 보았다. 재분극화가 지연되면 활동전위의 지속 기간이 늘어난다). 활동전위가 더 길어지면 감각뉴런으로 들어오는 칼슘이 더 많아지고, 따라서 감각뉴런의 축삭종말에서 신경전달물질이 더 많이 분비된다. 신경전달물질 분비의 증가는 운동뉴런과 아가미 근육의 반응을 향상시키는데, 이는 민감화에서 관찰되는 더 강한 아가미 움츠리기 반사로 이어진다.

바다달팽이의 고전적 조건형성 바다달팽이는 고전적 조건형성의 형태로 일어나는 연합학습도 할 수 있다. ● 그림 10.9와 같은 전형적인 실험에서는 외투막을 살짝 건드리는 것을 조건자극(CS⁺)으로, 꼬리에 전기충격을 주는 것을 무조건자극(UCS)으로 사용한다. 꼬리에 대한 전기충격은 아가미 움츠리기 반사(UCR)를 항상 유발한다. 전기충격과 짝지어지지 않는 통제자극을 주기 위해 바다달팽이의 수관을 가끔 건드린다(CS⁻). 하지만 습관화가 일어날 만큼 빈번하게 건드리지는 않는다.

훈련 전에는 외투막 건드리기가 아가미에 거의 아무런 움직임도 유발하지 않는다. 외투막 건드리기(CS⁺)와 꼬리에 전기충격 주기(UCS)를 여러 번 짝지은 후에, 학습이 일어났는지 알아보기 위해 외투막 건드리기만 따로 시행한다. 외투막을 건드리면 이제는 아가미 움츠리기 반사(CR)가 유발될 것이다. 이와 달리 전기충격(UCS)과 짝지어진 적이 없는 수관 건드리기(CS⁻)는 바다달팽이의 반응에 아무 변화도 일으키지 않는다. 외투막 건드리기(CS⁺)가 아가미 움츠리기 반사를 유발하게 된 것은 고전적 조건형성의 정의에 들어맞는다.

민감화에서 본 것과 비슷하게 고전적 조건형성은 감각뉴런에서 분비되어 아가미 근육을 담당하는 운동뉴런으로 가는 신경전달물질의 양의 변화를 반영한다. 외투막 건드리기(CS⁺)는 감각뉴런에서 활동전위를 일으킨다. 이 활동전위가 축삭종말에 도달하면 칼슘(Ca^{2+})이 세포로 유입되어 아가미 움츠리기 반사를 통제하는 운동뉴런으

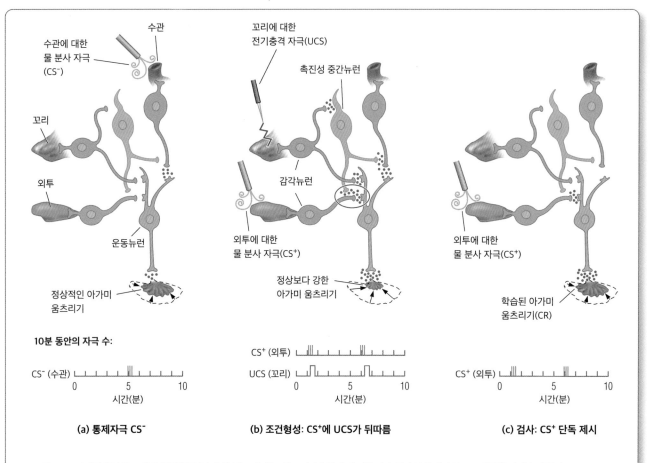

수관에 대한
물 분사 자극
(CS⁻)

수관

꼬리

외투

운동뉴런

정상적인 아가미
움츠리기

10분 동안의 자극 수:

CS⁻ (수관) |⌐⌐⌐⌐⌐⌐⌐⌐⌐⌐⌐⌐|
0   5   10
시간(분)

(a) 통제자극 CS⁻

꼬리에 대한
전기충격 자극(UCS)

촉진성 중간뉴런

감각뉴런

외투에 대한
물 분사 자극(CS⁺)

정상보다 강한
아가미 움츠리기

CS⁺ (외투) |⌐⌐⌐⌐⌐⌐⌐⌐⌐⌐⌐⌐|
UCS (꼬리) |⌐⌐⌐⌐⌐⌐⌐⌐⌐⌐⌐⌐|
0   5   10
시간(분)

(b) 조건형성: CS⁺에 UCS가 뒤따름

외투에 대한
물 분사 자극(CS⁺)

학습된 아가미
움츠리기(CR)

CS⁺ (외투) |⌐⌐⌐⌐⌐⌐⌐⌐⌐⌐⌐⌐|
0   5   10
시간(분)

(c) 검사: CS⁺ 단독 제시

●**그림 10.9 바다달팽이의 고전적 조건형성** (a) 수관 건드리기(CS⁻)는 전기충격과 짝지어지지 않아서 통제자극으로 작용한다. (b) 외투막 건드리기(CS⁺)에는 꼬리에 가해지는 전기충격(UCS)이 항상 뒤따른다. (c) 외투막 건드리기(CS⁺)와 전기충격을 여러 차례 짝짓고 나면 외투막 건드리기만으로도 아가미 움츠리기(CR)가 촉발된다. 그림 (b)의 동그라미 친 부분에서 외투막 감각뉴런들이 처음엔 외투막 건드리기에 의해, 그러고는 꼬리를 담당하는 중간뉴런에서 나오는 입력에 의해 순차적으로 활성화된다. 이 연쇄가 시냅스전 촉진(presynaptic facilitation)을 증가시켜서 운동뉴런에서 훈련 전보다 더 큰 시냅스후 전위가 기록되게 만든다.

로 분비될 신경전달물질의 양을 결정한다. 민감화에서 일어나는 것과 똑같은 방식으로, 꼬리에 가해지는 전기충격(UCS)은 중간뉴런이 외투막을 담당하는 감각뉴런에 세로토닌을 분비하게 만든다. 이번에도 역시 칼륨 통로가 닫혀서 감각뉴런이 운동뉴런에 분비하는 신경전달물질의 양이 증가한다. 가장 중요한 점은, 우리가 조건자극과 무조건자극이 어떻게 상호작용하여 감각뉴런이 분비하는 신경전달물질의 양을 증가시키는지 알 수 있다는 것이다. Ca^{2+}이 고농도로 존재할 때마다 칼륨 통로 폐쇄를 일으키는 과정이 증진된다(Abrams, Yovell, Onyike, Cohen, & Jarrard, 1998). 따라서 CS⁺로부터 오는 신호가 감각뉴런의 축삭종말에 도달하면 Ca^+의 유입이 증가하여 중간뉴런이 UCS에 반응하여 분비하는 세로토닌의 효과가 향상된다.

바다달팽이의 조작적 조건형성 조작적 조건형성이란 유기체가 자연적으로 하는 행동이 그 결과에 따라 더 많이 또는 더 적게 일어나게 되는 것이다. 고전적 조건형성을 시냅스 수준에서 이해할 수 있게 해주는 연구의 일부를 앞에서 개괄했지만, 조작적 조건

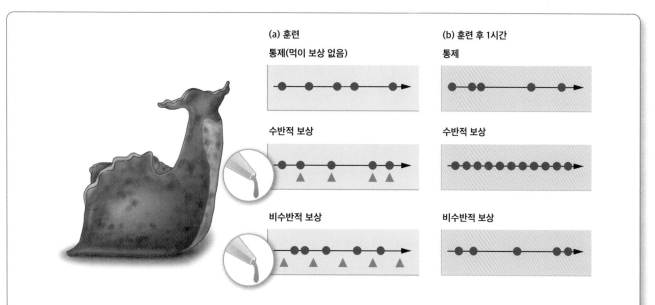

●그림 10.10 **바다달팽이의 조작적 조건형성** (a) 바다달팽이들을 세 집단으로, 즉 통제집단(먹이 없음), 수반성 집단(파란 점으로 표시된 깨물기행동 후에 초록 삼각형으로 표시된 해초 주스를 주입함), 비수반성 집단(깨물기와 상관없이 해초 주스를 일정한 간격으로 주입함)으로 나누었다. (b) 파란 점으로 표시된 깨물기가 통제집단과 비수반성 집단에서 무작위 간격으로 일어났지만 수반성 집단에서는 일정한 간격으로 자주 일어났는데, 이는 행동이 조작적 조건형성 때문에 변했음을 보여준다.

출처: Nargeot, R., & Simmers, J. (2011). Neural mechanisms of operant conditioning and learning-induced behavioral plasticity in Aplysia. *Cellular and Molecular Life Sciences, 68*(5), 803-816.

형성의 배후에 있는 기제에 대해서는 아는 것이 훨씬 더 적다. 단순한 동물에게서 조작적 조건형성을 연구하는 길을 찾는 일은 쉽지 않았다. 단순한 동물은 자발적으로 하는 행동이 많지 않기 때문이다. Björn Brembs가 이야기한 대로 바다달팽이의 행동은 대부분 먹기와 생식하기뿐이다. Brembs와 그의 동료들은 영리하게도 바다달팽이의 식도신경을 자극(이는 먹이가 들어오는 것과 비슷함)하여 깨물기행동(섭식행동 목록의 일부)의 빈도를 증가시켰다(Brembs, Lorenzetti, Reyes, Baxter, & Byrne, 2002). 깨물기행동에 대한 조작적 조건형성의 흔적은 적어도 24시간 지속되었고, 이는 그림 10.7에서 보듯이 바다달팽이의 볼신경절(구강신경절) 뉴런들의 변화 때문임을 알 수 있다. 조작적 조건형성이 볼신경망의 활동에 미치는 궁극적인 효과는 ●그림 10.10에서처럼 상당히 무작위적이었던 행동 패턴을 더 일관적이고 상동적인 패턴으로 '고정'하는 것으로 보인다(Nargeot & Simmers, 2011).

장기증강

신경화학물질 분비의 양과 타이밍 조절은 바다달팽이의 습관화, 민감화, 고전적 조건형성, 조작적 조건형성에서 나타나는 즉각적이고 단기적인 변화를 설명해 준다. 그러나 심지어 바다달팽이에서도 습관화는 3주까지 지속될 수 있다(Carew & Kandel, 1973). 3주간의 기억이 대학생에게는 별 것 아닌 것처럼 보일 수 있겠으나, 바다달팽이같이 단순한 유기체에게는 박사 학위에 해당할지도 모른다. 가용한 신경전달물질의 고갈이 이러한 장기 지속적 학습의 원인일 가능성은 낮다. 더 영구적인 이러한 유형의 기억을 설명하는 다른 과정이 있을 수밖에 없다.

1970년대부터 연구자들은 학습과 기억의 토대를 제공하는 것으로 보이는 해마의 신경 기제를 연구하기 시작했다(Bliss & Lømo, 1973). 이 기제들을 이해하려면 먼저 ●그림 10.11에 보이는 해마와 그 주변 구조물의 주요 해부학적 특징을 살펴보아야 한다. 해마는 각 반구의 가쪽뇌실 바로 안쪽에 있는 약간 활처럼 구부러진 구조이다. 해마의 배쪽에는 **해마곁겉질**(parahippocampal cortex, 해마방회)과 **후각겉질**(rhinal cortex, 비피질)이 있는데, 후각겉질은 다시 **후각뇌속겉질**(entorhinal cortex, 내비피질)과 **후각주위겉질**(perirhinal cortex, 비열주변피질)로 나누어진다. 겉질의 연합 영역에서 들어온 입력은 해마곁겉질과 후각겉질로 들어가며, 이 구조들이 정보를 해마로 전달한다. 해마의 출력은 일반적으로 **뇌활**(fornix, 뇌궁)이라는 신경로를 타고 시상하부의 유두체까지 간다. 해마는 더 자세히 들여다보면 뉴런들로 이루어진 2개의 주요 층이 서로 맞물려서 접혀 있는 구조이다. 한 층은 **암몬뿔**(Ammon's horn), 다른 층은 **치아이랑**(dentate gyrus, 치상회)이라 부른다. 암몬뿔은 네 부분으로 더 나뉘어져 CA1부터 CA4까지 이름이 붙어 있다(CA는 암몬뿔을 뜻하는 라틴어 'cornu ammonis'의 약자이다).

해마를 뇌의 나머지 부위와 연결하는 경로뿐 아니라 해마 자체 속에 형성된 연결도 이 구조의 기능을 이해하는 데 중요하다. 후각겉질의 출력은 **관통로**(perforant pathway, 천공로)를 타고 가서 치아이랑의 세포와 시냅스를 형성한다. 치아이랑의 축삭은 **이끼섬유**

해마곁겉질 해마의 배쪽에 있는 겉질 영역.
후각겉질 해마의 배쪽에 있는 겉질 영역.
후각뇌속겉질 후각겉질의 하위 구역.
후각주위겉질 후각겉질의 하위 구역.
뇌활 해마로부터 시상하부로 정보를 전달하는 경로.
암몬뿔 해마에 있는 두 주요 신경세포층 중 하나.
치아이랑 해마에 있는 두 주요 신경세포층 중 하나.
관통로 후각겉질에서 발원하여 해마의 치아이랑에서 시냅스를 형성하는 축삭들로 구성된 경로.
이끼섬유 (해마) 치아이랑에서 발원하여 암몬뿔의 CA3에 있는 세포에 시냅스하는 축삭.

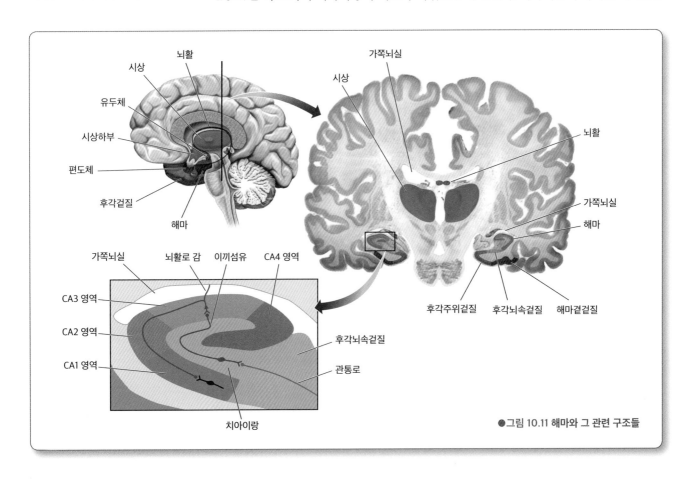

●그림 10.11 해마와 그 관련 구조들

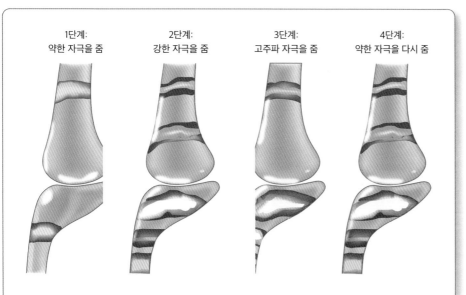

| 1단계:
약한 자극을 줌 | 2단계:
강한 자극을 줌 | 3단계:
고주파 자극을 줌 | 4단계:
약한 자극을 다시 줌 |

●그림 10.12 장기증강 어떤 입력 경로에 일련의 고주파 자극을 가하면(3단계) 이 자극을 받은 세포로부터 입력을 받는 세포의 반응이 고주파 자극을 받기 이전(1단계)과 비교하여 증가하는 것을 볼 수 있다(4단계). 이를 장기증강(LTP)이라고 하는데, LTP는 장기간 지속되며 아주 짧은 자극 후에 형성되는 등 기억과 많은 특징을 공유한다.

(mossy fiber)라고도 하는데, CA3에 있는 세포와 시냅스를 형성한다. CA3에서 나오는 축삭은 두 갈래로 나뉜다. 한 갈래는 **샤퍼곁가지 경로**(Schaffer collateral pathway)로서 CA1의 세포와 시냅스를 형성한다. 다른 갈래는 뇌활로서 해마를 빠져나간다.

이제 해마의 구조와 연결을 이해하였으므로 Bliss와 Lømo(1973)의 실험으로 돌아가자. 이 실험에는 네 단계가 있다(●그림 10.12를 보라). 1단계에서는 관통로를 약하게 자극하고 치아이랑의 활동을 기록한다. 2단계에서는 관통로를 강하게 자극하고 치아이랑의 활동을 기록한다. 3단계에서는 관통로에 일련의 자극을 급속도로 가한다. 4단계에서는 관통로를 약하게 자극하는데, 이번에는 1단계에서보다 더 큰 반응이 기록된다. 다시 말하면 경험이 이 시냅스들을 더 효율적으로 만든다. 일련의 급속도 자극이란 50~100회의 자극을 초당 100회의 속도로 가하는 것을 의미하며, 이는 축삭이 일상적으로 발화할 때의 속도이다. 이러한 고주파 자극을 준 후에 목표 세포에서 반응성이 변하는데, 이를 **장기증강**(long-term potentiation, LTP, 장기상승작용)이라고 부른다. LTP는 따로 떼어낸 해마 절편이나 기타 뇌조직뿐 아니라 살아있는 동물에게서도 나타날 수 있다(●그림 10.13을 보라). 살아있는 동물의 경우 LTP는 무한정 지속될지도 모른다. 분리된 뇌 절편에서는 LTP가 여러 시간 지속된다.

다른 종류의 자극은 반대 효과, 즉 시냅스 연결의 약화를 일으킬 수 있다. 이 과정을 장기저하(long-term depression, LTD)라 부른다(Dudek & Bear, 1992). LTD를 유발할 때는 LTP에서 사용되는 고주파 자극(초당 100회) 대신에 다량(900회)의 저주파 자극(초당 1~3회)을 약 15분에 걸쳐 사용한다. 목표 세포가 일으키는 흥분성 시냅스후 전위(EPSP)가 적어도 1시간 동안 극적으로 감소한다.

샤퍼곁가지 경로 해마의 암몬뿔에서 CA3을 CA1과 연결하는 경로.
장기증강(LTP) 시냅스 가소성의 한 유형으로서, 어떤 입력 경로에 고주파 전기자극을 가하면 목표 뉴런에서 기록되는 시냅스후 전위가 증가하는 현상.

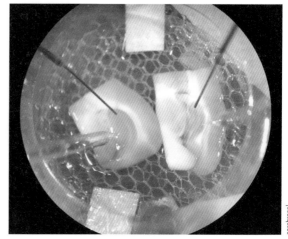

●그림 10.13 해마 절편에서 LTP를 기록하기 설치류에게서 떼어낸 해마 절편은 산소를 함유한 인공 뇌척수액 속에서 여러 시간 동안 유지될 수 있다. 이 사진은 시냅스 가소성을 연구하는 데 가장 흔히 쓰이는 장비 중 하나를 보여준다.

기억 기제로서의 LTP 여러 요인이 중요한 기억 기제로서 LTP를 지목한다. 첫째, 우리는 어떤 기억은 평생 지속된다고 믿으며, 그렇기 때문에 LTP가 오래 지속된다는 사실은 중요하다. 둘째, 단 몇 초간의 입력으로 LTP가 만들어진다. 많은 경우에 우리는 아주 짧게 경험한 자극을 기억할 수 있다. 더욱이 LTP는 캐나다의 심리학자 Donald Hebb가 1949년에 제안한 세포 수준의 학습모형이 예측하는 방식대로 일어난다. Hebb는 다음과 같이 썼다.

> 세포 A의 축삭이 세포 B를 흥분시킬 만큼 가까이 있으면서 그것을 발화시키는 데 반복적으로 또는 지속적으로 참여할 때, 세포 B를 발화시키는 세포 중의 하나로서 세포 A의 효율성이 증가하도록 어떤 성장 과정이나 대사의 변화가 그 두 세포 중 하나 또는 둘 모두에서 일어난다(p. 62).

Hebb 시냅스와 LTP는 모두 시냅스전 뉴런과 시냅스후 뉴런의 거의 동시적인 발화, 즉 **연합성**(associativity)을 필요로 한다. 또한 LTP는 **협동성**(cooperativity)을 필요로 하는데, 이는 목표 시냅스후 뉴런으로 수렴하는 여러 시냅스가 동시에 활동해야 한다는 뜻이다. 다시 말하면 LTP는 이미 탈분극화된 뉴런에 시냅스전 뉴런이 신경전달물질을 분비할 때 일어난다.

●그림 10.14에 있는 NMDA 글루탐산 수용체는 연합성과 협동성 모두를 촉진하기에 딱 알맞게 만들어져 있다. 시냅스전 뉴런에서 분비된 글루탐산이 시냅스후 NMDA 수용체에 영향을 미치려면 시냅스전 및 시냅스후 뉴런 모두가 동시에 활동해야 한다(연합성). NMDA 수용체의 통로는 평소에 마그네슘 분자(Mg^{2+})로 막혀 있다(4장을 보라). 근처의 AMPA 수용체에 흥분성 글루탐산이 결합한 결과로 생기는 시

연합성 학습에 필요하다고 생각되는 조건 중 하나로, 시냅스전 뉴런과 시냅스후 뉴런이 거의 동시에 발화하는 것.
협동성 LTP의 형성을 위한 조건 중 하나로, 목표 시냅스후 뉴런상의 여러 시냅스가 동시에 활동하는 것.

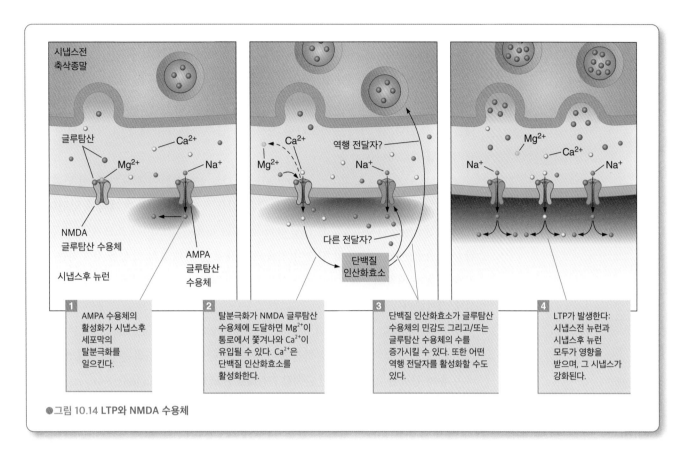

1 AMPA 수용체의 활성화가 시냅스후 세포막의 탈분극화를 일으킨다.

2 탈분극화가 NMDA 글루탐산 수용체에 도달하면 Mg^{2+}이 통로에서 쫓겨나와 Ca^{2+}이 유입될 수 있다. Ca^{2+}은 단백질 인산화효소를 활성화한다.

3 단백질 인산화효소가 글루탐산 수용체의 민감도 그리고/또는 글루탐산 수용체의 수를 증가시킬 수 있다. 또한 어떤 역행 전달자를 활성화할 수도 있다.

4 LTP가 발생한다: 시냅스전 뉴런과 시냅스후 뉴런 모두가 영향을 받으며, 그 시냅스가 강화된다.

●그림 10.14 **LTP와 NMDA 수용체**

냅스후 뉴런의 탈분극화가 Mg^{2+}을 통로에서 쫓아내는 작용을 한다. NMDA 수용체의 활동과 함께 일어나는 AMPA 수용체의 활동은 협동성이란 요건을 만족한다. 글루탐산 분자가 이제 막혀 있지 않은 NMDA 수용체에 붙으면 나트륨(Na^{2+})과 칼슘(Ca^{2+}) 모두가 뉴런으로 들어간다. Ca^{2+}의 유입은 그 시냅스를 강화하는 데 필요한 구조적 변화를 개시하는 일련의 생화학적 단계를 뉴런 내에서 촉발한다.

LTP는 시냅스 강도의 변화를 실무율(all-or-none)적으로 일으키지 않는다. 대신에 연속된 네 단계(생성, 안정화, 응고화, 유지)로 변화가 일어난다(●그림 10.15를 보라).

생성(generation) 단계는 NMDA 수용체를 통해 뉴런으로 유입된 칼슘(Ca^{2+})이 소포체상의 수용체와 결합할 때 시작된다. 이에 반응하여 소포체는 더 많은 칼슘을 방출하며, 높아진 칼슘 수준은 칼슘/칼모듈린 의존성 단백질 인산화효소(Ca^{2+}/calmodulin-dependent protein kinase, CaMKII)라는 효소를 활성화한다(Fukunaga, Stoppini, Miyamoto, & Muller, 1993). CaMKII는 활동적인 시냅스 근처의 시냅스후 막에 AMPA 수용체를 삽입하는 과정을 개시한다. 여기까지의 과정은 겨우 1분 정도 소요되며, 그렇게 해서 생긴 변화는 아직 일시적이다.

생성(약 1분)

칼슘이 시냅스후 영역으로 들어간다.
AMPA 수용체가 추가로 삽입된다.

안정화(15~20분)

칼슘 수준이 계속 증가한다.
가지돌기 가시가 커진다.

응고화(2~4시간)

BDNF가 지속적인 칼슘을 방출시킨다.
단백질 합성이 안정화에 기여한다.

유지(무제한)

PKMζ가 AMPA 수용체의 제거를 차단한다.

●그림 10.15 **시냅스 가소성의 네 단계** 시냅스 효율성의 장기적 변화로 이어지는 절차는 서로 겹치는 4개의 단계를 거쳐 일어난다.

출처: Adapted from Rudy, J. W. (2014). *The neurobiology of learning and memory* (2nd ed.). Sunderland, MA: Sinauer, p. 140.

더 오래가는 효과가 생기려면 구조적인 변화가 더 필요하다. 15~20분 정도 지속되는 안정화(stabilization) 단계 동안 칼슘 수준은 계속 증가한다. 액틴잔섬유(actin filament, 액틴 필라멘트; 3장을 보라)가 서로 합쳐져서 재배열되어 더 크고 단단한 시냅스후 가지돌기 가시가 만들어진다. ●그림 10.16에서 보듯이 이 가시들은 여러 다른 형태를 띨 수 있다. 큰 가시는 가느다란 가시보다 글루탐산 수용체가 더 많고, 가지 잘라내기에 덜 취약하다(van der Zee, 2015).

세 번째 단계인 응고화(consolidation)는 추가로 2~4시간이 필요하며, 이 단계에서는 세포 내 칼슘 수준이 더 증가한다. 칼슘은 NMDA 수용체를 통해 계속 유입된다. 뇌 유래성 신경영양인자(brain-derived neurotrophic factor, BDNF)가 소포체를 자극하여 칼슘을 방출한다. 고수준의 칼슘이 지속되면 새로운 단백질의 합성을 유발하는 신호전달 연쇄가 시작되는데, 이렇게 합성된 단백질들은 수정된 가지돌기 구조들의 안정성에 기여한다.

모든 단백질은 결국에는 퇴화한다. 따라서 LTP의 유지(maintenance)에는 안정적인 유지를 가능하게 만드는 화학물질이 필요하다. 인산화효소라는 많은 화학물질이 자가 유지 능력을 갖고 있지만 **단백질 인산화효소 M 제타**(protein kinase M zeta, PKMζ)라는 효소 하나만이 LTP 유지 과정 동안 증가하는 것으로 밝혀졌다(Ling et al., 2002). PKMζ를 억제하는 화학물질은 LTP의 유지 또한 막는다. PKMζ는 AMPA 수용체가 시냅스에서 제거되는 정상적인 과정을 차단함으로써 유지에 기여한다.

단백질 인산화효소 M 제타(PKMζ)
기억 흔적의 유지를 뒷받침하는 것으로 생각되는 효소.

LTP는 "다양한 수용체와 신호전달계에 의해 사용될 수 있는"(Cooke & Bliss, 2006, p. 1660) 일반 학습 과정이다. 어떤 곳에서는 시냅스전 과정이 LTP에 중요해 보이는 반면, 다른 곳에서는 시냅스후 과정이 우세하다. LTP를 나타내는 어떤 시냅스는 글루

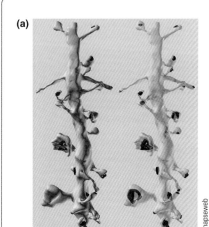
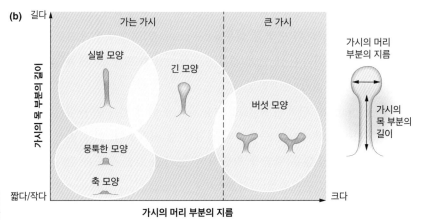

●그림 10.16 **가지돌기 가시의 모양과 학습** (a) 가지돌기 가시는 모양과 크기가 다양하다. (b) 작고 가는 가시가 큰 가시보다 더 쉽게 변형된다. LTP가 일어나는 동안 가시의 크기와 모양이 변한다.

출처: van der Zee, E. A. (2015). Synapses, spines and kinases in mammalian learning and memory, and the impact of aging. *Neuroscience & Biobehavioral Reviews, 50*, 77-85.

탐산을 이용하지만 그러지 않는 시냅스도 있다. LTP는 해마에서 처음 관찰되기는 했으나, 대뇌겉질에서 척수에 이르기까지 중추신경계 전체에 걸쳐 일어나는 것으로 밝혀졌다(Cooke & Bliss, 2006).

LTP와 행동적 기억 LTP는 현재 우리가 학습과 기억에 대해 알고 있는 바와 많이 일치하지만, 배양접시에 담겨있는 뇌 절편에 자극을 가하는 것은 역시나 인위적인 상황이다. 그렇지만 살아서 움직이는 동물에 대한 연구도 LTP가 기억 기제임을 지지한다. 이러한 목적의 연구에 흔히 사용되는 세 가지 실험 방법은 공간학습, 억제적 회피, 그리고 공포 조건형성이다. 훌륭한 수영선수인 쥐는 ●그림 10.17에서 볼 수 있듯이 수면 아래에 있는 도피대를 빨리 찾을 수 있게 하는 공간 지도(spatial map) 형성을 학습할 수 있다(Morris, 1984). 쥐가 자유롭게 새로운 공간을 탐색하는 동안 얻은 단일세포기록은 공간 지도 형성에 대한 이해를 돕는다. 억제적 회피(inhibitory avoidance, 수동회피)는 어두운 방과 밝은 방으로 이루어진 기구에 쥐를 넣어서 보여줄 수 있다. 쥐가 이 기구의 어두운 방(설치류가 선호하는 환경)으로 들어가면 쥐의 발에 전기충격을 가한다. 그러면 쥐는 어두운 곳으로 들어가기를 점점 더 주저하게 되므로, 이 절차는 회피 학습을 신속하게 일으킨다. 마지막으로 공포 조건형성(fear conditioning)은 소리나 불빛(CS)을 발에 가해지는 전기충격(UCS)과 짝짓는 고전적 조건형성 절차를 통해 이루어진다. 설치류는 일반적으로 그런 CS에 얼어붙기(freezing, 동결반응), 즉 움직이지 않는 반응을 학습한다.

설치류에게서 얻은 단일세포기록은 해마의 공간 지도가 새로운 환경에 들어간 지 몇 분 이내에 형성되며 수개월간 안정적으로 유지됨을 보여준다(O'Keefe & Dostrovsky, 1971). 이는 지금쯤 당신에게 다소 익숙한 이야기일 것이다. 즉, 신속한 형성과 시간에 걸친 안정성은 오래가는 기억과 LTP 둘 모두의 특징이다. 유전학적 및 약리학적 방법을 사용하여 LTP를 방해하고, 그것이 공간 지도 형성에 미치는 효과를 관찰할 수 있다. 유전적 돌연변이는 LTP를 일으키는 화학적 경로에 영향을 줄 수 있다. CA1세포에 있는 NMDA 수용체의 한 구성 요소를 암호화하는 유전자를 제거하면 샤퍼곁가

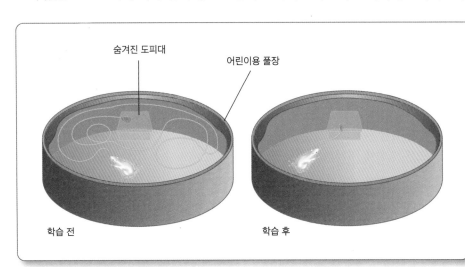

숨겨진 도피대

어린이용 풀장

학습 전

학습 후

●**그림 10.17 모리스 수중 미로는 공간기억을 요구한다** 쥐들은 유럽의 항구에 정박한 배에 올라타서 아메리카 대륙으로 건너간 데서 입증되듯이 훌륭한 수영선수들이다. 하지만 쥐가 무한정 수영할 수는 없다. 쥐가 모리스 수중 미로를 해결하려면 수면 아래에 있는 도피대의 위치를 기억해 내야 한다.

지 경로에서 일어나는 LTP에 부정적인 효과가 난다(Tsien, Huerta, & Tonegawa, 1996). CA1세포의 이차 전령에 영향을 주는 유전적 돌연변이 또한 LTP를 방해한다(Mayford, Bach, Huang, & Wang, 1996). 정상적인 LTP를 만들어내지 못하는 것이 공간 기억에 영향을 줄까? 답은 '그렇다'이지만, 우리가 추측했을 법한 것과는 다른 방식으로 그러하다. LTP가 손상된 동물도 여전히 공간 지도를 만들 수 있다. 하지만 안정적이고 뚜렷한 지도를 형성하지는 못한다. LTP가 손상된 생쥐는 익숙한 장소로 되돌아오면 과거에 형성했던 지도를 재활성화하는 게 아니라 새로운 지도를 만든다.

설치류의 공간학습(spatial learning)은 NMDA 수용체 길항제의 주입에 의해서도 손상된다(Abraham & Mason, 1988; Morris, Anderson, Lynch, & Baudry, 1986). 이러한 약물을 해마에 투여받은 쥐는 LTP를 생성하지 못하며 모리스 수중미로(Morris water maze)에서 수면 아래 도피대의 위치를 학습하지도 못한다. 그러나 이러한 약물을 공간학습이 일어나고 난 '후'에 투여하면 수행이나 LTP에 아무런 효과도 내지 못한다(Morris et al., 1986). 나중에 살펴보겠지만, 이 결과는 시간이 지남에 따라 학습과 기억에서 서로 다른 과정이 일어남을 시사한다.

이 지점에서 당신은 우리가 기억을 나쁘게 만드는 대신 더 좋게 만들 수 있을지 궁금해할지도 모르겠다. 사실, 그럴 수 있다. NMDA 수용체의 한 종류가 과잉발현되게 하는 유전적 조작은 더 강한 LTP를 만들어냈을 뿐만 아니라 공포 조건형성과 모리스 수중미로를 비롯한 여러 행동 과제에서 우수한 수행을 끌어냈다(Tang et al., 1999). 하지만 만약 당신이 이 유전적 처치를 받고 싶다면 너무 서두르지 말기 바란다. 이 생쥐들이 보여준 기억 향상에는 만성 통증에 대한 민감도 증가라는 대가가 따랐다(Wei et al., 2001). 뇌에는 글루탐산 수용체가 널리 분포하고 있기 때문에 이 수용체와 관련된 모든 개입은 다면적이고 광범위한 효과를 낼 것이 분명하다.

연구자들은 또한 LTP가 억제적 회피 상황에서의 학습도 설명할 수 있음을 보여주었다(Whitlock, Heynen, Shuler, & Bear, 2006). 이번에도 역시, 만약 LTP가 현실의 학습에 대한 성공적인 모형이 되려면 단 한 번의 짧은 경험이 뉴런의 기능을 변화시키는 능력을 흉내 내야 한다. 쥐에게 억제적 회피학습을 시킨 후에 해마의 CA1 영역을 분석해 보니, LTP 생성에 뒤따르는 AMPA 수용체의 변화와 똑같은 변화가 있었다. 게다가 그 훈련된 시냅스에 자극을 주어 LTP를 더 생성하려 해도 더 이상의 변화를 일으킬 수 없었다.

공포 조건형성은 LTP와 기억 간의 상관관계를 더 깊이 이해할 수 있게 했다. LTP가 어떻게 작용하는지에 대한 앞의 논의에서, 결정적인 단계 중 하나가 AMPA 수용체가 시냅스후 영역에 추가되는 것임을 언급했다. AMPA 수용체에 초록색 형광 단백질 표지를 붙여서 쥐의 뇌에 주입하였다(Rumpel, LeDoux, Zador, & Malinow, 2005). 이는 어느 뉴런이 그 표지된 수용체를 받아들이는지 확인하기 위한 방법이었다. 그 뒤 쥐는 표준적인 공포 조건형성을 거쳤는데, 연구자들은 정말로 AMPA 수용체들이 가지돌기

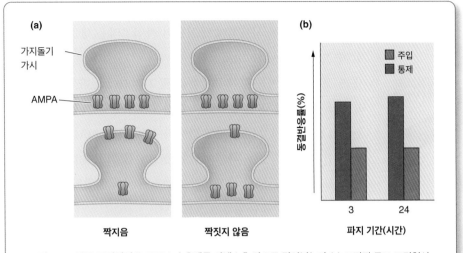

●그림 10.18 **공포 조건형성은 AMPA 수용체를 시냅스후 막으로 밀어넣는다** (a) 고전적 공포 조건형성 패러다임을 사용하여 연구자들은 소리와 전기충격의 짝짓기로 인해 더 많은 AMPA 수용체가 시냅스후 막으로 이동한다는 것을 알아냈다. (b) 기능을 못하도록 수정된 AMPA 수용체를 가쪽 편도체에 주입했을 때 이들 역시 시냅스후 막으로 이동했다. 이 비기능적 수용체를 가진 동물은 과거에 전기충격과 연합되었던 CS에 동결반응을 덜 나타냈다.

출처: Adapted from Rudy, J. W. (2014). *The neurobiology of learning and memory* (2nd ed.). Sunderland, MA: Sinauer, p. 186-187. Rudy adapted from Rumpel, S., LeDoux, J., Zador, A., & Malinow, R. (2005). Postsynaptic receptor trafficking underlying a form of associative learning. *Science, 308*(5718), 83-88.

가시로 이동했음을 관찰하였다(●그림 10.18). 공포 조건형성에서 AMPA 수용체의 중요성을 보여주는 증거를 더 얻기 위해 Rumpel 등(2005)은 AMPA 수용체의 가짜 버전을 개발했다. 이 버전은 가지돌기 가시로 이동하는 데 실제로 기능하는 AMPA 수용체와 경쟁하지만, 글루탐산에는 적절히 반응하지 않는 수용체이다. 이 가짜 수용체를 투여받은 쥐에게서는 공포 조건형성의 감소가 나타났다.

종합해 보면, 이 결과들은 LTP가 여러 종류의 행동적 학습의 토대가 됨을 강력히 시사한다.

작업기억

앞서 살펴본 바와 같이 작업기억 또는 단기기억은 영구적 저장소로 가는 경로에 있는, 제한된 용량과 지속 시간을 가진 단계를 가리킨다. 작업기억 현상의 설명에는 LTP와 글루탐산 수용체가 동원된다. 이 단계의 기억에서 LTP가 하는 역할을 완전히 이해하려면 AMPA 수용체의 두 유형, 즉 GluA1과 GluA2 하위 유형(subtype)을 구분해야 한다. LTP 생성 자극에 뒤따르는 처음의 불안정한 단계 동안에는 GluA1 수용체가 시냅스후 막에 추가로 삽입된다. 그 뒤 더 안정된 단계에서는 GluA2 수용체가 더 중요해진다. 유전공학을 통해 GluA1이 결핍되도록 만들어진 생쥐를 사용하여 연구자들은 GluA1 수용체가 LTP의 첫 단계에서는 필요하지만 나중의 더 안정적인 단계에서는 필요하지 않으며, 후자에서는 GluA2 수용체가 필요함을 알아냈다(Romberg et al.,

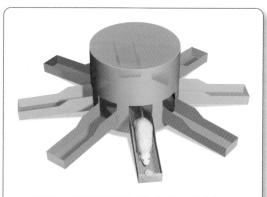

●그림 10.19 방사형 미로 방사형 미로를 사용하여 서술기억과 절차기억을 연구할 수 있다. 쥐가 할 과제는 가능한 한 빨리 먹이의 위치를 찾아내는 것인데, 그러려면 어느 가지길에 먹이가 있으며 어느 가지길을 이미 가 보았는지에 대한 표상을 형성해야 한다.

2009).

방사형 미로를 사용하여 설치류의 작업기억을 행동적으로 평가할 수 있다(●그림 10.19를 보라). 여기서 쥐가 할 일은 먹이를 찾아내는 것인데, 먹이는 항상 똑같은 몇몇 가지길에 있다. 쥐가 이 과제를 효율적으로 하려면 들어갔던 가지길과 아닌 가지길을 기억해야 한다. LTP 연구에서 나온 관찰 결과와 유사하게 GluA1 수용체가 결핍된 쥐는 방사형 미로 과제에서 많은 오류를 범했다(Bannerman & Sprengel, 2010). GluA1 수용체가 시냅스후 막에 삽입되는 것이 작업기억에서 특히 중요한 일임에 틀림없다.

기억 응고화

학생인 당신은 아마도 새로 형성된 기억의 취약성을 아주 잘 알고 있을 것이다. 학습 초기에 형성된 기억 흔적은 불안정하며 쉽게 붕괴되지만 결국에는 **응고화**(consolidation, 공고화), 즉 더 안정적으로 된다. 응고화는 단일 과정이 아니라 기억 유발 경험에 뒤이어 약 24시간에 걸쳐 파도처럼 일어난다. 각 파도마다 서로 다른 처리가 이루어진다. 어떤 자극에 대한 초기 반응은 가지돌기 가시에서 일어나는 AMPA 수용체의 이동과 구조적 변화라는 특징을 나타내는데, 이와 달리 응고화에는 **전사**(transcription; DNA를 RNA로 복사)와 **번역**(translation; RNA에 의한 단백질 생산)이 필요하다.

전사인자 LTP에서 생겨나는 것 같은 강한 시냅스 활동은 **전사인자**(transcription factor)에 의해 통제되는 유전자 발현 과정을 촉발한다. 전사억제자(transcription inhibitor)는 바다달팽이에서 고전적 조건형성을 위한 장기기억은 차단하지만 단기기억은 차단하지 않는다(Kandel, 2001). 특히 **CREB**(cAMP Response Element Binding protein)라는 전사인자는 초파리, 바다달팽이, 포유동물의 장기기억에 활발한 역할을 하는 것으로 보인다.

여러 분야의 증거가 많은 종류의 장기기억에서 CREB의 역할을 지지한다(Yiu, Rashid, & Josselyn, 2011). 돌연변이 버전의 CREB를 가진 생쥐는 소리가 전기충격을 예측할 때같이 조건형성된 위협에 대한 기억을 유지하지 못하는 것으로 보인다. 이런 돌연변이 생쥐는 물체나 다른 생쥐를 정상적인 방식으로 인식하지 못하거나, 조건 맛 혐오(배탈과 짝지어졌던 맛을 회피함)를 형성하지 못하거나, 자기 환경에 대한 공간 지도를 만들지 못한다. CREB 경로의 장애가 노화와 관련된 기억 쇠퇴와 알츠하이머병을 비롯한 치매와 연관된 기억 결함에 한몫할지도 모른다.

CREB는 일반적인 전사인자로서 많은 유전자와 그 단백질 산물에 영향을 미치는데, 그중에는 BDNF처럼 LTP에 관여하는 것들이 포함된다. 더욱이 CREB는 다른 전사인자인 CCAAT/증폭체결합단백질(CCAAT/enhancer binding protein, **C/EBPβ**)을 목표

응고화 기억 흔적을 안정적으로 만드는 과정.

전사 DNA의 한 부분으로부터 RNA를 만들어내는 과정.

번역 RNA 분자가 보유한 정보에 따라 단백질을 합성하는 과정.

전사인자 유전자 발현을 통제하는 화학물질.

CREB 장기기억과 연관된 구조적 변화를 일으킬 수도 있는 유전자를 활성화하는 단백질.

C/EBPβ CREB에 의해 활성화되어 시냅스 성장과 관련된 유전자를 활성화하는 물질.

로 삼는다. 훈련 1시간 전에 C/EBPβ가 단백질로 번역되는 것을 막으면 학습이 정상적으로 진행된다. 그러나 훈련 5~24시간 후에 C/EBPβ 발현을 막으면 심각한 학습장애가 발생한다. 이는 C/EBPβ의 발현이 장기 응고화에 필수적임을 시사한다(Taubenfeld, Milekic, Monti, & Alberini, 2001). 또한 C/EBPβ는 인슐린 성장인자 II(insulin growth-factor-II, IGF-2)에도 영향을 주는데, 이것 역시 장기기억의 응고화에 관여한다(Alberini & Chen, 2012).

재활성화와 재응고화

인지심리학자 Elizabeth Loftus는 목격자 증언에서 기억의 유연성을 보여주었다. Loftus는 실험참가자들에게 자동차 사고 동영상을 보여준 후에 한 집단에게는 "시골길을 따라 달리는 흰색 스포츠카가 얼마나 빨리 가고 있었나요?"라는 질문을 했다. 그리고 다른 집단에게는 "시골길을 따라 달리는 흰색 스포츠카가 '헛간을 지나칠 때' 얼마나 빨리 가고 있었나요?"라는, 약간 다른 질문을 했다. 그 동영상에는 사실 헛간이 없었다. 하지만 일주일 후 헛간에 관한 질문을 받았던 사람들의 20%가 헛간을 보았다고 '기억해 냈다'. 반면에 다른 집단은 5%만이 그렇게 기억했다(Loftus & Palmer, 1974). 어떤 기억을 인출하는 것(흰색 스포츠카의 속도에 관한 질문에 대해 생각하는 데 필요한)이 기억을 변하기 쉬운 상태로 만드는 이유가 무엇일까?

기억 형성 후 시간이 지나면서 기억은 더 붕괴되기 어려워진다. 하지만 기억을 사용하려면 그 기억을 단기기억/작업기억의 '활성 창(active window)'에서 열어야 하는데, 이것이 기억을 다시 한번 변하기 쉬운 상태로 만든다. 당신의 기말보고서는 하드디스크에 저장되어 있는 한 변하지 않을 것이다. 그러나 그 파일을 컴퓨터에서 '활성화'하면 파일이 변할 수 있게 된다. 특히 당신의 고양이가 키보드에서 잠자기를 좋아한다면 말이다.

당신의 기말보고서 경험을 생물학적으로 대응시켜 이야기하자면, 학습 동안 증강되었던 시냅스가 기억 인출 과정에서 약화된다(Haubrich & Nader, 2016; ●그림 10.20을 보라). 그러나 동시에 인출 또한 그 기억이 처음 형성될 때 일어났던 것과 똑같은 기억 응고화 과정을 촉발하는데, 이것이 정확한 재응고화(reconsolidation)로 이어진다면 좋을 것이다. 하지만 재응고화는 인출 당시에 존재하는 새 정보는 무엇이든지 다 통합한다. 마치 인출이 아예 새로운 경험인 것처럼 말이다. 이러한 기억 갱신이 아마도 Elizabeth Loftus의 실험참가자들이 있지도 않은 헛간을 '기억해 낸' 이유일 것이다. 모든 기억이 인출 시에 똑같은 정도로 불안정하게 되기 쉬운 것은 아니다. 강한 기억과 오래된 기억은 수정될 가능성이 더 적다(Haubrich & Nader, 2016).

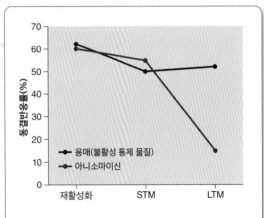

●그림 10.20 기억은 인출하면 불안정해진다 조건형성된 공포 기억은 인출 시에 재활성화되면 다시 불안정해지기 때문에 상실되지 않으려면 재응고화되어야 한다. 단백질 합성 억제제 아니소마이신(anisomycin)을 편도체 가쪽 핵에 주입하면 훈련 직후의 기억(STM)에는 아무 효과가 없지만 CS와 UCS 간 연합에 대한 장기기억이 파괴된다.

출처: Nader, K., Schafe, G. E., & Le Doux, J. E. (2000). Fear memories require protein synthesis in the amygdala for reconsolidation after retrieval. *Nature, 406*(6797), 722-726.

중간 요약 10.1

▌ 요약 표: 학습의 유형

학습의 유형	설명	가능한 배후 기제
습관화	반복된 자극에 대한 반응이 감소하는 학습 유형	• 시냅스에서 감각뉴런과 중간뉴런 또는 운동뉴런 간 활동의 지속적 변화 • 더 오래가는 학습에서 시냅스후 구조적 변화
민감화	한 자극에 대한 경험이 후속 자극에 대한 반응을 높여주는 학습 유형	• 축삭-축삭간 시냅스에서 중간뉴런과 감각뉴런 간 활동의 증가 • 더 오래가는 학습에서 시냅스후 구조적 변화
고전적 조건형성	중성자극이 생물학적으로 중요한 다른 사건의 발생을 신호해 주는 능력을 얻게 되는, 연합학습의 한 유형	• 조건자극(CS)과 무조건자극(UCS)으로부터 들어오는 입력의 수렴이 감각뉴런의 신경전달물질 분비량을 증가시키고 글루탐산 수용체의 시냅스후 변화를 촉발함
조작적 조건형성	행동의 결과가 그 행동이 미래에 일어날 빈도에 영향을 미치는, 연합학습의 한 유형	• 바다달팽이의 B51 같은 특정 뉴런의 흥분성이 변할 수 있음

▌ 요점

1   반사, 고정행위 패턴, 학습은 융통성의 정도가 다르다. 반사는 융통성이 없어서 경직된 반응 패턴을 만들어내는 반면, 학습된 행동의 융통성은 급속도로 변하는 환경에 적합하다. (LO1)

2   학습의 주요 유형에는 습관화, 민감화, 고전적 조건형성 및 조작적 조건형성이 있다. (LO2)

3   기억은 감각기억, 단기기억 또는 작업기억, 그리고 장기기억으로 구성되는 일련의 단계로 개념화할 수 있다. 장기기억은 다시 서술기억(명시적 기억)과 비서술기억(암묵적 기억)으로 나누어진다. (LO3)

4   학습은 장기증강(LTP) 및 시냅스 가소성과 관련된다. (LO4)

▌ 복습 문제

1   무척추동물의 습관화, 민감화, 고전적 조건형성과 연관된 세포 변화는 무엇인가?

2   장기증강(LTP)이 학습과 기억에서 하는 역할을 지지하는 증거는 무엇인가?

학습과 기억을 뒷받침하는 신경 체계들

시냅스라는 미시적인 수준에서 더 거시적 관점으로 올라와 보면, 학습과 기억에 관여하는 뇌 구조와 회로를 이해하는 데에서도 진전이 있었다.

기억 기능의 위치를 찾으려는 초기 연구

Karl Lashley(1929)는 **엔그램**(engram), 즉 뇌에 있는 물리적인 기억 흔적을 찾는 문제를 탐구한 최초의 심리학자 중 한 사람이다. Lashley는 엔그램이 연합겉질(2장을 보라)에 있을 수 있다고 추론했다. 이 가설에 기반한 그의 연구는 '연구 비하인드'에서 자세히 살펴본다.

신경외과의사인 Wilder Penfield(1958)는 뇌전증 수술을 받는 중인 환자 1,000명 이상의 뇌를 지도화하여 엔그램을 찾으려 했다(13장을 보라). Penfield는 그의 환자 중

엔그램 뇌 속의 물리적인 기억 흔적.

| 연구 비하인드 |

엔그램을 찾으려는 Karl Lashley의 탐구

엔그램이 연합겉질에 있을 것이라는 가설을 검증하기 위해 Lashley(1929)는 미로를 달려서 먹이를 찾아가는 학습을 시키기 전후로 쥐에게 일련의 손상을 가했다. 훈련 전에 겉질손상을 입은 쥐는 미로를 통과하는 길을 느리게 학습했다. 훈련 후에 겉질손상을 입은 쥐는 이전에 학습한 행동 중 많은 것을 망각했다.

그다음에 Lashley는 손상의 크기와 위치가 쥐의 미로학습에 미치는 영향을 연구했다. 놀랍게도 Lashley는 손상의 위치가 중요하지 않아 보인다고 보고했다. 쥐의 수행 결함은 손상의 위치보다 크기와 상관이 있었다. ●그림 10.21에서 보듯이 손상이 어디에 가해졌는가와 무관하게, 더 큰 손상이 더 저조한 수행을 낳았다. Lashley는 겉질의 모든 부위가 학습과 기억에 동등하게 기여한다는 잘못된 결론을 내렸는데, 이러한 개념을 그는 능력 동등성(equipotentiality, 등능성)이라고 불렀다. 다시 말하면 Lashley는 엔그램이 겉질 전체에 동등하게 분포되어 있어서 특정 영역이 다른 영역보다 더 많이 학습과 기억을 담당하지는 않는다고 생각했다. 또한 그는 겉질 부위들은 상호 교환될 수 있다고 생각했다. 이 생각대로라면 겉질이 더 많을수록 기억력도 더 좋을 것인데, 이런 개념을 Lashley는 양 작용(mass action)이라고 불렀다.

대부분의 현대 신경과학자들은 능력 동등성이라는 Lashley의 개념이 틀렸다고 생각한다. 왜 Lashley의 결론이 실수라고 생각되는 걸까? 첫째, 더 최근의 자료는 겉질의 모든 부위가 동등하게 기억에 관여하지는 않음을 보여준다. Lashley가 가했던 손상은 엄청나게 컸는데, 그런 크기의 손상은 미로학습행동의 다양한 측면에 영향을 줄 것이다. 이는 특정 기능을 담당하는 뇌 부위를 규명하는 일을, 불가능하진 않을지 몰라도 매우 어렵게 만든다. 둘째, 미로학습은 많은 감각 및 운동 과정이 개입하는 복잡한 과제이다. 예컨대 손상이 쥐의 후각에 영향을 미친다면 시각적 기억이나 촉각적 기억을 사용하여 그 결함을 보상할 수 있을 것이다. 그 손상이 어느 특정 감각 양식에 영향을 미치는지와 상관없이, 쥐는 남아있는 기

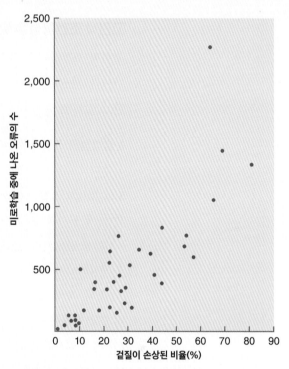

● 그림 10.21 Karl Lashley가 관찰한, 뇌손상이 미로학습 수행에 미치는 효과 Lashley는 쥐에게 미로를 달리도록 훈련시킨 후에 쥐의 뇌를 손상했다. 겉질의 손상 정도가 클수록 미로 달리기에서의 오류가 많아졌다.

출처: Adapted from Lashley (1929).

능들을 가지고 과제를 비슷하게 수행할 수 있을 것인데, 이는 능력 동등성이 작용하는 것처럼 보이게 할 것이다. 하지만 Lashley의 연구가 모두 헛된 일이었다고 결론 내려서는 안된다. Lashley의 주요한 공헌은 기억이 한 특정 위치에 저장되기보다는 사실상 겉질 전체에 퍼져있다는 제안을 했다는 것이다. 이 결론은 기억을 저장하는 뇌 영역을 규명하기 위한 추가적인 노력을 촉발했다.

약 8%에게서 관자엽을 전기적으로 자극하면 의식 경험이 유발됨을 발견했다. 한 환자는 자극을 받자 "거리 모퉁이"라고 말했다. 그러고는 이어서 "인디애나주, 사우스벤드시, 제이컵가와 워싱턴가가 만나는 모퉁이네요"라고 말했다(Penfield, 1958, p. 25). Penfield의 연구는 장기기억의 형성과 유지에서 관자엽이 할 법한 역할에 다른 연구자들의 관심을 집중시켰다.

단일세포기록법을 이용한 현대의 연구는 Penfield의 관찰을 지지한다. 뇌전증 수술을 받는 중인 환자들에게서 기록한 단일 뉴런들은 다양한 종류의 언어적 기억에 반응했다(Ojemann, Schoenfield-McNeill, & Corina, 2002). 비슷한 연구에서 한 참가자의 어떤 세포는 배우 Halle Berry의 여러 표상, 즉 그녀의 사진이나 그림, 이름의 철자, '캣우먼' 복장을 한 이미지 등에 반응했다(Quian Quiroga, Reddy, Kreiman, Koch, & Fried, 2005).

고전적 조건형성을 뒷받침하는 체계

고전적 조건형성은 학습과 기억에 관련된 시냅스 사건을 이해할 수 있게 해주었을 뿐 아니라, 학습과 기억에 관여하는 더 전반적인 신경체계를 알아내는 데도 도움을 주었다. 눈깜박임 조건형성과 공포 조건형성이 특히 유용했다.

눈깜박임의 고전적 조건형성 토끼의 눈깜박임 조건형성을 담당하는 뇌 구조들이 규명되었다(Christian & Thompson, 2003; Lee & Thompson, 2006; Thompson, Thompson, Kim, Krupa, & Shinkman, 1998). 이 방법에서는 토끼에게 소리(CS)를 들려준 뒤 토끼의 눈에 공기를 분사(UCS)하는데, 이것이 토끼의 **순막**(nictitating membrane) 움직임(UCR)을 일으킨다. 소리와 공기분사를 여러 차례 짝지은 후에는 소리만으로도 순막의 움직임(CR)이 유발된다.

소뇌, 특히 그중에서도 **자리사이핵**(interpositus nucleus, 중간핵)이 이런 유형의 고전적 조건형성에 필수적인 것으로 보인다(Hesslow, Jirenhed, Rasmussen, & Johansson, 2013). 자리사이핵에 있는 세포들은 소리 CS에 처음에는 거의 반응하지 않는다. 그러나 학습이 진행되면서 이 구조의 반응이 꾸준하게 증가한다(Thompson, 1986). ●그림 10.22에서 보듯이 고전적 조건형성에서 자리사이핵의 중요성을 더 보여주는 증거가 역전 가능한 손상법을 사용한 일련의 실험을 통해 얻어졌다. 토끼의 자리사이핵을 냉각시켜 불활성화하면 고전적 조건형성이 효과적으로 차단된다. 냉각 효과가 사라지면 토끼는 그 조건반응을 처음부터 학습하기 시작한다. 마치 그것을 전혀 경험하지 않았던 것처럼 말이다.

어떤 구조가 손상되면 그 구조의 상실 때문에 행동이 변할 수 있다. 그런데 한편으로는 그 손상에 영향을 받은 신경섬유를 통해 전달되는 정보가 상실되었기 때문에 행동이 변하는 것일지도 모른다. 적색핵은 소뇌로부터 많은 입력을 받으며, 눈깜박임의 수행을 직접 담당한다(Robleto & Thompson, 2008). 만약 자리사이핵이 다른 구조들과

순막 인간에게는 없지만 일부 조류, 어류, 포유류에게 있는, 움직일 수 있는 안쪽 눈꺼풀.

자리사이핵 척추동물의 고전적 조건형성에 필수적인 것으로 생각되는 소뇌의 한 핵.

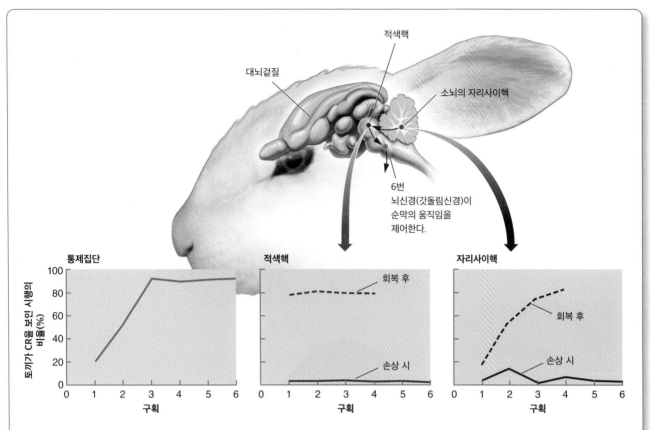

●그림 10.22 **고전적 조건형성에서 자리사이핵의 역할** 적색핵을 냉각하여 일시적으로 불활성화하면 눈깜박임 조건형성 절차로 훈련받은 토끼의 조건반응이 차단된다. 그러나 적색핵이 회복되면 조건반응은 즉시 되돌아온다. 이와 달리 자리사이핵을 냉각하여 일시적으로 불활성화하면 학습이 차단되는 것으로 보인다. 자리사이핵이 회복되고 나면 통제집단과 똑같은 학습곡선을 나타내기 때문이다.

출처: Adapted from Krupa, Thompson & Thompson (1993).

의 연결을 통해 학습에 간접적인 효과만 미친다면, 적색핵의 불활성화 역시 학습을 차단할 것이다. 실제로 적색핵을 냉각시켜 불활성화하면 순막반응이 차단된다. 그러나 적색핵이 회복되고 나면 강한 조건반응이 나타난다(Krupa, Thompson, & Thompson, 1993). 이는 적색핵이 불활성화된 동안 학습된 반응의 수행이 억압되었음에도 학습이 실제로 일어났음을 의미한다. 따라서 자리사이핵은 일차적으로 토끼의 순막 조건반응의 형성을 담당하는 것으로 보인다.

인간 연구에서 나온 증거도 고전적 조건형성에서 소뇌의 중요성을 지지한다 (Cheng et al., 2013; Parker, Eacott, & Gaffan, 1997). 인간에게는 순막이 없지만 눈에 가해지는 공기분사와 짝지어진 자극에 눈을 깜박이는 반응을 학습할 수 있다. 연령과 관련된 소뇌의 위축 정도는 노인들이 조건 눈깜박임을 습득하는 속도와 상관관계가 있다(Woodruff-Pak et al., 2001).

●그림 10.23에 보이는 소뇌의 해부 구조는 고전적 조건형성이 일어나기에 이상적으로 보인다. 소뇌겉질에 있는 커다란 **조롱박세포**(Purkinje cell)는 숨뇌의 아래올리브핵에 있는 뉴런들로부터 **오름섬유**(climbing fiber)라는 입력을 받는다. 또한 조롱박세포

조롱박세포 소뇌에 있는 세포. 소뇌 심부핵에 있는 출력 세포와 억제성 시냅스를 형성함으로써 소뇌의 활동에 영향을 줌.
오름섬유 뇌줄기의 아래올리브핵에서 발원하는 섬유. 소뇌겉질의 커다란 조롱박세포에 시냅스를 형성함.

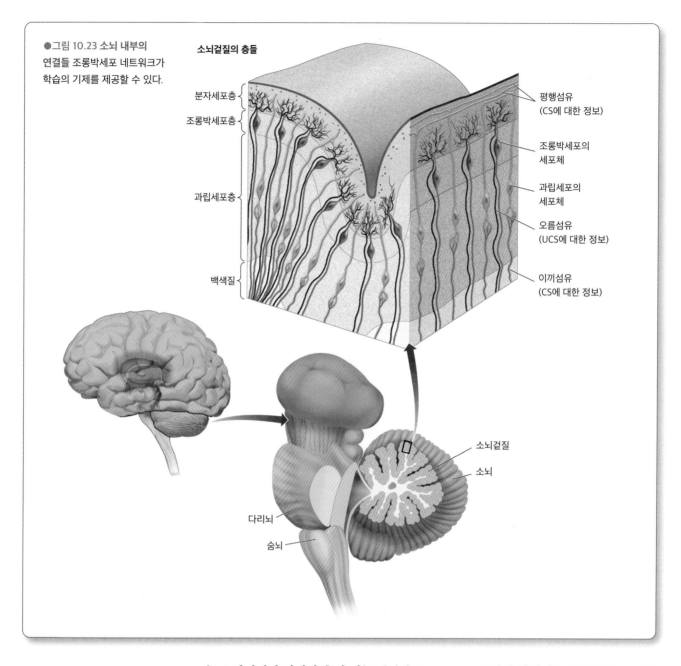

●그림 10.23 소뇌 내부의 연결들 조롱박세포 네트워크가 학습의 기제를 제공할 수 있다.

소뇌겉질의 층들

분자세포층

조롱박세포층

과립세포층

백색질

평행섬유
(CS에 대한 정보)

조롱박세포의
세포체

과립세포의
세포체

오름섬유
(UCS에 대한 정보)

이끼섬유
(CS에 대한 정보)

소뇌겉질

소뇌

다리뇌

숨뇌

과립세포 소뇌 속에 있는 세포.
  평행섬유의 원천.
평행섬유 소뇌의 과립세포에서 발원하는
  섬유. 조롱박세포에 시냅스함.
이끼섬유 (소뇌) 다리뇌의 뉴런을 소뇌의
  과립세포로 연결되게 하는 섬유.
장기저하 목표 세포의 시냅스후 전위가
  감소하는, 시냅스 가소성의 한 유형.

는 소뇌겉질의 인접한 층에 있는 **과립세포**(granule cell)에서 발원하는 **평행섬유**(parallel fiber)로부터도 입력을 받는다. 소뇌의 과립세포는 뇌 전체에 있는 뉴런의 절반을 차지할 것이다. 이 과립세포는 다리뇌에 있는 뉴런들에서 발원하는 **이끼섬유**(mossy fiber)로부터 입력을 받는다. CS에 대한 정보가 이끼섬유와 평행섬유를 통해 소뇌겉질로 가는 반면에, UCS에 대한 정보는 오름섬유를 통해서 전달된다. 평행섬유와 오름섬유에서 들어오는 입력을 통합하는 조롱박세포는 자리사이핵에 있는 출력 세포에 억제적 시냅스를 형성한다. 이러한 신경회로 덕분에 조롱박세포는 소뇌의 출력에 영향을 미치기에 완벽한 위치에 있다. 조롱박세포에 시냅스를 하는 오름섬유(UCS)와 평행섬유(CS)가 동시에 활동하면 학습이 일어날 것이다(Albus, 1971; Marr, 1969). 고전적 연구에 따르면 앞서 살펴본 **장기저하**(LTD)가 조롱박 섬유들에 의한, CS에 대한 반응 변화의 원인(Ito, 1984)인 것으로 보였으나 더 최근의 연구는 이 결론에 의문을 제기한다 (Hesslow et al., 2013). 연구자들은 눈깜박임 조건형성에 관여하는 가소성의 본질에 대한 논쟁을 계속하고 있다.

고전적으로 조건형성된 공포　위험이 지각되면 여러 가지 방어적 반응이 일어난다. 이 경우에 동물은 싸움 또는 도망, 동결반응, 무통(통증의 감소) 등을 경험할 수 있다. 이런 행동들은 자율신경계의 교감부, 가쪽 시상하부(싸움 또는 도망), 수도관주위회색질(동결반응, 무통)에 의해 시작된다. 그런데 이 구조들은 어디로부터 그런 지시를 받는 것일까?

감각계에서 오는 입력과 시상하부와 수도관주위회색질이 담당하는 출력 사이에 자리잡은 구조가 편도체(amygdala)이다. 편도체는 공포를 비롯한 정서반응의 고전적 조건형성에 중요한 역할을 한다(Wilensky, Schafe, Kristensen, & LeDoux, 2006). 손상 연구, 세포 기록 연구, NMDA 길항제를 주입하는 연구가 모두 이 유형의 학습에서 편도체가 갖는 중요성을 보여준다(LeDoux, 2014).

설치류를 대상으로 한 고전적으로 조건형성된 위협에 대한 전형적인 연구에서는 쥐에게 소리 같은 자극(CS)을 제시하고 쥐의 발에 전기충격(UCS)을 준다. 이때 조건반응(CR)은 대개 그 자리에서 얼어붙기(즉, 동결반응)이다. 소리를 전기충격과 짝짓고 나면, 소리는 그 자체만으로도 방어적 반응을 야기하는 위험 신호로 작동하기 시작한다. ●그림 10.24에서 보듯이 해당 소리(CS)와 전기충격(UCS)에 대한 정보가 편도체의 가쪽 핵에서 수렴하는 반면, 편도체의 중심핵은 그 방어적 반응, 즉 동결반응을 일으킨다 (Ciocchi et al., 2010; Wilensky et al., 2006).

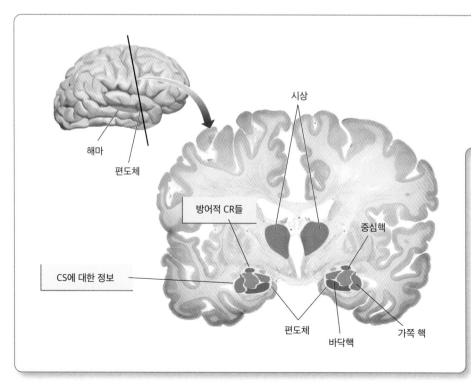

●그림 10.24 편도체는 위협 조건형성에 관여한다 조건자극(CS)에 대한 감각 정보가 편도체 가쪽 핵에 수렴한다. 편도체 중심핵의 출력이 동결반응 같은 방어행동(CR)을 일으킨다.

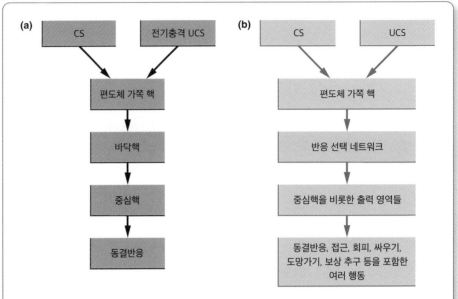

●그림 10.25 편도체의 역할을 자연적인 상황에서 다시 생각해 보기 공포 조건형성 연구가 기억에 대해 많은 것을 알려주기는 했지만, 이 제한된 접근은 편도체의 역할에 대한 지나치게 단순한 견해를 갖게 하는지도 모른다. 전형적인 공포 조건형성 연쇄가 (a)에 나타나있다. 자연적인 상황을 사용한 갱신된 모형 (b)가 제안하는 바에 따르면, 편도체는 많은 상이한 출력 부위와 연결된 반응 선택 네트워크와 교신한다. 이 네트워크가 단순한 동결반응만이 아니라 다양한 반응을 일으킬 수 있다.

출처: Adapted from Paré, D., & Quirk, G. J. (2017). When scientific paradigms lead to tunnel vision: Lessons from the study of fear. *npj Science of Learning, 2*(1), 6.

고전적 연구는 이 과정이 Hebb 시냅스의 증강을 초래함으로써 CS가 CR을 일으킬 수 있게 된 것으로 보지만, 이 모형이 학습 중 편도체 활동의 복잡성을 진정으로 포착하는 것은 아닐지도 모른다(Paré & Quirk, 2017). 그보다는 편도체의 임무가 CS로부터 생겨나는 감각 부호(sensory code)를 여러 형태를 취할 수 있는 행동 부호(behavioral code)로 변환하는 것일 수 있다. 예를 들면 위협을 느낀 쥐는 그 위협이 얼마나 가까운가에 따라 얼어붙거나, 도망가거나, 싸울 것이다(Perusini & Fanselow, 2015; ●그림 10.25를 보라).

고전적 조건반응의 소거 파블로프는 자신의 고전적 연구의 일부로서, 조건자극이 무조건자극 없이 거듭해서 제시될 때 조건반응이 어떻게 점차 감소하는지, 즉 **소거**(extinction)되는지를 기술하였다. 우리가 앞부분에서 살펴본 조건형성된 위협 실험에서 만약 소리 CS에 더 이상 전기충격 UCS가 뒤따르지 않는다면, 쥐는 그 소리에 대한 반응으로 얼어붙기(CR)를 하지 않을 것이다. 이 소거 과정의 뇌 상관물을 찾아낼 수 있을까?

소거를 연구할 때 한 가지 어려운 점은 소거가 맥락 특정적이라는 사실이다(Maren, Phan, & Liberzon, 2013). 소거 훈련을 받기 전에 쥐는 자기 사육상자에서든, 학습이 진행되었던 상자에서든, 어디에서든지 간에 소리 CS가 들리면 얼어붙는다. 소거 훈련은 그 CS에 대한 반응을 감소시키겠지만 그러한 감소가 훈련 맥락을 넘어서까지 일반화

소거 고전적 조건형성에서 무조건자극 없이 조건자극에만 노출될 때 일어나는 조건반응의 감소.

되지는 않는다. 다시 말하면 소거 훈련이 일어났던 맥락에서는 쥐가 더 이상 얼어붙지 않을지라도, 다른 곳에서는 그 CS에 동결반응을 계속한다. 맥락에 대한 정보를 제공하는 데 매우 중요한 역할을 하는 구조가 해마이다(Bouton, Woods, Moody, Sunsay, & Garcia-Gutierrez, 2006). 해마가 손상되거나 불활성화되면 소거가 모든 맥락에 일반화된다(Ji & Maren, 2005).

소거는 망각(forgetting)이 아니라 새로운 학습이다. 소거 훈련은 맥락(예컨대 훈련상자)과 CS 간의 연결을 강화한다. 이 강화된 연결 덕분에, 소거된 CS가 편도체 중심핵이 생성하는 공포반응을 억제하는 능력을 얻게 된다(Maren et al., 2013).

관자엽과 일화기억

엔그램에 대한 탐색은 관자엽에 초점을 맞춘 연구들 덕분에 더욱 촉진되었다. 관자엽이 기억에 관여한다는 중요한 증거가 순행 기억상실증 환자들에 대한 사례 연구로부터 나왔다. 이 장의 앞부분에서 언급한 바와 같이 순행 기억상실증을 겪는 환자는 새로운 명시적 기억을 형성하는 능력의 극적인 결핍을 나타내는 반면에, 새로 습득한 절차기억과 암묵적 기억은 유지하는 것으로 보인다. 순행 기억상실증의 가장 철저하게 연구된 사례 중 하나가 문헌에서 기억상실증 환자 H.M.으로 나오는 Henry Molaison (1926~2008)의 사례이다. Molaison은 아마도 어린 시절 자전거 사고로 뇌손상을 입어 심한 발작들을 겪었고, 이로 인해 27세에 수술을 받아야 했다. ● 그림 10.26에서 볼 수 있듯이 해마, 편도체, 관자엽의 연합겉질 일부가 Molaison의 좌우 반구 모두에서 제거되었다(Corkin, Amaral, Gonzalez, Johnson, & Hyman, 1997). 한쪽 반구만 수술을 받았더라면 Molaison의 행동 변화는 훨씬 덜 극적이었을 것이다.

Molaison에게 좋은 소식은 그의 발작장애가 대단히 호전되었고 성격, 어휘력 및 평균 이상이었던 IQ가 변함없어 보인다는 것이었다. 그는 수술 전에 습득했던 정보는 대부분 기억했으나 순행 기억상실증이 심했다. 사람, 장소, 사건 및 수에 대한 새로운 정보를 단기기억에서 장기기억으로 전이하는 데 커다란 어려움을 겪었다. Brenda Milner(1966)는, 그리고 뒤이어 그녀의 제자 Suzanne Corkin은, Molaison의 기억 장애를 깊이 연구하여 그가 받은 수술이 모든 종류의 기억에 동등하게 영향을 미친 것은 아님을 밝혀냈다. Molaison

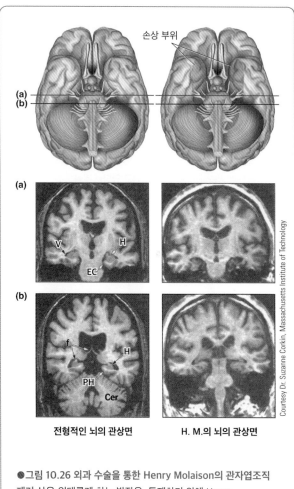

●그림 10.26 외과 수술을 통한 Henry Molaison의 관자엽조직 제거 삶을 위태롭게 하는 발작을 통제하기 위해 Henry Molaison은 양쪽 관자엽의 해마, 편도체, 연합겉질 일부를 제거하는 수술을 받았다. 이 MRI 영상은 전형적인 통제집단 참가자와 Molaison을 비교해서 보여준다. Molaison에게 해마(H)는 일부 남아 있지만 후각뇌속겉질(EC)은 전혀 없음을 볼 수 있다. 이 영상에서 V는 가쪽뇌실, f는 뇌활, PH는 해마곁질, Cer은 소뇌를 가리킨다.

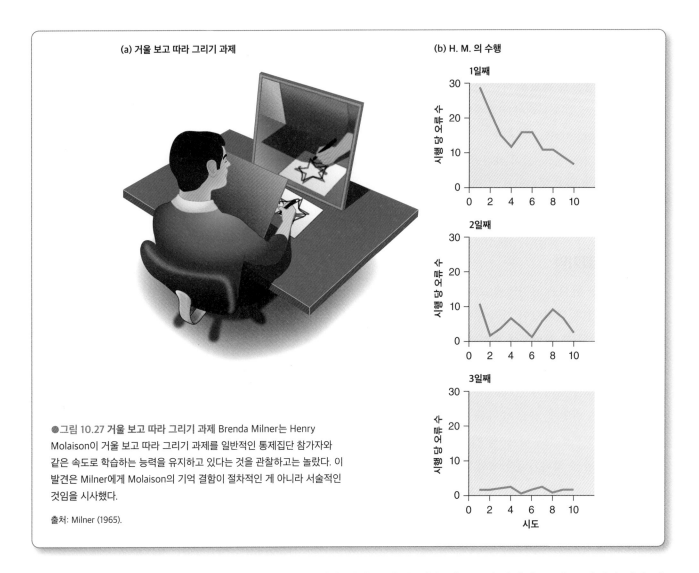

(a) 거울 보고 따라 그리기 과제

(b) H. M.의 수행

●그림 10.27 **거울 보고 따라 그리기 과제** Brenda Milner는 Henry Molaison이 거울 보고 따라 그리기 과제를 일반적인 통제집단 참가자와 같은 속도로 학습하는 능력을 유지하고 있다는 것을 관찰하고는 놀랐다. 이 발견은 Milner에게 Molaison의 기억 결함이 절차적인 게 아니라 서술적인 것임을 시사했다.

출처: Milner (1965).

의 단기기억은 정상적인 대화를 할 수 있을 정도로 온전했다. 문장들 사이의 시간 간격이 너무 길지 않은 한 말이다. Milner를 깜짝 놀라게 한 것은 Molaison이 절차기억 과제에서는 일반적인 통제집단만큼 수행이 뛰어나다는 사실이었다. ●그림 10.27에서 볼 수 있듯이 Milner가 사용한 한 과제에서는 Molaison이 거울에 비친 별 모양과 자신의 손을 보면서 그 별 모양을 따라 그려야 했다. Molaison은 그 과제에 숙달하여 일반적인 통제집단만큼 잘하게 되었다(Milner, 1965). 그러나 그는 과제에 대한 질문을 받았을 때 그 과제를 한 번도 해본 적 없다고 부인하곤 했다. Squire의 순행 기억상실증 환자들이 이전에 퍼즐을 본 적이 있음을 회상하지 못했던 것과 꼭 마찬가지로 말이다. Molaison의 사례는 서술기억과 비서술기억의 구분뿐만 아니라 정보처리 모형이 주장하는 기억에 대한 단계 접근에도 추가적인 증거를 제공한다. 안쪽 관자엽(medial temporal lobe, 내측 측두엽) 손상은 비서술기억이 아니라 서술기억에만 영향을 준다.

Molaison 같은 사례 연구에서 얻은 정보를 확장하여 연구자들은 붉은털원숭이를 대상으로 **표본 비대응 지연 과제**(delayed nonmatching to sample task, DNMS task)라

표본 비대응 지연과제 참가자가 자극 쌍에서 새로운 것을 일정한 지연 기간 후에 찾아내야 하는 표준적인 기억 검사.

다양한
지연 기간 →
(몇 초부터
몇 분까지)

(a) 표본: 한 물체 아래에
먹이가 있다.

(b) 검사: 새로운(비대응되는)
물체를 선택한다.

(c) 그 비대응되는 물체 아래에
먹이가 있다.

●그림 10.28 표본 비대응 지연 과제 원숭이가 먹이를 찾아내는 데 성공하려면 지연 후에 표본과 대응되지 않는(새로운) 자극을 선택해야 한다. 안쪽 관자엽이 손상된 원숭이는 새로운 기억을 형성하는 데 문제가 있어 보이며 따라서 이 과제의 수행이 저조하다.

는 기억 과제를 통해 관자엽손상이 기억 수행에 미치는 효과를 탐색했다(Mishkin & Appenzeller, 1987; Squire, 1987). ●그림 10.28에서 보듯이 이 과제에서는 먹이 보상을 덮고 있는 한 물체를 원숭이에게 제시한다. 일정 시간(즉, 지연) 후에 두 물체를 원숭이에게 제시한다. 그중 하나는 지연 기간 전에 원숭이가 보았던 물체이고, 다른 하나는 새것이다. 원숭이가 할 일은 그 둘 중에 새 물체를 선택하여 먹이 보상을 얻는 것이다. 지연 기간은 몇 초에서 몇 분까지 변화했다. 이 문제를 몇 분 간의 지연 후에 해결하려면 장기기억을 사용해야 한다.

안쪽 측두엽이 양쪽 다 손상된 원숭이는 DNMS 과제를 잘 수행하지 못하며, 특히 지연 기간이 길어질수록 그러하다. 경험 많은 통제 원숭이들은 약 90% 정도의 경우에 정답 자극을 선택할 수 있었다. 8~10초간의 짧은 지연 후에는 손상 원숭이가 통제 원숭이와 거의 동일한 수행을 보였다. 이는 그런 손상이 단기기억에는 영향을 주지 않는다는 견해를 지지한다. 그러나 2~10분의 지연 후에는 손상 원숭이의 수행 정확도가 60% 미만이었다. Henry Molaison처럼 이 손상 원숭이들은 새로운 장기기억을 잘 형성하지 못하는 것으로 보였다.

Molaison의 사례는 기억 응고화에 대한 고전적인 모형으로 이어졌다(Squire, Cohen, & Nadel, 1984). 이 접근에 따르면 단기기억은 처음에 해마에서 형성되고 저장되었다가 점차로 대뇌겉질로 옮겨지는데, 그 시점에서 기억 흔적은 해마에서 사라질 것이다.

하지만 Molaison의 기억 수행을 나중에 재평가한 결과, 먼 과거에 대한 그의 일화기억이 이전에 알려졌던 것보다 더 심하게 손상되었음이 밝혀졌다(Steinvorth, Levine, & Corkin, 2005). 또 해마손상을 입은 다른 환자들에 대한 임상적 관찰은 먼 과거의 일화기억을 재경험하는 데 해마가 필요함을 보여주었다. 이러한 결과들을 합쳐보면 고전적 모형을 다시 생각해야 할 필요가 생긴다. 이에 따라 새로 제안된 다중 흔적 모형

●그림 10.29 과잉기억증후군 Aurelian Hayman은 비상한 일화기억 능력을 지닌 드문 사람 중의 하나이다. 2012년에 Hayman에게 2006년 10월 1일에 어떤 활동을 했는지 물었다. 그는 그날 날씨가 흐렸으며, Killers의 노래 〈When You Were Young〉을 들었고, 한 소녀에게 데이트 신청을 했지만 거절당했으며, 자신이 파란 티셔츠를 입고 있었고, 집에 전기가 나갔었다고 정확히 회상했다. 과잉기억증후군은 큰 편도체 부피와 편도체에서 해마로 가는 연결성이 높은 것과 관련이 있다.

(multiple trace model)은 해마가 일화기억의 인출에 필요하며, 한 일화기억의 최초 형성에는 해마와 대뇌겉질 모두가 관여한다고 가정한다(Nadel, Samsonovich, Ryan, & Moscovitch, 2000).

광유전학(1장을 보라)을 사용한 새 연구들은 일화기억 과정을 더 명백하게 밝혀냈다(Kitamura et al., 2017). Kitamura 등(2017)은 앞부분에서 언급한 표준적인 공포 조건형성 절차를 사용하여 기억이 해마와 이마앞겉질 모두에 동시에 저장되는 것을 관찰했다. 그러나 기억 과정의 초기에는 이마앞겉질세포들이 자연적인 기억 회상(조건형성 맥락을 경험하기, 즉 뚜렷한 시각적 단서들이 있는 상자 속에 있기) 동안 얼어붙기행동을 유발하지 못했다. 이 세포들이 빛에 의해 활성화될 때는 얼어붙기를 일으킬 수 있었지만 말이다. 2주에 걸쳐 이마앞겉질세포들은 자연적 회상에 필요하게 된 반면에 해마 세포들은 불필요하게 되었다. 하지만 기억 흔적은 해마에 남아있

었는데, 빛에 의해 자극을 받으면 해마 세포들이 여전히 얼어붙기를 일으킬 수 있었기 때문이다.

이러한 새로운 발견들은 정보가 해마에서 겉질로 전이된다는 기억 응고화에 대한 전통적 관점에 이의를 제기한다. 바로 두 영역 모두가 동시에 기억 흔적을 형성한다는 것이다. 시간이 지나면서 자연적 기억 회상 시에 활성화되는 회로가 해마로부터 겉질로 이동한다.

남아있는 한 가지 의문은 일화기억을 뒷받침하는 핵심 신경망에서 편도체가 할 수 있는 역할에 관한 것이다. 연구를 통해 일화기억의 형성과 인출에서 편도체가 활동한다는 것을 살펴보았지만, 편도체의 역할에 대해서는 여전히 논란의 여지가 있다. 정상적으로 기능하는 사람과 편도체 기능이 저하된 사람에 대한 연구에 더하여 드물게도 과잉기억증후군(hyperthymesia), 즉 거의 완벽한 일화기억력을 가진 사람(●그림 10.29를 보라)을 연구한다면 얻는 바가 있을 수 있다. 한 연구(Ally, Hussey, & Donahue, 2013)에서는 과잉기억증후군이 있는 사람의 오른쪽 편도체의 부피가 평범한 편도체 부피에 비해 약 20% 더 컸으며 편도체에서 해마로 가는 연결성도 대단히 높았다(일반적인 통제집단에 비해 10표준편차를 넘음). 편도체로부터의 이러한 입력 증가가 매우 일반적인 경험을 더욱 자기 관련적인 것으로, 따라서 더 잘 기억되는 것으로 만드는지도 모른다.

의미기억 신경망

의미지식, 즉 사실과 언어에 대한 우리의 기초 지식은 겉질에 널리 분산되어 있다. 의

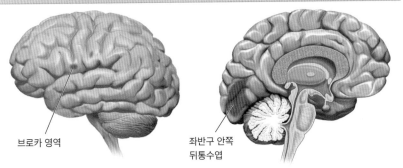

(a) 도구가 아니라 동물의 이름을 댈 때

브로카 영역

좌반구 안쪽
뒤통수엽

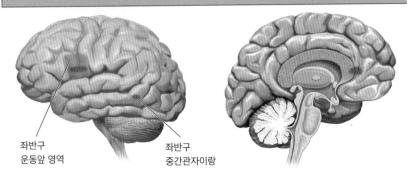

(b) 동물이 아니라 도구의 이름을 댈 때

좌반구
운동앞 영역

좌반구
중간관자이랑

좌반구의 가쪽면　　　**좌반구의 중간시상면**

●그림 10.30 의미기억은 광범위하게 퍼져있다 참가자들이 마음속으로 동물이나 도구의 이름을 대는 동안 뇌 영상을 찍었다. 두 조건 모두에서 활성화된 영역들은 서로 상쇄되어 여기서 표시되지 않았다. (a) 마음속으로 도구가 아니라 동물의 이름을 댈 때 좌반구의 안쪽 뒤통수엽이 활동했다. (b) 마음속으로 동물이 아니라 도구의 이름을 댈 때 좌반구의 운동앞 영역과 중간관자이랑이 활동했는데, 이 영역들은 도구 사용에 관련된 개념 및 손동작과 연관이 있다.

출처: Adapted from Martin et al. (1996).

미기억 과제를 하는 동안, 처리되고 있는 개념의 특정 성격에 따라 연합겉질의 서로 다른 영역들이 활성화된다. ●그림 10.30이 보여주듯이 PET 스캔을 이용하여 참가자들이 동물 또는 도구의 이름을 말하는 동안 활성화되는 뇌 영역을 파악할 수 있다(Martin, Wiggs, Ungerleider, & Haxby, 1996). 도구가 아니라 동물의 이름을 대는 동안에는 좌반구의 안쪽 뒤통수엽이 활동했는데, 이는 시각 입력 처리에 관여하는 곳이다. 동물이 아니라 도구의 이름을 대는 동안에는 좌반구의 운동앞 영역(premotor area, 전운동 영역)과 중간관자이랑(middle temporal gyrus, 중측두회)이 활동했다. 이 두 영역은 손 움직임이나 행위 단어의 산출 같은, 도구 사용과 관련된 개념을 담당하는 곳이다. 연합겉질에 손상을 입은 환자에 대한 사례 연구 역시 의미지식이 분산되어 있다는 것을 뒷받침한다. McCarthy와 Warrington(1990)이 보고한 한 환자는 살아있는 것들을 묘사하는 데는 큰 어려움을 겪었지만 외바퀴 손수레 같은 생명 없는 물체를 묘사하는 능력은 완벽하게 유지하고 있었다.

　연구자들은 의미기억을 뒷받침하는 회로를 규명해 내기 시작하고 있다. 앞쪽 관자엽이 의미 인지(semantic cognition)에서 중심 역할을 하는 '허브'로 작용하는 것으로 보인다(Jackson, Hoffman, Pobric, & Ralph, 2016). 연구참가자들이 조용히 쉬고 있거나 두 단어 중에서 자극 단어와 가장 의미가 비슷한 것을 고르는 동안 그들의 뇌를 스캔했다. 그 결과 뚜렷이 다른 두 경로에서 활동이 관찰되었다. 앞쪽 관자엽의 배쪽 부위에서 발원하는 경로가 의미 인지에 관련된 광범위한 구조들과의 연결, 즉 핵심 의미신경망(core semantic network)을 형성했다(Binder, Desai, Graves, & Conant, 2009). 위관자이랑(superior temporal gyrus, 상측두회)과 위관자고랑(superior temporal sulcus, 상측두구)을 포함하는 앞쪽 관자엽의 더 등쪽 부위는 이 핵심 의미신경망의 바깥에 있는 언어 및 청각 처리 영역들과 연결을 형성했다.

작업기억을 뒷받침하는 체계

정보처리 모형에 따르면 기억체계로 들어오는 새로운 정보뿐 아니라 장기기억에서 인출된 정보도 단기기억 속에 비교적 짧은 시간 동안 유지된다. Alan Baddeley(2000; Baddeley & Hitch, 1974)는 단기기억이라는 개념을 작업기억(working memory)으로 개정했다. 작업기억은 4개의 구성 요소, 즉 중앙관리자(중앙집행기), 음운 루프, 시각공간적 잡기장, 일화 버퍼로 이루어져 있다. 이 과정들이 뇌의 어디에 자리잡고 있는지 알 수 있을까?

등쪽가쪽 이마앞겉질(dorsolateral prefrontal cortex, DLPFC, 배외측 전전두피질)과 앞쪽 띠겉질(anterior cingulate cortex, ACC, 전측 대상피질)이 중앙관리자의 신경 토대를 제공한다고 여겨진다(Kaneda & Osaka, 2008). 이 영역들은 단기기억의 중요한 주의 측면을 제공한다 (Barcelo & Knight, 2002). 이마앞겉질에 손상을 입은 환자는 위스콘신 카드 분류 검사(Wisconsin card-sorting test)에서 중대한 결함을 보인다(Barcelo & Knight, 2002). 이 검사에서 쓰이는 카드는 기호, 색깔, 수, 모양 같은 여러 차원에 따라 분류될 수 있다. 이마앞겉질에 손상을 입은 환자는 하나의 분류 규칙(예컨대 "같은 색깔의 물체가 있는 카드는 모두 한 무더기에 두라")은 학습할 수 있지만, 규칙이 변하면 적응하지 못하는 것으로 보인다. 변화된 규칙에 따라 모양별로 분류하도록 촉구해도 그들은 과거의 규칙(색깔에 따라 분류)을 가지고 반응을 지속한다. 이 환자들은 새로운 분류 차원으로 주의를 이동하는 능력에 특정한 결함이 있다.

이마앞겉질이 단기기억에서 하는 역할을 지지하는 다른 증거는 기억 발달에 관한 연구에서 나온다. 대상 연속성 검사(object permance test)를 통해 인간 유아와 어린 원숭이의 단기기억을 평가할 수 있다. ●그림 10.31에서 볼 수 있듯이 연구대상자가 보는 앞에서 장난감을 두 위치 중 한 곳에 숨긴다. 지연 기간 후에 유아나 어린 원숭이가 숨겨진 장난감을 찾아보게 한다. 인간 유아는 대략 7~8개월령이 될 때까지 그 숨겨진 장난감을 찾아내지 못한다(Diamond & Goldman-Rakic, 1989). 이 연령이 되기 전까지 유아는 해당 장난감을 자신이 마지막으로 본 자리에서 찾으려 한다. 그 자리가 장난감이 숨겨지는 모습을 가장 최근에 본 곳이든 아니든 상관없이 말이다. Diamond와 Goldman-Rakic(1989)는 대상 영속성 검사를 통해서 이마앞겉질 또는 아래마루엽이 손상된 성체 원숭이들의 수행을 비교하였다. 아래마루엽이 손상된 원숭이는 이 과제

●그림 10.31 **대상 영속성** 어린아이의 단기기억력은 유아가 보는 앞에서 장난감을 숨기는 방법으로 평가할 수 있다. 지연 후 유아가 그 장난감을 찾아보게 한다. 7~8개월령 이전에는 대부분의 유아가 장난감이 숨겨지는 모습을 보았던 기억을 사용하여 장난감을 찾아내는 것을 하지 못한다. 이마앞겉질의 미성숙이 이러한 결과를 설명할 수 있을 것이다.

를 정상적으로 수행하였다. 그러나 이마앞겉질이 손상된 원숭이는 미성숙한 인간 유아와 비슷한 수행을 보였다. 이 자료는 일정 수준의 이마앞겉질 성숙이 단기기억에 필요함을 시사한다.

　　앞쪽 띠겉질(ACC)이 단기기억에서 하는 관리자 역할에 대한 증거는 언어 정보에 대한 단기기억 용량이 큰 사람과 작은 사람의 비교에서 나온다. 큰 용량을 가진 사람은 작은 용량을 가진 사람보다 ACC의 활성화가 더 크다(Osaka et al., 2003). 또한 이러한 용량 차이는 상이한 기억 방략과도 연관되어 있었다. 작은 용량을 가진 사람은 단기기억에 정보를 유지하기 위해 되뇌기(시연), 즉 단순한 반복 암송을 사용한 반면, 큰 용을 가진 사람은 심상이나 이야기 만들기 같은 의미 방략을 사용할 가능성이 더 높았다(Osaka et al., 2003; Turley-Ames & Whitfield, 2003).

절차기억을 뒷받침하는 체계

꼬리핵, 조가비핵, 그리고 기댐핵으로 이루어진 줄무늬체가 절차기억의 형성에 관여한다(Barnes, Kubota, Hu, Jin, & Graybiel, 2005). 2장에서 보았듯이 바닥핵은 운동계의 일부인데, 따라서 행위의 학습과 기억에 바닥핵이 관여한다는 것은 이치에 맞는다. 기댐핵은 정서와 보상의 평가를 통해 절차의 학습에 기여한다(Arnsten, Ramos, Birnbaum, & Taylor, 2005). 줄무늬체 내에서는 일군의 중간뉴런들이 절차기억의 학습과 수행 모두를 위한 관문 역할을 한다(Crossley, Ashby, & Maddox, 2013). 보상이 가용할 때는 이 관문이 열려서 절차의 학습과 수행이 일어난다. 그 결과 줄무늬체는 유기체가 자신의 환경 맥락과 보상을 받을 가능성에 맞추어 절차에 관한 학습을 할 수 있게 한다. 교실에 앉아있을 때와 축구장의 관중석에 앉아있을 때, 적절한 음량으로 말하는 데 필요한 절차는 서로 다르다.

‖ 요약 표: 뇌 구조와 기억에서의 역할

구조	기억에서 할 수 있는 역할	손상 시의 결과
관자엽(해마 및 그 주변 구조들을 포함하여)	• 서술기억(명시적 기억)의 최초 저장 • 서술기억(명시적 기억)의 인출	• 순행 기억상실증 • 기존의 장기기억은 대부분 유지됨 • 새로운 절차(암묵)기억을 형성하는 능력은 유지됨 • DNMS 과제를 해결하는 데 필요한 새로운 장기기억을 형성하기 어려움(원숭이) • 공간학습 과제를 수행하기 어려움(설치류)
연합겉질	• 의미기억 • 장기기억의 부호화 • 장기기억의 인출	• 동물의 이름은 댈 수 있으나 도구의 이름은 대지 못하는 것 같은 이름 대기의 어려움
이마앞겉질	• 일화기억 • 단기기억	• 주의 이동의 어려움 • 대상 영속성의 미성숙(원숭이)
바닥핵	• 절차기억(암묵적 기억)	• 새로운 절차와 기술을 학습하지 못함

‖ 요점

1 척추동물의 고전적 조건형성에는 편도체(정서학습)와 소뇌(골격근 반사)가 관여한다. **(LO5)**

2 안쪽 관자엽에 손상을 입은 환자는 새로운 서술기억을 형성하지 못하는 순행 기억상실증을 겪는다. **(LO5)**

3 의미기억과 일화기억은 대뇌겉질에 광범위하게 분포되어 있으면서도 서로 밀접하게 상호 연결된 것으로 보인다. 이마앞겉질은 단기기억 또는 작업기억에서 중요한 역할을 하는 것으로 보인다. 절차기억의 형성에는 줄무늬체가 관여한다. **(LO5)**

‖ 복습 문제

1. Lashley, Penfield, Milner의 연구가 기억에 대한 우리의 이해에 어떤 기여를 했는가?

2. 일화기억, 의미기억, 절차기억 각각에 가장 깊이 관여하는 것으로 보이는 뇌 구조들은 무엇인가?

스트레스와 건강한 노화가 학습과 기억에 미치는 영향

학습과 기억 과정이 갑자기 고장 나기 전까지 우리는 그것을 당연한 것으로 여긴다. 스트레스, 즉 위협의 지각에 수반되는 상태가 기억에 영향을 미친다는 사실은 대부분의 학생에게 매우 익숙하다. 시험에 나올 정보를 아주 잘 알고 있지만 어쩐 일인지 시험을 치는 동안에는 필요한 기억을 인출하기가 어려워진다. 시험을 친 뒤 교실을 나서면 모든 시험문제에 대한 답이 저절로 떠오른다. 스트레스뿐만 아니라 건강한 노화 역시 기억이 처리되는 방식에 비교적 미약하지만 알아볼 수 있는 변화를 일으킨다. 알츠하이머병 같은 신경인지장애와 연관된 기억 기능의 더 극적인 파괴는 13장에서 살펴볼 것이다.

스트레스가 기억에 미치는 영향

정서가(valence; 긍정적 대 부정적)와 각성 수준 모두가 대개 어떤 사건에 대해 만들어지는 기억의 생생함과 강도를 예측한다. 일반적으로 높은 각성을 일으키는 부정적인 정보가 비정서적이고 긍정적인 정보보다 더 높은 기억 정확도와 연관된다(Hoscheidt, Dongaonkar, Payne, & Nadel, 2013). 하지만 스트레스 동안 겪은 강렬한 정서는 더 복잡한 결과를 낳을 수도 있다.

스트레스는 우리의 신체가 임박한 위험에 대처할 수 있게 준비시킨다(12장을 보라). 이러한 준비에는 새로운 기억의 부호화와 저장된 기억의 인출 모두에 장기 지속적 영향을 미칠 수 있는 여러 생화학물질의 분비가 포함된다. 빠르게 작용하는 교감신경계반응이 콩팥위샘에서 에피네프린(아드레날린)과 노르에피네프린을 혈류로 분비시킨다(LeDoux, 2014; McGaugh et al., 1993). 더 느리게 작용하는 체계인 시상하부-뇌하수체-콩팥위샘 축(hypothalamus-pituitary-adrenal axis, HPA axis)은 콩팥위샘에서 코르티솔 같은 당질코르티코이드(glucocorticoid)를 분비시킨다. 당질코르티코이드는 혈관-뇌 장벽을 자유로이 통과하여 뇌로 들어가서 그 자신의 수용체 체계와 상호작용한다.

스트레스에 반응하여 콩팥위샘에서 분비된 에피네프린('아드레날린 홍수')은 혈관-뇌 장벽을 통과할 수 없고, 대신에 간접 경로를 통해 뇌에 영향을 미친다. 먼저 혈중 에피네프린은 10번 뇌신경인 미주신경에 있는 수용체와 결합한다. 다른 뇌신경과 달리 미주신경(vagus nerve)은 뇌로부터 먼 곳으로 빠져나와서('vagus'는 '방랑자'를 뜻하는 'vagabond'와 동일한 라틴어 어원을 가진다) 심장, 폐, 소화관에 있는 세포들과 연결을 맺는다. 그러고는 이 체계들에 대한 정보를 고립로핵(고속핵)에 있는 연결을 통해 뇌로 보낸다. 고립로핵은 청색반점에도 시냅스를 한다. 뇌에 있는 노르에피네프린의 주요 원천인 청색반점은 해마, 편도체 및 앞뇌 영역들에 시냅스를 형성한다. 청색반점 섬유들이 편도체(McGaugh, 2002)와 해마(Hu et al., 2007)에 노르에피네프린을 분비하면 기억 형성이 향상된다.

혈중 에피네프린은 간이 포도당을 방출하도록 자극하는 효과도 낸다. 이 추가된 에너지는 장기기억을 만들어내는 신호 연쇄(CREB가 관여하는 것 같은)를 뒷받침하는 데 필요하다. 적어도 쥐의 경우, 노년기에는 스트레스가 콩팥위샘에서 이와 똑같은 반응을 유발하지 못하는 것으로 보이며, 혈당이 증가하지 않는다. 젊은 쥐에게는 자극적인 사건이 늙은 쥐에게는 중요하지 않아 보이는데, 이 때문에 중요한 사건에 대한 기억이 잘 형성되지 못하는지도 모른다(Gold & Korol, 2012).

스트레스가 기억에 미치는 영향에 대한 행동적 관찰 신경과학자들은 스트레스가 기억에 미치는 영향에 대한 모순되는 발견들을 두고 당혹스러워했다. 억압(repression)의 경우에는 스트레스가 기억을 손상하는 것으로 보인다. 반면 스트레스는 사건에 대한 기억을 향상시킬 수도 있는데, 이는 차후에 생존 가능성을 높일 수 있다. 고속도로에서 위기일발의 순간을 겪고 놀랐다면 그 상황에 대한 향상된 기억이 다음에 또 비슷한 상황에 처했을 때 더 잘 대처하는 데 도움이 될 것이다. 또 다른 경우에는 스트레스가 특별히 생생하고 자세한 기억의 형성과 관련된다. 외상후 스트레스장애(posttraumatic stress disorder, PTSD; 14장을 보라)의 경우, 외상 경험이 그 외상적 사건에 대한 틈입적이고 원치 않는 섬광기억(flashbulb memory)을 만들어낸다. 외상적 사건에 대한 섬광기억은 그 사건에 대한 생생한 세부 사항과 함께 우리가 그 사건을 알게 되었을 때 어디에서 무엇을 하고 있었는지에 대한 일화기억도 포함한다(●그림 10.32를 보라).

스트레스 상태에 있게 되면 여러 변인에 따라 기억이 향상되기도 하고, 손상되기도 한다. 이러한 변인으로는 스트레스의 시작과 중요한 정보의 부호화 사이의 시간 간격 등이 있다(Diamond, Campbell, Park, Halonen, & Zoladz, 2007). ●그림 10.33에서 보듯이 섬광기억의 형성에서처럼 스트레스와 학습이 동시에 일어나면 기억이 향상될 수

●그림 10.32 섬광기억은 더욱 생생하고 완전해 보인다 2001년 9월 11일에 세계 무역 센터에 가해진 테러 공격의 이미지를 망각할 사람은 거의 없을 것이다. 신경과학자들은 특별히 생생한 기억을 만들어내는 생물학적 과정의 토대를 규명하고자 노력하고 있다.

AP Images/Carmen Taylor

도 있다(Joëls, 2006). 그러나 스트레스는 불응기를 생성하여 후속 정보가 부호화되기 어렵게 만들기도 한다. 이 타이밍 효과가 생존에 덜 중요할 수도 있는 후속 정보의 처리로 인한 간섭으로부터 정서적 기억을 보호할지도 모른다.

학습 직후에 경험한 스트레스가 기억을, 특히 정서적 사건에 대한 기억을 향상시키기는 하지만 당신이 일부러 그렇게 하기를 권고하지는 않겠다(Schwabe, Joëls, Roozendaal, Wolf, & Oitzl, 2012). 정서적 슬라이드와 중성적 슬라이드를 본 후에, 스트레스를 받은 참가자는 그렇지 않은 참가자보다 정서적 슬라이드를 더 많이 기억했다(Cahill, Gorski, & Le, 2003). 동물 연구에서는 훈련 후 당질코르티코이드를 주입하면 기억 수행이 향상되었다(Roozendaal, Okuda, van der Zee, & McGaugh, 2006).

기억의 회상 직전에 주어진 스트레스나 당질코르티코이드

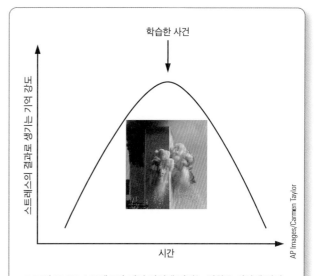

●그림 10.33 스트레스가 기억 과정에 미치는 영향은 시간에 따라 달라진다 학습 전후의 스트레스는 기억을 손상시키는 반면, 학습과 동시에 일어나는 스트레스는 기억 형성을 향상시키는 것으로 보인다.

는 인출을, 그중에서도 정서적 내용의 인출을 감소시킨다(Schwabe et al., 2012). 인출 후에 주어진 스트레스나 당질코르티코이드는 나중에 똑같은 내용의 회상을 방해할 수 있다. 앞서 언급한 바와 같이 인출된 기억은 왜곡에 취약해지며 재응고화되어야 한다. 또한 재응고화 과정은 스트레스나 당질코르티코이드 주입에 의한 방해를 받기도 쉬워 보인다(Schwabe & Wolf, 2010).

노르에피네프린과 당질코르티코이드가 기억에 미치는 영향 기억의 정서적 요소는 서술적 측면과 분리될 수 있다. 극단적으로 강렬한 정서는 해마에 의한 서술기억의 부호화를 억제하는 동시에, 편도체에 대한 당질코르티코이드의 작용을 통해 기억의 정서적 요소의 부호화를 강화한다(van Stegeren, Roozendaal, Kindt, Wolf, & Joëls, 2010). 한 사례 연구에서는 모래에 거의 생매장될 뻔했던 남자가 산소부족으로 인해 해마에 손상을 입었다(Diamond et al., 2007). 그는 해마손상 때문에 그 외상 경험의 세부 사항을 의식적으로 기억할 수 없었지만, 온전한 편도체가 그 경험의 정서적 측면을 부호화할 수 있었다. 그 결과 그는 원인도 모르는 채 끊임없는 공포와 악몽에 시달렸다.

●그림 10.34에서 보듯이 스트레스로 인해 분비된 노르에피네프린과 당질코르티코이드는 편도체에 작용하여 이마앞겉질, 해마, 꼬리핵에서 '기억 형성 상태'를 촉발한다(Schwabe et al., 2012). 이 상태에 있을 때는 유기체가 스트레스 요인(stressor)에 대처하면서 그 경험에 대한 기억을 형성하려 하는 동안 지각과 주의가 향상된다. 다른 모든 정보처리는 억제된다. 시간이 지나면서 노르에피네프린 수준이 정상으로 되돌아간다. 하지만 당질코르티코이드는 더 긴 시간 동안 뇌 속에서 계속 활동하며 유전자 발현의 변화를 일으키는 효소 연쇄증폭을 촉발한다(Schwabe et al., 2012). 이것이 뇌를 기억 형성 상태에서 기억 저장 상태로 변화시킴으로써 스트레스 상황과 무관한 내용

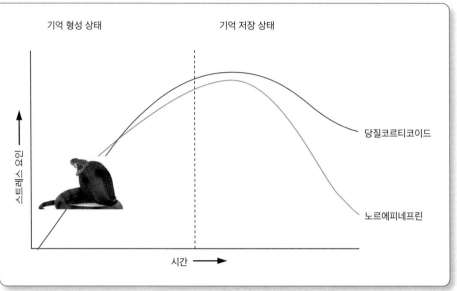

●그림 10.34 **당질코르티코이드와 노르에피네프린이 스트레스 요인에 대한 기억에 미치는 효과** 스트레스로 인해 당질코르티코이드와 노르에피네프린이 분비되면, 이 신호를 받은 편도체가 이마앞겉질, 해마, 꼬리핵으로 하여금 '기억 형성 상태'로 들어가게 만든다. 그러고 나면 노르에피네프린 수준이 스트레스 이전 상태로 되돌아가지만, 당질코르티코이드는 더 오랫동안 활동을 지속한다. 당질코르티코이드는 유전자 발현의 변화를 촉발하여 뇌가 '기억 저장 상태'로 변하게 만든다.

에 대한 처리가 덜 일어나게 된다. 중요한 정서적 사건에 대한 장기 저장은 향상되는 반면, 다른 정보로부터의 방해는 억제된다.

지금까지 우리는 단일한 스트레스 일화가 기억에 미치는 영향을 살펴보았다. 그러나 12장에서 보겠지만, 현대의 생활은 종종 우리를 스트레스 경험에 만성적·반복적으로 노출시키는 근원이다. 스트레스를 거듭해서 받으면 기억에 중요한, 뇌의 여러 상호 연결된 부위에서 구조적 변화가 일어난다(Roozendaal, McEwen, & Chattarji, 2009). 편도체에서는 반복된 스트레스가 가지돌기의 성장과 가지돌기 가시의 형성을 초래하여 유기체가 이후의 스트레스 요인에 과도하게 반응하도록 만든다. 해마에서는 가지돌기

| 신경과학의 *윤리적 이슈* |

외상적 기억을 지워야 할까

사람의 외상적 기억을 조작하는 것은 어떤 윤리적 함의를 지닐까? 만약 당신에게 심각한 자동차 사고나 전쟁 또는 자연재해에 대한 기억을 감소시킬 기회가 주어진다면, 당신은 그렇게 하겠는가? 이 장에서 알게 되었듯이 외상적 사건이 발생하고 몇 시간 이내에 프로프라놀롤을 투여하면 외상적 기억의 형성이 저하되며, 이 약물을 나중에 투여하면 그런 기억의 정서적 영향이 감소한다. 이것은 공상과학소설이 아니라 실제 사실이다.

한편으로, 윤리학자들은 우리가 (흔히 치료자의 도움을 얻어서) 과거 경험의 영향을 극복하는 법을 애써 학습하지 않는다면 '우리 자신'의 무언가를 잃어버리는 셈이라고 말한다. 만약 우리가 부정적 기억을 나중에 지워버릴 수 있음을 알고 있다면, 예컨대 전쟁에서 외상을 피하려고 하지 않을지도 모른다. 범죄의 목격자가 프로프라놀롤 치료를 받은 후에는 충분히 많은 정보를 회상해 내지 못할 수도 있다.

기억치료의 효용성을 깨달은, 그리고 그 남용을 방지하기 위해 필요한 조치가 이미 시행되고 있다고 생각하는 윤리학자들은 이러한 주장을 일축한다(Kolber, 2011). 대량 살상 현장에서 본 신체 부위들에 대한 기억이 응급 의료요원들에게 무슨 도움이 되겠는가? 그런 기억을 무디게 하면 그들이 그러지 않았을 때보다 더 '그들 자신'의 모습으로 일할 수 있지 않을까? 충격을 받은 목격자(예컨대 응급 의료요원)를 치료하는 의사에게는 기억 변경 속성을 가진 물질을 투여하기 전에 경찰에게 알리도록 지시를 내릴 수 있을 것이다.

기억을 함부로 변경할 수 있다는, 그리고 그럼으로써 우리의 자아 개념을 조작할 수 있다는 전망에 속이 메스꺼워질 수도 있겠지만, PTSD 환자들이 겪고 있는 고난은 기억 변경 약물의 잠재력에 대한 추가적 검토의 필요성을 정당화할지도 모른다(Sambataro et al., 2012).

의 가역적인 위축에 신경생성 속도의 감소가 동반됨에 따라 해마 부피가 전반적으로 감소한다. 마지막으로 안쪽 이마앞겉질 또한 가지돌기 및 가시의 가역적인 상실을 겪게 되는데, 그로 인해 이 영역의 반응성이 스트레스가 덜한 조건에서보다 떨어지게 된다.

이러한 과정들을 더 깊이 이해하면 외상적 기억을 방지하고 치료하는 데 도움이 될 것이다. 뇌에서 당질코르티코이드의 효과를 차단하는 약물인 프로프라놀롤(propran-olol)은 외상적 사건의 발생 직후에 투여하면 외상적 기억의 형성을 방지할 수 있다(Miller, 2004; Pitman et al., 2002). 동물에게서 특정 효소를 조작함으로써 일부 장기기억을 지울 수 있는데, 이는 PTSD 치료에 대한 새로운 접근의 가능성을 열어준다(Cao et al., 2008; Shema, Sacktor, & Dudai, 2007).

건강한 노화가 기억에 미치는 영향

학습과 기억은 연령과 관련되어 변해간다. 심지어 건강한 노인에게서도 말이다. 예를 들면 이 장의 앞부분에서 살펴본 눈깜박임 조건형성은 나이가 더 많은 참가자에게서 더 오래 걸린다(Flaten & Friborg, 2005). 일반적으로 작업기억 기능, 새로운 일화기억을 형성하는 능력, 반응시간 모두가 건강한 노인에게서 감소한다. 건강한 노인에게서 관찰되는 이러한 결함은 백색질 쇠퇴(Charlton, Barrick, Markus, & Morris, 2013), 기억 응고화와 연관된 수면 질의 저하(Pace-Schott & Spencer, 2014; 9장을 보라)에 기인한 것일 수 있다. 노인의 뇌는 세포외 아데노신을 제거하는 데 더 어려움을 겪는데, 아데노신은 기억 응고화에 관여하는 신호전달 연쇄반응 중 하나를 억제한다(Baudry, Bi, Gall, & Lynch, 2011).

그러나 건강한 노인의 인지 능력에 대한 측정치 대부분은 안정적으로 유지된다. 이 안정성은 연령과 관련된 뇌 기능 저하를 보상하도록 뇌 활동이 수정되는 데서 생겨나는지도 모른다(Beason-Held, Kraut, & Resnick, 2008). 나이가 들면서 기억과 인지에 필수적인 많은 뇌 부위에서, 특히 이마엽과 관자엽에서 혈류의 감소가 관찰된다. 하지만 노화하는 뇌에는 활동이 증가하는 영역도 있다. Beason-Held 등(2008)은 활동이 증가하는 이런 영역들이 뇌의 재조직화를 보여주며, 이 재조직화가 연령과 관련된 기능 결함에도 불구하고 인지 수행이 안정적으로 유지될 수 있게 한다고 제안하였다. 기억 및 인지와 상관된 노인의 뇌 활동은 똑같은 과제를 하는 더 젊은 사람의 뇌에서보다 국재화를 더 적게 나타낸다(Sambataro et al., 2012).

건강한 젊은 성인, 건강한 노인, 알츠하이머병 환자(13장을 보라), 알츠하이머병에 걸릴 위험이 큰 사람들을 비교하면, 노화가 인지에 미치는 영향의 속성을 더 잘 이해할 수 있다(Sperling, 2007). 나중에 정답을 말할 수 있었던 얼굴-이름 쌍들의 경우에는 부호화 시에 젊은 성인과 노인 간에 해마의 활성화에 차이가 없었다. 하지만 젊은 성인의 경우 마루엽과 뒤쪽 띠겉질에서는 노인에 비해 활동 감소를 나타냈다. 수행이

| 슬기로운 건강 생활 |

연령 관련 기억 결함을 피할 수 있을까

연령 관련 기억 문제를 방지하거나 최소화하는 게 가능할까? Schaie(1994)는 5,000명 이상의 참가자들을 대상으로 35년에 걸친 종단 연구를 실시하여 노년기의 좋은 인지 기능의 여러 상관물을 규명해 냈다. 평균 이상의 교육 수준, 복잡하고 틀에 박히지 않은 직업, 높은 소득 수준이 인지적 쇠퇴와 부적 상관관계를 나타낸다. 이 요인들이 서로 깊이 상관되며 인생 전체에 걸쳐 많은 건강 문제에 대항하는 보호막이 되기 마련임은 자명하다. Schaie의 자료는 또한 끈끈한 사회적 관계의 중요성을 강조한다. 친밀한 가족관계를 유지하는 사람들은 노년기에 인지 기능을 더 많이 보유한다. Schaie는 또 "인지적 상태가 우수한 배우자와의 결혼"이 뇌에 좋다(p. 310)고도 말한다. Schaie의 자료를 해석할 때는 조심해야 한다. 이러한 생활양식(lifestyle) 요인들은 평균 이상의 지능을 가진 사람들에게 전형적이다. 지능이 높은 사람들은 노화하면서 인지적 능력이 더 천천히 쇠퇴하는데, 알츠하이머병 같은 질환으로 진단받는 경우에조차도 그러하다(Whalley et al., 2000).

베이비 붐 세대가 노년기에 접어들면서, 인지적 건강 유지에 관한 우려가 '뇌 개선' 활동이라는 완전히 새로운 산업을 탄생시켰다(●그림 10.35를 보라). 닌텐도는 'Brain Age'를 제공하고, 루모스랩(Lumos Lab)은 'Lumosity'를 시장에 내놓았으며, 코그니핏(Cognifit)이 개발한 프로그램 'Drive Fit'은 운전 기술의 쇠퇴를 염려하는 노인들에게 판매되고 있다. 스도쿠(sudoku)와 십자말풀이가 대중성을 획득했다.

게임이 인지를 개선하는지에 대한 논쟁은 뜨겁게 지속되고 있다. 게임의 효과에 찬성하는 133명과 반대하는 70명의 과학자 두 집단이 공개 질의서들을 게재했다(Simons et al., 2016에 인용됨). 과학은 민주주의가 아님을 명심하라(역사적으로 볼 때 다수가 틀린 경우가 흔했다). 그럼에도 이는 발표된 동일한 증거를 두고 일어났다는 점에서 놀라운 수준의 갈등이다.

이 논쟁에서 신중한 편에 선 Simons 등(2016)은 뇌 훈련(brain-training)이 수행을 향상시키기는 했지만 오직 명시적으로 훈련시킨 해당 행동들에 대해서만 효과가 있었다고 보고했다. 이들은 뇌 훈련 프로그램에서 학습한 기술들이 다른 과제에까지 약간이라도 전이되거나 일상생활의 인지적 수행에서 어떤 전반적인 개선을 가져온다는 증거를 출판된 문헌에서 거의 찾지 못했다. 뇌 훈련의 인지적 영향을 평가하도록 설계된 연구의 전반적인 질도 좋지 않았다.

더 낙관적인 입장의 한 메타 분석 연구는 건강한 뇌 노화를 촉진

●그림 10.35 컴퓨터 게임과 건강한 노화 컴퓨터 게임이 노년기에 인지 기능을 유지하는 데 조금이라도 도움이 된다는 증거가 확보될 때까지는 어떠한 비현실적인 기대도 갖지 말고 게임을 그저 게임으로서 즐기기를 권한다.

하는 상업적 프로그램들의 능력에 지지를 보냈다(Shah, Weinborn, Verdile, Sohrabi, & Martins, 2017). 신체 운동을 인지적 부담이 큰 과제와 결합한 게임, 즉 '운동 게임(exergame)'이 한 메타 분석(Stanmore, Stubbs, Vancampfort, de Bruin, & Firth, 2017)에서 특히 유망해 보였는데, 아마도 전반적인 신체 건강에 효과가 있기 때문일 것이다. 닌텐도의 'Brain Age'를 4주 동안 플레이한 노인들은 관리 기능과 처리 속도에 대한 검사들에서 향상을 나타냈다(Nouchi et al., 2012). 『건강을 위한 게임(Games for Health)』이라는 학술지는 건강 관련 주제들 가운데서 인지를 개선하기 위한 전자 게임의 사용에 대한 연구를 게재한다. 기능성 게임(serious game)이라는 새로운 용어가 건강을 위해 사용되는 게임들을 기술하는 데 쓰인다. 특정 목적을 위해 설계되었든 아니면 재미를 위해 만들어졌지만 건강 증진에도 또한 유용하든 상관없이 말이다(McCallum & Boletsis, 2013).

그러나 마케팅이 실현 불가능한 결과를 약속함으로써 신경과학을 앞서 나가지 않도록 확실하게 보장하는 것이 중요하다(Chancellor & Chatterjee, 2013). 그러는 동안 게임을 즐기는 사람들은 게임을 하면 된다. 좋은 음식, 운동, 수면, 그리고 평생 교육이 함께하는 전반적인 생활양식을 유지하는 것이 좋은 인지 기능을 위한 여전히 훌륭한 방략이다.

뛰어난 노인 참가자들은 비슷한 영역에서 활동 감소를 보인 반면, 수행이 저조한 노인 참가자들은 그렇지 않았다. 후자는 아주 초기 단계의 치매를 겪고 있는지도 모른다. 유전적 취약성 때문이거나 경도 인지장애가 나타나서 알츠하이머병에 걸릴 위험이 있는 참가자들은 건강한 노인 참가자들에 비해 부호화 동안 실제로 해마 활동의 증가를 나타냈다. 이러한 활동 증가는 Beason-Held 등(2008)이 관찰했던 것과 같은, 인지 기능의 쇠퇴를 보상하기 위한 뇌의 노력의 또 다른 예가 될지도 모른다. 치매가 진행되면서 결국 이러한 보상은 실패하게 되고, 해마의 활동이 건강한 노인 통제집단보다 더 낮은 수준으로 감소한다(Sperling, 2007).

중간 요약 10.3

‖ 요점

1 억압, 외상후 스트레스장애와 연관된 플래시백, 그리고 섬광기억 같은 특별한 기억 현상은 여러 다른 수준의 스트레스가 편도체, 해마, 이마앞겉질에 미치는 효과에 기인하는 것일 수 있다. (LO6)

2 건강한 노화의 경우, 기억 처리 시 일어나는 뇌 활동 패턴이 연령 관련 변화를 보상하여 인지 기능을 유지시키는지도 모른다. (LO6)

‖ 복습 문제

1 신경화학물질 활동의 타이밍은 어떤 상황에서 기억 기능의 이해에 중요한가?

2 정상적이고 건강한 노화와 연관된 기억 변화란 무엇인가?

돌아보기

생각할 문제

1. 학습하고 기억하는 능력을 개선하는 화학물질을 쉽게 손에 넣을 수 있다면 인간 사회에 어떤 영향이 있을까?

2. 우리 대부분은 다른 사람들과 함께 어떤 사건을 관찰한 뒤, 그 사건에 대한 자신의 기억이 다른 사람들의 기억과는 매우 다르다는 것을 경험한 적이 있다. 어떤 과정이 기억의 그런 개인적인 특성을 만들어낼 수 있을까?

3. 연구는 성인기의 신경발생이 과거 기억을 지워버릴 수 있음을 시사한다.
    이런 연구는 중추신경계 손상을 치료하기 위해 신경 줄기세포를 사용하는 것에 대해 어떤 의미를 가질까?

핵심 용어

감각기억(sensory memory) **p. 428**

고전적 조건형성(classical conditioning, 파블로프식 조건형성) **p. 426**

고정행위 패턴(fixed action pattern) **p. 424**

단기기억/작업기억(short-term/working memory) **p. 428**

무조건반응(unconditioned response, UCR) **p. 426**

무조건자극(unconditioned stimulus,

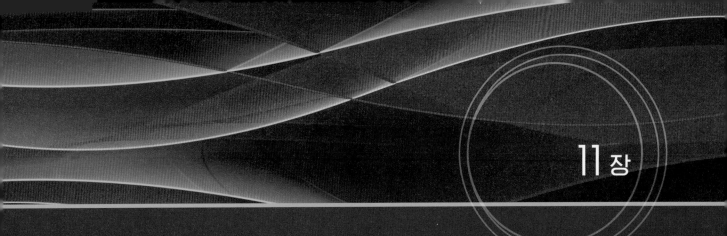

11 장

인지신경과학

학습 목표

L01 발달과 편재화를 설명하는 이론을 평가한다.

L02 편재화, 손잡이성, 행동 간의 상관관계를 해석한다.

L03 인간 언어의 기원을 설명하고, 비인간 동물들의 언어 사용에 대한 증거를 평가한다.

L04 언어 능력의 토대가 되는 뇌의 처리 과정을 이해하기 위해 다중언어, 미국 수어, 의사소통장애가 가지는 함의를 설명한다.

L05 지능의 생물학적 상관물을 평가한다.

L06 의사결정의 뇌 상관물을 설명한다.

개요

연구 비하인드 서번트증후군과 편재화

일상 속 행동신경과학 말하기와 언어병리학

신경과학의 윤리적 이슈 마음의 기능을 증진하는 약물이 있다?

슬기로운 건강 생활 풍요로운 환경, 감염적 부담, 그리고 IQ

인지신경과학 이해하기

인지(cognition)란 주의(6장), 지각(6장), 학습(10장), 기억(10장) 같은, 우리가 이미 살펴본 정신 과정을 포함하는 정보처리를 의미한다. 이 장에서 우리는 인지와 그것의 생물학적 상관관계에 대한 논의를 반구 편재화, 언어, 지능 및 의사결정으로 확장해 볼 것이다. 이들은 신경과학에서 연구되는 특히 복잡하고 정교한 행동들이다(Miller & Gazzaniga, 1984).

반구 비대칭성과 행동적 상관물

유기체는 완벽한 대칭을 이루지 않는다. 신발을 사기 전에 양쪽을 모두 신어보는 것은 양발의 크기가 조금씩 차이 나기 때문이다. 이러한 비대칭성은 뇌에서도 관찰된다. 뇌의 왼쪽과 오른쪽 반구는 크기뿐만 아니라 기능에서도 차이가 있다. 한쪽 반구에 기능이 국재화되는 것을 **편재화**(lateralization)라고 한다.

편재화 어떤 기능이 한쪽 반구에 국재화되는 것.
반구절제술 한쪽 반구를 제거하는 수술.

비대칭성 이해하기

대뇌 편재화에 대해 알려진 대부분의 지식은 뇌전증이 삶을 위협할 정도로 심각했던 환자들에게 시행된 수술과 건강한 사람들의 뇌 영상 연구를 통해 밝혀졌다.

반구절제술 라스무센증후군(Rasmussen syndrome)은 소아에게 발생하는 희귀한 뇌질환으로, 뇌의 한 반구에서만 발작이 일어난다. 라스무센증후군의 가장 효과적인 치료법은 하나의 대뇌반구 겉질을 완전히 제거하는 **반구절제술**(hemispherectomy)이다. 이마엽(전두엽), 마루엽(두정엽), 관자엽(측두엽), 뒤통수엽(후두엽)의 겉질은 제거되고, 그 아래에 있는 백색질과 바닥핵, 시상, 뇌실은 남게 된다. 수술 이후에 생긴 공백은 뇌척수액으로 채워진다(●그림 11.1).

반구절제술을 받은 환자의 약 75~80%에게서 발작이 완전히 사라지고, 나머지 대부분의 환자의 경우 발작 활동이 크게 감소한다. 그러면 환자가 잃게 되는 것은 무엇일까? 우리는 몸의 절반이 완전히 마비될 것이라 상상할 수 있지만, 치료를 받은 아동은 다리를 약간 절뚝거리며 걷거나 발목 보조기의 도움을 받아 걸을 수 있다. 언어 발달 또한 놀라울 정도로 정상적이다(Curtiss, de Bode, & Mathern, 2001; Varadkar et al., 2014). 이 시술 이후에 시행된 지능검사에서 환자들의 평균 점수는 10점 정도 증가했는데, 이는 아마도 발작을 조절하기 위

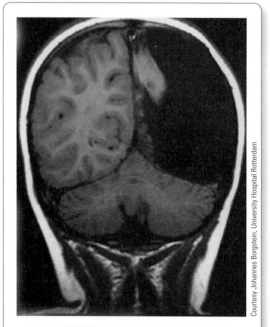

Courtesy Johannes Borgstein, University Hospital Rotterdam

●그림 11.1 **반구절제술은 라스무센증후군 치료에 활용된다** 9세 아동 Cameron Mott는 2007년 존스홉킨스 대학교에서 라스무센증후군을 진단받았다. 7시간의 수술 끝에 우반구 겉질이 제거되었고, 4주 동안의 물리치료를 거쳐 그녀는 병원에서 걸어 나갈 수 있었다. 그녀는 다리를 약간 절뚝거리지만 발레리나를 꿈꾸고 있다.

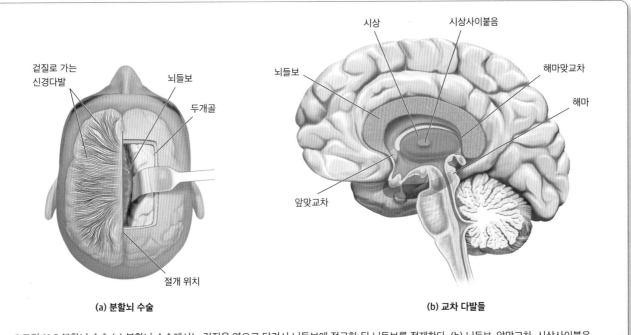

●그림 11.2 분할뇌 수술 (a) 분할뇌 수술에서는 겉질을 옆으로 당겨서 뇌들보에 접근한 뒤 뇌들보를 절제한다. (b) 뇌들보, 앞맞교차, 시상사이붙음, 해마맞교차는 두 대뇌반구를 연결하는 4개의 맞교차이다. Joseph Bogen의 전통적인 분할뇌 수술에서는 이 네 가지를 모두 절제한다.

한 진정제 사용이 줄었기 때문일 수 있다(Vining et al., 1997; 13장을 보라). 한 사례에서는 5세에 수술을 받은 소년이 마침내 우수한 지능과 언어 능력을 발달시킬 수 있었다 (Smith & Sugar, 1975).

우리가 한쪽 반구만 가지고 살 수 있다고 해도, 이것이 우리가 뇌의 모든 부분을 필요로 하지 않다거나, 사용하고 있지 않다는 말은 아니다. 두 반구는 고차원적인 인지 기능에 서로 다른 독특한 기여를 한다.

분할뇌 수술 분할뇌 수술(split-brain operation)에서는 좌우 반구를 연결하는 통로를 절단하는데, 이는 목숨을 위협하는 발작의 심각도와 빈도를 줄여준다(●그림 11.2을 보라). Joseph Bogen은 통제 불가능한 발작을 보이던 환자 16명의 뇌들보, 앞맞교차(전교련), **해마맞교차**(hippocampal commissure, 해마교련), **시상사이붙음**(massa intermedia, 시상간교)의 네 가지 경로를 절단했다(Bogen & Vogel, 1962, 1975).

놀랍게도 Bogen의 환자들은 성격, 지능 또는 언어 능력의 변화를 보이지 않았다 (Gazzaniga, 2005; Sperry, 1982). 특정 유형의 정보가 반구에 편재화된다는 점을 이용해서 수술의 효과에 대한 추가 연구가 이루어졌다. 예를 들어 신체 왼쪽 절반의 감각과 운동 제어는 모두 뇌의 오른쪽 반구에 의해 관리된다. 마찬가지로 ●그림 11.3에서 보는 바와 같이, 오른쪽 절반 시야의 정보는 왼쪽 시각겉질로 전달된다. 이러한 원리를 이용하면, 분할뇌 환자의 머리와 시선을 고정해 한쪽 반구에만 시각 자극을 제시할 수 있다.

●그림 11.4에 보이는 실험에서 분할뇌 환자는 시선을 중앙의 점에 고정하도록 지

분할뇌 수술 두 대뇌반구를 연결하는 맞교차를 절단하는 발작장애 치료법.
해마맞교차 좌우 해마 구조물을 연결하는 경로.
시상사이붙음 좌우 시상핵 사이의 연결.

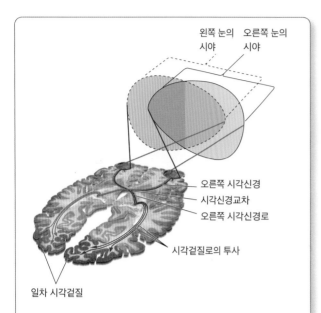

●그림 11.3 시야와 왼쪽 및 오른쪽 시각겉질 간의 관계 눈과 머리가 고정되어 있다고 가정했을 때, 오른쪽 시야(파란색)는 왼쪽 시각겉질에서 처리된다. 반대로, 왼쪽 시야(빨간색)는 오른쪽 시각겉질에서 처리된다. 이렇게 조직화된 특성을 활용하여 분할뇌 환자들을 대상으로 좌반구와 우반구 특성의 차이를 연구할 수 있다.

시받았다(Sperry & Gazzaniga, 1967). 점 왼쪽에는 'HE'라는 단어가, 점 오른쪽에는 'ART'라는 단어가 나타났다. 연구자들이 어떤 단어가 제시되었는지 물었을 때, 연구참가자들은 "art"라 대답했다. 오른쪽 시야의 정보는 좌반구로 건너가기 때문에 참가자는 좌반구, 즉 대부분 언어 처리에 사용되는 반구에 제시된 자극을 이야기한 것이다. 비언어적 반응을 요구하는 경우에는 우반구도 숫자, 문자, 짧은 단어를 처리할 수 있다. 참가자들이 본 것을 왼손으로 가리키도록 지시했을 때, 그들은 'HE'를 가리켰다. 왼손은 우반구가 통제하고 있기 때문에 우반구는 자신이 본 것을 '말한' 것이다.

언어 기능의 국재화 이외에도 다른 유형의 정보를 처리할 때 양반구 간에 차이가 있다. 논리적이고 순차적인 정보는 좌반구에서 처리되는 반면, 정서적이고 직관적인 정보는 우반구에서 처리된다. 3차원 도형에 대해 생각하는 것 같은 공간적 관계의 처리는 우반구에서 더 우세하다.

현대 뇌 영상 연구 오늘날에는 건강한 사람들을 대상으로도 fMRI와 확산텐서영상(DTI; 1장을 보라)을 이용해서 편재화를

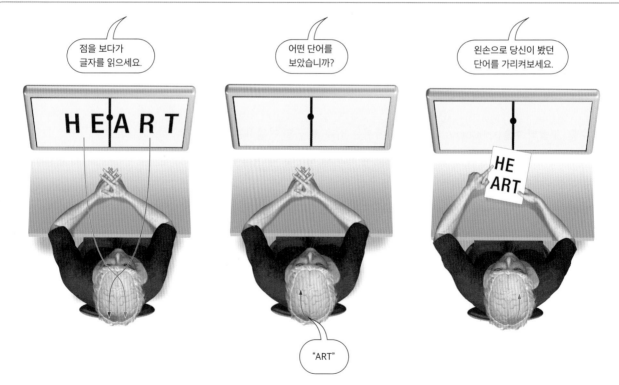

●그림 11.4 두 반구 간의 언어적 처리 능력 차이 분할뇌 연구에서 참가자들에게 무엇을 보았는지 물었을 때, 참가자들은 언어를 처리하는 좌반구에 제시된 단어인 "art"라고 응답했다. 그러나 봤던 단어를 왼손으로 가리키도록 했을 때는 우반구에 제시된 단어인 'HE'를 가리켰다. 왼손은 우반구가 통제하기 때문이다.

관찰할 수 있다. DTI(●그림 11.5을 보라)는 뇌들보와 같은 단일 경로의 기초를 이루는 미세 구조를 관찰할 수 있도록 하여, 반구 간 연결성에서 보이는 개인차를 더 깊이 이해할 수 있게 한다(Häberling, Badzakova-Trajkov, & Corballis, 2011).

　　연구자들은 fMRI를 이용하여 편재화된 기능에 대한 2개의 광범위한 네트워크를 찾아냈다(Nielsen, Zielinski, Ferguson, Lainhart, & Anderson, 2013). 표 11.1에서 볼 수 있듯이 연구자들은 좌반구 편재화된 9개의 허브와 우반구 편재화된 11개의 허브, 즉 도합 20개의 편재화 허브를 발견했다. 좌반구에 편재화된 네트워크에는 기본상태 네트워크(default mode network, DMN; 9장을 보라)의 일부와 함께 언어 영역이 포함되어 있다. 우반구 네트워크는 관리기능(집행기능) 및 외부 자극에 대한 주의와 관련된 영역들을 포함하고 있다. 좌반구 편재화된 네트워크는 좌반구 내에서 더 많은 연결성을 보이는 반면, 우반구 편재화된 네트워크의 경우 양반구 허브 간의 연결성이 두드러진다.

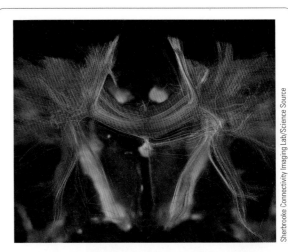

●그림 11.5 뇌들보 이 확산텐서영상(DTI)은 정면에서 바라본 뇌들보(빨간색)를 보여주고 있다. 뇌들보는 좌우 반구를 이어주는 주요 맞교차 부위로, 분할뇌 수술에서 절단되는 부위이다.

편재화와 미세 구조적 분석 대뇌겉질의 비대칭성은 발달 과정에서 이미 이동을 완료한 세포에서 나타나는 세포자멸사의 결과는 아닌 것으로 보인다(Rosen, 1996). 겉질에서

표 11.1 좌우 반구의 편재화 허브

좌반구 허브	우반구 허브
브로카 영역	오른쪽 보조운동 영역
베르니케 영역	중간 대뇌섬
아래 등쪽가쪽 이마앞겉질(하측 배외측 전전두피질)	마루뒤통수겉질(두정후두피질)
좌측 보조운동 영역	가쪽 마루속고랑(외측 두정내구)
가쪽 운동앞겉질(외측 전운동피질)	이마 안구 영역(전두안운동야)
안쪽 이마앞겉질(내측 전전두피질)	가쪽 이마앞겉질(외측 전전두피질)
위이마겉질의 안쪽면(내측 상전두피질)	중간 관자 영역(중측두 영역)
뒤쪽 띠겉질(후측 대상피질)	브로카 상동 영역
가쪽 관자마루 접합부(외측 측두두정 접합부)	중간 띠겉질(중대상피질)
	위쪽안쪽 마루속고랑(상측 내측 두정내구)
	앞쪽 대뇌섬(전측 도피질)

'허브'는 편재화된 영역들 간의 연결을 나타낸다. 좌반구의 9개, 우반구의 11개 허브 영역이 fMRI를 통해 확인되었다. 좌반구 네트워크들은 언어 영역과 기본상태 네트워크(DMN)의 일부를 연결한다. 우반구 네트워크는 주의와 관리기능에 관여하는 영역들을 연결한다.

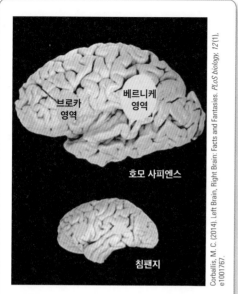

●그림 11.6 **편재화된 뇌를 가진 종은 인간만이 아니다** 침팬지는 인간의 브로카 영역, 베르니케 영역과 상응하는 부위에서 인간과 유사한 방식으로 좌반구에 편재화된 뇌발달이 나타난다.

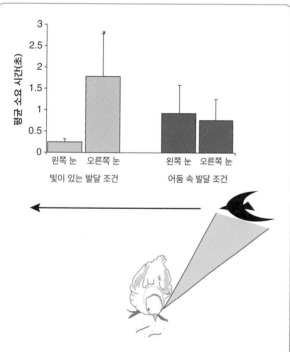

●그림 11.7 **편재화와 멀티태스킹** 밝은 곳에서 자란 병아리들은 음식과 포식자에 대한 탐색행동이 편재화되지만, 어두운 곳에서 자란 병아리들은 그렇지 않다. 이 실험에서는 병아리가 음식을 먹는 동안 모형 매가 한쪽 시야에 나타난다. 왼쪽 눈과 오른쪽 눈 각각에서 탐지에 소요된 시간이 표시되어 있다. 빛에 노출되었던 병아리는 왼쪽 눈에 포식자가 나타났을 때 반응하는(먹이를 먹는 행동을 중단하는) 시간이 훨씬 빨랐다.

최종적으로 관찰되는 비대칭성의 차이는 간(幹)세포(progenitor cell)의 증식과 같은 발달 초기 단계에서 시작될 가능성이 높다(5장을 보라).

편재화의 진화

편재화는 인간에게만 국한되지 않는다. 쥐, 고양이, 개에서도 먹이를 향해 앞발을 뻗을 때 선호하는 발이 관찰된다(Sun & Walsh, 2006). 심지어 무척추동물에서도 편재화에 대한 증거가 발견된다(Frasnelli, Vallortigara, & Rogers, 2012). ●그림 11.6에서 볼 수 있듯이 침팬지 및 기타 유인원은 인간과 유사한 뇌 구조적 비대칭성을 보인다(Corballis, 2014).

편재화가 가져다주는 이점에는 어떤 것이 있을까? 편재화를 통해 개체가 얻는 혜택은 수행 기술이 향상되고 반응 속도가 빨라진다는 것이다(Rogers, 2002). 사회성을 가진 종에서 개체군 편재화(population lateralization)가 더 흔하게 관찰되는데, 이를 통해서 포식자에 대한 개체들 간의 협응된 반응이 일어날 수 있는 것 같다(Rogers, 2002). 포식자가 나타났을 때 물고기 떼나 양 떼가 협응된 방식으로 한 방향으로 꺾어서 달아난다면, 이는 생존에 도움이 될 수 있을 것이다. 편재화는 더욱 정교한 사회적 결집을 촉진할지도 모른다. 많은 종에서 한 개체는 다른 개체의 왼쪽을 공격하기 때문에 상대의 오른쪽으로 접근하는 것은 우호적인 메시지를 전달한다. 집단 수준에서 비슷하게 편재화된다면 행동이 더 예측 가능해지고, 이렇게 편재화된 종은 더 안정적인 위계를 형성할 수 있다.

편재화는 주의 분할(divided attention), 즉 환경의 여러 측면에 대하여 주의를 나누는 능력을 향상시킨다(Rogers, 2000). 어두운 곳에서 부화한 병아리는 시각 유도된(visually guided) 반응이 편재화되지 않는다. 어두운 곳에서 부화하여 비편재화된 병아리에 비해 밝은 곳에서 부화하여 편재화된 병아리는 먹이를 먹는 동안 잠재적인 포식자을 식별하거나(●그림 11.7을 보라) 곡물과 자갈을 구별하는 데 더 우수한 수행을 보였다(Rogers, Andrew, & Johnston, 2007). 인간의 편재화도 유사한 이점을 주는 것으로 보인다. 두 가지 작업을 동시에 수행하면서 하나는 좌반구에서 처리하고 다른 하나는 우반구에서 처리하도록 했을 때, 일반적 수준으로 편재화되어 있는 참가자는 편재화가 약한 참가자에 비해 수행이 우수했다(Lust et al., 2011).

편재화는 이 장의 뒷부분에서 설명하는 언어 및 언어 유사

기능과 관련이 있다. 지저귀는 새는 왼쪽 반구에서 지저귐을 생성한다. 일본원숭이는 소리를 처리하는 데 왼쪽 반구에서 이점을 보인다는 증거가 있다. 잘 알려진 바처럼 대부분의 인간 언어는 좌반구에 편재화되어 있다. 언어 기능을 뇌의 한쪽에 제한한 것은 뇌 크기가 증가함에 따라 특히 효율적인(옮긴이 주: 두개골의 공간적 한계를 극복하기 위한) 일이었을 것이다(Toga & Thompson, 2003).

편재화의 발달

무엇이 인간의 뇌를 편재화시킬까? Geschwind와 Galaburda(1987)의 대표적인 모형에서는 태내 안드로겐이 언어와 시각공간적 기술의 편재화에 핵심적인 역할을 하며, 높은 수준의 안드로겐이 왼손잡이성(left-handedness)을 촉진한다고 제안했다. 그러나 태아기에 비정상적으로 많은 테스토스테론이 분비되는 선천성 부신 과형성(congenital adrenal hyperplasia, CAH; 8장을 보라)이 있는 사람들을 조사해 보면, 이 고전적인 모형을 지지하는 근거가 명확하지 않다(Hampson, 2016). CAH를 가진 사람이 좌반구의 언어 편재화가 더 강하다는 증거는 있지만, 보통 수준의 태내 안드로겐에 노출된 사람과 비교했을 때 손잡이성(handedness)의 차이는 전혀 나타나지 않았다.

또 다른 대표적인 연구에서는 손잡이성에 대한 단일 유전자 관점을 주장했지만(Annett, 1998), 최근의 전장유전체 연관분석(genome-wide association study, GWAS)은 단일 유전자 가설을 지지하지 않는다(Armour, Davison, & McManus, 2014). 유전자는 손잡이성에서 나타나는 분산(variance), 즉 개인 간 편차의 약 4분의 1만을 설명하는 것으로 보인다(Medland et al., 2005). 이것은 편재화 발달에서 환경 및 후성유전적 영향의 역할이 있음을 시사한다.

그렇다면 편재화의 발달에는 어떤 환경적 요인이 있을까? 빛에 노출된 병아리의 배아는 알껍질을 통과한 빛이 왼쪽 눈이 아닌 오른쪽 눈을 자극하게 만드는 자세를 취한다(Rogers, 2002). 빛 자극의 차이로 인해 시각 경로에서 비대칭적인 발달이 일어난다. 마찬가지로 인간 태아의 3분의 2는 임신 3기 동안 오른쪽 얼굴이 바깥쪽을 향하는 자세를 유지한다. 양수는 소리를 잘 전달하는 매개체이며, 이 단계에서 태아는 외부 소리를 아주 잘 들을 수 있다. 태아의 자세로 인한 청각 입력의 비대칭성이 뇌 발달의 편재화에 영향을 미칠 가능성이 있다(Previc, 1991).

인간 배아가 임신 8주 차에 이르면 손잡이성이 이미 분명하다. 운동겉질은 임신 15주까지 척수에 연결되지 않으므로, 배아 단계에서는 겉질이 아니라 척수에서 손잡이성을 통제한다(Ocklenburg et al., 2017). 후성유전적 영향으로 인한 좌우 척수의 차별적인 유전자 발현(● 그림 11.8을 보라)으로 인해 손잡이성의 차이가 나타날지도 모른다. 이러한 접근은 손잡이성이 뇌 조직화의 결과라고 보는 기존의 가정을 뒤집는 것이다. 일단 척수가 겉질에 완전히 연결되고 나면 우세한 손이 더 빈번하게 움직여서 겉질에서의 편재화에 영향을 미칠지도 모른다.

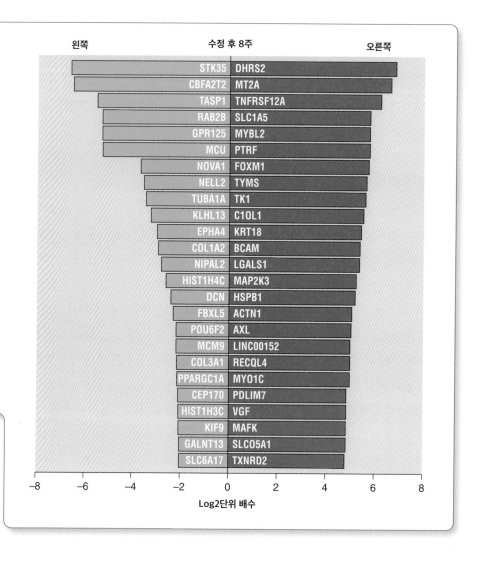

●그림 11.8 배아 단계의 이른 척수 유전자 발현은 손잡이성에 영향을 미칠 수 있다 이르면 임신 8주부터 많은 유전자가 척수의 왼쪽과 오른쪽에서 비대칭적인 발현을 보인다. 청록색 막대는 왼쪽보다 오른쪽에서 더 크게 발현되는 유전자들을 나타낸 것이고, 연두색 막대는 그 반대이다. 막대의 길이는 비대칭성의 정도를 나타낸다. 아마도 이러한 비대칭성으로 인해 일반적인 8주령 배아의 오른쪽 팔이 왼쪽 팔보다 더 활동적이다. 대뇌겉질이 척수와 완전히 연결되고 나면, 이와 같은 활동성의 차이가 유전자 발현과 기능 편재화의 반구 비대칭성에 영향을 미칠지도 모른다.

출처: Ocklenburg, S., Schmitz, J., Moinfar, Z., Moser, D., Klose, R., Lor, S., et al. (2017). Epigenetic regulation of lateralized fetal spinal gene expression underlies hemispheric asymmetries. *eLife, 6*, e22784.

비대칭성이 행동에 갖는 함의

Roger Sperry(1982, p. 1225)는 "인지양식(cognitive mode)의 좌-우 이분법은 제멋대로 흘러가기 쉬운 생각이다"라고 말했다. 더 예술적이고 창의적이 되기 위해서는 뇌의 오른쪽을 활용해야 한다거나(Edwards, 1999), 주의력결핍 과잉행동장애(14장을 보라) 아동을 두고 "좌뇌로 이루어진 세상에서 우뇌로 살아야 하는 아동"(Freed & Parsons, 1998)이라고 말하는 것은 편재화에 대한 대중적인 신화로서, Sperry가 경고한 바로 그 것이다.

반구 편재화에 대한 한 가지 보편적인 오해는 우리에게 일부 기능이 편재화되어 있는 게 아니라 전반적으로 우세한 한쪽의 반구가 있다는 것이다(Springer & Deutsch, 1998). 이 설명에 따르면 '좌뇌형'인 사람들은 논리적, 언어적, 분석적이며, '우뇌형'인 사람들은 예술적이고 직관적이어야 한다. 이 개념에 대한 실험적인 근거는 빈약하거나 존재하지 않는다. Springer와 Deutsch(1998)는 반구의 우세성과 직업 선택 및 예술적 재능 간의 강한 상관관계는 없다고 보고했다.

손잡이성, 언어, 반구 편재화 반구 편재화에서 특히 강한 상관관계는 손잡이성과 언어 국재화 간의 연관성에서 관찰된다. 손잡이성을 확인할 때 사용되는 흔한 기준은 글씨를 쓸 때에 선호하는 손을 보는 것이다(McManus, 1999). 양손을 동등하게 사용하는 사람들은 대단히 드물어서 전체 인구에서 약 1%의 비율을 차지한다(Corballis, Hattie, & Fletcher, 2008). 전체 인구에서 90%를 차지하는 오른손잡이 중 96%의 사람들은 좌반구에 언어 기능이 국재화되어 있다. 나머지 4%의 사람들은 우반구에 언어 기능이 국재화되어 있으며, 극소수의 오른손잡이만이 언어 처리를 위해 양반구를 모두 사용한다. 전체에서 약 10%의 왼손잡이 중에서 70%는 좌반구의 언어 국재화를 보이며, 15%는 우반구에서, 나머지 15%는 양반구에서 언어를 처리한다(Corballis, 2003; Rasmussen & Milner, 1977).

뇌 영상 연구에서는 왼손잡이 참가자들이 제외되는 경우가 많다. 왜냐하면 한 개인을 관찰하는 데 드는 비용이 커서 대개는 표본의 수가 작은데, 이들이 포함되는 경우 상당한 변산성이 끼어들기 때문이다. 신경과학자들은 편재화와 비대칭성 연구뿐만 아니라 다른 모든 행동에 대한 연구에서도 왼손잡이 참가자를 포함할 것을 요구하기 시작했다(Willems, Van der Haegen, Fisher, & Francks, 2014). 특히 인지 과정의 유전적 기여에 대한 연구에서 왼손잡이 참가자를 일상적으로 배제한다면, 그 결과가 오염될지도 모른다. 왼손잡이는 인간이 가진 속성의 정상적인 변이이기 때문에, 이들을 연구에 포함하는 것이 인간에게서 관찰되는 현상에 대해 더 정확한 그림을 제공한다.

왼손잡이는 펜싱, 테니스, 야구와 같은 전방을 향하는 스포츠에서 장점이 되지만, 체조와 같은 다른 스포츠에서는 그렇지 않다(Faurie & Raymond, 2005). 매장된 유해를 근거로 판단하자면, 지속적인 전쟁이 있었던 사회에서 왼손잡이가 더 많았다(Faurie & Raymond, 2004). ●그림 11.9에서처럼 왼손잡이는 비산업화된 사회에서 살인율과 강한 상관관계를 보인다. 왼손잡이의 비율은 가장 평화로운 집단에서는 3%, 가장 전쟁을 좋아하는 집단에서는 27%에 이른다(Faurie & Raymond, 2005). 이는 왼손잡이성이 살인 경향을 유발한다는 의미가 아니라, 폭력이 심한 상황에서는 왼손잡이가 생존에서 이점이 될 수 있음을 시사한다.

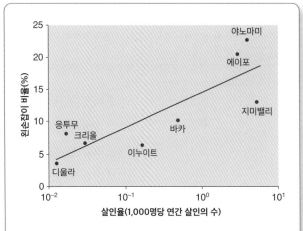

●그림 11.9 **왼손잡이 비율과 살인율의 상관관계** 아마존 분지의 야노마미족처럼 산업화되지 않은 문화에서 살인율은 왼손잡이와 강한 정적 상관관계를 보인다. 남성이 왼손잡이일 가능성이 더 높으며 인구에서의 남성 과잉이 더 많은 폭력과 관련 있는 것은 사실이지만, 이러한 간접 요인들은 손잡이성과 살인율 사이의 관계를 설명하는 데 주된 역할을 하지 못한다.

양분청취 분할뇌 환자를 평가하는 데 사용되는 시각 과제뿐만 아니라 청각 과제로도 편재화에 대한 통찰을 얻을 수 있다. 한쪽 귀의 정보는 양쪽 대뇌반구에서 처리되지만

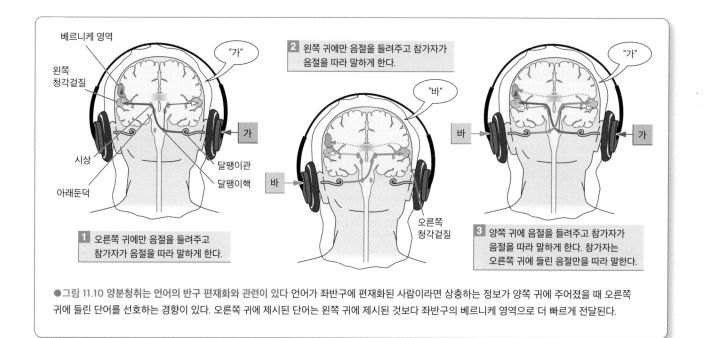

베르니케 영역

왼쪽
청각겉질

"가"

2 왼쪽 귀에만 음절을 들려주고 참가자가
음절을 따라 말하게 한다.

"바"

"가"

시상

달팽이관
달팽이핵

바

가

아래둔덕

바

오른쪽
청각겉질

1 오른쪽 귀에만 음절을 들려주고
참가자가 음절을 따라 말하게 한다.

3 양쪽 귀에 음절을 들려주고 참가자가
음절을 따라 말하게 한다. 참가자는
오른쪽 귀에 들린 음절만을 따라 말한다.

● 그림 11.10 양분청취는 언어의 반구 편재화와 관련이 있다 언어가 좌반구에 편재화된 사람이라면 상충하는 정보가 양쪽 귀에 주어졌을 때 오른쪽
귀에 들린 단어를 선호하는 경향이 있다. 오른쪽 귀에 제시된 단어는 왼쪽 귀에 제시된 것보다 좌반구의 베르니케 영역으로 더 빠르게 전달된다.

반대쪽 청각겉질에서 더 빠르게 처리된다.

양분청취 과제(dichotic listening task)에서는 왼쪽과 오른쪽 귀에 동시에 서로 다른
소리를 들려준다(●그림 11.10을 보라). 두 귀에 들리는 단어가 다른 경우, 대부분의 오
른손잡이는 오른쪽 귀에 대한 우세성이 있어서 오른쪽 귀로 들은 단어를 따라 말한다
(Kimura, 1961, 1973). 이 결과는 이들의 언어 기능이 좌반구에 편재화되었음을 시사
한다.

정서와 음악 능력의 편재화 대부분의 경우 우반구는 다른 사람의 얼굴에서 감정을
인식하고 감정을 표현하는 데 더 큰 역할을 한다(Demaree, Everhart, Youngstrom, &
Harrison, 2005). 좌반구 활동은 접근행동과 관련이 있는 반면, 우반구 활동은 회피행
동과 관련이 있다(Demaree et al., 2005). 수다스러움의 증가, 목표지향적 행동 및 자기
파괴적일 수 있는 쾌락 추구 등으로 나타나는 조증(14장을 보라)은 우반구 이마엽 각성
의 감소와 관련이 있다(Bearden, Hoffman, & Cannon, 2001). 이와 관련된 한 이론은 행
동활성화체계(behavioral activation system, BAS)와 행동억제체계(behavioral inhibition
system, BIS)를 제안한다(Gray & McNaughton, 2003). 사람마다 활성화와 억제의 상대
적 강도가 다르며, 이 특성은 잘 변하지 않는다. BAS 점수가 높은 사람에게서는 좌반
구 이마엽 활동성이 증가되어 있는 반면, BIS 점수가 높은 사람에게서는 우반구 이마
엽 활동성이 증가되어 있다(Sutton & Davidson, 1997).

언어의 감정적 어조, 즉 **운율**(prosody)을 생성하고 감지하는 능력 또한 편재화된
것으로 보인다. 우반구가 운율의 생성과 지각에 관여한다는 증거는 양분청취 과제 분
석, 뇌 영상 연구 및 우반구 뇌졸중 환자 관찰에서 확인된다. 양분청취 과제의 참가자
가 말을 식별하는 데 오른쪽 귀의 이점을 보인 것(Kimura, 1973)처럼, 언어적 자극의

양분청취 과제 왼쪽과 오른쪽 귀에
동시에 다른 소리를 들려주는 과제.
운율 감정적인 어조와 의미를 전달하기
위해 언어의 억양, 음조, 음의 높낮이를
사용하는 것.

감정적 어조를 판단하는 데는 왼쪽 귀의 이점이 나타난다(Bryden, 1988). 우반구 손상 환자집단, 좌반구 손상 환자집단, 통제집단을 대상으로 얼굴 표정과 음성 표현(운율)에서 두려움, 슬픔 및 분노의 감정을 변별하고, 모방하고, 직접 생성해 보도록 지시했다(Charbonneau, Scherzer, Aspirot, & Cohen, 2003). 좌반구 손상 환자는 대부분 통제집단과 유사한 수행을 보인 반면, 우반구 손상 환자는 얼굴 표정 처리와 운율 처리 모두에 결함이 있는 것으로 나타났다. fMRI 연구는 우반구가 언어의 정서적 어조 평가에 관여함을 확인했다(Wildgruber, Ackermann, Kreifelts, & Ethofer, 2006; Wildgruber et al., 2005). 그러나 상황은 그렇게 단순하지 않다. 양반구의 눈확이마겉질 또한 명시적인, 즉 의식적인 운율 처리에 관여한다.

연구자들은 음악 능력의 편재화를 조사했다. 작곡가 Maurice Ravel은 뇌졸중으로 좌반구가 손상된 이후에도 음의 높이를 판단하고 그가 들은 음악이 무슨 곡인지 알아듣는 능력을 유지했다. 그러나 Ravel은 피아노를 연주하거나, 악보를 알아보거나, 작곡을 하지는 못하게 되었다. Ravel에게서 나타난 이러한 결과는 일부 음악 능력이 우반구에 편재되어 있지만, '언어는 좌반구, 음악은 우반구'라는 단순한 모형이 잘못되었음을 보여준다. 음악이 편재화된 정도에 대해서는 여전히 논쟁의 여지가 있다. 음악의 여러 측면들이 어느 한 반구의 활동을 더 많이 생성하는 것으로 보인다. 좌반구는 멜로디(작품의 주요 주제와 음의 흐름)에 대한 예상에 더 많이 반응하는 반면, 우반구는 화성학(harmonics; 중심 주제를 지원하는 음들)에 대한 예상에 더 많이 반응한다(Rosenthal, 2016). 일부 영상 연구에서는 음악과 언어가 사용하는 두뇌 자원이 서로 겹친다고 제안한다(Brown, Martinez, & Parsons, 2006). 두 과정이 모두 소리에 공통적으로 의존함을 고려하면 이는 놀라운 일이 아니다. 많은 연구에 따르면 음악 훈련은 운율과 리듬의 감지를 비롯한 언어 사용에 이점을 제공할 수 있다(Slevc, 2012). 음악 교육은 언어 기술과 읽기 능력을 향상시키기 위해 고안된 프로그램의 효과를 증진시킬지도 모른다.

소리를 듣고 무슨 음인지 바로 아는 능력, 즉 절대음감을 가진 음악가의 뇌는 비음악가나 절대음감이 없는 음악가의 뇌와 구조적으로 달라 보인다(Schlaug, Jancke, Huang, & Steinmetz, 1995). ●그림 11.11에 표시된 **관자평면**(planum temporale, 측두 평면) 영역은 일반적으로 우반구보다 좌반구에서 더 크다. 그러나 절대음감을 가진 음악가의 관자평면의 좌우 반구 차이는 통제집단에서 보이는 차이에 비해 2배 가량 컸다. DTI를 이용한 연구에 따르면, 절대음감 음악가들이 보인 큰 부피의 관자평면은 '초연결성(hyperconnectivity)', 즉 백색질의 큰 부피에서 기인하는 것으로 보인다(Loui, Li, Hohmann, & Schlaug, 2010).

편재화의 성차　일반적으로 남성의 뇌는 여성의 뇌보다 더 편재화(구조와 기능면에서 더 비대칭적)되어 있다(Shaywitz et al., 1995).

언어 및 시각공간(visuospatial) 능력의 성차(gender difference)가 관찰되는 것을 설

관자평면 관자엽의 일차 청각겉질 뒤쪽에 위치한 영역.

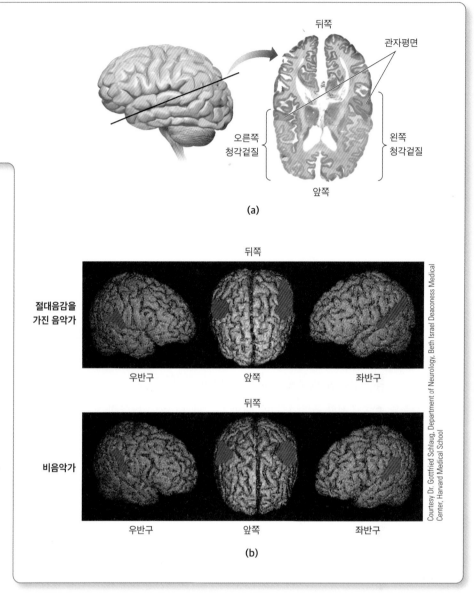

●그림 11.11 관자평면과 절대음감
(a) 대부분의 사람은 오른쪽보다 왼쪽의 관자평면 영역이 크다. (B) Gottfried Schlaug와 동료들은 절대음감을 가진 음악가들이 보통 사람이나 절대음감이 없는 음악가보다 이러한 비대칭성이 더 현저한 것을 발견했다.

명하기 위해 편재화의 성차가 제안되었다(Clements et al., 2006; 8장을 보라). 여성은 남성보다 언어 능력 측면에서, 남성은 여성보다 시각공간 능력 측면에서 조금 더 우수한 수행을 보인다. 시각공간 및 언어 능력의 성차는 남성과 여성의 뇌에서 기능적 비대칭 정도가 다르기 때문에 발생할 수 있다. 시각공간 과제를 수행할 때 남성은 우반구에서 활성화를 보인 반면, 여성은 두 반구 모두에서 활성화를 보였다(Johnson, McKenzie, & Hamm, 2002). 기능적 연결성 분석에서는 남성의 경우 공간 처리에 참여하는 위관자엽에서 더 강한 우반구 편재화를 보였고, 여성의 경우에는 언어 처리와 관련된 아래이마엽 영역에서 더 강한 좌반구 편재화를 보였다(Tomasi & Volkow, 2012).

남성과 여성의 좌우 반구 손상 비교에서 흥미로운 성차가 많이 나타난다(Reber & Tranel, 2017). 사회적 행동, 정서적 기능, 의사결정, 위험 및 모호성 혐오는 여성의 경우 좌반구 손상 시에, 그리고 남성의 경우 우반구 손상 시에 더 큰 결함을 보인다.

편재화, 심리장애와 질병　여러 질환이 대뇌반구의 비전형적인 비대칭성과 관련되어
있다. 이후 절에서 논의되는 읽기 및 언어장애 외에도 조현병, 우울증, 양극성장애, 불
안장애, 알코올 중독, 자폐스펙트럼장애(13장, 14장을 보라)가 왼손잡이 및 양손잡이인
사람에게서 더 흔하다(Ocklenburg et al., 2017).

　조현병을 앓고 있는 환자 중에는 반구 비대칭성이 없거나 언어가 우반구에 편재
화되어 있는 거울 비대칭을 보이는 사람이 많다(Petty, 1999; Sommer, Ramsey, Kahn,
Aleman, & Bouma, 2001). 또한 조현병 환자는 건강한 통제집단에 비해 양손잡이이거
나 손잡이성이 모호할 가능성이 더 높다(Crow, 1997).

　자폐스펙트럼장애의 진단기준에는 의사소통의 결함이 포함된다(APA, 2013; 14장을
보라). 많은 경우 언어 능력의 발달이 지연되거나 그 능력이 부재할 수 있다. 조현병과
마찬가지로 자폐스펙트럼장애는 좌반구 편재화가 적거나, 언어 기능이 거울 편재화된
것과 관련이 있다(Nielsen et al., 2014). ●그림 11.12에서 볼 수 있듯이 자폐스펙트럼
장애가 있는 사람은 일반적인 통제집단에 비해 편재화의 경향이 더 적다. 이들의 의사
소통 및 사회성 결함의 심각도는 비정상적인 편재화의 정도와 상관관계가 있었다. 또
한 자폐스펙트럼장애가 있는 사람에게서는 이 장의 앞부분에서 논의한 좌반구 언어
영역과 기본상태 네트워크 간의 통상적인 상호작용을 관찰할 수 없었다.

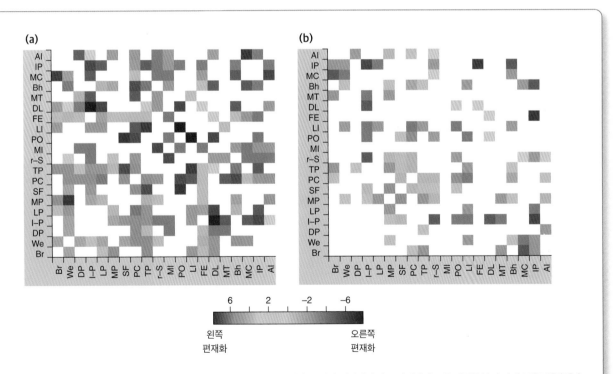

●**그림 11.12 자폐스펙트럼장애의 비정상적인 편재화** 앞서 표 11.1에서 기술했던 20가지 편재화된 허브 영역에서 보통 사람들(a)과 자폐스펙트럼장애가
있는 사람들(b)을 비교했다. 자폐스펙트럼장애가 있는 사람들은 편재화된 정도가 적었다.

출처: Nielsen, J. A., Zielinski, B. A., Fletcher, P. t., Alexander, A. L., Lange, N., Bigler, E. D., et al.(2014). Abnormal lateralization of functional connectivity between
language and default mode regions in autism. *Molecular Autism, 5*(1), 8. doi:10.1186/2040-2392-5-8

서번트증후군과 편재화

서**번트행동**(savant behavior)은 지적 기능이 지적장애 범위 내에 있는 사람들에게서 발견되는 특출한 기술과 재능이다. ●그림 11.13의 Stephen Wiltshire는 자폐스펙트럼장애가 있는 성인 남성으로, 영국에 거주한다. Stephen은 로마나 도쿄와 같은 주요 도시를 헬리콥터를 타고 1시간 이내로 둘러본 다음, 모든 거리와 지형지물을 매우 정확하게 기억해서 그려낼 수 있다. 지적장애인이자 시각장애인인 Leslie Lemke는 Tchaikovsky의 피아노 협주곡 1번이 텔레비전에서 연주되는 것을 한 번 들었다. 피아노를 배운 적이 없는 그는 몇 시간 후에 피아노 앞에 앉아 그 협주곡 전체를 실수 없이 연주했다(Treffert & Wallace, 2002). 그런 일은 가장 재능 있고 고도로 훈련된 전문 음악가의 능력으로도 불가능할 것이다. 일반적인 기능 수준이 상당히 낮은 사람들의 이러한 놀라운 능력을 어떻게 설명할 수 있을까?

연구자들은 자폐스펙트럼장애가 있는 어떤 63세 남성 서번트에 대한 자세한 사례 연구를 수행했다(Corrigan, Richards, Treffert, & Dager, 2012). 이 사람은 절대음감을 갖고 있었고, 다양한 악기를 능숙하게 연주할 수 있었다. 또한 그는 12개의 언어를 구사했고, 놀라울 정도로 소리를 모방할 수 있었으며, 뛰어난 예술적 능력을 보이는 등 여러 가지 훌륭한 기술을 지니고 있었다. 고해상도 자기공명영상, 확산텐서영상, 뇌 부피와 백색질 다발 부피 측정 및 신경화학적 분석을 포함해 다양한 방법을 사용하여 이 사람을 검사했다.

● 그림 11.13 서번트행동 Stephen Wiltshire는 큰 도시를 잠깐 동안 비행하면서 살펴본 뒤에, 도시 풍경을 세세하게 기억하여 정확히 그려낼 수 있다. 서번트행동은 비정상적인 편재화라는 생물학적 상관물에 기반을 두고 있다.

이 사례연구의 참가자는 일반적인 사람과 많은 차이를 보였다. 오른쪽 대뇌반구는 왼쪽보다 1.9%, 오른쪽 편도체는 왼쪽보다 24%, 오른쪽 꼬리핵은 왼쪽보다 9.9% 더 컸다. 오른쪽의 신경섬유다발 부피는 편도체, 해마, 이마엽 및 뒤통수엽에서 더 컸다. GABA 및 글루탐산 농도는 마루엽에서 크게 감소되어 있었다.

이러한 차이가 정확히 어떻게 서번트행동으로 이어지는지는 모르지만, 추후에 똑같은 기법을 사용하여 더 많은 사례의 서번트행동을 조사하면 공통적인 요소를 찾을 수 있을 것이다.

중간 요약 11.1

‖ 요약 표: 대뇌반구에서 기능의 국재화

좌반구에서 더 큰 표상	우반구에서 더 큰 표상
• 신체 오른편의 운동 통제	• 신체 왼편의 운동 통제
• 오른쪽 시야 처리 • 양분청취 과제에서 오른쪽 귀 우세성	• 왼쪽 시야 처리 • 양분청취 과제에서 왼쪽 귀 우세성
• 언어 • 수학	• 운율 • 음악 • 예술
• 논리적 처리	• 직관 • 공간적 관계

서번트행동 다른 지적 기능은 지적장애 수준에 해당하지만, 특출한 기술과 재능을 갖고 있는 것.

‖ 요점

1 생명을 위협하는 발작을 치료하기 위해 수술을 받은 환자에 대한 연구를 통해, 일부 기능은 뇌에서 대칭적으로 구성되지 않는다는 것을 알아냈다. **(LO1)**

2 편재화는 유전적 영향을 반영하지만, 그 발달을 일으키는 정확한 과정을 이해하려면 추가 연구가 필요하다. 편재화는 척수와 두 반구에서 차별적인 유전자 발현, 연결성 차이 및 환경적 영향의 결과로 보인다. **(LO1)**

3 손잡이성, 언어, 공간적 관계, 양분청취 과제, 음악 및 운율의 처리, 성별 및 일부 심리장애는 편재화 패턴과 관련이 있다. **(LO2)**

‖ 복습 문제

1 대뇌반구 기능의 편재화를 통한 이점에는 어떤 것이 있을까?

언어

언어(language)는 소리, 제스처 또는 문자와 같은 임의적 신호를 사용하여 생각과 감정을 전달하는 체계로 정의된다. 표 11.2는 의사소통 및 언어를 평가하는 데 사용되는 표준 언어 기준을 요약한 것이다(Aitchison, 1983).

언어 음성, 제스처, 문자와 같은 임의적 신호를 통해 생각과 감정을 전달하는 체계.

표 11.2 Aitchison이 제시한 언어의 10가지 기준

특징	정의	예시
1. 음성-청각 통로	의사소통을 위해 발성을 사용함	발화와 새소리는 여기에 해당하지만 미국 수어(ASL)나 벌의 춤 신호는 해당하지 않음
2. 임의성	기호와 그것이 지칭하는 것 사이에는 관련이 없음	'개'라는 단어로 그 동물을 지칭함
3. 의미성	대상이나 행동을 지칭하기 위해 기호를 사용함	'의자'는 모든 의자를 지칭하는 데 사용할 수 있음
4. 문화적 전달	세대에 걸쳐 전수됨	가족에게서 언어를 배움
5. 자발적 사용	개인이 의사소통하기 위해서 훈련이나 강압이 필요하지 않음	언어에 노출된 아이들은 자유롭게 언어를 사용함
6. 교대로 말하기	의사소통은 사회적 규칙을 따름	새들은 다른 새의 노래에 반응함
7. 이원성	의사소통을 위해서 여러 가지 소리와 소리의 순서를 사용함	'C, A, T'는 조합되기 전까지는 의미를 가지지 않음
8. 전위성	시간적, 공간적으로 멀리 있는 대상과 사건에 대해서 의사소통할 수 있음	벌의 춤은 다른 벌에게 멀리 있는 먹이의 방향을 가리킴
9. 구조 의존성	문법, 즉 구조화된 '덩어리'들을 사용함	'모자를 쓴 남자'가 '그(he)'와 동일한 의미임을 이해함
10. 창의성	새로운 발화를 생성할 수 있음	인간(그리고 아마도 수어를 사용하는 유인원)은 한 번도 들어본 적 없는 것을 말할 수 있음

언어의 기원

인간 언어의 생물학적 기원을 지목하는 몇 가지 논증이 있다. 지구상의 모든 인간 문화는 언어 없이 존재하지 않는다. 또한 구어(spoken language)학습은 다른 유형의 학습과 다르게 진행되는데, 읽기와 쓰기에서 요구되는 것과 같은 교육을 특별히 필요로 하지 않는다. 언어학습이 지능과 항상 상관관계가 있는 것은 아니라는 사실은 뇌 안에 독립적인 '언어 모듈'이 있다는 근거가 된다. 정상적인 지능을 가진 사람도 언어학습에 큰 어려움을 겪는 경우가 있다(Tallal, Ross, & Curtiss, 1989). 반면 윌리엄스증후군(Williams syndrome)이라는 유전적 장애를 가진 아동은 지능검사에서 중등도 지적장애 범위에 해당하는 수행을 보이지만, 많은 어휘를 습득하며 유창하게 언어를 사용한다(Bellugi, Wang, & Jernigan, 1994).

많은 언어학자들은 구어가 정교한 제스처 체계에서 진화했다고 믿는데, 이 제스처 체계는 영장류 뇌에 거울 체계(mirror system)가 존재함으로써 가능했다(Corballis, 2009). 거울 체계는 제스처 체계가 작동하는 데 필요한 서로의 행동에 대한 이해를 제공한다. 직립 보행은 손을 자유롭게 해서 제스처를 가능하게 했지만, 다른 영장류들에게서 전형적으로 나타나는 어미와 새끼 간의 거의 끊임없는 신체 접촉은 어렵게 만들었다. 이러한 접촉의 간극을 이어주기 위해 음성 신호 체계가 발달했을 수 있다(Falk, 2010).

개가 무서워하거나 장난칠 때 사용하는 것 같은 몸짓 언어도 제스처에 포함된다고 가정하면 제스처 체계는 대부분의 척추 동물에게 있으나, 음성 표현을 학습할 수 있는 종은 흔치 않다. 언어의 발성은 뇌에서의 음운 루프(loop), 즉 소리를 지각하고 이해하고 생성하는 기제를 필요로 한다. 청각 처리를 이마앞엽(전전두엽)에 연결하는 경로는 영장류의 진화 과정에서 강화되었다(Aboitiz, 2012). 인간의 경우에는 이 경로에 모방을 가능하도록 하는 거울 체계가 포함되었을지도 모르는데, 모방은 발성의 학습에서 매우 중요하다. 동시적인 제스처와 발성(한곳을 가리키며 "저기 봐!"라고 말하기)은 두 사람이 똑같은 것에 주의를 기울이게 한다(Aboitiz, 2012). 점차 제스처에 비해 발성이 가지는 복잡성과 효율성이 우세해졌다. 또한 발성은 제스처에 비해 에너지 소모가 적고(청각장애인을 위해 수어로 이야기하는 사람 누구에게라도 물어보라), 밤중이나 시야가 가려졌을 때에도 의사소통이 가능하게 하며, 도구 사용을 위한 손을 자유롭게 하는 등 수렵-채집을 했던 우리 조상들에게 많은 이득을 가져다주었을 수 있다(Corballis, 2009).

탄자니아에서 남아프리카에까지 퍼져있는 아프리카인 집단들이 사용하는 클릭 언어(click language)는 인간 언어의 최초 형태를 보여주는 것일지도 모른다(●그림 11.14을 보라). 클릭 언어는 단어를 기호화하기 위해 혀로 똑딱거리는 소리(click)를 사용한다. 클릭 언어를 사용하는 아프리카인 집단 간 유전적 관련성에 대한 연구에 따르면, 각 집단은 서로 구분된다(Knight

Kerstin Geier/Gallo Images/Getty Images

●그림 11.14 클릭 언어는 인간 언어의 초기 형태일 수 있다 클릭 언어는 혀로 똑딱거리는 소리를 낸다. 클릭 언어를 사용하는 집단들은 유전적으로 서로 구분되는데, 이는 클릭 언어가 매우 고대의 것임을 시사한다(옮긴이 주: 유전적으로 서로 다른 집단들이 비슷한 언어를 사용한다는 것은 그런 유전적 차이가 생기기 전에 그 언어가 발생했으며 오랜 기간에 걸쳐 유전적으로 다른 집단들로 나뉜 후까지 계속 사용되어 왔음을 시사한다).

et al., 2003). 클릭 언어를 공통적으로 사용함에도 이 집단들은 1만 5,000년에서 3만 5,000년 동안 공통 조상이 없다. 이것은 클릭 언어의 기원이 인간이 한곳에 정착하여 농업을 시작하기 훨씬 전에 발생했음을 시사한다(Tishkoff et al., 2007).

언어의 일부 측면을 담당하는 유전자들이 확인되었다. 언어 및 언어장애와 관련된 유전자 중 하나는 7번 염색체에 위치한 FOXP2(forkhead box P2)유전자이다(Spiteri et al., 2007). 비인간 영장류의 발성 통제는 겉질밑 수준에서 이뤄지는데, FOXP2유전자의 고대 돌연변이로 인해 유원인의 발성 통제가 겉질 수준으로, 특히 브로카 영역으로 전이되었을 수 있다(Corballis, 2009). KE 가계의 여러 세대 구성원은 정상 범위 내의 낮은 지능과 언어 산출에 심각한 어려움을 동반하는 FOXP2유전자 돌연변이를 보인다(Lai, Fisher, Hurst, Vargha-Khadem, & Monaco, 2001). KE 가계에서는 여러 구조적인 이상성이 관찰되는데, 이 돌연변이가 있는 사람들은 돌연변이가 없는 사람이나 일반적인 통제집단에 비해 바닥핵의 꼬리핵이 특히 더 작았다(Watkins, Smith, Davis, & Howell, 2008). 뇌 발달 시에 FOXP2는 바닥핵과 브로카 영역을 표적으로 삼는다(Spiteri et al., 2007). FOXP2는 침팬지 뇌와 인간 뇌의 이 영역들에서 다르게 발현된다(Corballis, 2009).

비인간 동물의 의사소통

인간의 언어에 진정으로 상응할 만한 것을 다른 동물들에게서 찾을 수 없으며, 유전적 증거에 따르면 현대 인간 언어의 일부 측면은 호모 사피엔스가 고대 인간과 분리된 후 일어난 비교적 최근의 변화에서 비롯된 것이다(Mozzi et al., 2016). 그러나 현대 언어가 다윈주의 개념에 따라 진화해 온 것이라면, 인간 이외의 동물도 어떤 언어 유사 능력들을 갖고 있어야 한다.

일반적으로 많은 동물이 음성이나 다른 복잡한 방식으로 의사소통한다. 그러나 의사소통이 곧 언어와 동일한 것은 아니다(Dronkers, Pinker, & Damasio, 2000). 프레리도그(prairie dog; 옮긴이 주: 북미 대초원 지대에 사는 다람쥣과 동물)와 같은 동물은 위험을 알리고 영역을 확인하는 등의 기능을 하는, 상당히 유연성 없는 일군의 울음소리를 갖고 있다. 다른 동물의 경우 먹이의 위치를 나타내는 벌들의 춤처럼 강도(magnitude)를 전달하는 신호를 사용하기도 한다. 마지막으로 어떤 동물들은 새의 지저귐처럼 연쇄적인 행동으로 의사소통한다. 그러나 이러한 동물행동은 인간 언어와 유연성이나 창의성 면에서 비교할 바가 아니다. 음성학습(vocal learning), 즉 발성의 수정은 인간의 구어가 가진 주요한 특성이며, 이는 코끼리, 박쥐, 고래, 일부 새와 같은 소수의 비인간 동물에서만 관찰된다(Jarvis, 2006).

인간의 언어 능력에 대한 동물 기원을 찾기 위한 논리적인 출발점은 가장 가까운 친척인 유인원(great ape)에서부터 시작하는 것이다. 앞서 살펴보았듯 침팬지와 기타 비인간 영장류에서도 인간처럼 언어와 관련된 뇌 영역에서 반구 간 비대칭성이 나타나는 것으로 보인다.

연구자들은 인간과 유사한 언어를 유인원에게 가르치려고 시도한 적이 있다. 1931년에 Winthrop N. Kellogg와 그의 아내는 Gua라는 아기 침팬지에게 인간의 말을 가르치려 시도했다가 실패했다. 이것은 놀라운 일이 아니다. 뇌 영상 연구에 따르면, 인간 유아가 음성을 배울 때에는 브로카 영역과 베르니케 영역을 연결하는 회로의 상호 활성화가 필요한데, 비인간 영장류의 경우 이에 상응하는 영역들 간의 연결이 상대적으로 약하다(Pulvermüller & Fadiga, 2010). 유인원은 태생적으로 제스처에 능하기 때문에 유인원에게 수어를 가르치려는 노력에 더 많은 기대를 걸었다. Allen과 Beatrice Gardner(1969)는 Washoe라는 침팬지에게 132개의 수어 단어를 가르쳤다. Gardner 부부의 작업에 이어 Francine Patterson(1978)은 수어를 사용하도록 Koko라는 이름의 고릴라를 훈련시켰다. Sue Savage-Rumbaugh와 그녀의 동료들(Savage-Rumbaugh, Shanker, & Taylor, 1998)은 Kanzi라는 이름의 보노보 침팬지에게 기하학적 기호를 단어와 연결하도록 가르치는 데 성공했다(●그림 11.15을 보라). Kanzi는 자신의 훈련이 시작되기 전에도 그저 자기 어미의 훈련을 관찰하면서 10개의 기호를 배웠다. Kanzi는 인간의 말도 일부 이해할 수 있었다. Kanzi는 660가지의 구어 요청에 대해 72% 정도로 올바르게 반응했다.

이러한 동물행동이 진정한 언어인지 여부는 논쟁거리이다. Herbert Terrace와 그의 동료들(Terrace, Petitto, Sanders, & Bever, 1979)은 동물의 수어가 인간 언어의 몇 가지 주요 특징을 갖추지 못한 고급 모방에 불과하다고 주장했다. 인간 아이들은 언어에 노출되면 자연스럽게 어휘를 습득하는 반면, 원숭이에게는 언어를 힘들게 가르쳐야 한다. 어순은 인간의 언어에서는 매우 중요하지만, 유인원에게는 그다지 중요하지 않은 것으로 보인다.

●그림 11.15 침팬지는 언어와 유사한 행동을 학습할 수 있다 조지아 주립대학교의 Rumbaugh는 보노보 침팬지 Panbanisha에게 키보드를 통해 문법적인 문장을 만들도록 학습시켰다. 비록 유인원이 기호를 사용할 수 있도록 가르칠 수 있으나, 그렇게 학습한 행동이 진정한 의미에서 언어를 이루는지에 대해서는 여전히 언어학자들의 논쟁이 지속되고 있다.

Anna Clopet/Corbis Documentary/Getty Images

언어 능력이 있다고 추정되는 것은 유인원만이 아니다. Irene Pepperberg는 그녀의 아프리카 회색앵무새들이 임의성, 의미성과 같은 언어에 대한 많은 기준을 충족한다고 주장한다(Pepperberg, 2014). 어떤 연구자들은 돌고래와 고래(Herman, Richards, & Wolz, 1984; Lilly, 1963), 개(Bloom, 2004)에게 언어 능력이 있다고 주장한다. 어느 입장을 취하든 우리는 동물들이 보이는 행동의 복잡성과 지능, 그리고 인간 언어의 정교함에 대해 놀라움과 경이로움을 느끼게 된다.

다중언어

다중언어(multiglingulalism)는 둘 이상의 언어에 능숙함을 의미한다. 세계 인구의 절반 이상이 **이중언어**(bilingualism)를 사용한다. 즉, 이들은 두 가지 언어에 능통하다(Chertkow et al., 2010). 50개의 언어를 사용했다고 전해지는 19세기 이탈리아 추기경 Mezzofanti처럼 어떤 사람은 여러 언어를 사용하는 데 매우 능숙하다(Della Rosa et al., 2013).

다중언어 사용자인 환자의 뇌졸중 및 기타 유형의 뇌손상 효과에 대한 연구는 뇌가 여러 언어를 관리하는 방식에 대한 흥미로운 통찰을 제공한다. 어릴 때 배운 언어이거나 유창한 언어는 나중에 배웠거나 유창하지 않은 언어보다 뇌손상 후에 기능이 더 많이 유지된다. 환자가 두 언어에 비슷하게 유창하다면 둘 다 거의 같은 정도로 손상의 영향을 받는다. 언어의 유창성을 일정한 수준으로 통제하면, 더 어린 나이에 배운 언어가 더 나이 들어서 배운 언어보다 잘 유지된다(Neville et al., 1998). 이러한 결과는 여러 언어가 비슷한 뇌 영역을 사용하지만 100% 중첩되는 것은 아님을 시사한다.

건강한 일반인 대상의 영상 연구를 통해 뇌손상 환자에서 관찰했던 연구 결과를 재확인할 수 있다. 이른 시기에 영어를 제2언어로 배워 매우 유창하게 말하는 사람들은 영어만 사용하는 사람들과 동일한 뇌 영역을 활성화했지만, 브로카 영역의 한 부분에서 더 큰 활성화를 보였다(Kovelman, Baker, & Petitto, 2008). 어린 나이에 여러 언어를 배우는 참가자들은 이마엽과 관자엽 겉질에서 각 언어에 반응하는 영역들이 공간적으로 분명하게 구분되지 않는다(Kim, Relkin, Lee, & Hirsch, 1997). 그러나 '늦은' 언어학습자는 브로카 영역을 포함한 이마엽에서 각각의 언어를 처리하는 영역의 활성화가 공간적으로 더 뚜렷하게 분리되어 있다. 언어를 학습했던 연령과 관계없이, 두 가지 언어에 똑같이 능숙한 화자는 둘 중 하나의 언어가 훨씬 더 능숙한 사람의 경우보다 두 언어에 대한 겉질 표상이 더 많이 겹칠 것이다(Perani et al., 1998). 뇌가 어떻게 여러 가지 언어를 관리하는가 하는 질문은 '아무 경계가 없는 곳에다가 경계를 그리는' 일일 수 있다(Reiterer, 2010, p. 309). 인간 언어에 생물학적 기반이 있다고 가정할 때, 두 번째 언어는 아마도 첫 번째 언어와 동일한 과정을 통해, 한 언어에서 어휘가 확장될 때와 비슷하게 습득될 것이다.

뇌에서 여러 언어의 표상이 겹친다면, 화자는 어떻게 여러 언어를 따로 유지할

이중언어 두 가지 언어에 능통한 것.

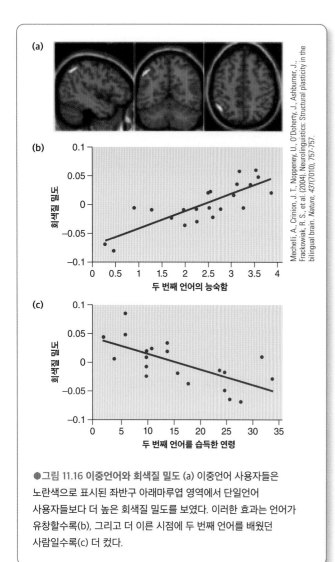

Mechelli, A., Crinion, J. T., Noppeney, U., O'Doherty, J., Ashburner, J., Frackowiak, R. S., et al (2004). Neurolinguistics: Structural plasticity in the bilingual brain. *Nature, 431*(7010), 757-757.

●그림 11.16 **이중언어와 회색질 밀도** (a) 이중언어 사용자들은 노란색으로 표시된 좌반구 아래마루엽 영역에서 단일언어 사용자들보다 더 높은 회색질 밀도를 보였다. 이러한 효과는 언어가 유창할수록(b), 그리고 더 이른 시점에 두 번째 언어를 배웠던 사람일수록(c) 더 컸다.

수 있을까? 이 질문은 가설적인 '언어 스위치(language switch)'에 대한 탐색으로 이어졌다. Hernandez, Martinez 및 Kohnert(2000)는 이중언어 사용자를 대상으로 fMRI를 촬영하면서 단일언어 조건 또는 혼합언어 조건에서 사물의 이름을 말하게 했다. 혼합언어 조건에서는 두 언어 중 하나가 각 시행마다 사용되었다. 혼합언어 조건에서는 단일언어 조건에 비해서 반응 속도가 더 느렸고, 등쪽가쪽 이마앞겉질(dorsolateral prefrontal cortex)의 활성화가 높아졌다.

언어 스위치는 등쪽가쪽 이마앞겉질이 관여하는, 뇌의 일반적인 관리 주의 체계(executive attentional system)의 한 기능일지도 모른다. 좌반구 아래마루엽 또한 언어와 관련된 주의 과정에 관여한다. 뇌졸중으로 인해 이 영역이 손상될 경우 언어 간의 전환이 방해받는다(Della Rosa et al., 2013). ●그림 11.16에서 볼 수 있듯이 어릴 때부터 이중언어를 사용해 온 사람은 같은 영역에서 회색질 밀도가 증가한 것으로 나타났다(Mechelli et al., 2004).

이중언어 사용은 많은 긍정적인 결과와 관련이 있다. 둘 이상의 언어에 대한 주의를 관리하는 것은 유연한 학습과 관리 기능의 향상으로 이어진다(Bialystok, Craik, & Luk, 2008). 중국어-영어, 프랑스어-영어, 스페인어-영어를 사용하는 어린이는 모두 관리통제 과제에서 영어만 사용하는 어린이보다 우수한 수행을 보였다(Barac & Bialystok, 2012). 또한 이중언어를 사용하는 것은 노년기 인지 기능을 보호하는 '인지예비능(cognitive reserve)'에도 기여한다. 이중언어 사용은 치매 발병 지연과 관련이 있으며, 이는 아마도 이마엽과 마루엽의 관리통제 체계가 향상된 결과로 보인다(Perani & Abutalebi, 2015).

미국 수어

미국 수어(American Sign Language, ASL)는 언어 처리에 대한 통찰을 더해준다. ASL은 소리가 아닌 시각과 움직임의 언어이다(●그림 11.17을 보라). 따라서 ASL은 일반적으로 좌반구로 편재된 언어 기능과 우반구로 편재된 공간 기능 사이의 흥미로운 대조를 보여준다.

발작 증상을 치료하기 위해 우반구 관자엽을 제거한 젊은 ASL 통역사의 경우, 수술 전에 왼쪽 반구를 마취하자 영어 구어와 ASL 수어 모두에 어려움을 보였다(Damasio, Bellugi, Damasio, Poizner & Van Gilder, 1986). 이 환자의 우반구 관자엽 수술은 그의

AP Images/Tery Gilliam

●그림 11.17 미국 수어 미국 수어를 사용하는 사람들을 연구하여 뇌의 언어 처리에 대한 통찰을 얻을 수 있었다. 미국 수어는 청각이 아닌 시각과 움직임의 언어이다.

공간 처리 능력에 영향을 미쳤을 수 있지만, 수어 능력을 손상시키지는 않았다. 이 사례는 ASL의 공간적 특성에도 불구하고 수어는 여전히 언어이며, 좌반구가 해당 언어를 처리할 가능성이 높은 곳임을 시사한다. fMRI 연구에서 사람이 영어 구어를 사용하든 ASL를 사용하든 상관없이 언어과제 수행 중에는 동일한 뇌 영역이 활성화된다(Neville et al., 1998). 수어 처리와 구어 처리 간의 유사성은 제스처가 구어의 원천일 수 있다는 가설을 뒷받침한다(Corballis, 2009).

흥미롭게도 ASL 사용자와 비사용자 간에는 언어 처리 시보다 인간의 움직임 처리 시에 더 큰 차이가 나타난다(Corina et al., 2007). 말소리를 들을 수 있는 참가자들은 다른 사람이 컵으로 음료를 마시거나, 기지개를 켜거나, ASL을 사용하는 것을 볼 때 동일한 패턴의 뇌 활동을 보였다. 이는 인간 움직임을 평가할 때 단일한 과정이 사용된다는 것을 나타낸다. 반면 수어를 쓰는 청각장애인은 비언어적 움직임과 ASL의 언어적 움직임을 관찰할 때 다른 패턴의 뇌 활성화를 보였다.

의사소통장애와 언어의 뇌 기제

뇌졸중이나 다른 유형의 뇌손상으로 인해 언어의 일부 측면을 잃은 사람에 관한 사례
연구들은 언어 기능의 국재화에 대해 많은 것을 보여준다.

Paul Broca와 환자 Tan

파리의 의사 Paul Broca는 뇌에서 언어의 국재화에 대한 몇 가지 최초의 관찰을 수행
했다. 1861년에 Broca는 20년 넘게 보호시설에 있던 Leborgne라는 51세 남성을 연구
하기 시작했다. Leborgne는 'Tan'이라는 이름으로 불렸다. 그가 질문을 받고 대답할
때 발음할 수 있는 몇 안 되는 음절 중 하나가 'tan'이었기 때문이다. 그는 자신이 들은
내용을 많은 부분 이해했으며, 숫자 질문에 대해서 왼손으로 적절한 수의 손가락을 펴
서 대답하는 능력을 유지했다(Herrnstein & Boring, 1965). Leborgne는 Broca의 검진
후 얼마 지나지 않아 사망했고, Broca는 환자의 뇌를 부검했다. Broca는 발화 생성에
중요한 역할을 하며 현재는 브로카 영역이라고 불리는 좌반구 아래이마엽에 중대한
손상이 있음을 발견했다.

실어증

실어증(aphasia)은 구어를 생성하거나 이해하는 능력의 전체적 또는 부분적 상실로 정
의된다. Tan의 실어증은 매독이라는 성병에 따른 뇌손상의 결과였지만, 대부분의 현
대 실어증은 뇌졸중이나 두부손상으로 인해 발생한다(13장을 보라). 언어 증상과 손상
영역을 주의 깊게 관찰하면 언어의 국재화에 대한 중요한 통찰을 얻을 수 있다. 현대
연구자들은 Paul Broca가 분명히 부러워할 기술을 누리고 있다. 현대 뇌 영상 기술을
사용하면 환자가 사망할 때까지 기다릴 필요 없이 뇌의 어느 부분이 손상되었는지 확
인하고 손상을 훨씬 더 정확하게 평가할 수 있다. 보존되어 있던 Tan의 뇌는 고해상도
MRI를 사용하여 영상화되었다(Dronkers, Plaisant, Iba-Zizen, & Cabanis, 2007). Tan의
병변은 Broca가 생각했던 것보다 더 깊은 부위로 확장되어 있었으며, Broca가 기술했
던 영역은 현재 정의된 브로카 영역의 경계와 다소 차이가 있다.

브로카실어증 오늘날 Broca의 환자 Tan의 증상은 **브로카실어증**(Broca's aphasia) 또는
산출실어증(production aphasia)으로 알려져 있다. 브로카실어증에서 뇌손상은 이마
엽의 브로카 영역과 함께 관련 겉질밑 영역에 영향을 미친다. 브로카 영역을 포함하여
언어와 관련된 주요 뇌 구조의 위치는 ●그림 11.18에 나와 있다.

　브로카실어증의 주요 증상은 언어 산출의 어려움이다. 발화가 매우 느리고 상당한
노력을 요구하며, 일부 말소리 발음에 오류가 발생한다. 대개 산출된 발화는 어느 정도
의미를 갖추고 있으나, 예상되는 많은 수식어와 단어 어미가 생략되어 전보 같은 특성
을 띤다. 또한 브로카실어증 환자는 표현하고자 하는 생각에 적합한 단어를 인출하는

실어증 언어를 말하거나 이해하는
　능력의 상실과 관련된 질환.
브로카실어증 발화의 산출이 느리고
　힘겨운 특징을 보이며, 이해력은
　양호하나 따라 말하기와 이름 대기에
　어려움이 있는 질환.

데 어려움을 겪는 명칭실어증(anomia)을 보이며, 복잡한 문장을 따라 말하지 못한다. 어떤 경우에는 감탄조가 섞인 비속어를 말하는 능력이 유지되는데, Tan의 경우에는 몸짓으로 설명이 되지 않아서 좌절할 때 "제기랄!"이라고 내뱉기도 했다.

Howard Gardner(1976)는 브로카실어증을 앓고 있는 39세 남성 환자와 인터뷰를 했다.

> "왜 병원에 계십니까, 포드씨?"
> 포드는 나를 조금 이상하게 바라보면서, 마치 이유가 명백해 보이지 않냐고 말하는 것 같았다. 그는 마비된 팔을 가리키며, "안 좋아 팔", 그리고 입을 가리키며, "말… 안 된다… 이야기, 이렇게."(p. 61)

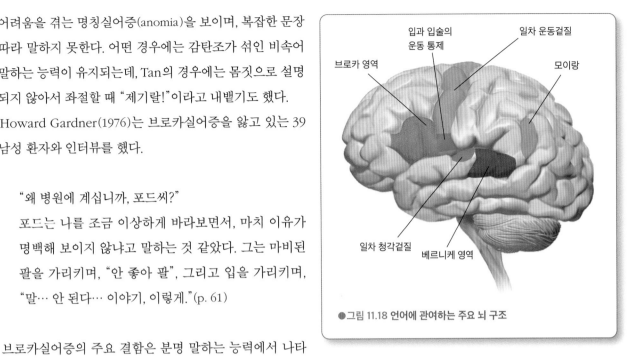

●그림 11.18 언어에 관여하는 주요 뇌 구조

브로카실어증의 주요 결함은 분명 말하는 능력에서 나타나지만, 이해력에도 영향을 미친다. 브로카실어증 환자는 말할 때 수식어와 어미를 종종 빠트리며, 수식어와 어미에 따라 의미가 달라지는 문장을 이해하는 데에도 문제를 보인다. 예를 들어 대부분의 브로카실어증 환자는 "The boy that the girl is chasing is tall"이라는 문장을 이해하지 못한다(Dronkers, Pinker, & Damasio, 2000, p. 1177). 이 문장은 'that'과 'is chasing'을 정확히 처리할 수 있어야 이해할 수 있는 문장이다. 그렇지 못할 경우 단어의 순서에만 의존하여 누구의 키가 큰 것인지 누가 누구를 쫓는다는 것인지 틀리게 이해하게 된다.

브로카실어증이 언어 산출에 영향을 미치는 단순한 운동장애가 아니라는 증거가 더 있다. 브로카실어증 환자라도 잘 아는 노래는 여전히 부를 수 있다. 그들의 글은 일반적으로 그들의 말만큼 수행이 저하되어, 동일한 양상의 오류와 누락이 많이 나타난다. 브로카 영역의 손상이 음성기관에 대한 운동 통제에만 영향을 미친다면, 환자들의 글쓰기는 발화에서 나타나는 것과 동일한 결함을 보이지 않아야 할 것이다.

브로카 영역은 되뇌기(rehearsal)를 통해 언어적 단기기억의 유지 과정에 관여하는지도 모른다. 브로카실어증 환자는 문장에서 두드러진 요소들이 멀리 떨어져 배치되어 있으면 문법 오류를 식별할 수 없다. 예를 들어 Nina Dronkers와 그녀의 동료들(2000, p. 1179)은 브로카실어증이 있는 사람들이 다음 문장의 문법적 오류를 식별하는 데 어려움이 없음을 지적한다: "John was finally kissed Louise." 판단에 필요한 언어적 요소들이 문장 내에서 서로 인접하게 제시가 된 것이다(수동어 'was kissed' 뒤에 곧바로 목적어 'Louise'가 나온다). 반면 이 환자들은 다음 문장의 문법적 오류는 찾기 어려워한다: "The woman is outside, isn't it?" 문법적으로 일치하지 않는 요소인 'woman'과 'it'은 문장 내에서 '간격'을 두고 분리되어 있다. Dronkers와 동료들은

PET 스캔을 사용하여 건강한 참가자가 관련 요소들 간의 간격이 짧은 문장보다 간격이 먼 문장을 이해해야 할 때에는 언제나 브로카 영역이 활성화된다는 것을 보여주었다. 언어적 간격을 메울 수 없다는 것은 브로카실어증 환자가 겪는 언어 산출과 이해의 장애 패턴과 일치한다.

또한 브로카 영역에 손상을 입은 환자는 행위 관련 동사를 이해하는 데 특정적 결함을 보인다(Pulvermüller & Fadiga, 2010). 그들은 행위 관련 사진들을 의미가 비슷한 것들(조깅, 달리기)끼리 함께 묶어서 분류하지 못한다. 이것은 브로카 영역이 언어 산출뿐만 아니라 일부 단어와 개념의 의미를 이해하는 데에도 중요하다는 것을 의미한다.

베르니케실어증 Paul Broca가 환자 Tan에 대한 역사적인 연구를 발표한 직후, Carl Wernicke는 다른 유형의 언어 결함에 대한 관찰을 발표했다(Wernicke, 1874). 그의 공헌을 기리기 위해 오늘날 이 증후군은 **베르니케실어증**(Wernicke's aphasia)이라고 불리며, 손상된 뇌 영역은 **베르니케 영역**으로 알려져 있다(그림 11.18을 보라). 베르니케 영역은 관자엽의 상부 표면에 위치하며 청각과 관련된 구조와 인접해 있다.

베르니케실어증과 브로카실어증의 증상은 상당히 다르다. 브로카실어증에서 발화는 느리고 힘겹지만, 대개 의미가 있다. 반면 베르니케실어증에서 발화는 빠르고 유창하지만, 사실상 의미가 없다. 베르니케실어증 환자는 자신이 아무 의미 없는 소리를 하고 있다는 사실을 전혀 모르고 있는 반면, 브로카실어증 환자는 일반적으로 의사소통 능력이 없다는 것에 좌절한다.

Howard Gardner(1976)는 베르니케실어증으로 진단받은 환자인 Gorgan을 인터뷰했다.

> "Thank you, Mr. Gorgan. I want to ask a few—"
> "Oh sure, go ahead, any old think you want. If I could I would. Oh, I'm taking the word the wrong way to say, all of the barbers here whenever they stop you it's going around and around, if you known what I mean, that is typing and tying for repucer, repuceration, well we were trying the best that we could while another time it was with the beds over the same thing…"(p. 68)

내용에 주의를 기울이지 않으면 베르니케실어증 환자의 말은 약간 빠르긴 해도 정상으로 들린다. 문법은 대체로 정확하나, 의미가 완전히 결여되어 있다. 음소의 대치(위의 발췌문에서 'thing'을 'think'로, 'recuperation'을 'repuceration'으로 말한 것)가 흔히 일어난다. 새로운 조어(neologism), 즉 만들어낸 단어도 자주 보인다. Gorgan은 Gardner 박사에게 "I have to run around, look it over, trebbin and all that sort of stuff"라고 말한다(1976, p. 68). Gorgan만이 'trebbin'이 무엇을 의미하는지 알고 있

베르니케실어증 발화는 유창하지만 말을 이해하거나 따라 말하거나 이름을 대기 어려워하는 질환.
베르니케 영역 좌반구 일차 청각겉질에 인접한 겉질 영역으로, 말소리를 해독하는 역할을 한다.

는 것 같다.

베르니케실어증의 주요 결함은 글과 말 모두에 대한 이해력이다. 이 환자들은 들은 단어나 문장을 따라 말하거나 이해할 수 없다. 그들은 다른 사람과의 언어적 연결이 없는 세상에 완전히 갇혀있지만, 자신의 상황을 지나치게 의식하지도 않고 전혀 괴로워하지도 않는 것 같다.

전도실어증 Wernicke는 브로카 영역과 베르니케 영역이 밀접하게 연결되어 있어야 한다고 정확하게 추측했다. **활꼴다발**(arcuate fasciculus, 궁상속)이라는 섬유 다발이 두 영역을 연결한다. 더욱이 Wernicke는 이러한 연결이 손상되면 브로카 또는 베르니케실어증 환자에서 볼 수 있는 것과는 다른 유형의 실어증이 유발될 것이라고 정확하게 예측했다. ● 그림 11.19에 표시된 활꼴다발과 인접 겉질의 손상은 **전도실어증**(conduction aphasia)을 유발한다.

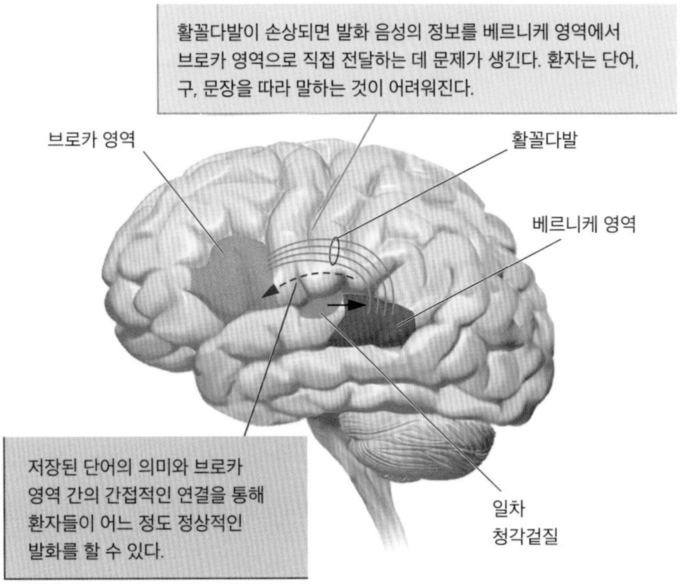

전도실어증 환자의 말은 유창하며 이해력도 양호하다. 이 환자들은 베르니케실어증 또는 브로카실어증 환자보다 언어 기능 손상이 덜하다. 그러나 이들은 한 문장을 따라 말하는 것이 거의 불가능하다. 또한 이들은 제시된 그림과 사물을 보고 그것의 이름을 말로 표현하는 '사물

활꼴다발이 손상되면 발화 음성의 정보를 베르니케 영역에서 브로카 영역으로 직접 전달하는 데 문제가 생긴다. 환자는 단어, 구, 문장을 따라 말하는 것이 어려워진다.

브로카 영역 / 활꼴다발 / 베르니케 영역 / 일차 청각겉질

저장된 단어의 의미와 브로카 영역 간의 간접적인 연결을 통해 환자들이 어느 정도 정상적인 발화를 할 수 있다.

●그림 11.19 **전도실어증의 가설적 모형** 활꼴다발과 그 인접한 겉질의 손상은 전도실어증을 유발한다. 이 환자들의 경우 말을 이해하고 산출하는 능력이 대부분 유지되지만, 들은 문장을 잘 따라 말하지 못한다.

보고 이름 대기(confrontational naming)'에 어려움이 있다. 마지막으로 이들은 음소의 대치를 자주 보이는 데서 알 수 있듯이, 말소리를 조합하여 단어로 만드는 데 어려움을 겪는다. 이 환자들은 'train' 대신 'treen'이라고 말하는 것 같은 행동을 보일 때가 많다. 이러한 증상은 아마도 활꼴다발 손상으로 인해 베르니케 영역에서 브로카 영역으로 말소리에 대한 정보를 전달하는 데 장애가 발생했기 때문일 것이다.

완전실어증 **완전실어증**(global aphasia, 전체실어증, 완전언어상실증) 환자는 모든 언어 기능을 상실한다. 이 상태는 브로카실어증, 베르니케실어증, 전도실어증의 모든 결함이 합쳐진 것이다. 말하기, 이해하기, 읽기 및 쓰기 능력이 손상된다. 대부분의 환자는 여전히 욕하고, 개수를 세고, 요일을 말하고, 익숙한 노래를 부를 수 있다. 그러나 이해할 수 있는 단어의 수는 보통 매우 적다.

완전실어증에서 보이는 겉질손상의 양은 상당하다. 브로카 영역과 베르니케 영역은 물론 그 사이의 많은 겉질과 백색질이 영향을 받는다. 대부분의 완전실어증 사례는 좌반구의 언어 중추에 혈액을 공급하는 중간대뇌동맥의 손상으로 인해 발생한다(2장을 보라).

활꼴다발 브로카 영역과 베르니케 영역을 연결하는 경로.
전도실어증 유창한 발화와 양호한 이해력을 보이지만 따라 말하거나 이름 대기에 문제가 있는 장애. 활꼴다발과 관련 구조의 손상으로 발생할 수 있음.
완전실어증 언어 산출과 이해를 포함한 모든 언어 기능을 상실한 장애.

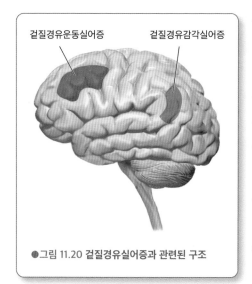

●그림 11.20 겉질경유실어증과 관련된 구조

(이미지 라벨: 겉질경유운동실어증, 겉질경유감각실어증)

겉질경유실어증 겉질경유실어증(transcortical aphasia)은 주요 언어 중추 영역과 관련된 겉질 영역과 그 연결의 손상으로 인해 발생한다. 겉질경유실어증에서는 주요 언어 영역들이 다른 뇌 부위들로부터 격리되어 있다. 겉질경유실어증 환자는 브로카 또는 베르니케실어증 환자와 유사하다. 그러나 이들은 이 두 실어증에서 손상되어 있는 단어 따라 말하기 능력을 유지한다. **겉질경유운동실어증**(transcortical motor aphasia)의 경우 대부분 등쪽가쪽 이마앞겉질에 손상이 발생한다. 다른 경우에는 이마엽의 일차 운동겉질에 인접한 보조운동영역(supplementary motor area, SMA)에 손상이 있다. 관자엽, 마루엽 및 뒤통수엽의 교차 부위에서 겉질이 손상되면 **겉질경유감각실어증**(transcortical sensory aphasia)이 발생한다. 이러한 영역들은 ●그림 11.20에 나와 있다.

브로카실어증 환자와 마찬가지로 겉질경유운동실어증 환자는 유창하게 말하지 못한다. 그러나 브로카실어증 환자와는 달리, 이 환자들은 복잡한 문장을 정확하게 따라 말할 수 있다. 손상된 영역은 발화의 시작(보조운동영역)과 진행 중인 발화에 대한 관리통제(등쪽가쪽 이마앞겉질) 기능을 수행하는 것으로 보인다. 앞서 이중 언어 사용자들이 언어를 전환할 때 등쪽가쪽 이마앞겉질 영역의 역할이 있음을 보았다. PET 영상을 사용하면 언어에서 등쪽가쪽 이마앞겉질의 정상적인 기능에 대해 더 깊이 이해할 수 있다. 이 영역은 '자동차'에 대해 '운전하다'와 같이, 특정 명사에 대해 관련된 동사를 생성하도록 지시했을 때 활성화된다(Dronkers et al., 2000). 겉질경유운동실어증 환자는 이 과제에서 실패하곤 하지만, 보통의 대화에서는 동일한 단어를 정확하게 사용할 수 있다. 따라서 겉질경유운동실어증이 언어 산출과 관련이 있는 고차 인지 기능과 주의 기능에 일부 영향을 주는 것으로 생각할 수 있다.

겉질경유감각실어증에서는 언어 중추와 단어의 의미를 담당하는 뇌 영역 간의 연결에 문제가 있다. 환자는 유창하고 문법에 맞게 말할 수 있지만 이해력이 떨어진다. 이름 대기 과제에서는 큰 어려움을 겪지만 따라 말하기 수행은 우수하다. 이들은 심지어 낯선 외국어 단어를 따라 말할 수도 있다. 결과적으로 우리는 이러한 결함이 말의 의미를 이해하는 환자의 능력에 영향을 미친다는 결론을 내릴 수 있다. 비록 말소리와 문법 수준의 기초 과정은 온전하지만 말이다.

언어 모형 Carl Wernicke는 언어 수행에 대한 여러 영역의 손상 효과를 설명하고 예측하는 고전적인 모형을 개발했고, Norman Geschwind(1972)가 그것을 수정했다. 두 사람의 이름을 따서 붙인 이 Wernicke-Geschwind 모형은 브로카 영역이 말의 생성을 담당하고, 베르니케 영역이 말의 이해를 담당하며, 활꼴다발이 베르니케 영역에서 브로카 영역으로 정보를 전달한다고 제안하였다. 베르니케 영역과 브로카 영역은 연합겉질과 교신한다고 생각되었지만, 이들의 주된 역할은 언어 정보를 해독하는, 즉 언어 정보에서 의미를 추출하는 것으로 여겨졌다.

겉질경유실어증 주요 언어 중추와 관련된 겉질 영역과 그 연결이 손상되어 발생하는 언어장애.

겉질경유운동실어증 언어가 유창하지 않으나, 따라 말하는 능력은 유지되는 장애.

겉질경유감각실어증 이해 능력은 저조하지만, 따라 말하는 능력은 유지되는 장애.

Wernicke-Geschwind 모형은 다양한 유형의 실어증에 관련된 증상을 성공적으로 예측했지만, 건강한 참가자의 언어에 대한 최근 뇌 영상 연구에서 얻은 풍부한 자료와 완전히 일관된 것은 아니다. 첫째, 현재는 브로카 영역과 베르니케 영역 간에 활꼴다발을 통해서 한쪽 방향이 아니라 양방향으로 정보가 전달된다는 것이 밝혀졌다. 둘째, 훨씬 더 넓은 겉질 영역이 언어 처리에 관여하는 것으로 보인다. 이 영역에는 이마엽, 관자엽 및 마루엽의 상당히 큰 부위뿐 아니라 띠겉질, 대뇌섬 및 바닥핵이 포함된다.

이후에 등장한 또 다른 모형은 상호작용하는 세 가지 언어 구성 요소를 제안했다 (Dronkers, Pinker, & Damasio, 2000). 첫 번째는 브로카 영역, 베르니케 영역, 대뇌섬, 그리고 바닥핵으로 구성된 언어 구현 체계(language implementation system)이다. 이 체계는 들어오는 말소리 정보를 해독하고 적절한 구두 응답을 생성한다. 이 구현 체계를 둘러싸고 있는 것이 관자엽, 마루엽, 이마엽의 연합겉질로 구성된 매개 체계(mediational system)이다. 이 체계는 구현 체계와 마지막 요소인 개념 체계 사이의 교신을 관장한다. 세 번째이자 마지막인 개념 체계(conceptual system)는 의미지식의 관리를 담당하며(10장을 보라) 고차 연합겉질 영역에 자리한다. 뇌손상, 기능적 MRI, 백색질 연결성에 대한 추가 연구는 언어 기능에 주로 좌반구에 있는(그러나 오직 좌반구만은 아닌) 광범위한 네트워크가 관여한다는 것을 확인했다(Turken & Dronkers, 2011).

●그림 11.21에 표시된 것과 같은 언어의 이중 경로 모형에는 언어 처리를 위한 등쪽 경로와 배쪽 경로가 있다(Hickok & Poeppel, 2007). 등쪽 경로는 일차 청각겉질과 베르니케 영역을 모두 포함하는 위관자이랑(상측두회)을 브로카 영역 및 이마엽 일부인 이마덮개(frontal operculum, 전두판개)와 연결한다. 이 경로는 소리를 발화에 필요

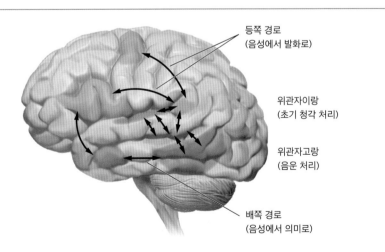

●그림 11.21 언어의 이중 경로 모형 이중 경로 모형에 따르면, 등쪽 경로는 위관자이랑, 즉 일차 청각겉질과 베르니케 영역을 포함하는 영역을 브로카 영역 및 이마덮개와 연결한다. 이 경로는 소리를 발화에 필요한 운동 동작으로 변환하도록 돕는다. 배쪽 경로는 위관자고랑을 아래관자이랑 및 중간관자이랑과 연결하여 음성을 의미로 변환하도록 돕는다.

출처: Hickok, G., & Poeppel, D. (2007). The cortical organization of speech processing. *Nature Reviews Neuroscience, 8*(5), 393-402.

한 운동으로 변환하는 일을 한다. 배쪽 경로는 위관자고랑(상측두구)을 아래관자이랑 (inferior temporal gyrus, 하측두회)과 중간관자이랑(중측두회)에 연결하고 소리를 의미로 변환하는 일을 한다. 두 가지 경로는 복잡한 문장도 처리하는데, 등쪽 경로는 문장 내에서 인접하지 않은 요소들의 처리를 돕는다. 앞에서 우리는 브로카실어증 환자들이 "The woman is outside, isn't it?"의 문법적 오류를 알아차리지 못한 반면, "John was finally kissed Louise"에서는 인접한 문법적 오류를 찾을 수 있었던 사례를 살펴 보았다. 이는 브로카실어증에서 배쪽 경로보다 등쪽 경로가 더 손상되어 있음을 시사한다.

읽기와 쓰기의 장애

읽기와 쓰기는 인간 역사에서 비교적 최근인 5,000~6,000년 전에 발달한 기능이다. 구어와는 달리, 읽기와 쓰기는 단순히 노출되는 것만으로는 학습되지 않는다. 그러나 한번 학습을 거치고 나면, 이 기능들은 뇌에서 국재화된다.

실독증과 실서증   읽기나 쓰기, 또는 둘 모두에서 결함이 생길 수 있다. 대부분의 사람들에게 읽기와 쓰기는 말하기와 동일한 반구에 국재화되어 있다. 일반적으로 대부분의 실어증 사례에서 읽기와 쓰기 기능은 손상되어 있다.

실독증(alexia, 독서불능증), 즉 순수 단어맹(pure word blindness)은 정상적으로 말하고 말소리를 이해할 수 있지만, 지시하는 대로 단어와 글자를 읽거나 가리키지 못한다(Geschwind, 1970). 환자는 철자를 소리 내어 읽어준 단어를 인지하는 능력은 유지한다. 실독증은 글자에 대한 시각적 재인을 처리하는 영역인 좌반구 뒤통수엽과 관자엽 간의 접합부에서 겉질을 대뇌섬의 언어 영역으로 연결하는 경로에 문제가 생긴 결과로 보인다(Epelbaum et al., 2008).

실서증(agraphia, 쓰기언어상실증)은 글쓰기 능력이 없는 것을 의미하는데, 구어에 관여하는 네트워크가 손상될 때 흔히 동반되어 나타난다. 하지만 구어에서만 문제가 있고 문어에서는 문제가 없거나, 그 반대인 경우도 있다. 구어와 마찬가지로 글쓰기에도 넓은 겉질 영역의 네트워크가 참여하지만, 특히 보조운동영역(SMA)이 손상되었을 때 실서증이 나타나기 쉽다(Scarone et al., 2009).

난독증   난독증(dyslexia, 독서장애)은 보통의 지능을 갖고 일반적인 교수법에 노출되었음에도 예상치 못하게 나타나는 읽기장애를 말한다. 난독증은 학교 아동의 5~17%에 영향을 미치는 가장 흔한 형태의 학습장애이다(Shaywitz, Morris, & Shaywitz, 2008). 의학 문헌에 처음으로 등장한 난독증 환자였던 Percy F.에 대하여 그의 의사는 "게임을 할 때는 빠르며, 같은 연령대의 다른 아이보다 절대로 더 못하지 않다. 그가 겪는 가장 큰 어려움은 … 읽는 법을 배울 수 없는 것"이라고 말했다(Shaywitz, 1996, p. 98). 난독증의 성차에 대한 이전 보고(예: Tallal, 1991)는 남학생과 여학생의 차이를 과장했을

실독증 말을 하거나 구어를 정상적으로 이해할 수 있으나, 읽기를 못하거나 지시에 따라서 단어나 글자를 가리키지 못하는 장애.
실서증 문자를 쓰는 능력을 상실한 장애.
난독증 보통의 지능을 갖고 일반적인 교습에 노출되었음에도 읽기에서 어려움을 보이는 장애.

수 있다. 남아의 경우 여전히 난독증에 걸릴 가능성이 좀 더 높지만, 잦은 파괴적 행동으로 인해 치료를 받으러 오게 될 가능성 또한 여아보다 더 높다(Shaywitz et al., 2008). 아마도 난독증이 있었을 유명인에는 Walt Disney, Winston Churchill, Albert Einstein이 있다.

난독증은 유전의 영향을 많이 받는다(Eicher et al., 2016). 부모 중 1명에게 난독증이 있는 경우 난독증이 있는 아이가 태어날 확률은 23~65%이며, 난독증이 있는 아이의 형제자매 중 40%에서 이 장애가 나타난다(Gilger, Hanebuth, Smith, & Pennington, 1996). 난독증이 있는 아이는 조기 교정 치료를 통해 상당히 호전될 수 있다(Eden & Moats, 2002; Norton, Beach, & Gabrieli, 2015).

난독증의 대부분의 경우 말소리, 즉 음소(phoneme) 수준에서 언어 정보를 변별하는 능력인 **음운 인식**(phonological awareness)이 저조한데, 이는 운율이 맞는 단어들을 잘 읽지 못하는 데서 알 수 있다. 운율 맞추기 과제(rhyming task)에서 일반적으로 발달 중인 아동은 난독증 아동과 달리 좌반구 등쪽가쪽 이마앞겉질을 더 활성화시켰다(Kovelman et al., 2012). 좌반구 등쪽가쪽 이마앞겉질은 읽기의 기초가 되는 음운 인식에 중요한 역할을 한다. 난독증은 또한 빠른 이름 대기에도 어려움이 있다(Norton et al., 2015). 이러한 어려움은 유창한 읽기에 필요한 언어와 인지 과정의 협응이 부족한 데서 발생한 문제일지도 모른다.

난독증이 있는 참가자는 읽기를 하는 동안 베르니케 영역과 **모이랑**(angular gyrus, 각회)을 포함한 뒤쪽 언어 영역의 활성화 부족과 함께, 브로카 영역을 포함한 앞쪽 언어 영역의 과잉 활성화가 발생한다(Hoeft et al., 2011). ●그림 11.22에서 볼 수 있듯이 일반적인 독자는 시각겉질에서 모이랑을 따라 베르니케 영역으로 정보를 전달하며, 이때 브로카 영역은 약간만 활성화된다. 난독증이 있는 독자의 경우 뒤쪽 언어 영역은 거의 활용되지 않는다. 대신 앞쪽 언어 영역이 훨씬 더 크게 활성화된다.

말더듬

거의 모든 아동이 가끔씩 유창성 문제를 겪는다. 그러나 인구의 약 5%가 소리를 반복('wa wa want')하거나 연장('n-ah-ah-ah-ow')하는 **말더듬**(stuttering)을 보인다(Månsson, 2000). 아이들은 2~7세에 말을 더듬기 시작한다. 말더듬은 약 5세에 가장 많이 발생한다. 남성은 여성보다 말을 더듬을 가능성이 2~5배 더 높다(Craig & Tran, 2005).

말더듬의 기원은 주로 유전자에 있다(Andrews, Morris-Yates, Howie, & Martin, 1991). 말을 더듬는 사람에게서는 일부 언어 기능이 비정상적으로 편재화되어 있다(De Nil, 1999; Van Borsel, Achten, Santens, Lahorte, & Voet, 2003). 말을 더듬지 않는 보통 사람들은 운율 차이를 변별할 때보다 말소리의 차이를 변별할 때 좌반구의 강한 이점을 보인다. 그러나 말더듬이 있는 사람은 소리 탐지와 운율에서 전형적인 편재화를 보이지 않는다(Sato et al., 2011).

음운 인식 빠르게 제시되는 말소리를 변별하는 능력.
모이랑 마루엽의 한 부위로, 언어와 인지에 관여한다.
말더듬 말을 하는 동안 비정상적으로 반복하거나 발화 음성이 길어지는 것.

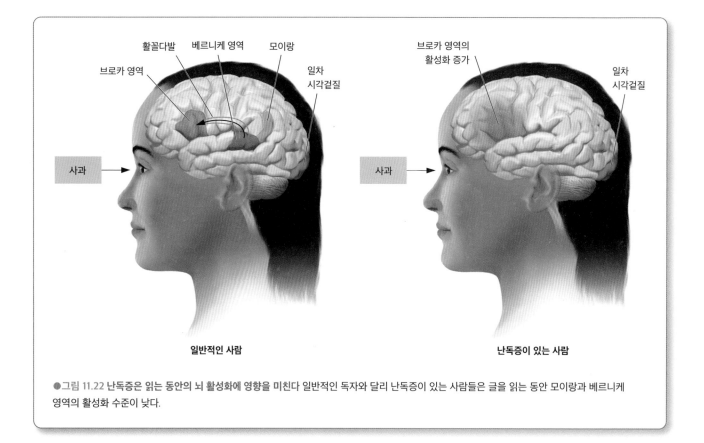

●그림 11.22 **난독증은 읽는 동안의 뇌 활성화에 영향을 미친다** 일반적인 독자와 달리 난독증이 있는 사람들은 글을 읽는 동안 모이랑과 베르니케 영역의 활성화 수준이 낮다.

이러한 비정상적인 편재화의 결과로 두 반구가 동시에 발성기관을 제어하려고 시도하면서 갈등이 일어난다. 이러한 갈등은 말을 더듬는 사람이 노래를 부를 때는 어느 정도 해결되는데, 이는 노래할 때만 말하기에 관여하는 우반구가 활성화되기 때문이다(Jeffries, Fritz, & Braun, 2003). 뇌 영상 연구는 또한 바닥핵과 중간뇌 운동 구조의 비정상적으로 높은 활동이 말더듬의 원인이 될 수도 있음을 시사한다(Craig-McQuaide, Akram, Zrinzo, & Tripoliti, 2014). 이 운동계가 도파민을 주요 신경전달물

| 일상 속 행동신경과학 |

말하기와 언어병리학

의사소통장애와 관련된 강력한 생물학적 상관물이 있음에도 불구하고, 치료를 통해 환자의 기능 수준을 크게 향상시킬 수 있다. 언어병리사(speech-language pathologist, SLP, 언어재활사)는 모든 연령대의 환자를 대상으로 발화, 언어, 인지적 의사소통, 삼킴장애를 평가, 진단 및 치료한다(American Speech-Language-Hearing Association [ASHA], 2017).

언어병리사는 대학원 학위를 소지하고 있으며, 박사 학위가 있는 것이 좋다. 거의 절반이 청능사(audiologist) 자격증도 갖고 있어서 청력장애를 평가하고 치료할 수 있다. 대부분의 SLP는 교육 현

장에서 일하며, 일부는 건강관리 서비스 현장에서 일한다. 약 20%가 개인 사업체에 고용된다.

이 직업에 영향을 미치는 미래의 추세는 베이비붐 세대가 노인 연령에 진입함에 따라 더 많은 수의 노인들이 생겨난다는 것이다. 노인은 언어장애를 유발하는 뇌졸중 등의 손상을 경험할 가능성이 더 높다. 또한 현재 미국의 많은 주에서는 신생아의 청각 평가와 필요시 치료를 요구하고 있다. 의학적 발전을 통해 미숙아를 비롯하여 외상성 뇌손상이나 뇌졸중이 있는 사람들의 생존율이 높아졌는데, 이들은 광범위한 재활을 필요로 한다.

질로 사용하기 때문에 말더듬은 할로페리돌(haloperidol)과 같은 도파민 길항제에 의해 개선되고 L-dopa(levodopa)와 같은 도파민 효능제에 의해 악화된다(Watkins et al., 2008).

말더듬에 대한 현재 치료법은 말이 생성되는 속도를 줄이고, 말더듬과 관련된 스트레스를 줄이는 데 중점을 두고 있다(Ingham, Ingham, Euler, & Neumann, 2017).

중간 요약 11.2

|| 요약 표: 주요 실어증

실어증 유형	손상 위치	언어를 산출하는 능력	구어의 의미를 이해하는 능력	음소 대치 여부	구어를 정확히 따라 말하는 능력	사물의 이름을 대는 능력
브로카실어증	브로카 영역	유창하지 않음	좋음	흔치 않음	저조함	저조함
베르니케실어증	베르니케 영역	유창함	저조함	흔함	저조함	저조함
전도실어증	활꼴다발	유창함	좋음	흔함	저조함	저조함
완전실어증	브로카 영역, 베르니케 영역, 활꼴다발	유창하지 않음	저조함	다양함	저조함	저조함
겉질경유 운동실어증	보조운동영역, 브로카 영역에 인접한 겉질	유창하지 않음	좋음	흔함	좋음	저조함
겉질경유 감각실어증	관자엽, 마루엽, 뒤통수엽이 만나는 부위의 겉질	유창함	저조함	흔함	좋음	저조함

|| 요점

1 언어의 진화는 초기 인간이 협동 사회를 형성하고 도구 제작 기술을 공유하면서 발생했을 가능성이 있다. (LO3)
2 인간이 아닌 동물이 의사소통할 수 있는 것은 분명하나, 이들이 진정한 의미에서 언어를 사용하는 능력을 가진 것인지는 논쟁거리이다. (LO3)
3 다중언어 사용자들의 뇌에서는 여러 언어의 표상들이 중첩되며, 다중언어는 인지 기능에 이점이 있는 것으로 보인다. 연구 증거에 따르면 미국 수어(ASL)는 공간적 처리 특성에도 불구하고 다른 언어와 마찬가지로 좌반구에서 처리된다. (LO4)
4 실어증, 실독증, 실서증에 대한 임상 연구는 언어의 이해 및 산출과 관련된 뇌의 주요 영역을 규명하는 데 도움이 되었다. (LO4)
5 난독증과 말더듬은 보통의 지능을 가진 사람이 일반적인 경험과 교육에 노출되었을 때에도 각각 읽기와 명확히 발음하기를 배우는 과정에서 어려움을 겪는 발달장애이다. (LO4)

|| 복습 문제

1 제스처, 모방, 언어 간에는 어떤 관계가 있는가?
2 뇌에서 언어 기능이 국재화되는 것에 대해서 미국 수어(ASL)는 어떤 점을 알려주는가?

지능

지능(intelligence)이란 개인의 "복잡한 생각을 이해하고, 환경에 효과적으로 적용하고, 경험을 통해 배우고, 다양한 형태의 추론을 하고, 장애물을 극복할 수 있는 능력"을 말한다(Neisser et al., 1996, p. 77). 행동신경과학자와 심리학자 들이 관심을 갖는 주제 중 지능은 아마도 논쟁의 여지가 가장 많은 것 중 하나이며, 지능의 생물학적 상관물은 특히 그렇다.

학자들이 모두 동의하는 지능에 대한 단일한 정의조차도 존재하지 않는다. Charles Spearman(1904)은 **일반지능 요인**(general intelligence factor, g 요인)을 제안했다. Spearman의 관점에서 모든 지능적인 행동은 하나의 특성에서 비롯된다. g의 측정치 들은 교육적 성취, 직업적 성공, 사회적 이동성, 건강, 질병 및 생존을 포함한 중요한 결과들을 예측한다(Deary et al., 2012). 다른 학자들은 여러 유형의 지능을 제안한다 (Gardner, 1983). 서번트행동은 특정 능력이 다른 능력과 어떻게 구분되는지를 보여준다. 앞서 언급한 윌리엄스증후군 아동은 지능검사에서 지적장애 범위에 해당하는 점수를 얻지만, 언어 능력은 상당히 양호하다. 양쪽 입장 모두 어느 정도 사실일 가능성이 높다. 우리는 다른 유형의 행동 각각에 대해 별도의 능력을 가지고 있는 것 같다. 그러나 일반적으로 이러한 능력들 중 충분히 많은 수가 개인 내에서 서로 상관관계를 갖기 때문에 일반지능 요인에 대한 근거가 생겨난다.

지능의 평가

지능을 평가하는 것에 대한 관심은 19세기와 20세기 초에 통과된 의무교육법에서 비롯되었다. 웩슬러 성인용 지능검사(Wechsler Adult Intelligence Scale-Revised, WAIS-R) 또는 스탠퍼드-비네 지능검사(Stanford-Binet Intelligence Scale)와 같은 오늘날의 IQ 검사는 통계적인 정규분포곡선을 따르는 방식으로 구성된다. 평균 IQ 점수는 100이고 표준편차는 15이다. 정규분포는 '68-95-99.7' 규칙을 따른다. 즉, 모집단의 68%가 평균의 1표준편차 내에 있으며, IQ 점수로는 85에서 115 사이에 속한다. 모집단의 5%만이 평균에서 2표준편차 이상 떨어진 IQ를 갖게 되고(점수 70 미만 또는 130 이상), 0.3%만이 평균에서 3표준편차를 초과한다(점수 55 미만 또는 145 이상). '중간 요약' 11.3의 표는 여러 범위의 IQ 점수 내에서 관찰되는 인구의 대략적인 비율을 세분화하여 보여준다.

지능과 유전

인간 지능에서 관찰되는 개인 간의 차이 중 얼마나 많은 부분이 우리의 유전자에 의해서 결정될까? 이 질문을 하면서 우리는 역사적으로 이 논의를 뒤덮어 왔던 선천성 대 후천성(nature versus nurture, 또는 자연 대 양육) 방식의 사고를 피하고자 한다. 지능은

지능 복잡한 생각을 이해하고, 환경에 효과적으로 적응하고, 경험을 통해 배우고, 다양한 형태의 추론을 하고, 장애물을 극복할 수 있는 개인의 능력.
일반지능 요인 'Spearman의 g'라고도 불리는, 지능적인 행동을 예측하는 가설적인 단일 특질.

우리의 유전자, 경험, 환경 간의 복잡한 상호작용에 따른 최종 산물이다. IQ 검사를 통하여 측정한 성인 지능의 유전율은 0.75로 보고되었다(Neisser et al., 1996). 이것은 사람들 간 지능 편차의 약 75%가 유전적 요인에서 기인할 수 있음을 의미한다. 이는 개인 지능의 75%를 유전이, 나머지 부분을 환경이 결정한다는 말이 절대 아니다(5장을 보라).

유전과 환경 사이의 복잡한 상호작용은 모유 수유가 IQ에 미치는 영향에 대한 연구로 보여줄 수 있다. 집단 수준의 연구에서, 모유 수유를 받은 어린이는 그렇지 않은 어린이보다 IQ가 더 높으며, 이 결과는 성인기까지 지속된다(Caspi et al., 2007). 그러나 모유 수유로 인한 이득은 유전과 상호작용한다. 지방산 대사와 관련된 한 대립유전자를 가진 사람은 모유 수유로 인한 IQ 혜택이 없는 반면, 다른 대립유전자를 가진 사람 중에서는 모유를 먹은 사람이 모유를 먹지 않은 사람에 비해 IQ가 7점이나 높다(Caspi et al., 2007).

많은 유전자가 지적장애에 기여하는 것으로 확인되었지만, 특히 높은 지능과 관련된 유전자는 훨씬 더 찾기 어렵다. 많은 수의 유전자가 지능에 관여할 가능성이 높으며, 각각은 상대적으로 효과가 작다. 예를 들어 Robert Plomin과 그의 동료(2004)는 단일 유전자로 인한 IQ의 차이를 1.5점으로 보고하고 있다.

10만 명 이상의 사람을 대상으로 한 전장유전체 연관분석(GWAS)은 3개 대륙 인구 내에서, 그리고 심지어 단일 가계 내에서 교육 성취도와 관련된 대립유전자를 규명했다(Rietveld et al., 2013). 지능은 교육 성취도를 예측하는 하나의 변수일 뿐이지만, 이 두 변수는 보통 강력한 정적 상관관계를 보인다. 연구진은 교육 성취도와 관련된 대립유전자들의 개수를 연속선상의 위치에 나타내는 다유전자성 점수(polygenic score)를 개발했다. 어떤 사람은 교육 성취와 관련된 대립유전자가 거의 없고, 대다수가 그 일부를 가지고 있으며, 소수는 많은 수를 가지고 있다. ●그림 11.23에서 볼 수 있듯이 다유전자성 점수는 지능, 자기통제, 대인관계 기술, 읽기 및 쓰기의 빠른 습득, 짝 선택, 경제적 결과를 예측했다(Belsky et al., 2016). 당신은 여기서 환경의 역할이 궁금할 것이다. Belsky와 동료들(2016)은 다유전자성 점수가 사회경제적 지위와 상관관계가 있지만(다유전자성 점수가 높은 아동은 더 부유한 가정에서 나옴), 출발점에 관계없이 다유전자성 점수가 높은 아동은 점수가 낮은 아동보다 더 높은 계층으로 이동하기 쉽다고 보고했다.

이것은 우리의 운명이 유전자에 얽매여 있다는 것을 의미할까? 교재의 이 시점에 와서는 이 질문에 대한 대답이 '아니다'임을 알고 있기를 바란다. Belsky와 동료들(2016, p. 13)은 "유전자는 행동만 형성하는 게 아니라 행동 선택의 맥락을 제공하고 제약을 가하는 환경도 형성시킨다"라고 말했다. 높은 다유전자성 점수를 가진 상향 이동성 아동은 점수가 낮은 또래들과 다른 선택을 하며 다른 사람들로부터 다른 대우를 받을 가능성 또한 높다.

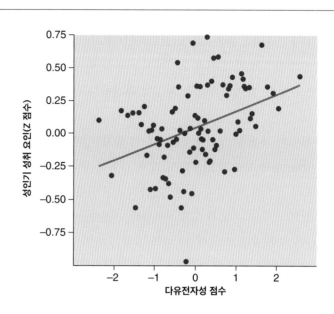

●그림 11.23 유전자는 교육적 성취를 예측할 수 있다 교육적 성취와 관련되는 여러 후보 대립유전자들로 다유전자성 점수를 구성할 수 있다. 개인이 가지는 이 점수는 직업적 지위, 수입, 자산, 신용문제나 비용지불의 어려움이 없음, 사회복지 혜택을 이용하지 않음, 신용점수 등을 종합한 점수와 높은 정적 상관관계를 보인다.

출처: Belsky, D. W., Moffitt, T. E., Corcoran, D. L., Domingue, B., Harrington, H., Hogan, S., et al. (2016). The genetics of success: How single-nucleotide polymorphisms associated with educational attainment relate to life-course development. *Psychological Science, 27*(7), 957-972.

지능의 뇌 구조적 및 기능적 상관물

지능에 대한 유전적 영향으로 인해 뇌 구조가 다르게 구축된다(Desrivieres et al., 2015). 지능이 높은 사람들의 두뇌는 평균적인 사람들의 두뇌와 어떻게 다를까?

지능의 표준 측정치는 신체 크기에 맞게 보정된 뇌 전체 부피와 정적 상관관계를 보인다(Deary, Penke, & Johnson, 2010). 뇌 크기는 신체 크기와 관련이 있기 때문에 이 보정 절차가 필요하다. 뇌의 이마앞엽(전전두엽) 및 관자엽의 연합 영역의 회색질 부피와 겉질 두께는 인지 능력과 특히 높은 상관관계가 있다(Narr et al., 2007; ●그림 11.24 를 보라). 청소년에게서 시간이 지남에 따라 나타나는 언어 및 비언어성 지능검사 수행의 변화는 각각 브로카 영역 및 소뇌의 회색질 증가 수준과 밀접한 상관관계가 있었다(Ramsden et al., 2011). 그보다는 약한 정도이나, 백색질 부피 또한 인지 능력과 관련이 있다(Achard, Salvador, Whitcher, Suckling, & Bullmore, 2006). 뇌 부피와 지능 간 상관관계의 효과 크기, 즉 뇌 부피로 설명되는 IQ의 변산의 양은 여전히 다소 작다(Pietschnig, Penke, Wicherts, Zeiler, & Voracek, 2015). 이것은 유전과 뇌 부피 외에 다른 여러 요인이 지능에 기여한다는 것을 의미한다.

매우 높은 지능을 가졌던 사람의 사례 연구에서는 무엇을 알게 되었을까? Dahlia Zaidel(2001)은 1955년 76세의 나이로 사망한 Albert Einstein의 뇌에서 만든 절편들

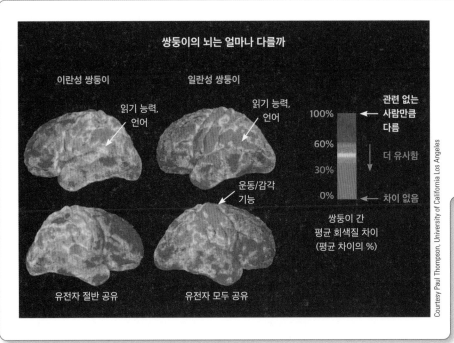

쌍둥이의 뇌는 얼마나 다를까

이란성 쌍둥이
읽기 능력, 언어

일란성 쌍둥이
읽기 능력, 언어

운동/감각 기능

100%
60%
30%
0%

관련 없는 사람만큼 다름

더 유사함

차이 없음

쌍둥이 간 평균 회색질 차이 (평균 차이의 %)

유전자 절반 공유

유전자 모두 공유

Courtesy Paul Thompson, University of California Los Angeles

●그림 11.24 회색질의 부피와 지능 및 유전율은 상관관계가 있다 Paul Thompson과 동료들은 MRI를 통해 이란성 및 일란성 쌍둥이의 회색질을 측정했다. 연구자들은 일란성 쌍둥이의 두뇌 회색질의 양이 거의 같으며, 특히 이마엽과 언어 영역에서 그러하다는 결론을 내렸다. 이 결과는 유전과 뇌 구조, 그리고 일부 인지 기능 측정치 간에 강한 관련성이 있음을 시사한다.

| 신경과학의 윤리적 이슈 |

마음의 기능을 증진하는 약물이 있다?

뉴스 보도에는 운동 능력 향상을 위해 금지 물질을 사용하다가 곤경에 빠진 운동선수들이 자주 등장한다. 이는 페어플레이에 대한 상식적인 규범에도 어긋날 뿐만 아니라 사용자에게도 경제적, 사회적, 건강상의 나쁜 결과를 안긴다(Sternberg, 2014). 지적 능력에서 유사한 장단점을 제공하는 약물이 있다면 어떨까?

건강한 사람들도 이미 다양한 인지 향상 약물을 정기적으로 사용하고 있다(Forsberg, Shelley-Egan, Thorstensen, Landeweerd, & Hofmann, 2017). 이러한 약물은 그리스어에서 마음('noo-')과 전환 또는 변화('-tropo')를 뜻하는 말을 따서 nootropics(인지 향상제)라고도 한다. 흥분제, 치매치료에 사용되는 약물, 수면을 개선하는 약물, 기분을 개선하는 약물의 사용으로 인지 기능이 증진된다(Brühl & Sahakian, 2016). 흥분제(자극제)에는 주의력과 학습 내용 유지 능력을 모두 향상시키는 카페인처럼 처방전 없이 구입할 수 있는 약물이 포함된다(Borota et al., 2014). 주의력결핍 과잉행동장애(ADHD; 14장을 보라)를 치료하는 데 사용되는 처방약은 주의집중력을 높인다. 일부 대학 캠퍼스의 학생 중 최대 16%가 ADHD로 진단받은 적이 없는데도 학업 성적을 향상시키기 위해서 그 처방약 중 하나인 메틸페니데이트(상품명: Ritalin)를 사용한다(Farah et al., 2004). 기면증 치료에 사용되는 모다피닐은 건강한 참가자의 억제적 통제 및 작업기억을 향상시킨다(Battleday & Brem, 2015). 인지

저하 치료제는 아세틸콜린 또는 글루탐산에 작용하여 기억력을 향상시킨다(Brühl & Sahakian, 2016).

'약물'은 아니지만 머리뼈 경유 자기자극(TMS) 및 머리뼈 경유 직류자극(TDCS) 같은 비침습성 뇌 자극은 인지 능력, 기분, 사회인지에 영향을 주기 위해 실험적으로 사용되어 왔다(Forsberg et al., 2017). 이러한 방법은 인지 능력을 향상시키는 데 사용될 잠재성이 있다.

이러한 일들의 윤리적 의미를 고려해야 하는 때는 나중이 아니라 바로 지금이다(Sternberg, 2014). 한편으로는 인지 능력을 향상시키는 것이 좋은 결과를 낳을 수 있다. 다른 한편으로, 순수한 선택적 절차일 때와 의학적 질병을 치료할 때는 안전에 대해 다른 기준이 적용된다. 일부 인지 능력을 향상시키면 다른 영역에서 예상치 못한 감소가 발생할지도 모른다. ADHD 치료를 위해 처방되는 암페타민염인 아데랄은 창의력을 희생시키면서 집중력과 주의력을 향상시키게 될 수도 있다(Whetstine, 2015). 분배적 정의와 강압성을 포함한 더 많은 사회적 쟁점도 신중히 고려해야 한다.

스포츠에서는 경기력 향상 약물 문제에 대한 만족스러운 해결책을 찾지 못했다. 인지 능력 향상의 문제에 대해서는 우리가 더 잘할 수 있을까?

풍요로운 환경, 감염적 부담, 그리고 IQ

행동신경과학의 관점에서 인간의 특성을 논의할 때, 높은 유전성을 보이는 특성도 수정이 가능하다는 사실을 잊기 쉽다. 예를 들어 5장에서 논의된 페닐케톤뇨증(PKU)은 매우 유전성이 높은 장애이며, 치료를 받지 않는다면 지적장애로 이어진다. 그러나 PKU를 가진 사람도 적절한 식단을 통해 정상적으로 발달할 수 있다. 일반지능의 생물학적 상관물이 있다는 논의를 보고, 우리가 어떤 사람의 지적 발달을 '포기'해야 한다고 이해해서는 안 된다.

지난 100년 동안 전 세계적으로 IQ 측정치는 10년에 약 3점씩 증가했다(Dickens & Flynn, 2001; Flynn, 2006). '플린효과(Flynn effect)'라는 이 증가 현상은 유전적 변화로 설명하기에는 너무 빠르게 일어난 일이다. 그보다는 건강 수준이 개선된 것이 관찰된 IQ 증가의 원인이 될 수 있다. 전염병으로 인한 국가적 부담은 인구의 평균 IQ와 부적 상관관계가 있다(Eppig, Fincher, & Thornhill, 2010). 국가가 더 부유해지고 인구를 질병으로부터 보호할 능력이 커짐에 따라 IQ가 증가한다.

일반적으로 빈곤은 여전히 낮은 IQ를 야기할 수 있는 강력한 위험 요인이다. 영양가 있는 식사와 정신적 자극 활동에 대한 접근에는 비용이 들며, 이러한 요인들은 지적 발달에 기여한다. 미국 전문직 가정의 3세 아동의 어휘는 정부 지원을 받는 가정의 아동이 습득한 어휘의 2배나 된다(Hackman, Farah, & Meaney, 2010). 사회경제적 지위(socioeconomic status, SES)가 낮은 가정의 아동은 부유한 가정의 아동에 비해 좌반구의 언어 기능이 전문화된 정도가 낮은 것으로 나타났다. 작업기억과 관리 기능도 SES와의 관계를 보여준다. 그러나 다시 한번 강조하자면, 효과적인 개입과 처치가 변화를 가져올 수 있다. 미국 남동부 시골에 거주하는 젊은 성인 아프리카계 미국인이 겪는 빈곤은 해마 및 편도체 부피 감소와 관련이 있었지만, Strong African American Families 프로그램(Brody et al., 2017)이라는 부모 개입 프로그램에 참여했던 집단에서는 그렇지 않았다.

알다시피 이러한 유형의 상관관계 자료를 논의할 때에는 '초래하다'(cause)라는 마법의 표현을 사용할 수 없기 때문에, SES와 지적 능력 간의 정확한 관계는 불분명하다. 그러나 가정에서의 인지적 자극 수준(책, 컴퓨터, 여행, 부모와의 의사소통)은 SES와 관련된 아동의 인지 능력 차이의 대부분을 설명하며, 이는 심지어 아동 IQ의 매우 강력한 예측 요인인 어머니의 IQ가 통제되었을 때에도 마찬가지이다(Hackman et al., 2010). 후성유전학적 영향에 대한 이해가 깊어지면서 부모의 스트레스, 영양, 건강 및 인지적 자극이 아동의 지적 발달에 어떻게 극적인 영향을 미칠 수 있는지 점차 이해할 수 있게 되었다.

을 조사했다. Zaidel은 Einstein의 왼쪽 해마에 있는 세포체가 오른쪽 해마에 있는 세포체보다 훨씬 크다는 것을 관찰했다. 그녀는 이 구조적 비대칭이 정상적인 지능을 가진 10명의 통제집단 참가자의 두뇌와는 매우 다르다는 것을 발견했다. Zaidel은 이 구조적 차이와 아인슈타인의 천재성 사이의 연관성이 명확하지 않다는 것을 인정하지만, 기억에서 해마의 역할을 고려할 때 그녀의 관찰은 흥미로운 면이 있다. Sandra Witelson과 그녀의 동료들(Witelson, Kigar, & Harvey, 1999)은 Einstein의 뇌에서 또 다른 명백한 차이를 발견했다. 수학적 및 추상적인 추론과 관련된 영역인 아래마루엽이 통제집단 참가자보다 아인슈타인에게서 약 15% 더 컸다.

의사결정의 신경과학

생존을 위해 동물은 정확한 접근 또는 회피 결정을 내려야 한다. 결정이 내려질 때 뇌에서 무슨 일이 일어나는지 알아낼 수 있을까? 의사결정은 오랫동안 경제학자의 영역이었으며 최근에는 심리학자와 신경과학자에 의해 연구되고 있다. 의사결정에 대한 이 세 가지 접근 방식이 조합된 것을 **신경경제학**(neuroeconomics)이라고 한다.

신경경제학 경제학, 심리학, 신경과학의 이론들을 통합하여 의사결정을 이해하려는 학제적 접근.

의사결정에는 두 단계 과정이 있다. 첫 번째 단계에서 뇌는 이용 가능한 가치를 상황의 맥락 속에서 평가해야 한다. "수중의 새 한 마리가 덤불 속에 있는 두 마리보다 낫다"라는 속담을 빌려 설명하자면, 우리는 어느 선택이 더 가치 있는 것인지를 결정한다. 우리가 굶주린 상태라면 안전한 "수중의 새"가 더 가치 있을 수 있다. 새 한 마리라는 안전한 선택지를 잃는 손실을 감당할 여유가 있고 덤불 속 두 마리가 특히 맛있어 보인다면, 우리는 덤불 속 두 마리를 더 나은 거래라고 평가할 수도 있다. 두 번째 단계는 그런 가치 평가('수중의 새를 가질까, 아니면 위험을 무릅쓰고 날아가 버릴 수도 있는 덤불 속 새 두 마리를 잡으러 갈까?')에 기반하여 실제 결정을 내리는 것이다. 그러고 나면 최종적인 결정이 운동계로 전달되어 실행에 옮겨진다. 이 순서에 관여된 뇌 구조는 ●그림 11.25에 설명되어 있다.

선택에 가치를 할당하는 것은 말 그대로 사과와 오렌지를 비교하는 문제일 수 있다. 성공적인 기말보고서의 가치와 친구들과 노는 것의 가치를 우리는 어떻게 비교할까? 선택지마다 긍정적인 측면이 있지만, 우리는 손실 측면에서 선택에 가치를 부여하는 경우가 많다. 인간과 기타 동물은 놀라울 정도로 손실을 싫어한다. 일반적으로 나쁜 결과를 피하는 것이 좋은 결과에 접근하는 것보다 우선순위가 높다. 이는 우리가 단맛보다 쓴맛에 더 강한 민감성을 보이는 것을 통해서도 알 수 있다. 위협이나 위험을 예측하는 데 중요한 편도체가 손상되면, 보상 크기의 변화에 대한 사람의 반응에는 영향이 없지만 잠재적인 손실에 대해서 대단히 둔감해진다(De Martino, Camerer, & Adolphs, 2010). 편도체는 부정적인 결과를 초래하는 선택지를 고르지 못하도록 억제한다.

편도체뿐만 아니라 시상하부 역시 가치 판단에 기여하는데, 이는 음식 보상보다 위험 혐오 시에 시상하부가 활동한다는 사실을 증거로 알 수 있다. 등쪽가쪽 이마앞겉질

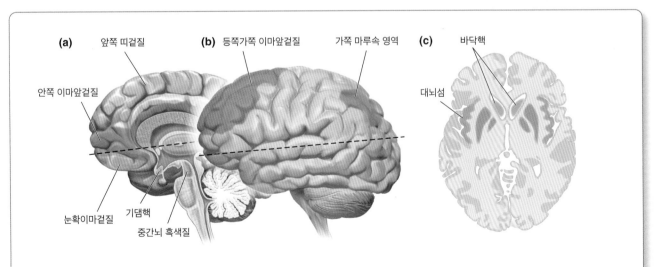

●그림 11.25 의사결정과 관련된 영역 안쪽 이마앞겉질과 바닥핵의 줄무늬체에서 특정 선택지에 가치가 할당된다. 기댐핵은 바닥핵 안에서 의사결정에 특히 중요한 구조이며, 중간뇌 흑색질의 입력을 받는다. 가치에 대한 중요 정보를 제공하는 영역으로는 앞쪽 띠겉질(비용-편익 분석), 눈확이마겉질(소비되는 것의 가치), 대뇌섬(정서가)이 있다. 선택지에 가치가 부여되고 나면 선택을 할 수 있다. 가쪽 마루속 영역은 이러한 의사결정 과정에서 중요한 것으로 보인다. 이 결정은 이제 운동계로 전달되어 실행된다.

은 사회적 협력과 충동 억제의 가치에 대한 평가를 제공한다. 보상은 즉각적으로 주어질까 아니면 지연될까? 눈확이마겉질의 손상은 더 작고 즉각적인 보상보다 크고 지연된 보상을 선호하는 쥐의 일반적인 경향을 역전시킨다(Rudebeck, Walton, Smyth, Bannerman, & Rushworth, 2006). 눈확이마겉질은 소비할 수 있는 보상물에 대한 전반적인 가치 정보를 제공하는 것으로 보인다. 보상의 가치가 그것을 얻는 데 필요한 노력의 양을 상쇄할까? 앞쪽 띠겉질(ACC)은 이런 유형의 손익 결정에 중요한 역할을 한다(Klein-Flügge, Kennerley, Friston, & Bestmann, 2016). T자형 미로에 있는 쥐는 장벽을 기어 넘어가야 하는 한이 있더라도 작은 보상보다는 큰 보상을 선택하지만, ACC가 손상된 후에는 그렇게 하지 못한다(Salamone, Cousins, & Bucher, 1994).

이 영역들로부터의 입력은 기댐핵(nucleus accumbens, 측핵)을 포함하는 바닥핵의 일부인 줄무늬체와 안쪽 이마앞겉질(medial prefrontal cortex)로 수렴하는데, 이를 바탕으로 이 두 영역이 선택지에 가치를 할당하는 데 필수적이라는 가설이 제안된다(Levy & Glimcher, 2012). 이 두 영역의 활동 수준은 사람들이 상품, 행동, 보상에 부여하는 가치의 양을 예측하며, 지연된 보상, 다양한 종류의 보상, 사회적 보상과 협력에 반응하는 방식을 예측한다. 줄무늬체와 안쪽 이마앞겉질은 뇌에서의 가치평가 과정의 최종적인 공통 경로 역할을 한다(Glimcher, 2014). 이 영역들은 매장에서 상품에 가격을 할당하는 것과 같이 공통된 단위의 가치 척도를 생성하여, 선택을 직접적으로 비교할 수 있게 한다.

보상 평가와 관련된 체계에 손상을 입은 사람은 매우 잘못된 결정을 내릴 수 있으며, 자신의 행동 결과에 거의 관심을 보이지 않는다(Gläscher et al., 2012). 환자 EVR은 종양 수술 중에 눈확이마겉질이 손상되었다. 비록 환자 EVR은 지역사회에서 본받을 만한 역할을 하고 있었지만, 수술 후에 그의 의사결정 능력은 급격하게 변하였다. 그는 직장을 잃고 파산했으며, 부인과 이혼하고 매춘부와 결혼하였다(Eslinger & Damasio, 1985).

일단 선택지에 가치가 할당되면 선택을 하고 이를 실행해야 한다. 이상적으로는 우리 자신이 현대 차를 살지 삼성 차를 살지 예측할 수 있기를 바라지만, 선택에 관한 대부분의 연구는 빨간 불빛을 볼지 초록 불빛을 볼지 결정하는 것 같은 지각적 선택 과정에 초점을 맞추어 왔다(Platt & Glimcher, 1999). 이는 단순히 우리가 이러한 과정을 자동차 브랜드 같은 추상적인 선택보다 더 잘 이해하기 때문이다. 마루엽은, 특히 가쪽 마루속영역(lateral intraparietal area, LIP)은 가능한 행동이 무엇이며 그중에서 어떤 행동을 취하는 것이 최선일지에 대한 정보를 조직화하는 듯하다(Glimcher, 2014). 다른 유형의 움직임(팔, 얼굴, 입술)도 위의 불빛 보기 실험에서 관찰된 눈운동과 유사하게 조직화되는 것으로 보인다. 추가 연구를 통해 선택 과정에 대한 이해를 우리가 직면하는 결정의 전체 범위로 확장할 필요가 있다.

중간 요약 11.3

요약 표: IQ 점수의 분포

IQ 점수	이 점수 구간의 비율(%)	특성
130 이상	2	영재(손쉬운 학업 성취)
115~129	14	평균 상(평균 이상의 학업 성취)
85~114	68	평균(보통 수준의 학업 성취)
70~84	14	평균 하(보통~저조한 수준의 학업 성취)
50~69	1.7	경도 지적장애(6학년 수준의 학업 성취에 이를 수 있음)
35~49	0.2	중등도 지적장애(2학년 수준의 학업 성취에 이를 수 있음)
20~34	0.08	고도 지적장애(말을 배울 수 있고 관리하에 수행 가능한 일이 있음)
20 이하	0.02 미만	최고도 지적장애(일상적인 관리와 도움이 필요)

요점

1 지능이 단일한 실체인지 여러 가지 능력의 조합인지에 대해 심리학자들 간에 의견이 분분하다. **(LO5)**

2 지능의 상관물은 뇌(특히 이마엽과 언어 영역)에 있는 회색질의 양일 가능성이 있다. **(LO5)**

3 의사결정은 줄무늬체와 안쪽 이마앞겉질에서 가치를 평가하는 단계, 마루엽에서 선택하는 단계가 조합된 결과이다. **(LO6)**

복습 문제

1 지능과 관련될 수 있는 뇌의 구조적 특징에는 어떤 것이 있는가?

2 후성유전학은 어떤 방식으로 인지발달에 영향을 미치는가?

3 편도체와 시상하부는 의사결정에서 어떤 역할을 하는가?

돌아보기

생각할 문제

1. 오늘날 전 세계적으로 수천 개의 언어가 사용되고 있지만, 일부 언어학자들은 100년 내에 10여 개 이하로 줄어들 것이라고 믿는다. 이러한 급격한 변화의 의미는 무엇일까?

2. 양쪽 반구 모두에 기능을 분산시키는 것이 아니라 뇌의 한쪽 반구에 국재화시키는 것은 동물에게 어떤 이점이 있을까?

3. 오른손잡이가 아닌 것이 학습장애 및 면역질환의 높은 비율과 관련이 있다면, 왜 오른손잡이가 아닌 형질이 인구에서 계속 유지되는 것일까?

4. 우리는 수학 및 언어에 어려움이 있는 사람들을 학습장애라고 말한다.
   음악장애나 스포츠장애 같은 용어가 없는 이유는 무엇일까?

5. 우리의 의사결정 과정이 긍정적인 결과를 얻기보다는 손실의 방지를 강조하는 이유는 무엇일까?

핵심 용어

겉질경유감각실어증(transcortical sensory aphasia) **p.494**

겉질경유실어증(transcortical aphasia) **p.494**

겉질경유운동실어증(transcortical motor aphasia) **p.494**

관자평면(planum temporale, 측두평면) **p.479**

난독증(dyslexia, 독서장애) **p.496**

말더듬(stuttering) **p.497**

모이랑(angular gyrus, 각회) **p.497**

반구절제술(hemispherectomy) **p.470**

베르니케실어증(Wernicke's aphasia) **p.492**

베르니케 영역(Wernicke's area) **p.492**

분할뇌 수술(split-brain operation) **p.471**

브로카실어증(Broca's aphasia) **p.490**

서번트행동(savant behavior) **p.482**

시상사이붙음(massa intermedia, 시상간교) **p.471**

신경경제학(neuroeconomics) **p.504**

실독증(alexia, 독서불능증) **p.496**

실서증(agraphia, 쓰기언어상실증) **p.496**

실어증(aphasia) **p.490**

양분청취 과제(dichotic listening task) **p.478**

언어(language) **p.483**

완전실어증(global aphasia, 전체실어증,

완전언어실어증) **p.493**

운율(prosody) **p.478**

음운 인식(phonological awareness) **p.497**

이중언어(bilingualism) **p.487**

일반지능 요인(general intelligence factor, g 요인) **p.500**

전도실어증(conduction aphasia) **p.493**

지능(intelligence) **p.500**

편재화(lateralization) **p.470**

해마맞교차(hippocampal commissure) **p.471**

활꼴다발(arcuate fasciculus, 궁상속) **p.493**

12 장

정서, 공격성, 스트레스

학습 목표

L01 정서의 주요 이론들을 구분한다.

L02 정서와 관련된 신경계를 설명한다.

L03 생물 과정과 학습이 정서 표현에 기여하는 바를 이해한다.

L04 정서 조절과 사회인지를 논의한다.

L05 공격성에서 유전자, 뇌손상, 생화학이 할 수 있는 역할을 설명한다.

L06 스트레스에 대한 주요 신체반응 및 심리반응을 평가한다.

개요

정서
정서의 진화와 적응적 이점
정서 이론
정서의 표현과 인식
정서의 생물학적 상관물
정서 조절
사회인지
중간 요약 12.1

공격성과 폭력
유전, 환경, 후성유전, 그리고 공격성
뇌 구조와 공격성
생화학과 공격성
중간 요약 12.2

스트레스
Hans Selye와 일반적응증후군
스트레스에 대한 반응
스트레스와 후성유전
스트레스, 면역계, 건강
중간 요약 12.3

돌아보기

연구 비하인드 얼굴 표정은 공격행동을 예측한다
신경과학의 윤리적 이슈 신경과학으로 '위험성'을 평가하기
일상 속 행동신경과학 스트레스에 대한 반려동물 요법
슬기로운 건강 생활 스트레스 관리

정서

우리가 슬픔을 느끼든, 두려움을 느끼든, 행복감을 느끼든, **정서**(emotion)에는 두 가지 주요 구성 요소가 들어 있다. 빠른 심장박동과 같은 신체감각(physical sensation)과 두려움과 같은 의식적이고 주관적인 경험, 즉 느낌(feeling)이다. 정서는 전반적으로 긍정적이거나 부정적인 속성을 뜻하는 **정서가**(valence)를 나타낸다. 기분(mood)은 정서보다 오래 지속되는 전반적인 상태를 의미한다는 점에서 정서와 구분된다. 우리가 행복(happiness), 자부심(pride), 안도감(relief) 같은 각기 다른 정서를 경험할 때에도 기분은 전반적으로 좋은 상태일 수 있다.

정서의 진화와 적응적 이점

Charles Darwin(1872)은 인간과 기타 영장류가 만들어내는 표정을 주의 깊게 연구하여 정서 표현이 진화를 통해 생겨난 것이라고 결론지었다. 진화는 유익한 변화를 내포하기 때문에 정서가 우리 조상들의 생존 가능성을 어떻게 향상시켰는지 질문할 수 있다.

정서의 이점 중 하나는 전반적인 각성(arousal)에 기여한다는 것이다. 행동반응이 필요한 상황이라고 뇌가 인식하게 되면, 정서는 반응을 유발하는 데 필요한 각성을 제공한다. 행동으로 상황에 반응하는 동물은 그러지 못하는 동물보다 생존 가능성이 더 높다. Robert Yerkes와 Donald Dodson(1908)은 수행 능력을 예측함에 있어서, 각성 수준이 과제의 복잡성과 상호작용한다는 것을 관찰했다. 포식자를 따돌려야 하는 단순한 과제의 경우에는 더 높은 각성이 더 나은 수행으로 이어진다. 그러나 더 복잡한 과제인 경우에는 각성 수준이 너무 높으면 수행이 저하된다. 우리 중에도 너무 스트레스를 받거나 불안한 나머지 어려운 시험을 잘 치르지 못했던 경험이 있는 사람이 많을 것이다.

정서는 전반적인 각성에 기여하는 것 외에도, 특정 환경 자극에 대한 접근 및 회피 행동을 관장한다(Davidson & Irwin, 1999). 먹는 것과 관련된 긍정 정서는 우리가 배고플 때 음식을 찾도록 돕고, 큰 뱀이나 상한 음식을 봤을 때 유발되는 부정 정서는 회피 행동으로 이어진다. 정서 능력에 관여하는 뇌 부위가 손상된 사람은 의사결정을 내리는 데 종종 어려움을 겪는다(Damasio, 1994; 11장을 보라). 뱀과 같은 자극에 어떻게 반응할지 결정하는 데에는 과거기억이 사용되는데, 정서는 이 과거기억과의 연결고리가 된다.

정서는 전반적인 각성과 접근/회피 행동을 관리하는 데에 기여할 뿐 아니라, 의사소통을 촉진하여 생존에 도움을 준다. 표정과 몸짓으로 구성된 **비언어적 의사소통**(non-verbal communication)은 중요한 사회적 정보의 원천을 제공한다. 예를 들어 ●그림 12.1에 설명된 두려움의 신체적 표현은 즉각적이고, 각성을 일으키며, 주변에 전염되는 방식으로 중요한 정보를 전달한다(de Gelder, Snyder, Greve, Gerard, & Hadjikhani, 2004).

정서 신체감각과 느낌의 의식적인 경험이 조합된 것.

정서가 사물이나 사건에 대한 긍정적(끌리는) 또는 부정적(피하고 싶은) 반응.

비언어적 의사소통 생각과 감정을 주고받기 위해 사용하는 얼굴 표정, 제스처, 신체 언어.

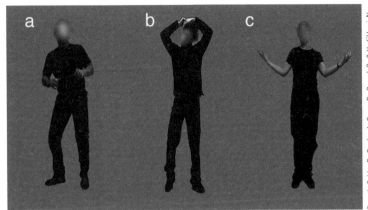

From de Gelder, B., Snyder, J., Greve, D., Gerard, G. & Hadjikhani, N. (2004). *Proceedings of the National Academy of Science of the United States of America (PNAS)*, 101(47), 16701–16706. Copyright (2004) National Academy of Sciences, U.S.A.

●그림 12.1 **정서 표현은 의사소통에 도움이 된다** 몸 전체로 표현된 두려움(a)은 중립(b)이나 행복(c)을 표현하는 자세에 비해 두려움 자극의 처리나 도망가기 같은 반응의 준비와 관련된 뇌 영역에서 강하고 즉각적인 활성화를 일으켰다. 즉, 두려움을 표현하는 자세는 다른 사람에게 말로 설명하지 않고도 신속하게 도망가야 할 필요성을 전달할 수 있기 때문에 인간에게 의미 있는 생존 혜택을 제공했을 가능성이 높다.

정서 이론

우리는 공식적인 정의에서 정서의 두 가지 요소인 생리적 경험과 의식적이고 주관적인 경험, 즉 느낌에 주목했다. 이러한 구성 요소 간의 관계를 특징짓기 위해 여러 이론이 제안되었다. 다시 말해서 가슴이 벌렁거린다는 느낌과 두렵다는 주관적인 감각은 어떤 관계가 있을까?

정서 이론들은 상향 및 하향 처리에 대한 강조점이 서로 다르다. 6장에서 논의했듯이 상향 처리는 초기 감각으로부터 상황에 대한 지각을 구성하는 것을 뜻하는 반면, 하향 처리에서는 들어오는 감각 정보를 조직화하기 위해 기억과 기대 같은 인지 과정이 사용된다. 상향 처리를 강조하는 정서 이론은 신체감각(속이 불편하다)을 기초로 상황에 대한 인지적 평가(두려운 상황이다)를 내려 정서적 경험을 구축한다. 하향 처리를 강조하는 이론은 입력되는 신체감각(내 심장이 빠르게 뛰고 있다)을 조직화하고 해석하기 위해 상황에 대한 인지적 평가(내 목에는 금메달이 걸려있다)를 사용한다.

James-Lange 이론　William James(1890)와 덴마크의 생리학자 Carl Lange(1885)는 정서에 대한 유사한 이론을 독립적으로 개발했다. 두 사람의 이름을 딴 **James-Lange 이론**에 따르면 우리의 신체 상태에 대한 자각이 주관적인 느낌의 파악으로 이어진다. 이 이론은 각 유형의 정서(예: 슬픔과 행복)와 관련된 신체 상태가 서로 구별되며, 이러한 신체 상태를 각기 다른 정서로 명명할 수 있다고 가정한다. James가 설명했듯이 "우리는 울기 때문에 마음이 아프고, 때리기 때문에 화가 나고, 떨기 때문에 두려워한다"(1890, p. 1066).

James-Lange 이론의 한 변형은 표정 피드백 가설(facial feedback hypothesis)로서, 이는 얼굴 표정이 우리가 느끼는 방식에 영향을 미친다고 제안한다(Izard, Bartlett, & Marshall, 1972). 의도적인 얼굴의 움직임으로 자발적인 정서 표현과 매우 유사한 신체 반응을 자극할 수 있다(Levenson, Ekman, & Friesen, 1990). 연구참가자들은 자신의 얼

James-Lange 이론 신체 상태가 정서 상태의 파악을 위한 단서를 제공한다는 정서 이론.

굴을 보지 않은 채로 또는 특정 정서를 따라하고 있음을 모른 채로 자신의 표정을 특정 방식으로 바꾸도록(눈썹 치켜올리기 등) 지시받았을 때, 자신이 표현한 정서를 느끼고 있다고 보고했다. 이러한 결과는 몇 가지 유용한 실용적 함의를 지닌다. 사람들이 우울하거나 화가 날 때, 미소나 웃음을 유발하는 활동을 하면 기분이 좋아질 수도 있다. 성인기 내내 우울증과 싸웠던 William James(1899, p. 153)는 다음과 같이 조언했다. "기쁨을 느끼려면 기분 좋게 앉아있고, 주위를 즐겁게 바라보며, 쾌활함이 이미 있었던 것처럼 행동하라." 표정 피드백 가설의 극적인 사례인 마오리족의 '하카(haka)'가 ●그림 12.2에 제시되어 있다.

'하카' 동작은 럭비 선수들의 정서적 반응을 유발할 뿐 아니라 그들의 정서 강도를 높이기도 한다. 정서를 표현하는 것이 그 경험의 강도를 높인다는 것은 직관적인 이해와 반대되는 것처럼 보일 수 있다. 우리의 상식에 따르면 한번 시원하게 울고 나면 기분이 나아지며, 분노감을 속에 품고 있으면 기분이 더 나빠질 것만 같다. 정서를 줄이는 가장 좋은 방법이 정서를 표현하는 것이라는 믿음은 폭력적인 비디오 게임의 인기에 기여한다(Bushman & Whitaker, 2010). 이러한 관점은 Aristoteles, Sigmund Freud, 동물행동학자 Konrad Lorenz 등이 공유했던 **카타르시스**(catharsis), 즉 '배설하기(purging)'라는 생각과 일치한다. 카타르시스 이론에 따르면 정서는 저장고에 채워진다. 저장고가 가득 차면 정서가 '넘쳐흘러서' 그 사람에게서 정서를 비워낼 것이다. 카타르시스 이론가들은 사람들에게 자신의 정서를 표현함으로써 '마음껏 내질러 버리라'고 권한다(Kennedy-Moore & Watson, 1999). 그러나 럭비 선수의 예는 그렇지 않다는 것을 분명히 보여준다. 많은 상황에서, 정서를 표현하는 것이 그 정서를 줄이기보다

카타르시스 정서의 표현을 통해 긴장을 완화하는 것.

●그림 12.2 정서를 표현하는 것은 감정을 고양시킨다 뉴질랜드 럭비 팀인 올 블랙스는 마오리족 '하카'의 동작을 흉내 내며 경기를 준비한다. 격렬한 표정과 몸의 움직임을 보여줌으로써 전사와 럭비 선수 모두 전투를 위한 기분 상태로 고조된다.

고양시킬 가능성이 더 높다(Bushman, 2002).

피드백 가설에 대한 현재의 증거들은 엇갈리고 있다. 미소 짓기를 촉진하거나 억제하는 방식으로 입에 펜을 물고 있는 것이 웃긴 만화에 대한 참가자의 반응에 영향을 미친다는 것을 보여준 한 고전적인 연구(Strack, Martin, & Stepper, 1988)는 명확하게 반복 검증되지 않았다(Wagenmakers et al., 2016). '파워 포즈(power posing)', 즉 몸집을 키우고 힘을 부여하는 자세를 취하면 테스토스테론 수치가 높아지고, 코르티솔 수치가 낮아지며, 위험추구행동의 경향이 높아진다는 결론(Carney, Cuddy, & Yap, 2010)에도 의문이 제기되고 있다(Ranehill et al., 2015; Simmons & Simonsohn, 2017).

다른 사람의 표정을 흉내 내는 것은 다른 사람의 정서를 이해하는 능력인 **공감**(empathy)에 기여할 수 있다. 작가 Edgar Allan Poe는 다른 사람의 정서를 판단할 때 흉내 내기의 역할을 분명히 알고 있었다.

> 어떤 사람이 얼마나 현명한지, 얼마나 어리석은지, 얼마나 좋은지, 얼마나 사악한지, 그 순간 그의 생각이 무엇인지 알고 싶을 때, 나는 그의 표정을 따라서 가능한 한 정확하게 내 얼굴의 표정을 만든다. 그런 다음 내 마음이나 가슴에 그 표현과 일치하거나 대응하는 것 같은 생각이나 정서가 떠오르는지 기다린다(Levenson et al., 1990에 인용된 『도둑맞은 편지(The Purloined Letter)』, 1845에서 발췌).

Levenson과 Ruef(1992)는 사람들이 자신의 정서와 관찰하는 사람의 정서가 일치할 때 그 사람의 정서를 가장 정확하게 평가한다는 것을 보여줌으로써 Poe의 관찰을 확인했다.

James-Lange 이론에 결함이 없는 것은 아니다. 이 이론의 주요 가정 중 하나는 인식 가능한 정서 상태에 대응되는 매우 구체적인 신체 상태가 있다는 것이다. 어떤 일군의 신체감각을 느끼면 내가 두려워한다는 것을 알게 될 것이고, 다른 일군의 신체감각을 느끼면 나는 화난 상태일 것이다. 그러나 많은 정서 상태는 서로 중복되는 신체감각을 동반한다. 정확히 말하자면 James는 "서로 확연히 구분되는 신체적 표현을 가진"(1884, p. 189) 정서에 관심을 표명했으며, 이는 자신의 이론이 가진 한계를 인지했음을 암시한다.

브리티시컬럼비아의 캐필라노 협곡 다리에서 이루어진 연구는 James-Lange 이론의 약점을 보여주었다(Dutton & Aron, 1974). ● 그림 12.3에서 볼 수 있듯이 이 다리는 바위와 급류로부터 약 70m 위에 매달려 있다. 매력적인 여성 연구원이 다리를 건너는 독신 남성을 멈추어 세우고 인터뷰를 했다. 상류에 있는 더 안전한 다리를 건너는 남성들에 비해, 이 무서운 다리를 건너는 남성들은 인터뷰에서 성적 내용을 더 많이 이야기했으며, 이후에 여성 연구원에게 전화할 가능성이 4배 더 높았다. 건너는 다리가

공감 타인의 감정과 연결지을 수 있는 능력.

●그림 12.3 캐필라노 협곡 다리
Dutton과 Aron(1974)은 상류에 있는 더 안전한 다리를 건너는 남성보다 이 다리를 건너는 남성이 여성 연구원에게 끌릴 가능성이 훨씬 높다는 것을 발견했다. 남성들은 두려움의 정서와 성적 흥분을 구별하기가 어려웠다.

Ted Streshinsky Photographic Archive/Getty Images

무작위로 할당되지 않았기 때문에 이러한 결과(무서운 다리를 건너는 대담한 남성은 방금 만난 여성에게 전화를 걸 가능성이 더 높다)에는 해석의 여지가 있지만, 이 남성들은 두려움과 성적 각성을 구별할 수 없는 것 같았다. James-Lange가 제안한 상향 접근 방식 대신, 이들은 하향 처리를 사용하여 상황을 해석하는 것처럼 보였다. 즉, 이들은 매력적인 사람의 존재를 인식하고서 자신의 신체감각을 두려움 대신 성적 매력에 귀인했던 것이다.

Cannon-Bard 이론 Walter Cannon(1927)은 James-Lange 이론을 심하게 비판하면서 자신만의 이론을 제안했고, 이는 나중에 Philip Bard(1934)에 의해 수정되었다. 최종판은 **Cannon-Bard 이론**으로 알려져 있다. James-Lange 이론은 신체반응에서 주관적 느낌에 이르기까지의 사건이 순차적으로 일어난다고 제안하는 반면, Cannon-Bard 이론은 주관적이고 신체적인 반응들이 동시에, 그리고 독립적으로 발생한다고 제안한다. Cannon과 Bard에 의하면 중추신경계는 말초신경계의 피드백 없이 직접 정서를 생성할 수 있다.

　　이 두 이론은 각기 어떻게 다른가? 당신이 방에서 교과서를 읽고 있는데 곰이 방에 들어온다고 가정해 보자. James-Lange 이론에 따르면, 곰의 모습을 본 다음 뇌가 두려움으로 해석할 신체반응이 일어날 것이다. Cannon-Bard 이론에서는 곰의 모습을 보는 것과 동시에 그리고 즉각적으로 주관적인 두려움의 느낌과 생리적인 싸움 또는 도망 반응(fight-or-flight response)이 독립적으로 일어날 것이다.

Schachter-Singer 두 요인 이론 James-Lange 이론과 마찬가지로 **Schachter-Singer 두 요인 이론**(Schachter & Singer, 1962)은 일련의 사건이 정서를 일으킨다고 가정한다. 그러나 James-Lange 이론과 달리 Schachter-Singer 이론은 각 정서에 대한 특정 신체반응의 조합을 요구하지 않는다. 대신 자극이 먼저 전반적인 각성을 생성한다. 일단 각성이 되면, 우리는 상황을 의식적이고 인지적으로 평가하여 주관적인 느낌을 식별할

Cannon-Bard 이론 신체반응과 주관적 느낌의 인식이 동시적으로 활성화되고 독립적으로 발생한다는 정서 이론.
Schachter-Singer 두 요인 이론 전반적인 각성이 맥락에 대한 인지적 평가로 이어지며, 이는 결국 정서 상태의 파악으로 이어진다는 정서 이론.

수 있게 된다. 각성된 상태는 자신의 상황을 평가하는 방식에 따라 여러 가지 해석으로 이어질 수 있다. 같은 경기를 보는 두 농구팀의 팬들은 최종 점수에 매우 다른 정서로 반응한다. 곰의 예로 돌아가면, Schachter와 Singer는 곰이 눈에 보였을 때 전반적인 각성이 촉발될 것이라고 예측할 것이다. 각성의 원천을 파악하기 위해 상황을 인지적으로 평가하고, 방에 곰이 들어왔다는 것에서 각성의 원인을 찾고, 자신의 주관적인 느낌을 두려움으로 식별하게 된다.

Schachter-Singer 이론의 한 가지 약점은 생리적 상태가 특정 정서와 고유하게 연관되지 않는다는 가정이다. 많은 정서 상태는 생리적 각성의 독특한 패턴과 관련이 있는 것으로 보인다(Levenson et al., 1990). 그럼에도 Schachter와 Singer는 우리가 주관적인 정서를 식별하는 방식을 상당히 잘 이해할 수 있게 했다. 특히 두 요인 이론은 전반적인 각성이 어떻게 정서를 증강시킬 수 있는지 설명한다. 예를 들어 운동(신체를 각성시킴)은 사람들이 이후에 관련 자극에 노출될 때 더 화를 내거나 성적으로 흥분하게 만들 수 있다(Reisenzein, 1983).

●그림 12.4는 James-Lange, Cannon-Bard 및 Schachter-Singer 두 요인 이론을 비교한 것이다. 각각의 고전 이론은 우리의 정서 경험에 대해 중요한 통찰을 제공하지만, 신체적 경험과 주관적 경험의 관계에 관한 질문을 확실히 해결해 주지는 못한다.

정서의 현대 이론 정서에 관한 고전 이론은 정서의 신체적 요소와 인지적 요소 간의 관계를 이해하는 데 좋은 출발점이 되었다. 이후에도 과학자들은 우리의 정서 경험에 대한 설명을 계속 탐구하고 개선해 왔다.

일부 현대 이론가들은 정서와 관련된 신체반응이 특유한 것에서 모호한 것까지 다양하다고 지적한다(Norman, Berntson, & Cacioppo, 2014). 예를 들어 혐오감과 관련된 신체감각은 자부심과 관련된 신체감각보다 더 정확하고 쉽게 인식될 수 있다. 매우 특정적인 신체반응은 James와 Lange가 제안한 것처럼 대뇌겉질에 의해 명확한 방식으

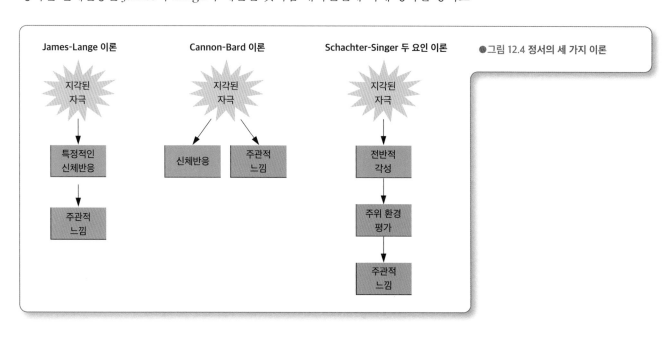

●그림 12.4 정서의 세 가지 이론

로 인식된다. 반대쪽 극단으로, 가장 구별되지 않은 신체 신호는 전반적인 각성을 일으 켜서 Schachter-Singer 두 요인 이론에 부합하는 인지적 처리와 평가를 필요로 하게 될 것이다. 이 현대적인 접근 방식은 요구되는 인지적 처리의 양에 따라 정서반응이 즉각적인 반응(두려움)에서 지연된 반응(자부심)까지 다양하다는 것을 적절히 예측한 다(Cacioppo, Berntson, Larsen, Poehlmann, & Ito, 2000).

정서가 신경학적 손상에 의해 영향을 받는 사람들에 대한 임상 관찰은 정서의 **신체 표지**(somatic marker) 모형의 기초가 된다(Bechara, Damasio, & Damasio, 2000; Dama-sio, 1994). 이 모형은 James-Lange 이론을 확장하여 자극에 대한 신체반응이 주관적 정서뿐만 아니라 의사결정에도 영향을 미친다고 제안한다(Reimann & Bechara, 2010). 신체 표지는 기억된 신체반응의 패턴들을 의미하는데, 이는 뇌가 이전 경험을 기반으로 상황을 긍정적 또는 부정적으로 채색하여 바깥 세상의 지도를 그릴 수 있게 한다. 이마엽이 손상된 환자는 폭력적이거나 성적인 시각영상을 보고 묘사할 수는 있지만, 이러한 자극에 대한 정상적인 정서반응을 일으키도록 만드는 신체 표지를 이용하지는 못한다(Bechara et al., 2000). 이 모형은 또한 냉정하고 합리적인 논리(아이패드에는 나에게 꼭 필요한 기능이 있다)보다는 정서적 반응(그냥 아이패드가 예쁘다)을 기반으로 한 선택이 이루어지는 이유를 설명한다.

정서의 표현과 인식

성인은 정서를 정확하게 표현하고 해석한다. 한 실험에서 관찰자들은 교사와 학생이 단 10초간 상호작용하는 동영상을 본 후에 그 교사가 카메라가 꺼진 상황, 즉 실제로도 그 학생을 좋아하는지를 정확하게 판단했다(Babad, Bernieri, & Rosenthal, 1991). 우리는 정서를 숨길 수 있다고 믿을지 모르지만, 정서 표현의 미묘함은 저절로 드러날 수 있다.

얼굴 표현   우리는 몸 전체를 사용하여 정서를 표현하지만, 인간은 얼굴, 특히 눈에 가장 주의를 기울인다(Adolphs, 2007). 발달 초기에 인간 영아는 다른 유형의 시각적 자극보다는 얼굴, 그중에서도 자신을 응시하고 있는 얼굴을 바라보는 것을 선호한다(Farroni, Csibra, Simion, & Johnson, 2002).

인간의 얼굴 움직임은 두 가지 뇌신경(cranial nerve), 즉 얼굴신경(facial nerve, 뇌신경 VII)과 삼차신경(trigeminal nerve, 뇌신경 V)에 의해 제어된다. 얼굴신경은 주로 표정을 담당하는, 피부에 부착된 표면 근육을 제어한다. 삼차신경은 음식을 씹는 것과 말하기를 담당하는, 머리뼈에 붙은 더 깊은 얼굴 근육을 제어한다.

얼굴신경에는 5개의 주요 가지들이 있으며, 각 가지가 얼굴에서 서로 다른 부위를 담당한다. ●그림 12.5에서 볼 수 있듯이 얼굴신경은 다리뇌의 중간선 양쪽에 위치한 2개의 **얼굴신경핵**(facial nuclei)에서 시작된다. 이 핵들은 서로 직접적인 신호를 주고 받지 않는다. 이 장의 뒷부분에서 볼 것인데, 이러한 구조로 인하여 정서 표현이 얼

신체 표지 자극과 그것으로 인한 신체적 활성화 사이에서 형성된 관계.
얼굴신경핵 다리뇌 수준에 위치하고 있는 뇌신경으로서, 얼굴신경을 제어함.

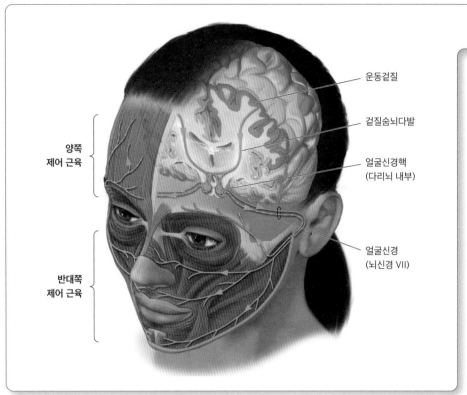

●그림 12.5 얼굴 근육의 신경 분포

운동겉질

겉질숨뇌다발

얼굴신경핵
(다리뇌 내부)

얼굴신경
(뇌신경 VII)

양쪽
제어 근육

반대쪽
제어 근육

굴의 양쪽 절반에서 서로 다른 강도로 나타날 수 있다. 얼굴신경핵은 이마엽의 중심앞
이랑에 위치한 일차 운동겉질뿐만 아니라 여러 겉질밑 운동영역으로부터도 입력을 받
는다.

　얼굴의 위쪽 3분의 1은 아래쪽 3분의 2와는 다르게 제어된다(Koff, Borod, &
Strauss, 1985; Rinn, 1984). 얼굴의 위쪽 3분의 1은 같은쪽과 반대쪽 얼굴신경 모두로부
터 입력을 받는 반면, 얼굴의 아래쪽 3분의 2는 주로 반대쪽 얼굴신경에 의해 제어된
다(Muri, 2016). 한쪽 반구의 일차 운동겉질이 손상되면 얼굴 윗면에는 거의 영향이 없
는데, 건강한 반구로부터 같은쪽 입력을 계속 받기 때문이다. 그러나 반대쪽 아랫면은
마비된다.

　얼굴신경은 두 가지 경로에서 입력을 받는다(Morecraft, Louie, Herrick, & Stil-
well-Morecraft, 2001). 일차 운동겉질로부터의 입력은 수의적인(voluntary) 표현에 관
여한다. 겉질밑 체계는 자연스러운(spontaneous) 표현을 담당한다. 이 때문에 우리가
운전면허증 사진을 위해 짓는 미소는 자연스러운 모습 그대로 찍힌 사진의 미소와는
다르게 보인다. ●그림 12.6에서 볼 수 있듯이 일차 운동겉질에 손상을 입은 사람은
미소를 지어 보라는 지시를 받았을 때 손상의 반대쪽 입 부분으로는 웃을 수 없다. 그
러나 재미있는 농담을 들으면, 마비되었던 얼굴에서도 자연스럽게 웃는 모습을 보일
수 있다. 이는 의도적으로 정서를 표현하는 능력이 손상된 상태이기 때문에 수의적
(volitional/voluntary) 안면마비라고 한다. 반대로 겉질밑 운동 구조가 손상된 파킨슨
병 환자는 지시에 따라 미소를 지을 수 있는 능력은 유지하지만 자연스럽게 미소 짓는

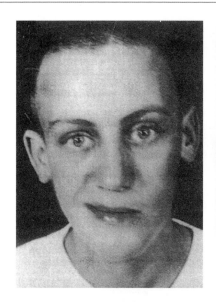
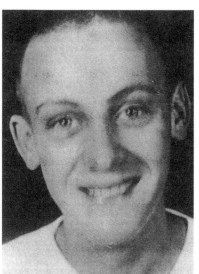

●그림 12.6 수의적 표정과 자연스러운 표정은 뇌의 다른 영역에서 관리된다 이 남자는 우반구 일차 운동겉질에 종양이 있는데, 수의적인 미소를 지어보라고 하면 얼굴의 왼쪽 절반에서는 미소를 짓지 못한다(왼쪽 사진). 하지만 진정으로 느끼는 불수의적인 정서에는 반응하여 자연스러운 미소를 지을 수 있다(오른쪽 사진). 이러한 관찰은 수의적인 정서 표현과 자연스러운 정서 표현이 뇌의 다른 네트워크에 의해 매개됨을 시사한다.

From Armin F. Haerer, DeJong's The Neurologic Examination, fifth edition, © 1992 J. B. Lippincott Company. Fig. 13-4. http://lww.com

능력은 상실한다. 자연스러운 정서를 표현하는 능력이 손상된 것이기 때문에 이 장애는 정서적(emotional) 안면마비라고 한다.

정서 표현에 대한 생물학적 기여 Darwin은 정서 표현이 강력한 생물학적 기반을 가진다고 가정했다. 이러한 관점을 뒷받침하듯 많은 정서 표현은 인간 문화의 전반에 걸쳐 유사하게 나타나는 것 같다(Keltner & Ekman, 2000). 이러한 표현에는 분노(anger), 슬픔(sadness), 행복(happiness), 두려움(fear), 혐오(disgust), 놀라움(surprise), 경멸(contempt), 당혹감(embarrassment) 등이 포함된다. 문화와 관계없이 대부분의 사람들은 ●그림 12.7에 표시된 주요 정서 표현을 식별하는 데 거의 어려움이 없다.

여러 가지 다른 분야의 논리가 Darwin의 견해를 뒷받침한다. 아동이 정서를 표현하고 인식하는 능력은 경험의 영향을 거의 받지 않고 일정한 시간표를 따라 발달한다. 태어날 때부터 맹인인 영아는 다른 사람을 관찰할 수 없지만, 시력이 정상인 영아와 똑같은 발달 시점에서 사회적 미소를 보이기 시작한다(Freedman, 1964). ●그림 12.8에서 볼 수 있듯이 2004년 올림픽과 패럴림픽의 사진을 비교한 결과, 모든 선수들은 시력이 있든 없든 승패에 대해 같은 표정을 보였다(Matsumoto, Willingham, & Olide, 2009). 낯선 사람에 대한 두려움을 보이기 시작하는 연령은 이란성 쌍둥이보다 일란성 쌍둥이에서 더 유사하다(Freedman, 1974). 고립된 환경에서 자랐던 붉은털원숭이도 위협적인 행동을 하고 있는 다른 원숭이의 사진을 보고 두려움을 나타낸다. 그들이 보인 두려움 반응의 발달적 시간표는 정상적인 사회적 상황에서 자란 원숭이의 시간표와 같았다(Sackett, 1966).

정서 표현에 대한 환경적 기여 우리의 기본적인 정서반응은 대체로 본능적인 것처럼 보이지만, 문화와 학습이 정서적 표현을 수정한다(Jack, Caldara, & Schyns, 2012; Mat-

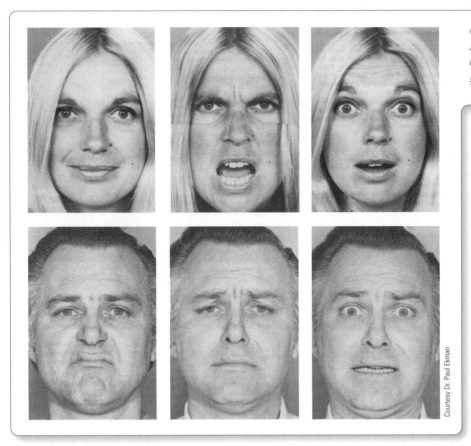

●그림 12.7 주요 얼굴 표정은 전 세계에서 쉽게 인식된다 이 사진은 행복, 분노, 놀라움, 혐오, 슬픔, 두려움 등의 보편적인 표정을 나타낸다.

Courtesy Dr. Paul Ekman

sumoto, Yoo, & Chung, 2010). 예를 들어 의료 전문가는 혐오감처럼 환자에게 표현하기에는 부적절한 정서를 억제하는 훈련을 거친다.

다른 사람들의 존재 여부는 종종 정서 표현의 강도에 영향을 미친다. 사람들은 혼자 있을 때보다 집단 내에 있을 때 냄새에 반응한 표정을 더 강렬하게 짓는다(Jäncke & Kaufmann, 1994). 여러 문화는 일반적으로 사람이 언제, 어디서, 어떻게 정서를 표현해야 하는지를 명시하는 저마다 다른 표시 규칙(display rule), 즉 규범을 가지고 있다(Matsumoto, Willingham, & Olide, 2009). 일본 학생들은 감성적인 영화를 낯선 또래들과 함께 볼 때보다 혼자서 볼 때 정서 표현을 더 많이 했다. 이와 대조적으로 미국 학생들의 정서 표현의 강도는 영화를 혼자서 보거나 집단으로 보거나 크게 다르지 않았다(Ekman, Friesen, & Ellsworth, 1972).

또한 문화에 따라 얼굴에서 주의를 두는 곳이 다른데, 이는 얼굴 표정의 해석에 영향을 미친다. 아시아인 참가자들은 표정에 드러난 정서를 해석하기 위해 눈에 더 초점을 맞추었고, 서양 백인 참가자들은 눈썹과 입에 더 집중했다(Jack et al., 2012). 이런 연구들로부터 떠오르는 결과는 선천적이고 유전적으로 결정된 정서적 반응이 사회적·환경적 피드백의 영향을 즉각적으로 받는다는 것이다.

정서 표현과 인식의 개인차 전반적인 정서 표현의 강도와 타인의 정서를 정확히 식별하는 능력은 사람마다 다르다. 전반적인 정서 양식, 즉 긍정적 또는 부정적 정서 경향

시각장애인 선수

dpa picture alliance archive/Alamy Stock Photo

시력이 정상인 선수

PCN Photography/Alamy Stock Photo

●그림 12.8 시각장애인과 시력이 있는 운동선수의 정서 표현은 비슷하다 David Matsumoto와 그의 동료들은 2004년 올림픽과 패럴림픽에서 시각장애 선수들과 시력이 정상인 선수들의 얼굴 표정을 주의 깊게 분석했다. 모든 운동선수들은 승리와 패배의 순간에 매우 유사하게 반응했으며, 이는 정서 표현에 대한 보편성 가설을 지지한다.

| 연구 비하인드 |

얼굴 표정은 공격행동을 예측한다

사 람들의 얼굴 표정에서 공격행동을 하려는 의도가 드러날까? 만일 그렇다면, 법 집행기관에서 일하거나 폭력성이 잠재된 사람과 일하는 사람들이 이러한 신호를 포착하는 훈련을 받고, 이를 활용할 수 있을 것이다.

미국과 한국의 경찰관들 그리고 폭행을 경험한 미국 대학생들의 반응을 폭행당한 경험이 없다고 보고한 대학생들의 반응과 비교했다(Matsumoto, Hwang, & Frank, 2014). 모든 참가자가 보안 카메라에 기록된 가해자의 표정을 재현한 백인 배우의 사진에 반응했다. 경찰관과 폭행을 경험했던 학생들은 모두 그 사진들에 비슷한 평가를 했으며, 폭행당한 경험이 없는 학생들과 반응이 달랐다. 이 발견은 폭행을 당했던 경험이 잠재적 공격성을 식별하는 데 중요하다는 것을 시사한다.

공격자들의 얼굴은 어떤 모습이었을까? 공격을 계획한 얼굴은 정서를 감추려는 사람과 일치했다. 이들은 눈썹을 내리고 위 눈꺼풀을 들어 올려서 빤히 쳐다보는 모습이었으며, 입술은 살짝 조여져 있었다(●그림 12.9을 보라). 연구자들은 이 얼굴을 상황에 대해 결심한 채로 집중하고 있는 화난 사람의 표정이라고 묘사했다. 충동적으로 공격적인 얼굴은 화를 참지 못하고 있음을 나타낸다. 눈썹이 약간 내려가고 눈꺼풀이 강하게 올려져 확연하게 노려보는 모습이며, 입술이 강하게 조여진다. 이 표정은 높은 강도의 분노와 입의 통제 상실을 나타낸다.

폭행 경험이 이러한 신호를 감지하는 능력을 향상시켰다는 사실은 임박한 폭행을 인식하도록 사람들을 훈련하는 것이 유용할 수 있음을 시사한다. 또 미국과 한국 모두에서 이러한 얼굴 표정에 대한 반응이 유사하다는 사실은 공격성을 띤 인간의 표정이 보편적이라는 생각을 뒷받침한다.

DI CROLLALANZA ARALDO/SIPA/Sipa Press /Newscom

● 그림 12.9 계획된 공격성의 모습 영화 〈터미네이터(Terminator)〉에서 Arnold Schwarzenegger는 계획된 공격성의 전형적인 표정을 보여준다. Matsumoto와 Hwang(2014)이 보고한 바와 같이, 계획된 공격에 앞서 통제된 분노, 집중, 결심한 표정이 나타난다.

성 또한 개인차가 있다(Davidson & Irwin, 1999).

Jerome Kagan(1997)은 신생아가 불쾌한 냄새에 일관된 수준의 반응성을 보인다는 것을 발견했다. 환경 자극에 크게 반응하는 영아는 이후 불안과 기분장애를 겪을 위험이 더 높다. 극도로 반응성이 낮은 영아는 반사회적 행동을 할 경향이 더 크다. 살인죄로 수감된 사이코패스들은 즐겁거나 중립적이거나 불쾌한 상황을 보여주는 슬라이드에 대해 통제집단보다 훨씬 약한 정서적 반응을 보였다(Herpertz et al., 2001).

다른 사람의 정서 표정을 정확하게 식별하는 것은 능숙한 사회적 기능에 중요하다. 쌍둥이 연구에 따르면 다른 사람의 정서 표현을 해석하는 능력은 유전자의 영향을 크게 받는다(Anokhin, Golosheykin, & Heath, 2010). 정서 표현을 정확하게 식별하는 능력에서 나타나는 개인차는 정보를 얻는 방법(어디를 얼마나 오래 보는가)과 정보를 해석하는 능력에 따라 달라진다(Green & Guo, 2016). 몇몇 심리장애에서는 다른 사람의 정서를 읽는 능력이 왜곡되어 있다(14장을 보라). 조현병이 있는 사람은 얼굴 특징을 정상적으로 처리하지만, 서로 다른 얼굴 표정을 구별하는 과제에서는 건강한 통제집단보다 수행이 저조하다(Kohler et al., 2003; Schneider et al., 2006). 이 환자들은 특히 얼굴 표정 같은 정서적 자극을 위협으로 오인하기 쉬운데, 이것이 피해망상과 편집증을 초래하는지도 모른다(Phillips, Drevets, Rauch, & Lane, 2003). 자폐스펙트럼장애 및 반사회성 성격장애가 있는 사람들은 특히 두려움의 표정을 잘 인식하지 못한다(Jones et al., 2011; Marsh & Blair, 2008).

거짓말쟁이를 찾아낼 수 있을까?　우리는 정서를 인식하는 능력이 있음에도 불구하고 거짓말에 속을 수 있다. 속임수, 즉 이익을 얻기 위한 거짓 의사소통과 이를 감지하는 능력은 자연선택 과정에서 형성되었다(Bond & Robinson, 1988). 속이기에 성공하는 유기체가 더 많은 후손을 남기기 때문에, 속이기 능력은 다음 세대로 전해질 가능성이 높다(Dawkins & Krebs, 1979). 식물, 반딧불이, 문어 및 영장류는 위장, 모방, 그리고 경우에 따라서는 고의적인 속임수 등 속이는 능력을 갖고 있다. 개코원숭이는 이빨이 자연스럽게 드러남으로써 표현되는 두려움의 감정을 들키지 않기 위해, 그 표정이 없어질 때까지 다른 원숭이로부터 등을 돌린다. 어떤 사람들은 진짜처럼 보이는 가짜 정서 표현을 만들 수 있다(Gunnery, Hall, & Ruben, 2013). 가짜 미소가 아닌 진실된 뒤셴 미소(Duchenne smile)는 눈의 가장자리에 '까마귀 발' 모양을 만드는 눈 근육의 움직임으로 나타난다. 연구참가자 중 다수는 아니었지만 그래도 상당수가 역할극 활동을 할 때 그리고 사진에 나타난 뒤셴 미소를 모방하도록 요청받았을 때 뒤셴 미소를 만들 수 있었다.

거짓말 탐지기 자율신경계 각성 측정치에 기반한 거짓말 탐지 검사.

　거짓말 탐지기(polygraph/lie-detector, 다원기록기) 검사는 경험적으로 신뢰할 수 없으나 법 집행기관과 고용주들이 널리 사용하고 있다(Holden, 1986; ●그림 12.10을 보라). ●그림 12.11에 설명된 연구에서 전문가 패널은 거짓말 탐지기 자료를 평가했는데, 이들은 무고한 사람들의 3분의 1을 유죄로 판단한 반면, 유죄인 사람의 4분의 1을 무죄로 판단하였다(Kleinmuntz & Szucko, 1984). 거짓말 탐지기 자료는 각성반응을 반영하는데, 무고한 사람은 자신이 기소될까 두려워하여 각성될 수 있다. 반사회적인 사람들에게서 흔히 발견되는 전반적 각성 부족과 거짓말을 도덕적 잘못이라 인식하지 못하는 특징은, 죄를 지은 많은 사람들이 결백해 보이도록 만든다. 이러한 부정확성 때문에 거짓말 탐지기 검사 결과는 미국 법정에서 거의 인정되지 않는다.

●그림 12.10 법 집행기관에서의 거짓말 탐지 법정에서는 거의 받아들여지지 않지만, 여러 거짓말 탐지 방법이 법 집행기관에서 계속 사용되고 있다. Trayvon Martin 살해 혐의로 기소되고 나중에는 무죄를 선고받았던 George Zimmerman에게 음성 스트레스(voice stress) 분석이 이루어졌다. "당신은 당신이 총으로 쏜 사람과 대치하고 있었나요?" 같은 질문에 대한 그의 응답이 "운전하면서 제한속도를 초과한 적이 있나요?"와 같은 더 중립적인 질문의 응답과 비교되었다. Zimmerman의 답변은 진실한 것으로 간주되었다. 이 기술의 사용에 따른 위험성은 매우 크며, 연구자들은 진실성을 탐지하는 더 신뢰할 수 있는 방법을 계속 찾고 있다.

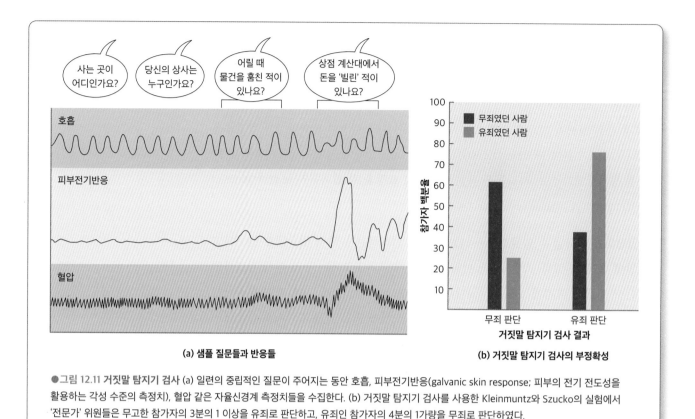

●그림 12.11 **거짓말 탐지기 검사** (a) 일련의 중립적인 질문이 주어지는 동안 호흡, 피부전기반응(galvanic skin response; 피부의 전기 전도성을 활용하는 각성 수준의 측정치), 혈압 같은 자율신경계 측정치들을 수집한다. (b) 거짓말 탐지기 검사를 사용한 Kleinmuntz와 Szucko의 실험에서 '전문가' 위원들은 무고한 참가자의 3분의 1 이상을 유죄로 판단하고, 유죄인 참가자의 4분의 1가량을 무죄로 판단하였다.

신뢰할 수 없는 거짓말 탐지기 방식을 개선하기 위해 연구자들은 거짓말의 인지적 비용(cognitive cost)에 주목해 왔다(Suchotzki, Verschuere, Van Bockstaele, Ben-Shakhar, & Crombez, 2017). 거짓말하는 것은 다음의 세 가지 방식으로 관리통제 기능에 부담을 준다. (1) 진실은 작업기억에 보관되어 있어야 하고, (2) 거짓말을 하는 것은 진실을 말하지 않기 위한 반응 억제(response inhibition)를 요구하며, (3) 진실과 거짓말 사이에서 생각을 바꾸려면 과제전환(task switching)이 필요하다. 결과적으로 의도적인 거짓말을 하는 사람들은 예측 가능한 방식으로 실수한다(Ekman et al., 1972). 말을 또렷하게 하는 사람도 그럴듯한 거짓말을 만들어내려고 애쓸 때 "음…", "어…"를 덧붙이며 말을 더듬거린다. 거짓말로 고조되는 각성은 몸과 얼굴에도 반영된다. 거짓말을 하는 사람들은 머리와 상체를 뻣뻣하게 하고, 고개를 덜 끄덕이며, 진실을 말할 때보다 제스처를 적게 사용한다. 불안함으로 인해 미소와 웃음이 부적절해지고 발을 흔들게 될 수 있다. 미국에서는 눈을 맞추지 않는 것이 부정직함으로 해석되지만, 다른 많은 문화권에서는 눈을 맞추는 것이 지배성을 드러내는 무례한 표현으로 간주된다.

그럴듯한 거짓말을 꾸며내는 것은 단순히 정확한 기억에 접근하여 표현하는 것보다 많은 시간이 걸린다. 이러한 반응시간 접근법은 과거에는 비일관성으로 인해 신뢰도가 떨어졌지만, 오늘날에는 정확히 전산화된 반응시간 측정법이 개발되어 새로운 가능성을 보여주고 있다(Suchotzki et al., 2017). 거짓말을 확인하는 좋은 신호는 이야기에서 세부 사항이 상대적으로 부족하다는 것이다. 진실을 말하는 사람은 거짓말을 하는 사람에 비해 이야기에 자세한 내용을 20~30% 더 포함한다(Colwell, His-cock-Anisman, Memon, Rachel, & Colwell, 2007). 시간을 거꾸로 거슬러 이야기하도록 하는 방법도 거짓말을 밝힐 수 있다(Fisher & Geiselman, 2010). 타임라인은 일화기억 회상을 위한 중요한 단서이다(10장을 보라). 진실을 말하는 사람은 한 사건에서 이전 사건으로 쉽게 이동할 수 있지만, 시간을 거슬러 거짓 이야기를 구성하는 것은 세부 사항에 대한 사람의 기억력을 매우 빠르게 압도한다.

새로운 기술이 마침내 정직성을 평가하는 더 정확한 수단을 제공할 수 있을지도 모른다(●그림 12.12를 보라). 미래에는 거짓말하는 동안 뇌 활성화의 변화를 감지하는 데 fMRI가 사용될 수 있을 것이다(Langleben et al., 2016). 실험실 연구는 어떤 카드를 들고 있는지 답하는 것 같은 단순하고 구체적인 과제에서 fMRI를 사용하여 (실제 범죄자가 아닌) 법을 준수하는 연구참가자의 거짓말을 탐지할 수 있음을 보여주었다(Langle-ben, 2008). 이러한 실험실 시연이 자신의 범죄에 대해 거짓말을 하는 실제 범죄자의 탐지를 얼마나 잘 예측하는지는 여전히 논란거리이다. 속임수를 탐지하기 위한 fMRI 사용에 대해 여러 가지 어려운 윤리 및 개인정보 문제가 제기된다(Wolpe, Foster, & Langleben, 2010).

기술이 정확한 거짓말 탐지를 제공할 수 있을 때까지는 우리가 속임수 탐지에 능숙하다는 것에 안심이 된다. 우리는 명시적으로보다는 암묵적으로 거짓말을 감지할 가능성이 더 높다. 연구참가자들은 거짓말하는 배우들을 관찰한 후에 단어들을 '거짓말'

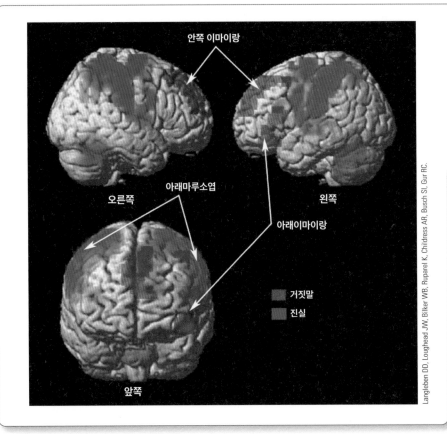

●그림 12.12 fMRI가 거짓말을 감지할 수 있을까? '유죄지식 검사(Guilty Knowledge Test)'에서 참가자의 두뇌는 다른 활성화 패턴을 보여주었다. 참가자가 거짓말을 할 때는 빨간색 영역이 더 활동적이었고, 진실을 말할 때는 파란색 영역이 더 활동적이었다.

안쪽 이마이랑

오른쪽   왼쪽

아래마루소엽

아래이마이랑

거짓말
진실

앞쪽

범주에 속하는 것으로 더 빠르게 분류했고, 진실을 말하는 배우들을 관찰한 후에는 단어들을 '정직함'에 속하는 것으로 더 빠르게 분류하였다(Street & Vadillo, 2016). 사람들은 자신에게 거짓말을 한 사람과는 이야기를 나누고 싶은 관심이 적다고 보고했는데, 이는 진술의 거짓 여부에 대한 판단이 우연 수준보다 더 정확하지 않았음에도 그랬다(ten Brinke, Vohs, & Carney, 2016). 개인적 요인도 거짓말 탐지에 영향을 미친다. 삶이 공평하다고 믿는 사람들은 거짓말 탐지를 더 못한다(ten Brinke et al., 2016). 그러나 타인을 잘 믿는 사람들조차도 위협감을 느낄 때에는 속임수 탐지가 더 정확해진다(Schindler & Reinhard, 2015).

정서의 생물학적 상관물

정서 상태는 복잡하게 상호작용하는 신체반응을 동반하며, 이는 자율신경계, 편도체, 대뇌섬, 띠겉질(대상피질), 바닥핵(기저핵), 대뇌겉질의 활성화가 조합된 결과이다.

자율신경계 자율신경계(autonomic nervous system, ANS)는 정서 상태와 관련된 전반적인 각성에 관여한다. ANS의 교감신경부(sympathetic division)는 우리의 전반적인 각성과 더 극단적인 싸움 또는 도망 반응을 담당하는 반면, 부교감신경부(parasympathetic division)는 음식 소화 및 신체조직 복구와 같은 휴식 활동에 참여한다. ANS는 주로 시상하부의 명령을 받아 활동하는데, 이 명령은 시상하부로부터 직접 나오거나 숨뇌(연수)에 위치하면서 시상하부로부터 입력을 받는 고립로핵(nucleus of the solitary tract)을 통해 간접적으로 나온다.

심박수, 손가락 온도, 피부전도도 및 근육활동 같은 일부 자율신경계 기능의 측정치는 다양한 정서 상태에서 특징적인 패턴을 생성한다(Levenson et al., 1990). 그러나 그 차이의 정도와 신뢰성에 대해서는 여전히 논쟁의 여지가 있다. Cacioppo, Berntson, Larsen, Poehlmann과 Ito(2000)의 메타 분석에 따르면, 자율신경계 측정치와 특정 정서를 연결하려는 시도는 명확한 결론에 이르지 못했다. 자율신경계 측정치와 긍정 또는 부정 정서의 상관관계 등의 전반적인 차이점은 분명하다. 부정 정서와 관련된 자율신경계 반응은 긍정 정서와 관련된 반응보다 더 강했다(Cacioppo, Berntson, Norris, & Gollan, 2011). 그러나 두 가지 긍정적 상태(예: 행복과 희망) 간의 차이나 두 가지 부정적 상태(예: 분노와 두려움) 간의 차이에 대응되는 자율신경계 상관물의 차이를 식별하는 것은 훨씬 더 어렵다.

편도체와 대뇌섬 편도체와 대뇌섬은 정서적 자극의 식별 및 그 식별로 인한 각성과 관련이 있다.

정서에서 편도체의 중요성에 대한 초기 단서는 붉은털원숭이에서 편도체를 포함한 양쪽 관자엽을 제거한 결과에서 발견되었다(Klüver & Bucy, 1939). 이전까지 다루기 어려웠던 원숭이들은 수술에서 회복된 후 더 온순해졌고, 정서를 드러내는 강도가 약해졌으며, 이는 특히 두려움을 일으키는 자극에 대해서 두드러졌다. 이 원숭이들은 뱀의 공격을 받은 후에도 반복적으로 뱀에게 접근했고, 사람이 자신을 들어 올려서 쓰다듬어도(이는 보통의 붉은털원숭이에게 절대로 해서는 안 되는 행동이다) 가만히 있었다. 이들은 두려움과 관련된 얼굴의 찡그림과 발성을 적게 표현했다. 원숭이나 인간에게서 관찰되는 이 일련의 증상을 하나로 묶어서 **클뤼버-부시증후군**(Klüver-Bucy syndrome)이라고 한다.

Klüver와 Bucy의 발견을 확장하면, 원숭이의 편도체를 제거한 연구에서 얻은 실험자료는 정서의 식별과 표현 모두에서 편도체의 역할이 있음을 뒷받침한다. 양쪽 편도체의 손상은 정서성을 감소시킨다. 특히 두려움, 불안 그리고 공격성이 감소한다. 붉은털원숭이는 양쪽 편도체가 손상된 후 낯선 원숭이와 더 많은 사회적 상호작용을 시도하려는 경향이 생기는데, 이는 엄격한 사회적 위계가 존재하는 붉은털원숭이 집단 내에서 매우 위험한 행동이다(Emery et al., 2001). 정상적인 원숭이는 음식 보상을 얻기 위해 가짜 뱀 너머로 손을 뻗기를 꺼리지만, 편도체가 제거된 원숭이는 기꺼이 손을 뻗는다(Izquierdo, Suda, & Murray, 2005; Murray & Izquierdo, 2007). 편도체가 손상된 쥐는 전기충격의 시작을 확실하게 예측하는 소리에 대한 두려움을 학습하지 못한다(LeDoux, 2000).

편도체가 손상된 인간 참가자에 대한 연구 결과는 이러한 동물 연구의 결과와 유사하다. 우르바흐-비테병(Urbach-Wiethe disease)이라는 질환으로 편도체가 파괴된 환자 S.M.에게 주요 정서를 나타내는 그림을 그려보라고 했다. S.M.의 그림은 그녀가 두려움을 제외한 나머지 모든 정서를 효과적으로 표현할 수 있음을 보여주었다. 그녀는 "공포에 질린 얼굴이 어떻게 생겼는지 모르겠다"라고 연구자들에게 호소했고, 따라서 그런 얼굴 표정을 그릴 수 없었다(Adolphs, Tranel, Damasio, & Damasio, 1995, p.5887). 그녀는 일련의 얼굴 사진을 보고 나서 행복, 슬픔, 혐오감의 정서를 인식할 수 있었으나, 분노와 두려움을 정확하게 식별하는 데는 선택적으로 어려움을 겪었다. S.M.이 보인 두려움 처리 능력의 손상은 평가할 얼굴의 눈 영역을 보지 못하기 때문에 발생하는 것으로 보인다(Adolphs, 2007; ●그림 12.13을 보라). 다른 사람의 얼굴에 있는 두려움은 눈을 관찰함으로써 다른 정서와 가장 효과적으로 구별될 수 있다. 환자 S.M.도 다른 사람의 눈에 주의를 기울이도록 명시적으로 지시를 받자 두려움을 정상적으로 평가할 수 있었다. 자폐스펙트럼장애가 있는 사람은 타인의 정서, 특히 두려움을 식별하는 데 심각한 어려움을 겪는다(14장을 보라). 자폐스펙트럼장애를 가진 사람은 어릴 때부터 다른 사람과 눈을 맞추지 못한다. 이뿐만 아니라 이 장애의 일관된 신체적 상관물 중 하나가 편도체의 이상이다(Amaral, Schumann, & Nordahl, 2008). 이러한 결과는 편도체가 사회적 환경의 적극적인 탐색뿐 아니라 그 탐색의 결과를 해석하는 데에도 관여함을 시사한다(Adolphs, 2007).

두려움과 여타 부정적인 정서 상태에 대한 편도체의 역할이 강조되긴 했지만, 편도

클뤼버-부시증후군 관자엽손상, 특히 편도체 손상으로 인해 온순함, 극단적인 성적 행동, 구강탐색행동 등이 나타나는 증상들의 집합.

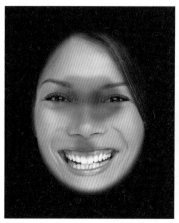

●그림 12.13 **편도체 손상은 얼굴 처리에 영향을 미친다** 환자 S.M.은 우르바흐-비테병으로 알려진 드문 질환으로 인해 양쪽 편도체가 모두 손상되었다. 이 병은 그녀가 얼굴을 보는 방식에 영향을 미치는데, 이것이 정서를 식별하는 능력에 영향을 미칠지도 모른다. 왼쪽의 시선 추적 자료는 건강한 통제집단을 나타낸다. 환자 S.M.의 시선 추적 자료는 중앙에 표시되었다. 편도체 이상과도 관련이 있는 고기능 자폐증(high-function autism)인 사람들의 자료가 오른쪽에 표시되었다.

출처: Adapted from http://emotion.caltech.edu/?page_id=12037

체가 보상과 긍정적인 정서 상태에 관여한다는 증거도 존재한다(Murray, 2007). 인간 편도체의 단일세포기록 결과는 편도체가 정서적 표정의 강도를 부호화하고 모호한 정서적 얼굴을 평가하는 데 관여한다는 것을 시사한다(Wang et al., 2017).

또한 여러 연구에서 자극이 특정 정서가를 전혀 갖지 않으면서 단순히 특이하기만 한 경우에도 편도체가 반응한다는 것이 밝혀졌다(Blackford, Buckholtz, Avery, & Zald, 2010; Ousdal et al., 2008). 결과적으로 편도체의 주된 역할은 예상치 못한 비정상적인 자극, 특히 안전과 생존에 중요할 수 있는 자극을 처리하는 것이라고 결론을 내릴 수 있을지도 모르겠다(Armony, 2013).

편도체는 빽빽하게 연결된 회로의 일부로, 이마겉질, 띠겉질(다음 절에서 논의됨) 및 대뇌섬을 아우른다. 대뇌섬이 손상된 사람의 행동은 이 영역이 긍정적인 자극과 부정적인 자극을 구분하는 데 관여함을 시사한다(Berntson et al., 2011). 긍정적인 정서는 앞쪽 대뇌섬 영역의 활동과 관련이 있으며, 뒤쪽 대뇌섬 영역은 부정적인 정서와 더 관련이 있다. 대뇌섬은 혐오감을 느낄 때 특히 강한 반응을 보인다(Papagno et al., 2016). 연구참가자들에게 각 사진이 얼마나 각성을 유발하는지를 평정하는 동시에, 매우 유쾌한 것부터 매우 불쾌한 것까지의 수준을 평가하게 하였다. 대뇌섬에 손상을 입은 참가자들은 통제집단의 참가자들보다 사진을 더 중립적이고 각성이 덜 일어난다고 평가했다. 편도체가 손상된 참가자는 통제집단과 비교하여 긍정성 및 부정성 평가에서는 차이를 보이지는 않았지만, 부정적인 사진에 대한 반응에서 훨씬 낮은 각성을 보였다. 이 결과는 편도체가 특히 부정적인 자극에 대한 반응으로 각성을 개시하는 반면, 대뇌섬은 긍정적인 자극과 부정적인 자극을 구별하는 데 도움을 준다는 것을 시사한다.

앞쪽 띠겉질 띠겉질(cingulate cortex, 대상피질)은 편도체, 기타 둘레계 구조들 및 대뇌 겉질의 이마엽 사이에서 주요 관문 역할을 한다. 앞쪽 띠겉질(anterior cingulate cortex, ACC)은 신체적 통증에 대한 정보를 처리하는 뇌의 통증 신경망에 참여한다. 공격성에 대한 이후 절에서 볼 수 있듯이 앞쪽 띠겉질은 공격성 억제 과정에서 눈확이마겉질(안와전두피질)과 협력한다(Siever, 2008).

편도체가 위협에 대한 덜 의식적인 신호를 발생시키는 것과 달리, 앞쪽 띠겉질은 더 의식적인 수준에서 위협에 대한 인지적 평가(저것은 무서운 뱀이지만 동물원의 유리 벽 안에 있다)에 기여한다(Kalisch & Gerlicher, 2014). 불안장애(14장을 보라)가 있는 사람들은 종종 위협을 과대평가한다. 연구자들은 불안장애가 있는 사람들이 사건을 재앙화하는 동안 앞쪽 띠겉질에서 비정상적으로 높은 수준의 활성화가 나타나는 것을 관찰하였다.

바닥핵 바닥핵(basal ganglia, 기저핵)은 정서적 자극에 반응하는 운동 협응을 포함하여 수의적 운동 전반에 관여한다. 뇌졸중이 바닥핵을 손상시키는 경우에는 정서 강도의 경험이 전반적으로 감소된다(Paradiso, Ostedgaard, Vaidya, Ponto, & Robinson, 2013).

혐오감을 느끼는 표정을 관찰하면 바닥핵에서 상당한 활동이 일어난다(Phan, Wager, Taylor, & Liberzon, 2002). 이러한 결과는 파킨슨병 또는 헌팅턴병으로 인해 바닥핵에 손상을 입은 사람에 대한 관찰과 일치한다. 이 환자들의 경우 혐오의 표정을 인식하는 능력만 손상되었을 뿐, 타인의 얼굴 표정에 드러난 다른 정서는 인식할 수 있다(Hennenlotter et al., 2004).

대뇌겉질 인간은 겉질, 특히 이마엽의 겉질이 손상되었을 때 흔히 정서적 장애가 발생한다. 2장에서는 사고로 이마엽이 손상된 철도 노동자 Phineas Gage의 사례를 살펴보았다. 이마엽 손상은 정서적 느낌, 특히 두려움과 불안감의 감소와 관련이 있다 (Rolls, 2004).

Elliot Valenstein(1986)은 이마엽 수술을 통해 정서적 행동에 영향을 미치고자 했던 의학적 노력의 역사를 추적했다. 1935년 John Fulton과 Carlyle Jacobsen은 침팬지 두 마리가 이마엽을 절개당한 후 훨씬 더 차분해졌다고 보고했다. Egaz Moniz는 Fulton과 Jacobsen의 기법이 여러 정신장애로 고통받는 인간 환자에게도 도움이 될 것이라고 믿었다. 그는 이마엽 절개술(frontal lobotomy), 즉 이마엽을 나머지 뇌 부위와 외과적으로 분리시키는 기법을 주창했다. 1939년에서 1951년 사이에 조현병, 우울증, 불안증 등의 다양한 문제를 가진 5만 명 이상의 미국인이 이마엽 절개술을 받았다. Walter Freeman은 '엽절개차(Lobotomobile)'라고 이름 붙인 차량을 타고 미국을 여행하면서 ●그림 12.14에 도해된 것과 같은 시술 기법을 대중화시켰다. '얼음 깨는 송곳 수술'이라고 불린 이 수술에서는 날카로운 도구를 안구 위쪽에 삽입한 다음 왔다

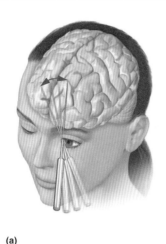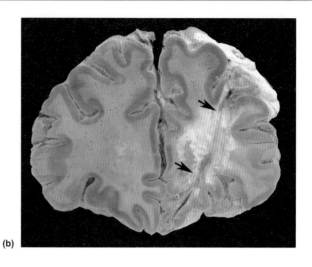

●그림 12.14 이마엽 절개술 1939년에서 1951년 사이에 5만 명 이상의 미국인이 조현병, 우울증, 불안 등을 포함한 다양한 문제로 이마엽 절개술을 받았다. (a) '얼음 깨는 송곳 수술'이라고 불리는 방식으로, 이마엽의 일부가 뇌의 여타 부분으로부터 외과적으로 분리되었다. (b) 이 환자는 이마엽 절개술을 받았는데, 표시된 2개의 검은 화살표 사이에 조악한 절단 경로가 분명하게 보인다.

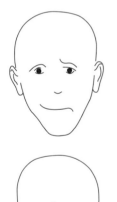

●그림 12.15 어느 얼굴이 행복한가? 어느 얼굴이 슬픈가? 두 얼굴은 사실 좌우 반전한 그림이지만, 다른 정서를 표현하는 것처럼 인식된다. 시야의 왼쪽 부분이 정서적인 우반구에서 더 처리되기 때문에 왼쪽 얼굴의 표현이 정서 판단에 영향을 미칠 가능성이 더 높다. 따라서 상단의 얼굴은 행복해 보이고 하단의 얼굴은 슬퍼 보일 것이다. 왼손잡이와 양손잡이의 경우에는 이 경향이 다를 수 있다.

갔다 움직여서 이마엽과 띠겉질 사이의 연결을 끊었다. 어떤 경우에는 이 수술이 실제로 환자의 불안을 줄여주었다. 그러나 발작, 억제력 감소, 충동성, 주도성 결핍과 같은 부작용이 흔히 나타났다. 이마엽 절개술은 제2차 세계대전 이후 효과적인 항정신병 약이 발견된 후에 대부분 중단되었다(14장을 보라).

정서에 대한 이마엽의 특정적인 역할 외에도 두 대뇌반구 각각이 정서에 미치는 영향을 구분할 수 있다(11장을 보라). 11장에서 언급했듯이 좌반구는 접근행동과 관련이 있고, 우반구는 회피행동과 관련이 있다(Demaree, Everhart, Youngstrom, & Harrison, 2005). 좌반구를 마취하면 일반적으로 우울감이 계속 남아있는 듯한 느낌이 오는 반면, 우반구를 마취하는 것은 분명한 행복감과 관련이 있다(Lee et al., 2004).

11장에서 보았듯이 대부분의 사람들에게 좌반구보다 우반구가 정서를 처리하는 데 더 큰 역할을 한다. 분할뇌 수술을 받은 환자(11장의 설명)에서 우반구의 표정 평가가 좌반구의 판단보다 우수했다(Stone, Nisenson, Eliassen, & Gazzaniga, 1996). 정상적이고 건강한 오른손잡이 참가자의 경우, 우반구는 좌반구보다 정서적 표정을 더 빠르고 정확하게 처리한다(Bryden, 1982). ●그림 12.15에서 얼굴을 평가해 보면서 반구 간 차이의 효과를 직접 확인할 수 있다.

8장과 11장에서는 각기 다른 정보가 양쪽 귀에 제공되는 양분청취 과제를 논의했다. 왼쪽 귀에 제공되는 정보는 우반구에서 더 빠르게 처리되는 반면, 오른쪽 귀에 제공되는 정보는 좌반구에서 더 빠르게 처리된다. 참가자들은 오른쪽 귀로 들어오는 입력에 집중할 때 문장의 의미를 더 잘 인식한다(Ley & Bryden, 1982). 반면 왼쪽 귀에 집중할 때 정서적 어조를 식별하는 데 더 성공적이었다. 이러한 연구 결과는 언어의 의미성이 좌반구(오른쪽 귀 우세)에 국재화되고 언어의 정서적 측면이 우반구(왼쪽 귀 우세)에서 처리된다는 개념을 뒷받침한다.

정서 처리에서 두 반구 간 차이에 대한 또 다른 단서는 표정의 비대칭성이다. 앞에서 언급했듯이 오른쪽과 왼쪽의 얼굴신경은 비교적 독립적이다. 이로 인해 대뇌겉질을 포함한 상위 수준의 제어가 얼굴의 오른쪽과 왼쪽 절반에 표현되는 정서 강도에 영향을 미칠 수 있다. 일반적으로 얼굴의 왼쪽(주로 우반구에 의해 제어됨)이 오른쪽(주로 좌반구에 의해 제어됨)보다 표현력이 높다. 반대쪽 반구에서만 입력을 받는 얼굴의 아래쪽 3분의 2의 경우에 특히 그러하다.

얼굴의 비대칭성은 사진 소프트웨어의 복제 기능으로 얼굴 사진을 간단히 조작하여 관찰할 수 있다. 얼굴 사진을 반으로 나누고 각 절반을 그것의 반전 이미지와 결합한다. 이러한 방식으로 2개의 오른쪽 절반으로 이루어진 하나의 합성사진과 2개의 왼쪽 절반으로 이루어진 또 다른 합성사진을 만들 수 있다. Sackheim, Gur, Saucy(1978)가 보여주었듯이 이렇게 만들어진 결과물은 매우 다른 강도의 정서 표현을 나타낸다(●그림 12.16을 보라). 원본 이미지를 바로 옆에 배치하여 비교해 보면, 일반적으로 얼굴의 왼쪽 절반으로 구성된 합성사진이 가장 표현력이 큰 것으로 인식되는 반면, 얼굴의 오른쪽 절반이 합성된 경우에는 표현력이 가장 작은 것으로 인식된다.

활성화 패턴과 정서 뇌 속에 '행복 중추'와 '슬픔 중추'가 있는 것은 아니다. 광범위한 뇌 영역들이 각 특정 정서와 관련되어 있으며, 다른 정서와 관련된 영역들은 서로 겹쳐있다. Antonio Damasio와 그의 동료들(2000)은 41명의 참가자가 분노, 슬픔, 두려움, 행복을 경험하는 동안 이들의 PET 영상을 관찰했다. 정서적 반응을 생성하기 위해 참가자에게 각 정서와 관련된 과거의 특정 사건을 회상하고 자신의 감정을 재현하도록 지시했다. 그 결과 뇌의 여러 영역을 포함하는 복잡한 활성화 패턴이 각 정서를 특징짓는 것으로 나타났다. 네 가지 정서의 패턴은 서로 구분되었지만, 단일 뇌 영역들은 둘 이상의 정서 상태에 관여하고 있었다.

(a)   (b)   (c)

Courtesy Roger and Laura A. Freberg

●그림 12.16 얼굴 표정은 대칭적이지 않다 대부분의 사람들은 정서적인 우반구에서 제어되는 왼쪽 얼굴의 아래 절반이 오른쪽 얼굴의 아래 절반보다 표현력이 더 좋다. 필자의 남편 Roger가 이 현상을 시연해 주기로 동의했다. (a)는 Roger의 사진이다. (b)는 얼굴의 왼쪽 두 면을 합성한 것으로, 오른쪽 두 면을 합성한 (c)보다 분명히 더 많은 정서성을 보여준다.

정서 조절

정서의 이점 중 하나는 우리를 각성시키는 능력이다. 그러나 동기(motivation)와 달리 정서는 우리를 특정 경로로 인도하지 않는다(7장을 보라). 목마름은 우리가 마실 것을 찾게 하지만, 분노는 우리를 다양한 방향으로 향하게 할 수 있다. 정서의 경험과 표현을 제어하기 위해 우리는 **정서 조절**(emotion regulation)을 사용한다(Gross, 2002; Gross & Thompson, 2007).

사람들은 몇 가지 전략을 사용하여 자신의 정서 상태에 의식적, 무의식적 제어를 가한다. 우선 특정 상황이 부정적인 정서를 불러일으킨다는 것을 안다면, 그 상황을 미리 피하거나 불쾌감이 생겼을 때 자리를 뜰 수 있다. 예를 들어 당신은 옛 연인이 참석하는 사교 모임을 피하거나 떠날 수 있다. 다른 두 가지 전략에는 주의 과정이 필요하다. 정서적 자극에서 벗어나 다른 데 집중하기 위해 선택적 주의(selective attention)를 사용하는 것이다. 옛 연인이 참석해 있는 상황에서 당신은 새로운 친구에게 주의를 돌릴 수 있다. 이러한 주의 돌리기(distraction) 전략에서 우리는 초점을 정서적 자극에서 내부 생각으로 전환한다. 즉, 다음 주말에 하고 싶은 일을 생각하면서 옛 연인의 목소리를 무시할 수 있다. 이와 달리 재평가(reappraisal) 전략에서는 자극의 의미가 변경된다. 당신은 옛 연인의 존재로 인해 상처받지 않기 위해서, 그와의 관계가 두 사람 모두에게 긍정적이지 않았으며 관계를 끝낸 것이 더 좋은 일이었다고 스스로에게 말할 수 있다. 마지막으로 정서의 표현을 억제하는 전략이 있다. James-Lange 이론은 당신이 옛 연인을 볼 때 부정적인 정서를 드러내지 않는다면 기분이 나아질 것이라고 예측한다.

신경과학은 재평가 전략에 대해 가장 많은 이야기를 해왔다. 이마앞겉질과 띠겉질 영역이 인지 재평가 과정에 관여한다. 이 영역들은 편도체와 배쪽 줄무늬체(ventral striatum, 복측 선조체)를 포함하여 정서 생성에 관여하는 것으로 알려진 구조들을 제어한다(Ochsner, Silvers, & Buhle, 2012).

정서 조절은 평생에 걸쳐 일정하지 않다. 노인은 젊은 성인에 비해 긍정적인 정보에 주의를 기울이고 부정적인 정보를 무시하는 경향을 더 강하게 보이는데(Mather & Carstensen, 2005), 이것이 나이가 들면서 주요우울장애의 비율이 낮아지는 데 기여하는지도 모른다(14장을 보라). 노화는 평가와 관련된 가쪽 이마앞겉질 영역의 신경 손실과 관련이 있지만, 기본상태 네트워크(default mode network, DMN; 9장을 보라)에 관여하는 안쪽 이마앞겉질 영역과는 관련이 없다. 자기 관련 처리, 그리고 정서에 관여하는 다른 네트워크와 DMN 간의 증가된 연결성이 정서 조절의 이러한 긍정적인 변화를 낳는지도 모른다(Martins & Mather, 2016).

사회인지

여러 가지 뇌 구조가 **사회인지**(social cognition), 즉 다른 사람의 의도와 행동을 이해하

정서 조절 개인이 어떤 정서를 경험하는지, 언제 정서를 경험하는지, 어떻게 정서를 경험하고 표현하는지에 가하는 영향.

사회인지 다른 사람의 의도와 행동을 이해하는 능력.

는 능력에 관여한다. 뇌가 사회인지를 어떻게 처리하는 지 규명하는 것은 이 영역의 결함을 보이는 자폐스펙트 럼장애(14장을 보라) 같은 심리장애를 이해하는 데 중요 하다.

　사회인지는 다양한 자극에 대한 지각과 해석을 포함 한다. 시선이나 입의 움직임 같은 생물형 운동(biological motion)과 얼굴 표정의 중요한 측면을 인식하는 데는 위 쪽 관자겉질(superior temporal cortex, 상측두피질)이 관여 한다(Goddard, Swaab, Rombouts, & Van Rijn, 2016). 사람 들의 목표와 의도에 대한 이해는 관자엽과 마루엽의 교차 부위의 활동과 일관되게 연관된다(Van Overwalle, 2009). 편도체는 더 복잡한 표정 분석에 관여하는데, 특히 위협 탐지에 중점을 둔다. 사회적 의사결정 및 마음읽기(theory of mind, 마음이론), 즉 다른 사람의 관점을 이해하는 능 력은 눈확이마겉질(안와전두피질)의 활동을 포함한다 (●그림 12.17을 보라). 마지막으로 안쪽 이마앞겉질은 얼 굴 친숙도, 자신과 타인의 구별, 마음읽기(눈확이마겉질과 함께), 사회적 규범 등 사회인지의 훨씬 더 복잡한 측면을 처리한다.

　일반적인 발달을 거치는 사람들에게 관찰되는 이러 한 사실과 부합하는 것은, 자폐스펙트럼장애가 있는 참가 자의 경우 위쪽 관자겉질의 회색질 부피는 더 작고 안쪽 이마앞겉질의 회색질 부피는 더 크다는 발견이다(Chen, Jiao, & Herskovits, 2011). 이러한 뇌 구조의 차이는 이들에 게서 관찰되는 일부 사회적 결함과 관련이 있을 수 있다.

●그림 12.17 마음읽기 사회인지의 중요한 구성 요소는 마음읽기, 즉 다른 사람의 관점을 이해하는 능력이다. 이 능력은 종종 어린이에게 샐리 앤 인형 검사(Sally Anne doll test)를 시행하여 확인한다. 마음읽기 능력을 가진 아이들은 앤이 공을 상자로 옮겼을 때 샐리가 없었기 때문에, 샐리는 그녀가 공을 놔뒀던 바구니에서 공을 찾을 거라고 생각할 것이다. 그러나 아직 마음읽기를 발달시키지 못한 아이들은 샐리가 공이 있는 곳을 알고 앤의 상자에서 공을 찾을 거라고 대답할 것이다. 이들은 아직 자신이 알고 있는 것과 샐리가 알 만한 것을 구별할 수 없다.

중간 요약 12.1

|| 요약 표: 뇌손상과 함께 나타나는 정서적 변화

손상 영역	정서적 변화
편도체	부정적 정서, 특히 공포감을 지각하고 경험하기 어려움
대뇌섬	부정적인 자극 및 긍정적인 자극에 대한 반응과 전반적 각성의 감소
바닥핵	혐오를 지각하기 어려움
이마엽	두려움과 불안감의 감소

손상 영역	정서적 변화
왼쪽 대뇌반구	우울감
오른쪽 대뇌반구	쾌활한 기분

‖ 요점

1 정서는 각성을 강화하고, 접근행동과 회피행동을 조직화하고, 의사소통 수단을 제공하여 생존에 도움을 준다. (LO1)

2 정서에 관한 세 가지 고전적인 이론은 신체반응과 주관적인 느낌 사이의 관계를 구조화하고자 한다. James-Lange 이론은 자율신경계반응이 정서 상태를 인식하는 단서로 사용된다고 제안한다. Cannon-Bard 이론은 신체반응과 주관적인 느낌이 동시에 그리고 독립적으로 발생한다고 제안한다. Schachter-Singer 두 요인 이론은 신체반응이 전반적인 각성에 기여하여 맥락에 기반한 주관적인 느낌의 평가에 이른다고 제안한다. 현대의 정서 이론은 신체 및 정서 상태의 복잡한 상호작용과 학습된 신체 표지의 존재를 강조한다. (LO1)

3 얼굴 표정은 얼굴신경(뇌신경 VII)에 의해 제어된다. 수의적인 표정은 일차 운동겉질에서 제어되는 반면, 자연스러운 표정은 겉질밑 구조에 의해 제어된다. (LO2)

4 자율신경계, 편도체, 대뇌섬, 앞쪽 띠겉질, 바닥핵, 대뇌겉질이 정서에 중요한 역할을 한다. (LO2)

5 일부 기본적인 정서 표현은 보편적인 것으로 보이지만, 환경적 요인과 학습이 정서 표현의 강도와 맥락에 영향을 미친다. (LO3)

6 정서 조절과 사회인지를 담당하는 여러 구조와 체계가 확인되었다. (LO4)

‖ 복습 문제

1 세 가지 고전적인 정서 이론은 정서행동에 대한 설명에서 어떤 차이가 있는가?

2 어떤 사람이 거짓말을 하고 있음을 암시하는 행동은 무엇인가?

공격성과 폭력

공격성(aggression)이란 다른 개체를 향해 적대적 또는 파괴적 행동을 의도적으로 개시하는 것을 의미한다. 포식적(predatory; 차가운) 공격은 의도적이고(즉 미리 계획되고), 목표 지향적이며, 비교적 비정서적이다. 반면 충동적(impulsive; 뜨거운) 공격은 분노 또는 두려움을 유발하는 도발적인 자극에 반응하여 즉각적으로 발생한다(Siever, 2008). 이 두 가지 유형의 공격에는 서로 다른 패턴의 뇌 활동이 관여하는 것으로 보인다(Mobbs, Lau, Jones, & Frith, 2007).

우리는 공격성에 대한 학습, 문화 및 기타 환경적 영향의 중요성을 인정하면서도 충동적 공격행동의 여러 생물학적 상관물을 확인할 수 있다. 충동적 폭력은 겉질밑 구조, 특히 편도체가 이마앞겉질과 앞쪽 띠겉질(Siever, 2008)의 충분한 억제 없이 도발적인 자극에 강하게 반응할 때 발생한다. 다시 말하면 겉질밑 영역에서 발생하는 공격

공격성 타인을 향해 적대적 또는 파괴적 행동을 의도적으로 개시하는 것.

적인 '추동(drive)'이 이마겉질 영역에 의한 하향식 제어를 받는 한, 공격적인 행동은 발생하지 않는다. 이 하향식 억제가 불충분할 때 폭력이 발생할 것이다.

유전, 환경, 후성유전, 그리고 공격성

한 종의 개체들이 식량, 영토, 짝짓기 상대를 두고 경쟁함에 따라, 종 내(within-species) 공격성이 유전적 유산에 통합되었을 수도 있다(●그림 12.18을 보라). 더 공격적인 개체가 살아남으면, 그들의 자손은 이러한 공격적인 경향을 물려받게 될 것이다.

스페인의 투우 육종에서 알 수 있듯이 동물에게서 공격성을 선발육종할 수 있다. 생쥐(Lagerspetz & Lagerspetz, 1983)와 초파리(Diereck & Greenspan, 2006)도 더 강한 공격성을 갖도록 선발육종할 수 있으며, 이를 통해 연구자들이 공격성의 후보유전자를 규명할 수 있게 됐다. 쌍둥이 연구는 공격성의 상당한 유전적 영향을 드러낸다(Diereck & Greenspan, 2006). 충동적 공격성의 유전율은 44~72%로 특히 높다(Cocaro, Bergeman, Kavoussi, & Seroczynski, 1997; Seroczynski, Bergeman, & Coccaro, 1999).

●그림 12.18 동물 공격성 많은 동물처럼, 초파리는 영역이나 지배성을 유지하기 위해 종 내 공격성을 보인다. 초파리 역시 다른 많은 동물과 마찬가지로 더 강한 공격성을 갖도록 선발육종할 수 있다. 공격성이 지배성과 자원에 대한 더 나은 접근성을 가져다 준다면, 이는 생존력을 향상시킬 수 있을 것이다.

모든 유전적 소인이 다양한 환경적 영향과 복잡한 방식으로 상호작용하기 때문에 공격성을 '위한 유전자'가 있다고 말하는 것은 정확한 설명이 아니다(Pappa et al., 2015; Salvatore & Dick, 2016). 표 12.1에서 볼 수 있듯이 살인율은 문화에 따라 크게 다르다. 모노아민 산화효소 A(enzyme monoamine oxidase A, MAOA)에 대한 다양한 대립 유전자들이 아동기 학대 경험 유무와 상호작용하여 남자아이의 반사회적 행동을 예측한다(Caspi et al., 2002; Fergusson, Boden, Horwood, Miller, & Kennedy, 2011). 저활동성 MAOA 유전자를 가진 남자아이의 경우 아동기 학대와 방임이 없었을 때는 반

표 12.1 **몇몇 국가별 살인율**

국가	주민 10만 명당 살인	친밀한 파트너 또는 가족구성원에게 살해당한 피해자 비율	강도에게 살해당한 피해자 비율
호주	1.1	여성의 76% 남성의 27%	3%
핀란드	2.0	여성의 74% 남성의 19%	1.8%
싱가포르	0.2	여성의 33% 남성의 0%	6.3%
남아프리카공화국	59.9	(자료 없음)	(자료 없음)
미국	5.1	여성의 52% 남성의 10%	5%

United Nations Office on Drugs and Crime[UNODC], 2014.

사회적 행동을 할 가능성이 적었지만, 심각한 학대에 노출되면 반사회적 행동을 할 가능성이 극단적으로 높아졌다.

뇌 구조와 공격성

공격성은 시상하부, 편도체, 이마앞겉질, 앞쪽 띠겉질을 포함한 여러 뇌 구조의 활동 패턴과 상관관계가 있다.

초기 생리학자들은 대뇌겉질의 제거가 이전에 온순했던 고양이와 개에게서 격렬한 분노를 일으킨다는 것을 발견했다. 이 동물들의 폭력성은 머리를 쓰다듬는 것과 같은 일상적인 상황에서도 유발되었기 때문에 **가짜 분노**(sham rage)라고 불렸다. 이후 연구에서는 겉질이 시상하부 및 다른 겉질밑 구조의 작용을 억제하는 기능을 한다는 주장이 제기됐다. 고양이의 시상하부가 전기자극을 받으면 가짜 분노에서 보이는 많은 행동이 그대로 나타난다(Hess, 1928; Flynn, 1967). 자극이 중단되면 모든 분노 또한 멈추고, 고양이는 몸을 구부려서 잠든다. 반사회적이고 폭력적인 사람들에게서 시상하부 기능의 이상이 관찰되었다(Raine et al., 2004).

편도체 역시 주로 시상하부와의 연결을 통해 공격성에 관여한다. 편도체가 상황을 두렵고 위협적인 것으로 처리하면, 그 사람은 공격적으로 반응할지도 모른다. 결국 지각된 위협에 대한 싸움 또는 도망 반응에는 싸우기라는 선택지가 포함되어 있는 것이다. 충동적 공격은 많은 경우에 방어적인 것으로 보이며, 비정상적으로 폭력적인 사람은 다른 사람이 위협이라고 지각하지 않는 상황을 위협적으로 지각하면서 과잉반응하는 것일 수 있다(Siever, 2008). 편도체 부피가 감소되어 있는 남성들은 어린 시절에 공격성과 사이코패스적 특질을 보인 이력이 있었고, 3년 후의 추적 시점에서 더 많은 폭력을 행사한 것으로 나타났다(Pardini, Raine, Erickson, & Loeber, 2014). 수컷 붉은털원숭이의 편도체를 제거하자 공격성이 감소했다(Rosvold, Mirsky, & Pribram, 1954). 극소수의 인간 환자들에게서 편도체 손상은 관자엽 발작과 관련된 폭력을 감소시켰다(Mark & Ervin, 1970).

종합하자면 앞쪽 띠겉질과 눈확이마겉질은 공격적 행동을 억제한다(Siever, 2008). 11장에서 살펴본 바와 같이, 이 뇌 영역들은 긍정적 혹은 부정적으로 예상되는 행동 결과를 평가함으로써 의사결정에 관여한다. 눈확이마겉질이 손상된 사람은 대립 상황에서 신체적·언어적 위협을 더 많이 사용하는 경향이 있었다(Grafman et al., 1996). 공격성이 충동적인 것인지, 계획적이고 포식적인 것인지에 따라 이마엽 활동 패턴이 다르다. 충동적인 살인범은 이마엽 활동이 감소되어 있는 반면, 계획적인 살인범은 그렇지 않다(Raine et al., 1998). 사전에 계획된 폭력행위를 한 적이 있는 조현병 환자는 폭력 이력이 없는 조현병 환자에 비해 아래관자엽, 대뇌섬, 뒤쪽 띠겉질의 부피가 더 작았다(Kuroki et al., 2017). 충동적인 폭력행위를 했던 조현병 환자들은 계획적인 폭력범들과 마찬가지로 아래관자엽의 부피가 작았다. 그러나 이 조현병 환자들은 대뇌섬과 뒤쪽 띠겉질에서는 부피 감소를 보이지 않았다.

가짜 분노 대뇌겉질의 제거 이후, 보통은 무해할 만한 자극에 대해 폭력적인 반응을 보이는 것.

신경과학으로 '위험성'을 평가하기

신 경과학은 두 가지 모습으로 법정에 들어왔다. 첫째, 신경과학 자료를 사용하여 피고의 책임성 정도를 평가한다. 우리는 5장에서 그 측면을 다루었다. 두 번째로 최근에 생겨난 신경과학의 역할은 '위험성(dangerousness)', 즉 피고의 재범 가능성에 대한 평가이다(Gkotsi & Gasser, 2016). 후자의 역할은 범죄자를 처벌하는 것에서 미래의 범죄로부터 사회를 보호하는 것으로의 법의학 전반적인 패러다임 전환을 반영한다.

위험성을 평가하려는 시도는 새로운 것이 아니다. 과거의 평가는 법의학 정신과 의사가 내린 임상적 판단을 기반으로 했으며, 아마도 Hare의 사이코패스 체크리스트(Hare Psychopathy Checklist-Revised, PCL-R; 14장을 보라)와 같은 표준화된 척도에 의해 뒷받침되었을 것이다. 이 장에 포함된 많은 연구들처럼 폭력적인 사람들의 뇌에서 잘 알려진 손상이나 이상성을 연관 짓는 뇌 영상 연구는 이제 법정에서 더 자주 사용된다. 예를 들어 Aharoni와 동료들(2013)은 앞쪽 띠겉질의 활동량이 적은 범죄자가 이 구조의 활동량이 많은 범죄자에 비해 재범 위험이 2배 높다고 주장했다. 이러한 결과는 형량의 결정에 활용된다.

신경법학(neurolaw)은 정신장애가 폭력적인 행동에 기여하는 사례들을 더 정확하게 식별할 잠재력을 지니고 있지만, 이러한 일은 상당한 윤리적 위험을 초래하기도 한다. 판사들은 신경과학적 증거를 매우 설득력 있는 것으로 본 나머지, 사건에 대한 여러 정보 출처 중에서 이 한 가지에 너무 많은 비중을 둘 수 있다. 판사, 변호사, 배심원은 신경과학의 전문가가 아니며 신경과학 자료를 평가하는 데 어려움을 겪을 가능성이 높다. McCabe와 Castel(2008)의 보고에 따르면 독자들은 뇌 이미지가 포함된 기사를 이미지가 없는 기사보다 과학적 가치가 더 높은 것으로 평가했으며, 이는 전자의 기사에 논리적 오류가 있는 경우에조차 그러했다. 마지막으로 연구 자료는 개인이 아닌 집단 수준의 연구참가자에 기반을 두고 있다. 우리는 '대부분의 사람들'이 무엇을 할 가능성이 있는지는 말할 수 있지만, 특정 개인이 '대부분의 사람들' 집단에 속하는지 아니면 예외적인 경우인지는 알 수 없다. 개인의 자유와 사회의 안전이 걸려 있는 기로에서 위험성의 평가에는 우리가 할 수 있는 최고의 과학적 분석이 제공되어야 한다.

생화학과 공격성

자연적으로 발생했거나 외부에서 유입된 많은 물질이 공격적인 행동의 가능성을 높일 수 있다.

알코올 약물 사용, 특히 알코올 사용은 인간의 공격성과 밀접한 관련이 있다. 교도소 연구와 경찰 보고서에 따르면 알코올 사용은 살인의 39~45%, 성폭력의 32~40%, 친밀한 파트너 학대의 63%, 신체적 폭행의 45~46%와 관련이 있다(Giancola, 2013). 알코올은 대부분의 자살과도 관련이 있다. 알코올은 일반적으로 띠겉질과 이마겉질이 행사하는 공격성에 대한 억제력을 낮춤으로써 폭력에 기여한다. 불행히도, 아동 학대 시에 일어나는 폭력과 관련이 있는 유전자형은 알코올 의존의 위험성 또한 증가시킨다(Heinz, Beck, Meyer-Lindenberg, Sterzer, & Heinz, 2011). 이는 이미 폭력적인 행동을 할 가능성이 높은 아동(옮긴이 주: 자식에게 폭력을 행사하는 부모의 유전자를 타고난 아동)이 폭력적인 행동을 증가시키는 것으로 알려진 물질을 남용할 가능성도 높다는 것을 의미한다.

테스토스테론 동물 연구는 테스토스테론 수치와 공격행동 사이의 강한 상관관계를 보여준다. ●그림 12.19에서 볼 수 있듯이, 생쥐가 거세된 후에는 깨물기 공격의 발생률

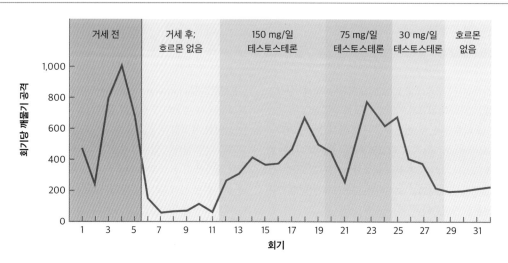

●그림 12.19 **테스토스테론은 생쥐의 깨물기 공격에 영향을 미친다** 수컷 생쥐는 거세된 후에 깨물기 공격의 횟수가 크게 감소한 것으로 나타났다. 거세된 수컷에게 테스토스테론을 투여하자 깨물기행동이 거세 전 수준에 가깝게 회복되었다.

출처: Adapted from Wagner, Beuving, & Hutchinson (1980).

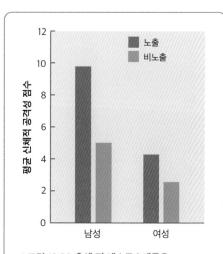

●그림 12.20 **출생 전 테스토스테론은 공격성에 영향을 미친다** 출생 전에 높은 수준의 테스토스테론에 노출되었던 남성 및 여성은 그렇지 않았던 동성 형제자매보다 더 높은 수준의 신체적 공격성을 보였다.

출처: Adapted from Reinisch, Ziemba-Davis & Sanders (1991).

이 거의 0으로 줄어든다. 그러나 거세된 생쥐에게 테스토스테론을 투여하자 깨물기행동이 보통 수준으로 빠르게 회복되었다(Wagner, Beuving, & Hutchinson, 1980). 테스토스테론은 위협적인 자극에 대한 반응성을 증가시켜 공격성에 영향을 미치는지도 모른다. 테스토스테론을 투여받은 여성은 화난 얼굴의 이미지에 대해 더 강한 겉질밑 반응을 보였다(Hermans, Ramsey, & Van Honk, 2008). 이 경우도 마찬가지로 겉질밑 반응이 겉질의 억제력을 압도하면 공격성이 더 높아진다.

인간의 경우 태아기에 노출되는 테스토스테론이 더 높은 공격성과 관련이 있다. Reinisch, Ziemba-Davis와 Sanders(1991)는 유산을 방지하기 위해 테스토스테론을 투여했던 여성의 아이를 관찰했다. ●그림 12.20에서 볼 수 있듯이 출생 전 추가적인 테스토스테론에 노출되었던 남아와 여아 모두 그렇지 않았던 동성의 형제자매보다 평균 신체적 공격성 점수가 더 높았다. 2D:4D의 비율이 작은 남성은 태아기에 안드로겐에 더 많이 노출된 사람으로서, 신체적으로 공격성을 보일 가능성이 더 높았다(Bailey & Hurd, 2005). 태아기 테스토스테론 노출의 또 다른 지표인 얼굴 길이 대비 얼굴 폭의 비율 또한 공격성을 예측할지도 모른다(Carre, McCormick, & Mondloch, 2009).

성인의 테스토스테론 수치는 인간의 공격성과 그다지 큰 상관관계가 없다. 그러나 Dabbs와 Morris(1990)는 10대 및 성인 남성의 일반적인 테스토스테론 수치 분포에서 오른쪽 극단에 속하는 높은 수준의 경우 비행, 약물 남용 및 공격성과 정적 상관관계가 있다고 보고했다. 스테로이드를 사용하는 운동선수의 폭력성, 즉 '스테로이드 분노(roid rage)'에 대한 보고들이 있으나 1만 명 이상의 스웨덴 남성을 대상으로 한 연구에 따르면 다중약물 사용, 즉 향락용 약물과 스테로이드를 비롯한 여러 물질을 사용하는 것이 스테로이드를 단독으로 사용하는 것보다 폭력성을 더 잘 예측하는 것으로 나타났다(Lundholm, Frisell, Lichtenstein, & Langstrom, 2015).

모든 상관관계 연구와 마찬가지로 테스토스테론과 공격성 간 관계의 기원과 방향성은 알려지지 않았다. 테스토스테론 수치가 높으면 공격성이 더 커질 수 있지만, 공격적인 남성의 테스토스테론 수치가 높다는 것은 공격적인 행동의 근본 원인이 아니라 경쟁이 치열하고 위협적인 환경에서 생활한 결과일 수 있다. 8장에서 관찰한 바와 같이 테스토스테론 수치는 선수들의 경쟁과 경쟁에 대한 예상에 반응한다. 지독한 라이벌 팀에 맞서 홈 관중 앞에서 뛰는 선수들은 테스토스테론이 가장 크게 증가한 것으로 나타났으며, 이는 영토성(territoriality)이 인간 남성의 테스토스테론 수치에 영향을 줄 수 있다는 것을 시사한다(Neave & Wolfson, 2003).

세로토닌   테스토스테론과 마찬가지로 세로토닌 수치는 생활 환경에 따라 변동하며 공격성을 예측한다. 세로토닌 활동은 둘레계(limbic system, 변연계)에 의한 혐오자극 처리에 영향을 미친다(Heinz et al., 2011). 편도체의 세로토닌 수치 감소는 수컷 쥐의 공격적인 행동 증가와 관련이 있었다(Toot, Dunphy, Turner, & Ely, 2004). 매우 정교한 사회적 위계를 형성하는 수컷 붉은털원숭이의 세로토닌 수준은 위계 구조에서 원숭이의 위치와 상관관계가 있다(Raleigh, McGuire, Brammer, Pollack, & Yuwiler, 1991). 위계 구조의 맨 아래에 있는 원숭이는 세로토닌 수치가 가장 낮은 반면, 가장 위에 있는 원숭이는 세로토닌 수치가 높다. 자신의 지위를 높이고자 하는 낮은 서열의 붉은털원숭이는 지배적인 원숭이보다 공격행동을 더 많이 개시한다(●그림 12.21을 보라).

세로토닌은 띠겉질과 눈확이마겉질을 포함한 이마앞겉질 영역의 활동을 촉진한다(Heinz et al., 2011). 따라서 더 높은 수준의 세로토닌은 겉질밑 영역에서 생성되는 공격적 추동을 더 많이 억제할 것으로 예측할 수 있다. 세로토닌은 또한 공감에 영향을 주어 타인에 대한 폭력을 억제하는지도 모른다. 타인에게 가해지는 해로운 행동을 상상하는 것은 세로토닌이 풍부한 뇌 영역의 활동과 관련이 있다(Siegel & Crockett, 2013). 일반적이지 않은 세로토닌 기능은 청소년의 사이코패스적 특성, 특히 냉담하고 비정서적인(callous-unemotional) 특질의 발달과 관련이 있다(Blair, 2013).

폭력적인 자살 시도나 충동적인 폭력의 이력이 있는 사람들은 감소된 세로토닌 활동의 징표를 보인다(Siever, 2008). 14장에서 살펴보겠지만, 세로토닌 수치가 낮은 것은 흔히 자신에 대한 공격성이라고 묘사되는 우울증과도 관련이 있다. 낮은 세로토닌이 왜 어떤 경우에는 다른 사람에 대한 공격성을 촉진하고, 어떤 경우에는 자신에 대한 공격성을 촉진하며, 또 어

Oliver Nowak/Dreamstime.com

●그림 12.21 낮은 세로토닌 수치는 공격성과 관련이 있다 낮은 세로토닌 수치는 우울한 기분과 관련된 맥락에서 이해될 때가 많지만 공격성과도 관련이 있다. 원숭이처럼 엄격한 지배적 위계를 유지하는 동물의 경우 서열이 낮은 원숭이가 세로토닌 수준이 더 낮고 공격행동을 더 많이 보인다.

떤 경우에는 살인 후 자살처럼 자신과 다른 사람 모두에 대한 공격성을 촉진하는지는 분명하지 않다.

❚❚ 요약 표: 공격성의 증가 또는 감소와 관련된 구조적 및 생화학적 상관물

	공격성의 증가	공격성의 감소
구조적 상관물	대뇌겉질 제거	편도체 손상
	시상하부의 전기자극	
	눈확이마겉질의 손상	
생화학적 상관물	알코올 사용	
	높은 테스토스테론 수준	낮은 테스토스테론 수준(거세된 수컷 생쥐)
	낮은 세로토닌 수준	

❚❚ 요점

1 공격성은 유전자의 영향을 받지만, 공격적 행동은 문화와 학습을 통해 수정될 수 있다. (LO5)
2 시상하부, 편도체, 띠겉질, 눈확이마겉질이 공격성에 관여한다. (LO5)
3 알코올 사용, 높은 테스토스테론 수준, 낮은 세로토닌 수준은 공격성과 상관이 있다. (LO5)

❚❚ 복습 문제

1 충동적 공격성과 관련된 뇌의 과정에는 무엇이 있는가?
2 알코올, 테스토스테론, 세로토닌은 어떻게 공격성에 기여하는가?

스트레스

스트레스는 위험 또는 위협에 대한 지각으로 인한 불쾌하고 파괴적인 상태로 정의된다. **스트레스 요인**(stressor)이라는 용어는 스트레스의 원천을 가리키는 데 사용된다. 이 정의에서 핵심적인 용어는 지각(perception)이다. 스트레스 경험은 사람에 따라 매우 다양하다. 예를 들어 뱀은 어떤 사람에게는 공포증의 원인이지만 다른 사람에게는 사랑스러운 반려동물일 수 있다. 중요한 것은 자신이 어떤 위험하거나 위협적인 상황에 있다고 지각하는 것이다(● 그림 12.22를 보라). 위험이 지각되고 식별되고 나면, 스트레스 요인의 실제 본질과는 상관없이 예측 가능한 일련의 반응이 시작된다.

스트레스를 나쁜 것으로 생각할 수 있지만 긍정적인 결과도 있다. 헬스장에서 하는 운동과 같은 단기적인 스트레스는 상당한 이득을 가져온다. 그러나 장기적이고 만성

스트레스 위험 또는 위협에 대한 지각으로 인한 불쾌하고 파괴적인 상태.
스트레스 요인 스트레스의 원천.

●그림 12.22 스트레스는 보는 사람의 눈에 있다 롤러코스터를 타는 것과 같은 동일한 경험이 사람에 따라 다른 반응을 유발할 수 있다. 어떤 사람에게는 그 경험이 극심한 스트레스를 주는 반면, 다른 사람들은 그 경험으로 인해 즐거움을 느낀다.

적인 스트레스는 수행 능력과 행복감에 영향을 줄 수 있다. 14장에서는 우울증, 조현병, 외상후 스트레스장애 및 기타 심각한 장애의 발병에 선행하는 취약성과 외부 스트레스 간의 상호작용을 강조하는 병적소질–스트레스(diathesis-stress) 모형이 스트레스의 역할을 어떻게 설명하는지 살펴볼 것이다.

Hans Selye와 일반적응증후군

스트레스에 대한 현대 연구는 Walter Cannon(1929)의 관찰로 시작되었다. Cannon은 극심한 추위, 산소부족, 정서적 경험 등 다양한 스트레스 요인이 자율신경계의 교감부를 자극한다는 것을 보여주었다(2장을 보라). 스트레스 요인에 대한 대응으로 신체는 Cannon이 '싸움 또는 도망(fight-or-flight)'이라고 일컬은 반응을 준비한다. 이 경우 심박수, 혈압 및 호흡이 모두 증가하며, 음식물 소화와 같이 비상시에 필수적이지 않은 기능은 억제된다. 저장된 에너지가 방출되고 피부 표면의 혈관이 수축하여(손상으로 인한 과도한 출혈 방지) 혈액을 골격근으로 이동시킨다(운동 준비).

　　Hans Selye는 40년의 연구 경력에 걸쳐 Cannon의 발견을 확장했다. Selye는 수조에 빠트린 쥐가 수영을 하다가 포기하고 구조될 때까지 걸리는 시간에 미치는 다양한 스트레스 요인의 영향을 조사했다. Selye가 발견한 스트레스 요인에는 냉수, 쥐의 수염을 잘라내는 것, 구금, 감전, 수술이 있었다. Selye(1946)는 사용된 스트레스 요인에 관계없이 일관된 반응이 나타남을 관찰했으며, 이를 **일반적응증후군**(General Adaptation Syndrome, GAS)이라고 명명했다.

　　GAS는 ●그림 12.23의 도식처럼 3단계로 구성되어 있다. 스트레스 요인이 처음 인식되고 식별되면 **경보반응**(alarm reaction)이 시작된다. 이것은 Cannon의 싸움 또는 도망 반응과 유사하다. 고속도로에서 아찔한 상황을 겪어본 적이 있다면 이것이 어떤

일반적응증후군(GAS) 스트레스에 대한 신체반응을 설명하는 3단계 모형. Hans Selye가 제안함.

경보반응 Selye의 GAS에서 첫 번째 단계로, 교감신경계와 심리적 기민함이 활성화됨.

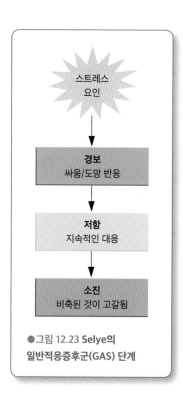

●그림 12.23 Selye의
일반적응증후군(GAS) 단계

느낌인지 알 것이다. 심장이 빠르게 뛰고 숨이 가빠지며 손바닥에 땀이 나고 경계심이 매우 고조된다. 여기까지는 신경계가 잘 작동하고 있는 것이다. 신경계는 이러한 유형의 비상상태를 관리하도록 만들어져 있기 때문이다.

만일 스트레스 상황이 이 초기 경보단계를 지나서도 계속된다면 **저항단계**(resistance stage)로 들어간다. 이 단계는 경보반응보다 생리적으로 덜 극적이지만, 우리 몸은 정상적인 활동을 유지하는 동시에 스트레스에 대처하느라 상당한 에너지를 소비한다. 이 단계에서는 판단력과 질병에 대한 저항력이 저하될 수 있다. 스트레스가 더 지속되면, 힘과 에너지가 매우 낮은 수준으로 떨어지는 마지막 **소진단계**(exhaustion stage)에 들어간다.

소진은 우울증 같은 장애로 이어질 수 있다(14장을 보라). 드문 경우이나, 전쟁 중의 강제 행군 같은 스트레스 상황에서는 소진이 사망으로 이어지기도 한다. 1942년 Walter Cannon은 젊고 건강한 아프리카 여성이 방금 전에 먹은 과일이 영적으로 금지되어 있다는 사실을 알고 나서 스트레스로 죽은 것으로 보이는 한 사례를 설명했다. Cannon은 이 사건을 '주술적(voodoo)' 죽음이라고 불렀다. Robert Sapolsky(2001)는 만성 스트레스가 케냐의 개코원숭이에게 미치는 영향을 연구했다. 일반적으로 낮은 서열의 수컷 개코원숭이는 높은 서열의 수컷과의 상호작용을 피한다. 어느 해에 지역 농부들은 개코원숭이가 농작물을 먹거나 훼손하지 못하게 하기 위해 많은 원숭이를 감금했다. 갇혀있는 동안 낮은 서열의 수컷은 높은 서열의 수컷을 피할 수 없었고, 그 결과 낮은 서열의 수컷이 다수 사망했다. 짐작할 수 있듯, 이 원숭이들은 싸움으로 인한 상처 때문에 죽은 것이 아니었다. 이들은 궤양이나 심혈관질환과 같은 스트레스 관련 질환 때문에 사망했다.

스트레스에 대한 반응

응급 상황을 성공적으로 관리하려면 신체적, 인지적, 행동적 반응이 협응되어야 한다. 예를 들어 우리의 조상 한 사람이 굶주린 사자를 마주하고 있다고 가정해 보자. 자율신경계의 교감부는 이 사람이 도망가거나 싸울 수 있도록 준비시킨다. 이와 동시에 시상하부가 뇌하수체를 통해 콩팥위샘(부신)에게 방출하도록 명령한 코르티솔 때문에 인지 체계는 고도로 각성되고 경계하는 상태가 된다. 행동적으로 이 사람은 싸우는 대신 스트레스 요인으로부터 도망가고자 할 것이라고 예측할 수 있다.

스트레스와 편도체 우리는 이러한 신체적, 인지적, 행동적 반응을 매개하는 경로를 추적할 수 있다. 우선 감각계가 위협적인 자극(사자)을 탐지한다. 그러고는 더 상위의 겉질 처리 중추와의 연결을 통해 그 대상을 사자로 식별하고, 사자의 행동에 대한 기억(식습관 등)에 접근한다. 이와 동시에 감각 정보가 시상에서 겉질을 거치지 않고 직접 편도체로 전달된다.

편도체는 자극이나 상황이 잠재적으로 위험한 것인지를 재빠르게 판단하는 '위협

저항단계 Selye의 GAS에서 두 번째 단계로, 스트레스에 대처하면서 정상적인 활동을 이어가기 위해 힘쓰는 것이 특징인 상태.
소진단계 Selye의 GAS에서 마지막 단계로, 비축된 힘과 에너지가 매우 낮은 상태.

회로'에 관여한다(LeDoux, 2000, 2014). 10장에서 언급했듯이 편도체가 손상된 동물은 전기충격을 예측하는 자극(아마도 소리 또는 빛)에 더 이상 조건화된 공포반응을 보이지 않는다. 또한 편도체가 손상된 동물은 낯설고 위험한 자극에 적절하게 반응하는 법을 배울 수 없다(Wilensky, Schafe, Kristensen, & LeDoux, 2006).

감각 정보는 시상에서 편도체로, 그리고 시상에서 겉질로 별개의 경로를 통해 이동하기 때문에 의식적으로는 위험한 것으로 여겨지지 않는 자극에 대해서도 두려운 느낌이 들 수 있다(Knight, Nguyen, & Bandettini, 2003). 야간 수업을 마치고 집으로 돌아오는 길에 왠지 모르게 불안을 느낄 수 있다. 자극에 대한 온전한 의식과 이해가 없는데도 공포심을 자극하는 편도체의 능력에 관한 흥미로운 실제 예가 있다. 뒤통수엽 손상으로 맹인이 된 환자에게 공포를 표현하는 얼굴을 보여주면 정상적인 편도체 활성화가 나타난다(Morris, DeGelder, Weiskrantz, & Dolan, 2001). 그 환자는 자신이 보고 있는 것이 얼굴인지, 건물인지, 아니면 풍경인지를 말할 수는 없었지만, 그래도 그의 편도체는 주변에 위험한 무엇인가가 있음을 알고 있는 것이다.

스트레스, SAM 및 HPA 축 잠재적인 위험 원인이 감지되면 편도체는 시상하부와 교신한다. ●그림 12.24에 볼 수 있듯이, 시상하부는 교감성 콩팥위샘속질(sympathetic adrenal-medullary, SAM) 체계와 시상하부–뇌하수체–콩팥위샘 축(hypothalamic-pituitary-adrenal axis, HPA axis)이라는 두 가지 체계에서 활동을 개시함으로써, 응급 상황에 대처하기 위한 신체의 자원을 동원한다.

SAM 체계의 활성화는 자율신경계의 교감부 활동을 제어하는 시상하부의 메시지로 시작된다. 교감부의 활동은 콩팥위샘(adrenal gland, 부신선; 허리 부위의 콩팥 위에 있음)에서 에피네프린(아드레날린)과 노르에피네프린을 혈류로 방출시킨다. 이 신경화학 물질들은 뇌와 기타 기관으로 순환하여 심장 두근거림이나 빠른 호흡과 같이 스트레스에 대한 즉각적이고 단기적인 싸움 또는 도망 반응을 생성한다.

HPA 축의 활성화는 신호가 편도체로부터 시상하부의 뇌실곁핵(paraventricular nucleus, PVN, 실방핵)에 도달할 때 시작되며, 이후 PVN이 청색반점(locus coeruleus, 청반), 척수, 뇌하수체와 교신한다(Tausk, Elenkov, & Moynihan, 2008). PVN은 시상하부와 뇌하수체 전엽 사이의 화학적 전달자 역할을 하는 **코르티코트로핀 방출호르몬**(corticotrophin-releasing hormone, CRH)과 바소프레신(vasopressin, ADH; 7장을 보라)을 방출한다. CRH와 바소프레신에 대한 반응으로 뇌하수체는 또 다른 호르몬인 **콩팥위샘겉질 자극호르몬**(adrenocorticotropic hormone, ACTH)을 방출한다. 뇌하수체에서 혈류로 확산된 ACTH는 콩팥위샘에 도달하여 당질코르티코이드(glucocorticoid) 중 하나인 코르티솔(cortisol)의 방출을 자극한다. CRH와 ACTH는 일정한 주기로 방출되며, 각각은 약 15분 동안의 코르티솔 방출을 일으킨다. 코르티솔은 분해되기 전까지 약 3시간 동안 혈류에 남아있다.

편도체 외에 해마도 HPA 축의 조절에 참여한다. 편도체는 시상하부에 의한 CRH

코르티코트로핀 방출호르몬(CRH)
시상하부에서 방출하는 호르몬으로, 뇌하수체 전엽에서 ACTH를 방출하도록 신호를 보냄.

콩팥위샘겉질 자극호르몬(ACTH)
뇌하수체 호르몬으로, 콩팥위샘에서의 코르티솔 방출을 자극함.

●그림 12.24 스트레스에 반응하는 두 가지 체계 교감성 콩팥위샘속질(SAM) 체계는 콩팥위샘에서 순환계로 에피네프린(아드레날린)과 노르에피네프린을 방출함으로써 스트레스 요인에 매우 빠르게 반응한다. 시상하부-뇌하수체-콩팥위샘(HPA) 축은 콩팥위샘에 의한 비교적 느린 코르티솔 방출을 일으킨다.

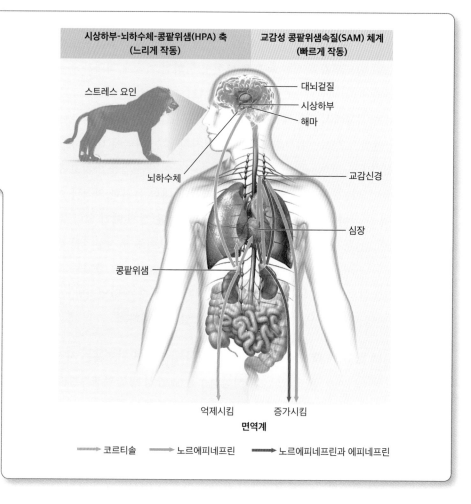

방출을 자극하는 반면, 해마는 CRH 방출을 억제하는 역할을 한다. 해마는 코르티솔을 비롯한 당질코르티코이드 수용체를 포함하고 있어 피드백 회로를 형성할 수 있다 (Stokes, 1995). 해마에 도달하는 코르티솔 수치가 너무 높으면, 시상하부의 CRH 방출이 감소하여 ACTH 및 코르티솔 방출이 감소한다.

혈중 코르티솔은 스트레스 요인을 다루는 데 사용할 수 있는 에너지를 증가시킨다. 9장에서 살펴본 바와 같이 코르티솔은 일주율 패턴으로도 방출되는데, 아침 기상 시 최고 수준으로 방출되며, 이는 코르티솔이 높은 각성 수준과 관련이 있다는 사실을 다시 뒷받침해 준다. 코르티솔이 혈류를 통해 뇌에 도달하면, 뉴런으로 들어가는 칼슘의 양이 증가하고(Kerr, Campbell, Thibault, & Landfield, 1992), 이어서 신경화학물질의 방출이 증가한다(3장을 보라). 불행히도 너무 많은 코르티솔은 뉴런에 독이 될 수 있다. 쥐에게 코르티솔의 등가물인 코르티코스테론(corticosterone)을 매일 주사했을 때, 코르티코스테론 수용체가 있는 뉴런의 가지돌기들이 위축되었고, 해당 뉴런들은 몇 주 내에 죽기 시작했다(Stein-Behrens, Mattson, Chang, Yeh, & Sapolsky, 1994). 쥐가 코르티코스테론 주사를 받는 대신 매일 스트레스를 받을 때도 동일한 결과가 발생했다. 앞서 언급한 Sapolsky의 연구에서, 스트레스를 받은 개코원숭이는 특히 해마에서 신경세포사(neural death)가 발생했다. 비정상적으로 높은 코르티솔 수치를 초래하는 쿠싱병(Cushing's disease)은 해마 부피 감소, 기억력 문제, 비정상적인 수면 패턴 및 우울 증과 관련이 있다(Langenecker et al., 2012). 외상후 스트레스장애(14장을 보라)로 진단된 일부 환자의 경우에도 해마 부피가 감소한 것으로 밝혀졌다. 지속적으로 높게 유지되는 코르티솔 수준은 코르티솔을 정상적 수준으로 낮추는 해마의 피드백 회로를 압도하여, 만성 스트레스로 인한 부정적 결과에 더 취약하게 될 수 있다.

스트레스와 후성유전

오랫동안 심리학자들은 아동기 초기의 보살핌(care)과 양육이 장기적으로 지속되는 결과를 가져온다고 믿어왔다. 초기 연구자들은 새끼 쥐를 인간의 손에 길들인 후 어미 쥐에게 돌려보내면 어미 쥐가 핥기와 털 다듬기(grooming; 인간의 안아주기에 해당하는 쥐의 행위)를 더 많이 한다는 사실을 발견했다. 이 모성 보살핌은 새끼가 성체가 되어서도 스트레스에 대한 강한 저항력을 보이는 것과 관련이 있었다(Denenberg, 1964; Levine, 1970). 추가 연구에 따르면 털 다듬기를 자주 받은 새끼들은 스트레스 요인에 대한 HPA 축 반응이 더 약했고, 코르티솔의 작용을 제어하는 피드백 회로가 더 민감했다(Liu et al., 1997).

어미 쥐는 세심한 부류(높은 수준의 핥기 및 털 다듬기)와 무심한 부류(낮은 수준의 핥기 및 털 다듬기)로 나뉜다. Michael Meaney와 그의 동료들(Francis, Diorio, Liu, & Meaney, 1999; Meaney, 2010)은 일련의 위탁모 실험에서 새끼들이 태어난 직후에 이들 중 일부는 세심한 정도가 생물학적 어미와 같은 위탁모에게, 다른 일부는 세심한 정도가 생물학적 어미와 다른 위탁모에게 배치했다. ●그림 12.25에서 볼 수 있듯이, 생물학적 어미의 세심함보다 새끼를 실제로 기르는 어미의 세심함이 새끼의 스트레스에 대한 회복력에 더 많은 영향을 미친다는 것이 밝혀졌다.

모성 보살핌은 새끼의 해마에서의 유전자 발현에 후성유전적 영향을 미친다. 구체적으로 말하면 세심한 어미 쥐의 새끼들은 당질코르티코이드 수용체 유전자의 발현 수준이 높다. 코르티솔은 당질코르티코이드의 한 유형이라는 것을 떠올려보자. 당질코르티코이드 수용체의 증가는 스트레스 요인에 대한 호르몬 및 행동 반응성이 낮은 것과 관련이 있다(Meaney, 2010). 아동기 학대를 경험했던 남성 자살희생자에게서도 유사한 결과가 보고되었다(McGowan et al., 2009). 학대를 받지 않았거나 자살하지 않은 남성에 비해 학대를 경험한 같은 연령의 자살희생자는 해마에서 당질코르티코이드 수용체가 적다는 증거가 있다.

대부분의 후성유전적 과정과 마찬가지로, 모성 보살핌이 스트레스에 미치는 영향은 자손이 당면한 환경에 대비할 수 있게 만든다. 스트레스에 민감한 것은 불쾌한 일이지만, 이는 위험한 상황에서 생명을 구할 수도 있다(Nederhoff, 2012). 어머니가 위험한 곳에 살고 어머니 자신의 스트레스로 인해 자녀를 보살피지 못하면, 자녀들은 어떤 위협에도 대응할 수 있도록 준비된 상태로 환경에 직면한다. 반면 안전한 환경에

●그림 12.25 동물 새끼의 스트레스 회복력에 영향을 미치는 어미의 양육 세심한 어미에게서 양육된 새끼 쥐(높은 수준의 핥기와 털 다듬기, Hi-LG)는 무심한 어미에게서 양육된 새끼 쥐(낮은 수준의 핥기와 털 다듬기, Low-LG)보다 스트레스에서의 회복력이 더 좋았는데, 이는 새끼 쥐들의 생물학적 어미의 세심한 정도와 관련이 없었다.

출처: Adapted from Francis, Diorio, Liu & Meaney (1999).

핥기/털 다듬기(Licking/Grooming, LG) 수준이 높거나 낮은 어미에게서 양육된 새끼 쥐들의 탐색행동 새끼 쥐가 개방된 곳에서 돌아다니는 시간은 받았던 양육의 유형과 관련이 있다. 세심한 어미(Hi-LG; 높은 수준의 핥기/털 다듬기)에게 양육된 새끼 쥐는 무심한 어미(Low-LG; 낮은 수준의 핥기/털 다듬기)에게 양육된 새끼 쥐보다 더 오랫동안 탐색했으며, 이는 이들의 생물학적 어미의 양육 성향과는 관련이 없었다.

출처: Adapted from Francis, Diorio, Liu, & Meaney (1999).

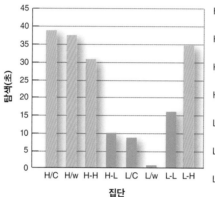

H/C = 'High Control'; Hi-LG 생모와 함께 방해받지 않고 자란 새끼 쥐
H/w = 'High Cross-fostered'; Hi-LG 생모로부터 떨어졌다가 다시 되돌려 놓아진 새끼 쥐
H-H = 'High-High'; Hi-LG가 생모였으며, Hi-LG 위탁모의 양육을 받은 새끼 쥐
H-L = 'High-Low'; Hi-LG가 생모였으며, Low-LG 위탁모의 양육을 받은 새끼 쥐
L/C = 'Low Control'; Low-LG 생모와 함께 방해받지 않고 자란 새끼 쥐
L/w = 'Low Cross-fostered'; Low-LG 생모로부터 떨어졌다가 다시 되돌려 놓아진 새끼 쥐
L-L = 'Low-Low'; Low-LG가 생모였으며, Low-LG 위탁모의 양육을 받은 새끼 쥐
L-H = 'Low-High'; Low-LG가 생모였으며, Hi-LG 위탁모의 양육을 받은 새끼 쥐

있는 어머니는 자녀에게 높은 수준의 보살핌을 제공할 여유가 있다. 이 안전한 환경으로 인해 그 자녀들은 위협에 덜 민감하더라도 안전한 상태일 가능성이 높다. 어머니의 보살핌 수준은 자녀들이 맞닥뜨리기 쉬운 환경과 자녀들의 반응 수준을 맞추는 데 도움이 된다.

스트레스, 면역계, 건강

스트레스를 단기간에 폭발적으로 경험하는 것은 감염과 암에 대한 신체의 최전방 방어를 수행하는 **면역계**(immune system) 같은 여러 생물학적 시스템에 유익한 영향을 미칠 수 있다(Dhabhar, 2009). 그러나 면역계는 장기적이고 만성적인 스트레스의 원천이 있는 경우에는 그렇게 잘 작동하지 않는다.

만성 스트레스의 영향 만성 스트레스에 직면했을 때, 스트레스반응 체계는 신체 기능을 우선시한다. 스트레스 요인을 처리하는 데 필요하지 않은 기능은 오프라인 상태로 전환된다. 불행히도 면역계는 만성 스트레스를 겪는 사람들에게 있어 희생시킬 수 있는 체계 중 하나이다(Thornton, Andersen, Crespin, & Carson, 2007).

면역계는 외부 감염원으로부터 우리를 보호하는 백혈구인 **림프구**(lymphocytes)를 생성한다. 코르티솔과 같은 스트레스호르몬의 작용은 림프구의 활동을 직접적으로 억제한다(Panesar, 2008). 결과적으로 만성 스트레스는 질병의 빈도와 심각성을 높일 수 있다. 만성 스트레스를 경험하는 사람들은 감기나 독감 같은 감염성 질병에 더 취약하

면역계 박테리아, 바이러스, 또는 그 외 침입 물질로부터 방어하기 위해 몸이 사용하는 체계.
림프구 백혈구; 면역계의 중요 요소.

다(Cohen, Tyrrell, & Smith, 1991). 구강과 생식기 포진은 스트레스 기간 동안 발생할 가능성이 더 높은데(Cohen & Herbert, 1996), 이는 단핵구증(mononucleosis)도 마찬가지이다(Cacioppo & Berntson, 2011). HIV 감염은 스트레스를 받고 있는 사람에게서 더 빠르게 AIDS로 진행된다(Harper et al., 2006). 안타깝게도 이러한 관계에 대한 지식은 자신이 스트레스를 적절하게 관리하지 못했다고 자책하는 아픈 사람들에게 더 큰 부담을 줄 수 있다.

스트레스와 심장병의 관계에 대해서도 많은 글이 있다. 특히, 좀 더 부드럽고 여유로운 'B형 성격(type B personality)'과는 달리 치열하게 경쟁하고 일에 중독된 'A형 성격(type A personality)'을 보이는 남성은 원래 스트레스로 인해 심장병에 걸릴 위험이 더 높은 것으로 알려져 있었다(Friedman & Rosenman, 1959, 1974). 그러나 John Macleod와 그의 동료들(2002)은 5,000명이 넘는 남성의 자기보고 스트레스 수준을 20년 후에 측정한 그들의 건강 상태와 비교했다. 심장병에 대한 병원 기록은 스트레스 수준이 가장 높다고 보고한 남성들에게서 가장 적게 나타났다(●그림 12.26을 보라). 추가 연구에 의하면 경쟁하려는 욕구는 심장

●그림 12.26 경쟁적인 사람의 건강 많은 사람들이 믿고 있는 것과 달리, 대학 축구 코치와 같은 경쟁적인 사람의 건강이 나쁜 결과를 보이는 것은 아니다. 적대적이고 화가 많은 사람들은 건강 문제에 더 취약한데, 그 이유는 아마도 이들이 자신의 스트레스 완충에 도움이 되는 사회적 연결망으로부터 소외되어 있기 때문일 것이다.

| 일상 속 행동신경과학 |

스트레스에 대한 반려동물 요법

반려동물은 스트레스에 대한 회복력을 향상시킬 수 있다(Allen, 2003). 반려동물을 돌볼 능력이 없는 사람도 훈련된 치료 반려동물과의 상호작용을 통해 도움을 받을 수 있다. 치료견들은 특히 학교, 보육시설, 특수교육교실, 병원, 호스피스 간호시설 및 원호시설에 찾아온다. 수줍음이 많은 아이들은 도서관에서 어른에게 책을 읽어주는 것은 거부하지만 개에게는 소리 내어 책을 읽어줄 수도 있다. 개는 재활 중인 노인이 움직이도록 도와줄 수도 있다. 개를 치료 동물로 사용하는 추세가 증가함에 따라 미국켄넬클럽(American Kennel Club, AKC)은 개들을 AKC 치료견으로 공식 지정하고 있다(American Kennel Club [AKC], 2014).

대부분의 치료견 업무는 전문 자원봉사자가 수행하지만, 위기관리 전문가들도 동물 치료의 이점을 인식하기 시작했다(●그림 12.27을 보라). 군대에서는 파견 배치된 부대를 방문하는 스트레스 관리견 관리사를 지정했다. 치료견은 뉴타운 초등학교 총격 사건과 파괴적인 토네이도 재난 이후에도 투입되었다. 이처럼 스트레스가 극심한 상황에서 도움이 되려면 개와 관리사 모두 적절한 기질과 훈련을 받아야 한다. 이러한 역할은 앞으로도 더욱 공식화되고 전문화될 것이다.

●그림 12.27 반려동물 치료 미 육군의 제98기 전투 스트레스 관리 의료 부대에는 두 마리의 견공 Butch와 Zack이 있다. 동물과의 상호작용은 스트레스를 줄이는 데 도움이 될 수 있으며, 파병 및 퇴역 군인의 스트레스 관련 문제까지 예방할 수 있을 것으로 기대된다.

스트레스 관리

스트레스는 현대 생활에서 피할 수 없는 부분이다. 우리는 유전자와 과거의 양육 경험을 통제할 수는 없지만, 스트레스로 인한 건강 문제를 최소화하기 위해 여러 가지 조치를 취할 수 있다.

스트레스 관리의 한 가지 결정적 변수는 통제감을 유지하는 것이다. 우리가 소망한다고 해서 암이 그냥 사라져 버릴 리는 없지만, 스스로 배우고 치료 결정에 적극적으로 참여함으로써 생명을 위협하는 질병에 반응하는 방식을 통제할 수는 있다. 하루 일과와 활동에 대한 결정을 직접 내리는 요양원 입주자는 의사결정에 참여하지 않는 입주자들보다 더 오래 산다(Rodin, 1986).

스트레스는 식습관 및 수면습관과 밀접하게 관련되어 있다. 지방세포의 크기와 수는 스트레스호르몬에 반응하여 더 빠르게 증가한다(Kuo et al., 2009). 높은 수준의 코르티솔은 수면의 질을 방해한다(Van Cauter et al., 2000). 우리가 이러한 스트레스의 생물학적 효과를 바꿀 수는 없지만, 가능한 한 최상의 식습관과 수면습관을 유지할 수는 있다. 스트레스는 모든 사람에게서 비축된 자원을 고갈시킨다. 그러나 전반적인 건강습관이 좋다면 당신의 몸은 이미 비축된 자원이 바닥난 사람보다 더 많은 스트레스 관련 손상을 견뎌 낼 수 있다.

규칙적인 유산소 운동은 건강을 증진할 뿐만 아니라 스트레스의 부정적인 영향을 완화하는 최상의 방법 중 하나이다. 큰 스트레스를 받던 심장 환자 중에서 재활프로그램으로 운동을 했던 환자들은 운동을 하지 않았던 환자보다 더 오래 살았다(Milani & Lavie, 2009). 동물 모형에 따르면 규칙적인 운동은 불안감의 감소와 관련이 있는데, 이는 아마도 GABA 기능의 변화 덕분일 것이다(Reul et al., 2015).

우리는 매우 사회적인 종이어서 사회적 연결망이 스트레스 관리에 대단히 유익한 영향을 미친다(Montpetit, Bergeman, Deboeck, Tiberio, & Boker, 2010). 고혈압 치료를 받고 있는 독신의 증권중개인을 선정하여 동물 보호소에서 고양이나 개를 입양하게 했다(Allen, 2003). 스트레스를 받았을 때, 이 반려동물 주인들은 반려동물이 없는 사람들에 비해 혈압 상승이 적었다.

우리가 스트레스를 받을 때 속수무책인 것은 아니다. Crum, Salovey와 Achor(2013)가 지적했듯이 스트레스의 위험을 곱씹어 생각하는 대신 스트레스에 대한 긍정적인 태도를 유지한다면, 스트레스가 파괴적인 경험이 아닌 성장 경험이 될 수 있다. 스트레스에 대한 또 다른 좋은 소식은 우리가 스트레스에 적응한다는 것이다. 중학교 때 스트레스 받던 일을 떠올려 보자. 당시의 스트레스보다 오늘날 직면하는 스트레스가 훨씬 더 커 보이기 때문에 그때의 일은 우스운 일처럼 느껴질 수 있다. 이러한 대비는 당신의 스트레스 관리 기술에 지속적인 개선이 있었음을 보여준다. 이 절에서 소개된 내용을 활용하면 아마도 스트레스에 대한 반응을 더욱 향상시킬 수 있을 것이다.

문제를 예측하지 못하는 듯했지만, 일부 A형 성격에서 발견되는 적대감 패턴은 확실히 심장 건강과 관련이 있었다(Appleton et al., 2016). 심장병 위험이 가장 높은 사람들은 의심이 많고 화를 내며 타인을 미워할 때가 많다(Nabi et al., 2008). 적대감과 심장병을 연결하는 정확한 기제는 아직 알려지지 않았지만, 적대감, 분노, 그리고 우울증은 심장병에 기여하는 것으로 보이는 면역계 단백질 수준의 증가와 관련이 있다(Boyle, Jackson, & Suarez, 2007). 또한 적대감은 스트레스를 받고 있는 동안 우리에게 필요한 사회적 관계를 손상시킬 수 있다. 사회적 역할과 관련된 만성 스트레스 요인(예: 사랑하는 사람의 죽음 또는 이혼)은 면역계를 가장 크게 억제한다(Segerstrom & Miller, 2004).

스트레스는 수면의 양과 질을 방해하여 간접적으로 사람의 기분과 식욕에 영향을 주고 건강에 악영향을 미칠 수 있다. 스트레스 요인으로 인한 코르티솔 분비는 수면의 시작과 양질의 수면을 방해할 수 있다(Van Cauter, Leproult, & Plat, 2000). 수면의 질 저하는 우울한 기분뿐만 아니라 비만의 위험과도 관련이 있다. 체중을 감량하려는 사람들이 양질의 수면을 취하는 경우와 그러지 못하는 경우를 비교해 보면 같은 양의 체중을 감량해도 그 감량된 성분에 차이가 있다(Nedeltcheva, Kilkus, Imperial, Schoeller, & Penev, 2010). 수면이 부족한 상태로 다이어트를 하는 사람들이 빼는 지방은, 잘 자면서 다이어트를 하는 사람들이 빼는 지방의 절반 수준이다. 이뿐만 아니라 이들이 감량한 체중의 4분의 3은 지방이 아닌 소중한 뼈와 근육조직이다.

스트레스 대처하기 현대 생활에서 스트레스를 피할 수는 없지만 운동, 건강한 식단, 숙면, 강하고 긍정적인 사회관계망 유지와 같은 건강습관을 잘 챙긴다면, 심하게 스트레스를 받는 사건으로부터 회복될 가능성이 향상된다.

1장에서 살펴본 것처럼, 생물학적 작용과 행동은 일방적이 아니라 양방향적 관계이다. 스트레스를 받아들이는 태도(mindset)는 스트레스에 대한 신체석 반응에 영향을 미치는 것으로 나타났다(Crum, Salovey, & Achor, 2013). 앞서 언급했듯이 대부분의 사람은 스트레스가 건강에 나쁘다고 생각하는데, 어떤 경우에는 이것이 사실이다. 그러나 스트레스를 받는 재무분석가들에게 스트레스를 성장을 위한 긍정적인 기회로 강조하는 단편 영상을 보게 한 결과, 이들에게서 신체적 활력의 징후가 개선되었을 뿐만 아니라 업무 능력도 향상되었다.

중간 요약 12.3

‖ 요약 표: HPA 축과 SAM의 비교

	HPA 축	SAM
스트레스 요인에 대한 반응의 시작	느림	빠름
관련된 생화학적 물질	코르티솔	에피네프린, 노르에피네프린
면역계에 미치는 영향	억제	증진

‖ 요점

1 Selye는 스트레스에 반응하여 발생하는 3단계 일반적응증후군(GAS)에 대해 설명했다. 유기체는 스트레스의 원천이 계속 존재하는 한 경보반응, 저항단계, 그리고 소진단계를 경험할 것이다. **(LO6)**

2 단기간의 스트레스는 건강에 유익하지만, 만성 스트레스는 면역계 활동을 억제하여 질병 발생률을 높일 수 있다. **(LO6)**

‖ 복습 문제

1 단기 및 만성 스트레스가 면역계와 일반 건강에 미치는 영향은 무엇인가?

2 우리의 태도는 스트레스를 경험하는 방식에 어떻게 기여하는가?

돌아보기

생각할 문제

1. 이 장에 제시된 정서 이론 중 어떤 것이 가장 일리가 있다고 생각하며 그 이유는 무엇인가?

2. 뇌손상이 대부분의 폭력적인 범죄행위의 원인이라는 것을 알게 된다면,
   형사법 및 교도소 시스템에 어떤 변화를 제안할 수 있을까?

3. Paul Ekman은 우리가 거짓말쟁이를 탐지하는 일에 능숙하지 않다고 말한다.
   왜냐하면 "우리는 종종 잘못된 길을 따라가고 싶어 하며, 진실을 모르는 것이 유리하다는 이유로
   부지불식간에 거짓말에 공모하기 때문이다."(Ekman, 1996, p. 814)
   우리는 어떤 상황에서 거짓말쟁이를 찾아내길 원하는가? Ekman은 이 말에서 어떤 상황을 가리키고 있는가?

4. 언어가 좌반구에 편재화되지 않은 사람들은 정서 표현의 강도가 어떻게 다를까? (11장을 보라)

핵심 용어

Cannon-Bard 이론 **p. 514**

James-Lange 이론 **p. 511**

Schachter-Singer 두 요인 이론 **p. 514**

경보반응(alarm reaction) **p. 539**

공감(empathy) **p. 513**

공격성(aggression) **p. 532**

림프구(lymphocyte) **p. 544**

면역계(immune system) **p. 544**

사회인지(social cognition) **p. 530**

소진단계(exhaustion stage) **p. 540**

스트레스(stress) **p. 538**

스트레스 요인(stressor) **p. 538**

신체 표지(somatic marker) **p. 516**

얼굴신경핵(facial nucleus) **p. 516**

일반적응증후군(General Adaptation
　Syndrome, GAS) **p. 539**

저항단계(resistance stage) **p. 540**

정서(emotion) **p. 510**

정서가(valence) **p. 510**

정서 조절(emotion regulation) **p. 530**

카타르시스(catharsis) **p. 512**

코르티코트로핀방출호르몬
　(corticotrophin- releasing hormone,
　CRH) **p. 541**

13 장

신경심리학

학습 목표

L01   신경심리학자의 역할과 평가 방법들을 기술한다.

L02   알츠하이머병, 혈관성 질환, 외상성 뇌손상, 물질/
치료약으로 인한 신경인지장애, HIV 관련 신경인지장애,
그리고 프리온병에 대해 설명한다.

L03   종양, 감염, 뇌전증, 다발성 경화증, 그리고 편두통의
특징을 기술한다.

L04   뇌손상 이후의 회복 경과를 예측하는 기본 원리를
설명한다.

L05   신경인지장애 치료에 사용되는 주요 방법을 설명한다.

개요

신경심리학이란 무엇인가

신경심리학(neuropsychology)이란 인지장애가 있는 환자들을 이해하고 치료하고자 하는 임상심리학 내의 전문 분야이다. 인지장애는 노화, 질병 또는 부상으로 인해 발생할 수 있다.

신경심리학자는 어떤 사람들인가

미국에서 신경심리학은 휴스턴 임상신경심리학 전문교육훈련학회(Houston Conference on Specialty Education and Training in Clinical Neuropsychology)가 지정한 전문적인 훈련을 마치고 자격증을 인준받은 박사 수준의 임상심리학자들이 수행한다(Hannay et al., 1998). 신경심리학자(neuropsychologist)에게는 신경계와 행동의 관계에 대한 폭넓은 이해가 요구된다.

신경심리학자들은 종종 신경과 전문의(neurologist)들과 함께 작업한다. 신경과 전문의는 질환과 부상에 따른 신체적 결과를 평가하고 치료하는 반면, 신경심리학자는 질환과 부상의 인지적 결과를 평가하고 치료하는 것으로 두 전문 영역의 분업이 이루어진다. 만약 어떤 군인이 폭발로 인한 두부손상을 입는다면 신경과 의사는 출혈의 위험이나 뇌 부종과 같은 신체적 문제들을 다룰 것이다. 신경심리학자는 그 군인을 평가하고 주의폭(attention span)과 단기기억력의 변화에 관한 재활 프로그램을 제공한다.

신경심리평가

신경심리평가는 성격이나 정신장애에 대한 다른 여느 심리평가와 마찬가지로, 기저 행동의 특성을 평가하기 위해 표준화된 도구를 사용한다. 환자의 인지 및 행동적 강점과 약점을 면밀하게 평가함으로써 잘 계획된 치료가 가능해진다.

물론 어떤 표준화된 검사를 쓸 것인가는 평가의 목적과 환자의 상태에 따라 달라진다(Lezak, 2004). 어떤 경우에는 개인의 점수를 정상인 집단의 점수 분포와 비교하는 것이 적절할 수 있다(●그림 13.1). 예를 들어 읽기를 유난히 어려워하는 아동이 있다면, 이는 지적장애나 난독증에 의한 결과일 수 있으며, 임상가는 표준화된 지능검사의 도움을 받아서 둘을 구분할 수 있다. 또 다른 경우에 표준화된 검사는 개인이 질환이나 부상으로부터 어떤 영향을 받았는지 알려줄 수 있다. 이를 위해 해당 부상이나 질환과 관련된 능력을 측정하는 검사를 통해 개인의 수행을 측정하고, 이것을 그 부상이나 질환에 영향을 받지 않은 것으로 생각되는 능력의 수행과 비교한다(Clare, 2011). 예를 들어 환자의 뇌졸중이 브로카 영역에 영향을 미친다면, 시지각 능력보다는 언어 산출 기능 검사에서 더 낮은 점수를 예상할 수 있다.

어떤 경우에는 신경심리학자들이 개인의 상황에 맞는 특정 검사들을 선택한다. 또 다른 경우에는 지적 능력, 감각, 운동, 주의, 심리장애에 대한 검사들을 포함하고 있는

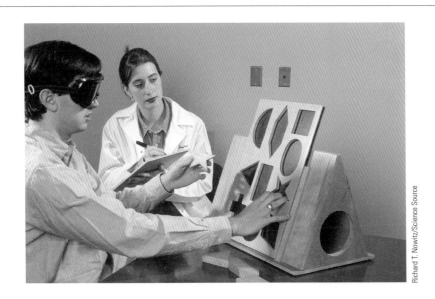

●그림 13.1 **신경심리검사** 표준화된 검사는 신경심리평가의 중요한 요소이다.

할스테드–라이탄 종합 검사(Halstead-Reitan battery; Reitan & Wolfson, 1985)와 같은 포괄적인 평가 도구를 사용하기도 한다. 종합 검사들은 신뢰도가 높지만 실시하는 데 하루 가까이 걸리기도 하는데, 이는 증상이 심각한 환자들의 능력을 벗어난 것일 수 있다. 반응속도를 측정하는 검사에서는 종이–연필 검사보다 전산화된 검사가 더 타당한 결과를 줄 때가 많다. 타당한 검사 결과를 얻는 데 명백한 장애물은 그 사람이 검사를 받게 만든 질환 자체가 검사 수행에 영향을 미칠 가능성이 높다는 사실이다(Graham, Rivara, Ford, & Spicer, 2014). 통증, 피로, 우울, 검사 불안, 치료약, 동기 수준 같은 요인이 지능검사와 같은 표준화된 검사의 결과를 쉽게 왜곡할 수 있다.

신경인지장애

두개골과 뇌척수액, 혈관–뇌 장벽은 우리의 뇌를 효과적으로 보호해 주지만, 뇌는 머리에 큰 충격이 가해지거나 혈액 공급이 방해받는 등의 이유로 손상을 입을 수 있다. 발작 시에 나타나는 비정상적인 전기 활동도 정상적인 뇌 기능을 저해할 수 있다. 다른 신체 부위들이 그렇듯이 뇌도 종양의 성장, 감염, 자가면역성 질환과 같은 문제에 취약하다.

대부분의 신경학적 장애는 "경도(mild)에서 주요(major)"에 걸치는 중요한 인지적 문제를 초래한다(APA, 2013). **신경인지장애**(neurocognitive disorder)는 알려진 중추신경계의 문제로 인해 주의, 관리 기능, 학습과 기억, 지각과 운동, 사회인지 중 한 가지 이상의 인지 영역에서 기능 감퇴를 겪는 경우에 진단된다. 주요 신경인지장애는 독립적인 일상생활의 기능에 손상이 있는지에 따라 경도 신경인지장애와 구분된다(APA, 2013).

신경인지장애 신경계의 문제가 생기면서 인지 기능의 감퇴가 특징적으로 나타나는 장애.

임상신경심리학자가 되기 위한 준비

임상신경심리학자(clinical neuropsychologist)의 훈련은 임상심리학 박사 학위를 마치고, 미국의 경우 대개 주(state) 단위의 적절한 정부기관으로부터 실무 면허를 받으면서 시작된다.

신경심리학자는 박사 과정 중에 또는 학위를 마친 이후에 신경학, 신경해부학, 신경생리학을 비롯하여 전반적인 신경과학에 대한 지식 기반을 가져야 한다. 박사 학위를 받은 후에는 최소 2년 동안 전문가의 감독하에 신경심리학 수련을 받는다. 소아 신경심리학이나 성인 신경심리학 중 하나로 전문화하는 경우가 많고, 해당

전문 분야에서 2~3년의 추가적인 수련 경험을 거친 후에 시험 응시 자격을 얻게 되며, 미국전문심리학위원회(American Board of Professional Psychology, ABPP)로부터 임상신경심리학자 자격증을 받을 수 있다.

이 과정은 굉장히 긴 시간이 걸리는 것처럼 느껴질 것이다. 하지만 당신이 신경심리학 분야에 열정을 쏟을 수 있다면, 이 여정에 걸린 시간은 신경심리장애를 가진 이들을 도울 때의 보람으로 충분히 상쇄되고도 남을 것이다.

신경인지장애를 유발할 수 있는 질환을 학습하기 위해 우리는 DSM-5(APA, 2013)의 개요를 따를 것이다.

알츠하이머병

알츠하이머병(Alzheimer's disease)은 **치매**(dementia), 즉 정상적인 인지 및 정서 기능의 상실을 초래하는 수많은 노화 관련 퇴행성 질환 중 하나이다. 알츠하이머병에 걸린 환자들은 전체 치매 환자의 60~90%를 차지한다(APA, 2013). 다른 종류의 치매로는 이마관자엽 퇴행성 질환과 루이소체병이 있다. 이마관자엽 퇴행성 질환(frontotemporal lobar degeneration)은 탈억제, 무감동, 공감결여, 반복적인 의례행동, 언어장애, 섭식의 변화와 같은 다양한 증상을 보인다. 루이소체병(Lewy body disease)은 주의력의 기복, 시각적 환각, 파킨슨병과 같은 운동장애를 일으킬 수 있다(APA, 2013). 이 병의 명칭은 환자들의 뉴런 안에서 형성되는 단백질 덩어리의 이름을 따서 지어졌다.

알츠하이머병의 확정적 진단을 위해서는 사후 부검을 거쳐야 한다. 그러나 유전자 검사나 가족력, 학습과 기억 기능의 손상, 증상 안정구간(정체기) 없이 점진적으로 나빠지는 인지 기능을 보이는 경우, 유력(probable) 알츠하이머병 치매로 진단할 수 있다(APA, 2013). 이러한 증상의 진행 속도를 늦추는 치료적 개입을 제공하기 위해서 연구자들은 알츠하이머병을 가능한 한 이른 시점에 발견하고자 한다. 뇌척수액과 혈액에서 관찰되는 생체표지자(biomarker)는 더 이른 단계의 알츠하이머병을 식별하는 데 유용하다(Millan, 2017; Olsson et al., 2016). 아밀로이드(amyloid) 단백질을 표적으로 하는 양전자방출 단층촬영(PET)과 소혈관질환을 보여주는 자기공명영상(MRI) 또한 유력 알츠하이머병 여부를 확인할 때 활용할 수 있다(Banerjee et al., 2017; ●그림 13.2을 보라).

알츠하이머병의 위험은 연령에 따라 증가하는데, 60~74세 시기의 유병률은 5~10%이며, 74세 이상에서는 유병율이 25%에 이른다. 19번 염색체에 위치한 아포지질단

알츠하이머병 노화와 관련이 있는 신경인지장애로, 점진적인 인지 기능의 상실로 이어짐.
치매 정상적인 인지 및 정서 기능의 상실.

백질 E(APOE) 유전자의 ε^4 변이(5장을 보라)가 알츠하이머병의 가장 확실한 유전적 위험 요인이다(Roses, 1997). APOE 유전자는 지방질을 전달하는 과정에 관여한다. ε^3 대립유전자가 가장 흔하며, 뒤이어 ε^4와 ε^2의 순서이다. ε^4 대립유전자를 가진 사람은 콜레스테롤 수치가 더 높고 동맥경화반(artherosclerotic plaque)이 더 많아서, 치매뿐만 아니라 심혈관질환과 뇌졸중의 위험도 높다(Raichelen & Alexander, 2014).

ε^4 대립유전자는 25~30%의 사람들이 갖고 있으나 알츠하이머병 환자의 경우에는 40~80%의 사람들이 보유하고 있다(Mahley, Weisgraber, & Huang, 2006). ε^4 대립유전자를 보유하지 않은 사람에 비해 1개를 보유한 사람은 알츠하이머병에 걸릴 위험이 3배 높으며, 2개를 보유한 사람의 경우 그 위험이 15배 높아진다(Blennow, de Leon, & Zetterberg, 2006). ●그림 13.3과 같이 ε^2 대립유전자를 1개 혹은 2개 보유한 사람들에게서는 발병 위험이 더 낮으나, ε^3 대립유전자를 가진 것으로는 발병 위험에 차이가 없다. 언제나 그렇듯 유전자형은 수많은 요인과 상호작용한다. ε^4 유전자 보유자들의 경우 운동을 하는지 여부에 따라 알츠하이머병의 위험성이 변하지는 않았지만, 다른 APOE 대립유전자를 가진 사람들의 경우에는 운동을 하지 않는 사람들에게서 치매 발병 위험이 더 높았다(Fenesi et al., 2017).

알츠하이머병 환자 중 일부는 세 가지 유전자, 즉 21번 염색체의 아밀로이드 전구체 단백질(amyloid precursor protein, APP) 유전자, 14번 염색체의 프리세닐린 1(presenilin 1, PSEN1) 유전자, 또는 1번 염색체의 프리세닐린 2(presenilin 2, PSEN2) 유전자 중 하나의 돌연변이 때문에 이 병을 우성 형질로 물려받는다(Müller, Winter, & Graeber, 2013). 알츠하이머병은 Alois Alzheimer 박사의 이름을 따라 명명되었는데, 그의 첫 번째 환자였던 51세 여성 August Deter는 최근 DNA 조사에서 PSEN1 돌연변이를 가졌던 것으로 확인되었다(Müller et al., 2013).

알츠하이머병은 경미한 기억손실, 특히 일화기억상실과 함께 시작된다(El Haj et al., 2016; 10장을 보라). 병이 진행되면서 문제해결력, 언어, 사회적 행동 기능이 퇴화한다. 그러다가 환자는 환각과 망상적 사고 같은 심각한 증상을 경험하기 시작한다. 결국 기본적인 생활 기술들을 잃어버리고, 일상생활에서 꼼꼼한 돌봄을 필요로 하게 된다. 사망하기 전에는 움직이거나 말하지 못하는 상태에 이르는 환자가 많다.

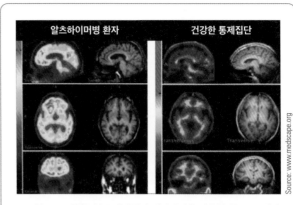

●그림 13.2 아밀로이드 단백질의 양전자방출 단층촬영(PET) 영상 알츠하이머병이 의심될 때 다른 진단 절차의 유용한 보조물로서 뇌의 아밀로이드 물질을 확인하는 PET 영상을 사용할 수 있다. 알츠하이머병을 가진 환자는 뇌 영상에서 정상인보다 더 많은 아밀로이드(노란색, 빨간색 표시 영역)가 관찰된다.

출처: www.medscape.org

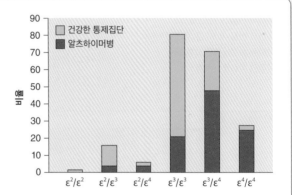

●그림 13.3 APOE 대립유전자와 알츠하이머병의 위험 이 그림은 알츠하이머병의 발병 비율과 APOE 대립유전자의 여섯 가지 가능한 조합을 비교하고 있다. ε^4 유전자를 1개 또는 2개 가진 경우에 발병 위험이 높아진다. ε^3 유전자는 APOE의 가장 흔한 유형이며, 발병 위험에는 큰 영향을 미치지 않는다. 가장 드문 ε^2 유전자는 알츠하이머병 발병으로부터 약간의 보호 효과가 있는 것으로 보인다.

출처: https://www.google.com/patents/WO1994009155A1?cl=en

알츠하이머병은 대뇌겉질의 위축과 ●그림 13.4 같은 특징적인 패턴의 신경 변성을 보여준다. **신경섬유매듭**(neurofibrillary tangles, 신경섬유의 엉킴, 신경섬유농축체)이라는 이 비정상적인 구조의 형성은 알츠하이머병의 대표적인 특징 중 하나이다. 이 매듭은 미세소관 구조를 묶어주는 역할을 하던 타우(tau) 단백질에서 떨어져 나온 분자들로 만들어진다(3장을 보라). 타우 단백질 없이는 미세소관이 더 이상 구조를 유지할 수 없게 되고 뉴런은 저절로 접혀서 붕괴한다.

타우 단백질의 교란은 알츠하이머병 환자의 뉴런에서 관찰되는 또 다른 단백질인 **베타아밀로이드**(beta amyloid)의 작용으로 인한 것인지도 모른다. 아밀로이드는 섬유 뭉치를 형성하는 잘못 접힌 단백질이다. 알츠하이머병에서 베타아밀로이드는 타우 단백질을 떨어져 나오게 함으로써 세포의 구조와 기능이 파괴되게 만드는 데 기여한다(3장을 보라). 또한 베타아밀로이드는 뉴런의 축삭과 뇌혈관 안에서 **아밀로이드 반점**(amyloid plaque)이라는 비정상적인 얼룩으로 응집된다. 21번 염색체가 3개인 다운증후군 환자들은 이와 동일한 이상 특징을 흔히 보인다. 베타아밀로이드는 정상 기능하는 세포에서 발생하는 더 큰 분자인 아밀로이드 전구체 단백질(APP)에서 생성된다. APP 유전자가 21번 염색체에 위치한다는 점을 고려할 때, 다운증후군을 가진 사람이 왜 아밀로이드 반점에 취약한지 설명될 수 있다. 아포지질단백질 E(APOE)의 기능 중 하나는 베타아밀로이드를 분해하는 것이다. 알츠하이머병의 발병 위험과 깊이 관련되어 있는 ε^4 대립유전자가 만들어내는 단백질인 APOE ε^4는 베타아밀로이드 분해 기능

신경섬유매듭 알츠하이머병에서
  미세소관이 분해되면서 발생하는
  비정상적인 구조.
베타아밀로이드 잘못 접힌 단백질로,
  알츠하이머병과 관련된 물질.
아밀로이드 반점 세포에서 아밀로이드로
  형성되는 비정상적인 얼룩으로,
  정상적인 기능을 방해함.

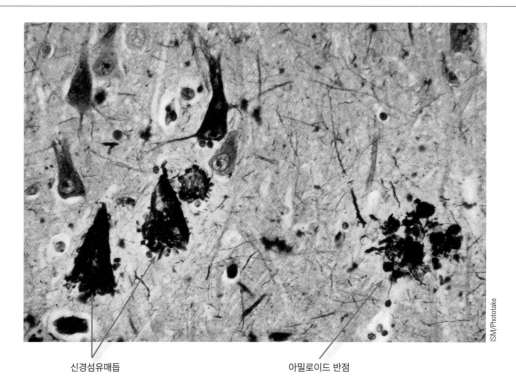

신경섬유매듭   아밀로이드 반점

●**그림 13.4 알츠하이머병은 뉴런의 구조적 이상을 일으킨다** 이 사진은 뉴런에서 발견되는 알츠하이머병의 구조적 이상을 나타내고 있다. 원뿔 모양의 신경섬유매듭은 떨어져 나온 타우 단백질 분자들로 형성된다. 갈색 뭉치의 아밀로이드 반점은 알츠하이머병으로 죽은 환자들의 뇌에서 발견된다.

을 다른 형태의 단백질들만큼 잘 수행하지 못한다. ε^2 변이는 보호 요인으로 작동하며, 따라서 이 대립유전자가 없으면 발병 위험이 높아질 수 있다(Millan, 2017).

지금까지 누적된 연구에 따르면 산화 스트레스(oxidative stress)가 알츠하이머병의 진행에 한몫한다(Huang, Zhang, & Chen, 2016). 산화 스트레스는 몸이 유리기(free radical)를 항산화제로 중화시키지 못할 때 발생한다. 유리기는 연쇄반응을 일으킬 수 있는, 홀수의 전자를 가진 원자들(의 집단)을 말한다. 미토콘드리아의 활동(3장을 보라)은 유리기가 발생하는 주요 원천인데, 정상적으로는 다양한 항산화 과정을 통해 적절히 조절된다. 노화, 스트레스, 특정 금속을 비롯한 다양한 물질에 대한 노출 및 기타 여러 가지 요인이 뇌의 항산화 능력을 방해할 수 있다. 뉴런은 인지질로 이루어진 세포막(3장을 보라)의 속성 때문에 유리기의 공격에 특히 취약하다.

RNA의 작은 비암호화 분자인 마이크로 RNA(microRNA, miRNA)는 RNA를 침묵화하는 능력을 갖고 있으며 유전자 발현의 전사 후 조절에 기여한다(5장을 보라). miRNA의 기능장애 또한 알츠하이머병 발달과 관련이 있다(Millan, 2017). miRNA는 일생 동안 힘든 작업을 하고 나서 뉴런의 정상적인 기능을 보호하는 능력을 잃을 수 있다. 이 관점에 따르면 알츠하이머병은 병리적 영향의 결과가 아니라 정상적인 보호 기제가 실패한 결과이다(Millan, 2017).

알츠하이머병을 가진 환자들의 뇌손상은 특징적인 패턴을 갖는다. 5장에서 살펴본 것처럼 한 뉴런의 죽음은 뉴런 간 퇴화(transneuronal degeneration) 과정을 통해 시냅스후 연결의 퇴화로 이어질 수 있다. 이 과정은 퇴화를 뇌 전체로 빠르게 확산시켜서 대뇌겉질과 겉질밑 영역들의 점진적인 부피 감소를 일으킨다. 이러한 손상의 효과를 설명하기 위해 연구자들은 뇌의 개별적인 구조와 행동 간의 상관관계를 살피기보다는 알츠하이머병과 관련된 네트워크에 더 관심을 두게 되었다. 알츠하이머병은 기본상태 네트워크(default mode network, DMN) 내부의 연결성을 약화시키는데, 이것이 아마도 환자들의 일화기억 기능을 일부 손상시킬 것이다(Alexander-Bloch, & Bullmore, 2013; Wang et al., 2013).

현재는 알츠하이머병의 진행을 되돌릴 수 있는 치료제가 없다. 임상 시험에서 베타아밀로이드를 표적으로 하는 항체가 반점을 청소하는 데에는 성공했지만, 더 많은 연구가 필요한 상태이다(Sevigny et al., 2016). 현재까지 나온 약물은 증상의 진행 속도를 늦춰주는 것이 최선이며, 이미 발생한 손상을 되돌릴 수는 없다. 질병의 진행을 늦추는 여러 가지 접근 중에는 해산물과 오메가-3 지방산의 섭취를 늘리고(Cederholm, 2017), 아세틸콜린 분해효소를 억제하는 약물을 복용하는 방법(Wang, Wang, & Zhu, 2016)이 있다. 요양시설에 있는 환자들에게는 공격적 행동을 줄이고 관리가 가능하도록 항정신병 약물(14장을 보라)이 많이 처방된다. 하지만 수천 명의 환자에 대한 메타연구에 따르면, 이러한 처치는 더 이른 죽음과 관련이 있다(Langballe et al., 2013; Zhai, Yin, & Zhang, 2016).

| 신경과학의 *윤리적 이슈* |

젊은 성인의 APOE ε^4 유전자

이절의 글을 읽고 자신의 APOE 유전자형이 무엇일지 궁금해질 수 있다. 당신은 알츠하이머병과 관련된 ε^4 유전자를 1개 갖고 있을까, 2개 갖고 있을까? ε^4 대립유전자가 후기 발병형 알츠하이머병의 위험 요인으로 알려져 있긴 하지만, 유전자형을 아는 것만으로는 이 질병의 발병을 확실하게 예측할 수 없다. APOE 유전자에 대한 연구들은 많은 참가자들을 대상으로 이루어졌기 때문에 특정 개인의 발병 위험성에 대해서는 말해주는 바가 적다.

어째서 알츠하이머병, 심혈관질환, 뇌졸중의 위험(뇌손상 이후의 더딘 회복까지 포함하여)을 높이는 하나의 대립형질이 아직도 우리의 유전자에 남아있는 것일까? ε^2와 ε^3 유전자형은 겨우 20만 년 전에 인간 유전체에 나타났다. 그 이전까지 모든 인간은 2개의 ε^4 대립유전자를 가지고 있었다(Raichlen & Alexander, 2014). ε^2와 ε^3 대립유전자는 사람들의 식단에 육류와 콜레스테롤이 점차 많아지면서 유리한 것이 되었는지도 모른다.

그렇다면 ε^4 유전자가 가져다줄 수 있는 생존적 적합성은 무엇일까? 첫째, 알츠하이머병, 심혈관질환, 뇌졸중은 대부분의 사람이 생식이 가능한 시기를 넘어서기 전에는 보통 발생하지 않는다는 점을 상기해 보라. 따라서 이러한 질환들은 생식의 성공에 직접적인 영향을 미치는 것이 아니다. 이러한 양상은 헌팅턴병에서도 관찰된다. 이 질병은 중년기에, 즉 대개 사람들이 자녀를 낳은 이후에 발병한다. 이 때문에 배아의 헌팅턴병 유전자를 검사하지 않는 한, 그 유전자를 유전자 풀에서 제거할 기제는 없다.

낫적혈구빈혈증(sickle-cell anemia)을 일으키는 경우처럼 수많은 대립유전자들은 좋은 역할과 나쁜 역할을 동시에 한다. 하나의 낫적혈구 대립유전자와 하나의 건강한 대립유전자를 가진 사람은 낫적혈구빈혈증을 겪지 않으면서 말라리아에 대한 저항력이 더 강하다. 2개의 낫적혈구 대립유전자를 가졌을 때 비로소 낫적혈구빈혈증이 발생한다. APOE의 ε^4 대립유전자도 마찬가지로 그 나쁜 효과를 보상하는 어떤 좋은 효과가 있는 것일까?

그렇다고 생각하는 연구자들이 있다. ε^4 대립유전자를 가진 젊은 성인들은 실제로 다른 유전자형의 성인보다 더 우수한 인지 기능을 보인다(Rusted et al., 2013). ε^4 유전자를 가진 젊은 성인들은 주의력이 우수했으며, 과제를 수행하는 동안 더 높은 뇌 활성화를 보였고, DTI로 측정한 백색질의 상태가 좋았다. ε^4 대립유전자를 가진 사람들은 젊은 시기에 가지는 우수한 인지 기능에 대한 대가를 노년기의 인지감퇴로 지불하는 것인지 모른다.

혈관성 질환

신경계의 세포들은 미리 저장된 산소에만 의존할 수 없으며, 풍부한 혈관 연결망을 통해서 산소가 뇌로 공급되어야 한다(2장을 보라; ●그림 13.5를 보라). 신경조직으로 순환하는 혈류는 뇌에 분포한 혈관의 파열이나 차단으로 인해 방해받을 수 있다. 이러한 갑작스러운 혈관 문제의 유형과 결과는 표 13.1에 요약되어 있다.

뇌졸중(stroke)은 출혈이나 갑작스러운 혈관의 막힘에 의해 뇌의 혈액 공급이 방해받았을 때 발생한다(Cotran, Kumar, Fausto, Robbins, & Abbas, 2005; ●그림 13.6을 보라). 뇌졸중의 위험 요인에는 고연령, 고혈압, 흡연, 당뇨, 높은 콜레스테롤 수준, 비만을 비롯하여 알코올, 코카인, 암페타민, 헤로인 및 기타 약물의 사용이 있다(American

표 13.1 뇌졸중 유형별 특징

뇌졸중 유형	원인	결과
출혈(사례 중 약 20%)	고혈압 혈관 기형	일반적으로 치명적
허혈(사례 중 약 80%)	동맥경화 응고된 혈액 덩어리	다양한 크기의 경색 의식, 감각, 운동 기능의 변화

뇌졸중 뇌의 혈액 공급이 방해받으면서 발생하는 뇌손상의 유형.

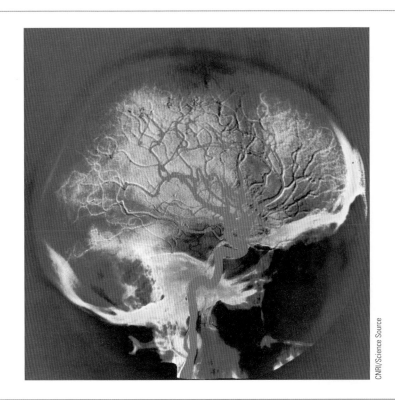

●그림 13.5 뇌의 혈류 공급 뇌는 매우 많은 산소가 필요하기 때문에 방대한 혈관 연결망에서 산소를 공급받는다. 이러한 공급이 방해받으면 급격한 뇌 기능의 변화가 일어나며, 결국 경색과 사망으로 이어질 수 있다.

Heart Association, 2008). 동맥이 경직되면서 내부 통로가 점차 좁아지는 동맥경화에서도 뇌졸중 발병 위험이 높아질 수 있다. 미국에서는 매해 80만 건의 뇌졸중이 발생하는데, 이는 40초에 1건 꼴로 일어나는 수치이다(Hunsberger, Fessler, Elkahloun, & Chuang, 2012). 뇌졸중은 세계적으로 두 번째로 높은 사망 원인이며 영구적인 장애의 가장 큰 원인이다(Albert-Weißenberger, Sirén, & Kleinschnitz, 2013).

　　뇌출혈(cerebral hemorrhage)은 일반적으로 고혈압이나 뇌에 분포하는 동맥의 구조적 기형에서 발생한다(Donnan, Fisher, Macleod, & Davis, 2008). 어떤 출혈은 동맥의 벽에 풍선처럼 부풀어 오른 **동맥류**(aneurysm)가 파열되면서 발생하며, 또 다른 경우는 백혈병 같은 혈액질환 또는 독성물질에 대한 노출로 인해 발생할 수 있다. 뇌출혈은 뉴런에 대한 혈액 공급을 방해하고 출혈 주변부 뉴런들이 밀려드는 짠 혈액으로 인해 탈수되어 죽게 만듦으로써 뇌손상을 유발한다. 그렇기 때문에 뇌출혈은 치명적일 때가 많다.

　　혈관이 막히면 **허혈**(ischemia), 즉 산소부족이 일어난다. 뇌졸중의 80%는 허혈로 인한 것이다(Donnan, Fisher, Macleod, & Davis, 2008). 허혈은 종종 신경조직의 죽음을 초래하여 **경색**(infarct) 영역을 생성한다. 경색은 크기와 위치에 따라 의식, 감각, 운동 기능의 변화를 야기할 수 있다. **일과성 허혈발작**(transient ischemic attack, TIA)은 24시간 이하의 짧은 삽화성 뇌졸중 증상을 일으킨다. 비록 이렇게 짧게 발생하는 발작은 영구적 손상으로 이어지지 않지만, 이러한 증상은 이후 뇌졸중의 발생 여부를 강력하게 예측한다(Donnan et al., 2008).

뇌출혈 뇌에서 출혈로 생기는 문제.
동맥류 동맥의 벽 일부가 풍선처럼 부풀어 오른 것.
허혈 조직에 혈액이 적절히 흐르지 못하고 충분한 산소가 조직에 공급되지 못하면서 생기는 문제.
경색 세포조직이 죽은 영역.
일과성 허혈발작 영구적 손상으로는 이어지지 않는, 24시간 이하의 짧은 삽화성 뇌졸중 증상.

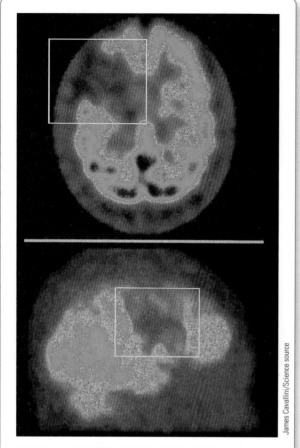

●그림 13.6 뇌경색 일정 시간 동안 뇌 일부 영역에 산소가 결핍되면 세포들이 죽기 시작한다. 이렇게 세포조직이 죽은 영역을 경색이라고 지칭한다. 위 영상에서 환자는 오른쪽 이마엽에 치명적인 경색이 발생했다.

물질에 의한 혈관의 차단으로 **혈전증**(thrombosis)이나 **색전증**(embolism)이 발생할 수 있다. 혈전증은 피가 굳은 덩어리인 혈전이 발생 부위에서 이동하지 않고 혈관을 막는 경우를 말한다. 혈전이 점점 더 좁은 혈관으로 이동하다가 그 혈관을 완전히 차단하게 된다면, 이는 색전증이라 한다. 작은 혈관들이 막히는 것은 뇌로 들어가는 큰 동맥이 차단되는 것보다 위험도가 훨씬 낮다. 그럼에도 여러 개의 작은 뇌졸중은 심각한 손상과 행동 결함을 일으킬 수 있다.

1980년대까지는 허혈에 의해 발생하는 대부분의 손상이 뉴런과 아교세포에 필요한 산소 공급이 끊어짐으로써 발생한다고 여겨졌다(Zivin & Choi, 1991). 그러나 허혈 이후에 사망한 환자들을 부검한 결과 특정한 세포만이 손상되는 것으로 확인되었다. 특히 겉질의 중간층들과 해마에 있는 세포들이 가장 손상에 취약했다. 만약 세포 죽음이 산소부족 때문만으로 일어난 것이라면, 그 손상은 더 광범위했어야 한다. 따라서 허혈에 의한 뇌손상에는 다른 과정들이 관여하고 있음이 분명하다.

John Olney는 1969년에 과도한 글루탐산이 세포 죽음을 야기할 수 있음을 가리키는 '흥분 독성(excitotoxicity)'이라는 용어를 만들어냈다(4장을 보라). Olney의 가설은 이후에 글루탐산의 길항제가 산소부족 상태에 있는 세포를 보호해 준다는 발견을 통해 지지되었다(Simon, Swan, Griffiths, & Meldrum, 1984). Rothman(1984)은 고농도의 마그네슘이 쥐의 해마세포가 죽는 것을 방지한다는 사실을 발견했다. 마그네슘은 글루탐산 수용체의 한 유형(NMDA 수용체; 4장을 보라)을 차단한다는 것을 떠올려보자. 이를 통해서 우리는 뇌졸중 이후의 세포 죽음이 산소 공급의 교란으로 촉발된 과도한 글루탐산 활동 때문에 발생한다고 생각하게 되었다. 지나치게 많은 글루탐산에 반응하여 세포의 비정상적인 칼슘 활동이 일어나는데, 이는 네 가지 '사형 집행자' 효소들을 자극하여 세포의 에너지 저장고, 세포막, 세포 구조, DNA를 손상시킨다(Besancon, Guo, Lok, Tymianski, & Lo, 2008).

현재 미국에서 인가받은 유일한 허혈성 뇌졸중 치료제는 혈전을 줄여주는 약물이다. 이 약물들은 출혈을 유발할 수 있기 때문에 이러한 위험을 상쇄하려면 뇌졸중 발생 후 3~4시간 이내에 투여되어야 한다(Hunsberger et al., 2012). 이 때문에 많은 연구가 대안적인 치료법을 찾는 데 집중되었다. 많은 수의 미소한 기계적 도구를 혈관에 삽입하여 혈전을 붙잡아서 제거하는 데 사용할 수 있다. 양극성장애 치료에 쓰이는 기분안정제 발프로산(valproic acid; 14장을 보라)을 비롯한 히스톤 탈아세틸화효소

혈전증 혈전이 생겨난 원래 부위에서 이동 없이 혈관을 막고 있는 상태.
색전증 다른 곳에서 이동해 온 혈전이 현재의 위치에서 혈관을 막고 있는 상태.

James Cavallini/Science source

| 슬기로운 건강 생활 |

뇌졸중의 징후를 알기

뇌졸중의 치료는 발생 후 3시간 이내에 이루어질 때 효과적이기 때문에 겉으로 드러나는 뇌졸중의 징후를 알아차리는 것이 중요하다. 미국심장협회(American Heart Association)에서는 FAST라는 약어를 이용하여 설명한다. F는 얼굴 처짐(face dropping), A는 팔 쇠약(arm weakness), S는 말하기의 어려움(speech difficulty), 그리고 T는 119에 전화를 걸어서 도움을 요청하기(time to call 9-1-1)를 나타낸다. 이러한 증상 중에 한 가지라도 나타난다면, 그것이 잠깐 사이에 지나가는 것일지라도 의학적인 응급 상태로 판단되어야 한다. 추가적인 증상으로는 갑자기 사지가 저리거나 쇠약해지는 감각, 갑작스러운 혼란감, 한쪽이나 양쪽 눈으로 보는 것의 어려움, 걷기 또는 균형잡기의 어려움, 원인을 알 수 없는 갑작스럽고 강렬한 두통이 있다.

(histone deacetylase, HDAC) 억제제가 경색의 크기를 줄이고 인지 기능을 촉진하는 데 상당한 효과를 낼 수 있음이 밝혀졌다(Baltan, Murphy, Danilov, Bachleda, & Morrison, 2011). 수술, 혈전증과 색전증의 예방, 혈압 감소 방법을 비롯한 다른 방법들은 여전히 뇌졸중을 위한 표준적인 의료적 개입이다(Donnan et al., 2008). 비록 어떤 세포들은 뇌졸중 직후에 죽지만, 즉각적인 의학적 개입이 이루어진다면 허혈성 **반그늘**(penumbra, 명암선반영) 영역, 즉 경색을 둘러싸고 있는 인접 부위의 많은 뉴런과 아교세포를 보호할 수 있다(Donnan et al., 2008; Lu et al., 2014). 또한 신체 활동은 애초에 뇌졸중의 발생 위험을 줄여줄 뿐만 아니라 발생 이후의 손상 심각도를 줄여준다(Middleton et al., 2013).

외상성 뇌손상

외상성 뇌손상(traumatic brain injury, TBI)은 뇌에 가해진 물리적 손상으로 인해 발생한다. 지금까지 미국에서 TBI의 원인은 대부분 교통사고, 총기 부상, 낙상이었다(Adekoya, Thurman, White, & Webb, 2002). 최근에는 전쟁 지역에 있는 군인과 주민 들이 폭발로 인한 TBI를 점점 더 많이 겪고 있다(Risdal & Menon, 2011).

TBI의 유형　외상성 뇌손상은 두 가지로 구분될 수 있다. **개방성 두부손상**(open head injury)은 두개골의 관통을 포함하는 반면, **뇌진탕**(concussion), 즉 폐쇄성 두부손상(closed head injury)은 그렇지 않다. 개방성 두부손상은 대개 총상이나 골절로 깨진 두개골 조각이 뇌 안으로 침투할 때 발생한다. 두개골을 통과한 물체는 지나가는 경로에 있는 조직을 즉각 손상시키며, 이 투과물의 움직임이 발생시키는 충격파로 인해 뇌 조직이 늘어났다가 수축하면서 복잡한 손상까지 동반된다(Risdall & Menon, 2011). 개방성 두부손상 결과의 심각도는 영향을 받은 뇌 영역이 구체적으로 어디인지에 따라 많이 다르다. 뇌실, 양반구 모두, 또는 여러 엽이 손상된 경우에는 사망에 이를 가능성이 대단히 높다(Martins, Siqueira, Santos, Zanon-Collange, & Moraes, 2003).

2004년에서 2009년 사이에 이라크 또는 아프가니스탄에서 전투에 참가했던 군

반그늘 경색 부위를 둘러싼 조직 부위.

외상성 뇌손상(TBI) 뇌에 가해진 물리적 손상.

개방성 두부손상 총상처럼 뇌가 관통되어 발생한 두부손상.

뇌진탕 뇌의 관통 없이 머리에 가해진 타격에 의해서, 또는 다른 신체 부위의 타격으로 인한 힘이 뇌에 전달되어 발생한 두부손상.

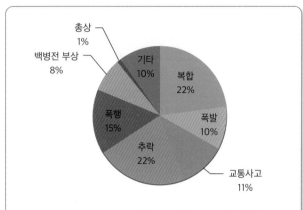

●그림 13.7 군인들의 TBI 원인 2004년에서 2009년 사이에 이라크 또는 아프가니스탄에서 복무한 미국 퇴역 군인들 중 7%는 다양한 상황에서 부상을 입었다.

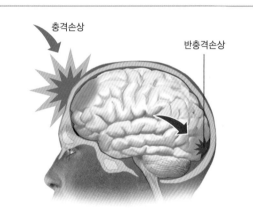

●그림 13.8 충격손상과 반충격손상 뇌진탕에서는 충격이 가해진 부위에서 발생한 손상을 충격손상(파란색)이라고 한다. 충격이 뇌를 반대방향으로 미는 경우에는 이차적인 반충격손상(빨간색)이 발생한다.

충격손상 충격이 가해진 머리 부위에서 발생한 뇌손상.

반충격손상 충격이 가해진 머리 부위의 반대쪽에서 발생하는 뇌손상.

경막하 혈종 경막과 거미막 사이층에서 멍든 것처럼 굳어서 뭉친 혈액 덩어리로 인해 발생하는 손상.

외상성 뇌손상으로 인한 신경인지장애 두부손상 후에 며칠 또는 수년간 이어지는 두통, 인지적 손상, 정서적 변화 증상들.

인들의 약 7%가 TBI로 진단받았다(Zollman, Starr, Kondiles, Cyborski, & Larson, 2014). 복무 중인 군인들에게 TBI를 일으킨 활동의 분포는 ●그림 13.7에 제시되어 있다. 테러리스트들은 폭발물에 흔히 베어링, 못, 돌, 쇳조각 등을 넣어 놓기 때문에 이런 것들이 종종 개방성 두부손상을 야기한다(Risdall & Menon, 2011). 테러로 인한 폭발 부상은 개방성과 폐쇄성 두부손상을 모두 야기할 수 있다. 폭발의 압력은 실제로 두개골의 형태를 변형시킬 수 있는데, 이는 자동차 사고에서 앞유리에 부딪히는 것 같은 물리적 충격과 비슷한 손상을 일으킨다(Moss, King, & Blackman, 2009). 폭발로 인한 TBI는 다른 유형의 TBI와 유사한 증상을 유발하지만, 몇 가지 점에서 중요한 차이가 있다. TBI의 민간인 사례와 달리 군대에서는 심각한 부종이나 혈관-뇌 장벽(3장을 보라)의 파괴, 그리고 혈액공급에 대한 중대한 손상이 더 흔하게 관찰된다.

뇌진탕은 머리나 신체의 다른 부위에 대한 타격의 결과로 뇌에 갑작스러운 힘이 전달되면서 발생한다(Aubry et al., 2002). 뇌진탕의 심각도는 경도(의식상실이 없거나 짧은 기간만 발생)에서 중증(혼수상태)까지 다양하다. ●그림 13.8에 설명된 것처럼, 뇌진탕은 여러 방식으로 뇌를 손상시킬 수 있다. 충격이 가해진 부위에서는 두개골이 밀려들면서 신경조직이 압박을 받아 **충격손상**(coup)이 발생할 수 있다. 충격을 받은 두개골 부위의 반대쪽 벽에 뇌가 강하게 부딪히면서 이차적인 **반충격손상**(countercoup)이 발생할 수 있다. 심한 충격손상이나 반충격손상에는 출혈, 즉 **경막하 혈종**(subdural hematoma)이 뒤따를 수 있다. 타격으로 인해 두개골 속의 뇌가 뒤틀리면서 백색질 역시 손상될 수 있다. 또한 부상을 입은 조직에서 발생하는 부종은 뇌압을 증가시켜 추가적인 손상과 기능장애를 야기할 수 있다.

TBI의 결과 TBI의 행동적·인지적 결과는 매우 다양하다. 일단 충격손상과 반충격손상이 발생한 위치에서 기존에 정상적으로 담당하고 있던 겉질의 기능이 영향을 받는다. 또한 기억상실, 어지러움, 피로, 과민함, 방향감각 상실과 혼란, 신경학적 결함과 같은 증상이 발생한다. 비록 대부분의 환자가 1~2주 이내에 회복하지만, 약 11~17%의 환자는 부상 이후 3개월 이상 증상이 지속되기도 한다(Iverson & Lange, 2011). 증상이 부상 후의 즉각적인 '급성' 시기를 넘어서서 지속되는 경우, 환자는 **외상성 뇌손상으로 인한 신경인지장애**(neurocognitive disorder due to traumatic brain injury; APA, 2013)로 진단받게 된다. 부상 이전부터 심리장애, 특히 불안과 우울을 겪던 사람에게 부상 직후 외상후 스트레스가 동반된 경우에는 증상이 더욱 오래 지속되기 쉽다 (Meares et al., 2011).

반복되는 TBI는 운동선수들에서 자주 관찰되는데, 이는 특히 심각한 손상을 남기는 것으로 보인다(Guskiewicz et al., 2003). 프로 권투선수는 선수 경력 전반에 걸쳐 머리에 반복적인 타격을 입으며, 이는 **권투선수치매**(dementia pugilistica), 즉 권투선수증후군(boxer's syndrome)으로 이어질 수 있다(Martland, 1928; ●그림 13.9를 보라). 권투선수치매는 불분명한 발음, 기억 손상, 성격 변화, 운동 협응의 부족, 파킨슨병유사증후군 등과 관련된 TBI의 한 유형이다. 사후부검에 따르면 권투선수치매 환자는 알츠하이머병 환자와 유사한 퇴화 패턴을 보인다(Jordan, 2000; Saing et al., 2012). 여러 권투선수와 미식축구선수가 이러한 반복 손상의 전형적인 증상들을 겪었다.

그러나 오랫동안 선수생활을 했다는 이유로 모든 권투선수가 반드시 권투선수치매를 겪는 것은 아니다(Jordan, 2000). 오랜 선수생활에도 불구하고 권투선수치매를 피해간 George Foreman이 가장 대표적인 예이다. 알츠하이머병의 일부 사례에서 주요 위험 요인인 APOE 유전자의 ε^4 대립유전자형을 가지고 있는 권투선수가 권투선수치매에 걸릴 위험이 높다(Förstl, Haass, Hemmer, Meyer, & Halle, 2010; Jordan et al., 1997; Zetterberg et al., 2009). 한 연구에서는 인지 기능이 심하게 손상된 권투선수 모두가 ε^4를 보유하고 있었다. ε^4 대립유전자의 존재는 그 보유자로 하여금 뇌손상 전반이 미치는 부정적 효과에 더 취약하게끔 만드는지도 모른다(Crawford et al., 2009; Nathoo, Chetty, van Dellen, & Barnett, 2003). ε^4 대립유전자를 가진 환자의 57%가 뇌손상에 기인한 부정적 결과(사망, 식물인간 상태, 심각한 장애)를 겪은 반면, 이 유전자가 없는 환

●그림 13.9 **권투선수들은 반복적인 두부손상에 노출된다** 권투선수 Jerry Quarry(왼쪽)는 Muhammad Ali(오른쪽)와의 경기 중 반복적인 뇌진탕으로 인해 외상성 뇌손상(TBI)이 발생했다. TBI는 불분명한 발음, 기억 손상, 방향감각 상실, 성격 변화, 파킨슨병유사증후군을 동반한다.

권투선수치매 권투선수들이 흔히 겪는 심한 형태의 외상성 뇌손상.

자의 27%만이 그러한 결과를 겪었다(Teasdale, Nicoll, Murray, & Fiddes, 1997).

TBI의 치료 서로 다른 유형의 뇌손상에 효과적인 치료법을 찾아내기란 어려운 일이다. 뇌손상에는 광범위한 뇌 영역이 관여하며, 최초의 손상 이후 연쇄적으로 일어나는 손상에 대한 정보가 부족하기 때문이다(Young, 2012).

뇌졸중의 치료와 마찬가지로 TBI 치료를 위한 시도는 글루탐산을 억제하는 약물을 중심으로 이루어져 왔다. 뇌손상 시 일어나는 과도한 글루탐산 분비는 뉴런 내의 칼슘 수준을 높여서 부종이나 순환계 문제 같은 원치 않는 여러 결과를 야기한다(Young, 2012). 프로게스테론과 브래디키닌 수용체 차단제(bradykinin receptor blocker)가 TBI 치료에서 유망한 것으로 나타났으나, 그 효과성을 입증하려면 추가적인 연구가 필요하다.

TBI로부터 회복이 진행되는 후기에는 암페타민이나 메틸페니데이트(상품명 Ritalin)처럼 도파민 활동성을 높이는 약물이 단기적인 효과를 보이지만, 그 장기적인 효과에 대해서는 알려진 바가 적다. 주의력결핍 과잉행동장애(14장을 보라)의 치료에 가끔씩 사용되는 노르에피네프린 재흡수 차단제(norepinephrine reuptake blocker) 또한 TBI 환자들의 인지 수행과 주의력 개선에 유용한 것으로 보인다(Reid & Hamm, 2008).

TBI에 대한 환자 및 가족 교육이 도움이 되는 듯하다(Boussard et al., 2014). 많은 임상가들은 TBI 이후에 신체적으로도 인지적으로도 휴식할 것을 권하지만, 이러한 처치의 과학적 근거는 명확하지 않다(Boussard et al., 2014). 이 장의 뒷부분에서 가상현실(virtual reality, VR)의 활용과 같은 추가적인 재활 방법에 대해 다룰 것이다.

물질/치료약으로 인한 신경인지장애

많은 향락용 약물과 치료용 약물이 실제 중독(intoxication) 상태나 금단(withdrawal) 기간을 넘어서는 신경인지장애 증상을 일으킨다. 신경인지장애의 증상을 특히 잘 유발하는 물질에는 알코올, 코카인, 메스암페타민, 아편류, 펜시클리딘(phencyclidine, PCP), 안정제, 수면제, 항불안제, 용매가 있다(APA, 2013).

약물을 남용하는 사람들은 흔히 청소년기부터 약물을 사용하기 시작하며, 20대에 가장 높은 빈도로 사용한다. 50세 이전에 약물 사용을 절제하기 시작한 사람은 이 연령을 넘어서도 약물 사용을 지속하는 사람보다 신경인지장애로부터 더 효과적으로 회복된다.

여러 유형의 약물이 그 자체의 독립적인 효과만으로도 신경인지적 결함을 유발할 수 있다. 예를 들어 메스암페타민은 혈관사고(vascular accident)의 위험성을 높이는데, 혈관사고는 그 자체만으로도 일군의 문제를 야기한다. 메스암페타민은 또한 혈관-뇌 장벽을 손상시켜 HIV 관련 신경인지장애의 위험을 높인다(O'Shea, Urrutia, Green, & Colado, 2014). 알코올은 만성적으로 남용할 경우 그 자체로 해로운 효과를 낸다. 게다가 알코올남용에는 대개 영양 결핍이 뒤따르며, 이는 인지적 증상을 유발할 수 있다.

예를 들어 알코올남용에서 흔한 비타민 결핍은 기억상실적 작화증을 보이는 신경인지장애(코르사코프증후군)로 이어질 수 있다(APA, 2013). 코르사코프증후군(Korsakoff syndrome) 환자들은 새로운 정보를 학습하지 못하고 최근의 일과 먼 과거의 일을 모두 회상하기 어려워하는 반면, 다른 인지 과정은 상대적으로 온전하게 수행한다. '작화증(confabulation, 말짓기증)'이란 환자들이 기억나지 않는 정보를 지어내려는 경향을 의미한다.

HIV 관련 신경인지장애

후천성 면역결핍증후군(acquired immune deficiency syndrome, AIDS)은 인간면역결핍 바이러스(human immunodeficiency virus, HIV)로 인해 면역계가 손상됨에 따른 일련의 증상과 감염을 말한다. **HIV 관련 신경인지장애**(HIV-associated neurocognitive disorder, HAND)는 HIV 바이러스 자체의 작용으로 인해 직접적으로 발생하는 신경인지적 증상들과, 손상된 면역계를 압도하는 다른 기회감염(옮긴이 주: 면역 기능이 감소된 사람에게 발생하는 감염)으로 인해 발생하는 신경인지적 증상들을 모두 아우른다. HAND의 초기 증상은 경미하며 우울증으로 쉽게 오인될 수 있다(14장을 보라). 환자는 집중의 어려움, 건망증, 생산성 감소, 성욕 감퇴, 사회적 위축, 정서 표현의 감소와 같은 문제를 호소할 수 있다. 장애가 더 진행된 경우에는 균형잡기의 어려움, 운동 작업의 서투름, 쇠약이 나타나고, 이어서 기억상실과 언어 기능의 손상이 뒤따른다. HIV에 감염된 아동은 주요한 발달적 이정표에 이르지 못하는 형태로 HAND가 드러난다. 아동의 경우 HIV가 감염 초기부터 중추신경계에 영향을 미치는 반면, 성인의 경우 이 병이 한참 진행된 후에야 HAND가 발생한다.

HIV 바이러스가 뉴런의 죽음에 미치는 작용은 간접적이다. HIV는 대식세포(macrophage; 면역계의 일부로 활동하는 세포), 미세아교세포, 별아교세포, 그리고 뇌에 있는 혈관의 벽에 깔려있는 혈관내피세포(vascular endothelial cell)를 직접 공격한다. 그러나 HIV는 뉴런 자체를 공격하지는 않는다(Kaul, Garden, & Lipton, 2001). 감염된 세포들은 사이토카인(cytokine)이라는 화학적 전달자를 분비하는데, 이것이 인접한 뉴런들에게 세포자멸사, 즉 계획된 세포 죽음(5장을 보라)을 유도하여 손상을 일으킨다. HIV 바이러스 외부막에 있는 어떤 물질이 NMDA 수용체에 결합하는 경우에는 추가적인 손상이 발생한다. 결국 NMDA 수용체를 통해 뉴런에 지나치게 많은 칼슘이 유입되면서 세포 죽음이 유발된다. ●그림 13.10에 보이는 것처럼 바이러스 입자들은 감염된 세포에서 돌기를 생성하는데, 이것이 빈번하게 파열되면서 바이러스가 계속 확산된다.

현존하는 항레트로바이러스 치료는 가장 심각한 HAND 사례의 발병율과 심각도를 줄였지만, 더 경미한 형태의 HAND는 여전히 많은 환자들에게 문제로 남아있다(Spudich & González-Scarano, 2012).

HIV 관련 신경인지장애(HAND) HIV 바이러스 자체로 인해, 또는 면역이 저하된 상태에서의 기회감염으로 인해 발생하는 신경인지적 증상.

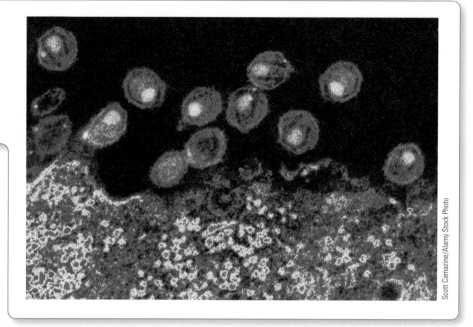

●그림 13.10 감염된 세포의 HIV 바이러스 분자 돌기 HAND의 경우 HIV 바이러스를 보유하고 있는 세포가 다수 관찰된다. 사진에서 보이는 것처럼, 감염된 세포에서 도드라져 올라온 입자가 터지면서 뇌 안에 바이러스가 확산된다.

Scott Camazine/Alamy Stock Photo

프리온병

가장 극적인 신경인지장애 중 하나인 **전염성 해면상 뇌병증**(transmissible spongiform encephalopathy, TSE)은 **소 해면상 뇌병증**(bovine spongiform encephalopathy, BSE), 즉 광우병을 포함하는 질병군이다. 인간의 TSE에는 크로이츠펠트-야코프병, 쿠루병, 치명적인 유전성 불면증이 포함된다. 이러한 일군의 질병은 공통적으로 다음과 같이 파괴적인 증상을 일으킨다. 인간의 경우 편집증, 불안, 우울감을 비롯한 심리적 문제가 나타나며, 가축의 경우 잘 놀라는 증상이 나타난다. 그리고 점진적인 인지 기능의 상실과 운동 기능의 장애에 이어 마침내 죽음에 이르게 된다. TSE로 사망한 인간이나 동물의 뇌는 죽은 세포들의 덩어리 때문에 스펀지와 비슷한 모양을 하고 있는데, 이것이 '해면상(spongiform)'이라는 단어가 이 장애의 이름에 포함된 이유이다(●그림 13.11을 보라).

TSE의 원인과 기제를 연구하는 과정에서, TSE에 관여하는 감염체는 다른 어떠한 바이러스의 행동과도 다른 방식으로 작용한다는 것이 밝혀졌다. 잠복기가 현저히 길고 바이러스 감염에 흔히 뒤따르는 염증의 징후가 드러나지 않는다. 이 감염체는 의학적 살균 처리 기법을 매우 잘 견디는 것으로 보인다. Stanley Prusiner(1982)는 TSE가 새로운 유형의 감염체로부터 발생한다고 제안했으며, 단일 단백질인 이 감염체를 **프리온**(prion)이라고 불렀다. 프리온 단백질은 그것이 접혀 있는 방식에 따라 두 가지 형태를 가진다(Prusiner, 1995). 정상적인 형태의 프리온 단백질은 PrP^c(prion protein cellular)라고 하며, 스크래피(scrapie; 양에게 발생하는 일종의 TSE)에서 발견되는 비정상적인 형태의 프리온 단백질은 PrP^{sc}(prion protein scrapie)라고 한다.

Prusiner(1995)는 비정상적인 형태의 단백질인 PrP^{sc}가 TSE의 원인이라고 주장했

전염성 해면상 뇌병증(TSE) 치매와 운동장애로 나타나는 퇴행성 문제를 일으키며, 동물들 사이에서 전염되는 질병.
소 해면상 뇌병증(BSE) 소에게서 발생하는 TSE의 한 유형으로, 광우병이라고도 불림.
프리온 산이 없는 단백질 분자로, TSE의 원인이 된다고 알려져 있음.

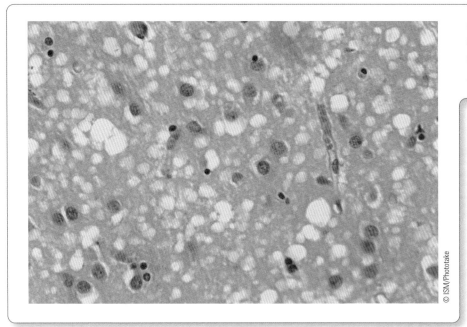

●그림 13.11 소 해면상 뇌병증(BSE)
이 영상은 스펀지 모양(해면상)이라는
이름처럼 뇌가 손상되는 TSE의 특징을
보여준다.

다. 이 비정상적인 단백질이 뇌에 들어오면, ●그림 13.12에서처럼 정상적인 PrP^c단백질을 비정상적인 형태로 변형시킨다. 세포 배양을 했을 때 PrP^{sc}는 뉴런을 가득 채워서 결국에는 폭발하게 만들었다. 그런 다음 비정상적 프리온을 방출하여 다시 근처의 세포에 있는 단백질을 변형시켰다.

밝혀지는 TSE의 미스터리 TSE에 대해 알기 시작한 것은 18세기 영국에서였다. 당시 스크래피로 알려진 이 질환은 양과 염소에서 발견되었다. 스크래피라는 이름은 이 질

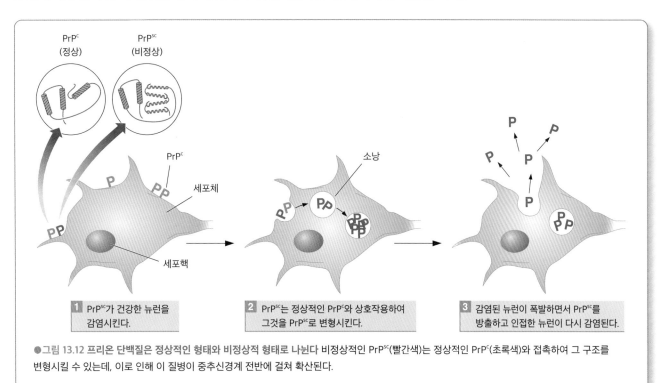

●그림 13.12 프리온 단백질은 정상적인 형태와 비정상적 형태로 나뉜다 비정상적인 PrP^{sc}(빨간색)는 정상적인 PrP^c(초록색)와 접촉하여 그 구조를 변형시킬 수 있는데, 이로 인해 이 질병이 중추신경계 전반에 걸쳐 확산된다.

| 연구 비하인드 |

Stanley Prusiner와 프리온

Stanley Prusiner의 프리온 연구가 학계에 어렵게 받아들여지는 과정은 과학적 연구의 최고 측면을 일부 보여준다.

현재 TSE라고 부르는 병에 대한 초기의 설명은 '느리게 작용하는' 바이러스를 병의 원인으로 지목하였다. 과학자들은 명백한 감염 이후 관찰 가능한 증상이 나타나기까지의 오랜 시간 간격을 설명할 수 있는 다른 방법이 없었다. 하지만 바이러스가 원인이라는 생각은 관찰 결과와 들어맞지 않는 것이었다. 여러 과학자들과 마찬가지로 Prusiner는 '거인의 어깨 위에 서서', 즉 이 경우에는 1960년대의 방사선생물학자 Tikvah Alper와 물리학자 J. S. Griffith의 연구 위에 그의 가설을 세웠다. 스크래피를 연구하던 중 Alper는 당시에 알려진 방법으로 RNA와 DNA를 파괴한 이후에도 이 병에 걸린 동물의 뇌조직이 감염된 채로 남아있는 것을 확인했다. RNA와 DNA가 파괴되었는데도 그러하다면 이 병이 바이러스 때문이라는 가설은 배제된다. Griffith는 단백질이 잘못 접힐 수 있으며, 그다음에는 어떤 식으로든 다른 단백질도 역시 그렇게 되도록 만들 수 있다고 주장했다. 이는 정보가 핵산을 통해서만 한 세대에서 다음 세대로 전달될 수 있다고 주장하던 당시의 분자생물학과 정면으로 배치되는 생각이었다.

인간 TSE, 즉 크로이츠펠트-야코프병에 걸린 환자 중 한 사람 덕분에 아이디어가 떠오른 Prusiner는 TSE에 대한 연구를 시작했다. 그는 스크래피에 감염된 햄스터의 뇌에 존재하는 한 단백질이 건강한 동물에는 존재하지 않는다는 것을 입증했다. 추가적인 연구에서는 건강한 형태의 프리온이 없는 쥐가 프리온병에 대해 보통 이상으로 저항력이 강함을 보여주었다.

Prusiner는 종종 신랄한 비판을 받으면서도 지속해 온 그의 노력을 인정받으면서 1997년 노벨 생리의학상을 수상했다. 그 이전 50년의 노벨상 역사에서 한 해에 단독 수상을 한 사람은 겨우 9명뿐이었으며, 이 단독 수상은 10년 만이었다.

환에 감염된 동물들이 다른 TSE 증상 외에 강렬한 가려움이 나타나 무언가에다 몸을 대고 문지르기(scraping)를 반복하는 증상을 보였기 때문에 붙여졌다(Prusiner, 1995; ●그림 13.13을 보라). 스크래피는 감염된 동물의 고기를 먹은 사람들을 감염시키지 않았으므로 위협으로 간주되지 않았다.

H. G. Creutzfeldt(1920)와 A. Jakob(1921)가 인간 TSE의 첫 환자 사례를 기술한 연구를 발표했는데, 이것이 **크로이츠펠트-야코프병**(Creutzfeldt- Jakob disease, CJD)으로 알

●그림 13.13 스크래피에 걸린 양
스크래피는 TSE가 양이나 염소에서 발생한 것으로, 300년 전에 영국에서 처음 관찰되었다. 이 병에 걸린 양은 털이 벗겨질 정도로 몸을 문지르는 행동을 보였기 때문에 이러한 이름이 지어졌다.

Michele Crocheck, USDA, APHIS, VS, NVSL

크로이츠펠트-야코프병(CJD) 점진적인 퇴행을 일으키는 인간 TSE로, 운동과 인지 기능의 문제가 특징으로 나타남.

려지게 되었다. CJD는 매우 드문 질병이어서 전 세계적으로 100만 명당 겨우 1~2명의 사망률을 보인다(National CJD Research & Surveillance Unit [NCJDRSU], 2017). CJD의 발병 원인은 다양한데, 어떤 경우에는 유전되기도 하고, 다른 경우에는 자연발생적 유전자 돌연변이에 기인하기도 한다. 극히 드문 경우에는 조직 이식이나 오염된 신경외과 도구의 사용 때문에 발생한다. 이런 사례들은 감염성 CJD에 관여하는 요인들이 일반적인 의학적 살균 처리 기법으로 제거되지 않는다는 것을 보여준다.

1950년대에 학자들이 **쿠루병**(kuru)을 연구하면서 TSE의 또 다른 퍼즐 조각이 맞춰지게 되었는데, 이 병은 뉴기니의 포어족에게서 관찰되었다(●그림 13.14를 보라). 쿠루병은 CJD와 비슷한 증상을 일으켰다. 과학자들은 처음에는 쿠루병이 유전질환이라고 생각했으나, 결국에는 이 부족의 식인풍습에서 기인했음을 발견했다(Gajdusek & Zigas, 1957). 식인행위가 불법화된 이후에 쿠루병은 점차 사라졌다.

쿠루병이 전염될 수 있다는 증거는 이 질환으로 죽은 환자의 뇌조직을 침팬지의 뇌에 주입한 연구에서 밝혀졌다(Gajdusek, Gibbs, & Alpers, 1966). 감염된 침팬지는 쿠루병 증상을 보였으며, 뇌에서는 TSE와 관련된 스펀지 모양의 조직 특성이 발견되었다. CJD로 죽은 인간의 조직이 주입된 원숭이에서도 TSE가 발병했다(Gajdusek, 1973).

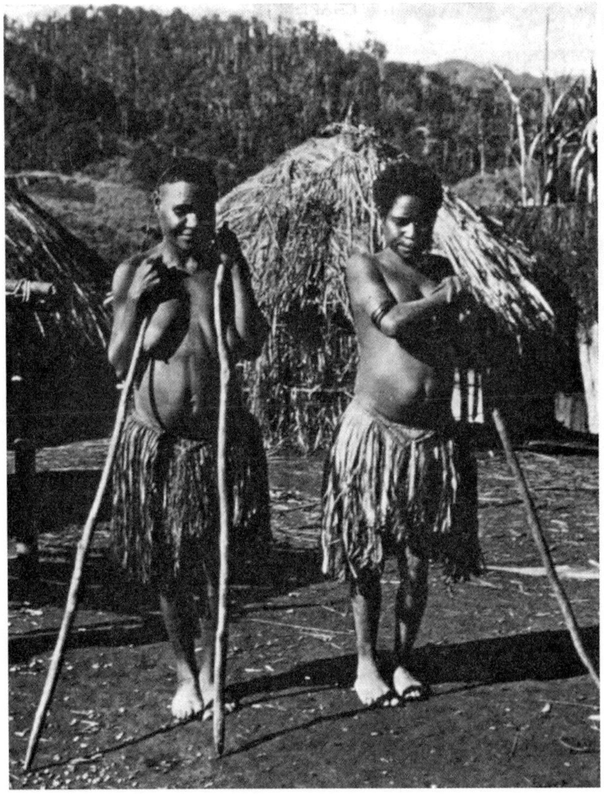
Courtesy D. Carleton Gajdusek, Archive for the Study of Child Growth and Development and Disease Patterns in Primitive Cultures, NIH

●그림 13.14 **뉴기니에서 발생한 쿠루병** 이 사진은 Gajdusek의 1960년 현지 연구에서 쿠루병에 걸린 두 여성을 촬영한 것이다. 두 여성은 서있기 위해 나무 막대기가 필요했으며, 촬영 6개월 뒤에 사망했다.

BSE와 변종 크로이츠펠트-야코프병 1985년 영국에서 BSE(mad-cow disease, 광우병) 사건이 터졌다. 이 BSE 유행은 동물 사료 생산 절차의 변화에서 비롯된 것이었다. 고기와 뼈를 갈아서 만든 사료가 주요 단백질 공급원으로 도입되었는데, 이는 감염된 조직이 사료에 포함되는 결과를 낳았다. 이러한 사료 공급 문제를 해결하는 조치가 취해지고 나자 BSE 유행은 점차 줄어들었다(●그림 13.15).

소에게서 BSE를 일으키는 감염체는 인간에게서 **변종 크로이츠펠트-야코프병**(new variant Creutzfeldt-Jakob disease, vCJD)의 발생을 유발했다(Bruce et al., 1997; Hill et al., 1997). 인간은 양과 염소의 스크래피에는 저항성이 있지만, 질병을 야기하는 소의 프리온에 노출되면 병에 걸릴 수 있다. 지금까지 영국에서는 178명이 vCJD로 사망했다(NCJDRSU, 2017). 포유류의 단백질을 사료에 사용하는 일을 금지하고 감염이 발생한 국가의 가축 수출을 규제하는 등 BSE를 방지하려는 노력이 이루어졌다. 이러한 조치들 덕분에 쿠루병이 그랬던 것처럼 vCJD도 과거의 일이 되었기 바란다.

쿠루병 뉴기니에서 식인 풍습과 관련해 발생한 인간 TSE.

변종 크로이츠펠트-야코프병(vCJD) 전형적인 CJD를 닮은 인간 TSE. 오염된 BSE 소고기 제품을 섭취한 결과로 발생함.

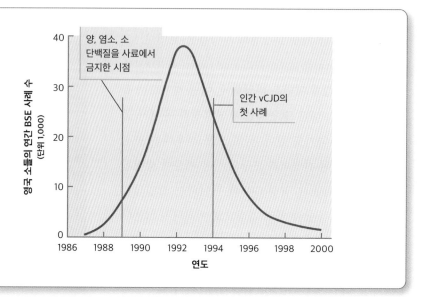

●그림 13.15 영국에서 BSE 유행의 시간적 진행 영국에서 BSE 유행을 막기 위한 대응은 효과가 있었다. 사료에 양, 염소, 소를 넣는 것이 금지되었고, 타국으로의 소 수출이 중단되었다. 이 자료는 TSE의 오랜 잠복기를 보여준다. 새로운 사료 공급 방식의 변화는 몇 년이 지난 후부터 효과를 드러내기 시작했다. 게다가 소에게서 이 질병이 확인된 후 수년이 지나서야 vCJD 관련 첫 진단 사례가 보고되었다.

출처: Based on from BSE website at the University of Illinois, Urbana-Champaign.

중간 요약 13.1

‖ 요약 표: 신경인지장애의 주요 유형

신경인지장애	원인	증상	치료
알츠하이머병	연령, 유전적 소인, 미지의 환경 요인	• 인지 저하 • 정서장애 • 신경섬유매듭 • 아밀로이드 반점	• 증상을 되돌리는 치료는 없음 • 질병의 진행을 늦추는 약물
혈관성 질환	연령, 고혈압, 흡연, 비만, 당뇨, 높은 콜레스테롤 수준, 일부 향락용 약물의 사용	• 얼굴 처짐 • 사지가 저리거나 쇠약해지는 감각 • 말하기의 어려움 • 혼란감 • 시각장애 • 갑작스럽고 강렬한 두통	• 혈액을 묽게 하고 응고를 저해하는 약물 • 수술
외상성 뇌손상 (TBI)	개방성 두부손상 또는 폐쇄성 두부손상	• 부상을 입은 부위와 관련된 인지적 문제 • 기억과 인지 기능의 전반적인 문제	• 글루탐산의 효과를 억제하고 도파민의 활동을 증가시키는 약물 • 환자 교육 • 가상현실 자극
물질/치료약으로 인한 신경인지장애	특정 향락용 또는 치료용 화학물질	• 혈관 사고 • 혈관-뇌 장벽의 손상 • 인지 결함	• 물질의 절제
HIV 관련 신경인지장애 (HAND)	HIV 바이러스	• 우울 • 운동장애 • 인지적 어려움	• 항레트로바이러스 약물이 진행을 늦춤
전염성 해면상 뇌병증(TSE)	프리온	• 편집증, 불안, 우울 • 치매 • 운동장애	• 없음 • 오염된 의료기구와 음식을 피함으로써 예방

▎ 요점

1 신경심리학자는 임상심리학자 중에서 추가적인 훈련을 통해 신경인지장애 환자들을 평가하고 치료를 계획할 수 있는 사람들이다. **(LO1)**

2 알츠하이머병은 점진적인 인지 기능의 상실로 이어지는 주요 노화 관련 치매의 유형이다. **(LO2)**

3 혈관성 질환, 즉 뇌졸중은 뇌손상으로 인한 인지적 결함을 일으킨다. **(LO2)**

4 외상성 뇌손상(TBI)은 뇌가 관통되는 개방성과 관통되지 않는 폐쇄성으로 분류된다. **(LO2)**

5 향락용 물질과 치료용 물질 중에는 사용이 중단된 이후에 신경인지장애를 유발할 수 있는 것이 많다. **(LO2)**

6 HIV 관련 신경인지장애(HAND)는 HIV 바이러스가 신경계를 기회감염에 취약하도록 만듦으로써 손상을 입히는 간접적 방법이나 세포자멸사를 촉진하는 직접적 방법을 통해 일어난다. **(LO2)**

7 전염성 해면상 뇌병증(TSE)을 포함하는 프리온병은 편집증, 우울, 치매, 운동장애의 증상을 야기하는 치명적인 퇴행성 질환이다. **(LO2)**

▎ 복습 문제

1 신경심리학자의 교육 및 훈련 과정은 신경과 전문의의 경우와 어떻게 다른가?

2 신경인지장애에서 APOE 유전자의 역할은 무엇인가?

다른 의학적 상태로 인한 신경인지장애

DSM-5의 신경인지장애 부분에는 '다른 의학적 상태로 인한'이라는 범주에 많은 장애를 포함하고 있다(APA, 2013). 이 범주에는 뇌종양, 물뇌증(2장을 보라), 심장마비에 의한 산소부족, 내분비계 문제, 영양 문제, 감염성 질환, 면역장애, 신장기능부전, 대사성 장애, 뇌전증, 다발성 경화증과 같은 것들이 있다(APA, 2013). 이 절에서는 뇌종양, 감염성 질환, 뇌전증, 다발성 경화증을 자세히 다룰 것이다. DSM에 수록되지는 않았으나, 편두통에 대해서도 다룰 것이다. 편두통은 뇌졸중의 위험을 높일 수 있기 때문에 신경인지장애와 간접적으로 연관되어 있다. 또한 편두통은 이미 갖고 있는 심리장애와도 상호작용할 수 있다.

뇌종양

뇌는 자궁 다음으로 종양이 많이 발생하는 신체 기관이다. **종양**(tumor)이란 목적이 없는 새로운 조직이 독립적으로 생겨나는 것을 의미한다. 일차 종양은 뇌 자체에서 발생하는 반면에 이차 종양은 몸의 다른 부위에서 발생한 종양에서 떨어져 나온 세포 때문에 생겨난다(Porter, McCarthy, Freels, Kim, & Davis, 2010). 뇌에서 일차 종양의 원인은 밝혀지지 않았지만, 알려진 위험 요인 중에는 이온화 방사선(엑스레이, 핵에너지 등)이 있다. 대부분의 뇌종양은 아교세포나 뇌막의 세포에서 발생한다(● 그림 13.16을 보라).

종양 목적 없이 독립적으로 생겨나는 조직.

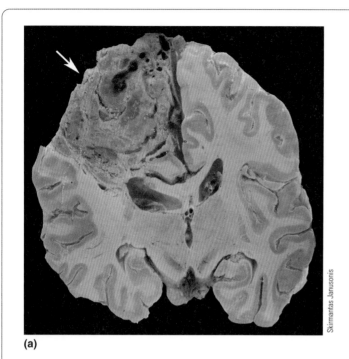

(a)

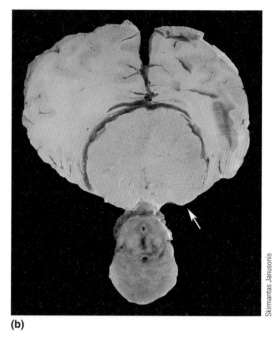

(b)

●그림 13.16 **뇌종양은 보통 아교세포나 뇌막에서 생겨난다** 성인의 뉴런은 재생되는 경우가 드물기 때문에 보통은 종양의 시작점이 되지 못한다. 대부분의 뇌종양은 몸의 다른 곳에 위치한 종양이 뇌로 전이된 결과(이차 종양)이며, 아교세포나 뇌막에서 발생한다. (a) 화살표는 커다란 신경아교종, 즉 아교세포에서 자라난 종양을 가리킨다. (b) 화살표는 뇌를 감싸는 뇌막에서 발생한 종양을 가리킨다.

소수의 일부 종양은 뇌실을 둘러싸는 뇌실막세포에서 발생한다. 중추신경계의 종양은 출생부터 19세 사이의 어린 사람에게 가장 흔히 나타나는 유형이며, 20세 이후에는 다른 유형의 종양의 발생 빈도가 더 많아진다(●그림 13.17을 보라).

놀랍게도 특정 유형의 뇌종양 발생의 위험을 낮추는 요인은 수두와 대상포진을 일으키는 바이러스, 즉 수두대상포진 바이러스(varicella zoster virus, VZV)의 감염 이력이다. 수두에 걸린 적이 있는 사람은 그렇지 않은 사람보다 아교세포에서 생겨나는 종양인 신경아교종의 위험이 21% 낮다(Amirian et al., 2016). 신경아교종의 위험성은 VZV로 인한 합병증의 위험성보다 훨씬 낮다. 따라서 이 발견이 VZV 백신 접종에 반대하는 주장의 근거로 사용되어서는 안 된다.

어떤 종양은 경계가 뚜렷하지 않고 수술로 제거된 이후에도 재발하기가 매우 쉽기 때문에 **악성종양**(malignant tumor)으로 분류된다. 악성종양은 **전이**(metastasis)라는 과정을 통해 몸의 다른 부위로 세포들을 전파하여 새로운 종양을 발생시킨다. 뇌에서 처음 발생한 종양이 전이되는 경우는 극히 드물지만, 이러한 일이 발생한다면 전파된 세포들은 혈관을 통해 다른 장기로 전이되지 않고 뇌척수액을 따라 신경계의 다른 부위로 이동한다. **양성종양**(benign tumor)으로 분류되는 경우에는 고유한 막을 형성하기 때문에 제거된 이후에 재발하는 경우가 드물고 전이되지 않는다. 그렇다고 해서 양성종양이 해롭지 않은 것은 아니다. 뇌에서 생기는 예외적인 물체는 무엇이든 정상적 기능을 방해할 수 있다.

악성종양 비정상적인 세포가 성장하는 유형으로, 경계 없이 인접한 조직을 침범하며 수술로 제거된 이후에도 높은 확률로 재발함.
전이 암세포가 신체의 한 부위에서 다른 곳으로 옮겨가는 것.
양성종양 비정상적인 세포 성장을 보이지만, 고유한 막 안에서 발달하며 수술로 제거된 이후에 재발 위험이 낮음.

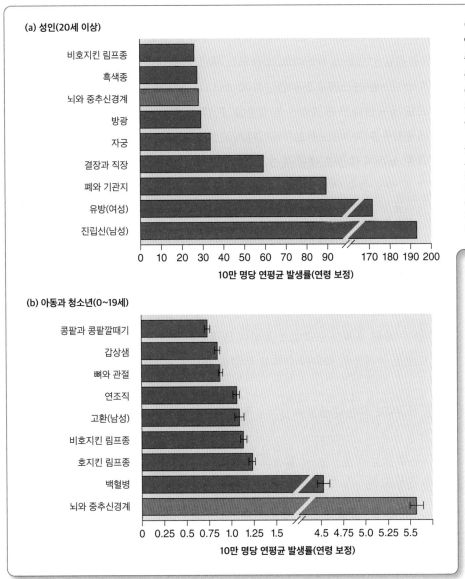

(a) 성인(20세 이상)

비호지킨 림프종
흑색종
뇌와 중추신경계
방광
자궁
결장과 직장
폐와 기관지
유방(여성)
진립신(남성)

0 10 20 30 40 50 60 70 80 90 170 180 190 200

10만 명당 연평균 발생률(연령 보정)

(b) 아동과 청소년(0~19세)

콩팥과 콩팥깔때기
갑상샘
뼈와 관절
연조직
고환(남성)
비호지킨 림프종
호지킨 림프종
백혈병
뇌와 중추신경계

0 0.25 0.5 0.75 1.0 1.25 1.5 4.5 4.75 5.0 5.25 5.5

10만 명당 연평균 발생률(연령 보정)

●그림 13.17 **뇌와 중추신경계 종양과 연령** 아동과 19세 미만의 청소년의 경우 종양의 유형 중에서 뇌와 중추신경계 종양이 가장 흔하다. 그러나 20세 이상의 성인의 경우 전립선, 유방, 폐, 결장, 자궁, 방광 종양의 발생 비율이 앞선다.

출처: Ostrom, Q. T., Gittleman, H., Fulop, J., Liu, M., Blanda, R., Kromer, C., et al. (2015). CBTRUS statistical report: Primary brain and central nervous system tumors diagnosed in the United States in 2008-2012. *Neuro-oncology, 17*(suppl 4), iv1-iv62.

뇌종양의 증상 거의 모든 종양은 일단 충분히 커지고 나면 두개골 내의 압력 증가로 인해 일반적인 증상을 일으킨다. 그 증상에는 두통, 구토, 사물이 둘로 보이는 것, 심박수 감소, 각성 감소, 발작 등이 있다(Chandana, Movva, Arora, & Singh, 2008). 종양의 위치에 따라 특정 증상이 나타날 수 있다. 예를 들어 뒤통수엽에 발생한 종양은 시각에 영향을 미칠 수 있고, 이마엽에 발생한 종양은 정서성과 행동을 계획하는 기능에 변화를 일으킬 수 있다.

종양의 유형 종양은 그것이 발생한 조직에 따라 이름이 붙여진다. **신경아교종**(glioma)은 아교세포에서 발생하는 유형이며, 뇌종양의 70% 이상을 차지한다(Ohgaki, 2009). 신경아교종은 별아교세포나 성긴돌기아교세포, 또는 두 세포 유형 모두에서 발생한다(그림 13.16을 보라). **뇌수막종**(menigiomas)은 뇌막 내부의 조직에서 발생한다(2장을 보라). 이 유형의 종양은 대개 양성이다. 뇌수막종은 뇌 속의 조직으로 침투하지 않고 뇌

신경아교종 아교세포로부터 발생하는 종양.

뇌수막종 뇌막의 조직에서 발생하는 종양.

의 표면에 위치하기 때문에 외과적으로 제거하기 쉬운 편이다(그림 13.16).

세계보건기구(World Health Organization, WHO)는 종양을 1급(다소 심각한)에서 4급(매우 심각한)으로 분류한다(Louis et al., 2016). 1급 종양은 양성이며, 천천히 자라나고 수술 후 예후가 좋다. 2급 종양은 악성이며, 수술 후에 재발 위험이 높으나 자라나는 속도가 느리다. 3급 종양은 악성이며, 2급에 비해 더 공격적인 치료를 필요로 한다. 4급 종양은 치명적인 상태로 빠르게 발전한다. 진단 이후의 생존율은 종양의 유형에 따라 몇 달에서 수십 년에 이를 수 있다.

종양의 치료 뇌종양의 가장 보편적인 치료법은 수술을 통한 제거이다. 수술이 너무 위험하거나 불가능한 경우에는 뇌 전체 방사선치료를 사용한다. 정위적 방사선 수술 (stereotactic radiosurgery, SRS)이 개발되면서 거의 오차 없이 정확하게 방사선을 가할 수 있게 되었으며, 건강한 뇌조직의 손상을 최소화하게 되었다(Kalkanis et al., 2010). 초음파치료(ultrasound therapy)는 비침습적인 접근으로, 외과의가 음향에너지로 열기를 생성하여 종양조직을 파괴한다(Jolesz & Hynynen, 2013; Lin, Chen, Huang, & Wei, 2016).

화학요법은 혈관을 통해 주입된 화학물질이 종양세포를 파괴하도록 한다. 이 방법을 뇌종양 치료에 사용하는 데에는 상당한 어려움이 있는데, 화학요법의 물질들 대부분이 혈관-뇌 장벽(3장을 보라)을 통과하지 못하기 때문이다. 혈관-뇌 장벽을 방해하거나 아예 우회하는 대안적인 화학요법 물질들이 개발되고 있다(Blakeley, 2008). 지질중합체 나노입자를 통해 항암약물(doxetacel)을 생쥐의 뇌에 주입했을 때, 종양이 자라는 속도가 11배 느려지고, 생존 기간의 중앙값이 94% 늘어났다(He et al., 2017). 화학치료 물질이 용해되어 나오는 원형판(wafer)을 수술 시 삽입하여 종양을 제거하는 기법도 개발되었다(McGinity, Floyd, McGinity, & Zhang, 2017). 또 다른 접근법은 탈리도마이드(thalidomide)를 사용하여 종양에 공급되는 혈관의 성장을 감소시킴으로써 종양을 '말려 죽이는' 방법이다(Sie, den Dunnen, Hoving, & de Bont, 2014). 1950~1960년대에 탈리도마이드는 악명을 얻었는데, 임산부가 이를 복용했을 때 태아의 사지가 미성숙하는 등의 심각한 선천성 기형을 일으켰기 때문이다. 그러나 탈리도마이드가 수술, 방사선, 화약요법과 함께 적용될 경우에는 종양 치료에 유용한 것으로 밝혀지고 있다(Gilbert et al., 2010). 동물 모형에서는 항암 유전자를 삽입한 줄기세포를 종양에 주입하자 희망적인 결과를 얻을 수 있었다(Aboody, Najbauer, & Danks, 2008; Bexell, Scheding, & Bengzon, 2010).

감염

어떤 감염은 뇌와 신경계를 둘러싼 강력한 보호 장치들을 피하여 침투한다. 이러한 침투는 신경인지 기능에 극적인 영향을 미치며, 생명을 위협하는 경우도 많다.

기생충 많은 기생충 감염이 중추신경계에 영향을 미치지만, 그중에서 가장 흔한 경우는 **신경낭미충증**(neurocysticercosis)이다. 개발도상국에서 흔했던 이 질병은 미국에서 1만 명 중 약 2~6명이 걸린다. 즉 매해 약 5,000명의 새로운 발병 사례가 보고된다(Serpa & Clinton White, 2012). 신경낭미충증은 돼지에 기생하는 갈고리촌충(pork tapeworm, *Taenia solium*)의 알에 감염되어 발생하는데, 그 감염 경로는 주로 가정에서 증상이 없는 갈고리촌충 보균체의 배설물을 섭취하는 것이다(Garcia, Del Brutto, & Peru, 2005; Garcia, Nash, & Del Brutto, Garcia, Del Bruto, 2014). 그러나 오염된 돼지를 먹는다고 해서 감염되는 것은 아니다. 이 경우 갈고리촌충이 유입될 수 있지만, 신경낭미충증을 유발하는 알이 들어오지는 않는다. 갈고리촌충의 알은 위장에서 부화하며, 그 유충이 장내벽을 관통하여 혈류로 침투한다. 유충들은 피부, 근육, 눈, 뇌와 같은 부드러운 조직에 머문다(● 그림 13.18을 보라). 이렇게 되면 유충 주위에 1~2cm 크기의 낭종이 생긴다. 대부분의 신체 부위에서는 면역계에 의해 낭종이 파괴된다. 하지만 눈과 뇌의 면역계는 낭종에 싸여있는 기생충이 죽기 전까지 문제를 탐지하지 못한 채로 길게는 5년까지도 갈 수 있다(Kossoff, 2011). 그러나 일단 이 기생충이 죽으면 면역계가 작동하고 낭종 주변에 염증반응이 일어난다. 이때 가장 흔히 일어나는 증상은 갑작스럽게 발생하는 부분발작이다. 부분발작에 대해서는 이 장의 뒷부분에서 다룰 것이다.

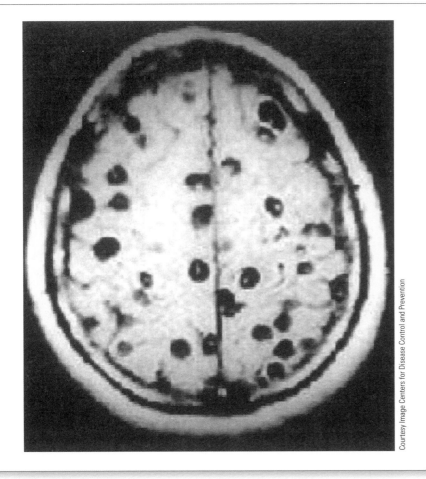

Courtesy Image Centers for Disease Control and Prevention

●그림 13.18 신경낭미충증은 뇌의 다발성 감염으로 나타난다 단순 신경낭미충증은 단일 낭종인 경우가 많으며, 이 질병이 잘 밝혀지지 않은 지역에서는 이 경우가 더 흔하다. 이 그림의 사례에서는 여러 부위에서 낭종이 발생했다. 이러한 다발성 사례는 이 질병이 보편적인 지역에서 흔히 발생한다.

신경낭미충증 돼지에 기생하는 갈고리촌충에 감염되어 발생하는 병으로, 뇌 낭종이 특징임.

치료는 일반적으로 발작을 제어하는 약물로 이루어진다. 만약 낭종에 촌충이 살아 있다면, 그것을 박멸하는 구충제가 효과적일 수 있다(Baird et al., 2013). 만약 낭종의 개수가 적고 통제되지 않는 발작을 야기하고 있다면, 그것을 제거하는 외과 수술이 가능하다. 지역 사회의 위생 교육과 돼지에 대한 백신 개발이 감염을 예방하는 데 어느 정도 효과가 있었다(Garcia et al., 2007).

박테리아, 바이러스, 균류 감염 수많은 종류의 박테리아, 바이러스, 균류가 뇌와 뇌막을 감염시켜 심각한 장애를 유발할 수 있다.

뇌염(encephalitis)의 어원은 그리스어의 '뇌(enkephalos)'와 '염증(itis)'으로, 이는 바이러스 감염에 의한 뇌의 염증을 의미한다. 증상은 경미한 것에서부터 경련, 섬망, 혼수상태, 죽음에 이르기까지 광범위하다. 어떤 환자들은 기억, 말하기, 근육 협응, 청각, 시각에 영구적인 장애를 겪기도 한다. 뇌염에는 두 가지 감염 양상이 있다. 일차성 뇌염은 중추신경계에 직접 침투하는 바이러스로 인한 것인데, 대개 웨스트 나일 바이러스(West Nile virus)나 지카 바이러스(Zika virus)처럼 모기가 전파하는 바이러스에 의한 감염으로 발생한다. 이차성 뇌염은 앞서 발생한 신체 다른 부위의 바이러스 감염에 뒤따라서 일어난다.

지카 바이러스는 1947년에 우간다에서 발견되었다. 임신한 여성에게서 태아로, 또는 성관계, 수혈, 실험실 노출을 통해 전염될 수 있다. 브라질은 2015년에 130만 명의 환자가 발생하는 대규모 유행을 겪었다(Hennessey, Fischer, & Staples, 2016). 이 바이러스는 대부분의 사람에게는 경미한 증상을 일으키지만, 임신 중에 감염된 여성의 경우 태아에게서 소두증(microcephaly, 비정상적으로 작은 머리와 뇌)을 유발할 수 있다 (Mlakar et al., 2016; ●그림 13.19을 보라).

뇌염 뇌의 염증이 특징인 병.

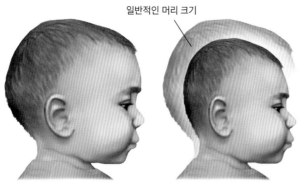

일반적인 머리 크기

일반적인 머리 크기의 아이   소두증이 있는 아이

●**그림 13.19 지카 바이러스와 소두증** 건강한 성인은 지카 바이러스에 걸려도 그 증상을 특별히 걱정할 필요가 없지만, 임신한 여성이 이 바이러스에 걸리면 그 아이가 소두증을 보일 수도 있다. 또한 소두증은 태아가 환경적 독물, 약물, 알코올, 기타 감염(시토메갈로 바이러스, 풍진, 수두)에 노출되는 경우에도 발생하는데, 이 장애는 인지발달의 문제, 언어와 운동 기능 발달의 지연, 과도한 활동성과 관련이 있다.

단순포진 바이러스(Herpes simplex virus, 헤르페스 바이러스)는 입술 물집과 성기 포진의 원인이 되는 바이러스의 종류인데, 굉장히 심각하고 치명적일 수 있는 이차성 뇌염을 유발한다. 면역계가 약화된 상태일 때, 단순포진 바이러스는 재활성화되어 뇌로 이동할 수 있다(Whitley, 2006). 뇌염에서 이 바이러스로 발생한 손상은 알츠하이머병에서 관찰된 손상과 유사하다. 이 때문에 어떤 연구자들은 앞서 일어난 단순포진 바이러스 감염과 이후의 치매 사이에 연관성이 있을 것으로 추측한다(Zambrano et al., 2008).

뇌수막염(meningitis, 뇌막염, 수막염), 즉 뇌막의 염증은 박테리아, 바이러스, 균류의 감염에 의해 발생한다. 뇌수막염은 독감과 유사하게 고열, 구토, 설사, 관절통, 근육통 등의 증상을 일으킨다. 그러나 뇌수막염은 목의 뻣뻣함(턱을 가슴팍에 붙이지 못함), 밝은 빛에 대한 기피, 졸음과 같은 증상이 나타난다는 점에서 독감과 차이가 있다. 특히 아동의 경우 뇌수막염이 야기한 갑작스러운 고열이 발작을 자극하기도 한다.

세균성 뇌수막염은 몇 가지 흔한 종류의 박테리아로부터 생긴다. 대부분 사람들의 경우 신체 면역계가 박테리아를 억제하고 있는데, 사실 이 박테리아를 보유하는 것은 (면역계가 지속적으로 작동하게 함으로써) 세균성 뇌수막염이 발병하지 않도록 하는 자연적 보호에 기여한다. 장기간의 밀접접촉, 기침, 재채기, 키스는 이 박테리아를 확산시킬 수 있다. 그러나 이것들은 몸 밖에서 오랜 시간 생존할 수 없기 때문에 수영장, 건물, 상수도에서는 위험이 되지 않는다. 드물지만, 이러한 감염은 응급상황으로 간주되고 치명율은 17~20% 수준이다(Brouwer, McIntyre, Prasad, & van de Beek, 2015). 회복된 사람들은 난청이나 뇌손상을 겪을 수 있다. 1980년대 후반과 1990년대에 흔한 유형의 뇌수막염을 위한 효과적인 백신이 개발되면서 미국에서 세균성 뇌수막염 비율은 급감했다(McIntyre, O'Brien, Greenwood, & van de Beek, 2012). 이러한 백신 접종은 대학교 기숙사에 거주할 신입생들에게 정례적으로 시행되거나 강력히 권장된다.

바이러스성 뇌수막염은 가장 흔한 형태의 뇌수막염이지만, 일반적으로 위험성은 가장 낮다고 간주된다. 증상은 세균성 유형과 유사하다. 많은 종류의 바이러스가 뇌수막염을 초래할 수 있는데, 콕사키 바이러스(coxsackie virus)와 장바이러스(enterovirus)가 가장 흔하다. 바이러스성 뇌수막염은 항생제나 다른 약물에 반응하지 않는다. 두통, 피로, 우울감이 몇 주에서 몇 달까지도 지속될 수 있다.

진균성 뇌수막염(fungal menigitis)은 매우 드물다. 일반적으로 사람의 면역계가 심각하게 손상되었을 때만 발생한다. HIV/AIDS가 있는 환자와 면역계를 억제하는 약물을 복용 중인 사람(장기이식 환자나 암 환자)은 특히 위험성이 높다. 이런 사례는 진행이 느리고 진단과 치료가 어렵다.

뇌전증

발작(seizure)이란 의식 상태의 변화와 상관되는, 뇌의 제어되지 않은 전기적 교란이다. 발작은 흔히 뇌의 부상, 감염, 약물 금단의 결과로 발생하지만, 어떤 발작은 뚜렷한 원인 없이 나타난다. 환자가 촉발 자극 없이 반복적 발작을 경험한다면 **뇌전증**(epilepsy, 간질)으로 진단받는다(Hauser & Beghi, 2008). 발작장애를 확실하게 진단하기 위해서는 뇌전도(EEG)와 뇌 영상(예: fMRI)을 통해 뇌의 이상 활동을 찾는다. 그러나 발작장애를 가진 모든 사람이 비정상적인 뇌 검사 소견을 보이는 것은 아니며, 비정상적인 뇌 검사 소견이 있어도 발작을 경험하지 않을 수 있다.

일부 발작은 흥분과 억제 사이의 뇌 균형이 깨졌을 때 발생하는 것으로 보인다. 4장에서 살펴본 것처럼 감마-아미노부티르산(GABA)은 뇌의 주요 억제성 신경전달물질 중 하나이다. GABA 활동의 변화는 발작을 일으키거나 예방할 수 있다(Jacob, Moss, &

발작 뇌의 제어되지 않은 전기적 교란.
뇌전증 뚜렷한 원인 없이 뇌에서의 발작이 반복적으로 나타나는 장애.

Jurd, 2008). GABA 활동을 억제하는 약물은 발작을 일으킨다(Butuzova & Kitchigina, 2008). 알코올과 같은 GABA 수용체와 상호작용하는 약물의 금단도 심각한 발작을 일으킨다(Ritvo & Park, 2007; Rogawski, 2005). 발작을 통제하는 데 사용되는 약물 중에는 GABA의 작용을 향상시키는 것이 많다(Meldrum & Rogawski, 2007).

발작의 유형 발작은 원인, 기간 및 증상 측면에서 매우 다양하다. 따라서 분류 체계가 있으면 의사가 발작의 유형에 적합한 치료 방법을 사용하는 데 도움이 된다(Berg et al., 2010). 먼저 **부분발작**(partial seizures)과 **전신발작**(generalized seizures)을 구분할 수 있다. 부분발작은 식별 가능한 뇌의 한 부분(초점 또는 초점영역)에서 시작되어 밖으로 퍼진다. 전신발작은 초점이나 명확한 시작점을 갖지 않는 것처럼 보이며 양반구에 대칭적으로 영향을 미친다. 부분발작에는 **전조**(aura), 즉 임박한 발작에 대한 예고가 선행한다. 어떤 경우에는 전조가 감각 왜곡으로 경험되며, 다른 경우에는 발작이 곧 발생할 것이라는 느낌으로만 경험된다. 전신발작에는 일반적으로 전조가 나타나지 않는다.

부분발작은 다시 단순발작과 복합발작으로 나뉜다. **단순부분발작**(simple partial seizure)은 발작 활동의 시작 지점, 즉 초점 영역이 담당하는 움직임이나 감각을 유발한다. 이러한 발작은 의식의 변화를 동반하지 않는다. 운동겉질에 영향을 미치는 단순부분발작의 한 예가 1장에서 언급한, 19세기에 발작장애를 관찰했던 의사 John Hughlings Jackson의 이름을 딴 **잭슨형 발작**(Jacksonian seizure)이다. 잭슨형 발작에서는 운동 조절의 문제가 신체의 한 부분에서 다른 부분으로 이동한다. 이때 운동겉질에 있는 각 신체 부위의 표상을 순서대로 반영하는 방식으로 운동 문제가 이동하는데, 이를 **잭슨형 확산**(Jacksonian march)이라고 한다. 예를 들어 한 손가락에서 경련이 시작되면 인접한 손가락, 손, 팔 등으로 퍼질 수 있다.

복합부분발작(complex partial seizure)은 일반적으로 관자엽에서 시작되며, 의식의 변화와 관련이 있다. 발작 도중에 환자는 매우 혼란스러워하기 마련이며, 대개는 발작에 대한 기억이 없다. 어떤 경우에는 과거 사건을 다시 경험하고 있다는 느낌을 받는다. 또 어떤 경우에는 주변 환경이 기묘하게도 익숙하지 않거나 이질적이라는 느낌을 받기도 한다.

부분발작 동안 발작 초점 내의 뉴런은 **발작성 탈분극 이동**(paroxysmal depolarizing shift, PDS)이라는 특징적인 전기적 반응 패턴을 보여주는데, 이는 환자의 뇌 활동에 대한 뇌전도(EEG) 기록에서 관찰 가능하다(Westbrook, 2000). PDS는 발병 부위 뉴런의 크고 갑작스러운 탈분극화를 시작으로 연쇄적인 활동전위가 유발되는 것으로, 이후에는 과분극화의 시기가 뒤따른다. 이 흥분성 활동은 GABA가 매개하는 억제 시스템을 압도하고, 고주파의 활동전위가 방출되게 한다(Westbrook, 2000).

전신발작은 뇌의 양쪽에 대칭적으로 영향을 미치며 초점, 즉 명확한 시작점을 갖지 않는 것으로 보인다. 전신발작은 시상과 겉질을 연결하는 회로의 활성화로 인해 발생한다. 비정상적인 활동 확산에 있어서 부분발작과 전신발작 간의 차이는 ●그림 13.20

부분발작 명확한 시작점, 즉 초점이 있는 발작.

전신발작 명확한 시작점 없이 뇌의 양쪽에 대칭적으로 영향을 미치는 발작.

전조 발작이나 편두통 발생에 앞서 나타나는 주관적인 감각이나 운동의 느낌.

단순부분발작 초점 영역의 기능과 관련된 발작 증상.

잭슨형 발작 단순부분발작의 한 유형. 운동겉질에서부터 시작됨.

잭슨형 확산 단순부분발작 동안 경련이나 뒤틀림이 신체의 한 부분에서 다른 부분으로 확산하는 양상이 일차 운동겉질의 조직화를 따라서 나타나는 것.

복합부분발작 관자엽에서 시작되는 부분발작의 한 유형.

발작성 탈분극 이동(PDS) 부분발작의 초점 영역에 있는 뉴런들에서 특징적으로 나타나는 전기적 패턴.

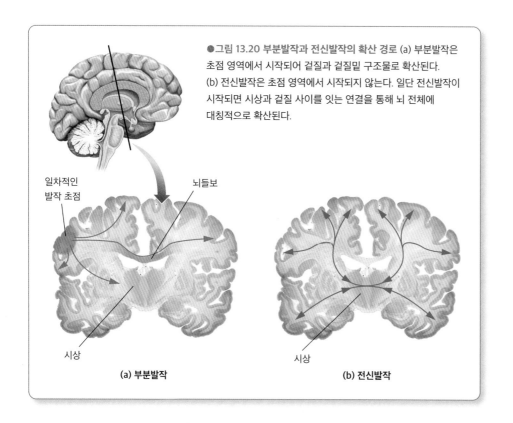

●그림 13.20 **부분발작과 전신발작의 확산 경로** (a) 부분발작은 초점 영역에서 시작되어 겉질과 겉질밑 구조물로 확산된다. (b) 전신발작은 초점 영역에서 시작되지 않는다. 일단 전신발작이 시작되면 시상과 겉질 사이를 잇는 연결을 통해 뇌 전체에 대칭적으로 확산된다.

일차적인
발작 초점

뇌들보

시상

(a) 부분발작

시상

(b) 전신발작

에서 볼 수 있다.

　전신발작의 두 가지 주요 범주는 **강직-간대성발작**(tonic-clonic seizure, grand mal; 대발작)과 **압상스발작**(absence seizure, petit mal; 소발작)이다. 강직–간대성발작은 **강직성 단계**(tonic phase)로 시작하여 몇 초 동안 지속되며, 의식상실, 호흡중단 및 강렬한 근육수축을 특징으로 한다. 이 강직성 단계에 이어 **간대성 단계**(clonic phase)가 시작되어 약 1분간 지속된다. 이 단계에서는 몸에 극심하고 리드미컬한 수축이 발생하며, 이로 인해 종종 뼈가 부러지거나 다른 신체적 부상을 입기도 한다. 배뇨와 배변도 발생할 수 있다. 자율신경계의 흥분이 동반되어 땀과 침이 많이 흘러나온다. 강직성 단계와 간대성 단계가 순환한 뒤에는 약 5분간 **혼수상태**(coma)가 지속된다. 근육이 이완되고 호흡이 정상적으로 재개되지만, 환자는 의식이 없는 상태이다. 혼수상태 후에 환자는 깨어나거나 수면상태로 전환된다. 강직–간대성발작의 EEG 기록은 ●그림 13.21에서 볼 수 있다.

　압상스발작은 강직-간대성발작보다 훨씬 덜 격렬하다. 환자는 약 10초 동안 의식을 잃으며, 운동 증상은 눈 깜박임, 고개 돌리기, 안구운동에 국한된다. 환자는 발작 중에 주변 환경을 인식하지 못한다. 그러나 강직–간대성발작에서처럼 신체 조절 능력이 완전히 상실되지는 않으며, 환자가 서있거나 앉아있는 경우에는 넘어지지 않는다. 압상스발작은 그림 13.21에도 설명되어 있는 '초당 3회 스파이크 및 파동'이라는 매우 특징적인 EEG 패턴을 보인다.

뇌전증 치료　뇌전증 치료에는 항경련제(antiepileptic drugs, AED)라고 알려진 약물들

강직-간대성발작 극심한 경련으로 나타나는 전신발작으로, 과거에 '대발작'으로 불림.
압상스발작 환자가 의식이 없는 짧은 시간을 경험하는 경미한 전신발작의 유형으로, 과거에 '소발작'으로 불림.
강직성 단계 강직-간대성발작의 첫 단계로, 환자는 의식을 잃거나 호흡을 멈추거나 근육이 수축됨.
간대성 단계 강직-간대성발작의 두 번째 단계로, 극심하고 반복적인 근육의 수축이 발생함.
혼수상태 장기간 깨어나지 못하는 깊은 무의식 상태.

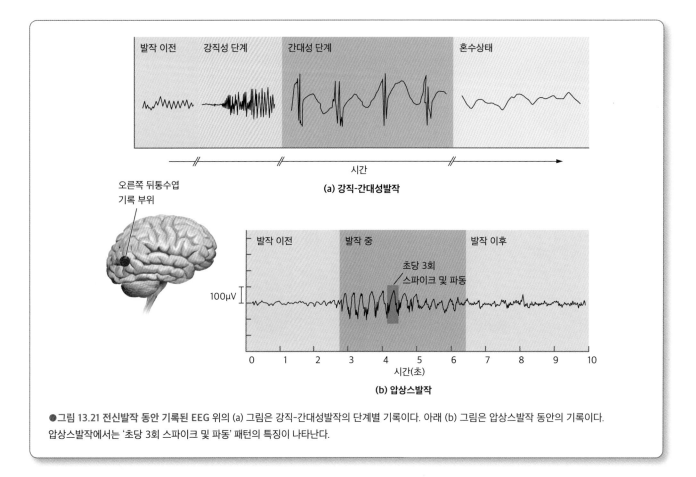

●그림 13.21 전신발작 동안 기록된 EEG 위의 (a) 그림은 강직-간대성발작의 단계별 기록이다. 아래 (b) 그림은 압상스발작 동안의 기록이다. 압상스발작에서는 '초당 3회 스파이크 및 파동' 패턴의 특징이 나타난다.

이 사용된다. 많은 AED는 GABA 효능제 역할을 하지만, 어떤 것들은 나트륨과 칼슘 채널을 표적으로 작용한다(3장을 보라). 약물이 효과적이지 않은 경우에는 수술이 필요할 수 있다(11장을 보라). 발작 증상이 약물에 반응하지 않는 12세 이하의 아동은 유명한 Atkins 식이요법과 비슷하게 지방이 많고 탄수화물이 적은 케톤 생성 식단(ketogenic diet)을 따르는 것이 도움이 된다(Lutas & Yellen, 2013). 이러한 유형의 식단은 뇌가 포도당 대신 지방 부산물을 연료로 사용하게 한다.

다발성 경화증

다발성 경화증(multiple sclerosis, MS)은 면역계가 중추신경계를 공격하는 자가면역질환이다. 다발성 경화증은 특히 성긴돌기아교세포(3장을 보라)를 손상시켜 경화, 즉 상처조직을 만들어내고(이것이 이 병명의 연원이다), 축삭의 말이집탈락(탈수초화)을 유발한다(Zeis & Schaeren-Wiemers, 2008). 다발성 경화증으로 인한 전형적인 손상은 ●그림 13.22에 나와있다. 어떤 경우에는 말이집탈락이 축삭 자체의 손상을 일으킬 수 있다. 다발성 경화증은 일반적으로 젊은 성인에게 처음 나타나며 남성보다 여성의 발병율이 거의 2배 가까이 높다(Alonso & Hernan, 2008).

다발성 경화증은 시간 경과 및 심각도 면에서 여러 유형으로 나타날 수 있다. 일부 환자는 지속적인 기능 저하를 겪는다. 대부분의 환자는 갑작스러운 악화 이후에 건강

다발성 경화증 중추신경계가 표적이 되는 자가면역질환으로, 말이집탈락과 축삭의 손상을 일으킴.

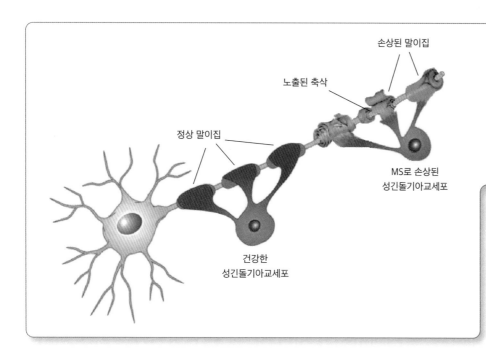

●그림 13.22 **다발성 경화증은 말이집을 손상시킨다** 다발성 경화증(MS)의 경우, 몸의 면역계가 일부 중추신경계 뉴런의 축삭을 말이집으로 감싸는 성긴돌기아교세포를 공격한다. 그 결과 전기 신호가 효과적으로 전달되지 못하여 여러 인지적·감각적·운동적 결함이 발생한다.

손상된 말이집

노출된 축삭

정상 말이집

MS로 손상된 성긴돌기아교세포

건강한 성긴돌기아교세포

한 시기가 뒤따르는 재발-호전 유형을 경험한다. 또 어떤 환자들은 꾸준한 악화를 겪으면서 급격한 악화가 중첩되거나 재발-호전의 시기에서 더 진행적인 감퇴기로 전환되기도 한다(Hempel et al., 2017).

다발성 경화증은 여러 부위의 백색질에 영향을 미칠 수 있기 때문에 다양한 인지적·감각적·운동적 문제가 발생할 수 있다. 증상에는 피로, 근육 약화, 감각 변화, 균형 문제 및 우울증이 있다. 다리의 통증이나 따끔거리는 감각은 흔히 있는 불편감이다.

다발성 경화증의 자가면역적 속성은 매우 분명해 보이지만, 자가면역반응을 유발하는 정확한 기제는 아직 명확하지 않다. 다발성 경화증은 환경 요인과 어느 정도의 유전성 사이의 복잡한 상호작용에서 비롯된다(Oksenberg, Baranzini, Sawcer, & Hauser, 2008). 다발성 경화증에 기여하는 환경 요인에는 단핵구증(mononucleosis)을 일으키는 엡스타인-바 바이러스(Epstein-Barr virus; Levin et al., 2005)를 비롯한 다양한 바이러스에 대한 노출, 햇빛 노출 부족으로 인한 비타민 D 결핍(Islam, Gauderman, Cozen, & Mack, 2007)이 있다. 다발성 경화증은 위도가 높은 지역보다 적도 근처에 사는 사람들에게서 훨씬 드물게 나타난다(Alonso & Hernan, 2008).

다발성 경화증의 치료법은 아직 발견되지 않았지만 여러 약물이 갑작스러운 악화를 줄이고 병의 진행을 늦춰준다. 재발-호전 유형이 치료에 가장 잘 반응하며, 진행성 유형은 현존하는 치료법에 그만큼 잘 반응하지 않는다. 흡연은 증상의 빠른 악화와 관련이 있는 반면, 운동은 증상의 진행을 늦추는 수단으로 유망해 보인다(Hempel et al., 2017).

편두통

인구의 약 16%에 영향을 미치는 **편두통**(migraine)은 4~72시간 동안의 극심한 두통, 메스꺼움, 구토 등의 증상으로 나타난다(Smitherman, Burch, Sheikh, & Loder, 2013).

편두통 심한 유형의 두통, 메스꺼움, 감각적 왜곡을 특징으로 하는 유전 관련 장애.

●그림 13.23 편두통 전조 편두통이 있는 환자들은 두통에 앞서 전조(아우라), 즉 감각적 왜곡을 겪는다. 이 이미지는 흔히 묘사되는 시각적 전조를 화가가 표현한 것이다.

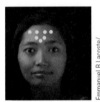

●그림 13.24 편두통 치료를 위한 보톡스 주입 편두통은 흔히 약물로 치료하지만, 어떤 사람들에게는 특정 말초신경에 주입되는 보톡스(4장을 보라)가 도움이 되기도 한다. 보툴리눔 신경독소는 시냅스소낭이 시냅스전 막과 융합되는 것(3장을 보라)을 방해하는데, 이는 통증과 관련된 여러 신경화학물질의 분비를 효과적으로 차단한다.

여성의 편두통 위험은 남성의 2배 이상이다(Janis, Barker, & Palettas, 2017). 일부 환자의 경우 ●그림 13.23과 같은 전조 징후 또는 시각 경험의 변화가 증상에 앞서 나타난다.

편두통의 정확한 원인은 아직 알려지지 않았다. 다만 삼차신경혈관 이론(trigeminovascular theory)에 따르면 두통은 염증의 결과이며, 이러한 염증은 **삼차신경혈관계**(trigeminal vascular system)에 의해 여러 요인이 방출되어 발생한다(Li et al., 2017). 글루탐산과 **칼시토닌 유전자 관련 펩티드**(calcitonin gene-related peptide, CGRP)가 삼차신경(뇌신경 V; 2장을 보라)에 의해 방출되고 이것이 혈관 확장과 통증을 유발한다(Xiao, Richter, & Hurley, 2008). 여기서 중요한 점은 이전까지 알려져 있던 것과 달리, 혈류 증가가 두통의 직접적인 원인이 아니라 두통을 일으킨 뇌줄기(뇌간)에서 일어난 사건에 대한 반응이라는 것이다.

편두통은 대부분의 경우 약물로 치료한다. **트립탄**(triptan)은 세로토닌 효능제 역할을 하면서, CGRP의 방출과 그에 따르는 연쇄반응을 차단하여 편두통을 방지한다(Xiao et al., 2008). ●그림 13.24에서 보듯이 보톡스 주사(3장을 보라)는 어느 정도 장기적인 완화 효과가 있다(Janis et al., 2017). 보툴리눔 신경독은 근육 마비를 유발할 뿐 아니라 시냅스소낭 융합을 억제한다(Kim, Lee, & Ahnn, 2015). 이로 인해 통증 신호의 전달이 감소한다. 행동을 조정하는 방법으로도 편두통의 빈도를 줄일 수 있다. 빛, 특정 음식, 수면 부족, 호르몬 이상, 불안, 스트레스는 더 빈번한 두통을 유발할 수 있다. 그러므로 문제가 되는 자극을 식별하고 피하는 것이 도움이 될 것이다.

삼차신경혈관계 삼차신경, 뇌막, 혈관으로 이루어진 연결망으로, 편두통 유발에 관여한다고 알려져 있음.

칼시토닌 유전자 관련 펩티드(CGRP) 삼차신경이 분비하는 펩티드 신경화학물질로, 편두통 유발에 관여할 가능성이 있음.

트립탄 새로운 유형의 매우 특이적인 세로토닌 효능제로, 편두통 치료에 사용됨.

반응적 신경가소성 새로운 뉴런, 축삭, 가지돌기, 시냅스의 발달로 인해 자발적이면서 단시간 동안 일어나는 신경손상으로부터의 회복.

신경인지장애의 회복과 치료

현재의 기술과 의술을 고려할 때 중추신경계의 손상은 영구적이라는 결론을 내려야 하지만, 신경인지장애의 경우에는 행동 기능이 회복될 수 있다.

가소성과 회복

뇌손상으로부터의 회복은 보통 두 가지 방식으로 일어날 수 있다(Nadeau et al., 2012). 첫 번째 유형은 **반응적 신경가소성**(reactive neuroplasticity)으로 알려져 있으며, 이는 손상에 대한 반응으로 나타나는 새로운 뉴런의 자발적인 발생, 그리고 축삭, 가지돌기 및 새로운 시냅스의 성장과 관련된다. 이 유형의 회복은 부상 후 며칠 또는 몇 주 내에 이루어지며, 현재의 재활 방법이 이러한 과정에 미치는 영향은 잘 알려져 있지 않다. 두 번째 유형은 **경험 의존적 신경가소성**(experience-dependent neuroplasticity)으로 알려져 있으며, 학습으로 인한 변화와 관련된다. 이 유형의 회복은 시냅스의 성장과 강화를 포함하며 재활 프로그램의 필연적인 목표이다. 이러한 유형의 회복 과정은 수년에 걸쳐 일어날 수 있다. 재활은 적절한 학습 기회를 제공함으로써 뇌손상으로 잃은 기능을 수행할 새로운 방법을 학습하도록 뇌의 능력을 증진시킬 수 있다.

회복은 환자의 연령에 영향을 받을 수 있다. 11장에서는 생명을 위협하는 발작을 치료하기 위해 한쪽 반구의 겉질을 제거하는 반구절제술의 결과를 살펴보았다. 아마도 이 수술이 성공한 이유는 발달하고 있는 뇌의 특징인 가소성, 즉 재조직화 능력 때문일 것이다(5장을 보라). 어린이의 뇌가 성인의 뇌보다 더 효과적으로 재조직화된다는 관찰은 Margaret Kennard(1936, 1942)에 의해 처음으로 기술되었다. **케너드 원리**(Kennard principle)란 뇌가 손상된 후 최종적으로 얼마나 잘 재조직될 수 있는지는 환자의 발달 단계에 따른다는 개념이다. 반구절제술에서의 성공적인 재조직화 외에도 케너드 원리를 지지하는 근거를 동물 연구에서 찾아볼 수 있다. Goldman-Rakic와 Rakic(1984)는 자궁 속에 있는 붉은털원숭이의 한쪽 뒤통수엽 전체를 제거했는데, 이는 뇌 구조의 극적인 재조직화로 이어졌다(●그림 13.25을 보라).

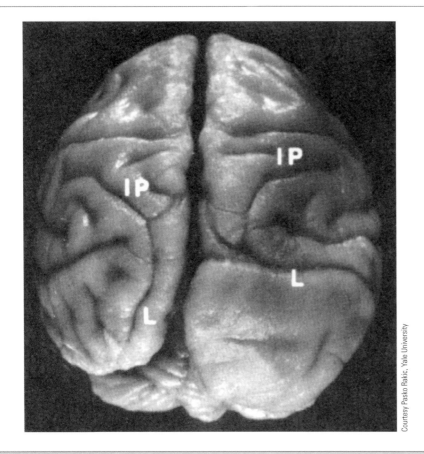

Courtesy Pasko Rakic, Yale University

●그림 13.25 **뇌손상 이후에 재조직화가 뒤따른다** 이 원숭이의 왼쪽 뒤통수엽은 임신령 83일에 외과적으로 제거되었다. 이로 인해 일어난 재조직화를 아래마루소엽의 좌우반구 차이에서 볼 수 있다. 이 이랑의 경계는 마루속고랑(intraparietal sulcus, IP)과 달꼴고랑(lunate sulcus, L)이다. 우반구 아래마루소엽은 정상적이나, 좌반구 아래마루소엽은 정상 크기의 거의 2배가 되어 뒷부분 끝까지 확장되었다.

경험 의존적 신경가소성 학습으로 이뤄지는, 장기간에 걸친 신경손상으로부터의 회복.
케너드 원리 뇌의 재조직화는 발달 연령에 따라 달라진다는 가설.

그러나 후속 연구 과정에서 케너드 원리가 수정되었다. 이 원리는 언어 기능에는 적용되지만 모든 인지 기능에 반드시 적용되는 것은 아니다. 출생 전 또는 출생 직후 우반구 또는 좌반구에 손상을 입었던 50명의 환자를 대상으로 이루어진 조사에서 Woods와 Teuber(1973)는 일반적으로 좌반구에 손상을 입은 사람에게서 언어 기능이 보존된다는 것을 발견했다. 이 환자들은 언어 기능을 우반구에서 재개발하여 좌반구의 손상을 상쇄했다. 그 결과 이들의 시각공간 기능은 전반적 지능에 근거한 기대 수준보다 낮았다. 이와는 상반되게, 발달 초기에 우반구가 손상된 환자는 젊은 성인기에 우반구가 손상된 환자에 비해 아무런 이점도 보이지 않았다. 이른 시점에 우반구가 손상되어도 공간적 처리 능력이 좌반구로 옮겨가는 보상 과정은 일어나지 않았던 것이다. 모든 연령대에서 뇌손상 후에 언어 기능이 기억 기능과 같은 다른 인지 과정보다 더 광범위하게 회복된다.

대부분의 회복은 뇌졸중의 경우 처음 3개월 이내(Kreisel, Hennerici, & Bazner, 2007)에, 그리고 TBI의 경우에는 1~2년 동안 매우 빠르게 일어난다(Sbordone, Liter, & Pettler-Jennings, 1995). 그러나 Sbordone과 연구자들이 면담했던 TBI 환자들은 연구가 끝난 시점인 10년째에도 여전히 호전되고 있었다. 심한 부상을 입었던 경우에도 부상 후 2년 동안 상당한 회복이 지속되었으며, 부상 후 최소 5년 동안 어느 정도의 회복이 계속되었다(Nakase-Richardson et al., 2012). 이러한 결과는 부상 후 일정 시간이 지났다고 해서 기능을 개선시키려는 노력이 중단되어서는 안 된다는 것을 시사한다.

인지예비능

인지예비능(cognitive reserve)은 손상에 직면했을 때의 뇌의 탄력성(resilience)을 의미하며, 이는 왜 어떤 사람들은 다른 사람들보다 뇌손상이나 신경퇴행성 과정의 영향을 적게 받는지를 설명하는 데 도움이 된다(Stern, 2013). 뇌손상 정도가 행동 결과와 항상 상관되는 것은 아니다. 회복의 개인차는 뇌의 크기나 시냅스의 수에 기반한 단순한 뇌 예비능에 따른 결과일지도 모른다. 그러나 인지예비능은 사람이 인지적 네트워크를 사용하여 더 유연한 방식으로 손상에 대처하는 더욱 능동적인(active) 과정일 수 있다(Stern, 2013).

지능, 교육 및 직업 수준, 풍부한 여가활동 참여와 같은 여러 변인들이 인지예비능과 관련이 있다. 청년기 후반부터 노년기까지 비슷한 환경을 공유했던 수녀들을 대상으로 한 연구는 19세 때 수녀의 글쓰기 능력이 높을수록 알츠하이머병 진단을 받을 가능성이 낮다는 것을 발견했다(Snowdon et al., 1997). 글쓰기 능력은 기본 지능을 반영하기 때문에 이 연구는 지능과 알츠하이머병 위험 사이의 부적 상관관계를 시사한다. 11장에서는 알츠하이머병과 관련하여 이중언어 사용의 장점에 대해서도 논의했다. 알츠하이머병 진단을 받은 이중언어 사용자는 단일언어 사용자보다 증상 발현이 지연되고 기능이 더 느리게 저하되었다. 인지예비능을 통한 설명에 따르면 사용하는 언어를

인지예비능 뇌손상 시 뇌의 크기, 시냅스의 수, 인지적 네트워크의 유연한 사용으로 인한 탄력성의 개인차에 대해 제안된 근거.

일상적으로 전환하는 데 필요한 주의 및 관리 기능이 인지 기능의 향상을 일으킬 수 있을 것이다.

인지예비능은 중등도(moderate)에서 중증(severe) TBI로부터 회복하는 데에 중요한 역할을 한다. 교육 정도는 한 사람의 인지예비능을 나타내는 지표 중 하나인데, 이는 TBI로부터 1년 뒤에 장애에서 완전히 회복되는지 여부를 강력하게 예측하는 변수였다(Schneider et al., 2014). 이뿐만 아니라, 고등학교 졸업 후에 받은 교육의 양이 꾸준히 증가할수록 회복 가능성도 높아졌다.

신경인지장애의 재활

재활(rehabilitation)은 '좋은 건강 상태로 회복하는 것'을 의미한다. 신경인지장애 유형과 각각의 증상이 상당히 다양하기 때문에 재활에 대한 일반화된 접근은 어렵다. 그러나 다루어야 하는 세 가지 요소로는 신경인지장애와 관련된 인지 기능의 변화, 신경인지장애로 인한 혹은 이에 대한 반응으로서의 정서적 변화, 그리고 통증 같은 신체적 상관물이 있다(O'Hara, 1988).

효과적인 재활 방법이 빠르게 개발되고 있다. 척수손상 환자가 운동 보조 훈련 및 경막바깥 자극(epidural stimulation)을 사용하여 상당한 움직임을 회복하였다(Rejc, Angeli, Bryant, & Harkema, 2016; Roy, Harkema, & Edgerton, 2012). 이러한 방법은 뇌의 운동계에서 내려오는 입력 없이 작동할 수 있는 운동 관련 척수 회로를 재훈련시킨다(2장을 보라). 한 사례에서는 경막바깥 자극으로 환자가 지시에 따라 발가락을 꼼지락거리고, 어떤 움직임을 제어하고, 2시간 동안 체중을 100% 지탱하면서 서있기와 발 디딤 연습을 할 수 있었다.

인지 기능은 두 가지 방법 중 하나를 통해 향상될 수 있다(Giles, 2010). 인지적 접근 방식(하향식)은 주의와 같은 특정 인지 기능을 강조한다. 환자는 적절한 주의행동을 '연습'함으로써 개선을 경험하게 된다. 기능적 접근 방식은 인지 능력보다는 특정 작업에 중점을 둔다. 인지적 접근 방식에서는 환자가 숫자 3을 볼 때마다 버튼을 누르는 것과 같이 주의가 필요한 다양한 반복 과제에 참여한다. 한편 기능적 접근 방식에서는 치료사가 자동차 운전과 같이 주의력이 반드시 필요한 실용적인 작업을 선정하고, 환자가 해당 작업을 다시 배우도록 훈련시킨다. 대규모 메타 분석에 따르면 두 가지 접근법 모두 장기적으로 효과적이지만, 단기적인 기능 개선에는 인지적 접근법이 더 효과적이었다(Vanderploeg et al., 2008).

신경인지장애에서 회복하는 환자는 최적의 회복에 필요한 풍부한 자극 환경을 받기보다는 뇌 자극의 빈곤을 흔히 겪는다. 왜냐하면 상실된 기능을 회복하는 데 도움이 될 자극을 스스로에게 주지 못하기 때문이다. Tinson(1989)은 뇌졸중에서 회복 중인 입원 환자가 하루 중 30~60분만 치료를 받으면서 하루의 30~40%에 해당하는 긴 시간 동안 아무런 활동도 하지 않는 것을 관찰했다. 이 문제에 대한 한 가지 해결책은 비

재활 질환과 부상 이후에 기능을 회복하기 위한 치료적 과정.

●그림 13.26 'Wii-hab' 움직임 센서가 있는 게임기를 이용하면 사람들에게 즐거움을 주는 동시에 재활 프로그램의 효과도 증진할 수 있다. 이 어르신은 테니스 게임을 진심으로 열심히 하고 있다.

용이 많이 드는 직원의 도움 대신 환자가 원하는 기간 동안 치료에 참여할 수 있는 가상현실(VR)을 사용하는 것이다(Rose, Brooks, & Rizzo, 2005). VR 시뮬레이션을 통해 환자는 건물이나 계단을 거쳐 이동하는 등 자신의 특정 결함을 해결하는 데 가장 유용할 만한 감각자극에 노출될 수 있다(Broeren et al., 2008; Deutsch & Mirelman, 2007). 뇌 영상 연구에 따르면 VR은 환경과 실제로 상호작용할 때와 동일한 뇌 영역을 활성화한다(Rose, Attree, Brooks, & Johnson, 1998; Sorita et al., 2012). VR 기술이 개선됨에 따라 이 기술이 뇌손상 환자의 치료에 더 잘 활용될 것으로 기대된다.

최근 게임기에 도입되기 시작한 움직임 감지 기술은 재활을 저렴하고 효율적이면서도 재미있게 만들었다. 건강관리 전문가의 지도에 따라 신경인지장애에서 회복 중인 사람은 닌텐도 Wii 게임 시스템(또는 마이크로소프트 Kinect 또는 소니 PlayStation Move)을 사용하여 더 형식을 갖춘 물리치료 및 기타 재활 프로그램의 효과를 증강시킬 수 있다(Silver, 2016; ●그림 13.26을 보라).

중간 요약 13.2

‖ 부분발작과 전신발작의 특징

발작 유형	하위 유형	발작의 초점 부위가 있는가?	반구가 대칭적으로 영향을 받는가?	발작의 주요 특징
부분발작	단순부분발작	예	아니요	초점 영역이 담당하는 움직임 또는 감각; 예: 잭슨형 확산
	복합부분발작	예	아니요	관자엽에서 시작; 인지장애를 유발함
전신발작	강직-간대성발작 (대발작)	아니요	예	강직성 단계(의식상실, 근육수축, 호흡중단)와 간대성 단계(근육이 씰룩거리면서 수축)가 순환하다가 혼수상태에 빠짐
	압상스발작 (소발작)	아니요	예	의식상실; 눈 깜박임, 고개 돌리기, 눈운동만 일어남

‖ 요점

1   종양은 뉴런에서는 형성되지 않지만, 아교세포와 뇌막에서 발생할 수 있다. (LO3)

2   발작은 다양한 질환으로 인해 발생하며, 부분발작과 전신발작으로 분류된다. (LO3)

3 다발성 경화증은 중추신경계에서 성긴돌기아교세포가 생성하는 말이집이 손상되는
　　자가면역질환이다. **(LO3)**

4 한때 혈관성장애로 알려졌던 편두통은 삼차신경혈관계에 영향을 미치는 다양한 요인이 야기하는
　　염증으로 인해 발생할 수 있다. **(LO3)**

5 케너드 원리는 발달 단계에 따라서 뇌손상의 회복력이 달라진다고 이야기하지만, 연구 결과들은
　　일관되지 않다. **(LO4)**

6 뇌손상에서의 재활은 인지적·정서적·신체적 문제를 함께 다루는 다학문적 접근을 취한다. **(LO5)**

‖ 복습 문제

1 발작의 주요 원인은 무엇인가?

2 연령과 뇌손상 회복력 간에는 어떤 관계가 있는가?

3 인지예비능이란 무엇인가?

돌아보기

생각할 문제

1. 당신이라면 충돌로 인한 머리 부상률이 높은 운동을 하는 선수에게 유전 상담을 권하겠는가?
　　그렇게 하거나 하지 않는 이유는 무엇인가?

2. TBI 결과는 불안이나 우울 같은 다른 심리장애의 영향을 받는다.
　　이것이 군인들에게 TBI와 외상후 스트레스장애가 함께 일어나는 경우에 대해 갖는 함의는 무엇인가?
　　이 문제는 어떻게 다루어져야 하는가?

핵심 용어

정신병리

정신장애가 있다는 것은 무엇을 의미하는가

DSM-5(APA, 2013)에 의하면, **정신장애**(mental disorder)는 "정신 기능의 기초를 이루는 심리학적, 생물학적, 혹은 발달 과정에서의 기능 이상을 반영하는 개인의 인지, 정서 조절, 또는 행동에서 임상적으로 유의미한 장애라는 특징을 가진 증후군"(p. 20)이다.

　　행동신경과학 교과목에서 DSM-5에 분류된 모든 정신장애를 다룰 수는 없다. 이 장에서는 유전적 취약성, 뇌의 구조적 차이, 생화학적 차이와 같은 주요한 생물학적 상관물을 특징으로 하는 장애들을 다루면서 이러한 생물학적 상관물이 어떻게 생물학 기반 치료의 근거가 되는지 살펴볼 것이다. 이 논의 전체에 걸쳐, 현재 우리는 어떤 사람에게 특정 장애가 있음을 알려주는 객관적인 평가 도구가 많지 않다는 것을 명심해야 한다. 일반 의학에서 혈액 검사나 엑스레이를 통해 질병의 명확한 증거를 확인할 수 있는 것과 달리, 정신장애의 진단은 증상의 임상적 관찰을 통해 이루어진다. 따라서 DSM-5의 구조는 장애의 생물학적 원인을 반영하지 못할 수도 있다. 예를 들어 DSM-5에서 관찰 가능한 증상을 근거로 서로 다른 범주로 분류된 다섯 가지 장애가 유전적 프로파일은 서로 겹친다. 조현병, 양극성장애, 우울증, 주의력결핍 과잉행동장애, 자폐스펙트럼장애는 지금까지 알려진 것보다 공통점이 더 많다(Cross-Disorder Group of the Psychiatric Genomics Consortium, 2013).

　　미국 국립정신건강연구소(National Institute of Mental Health, NIMH)에서는 관찰 가능한 행동 증상 대신, 장애의 생물학적·심리사회적 기반을 강조하기 위해 RDoC(Research Domain Criterion) 프로젝트를 시작했다(Insel, 2014). 이 프로젝트의 궁극적인 목적은 특정 개인에 맞게 치료를 제공할 수 있는 정밀 정신의학(precision psychiatry)이다. 정밀 의학에서는 예컨대 어떤 낭포성 섬유증 치료 약물이 효과적이라 하더라도 이 약물은 낭포성 섬유증과 연관된 단일 유전자에서 일어나는 1,500개의 돌연변이 중 하나를 가진 오직 4%의 환자에게만 효과를 보인다. 개별화된 정신장애의 치료가 이 정도 수준까지 도달하려면 많은 연구가 필요하겠지만, 그 효용은 매우 클 것으로 전망된다.

　　우리가 알아가야 할 것들이 아직 많지만, 그럼에도 지난 60년 동안 정신장애를 이해하고 치료하는 데 큰 진전이 있었다. 과거에 이 분야는 인류 역사에서 과학적으로 그다지 발전한 영역은 아니었다. 고대 이집트와 그리스에서 잠시 반짝였던 지식의 빛을 제외하면, 오랜 시간 동안 사람들은 정신장애를 일종의 초자연적 현상으로 여겨왔다. 중세 유럽에서는 '무도광(dance mania)'이라는, 사람들이 특이하고 통제 불가능한 방식으로 움직이는 현상이 대량으로 발생했다. 미신을 믿는 사람들은 이들이 악마에 홀렸다고 보고, 화형이라는 '치료'를 했다. 오늘날에는 이들이 연쇄상구균 감염에 의한 시드넘 무도병(Sydenham's chorea)에 걸렸던 것으로 추정한다. 의학적 지식이 진보하면서 정신장애의 생물학적 원인에 대한 이해 수준이 높아졌다. 그러나 1940년대와 1950년대까지만 해도 조현병과 자폐스펙트럼장애의 원인으로 부모를 비난하였

정신장애 심리학적, 생물학적, 혹은 발달 과정에서의 기능 이상을 반영하는 개인의 인지, 정서 조절, 또는 행동에서 임상적으로 유의미한 장애라는 특징을 가진 증후군.

다. 오늘날 우리는 생물 작용과 경험 간의 상호작용에 대한 지식을 결합하여 정신장애를 설명하고 치료하고 있다.

정신장애를 앓고 있는 많은 사람과 사회적 비용을 고려할 때, 정신장애를 과학적으로 이해하는 것은 시급한 문제이다. 19세 이상의 미국인 중 약 26.2%가 매년 정신장애에 대한 DSM 기준을 충족시키며, 이 중에서도 불안장애와 기분장애는 가장 흔하게 나타난다 (Kessler, Chiu, Demler, & Walters, 2005; ●그림 14.1을 보라). 일생에 걸쳐 적어도 한 번 장애를 겪는 사람이 많게는 인구의 65%에 달한다(Moffitt et al., 2010). 빈곤, 전쟁 및 기타 환경 요인이 유병률 증가에 기여하기 때문에 전 세계의 정신장애 유병률은 미국보다 높다 (Kessler et al., 2007).

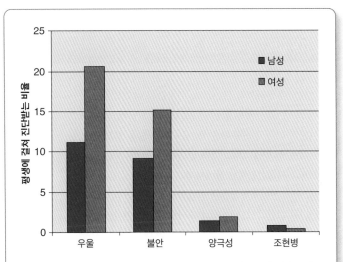

●그림 14.1 정신장애는 흔하다 미국의 상당수 성인은 일생 동안 적어도 한 번 정신장애를 진단받는다. 선진국에서는 사람들이 암이나 심장병을 비롯한 다른 어떤 질환군보다 정신장애를 겪는 비율이 더 높다.

자폐스펙트럼장애

자폐증(autism)이라는 단어는, 문자 그대로 '자기 안에서'를 의미한다. **자폐스펙트럼장애**(autism spectrum disorder, ASD)는 여러 신경발달장애 중 하나로서, 발달 중에 증상이 시작된다(APA, 2013). DSM-5에 따르면 자폐스펙트럼장애는 사회적 의사소통 및 상호작용의 결함과 제한적이고 반복적인 패턴의 행동이나 흥미, 활동을 보인다는 두 가지 행동 영역의 결함이 특징이다(APA, 2013). 자폐스펙트럼장애는 성별에 따라 위험도가 다른 장애 중 하나이다. 남아는 여아보다 자폐스펙트럼장애 진단을 받을 확률이 약

자폐스펙트럼장애(ASD) 사회적 상호작용 및 의사소통, 흥미범위에서의 결함이 평생 동안 지속되는 장애.

| 연구 비하인드 |

다섯 가지 장애의 유전적 중첩

사람들은 유전적으로 수백만에서 수십억 가지 방식으로 서로 다를 수 있다. 이 가능한 모든 변이의 원인 중에서 조현병, 양극성장애, 주요우울장애, 자폐스펙트럼장애 또는 주의력결핍 과잉행동장애로 진단받은 사람들은 겨우 4개의 유전자에서 일어나는 변이를 공유했다(Cross-Disorder Group of the Psychiatric Genomics Consortium, 2013). 그중 두 가지 유전자는 칼슘을 세포에 유입시키는 과정에 관여하는데, 이는 시냅스에서 신경전달물질의 방출에 영향을 미친다.

다섯 가지 장애 중 조현병과 양극성장애는 유전율 측면에서 15%의 가장 큰 유전적 중첩을 나타냈다. 장애 간 유전적 중첩은 양극성장애와 우울증 간에 10%, 조현병과 우울증 간에 9%, 조현병과 자폐스펙트럼장애 간에 3%였다. 전반적으로 이러한 공통의 유전적 변이는 장애 위험의 17~28%를 설명했다. 따라서 분명히 다른 요인이 함께 관여하는 것으로 보인다. 이 장의 나머지 부분에서는 이러한 장애들과 기타 심리장애의 원인을 탐색할 것이다.

| 슬기로운 *건강 생활* |

장내 미생물무리와 정신장애

중 추신경계와 장신경계, 위장관의 상호작용에 대
한 흥미로운 동물 연구들이 진행되면서, 장내 미
생물이 어떤 정신장애에서는 중요한 역할을 할지도 모
른다는 것이 알려지고 있다(Mayer, Tillisch, & Gupta,
2015). 자율신경계는 장에서 세로토닌 및 노르에피네프
린, 기타 신경화학물질을 방출함으로써 장내 미생물에
영향을 미친다. 그러면 장내 미생물이 신호 인자를 방출
하여 장의 국소 세포에 영향을 줄 뿐만 아니라 미주신경
과 순환계를 통해 뇌에도 영향을 미친다(Mayer et al.,
2015).

장내 미생물무리(microbiota, 미생물총)의 영향은
특정 발달 단계에서 더 중요할지도 모른다. 태아는 엄마
의 장에서 유래한 대사 산물과 자궁 내 미생물에 노출된
다. 신생아는 자연분만을 하는지 아니면 제왕절개를 하
는지에 따라, 그리고 모유와 젖병 수유 중 무엇을 하는지
에 따라 서로 다른 미생물무리에 노출된다(●그림 14.2
를 보라). 이러한 차이가 시사하는 의미에 대한 연구는
이제 막 진행되기 시작했다.

장내 박테리아가 불안과 사회적 행동에 미치는 효과
에 대한 동물 연구를 통해 미생물이 우울증, 불안, 자폐
스펙트럼장애에 영향을 미칠 수 있다는 가설들이 제기
되고 있다(MacQueen, Surette, & Moayyedi, 2017).
주요우울장애 환자의 분변에 있는 미생물무리를 동물에
게 옮겼을 때, 그 동물은 우울장애와 유사한 행동 변화를
보였다(Naseribafrouei et al., 2014).

언론에서는 이러한 연구 결과가 크게 다뤄진다. 생균과 효모가
포함된 활성균(probiotics) 제품들의 매출은 2020년까지 1,000
억 달러에 이를 것으로 예상된다(MacQueen et al., 2017). 이러
한 열풍은 인간 대상의 연구로 뒷받침되는 것일까? 활생균 제품을

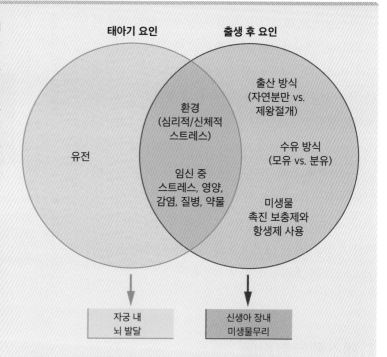

●그림 14.2 장내 미생물무리의 생애 초기 영향 태아기와 신생아기의 뇌 발달이 특히
장내 미생물무리의 영향을 받기 쉬울 수도 있다. 태아기에는 스트레스, 영양 공급, 감염,
약물복용 등에 영향을 받은 어머니의 미생물무리가 태아의 뇌 발달에 영향을 미칠지도
모른다. 출생 이후에는 아기의 미생물무리가 출산 방식(자연분만, 제왕절개), 수유
방식(모유 또는 분유 수유), 그리고 항생제 노출에 영향을 받을 수도 있다.

출처: Mayer, E. A., Tillisch, K., & Gupta, A. (2015). Gut/brain axis and the microbiota. *The
Journal of Clinical Investigation, 125*(3), 926-938.

제공받은 주요우울장애 환자들은 가짜약을 제공받은 참가자들보
다 Beck 우울 척도에서 더 많은 호전을 보인다(Akkasheh et al.,
2016). 그러나 장내 미생물이 정신장애에 미치는 영향에 대한 연구
는 아직 초기 단계에 있으며, 지금까지의 연구 자료는 활생균 제품
에 대한 막대한 지출의 필요성을 뒷받침하지 않는다.

4배 더 높다(Blumberg et al., 2013).

자폐증은 개인마다 관찰되는 결함의 심각도나 장애의 과정이 매우 다르며, 그렇
기 때문에 연속적인 스펙트럼으로 묘사된다. 어떤 아동은 비교적 정상적으로 적응하
는 반면, 30~60% 정도는 지적장애를 갖게 된다(Amaral, Schumann, & Nordahl, 2008;
Matson & Shoemaker, 2009). 대부분의 자폐스펙트럼장애 아동의 경우 18개월 즈음까
지 자폐스펙트럼장애 증상이 나타나는 반면, 자폐스펙트럼장애 아동 중 25~40%는
18~24개월까지 정상적으로 발달하다가 퇴행이 시작된다(Werner & Dawson, 2005).
학교 장면에서 자폐스펙트럼장애의 진단은 점점 흔한 일이 되었다(Blumberg et al.,

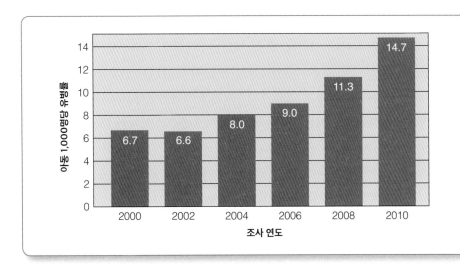

●그림 14.3 자폐스펙트럼장애의
유병률이 상승하고 있다
자폐스펙트럼장애의 유병률이 최근
몇 년 동안 급격하게 상승했는데, 그
이유는 명확히 밝혀지지 않았다.

2013). 이와 같은 시간적 경과들은 다양한 인과 요인이 있음을 시사하는 것일 수 있다. 비록 그 행동적인 결과는 서로 다르지 않을지라도 말이다.

자폐스펙트럼장애 진단은 지난 수십 년 동안 빠르게 증가했다(●그림 14.3). 부모들의 보고에 따르면 68명 중 약 1명의 아동이 자폐스펙트럼장애 진단을 받는다고 한다(Christensen, 2016). 이는 1990년 이전까지 1만 명 중 3~6명 수준이었던 것에 비해 현저히 증가한 것이다(Wing, 1993). 이러한 현상은 실제 장애 발생률의 증가, 진단기준의 완화, 또는 두 요인이 조합된 결과일 수 있다(Barbaresi, Katusic, Colligan, Weaver, & Jacobsen, 2005). 미국에서는 개인이 DSM-5 기준에 따라 자폐스펙트럼장애의 의학적 진단을 받거나 장애인교육법(Individuals with Disabilities Education Act)에서 정한 기준에 따라 학교 직원의 교육적 확인을 받을 수 있다(Ramsey, Kelly-Vance, Allen, Rosol, & Yoerger, 2016). 이처럼 다른 기준들을 사용하면 유병률을 평가하기 어렵다. 7세 이후에 진단된 대다수의 사례는 '경도' 수준에 해당하는데, 이는 유병률의 증가 중 일부가 자폐증에 대한 사람들의 인식 증가, 진단기준 적용의 변화, 또는 특수교육 서비스의 가용성 증가에 따른 결과임을 시사한다(Blumberg et al., 2013).

자폐스펙트럼장애의 원인

자폐스펙트럼장애의 원인은 명확하게 알려져 있지 않다. 가족 및 쌍둥이 연구의 증거에 따르면 자폐스펙트럼장애는 유전적 영향을 받는다(Frazier et al., 2014). 일란성 쌍둥이의 일치율(5장을 보라)은 76~88%로 나타난다(Ronald & Hoekstra, 2011). 자폐스펙트럼장애를 가진 사람의 친척들은 그렇지 않은 사람들에 비해 더 높은 수준의 자폐증 특성을 보인다(Constantino et al., 2009). 자폐증 특성은 인구 전체에 연속적으로 분포하고 있으며, 이 중에서 소수의 사람들만 장애 진단이 가능한 수준에 해당한다(Baron-Cohen, Wheelwright, Skinner, Martin, & Clubley, 2001).

자폐스펙트럼장애와 관련된 유전자는 뇌 발달을 조절하는데(Sakai et al., 2011; Vorstman et al., 2017; Yang & Gill, 2007), 특히 시냅스 변화에 영향을 미친다(Persico

& Bourgeron, 2006). 어떤 단일 유전자가 자폐스펙트럼장애의 모든 측면에 대한 취약성에 기여하는 것은 아니다. 그러나 자폐스펙트럼장애의 가장 확실한 징후는 언어 발달의 지연이며, 유전적 취약성과 언어적 어려움을 함께 살펴본 연구들은 7번 염색체에서 '첫 단어를 말하는 나이'에 대한 후보유전자를 지목하였다(Alarcón et al., 2008). 또 다른 후보유전자인 CNTNAP2는 자폐스펙트럼장애뿐만 아니라 11장에서 살펴본 발달성 읽기장애인 난독증과 관련이 있다(Stoodley, 2014). 그렇지 않다면, 커다란 유전자 풀(pool)에 의해 관리되는 일반적인 경향성이 관여할 가능성이 높다(Skafidas et al., 2012). 자폐스펙트럼장애를 가진 사람의 친척 중에는 예술가나 시인(더 감성적이고 공감적인 사고를 하는 사람들)보다 공학자나 과학자(매우 체계적인 사고를 하는 사람들)가 더 많을 수 있다(Alarcon et al., 2008; Baron-Cohen & Belmonte, 2005; Persico & Bourgeron, 2006).

자폐스펙트럼장애의 유전적 소인은 여러 환경 요인과 상호작용하는 듯하다(Happe, Ronald, & Plomin, 2006). 이러한 환경적 위험 요인 중 하나는 주산기 합병증, 즉 출생 전후기의 합병증이다(Ronald & Hoekstra, 2011). 임신 시 아버지의 나이(30대 중반 이상)는 자폐아를 낳을 위험성 증가와 상관관계에 있다(Janecka et al., 2017; Shelton, Tancredi, & Hertz-Picciotto, 2010). 감염 매체에 대한 노출, 살충제 및 영양 요인도 자폐스펙트럼장애의 위험성과 관련될 가능성이 있다(Hamlyn, Duhig, McGrath, & Scott, 2013; Rossignol, Genuis, & Frye, 2014).

임신 중 또는 임신 전에 항우울제, 특히 선택적 세로토닌 재흡수 억제제(SSRI)를 사용하면 자폐스펙트럼장애가 있는 아이를 출산할 가능성이 높아진다(Hendrick, 2016; King, 2017; Mezzacappa et al., 2017). 자폐스펙트럼장애가 있는 남자 아동은 통상적인 발달을 하는 남자 아동에 비해 태내에서 SSRI에 노출되었을 확률이 3배 더 높았다(Harrington, Lee, Crum, Zimmerman, & Hertz-Picciotto, 2014). 4장에서 언급했듯이, 자폐스펙트럼장애가 있는 아동은 비정상적인 혈중 세로토닌 수치를 보이지만, 그 차이가 신경계 기능에 미치는 영향은 명확하지 않다.

자폐스펙트럼장애는 또한 임신 중 비정상적인 모체 면역계의 반응과 관련이 있다(Bauman et al., 2013). 모체 항체는 태아를 보호하기 위해 일상적으로 태반을 통과한다. 그런데 자폐스펙트럼장애가 있는 아동의 어머니 중 약 12%는 태아 뇌 단백질을 표적으로 하는 모체 항체를 보유하고 있었지만, 일반적인 발달 아동의 어머니에게서는 이것이 관찰되지 않았다. 임신한 붉은털원숭이에게 이 항체를 투여하자, 그로부터 태어난 수컷 자손이 뇌 이상과 부적절한 사회적 행동을 보였다.

자폐스펙트럼장애의 원인에 대해 한 가지 확실한 것은 자폐스펙트럼장애가 백신으로 인해 유발되지 않는다는 점이다(● 그림 14.4를 보라). 100만 명 이상의 아동을 대상으로 한 메타 분석 결과, 자폐스펙트럼장애는 일반적인 예방 접종, 홍역-볼거리-풍진 조합 백신을 사용한 예방 접종, 일부 백신에 사용되는 수은 함유 방부제인 티

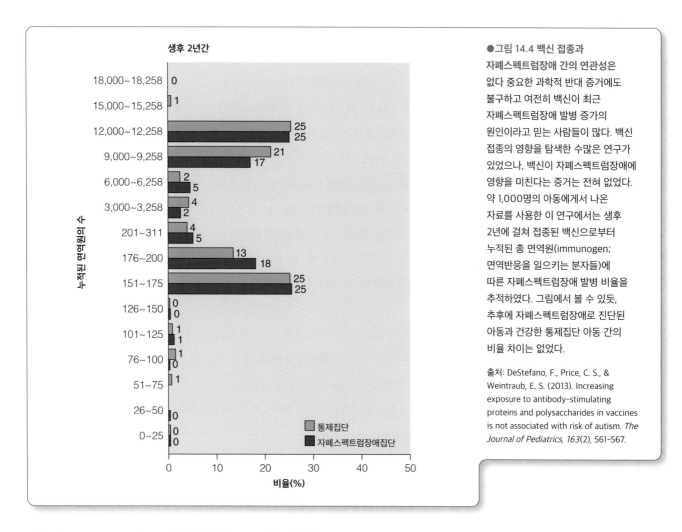

생후 2년간

누적된 면역원의 수

18,000~18,258	0
15,000~15,258	1
12,000~12,258	25 / 25
9,000~9,258	21 / 17
6,000~6,258	2 / 5
3,000~3,258	4 / 2
201~311	4 / 5
176~200	13 / 18
151~175	25 / 25
126~150	0 / 0
101~125	1 / 1
76~100	1 / 0
51~75	1
26~50	0
0~25	0 / 0

비율(%)

통제집단
자폐스펙트럼장애집단

●그림 14.4 백신 접종과 자폐스펙트럼장애 간의 연관성은 없다 중요한 과학적 반대 증거에도 불구하고 여전히 백신이 최근 자폐스펙트럼장애 발병 증가의 원인이라고 믿는 사람들이 많다. 백신 접종의 영향을 탐색한 수많은 연구가 있었으나, 백신이 자폐스펙트럼장애에 영향을 미친다는 증거는 전혀 없었다. 약 1,000명의 아동에게서 나온 자료를 사용한 이 연구에서는 생후 2년에 걸쳐 접종된 백신으로부터 누적된 총 면역원(immunogen; 면역반응을 일으키는 분자들)에 따른 자폐스펙트럼장애 발병 비율을 추적하였다. 그림에서 볼 수 있듯, 추후에 자폐스펙트럼장애로 진단된 아동과 건강한 통제집단 아동 간의 비율 차이는 없었다.

출처: DeStefano, F., Price, C. S., & Weintraub, E. S. (2013). Increasing exposure to antibody-stimulating proteins and polysaccharides in vaccines is not associated with risk of autism. *The Journal of Pediatrics, 163*(2), 561-567.

메로살(thimerosal)과 그 어떤 관계성도 보이지 않았다(Taylor, Swerdfeger, & Eslick, 2014).

자폐스펙트럼장애의 뇌 구조와 기능

자폐스펙트럼장애에 대한 한 가지 주요 이론은 유아기를 거치면서 뇌 발달이 비정상적으로 가속화되어 뇌가 비대해지고, 그 이후에 감속하는 기간이 뒤따른다고 제안한다(Amaral et al., 2008). 이 견해와 일치하는 것은 이후에 자폐스펙트럼장애 진단을 받은 영아가 출생 후 며칠 지나지 않은 시점에는 건강한 영아보다 훨씬 더 높은 수준의 혈중 신경영양인자를 갖는다는 사실이다(Nelson et al., 2001). 높은 수준의 신경영양인자는 세포자멸사를 줄이고 뇌를 더 크게 만들 수 있다(5장을 보라). 이후에 자폐스펙트럼장애로 진단된 아동들이 출생 시 더 큰 머리 크기를 보이는 것은 거미막밑공간에 뇌척수액(CSF; 2장을 보라)이 지나치게 많기 때문일지도 모른다. 생후 6개월에 MRI에서 CSF의 양이 과다하게 관찰되는 것은 자폐스펙트럼장애의 진단뿐만 아니라 그 증상의 최종적인 심각도도 예측할 수 있었다(Shen et al., 2013).

자폐스펙트럼장애의 뇌 해부학에 대한 또 다른 견해는 자폐스펙트럼장애를 가진 사람들의 경우 이마앞겉질(전전두피질)에서 가장 작은 처리 단위를 나타내는 소형 기둥(minicolumn)의 구조가 건강한 통제집단과 다르다는 점에 주목한다(Casanova, Switala, Trippe, & Fitzgerald, 2007; Casanova et al., 2006; Opris & Casanova, 2014; ●그림 14.5를 보라). 자폐스펙트럼장애 환자의 뇌에서 각 소형기둥 안에 있는 뉴런의 수는 정상이지만, 소형기둥 사이의 거리는 줄어들어 있다(Opris & Casanova, 2014). 이러한 결과는 전체적인 처리보다 국소적이고 세부적인 처리를 선호하는 연결성의 차이와 일치한다(Casanova et al., 2007; Casanova et al., 2006; Opris & Casanova, 2014). 또 다른 연구는 언어와 사회성에 결함이 없었던 3명의 저명한 과학자의 뇌에서 자폐스펙트럼장애 환자와 유사한 소형기둥 구조를 발견했다. 이는 소형기둥의 크기가 자폐스펙트럼장애와 (아마도) 서번트행동에서 나타나는, 극단적으로 좁은 분야에 관심을 집중하는 현상을 설명할지도 모른다는 것을 시사한다(Casanova, Switala, Trippe, & Fitzgerald, 2007).

자폐스펙트럼장애와 관련된 다른 뇌 구조로는 소뇌, 편도체, 해마가 있다. 감소된 소뇌겉질의 부피는 자폐스펙트럼장애의 매우 중요한 생물학적 표지이다(Stoodley, 2014). 전형적으로 발달하는 개인과 비교하여 소뇌의 구조적 차이가 나타나는 정도는 행동 증상의 심각도와 상관관계가 있다. 초기 연구자들은 편도체 발달의 이상을 보고

●그림 14.5 **자폐스펙트럼장애의 소형기둥 차이** 겉질의 소형기둥 구조에서 건강한 통제집단과 자폐스펙트럼장애집단 간의 차이가 관찰된다. 이는 전체적 처리보다 국소적이고 세부적인 처리를 하는 자폐스펙트럼장애의 경향과 일관된다.

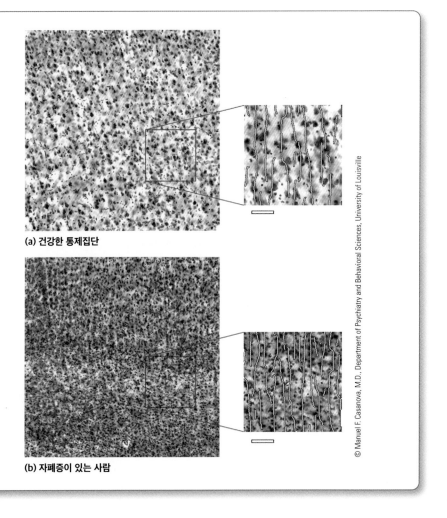

(a) 건강한 통제집단

(b) 자폐증이 있는 사람

© Manuel F. Casanova, M.D., Department of Psychiatry and Behavioral Sciences, University of Louisville

했지만, 자폐스펙트럼장애를 가진 아동과 정상 발달 통제집단을 종단적으로 비교한 결과, 시간에 따른 편도체 부피의 변화가 유사한 것으로 드러났다(Barnea-Goraly et al., 2014). 자폐스펙트럼장애 집단 내에서는 오른쪽 편도체의 부피가 적절한 눈맞춤을 하는 능력을 예측했다. 자폐스펙트럼장애 아동에게서 왼쪽 해마의 부피는 건강한 통제집단과 다르지 않았지만 오른쪽 해마는 상대적으로 컸다(Barnea-Goraly et al., 2014). 자폐스펙트럼장애 아동은 발달 과정에서 오른쪽 해마 부피가 정상화되는데, 이러한 부피 감소는 정상 발달 집단에서는 나타나지 않는다.

다른 연구자들은 자폐스펙트럼장애에서의 뇌 연결성을 탐색했다(Ecker, 2017). 11장에서 우리는 건강한 통제집단과 자폐스펙트럼장애집단 간에 편재화된 네트워크상의 차이가 있음을 언급한 바 있다. 가족력 때문에 자폐스펙트럼장애 위험이 높았고 이후 이 장애로 진단받은 생후 6개월된 영아의 뇌를 촬영했을 때, 뇌들보를 비롯한 백색질에서 초기 발달 차이가 관찰되었다(Wolff et al., 2012). 이전 장에서 우리는 '자기(self)'에 대한 정보를 처리하는 데 기본상태 네트워크(DMN)가 하는 역할을 살펴보았다. 이 DMN의 구조와 연결성 패턴이 자폐스펙트럼장애에 기여하는 것으로 추정된다(Padmanabhan, Lynch, Schaer, & Menon, 2017). 자폐스펙트럼장애의 핵심적인 특징은 사회적 손상, 자기 관련 인지 처리, 타인의 마음 상태 추론의 어려움이다. 이것들은 정확히 DMN과 관련된 유형의 인지 과정과 행동이다.

거울 체계(mirror system) 기능이 공감, 모방, 언어에 기여하기 때문에 이 기능의 장애가 자폐스펙트럼장애의 상관물일 수 있다고 제안된 바 있다(Iacoboni & Dapretto, 2006; Iacoboni & Mazziotta, 2007). 그러나 메타 분석은 자폐스펙트럼장애에서 거울 기능에 전반적인 결함이 있다는 증거를 찾지 못했다(Hamilton, 2013). 이 장애에서 거울 체계 기능의 역할에 대한 논의는 지속되고 있다(Gallese, Rochat, & Berchio, 2013; Schulte-Rüther et al., 2016; Schunke et al., 2016).

분자 수준에서 살펴보면, 자폐스펙트럼장애를 가진 사람들은 비정상적인 미세아교세포의 징후를 보인다(Werling, 2016; 3장을 보라). 미세아교세포가 발달 과정에서 시냅스 잘라내기에 관여함으로써 이 장애에 기여하는지도 모른다. 설치류의 경우 발달 과정에서 미성숙하고 비효과적인 시냅스를 잘라내지 못했을 때, 자폐스펙트럼장애와 유사한 행동이 나타난다. 또한 미세아교세포의 역할은 이 장애에서 나타나는 성별 차이를 설명할지도 모른다. 여성보다 남성에게서 더 높은 발현율을 보이는 자폐스펙트럼장애 후보유전자 중에는 미세아교세포를 비롯하여 아교세포 전반에 영향을 미치는 것들이 포함되어 있다(Werling, 2016).

자폐스펙트럼장애의 치료

자폐스펙트럼장애는 일반적으로 아동기 초기에, 아이가 깨어있는 대부분의 시간 동안 제공되는 집중적인 학습 경험으로 치료가 이루어진다(Masi, DeMayo, Glozier, &

Guastella, 2017). 3~5세 이전에 자발적 언어를 사용하는 고기능 아동의 경우 이러한 적극적인 개입을 통해 거의 정상 수준의 행동을 보일 수 있다(Smith & Lovaas, 1998).

약물을 사용하여 자폐스펙트럼장애 아동의 핵심적인 행동 문제(사회적 관계성과 의례적 행동)를 개선하려는 노력은 효과가 없었다(Buitelaar, 2003). 미국에서 자폐스펙트럼장애 치료를 위해 승인된 약물은 겨우 두 가지인데, 모두 심각한 자해행동을 감소시키는 용도로 사용되는 항정신병 약물이다(McPheeters et al., 2011). 항우울제를 비롯한 다른 많은 약물은 '효능 외적 용도(off-label usage)'로, 즉 자폐스펙트럼장애에 대한 미국 식품의약국(FDA)의 승인 없이 처방된다. 한 표본에 의하면 놀랍게도 자폐스펙트럼장애 아동의 35%가 효능 외적 약물을 한 가지 이상 처방받은 바 있으며, 9%는 세 가지 이상의 효능 외적 약물을 복용하고 있었다(Rosenberg et al., 2010).

자폐스펙트럼장애를 가진 사람들에게 글루텐(gluten; 밀에 함유됨) 및 카세인(casein, 유제품에 함유됨)으로부터 유래한 펩티드가 너무 많은 것 같다는 보고에 근거하여, 식단에서 이 성분들이 포함된 음식을 제외하는 가정이 많다. 그러나 통제된 연구에 따르면 이러한 식단의 변화는 자폐스펙트럼장애의 핵심 증상 감소와 관련이 없다(Millward, Ferriter, Calver, & Connell-Jones, 2008).

| 일상 속 행동신경과학 |

응용행동분석

UCLA의 Ivar Lovaas와 동료들의 초기 연구에서는 조작적 조건형성, 즉 표적행동과 그 결과를 연관 짓는 원리(10장을 보라)를 응용하는 것이 자폐스펙트럼장애 아동의 언어와 사회성을 향상시키는 데 효과적임을 확인했다(Smith & Lovaas, 1998). 원래 이러한 응용 프로그램은 '행동 수정'으로 알려져 있었으나 지금은 '응용행동분석(applied behavior analysis, ABA)'으로 불린다. ABA는 자폐스펙트럼장애 또는 기타 신경발달장애가 있는 아동의 치료에만 국한되는 것은 아니지만, 이러한 장면에서 사용되는 주된 접근법이다(●그림 14.6을 보라).

ABA 자격증은 비영리 단체인 행동분석전문가자격위원회(Behavior Analysts Certification Board, BACB)를 통해 학사, 석사 또는 박사 학위 취득 여부에 따라 다양한 수준으로 제공된다. 학사 수준의 인증은 그 사람에게 위원회 인증 보조 행동분석전문가의 직함을 부여하고, 석사 수준의 인증은 위원회 인증 행동분석전문가의 직함을 부여한다(BACB, 2017). 추가 인증은 박사 수준에서 가능하다. 승인된 대학 교육은 일반적으로 심리학과 또는 교육학과에서 제공된다.

행동분석전문가는 학습 원리를 사용하여 아동과 함께 작업하면서 발화량을 늘리거나 흔들기, 손 펄럭이기, 머리 두드리기 같은 자기자극행동을 줄이는 등 행동의 빈도를 수정하려 한다. 행동분석전

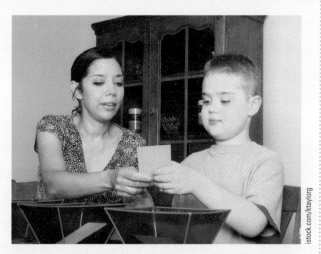

●그림 14.6 자폐스펙트럼장애는 응용행동분석(ABA)을 통해 치료한다 자폐스펙트럼장애의 핵심 증상을 치료하는 약물이 부재하며, 현재로서는 ABA가 이 장애에서 유일하게 치료 효과가 있는 것으로 알려져 있다.

문가는 표적행동이 발생하는 상황과 행동을 유지시키는 보상 기제를 고려하면서 표적행동의 빈도를 바꾸기 위한 계획을 설계한다. 자폐스펙트럼장애의 경우 행동분석전문가 팀이 아동이 깨어있는 대부분의 시간 동안 교대로 아동과 함께 작업한다.

주의력결핍 과잉행동장애(ADHD)

주의력결핍 과잉행동장애(attention deficit hyperactivity disorder, ADHD)의 증상으로는 부주의, 충동성 및 과잉행동이 있다(APA, 2013). 충동성/과잉행동 없이 부주의함만 있는 경우, 부주의함 없이 충동성/과잉행동만 있는 경우, 또는 둘 모두가 조합된 경우에 ADHD로 진단될 수 있다. 미국에서는 2011년에 4~17세 아동의 11%가 ADHD 진단을 받았으며, 이는 2003년의 ADHD 진단 비율에 비해 42% 증가한 수치이다(Visser et al., 2014). ADHD의 증상은 아동기 이후에도 지속될 수 있으며 성인의 약 4%에게서 나타난다(Kessler et al., 2007). ADHD는 여성보다 남성에게서 최소 2배 더 빈번하게 진단되며, 여성의 경우 충동성과 과잉행동 없이 부주의만을 보일 가능성이 더 높다(APA, 2013).

임상가들은 ADHD가 과다 진단되는지 아니면 과소 진단되는지에 대하여 논쟁한다(Brownlee et al., 2017; Sciutto & Eisenberg, 2007). ADHD의 진단에 논란의 여지가 있는 것은 이 장애의 진단을 위한 많은 기준에 정상적인 행동이 포함되어 있기 때문이다(●그림 14.7을 보라). 예를 들어 ADHD의 진단기준에는 "종종 지속적인 정신적 노력을 요구하는 과제에 참여하기를 기피하고, 싫어하거나 저항함(예: 학업 또는 숙제; 후기 청소년이나 성인의 경우에는 보고서 준비하기, 서류 작성하기, 긴 서류 검토하기)"(APA, 2013, p. 59)이라는 내용이 있다. Angold, Erkanli, Egger와 Costello(2000)는 ADHD 때문에 각성제를 복용하고 있는 아동들의 대규모 표본에서 절반 이상이 이 장애에 대한 완화된 진단기준조차 충족하지 못한다는 사실을 발견하였다. 아동심리학자, 정신과 의사 및 사회복지사 1,000명에게 사례를 설명하는 요약지를 보냈을 때, 17%의 임상가가 건강한 아동을 ADHD로 잘못 진단하였다(Bruchmuller, Margraf, & Schneider, 2012).

주의력결핍 과잉행동장애(ADHD)
부주의함이나 과잉행동, 또는 둘 모두를 특징으로 하며 아동기에 처음으로 진단되는 장애.

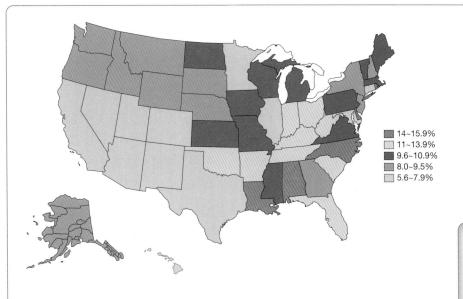

● 그림 14.7 ADHD의 유병률은 지리적으로 일관적이지 않다 ADHD를 진단하는 과정에 대한 우려 중 하나는 지역 간 진단율 편차가 높다는 것이다. 비록 ADHD 진단이 사회경제적 지위와 관련이 있기는 하지만, 다른 지역에 비해 미국 남동부에서 진단율이 훨씬 높게 나타나는 이유를 설명할 만한 이론은 없다. 이러한 자료는 진단기준이 전혀 일관된 방식으로 적용되고 있지 않음을 시사한다.

14~15.9%
11~13.9%
9.6~10.9%
8.0~9.5%
5.6~7.9%

ADHD의 원인

ADHD의 유전율은 70% 이상으로 추정된다(Faraone & Mick, 2010). 이 유전적 영향의 기제는 잘 알려지지 않았으며, 여러 유전자가 관여하는 것으로 보인다. 도파민 체계와 관련된 유전자가 논리적인 출발점이다. 바닥핵 및 이마앞겉질과 같이 ADHD와의 관계성이 지속적으로 나타나는 뇌 구조에는 도파민성 뉴런이 풍부하다. **메틸페니데이트**(상품명 Ritalin), **덱스트로암페타민**(상품명 Dexedrine 혹은 Dextrostat), **암페타민 혼합염**(상품명 Adderall)을 비롯하여 ADHD 치료에 사용되는 전통적인 약물들은 잘 알려진 도파민 효능제이다. 따라서 연구들은 도파민 수송체 유전자 등의 도파민 관련 유전자에 중점을 두고 있다(Albrecht et al., 2014; Klein et al., 2017; Spencer et al., 2013).

　　ADHD에 대한 유전적 영향은 상당하지만, 환경적 요인이 그 자체만으로도 또는 후보유전자와 함께 이 장애의 유병률에 큰 영향을 미친다. ADHD의 환경적 위험 요인 중에는 납 오염, 저체중 출생, 담배, 알코올 및 기타 약물에 대한 태내 노출이 있다(Banerjee, Middleton, & Faraone, 2007).

ADHD의 뇌 구조와 기능

이마엽에 손상을 입은 사람이 ADHD를 가진 사람과 유사하게 행동한다는 사실은 이마엽에 대한 관심을 불러 일으켰다. 구체적으로 말하자면 두 집단 모두 조직화, 충동성, 정서행동, 지속적인 주의력에 문제를 보인다. 그러나 ADHD에서 관심을 받는 구조물은 이마엽만이 아니다. 편도체, 바닥핵, 해마 그리고 뇌 전체의 더 작은 부피가 ADHD와 관련이 있다(Hoogman et al., 2017). 또한 연구자들은 앞쪽 띠겉질과 이마앞겉질, 그리고 이 두 영역을 연결하는 회로에서 건강한 통제집단과 ADHD집단 간의 차이를 확인했다(Frodl & Skokauskas, 2012; Khadka et al., 2016). 백색질의 문제 역시 ADHD와 관련이 있다. 좌반구와 우반구를 연결하는 뇌들보에서 관찰되는 이상성의 정도는 ADHD 증상의 심각도를 예측한다(Ameis et al., 2016).

　　일부 연구자들은 ADHD에서 뇌의 성숙이 지연된다고 주장했다(Hoogman et al., 2017; Shaw et al., 2007; Vaidya, 2012; ●그림 14.8을 보라). 뇌의 성숙을 나타내는 한 가지 지표인 대뇌겉질 두께의 최고점은 건강한 통제집단에서 약 7.5세 무렵에 관찰되지만, ADHD 아동의 경우에는 10.5세까지 최고점에 이르지 않았다. 5장에서 언급한 것처럼 겉질이 두꺼워진 뒤에 어느 정도 다시 얇아지는 것은 청소년기의 정상적인 뇌 발달 과정이다. ADHD 증상이 성인기까지도 지속된 사례에서는 건강한 통제집단에 비해 겉질이 얇아지는 속도가 빨랐던 반면, 성장하면서 증상이 사라진 사람의 사례에서는 청소년기에 겉질이 두꺼워지거나 최소한으로만 얇아졌다(Shaw et al., 2013).

　　ADHD는 바닥핵의 일부인 꼬리핵의 부피가 작은 것과 관련이 있다(Castellanos et al., 1994; Filipek et al., 1997; Mataro et al., 1997; Swanson, Castellanos, Murias, LaHoste, & Kennedy, 1998). 그러나 ADHD가 있는 사람과 그렇지 않은 사람의 이러한 차이는

메틸페니데이트(Ritalin) 암페타민 계열의 유사 약물로, ADHD의 치료를 위해 처방됨.

덱스트로암페타민(Dexedrine, Dextrostat) 도파민 효능제로, ADHD의 일부 사례를 치료하는 데 사용됨.

암페타민 혼합염(Adderall) 암페타민 염들의 조합으로, ADHD의 치료를 위해 처방됨.

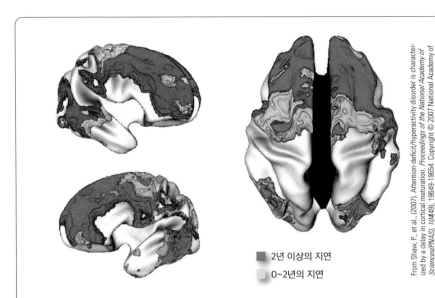

From Shaw, P., et al., (2007). Attention-deficit/hyperactivity disorder is character-ized by a delay in cortical maturation. *Proceedings of the National Academy of Sciences(PNAS), 104*(49), 19649-19654. Copyright © 2007 National Academy of Sciences. U. S. A.

■ 2년 이상의 지연
□ 0~2년의 지연

●그림 14.8 ADHD의 뇌 성숙도 차이
일부 연구자들에 따르면 ADHD 진단을
받은 아동은 또래에 비해 뇌 성숙이
지연된 양상을 보인다. 건강한 아동은
7.5세 무렵에 겉질 두께가 최고점에
달하지만, ADHD를 가진 아동들은
이보다 3년이 늦다. 이 관찰은 이들 중
일부가 결국에 또래 아동을 '따라잡을'
수 있음을 시사한다. 비록 성인기 내내
ADHD 증상이 지속되는 아이들도
있지만 말이다.

약 16세가 되면서부터는 관찰되지 않으며(Krain & Castellanos, 2006), 이는 ADHD를 성숙의 문제로 보는 관점에 더욱 힘을 실어준다.

행동신경과학은 이상행동의 원인으로서 뇌의 특정 구조나 영역의 이상을 찾기보다는 기본상태 네트워크와 같은 네트워크를 고려하는 관점으로 나아가고 있다. 정상적인 뇌 네트워크 성장에서 벗어난 정도가 ADHD 진단 여부와 주의력 지속, 즉 과제에 몰두하는 행동의 저조한 수행을 예측했다(Kessler, Angstadt, & Sripada, 2016).

ADHD의 치료

ADHD가 있는 아동은 주로 약물치료만 단독으로 받거나, 자폐스펙트럼장애에 적용되는 것과 유사한 행동치료와 약물치료를 함께 받는다. 다른 국가들에 비해 5배나 많은 미국의 ADHD 약물 사용은 상당한 비판의 대상이었다. 그럼에도 불구하고 이중 눈가림 가짜약 통제 설계(4장을 보라)라는 최고 기준(gold standard)을 따른 연구는 약물이 ADHD가 있는 대부분의 어린이에게 도움이 된다는 것을 보여준다(Faraone & Mick, 2010).

ADHD를 치료하기 위해 흥분제(stimulant)를 사용하는 것은 우연한 발견에서 비롯되었다. 1937년 Charles Bradley는 학습 및 행동 문제로 의뢰된 한 어린이에게 덱스트로암페타민의 일종인 벤제드린(Benzedrine) 흥분제를 투여했다. Bradley(1937)는 아이들의 정서가 차분해지면서 학업 수행이 눈에 띄게 향상되는 반응을 관찰할 수 있었다.

ADHD에 가장 일반적으로 처방되는 약물은 이와 밀접하게 관련된 흥분제인 메틸페니데이트, 덱스트로암페타민, 암페타민염이다. 이 암페타민 약물들은 도파민 및 노르에피네프린 재흡수 억제제로 작용하며, 이 신경전달물질들의 분비도 증가시킨다. 메틸페니데이트는 도파민 재흡수 억제제 역할을 한다(4장을 보라). 도파민 효능제를 사용했을 때 보이는 긍정적인 효과를 바탕으로, ADHD가 낮은 수준의 도파민 활동성과 관련이 있다는 주장이 제기되었다(Volkow et al., 2009). 대부분의 환자가 이러한 약물을 잘 견디지만, 식욕 부진 및 수면장애와 같은 심각한 부작용이 발생할 수 있다(Ogrim, Hestad, Brunner, & Kropotov, 2013). 노르에피네프린 재흡수 억제제인 아토목세틴(상품명 Strattera)과 같은 비흥분성 약물도 처방된다(Prasad & Steer, 2008). 그러나 아토목세틴은 자살 충동의 증가와 관련이 있다(U.S. Food and Drug Administration [FDA], 2013).

최근 ADHD 치료와 관련해 흥분성 치료약에 추가로 항정신병 약물을 처방하는 추세에 대한 논란이 있다(Bussing & Winterstein, 2012). 항정신병 약물은 일반적으로 도파민 기능을 직접적으로 또는 간접적으로 억제하는데, 이는 흥분성 치료약이 도파민 기능을 증진시키는 효과와 일관되지 않는다(Bussing & Winterstein, 2012). 즉, 부족한 도파민 활동성이 ADHD 증상의 원인이라는 가설에 부합하지 않는다.

중간요약 14.1

‖ 요점

1 정신장애는 "정신 기능의 기초를 이루는 심리학적, 생물학적, 혹은 발달 과정에서의 기능 이상을 반영하는 개인의 인지, 정서 조절, 또는 행동에서 임상적으로 유의미한 장애라는 특징을 가진 증후군"으로 정의된다. **(LO1)**

2 자폐스펙트럼장애는 유전에 크게 영향을 받으며, 뇌 구조 및 연결성의 비정상적인 발달과 관련이 있다. 초기의 적극적인 행동적 개입이 자폐스펙트럼장애의 일반적인 치료법이다. **(LO2)**

3 주의력결핍 과잉행동장애(ADHD)는 짧은 주의폭(attention span)과 과잉행동이 특징이다. 이마엽과 바닥핵의 비정상적인 기능이 ADHD에 한몫할 수 있다. ADHD의 치료는 일반적으로 흥분성 치료약을 행동치료와 병행하거나 약물만 처방하는 방식으로 이루어진다. **(LO3)**

‖ 복습 문제

1 자폐스펙트럼장애와 ADHD의 원인을 설명하기 위한 주요 가설은 무엇인가?

2 자폐스펙트럼장애와 ADHD를 특징짓는 뇌 구조 및 기능적 상관물은 무엇인가?

조현병

조현병 환각, 망상, 인지기능장애, 기분장애, 사회적 위축을 특징으로 하는 장애.

망상 명확하고 반박 가능한 증거에도 불구하고 틀린 믿음이나 의견을 강하게 갖고 있는 것.

환각 대상이나 사건에 대해 틀리거나 왜곡된 지각.

조현병(schizophrenia)은 인간 경험의 중심이 되는 많은 기본 능력(지각, 이성, 감정, 운동, 사회적 활동)을 심각하게 방해한다. 조현병 진단을 받으려면 **망상**(delusion; 비현실적인 사고), **환각**(hallucination; 사실이 아닌 지각), 와해된 언어, 극도로 와해된 또는 긴장성 행동, 음성 증상(감퇴된 감정 표현 또는 무의욕증) 중 둘 이상의 증상이 1개월 동안 상당 부분의 시간에 존재해야 한다(APA, 2013).

조현병의 증상은 양성과 음성 두 가지로 나뉜다. **양성 증상**(positive symptom)은 환각 및 망상같이, 정상적으로는 나타나지 않을 것이라 예상되는 행동을 말한다. 이러한 행동이 나타나는 경우를 흔히 '정신병적 삽화(psychotic episode)'라고 한다. **음성 증상**(negative symptom)은 정서 표현의 감퇴 및 무의욕증(동기 부족)같이, 정상적인 행동을 보이지 않는 것을 지칭한다. 건강한 사람들은 정서를 표현하고(12장을 보라), 동기를 가진다(7장을 보라). 그러므로 조현병에서 이러한 모습을 보이지 않는 것은 정상적인 행동이 부재함을 의미한다. 양성 증상과 음성 증상의 구분은 임의적으로 보일 수 있지만, 이 증상들은 기저 원인과 치료에 대한 반응성에서 차이가 있다.

조현병의 평생 유병률은 1,000명 중 7명으로 약 0.7%이다(McGrath, Saha, Chant, & Welham, 2008). 대부분의 조현병 사례는 18~25세에 처음으로 진단되지만, 드물게는 40세 이후에 처음으로 발병하기도 한다(Howard, Rabins, Seeman, Jeste 및 Late-Onset, 2000). 조현병 환자의 약 60%는 남성이다(McGrath, Saha, Chant, & Welham, 2008).

조현병에 대한 유전적 기여

조현병의 유전적 소인에 대한 많은 증거가 있다. 일치율은 일란성 쌍둥이의 경우 약 50%, 이란성 쌍둥이의 경우 약 17%이다(Gottesman, 1991). ●그림 14.9에서 볼 수 있듯이, 유전적으로 더 가까운 가족 구성원이 조현병으로 진단받은 사람은 그 자신도 조현병으로 진단받을 확률이 높아진다. 입양인 연구는 조현병에서 유전적 역할이 크다는 근거를 제시한다(Kety, Rosenthal, Wender, & Schulsinger, 1968). 그러나 유전자

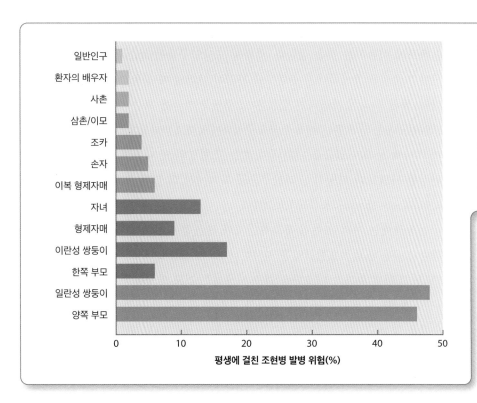

●그림 14.9 조현병에 대한 유전자의 영향 유전적으로 가까운 가족 구성원이 조현병으로 진단받은 사람은 그 자신도 조현병으로 진단받을 확률이 높아진다. 배우자의 조현병 여부에 따라 발병 위험이 높아지는 것은 비슷한 성향을 가진 사람에게 매력을 느끼는 경향을 반영하는 것일지도 모른다.

출처: Adapted from Gottesman (1991).

양성 증상 환각 및 망상같이 보통 사람에게는 나타나지 않으나 조현병 환자들에게는 나타나는 이상행동.
음성 증상 정상적으로 기대되는 행동이 조현병 환자들에게는 보이지 않는 것.

가 모든 것을 설명할 수는 없다. Genain 자매의 사례를 보면, 4명의 일란성 쌍둥이 자매가 모두 조현병을 진단받았음에도 이들의 삶의 결과는 상당히 달랐다(DeLisi et al., 1984). 자매 중 1명은 2년제 경영대학을 졸업하고 결혼하여 두 자녀를 낳았으나, 다른 자매들의 사회적 기능은 '심하게 부적절한' 모습이었다.

조현병의 원인이 되는 유전자를 규명하기 위한 연구가 활발하다. 전장유전체 연관분석(GWAS)은 많은 수의 유전자가 조현병 환자의 뇌에서 비정상적으로 기능한다는 것을 보여준다(Ripke et al., 2013). 조현병의 후보유전자에는 도파민 활동, 신경발달(5장을 보라), 세로토닌 활동 및 글루탐산 활동에 영향을 미치는 유전자가 있다(Zai, Robbins, Sahakian, & Kennedy, 2017).

조현병의 후보유전자는 다음 절에서 논의할 기분장애인 양극성장애 관련 유전자와 중첩된다(Owen, Craddock, & Jablensky, 2007). 세 쌍둥이를 대상으로 한 사례 연구에 따르면 첫째와 둘째는 조현병으로, 셋째는 양극성장애로 진단되었다(McGuffin, Reveley, & Holland, 1982). 조현병의 후보유전자는 자폐스펙트럼장애의 후보유전자와도 겹친다(Cross-Disorder Group of the Psychiatric Genomics Consortium, 2013; Gejman, Sanders, & Kendler, 2011).

한 세기 전부터 조현병에서 가장 일관되게 관찰되어 온 특징은 안구운동 기능의 문제이다(Diefendorf & Dodge, 1908). 역기능적인 안구운동은 조현병 환자의 건강한 친척에게서도 많이 관찰된다. 따라서 안구운동은 유전적 탐색의 방향을 제시할 수 있는 하나의 유용한 내적표현형(endophenotype), 즉 병리 상태의 하위 특성이다(Radant et al., 2015).

조현병 환자와 건강한 통제집단 사이의 안구운동 차이는 **도약안구운동**(saccade)에서 발생한다(●그림 14.10을 보라). 도약안구운동이란 한 고정 지점에서 다른 지점으로 시선을 빠르게 이동하는 것을 말한다. 역방향 도약안구운동(antisaccade) 과제에서는 먼저 시야의 중심을 응시하다가 주변부에 자극이 나타날 때 정확히 그 반대 방향을 보아야 한다. 물론 우리의 자연적인 충동은 그 주변부 자극을 보는 것이지만 말이다. 역방향 도약안구운동의 오류(주변부 자극을 무시하지 못하고 바라보게 되는 것)는 관리통제 및 억제 기능에 문제가 있음을 나타내며, 이는 조현병의 또 다른 특징이다. 조현병 환자는 건강한 사람보다 역방향 도약안구운동 과제에서 더 많은 오류를 범한다(Myles, Rossell, Phillipou, Thomas, & Gurvich, 2016).

안구운동장애는 여러 조현병 후보유전자와 관련성을 보이는데, 이는 안구운동장애가 하나의 유용한 내적표현형임을 시사한다(Hatzimanolis et al., 2015; Thibaut et al., 2015). 또한 조현병 환자가 니코틴을 자주 사용하는 것도 안구운동기능장애와 관련이 있다(4장을 보라). 니코틴은 조현병 환자와 건강한 통제집단 모두에서 도약안구운동 과제 수행을 향상시킨다고 알려져 있다(Petrovsky et al., 2013). 환자들이 니코틴을 스스로에게 처방하는 것은 니코틴이 안구운동 통제를 향상시키기 때문이 아니라, 전반

도약안구운동 한 고정 지점에서 다른 지점으로 시선을 빠르게 이동하는 것.

적인 관리 기능과 억제적 통제 능력에서 생기는 문제를 유사하게 완화시키기 때문일 것이다.

조현병의 환경적 영향

많은 환경 요인이 조현병의 유전적 취약성과 상호작용한다. 조현병의 비율은 도시 환경에서 더 높으며(Van Os, 2004), 사회경제적 지위가 중간이거나 높은 계층보다 낮은 계층에서 5배 더 높다(Robins & Regier, 1991). 사회경제적 영향 중 얼마만큼이 인과적인지 그리고 얼마만큼이 조현병 환자가 취업 상태를 유지하기 어렵다는 사실을 반영하는지는 명확하지 않다. 이러한 환경적 영향 중 일부는 빈곤, 영양 부족 및 인종 차별과 관련된 스트레스로부터 일어날 수 있다(Boydell, & Murray, 2003; Boydell et al., 2001). 이민자들의 조현병 발병률은 원주민에 비해 상당히 높다(McGrath et al., 2008).

도시 환경에서 생활하면 마리화나를 사용할 가능성이 높아지며, 이는 곧 정신병(psychosis)과 관련된다(Fergusson, Horwood, & Ridder, 2005; Henquet, 2005; Onwuameze et al., 2013). 조현병 환자들의 마리화나 사용은 스스로를 치료하기 위한 자가처방적 노력이겠지만, 이러한 행동은 오히려 정신병적 증상의 재발과 관련된다(Linszen, Dingemans, & Lenior, 1994). 조현병 환자는 건강한 통제집단에 비해 대마초 사용 이력에 관계없이 뇌척수액에서 내인성 칸나비노이드(4장을 보라)의 수치와 그 수용체의 밀도가 높다(Van Haren, Cahn, Hulshoff Pol, & Kahn, 2013). 내인성 칸나비노이드 체계의 왜곡은 조현병의 원인 중 하나일 수 있는데, 마리화나 사용이 이러한 왜곡을 심화시킬 수 있다(Volk & Lewis, 2016).

태아기 환경 요인도 조현병 발병에 중요한 역할을 할 수 있다. 자녀 세대에서의 조현병 발병은 임신 중 엄마의 문제(출혈 및 당뇨병), 비정상적인 태아 발달(저체중 출생 및 작은 머리둘레), 출산 합병증(긴급 제왕절개, 산소부족)과 상관관계를 보

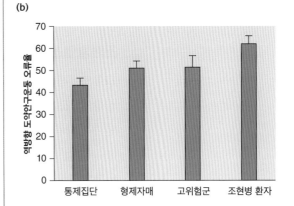

●그림 14.10 **조현병을 나타낼 수 있는 유전적 표지** 조현병 환자와 가까운 가족 구성원은 시선을 한 곳에서 다른 곳으로 급속하게 옮기는 도약안구운동이 비정상적이다. 이러한 역기능적인 안구운동은 (a)에 설명된 역방향 도약안구운동 과제를 활용해서 관찰할 수 있다. 연구참가자가 중앙의 점을 응시하고 있으면 왼쪽이나 오른쪽에 또 다른 점이 나타난다. 참가자는 그 점을 보려는 충동을 억제하고 그 반대쪽을 바라봐야 한다. 그리고 시행이 끝나면 다시 중앙을 응시하면서 다음 시행을 준비한다. (b) 조현병 환자들은 정상 통제집단보다 많은 오류를 보인다. 환자의 형제자매나 조현병 가족력을 가진 고위험군은 조현병 환자만큼은 아니지만 정상 통제집단에 비해서는 높은 오류율을 보인다. 역기능적인 안구운동은 행동 억제와 관리통제의 오류를 나타내며, 조현병에 영향을 미치는 후보유전자를 찾는 중요한 표지가 되고 있다.

출처: Caldani, S., Bucci, M. P., Lamy, J.-C., Seassau, M., Bendjemaa, N., Gadel, R., et al. (2017). Saccadic eye movements as markers of schizophrenia spectrum: exploration in at-risk mental states. *Schizophrenia Research, 181*, 30-37. doi: https://doi.org/10.1016/j.schres.2016.09.003

인다(Cannon, Jones, & Murray, 2002). 어려운 출산 과정이 조현병을 유발하거나, 반대로 조현병에 취약한 영아가 어려운 산전 및 출산 과정을 겪기 쉬운 소인을 갖고 있거나, 이 두 가지가 조합되거나, 아니면 현재는 알려지지 않은 제3의 변수가 존재하여 조현병과 출산 합병증을 모두 유발한다는 것이 이러한 상관관계에 대한 가능한 설명일 수 있다.

임신한 여성이 굶주리거나 바이러스에 감염되면 자녀의 조현병 위험이 높아질 수 있다(Khandaker, Zimbron, Lewis, & Jones, 2013). 최근에 조현병 진단을 받았던 사람들은 건강한 통제집단보다 뇌와 뇌척수액에 바이러스 효소 수치가 더 높다(Karlsson et al., 2001). 1월과 4월 사이(북반구 기준)에 태어난 사람은 1년 중 다른 시기에 태어난 사람보다 조현병을 진단받을 가능성이 조금 더 높다(Davies, Welham, Chant, Torrey, & McGrath, 2003). 이는 겨울 독감이 유행하는 시기 동안 임신한 여성이 특히 추운 기후에서 바이러스에 더 많이 노출되었기 때문일 수 있다(Cannon, Kendell, Susser, & Jones, 2003). 조현병에서 출생 계절의 영향은 비타민 D 결핍의 역할과도 관련이 있다(McGrath, Eyles, Pedersen et al., 2010).

조현병의 뇌 구조와 기능

조현병에서 나타나는 현저한 행동 결함을 볼 때, 관련된 뇌 이상이 분명할 것으로 예상할 수 있다. 그러나 아쉽게도 조현병의 영향은 노화나 치료제 사용의 이력 같은 요인과 분리하기 어렵다.

●그림 14.11에서 보는 것처럼 조현병 환자의 뇌실은 확장되어 있는 경우가 많다. 가쪽뇌실이 확장되었는지 여부는 일란성 쌍둥이 중 조현병이 있는 쪽과 건강한 다른 쪽을 구분하는 특징이다(McNeil, Cantor-Graae, & Weinberger, 2000). 뇌실이 확장된 것은 인접 영역의 뉴런이 손실되었음을 시사한다. 조현병이 있는 사람 중에는 뇌실 근처에 있는 구조인 해마의 부피가 정상보다 작은 이들이 있다(Stefanis et al., 1999). 특히 치아이랑과 그 출력로인 이끼섬유경로(10장을 보라)에서 글루탐산 뉴런의 활동이 감소되어 있는 것이 조현병 환자가 경험하는 인지적 혼란을 설명할 수 있을 것이다(Tamminga, Stan, & Wagner, 2010). 또한 스트레스에서 해마의 역할(12장을 보라)은 조현병

●그림 14.11 조현병은 확장된 뇌실과 관련 있다 이 그림은 일란성 쌍둥이의 뇌 MRI 영상으로, 건강한 뇌실과 일부 조현병 환자에게서 발견되는 확장된 뇌실을 보여준다. 왼쪽은 건강한 쌍둥이의 뇌, 오른쪽은 조현병을 가진 쌍둥이의 뇌이다.

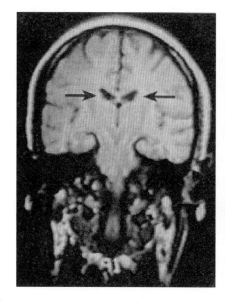
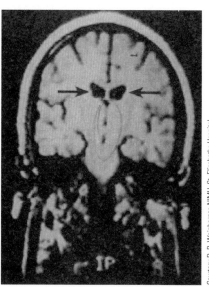

Courtesy D. R. Weinberger, NIMH, St. Elizabeths Hospital

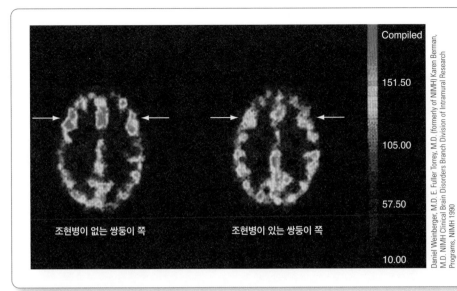

●그림 14.12 **이마엽의 낮은 활동성** 일란성 쌍둥이 중에서 조현병이 있는 쪽은 없는 쪽에 비해 같은 과제를 수행하는 동안 이마엽 활성화(그림 상단 화살표)가 감소되어 있다. 뇌에서 활성화된 영역은 붉은색과 노란색으로 표시되어 있으며, 활동하지 않는 영역은 초록색, 파란색, 보라색, 검은색으로 표시되어 있다.

의 발병 및 경과와 스트레스 수준 사이의 연관성을 설명할 수 있다.

이마엽의 낮은 활동성(hypofrontality)은 불안정한 기분 및 사회적 위축 같은 조현병의 음성 증상과 관련이 있다(Andreasen et al., 1997). ●그림 14.12에서 볼 수 있듯이, 조현병이 있는 사람은 휴식 상태나 복잡한 인지 과제를 수행할 때나 모두 건강한 통제집단보다 낮은 이마엽 활동 수준을 보인다(Weinberger, Aloia, Goldberg, & Berman, 1994). 이마엽 활동의 차이는 일란성 쌍둥이 중에서 조현병이 있는 쪽과 없는 쪽을 구분하는 데 사용될 수 있다(Berman, Torrey, Daniel, & Weinberger, 1992). 비정상적인 이마엽 활동은 기본상태 네트워크(DMN; 9장을 보라)의 더 광범위한 문제를 나타내는 것일 수도 있다. 조현병 환자의 DMN 활동은 현저하게 비정상이며, 건강한 통제집단에 비해 DMN 활동이 다른 정도는 양성 증상의 심각도와 상관관계가 있다(Garrity et al., 2007).

조현병이 있는 사람은 뇌의 구조와 기능이 건강한 사람보다 더 대칭적이며, 오른손잡이가 아닐 가능성이 더 높다(Hirnstein & Hugdahl, 2014). 우리 인류의 오랜 과거에 반구 편재화 및 언어의 발달과 함께 조현병이 발생했을 가능성이 있다(Berlim, Mattevi, Belmonte-de-Abreu, & Crow, 2003; 11장을 보라). 이 견해에 따르면 조현병은 정상적인 뇌 편재화가 실패한 것이라고 볼 수 있다.

조현병을 둘러싼 수수께끼 중 하나는 조현병이 후기 청소년기 또는 초기 성인기에 흔히 발병한다는 점이다. 후보유전자가 환경 요인, 특히 태내 발달과 관련된 요인과 상호작용하는 것이라면, 관찰 가능한 증상이 나타나기까지 이렇게 오랜 시간이 걸리는 이유가 무엇일까? 이 질문에 대한 한 가지 답은 청소년기 동안의 뇌 발달을 관찰하면서 찾아볼 수 있다(5장을 보라). 일반적으로 겉질의 회색질은 10대 사춘기에 폭발적으로 성장하며, 이후 20대 초반까지 얇아지는 기간을 거친다. ●그림 14.13에서 볼 수 있듯이, 건강한 청소년은 회색질 손실이 비교적 적은 반면, 조현병 진단을 받은 청소년은

●그림 14.13 조현병은 청소년기 더 많은 회색질 손실과 관련이 있다 10대 사춘기에는 겉질의 회색질이 폭발적으로 성장하며, 이후 20대 초반까지 회색질의 두께가 얇아지는 현상이 나타난다. 건강한 통제집단과 달리, 조현병으로 진단받은 10대들에게서는 훨씬 더 많은 양의 회색질이 손실된다.

출처: Thompson et al. (2001).

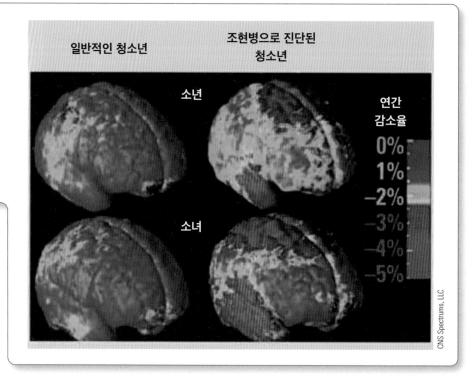

'산불'이 난 것처럼 심한 회색질 손실을 보인다(Thompson et al., 2001). 조현병에 취약한 청소년의 뇌는 과도한 가지 잘라내기(pruning)를 거치거나 충분한 시냅스를 생성하지 못하는지도 모른다(Keshavan, Giedd, Lau, Lewis, & Paus, 2014).

　조현병에서 이른 시점에 뇌 변화가 일어나는 이유를 밝히려면 더 많은 연구가 필요하다. 한 가지 단서는 과거에 있었던 첫 정신병적 삽화 이후에도 마리화나의 사용을 지속하는 것이 마리화나 비사용자인 환자에게서보다 더 많은 회색질 손실을 일으킨다는 연구에서 찾을 수 있다(Van Haren, Cahn, 2012). 앞에서 확인한 바와 같이 대마초의 사용은 조현병 취약군이 보이는 내인성 칸나비노이드 체계에 이미 존재하던 이상성과 상호작용할 수도 있을 것이다.

조현병의 생화학

조현병의 도파민 가설(dopamine hypothesis)은 도파민 활동이 높아진 결과로 정신병적 증상이 관찰된다는 점, 그리고 조현병 치료에 도파민 길항제가 효과를 보인다는 점에 기반을 두고 있다. 4장에서 언급했듯이 암페타민, 코카인, L-도파(파킨슨병 치료에 사용)는 강력한 도파민 효능제이다. 이러한 약물은 시간이 지나면서 환각 및 편집성 망상 같은 조현병 양성 증상과 유사한 행동을 종종 일으킨다(Goetz, Leurgans, Pappert, Raman, & Stemer, 2001). 조현병이 있는 사람과 만성적으로 흥분제를 남용한 사람을 구별하기는 어렵다(Brady, Lydiard, Malcolm, & Ballenger, 1991). 조현병 치료에 사용되는 도파민 길항제는 **정형 항정신병 약물**(typical antipsychotic medication)로도 알려져 있으며, D2 도파민 수용체를 차단하여(4장을 보라) 조현병이나 흥분제 남용

정형 항정신병 약물 조현병이나 정신증을 치료하기 위해 사용되는 도파민 길항제.

으로 인한 정신증 증상을 감소시킨다. 조현병 환자는 D2 수용체의 수가 비정상적일 수 있다. 이 외에도 이들은 더 많은 도파민 합성 및 방출을 보인다(Howes, McCutcheon, & Stone, 2015).

과도한 도파민 활동이 정신증 증상(정신병적 증상)을 유발하는 이유가 무엇일까? 도파민은 어떤 자극이 우리의 주의를 끌고 행동을 유도할지를 결정함으로써 자극에 동기적 중요성을 부여한다(Howes et al., 2015). 조현병 환자의 높은 시냅스전 도파민 수준으로 인해 관련 없는 자극에 대해서도 도파민 방출이 촉진되고, 이것이 망상적 사고 패턴으로 이어지는 것일지도 모른다. 건강한 사람의 경우 줄무늬체(선조체) 도파민이 증가하면 인지 과제에서의 수행이 지하된다.

● 그림 14.14에 표시된 도파민 가설에 대한 증거를 요약하면, 도파민 활동의 증가는 정신증과 관련이 있으며, 도파민 활동의 감소는 정신증의 감소와 관련이 있다. 그러나 이러한 도파민 가설은 지나치게 단순하다. 조현병 환자의 약 4분의 1이 도파민 길항제 치료에 반응을 보이지 않는다(Kane & Freeman, 1994). 조현병에 대해 허가된 모든 약물이 D2 수용체를 차단하지만, 새로운 **비정형 항정신병 약물**(atypical antipsychotic)들은 더 넓은 범위의 신경화학물질에 영향을 줌으로써 증상을 완화시킨다. 예를 들어 비정형 항정신병 약물인 클로자핀(clozapine)은 도파민 체계보다 세로토닌 체계에 더 큰 영향을 미친다(Syvalahti, 1994).

글루탐산 체계의 장애가 일으키는 대규모 효과로 조현병의 광범위한 양성 증상을 설명할 수 있을지도 모른다(Matosin & Newell, 2013). 조현병 환자의 뇌에서는 글루탐산 수용체 수가 감소되어 있다(Konradi & Heckers, 2003). 조현병 환자는 건강한 통제집단에 비해 노화 과정에서 뇌의 글루탐산 활동성이 더 크게 감소한다(Marsman et al., 2013). 조현병의 한 가지 유용한 연구 목적 동물 모형에는 강력한 글루탐산 길항제인 펜시클리딘(phen-cyclidine, PCP)을 투여하는 절차가 있다(Neill et al., 2010). PCP는 여러 조현병 유사 증상을 유발할 수 있으며, 인간에게는 청각적 환각을 일으키기도 한다. PCP는 NMDA 글루탐산 수용체를 차단할 뿐만 아니라 도파민 효능제 역할도 한다(Seeman, 2009). PCP 사용으로 인해 나타난 정신증은 도파민 길항제 치료에 민감하게 반응한다(Jentsch et al., 1997).

그렇다면 조현병을 이해하는 데 가장 중요한 신경화학물질은 도파민과 글루탐산 중에 무엇일까? 감소된 글루탐산 활동과 증가된 도파민 활동 모두가 조현병의 증상과 관련이 있는 것으로 보인다. 둘 사이에 상호 관련성이 있기 때문에, 어떤 체계가 가장 큰 영향을 미치는지 결정하는 것은 복잡한 문제이다(Howes et al., 2015). 도파민 기능의 시냅스전 문제가 조현병 양성 증상을 일으키고, 글루탐산 체계의 기능장애가 음성 증상 및 인지적 손상을 야기하는 것일지도 모른다.

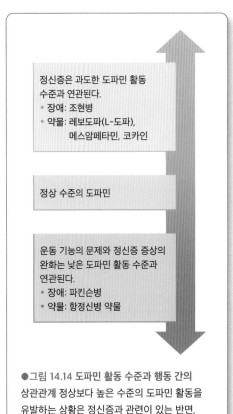

정신증은 과도한 도파민 활동 수준과 연관된다.
• 장애: 조현병
• 약물: 레보도파(L-도파), 메스암페타민, 코카인

정상 수준의 도파민

운동 기능의 문제와 정신증 증상의 완화는 낮은 도파민 활동 수준과 연관된다.
• 장애: 파킨슨병
• 약물: 항정신병 약물

●그림 14.14 도파민 활동 수준과 행동 간의 상관관계 정상보다 높은 수준의 도파민 활동을 유발하는 상황은 정신증과 관련이 있는 반면, 정상보다 낮은 수준의 도파민 활동을 유발하는 상황은 운동 기능의 문제와 관련이 있다.

비정형 항정신병 약물 도파민 길항제가 아닌 방식으로 조현병을 치료하기 위해 새롭게 개발된 몇 가지 약물.

조현병의 치료

1950년대 정형 항정신병 약물의 발견은 조현병 치료에 혁명적 변화를 일으켰다. 그 시작은 **클로르프로마진**(상품명 Thorazine)과 같은 **페노티아진**(phenothiazines)이었다. 프랑스의 외과 의사 Henri Laborit는 수술 환자에게 작용하는 페노티아진의 진정 효과에 깊은 감명을 받아, 정신과 동료들에게 정신증 치료에 이 약물을 실험해 보라고 권고했다. 후속 연구에 따르면 페노티아진은 조현병 증상을 치료하는 데 효과적이었다. 물론 정형 항정신병 약물(typical antipsychotics)은 주로 양성 증상을 줄임으로써 조현병 환자에게 도움이 되며, 사회적 위축이나 정서 불안정 같은 음성 증상은 이러한 약물에 그만큼 반응하지 않는다(Buchanan, Breier, Kirkpatrick, Ball, & Carpenter, 1998). 그러나 정형 항정신병 약물의 발견 덕분에 이전까지 입원이 필요했던 많은 환자가 비교적 정상적인 삶을 다시 시작할 수 있었다. ●그림 14.15에서 볼 수 있듯이 1950년대에 정형 항정신병 약물의 도입 시점은 시설에 입원한 정신병 환자 수가 극적으로 감소한 시점과 일치한다.

　안타깝게도 항정신병 약물은 표적이 특정적(specific)이지 않다. 항정신병 약물은 운동을 제어하는 체계를 비롯한 여러 체계에서 도파민 수용체를 차단한다. **지연성 이상운동증**(tardive dyskinesia, 만발성 운동장애)은 이러한 약물에서 흔히 나타나는 골치 아픈 부작용이다('tardive'는 '느린'을, 'dyskinesia'는 '움직임의 어려움'을 의미함). ●그림 14.16에 제시된 환자처럼 지연성 이상운동증이 있는 환자는 특히 얼굴과 혀가 떨리거나 불수의적으로 움직이는 경험을 한다. 약물치료를 중단하더라도 운동장애가 지속되는 경우가 많다.

　지연성 이상운동증의 원인은 아직 밝혀지지 않았다. 수의적인 운동은 움직임을 촉진하는 직접 경로와 운동의 힘을 감소시키는 간접 경로 사이의 균형을 필요로 한다. D2 수용체는 간접 경로를 억제하므로, 장기적인 약물에 대한 반응으로 D2 수용체가 증가하면 불수의적 움직임이 발생할 수 있을 것이다. 또한 D2 수용체의 만성적인 차단이 바닥핵과 겉질 사이의 연결성에서 역기능적인 가소성을 유발하여 직접 경로와

클로르프로마진 소라진이라는
　상품명으로 유명한 도파민 길항제.
페노티아진 정신병적 증상을 치료하기
　위해 사용되는 도파민 길항제의 주요
　약물군.
지연성 이상운동증 비자발적이고
　움찔거리는 운동 증상의 만성적 장애로,
　장기간의 항정신병 약물치료로 나타남.

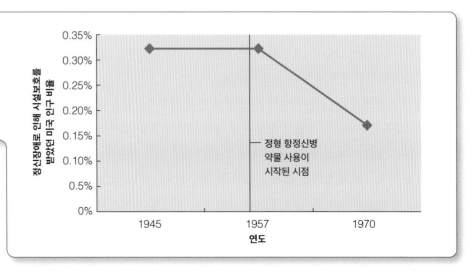

●그림 14.15 조현병에 효과적인 약물의 발견이 가져온 극적인 변화 미국 인구에서 정신장애로 인해 시설보호를 받았던 사람들의 비율이 항정신병 약물의 개발 이후 거의 절반 가까이 감소했다.

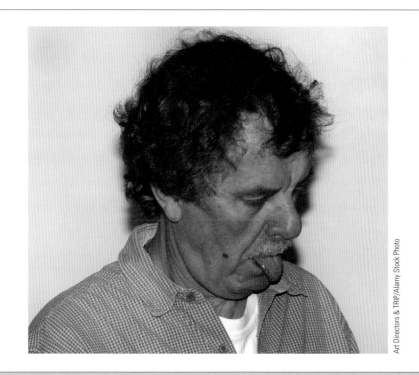

●그림 14.16 항정신병 약물치료의 부작용으로 갑작스러운 지연성 이상운동증이 발생할 수 있다 항정신병 약물은 침습적이고 불수의적인 움직임과 떨림 증상으로 나타나는 지연성 이상운동증을 일으킬 수 있다.

Art Directors & TRIP/Alamy Stock Photo

간접 경로의 균형을 무너뜨릴지도 모른다(Aquino & Lang, 2014). 마지막으로, 도파민의 대사율 증가가 유리기와 과산화수소 생성을 증가시키고, 이로 인한 산화 스트레스가 지연성 이상운동증에 영향을 미칠 수 있을 것이다.

오늘날 모든 환자의 절반 이상이 올란자핀(olanzapine), 클로자핀 및 리스페리돈(risperidone)과 같은 비정형 항정신병 약물(atypical antipsychotics)로 치료를 받고 있다(Meltzer, 2000). 앞서 언급했듯이 클로자핀은 도파민 수용체보다 세로토닌 수용체에 더 강한 영향을 미친다. 이러한 새로운 약물의 장점은 양성 증상뿐만 아니라 음성 증상도 감소시킨다는 점이다(Rivas-Vazquez, Blais, Rey, & Rivas-Vazquez, 2000). 그러나 비정형 항정신병 약물이 정형 항정신병 약물보다 반드시 더 안전한 것은 아니다. 이 약물들은 많은 환자에게서 체중 증가와 당뇨병을 일으키며, 지연성 이상운동증을 일으킬 위험이 거의 비슷한 수준으로 높다(Aquino & Lang, 2014). 대부분의 경우 주의 깊게 모니터링하면 약물의 부작용을 피할 수 있지만, 많은 환자가 제대로 된 투약 관리를 받지 못해서 권장 범위를 초과하는 용량을 복용하거나, 행동 관찰을 토대로 복용량을 조절하지 못하고 있다(Young, Sullivan, Burnam, & Brook, 1998).

약물뿐 아니라 심리사회적 재활 요법도 도움이 될 수 있다(Mueser, Deavers, Penn, & Cassisi, 2013). 세계보건기구(WHO)의 연구 결과에 따르면 나이지리아, 인도, 콜롬비아와 같은 개발도상국의 조현병 환자가 미국 및 유럽 국가와 같은 부유한 나라의 환자보다 더 높은 회복 빈도를 보이는데, 이는 서구권 의료계가 당혹스러울 정도이다(Sartorius, 1986). 환자에게 직업, 사회적 기술 훈련, 조현병과 약물복용의 중요성에 대한 교육, 적절한 주거환경, 증상 관리에 대한 정보가 주어졌을 때 더 나은 호전을 보인다.

양극성장애

조울증이라고도 불리는 양극성장애는 증상, 가족력, 유전적 측면에 있어서 조현병 같은 정신병적 장애와 우울장애 사이의 '다리'에 해당한다고 말한다(APA, 2013, p. 123).

양극성장애(bipolar disorder)는 일생 동안 1회 이상의 조증 삽화를 특징으로 하는데, 조증 삽화는 종종 우울증 시기에 앞서거나 뒤이어 나타난다. **조증**(mania) 삽화에서는 "비정상적으로 들뜨거나, 의기양양하거나, 과민한 기분, 그리고 목표 지향적 활동과 에너지의 증가가 적어도 일주일간(만약 입원이 필요한 정도라면 기간과 상관없이) 거의 매일, 하루 중 대부분 지속되는 분명한 기간이 있다"(APA, 2013, p. 124). 다른 증상으로는 팽창된 자존감, 수면 욕구 감소, 쉬지 않고 말하기, 사고의 비약, 산만함, 목표 지향적 활동 증가, 부정적인 결과를 초래할 가능성이 높은 활동(예: 무분별한 소비, 위험한 성적 만남)에 대한 과도한 몰두 등이 있다.

우울증은 양극성장애 진단에서 더 이상 필수 조건이 아니지만, 양극성장애를 가진 사람은 조증뿐 아니라 우울증도 경험하는 경우가 많다. 우울증이 발생하는 경우 그 증상은 주요우울장애(APA, 2013)에서 보이는 것과 동일하며, 이는 이 장의 뒷부분에서 설명될 것이다.

전 세계적으로 4,880만 명이 양극성장애를 앓고 있다(Ferrari et al., 2016). 미국의 양극성장애 비율은 인구의 약 0.8%로, 조현병 비율과 비슷하다. 여성이 남성보다 양극성장애로 진단될 가능성이 높지만, 여성 대 남성 비율은 양극성장애에서 3:2 정도로, 주요우울장애에서 보이는 2:1 비율보다 덜 극단적이다(Holtzman et al., 2016). 양극성장애의 평균 발병 연령은 25세이다(Kessler et al., 2007). 양극성장애 증상이 있는 18세 미만의 아동과 청소년은 파괴적 기분조절부전장애(disruptive mood dysregulation disorder)로 진단된다(APA, 2013).

양극성장애는 높은 창의력과 관련이 있다. Kay Jamison(1993)은 예술가들이 다른 사람들보다 양극성장애의 위험이 더 크다고 주장하며, 시인 William Blake, 작곡가 Handel과 Mahler, 화가 Michelangelo와 Gogh가 보였던 행동이 양극성장애의 행동 양상과 들어맞을 수 있다고 보았다. 코미디언 Russell Brand를 비롯하여 Carrie Fisher(●그림 14.17을 보라), Vivien Leigh 등 많은 유명 배우가 공식적으로 양극성장애 진단을 받았다. 양극성장애 환자, 주요우울장애 환자, 그리고 창의적 또는 비창의적 분야에서 활동하는 건강한 통제집단을 비교한 연구가 이러한 관찰을 지지한다. 양극성장애 환자는 창의력 테스트에서 창의적 분야에서 일하는 건강한 통제집단과 비슷한 점수를 받았으며, 주요우울장애 환자 또는 비창의적 분야에서 일하는 통제집단보다 높은 점수를 받았다(Santosa et al., 2007). 양극성장애에 영향을 받는 뇌 영역은 이마관자엽 치매(frontotemporal dementia, 전두측두엽 치매)의 경우와 유사하다. 두 장애 모두에서 이 뇌 영역들의 활동성이 낮으면 억제 기능이 저하될 수 있으며, 이는 결과적으로 더 큰 창의성으로 이어진다(Seeley et al., 2008).

양극성장애 일생 동안 적어도 한 번의 조증 삽화를 특징으로 하는 장애로, 조증 삽화는 종종 우울증 시기에 앞서거나 뒤이어 나타남.

조증 비현실적으로 고조되고, 팽창되고, 성마른 기분을 보이면서 높은 수준의 에너지와 목표지향적 행동을 일주일간 지속하는 것.

양극성장애의 발생에 대한 이론은 보상 민감도와 일주율 교란에 초점을 맞춘다(Alloy, Nusslock, & Boland, 2015). 보상에 대한 과민감성은 양극성장애 환자가 보이는 과도한 접근 행동, 에너지 상승, 수면 욕구 감소로 이어질 수 있을 것이다. 9장에서 살펴본 바와 같이 기분과 수면은 자주 상호작용하므로 일주율 교란이 양극성장애의 발생과 경과에 중요한 요소로 보이는 것은 놀라운 일이 아니다(Gold & Sylvia, 2016).

양극성장애와 유전

유전자가 양극성장애에서 중요한 역할을 한다. 일란성 쌍둥이 사이의 일치율은 40~70% 수준으로 높다(Craddock & Sklar, 2013). 입양인 연구도 양극성장애의 발생에서 유전자의 강력한 역할을 지지한다(Taylor, Faraone, & Tsuang, 2002). 이 장의 앞부분에서 언급했듯이 양극성장애와 조현병의 후보유전자는 상당히 겹친다. 양극성장애의 여러 후보유전자가 확인되었지만, 그 효과의 강도가 양극성장애 취약성에 대한 유전자 검사의 필요성을 지지할 정도로 높지는 않다(Craddock & Sklar, 2013).

●그림 14.17 양극성장애가 예술가들에게 더 흔하게 발생할까
Carrie Fisher는 양극성장애를 진단받았던, 창조적이고 예술적 성향을 가진 사람 중 1명이었다.

양극성장애의 뇌 구조와 기능

조현병과 양극성장애 모두에서 회색질 밀도와 겉질 두께의 감소 같은 뇌 구조의 이상이 관찰된다(Ivleva et al., 2016). 두 장애 모두 더 작은 백색질 부피, 더 얇은 해마겉이랑, 더 얇은 오른쪽 눈확이마겉질, 더 두꺼운 관자마루겉질 및 왼쪽 상부 운동겉질과 관련이 있다(Hulshoff Pol et al., 2012). 이렇듯 공통적인 구조적 특징은 두 장애의 유전적 프로파일이 중첩된다는 점과 일관된다.

양극성장애의 생화학과 치료

양극성장애는 산화 스트레스, 즉 유리기 생성과 이에 대한 신체 방어 기제 간의 불균형과 관련이 있다(Vasconcelos-Moreno et al., 2017). 특히 양극성장애는 뇌세포의 DNA에 산화적 손상을 일으키는데, 이는 세포자멸사로 이어진다(Soeiro-de-Souza et al., 2013). DNA 손상이 많을수록 일생 동안의 조증 삽화 회수가 많아지는 상관관계가 있다.

　양극성장애 치료의 주요 방식인 **리튬**(lithium)염은 조증에 대한 동물 모형에서 항산화 효과를 일으키는데(Jornada et al., 2011), 이와 동일한 방식으로 인간의 증상을 완화할 가능성이 높다. 또한 리튬염은 성인의 해마에서 신경발생을 촉진한다(Quiroz,

리튬 양극성장애에서 세로토닌과 노르에피네프린 수준을 정상화하는 염.

Machado-Vieira, Zarate, & Manji, 2010). 리튬염의 독성과 불쾌한 부작용은 종종 환자로 하여금 약물을 중단하도록 만든다. 이러한 경우에는 양극성장애 치료제로 SSRI, 벤조디아제핀(예: 발륨), 항정신병 약물, 항경련성 기분안정제 등을 사용해 볼 수 있다. 이 약물들의 효과 수준은 다양하다.

산화 스트레스가 증가해 있다는 관찰과 일관되게, 양극성장애는 가속화된 노화와 일치하는 변화를 특징으로 한다(Rizzo et al., 2014). 양극성장애 환자와 치매 환자 모두 염증, 아밀로이드, 신경영양인자 활동에서 유사한 변화가 관찰된다(Rizzo et al., 2014). 양극성장애가 있는 사람은 심혈관질환, 암, 자가면역질환 등의 많은 질병이 더 이른 시점에 더 높은 비율로 발병하는 경향이 있다(Rizzo et al., 2014).

양극성장애 후보유전자와 상호작용하는 환경 요인 중에는 식이요법이 있다. 현대 서양식 식단에는 오메가-6 지방산이 많고 뇌와 망막 발달에 필수적인 오메가-3 지방산이 부족하다(Simopoulos, 2011). 생선에서 발견되는 오메가-3 지방산이 풍부한 식단은 양극성장애로부터 어느 정도 보호 효과를 낼 수 있다(Noaghiul & Hibbeln, 2003). ●그림 14.18에서 볼 수 있듯이 양극성장애의 유병률은 어류를 거의 섭취하지 않는 국가(예: 독일)에서 가장 높고, 어류가 주요 식단인 국가(예: 아이슬란드)에서 가장 낮다. 양극성장애로 진단받은 환자는 오메가-3 지방산의 한 유형인 DHA의 수치가 낮다(Pomponi et al., 2013). 무작위 가짜약 대조 실험에서 오메가-3 보충제를 투여했을 때, 정신병적 장애 위험이 높은 사람들의 정신증 발병이 감소했다(Amminger, Schäfer,

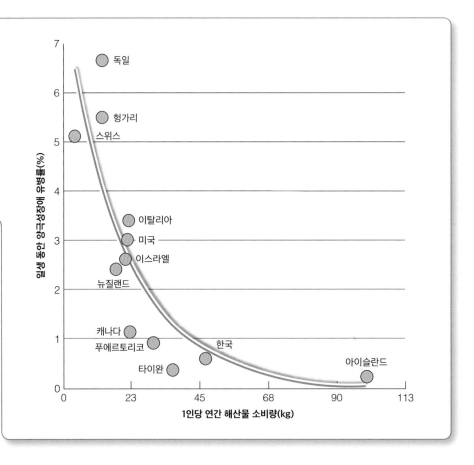

●그림 14.18 식습관이 양극성장애의 유병률에 영향을 미칠 수 있다 아이슬란드같이 해산물 소비가 많은 국가는 스위스나 헝가리같이 해산물 소비가 덜 일반적인 국가보다 양극성장애 비율이 낮다. 오메가-3 지방산이 가능한 보호 요인으로 제안되었지만, 인과관계를 확인하기 위해서는 추가 연구가 필요하다.

출처: Noaghiul & Hibbeln (2003).

Papageorgiou, et al., 2010). 그러나 오메가-3 보충제로 양극성장애 또는 우울증 환자의 증상을 개선하려는 시도는 일관된 결과를 내놓지 못했다(Deacon, Kettle, Hayes, Dennis, & Tucci, 2017; Grosso et al., 2014).

주요우울장애

DSM-5는 주요우울 삽화를 최소 2주 동안 지속되는 만연한 슬픔의 기간으로 정의한다(APA, 2013). 또한 **주요우울장애**(major depressive disorder, MDD)가 있는 사람들은 취미생활이나 성관계 등 이전까지 보상을 느끼던 활동을 하지 않게 될 때가 많다. 주요우울장애는 식습관, 에너지 수준, 수면 및 인지에도 영향을 미친다. 사람들은 집중하기가 어렵다고 말하며, 절망감, 죄책감, 무가치감, 자살에 대한 생각을 종종 경험한다.

주요우울장애는 매년 약 7%의 성인 인구에서 나타난다(APA, 2013). 주요우울장애의 비율은 나이가 들면서 감소하는데, 18~29세 집단이 60세 이상의 사람들보다 3배 높은 비율을 보인다.

주요우울장애 진단율은 성별에 따라 다르다. 청소년기 이전에는 남아와 여아의 주요우울장애 비율이 거의 같다. 그러나 이 비율은 13~15세부터 차이가 나기 시작한다(Hankin et al., 1998; Nolen-Hoeksema & Girgus, 1994). ●그림 14.19에서 볼 수 있듯이 성인 여성은 주요우울장애 진단을 받을 가능성이 남성보다 거의 2배 더 높다(Kessler et al., 2003). 남성과 여성의 우울증 비율이 불일치하는 것은 인종과 민족, 사회계급 및 거주 국가와 같은 인구 통계학적 요인과 무관하게 관찰되고 있어(Üstün, Ayuso-Mateos, Chatterji, Mathers, & Murray, 2004), 어떤 생물학적 기제가 있음을 시사한다. 월경전증후군, 월경전불쾌감장애, 산후우울증, 폐경기 여성이 경험하는 기분 불안정을 비롯한 많은 기분상의 문제는 여성호르몬의 변화로 인해 발생하거나 악화되는 것으로 보인다(Rapkin, Mikacich, Moatakef-Imani, & Rasgon, 2002).

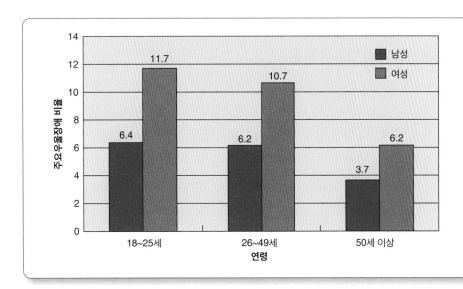

●그림 14.19 연령과 성별에 따른 우울증 비율의 차이 나이가 들면서 우울증의 비율이 줄어든다. 주요우울장애 진단율은 남성보다 여성에게서 거의 2배 가량 높다.

주요우울장애(MDD) 슬픔, 절망감, 무가치감 등의 강렬한 느낌이 2주 이상 지속되는 장애.

주요우울장애에 대한 유전적 기여

유전자는 주요우울장애가 발생하는 데 어느 정도 역할을 한다. 쌍둥이 연구에 따르면 우울증의 유전율은 약 40%인 것으로 보인다(Shi et al., 2011). 입양인 연구 역시 우울증 발병에서 유전자의 역할이 있음을 뒷받침한다(Shih, Belmonte, & Zandi, 2004). 우울증의 후보유전자는 세로토닌 재흡수(Wurtman, 2005) 및 일주율(McClung, 2007)에 관여한다.

전장유전체 연관분석(GWAS)은 주요우울장애와 상관관계가 있는 특정 단일염기다형성(single nucleotide polymorphisms, SNP; 5장을 보라)을 확인하지 못했다(Shi et al., 2011). 짧은 유형의 세로토닌 수송체 유전자와 생활 스트레스 사건 사이의 유전자-환경 상호작용을 입증하려는 연구는 일관된 결과를 내놓지 못했다(Caspi et al., 2003; Karg, Burmeister, Shedden, & Sen, 2011; Smoller, 2016).

주요우울장애의 환경적 영향

조현병과 마찬가지로 태내에서의 사건이 주요우울장애에 기여한다. 1944~1945년 '네덜란드 겨울 기근'으로 알려진 기간에 임신 3기였던 임산부들의 경우 조현병을 앓는 아이를 더 많이 낳았을 뿐만 아니라, 주요우울장애가 있는 아이를 출산할 가능성도 더 높았다(Brown, van Os, Driessens, Hoek, & Susser, 2000).

스트레스는 종종 우울 삽화를 촉발한다(12장을 보라). Stader와 Hokanson(1998)은 연구참가자들에게 친구와 다퉜던 일 같은 일상적인 스트레스 요인을 나열해 보도록 했다. 그러고는 이러한 자기보고를 참가자의 기분 상태와 관련지어 보았다. 그 결과 심한 스트레스 사건이 우울 삽화에 앞서서 나타날 때가 많았다. 스트레스는 더 크고 장기간 지속되는 코르티솔의 분비를 유도함으로써 우울감을 유발할 수도 있는데(12장을 보라), 특히 세로토닌 수송체 유전자가 짧은 유형인 사람들에게서 이러한 경향이 두드러진다(Gotlib, Joormann, Minor, & Hallmayer, 2008). 이후에 다시 다루겠지만 일부 주요우울장애 환자들은 코르티솔의 조절 기능이 손상된 것으로 보인다.

주요우울장애의 뇌 구조와 기능

주요우울장애 환자와 건강한 통제집단의 차이는 여러 뇌 구조 및 활성화 패턴에서 관찰된다(Wagner et al., 2008). 주요우울장애 환자의 뇌는 가쪽뇌실의 확장과 함께 해마와 편도체의 부피 감소를 보였다(Schmaal et al., 2016). 많은 인지 과제에서 오른쪽 마루엽의 활동 감소와 함께 왼쪽 이마엽의 활동 감소가 우울증과 연관된다(Domschke et al., 2016). 주요우울장애 환자는 건강한 통제집단에 비해 의사결정 과제 도중에 앞쪽 띠겉질(ACC)에서 비정상적으로 높은 활성화를 보였으며, 이는 환자들이 인지 과제를 완수하기 위해 더 많이 노력하고 있음을 시사한다(Wagner et al., 2008; Workman et al., 2016). 주요우울장애에서 관찰되는 이 구조들의 부피와 활성화의 차이는 이들이 정서 조절(12장을 보라)에서 수행하는 역할과 일관된 결과이다.

　수면 패턴과 우울한 기분 사이의 상관관계는 일주율의 문제를 시사한다(Soria et al., 2010). 수면시간이 정상 수준보다 더 많거나(9시간 이상) 더 적은(7시간 미만) 것은 모두 우울증의 증상이다. ●그림 14.20에서 볼 수 있듯이 일반적인 사람들은 약 90분의 수면 후에 첫 번째 REM 수면 주기에 들어가지만, 일부 우울한 사람들은 약 45분의 수면 후에 첫 번째 REM 수면 주기에 들어간다. 또 이들은 3단계와 4단계의 NREM 수면이 적으며, 얕은 수면인 1단계와 2단계가 더 두드러지게 나타난다. REM 또는 1단계와 2단계 NREM 동안에는 깨어나기가 훨씬 쉽기 때문에, 우울증이 있는 사람들은 흔히 밤중에 자주 깬다고 호소한다. 수면 박탈은 우울증의 현저한 감소와 관련이 있다(Benedetti et al., 2014; Vogel, 1980). 또한 대부분의 항우울제는 REM을 감소시킨다(Pace-Schott et al., 2001).

　연구자들은 주요우울장애가 나타내는 것이 위상 당기기(Wirz-Justice, 2006)인지, 위상 늦추기(Robillard et al., 2013)인지에 대해 논쟁해 왔다. 9장에서 논의한 바와 같이 사람이 정상보다 일찍 잠을 자는 경우에 위상 당기기가 발생하고, 정상보다 늦게 잠을 자는 경우에 위상 늦추기가 발생한다. 우울증은 수면시간이 규칙적으로 앞이나 뒤로

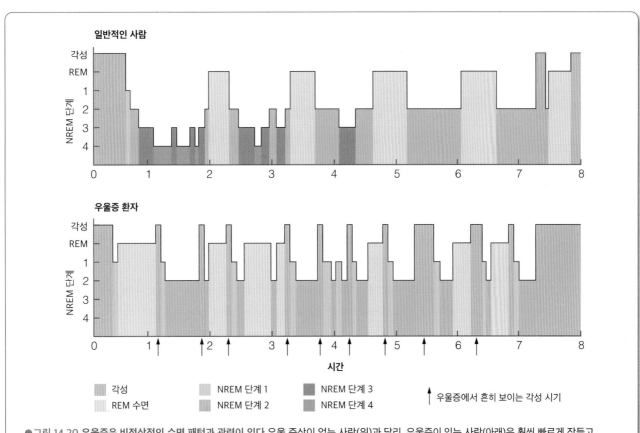

●그림 14.20 **우울증은 비정상적인 수면 패턴과 관련이 있다** 우울 증상이 없는 사람(위)과 달리, 우울증이 있는 사람(아래)은 훨씬 빠르게 잠들고, 첫 번째 REM 수면이 이른 시점에 시작되며, 3단계와 4단계의 NREM 수면을 나타내지 않는다. 화살표는 우울증이 있는 사람이 수면 도중에 빈번하게 깨어나는 시점을 가리킨다.

출처: Adapted from Gillin & Borbely (1985).

이동해 가는 것이 아니라, 불규칙하거나 누락된 일주율로 인해 발생하는지도 모른다 (Koenigsberg et al., 2004; Li et al., 2013).

주요우울장애의 생화학

모노아민 활동, 특히 세로토닌 활동의 이상이 우울증과 관련이 있다. 우울증의 모노아민 가설(monoamine hypothesis)은 앞서 논의했던 일주율 가설과 일관된 것인데, 모노아민은 수면과 각성 주기 조절에 핵심적인 역할을 하기 때문이다. 4장에서 살펴본 것처럼, 레세르핀 약물은 시냅스소낭에서의 모노아민 저장을 방해하여 분비 가능한 신경화학물질의 양을 줄인다. 레세르핀은 인도 민간 의학에서 수 세기 동안 심장병 치료에 사용되어 왔지만, 심각한 우울증을 유발하는 효과 때문에 오늘날에는 거의 사용되지 않는다(Webster & Koch, 1996). 우울증 치료에 자주 사용되는 **선택적 세로토닌 재흡수 억제제**(selective serotonin reuptake inhibitor, SSRI)는 시냅스에서 세로토닌의 가용성을 높이는 역할을 한다.

세로토닌은 다른 역할 외에도 신경발생과 뇌 유래 신경영양인자(brain-derived neurotrophic factor, BDNF)의 방출을 자극하는 신경영양인자로 작용한다(Moylan, Maes, Wray, & Berk, 2013). 주요우울장애와 관련된 세로토닌 활동성 저하가 신경발생의 감소로 이어지는지도 모른다. 항세로토닌 항체가 건강한 통제집단보다 주요우울장애 환자에게서 더 많이 관찰된다(Moylan et al., 2013). 이러한 자가면역반응은 세로토닌 신호전달을 방해하여 주요우울장애에 수반되는 세로토닌 활동성 저하를 유발하는지도 모른다. 우울 삽화를 경험할수록 자가면역반응은 더 강해지는데, 이는 많은 주요우울장애 환자들에게서 주요우울장애가 재발하는 양상을 설명할 수 있을 것이다.

세로토닌의 이상 외에도 노르에피네프린의 기능 변화가 주요우울장애와 관련이 있다. 자살로 사망한 사람들은 이마앞겉질에 있는 노르에피네프린 수용체의 밀도와 민감성에서 이상을 보인다(Moylan et al., 2013). 주요우울장애는 노르에피네프린을 방출하는 뉴런들의 축삭 밀도가 감소한 것과 관련이 있으며, 이러한 상태는 항우울제를 통해 반전시킬 수 있다(Moylan et al., 2013).

코르티솔은 시상하부-뇌하수체-콩팥위샘 축(HPA axis)의 일주율과 스트레스 관련 활동에 반응하여 콩팥위샘에서 방출되는 여러 당질코르티코이드 중 하나이다(12장을 보라). 코르티솔 수치는 스트레스에 반응하여 증가하기 때문에 이 체계는 스트레스 사건, 일주율 교란, 우울증 발생 간의 관계를 설명하는 연결고리이다. 당질코르티코이드 대사 수준은 덱사메타손 억제 테스트(dexamethasone suppression test, DST)로 평가된다. 덱사메타손을 건강한 사람에게 주사하면 코르티솔 분비가 억제된다. 주요우울장애 진단을 받은 성인에게 이 검사를 시행하면 약 75%가 정상적인 코르티솔 억제를 보이지 못한다(Aihara et al., 2007). 성공적인 치료를 받은 환자들은 DST에 정상적으로 반응한다.

주요우울장애 진단을 받은 환자는 도파민의 주요 부산물 수치가 낮으며, 이는 도파

선택적 세로토닌 재흡수 억제제(SSRI) 주요우울장애 및 관련 장애의 치료에 사용되는 약물이며, 시냅스에서 세로토닌의 재흡수를 방해함.

민 활동성 또한 이 장애에서 감소함을 시사한다. 반복적 스트레스 및 이와 관련된 코르티솔과 기타 당질코르티코이드의 방출은 중간뇌에서 시작되는 도파민성 보상 경로의 반응을 변화시킬 수 있다(Moylan et al., 2013; 4장, 12장을 보라). 기댐핵을 포함한 줄무늬체의 D2 수용체에 도파민이 결합하는 수준은 SSRI에 잘 반응하는 환자와 그렇지 않은 환자 사이에 차이가 있다(Moylan et al., 2013).

신경화학적 활동의 변화는 우울증의 주요 원인이 아니라 염증의 이차적 효과일지도 모른다(Dantzer, O'Connor, Lawson, & Kelley, 2011). 말초 수준의 염증 표지는 천식, 간염, 자가면역질환 같은 염증성 질환이 있는 사람과 주요우울장애가 있는 사람에게서 증가되어 있다. 염증이 스트레스와 주요우울장애의 연결고리인지도 모른다. 스트레스는 전(前)염증성 사이토카인(proinflammatory cytokines)의 증가 및 항염증성 사이토카인의 감소와 관련이 있다. 간염이나 백혈병 같은 질병을 치료하기 위해 사이토카인을 의학적으로 투여하면, 다른 원인으로 생기는 주요우울장애와 구분하기 어려운 유사 증상이 나타날 수 있다(Almond, 2013).

주요우울장애의 치료

주요우울장애의 가장 일반적인 치료법은 항우울제, 특히 SSRI이다. 효과적인 항우울제들은 공통적으로 해마에서 신경발생을 자극하는 효과를 갖고 있다(Perera et al., 2007). 동물 연구에서 신경발생을 차단하는 약물은 항우울제의 치료 효과 또한 억제한다(Perera et al., 2007).

SSRI에는 상당한 부작용이 있으며, SSRI로 치료받은 주요우울장애 환자의 약 30~35%만이 증상이 완전히 사라지는 호전을 보이기 때문에, 이를 대체하거나 보완할 수 있는 치료법이 필요하다(Trivedi et al., 2006). 운동은 우울증을 일정 수준 감소시키며 다른 치료법과 병행될 때 유용하다(Blumenthal et al., 1999; Cooney, Dwan, & Mead, 2014). 인지행동치료(cognitive-behavioral therapy, CBT)는 항우울제치료만큼이나 효과적이다. 심각한 우울증에서는 심리치료가 권고되지 않는다고 시사하는 일반적인 임상 지침과 달리, CBT의 효과는 우울증 증상의 심각도에 따라 달라지지 않는다(Furukawa et al., 2017).

●그림 14.21에 설명된 **전기경련치료**(electroconvulsive therapy, ECT)는 약물이나 CBT에 반응하지 않는 우울증 환자에게 상당한 완화 효과가 있다(Pagnin, de Queiroz, Pini, & Cassano, 2008). ECT에서는 환자를 마취하고 근육이완제를 투여한 다음, 머리에 부착된 전극을 통해 전기를 흘려보내서 발작을 유발한다. ECT는 일반적으로 한 주에 3회씩 총 6~12회를 실시한다. ECT의 정확한 작용 방식은 아직 알려지지 않았지만, 이 절차는 도파민과 노르에피네프린에 대한 반응성에 영향을 미친다. 또한 항우울제와 마찬가지로 ECT는 해마에서 신경발생을 자극하는 것으로 보인다(Perera et al., 2007). 치료를 받는 환자 중 일부는 기억상실증을 경험했으며 반응 속도가 느려지는

전기경련치료(ECT) 뇌에 전기를 흘려 보내서 경련을 일으킴으로써 우울증을 완화하는 치료법.

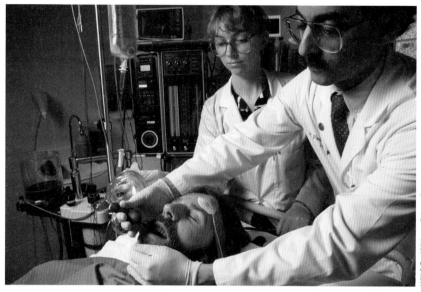

●그림 14.21 전기경련치료(ECT)
심각한 우울증이 있는 환자에게 전기경련치료를 준비 중인 모습이다. 전극을 통해 발작을 유발하는 전기충격을 주기 전에 환자에게 근육 이완제와 마취제를 투여한다. 이 치료는 몇 주에 걸쳐 제공된다.

부작용이 6개월간 지속되었다(Kedzior, Schuchinsky, Gerkensmeier, & Loo, 2017). 반복 머리뼈 경유 자기자극(rTMS)은 ECT의 유망한 대체 기법으로 부상하고 있다. 일부 보고에 따르면, rTMS치료(1장을 보라)는 우울증 증상을 감소시켰을 뿐만 아니라, ECT의 경우처럼 인지 기능 검사 점수가 낮아지지 않고 오히려 향상되는 경향이 있었다(Serafini, Pompili, Murri, Respino, Ghio, Girardi, et al., 2015).

기존 치료법에 반응하지 않는 환자는 뇌 심부 자극술(deep brain stimulation)을 통해 도움을 받을 수 있다. 뇌 심부 자극술에서는 자극용 전극이 양반구 띠겉질의 백색질에 외과적으로 이식되며, 자극은 지속적으로 전달된다. 한 연구는 2년 동안의 자극 후에 대다수의 환자에게서 우울증 증상이 관해됨을 보여주었다(Holtzheimer et al., 2012). 이 환자들이 기존 치료법에 반응하지 않았던 것을 고려할 때 이러한 호전은 인상적인 결과이다.

중간 요약 14.2

‖ 요약 표: 조현병의 양성 증상과 음성 증상 비교

증상 유형	예시	약물반응
양성 증상	• 환각 • 망상 • 와해된 언어 • 와해된 행동	정형 항정신병 약물과 비정형 항정신병 약물 모두에 반응함
음성 증상	• 기분장애 • 사회적 위축 • 동기 부족	정형 항정신병 약물보다는 비정형 항정신병 약물에 더 잘 반응함

║ 요점

1 조현병은 환각, 망상, 와해된 사고, 사회적 위축, 기분장애가 특징인 장애이다. (LO3)

2 조현병의 유전적 취약성은 다양한 종류의 환경 요인(출산 합병증, 태아기의 바이러스 노출, 마리화나 사용, 스트레스)과 상호작용하여 이 장애의 증상을 일으키는 것으로 보인다. (LO3)

3 조현병은 약물로 흔히 치료되나, 심리사회적 재활을 병행하는 것도 상당히 도움이 된다. (LO3)

4 양극성장애는 정신병적 장애와 우울증 사이의 '다리' 같은 역할을 하며 비현실적으로 기분이 고양되는 조증 상태가 특징이다. 양극성장애는 주로 약물로 치료된다. (LO4)

5 주요우울장애는 지속적으로 우울한 기분과 일상적으로 즐기던 활동에 대한 즐거움을 잃어버리는 것이 특징이다. (LO4)

6 주요우울장애는 약물, 인지행동치료, 전기경련치료, 뇌 심부 자극술로 치료된다. 유산소 운동을 늘리는 것도 도움이 될 수 있다. (LO4)

║ 복습 문제

1 조현병 치료를 위한 약물의 장점과 단점에는 무엇이 있는가?

2 조현병, 양극성장애, 주요우울장애 간의 유사점과 차이점에는 어떤 것이 있는가?

불안장애

미국인 중 30%나 되는 사람들이 평생 동안 한 번 이상의 불안장애를 경험한다(Kessler et al., 2005). 불안장애에는 여러 유형이 있지만, 위험을 예상하는 데서 오는 강한 부정적인 감정, 즉 불안이라는 핵심 요소를 공유한다(Barlow, 1988). 우리는 특히 흥미로우면서 중요한 생물학적 질문을 제기하는 공황장애를 주로 다룰 것이다. 이 특정 불안장애를 다루기 전에 이 장애군의 생물학적 상관물 전반에 대해 살펴보자.

쌍둥이와 입양인 연구는 불안장애의 유전적 소인에 대한 근거를 제시한다(Andrews, Steward, Allen, & Henderson, 1990). 그러나 불안장애의 특정한 유형은 가족 구성원마다 다르게 나타난다(DiLalla, Kagan, & Reznick, 1994). 불안장애와 주요우울장애는 근본적인 유전적 기반을 공유한다(Smoller, 2016; Weissman, Warner, Wickramaratne, Moreau, & Olfson, 1997). 주요우울장애를 앓고 있는 성인 환자 중 거의 3분의 2가 최소 한 가지의 불안장애 진단기준을 충족한다(Mathew, Pettit, Lewinsohn, Seeley, & Roberts, 2011).

뇌의 구조와 활동이 불안감 경험에 기여하는 것으로 보인다. 앞서 우리는 위험에 직면했을 때 뇌줄기, 편도체 및 관련 겉질밑 구조와 이마엽의 의사결정 영역들을 연결하는 회로가 어떻게 공포를 생성하는지 살펴보았다(12장을 보라). 이 경로의 작동이 왜곡될 경우 흔히 장애 수준에 준하는 불안이 동반된다. 또한 불안장애에서는 HPA 축의 이상이 생길 수도 있는데, 이는 스트레스 자극에 대한 반응성에 문제를 일으킬 수 있다.

세로토닌, 노르에피네프린, GABA를 포함한 많은 신경화학물질이 불안 조절 과정에 관여하며(Taylor, Fricker, Devi, & Gomes, 2005), 이러한 신경화학물질의 이상 활동은 불안장애와 상관관계를 보인다. GABA 효능제가 주관적인 불안 경험과 노르에피네프린의 주요 공급원인 청색반점의 활동을 감소시킨다(Kalueff & Nutt, 2007). 알코올과 벤조디아제핀은 GABA의 억제 효과를 강화하여 항불안 효과를 낸다. 벤조디아제핀 수용체는 잠재적 위험 평가 과정에 관여하는 해마, 편도체 및 대뇌겉질 영역에 특히 많다. GABA로 유도된 적절한 수준의 억제가 없으면 주변 환경의 위협에 과잉반응할 수 있다.

불안장애의 치료는 약물치료와 인지행동치료를 조합하여 이루어진다. 가장 일반적으로 처방되는 약물에는 SSRI, 세로토닌-노르에피네프린 재흡수 억제제(SNRI)(Dell'Osso, Buoli, Baldwin, & Altamura, 2010), 벤조디아제핀(Fava, Balon, & Rickels, 2015)이 있다. 고전적 조건형성 원리를 적용하는 노출치료는 많은 불안장애를 치료하는 데 사용된다. 이 과정에서 치료 대상자는 공포가 완화될 때까지 그 공포를 유발하는 자극에 점진적으로 노출된다. 가상현실 기술은 노출치료를 시행하기 쉽게 만들어 주었다. 모든 환자가 노출치료에 충분히 반응하는 것은 아니기 때문에 D-사이클로세린처럼 조건화된 공포반응의 소거를 촉진하는 약물을 노출치료와 조합하는 시도가 이루어지고 있다(Foa & McLean, 2016).

불안은 공황의 경우에 특히 갑작스럽다. **공황발작**(panic attack)을 겪고 있는 사람은 심계항진, 발한, 떨림 및 숨가쁨으로 이어지는 강한 교감신경계 각성과 함께 "극심한 공포와 고통"을 경험한다(APA, 2013, p. 208). **공황장애**(panic disorder)는 반복적인 공황발작 후, 1개월 이상 또 다른 발작이 올 것을 걱정하거나 발작을 회피하기 위한 행동 변화가 일어나는 경우에 진단된다. 단일 공황발작은 비교적 흔하며, 대학생의 4분의 1에서 3분의 1이 전년도에 한 번의 발작을 경험했다고 보고했다(Asmundson & Norton, 1993). 공황장애는 단일 공황발작보다 훨씬 드물며, 인구의 2~3%에서 나타난다(Kessler et al., 2007). 모든 공황장애 환자 중 약 절반이 주요우울장애나 또 다른 불안장애를 앓고 있다(Kearney, Albano, Eisen, Allan, & Barlow, 1997).

공황장애 환자에게 젖산 나트륨을 투여하여 인위적으로 공황발작을 발생시킬 수 있다(Papp et al., 1993). 젖산 나트륨 주사는 중추 GABA 활동을 감소시키면서 호흡과 자율신경계 반응을 증가시킨다(Johnson et al., 2010). 또한 젖산 나트륨은 시상하부의 오렉신에 작용하여 공황을 유발하는데, 이는 교감신경계를 작동시켜 싸움 또는 도망 반응을 하게 만든다(Johnson et al., 2010). 뇌 영상 연구는 앞쪽 띠겉질, 안쪽 이마앞겉질(내측 전전두피질), 대뇌섬을 포함하는 회로가 공황반응에 관여함을 시사한다(Poletti et al., 2015). 이 영역들은 위협적인 자극을 처리한다(12장을 보라). 공황장애의 치료는 일반적으로 항우울제나 인지행동치료, 또는 이 둘의 조합으로 구성된다(van Apeldoorn et al., 2008).

공황발작 심계항진, 발한, 떨림, 숨가쁨과 같은 교감계 각성과 함께 죽을 것 같은 강렬한 두려움을 경험하는 것.
공황장애 반복적인 공황발작과 발작이 올 것이라는 걱정이 특징인 장애.

강박장애

강박장애(obsessive-compulsive disorder, OCD)가 있는 사람은 반복적이고 침습적인 생각(**강박사고**, obsession), 손 씻기나 물건 개수 세기 같은 반복적인 행동을 해야 하는 요구(**강박행동**, compulsion), 또는 이 두 가지 모두에 의해 고통받는다(APA, 2013). 미국인구의 2~3%가 평생 동안 한 번 이상 강박장애를 겪는다(Ruscio, Stein, Chiu, & Kessler, 2010).

일반적인 강박사고에는 세균과 질병에 대한 생각, 자신이나 타인의 안전에 대한 두려움, 대칭성, 종교적이거나 도덕적인 걱정 등이 있다. 강박행동에는 씻기, 확인하기, 만지기, 개수 세기, 정리하기 등이 있다. 강박행동은 강박사고에서 발생하는 불안을 없애기 위한 노력으로 보인다. 예를 들어 세균과 질병에 집착하는 사람들은 종종 하루에 수백 번 강박적으로 손을 씻는다.

강박장애는 스트레스에 대처하기 위한 의례(ritual)의 사용, 자기 영역 지키기, 몸치장 행동 같은 정상적인 행동이 과장되어 나타난다는 특징이 있다(Rapoport, 1989). 문과 창문의 잠금장치를 반복해서 확인하는 것과 같은 강박장애 환자의 확인행동은 수렵-채집 시대의 조상들이 잠들기 전에 했던 정상적인 습관적 행동의 극단적인 형태일지도 모른다. 다른 동물 종에서도 유사한 문제가 관찰되는 것은 강박장애가 자연스러운 행동이 과장되어 나타나는 것이라는 생각을 지지한다. 개들도 가끔씩 과장된 털 다듬기(grooming) 행동, 즉 세포조직이 심하게 손상될 정도로 앞발을 반복적으로 핥고 씹는 행동을 하는데, 이는 강박장애의 한 형태로 볼 수 있다. 이 행동은 인간의 강박장애 치료에 사용되는 것과 똑같은 약물로 관리할 수 있다(Seksel & Lindeman, 2001).

강박장애는 일란성 쌍둥이 사이에서 상당한 일치율(63~87%)을 보인다(Menzies et al., 2008). 강박장애 발생률은 성인만 강박장애인 가정보다 아동이 강박장애인 가정에서 더 높은데, 이는 아동기 발병 강박장애가 성인기 발병 강박장애와 구분되는 인과적 경로를 가질 수 있음을 시사한다(Pauls, Abramovitch, Rauch, & Geller, 2014). 강박장애에서는 상당한 유전자-환경 간 상호작용이 발생할 가능성이 높다(Grisham, Anderson, & Sachdev, 2008). 강박장애 증상은 두부 외상, 뇌염, 발작장애에 이어 발생할 수 있다. 또한 출생 합병증과 연쇄상구균 감염도 아동의 강박장애 발병과 관련이 있다(Swedo et al., 1997).

강박장애는 지연성 이상운동증과 관련된 이마줄무늬체 회로(frontostriatal circuit)의 비정상적인 활동 패턴과 관련이 있다. 다시 살펴보자면 직접 경로는 운동을 촉진하고, 간접 경로는 운동을 억제한다(● 그림 14.22을 보라). 강박장애는 직접 경로의 과도한 활동으로 인해 발생하는 것일지도 모른다(Pauls et al., 2014). 눈확이마겉질이 매개하는 위험, 위생, 위해에 대한 과장된 걱정이 지각된 위협에 더욱 주의를 기울이게 하고(강박사고), 위협을 감소시키기 위한 강박행동을 일으킬 수 있다. 강박적인 행동을 취한 후에 경험하는 안도감은 이 순환고리를 강화할 것이다.

강박장애(OCD) 반복적이고 침습적인 생각과 불안을 통제하기 위해 특정 행동을 해야 한다고 느끼는 것을 특징으로 하는 장애.

강박사고 강박장애의 특징으로, 한 사람이 집착하고 있는 침습적 사고, 감정, 정서.

강박행동 강박장애의 특징으로, 특정 행동을 하려는 반복적이고 저항하기 어려운 충동.

강박장애 환자의 뇌, 특히 이마줄무늬체 회로에 염증이 증가되어 있는 것은 강박장애가 자가면역 과정의 문제로 인한 결과일 가능성을 시사한다. 알츠하이머병 같은 다른 질환에서 미세아교세포 활동을 조절하기 위해 개발되었던 약물이 강박장애 치료에 유용할지도 모른다. 무작위 이중 눈가림 가짜약 대조 연구에 따르면, 이러한 약물 중 하나인 미노사이클린을 SSRI와 함께 투여했을 때 강박장애 증상이 감소했다(Esalatmanesh et al., 2016).

뇌 구조와 기능에 대한 영상 연구는 강박장애의 이마줄무늬체 모형을 지지한다. 강박장애 환자의 경우 건강한 통제집단에 비해 바닥핵의 회색질이 증가하고 띠겉질의 회색질이 감소되어 있다(Radua, van den Heuvel, Surguladze, & Mataix-Cols, 2010).

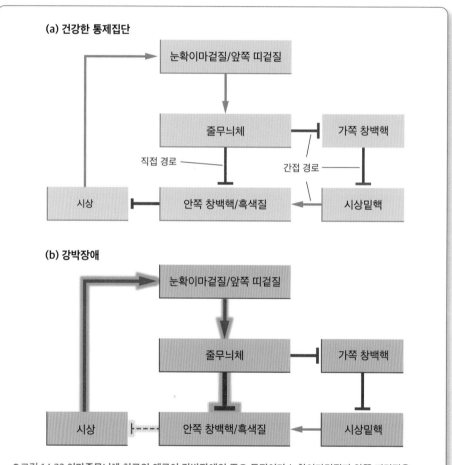

●그림 14.22 이마줄무늬체 회로의 왜곡이 강박장애의 주요 특징이다 눈확이마겉질과 앞쪽 띠겉질을 비롯한 이마엽 영역들은 최종적인 행동 선택에 영향을 미치는 시상 및 바닥핵과 회로를 형성한다. 이 그림은 회로 내 흥분성(초록색 선) 및 억제성(빨간색 선) 연결의 강도를 비교하여 보여준다. 건강한 참가자에서 흥분성 직접 경로의 효과는 억제성 간접 경로의 입력으로 균형이 맞추어진다. 강박장애 환자의 경우 안쪽 창백핵과 흑색질을 시상으로 연결하는 억제성 경로가 약해져서 시상과 눈확이마겉질/앞쪽 띠겉질 사이, 그리고 줄무늬체와 이 겉질 구조들 사이의 경로에서 더 큰 흥분이 발생한다. 줄무늬체에 대한 더 큰 흥분성 입력은 안쪽 창백핵과 흑색질을 더 강하게 억제하여 시상에 대한 억제성 연결이 더욱 약해진다. 이러한 왜곡의 최종 결과는 직접 경로와 간접 경로의 불균형으로 나타나며, 따라서 흥분성 직접 경로가 지나치게 활성화된다. 그 결과 원래는 선택하지 않았을 행동을 수행하게 된다.

출처: Pauls, D. L., Abramovitch, A., Rauch, S. L., & Geller, D. A. (2014). Obsessive-compulsive disorder: an integrative genetic and neurobiological perspective. *Nature Reviews Neuroscience, 15*(6), 410-424.

뇌 영상 연구에 따르면 강박장애에서는 바닥핵, 눈확이마겉질, 앞쪽 띠겉질의 활동이 비정상적으로 많다(Guehl et al., 2008; Pauls et al., 2014; Radua et al., 2010). 또한 강박장애의 증상을 성공적으로 감소시키는 약물은 이 구조물들의 활동을 감소시킨다.

일반적으로 강박장애는 항우울제, 특히 SSRI로 치료된다(Soomro, Altman, Rajagopal, & Oakley-Browne, 2008). 가장 심각한 강박장애 사례들은 세로토닌 수치가 가장 낮은 환자에게서 발생하며(Piacentini & Graae, 1997), 이는 세로토닌 기능을 치료 표적으로 삼는 논리적 근거가 된다. ●그림 14.23에서 볼 수 있듯이 인지행동치료는 강박장애에 효과적이며 바닥핵에서 약물치료 시에 관찰되는 것과 동일한 변화를 일으킨다(Baxter et al., 1992). 그러나 SSRI에 가장 잘 반응하는 환자와 인지행동치료에 가장 잘 반응하는 환자는 서로 다른 패턴의 이마엽 회색질 구조를 보인다(Hoexter et al., 2013). 강박장애 증상이 심한 또 다른 환자들은 바닥핵의 뇌 심부 자극술로 호전될 수 있다(de Koning, Figee, van den Munckhof, Schuurman, & Denys, 2011).

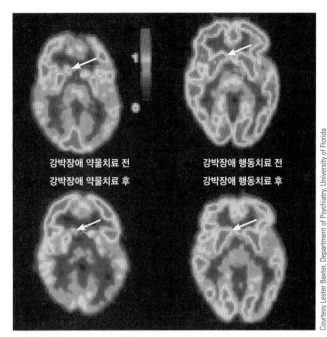

강박장애 약물치료 전
강박장애 약물치료 후

강박장애 행동치료 전
강박장애 행동치료 후

Courtesy Lester Baxter, Department of Psychiatry, University of Florida

●그림 14.23 강박장애와 행동치료 Lewis Baxter와 동료들(1992)은 강박장애 환자들이 약물치료 또는 행동치료를 받기 전과 후의 PET 영상을 비교했다. 두 유형의 치료 모두 하얀색 화살표가 가리키는 꼬리핵의 활성화를 감소시켰다.

외상후 스트레스장애(PTSD)

외상후 스트레스장애(Posttraumatic stress disorder, PTSD)는 이전까지 '포탄 쇼크(shell shock)' 또는 '전투 피로(battle fatigue)'로 알려진 상태를 가리키는 현대적 용어이다. 전투 경험은 PTSD의 흔한 유발 요인이지만 자연재해, 사고, 폭행 및 학대에 대한 노출도 이 장애를 일으킬 수 있다(APA, 2013). PTSD에서 외상에 노출된 사람은 '재경험' 과정을 겪는데, 이는 외상 사건에 대한 반복적인 꿈과 매우 생생하고 침습적인 기억들(플래시백)로 나타난다. 흔히 외상 관련 자극에 대한 적극적인 회피, 과다 각성, 고조된 경계, 지속되는 부정적 기분과 인지를 보이며, 이는 일상적인 기능에 빈번한 장애를 초래한다(APA, 2013).

PTSD는 한 해에 미국 성인 중 3~4%에서 나타나지만(Kessler et al., 2007), 9/11 테러의 결과로 맨해튼 거주자 12% 이상이 이 장애를 경험하였다(DiGrande et al., 2008). 여성의 PTSD 발생 비율은 남성의 2배에 달한다. 어린이는 성인보다 이 장애에 취약한 것으로 보이는데, 자동차 사고로 부상을 입었을 때 PTSD를 겪는 비율은 부모가 15%

외상후 스트레스장애(PTSD) 극심한 스트레스 사건에 대한 반응으로 발생하는 장애로, 반복적인 악몽, 침습적인 기억, 외상과 관련된 자극에 대한 회피, 과다 각성이 특징임.

정도인데 비해 어린이는 25%로 더 높다(de Vries et al., 1999). 전쟁은 여전히 PTSD의 발생과 관련된 가장 흔한 경험 중 하나이다. 이라크와 아프가니스탄에서 복무한 전투병의 8.5~14%가 PTSD로 인해 심각한 문제를 경험했으며, 최대 31%는 어느 정도 문제를 겪었다(Thomas et al., 2010).

PTSD의 뇌 구조와 활동

PTSD에서는 플래시백 및 기억 관련 증상이 주요하기 때문에 해마에 대한 관심이 크다. 코르티솔과 같은 혈중 당질코르티코이드가 스트레스와 관련되어 상승하면 해마의 크기가 감소할 수 있다(Sapolsky, Krey, & McEwen, 1985). 극심한 스트레스의 영향은 유전자와 상호작용하여 해마의 부피를 예측한다. 카테콜-O-메틸전이효소(catechol-O-methyltransferase, COMT) 유전자의 Val158Met 다형성은 해마의 부피와 관련이 있는데, 심각한 PTSD 증상이 있고 이 유전자에 대하여 동형접합적인 참전 군인들의 경우 왼쪽 해마 부피가 작았다(Hayes et al., 2017). 그러나 감소된 해마 부피가 PTSD 발병 이전의 특징인지, 이 장애의 결과인지, 또는 둘 모두를 의미하는지는 확실하지 않다.

앞쪽 띠겉질(ACC)도 PTSD와 관련이 있다. ACC는 감정이나 부정적 상태에 대한 주의를 조절함으로써 정서적 자극을 처리한다. ACC 구조와 기능의 변화는 PTSD의 전형적 증상인 감정표현불능증(alexithymia)과 상관관계가 있는데, 이것은 감정 상태를 식별하거나, 이름 붙이거나, 소통하는 데 결함을 보이는 장애이다(Demers, Olson, Crowley, Rauch, & Rosso, 2015). ●그림 14.24에서 볼 수 있듯이 전투를 경험한 PTSD 쌍둥이는 전투를 경험하지 않은 다른 쪽 쌍둥이에 비해, 그리고 전투를 경험했으나 PTSD가 없는 쌍둥이와 전투를 경험하지 않은 그 다른 쪽 쌍둥이에 비해 앞쪽 띠겉질의 부피가 더 작았다(Kasai et al., 2008).

PTSD가 없는 참전 군인에 비해 PTSD가 있는 참전 군인은 편도체, 앞쪽 띠겉질, 눈확이마겉질에서 더 높은 수준의 자발적 활동을 보이는 반면, 시상과 이마앞겉질에서 더 낮은 수준의 자발적 활동을 보인다(Yan et al., 2013). 외상적 사건의 재경험, 즉 플래시백의 정도는 시상의 자발적 활동과 부적 상관관계가 있었다.

이러한 구조적·기능적 변화의 많은 부분은 이전의 경험과 상호작용한다. 어린 시절의 외상은 편도체와 앞쪽 띠겉질에 변화를 일으켜, 이후에 전쟁 외상에 노출될 때 PTSD에 대한

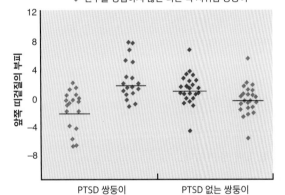

◆ 전투를 경험한 PTSD 쌍둥이
◆ 전투를 경험하지 않은 다른 쪽 고위험 쌍둥이
◆ 전투를 경험했으나 PTSD 없는 쌍둥이
◆ 전투를 경험하지 않은 다른 쪽 저위험 쌍둥이

●그림 14.24 전투 경험은 외상후 스트레스장애 진단과 상호작용하여 앞쪽 띠겉질 부피를 예측한다 외상후 스트레스장애(PTSD)로 진단된 사람들의 회색질 부피가 작은 것은 PTSD의 위험 요인이거나, 결과이거나, 둘 모두 때문일 수 있다. PTSD를 진단받은 베트남 참전 군인은 전투를 경험하지 않은 자신의 다른 쪽 쌍둥이에 비해, 그리고 전투를 경험했으나 PTSD 없는 군인과 전투를 경험하지 않은 그들의 다른 쪽 쌍둥이에 비해 앞쪽 띠겉질의 부피가 더 작았다.

출처: Kasai, K., Yamasue, H., Gilbertson, M. W., Shenton, M. E., Rauch, S. L., & Pitman, R. K.(2008). Evidence for acquired pregenual anterior cingulate gray matter loss from a twin study of combat-related posttraumatic stress disorder. *Biological Psychiatry, 63*(6), 550-556.

취약성을 높일 수 있다(Woodward, Kuo, Schaer, Kaloupek, & Eliez, 2013).

PTSD의 생화학과 치료

동물 연구에 따르면 스트레스는 이마겉질에서 벤조디아제핀 수용체의 결합을 감소시킨다(Fukumitsu, 2002). 전투 관련 PTSD를 가진 참전 군인의 뇌에서도 유사한 벤조디아제핀 활동 감소가 관찰되었다(Bremner et al., 2002; Geuze et al., 2008). 발륨(Valium)과 같은 벤조디아제핀 약물에는 진정 효과가 있기 때문에 벤조디아제핀 활동의 감소는 PTSD의 특징인 고조된 경계 상태를 유발할 수 있다.

PTSD에 대한 치료에는 일반적으로 인지행동치료와 노출치료가 있으며, 여기에 항불안제나 항우울제 약물치료를 병행하기도 한다.

반사회성 성격장애

반사회적 행동, 즉 타인을 고의적으로 해치는 것은 인간 사회를 병들게 한다. 많은 범죄 가해자들은 **반사회성 성격장애**(antisocial personality disorder, ASPD)의 DSM 진단기준을 충족하는데, 이는 "다른 사람들의 권리를 무시하거나 침해하는 지속적인 행동 양상"(APA, 2013, p. 659)을 특징으로 한다. 반사회성 성격장애를 가진 사람들은 자기중심적이며, 공감이 부족하고, 타인을 조종하려 하고, 기만적이며, 냉담하고, 적대적이다. 이들은 무책임하고 충동적이며 불필요한 위험을 감수하는 경향이 있다(APA, 2013). 매년 인구의 약 0.2~3.3%가 반사회성 성격장애를 보인다(APA, 2013). 남성이 여성보다 반사회성 성격장애를 보일 가능성이 더 높다(Alegria et al., 2013). 반사회성 성격장애 환자는 종종 양극성장애, 주요우울장애 또는 물질사용장애에 대한 진단기준도 충족한다(Glenn, Johnson, & Raine, 2013).

반사회성 성격장애는 **사이코패스**(psychopathy, 정신병질)와 개념이 유사하지만, 후자의 개념은 DSM-5에 포함되어 있지 않다. 사이코패스는 죄책감, 공감, 정상적인 정서 반응이 부족하며, 자신의 개인적인 목표를 달성하기 위해 다른 사람을 냉담하게 이용한다(Hare, 1993). 사이코패스에 대한 삼원 이론에 따르면, 탈억제, 대담함, 비열함이라는 세 가지 차원이 사이코패스의 특징이다(Patrick, Drislane, & Strickland, 2012; Patrick, Fowles, & Krueger, 2009).

DSM-5는 조작성, 냉담함, 기만성, 충동성과 같은 기저의 성격 특질에 초점을 맞추기보다는 범죄와 관찰 가능한 행동에 상당한 무게를 둔다(Glenn et al., 2013). 반사회성 성격장애를 가진 사람들이 항상 사이코패스의 정의에 들어맞는 것은 아니며, 반사회성 성격장애가 있는 사람들 중에서도 사이코패스와 사이코패스가 아닌 사람은 중요한 면에서 다르다. 예를 들어 반사회성 성격장애를 가진 사람은 사이코패스 여부에 따라서 위협적인 단서에 다르게 반응한다(Drislane, Vaidyanathan, & Patrick, 2013). 사이

반사회성 성격장애(ASPD) 다른 사람들의 권리를 무시하거나 침해하는 행동 양상이 지속되는 장애.

사이코패스 자책감이나 공감을 느낄 수 없는 장애로, 개인적 이득을 취하기 위해 타인을 착취할 때가 많음.

코패스가 아닌 사람들은 통제집단과 다르지 않았다. 이러한 결과는 반사회성 성격장애로 진단된 사람들의 집단이 동질적이지 않음을 시사한다.

반사회성 성격장애와 유전

유전자는 반사회성 성격장애 특질이 갖는 변산의 절반 정도를 설명한다(Rautiainen et al., 2016). 반사회성 성격장애는 유전자와 환경의 복잡한 상호작용이 특징이다. 한 연구에 따르면 학대 경험(이후에 반사회적 행동의 위험 요인으로 알려짐)의 정도가 MAOA 단일 유전자(옮긴이 주: 모노아민 산화효소 A를 암호화하는 유전자)와 상호작용했다(Caspi et al., 2002). 동물 연구에서는 MAOA유전자의 변이가 공격성과 관련이 있었다. 그러나 MAOA유전자의 변이 그 자체만으로는 인간의 반사회적 행동을 예측하지 못한다 (Moffitt, 2005). 그 대신 MAOA유전자의 변이는 아동 학대와 상호작용한다. 심한 학대를 겪었으며 MAOA유전자의 활동성이 낮은 유형인 남아의 85%가 반사회성 성격장애의 전형적인 전조인 품행장애 진단을 받았다 (●그림 14.25을 보라). 반면 MAOA 유전자의 활동성이 높은 유형인 남아는 심각한 학대에 노출된 경우에도 품행장애 기준을 충족할 가능성이 더 낮았다.

반사회적 행동이 청소년기에만 나타났던 사람보다 어린 시절에 시작되어 성인기에도 꾸준히 유지되는 사람의 경우에 유전자의 역할이 더 크다(Barnes, Beaver, & Boutwell, 2011). 이러한 결과는 청소년기에 국한된 범죄자의 행동에 더 큰 영향을 미치는 것은 환경임을 시사한다.

반사회적 행동에 대한 관찰과는 대조적으로, 사이코패스들의 정서적 측면을 평가한 쌍둥이 연구에서는 두려움 없는 지배성, 충동적인 반사회성, 냉담성과 같은 사이코패스적 특질이 상당한 유전율(46~67%)을 보였다(Blair, Peschardt, Budhani, Mitchell, & Pine, 2006). 비록 아동기 학대가 유전적 소인과 상호작용하여 범죄행위를 유발하는 것으로 보이기는 하지만, 사이코패스를 특징짓는 정서적 '평평함'(flattening, 둔마)을 유발하는 것 같지는 않다(Blair et al., 2006).

반사회성 성격장애의 뇌 구조와 기능

12장에서는 특히 편도체 같은 둘레계의 활동이 공격적 충동을 일으키며, 일반적인 경우에는 눈확이마겉질과 앞쪽 띠겉질에서 이를 억제하고 있다는 모형을 살펴보았다. 이 견해에 따르면 충동적 공격성은 둘레계의 과잉자극, 이마엽의 불충분한 억제력, 또는 둘 모두로 인해 발생할 수 있다. 그러므로 이 구조들과 기능의 이상이 반사회적

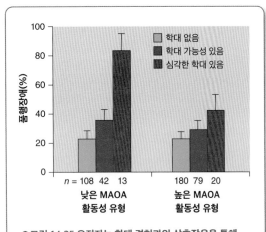

●그림 14.25 유전자는 학대 경험과의 상호작용을 통해 반사회적 행동에 영향을 미친다 MAOA 대립유전자의 유형이 낮은 활동성인지 높은 활동성인지 여부는 반사회적 행동을 예측하지 못한다. 그러나 MAOA 유전자가 낮은 활동성 유형인 동시에 심한 아동기 학대를 겪었던 남자 청소년은 나중에 반사회성 성격장애 진단을 받는 데 필요한 아동기 장애인 품행장애로 진단될 가능성이 매우 높았다. 반면 심각한 아동기 학대에 노출되었으나 MAOA 유전자가 높은 활동성 유형인 남자 청소년은 학대 경험이 없거나 없을 것으로 추정되는 청소년의 품행장애 비율과 차이를 보이지 않았다.

출처: Caspi, A., McClay, J., Moffitt, T. E., Mill, J., Martin, J., Craig, I. W., et al. (2002). Role of genotype in the cycle of violence in maltreated children. *Science, 297*(5582), 851-854.

행동과 관련되어 있다는 사실은 놀랍지 않을 것이다. 남성의 경우 편도체의 부피가 작은 것이 어린 시절의 공격성, 초기 사이코패스적 특질, 이후의 폭력성과 관련이 있다(Pardini, Erickson, Loeber, & Raine, 2014).

반사회성 성격장애에서 가장 반복적으로 확인되는 발견 중 하나는 이마앞겉질의 부피와 활동이 저하되어 있다는 점이다(Glenn et al., 2013). Anderson, Bechara, Damasio, Tranel과 Damasio(1999)는 생후 16개월 이전에 눈확이마겉질에 손상을 입었으나 안정된 중산층 가정에서 자란 성인 연구참가자 2명에 대해 서술했다. 이들은 성인이 된 이후에 도둑질, 거짓말, 공격적 행동, 무책임한 육아 문제를 나타냈고, 자기 행동의 결과를 이해하지 못하는 모습을 보였다. Davidson, Putnam과 Larson(2000)은 살인자, 공격적인 충동성 성격장애가 있는 사람, 반사회성 성격장애 진단을 받은 사람들에게서 눈확이마겉질 기능의 장애가 자주 관찰된다는 것을 확인했다. 1998년 부모를 살해한 뒤 학교에서 2명의 학생을 총으로 쏘아 죽인 혐의로 기소된 Kip Kinkel은 눈확이마겉질에 손상이 있었던 것으로 밝혀졌다.

사이코패스를 일반적인 통제집단과 비교하면 이마엽이 포함된 연결성 패턴에서 차이가 나타난다(Sundram et al., 2012; Yang et al., 2012). 또한 일반적인 통제집단의 참가자들은 아래이마겉질(inferior frontal cortices)과 눈확이마겉질을 정보의 '허브'로 활용하는 반면, 사이코패스는 이 기능을 위해 위이마겉질(superior frontal cortices)을 사용한다.

Raine, Stoddard, Bihrle과 Buchsbaum(1998)은 비폭력 범죄자와 살인자의 뇌 PET 영상을 비교하는 것과 함께 방임, 빈곤, 신체적·성적 학대와 같은 환경 요인을 평가했다. ●그림 14.26에서 볼 수 있듯이 학대와 방임을 겪었던 살인자의 뇌 활동은 정상 통제집단의 뇌 활동과 다르지 않아 보였다. 그러나 학대받지 않았던 살인자들의 뇌 활동 수준은 특히 뇌의 이마엽에서 크게 저하되어 있었다. 반사회적 특질의 유전율에

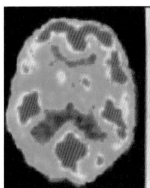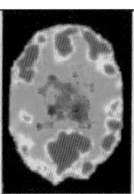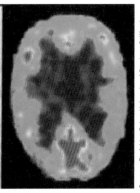

Courtesy Dr. Adrian Raine, University of Southern California

●그림 14.26 살인자들의 뇌 활동 Adrian Raine과 동료들(1998)은 PET 영상을 촬영하여 정상 통제집단(왼쪽), 학대와 방임의 이력이 있는 살인자(가운데), 학대, 방임 또는 결핍을 겪지 않았던 살인자(오른쪽)를 비교했다. 학대를 받았던 살인자들의 뇌 활동은 정상 참가자들과 비슷하다. 반면 학대를 받지 않았던 살인자들의 뇌 활동은 비정상적으로 낮으며, 특히 이마엽에서 그러하다.

사이코패스는 자신의 행동에 책임이 있을까

5장에서 우리는 여전히 두뇌가 발달하고 있는 10대들에게 반사회적 행동의 책임을 물을 수 있는지 질문을 던진 바 있다. 사이코패스의 경우는 어떨까?

이 장에 설명된 관련 연구 중 몇몇을 수행한 Adrian Raine(1999)은 사이코패스가 자신의 행동을 제어하는 능력은 있음 또는 없음의 이분법적인 것이라기보다 연속선상에 있는 것이라고 본다. 그는 알코올 중독자와 비알코올 중독자 앞에 맥주가 놓여있는 예시를 든다. 그 맥주를 마실지 말지 결정하는 것은 분명 개인에게 달려있지만, 이 두 사람이 맥주잔을 잡지 않으려고 저항하는 능력은 유전적, 생물학적, 과거 환경적 영향에 의해 다르게 형성되었을 가능성이 높다.

대한 앞의 논의처럼, 이러한 결과는 사이코패스와 사이코패스가 아닌 범죄자의 차이를 보여주는 것일지도 모른다.

사이코패스의 특징인 냉담함(callousness)은 뇌 활동 패턴의 차이에서 비롯된 것일 수 있다. '고문(torture)'과 같이 정서적 반응을 유발하는 단어 자극에 노출되었을 때, 범죄자인 사이코패스들은 비범죄자 통제집단에 비해 여러 둘레계 구조물의 활동 수준이 낮았다(Kiehl et al., 2001). 범죄자인 사이코패스는 특히 사람의 목소리에서 공포감을 잘 식별하지 못했다(Blair et al., 2001). 공감 능력은 편도체가 관여하는 회로와 옥시토신, 바소프레신 수준에 의해 매개되는데, 이러한 공감 능력이 손상되면 우리가 서로를 해치지 못하도록 하는 정상적 통제 능력에 문제가 생길 수 있을 것이다(Patrick et al., 2012).

사이코패스가 대인관계에서 보이는 냉담함의 또 다른 가능한 원인은 자신의 신체 상태를 이해하는 능력의 결핍일 수 있다. 정서반응을 유발하는 과제를 하고 난 후에 사이코패스가 아닌 통제집단은 심박수 반응성에 대한 실제 측정치와 주관적인 언어 보고가 일치했지만, 사이코패스는 이러한 일치를 보이지 않았다(Gao, Raine, & Schug, 2012). 12장에서 설명한 바와 같이 James-Lange 정서 이론에 따르면 자신의 신체반응을 평가하는 것은 자신의 주관적 상태를 이해하는 것으로 이어진다. 사이코패스가 개인적인 감정 경험에 대한 신체반응을 평가하지 못한다면, 이들이 다른 사람들의 상태를 정확하게 평가할 가능성도 매우 낮다.

반사회성 성격장애의 치료

반사회성 성격장애에 대한 효과적인 생물학적 치료 방법은 아직 불분명하다. 폭력적인 범죄자를 위한 기존의 치료 프로그램은 분노 조절, 사회적 기술 및 도덕적 추론을 강조하는 학습 모형을 기반으로 이루어지는 경우가 많다(Goldstein, Glick, & Gibbs, 1998). 이 모형은 사이코패스에게 덜 효과적이다(Hornsveld, Nijman, Hollin, & Kraaimaat, 2008).

‖ 요점

1 여러 불안장애는 비현실적이고 비생산적인 불안을 핵심적인 요소로 공유한다. 공황장애의 경우
주기적인 공황발작과 추후의 발작에 대한 걱정, 발작과 관련된 상황을 회피하는 행동이 따른다. **(LO5)**

2 강박장애는 침습적이고 불안을 유발하는 생각과 의례적이고 반복적인 행동이 조합되어 나타난다.
(LO5)

3 외상후 스트레스장애는 침습적 플래시백, 과다 각성, 외상 경험 관련 자극의 회피가 특징이다. **(LO5)**

4 반사회성 성격장애는 "다른 사람들의 권리를 무시하거나 침해하는 지속적인 행동 양상"을 가진
사람에게서 진단된다. **(LO6)**

‖ 복습 문제

1 불안과 외상을 경험한 후에는 어떤 생물학적인 변화가 동반되는가?

2 반사회성 성격장애에 대한 치료법의 효과를 어떻게 평가하겠는가?

돌아보기

생각할 문제

1. 자폐스펙트럼장애와 ADHD의 유병률이 계속해서 상승하는 이유가 무엇이라고 생각하는가?

2. 유전자, 뇌 구조와 기능, 생화학의 측면에서 주요우울장애와 불안장애 간에 어떤 유사성이 있는 것으로 보이는가?

3. 양극성장애는 왜 조현병과 주요우울장애 사이의 '다리'로 여겨지는가?

4. 이 장에서 논의된 장애 중 어떤 것이 성별의 영향을 받는가? 그렇게 생각하는 이유는 무엇인가?

핵심 용어

강박사고(obsession) **p.621**

강박장애(obsessive-compulsive disorder, OCD) **p.621**

강박행동(compulsion) **p.621**

공황발작(panic attack) **p.620**

공황장애(panic disorder) **p.620**

리튬(lithium) **p.611**

망상(delusion) **p.600**

반사회성 성격장애(antisocial personality disorder, ASPD) **p.625**

사이코패스(psychopathy, 정신병질) **p.625**

선택적 세로토닌 재흡수 억제제(selective serotonin reuptake inhibitor, SSRI) **p.616**

양극성장애(bipolar disorder) **p.610**

양성 증상(positive symptom) **p.601**

외상후 스트레스장애(posttraumatic stress disorder, PTSD) **p.623**

음성 증상(negative symptom) **p.601**

자폐스펙트럼장애(autism spectrum disorder, ASD) **p.589**

전기경련치료(electroconvulsive therapy, ECT) **p.617**

정신장애(mental disorder) **p.588**

조증(mania) **p.610**

조현병(schizophrenia) **p.600**

주요우울장애(major depressive disorder, MDD) **p.613**

주의력결핍 과잉행동장애(attention deficit hyperactivity disorder, ADHD) **p.597**

지연성 이상운동증(tardive dyskinesia, 만발성 운동장애) **p.608**

환각(hallucination) **p.600**

주제 색인

김문수 전남대학교 심리학과 교수

서울대학교 심리학과 학사, 석사 수료

캘리포니아 대학교 어바인캠퍼스 생물심리학과 박사(생물심리학)

예일 대학교 의과대학 정신건강의학과 박사후 과정

남종호 가톨릭대학교 심리학과 교수

서울대학교 심리학과 학사, 석사

러트거스 뉴저지 주립대학교 심리학과 박사(인지심리학)

캘리포니아 대학교 어바인캠퍼스 인지과학과 박사후 과정

곽세열 부산대학교 심리학과 교수

연세대학교 교육학과 학사

서울대학교 심리학과 석사, 박사(임상심리학)